Erhard Gorys

LEXIKON FÜR RÄTSEL PROFIS

XENOS

ISBN 3-8212-1756-1

Genehmigte Lizenzausgabe 1997 für die
XENOS Verlagsgesellschaft mbH,
Am Hehsel 40, 22339 Hamburg
Herausgeber: XENOS Verlagsgesellschaft mbH
Printed in Germany

A

Aachener Sehenswürdigkeit: *7* Ponttor; *9* Kaiserdom; *12* Karlsschrein; *13* Elisenbrunnen
– Spezialität: *6* Printe; *7* Printen
Aal des Mittelmeeres: *7* Muraene
aalartiger Fisch: *7* Muraene, Sandaal; *8* Lamprete, Neunauge; *11* Butterfisch; *12* Steinbeisser; *14* Schlammbeisser
Aalbutt: *8* Rotzunge
Aalfanggerät: *4* Sack; *5* Eisen, Elger, Flete, Gabel, Hamen, Reuse; *7* Stachel, Stecher
Aalgabel: *5* Elger
Aalraupe: *5* Rutte; *6* Quappe, Ruette; *8* Truesche
Aar: *5* Adler
Aarezufluß → Nebenfluß der Aare
Aas: *5* Luder; *7* Kadaver; *8* Scheusal; *10* Tierleiche
Aasblume: *8* Stapelie
aasen: *7* prassen; *12* verschwenden
Aasfresser: *5* Geier; *6* Hyaene, Kondor; *7* Schakal
Aasinsekt: *11* Speckkaefer; *12* Totengraeber
Aasvogel: *5* Geier
Abänderung: *5* Umbau; *9* Umformung, Variation; *10* Modulation; *12* Modifikation
Abart: *8* Spielart, Variante; *9* Spielform, Variation, Varietaet
– der Braunkohle: *6* Lignit
– eines chemischen Elements: *6* Isotop
– des Iltisses: *9* Frettchen
– des Sauerstoffs: *4* Ozon
abartig: *6* abnorm, anomal; *7* pervers, anormal
Abbasidenresidenz: *7* Samarra
Abbau: *7* Abbruch; *9* Demontage, Zerlegung; *10* Abruestung; *12* Demontierung
Abbaustoff des Eiweißes: *6* Pepton
abbauwürdige Nutzschicht im Bergbau: *5* Floez
Abbild, Abbildung: *3* Dia; *4* Foto; *5* Kopie, Photo, Repro; *6* Abguss, Grafik; *7* Graphik; *8* Ebenbild, Portraet, Portrait; *9* Faksimile, Fotokopie, Konterfei, Zeichnung; *10* Fotografie, Photokopie, Wiedergabe; *12* Illustration, Photographie, Reproduktion
Abbild der Erde: *5* Atlas; *6* Globus; *9* Landkarte
Abbildung → Abbild
Abbruch: *6* Abriss; *9* Demontage
abbrühen: *11* blanchieren
Abc: *8* Alphabet
Abc-Buch: *5* Fibel
ABC-Staat: *5* Chile; *9* Brasilien; *11* Argentinien
Abdachung: *7* Neigung; *8* Schraege; *9* Boeschung; *10* Dossierung
Abdampf: *7* Brueden
Abdankung: *10* Abdikation
– eines Monarchen: *12* Renuntiation, Renunziation
Abdecker: *8* Schinder
Abdichtung: *9* Isolation; *10* Isolierung
Abdichtungsmittel: *4* Kitt, Pech, Teer, Werg; *5* Gummi; *7* Asphalt; *9* Glaswolle, Kautschuk; *11* Fensterkitt
Abdruck: *4* Spur; *5* Kopie, Mater, Repro; *6* Siegel; *7* Faehrte, Moulage, Stempel; *8* Praegung; *9* Fotokopie; *10* Photokopie, Stampiglie, Wiedergabe; *11* Durchschlag; *12* Reproduktion
Abels Bruder: *4* Kain, Seth
Abels Mutter: *3* Eva
Abels Vater: *4* Adam
Abendandacht: *6* Vesper
Abendanzug: *3* Cut; *5* Frack; *6* Tuxedo; *7* Smoking
Abendbrot: *9* Nachtmahl
Abendessen: *6* Dinner, Souper; *9* Nachtmahl
Abendgesellschaft: *6* Soirée
Abendkleid: *4* Robe
Abendland: *8* Okzident
Abendmahl: *9* Kommunion; *11* Eucharistie
Abendmahlsbrot: *6* Hostie, Oblate
Abendmahlsfeier: *9* Kommunion
Abendmahlsgefäß: *5* Kelch
Abendmusik: *8* Serenade; *10* Staendchen
Abendstern: *5* Venus; *7* Luzifer; *8* Hesperos; *10* Phosphorus
Abenteuer: *6* Wagnis; *8* Erlebnis; *11* Robinsonade; *12* Seitensprung
Abenteuerlust: *7* Wagemut
Abenteurer: *6* Vagant; *7* Don Juan, Waghals; *8* Casanova; *9* Desperado, Hasardeur; *12* Draufgaenger, Globetrotter; *13* Gluecksritter, Weltenbummler
aber: *6* dafuer, jedoch; *7* dagegen, sondern; *8* freilich, hingegen, indessen; *10* allerdings
Aberglaube: *4* Wahn; *8* Wahnidee; *9* Hexenwahn; *15* Wahnvorstellung
aberkennen: *10* absprechen
abermals: *6* dacapo, erneut, wieder; *8* nochmals; *9* nochmalig
Abessinien: *10* Aethiopien
abessinisch → äthiopisch
Abfahrt: *5* Start; *6* Abgang; *7* Abreise; *8* Aufbruch
Abfahrtslauf: *6* Slalom; *12* Riesenslalom
Abfall, Abfallstoff: *4* Hede, Span, Werg; *5* Abhub, Kleie, Muell, Spreu, Unrat; *6* Abraum, Fetzen, Fussel, Hadern, Lumpen, Schutt, Spaene; *7* Schrott; *8* Kehricht, Schlacke; *9* Ausschuss, Geruempel, Makulatur, Saegemehl; *10* Rueckstand
Abfall vom Glauben: *9* Apostasie
abfallendes Gelände: *4* Hang
Abfallfasern: *4* Hede, Werg
Abfallprodukt
– beim Dreschen: *5* Spreu
– beim Hobeln: *4* Span; *6* Spaene
– beim Mahlen: *5* Kleie
– beim Nähen: *5* Faden; *6* Fussel
– beim Sägen: *9* Saegemehl

abfassen: *10* redigieren; *11* konzipieren
Abfassung: *7* Konzept
abfertigen: *8* bedienen; *9* erledigen; *10* expedieren
Abfertigung: *10* Expedition
Abfertigungsfenster: *8* Schalter
Abfeuern einer Waffe: *6* Schuss; *9* Schiessen
Abfindung: *7* Abstand, Apanage; *9* Abgeltung, Ausgleich, Pauschale; *12* Befriedigung; *14* Entschaedigung
abflachen: *11* abschraegen
abfliegen: *7* starten
Abflug: *5* Start
Abflugpiste: *9* Startbahn
Abfluß: *4* Rohr, Siel; *5* Gosse, Gully, Kanal, Rinne; *6* Graben, Kloake, Roehre; *8* Senkloch; *9* Rinnstein
Abfluß des
- **Ammersees:** *5* Amper
- **Baikalsees:** *6* Angara
- **Bieler Sees:** *4* Aare
- **Bodensees:** *5* Rhein
- **Brienzer Sees:** *4* Aare
- **Chiemsees:** *3* Alz
- **Comer Sees:** *4* Adda
- **Eriesees:** *7* Niagara
- **Gardasees:** *6* Mincio
- **Genezarethsees:** *6* Jordan
- **Genfer Sees:** *5* Rhône
- **Ilmensees:** *7* Wolchow
- **Ladogasees:** *4* Newa
- **Lago Maggiore:** *6* Tessin
- **Müggelsees:** *5* Spree
- **Müritzsees:** *4* Elde
- **Neuenburger Sees:** *4* Zihl
- **Njassasees:** *6* Schire
- **Ontariosees:** *13* St.-Lorenz-Strom
- **Peipussees:** *5* Narwa
- **Plattensees:** *3* Sio
- **Schluchsees:** *8* Schwarza
- **Sempacher Sees:** *4* Suhr
- **Skutarisees:** *6* Bojano
- **Starnberger Sees:** *5* Wuerm
- **Tanganjikasees:** *6* Lukuga
- **Thuner Sees:** *4* Aare
- **Vänersees:** *9* Goetaaelf
- **Vierwaldstätter Sees:** *5* Reuss
- **Victoriasees:** *3* Nil
- **Walchensees:** *4* Isar
- **Wannsees:** *5* Havel
- **Zuger Sees:** *5* Lorze
- **Zürichsees:** *6* Limmat

Abflußgraben: *8* Kuenette
Abflußkanal: *5* Rinne
Abflußrohr: *5* Drain
Abflußvorrichtung: *7* Ausguss
Abfolge: *5* Serie; *7* Sequenz
- **allen Geschehens:** *4* Zeit
- **beim Funk:** *9* Sendeplan

Abformung des Gesichts eines Verstorbenen: *10* Totenmaske
- **eines Kunstwerkes:** *6* Abguss

abführen: *9* purgieren, sistieren
Abführmittel: *4* Agar; *5* Aloin; *6* Laxans, Sennes; *7* Laxativ, Rizinus; *8* Latwerge, Laxantia, Paraffin; *10* Belladonna, Rizinusoel; *13* Faulbaumrinde
Abfüllgerät: *8* Trichter
Abgabe: *4* Maut, Onus, Zins, Zoll; *6* Obolus, Steuer, Tribut; *7* Beitrag, Gebuehr, Praemie, Verkauf
Abgang: *3* Kot
Abgangszeugnis einer Hochschule: *10* Exmatrikel
abgebaute Strecke (Bergwerk): *6* Altung
abgebrannt: *3* arm; *5* blank; *6* pleite
abgebrochen: *6* abrupt
abgebrüht: *3* roh; *4* kalt; *7* herzlos; *8* gerissen
abgedichtete Stromleitung: *5* Kabel
abgedroschen: *3* fad; *4* fade; *5* banal, platt; *7* trivial; *8* geistlos; *9* stereotyp
abgefeimt: *6* listig; *8* gerissen; *9* tueckisch; *10* raffiniert
abgegrenzte(r, s)
- **Gebiet:** *4* Bann
- **Klosterraum:** *7* Klausur
- **Viehweide:** *6* Koppel

abgeholzt: *4* kahl
abgeholzte Stelle: *8* Lichtung, Schneise
abgeholztes Waldstück: *8* Kahlhieb; *10* Kahlschlag
abgeklärt: *4* reif; *5* ruhig; *8* gelassen
abgeklärte Lebenserfahrung: *8* Weisheit
Abgekochtes: *3* Sud; *5* Absud
abgelaichter Hering: *4* Ihle
Abgeld: *7* Disagio
abgelegen: *4* fern; *6* einsam; *8* abseitig, entlegen
abgelegene Gegend: *7* Einoede
- **Grotte:** *9* Eremitage

abgeleiert: *5* platt
Abgeleitetes: *7* Derivat
abgelten: *10* begleichen
abgemacht: *5* basta, genug; *7* perfekt
abgemessene Menge: *5* Dosis; *6* Ration; *7* Einheit, Portion
abgeneigt: *6* unhold; *8* unwillig
Abgeordnetengruppe: *8* Fraktion
Abgeordnetenhaus: *6* Plenum; *8* Kongress; *9* Parlament; *15* Volksvertretung
Abgeordneter: *11* Delegierter, Deputierter; *14* Parlamentarier, Volksvertreter
abgerundeter Berggipfel: *4* Kolm
Abgesandter: *8* Emissaer, Sendbote; *9* Missionar; *11* Delegierter
Abgesang: *5* Epode; *7* Kehraus; *8* Ausklang
abgeschieden: *6* einsam; *8* isoliert
abgeschlossen: *2* zu; *7* perfekt, separat; *8* isoliert, komplett; *10* verriegelt
abgeschlossener Bereich: *8* Distrikt
- **Klosterteil:** *5* Cella, Zelle; *6* Klause; *7* Klausur

abgeschlossenes Wachstum: *5* Reife
abgeschmackt: *3* fad; *4* fade; *5* banal, platt, schal; *6* albern; *8* kitschig

Abgeschmacktheit: *6* Kitsch; *7* Fadheit; *10* Banalitaet, Platituede
abgeschnittene Zweige: *6* Reiser
abgeschrägte Kante: *4* Fase
abgesondert: *6* allein; *7* diskret, separat; *8* getrennt, isoliert; *9* separiert; *11* distanziert, partikulaer
abgesonderte(r)
- **Flüssigkeit:** *6* Sekret
- **Gesellschaftsschicht:** *5* Kaste
- **Glaubensgemeinschaft:** *5* Sekte
- **Stadtteil:** *5* Getto; *6* Ghetto
- **Verdauungsflüssigkeit:** *8* Speichel

Abgesottenes: *3* Sud; *5* Absud, Siede; *6* Auszug, Dekokt; *7* Extrakt
abgespannt: *4* matt; *5* muede; *7* schlaff, schlapp; *10* erschoepft
abgesperrter Klosterraum: *6* Klause; *7* Klausur
abgestanden: *5* schal
abgesteckte Linie: *6* Trasse
- **Straßenführung:** *6* Trasse
- **Strecke:** *4* Bahn, Kurs; *5* Piste, Route, Runde; *6* Etappe; *8* Rundkurs; *9* Abschnitt

abgestecktes Goldgräberfeld: *5* Claim
abgestorbener Teil der Baumrinde: *5* Borke
abgestreifter Geweihbast: *6* Gefege
abgestumpft: *10* dickfellig, gefuehllos; *11* lethargisch
Abgestumpftheit: *9* Lethargie
abgestützter Balkon: *5* Altan
abgetan: *3* aus; *5* passé; *7* beendet
abgeteilte Gartenfläche: *4* Beet
abgeteilter Raum: *7* Séparée
abgeteiltes Grundstück: *8* Parzelle
abgetönt: *6* dezent
abgetrennter Strandsee: *6* Lagune
abgezehrt: *5* mager
abgezogenes Fell: *4* Balg
Abglanz: *6* Reflex; *10* Spiegelung; *11* Widerschein
Abgott: *4* Idol; *6* Goetze
Abgottschlange: *3* Boa; *8* Anakonda
Abgrenzung: *4* Ecke, Rand; *5* Kante; *11* Demarkation
Abgrund: *5* Kluft, Leere, Tiefe; *6* Hoelle, Krater, Nichts; *7* Schlund; *8* Schlucht; *9* Verderben
abgrundtief: *9* abyssisch
Abgunst: *4* Neid
Abguß: *7* Moulage
abhanden: *3* weg; *4* fort; *8* verloren
Abhandenkommen: *7* Verlust
Abhandlung: *5* Essay; *7* Traktat
Abhang: *5* Halde; *7* Neigung; *8* Gefaelle, Schraege; *9* Boeschung
abhängig: *6* hoerig, unfrei; *8* gebunden, indirekt
abhärten: *8* staehlen
abhauen: *6* kappen
abhelfen: *7* aendern; *10* verbessern
Abhilfe: *7* Remedur; *9* Aenderung, Besserung; *12* Verbesserung
abholzen: *7* faellen
Abholzung: *7* Abtrieb
abirren: *9* abweichen
Abirrung: *6* Laster; *10* Aberration, Abweichung
Abitur: *3* Abi; *5* Matur; *7* Maturum; *12* Reifezeugnis; *13* Reifepruefung
abkanzeln: *8* schelten
Abklatsch: *5* Abzug; *6* Abbild; *7* Abdruck; *8* Klischee
Abknickung: *7* Flexion
Abkochung: *5* Absud; *6* Dekokt
Abkomme, Abkömmling: *4* Kind, Sohn; *5* Enkel; *6* Spross; *7* Derivat, Tochter, Urenkel; *8* Nachfahr; *9* Nachfahre, Nachkomme; *10* Deszendent; *11* Sproessling
Abkommen: *4* Pakt; *7* Vertrag; *8* Buendnis, Kontrakt; *9* Abmachung, Agreement; *10* Konvention; *12* Vereinbarung; *13* Uebereinkunft
Abkömmling einer chemischen Verbindung: *7* Derivat
Abkömmlinge: *8* Parentel
Abkunft: *8* Ursprung
Abkürzung: *11* Abbreviatur
Abkürzung für
- **Abbildung:** *3* Abb.
- **Abfahrt:** *3* Abf.
- **Abgeordneter:** *3* Abg.
- **Abhandlung:** *3* Abh.
- **Abitur:** *3* Abi
- **Abkürzung:** *3* Abk.
- **Abonnement:** *3* Abo
- **Absatz:** *3* Abs.
- **Abschnitt:** *6* Abschn.
- **Absender:** *3* Abs.
- **Abteilung:** *3* Abt.
- **a conto:** *2* a.c.
- **Actinium:** *2* Ac
- **a dato:** *2* a. d.
- **ad acta:** *2* a. a.
- **Adjektiv:** *3* Adj.
- **Adjutant:** *3* Adj.
- **Administration:** *3* Adm.
- **Adresse:** *3* Adr.
- **Adverb:** *3* Adv.
- **afrikanisch:** *3* afr.
- **Air France:** *2* AF
- **akademischer Titel:** *2* Dr.; *4* Prof.
- **Akkumulator:** *4* Akku
- **Akkusativ:** *3* Akk.
- **Aktiengesellschaft:** *2* AG
- **Aktienkapital:** *2* AK
- **Alabama (USA):** *3* Ala.
- **Alaska (USA):** *4* Alas.
- **allgemein:** *4* allg.
- **Allgemeine Elektrizitätsgesellschaft:** *3* AEG
- **Allgemeine Ortskrankenkasse:** *3* AOK
- **Allgemeiner Deutscher Automobil-Club:** *4* ADAC
- **Allgemeiner Studentenausschuß:** *4* AStA
- **Allgemeines Zoll- und Handelsabkommen:** *4* GATT
- **als Gast:** *2* a. G.
- **Alter Herr:** *2* A. H.
- **Altes Testament:** *2* A. T.

- **althochdeutsch:** *3* ahd.
- **Aluminium:** *2* Al
- **am angeführten Ort:** *3* a. a. O.
- **Americium:** *2* Am
- **amerikanisch:** *4* amer.
- **amerikanische Bundespolizei:** *3* FBI
- **amerikanische Luftverkehrsgesellschaft:** *3* AOA; *5* PANAM
- **amerikanische Militärpolizei:** *2* MP
- **amerikanische Münze:** *2* ct.
- **amerikanische Zustimmung:** *2* o. k.
- **amerikanischer Soldatensender:** *3* AFN
- **amerikanisches Gewicht:** *2* lb, oz, tn; *3* ctw
- **amerikanisches Hohlmaß:** *2* bu, pk, qt; *3* gal
- **amerikanisches Längenmaß:** *2* ft, yd
- **amerikanisches Nachrichtenbüro:** *2* AP, UP; *3* UPI
- **Amperesekunde:** *2* As
- **Amperestunde:** *2* Ah
- **Amtsgericht:** *2* AG
- **Angebot:** *3* Ang.
- **Anhang:** *3* Anh.
- **Ankunft:** *3* Ank.
- **Anlage:** *3* Anl.
- **Anmerkung:** *3* Anm.
- **Anno Domini:** *2* A. D.
- **Anrecht:** *3* Anr.
- **Antiblockiersystem:** *3* ABS
- **Antimon:** *2* Sb
- **Antwort:** *4* Antw.
- **Anweisung:** *3* Anw.
- **April:** *3* Apr.
- **arabisch:** *4* arab.
- **Arbeitsbeschaffungsmaßnahme:** *3* ABM
- **Arbeitsgemeinschaft der Rundfunkanstalten Deutschlands:** *3* ARD
- **Arbeitsstudien (-Verband):** *4* REFA
- **arbeitsverwendungsfähig:** *2* a. v.
- **Argon:** *2* Ar
- **Arizona (USA):** *4* Ariz.
- **Arkansas (USA):** *3* Ark.
- **Armeekorps:** *2* AK
- **Arsen:** *2* As
- **Artikel:** *3* Art.
- **Assessor:** *3* Ass.; *6* Assess.
- **Assistent:** *3* Ass.
- **Associated Press:** *2* AP
- **Astatin:** *2* At
- **Atmosphäre:** *2* at; *3* Atm
- **Atmosphärenüberdruck:** *4* atue
- **auf Gegenseitigkeit:** *2* a. G.
- **Auflage:** *4* Aufl.
- **auf Zeit:** *2* a. Z.
- **August:** *3* Aug.
- **Ausführungsbestimmungen:** *2* AB
- **Ausgabe:** *4* Ausg.
- **außer Dienst:** *2* a. D.
- **außerordentlich:** *2* a. o.
- **außerplanmäßig:** *3* apl.
- **Auswärtiges Amt:** *2* AA
- **automatische Handfeuerwaffe:** *2* MG, MP; *3* lMG, sMG
- **Automobilclub von Deutschland:** *3* AvD
- **Bahnhof:** *2* Bf.; *3* Bhf.
- **Band:** *2* Bd.
- **Bände:** *3* Bde
- **Bank deutscher Länder:** *3* BdL
- **Barium:** *2* Ba
- **Bataillon:** *3* Bat.
- **Batterie:** *4* Batt.
- **bayrisch:** *4* bayr.
- **Bayerischer Rundfunk:** *2* BR
- **bedeutend:** *3* bed.
- **Behörde:** *3* Beh.
- **bei:** *1* b.
- **beiliegend:** *4* beil.
- **belgische Münze:** *3* bfr
- **belgischer Franc:** *3* bfr
- **Bemerkung:** *3* Bem.
- **Berkelium:** *2* Bk
- **berühmt:** *3* ber.
- **Beryllium:** *2* Be
- **besonders:** *3* bes.
- **bestimmt:** *4* best.
- **Bestimmung:** *4* Best.
- **Betreff:** *4* Betr.
- **betreffend:** *4* betr.
- **Bevollmächtigter:** *3* Bev.
- **bezahlt:** *3* bez.
- **Bezeichnung:** *3* Bez.
- **beziehungsweise:** *3* bzw.; *4* resp.
- **Bezirk:** *2* Bz.; *3* Bez.
- **bezüglich:** *3* bez.; *4* bezl.
- **Bibelteil:** *2* A. T., N. T.
- **bis:** *1* b.
- **bitte wenden:** *2* b. w.
- **Blatt:** *2* Bl.
- **Blei:** *2* Pb
- **Bogen:** *2* Bg.
- **Bor:** *1* B
- **Breite:** *2* Br.
- **Brief:** *2* Bf.
- **britisch:** *4* brit.
- **britische Luftverkehrsgesellschaft:** *3* BEA; *4* BOAC
- **britische Luftwaffe:** *3* RAF
- **British Broadcasting Corporation:** *3* BBC
- **Brom:** *2* Br
- **broschiert:** *6* brosch.
- **Brüder:** *2* Br.
- **brutto:** *3* bto.; *4* btto.
- **brutto für netto:** *3* bfn.
- **Bruttoregistertonne:** *3* BRT
- **Buch:** *3* Bch.
- **bulgarische Münze:** *2* Lw
- **Bund der Heimatvertriebenen und Entrechteten:** *3* BHE
- **Bund Deutscher Architekten:** *3* BDA
- **Bundesautobahn:** *3* BAB
- **Bundesbahn:** *2* DB
- **Bundesgesetzblatt:** *4* BGBl.
- **Bundeskriminalamt:** *3* BKA
- **Bundespost:** *2* BP; *3* DBP
- **Bundesregierung:** *2* BR

- **Bundesrepublik Deutschland:** *3* BRD
- **Bundesversorgungsgesetz:** *3* BVG
- **Bürgerliches Gesetzbuch:** *3* BGB
- **Cadmium:** *2* Cd
- **Caesium:** *2* Cs
- **Calcium:** *2* Ca
- **California (USA):** *3* Cal.
- **Californium:** *2* Cf
- **Celsius:** *1* C
- **Cent, Centime:** *2* ct.
- **Cer:** *2* Ce
- **chemisch:** *4* chem.
- **Chlor:** *2* Cl
- **Christlich-Demokratische Union:** *3* CDU
- **Christlich-Soziale Union:** *3* CSU
- **Christlicher Verein Junger Männer:** *4* CVJM, YMCA
- **Christusmonogramm:** *3* IHS
- **Christussymbol:** *2* XP
- **Chrom:** *2* Cr
- **circa:** *2* ca.
- **Colorado (USA):** *3* Col.
- **Compagnie:** *2* Co.; *3* Cie.
- **Connecticut (USA):** *4* Conn.
- **Corps consulaire:** *2* CC
- **Corps diplomatique:** *2* CD
- **cum tempore:** *2* c. t.
- **Curium:** *2* Cm
- **da capo:** *2* d. c.
- **dänische Krone:** *3* dkr
- **dänische Münze:** *2* kr; *3* dkr
- **das heißt:** *2* d. h.
- **das ist:** *2* d. i.
- **Dativ:** *3* Dat.
- **Datum:** *3* Dat.
- **Dekagramm:** *2* Dg
- **Dekaliter:** *2* Dl; *3* dkl
- **Dekameter:** *2* Dm; *3* dkm
- **Delaware (USA):** *3* Del.
- **Denier:** *3* den
- **der Ältere:** *3* d. Ae.
- **dergleichen:** *3* dgl.
- **der Große:** *3* d. Gr.
- **der Jüngere:** *2* d. J.
- **der Obige:** *2* d. O.
- **der Reserve:** *2* d. R.
- **der Unterzeichnete:** *2* d. U.
- **derzeit:** *2* dz.
- **des Ruhestandes:** *2* d. R.
- **desgleichen:** *5* desgl.
- **deutsch:** *2* dt.
- **Deutsche Angestellten-Gewerkschaft:** *3* DAG
- **deutsche Anrede:** *2* Fr., Hr.; *3* Frl.
- **Deutsche Bundesbahn:** *2* DB
- **Deutsche Bundespost:** *3* DBP
- **Deutsche Demokratische Republik:** *3* DDR
- **Deutsche Industrie-Norm:** *3* DIN
- **deutsche Kriegsauszeichnung:** *2* EK
- **Deutsche Landwirtschafts-Gesellschaft:** *3* DLG
- **Deutsche Lebensrettungs-Gesellschaft:** *4* DLRG
- **Deutsche Mark:** *2* DM
- **Deutsche Olympische Gesellschaft:** *3* DOG
- **Deutsche Partei:** *2* DP
- **Deutsche Presse-Agentur:** *3* dpa
- **Deutsche Schlafwagen- und Speisewagen-Gesellschaft:** *3* DSG
- **Deutsche Welle:** *2* DW
- **deutscher Automobilklub:** *3* AvD; *4* ADAC
- **Deutscher Beamtenbund:** *3* DBB
- **Deutscher Fußballbund:** *3* DFB
- **Deutscher Gewerkschaftsbund:** *3* DGB
- **Deutscher Normenausschuß:** *3* DNA
- **deutscher Rundfunksender:** *3* NDR, SDR, SFB, WDR; *4* RIAS
- **Deutsches Arzneibuch:** *3* DAB
- **Deutsches Bundes-Gebrauchsmuster:** *4* DBGM
- **Deutsches Bundespatent:** *3* DBP
- **Deutsches Familienkaufhaus:** *6* Defaka
- **Deutsches Reichspatent:** *3* DRP
- **Deutsches Rotes Kreuz:** *3* DRK
- **Deutschlandfunk:** *3* DLF
- **Dezember:** *3* Dez.
- **Dezigramm:** *2* dg
- **Deziliter:** *2* dl
- **Dezimeter:** *2* dm
- **Diapositiv:** *3* Dia
- **dienstunfähig:** *2* d. u.
- **dieses Jahres:** *2* d. J.
- **dieses Monats:** *2* d. M.
- **Dinar:** *3* Din
- **Diplom:** *4* Dipl.
- **Diplomatisches Korps:** *2* CD
- **dito:** *2* do.; *3* dto.
- **diverse:** *3* div.
- **Division:** *3* Div.
- **Doktor:** *2* Dr.
- **Doppelzentner:** *2* dz
- **Drachme:** *2* Dr
- **durch:** *3* dch
- **Dutzend:** *4* Dtzd.
- **Dysprosium:** *2* Dy
- **ebenda:** *3* ebd.
- **Edition:** *2* Ed.
- **ehemals:** *3* ehm.
- **ehrenhalber:** *2* e. h., h. c.
- **eigentlich:** *5* eigtl.
- **eingetragene Genossenschaft mit beschränkter Haftpflicht:** *5* eGmbH
- **eingetragener Verein:** *2* e. V.
- **einschließlich:** *4* incl.; *7* einschl.
- **Einsteinium:** *1* E
- **Einzahl:** *2* Ez.
- **Eisen:** *2* Fe
- **Eisernes Kreuz:** *2* EK
- **elektrisch:** *2* el.; *6* elektr.
- **elektrische Lokomotive:** *4* ELok
- **Elektrizität:** *3* Elt.
- **Elektrizitätswerk:** *5* EWerk
- **Elektrokardiogramm:** *3* EKG
- **Elektronenvolt:** *2* eV
- **emeritus:** *2* em.

- **englisch:** *4* engl.
- **englische Anrede:** *2* Mr.; *3* Mrs.
- **englische Kriminalpolizei:** *3* CID
- **englische Münze:** *2* sh
- **englisches Gewicht:** *2* lb, oz; *3* cwt
- **englisches Hohlmaß:** *2* bu, pk, qt; *3* gal
- **Entwicklungsprogramm der UN:** *4* UNDP
- **Erbium:** *2* Er
- **Erdgeschoß:** *4* Erdg.
- **Ersatz:** *3* Ers.
- **Erzbischof:** *2* EB
- **Escudo:** *3* Esc
- **Esquire:** *3* Esq
- **et cetera:** *3* etc.
- **Europahilfegesetz:** *3* ECA
- **Europäische Atom-Gemeinschaft:** *7* EURATOM
- **Euopäische Freihandelszone:** *4* EFTA
- **Europäische Gemeinschaft:** *2* EG
- **Europäische Verteidigungsgemeinschaft:** *3* EVG
- **Europäische Wirtschaftsgemeinschaft:** *3* EWG
- **Europäische Zahlungsunion:** *3* EPU, EZU
- **Europäischer Fußball-Verband:** *4* UEFA
- **Europäischer Wirtschaftsrat:** *4* OEEC
- **Europäisches Fernsehen:** *10* Eurovision
- **Europäisches Währungsabkommen:** *3* EWA
- **Europäisches Wiederaufbauprogramm:** *3* ERP
- **Europium:** *2* Eu
- **evangelisch:** *2* ev.
- **Evangelische Kirche in Deutschland:** *3* EKD
- **Evangelium:** *2* Ev.
- **eventuell:** *4* evtl.
- **Exemplar:** *4* Expl.
- **exklusive:** *4* exkl.
- **ex libris:** *2* EL
- **ex officio:** *2* e. o.
- **Expedition:** *3* Exp.
- **Exzellenz:** *3* Exz.
- **Fahrenheit:** *1* F
- **Farad:** *1* F
- **Februar:** *4* Febr.
- **feminin:** *3* fem.
- **Fermium:** *2* Fm
- **Fernschnellzug:** *1* F
- **Fernschreiben:** *2* FS
- **Fernsehanstalt:** *3* ARD, ZDF
- **Fernsehen:** *2* TV
- **Festmeter:** *2* fm
- **finnische Münze:** *2* mk; *3* Fmk; *5* Penni
- **Finnmark:** *3* Fmk
- **Firma:** *2* Fa.
- **Flächenmaß:** *2* ha, qm; *3* qcm, qdm, qkm, qmm
- **Florida (USA):** *3* Fla.
- **Florin:** *2* fl
- **Flugzeugabwehrkanone:** *4* Flak
- **Fluor:** *1* F
- **Fluß:** *2* Fl.
- **folgende:** *2* ff.
- **Folioblatt:** *3* Fol.
- **Forint:** *2* Ft.
- **forte:** *1* f
- **forte fortissimo:** *3* fff
- **fortissimo:** *2* ff
- **fortlaufend:** *2* ff
- **Franc:** *2* fr
- **Francium:** *2* Fr
- **Franken:** *2* Fr.
- **franko:** *2* fr.
- **französisch:** *3* frz.
- **französische Anrede:** *1* M.; *3* Mme.; *4* Mlle.
- **französische Münze:** *2* ct, fr, NF
- **Frau:** *2* Fr.
- **Fräulein:** *3* Frl.
- **free on board:** *3* fob
- **Freie Demokratische Partei:** *3* F.D.P.
- **Freie Deutsche Jugend:** *3* FDJ
- **Freiherr:** *3* Frh.; *4* Frhr.
- **Freikörperkultur:** *3* FKK
- **freundlich:** *4* frdl.
- **Fußballverein:** *2* FC, FK, FV
- **Fußball-Weltverband:** *4* FIFA
- **Gadolinium:** *2* Gd
- **Gallium:** *2* Ga
- **Gauß:** *1* G
- **geboren:** *3* geb.
- **Gebrüder:** *4* Gebr.
- **gebunden:** *3* geb.
- **gefallen:** *3* gef.
- **gefällig, gefälligst:** *4* gefl.
- **gegebenenfalls:** *3* ggf.
- **gegen:** *3* geg.
- **gegründet:** *4* gegr.
- **geheftet:** *3* geh.
- **Geheime Kommandosache:** *7* GEKADOS
- **Gemeinde:** *3* Gem.
- **genannt:** *3* gen.
- **General:** *3* Gen.
- **Generalmusikdirektor:** *3* GMD
- **Genossenschaft:** *3* Gen.
- **Georgia (USA):** *2* Ga.
- **germanisch:** *4* germ.
- **Germanium:** *2* Ge
- **geschieden:** *5* gesch.
- **Geschwister:** *6* Geschw.
- **Gesellschaft für musikalische Aufführungsrechte:** *4* GEMA
- **Gesellschaft mit beschränkter Haftung:** *4* GmbH
- **Gesellschaftsform:** *2* AG, KG; *3* OHG; *4* GmbH
- **gestorben:** *4* gest.
- **getauft:** *3* get.
- **Gewerbeordnung:** *4* GewO
- **Gewichtseinheit:** *1* g, t; *2* cg, Dg, dz, kg, mg; *3* Pfd., Ztr.; *4* Kilo
- **gezeichnet:** *3* gez.
- **Gold:** *2* Au
- **Grad:** *1* g
- **Graf:** *2* Gf
- **Gräfin:** *3* Gfn
- **Grafschaft:** *7* Gfschft

- **Gramm:** *1* g
- **Grammkalorie:** *3* cal
- **Greenwich:** *2* Gr.
- **griechisch:** *4* grch
- **griechische Münze:** *2* Dr
- **groß:** *2* gr.
- **größter anzunehmender Unfall (am Kernkraftwerk):** *3* GAU
- **Grundgesetz:** *2* GG
- **Hafnium:** *2* Hf
- **Haltepunkt:** *2* Hp.
- **Haltestelle:** *2* Hs.; *3* Hst.
- **Handelsgesetzbuch:** *3* HGB
- **Handelsorganisation der Sowjetzone:** *2* HO
- **Handels- und Entwicklungsrat der UN:** *6* UNCTAD
- **Hauptbahnhof:** *3* Hbf.
- **Hauptkampflinie:** *3* HKL
- **Hauptmann:** *4* Hptm.
- **Hauptstadt:** *5* Hptst.
- **Hawaii (USA):** *2* TH
- **hebräisch:** *4* hebr.
- **Hefnerkerze:** *2* Hf
- **heilig:** *2* hl
- **Heilsarmee:** *3* TSA
- **Hektar:** *2* ha
- **Hektogramm:** *2* hg
- **Hektoliter:** *2* hl
- **Hektometer:** *2* hm
- **Helium:** *2* He
- **Herausgeber:** *2* Hg.; *4* Hrsg.
- **Herr:** *2* Hr.
- **Herrn:** *3* Hrn.
- **Hertz:** *2* Hz
- **Herzog:** *3* Hzg
- **Herzogtum:** *4* Hzgt.
- **Hessischer Rundfunk:** *2* HR
- **High Fidelity:** *4* HiFi
- **Himmelsrichtung:** *2* NO, NW, SO, SW; *3* NNO, NNW, ONO, OSO, SSO, SSW, WNW, WSW
- **Hohlmaß:** *2* cl, Dl, fm, hl, ml, RT; *3* BRT, cbm, ccm, cdm, dkl, NRT; *4* cbkm
- **holländisch:** *4* holl.
- **holländische Münze:** *2* ct., fl.; *3* hfl.
- **holländischer Gulden:** *3* hfl.
- **Holmium:** *2* Ho
- **honoris causa:** *2* h. c.
- **Idaho (USA):** *2* Id.
- **idem:** *2* id.
- **Ihre Hoheit:** *2* IH
- **Ihre Majestät:** *2* IM
- **Illinium:** *2* Il
- **Illinois (USA):** *3* Ill.
- **illustriert:** *3* ill.
- **im Auftrag:** *2* i. A.
- **im Jahre:** *2* i. J.
- **Imperativ:** *3* Imp.
- **Imperator:** *3* Imp.
- **Imperator Rex:** *2* IR
- **imprimatur:** *4* impr.
- **im Ruhestand:** *2* i. R.
- **Incorporated:** *3* Inc.
- **in der Trockenmasse:** *2* i. T.
- **Index:** *3* Ind.
- **Indiana (USA):** *3* Ind.
- **Indikativ:** *3* Ind.
- **indische Münze:** *2* iR
- **Indium:** *2* In
- **indonesische Münze:** *2* Rp
- **Industriegewerkschaft:** *2* IG
- **Industrie- und Handelskammer:** *3* IHK
- **Infanterie:** *3* Inf.
- **Infanteriedivision:** *2* ID
- **Infanterieregiment:** *2* IR
- **Ingenieur:** *3* Ing.
- **Inhaber:** *3* Inh.
- **inklusive:** *4* incl., inkl.
- **Inland:** *3* Inl.
- **Interessengemeinschaft:** *2* I. G.
- **international:** *3* int.
- **Internationale Fernmeldeunion:** *3* ITU, UIT
- **Internationale Flüchtlingsorganisation:** *3* IRO
- **Internationale Handelsorganisation:** *3* ITO
- **internationale Kulturorganisation:** *6* UNESCO
- **Internationale Organisation für Atom-Energie:** *4* IAEO
- **internationale Polizei:** *8* Interpol
- **Internationaler Automobilverband:** *3* FIA
- **Internationaler Fußballverband:** *4* FIFA
- **Internationaler Genossenschaftsverband:** *3* ICA
- **internationaler Hilferuf:** *3* CQD, SOS
- **Internationaler Kinderhilfsfonds:** *6* UNICEF
- **Internationaler Luftverkehrsverband:** *4* IATA
- **Internationaler Motorradsportverband:** *3* FIM
- **Internationaler Philatelistenbund:** *3* FIP
- **Internationaler Skiverband:** *3* FIS
- **internationaler Schriftstellerverband:** *3* PEN
- **Internationaler Schwimmverband:** *4* FINA
- **Internationales Olympisches Komitee:** *3* CIO, IOK
- **Internationales Rotes Kreuz:** *3* IRK
- **in Vertretung:** *2* i. V.
- **in Vollmacht:** *2* i. V.
- **Iowa (USA):** *2* Ia.
- **iranische Münze:** *2* Rl
- **Iridium:** *2* Ir
- **Irrtum vorbehalten:** *2* I. v.
- **isländische Krone:** *3* ikr
- **isländische Münze:** *2* kr; *3* ikr
- **italienisch:** *2* it.; *4* ital.
- **italienische Münze:** *3* Lit
- **Jahr:** *1* J.
- **Jahrgang:** *2* Jg.
- **Jahrgänge:** *3* Jgg.
- **Jahrhundert:** *2* Jh.
- **Jahrtausend:** *3* Jtd.
- **Januar:** *3* Jan.
- **Jesuitenorden:** *2* SJ
- **Jesus:** *3* IHS
- **Jod:** *1* J
- **jordanische Münze:** *2* JD

- **jugoslawische Münze:** *3* Din
- **junior:** *2* jr.; *3* jun.
- **Jurisprudenz:** *3* jur
- **kaiserlich-königlich:** *2* k.k.
- **kaiserlich und königlich:** *3* k. u. k.
- **Kalifornien (USA):** *3* Cal.
- **Kalium:** *1* K
- **Kalorie:** *3* cal
- **Kandidat:** *4* cand.
- **Kansas (USA):** *3* Kan.
- **Kanton:** *2* Kt.
- **Kapitalgesellschaft:** *2* AG, KG; *4* GmbH
- **Kapitän:** *3* Kpt.
- **Kapitel:** *3* Kap.
- **Kartellverband:** *2* KV
- **kartoniert:** *4* kart.
- **Kassiopeium:** *2* Cp
- **katholisch:** *4* kath.
- **Kentucky (USA):** *2* Ky.
- **Kilogramm:** *2* kg
- **Kilohertz:** *3* kHz
- **Kilokalorie:** *4* kcal
- **Kiloliter:** *2* kl
- **Kilometer:** *2* km
- **Kilopond:** *2* kp
- **Kilovolt:** *2* kV
- **Kilovoltampere:** *3* kVA
- **Kilowatt:** *2* kW
- **Kilowattstunde:** *3* kWh
- **Klasse:** *2* Kl.
- **klein:** *2* kl.
- **knockout:** *2* k. o.
- **Knoten :** *2* kn
- **Kobalt:** *2* Co
- **Kohlenstoff:** *1* C
- **Kommandant:** *3* Kdt
- **Kommandeur:** *3* Kdr.
- **Kommanditgesellschaft:** *2* KG
- **Kommanditgesellschaft auf Aktien:** *4* KGaA
- **Kommando:** *3* Kdo.
- **Kommission:** *4* Komm.
- **Kompanie:** *2* Kp
- **König:** *2* Kg
- **Königin:** *3* Kgn
- **königlich:** *3* kgl.
- **Königreich:** *3* Kgr.
- **Konjunktiv:** *4* Konj.
- **Konsularisches Korps:** *2* CC
- **Konto:** *3* Kto.
- **Konzentrationslager:** *2* KZ
- **Kopeke:** *3* Kop.
- **Kosekans:** *5* cosec
- **Kosinus:** *3* cos
- **Kotangens:** *3* cot, ctg; *4* cotg
- **Kraftfahrzeug:** *3* Bus, Cab, Kfz, Lkw, Pkw; *4* Krad, Obus; *5* Combi, Kombi
- **Kraftrad:** *4* Krad
- **Kreis:** *2* Kr.; *3* Krs.
- **Kreuzinschrift:** *4* INRI
- **kriegsdienstverwendungsfähig:** *2* kv
- **Kriminalpolizei:** *5* Kripo
- **Krone:** *2* kr
- **Krypton:** *2* Kr
- **Kubikdezimeter:** *3* cdm
- **Kubikkilometer:** *4* cbkm
- **Kubikmeter:** *2* fm; *3* cbm
- **Kubikmillimeter:** *3* cmm
- **Kubikzentimeter:** *3* ccm
- **künftigen Jahres:** *2* k. J.
- **künftigen Monats:** *2* k. M.
- **Kupfer:** *2* Cu
- **kurant:** *3* crt.
- **kurzerhand:** *2* k. H.
- **Land:** *2* Ld.
- **Landeskriminalamt:** *3* LKA
- **Landesversicherungsanstalt:** *3* LVA
- **Landeszentralbank:** *3* LZB
- **Landgericht:** *2* LG
- **landwirtschaftlich:** *3* ldw.
- **Landwirtschaftsorganisation der UN:** *2* FA
- **lang:** *2* lg
- **Länge:** *3* Lge.
- **Längenmaß:** *1* m; *2* cm, dm, km, mm, My, sm; *3* dkm
- **Lanthan:** *2* La
- **Lastenausgleich:** *3* LAG
- **Lastkraftwagen:** *3* Lkw
- **lateinisch:** *3* lat.
- **laufend:** *3* lfd
- **laufenden Jahres:** *2* l. J.
- **laufenden Monats:** *2* l. M.
- **laut:** *2* lt.
- **Lawrencium:** *2* Lw
- **ledig:** *3* led.
- **leichtes Maschinengewehr:** *3* lMG
- **Leutnant:** *2* Lt.
- **Limited:** *3* Ltd.
- **links:** *1* l.
- **Liter:** *1* l
- **Literatur:** *3* Lit.
- **Lithium:** *2* Li
- **Logarithmus:** *3* log
- **Louisiana (USA):** *2* La.
- **Lumen:** *2* lm
- **Lutetium:** *2* Lu
- **lutherisch:** *4* luth.
- **Lux:** *2* lx
- **Luxemburger Franc:** *3* lfr.
- **luxemburgische Münze:** *2* ct., fr.; *3* lfr.
- **Mac:** *2* Mc
- **Mache-Einheit:** *2* ME
- **Madame:** *3* Mme.
- **Mademoiselle:** *4* Mlle.
- **Magister:** *3* Mag.
- **Magistrat:** *3* Mag.
- **Magnesium:** *2* Mg
- **Maine (USA):** *2* Me.
- **Mangan:** *2* Mn
- **Männergesangverein:** *3* MGV
- **männlich:** *1* m.
- **Manuskript:** *2* Ms.; *4* Mskr.
- **Mark:** *1* M
- **Markka:** *2* mk; *3* Fmk
- **marokkanische Münze:** *2* DH

- **Marshall-Plan:** *3* ERP
- **Maryland (USA):** *2* Md.
- **Maschinenfabrik Augsburg-Nürnberg AG:** *3* MAN
- **Maschinengewehr:** *2* MG
- **Maschinenpistole:** *2* MP
- **maskulin:** *4* mask.
- **Massachusetts (USA):** *4* Mass.
- **Masurium:** *2* Ma
- **mathematisch:** *4* math.
- **Maul- und Klauenseuche:** *3* MKS
- **Medizin:** *3* med.
- **Megahertz:** *3* MHz
- **Megawatt:** *2* MW
- **mehrfach:** *4* mhrf.
- **Mehrzahl:** *2* Mz.
- **meiner Ansicht nach:** *3* m. A. n.
- **meines Erachtens:** *2* m. E.
- **meines Wissens:** *2* m. W.
- **Meister:** *4* Mstr.
- **Mendelevium:** *2* Md
- **Mesdames:** *4* Mmes.
- **Mesdemoiselles:** *5* Mlles.
- **Messieurs:** *2* MM.
- **Meter:** *1* m
- **Meterkilogramm:** *3* mkg
- **mezzoforte:** *2* mf
- **mezzopiano:** *2* mp
- **Michigan (USA):** *4* Mich.
- **Mikrometer:** *2* My
- **Mikron:** *2* My
- **militärisch:** *5* milit.
- **Militärischer Abschirmdienst:** *3* MAD
- **Military Police:** *2* MP
- **Milliampere:** *2* mA
- **Milliarde:** *2* Md.; *3* Mrd.
- **Millibar:** *2* mb
- **Milligramm:** *2* mg
- **Milliliter:** *2* ml
- **Millimeter:** *2* mm
- **Million:** *3* Mio.; *4* Mill.
- **minderjährig:** *2* mj.
- **Minister, Ministerium:** *3* Min.
- **Minnesota (USA):** *4* Minn.
- **Minute:** *3* Min.
- **Mississippi (USA):** *4* Miss.
- **Missouri (USA):** *2* Mo.
- **Mister:** *2* Mr.
- **Mistreß:** *3* Mrs.
- **mit anderen Worten:** *3* m. a. W.
- **Mitglied des Bundestages:** *3* MdB
- **Mitglied des Landtages:** *3* MdL
- **Mittelalter:** *2* MA.
- **Mitteleuropäische Schlaf- und Speisewagen-AG:** *7* Mitropa
- **mitteleuropäische Zeit:** *3* MEZ
- **mitteleuropäisches Reisebüro:** *3* MER
- **mittelhochdeutsch:** *3* mhd.
- **mittellateinisch:** *4* mlat.
- **mittelniederdeutsch:** *3* mnd.
- **Molekulargewicht:** *3* Mol
- **Molybdän:** *2* Mo
- **Monatsname:** *3* Apr., Aug., Dez., Jan., Nov., Okt.; *4* Febr., Sept.
- **mongolische Münze:** *2* Tg
- **Monsieur:** *1* M.
- **Monsignore:** *3* Mgr.; *4* Mgre., Mons., Msgr.
- **Montana (USA):** *4* Mont.
- **Monte:** *3* Mte.
- **Mount:** *2* Mt.
- **motorisiert:** *3* mot.
- **Motorschiff:** *2* MS
- **mundartlich:** *4* mdal.
- **nach Christus:** *4* n. Chr.
- **nach Ermessen:** *2* n. E.
- **Nachfolger:** *2* Nf.; *4* Nchf.; *5* Nachf.
- **nachmittags:** *2* nm.; *5* nachm.
- **Nachschrift:** *2* NS, PS
- **nächsten Jahres:** *2* n. J.
- **nächsten Monats:** *2* n. M.
- **Name unbekannt:** *2* N. N.
- **Nationales Olympisches Komitee:** *3* NOK
- **Nationalität:** *3* Nat.
- **Natrium:** *2* Na
- **Natur:** *3* Nat.
- **natürlich:** *3* nat.
- **nautisches Maß:** *2* kn, sm
- **Nebenbemerkung:** *2* NB
- **Nebenfluß:** *4* Nbfl.
- **Nebraska (USA):** *4* Nebr.
- **negativ:** *3* neg.
- **Neodym:** *2* Nd
- **Neon:** *2* Ne
- **Neptunium:** *2* Np
- **netto:** *3* nto.
- **Nettoregistertonne:** *3* NRT
- **Neuer Franc:** *2* NF
- **Neues Testament:** *2* N. T.
- **neuhochdeutsch:** *3* nhd.
- **neulateinisch:** *4* nlat.
- **New Hampshire (USA):** *2* N. H.
- **New Jersey (USA):** *2* N. J.
- **New Mexico (USA):** *2* N. M.; *4* N. Mex.
- **New York (USA):** *2* N. Y.
- **nicht tauglich:** *2* n. t.
- **Nickel:** *2* Ni
- **niederdeutsch:** *2* nd.
- **niederländische Münze:** *2* ct., fl.; *3* hfl.
- **Niob:** *2* Nb
- **Nobelium:** *2* No
- **Nordatlantikpakt:** *4* NATO
- **nordatlantisches Verteidigungsbündnis:** *4* NATO
- **Norddakota (USA):** *2* N. D.; *4* N. Dak.
- **Norddeutscher Rundfunk:** *3* NDR
- **Nordkarolina (USA):** *2* N. C.
- **nördlicher Breite:** *3* n. Br.
- **Nordnordost:** *3* NNO
- **Nordnordwest:** *3* NNW
- **Nordost:** *2* NO
- **Nordrhein-Westfalen:** *3* NRW
- **Nordwest:** *2* NW
- **Normalhöhenpunkt:** *2* N. H.
- **Normalkerze:** *2* NK

- **Normalnull:** *2* NN
- **North Carolina (USA):** *2* N. C.
- **North Dakota (USA):** *2* N. D.; *4* N. Dak.
- **norwegische Krone:** *3* nkr.
- **norwegische Münze:** *2* kr.; *3* nkr.
- **notabene:** *2* NB
- **November:** *3* Nov.
- **Numero:** *2* No.
- **Nummer:** *2* Nr.
- **oben angeführt:** *2* o. a.
- **oben erwähnt:** *2* o. e.
- **Oberbayern:** *3* Obb.
- **Oberbürgermeister:** *2* OB
- **Oberfinanzkasse:** *3* OFK
- **Oberlandesgericht:** *3* OLG
- **Oberleutnant:** *4* Oblt.
- **Oberpostdirektion:** *3* OPD
- **Objekt:** *3* Obj.
- **obligat:** *3* obl.
- **oder:** *2* od.
- **oder ähnlich:** *3* o. ae.
- **Offene Handelsgesellschaft:** *3* OHG
- **offiziell:** *4* offz.
- **Ohio (USA):** *1* O.
- **ohne Befund:** *2* o. B.
- **ohne Jahr:** *2* o. J.
- **ohne Obligo:** *2* o. O.
- **ohne Ort:** *2* o. O.
- **ohne Ort und Jahr:** *4* o. O. u. J.
- **ohne Wert:** *2* o. W.
- **okay:** *2* O. K.
- **Oklahoma (USA):** *4* Okla.
- **Oktober:** *3* Okt.
- **Operationssaal:** *2* OP
- **opus:** *2* op.
- **ordentlicher Professor:** *2* o. P.
- **Oregon (USA):** *4* Oreg.
- **Organisation:** *3* Org.
- **Organisation für Erziehung, Wissenschaft und Kultur der UN:** *6* UNESCO
- **Organisation für industrielle Entwicklung der UN:** *5* UNIDO
- **Örsted:** *2* Oe
- **Osmium:** *2* Os
- **Österreichischer Rundfunk:** *3* ORF
- **osteuropäische Zeit:** *3* OEZ
- **östlicher Länge:** *3* oe. L.
- **Ostnordost:** *3* ONO
- **Ostsüdost:** *3* OSO
- **pädagogisch:** *4* paed.
- **pagina:** *3* pag.
- **pakistanische Münze:** *2* pR
- **Palästinensische Befreiungsorganisation:** *3* PLO
- **Palladium:** *2* Pd
- **Panzerabwehrkanone:** *3* Pak
- **Panzerdivision:** *2* PD
- **Pappband:** *2* Pp.
- **Parterre:** *4* Part.
- **Pazifik-Pakt:** *5* ANZUS
- **Pennsylvanien (USA):** *2* Pa.
- **per Adresse:** *2* p. A.
- **per mille:** *2* p. m.
- **per procura:** *2* pp.; *3* ppa.
- **Personalcomputer:** *2* PC
- **Personalgesellschaft:** *2* KG; *3* OHG
- **Personenkraftwagen:** *3* Pkw
- **Peseta:** *3* Pta
- **Pfennig:** *2* Pf
- **Pferdestärke:** *2* HP, PS
- **Pfund:** *3* Pfd.
- **Philosophie:** *4* phil.
- **Phosphor:** *1* P
- **pianissimo:** *2* pp
- **piano:** *1* p
- **piano pianissimo:** *3* ppp
- **Platin:** *2* Pt
- **Plural:** *2* Pl.
- **Plutonium:** *2* Pu
- **polnische Münze:** *2* Zl
- **Polonium:** *2* Po
- **portugiesische Münze:** *3* Esc
- **Position:** *3* Pos.
- **positiv:** *3* pos.
- **Postgiroamt:** *6* PgiroA
- **Postscheckamt:** *5* PSchA
- **Postskriptum:** *2* PS
- **Praseodym:** *2* Pr
- **Präsident, Präsidium:** *5* Praes.
- **Preis:** *2* Pr.
- **Professor:** *4* Prof.
- **pro mille:** *2* p. m., v. T.
- **Protactinium:** *2* Pa
- **Provinz:** *4* Prov.
- **Provision:** *4* Prov.
- **Prozent:** *2* p. c., v. H.
- **Punkt:** *3* Pkt.
- **Quadratdezimeter:** *3* qdm
- **Quadratkilometer:** *3* qkm
- **Quadratmeter:** *2* qm
- **Quadratmillimeter:** *3* qmm
- **Quadratzentimeter:** *3* qcm
- **Quecksilber:** *2* Hg
- **Rabatt:** *3* Rab.
- **Radio Bremen:** *2* RB
- **Radium:** *2* Ra
- **Radon:** *2* Rn
- **Rappen:** *2* Rp.
- **Raummeter:** *2* rm
- **rechts:** *1* r.
- **recipe:** *2* Rp.; *3* Rec.
- **Redaktion:** *3* Red.
- **Referendar:** *3* Ref.
- **reformiert:** *3* ref.
- **Regierung:** *3* Reg.
- **Regierungsbezirk:** *5* Reg. Bz.
- **Regiment:** *3* Rgt.
- **Registertonne:** *2* RT
- **Reichsmark:** *2* RM
- **Religion:** *3* Rel.
- **Republik:** *3* Rep.
- **République Francaise:** *2* RF
- **requiescat in pace:** *3* R. I. P.
- **Reserve:** *3* Res.

- **respektive:** *4* resp.
- **Rezept:** *2* Rp.; *3* Rec.
- **Rhein:** *2* Rh.
- **Rheinland:** *4* Rhld.
- **Rhenium:** *2* Re
- **Rhesusfaktor:** *2* Rh
- **Rhode Island (USA):** *2* R. I.
- **Rhodium:** *2* Rh
- **Rial:** *2* Rl
- **ritardando:** *3* rit.
- **Rotes Kreuz:** *2* RK; *3* DRK
- **Royal Air Force:** *3* RAF
- **Rubel:** *3* Rbl
- **Rubidium:** *2* Rb
- **Rudersportverein:** *3* RSV
- **rund:** *2* rd.
- **Rundfunk im amerikanischen Sektor von Berlin:** *4* RIAS
- **Rupie:** *2* Rp
- **russisch:** *4* russ.
- **russische Münze:** *3* Kop, Rbl
- **Ruthenium:** *2* Ru
- **Saarländischer Rundfunk:** *2* SR
- **sächlich:** *1* s.
- **Sachsen:** *2* Sa.
- **Sainte:** *3* Ste.
- **Samarium:** *2* Sm
- **Sankt:** *2* St.
- **Santa:** *3* Sta.
- **Santo:** *3* Sto.
- **saudi-arabische Münze:** *3* SRI
- **Sauerstoff:** *1* O
- **Scandium:** *2* Sc
- **Schilling:** *3* Sch
- **Schnellzug:** *4* D-Zug
- **schwedische Krone:** *3* skr
- **schwedische Münze:** *3* skr
- **Schwefel:** *1* S
- **Schweizer Franken:** *3* sFr., sfr
- **schweizerische Münze:** *2* Rp; *3* sfr
- **Schweizerische Rundspruch-Gesellschaft:** *3* SRG
- **schweres Maschinengewehr:** *3* sMG
- **Schwester:** *4* Schw.
- **Seemeile:** *2* sm
- **Seenotzeichen:** *3* CQD, SOS
- **Segelschiff:** *2* SS
- **sehr fein:** *2* ff
- **sehr selten:** *2* RR
- **Seine Exzellenz:** *2* S. E.
- **Seine Majestät:** *2* S. M.
- **Seiner Majestät Schiff:** *3* S. M. S.
- **seinerzeit:** *2* s. Z.
- **Sekans:** *3* sec
- **Sekunde:** *3* Sek.
- **Selen:** *2* Se
- **selig:** *3* sel.
- **Sender Freies Berlin:** *3* SFB
- **senior:** *3* sen.
- **September:** *4* Sept.
- **Shilling:** *2* sh
- **Siedepunkt:** *2* SP
- **siehe oben:** *2* s. o.
- **siehe unten:** *2* s. u.
- **Silber:** *2* AG
- **Silicium:** *2* Si
- **sine tempore:** *2* s. t.
- **Sinfonie:** *4* Sinf.
- **Singular:** *4* Sing.
- **Sinus:** *3* sin
- **sogenannt:** *3* sog.
- **South Carolina (USA):** *2* S. C.
- **South Dakota (USA):** *2* S. D.; *4* S. Dak.
- **soviel als:** *3* sva.
- **soviel wie:** *3* svw.
- **Sowjetische Besatzungszone Deutschlands:** *3* SBZ
- **sowjetische Münze:** *3* Rbl
- **sowjetische Nachrichtenagentur:** *4* TASS
- **Sowjetunion:** *2* SU; *4* SSSR; *5* UdSSR
- **sowjetzonale Handelsorganisation:** *2* HO
- **sowjetzonale Jugendorganisation:** *3* FDJ
- **sozial:** *3* soz.
- **Sozialistische Einheitspartei Deutschlands:** *3* SED
- **Sozialistische Sowjetrepublik:** *3* SSR
- **spanisch:** *4* span.
- **spanische Münze:** *3* Pta
- **Spielvereinigung:** *2* SV
- **Sportclub:** *2* SC
- **Sportverein:** *2* FC, FK, SK, SV, TV; *3* MTV, SpV, TSV, TuS; *4* SpVg
- **Sprengstoff:** *3* TNT
- **stereophonisch:** *3* Ste.; *6* Stereo
- **Stickstoff:** *1* N
- **Strafgesetzbuch:** *4* StGB
- **Strafprozeßordnung:** *4* StPO
- **Straße:** *3* Str.
- **Straßenverkehrsgesetz:** *4* StVG
- **Straßenverkehrsordnung:** *4* StVO
- **Straßenverkehrs-Zulassungs-Ordnung:** *5* StVZO
- **strategische Verteidigungsinitiative:** *3* SDI
- **Strontium:** *2* Sr
- **Stück:** *2* St.
- **Stunde:** *2* St.; *3* Std.
- **stündlich:** *4* stdl.
- **Süddakota (USA):** *2* S. D.; *4* S. Dak.
- **Süddeutscher Rundfunk:** *3* SDR
- **Südkarolina (USA):** *2* S. C.
- **südlicher Breite:** *3* s. Br.
- **Südost:** *2* SO
- **Südostasien-Pakt:** *5* SEATO
- **Südsüdost:** *3* SSO
- **Südsüdwest:** *3* SSW
- **Südwest:** *2* SW
- **Südwestfunk:** *3* SWF
- **Summa:** *2* Sa.
- **Tabelle:** *3* Tab.
- **Tafel:** *3* Taf.
- **Tagebuch:** *3* Tgb.
- **Tangens:** *2* tg; *4* tang
- **tansanische Münze:** *3* EAs
- **Tantal:** *2* Ta

- **Tausend:** *3* Tsd.
- **Techneticum:** *2* Tc
- **technisch:** *5* techn.
- **Technische Hochschule:** *2* TH
- **technische Maßeinheit:** *2* PS
- **Technische Nothilfe:** *2* TN
- **Technische Universität:** *2* TU
- **Telefon:** *3* Tel.
- **Television:** *2* TV
- **Tellur:** *2* Te
- **Tennessee (USA):** *4* Tenn.
- **Terbium:** *2* Tb
- **Texas (USA):** *3* Tex.
- **Thallium:** *2* Tl
- **theologisch:** *5* theol.
- **Thorium:** *2* Th
- **Thulium:** *2* Tm
- **Titan:** *2* Ti
- **Titel:** *3* Tit.
- **Tonne (Gewicht):** *1* t
- **Trans-Europ-Express:** *3* TEE
- **Trappistenorden:** *3* OCR; *4* OSSO
- **tschechische Münze:** *3* Kcs
- **Tschechoslowakei:** *4* CSSR
- **Tuberkulose:** *2* Tb; *3* Tbc
- **tunesische Münze:** *2* tD
- **Turbinenantrieb:** *5* Turbo
- **Turbinenschiff:** *2* TS
- **türkische Münze:** *2* TL; *3* Ltq
- **Türkisches Pfund:** *3* Ltq
- **Turnerschaft:** *2* TS
- **Turn- und Spielvereinigung:** *3* TuS
- **über dem Meeresspiegel:** *4* ue. d. M.
- **Ultimo:** *3* ult.
- **Ultrakurzwellen:** *3* UKW
- **ultraviolett:** *2* UV
- **um Antwort wird gebeten:** *4* u. A. w. g.
- **unabkömmlich:** *2* uk
- **und ähnlich:** *3* u. ae.
- **und andere:** *2* u. a.
- **und andere mehr:** *3* u. a. m.
- **und dergleichen:** *4* u. dgl.
- **und folgende:** *3* u. ff.
- **und so fort:** *3* usf.
- **und so weiter:** *2* pp.; *3* etc., usw.
- **und viele andere:** *3* u. v. a.
- **und zwar:** *3* u. zw.
- **ungarische Münze:** *2* Ft
- **Union der Sozialistischen Sowjetrepubliken:** *2* SU; *4* SSSR; *5* UdSSR
- **United Nations:** *2* UN; *3* UNO
- **United Press:** *2* UP
- **United Press International:** *3* UPI
- **United States:** *2* US
- **United States of America:** *3* USA
- **Universität:** *3* Uni; *4* Univ.
- **unseres Erachtens:** *2* u. E.
- **unseres Wissens:** *2* u. W.
- **unter anderem:** *2* u. a.
- **unter dem Meeresspiegel:** *3* u. d. M.
- **Unteroffizier:** *4* Uffz.
- **Unteroffizier vom Dienst:** *3* UvD
- **unter Rückerbittung:** *2* u. R.
- **unter Umständen:** *2* u. U.
- **Uran:** *1* U
- **ursprünglich:** *5* urspr.
- **US-Geheimdienst:** *3* CIA
- **Utah (USA):** *2* Ut.
- **Valuta:** *3* val.
- **Vanadium:** *1* V
- **Variation:** *3* Var.
- **Verband der Kriegsbeschädigten:** *3* VdK
- **Verband Deutscher Elektrotechniker:** *3* VDE
- **Verband für Arbeitsstudien:** *4* REFA
- **Verein Deutscher Ingenieure:** *3* VDI
- **Vereinigte Arabische Republik:** *3* VAR
- **Vereinigte Staaten von Amerika:** *2* US; *3* USA
- **Vereinte Nationen:** *2* UN, VN; *3* UNO
- **Verfassung:** *4* Verf.
- **Verfügung:** *3* Vfg.
- **vergleiche:** *3* vgl.
- **verheiratet:** *4* verh.
- **Verlag:** *3* Vlg.
- **vermählt:** *4* verm.
- **Vermont (USA):** *2* Vt.
- **Verordnung:** *2* VO
- **Verwaltung:** *4* Verw.
- **verwitwet:** *4* verw.
- **Veterinär:** *3* Vet.
- **Virginia (USA):** *2* Va.
- **Vitamin:** *3* Vit.
- **Volkswagen:** *2* VW
- **Volt:** *1* V
- **Voltampere:** *2* VA
- **Volumen:** *1* V
- **volumen:** *3* vol.
- **vom Hundert:** *2* p. c., v. H.
- **vom Tausend:** *2* p. m., v. T.
- **von oben:** *2* v. o.
- **von Rechts wegen:** *3* v. R. w.
- **von unten:** *2* v. u.
- **vor Christus:** *4* v. Chr.
- **vorgelesen, genehmigt, unterschrieben:** *3* v. g. u.
- **vorigen Jahres:** *2* v. J.
- **vorigen Monats:** *2* v. M.
- **vormals:** *4* vorm.
- **vormittags:** *2* vm.; *4* vorm.
- **Vorsitzender:** *4* Vors.
- **Vorstand:** *5* Vorst.
- **Wärmeeinheit:** *2* WE; *3* cal
- **Washington (USA):** *4* Wash.
- **Wasserklosett:** *2* WC
- **Wasserstoff:** *1* H
- **Wechselgesetz:** *2* WG
- **weiblich:** *1* w.
- **Weltarbeitsorganisation:** *3* IAO, ILO
- **Weltgesundheitsorganisation:** *3* WHO
- **Weltkinderhilfswerk:** *6* UNICEF
- **Weltpostverein:** *3* UPU
- **weltraumgestützte Raketenabwehr:** *3* SDI
- **Welt-Wetter-Organisation:** *3* WMO
- **Westdeutscher Rundfunk:** *3* WDR
- **Westeuropäische Union:** *3* WEU

- **westeuropäische Zeit:** *3* WEZ
- **westliches Verteidigungsbündnis:** *4* NATO
- **Westnordwest:** *3* WNW
- **Westsüdwest:** *3* WSW
- **wie oben:** *2* w. o.
- **wiederhole:** *3* wdh.
- **Wiederholung:** *4* Whlg.
- **Windrichtung:** *2* NO, NW, SO, SW; *3* NNO, NNW, ONO, OSO, SSO, SSW, WNW, WSW
- **Winkelfunktion:** *2* tg; *3* cos, cot, ctg, sin; *4* cotg, tang
- **Wirtschafts- und Sozialrat der UN:** *6* ECOSOC
- **Wisconsin (USA):** *3* Wis.
- **Wismut:** *2* Bi
- **wissenschaftlich:** *4* wiss.
- **Witwe:** *3* Wwe.
- **Wolfram:** *1* W
- **Wyoming (USA):** *2* Wy.; *3* Wyo.
- **Xenon:** *2* Xe
- **Yard:** *2* Yd.
- **Ytterbium:** *2* Yb
- **Yttrium:** *1* Y
- **Zahlenlotterie:** *5* Lotto
- **Zeitung:** *2* Zt.
- **Zentigramm:** *2* cg
- **Zentiliter:** *2* cl
- **Zentimeter:** *2* cm
- **Zentner:** *3* Ztr.
- **Ziffer:** *4* Ziff.
- **Zink:** *2* Zn
- **Zinn:** *2* Sn
- **zirka:** *2* ca.
- **Zirkon:** *2* Zr
- **zivil:** *3* ziv.
- **Zivilprozeßordnung:** *3* ZPO
- **Zloty:** *2* Zl
- **zu den Akten:** *3* z. d. A.
- **zu Händen:** *2* z. H.
- **zugleich:** *4* zugl.
- **zum Beispiel:** *2* z. B.
- **zum Exempel:** *2* z. E.
- **zum Teil:** *2* z. T.
- **zur besonderen Verwendung:** *3* z. b. V.
- **zur Disposition:** *2* z. D.
- **zur See:** *2* z. S.
- **zur weiteren Veranlassung:** *3* z. w. V.
- **zur Wiedervorlage:** *3* z. Wv.
- **zur Zeit:** *2* z. Z.
- **zusammen:** *3* zus.
- **zuzüglich:** *3* zuz.
- **Zweites Deutsches Fernsehen:** *3* ZDF
- **zwischen:** *2* zw.

Abkürzungszeichen: *5* Sigel
Ablage: *4* Bord; *5* Aktei, Regal; *6* Archiv, Podest; *7* Magazin; *9* Garderobe; *11* Registratur
Ablagemappe: *6* Ordner
Ablagerung: *4* Satz; *5* Seife; *6* Sinter; *8* Sediment; *9* Bodensatz; *12* Akkumulation, Niederschlag
Ablaß: *9* Indulgenz
Ablaßprediger: *6* Tetzel
Ablauf: *4* Zeit; *5* Folge; *7* Prozess, Verlauf; *8* Handlung, Programm; *9* Geschehen; *11* Mechanismus
- **des Geschehens:** *4* Zeit
- **für Grubenwasser:** *5* Seige
- **auf Schiffen:** *4* Gatt; *8* Speigatt

Ablaufkehle: *5* Rinne
Ablaufstelle: *5* Start
Ableben: *3* Tod
Ableger: *6* Senker, Spross; *11* Sproessling
Ablegung eines Ordensgelübdes: *7* Profess
ablehnen: *6* tadeln; *8* abweisen, negieren; *9* verachten, verwerfen; *10* verweigern; *11* ausschlagen, refuesieren; *12* missbilligen, verschmaehen; *13* zurueckweisen
Ablehnung: *3* nie; *4* nein; *5* nicht; *6* Absage, Refues; *7* niemals
- **des Krieges:** *10* Pazifismus
- **des Waffendienstes:** *24* Kriegsdienstverweigerung

ableisten: *11* absolvieren
ableiten: *10* deduzieren
ableitend: *8* deduktiv
Ableitung: *8* Nachweis; *9* Deduktion; *10* Herleitung
ablenken: *8* umleiten; *11* divergieren; *12* umdirigieren
Ablenkung: *7* Abdrift, Abtrift, Beugung; *8* Brechung; *9* Diversion; *10* Aberration
Ablesemarke: *5* Index
Ablieferung: *9* Uebergabe
Ablieferungsstelle: *5* Depot
Ablösung: *9* Abfindung; *10* Revirement
Abmachung: *4* Pakt; *7* Vertrag; *8* Abkommen, Kontrakt; *9* Absprache, Agreement; *11* Verabredung; *12* Vereinbarung; *13* Uebereinkunft
- **über Gewinn oder Nichtgewinn:** *5* Wette

Abmagerung: *8* Atrophie, Slimming; *10* Entfettung
Abmagerungsmaßnahmen: *9* Fastenkur; *13* Reduktionskur
abmalen: *8* kopieren; *11* konterfeien
Abmessung: *6* Format; *7* Groesse; *9* Dimension, Dosierung, Zuteilung; *10* Begrenzung
Abmessungsbegriff: *5* Hoehe, Tiefe; *6* Breite, Laenge
Abnäher: *8* Keilnaht
Abnahme: *4* Kauf; *6* Erwerb; *7* Schwund, Verlust; *9* Dekrement, Rueckgang; *10* Dekreszenz; *12* Verminderung
abnehmbares Kfz-Verdeck: *7* Hardtop
Abnehmen des Bartes: *5* Rasur
abnehmend: *9* degressiv
Abnehmer: *5* Kunde; *7* Kaeufer; *9* Besteller, Konsument; *11* Verbraucher; *12* Auftraggeber
Abnehmerwalze an der Krempel: *5* Filet
Abneigung: *4* Hass; *6* Degout, Unlust; *7* Abscheu; *8* Aversion; *10* Antipathie, Widerwille; *11* Animositaet; *12* Widerstreben
abnorme Verhaltensweise: *8* Hysterie
abnutzen: *8* abtragen; *11* verbrauchen; *12* strapazieren; *13* verschleissen
Abnutzung: *11* Verschleiss

Abonnement: *5* Bezug; *7* Anrecht; *9* Stammiete; *10* Dauerbezug, Dauerkarte, Dauermiete, Stammrecht
Abordnung: *10* Delegation, Deputation, Vertretung
Abort: *2* WC; *5* Lokus; *7* Klosett, Latrine
Abraum: *6* Abfall, Schutt
Abrechnung: *5* Rache; *6* Bilanz; *9* Ausgleich; *11* Liquidation; *12* Rechenschaft
Abrechnungsverfahren: *8* Clearing
Abrede: *5* Luege; *7* Dementi; *8* Leugnung, Widerruf; *12* Vereinbarung
Abreibung: *7* Pruegel, Schelte; *11* Frottierung
abreißen: *8* abtragen; *10* demolieren
abrichten: *6* lehren; *10* dressieren
Abrichter von Tieren: *8* Dompteur, Dresseur; *10* Tierlehrer; *13* Tierbaendiger
Abrichtung von Tieren: *7* Dressur
Abriß: *4* Bild, Plan; *6* Auszug, Skizze, Umriss; *7* Entwurf; *8* Lehrbuch; *9* Leitfaden; *10* Abhandlung, Kompendium; *11* Darstellung; *12* Beschreibung
abrunden: *9* ergaenzen; *11* arrondieren
abrüsten: *14* demobilisieren
Absage: *8* Verzicht; *9* Ablehnung, Abweisung
Absatz: *5* Markt; *6* Alinea, Hacken, Passus, Sokkel; *7* Verkauf; *9* Abschnitt, Paragraph
absatzloser Schuh: *6* Opanke
Absauger: *9* Exhaustor
Abschattierung: *6* Nuance; *9* Schraffur; *13* Schraffierung
abschätzen: *8* taxieren; *9* zensieren
Abschätzer: *7* Taxator
Abschaum: *6* Poebel; *7* Auswurf; *8* Gesindel
Abscheu: *4* Ekel; *5* Graus; *6* Grauen, Greuel, Horror; *7* Grausen; *8* Schauder; *9* Abneigung; *10* Widerwille; *11* Widerwillen
abscheulich: *5* uebel; *8* ekelhaft, greulich; *9* widerlich; *10* abominabel, graesslich; *11* entsetzlich, schaendlich, scheusslich, schrecklich; *12* widerwaertig
Abschied: *3* Ade; *7* Weggang; *8* Laufpass, Lebewohl, Scheiden, Trennung; *10* Entlassung
Abschied geben: *9* entlassen
Abschiedsgruß: *3* Ade; *4* Ciao; *5* Adieu, Valet; *6* Servus; *7* good bye; *8* Lebewohl; *14* Auf Wiedersehen
abschirmen: *9* isolieren
Abschirmung: *9* Isolation
Abschirmvorrichtung gegen Energieströme: *8* Isolator
abschlachten: *12* massakrieren
Abschlag: *6* Dekort, Rabatt, Skonto; *7* Disagio
abschlägige Antwort: *4* Nein
Abschlagzahlung: *4* Rate
abschließen: *7* sperren; *9* absperren, zusperren; *10* verriegeln, versperren
abschließend: *9* definitiv
Abschluß: *4* Ende; *5* Reife; *6* Bilanz, Finale, Finish, Sperre; *8* Ergebnis, Resultat; *12* Vereinbarung
Abschlußbalken des Schiffes: *6* Steven
Abschlußlinie: *6* Grenze
Abschlußprüfung: *6* Abitur, Examen
Abschlußrand: *5* Kante
Abschlußraum in Kirchen: *5* Apsis
Abschmelzung am Gletscher: *8* Ablation
abschneiden: *6* kappen; *8* kupieren
Abschnitt →Teil
Abschnitt: *4* Teil; *5* Kupon, Titel; *6* Absatz, Etappe, Partie, Passus, Pensum, Rubrik, Sektor, Spanne; *7* Kapitel, Stadium; *9* Paragraph
– **der Altsteinzeit:** *9* Acheuleen; *11* Aurignacien
– **beim Ballsport:** *8* Halbzeit
– **einer Entwicklung:** *5* Phase
– **der Erdgeschichte** →geologische Formation
– **eines Gesetzes:** *7* Artikel; *9* Paragraph
– **des Korans:** *4* Sure
– **eines Wettkampfes:** *4* Lauf; *5* Runde; *8* Halbzeit; *9* Durchgang
Abschrägung einer Kante: *4* Fase
abschreckend: *12* exemplarisch
abschreiben: *8* kopieren; *16* vervielfaeltigen
Abschreibung einer Schuld: *12* Amortisation
Abschrift: *5* Kopie; *8* Duplikat; *12* Zweitschrift
Abschürfung: *8* Hautriss, Schramme
abschüssig: *4* jaeh; *5* steil; *7* schraeg
Abschweifung: *6* Exkurs; *9* Abstecher; *10* Digression; *13* Unterbrechung
abseits: *4* fern; *8* entlegen; *9* abgelegen; *10* unberuehrt
absenden: *10* expedieren
Absender: *9* Adressant
Absendung: *10* Expedition
Absicht: *4* Plan, Ziel; *5* Wille, Zweck; *6* Sinnen, Taktik; *7* Gedanke, Methode, Tendenz; *8* Begehren, Vorhaben; *9* Intention, Verlangen
Absichten haben: *12* reflektieren
absichtlich: *7* bewusst; *10* vorbedacht; *11* willentlich; *12* demonstrativ, vorsaetzlich; *13* ausdruecklich
absichtslos: *13* unabsichtlich; *14* unwillkuerlich
Absinken
– **des Meeresspiegels:** *4* Ebbe
– **der Pulszahl:** *11* Bradykardie
absolut: *4* ewig; *7* restlos, voellig; *8* durchaus; *9* gaenzlich, unbedingt
absolute Atmosphäre: *3* ata
absoluter Superlativ: *6* Elativ
absonderlich: *7* seltsam; *11* exzentrisch
absondern: *7* trennen; *9* isolieren; *10* abscheiden, freisetzen; *11* ausscheiden, sezernieren
Absonderung: *6* Sekret; *7* Abszess, Schleim; *8* Schweiss, Speichel, Trennung; *9* Isolation, Sekretion, Sezession
Absonderung d. Bienen: *5* Wachs
Absonderung des menschlichen Körpers: *4* Harn; *5* Galle; *8* Schweiss, Speichel
Absonderungsorgan: *5* Leber, Niere; *6* Druese
Abspaltung: *9* Sezession
Abspannung: *9* Ermattung, Ermuedung; *10* Muedigkeit; *12* Erschoepfung
Absperrung: *6* Kordon; *8* Blockade
Absperrvorrichtung: *4* Zaun; *5* Kette; *6* Gatter,

Gitter, Klappe, Riegel, Ventil; *8* Barriere, Schieber; *9* Barrikade; *10* Abzaeunung, Schlagbaum, Umzaeunung
Absprache: *8* Abkommen; *9* Abmachung; *11* Verabredung; *12* Vereinbarung; *13* Uebereinkunft; *14* Uebereinkommen
Abstammung: *7* Abkunft, Gebluet; *8* Herkunft; *9* Herkommen; *10* Deszendenz, Herleitung, Provenienz
Abstammungslehre: *11* Darwinismus
Abstammungsnachweis: *8* Herdbuch; *9* Stammbaum, Zuchtbuch
Abstand: *6* Luecke; *7* Distanz; *9* Intervall; *10* Entfernung; *12* Zwischenraum
Abstand eines Gebäudes vom Nachbargrundstück: *7* Bauwich
Abstand in der Geometrie: *8* Ordinate
Abstand von unserem Planeten: *8* Erdferne
Abstand zwischen zwei Tönen: *9* Intervall
Abstandspunkte in der Astronomie: *7* Apsiden
Abstandszahlung: *7* Apanage; *9* Abfindung
Abstecher: *4* Trip; *5* Umweg; *6* Exkurs; *7* Ausflug; *9* Exkursion
Absteckpfahl: *5* Jalon
Absteigequartier: *5* Hotel, Logis, Motel; *6* Hospiz; *7* Gasthof; *8* Herberge
Abstellen von Fahrzeugen: *6* parken
Abstellplatte für Gefäße: *9* Untersatz
Abstellraum: *6* Garage, Keller, Remise; *8* Schuppen; *9* Verschlag; *12* Rumpelkammer
Absterben von Gewebeteilen: *7* Nekrose
Abstieg: *10* Niedergang
abstimmen: *7* stimmen; *8* anpassen; *10* ausrichten, intonieren; *11* ausgleichen
Abstimmender: *7* Waehler
Abstimmung: *4* Wahl; *8* Wahlgang; *9* Anpassung, Befragung; *11* Akklamation
Abstimmungsart: *4* Wahl; *6* Ballot; *9* Ballotage; *11* Akklamation; *12* Hammelsprung
Abstimmungsbeschluß: *10* Resolution
Abstinenz: *6* Askese; *10* Enthaltung; *14* Enthaltsamkeit
abstoßen: *10* missfallen
Abstoßen des Geweihs: *8* abwerfen
abstoßend: *8* repulsiv
abstrahieren: *7* folgern; *8* ableiten
abstrakt: *6* irreal; *10* unwirklich; *11* begrifflich; *14* gegenstandslos
Abstraktion: *15* Begriffsbildung
Abstreicher (Drucktechnik): *5* Rakel
abstreiten: *7* leugnen; *8* negieren; *9* verneinen
Abstufung: *4* Grad; *6* Nuance; *7* Toenung; *9* Gradation
Absud: *6* Dekokt; *7* Extrakt; *9* Abkochung
absurd: *6* albern; *8* toericht; *9* ungereimt; *10* sinnwidrig; *11* widersinnig; *13* hirnverbrannt; *15* unverstaendlich
Abtei: *7* Kloster
– an der Donau: *4* Melk
– in Oberbayern: *5* Ettal
– in Oberfranken: *4* Banz
– in Österreich: *4* Melk
– bei Rouen: *3* Bec
Abteil: *5* Coupé, Kupee; *6* Kabine
Abteilung: *4* Fach, Teil; *5* Rotte; *6* Gruppe, Rubrik, Sparte; *7* Artikel, Gattung, Ressort, Sektion; *9* Paragraph
Äbtissin zu Trier: *3* Ada
Abtönung: *6* Nuance; *9* Schraffur; *13* Schraffierung
abtragende Tätigkeit des Wassers: *7* Erosion
Abtragung: *7* Erosion, Tilgung; *12* Amortisation
Abtransport: *6* Abfuhr; *8* Abholung
abtrennen: *10* amputieren; *11* sezernieren
Abtretung: *7* Abandon, Zession; *12* Ueberlassung
Abtrieb: *9* Abholzung; *10* Kahlschlag
Abtritt: *5* Abort; *7* Latrine; *8* Toilette; *12* Donnerbalken
Abtropfstein: *9* Stalaktit
abtrünnig: *7* treulos; *10* abgefallen, haeretisch; *12* wortbruechig; *15* fahnenfluechtig
Abtrünniger: *6* Ketzer, Rebell; *7* Apostat, Renegat; *9* Verraeter; *10* Haeretiker; *12* Schismatiker
abtun: *9* erledigen
ab und zu: *8* manchmal, zuweilen; *9* bisweilen; *12* gelegentlich
abwägen: *8* bedenken; *10* ueberlegen
abwandelbar: *8* variabel
abwandeln: *7* aendern; *9* variieren; *10* veraendern
Abwandlung: *5* Abart; *8* Variante; *9* Variation; *10* Abweichung, Modulation; *12* Modifikation
abwärts: *5* herab, hinab; *6* nieder
Abwässerkanal: *4* Siel; *12* Kanalisation
abwechselnd: *10* alternativ; *11* umschichtig
Abwechslung: *7* Wechsel; *9* Alternanz, Variation
Abwechslungslosigkeit: *8* Einerlei
abwegig: *6* falsch
Abwehr: *6* Parade; *9* Defensive, Gegenwehr; *10* Widerstand; *12* Verteidigung
abwehren: *8* parieren
Abwehrstoff im Blut: *11* Antikoerper
abweichen: *7* abirren; *9* variieren
abweichend von der Regel: *6* abnorm, anomal; *8* abnormal; *9* different
Abweichung: *5* Abart, Abweg; *6* Nuance; *8* Abirrung, Spielart, Variante, Verstoss; *9* Aenderung; *10* Aberration; *11* Abnormitaet, Deklination
abweichungsfrei: *5* genau; *11* sorgfaeltig
abweisen: *8* ablehnen, abwehren; *9* abstossen, abwimmeln; *10* verweigern
abweisend: *5* eisig, kuehl; *12* verschlossen, widerborstig
abwenden: *8* abkehren
Abwendung: *6* Abfall, Abkehr
Abwertung: *9* Minderung; *11* Devalvation
abwesend: *3* weg; *4* fort; *6* absent; *9* unterwegs, zerstreut; *12* unaufmerksam; *14* unkonzentriert
Abwesenheit: *5* Alibi; *6* Absenz; *13* Zerstreutheit
abwickeln: *3* tun; *8* abrollen, meistern, schaffen; *9* aufrollen, entrollen, erledigen, vollenden; *11* liquidieren; *12* durchfuehren

Abwickler: *10* Liquidator
Abwicklung: *11* Liquidation
Abwurfgeschoß: *5* Bombe
abzahlen: *12* amortisieren
Abzahlung: *12* Amortisation
Abzeichen: *5* Fahne; *6* Devise, Emblem, Symbol, Wappen; *7* Kokarde, Merkmal; *8* Sinnbild
– **des Judentums:** *10* Davidstern
– **von Macht und Würde:** *9* Insignien
– **der römischen Liktoren:** *6* Faszes
– **an Uniformmützen:** *7* Kokarde
abziehen: *7* haeuten, mindern; *8* absetzen, kopieren; *9* abrechnen; *11* abschreiben; *12* subtrahieren
Abziehen: *11* Subtraktion
Abzug: *5* Damno, Kopie; *6* Rabatt, Skonto; *7* Diskont; *8* Abschlag, Kuerzung
abzüglich: *4* ohne; *5* minus; *7* weniger
Abzugsgraben: *4* Dole; *5* Draen; *6* Rigole
Abzugskanal: *5* Kamin; *6* Kloake; *11* Schornstein
abzuziehende Zahl: *10* Subtrahend
Abzweigung: *3* Ast; *5* Gabel; *8* Gabelung, Kreuzung, Kreuzweg
Achsel: *8* Schulter
Achselstück: *8* Epaulett; *9* Epaulette
Achsenpunkt: *3* Pol
Acht: *4* Bann; *6* Verruf; *8* Aechtung; *10* Ausschluss, Verdammung; *11* Verstossung; *12* Proskription
achtbar: *6* ehrsam; *9* ehrenhaft; *10* ansehnlich; *12* reputierlich; *14* respektierlich
achtbarer Mann: *9* Ehrenmann
achtbeiniges Pferd Odins: *8* Sleipnir
Achteck: *7* Oktogon
Achtelkreis: *6* Oktant
achten: *5* ehren; *6* merken, sorgen; *9* achtgeben, achthaben, aufpassen, wuerdigen; *10* anerkennen; *12* respektieren
achte Stufe der Tonleiter: *6* Oktave
Achtflächner: *8* Oktaeder
achtgeben, achthaben: *9* aufpassen
achtlos: *12* leichtfertig, unaufmerksam
achtsam: *9* umsichtig; *10* vorsichtig
Achtung: *4* Ehre; *6* Obacht, Wuerde; *7* Ansehen, Pietaet, Respekt, Umsicht; *8* Vorsicht
Ächtung: *4* Acht, Bann; *6* Verruf; *7* Boykott; *10* Ausschluss; *11* Verstossung
Acker: *4* Feld, Land
Ackerbau: *10* Agrikultur
Ackerbaukunde: *9* Agronomie
Ackerbaukundiger: *7* Agronom
Ackerblume: *4* Mohn; *9* Kornblume
Ackerertrag: *5* Ernte
Ackergerät: *4* Egge; *5* Forke, Hacke, Harke, Pflug, Sense; *6* Binder, Rechen, Sichel; *8* Drescher, Heugabel; *9* Mistgabel; *10* Kultivator; *12* Maehdrescher
Ackergrenze: *4* Rain
Ackerknecht: *3* Enk
Ackerknolle: *5* Ruebe
Ackerkrume: *5* Humus; *10* Muttererde; *11* Mutterboden
Ackerland: *4* Feld
Ackermaß: *4* Rute; *5* Acker; *6* Hektar, Morgen; *7* Juchart, Juchert, Tagwerk; *8* Tagewerk
Ackerrand: *4* Rain
Ackerschachtelhalm: *9* Zinnkraut
Ackerstreifen: *6* Gewann
Ackerunkraut: *4* Rade; *5* Lolch, Segge, Simse, Winde; *6* Distel, Quecke, Trespe, Twalch; *8* Hederich; *9* Gauchheil; *11* Ochsenzunge
Additionsergebnis: *5* Summe
Adel: *8* Noblesse; *10* Nobilitaet; *12* Aristokratie
Adelskalender: *5* Gotha
Adelskaste im alten Peru: *4* Inka
Adelsprädikat: *2* zu; *3* von
Adelstitel: *4* Edle, Graf; *5* Baron, Edler, Prinz; *6* Freiin, Fuerst, Herzog, Ritter; *7* Baronin, Graefin, Komtess; *8* Baroness, Burggraf, Freifrau, Freiherr, Fuerstin, Herzogin, Komtesse, Landgraf, Markgraf; *9* Kurfuerst, Pfalzgraf; *10* Prinzessin; *11* Durchlaucht, Kurfuerstin; *12* Pfalzgraefin
– **in England** → englischer Adelstitel
– **in Frankreich** → französischer Adelstitel
– **in Italien** → italienischer Adelstitel
Ader: *4* Vene; *5* Aorta; *7* Arterie; *11* Blutgefaess
Aderschlag: *4* Puls
Äderung des Blattes: *8* Nervatur
Aderverhärtung: *8* Sklerose
Adjunkt, Adlatus: *6* Helfer; *7* Famulus, Gehilfe; *11* Amtsgehilfe
Adler: *3* Aar
Adlerart: *7* Harpyie; *8* Seeadler; *10* Fischadler, Steinadler, Zwergadler; *11* Kaiseradler, Schreiadler; *14* Schlangenadler
Adlernest: *5* Horst
Adlerstein: *5* Aetit
adlig: *4* edel; *5* nobel; *7* vornehm
Adliger: *10* Aristokrat
Adliger → Adelstitel
Administration: *10* Verwaltung
Admiral Alexanders des Großen: *8* Nearchos
Admiralität: *14* Marinekommando
Adresse: *9* Anschrift
Adressant: *8* Absender
Adressat: *10* Empfaenger
Adressiermaschine: *6* Adrema
Adriahafen: *4* Bari, Pola, Pula; *5* Fiuma, Kotor, Split, Trani; *6* Ancona, Durres, Pesaro, Ragusa, Rijeka, Triest, Trogir; *7* Durazzo, Pescara, Venedig, Venezia; *8* Barletta, Brindisi, Molfetta; *9* Dubrovnik
Adriahalbinsel: *7* Istrien
Adriainsel: *2* Iz; *3* Ist, Krk, Pag, Rab, Vir, Vis, Zut; *4* Brac, Cres, Hvar, Olib; *5* Lissa, Mljet, Prvic, Silba, Solta, Susak, Uljan, Unije, Zirje; *6* Kornat, Losinj; *7* Korcula, Lastovo, Plavnik, Premuda; *8* Dugiotok
Adriawind: *4* Bora
adrig: *7* geadert; *8* geaedert
Adverb: *2* da; *3* nie, nun, oft; *4* bald, dann, dort, eher, ganz, hier, mehr, noch, sehr, viel; *5* einst, frueh, heute, immer, jetzt, lange, nicht, schon,

spaet, stets, wenig, zuvor; *6* abends, bisher, damals, danach, ehedem, fortan, jemals, nachts, nimmer, oefter, selten, soeben, vordem, vorher, vorhin; *7* bereits, endlich, mittags, morgens, nachher, seitdem; *8* manchmal
Advokat: *6* Anwalt; *12* Rechtsanwalt
Advokatur: *12* Anwaltschaft
Aera: *6* Epoche
Afar- und Irsa-Territorium: *9* Dschibuti
Affenart: *3* Lar; *5* Magot, Makak; *6* Babuin, Gibbon, Pavian, Rhesus; *7* Gorilla, Mangabe; *8* Mandrill; *9* Gruenaffe, Kapuziner, Meerkatze, Orang-Utan; *10* Bruellaffe, Rhesusaffe, Schimpanse; *11* Klammeraffe; *12* Mantelpavian; *14* Pinselaeffchen
Affenbrotbaum: *6* Baobab
affig: *5* eitel; *6* albern; *10* affektiert; *11* eingebildet; *14* gefallsuechtig; *15* selbstgefaellig
Affront: *4* Tort; *7* Schimpf; *11* Beleidigung
afghanische(r, s)
- **Fluß:** *5* Kabul; *7* Herirud, Hilmend
- **Gebirge:** *10* Hindukusch
- **Hauptstadt:** *5* Kabul
- **König:** *8* Padischa
- **Münze:** *3* Pul; *7* Afghani
- **Stadt:** *5* Herat, Kabul; *8* Kandahar
- **Stamm:** *6* Afridi, Durani
- **Wüste:** *8* Registan

Afrikaforscher: *5* Barth; *6* Rohlfs; *7* Stanley; *8* Wissmann; *9* Nachtigal; *11* Livingstone; *12* Schweinfurth
Afrikaner: *5* Neger
afrikanische(r, s)
- **Affe:** *6* Babuin, Pavian; *7* Gorilla, Mangabe; *9* Meerkatze; *10* Schimpanse
- **Antilope:** *4* Kudu
- **Berg** → Berg in Afrika
- **Bier:** *5* Pombe; *6* Panibe
- **Buckelrind:** *4* Zebu
- **Dickhäuter:** *7* Elefant, Nashorn; *8* Nilpferd; *10* Flusspferd
- **Feigenbaum:** *8* Sykomore
- **Fluß** → Fluß in Afrika
- **Gebirge:** *3* Rif; *5* Atlas; *7* Habesch, Tibesti; *9* Ruwenzori
- **Geheimbund:** *6* Mau-Mau
- **Giftschlange:** *9* Puffotter
- **Hafenstadt** → Hafenstadt in Afrika
- **Hauptstadt** → Hauptstadt in Afrika
- **Horntier:** *3* Gnu; *4* Kudu, Zebu; *6* Ducker; *7* Bueffel, Gazelle, Nashorn; *8* Antilope; *10* Hartebeest
- **Huftier:** *5* Okapi, Zebra; *6* Quagga
- **Insel:** *5* Mafia, Palma, Pemba; *7* Annabon, Canaria; *8* Principe, Sansibar, Sao Thomé; *9* Teneriffa; *10* Madagaskar; *11* Fernando Poo
- **Jagdausflug:** *6* Safari
- **Kaiserreich:** *10* Abessinien, Aethiopien
- **Kanal:** *4* Sues, Suez
- **Kolonialsoldat:** *6* Askari
- **Krieger:** *5* Moran
- **Kuckuck:** *6* Didrik
- **Kuhantilope:** *3* Gnu
- **Laufvogel:** *7* Strauss
- **Liliengewächs:** *4* Aloe
- **Marder:** *7* Zorilla
- **Münze** → Münze in Afrika
- **Muschelgeld:** *5* Kauri
- **Musikinstrument:** *5* Sanga; *7* Marimba
- **Naturschutzgebiet:** *8* Kalahari; *9* Serengeti; *11* Kruegerpark
- **Negerstamm** → afrikanisch Völkergruppe, Volksstamm
- **Palmenart:** *3* Ita
- **Panzerechse:** *8* Krokodil
- **Pythonschlange:** *6* Assala
- **Reise:** *6* Safari
- **Riesenschlange:** *6* Assala
- **Runddorf:** *4* Kral
- **Salzsumpf:** *6* Schott
- **Säugetier:** *3* Gnu; *4* Kudu, Zebu; *5* Okapi, Zebra; *6* Hyaene, Pavian; *7* Bueffel, Elefant, Gazelle, Giraffe, Gorilla, Leopard, Panther, Schakal; *8* Antilope; *10* Schimpanse
- **See** → See in Afrika
- **Sprache:** *3* Edo, Ewe, Gur, Ibo, Kru, Kwa, Lur, Pul, Tem, Vai; *4* Afar, Agau, Bari, Gola, Kafa, Kuku, Nuba, Nuer, Nupe, Saho, Sara, Soto, Susu, Tebu, Teda, Wute, Zulu; *5* Bamum, Bantu, Barea, Batta, Benue, Bilin, Dinka, Duala, Fulbe, Galla, Ganda, Gurma, Kaffa, Konde, Lunda, Mande, Sango, Schir, Senga, Sotho, Tanga, Wadai, Wenda; *6* Amhara, Damara, Haussa, Herero, Joruba, Kanuri, Kilina, Kunama, Lafofa, Massai, Somali, Tuareg, Yoruba, Zenaga, Zigula; *7* Bagirmi, Bedscha, Kirundi, Libysch, Madingo, Malinki, Sandawe, Songhai, Suaheli, Turkana, Zanhawa; *8* Hadendoa, Mangbetu, Maschona, Niambara, Schilluk; *9* Afrikaans, Amharisch, Kabylisch, Kisuaheli
- **Staat** → Staat in Afrika
- **Stadt** → Hafenstadt in Afrika → Hauptstadt in Afrika
- **Stechfliege:** *6* Tsetse
- **Steppentier:** *3* Gnu; *4* Kudu, Zebu; *5* Zebra; *6* Ducker, Quagga; *7* Bueffel, Gazelle; *8* Antilope; *10* Hartebeest
- **Storchvogel:** *4* Ibis; *6* Marabu; *8* Flamingo; *10* Nimmersatt
- **Strom:** *3* Nil; *5* Kongo, Niger; *6* Oranje, Schari; *7* Limpopo, Sambesi, Senegal
- **Viehseuche:** *6* Nagana
- **Vogel:** *4* Jako; *6* Marabu; *7* Trongon; *8* Flamingo; *9* Goldweber, Sekretaer; *11* Madenhakker
- **Völkergruppe, Volksstamm:** *3* Edo, Ewe, Ibo, Kru; *4* Akka, Nama, Zulu; *5* Banda, Bantu, Bongo, Duala, Mossi; *6* Araber, Batuti, Berber, Haussa, Herero, Joruba, Kanuri, Kololo, Libyer, Massai, Obongo, Ovambo, Owambo, Somali, Tuareg, Ubangi; *7* Amakosa, Kabylen, Kaffern, Suaheli, Watussi; *8* Aschanti, Niam-

Niam, Pygmaeen; *11* Betschuanen; *12* Buschmaenner, Hottentotten
- **Vulkan:** *4* Fako, Meru
- **Währungseinheit** → Münze in Afrika
- **Waldgiraffe:** *5* Okapi
- **Wildkatze:** *6* Serval
- **Wildschwein:** *13* Pinselschwein
- **Wüste:** *3* Lut; *5* Namib; *6* Sahara; *8* Kalahari
- **Wüstensturm:** *5* Samum
- **Zwergvolk:** *4* Akka; *6* Batuti; *8* Pygmaeen

Ägatische Insel: *7* Levanzo: *9* Favignana, Marettimo
agäische Insel: *5* Chios; *6* Lemnos, Lesbos
Agavenart: *4* Aloe
Agavenfaser: *5* Sisal
Agende: *6* Ritual; *19* Gottesdienstordnung
Agent: *5* Spion; *7* Spitzel; *9* Vertreter; *10* Vermittler; *11* Mittelsmann; *13* Unterhaendler
Agentengruppe: *12* Spionagering
Agentin: *7* Spionin; *11* Vertreterin; *12* Vermittlerin; *15* Unterhaendlerin
Agentur: *10* Vertretung; *11* Nebenstelle, Zweigstelle
Aggregatzustand: *3* Eis; *4* fest; *5* Dampf; *6* Plasma; *8* fluessig; *10* gasfoermig
Aggression: *7* Angriff, Attacke; *9* Offensive, Ueberfall
Agressor: *9* Angreifer
agieren: *7* handeln; *10* darstellen; *13* schauspielern
agil: *4* rege
Agio: *7* Aufgeld
Agitation: *5* Hetze; *7* Werbung; *10* Aufreizung; *12* Aufwiegelung
Agonie: *10* Todeskampf
Agraffe: *5* Haken; *6* Spange; *7* Brosche, Klammer
Agreement: *8* Abkommen; *9* Abmachung; *13* Uebereinkunft
Agrikultur: *8* Ackerbau; *14* Landwirtschaft
ägyptische(r, s)
- **Astronom:** *10* Ptolemaeus
- **Augenkrankheit:** *7* Trachom
- **Bauer:** *6* Fellah; *8* Fellache
- **Baumwolle:** *4* Mako
- **Bauwerk:** *6* Sphinx; *7* Obelisk; *8* Pyramide
- **Beamter:** *5* Mudir
- **Bilderschrift:** *12* Hieroglyphen
- **Erdgöttin:** *4* Isis
- **Exkönig:** *5* Faruk
- **Exkönigin:** *8* Narriman
- **Feigenbaum:** *8* Sykomore
- **Felsentempel:** *9* Abu Simbel
- **Flächenmaß:** *6* Feddan
- **Fluß:** *3* Nil; *6* Atbara
- **Freudengöttin:** *4* Bast
- **Gebirge:** *5* Sinai
- **Getreidemaß:** *5* Ardeb
- **Gewicht:** *3* Oka; *6* Rottel
- **Gott der aufgehenden Sonne:** *4* Schu
- **Gott der Dürre:** *4* Seth
- **Gott der Stürme:** *4* Seth
- **Gott der untergehenden Sonne:** *3* Tum
- **Gott der Unterwelt:** *7* Serapis
- **Gott der Viehherden:** *4* Amun; *5* Ammon
- **Gott der Weiden:** *4* Amun; *5* Ammon
- **Gott der Weisheit:** *4* Thot
- **Gott der Zeugung:** *6* Mendes
- **Gott in Stiergestalt:** *4* Apis
- **Gott mit Falkenkopf:** *5* Horos, Horus
- **Gottheit:** *2* Ra, Re; *3* Bes, Ese, Hor, Mat, Min, Mut, Nil, Nut, Tum; *4* Amon, Amun, Apis, Aton, Atum, Bast, Isis, Ptah, Schu, Seth, Thot; *5* Ammon, Anher, Chons, Horos, Horus, Jusas, Month, Neith, Nilus, Sebak, Sobek, Sokar, Soker, Thoth; *6* Anubis, Bastet, Chnemu, Chonsu, Hathor, Mendes, Neilus, Onuris, Osiris, Tefnut, Typhon, Upuaut; *7* Canobus, Nephtys, Sachmet, Sechmet, Serapis; *8* Bubastis
- **Göttin der Freude:** *4* Isis; 6; *Hathor*
- Göttin der Gerechtigkeit: *3* Mat
- **Göttin der Wahrheit:** *3* Mat
- **Grabbau:** *8* Pyramide
- **Grabkammer:** *7* Mastaba
- **Grabmal:** *8* Pyramide
- **Hafenstadt:** *4* Daba, Sues, Suez; *6* Abukir, el Daba, Kosser; *7* Kosseir, Rosetta; *8* Ismailia, Port Said; *10* Alexandria
- **Halbinsel:** *5* Sinai
- **Hauptstadt:** *5* Kairo
- **heiliger Stier:** *4* Apis
- **heiliger Vogel:** *4* Ibis
- **Herrschergeschlecht:** *10* Ptolemaeer
- **Herrschertitel:** *6* Pharao
- **Himmelsgott:** *3* Geb
- **Himmelsgöttin:** *3* Nut; *4* Isis; *6* Hathor
- **Kanal:** *4* Sues, Suez
- **König:** *4* Titi; *5* Menes, Necho, Zoser; *6* Amasis, Apries, Cheops, Hophra, Ramses; *8* Chephren, Echnaton, Tutmosis; *9* Amenophis, Sesostris; *10* Psammetich; *11* Tutanchamon, Tutenchamon
- **Königin:** *4* Teje; *9* Kleopatra, Nofretete
- **Königstitel:** *6* Pharao
- **Kriegsgott:** *5* Month
- **Kriegsgöttin:** *5* Neith; *7* Sachmet, Sechmet
- **Ministerpräsident:** *5* Sadat; *6* Nasser; *7* Mubarak
- **Mondgott:** *5* Chons, Thoth; *6* Chonsu
- **Mondgöttin:** *8* Bubastis
- **Münze:** *7* Piaster
- **Naturgott:** *7* Canobus
- **Nilgott:** *3* Nil; *5* Nilus; *6* Neilus; *7* Serapis
- **Oase:** *4* Siwa; *6* Dachla, Kargeh, Kharga; *8* Baharija, Farafrah
- **Paß:** *5* Mitla
- **Pharao** → ägyptischer König
- **Sagenvogel:** *7* Phoenix
- **Schicksalsgöttin:** *6* Hather, Hathor
- **Schlangengöttin:** *3* Uto
- **Schriftsteller:** *6* Mahfus
- **Schwingbrunnen:** *7* Schaduf
- **Sonnengott:** *2* Ra, Re; *3* Hor, Tum; *4* Aton,

Atum, Schu; *5* Horos, Horus, Month; *6* Osiris; *7* Serapis
- **Sonnengöttin:** *5* Neith
- **Staatsmann:** *5* Sadat; *6* Nasser; *7* Mubarak
- **Stadt** → Stadt in Ägypten
- **Statthalter:** *5* Mudir
- **Staudamm:** *6* Assuan
- **Steinplastik bei Giseh:** *6* Sphinx
- **Strom:** *3* Nil
- **Tempeleingang:** *5* Pylon
- **Totengott:** *5* Soker; *6* Anubis, Osiris
- **Totengöttin:** *6* Hather, Hathor
- **Urne:** *6* Kanope
- **Wahrheitsgöttin:** *3* Mat
- **Wassergott:** *5* Sebak, Sobek
- **Wasserstraße:** *3* Nil; *9* Sueskanal, Suezkanal
- **Weiser:** *6* Kophta
- **Weisheitsgott:** *4* Thot
- **Wüstenwind:** *6* Kamsin

Ahle: *6* Pfriem
Ahn: *7* Vorfahr; *10* Stammvater
ahnden: *7* raechen, strafen
Ahne: *10* Stammutter
Ahne der Reifriesen: *4* Ymir
Ahnenforschung: *10* Genealogie
Ahnentafel: *9* Stammbaum
Ahnenverehrung: *8* Manismus
ähnlich: *6* analog; *8* verwandt
Ahnung: *8* Instinkt, Verdacht; *9* Vermutung, Vorahnung; *10* Mutmassung, Vorgefuehl; *11* Voraussicht
ahnungslos: *6* arglos; *9* unwissend
Ährenborste: *6* Granne
Ährenbündel: *5* Garbe
Airport von... → Flughafen von...
Akademie: *10* Hochschule; *11* Lehranstalt, Vereinigung; *14* Fachhochschule; *17* Forschungsanstalt
akademische(r)
- **Abkürzung:** *2* a. o., Dr., em., h. c., j. u.; *3* jur., med., oec.; *4* Dipl., phil., Prof.; *5* habil., Sc. nat., theol.; *6* med. vet., rer. nat., rer. oec., rer. pol.; *7* med. dent., oec. publ., phil. nat., rer. bibl.; *8* rer. techn.; *9* scient. pol.
- **Behörde:** *5* Senat
- **Examensnote:** *4* rite; *8* cum laude; *13* magna cum laude, summa cum laude
- **Grad:** *6* Diplom, Doktor; *8* Magister; *12* Bakkalaureus
- **Rang:** *5* Dekan; *6* Rektor
- **Titel:** *6* Doktor; *9* Professor
- **Titel in England:** *6* Master

Akazie: *7* Robinie; *12* Cassiakazie, Silberakazie; *13* Falsche Akazie; *14* Gemeine Robinie
Akelei: *5* Aglei; *8* Goldwurz; *9* Elfenfuss
Akklimatisation: *9* Anpassung
Akkordeon: *13* Handharmonika, Ziehharmonika; *15* Schifferklavier
Akkordlohn im Bergbau: *7* Gedinge
Akkumulator: *7* Sammler
akkurat: *5* exakt, genau; *11* sorgfaeltig; *12* gewissenhaft
Akkuratesse: *9* Sorgfalt; *18* Gewissenhaftigkeit
akquirieren: *6* werben
Akquisiteur: *6* Werber
Akquisition: *4* Kauf; *6* Erwerb; *7* Einkauf; *11* Anschaffung
Akrobat: *6* Artist
akrobatische Übung: *6* Spagat
Akt: *5* Szene; *6* Aufzug; *7* Vollzug, Vorgang; *8* Handlung, Vorgehen; *9* Massnahme, Verfahren
Akte: *7* Urkunde; *9* Beschluss, Protokoll; *13* Schriftstueck
Aktenbündel: *8* Konvolut
Aktenheft: *7* Dossier
Aktenhefter: *6* Ordner
Aktensammlung: *5* Aktei; *11* Registratur
Aktenschrank: *11* Registratur
Aktentasche: *5* Mappe
Aktie: *5* Share
Aktion: *3* Tat; *4* Werk; *7* Vorgang; *8* Ereignis, Handlung; *9* Geschehen, Verfahren; *10* Taetigkeit; *11* Unternehmen; *12* Unternehmung
aktiv: *4* rege; *6* taetig; *7* lebhaft, wirksam; *8* lebendig; *9* beweglich, energisch; *11* tatkraeftig
Aktiva: *5* Haben; *6* Besitz; *8* Guthaben; *9* Vermoegen
Aktivkonto: *5* Haben
aktuell: *3* neu; *6* jetzig; *7* wichtig, zeitnah; *9* dringlich; *11* zeitgemaess
akustisch: *9* klanglich
akustischer Begriff: *3* Ton; *4* Echo, Phon; *5* Klang, Krach; *6* Schall; *8* Resonanz; *9* Geraeusch, Widerhall; *11* Schallmauer
Akzent: *3* Ton; *7* Gewicht, Tonfall; *8* Betonung, Tonfarbe; *9* Nachdruck; *10* Aussprache, Tonzeichen
akzeptabel: *9* annehmbar
Alands-Insel: *5* Korpo
Alarm: *6* Wecken; *7* Warnung, Weckruf; *10* Vorwarnung, Warnsignal; *11* Warnzeichen
Alarmgerät: *4* Hupe; *6* Sirene; *9* Nebelhorn; *11* Feuermelder
Alaunstein: *6* Alunit
Albaner: *8* Skipetar
Albanesenstamm: *5* Hotti
Albanien: *8* Illyrien
albanische(r)
- **Berg:** *4* Deja, Guka; *5* Krrab; *8* Valamare
- **Exkönig:** *4* Zogu
- **Dichter:** *4* Rada
- **Fluß** → Fluß in Albanien
- **Hafenstadt:** *5* Vlore; *6* Durres, Valona; *7* Durazzo, Sarande
- **Hauptstadt:** *6* Tirana
- **Insel:** *5* Sasan; *6* Saseno
- **Münze:** *3* Lek; *7* Quintar
- **Nachrichtenbüro:** *3* ATA
- **Nationalheld:** *9* Kastriota; *10* Skanderberg
- **Nationaltracht:** *10* Fustanella
- **See:** *10* Skutarisee
- **Staatsmann:** *7* Hodscha

- **Stadt** → Stadt in Albanien
- **Volksheld:** *9* Kastriota; *10* Skanderbeg

albern: *3* fad; *4* dumm, fade; *8* daemlich, kindisch; *9* naerrisch; *10* einfaeltig
alberner Mensch: *4* Narr; *6* Kasper; *9* Hanswurst
albernes Benehmen: *9* Bloedelei
Albernheit: *8* Schnurre; *9* Firlefanz
Albert Schweitzers Urwalddorf: *9* Lambarene
Albino: *5* Dondo; *8* Kakerlak; *9* Weissling
Albinoart des Iltis: *9* Frettchen
Album: *9* Stammbuch; *10* Gedenkbuch, Sammelbuch; *11* Sammelmappe; *15* Erinnerungsbuch; *16* Erinnerungsmappe
Alchimist: *5* Adept
Aldermann: *8* Ratsherr, Stadtrat; *9* Aeltester, Vorsteher
Alepponuß: *8* Pistazie
alert: *6* frisch, munter; *10* aufgeweckt
Alëuteninsel: *4* Atka; *6* Unimak; *8* Unalaska
alexandrinischer Philosoph: *6* Philon

- **Priester:** *5* Arius

Algenart: *4* Tang; *5* Chara
Algenfisch: *8* Seenadel; *12* Seepferdchen
Algenforscher: *8* Algologe
algerische(r, s)

- **Berberstamm:** *7* Kabylen
- **Berg:** *5* Tahat
- **Gebirge:** *5* Atlas
- **Geröllwüste:** *3* Reg
- **Hafenstadt:** *4* Bone, Oran; *6* Algier, Bejaja, Skikda
- **Hauptstadt:** *6* Algier
- **Herrschertitel:** *3* Dei
- **Münze:** *5* Dinar; *7* Centime
- **Staatsmann:** *11* Boumedienne
- **Stadt:** *4* Bone, Oran; *5* Blida; *6* Abadla, Algier, Bejaja, Biskra, Skikda; *11* Constantine

Algonkin-Indianer: *6* Ojibva, Piegan
Algonkin-Indianerbund: *6* Abnaki
alias: *5* sonst; *6* anders
Alibi: *7* Ausrede; *11* Abwesenheit; *14* Entschuldigung, Rechtfertigung; *18* Abwesenheitsbeweis
Alkalimetall: *6* Kalium; *7* Caesium, Lithium, Natrium, Zaesium; *8* Francium, Rubidium
alkalische Lösung: *5* Lauge
Alkaloid: *4* Kola, Tein; *5* Opium, Thein; *6* Chinin, Kodein, Kokain, Koniin, Kurare; *7* Atropin, Koffein, Narzein, Nikotin, Phasein, Solanin, Zytisin; *8* Akonitin, Meskalin, Morphium, Narkotin, Yohimbin; *9* Kolchizin, Papaverin, Strychnin; *10* Skopolamin, Theobromin
Alkaloid der (des)

- **Bohne:** *7* Phasein
- **Brechnuß:** *9* Strychnin
- **Chinarinde:** *6* Chinin
- **Goldregens:** *7* Zytisin
- **Herbstzeitlose:** *9* Kolchizin
- **Kaffees:** *7* Koffein
- **Kakaos:** *10* Theobromin
- **Kartoffel:** *7* Solanin
- **Kokastrauches:** *6* Kokain
- **Kolanuß:** *4* Kola
- **Mohns:** *5* Opium; *8* Morphium
- **Schierlings:** *6* Koniin
- **Tabaks:** *7* Nikotin
- **Tees:** *4* Tein; *5* Thein
- **Tollkirsche:** *7* Atropin

Alkohol: *8* Spiritus; *9* Weingeist
Alkoholgegner: *12* Temperenzler
Alkoholgehalt: *8* Promille
Alkoholiker: *7* Trinker
alkoholische Getränke: *11* Spirituosen
alkoholisches Getränk: *3* Ale, Gin, Met, Rum; *4* Bier, Fizz, Flip, Gose, Grog, Koem, Korn, Jope, Raki, Sake, Sekt, Wein; *5* Arrak, Bowle, Gilka, Wodka; *6* Brandy, Cognac, Enzian, Kognak, Likoer, Porter, Punsch, Whisky; *7* Absinth, Allasch, Aquavit, Cobbler, Curacao, Genever, Kuemmel, Rotwein, Schnaps; *8* Aperitif, Cocktail; *9* Cointreau, Gluehwein, Slibowitz, Sliwowitz, Weinbrand, Weisswein; *10* Branntwein, Schaumwein
alkoholisches Getränk der Polynesier: *4* Kawa
alkoholisches Heißgetränk: *4* Grog; *6* Punsch; *9* Gluehwein
alkoholisches Mischgetränk: *4* Fizz, Flip, Grog, Sour; *5* Bowle, Daisy, Drink, Julep, Sling; *6* Cooler, Crusta, Punsch; *7* Cobbler, Collins, Egg-Nogg; *8* Cocktail, High Ball; *9* Gluehwein
Alkoholverbindung: *5* Ester
Alkoholverbot: *11* Prohibition
Alkvogel: *4* Lund; *6* Teiste
All: *4* Welt; *5* Natur; *6* Kosmos; *8* Weltraum; *9* Universum; *13* Unendlichkeit
All in der chinesischen Philosophie: *3* Tao
allbekannt: *9* notorisch; *11* offenkundig
allbekannte Wahrheit: *14* Binsenwahrheit
alle zwei: *5* beide
Allee

- **in Düsseldorf:** *3* Koe; *12* Koenigsallee
- **in Paris:** *13* Champs Elysées

Allegorie: *6* Symbol; *8* Sinnbild; *9* Gleichnis; *15* Personifikation
allegorisch: *12* sinnbildlich; *13* gleichnishaft
allein: *4* solo; *5* ledig; *6* einsam; *7* einzeln; *9* verlassen
Alleinerben von Landbesitz: *6* Anerbe
Alleinherrschaft: *8* Diktatur; *9* Monarchie; *12* Absolutismus
Alleinherrscher: *7* Monarch; *8* Diktator
Alleinrecht: *7* Monopol
alleinstehender Glockenturm: *9* Campanile
Alleinunterhalter: *11* Entertainer
Alleinvortrag: *4* Solo
allemal: *5* immer
allenthalben: *8* ueberall
Allerbarmer: *8* Christus
allerdings: *8* freilich
allererster Entstehungsort: *8* Urquelle
Allergie: *15* Empfindlichkeit
allergische Erkrankung: *12* Heuschnupfen, Nesselfieber
allerhand: *8* allerlei; *9* vielerlei; *10* kunterbunt, mancherlei, mannigfach

Allerheiligstes: *6* Abaton; *12* Sanktissimum
Allerlei: *5* Varia; *9* Potpourri, Quodlibet
allerliebst: *7* reizend; *11* entzueckend
allerorts: *8* ueberall
allerseits: *8* generell; *9* allgemein
Allerweltskerl: *12* Tausendsassa
Allerzufluß → Nebenfluß der Aller
alles Stoffliche: *7* Materie
Allesfresser: *8* Omnivore
allezeit: *5* immer
allgemein: *5* vulgo; *8* allseits, generell; *9* gemeinsam, umfassend, universal; *10* allerseits, universell; *11* gewoehnlich, oekumenisch, schlechthin
allgemeine Blutvergiftung: *7* Pyaemie
– Wetterlage: *5* Klima
Allgemeiner Studentenausschuß: *4* AStA
Allgemeinheit: *8* Publikum; *14* Universalitaet; *15* Oeffentlichkeit
allgemeiner Grundsatz: *6* Maxime
– Schrecken: *5* Angst, Panik
– Straferlaß: *8* Amnestie
allgemeines Ansehen: *4* Ehre
Allgemeinbegriff für einen Truppenverband: *7* Einheit
allgemeingültig: *8* generell
allgemeinverständlich: *8* populaer
Allgewalt: *10* Omnipotenz
Allheilmittel: *7* Arkanum, Panazee
Allianz: *4* Bund, Liga; *8* Buendnis; *9* Koalition; *11* Vereinigung; *15* Zusammenschluß
Alligatorenart: *6* Kaiman; *7* Schakar; *11* Hechtkaiman; *13* Brillenkaiman
Allmacht: *4* Gott; *10* Omnipotenz
allmählich: *6* gemach; *7* langsam; *8* graduell; *9* sukzessiv
allmähliche Abtragung einer Schuld: *12* Amortisation
allmählicher Fieberabfall: *5* Lysis
Allotria: *3* Jux; *5* Spass, Unfug; *6* Scherz; *8* Narretei; *11* Schabernack
allseitig: *7* ringsum; *10* vielseitig
Allseitigkeit: *14* Universalitaet
Alltag: *7* Werktag; *9* Wochentag
alltäglich: *5* banal, flach; *6* profan; *7* trivial; *8* ordinaer
Alltagsgang: *5* Trott
allumfassend: *9* universal
Almanach: *8* Jahrbuch, Kalender
Almhirt: *4* Senn; *5* Senne
Almhirtin: *8* Sennerin
Almosen: *4* Gabe; *6* Spende; *10* Bakschisch, Liebesgabe
Almosensammler: *7* Bettler
Alpdruck: *5* Angst; *7* Inkubus; *12* Angstgefuehl
Alpenausläufer in Österreich: *10* Wienerwald
Alpenberg, Alpengipfel: *2* Ot; *3* Err; *4* Isel; *5* Eiger, Mythe, Toedi; *6* Moench, Ortler; *7* Ankogel, Pilatus, Saentis, Schlern; *8* Hochobir, Jungfrau, Pfaender, Watzmann; *9* Dachstein, Hochstuhl, Marmolata, Montblanc, Monte Rosa, Nebelhorn, Sonnblick, Venediger, Zugspitze; *10* Drei Zinnen, Matterhorn, Wetterhorn, Wildspitze; *14* Finsteraarhorn; *16* Dreiherrenspitze
Alpenblume: *6* Enzian; *9* Alpenrose, Edeltraute, Edelweiss; *10* Silberwurz; *13* Alpenveilchen
Alpenfluß → Fluß in den Alpen
Alpengebiet: *5* Tirol; *6* Tessin, Wallis; *7* Allgaeu, Engadin, Savoyen; *8* Kaernten; *11* Graubuenden
Alpengebirgszug: *4* Rigi; *5* Sella; *6* Tauern; *7* Bernina; *9* Dolomiten, Karwendel, Monte Rosa, Silvretta; *10* Hohe Tauern, Karawanken
Alpengletscher: *5* Roseg; *6* Ferner, Gorner; *7* Aletsch; *8* Pasterze
Alpenhirt: *4* Senn; *5* Senne
Alpenhirtin: *8* Sennerin
Alpenjäger: *6* Alpini
Alpenlandschaft: *6* Pongau; *13* Salzkammergut
Alpenpaß: *3* Foo; *4* Fern; *5* Furka, Gemmi, Loibl, Pyhrn, Tenda; *6* Albula, Gerlos, Greina, Iseran, Jaufen, Julier, Maloja,Mendel, Pordoi, Predil, Susten, Tonale; *7* Arlberg, Brenner, Flueela, Grimsel, Predeal, Reschen, Simplon, Toblach; *8* Ploecken, Spluegen; *9* Lukmanier, Mont Cenis, Scheidegg, Semmering; *10* Bernardino; *11* Loetschberg; *12* Stilfserjoch; *13* Sankt Gotthard; *15* Sankt Bernhardin
Alpenpflanze: *5* Speik; *6* Enzian; *9* Almrausch, Alpenrose, Edelraute, Edelweiss; *10* Silberwurz, Soldanelle; *13* Alpenveilchen
Alpenschilderer: *4* Noe
Alpensee: *6* Eibsee; *7* Mondsee; *8* Bodensee, Comer See, Gardasee; *9* Genfer See; *10* Koenigssee, Walchensee, Weissensee; *11* Woerther See
Alpental
– beim Comer See: *7* Veltlin
– in den Dolomiten: *9* Pustertal
– in Graubünden: *5* Davos; *10* Praettigau
– im Kanton Wallis: *4* Saas
– in der Steiermark: *8* Gesaeuse
– in Südtirol: *8* Passeier
– in Tirol: *9* Zillertal
Alpenveilchen: *7* Zyklame
Alpenweide: *3* Alm, Alp; *4* Alpe; *5* Senne
Alpenwild: *4* Gams; *5* Gemse; *9* Steinbock
Alpenwind: *5* Foehn
Alpenwirtschaft: *8* Sennerei
Älplertanz: *8* Plattler
Alphabet: *3* Abc
alphabetisches Inhaltsverzeichnis: *8* Register
Alphateilchen vom Atomkern: *6* Helion
alpiner Buntsandstein: *5* Scyth
alpines Eisspiel: *12* Eisschiessen
als Anlage zugefügt: *5* anbei
als Duftstoff verwendete Ausscheidung des Pottwals: *5* Amber, Ambra
alsbald: *4* bald; *6* sofort
also: *4* ergo; *5* daher; *6* mithin; *7* demnach, deshalb; *8* folglich; *10* demgemaess; *13* infolgedessen; *15* dementsprechend

alt: *6* betagt; *7* bejahrt, hutzlig; *8* abgelebt; *9* gebraucht, vergangen; *12* antiquarisch
altafrikanisches Reich: *5* Benin
altägyptisch → ägyptisch
altägyptische(r, s)
- **Bilderschrift:** *11* Hieroglyphe
- **Grabkammer:** *7* Mastaba
- **Grabmal:** *8* Pyramide
- **Hauptstadt:** *7* Memphis
- **Rasselinstrument:** *7* Sistrum
- **Siegelstein:** *10* Skarabaeus
- **Stadt:** *2* On; *4* Sais; *5* Luxor; *6* Theben; *7* Memphis; *10* Heliopolis

altaischer Volksstamm: *8* Tungusen
altalgerischer Titel: *3* Dei
altamerikanische Münze: *3* Bit; *4* Dime; *5* Eagle
Altan: *6* Balkon; *7* Soeller
altarabische Gedichtsammlung: *6* Hamasa
altarabisches Reich: *4* Saba
Altaraufsatz: *7* Retabel
Altarbaldachin: *8* Ziborium; *10* Tabernakel
Altargerät: *5* Kelch, Kreuz; *9* Monstranz
altarischer Lichtgott: *6* Mithra; *7* Mithras
Altarnische: *5* Apsis
Altarplatte: *5* Mensa
Altarraum: *11* Sanktuarium
Altarraum in den orthodoxen Kirchen: *6* Abaton
Altarsakrament: *9* Abendmahl; *11* Eucharistie
Altarstaffel: *8* Predella
Altartisch: *5* Mensa
Altartuch: *8* Parament
Altarüberbau: *8* Ziborium; *10* Tabernakel
Altarverkleidung: *11* Antependium
altasiatisches Reitervolk: *6* Hunnen; *8* Mongolen
altassyrisch → assyrisch
altassyrische Hauptstadt: *6* Ninive
altathenisch → athenisch
altbabylonisch → babylonisch
Altbuchhändler: *8* Antiquar
Altbuchhandlung: *11* Antiquariat
altbyzantinisch → byzantinisch
altchinesisch → chinesisch
altchinesisches Gewicht: *4* Tael
altchristliche Sekte: *8* Katharer
altdänischer König: *3* Dan; *4* Gorm
altdeutsche(r, s)
- **Abgabe:** *4* Bede
- **Bier:** *4* Gose, Jope; *5* Mumme
- **Evangeliendichtung:** *7* Heliand
- **Flächenmaß:** *4* Joch, Hufe, Rute; *6* Morgen; *8* Tagewerk
- **Flüssigkeitsmaß:** *5* Quart
- **Gebäck:** *6* Brezel
- **Gewicht:** *4* Mark; *5* Quent
- **Heldenlied:** *6* Gudrun; *10* Nibelungen; *15* Hildebrandslied
- **Hohlmaß:** *5* Metze; *8* Scheffel
- **Längenmaß:** *4* Elle, Fuss, Rute; *6* Spanne; *7* Klafter
- **Laufspiel:** *7* Barlauf
- **Mengenmaß:** *6* Mandel, Schock, Stiege
- **Monatsname:** *5* Maien; *6* Heuert; *7* Brachet, Eismond, Ernting, Hartung, Heumond, Hornung, Julmond, Lenzing; *8* Gilbhart, Heilmond, Lenzmond, Nebelung, Weinmond; *9* Brachmond, Erntemond, Nebelmond, Ostermond, Rosenmond, Scheiding, Wonnemond; *10* Christmond, Herbstmond
- **Münze:** *5* Taler; *6* Batzen, Heller, Nickel; *7* Dukaten, Kreuzer; *8* Groschen; *10* Scherflein
- **Narrengestalt:** *4* Till; *12* Eulenspiegel
- **Raummaß:** *5* Meste; *7* Klafter
- **Schreittanz:** *6* Reigen

alte(r, s)
- **Ackermaß:** *4* Joch, Rute
- **Anrede:** *2* Er; *3* Ihr, Sie; *8* Erlaucht; *9* Majestaet; *11* Durchlaucht, Wohlgeboren
- **Apothekergewicht:** *4* Gran; *5* Graen; *7* Skrupel
- **Blasinstrument:** *4* Lure; *6* Zinken; *8* Schalmei; *9* Dudelsack; *11* Bassetthorn
- **Buch:** *8* Schwarte; *9* Schmoeker
- **deutsche(r, s)** → altdeutsche(r, s)
- **englische(r, s)** → altenglische(r, s)
- **Erzählung:** *4* Maer, Sage
- **Etruskerstadt:** *6* Arezzo
- **Feldmaß:** *4* Joch, Rute; *6* Morgen; *7* Juchart, Juchert, Tagwerk
- **Flüssigkeitsmaß:** *3* Ohm; *4* Pott; *6* Oxhoft
- **Form des Klaviers:** *7* Cembalo, Spinett
- **französische(r, s)** → altfranzösische(r, s)
- **Frau:** *7* Greisin
- **Geschütz:** *9* Falkonett
- **Getreidemaß:** *5* Metze; *6* Malter, Simmer, Wispel; *7* Sechter; *8* Scheffel
- **Gewehrtyp:** *6* Flinte; *7* Muskete; *8* Arkebuse; *12* Hakenbuechse
- **Gewicht:** *3* Lot; *4* Gran, Unze; *5* Grain
- **Goldmünze:** *6* Gulden; *7* Dukaten, Pistole
- **Goldmünze der USA:** *5* Eagle
- **Hafen Roms:** *5* Ostia
- **Handfeuerwaffe:** *7* Muskete
- **Handschrift:** *5* Codex
- **Hansestadt** → Hansestadt
- **Hauptstadt der Assyrer:** *5* Assur
- **Hauptstadt der Sumerer:** *2* Ur
- **Helmbusch:** *7* Panasch
- **Hohlmaß:** *5* Zuber; *6* Sester
- **Holzblasinstrument:** *8* Schalmei
- **Junggeselle:** *9* Hagestolz
- **Kampfschutz:** *6* Panzer, Schild; *8* Harnisch
- **Kleidungsstück:** *8* Klamotte
- **Kopfbedeckung:** *6* Hennin; *7* Kapotte; *9* Dreispitz, Zweispitz
- **Kraftfahrzeug:** *8* Oldtimer
- **Krieger:** *8* Haudegen
- **Kulturvolk in Kleinasien:** *8* Hethiter
- **Kulturvolk in Mittelamerika:** *4* Maya; *5* Inkas; *7* Azteken; *8* Tolteken; *9* Zapoteken
- **Kunstwerk:** *11* Antiquitaet
- **Kupfermünze:** *6* Heller; *7* Kreuzer
- **Längenmaß:** *4* Elle, Fuss, Rute, Zoll; *6* Spanne; *7* Klafter
- **Mann:** *5* Greis; *10* Methusalem

- Maß für Rundhölzer: *4* Palm
- Mengenmaß: *6* Mandel, Schock
- Möbelstück: *5* Truhe; *7* Schrein
- Monatsname → altdeutscher Monatsname
- Münze: *4* Deut; *5* Taler; *6* Batzen, Heller, Nikkel; *7* Dukaten, Kreuzer; *8* Blaffert, Dreiling; *10* Scherflein
- Münzwaage: *6* Seiger
- Name der Bretagne: *8* Armorika
- Name der Dardanellen: *10* Hellespont
- Name der Krim: *6* Tauris
- Name der Pyrenäenhalbinsel: *7* Iberien; *9* Hispanien
- Name des Marmarameeres: *9* Propontis
- Name von Äthiopien: *10* Abessinien
- Name von Djakarta: *7* Batavia
- Name von Edirne: *10* Adrianopel
- Name von England: *6* Albion
- Name von Iran: *7* Persien
- Name von Irland: *9* Hibernien
- Name von Istanbul: *6* Byzanz; *14* Konstantinopel
- Name von Izmir: *6* Smyrna
- Name von Jerusalem: *5* Ariel
- Name von Südwestgallien: *10* Aquitanien
- Name von Thailand: *4* Siam
- Name von Tokio: *3* Edo
- Name von Westfranken: *9* Neustrien
- Raummaß: *5* Meste; *7* Klafter
- Reich in Vorderasien: *8* Assyrien; *10* Babylonien
- Reich zwischen Euphrat und Tigris: *10* Babylonien
- Saiteninstrument: *5* Gambe, Leier; *7* Bariton, Baryton, Bassett, Psalter
- Schiffskörper: *5* Wrack
- Schnee: *4* Firn; *6* Ferner, Firner
- Schriftzeichen: *4* Rune; *11* Hieroglyphe
- Schußwaffe: *5* Bogen; *8* Arkebuse, Armbrust
- Silbermünze: *6* Batzen; *8* Groschen
- Spießwaffe: *9* Partisane
- Sprache: *6* Latein
- Städtebund: *5* Hanse
- Tanz: *5* Gigue; *7* Gavotte; *8* Chaconne, Courante; *9* Allemande
- türkische Kopfbedeckung: *3* Fes
- Volk am Rhein: *5* Ubier
- Volk im Irak: *7* Sumerer
- Volk in Frankreich: *7* Gallier
- Volk in Italien: *6* Italer; *7* Sabiner, Volsker; *8* Etrusker, Italiker
- Volk in Kleinasien: *7* Galater; *8* Hethiter, Isaurier
- Volk in Schottland: *6* Pikten, Skoten
- Volk in Südarabien: *7* Sabaeer
- Volk in Westeuropa: *6* Basken, Iberer, Kelten; *7* Gallier
- Waffe: *4* Pike; *5* Keule, Lanze, Pfeil; *9* Schleuder
- Wandervolk: *8* Zigeuner
- Wein: *9* Firnewein
- Weinmaß: *3* Ohm; *8* Dreiling

Alteisen: *7* Schrott
altenglische Münze: *6* Guinee; *9* Rosenobel
altenglisches Heldengedicht: *7* Beowulf
ältere Frau: *7* Matrone
ältere Verwandte: *5* Muhme
alternativ: *9* wahlweise
Altersgeld: *5* Rente; *7* Pension; *10* Ruhegehalt
Altersheim: *5* Stift; *6* Spital; *7* Spittel
Altersschwäche: *8* Marasmus
Altertum: *6* Antike
Altertümer: *13* Antiquitaeten
altertümlich: *5* antik; *9* archaisch
Altertumskunde: *12* Archaeologie
älteste Dichterin deutscher Sprache: *3* Ava
älteste Universität Europas: *7* Bologna
Ältestenrat: *5* Senat
Ältestenrecht: *7* Majorat; *8* Seniorat
Ältester: *6* Nestor, Senior; *9* Presbyter
altfranzösische(r, s)
- Dichtung: *11* Rolandslied
- Flächenmaß: *5* Lieue
- Grafschaft: *5* Anjou
- Längenmaß: *5* Toise
- Münze: *5* Livre; *8* Louisdor
- Papiergeld: *10* Assignaten
- Romanheld: *7* Seladon
- Spielmannslied: *3* Lai
- Tanz: *7* Gavotte, Menuett

altfriesisches Rechtsbuch: *5* Asega
altgedienter Soldat: *7* Veteran
Altgeige: *5* Viola; *8* Bratsche
altgermanisch → germanisch
altgriechisch → antik → griechisch
altgriechische(s)
- Blasinstrument: *5* Aulos
- Geldeinheit: *6* Talent
- Gewicht: *4* Mine; *6* Talent
- Hafenstadt: *5* Aulis
- Landschaft → antike Landschaft in Griechenland
- Münze: *4* Mine; *6* Talent

Althändler: *8* Troedler
althebräische Münze: *5* Sekel
altindianisches Kulturvolk: *4* Maya; *5* Inkas; *7* Azteken; *8* Tolteken
altindisch → indisch
altindische(r, s)
- Dichter: *5* Amaru; *8* Kalidasa
- Dichtung: *4* Veda, Weda; *7* Rigweda; *8* Ramajana; *9* Kamasutra; *10* Kathasarit; *11* Gitagovinda, Mahabharata
- Epos: *8* Ramajana
- Fabelbuch: *14* Pantschatantra
- Gott: *5* Indra; *6* Brahma, Schiwa; *7* Wischnu
- König: *5* Asoka, Manda
- Lebensklugheit: *4* Niti
- Lebenslehrbücher: *5* Sutra
- Sagenheld: *3* Nal; *4* Nala, Rama; *5* Indra
- Sprache: *8* Sanskrit

altiranisch → persisch
altiranische(r, s)
- Land: *6* Medien

- **Lichtgott:** *6* Ormuzd; *11* Ahuramazdah
- **Volk:** *7* Parther

altisländische Dichtung: *4* Edda, Saga
altitalienische(s)
- **Landschaft:** *8* Etrurien
- **Münze:** *5* Scudo, Soldo
- **Volk:** *6* Apuler; *7* Latiner; *8* Etrusker, Samniter

altitalisch → italisch → römisch
altjüngferlich: *7* spinoes
altkaukasischer Volksstamm: *8* Lesghier
altkeltisch → keltisch
altkirchlicher Lobgesang: *6* Tedeum
altklug: *7* vorlaut; *8* naseweis
ältliche Frau: *9* Scharteke
Altmalaie: *6* Igorot
altmalaiischer Stamm: *5* Alune, Batak
altmärkische Stadt: *5* Calbe; *7* Stendal; *9* Salzwedel; *10* Gardelegen
altmärkisches Adelsgeschlecht: *8* Bismarck
Altmeister: *6* Senior
Altmetall: *7* Schrott
altmexikanisches Volk: *4* Maja, Maya; *5* Nahua; *7* Azteken, Olmeken; *8* Mixteken, Tolteken; *9* Totonaken
altmodisch: *5* passé; *6* zopfig; *7* obsolet; *8* unmodern; *9* ueberholt, ueberlebt; *10* antiquiert; *13* altfraenkisch
altmodischer Damenhut: *7* Kapotte; *9* Kapotthut
altniederländ. Kupfermünze: *4* Deut
altnordisch → germanisch → nordisch
altorientalische(r, s)
- **Fürstin:** *7* Zenobia
- **König:** *8* Belsazar; *10* Sardanapal
- **Kulturvolk:** *7* Assyrer, Sumerer; *8* Hethiter; *10* Babylonier

Altpapier: *9* Makulatur
altpersisch → persisch
altpersische(r)
- **Dynastie:** *12* Achaemeniden
- **König:** *6* Darius, Xerxes
- **Landschaft:** *8* Baktrien
- **Rohrflöte:** *3* Nei
- **Statthalter:** *6* Satrap
- **Volk:** *5* Meder; *7* Parther

altperuanische Herrenschicht: *4* Inka
altpolnischer Tanz: *7* Mazurka
altportugiesische Münze: *4* Real
altpreußische Goldmünze: *13* Friedrichsdor
altrömisch → römisch
altrheinische Silbermünze: *5* Albus
altrussischer Adliger: *5* Bojar
altrussisches Längenmaß: *4* Werst
Altschnee: *4* Firn
altsemitische Gottheit: *4* Baal
altsemitische Göttin: *7* Astarte
altspanische Münze: *4* Real; *7* Dublone
altspanischer Tanz: *9* Sarabande
altsprachlich: *12* humanistisch
altsprachliches Schulfach: *6* Latein; *10* Griechisch
Altstadt: *4* City
Altstadt von Istanbul: *7* Stambul
- **von Kairo:** *5* Muski
- **orientalischer Städte:** *6* Medina

Altsteinzeit: *14* Palaeolithikum
altsyrische Stadt: *9* Antiochia
alttestamentlich → biblisch
alttürkischer Provinzstatthalter: *9* Beglerbeg
alttürkisches Gewicht: *4* Okka
altväterlich: *10* ehrwuerdig; *15* patriarchalisch
altvenezianische Goldmünze: *7* Zechine
altwalisische Königssage: *9* Artussage
Altware: *6* Ramsch
Altwaren: *7* Troedel; *11* Altmaterial
Altwarenhändler: *8* Troedler; *13* Lumpensammler
Aluminiumerz: *6* Bauxit
Aluminiumfolie: *8* Stanniol
Aluminiumlegierung: *5* Dural; *6* Aldrey, Aludur, Aluman, Alusil, Lautal
Aluminiumoxyd: *7* Tonerde
am Tage vorher: *7* gestern
Amarelle: *12* Sauerkirsche
Amaryllisgewächs: *8* Narzisse; *11* Osterglocke; *16* Schneegloeckchen
Amateur: *4* Laie; *9* Dilettant, Liebhaber
Amazonaszufluß → Nebenfluß des Amazonas
Amazonenkönigin: *11* Penthesilea
Ambition: *7* Ehrgeiz; *9* Bestreben
Ameise: *4* Emse; *5* Miere
ameisenähnliches Insekt: *7* Termite
Ameisenbär: *8* Pangolin
Amerikaner, der auf dem Mond war: *4* Bean, Duke; *5* Irwin, Scott, Young; *6* Aldrin, Cernan, Conrad; *7* Schmitt, Shephard; *8* Mitchell; *9* Armstrong
Amerikaner englischer Herkunft: *15* Angloamerikaner
amerikanisch: in Ordnung: *2* O.K.; *4* okay
Amerikanisch-Ozeanien: *4* Guam, Wake; *6* Midway; *10* Bakerinsel, Jarviinsel; *11* Kingmanriff; *12* Howlandinsel, Palmyrainsel; *13* Johnstoninsel
amerikanische(r, s)
- **Ansiedler:** *8* Squatter
- **Architekt:** *6* Neutra, Wright
- **Arzt** → amerikanischer Mediziner
- **Astronaut:** *4* Bean, Duke; *5* Brand, Evans, Glenn, Haise, Irwin, Roosa, Scott, Weitz, White, Young; *6* Aldrin, Anders, Borman, Cernan, Conrad, Cooper, Gordon, Kerwin, Lousma, Lovell, Worden; *7* Bormann, Collins, Grissom, Schirra, Schmitt, Shepard, Slayton, Swigert; *8* Garriott, McDivitt, Mitchell, Stafford; *9* Armstrong, Carpenter, Mattingly; *10* Cunningham; *11* Schweikkart
- **Astronom:** *4* Hale, Hall; *5* Gould; *6* Hubble, Lowell; *7* Newcomb, Russell, Shapley; *8* Campbell
- **Atom-U-Boot:** *8* Nautilus
- **Automarke:** *4* Ford; *5* Buick, Dodge; *7* Lincoln, Mercury, Pontiac, Rambler; *8* Cadillac, Chrysler, Plymouth; *9* Chevrolet, Oldsmobil
- **Bakteriologie:** *4* Salk; *6* Enders

- **Ballspiel:** *8* Baseball, Football, Lacrosse, Pushball; *10* Basketball
- **Bankier** → amerikanischer Finanzmann
- **Baptistenprediger:** *6* Graham
- **Bauernhof:** *4* Farm; *5* Ranch
- **Berg** → Berg in Amerika
- **Berglöwe:** *4* Puma
- **Beutelratte:** *7* Opossum
- **Bezirkspolizeichef:** *7* Sheriff
- **Bildhauer:** *5* Smith; *6* Calder, Ferber, Lipton; *7* Lippold
- **Biochemiker:** *5* Bloch
- **Biologe:** *5* Doisy, Tatum; *6* Carver, Kinsey, Morgan, Muller, Pincus, Watson; *7* Stanley, Waksman; *8* Northrop
- **Boxer:** *4* Baer, Clay, Hart; *5* Dokes, Ellis, Louis, Tyson; *6* Corbet, Holmes, Liston, Spinks, Tunney; *7* Charles, Dempsey, Foreman, Frazier, Sharkey, Walcott, Willard; *8* Braddock, Jeffries, Marciano, Sullivan; *9* Patterson; *11* Muhammed Ali
- **Brüllaffe:** *6* Aluata
- **Bundespolizei:** *3* FBI
- **Bundesstaat:** *4* Iowa, Ohio, Utah; *5* Idaho, Maine, Texas; *6* Alaska, Hawaii, Kansas, Nevada, Oregon; *7* Alabama, Arizona, Florida, Georgia, Indiana, Montana, New York, Vermont, Wyoming; *8* Arkansas, Colorado, Delaware, Illinois, Kentucky, Maryland, Michigan, Missouri, Nebraska, Oklahoma, Virginia; *9* Louisiana, Minnesota, New Jersey, New Mexico, Tennessee, Wisconsin; *10* California, Norddakota, Sueddakota, Washington; *11* Connecticut, Mississippi, Rhode Island; *12* New Hampshire, Nordcarolina, Pennsylvania, Suedcarolina, Westvirginia; *13* Massachusetts
- **Chemiker:** *4* Urey; *5* Doisy, Libby, Ochoa; *6* Calvin, Sanger, Sumner; *7* Giauque, Pauling, Seaborg; *8* Kornberg, Richards
- **Dichter:** *3* Poe; *5* Eliot, Pound, Wolfe; *6* Warren; *7* Emerson, Godfrey, Whitman; *10* Longfellow
- **Dichterin:** *6* Millay
- **Dirigent:** *9* Bernstein; *11* Stokowski
- **Dramatiker:** *6* Miller, O'Neill, Wilder; *7* Godfrey; *8* Sherwood, Williams
- **Erdsatellit:** *6* Syncom; *7* Telstar; *8* Explorer, Vanguard
- **Erfinder:** *4* Bell, Ford; *5* Morse; *6* Edison, Fulton, Wright; *8* Franklin
- **Filmgattung:** *7* Western
- **Filmhochburg:** *9* Hollywood
- **Filmpreis:** *5* Oscar
- **Filmregisseur:** *4* Ford, King, Wood; *5* Capra, Kazan; *6* Disney, Koster, Litvak, Welles, Whyler, Wilder; *7* Chaplin, Fleming, Siodmak; *8* Dieterle, Griffith, Hathaway; *9* Hitchcock, Negulesco
- **Filmschauspieler:** *3* Lee; *4* Dean, Hope, Kaye, Peck; *5* Allen, Berry, Clift, Duffy, Flynn, Fonda, Gable, Grant, Lewis, Lloyd, Power, Quinn, Tracy, Wayne; *6* Bogart, Brando, Conrad, Cooper, Cotten, Crosby, Curtis, Ferrer, Hagman, Heston, Holden, Hudson, Keaton, Malden, Martin, Marwin, Murray, Newman, Welles; *7* Brynner, Chaplin, Connery, Douglas, Granger, Hackman, Hopkins, Janssen, McQueen, Perkins, Sinatra, Skelton, Stewart, Widmark; *8* Chandler, Eastwood, Reynolds, Stallone, Travolta; *9* Barrymore, Fairbanks, Lancaster, Valentino
- **Filmschauspielerin:** *3* Day, Loy; *4* Gray, Page; *5* Davis, Evans, Kelly, Novak, Wyman, Young; *6* Baxter, Foster, Hobson, Lamarr, Monroe, Ottava, Russel, Taylor, Turner; *7* Allyson, Gardner, Garland, Hayward, Hepburn, McLaine, Minelli, Russell, Swanson, Winters; *8* Crawford, Fontaine, Gardener, Hayworth; *9* Mansfield
- **Finanzmann:** *5* Dawes, Young; *6* Morgan; *8* Carnegie; *10* Vanderbilt; *11* Rockefeller
- **Flieger:** *4* Byrd; *9* Lindbergh
- **Flugstützpunkt in Grönland:** *5* Thule
- **Flugzeugfabrikat:** *6* Boeing
- **Flugzeugpionier:** *6* Wright
- **Fluß** → Fluß in Amerika
- **Frauenname** → englischer Frauenname
- **Gebirge:** *5* Anden; *8* See-Alpen; *11* Kordilleren; *14* Rocky Mountains
- **Geheimdienst:** *3* CIA
- **Geheimpolizei:** *3* FBI
- **Geiger:** *5* Stern; *7* Menuhin
- **Geländewagen:** *4* Jeep
- **General:** *3* Lee; *4* Clay; *5* Grant; *6* Patton; *7* Norstad, Ridgway, Sherman; *8* Marshall; *9* Mac Arthur; *10* Eisenhower
- **Genetiker:** *6* Beadle
- **Goldmünze:** *5* Eagle
- **Halbinsel:** *6* Alaska, Avalon, Valdes; *7* Boothia, Florida, Yucatan; *8* Labrador, Melville; *11* Kalifornien
- **Hauptstadt:** *4* Lima; *5* La Paz, Quito; *6* Belize, Bogota, Habana, Mexiko, Ottawa, Panama; *7* Caracas, Managua, San José, San Juan; *8* Asuncion, Brasilia, Kingston, Santiago; *9* Guatemala; *10* Mexico City, Montevideo, Washington; *11* Buenos Aires, San Salvador, Tegucigalpa; *12* Port au Prince; *14* Ciudad Trujillo
- **Himmelslabor:** *6* Skylab
- **Hirsch:** *4* Pamu; *6* Wapiti
- **Hohlmaß:** *7* Gallone
- **Hormonforscher:** *5* Hench
- **Hotelier:** *6* Hilton
- **Indianer:** *4* Maya, Tupi; *5* Aruak, Sioux; *6* Apache, Azteke, Dakota, Hurone, Pueblo; *7* Chibcha, Guarani, Irokese; *8* Ketschua, Tlinkite; *9* Araukaner, Athabaske, Mohikaner, Pueltsche
- **Jagddolch:** *11* Bowiemesser
- **Jazzmusiker:** *7* Goodman, Hampton; *9* Armstrong, Ellington
- **Jazzsängerin:** *10* Fitzgerald

- **Jungferninsel:** *6* St. John; *7* St. Croix; *8* St. Thomas
- **Kanal:** *11* Panamakanal
- **Karikaturist:** *5* Price; *6* Disney; *9* Steinberg
- **Kartenspiel:** *5* Poker
- **Komiker der Stummfilmzeit:** *5* Lloyd; *6* Keaton; *7* Chaplin
- **Komponist:** *5* Sousa; *6* Berlin, Porter; *7* Rodgers; *8* Gershwin; *9* Bernstein
- **Korbballspiel:** *10* Basketball
- **Kraftfahrzeugfabrikant:** *4* Ford
- **Kriegsministerium:** *8* Pentagon
- **Krötenart:** *3* Aga
- **Kuckucksvogel:** *3* Ani
- **Längenmaß:** *4* Foot, Inch, Mile, Yard
- **Maler:** *6* Demuth, Warhol; *7* Hockney, Pollock, Sheeler, Simmons; *8* Whistler
- **Männername** → englischer Männername
- **Marder:** *5* Skunk
- **Mathematiker:** *6* Wiener
- **Mediziner:** *4* Cori, Salk; *5* Minot; *6* Gasser, Graham, Murphy, Weiler; *7* Axelrod, Edelman, Robbins, Theiler, Whipple; *8* Richards; *10* Sutherland
- **Mischgetränk:** *4* Fizz, Flip
- **Mondfähre:** *5* Eagle, Falke, Orion; *7* Antares; *8* Intrepid; *10* Challenger
- **Mondfahrer** → amerikanischer Astronaut
- **Mondrakete:** *6* Apollo, Ranger
- **Mondsonde:** *6* Ranger
- **Münze:** *3* Bit, Sol; *4* Cent, Dime, Peso; *5* Colon, Eagle, Sucre; *6* Balboa, Dollar, Escudo, Gourde; *7* Bolivar, Centavo, Centime, Cordoba, Guarani, Lempira, Quetzal; *8* Cruzeiro; *9* Centesimo
- **Nachrichtendienst:** *2* AP, UP
- **Nationalspiel:** *8* Baseball, Football
- **Negerinstrument:** *5* Banjo
- **Nobelpreisträger** → Nobelpreisträger
- **Nußbaum:** *7* Hickory
- **Ozeanflieger:** *9* Lindbergh
- **Panzerfaust:** *7* Bazooka
- **Philantrophin:** *6* Addams
- **Philosoph:** *4* Hook; *5* Dewey, James; *6* Butler, Peirce, Watson; *7* Emerson; *9* Whitehead
- **Physiker:** *4* Lamb, Rabi, Ting, Yang; *5* Bethe, Block, Brown, Esaki, Gamow, Gibbs, Henry, Kusch, Libby, Lyman, Pauli, Segre, Stern; *6* Barden, Cooper, Forest, Glaser, Townes, Wigner, Wilson, Yukawa; *7* Alvarez, Bardeen, Compton, Feynman, Giaever, Glashow, Goddard, Penzias, Purcell, Richter; *8* Anderson, Brattain, Bridgman, Davisson, Langmuir, Lawrence, Millikan, Shockley, Weinberg; *9* Michelson, Rainwater, Schwinger; *10* Hofstadter, Schrieffer; *11* Chamberlain, Oppenheimer
- **Physiologe:** *7* Kendall, Macleod
- **Polarforscher:** *4* Byrd, Cook; *5* Peary
- **Politiker:** *4* Hull; *5* Nixon; *6* Dulles, Reagan; *7* Kennedy; *8* Marshall
- **Polizeichef:** *7* Sheriff
- **Präsident:** *4* Bush, Ford, Polk, Taft; *5* Adams, Buren, Grant, Hayes, Nixon, Tyler; *6* Arthur, Carter, Hoover, Monroe, Pierce, Reagan, Taylor, Truman, Wilson; *7* Clinton, Harding, Jackson, Johnson, Lincoln, Madison; *8* Buchanan, Coolidge, Fillmore, Garfield, Harrison; *9* Cleveland, Jefferson, MacKinley, Roosevelt; *10* Eisenhower, Washington
- **Raketentyp:** *5* Titan; *7* Polaris
- **Raubtier:** *4* Onza, Puma; *6* Jaguar, Kojote, Kuguar, Ozelot
- **Raumfahrtbehörde:** *4* NASA
- **Raumsonde:** *6* Ranger; *7* Mariner
- **Reiterspiel:** *5* Rodeo
- **Riesenschlange:** *8* Anakonda
- **Rinderhirt:** *6* Cowboy
- **Sänger:** *5* Lanza; *6* Prince; *7* Jackson, Presley, Sinatra; *9* Belafonte
- **Sängerin:** *6* Norman, Turner
- **Schachweltmeister:** *7* Fischer
- **Scheidungsparadies:** *4* Reno
- **Schlagballspiel:** *8* Baseball
- **Schneesturm:** *8* Blizzard
- **Schriftsteller:** *3* Poe; *5* Allen, Crane, Harte, James, Jones, Lewis, O'Hara, Pound, Twain, Wolfe; *6* Capote, Cooper, Irving, London, Mailer, Miller, Wilder; *7* Dreiser, Erskine, Farrell, Kerouac, Robbins, Roberts, Saroyan, Thoreau, Wallace; *8* Anderson, Caldwell, Faulkner, Melville, Sinclair, Williams; *9* Bromfield, Dos Passos, Hemingway, Mark Twain, Steinbeck; *10* Fitzgerald; *12* Feuchtwanger
- **Schriftstellerin:** *4* Buck; *6* Ferber, Hobart, Keller, Parker, Porter; *8* Caldwell, McCarthy, Mitchell; *9* McCullers
- **Schwanzlurch:** *7* Axolotl
- **Schwimmer:** *5* Spitz
- **See:** *7* Eriesee
- **Seebad:** *5* Miami
- **Seekuh:** *6* Manati; *8* Lamantin
- **Sexsymbol:** *7* Madonna
- **Sexualforscher:** *6* Kinsey
- **Silberlöwe:** *4* Puma
- **Silbermünze:** *3* Bit
- **Singspiel:** *7* Musical
- **Singvogel:** *6* Bolink; *7* Tangare; *8* Kardinal
- **Soldat:** *2* GI
- **Soldatensender:** *3* AFN
- **Staat:** *3* USA; *4* Kuba, Peru; *5* Chile, Haiti; *6* Kanada, Mexiko, Panama; *7* Ecuador, Uruguay; *8* Bolivien, Honduras, Paraguay, Salvador; *9* Brasilien, Costarica, Guatemala, Kolumbien, Nicaragua, Venezuela; *10* El Salvador; *11* Argentinien
- **Staatsgefängnis:** *6* Auburn
- **Stadt** → Stadt in Amerika
- **Stahlkönig:** *8* Carnegie
- **Stinktier:** *5* Skunk
- **Strom** → Fluß in Amerika
- **Stützpunkt auf Kuba:** *10* Guantanamo
- **Tanz:** *3* Fox, Jig; *5* Blues; *6* Boston; *7* Onestep;

8 Foxtrott; *9* Jitterbug; *10* Charleston; *11* Black Bottom; *12* Boogie-Woogie
- **Tänzer:** *5* Kelly; *7* Astaire
- **Tänzerin:** *5* Baker; *6* Duncan
- **Tennisspieler:** *6* Agassi
- **Tennisspielerin:** *5* Seles, *11* Navratilova
- **Tenor:** *5* Lanza
- **Tiefseeforscher:** *5* Beebe
- **Trickfilmzeichner:** *6* Disney
- **Universitätsstadt:** *5* Omaha, Tulsa; *6* Boston, Dallas, Denver, Ithaca, Tacoma, Toledo; *7* Lincoln, Memphis, New York, San José, Seattle, Spokane, Wichita; *8* New Haven, Richmond, Syracuse; *9* Des Moines, Knoxville, Lexington, Milwaukee, Nashville, Princeton, Worcester; *10* Cincinnati, Forth Worth, Little Rock, Los Angeles, Louisville, Pittsburgh, Providence, San Antonio, Washington; *11* Minneapolis; *12* Philadelphia, Salt Lake City, San Francisco
- **Urbewohner:** *6* Indios; *8* Indianer
- **Verkaufsladen:** *9* Drugstore
- **Verteidigungsministerium:** *8* Pentagon
- **Volkstanz:** *3* Jig
- **Wasserfall:** *7* Niagara
- **Weltraumbehörde:** *4* NASA
- **Weltraumfahrer** → amerikanischer Astronaut
- **Wildpferd:** *7* Mustang
- **Wildrind:** *5* Bison
- **Wolf:** *6* Kojote
- **Wüste:** *6* Nevada; *7* Atacama
- **Zeitungskönig:** *6* Hearst
- **Zirkuskönig:** *6* Barnum
- **Zuchthaus:** *8* Sing-Sing

Aminosäure: *5* Lysin; *6* Alanin, Betain, Glycin, Glyzin, Leuzin
Amme: *5* Bonne; *10* Kinderfrau; *11* Naehrmutter; *12* Pflegemutter
Ammoniaklösung: *12* Salmiakgeist
Ammoniakverbindung: *4* Amid, Amin; *7* Salmiak
Amnestie: *9* Gnadenakt; *11* Begnadigung, Straferlass; *13* Strafnachlass
Amok: *7* Mordwut; *9* Mordsucht, Todeslauf
Amoretten: *6* Eroten, Putten; *13* Liebesgoetter
amorph: *7* formlos; *9* ungeformt; *10* gestaltlos
amortisieren: *6* tilgen; *8* loeschen; *11* abschreiben
Amouren: *12* Liebschaften
amourös: *8* verliebt
Amper-Zufluß in Bayern: *5* Glonn
Amphibie: *5* Lurch, Molch; *12* Schwanzlurch
Amphibienfahrzeug: *12* Schwimmwagen; *13* Schwimmpanzer
Amphitheater in Rom: *9* Kolosseum
am Rande liegend: *8* peripher
Amsel: *5* Merle; *14* Schwarzdrossel
Amsterdams Wasserstraßen: *8* Grachten
Amt: *6* Charge, Posten; *8* Behoerde, Stellung
Amt niederlegen: *10* quittieren
Amt des Papstes: *10* Pontifikat
Amt des Staatsanwalts: *9* Anklaeger
Ämterherrschaft: *11* Buerokratie
amtlich: *9* offiziell; *10* dienstlich, urkundlich; *11* behoerdlich
amtliche(r)
- **Anordnung:** *5* Edikt; *6* Erlass; *10* Bestimmung, Verfuegung, Verordnung
- **Aushang vor der Eheschließung:** *8* Aufgebot
- **Bekanntgabe:** *8* Bulletin
- **Bekanntmachung:** *12* Proklamation
- **Bescheinigung:** *10* Zertifikat
- **Bescheinigung der Mittellosigkeit:** *13* Armutszeugnis
- **Erlaß:** *5* Edikt; *6* Dekret; *9* Anordnung; *10* Verfuegung, Verordnung
- **Form des Gottesdienstes:** *8* Liturgie
- **Grundbuch:** *8* Kataster
- **Mitteilung:** *10* Kommuniqué
- **Name Indiens:** *6* Bharat
- **Name Irlands:** *4* Eire
- **Niederschrift einer Aussage:** *9* Protokoll
- **Personalausweis:** *4* Pass
- **Rechtswalter:** *5* Notar
- **Schriftstück:** *7* Urkunde
- **Sicherstellung:** *13* Beschlagnahme
- **Tagesbericht:** *8* Bulletin
- **Untersuchung:** *7* Enquete
- **Verfügung:** *6* Dekret, Erlass
- **Wettstelle:** *11* Totalisator
- **Zuschrift:** *8* Reskript

Amtsabzeichen der Bischöfe und Marschälle: *4* Stab
Amtsbereich: *7* Ressort; *8* Dezernat
Amtsbewerber: *8* Kandidat
Amtsbezeichnung: *5* Titel
Amtsbezirk eines Bischofs: *6* Bistum; *8* Dioezese, Sprengel
- **eines Geistlichen:** *7* Dekanat
- **eines Vogtes:** *6* Vogtei

Amtsbote: *6* Weibel
amtsbrüderlich: *9* kollegial
Amtsdauer einer Volksvertretung: *17* Legislaturperiode
Amtsdiener im antiken Rom: *6* Liktor
Amtsgebäude des päpstlichen Botschafters: *9* Nuntiatur
Amtsgehilfe: *7* Adjunkt
Amtsgenosse: *7* Kollege
Amtskleidung: *4* Robe; *5* Habit, Talar
Amtsniederlegung: *9* Demission
Amtssiegel: *7* Stempel
Amtssprache der Indischen Union: *5* Hindi
Amtssprache von Togo: *3* Ewe
Amtsstube: *7* Kanzlei
Amtstracht: *4* Robe; *5* Ornat, Talar
Amtszeichen: *6* Siegel; *7* Stempel
Amtszimmer: *5* Buero
Amulett: *8* Talisman; *9* Anhaenger; *12* Zauberschutz; *14* Gluecksbringer
Amundsens Luftschiff: *5* Norge
Amurzufluß → Nebenfluß des Amur
amüsant: *6* lustig; *7* spassig; *10* kurzweilig; *12* unterhaltend, unterhaltsam
amusischer Mensch: *7* Banause

an der Spitze: *4* oben, vorn; *5* vorne
an diesem Tage: *5* heute
an dieser Stelle: *4* hier
an jener Stelle: *2* da; *4* dort
an keine Tonart gebunden: *6* atonal
analog: *8* aehnlich; *12* entsprechend
Analogie: *12* Aehnlichkeit, Entsprechung; *16* Uebereinstimmung
Analyse: *9* Zerlegung; *10* Aufloesung; *12* Untersuchung
Anarchie: *15* Gesetzlosigkeit
Anarchist: *6* Rebell; *10* Aufruehrer
anatomisch zerlegen: *8* sezieren
anbahnen: *5* ebnen; *11* vorbereiten
anbändeln: *7* flirten
Anbau: *5* Erker; *6* Kultur, Vorbau; *9* Pflanzung; *10* Dependance
anbauen: *8* pflanzen
anbaufähig: *5* urbar
Anbetung: *9* Adoration, Verehrung
anberaumen: *9* festlegen; *10* festsetzen
anbieten: *8* antragen; *9* anpreisen; *10* offerieren; *13* praesentieren
Anblick: *4* Bild; *5* Szene; *6* Aspekt
anbrennen: *6* sengen
anbringen: *9* montieren; *10* befestigen, vorbringen; *12* installieren
Andacht: *5* Gebet; *8* Inbrunst; *12* Gottesdienst; *13* Versunkenheit
andächtig: *5* fromm, innig; *9* ergriffen, feierlich
Andächtiger: *5* Beter
andächtiges Nachdenken: *10* Meditation
andauernd: *4* stet; *6* stetig; *7* immerzu
Andengeier: *6* Kondor
Andengipfel: *6* Sajama; *8* Illimani; *9* Aconcagua, Huascaran; *10* Chimborazo; *11* Chimborarso
Andenken: *8* Reliquie, Souvenir; *10* Erinnerung
andernfalls: *5* sonst
ändern: *7* wandeln; *8* umbilden, wechseln; *9* abwandeln; *11* umgestalten; *12* konvertieren
anders: *5* alias; *9* heterogen; *11* verschieden
andersgläubig: *9* heterodox
Änderung: *10* Revirement
andeuten: *9* markieren; *10* skizzieren
Andeutung: *3* Tip; *4* Wink; *6* Schein; *7* Hinweis; *10* Fingerzeig
andeutungsweise: *3* vag; *4* vage; *10* unbestimmt
Andrang: *5* Sturm; *6* Fuelle, Zulauf; *7* Zustrom; *9* Gedraenge; *10* Draengelei; *14* Menschenmassen
Andruck: *10* Probeabzug, Pruefdruck
anecken: *9* anstossen, auffallen; *11* brueskieren
aneignen: *6* lernen, nehmen
Aneignung: *8* Annexion; *13* Inbesitznahme; *16* Besitzergreifung
Aneinanderhaften: *9* Adhaesion
Anekdote: *11* Historchen; *13* Geschichtchen
anekeln: *11* degoutieren
Anemone: *12* Windroeschen
Anemonengattung: *10* Kuhschelle; *14* Kuechenschelle
Anerbieten: *7* Offerte
anerkannt: *7* gueltig; *9* arriviert, notorisch, offiziell; *10* zugelassen; *11* autorisiert, verbindlich
anerkennen: *5* loben; *6* achten, danken; *7* zugeben; *8* billigen; *9* wuerdigen; *12* legitimieren, ratifizieren
Anerkennung: *3* Lob; *4* Dank, Ehre, Lohn; *6* Ehrung, Nimbus; *7* Applaus, Beifall; *10* Wuerdigung; *12* Ratifikation
Anerzogenes: *5* Habit
anfachen: *7* beleben; *9* ermuntern; *11* verstaerken
anfahren: *7* starten
Anfahrt: *8* Hinreise
Anfall: *6* Regung; *7* Angriff
Anfall von Raserei: *6* Raptus
Anfälligkeit: *11* Morbiditaet
anfallweise Atemnot: *6* Asthma
Anfang: *5* Start; *6* Beginn; *7* Auftakt; *8* Ursprung, Vorspiel; *10* Einleitung, Eroeffnung, Grundstein, Ouvertuere
Anfang eines lateinischen Lobgesanges: *7* Laudate
anfangen: *7* starten; *8* beginnen; *9* einleiten, eroeffnen
Anfänger: *7* Neuling; *8* Lehrling, Schueler; *9* Debuetant, Greenhorn, Gruenling
anfänglich: *6* zuerst; *7* erstens, primaer; *9* zunaechst; *13* urspruenglich
Anfangsbuchstabe: *6* Versal; *7* Initial, Unziale
Anfaßstück: *5* Stiel; *6* Henkel
anfertigen: *6* machen; *8* bereiten; *10* herstellen; *11* fabrizieren, produzieren
Anfertigung: *10* Produktion; *11* Fabrikation, Herstellung
anfeuchten: *6* netzen; *7* naessen; *8* benetzen
anfeuern: *6* heizen; *7* treiben; *8* anheizen; *9* antreiben; *10* aufmuntern, begeistern
Anflug: *5* Hauch; *11* Kleinigkeit
anfordern: *9* verlangen
Anfrage: *11* Erkundigung; *14* Interpellation
Anfressung: *9* Korrosion
anführen: *6* narren; *8* zitieren; *9* erwaehnen; *10* befehligen
Anführer: *4* Boss, Chef; *6* Leiter; *10* Haeuptling; *12* Befehlshaber
Anführer
- **der Argonauten:** *5* Iason, Jason
- **der Donkosaken:** *5* Rasin
- **der Hugenotten:** *5* Rohan
- **der Hussiten:** *6* Prokop
- **eines Kreuzzuges:** *8* Bouillon; *10* Barbarossa, Loewenherz
- **im Bauernkrieg:** *5* Geyer, Goetz; *8* Muentzer

Anführungsstriche: *15* Gaensefuesschen
Angabe: *7* Anzeige, Aussage; *8* Auskunft; *9* Angeberei, Prahlerei, Protzerei
Angeber: *4* Snob; *5* Protz; *7* Prahler
Angeberei: *9* Snobismus
angeboren: *6* genuin; *10* kongenital
angeborene Fähigkeit: *6* Talent
angeborener Naturtrieb: *8* Instinkt
Angebot: *6* Antrag; *7* Offerte; *9* Vorschlag; *10* Anerbieten, Submission

angebracht: *8* opportun
angefault: *7* karioes
angefügter Wortteil: *5* Affix
angeführte Schriftstelle: *5* Zitat
angefüllt: *4* voll
angegriffen: *4* matt; *6* marode; *8* ermattet
angeheitert: *7* trunken; *10* beschwipst
Angehörige: *5* Sippe; *7* Familie; *9* Verwandte
Angehöriger
- **des Adels:** *10* Aristokrat
- **einer belgischen Volksgruppe:** *5* Flame; *7* Wallone
- **einer christlichen Sekte:** *6* Hussit; *7* Baptist, Maronit, Mormone, Quaeker; *8* Mennonit; *9* Adventist, Methodist, Puritaner, Waldenser; *10* Herrnhuter
- **der deutschen Minderheit im Ausland:** *14* Volksdeutscher
- **des englischen Hochadels:** *4* Peer
- **des französischen Hochadels:** *4* Pair
- **der Herrenschicht im antiken Rom:** *8* Patrizier
- **der Hindukaste:** *8* Brahmane
- **einer indischen Religionsgemeinschaft:** *4* Sikh; *5* Hindu, Jaina, Parse; *12* Mohammedaner
- **einer islamischen Sekte:** *6* Imamit, Schiit, Sunnit; *7* Wahabit; *8* Ismaelit, Ismailit, Wahhabit
- **des italienischen Hochadels:** *6* Nobile
- **des japanischen Adels:** *6* Daimio; *7* Samurai
- **der nichtweißen Rassen:** *8* Farbiger
- **des niederen spanischen Adels:** *7* Hidalgo
- **der niedrigsten indischen Kaste:** *5* Paria
- **der nordischen Rasse:** *5* Arier
- **des Parlaments:** *12* Abgeordneter; *14* Parlamentarier, Volksvertreter
- **einer Religionsgemeinschaft im Pandschab:** *4* Sikh
- **der Salzsiederzunft:** *7* Hallore
- **des spanischen Adels:** *6* Grande; *7* Hidalgo
- **der Turkstämme in Rußland:** *5* Tatar
- **einer Weltreligion:** *4* Jude; *5* Hindu; *6* Christ, Moslem, Moslim, Taoist; *8* Buddhist, Muselman; *10* Schintoist

Angeklagter: *6* Taeter; *10* Delinquent; *13* Beschuldigter
Angel: *5* Haspe; *9* Scharnier
Angelegenheit: *4* Fall; *5* Sache, Thema; *6* Handel, Passus; *7* Affaere; *8* Anliegen
angelegentlich: *6* eifrig
Angelgerät: *4* Netz, Rute; *5* Reuse; *7* Kescher
Angelköder: *6* Fliege
angeln: *6* locken; *7* fischen, greifen; *9* einfangen, schnappen
Angelsachse: *5* Brite
angelsächsischer König: *6* Eduard, Harold
angelsächsisches Königreich (8. Jh.): *6* Mercia
- **Längenmaß:** *4* Inch, Yard

Angelstock: *4* Rute
angemessen: *8* adaequat, gehoerig; *9* geziemend, zustehend; *10* angebracht; *11* gebuehrlich; *12* entsprechend
angenähert: *4* etwa; *5* circa, zirka; *9* ungefaehr
angenehm: *4* lieb; *6* kommod; *7* anmutig, passend; *8* passabel; *9* annehmbar, behaglich, gefaellig; *10* erfreulich; *11* sympathisch; *12* plaesierlich
angenehm warm: *6* mollig
angenehme Empfindung: *6* Genuss
angenommen: *4* wenn; *6* fiktiv
angenommener Wechsel: *6* Akzept
Anger: *9* Dorfwiese; *13* Gemeindewiese
angeregt: *6* kregel, munter; *7* lebhaft; *8* animiert
angereichert: *12* konzentriert
angeschlagen: *6* groggy; *8* verletzt; *11* beschaedigt, mitgenommen; *12* erschuettert
angeschwemmter Küstenboden: *6* Marsch
angesehen: *7* namhaft; *8* geachtet; *10* geschaetzt, renommiert; *11* respektabel
angesehene Personen: *8* Notabeln
Angesicht: *7* Antlitz
angetrunken: *4* blau; *10* beschwipst
angewandte Naturwissenschaft: *7* Technik
angewiesen: *9* abhaengig
Angewohnheit: *7* Marotte
angezeigt: *9* indiziert
Angleichung: *9* Anpassung; *12* Assimilation
Angorawolle: *6* Mohair
angreifend: *8* korrosiv, offensiv; *9* aggressiv
Angreifer: *9* Aggressor
Angrenzer: *7* Nachbar; *8* Anrainer, Anwohner
Angriff: *7* Attacke; *8* Anschlag, Vorstoss; *9* Offensive, Ueberfall; *10* Aggression
angriffslustig: *8* offensiv; *9* aggressiv
Angst: *5* Bange, Scheu, Sorge; *6* Bammel, Furcht, Phobie; *10* Beklemmung
Angsthase: *8* Bangbuex, Feigling
ängstigen: *6* bangen; *7* graulen; *9* fuerchten
ängstlich: *4* bang, feig; *5* bange, feige, scheu; *6* mutlos; *7* besorgt; *9* furchtsam; *11* schreckhaft
Angsttraum: *3* Alp
anhaften: *6* kleben
anhaftend: *9* inhaerent
anhalten: *6* dauern, mahnen; *7* stoppen; *8* anleiten; *10* arretieren, festhalten
anhaltend: *9* andauernd, permanent; *10* persistent
Anhaltspunkt: *7* Zeichen; *8* Handhabe, Verdacht
Anhang: *5* Annex; *6* Exkurs; *7* Familie, Gefolge, Trabant; *8* Nachtrag; *10* Ergaenzung; *11* Nachschrift; *12* Gefolgschaft
Anhänger: *6* Anhang; *7* Amulett; *8* Beiwagen; *10* Anhaengsel, Mitlaeufer
Anhänger → Angehöriger
- **einer bejahenden Weltanschauung:** *8* Optimist
- **der Freikörperkultur:** *6* Nudist
- **der Geisterlehre:** *9* Spiritist
- **einer griechischen Philosophenschule:** *5* Eleat; *7* Stoiker; *9* Epikureer; *10* Platoniker
- **der Idee des Königtums:** *8* Royalist; *10* Monarchist

- **des Islam:** *6* Moslem, Muslim; *8* Muselman; *12* Mohammedaner
- **einer kommunistischen Lehre:** *6* Maoist; *7* Marxist; *8* Leninist; *9* Stalinist, Trotzkist
- **der Kriegsgegnerschaft:** *8* Pazifist
- **einer Kunstrichtung:** *6* Kubist; *7* Dadaist; *11* Pointilist; *13* Expressionist, Impressionist
- **der Lehre Jesu:** *6* Christ
- **der Lehre Laotses:** *6* Taoist
- **der Lehre Mohammeds:** *6* Moslem, Muslim; *8* Muselman; *12* Mohammedaner
- **der Lehre Zarathustras:** *5* Parse
- **des Marxismus:** *7* Marxist; *9* Kommunist
- **einer nationaljüdischen Bewegung:** *7* Zionist
- **einer politischen Anschauung:** *6* Maoist; *7* Marxist; *8* Demokrat, Faschist, Pazifist; *9* Anarchist, Liberaler, Sozialist; *10* Chauvinist, Liberalist, Monarchist; *11* Nationalist
- **eines Reformators:** *6* Hussit; *9* Calvinist; *10* Lutheraner; *11* Zwinglianer
- **einer verneinenden Weltanschauung:** *8* Nihilist; *9* Pessimist
- **der Vielgötterei:** *5* Heide
- **des Weltfriedens:** *8* Pazifist
- **des Zoroaster:** *5* Parse

anhänglich: *4* treu
Anhänglichkeit: *5* Treue; *7* Pietaet; *11* Ergebenheit; *12* Freundschaft
Anhängsel: *7* Annex; *8* Appendix
Anhäufung: *4* Pulk; *5* Halde; *7* Ballung, Hortung; *10* Agglomerat, Kumulation; *11* Aggregation; *13* Agglomeration
anheimelnd: *10* gemuetlich
anhimmeln: *8* verehren
Anhöhe: *4* Berg; *6* Huegel; *8* Erhebung
Anilin-Säure-Verbindung: *6* Anilid
animalisch: *8* tierisch
animalische Kost: *4* Eier; *5* Fisch, Kaese, Milch, Wurst; *6* Butter; *7* Fleisch, Schmalz
animieren: *7* anregen; *9* ermuntern, verlocken
Anis: *6* Badian
Anisbranntwein, Anislikör: *7* Anisett
Ankauf: *6* Erwerb; *9* Erwerbung
Anker hochziehen: *6* katten
Ankerplatz: *4* Mole, Pier; *5* Reede
Ankertonne: *4* Boje
Ankervorrichtung: *6* Muring
Ankerwinde: *5* Spill; *8* Bugspill; *9* Gangspill
an Kindes Statt annehmen: *10* adoptieren
Anklage: *13* Inkrimination
Ankläger: *12* Staatsanwalt
Anklagerede vor Gericht: *9* Plaedoyer
Anklagezustand: *4* Reat
Anklang: *7* Beifall; *8* Resonanz; *11* Reminiszenz
Ankleideraum: *8* Toilette; *9* Garderobe
anknüpfen: *8* anbahnen
ankommen: *6* landen; *9* erreichen
ankreiden: *9* vorwerfen; *11* uebelnehmen
ankündigen: *6* melden; *8* anzeigen; *9* einleiten; *11* vorhersagen
Ankündigung: *4* Avis; *6* Ansage; *8* Programm, Prospekt; *11* Bekanntgabe; *12* Plakatierung
Ankunft: *7* Landung; *9* Einlaufen; *10* Eintreffen, Erscheinen
Anlage: *4* Keim; *5* Boden, Natur; *7* Habitus; *11* Investition; *12* Installation; *13* Etablissement
Anlage zum Ausbessern und Bauen von Schiffen: *4* Dock; *5* Werft; *11* Trockendock

- **für Pferdesport:** *12* Trabrennbahn; *14* Galopprennbahn
- **für Pflanzenzucht:** *9* Treibhaus
- **zur Salzgewinnung:** *6* Saline

Anlaß: *5* Grund; *7* Anstoss, Ursache; *11* Gelegenheit
Anlasser: *7* Starter
Anlauf: *5* Start; *7* Versuch
anlegen: *6* landen; *9* errichten; *10* festmachen; *11* investieren
Anlegeplatz für Schiffe: *4* Mole, Pier; *5* Hafen, Reede
anlehnen: *8* stuetzen; *9* nachahmen
Anleihe: *4* Borg, Pump; *6* Kredit
Anleihepapier: *4* Bond; *10* Obligation, Pfandbrief
anleiten: *6* lehren; *7* beraten; *8* anhalten
Anleitung: *7* Hinweis; *8* Beratung; *9* Anweisung, Leitfaden; *10* Unterricht, Vorschrift; *11* Instruktion
Anliegen: *5* Bitte; *6* Wunsch; *8* Ersuchen
Anlieger: *7* Nachbar; *8* Anwohner
Anlockmittel: *6* Koeder
anmaßend: *8* arrogant, insolent; *9* vermessen; *11* impertinent; *12* praetentioes, ueberheblich, unverschaemt
anmelden: *8* anzeigen; *11* deklarieren
Anmerkung: *4* Note; *5* Notiz; *6* Glosse; *8* Fussnote; *9* Bemerkung, Kommentar; *10* Ergaenzung; *12* Erlaeuterung
Anmut: *6* Charme, Grazie, Scharm; *8* Liebreiz; *13* Holdseligkeit
anmutig: *7* huebsch, reizend; *8* charmant, grazioes; *9* gefaellig
annähernd: *4* etwa; *5* cirka, zirka; *8* ziemlich; *9* ungefaehr
Annäherung: *6* Konnex; *10* Konvergenz
Annäherungsgraben: *5* Sappe
Annahme: *7* Empfang, Fiktion, Meinung; *8* Aufnahme; *9* Hypothese, Rezeption, Vermutung; *11* Praesumtion; *13* Unterstellung
Annahme an Kindes Statt: *8* Adoption
Annahmeerklärung auf einem Wechsel: *6* Akzept
Annalen: *11* Jahrbuecher
annehmbar: *8* passabel; *9* plausibel; *10* akzeptabel
annehmen: *9* mutmassen; *11* akzeptieren
Annehmlichkeit: *4* Reiz; *6* Genuss; *14* Bequemlichkeit, Gemuetlichkeit
annektieren: *8* aneignen, besetzen; *12* einverleiben
Annoben: *6* Pagalu
Annonce: *7* Anzeige, Inserat, Offerte
annullieren: *8* aufheben; *10* widerrufen; *13* zurueckziehen

Anode: *9* Elektrode
anomal: *7* abartig; *10* abweichend; *11* regelwidrig; *12* missgebildet; *14* unregelmaessig
anonym: *8* namenlos; *9* ungenannt
Anorak: *9* Windbluse, Windjacke; *11* Schneebluse, Schneejacke; *12* Kapuzenbluse, Kapuzenjacke
anordnen: *8* befehlen
Anordnung: *6* Befehl; *7* Geheiss; *9* Regulativ; *11* Arrangement
Anordnungslehre: *10* Taxiologie
anorganischer Stoff: *7* Mineral
Anpasser: *11* Opportunist
Anpassung: *7* Mimikry; *8* Adaption; *10* Gewoehnung; *13* Akkommodation
Anpassung an eine andere Umwelt: *15* Akklimatisation
Anpassungsvermögen: *10* Adaptation
Anpfiff: *5* Ruege, Tadel; *8* Anranzer
Anpflanzung: *5* Anbau; *8* Plantage
Anprall: *5* Stoss
anprangern: *11* brandmarken
Anpreisung: *7* Reklame
Anprobierdame: *9* Mannequin
Anrainer: *7* Nachbar
anraten: *9* empfehlen
Anrecht: *8* Anspruch; *10* Abonnement, Dauerkarte
Anrede: *2* Du; *3* Ihr, Sie; *4* Frau, Herr; *9* Fraeulein
Anrede
- **an Gott:** *4* Abba
- **für Bischöfe:** *9* Exzellenz
- **für Dekane:** *14* Spektabilitaet
- **für Fürsten:** *11* Durchlaucht
- **für Geistliche:** *10* Ehrwuerden; *11* Hochwuerden
- **für Kaiser:** *9* Majestaet
- **für Kardinäle:** *7* Eminenz
- **für Könige:** *9* Majestaet
- **für Prinzen:** *11* Durchlaucht
- **für Universitätsrektoren:** *11* Magnifizenz
- **für den Papst:** *10* Heiligkeit
- **im diplomatischen Verkehr:** *9* Exzellenz

Anredefall: *7* Vokativ
anreden: *10* titulieren
anregen: *7* beleben; *8* anreizen; *9* animieren; *11* veranlassen
anregendes Getränk: *3* Tee; *6* Kaffee
anregendes Mittel: *9* Stimulans
Anreger: *9* Initiator
Anregung: *6* Impuls; *7* Anstoss, Hinweis; *10* Initiative; *11* Ermunterung, Inspiration; *12* Aufmunterung
Anreiz: *6* Impuls; *7* Ansporn
Anrichte: *6* Buffet; *7* Buefett, Kredenz
Anrichteraum auf Schiffen : *6* Pantry
anrüchig: *7* ominoes; *11* zweifelhaft
Anrüchigkeit: *8* Hautgout
Anruf: *2* he; *5* hallo
Anrufung Gottes: *5* Gebet
Ansage: *6* Diktat; *10* Conférence
Ansager: *8* Sprecher; *12* Conférencier
Ansammlung: *5* Haufe; *7* Auflauf
ansässig: *6* hiesig; *8* heimisch, sesshaft; *11* eingesessen
Ansässiger: *5* Sasse; *9* Einwohner
Ansatz: *6* Anfang; *13* Verlaengerung
Ansatzrohrstück: *7* Stutzen
anschaffen: *6* kaufen; *8* erwerben
Anschaffung: *4* Kauf; *6* Erwerb; *11* Akquisition
anschaulich: *6* farbig; *8* bildlich, deutlich, lebendig; *9* plastisch; *12* eindringlich; *13* verstaendlich
Anschaulichkeit: *12* Plastizitaet
Anschauung: *6* Glaube; *7* Ansicht, Meinung; *9* Denkweise, Intuition; *11* Betrachtung, Vorstellung
Anschauungsart: *11* Mentalitaet
Anschauungsform: *9* Kategorie
Anschein: *3* Air; *5* Miene; *8* Aussehen
anscheinend: *10* vermutlich
Anschlag: *6* Plakat, Raenke; *7* Affiche, Aushang; *8* Attentat, Sabotage; *14* Bekanntmachung
Anschlagsäule: *13* Litfasssaeule
Anschluß: *12* Installation
Anschluß an Wasserleitung: *7* Hydrant
anschmiegsam: *5* weich; *9* zaertlich; *10* zutraulich; *16* anpassungsfaehig
Anschrift: *7* Adresse
anschuldigen: *8* anklagen; *10* verleumden; *12* anschwaerzen, beschuldigen
Anschuldigung: *7* Anklage; *11* Verleumdung; *13* Inkrimination
anschwärzen: *11* denunzieren
Anschwellung: *5* Beule
Ansehen: *3* Ruf; *4* Ehre; *6* Nimbus, Wuerde; *7* Achtung, Geltung; *8* Prestige; *10* Autoritaet, Reputation; *11* Distinktion
ansehnlich: *9* bedeutend, stattlich; *11* respektabel; *12* reputierlich; *13* eindrucksvoll, betraechtlich; *14* repraesentativ
Ansicht: *4* Bild; *6* Aspekt; *7* Anblick, Fassade, Meinung; *8* Prospekt
Ansiedler: *8* Kolonist
Ansiedlung: *3* Ort; *4* Dorf; *5* Stadt; *7* Kolonie; *13* Niederlassung
Ansinnen: *8* Zumutung; *9* Verlangen
Ansitz: *10* Jagdkanzel
Anspannung: *9* Intension
anspielen: *8* andeuten
Ansporn: *5* Drang; *6* Anreiz; *7* Vorbild; *8* Auftrieb, Beispiel; *10* Triebfeder
Ansprache: *4* Rede; *6* Speech
ansprechen: *7* anreden; *8* gefallen
ansprechend: *11* sympathisch
Anspruch: *5* Claim, Recht; *6* Anteil; *9* Forderung
anspruchslos: *6* simpel; *7* einfach; *8* primitiv, schlicht; *9* genuegsam; *10* bescheiden; *11* spartanisch
anspruchsvoll: *8* kritisch; *9* ambitioes, anmassend; *12* praetentioes, unbescheiden
Anstalt: *4* Heim; *5* Stift; *6* Schule; *8* Institut, Internat; *9* Pensionat

- **bei Bielefeld:** *6* Bethel
- **zur Beseitigung von Tierkadavern:** *10* Abdekkerei
- **für Geisteskranke:** *9* Irrenhaus; *11* Heilanstalt
- **mit Kost:** *7* Alumnat
- **zur Pferdezucht:** *7* Gestuet
- **mit Unterkunft:** *8* Internat

Anstaltsschüler: *5* Eleve; *6* Alumne, Eleven, Elevin; *7* Alumnat, Alumnen, Alumnus, Interne; *8* Interner; *9* Elevinnen
Anstand: *5* Moral, Mores, Sitte, Zucht; *6* Dehors, Tugend, Wuerde; *7* Dekorum, Schliff; *8* Benehmen, Betragen, Hochsitz, Jagdsitz
- **auf Hasen:** *3* Kur

anständig: *4* fair; *5* loyal; *6* dezent, honett; *7* korrekt, serioes, sittsam; *8* gehoerig; *10* ordentlich; *11* einwandfrei; *13* rechtschaffen
Anständigkeit: *8* Fairness
Anstandsbuch: *6* Knigge
Anstandsregeln: *8* Etikette
anstarren: *8* fixieren
anstecken: *10* infizieren
ansteckend: *8* virulent
Ansteckknopf: *6* Bouton, Button
Anstecknadel: *5* Fibel; *7* Brosche; *8* Plakette; *9* Abzeichen
Ansteckung: *6* Infekt; *9* Infektion
ansteigend: *5* steil
anstelle: *5* statt
anstellig: *6* begabt; *9* geschickt
Anstellerei: *5* Getue; *6* Gehabe; *7* Geziere; *8* Ziererei; *9* Pruederie
Anstellung: *3* Job; *6* Arbeit; *10* Engagement
Anstellungsurkunde: *6* Patent
Anstieg: *8* Bergpfad; *10* Kletterweg
anstiften: *10* verfuehren; *11* veranlassen
Anstifter: *7* Urheber; *9* Initiator; *10* Verfuehrer
anstimmen: *10* intonieren
Anstoß: *6* Anlass, Impuls, Signal; *7* Ansporn, Ursache; *8* Anregung
anstoßen: *7* rempeln; *8* antippen, schubsen; *9* beruehren
anstößig: *8* shocking; *9* schockant; *10* skandaloes; *12* unanstaendig
anstreben: *12* reflektieren
anstreichen: *5* malen; *7* bemalen; *8* tuenchen; *9* lackieren
Anstreichmittel: *3* Oel; *4* Kalk, Lack, Teer; *5* Farbe; *7* Tuenche; *8* Oelfarbe
anstrengend: *9* muehevoll; *11* strapazioes
Anstrengung: *5* Muehe; *6* Arbeit; *8* Strapaze
Anstrich: *5* Farbe; *7* Politur; *8* Faerbung; *9* Aeusseres
Ansturm auf die Kasse: *3* Run
anstürmen: *7* branden; *8* anrennen
Ansuchen: *5* Bitte; *8* Petition
antarktische Halbinsel: *10* Grahamland
antarktischer Schwimmvogel: *7* Pinguin
antarktischer Vulkan: *6* Erebus
Anteil: *4* Part, Teil; *5* Aktie, Claim, Quote; *6* Ration; *7* Beitrag, Portion; *9* Interesse, Provision; *10* Kontingent, Teilbesitz
Anteil am Gemeindewald: *3* Hau
anteilig: *8* partiell
Anteilnahme: *5* Guete; *7* Beileid, Mitleid; *9* Interesse
Anteilschein: *3* Kux, Los; *5* Aktie, Share; *10* Wertpapier
Antennenart: *5* Dipol
Anthrazit: *10* Glanzkohle, Steinkohle
Anthroposoph: *7* Steiner
anti: *5* gegen, wider
Antialkoholiker: *12* Abstinenzler, Blaukreuzler
Antibiotikum: *10* Penicillin
antik → alt → griechisch → römisch
Antike: *8* Altertum
antike(r, s)
- **Ausruf:** *7* heureka
- **Badeort bei Neapel:** *5* Bajae
- **Bauwerk** → Bauwerk
- **Bezeichnung für Jüngling:** *6* Ephebe
- **Epos:** *5* Ilias; *6* Aeneis; *7* Odyssee
- **Filzmütze:** *5* Pilos
- **Fünfkampf:** *10* Pentathlon
- **Gedenkstein:** *6* Zippus
- **Gefäß:** *7* Amphora
- **Gewand:** *4* Toga; *6* Chiton, Tunika; *7* Chlamys
- **Grenzbefestigung:** *5* Limes
- **Grenzstein:** *6* Zippus
- **griechische...** → griechisch
- **Hafen Athens:** *8* Phaleron
- **Hafenstadt in Palästina:** *4* Acco, Akka, Akko; *5* Akkon
- **Handschrift auf Tierhaut:** *9* Pergament
- **Hirtenpfeife:** *9* Panfloete
- **Hochzeitsgesang:** *5* Hymen
- **Kriegsschiff:** *6* Bireme, Triere; *7* Galeere, Pentere, Trireme; *10* Quadrireme
- **Krug:** *7* Amphora
- **Kulthandlung:** *5* Orgia
- **Landschaft am Schwarzen Meer:** *7* Kolchis
- **Landschaft in Griechenland:** *5* Doris; *6* Attika, Epirus, Lokris, Phokis; *7* Argolis; *8* Aetolien, Arkadien, Boeotien, Lakonien; *9* Messenien
- **Landschaft in Kleinasien:** *5* Troas; *6* Lydien, Lykien, Mysien; *7* Aeolien; *8* Kilikien, Phrygien, Pisidien, Zilizien; *9* Bithynien; *12* Paphlagonien
- **Landschaft in Italien:** *6* Latium; *8* Etrurien
- **Landschaft in Palästina:** *6* Judaea; *8* Galilaea
- **Landschaft in Persien:** *6* Medien; *8* Baktrien
- **Landschaft in Südarabien:** *4* Saba
- **Landschaft in Syrien:** *10* Phoenizien
- **Lehrstätte:** *6* Lyzeum; *9* Gymnasium
- **Leuchtturm:** *6* Pharos
- **Name von Deutschland:** *9* Germanien
- **Name von Frankreich:** *7* Gallien
- **Name von Italien:** *6* Italia
- **Name von Troja:** *5* Ilion
- **Orakelstätte:** *5* Cumae; *6* Delphi, Didyma, Dodona
- **Pferderennbahn:** *9* Hippodrom
- **Rechenbrett:** *6* Abakus
- **Reitervolk:** *5* Saken; *7* Skythen

- **römische...** → römisch
- **Ruderschiff:** *6* Triere
- **Saiteninstrument:** *4* Lyra; *5* Leier; *8* Barbiton
- **Schaukämpfer:** *9* Gladiator
- **Schicksalsgöttin:** *5* Parze
- **Schreibmaterial:** *6* Stilus; *7* Papyrus; *9* Diptychon, Pergament
- **Schriftzeichen:** *4* Rune; *11* Hieroglyphe
- **Seeungeheuer:** *6* Scylla; *9* Charybdis
- **Sonnenuhr:** *6* Gnomon
- **Sprache:** *6* Latein; *10* Griechisch
- **Stadt am Maeander:** *5* Milet; *6* Priene; *8* Magnesia
- **Stadt am Vesuv:** *7* Pompeji, Stabiae; *11* Herculaneum, Herkulaneum
- **Stadt auf Kreta:** *7* Knossos
- **Stadt auf Sizilien:** *7* Segesta; *8* Selinunt
- **Stadt auf Zypern:** *6* Paphos; *7* Salamis
- **Stadt bei Athen:** *7* Eleusis
- **Stadt bei Tunis:** *8* Karthago
- **Stadt im Libanon:** *5* Sidon
- **Stadt in Ägypten:** *4* Sais; *6* Theben
- **Stadt in Arkadien:** *8* Mantinea
- **Stadt in Bithynien:** *6* Nicaea, Nikaea
- **Stadt in Böotien:** *8* Plataeae
- **Stadt in Griechenland:** *5* Argos, Athen; *6* Abdera, Croton, Mykene, Olynth, Sikyon, Sparta, Theben, Tiryns; *7* Chalkis, Eleusis, Stagira, Tanagra; *9* Epidaurus
- **Stadt in Italien:** *4* Elea; *7* Pompeji, Stabiae, Sybaris; *8* Tusculum; *11* Herculaneum, Herkulaneum
- **Stadt in Kleinasien:** *5* Milet, Troja; *6* Abydos, Nicaea, Nikaea, Sardes; *7* Ephesos, Ephesus; *8* Magnesia, Pergamon; *13* Halikarnassos
- **Stadt in Lydien:** *8* Kolophon
- **Stadt in Mazedonien:** *5* Pydna; *8* Philippi
- **Stadt in Mesopotamien:** *8* Seleucia
- **Stad in Nordafrika:** *4* Zama; *5* Utica; *8* Karthago
- **Stadt in Persien:** *4* Susa; *8* Ekbatana; *10* Persepolis
- **Stadt in Phrygien:** *8* Kolossae
- **Stadt in Phönizien:** *5* Sidon
- **Stadt in Spanien:** *8* Namantia
- **Stadt in Syrien:** *5* Emesa; *7* Palmyra
- **Stadt in Tunesien:** *8* Karthago
- **Stadt in Unteritalien:** *4* Elea; *7* Sybaris
- **Urne:** *5* Zista, Ziste
- **Vase:** *7* Amphora
- **Versmaß:** *6* Jambus; *8* Anapaest, Daktylus; *9* Hexameter, Trochaeus; *10* Pentameter
- **Volk in Griechenland:** *5* Dorer; *6* Dorier; *7* Achaeer, Aeolier
- **Volk in Italien:** *6* Italer; *7* Latiner, Sabiner; *8* Etrusker, Samniter
- **Volk in Kleinasien:** *5* Lyder; *6* Lydier; *7* Galater; *8* Hethiter, Phrygier
- **Volk in Syrien:** *10* Phoenizier
- **Volk in Vorderasien:** *5* Meder; *7* Parther, Sumerer; *10* Phoenizier
- **wachsüberzogene Schreibtafel:** *5* Kodex
- **Wasserleitung:** *9* Aquaedukt
- **Weissagerin:** *6* Pythia; *9* Kassandra
- **Weissagung:** *6* Orakel
- **Wettkampf:** *4* Agon
- **Wurfgeschütz:** *6* Balliste

Antilleninsel: *4* Cuba, Kuba, Saba; *5* Aruba, Haiti; *6* Tobago; *7* Curacao, Grenada, Jamaica, Jamaika; *8* Barbados, Dominica, Trinidad; *10* Martinique, Puerto Rico

Antilopenart: *3* Gnu; *4* Kudu, Oryx, Tora; *5* Gem-se, Goral, Kaana, Saiga, Sassi; *6* Dukker, Nilgau; *7* Gazelle; *8* Riedbock; *10* Hartebeest, Wasserbock, Wildebeest

Antipathie: *9* Ablehnung, Abneigung

Antithese: *15* Gegenbehauptung

Antlitz: *7* Gesicht; *9* Angesicht

Antrag: *5* Bitte; *6* Gesuch; *7* Eingabe; *9* Vorschlag

Antrieb: *5* Drang, Motiv, Motor; *6* Impuls; *7* Ansporn

Antriebsgeschoß: *6* Rakete

Antriebskraft: *3* Gas; *5* Dampf; *6* Wasser; *13* Elektrizitaet

Antriebsmaschine: *5* Motor; *7* Turbine

Antriebsmittel für das Auto: *3* Gas; *6* Benzin, Diesel

Antriebsschraube: *9* Propeller

Antriebsvorrichtung: *6* Goepel; *8* Rosswerk, Wellbaum

Antritt einer Fahrt: *7* Abreise

Antrittsansprache: *12* Jungfernrede

Antwort: *4* Echo; *8* Bescheid; *10* Entgegnung, Erwiderung

Antwort auf Kontra: *2* Re

Antworthandlung: *5* Reakt; *8* Reaktion

Anwalt: *7* Advokat, Berater; *8* Beistand, Sprecher; *9* Konsulent; *12* Fuersprecher; *13* Rechtsberater; *14* Rechtsbeistand

Anwaltschaft: *10* Kandidatur

Anwaltskunde: *6* Klient

Anwaltsrede: *9* Plaedoyer

Anwärter: *8* Aspirant, Kandidat; *9* Volontaer

anweisen: *6* zeigen; *8* befehlen, zuweisen; *12* vorschreiben

Anweisung: *5* Regie; *6* Rezept; *9* Anordnung, Belehrung, Direktion; *11* Instruktion

Anwendung: *7* Praktik; *8* Gebrauch

anwerben: *8* anheuern

Anwesen: *3* Gut, Hof; *8* Hofstatt; *9* Besitztum; *11* Grundbesitz, Grundstueck

anwesend: *5* dabei; *7* zugegen; *8* greifbar, praesent; *9* vorhanden; *12* gegenwaertig

Anwesenheit: *6* Dasein; *9* Dabeisein, Gegenwart, Teilnahme, Vorkommen; *10* Aufenthalt

anwidern: *5* ekeln; *7* anekeln; *11* degoutieren

Anwohner: *7* Nachbar

Anwurf: *5* Ruege, Tadel; *8* Nachrede

Anzahl: *5* Herde, Menge, Rudel, Schar; *6* Haufen; *7* Quantum

Anzahlung: *6* Vadium; *8* Handgeld; *9* Draufgabe, Draufgeld

Anzapfung: *7* Anstich

Anzeichen: *4* Omen; *5* Indiz; *7* Merkmal, Symptom; *10* Indikation
Anzeige: *4* Avis; *7* Annonce, Inserat; *8* Delation; *9* Insertion
Anzeigenaufgeber: *8* Inserent
anzeigend: *13* symptomatisch
Anzeigenwerber: *11* Akquisiteur
Anzeiger: *9* Indikator
Anzeiger aus persönlichen Gründen: *10* Denunziant
anzetteln: *9* anstiften; *10* verfuehren
anziehend: *9* attraktiv; *11* interessant, sympathisch
anziehender Gegenstand: *6* Magnet
Anziehungskraft: *4* Reiz; *10* Attraktion; *11* Gravitation, Magnetismus, Schwerkraft
Anziehungskraft auf das andere Geschlecht: *9* Sex-Appeal
Anzug: *5* Dress
anzüglich: *6* pikant; *10* zweideutig
anzünden: *9* anbrennen, anstecken, entfachen; *10* entflammen, entzuenden
Anzünder: *7* Fidibus; *9* Feuerzeug, Zuendholz; *11* Streichholz
Aorta: *15* Hauptschlagader
apart: *5* eigen; *7* reizend; *8* reizvoll; *9* besonders; *11* eigenwillig; *13* geschmackvoll
Apathie: *17* Gleichgueltigkeit; *18* Teilnahmslosigkeit
apathisch: *11* unbeteiligt; *12* teilnahmslos; *13* gleichgueltig, unempfindlich
Apenninenhalbinsel: *7* Italien
Aperitif: *5* Byrrh, Picon; *6* Gancia, Pernod, Ricard; *7* Campari, Cinzano, Martini; *8* Dubonnet, Vermouth
Apfelsine: *6* Orange
Apfelsorte: *6* Boskop, Rambur; *7* Boskoop, Kalvill, Renette; *8* Jonathan, Kalville, Parmaene; *9* Cox Orange, Klarapfel, Taeubling; *10* Streifling; *11* James Grieve, Landsberger; *12* Goldparmaene; *13* Gravensteiner; *15* Golden Delicious
Apfelwein: *5* Cider, Zider
Aphrodite: *5* Venus
apodiktisch: *14* unwiderleglich
Apogäum: *8* Erdferne
Apokalypse: *11* Offenbarung
Apollopriesterin: *6* Pythia
Apostel: *7* Juenger; *8* Sendbote
Apostelamt: *9* Apostolat
Apostelbrief: *7* Epistel
Apostel
- **der Deutschen:** *10* Bonifatius
- **der Eskimos:** *5* Egede
- **der Franken:** *6* Kilian
- **der Friesen:** *10* Willibrord
- **der Grönländer:** *5* Egede
- **der Iren:** *7* Patrick
- **Jesu:** *5* Judas, Simon; *6* Markus, Paulus, Petrus, Thomas; *7* Andreas, Jakobus; *8* Johannes, Matthias; *9* Matthaeus, Philippus, Thaddaeus; *13* Bartholomaeus
- **des Nordens:** *6* Ansgar
- **der Pommern:** *4* Otto
- **der Preußen:** *8* Adalbert
- **der Slawen:** *6* Kyrill; *8* Cyrillus

apostolischer Nuntius: *6* Bafile
Apotheke: *7* Offizin
Apotheker: *8* Provisor; *10* Pharmazeut
Apothekergewicht: *4* Gran, Unze; *5* Graen
Apothekerkunst: *9* Pharmazie
Apotheose: *11* Schlussbild, Verklaerung; *14* Verherrlichung; *15* Vergoettlichung
Apparat: *4* Werk; *6* Geraet; *10* Instrument; *11* Mechanismus, Vorrichtung
Apparat zum Absaugen von Gasen: *9* Aspirator
Apparat zum Messen der Strahlung von Lichtquellen: *11* Aktinometer
Apparat zur plastischen Schau von Bildern: *10* Stereoskop
Apparatur: *11* Maschinerie; *12* Geraetschaft; *15* Instrumentarium
Appartement: *6* Zimmer; *7* Wohnung; *8* Wohnraum; *12* Einzelzimmer, Kleinwohnung, Luxuswohnung, Zimmerflucht
Appeal: *8* Zugkraft; *9* Anziehung
Appell: *6* Aufruf; *7* Mahnruf, Mahnung; *8* Antreten; *12* Aufforderung
appellieren: *7* anrufen
Appendix: *6* Anhang, Ansatz; *8* Fortsatz; *9* Blinddarm; *10* Anhaengsel; *12* Wurmfortsatz
Appetit: *4* Lust; *7* Esslust; *9* Verlangen
Appetitanreger: *8* Aperitif
appetitlich: *6* lecker; *9* delizioes, koestlich
Applaus: *7* Beifall; *11* Akklamation
Apposition: *10* Beifuegung
Appretur: *5* Glanz; *7* Schliff; *10* Zurichtung; *11* Versteifung
Aprikose: *7* Marille
Aprikosenlikör: *13* Apricot-Brandy
April: *9* Ostermond; *11* Wandelmonat
apropos: *9* uebrigens
Apside: *5* Aphel; *7* Perihel; *8* Apastron, Apogaeum; *9* Perigaeum; *10* Periastron
Aquamarin: *6* Beryll
Aquarienfisch → Zierfisch
Aquarienpflanze: *6* Elodea, Riccia; *7* Helodea, Wolffia; *8* Salvinia; *10* Sagittaria
Äquivalent: *9* Ausgleich, Gegenwert
Ära: *6* Epoche; *9* Zeitalter
Araber: *8* Sarazene
Araberhengst bei Karl May: *3* Rih
Arabervolk: *4* Asra; *7* Senussi; *8* Beduinen; *10* Amalekiter
Arabeske: *8* Ornament; *9* Tanzfigur
arabisch (Sprache)
- **Berggipfel:** *3* Ras
- **Boden:** *4* Ardh
- **Brunnen:** *3* Bir
- **Erde:** *4* Ardh
- **Häuptling:** *3* Ras
- **Haus:** *3* Dar
- **Knecht:** *3* Abd
- **Land:** *3* Dar

- **Meerenge:** *3* Bab
- **Paradies:** *4* Adan
- **Quelle:** *3* Bir
- **Sohn:** *3* Ben, Ebn, Ibn
- **Tor:** *3* Bab
- **Vater:** *3* Abu
- **Vorgebirge:** *3* Ras

arabische(r, s)
- **Artikel:** *2* al, el, il
- **Astronom:** *6* Alsufi; *7* Battani
- **Bauer:** *8* Fellache
- **Dichter:** *5* Antar; *6* Hariri; *9* Abu-Tamman
- **Dorf:** *4* Duar
- **Dynastie:** *7* Ibn Saud; *8* Omajaden; *9* Fatimiden
- **Emirat:** *5* Dubai; *7* Abu Dabi; *8* Abu Dhabi, Adschman; *10* Fudschaira, Schardscha; *11* Ras al Chaima; *12* Umm al Kaiwain
- **Fürstentitel:** *3* Aga; *4* Emir
- **Fürstentum:** *6* Emirat
- **Gebetsrufer:** *7* Muezzin
- **Gedichtform:** *5* Gasel
- **Gelehrter:** *5* Hakim
- **Getränk:** *3* Kat
- **Getreidepflanze:** *5* Durra
- **Gewand:** *3* Aba; *6* Burnus
- **Gruß:** *5* Salam, Salem, Selam
- **Hafenstadt:** *4* Aden; *6* Koweit, Kuweit; *7* Hadeida, Makalla
- **Halbinsel:** *5* Sinai; *8* Mosandam
- **Häuptlingstitel:** *3* Ras
- **Hauptstadt:** *4* Aden, Riad, Sana; *5* Amman, Kairo, Rabat, Tunis; *6* Algier, Bagdad, Beirut, Kuweit; *8* Damaskus, Tripolis
- **Herrschergeschlecht:** *8* Omajaden; *9* Fatimiden
- **Kapuzenmantel:** *6* Burnus
- **Kleidungsstück:** *3* Aba
- **Kopfbedeckung:** *3* Fes
- **Krummschwert:** *4* Seif
- **Küstengebiet am Roten Meer:** *8* Hedschas
- **Küstenlandschaft:** *4* Asir
- **Männername:** *3* Ali; *4* Omar; *5* Ahmed, Mahdi, Murad, Selim; *6* Achmed, Mahmud, Mehmed; *7* Ibrahim, Mustafa; *8* Mohammed
- **Mantel:** *3* Aba; *4* Haik; *6* Burnus
- **Märchenvogel:** *3* Rok; *4* Roch
- **Musikinstrument:** *4* Rbab
- **Name Jesu:** *3* Isa
- **Nomade:** *7* Beduine
- **Oase:** *3* Ain, Idd; *4* Arik; *5* Kasfa, Sabla, Sufuk; *6* Bugara, Gardam
- **Ochsengespann:** *5* Araba
- **Ornament:** *8* Arabeske
- **Philosoph:** *8* Averroes, Avicenna
- **Politiker:** *5* Sadat; *6* Arafat, Hassan, Nasser; *7* Burgiba, Hussein, Mubarak; *8* Ben Bella; *11* Boumedienne
- **Richter:** *4* Kadi
- **Schrift:** *6* Neschi
- **Schriftsteller:** *6* Damiri
- **Schwert:** *4* Seif
- **Segelschiff:** *3* Dau; *4* Dhau, Dhaw; *7* Baggala
- **Staat:** *3* VAR; *4* Irak; *5* Jemen, Sudan; *6* Kuwait, Kuweit, Libyen, Syrien; *7* Libanon, Marokko; *8* Aegypten, Algerien, Tunesien; *9* Jordanien; *12* Saudi-Arabien
- **Staatsmann** → arabischer Politiker
- **Stadt:** *3* Sur; *4* Aden, Doha, Riad, Sana; *5* Akaba, Amman, Basra, Mekka; *6* Aleppo, Bagdad, Beirut, Kuweit, Maskat, Medina, Mossul; *7* Dhahran, Hodeida; *8* Damaskus
- **Sultanat:** *4* Oman; *5* Katar, Qatar; *6* Maskat
- **Theologe:** *6* Damiri
- **Volksliedersammlung:** *6* Hamasa
- **Vorbeter:** *4* Imam
- **Weltreisender:** *9* Ibn Batuta
- **Wollmantel:** *3* Aba
- **Wüste:** *5* Akkaf, Nefud, Rimal; *6* Rkubeh
- **Wüstenbrunnen:** *3* Bir

Araliengewächs: *4* Efeu; *5* Panax

Arbeit: *3* Job; *4* Werk; *6* Dienst, Erwerb, Pensum; *8* Leistung; *10* Taetigkeit; *14* Beschaeftigung
- **für den Lehnsherrn:** *4* Fron

arbeiten: *6* werken, wirken; *8* schaffen; *10* herstellen

Arbeiter: *8* Werkmann; *12* Arbeitnehmer, Arbeitskraft, Werktaetiger

Arbeitgeber: *11* Unternehmer

Arbeitnehmer: *8* Arbeiter; *12* Angestellter

Arbeitnehmervereinigung: *12* Gewerkschaft

arbeitsam: *8* fleissig, tuechtig

Arbeitseinheit: *3* Erg

Arbeitsentgelt: *4* Gage, Lohn; *6* Gehalt; *7* Honorar

Arbeitsergebnis: *7* Produkt

Arbeitsgang: *7* Prozess; *9* Operation

Arbeitsgebiet: *7* Domaene

Arbeitsgefährte: *7* Kollege; *11* Mitarbeiter

Arbeitsgemeinschaft: *4* Team; *5* Rotte; *7* Kolonne; *9* Kollektiv

Arbeitsgerät: *8* Werkzeug; *10* Utensilien

Arbeitsgruppe: *4* Team; *5* Rotte; *7* Kolonne; *9* Kollektiv

Arbeitsinspektion: *15* Gewerbeaufsicht

Arbeitskamerad: *6* Kumpel; *7* Kollege; *11* Mitarbeiter

Arbeitskleidung: *6* Kittel, Montur; *7* Overall

Arbeitskollektiv: *7* Brigade

Arbeitsmaschine: *7* Roboter

Arbeitsmaterial des Töpfers: *3* Ton

Arbeitsmittel: *9* Werkstoff

Arbeitsniederlegung: *6* Streik

Arbeitsnorm: *6* Akkord

Arbeitsplatz: *3* Job; *6* Stelle

Arbeitsscheuer: *7* Bettler; *8* Faulpelz

Arbeitssklave: *4* Kuli

Arbeitsstätte: *5* Labor; *6* Stelle, Studio; *7* Betrieb; *9* Werkstatt; *12* Laboratorium

Arbeitsuntauglicher: *6* Kranker; *8* Invalide

Arbeitsunterbrechung: *4* Rast; *5* Pause; *6* Streik

Arbeitsweise: *7* Technik

Arbeitszeit: *7* Schicht

archäologische Freilegung: *10* Ausgrabung

Archenbauer: *4* Noah
Archipel im südlichen Atlantik: *8* Malwinen; *14* Falkland Inseln
Architekt: *10* Baumeister; *12* Baukuenstler
architektonischer Begriff: *3* Bau, Dom, Hof, Lot, Tor; *4* Aula, Burg, Chor, Dach, Esse, Fuge, Haus, Holm, Joch, Keil, Luke, Putz, Sims, Stil, Tuer, Turm, Wand; *5* Altan, Apsis, Basis, Beton, Bogen, Bohle, Daube, Erker, Etage, First, Foyer, Fries, Halle, Kamin, Mauer, Rampe, Stuck, Stufe, Villa, Zinne; *6* Arkade, Balken, Balkon, Blende, Empore, Fliese, Gesims, Giebel, Kachel, Kanzel, Keller, Klinke, Kuppel, Loggia, Nische, Palast, Portal, Quader, Saeule, Schiff, Schlot, Sockel, Tempel, Zement, Ziegel; *7* Alkoven, Baracke, Estrich, Fassade, Festung, Galerie, Geruest, Kapelle, Kastell, Klinker, Moertel, Parkett, Pergola, Pfeiler, Plafond, Schacht, Schloss, Soeller, Terrain, Traeger, Veranda; *8* Bungalow, Fachwerk, Gewoelbe, Kapitell, Lichthof, Ornament, Pultdach, Schiefer, Schindel, Terrasse, Walmdach; *9* Belletage, Bruestung, Dachboden, Dachstuhl, Flachdach, Fundament, Vestibuel; *10* Balustrade, Dachgarten, Grundstein, Hohlziegel, Satteldach, Souterrain; *11* Mauersockel
Architektur: *8* Baukunst
Archivalien: *8* Urkunden; *12* Aktenstuecke
Archivbeamter: *8* Archivar
Arena: *4* Oval, Rund; *6* Buehne, Zirkus; *7* Stadion, Theater; *8* Rennbahn, Rundkurs; *9* Hippodrom, Kampfbahn; *10* Kampfplatz, Sportplatz; *13* Wettkampfbahn
arg: *5* boese; *7* schlimm; *8* verrufen
arge Bedrängnis: *3* Not
argentinische(r, s)
- **Berg:** *9* Aconcagua
- **Besitzloser:** *11* Descamisado
- **Bucht, Golf:** *11* Bahia Blanca, Blancabucht; *12* San-Jorge-Golf; *13* San-Matias-Golf
- **Diktator:** *5* Peron
- **Flächenmaß:** *4* Area
- **Fluß** → Fluß in Argentinien
- **Halbinsel:** *6* Valdez
- **Hauptstadt:** *11* Buenos Aires
- **Indianer:** *9* Araukaner
- **Landschaft:** *6* Pampas; *9* Gran Chaco, Santa Cruz; *10* Patagonien
- **Meerenge:** *15* Magellanstrasse
- **Münze:** *4* Peso; *7* Centavo; *9* Argentino
- **Nationalgericht:** *7* Puchero
- **Nationaltanz:** *5* Tango
- **Pampashase:** *4* Mara
- **Provinz:** *7* Mendoza, Santa Fé, Tucuman; *8* Misiones; *9* Entre Rios; *11* Buenos Aires
- **Rinderhirt:** *6* Gaucho
- **Schriftsteller:** *6* Borges, Marmol; *7* Andrade; *8* Obligado; *9* Sarmiento
- **Staatsmann:** *5* Illia, Mitre, Ortiz, Peron; *7* Ramirez; *8* Alfonsin, Belgrano, Irigoyen; *9* Rivadavia
- **Stadt** → Stadt in Argentinien
- **Steppenlandschaft:** *6* Pampas
- **Sturm:** *7* Pampero
- **Tennisspielerin:** *8* Sabatini
- **Universitätsstadt** → Universitätsstadt in Argentinien
- **Viehhirt:** *6* Gaucho
- **Weinmaß:** *6* Barril

Ärger: *4* Zorn; *5* Grimm, Unmut; *6* Kummer; *7* Missmut; *8* Verdruss; *11* Verstimmung
ärgerlich: *6* zornig; *9* missmutig; *10* skandaloes, ungehalten
ärgerliches Aufsehen: *5* Eklat; *7* Blamage, Skandal
Ärgernis: *5* Plage; *6* Aerger, Greuel; *7* Anstoss, Missmut, Skandal; *8* Verdruss
Arglist: *6* Tuecke
arglos: *4* naiv; *7* harmlos; *10* einfaeltig, zutraulich
Argonautenführer: *5* Iason, Jason
Argonautenschiff: *4* Argo
Argument: *5* Grund, Motiv; *6* Beweis; *11* Begruendung, Beweisgrund; *12* Beweismittel
Argumentation: *14* Beweisfuehrung
Argwohn: *8* Verdacht; *10* Misstrauen, Mutmassung
arid: *5* duerr; *7* trocken; *13* ausgetrocknet
Aristokrat: *7* Adliger; *8* Edelmann
Aristokratie: *4* Adel
arithmetisches Mittel: *12* Durchschnitt
Arktis: *10* Polarkreis; *11* Polargebiet
Arktisbewohner: *6* Eskimo
arktische(r, s)
- **Jagdtier:** *3* Wal; *5* Robbe; *7* Eisbaer, Seehund
- **Naturerscheinung:** *9* Nordlicht; *10* Polarlicht
- **Raubtier:** *7* Eisbaer
- **Schneehütte:** *4* Iglu
- **Seevogel:** *5* Lumme
- **Tauchvogel:** *3* Alk
- **Volk:** *7* Eskimos

arm: *4* karg; *5* knapp; *9* besitzlos; *10* beduerftig, notleidend; *11* unbemittelt
Armaturenbrett: *11* Schalttafel
Armee: *4* Heer
Ärmelabschluß an Hemden: *10* Manschette
Ärmelaufschlag: *5* Patte; *6* Stulpe
ärmellose Jacke: *5* Gilet, Weste; *6* Bolero
ärmelloser Mantel: *6* Poncho
ärmelloser Umhang: *4* Cape
ärmelloses Jäckchen: *6* Bolero
Ärmelschnitt: *6* Raglan
Ärmelstulpe: *10* Manschette
Armenhaus: *6* Spital; *7* Spittel
armenische(r)
- **Berg:** *6* Ararat
- **Fluß:** *4* Aras, Kura
- **Hauptstadt:** *6* Eriwan
- **Mütze:** *6* Kalpak, Kolpak
- **Priester:** *6* Mullah
- **Ruinenstadt:** *3* Ani
- **See:** *8* Sewansee
- **Stadt:** *4* Kars; *5* Batum; *6* Eriwan; *7* Ardahan

Armensteuer im Islam: *5* Zakat
Armenwesen: *9* Fuersorge
armer Kerl: *9* Schlucker
armes Mädchen: *9* Griseldis
Armflosser: *9* Seeteufel
Armfüßer: *11* Brachiopode
Armgelenk: *8* Ellbogen; *10* Ellenbogen
Armknochen: *4* Elle; *7* Speiche
Armkraft: *14* Brachialgewalt
Armleuchter: *8* Flambeau; *9* Girandola; *10* Kandelaber
ärmlich: *4* karg; *8* duerftig; *11* kuemmerlich
Armmuskel: *6* Beuger, Bizeps
Armpolyp: *6* Hydria
Armring: *4* Reif; *6* Reifen
armselig: *8* duerftig; *9* miserabel; *11* erbaermlich, jaemmerlich
armselige Ortschaft: *4* Kaff
armseliger Raum: *4* Bude, Loch
armseliges Haus: *4* Kate; *6* Huette
Armseligkeit: *3* Not; *5* Elend; *6* Misere; *12* Duerftigkeit
Armsessel: *8* Fauteuil
ärmster Teil der Bürger im alten Rom: *11* Proletarier
Armut: *3* Not; *5* Elend; *6* Mangel; *9* Verarmung
Arnika: *11* Wohlverleih
Arnozufluß: *3* Era
Aroma: *4* Duft; *10* Wohlgeruch
Aroma des Weines: *5* Blume
aromatische Flüssigkeit: *6* Essenz
aromatische Verbindung: *6* Aromat, Phenol
aromatisches Getränk: *3* Tee; *6* Kaffee
Aronstabgewächs: *5* Calla, Kalla
Arrangement: *9* Anordnung; *13* Uebereinkunft
arrangieren: *6* ordnen; *8* anordnen; *12* veranstalten
Arrest: *4* Haft; *6* Karzer
Arrestant: *9* Haeftling
Arrestlokal: *5* Zelle; *6* Karzer
Arroganz: *7* Duenkel; *8* Insolenz; *9* Anmassung; *16* Ueberheblichkeit
Arsenal: *8* Zeughaus
Art: *4* Form, Stil; *5* Genre, Genus, Natur, Rasse, Sorte, Typus, Weise, Wesen; *6* Fasson; *7* Gattung, Spezies
artenreichste Tiergruppe: *8* Insekten
Art und Weise: *5* Modul, Modus; *6* Manier; *10* Modalitaet
Arterie: *4* Ader; *8* Pulsader; *10* Schlagader
artig: *4* brav, lieb; *7* folgsam, sittsam; *8* gehorsam, gesittet, hoeflich; *10* manierlich; *11* wohlerzogen
Artigkeit: *10* Kompliment, Nettigkeit; *14* Freundlichkeit, Manierlichkeit
Artikel: *3* das, der, die, ein; *4* eine, Ware; *7* Aufsatz; *9* Abschnitt; *10* Abhandlung
Artillerieeinheit: *8* Batterie, Regiment; *9* Abteilung
Artilleriegeschoß: *7* Granate; *11* Kartaetsche
Artillerist: *8* Kanonier
Artist: *7* Akrobat, Gaukler
Artistenbühne: *6* Zirkus; *7* Varieté
Artusritter → Ritter der Artusrunde
artverschieden: *9* heterogen
Arznei → Arzneimittel → Heilmittel
Arzneiauszug: *7* Tinktur
Arzneibehälter aus Glas: *7* Ampulle
Arzneigabe: *5* Dosis
Arzneikügelchen: *5* Pille
Arzneikundiger: *9* Apotheker; *10* Pharmazeut
Arzneimenge: *5* Dosis
Arzneimischung: *6* Mixtur
Arzneimittel: *5* Pille, Salbe; *6* Dragée, Mixtur, Pulver; *7* Medizin; *8* Tabletten; *9* Pharmakon; *10* Heilmittel, Medikament
Arzneimittelhändler: *9* Apotheker
Arzneimittelherstellung: *9* Pharmazie
Arzneimittelkunde: *13* Pharmakologie
Arzneipflanze: *4* Aloe; *5* Alant; *6* Arnika, Salbei; *7* Kamille, Melisse; *9* Engelwurz; *10* Eukalyptus
Arzneipflanze → Heilpflanze
Arzneipille: *6* Dragée
Arzneirohstoff: *5* Droge
Arzneirohstoffkunde: *14* Pharmakognosie
Arzneivorschrift: *6* Rezept
Arzneizäpfchen: *13* Suppositorium
Arzt: *7* Medikus; *9* Mediziner; *12* Heilkundiger
Arzt des Altertums: *5* Galen; *11* Hippokrates
Arzt des Mittelalters: *9* Eisenbart
ärztliche(r, s)
- **Anordnung:** *3* Kur; *6* Rezept
- **Bescheinigung:** *6* Attest
- **Betäubung:** *7* Narkose
- **Eingriff:** *9* Operation
- **Hilfsperson:** *10* Sanitaeter
- **Hörrohr:** *10* Stethoskop
- **Instrument** → Instrument des Arztes
- **Verordnung:** *10* Ordination
- **Vorprüfung:** *8* Physikum

As im Kartenspiel: *4* Daus
Asbestart: *6* Amiant; *9* Serpentin
Asbestzementschiefer: *7* Eternit
Aschenbecher: *6* Ascher
Aschengefäß: *4* Urne
Aschenlaugensalz: *6* Alkali
Ase: *7* Heimdal; *8* Heimdall
äsen: *6* grasen, weiden; *7* fressen
Asgardwächter: *7* Heimdal
Asiat → asiatisches Volk
asiatische(r, s)
- **Affe:** *9* Orang Utan
- **Antilope:** *5* Saiga
- **Bastfaser:** *4* Jute
- **Berg:** *3* Apo; *6* Ararat; *7* Belucha, Everest, Nilgiri; *8* Demawend, Kuh-i-Dena; *10* Chantengri; *11* Fudschijama, Nanga Parbat
- **Buckelrind:** *4* Zebu
- **Büffel:** *4* Arni
- **Dosenschildkröte:** *5* Cuora
- **Echse:** *5* Tokee
- **Eroberer:** *5* Etzel, Timur; *6* Attila; *8* Tamerlan; *10* Temudschin; *13* Dschingis-Chan

- **Eselart:** *6* Onager
- **Fahrzeug:** *7* Rikscha
- **Filzhütte:** *5* Jurte
- **Fluß** → Fluß in Asien
- **Gebirge:** *5* Altai, Pamir, Sinai; *6* Elburs, Taurus; *7* Kwenhun, Libanon; *8* Himalaja, Kaukasus; *9* Karakorum, Tienschan; *10* Hindukusch
- **Giftnatter:** *5* Kratt; *6* Bungar
- **Göttin:** *7* Astarte
- **Großkatze:** *5* Tiger
- **Halbinsel:** *5* Korea, Sinai; *6* Malaya; *7* Arabien; *10* Kleinasien; *11* Kamtschatka
- **Harzart:** *5* Asant
- **Hauptnahrungsmittel:** *4* Reis
- **Hauptstadt** → Hauptstadt in Asien
- **Heilpflanze:** *7* Ginseng
- **Herrschertitel:** *4* Chan, Khan; *5* Kalif, Mogul, Schah; *6* Sultan; *11* Maharadscha
- **Hirsch:** *4* Sika
- **Hochgebirgsrind:** *3* Jak, Yak
- **Hochland:** *4* Iran; *5* Dekan, Pamir, Tibet; *8* Mongolei
- **Hühnervogel:** *4* Pfau; *5* Fasan
- **Insel:** *4* Bali, Buru, Jawa, Nias; *5* Banka, Ceram, Luzon, Panay, Sumba, Timor; *6* Borneo, Ceylon, Flores, Guinea, Hainan, Negros; *7* Celebes, Formosa, Mindoro, Okinawa, Palawan, Sokotra, Sumatra, Sumbawa; *8* Mindanao, Sachalin
- **Inselgruppe:** *11* Philippinen, Sunda-Inseln
- **Kaiserreich:** *4* Iran
- **Kaisertitel:** *5* Tenno
- **Königreich:** *4* Siam; *5* Nepal; *8* Thailand
- **Lastenträger:** *4* Kuli
- **Liliengewächs:** *5* Hosta
- **Lorbeergewächs:** *6* Litsea
- **Münze** → Münze in Asien
- **Nesselpflanze:** *5* Ramie
- **Nomadenvolk:** *8* Kirgisen
- **Nordkap:** *12* Tscheljuskin; *15* Kap Tscheljuskin
- **Ostkap:** *8* Deschnew; *11* Kap Deschnew
- **Pfeilwurzgewächs:** *5* Domax
- **Raubkatze:** *5* Tiger
- **Reitervolk:** *6* Avaren, Awaren, Hunnen; *7* Tataren
- **Rußland:** *8* Sibirien
- **Schwalbenart:** *9* Salangane
- **See:** *7* Aralsee, Biwasee, Issykul, Kukunor; *8* Kaspisee, Urmiasee; *9* Baikalsee, Totes Meer
- **Seglerart:** *9* Salangane
- **Selbstmordart:** *8* Harakiri
- **Singvogel:** *8* Buelbuel
- **Staat:** *4* Irak, Iran, Laos, Oman, Siam; *5* Birma, Burma, China, Japan, Jemen, Korea, Nepal, UdSSR; *6* Bhutan, Ceylon, Cypern, Indien, Israel, Kuwait, Kuweit, Syrien, Taiwan, Zypern; *7* Formosa, Libanon, Persien, Tuerkei, Vietnam; *8* Malaysia, Mongolei, Pakistan, Thailand; *9* Jordanien, Malediven; *10* Bangla Desh, Indonesien, Kambodscha; *11* Afghanistan, Philippinen, Sowjetunion; *12* Saudi-Arabien
- **Stadt:** *3* Hue; *4* Aden, Agra, Kobe, Omsk, Riad, Sana, Sian; *5* Adana, Amman, Chiwa, Delhi, Haifa, Hanoi, Herat, Izmir, Kabul, Kelat, Kioto, Lhasa, Mekka, Osaka, Salem, Seoul, Tokio, Tomsk, Wuhan; *6* Ankara, Bagdad, Beirut, Bombay, Igarka, Kanton, Lahore, Madras, Madura, Manila, Medina, Mukden, Nagpur, Peking, Penang, Rangun, Saigon, Taipeh; *7* Alma-Ata, Bangkok, Bodaibo, Charbin, Colombo, Fuschun, Irkutsk, Isfahan, Mandale, Nanking, Schiras, Taebris, Teheran; *8* Damaskus, Djakarta, Hongkong, Jokohama, Kalkutta, Katmandu, Nagasaki, Rourkela, Singapur, Tientsin, Tsingtau; *9* Ahmedabad, Bagalore, Jerusalem, Karatschi, Samarkand, Schanghai, Taschkent, Tschengtu, Ulan-Bator; *10* Haidarabad, Hiroschima, Rawalpindi; *11* Nowosibirsk, Wladiwostok
- **Starenvogel:** *3* Beo
- **Steppenmurmeltier:** *5* Bobak
- **Steppenschaf:** *5* Arkal
- **Strom** → Fluß in Asien
- **Stufentempel:** *8* Zikkurat
- **Sturm:** *6* Taifun
- **Tagelöhner:** *4* Kuli
- **Teil der Türkei:** *9* Anatolien
- **Tempel:** *6* Pagode
- **Tierart:** *3* Beo, Jak, Yak; *4* Arni, Pfau, Sika, Zebu; *5* Fasan, Tapir, Tiger; *6* Argali, Onager, Tarpan; *7* Bankiva, Elefant; *8* Buelbuel, Flughund; *9* Orang Utan, Salangane; *11* Bengaltiger; *15* Brillenschlange
- **Titel im Mittelalter:** *5* Yabgu
- **Überrock:** *6* Kaftan
- **Verkehrsmittel:** *7* Rikscha
- **Vogel:** *8* Buelbuel
- **Volk:** *2* Ho, Li; *3* Kha, Lao, Man, Meo, Moi, Mon, Tai, Yao; *4* Aeta, Ainu, Akit, Bhil, Bugi, Gond, Juit, Komi, Kubu, Kuki, Lolo, Lubu, Mari, Miao, Moso, Naga, Nung, Paii, Rade, Sikh, Thai, Tjam, Toda; *5* Badju, Bicol, Dajak, Inder, Jaken, Jakun, Kafir, Karen, Khmer, Khond, Luren, Mansi, Meder, Moken, Moros, Nanak, Nayer, Newar, Oraon, Oriya, Ossen, Pnong, Punan, Sakai, Samal, Schan, Selon, Senoi, Tamil, Toala, Udehe, Wedda; *6* Afridi, Alanen, Araber, Awaren, Bagobo, Bihari, Bisaya, Brahui, Djarai, Finnen, Galela, Golden, Gurier, Gurkha, Hunnen, Ifugao, Kurden, Lappen, Manobo, Parsen, Perser, Raglai, Santal, Sarten, Semang, Swanen, Sherpa, Sindhi, Teluga, Tobelo, Tschin, Ugrier, Waziri; *7* Aleuten, Alfuren, Altaier, Atjeher, Bhutija, Eskimos, Ilocano, Itelmen, Jakuten, Japaner, Javanen, Jesiden, Lamuten, Luschai, Malaien, Miautse, Mohmand, Mundari, Oiraten, Palaung, Tagalen, Tataren, Tibeter, Tingian, Tuerken, Uiguren, Usbeken, Wogulen; *8* Abchasen, Afghanen, Armenier, Bengalen, Birmanen, Burjaten, Chinesen, Draviden, Giljaken, Goanesen, Igoroten, Kacheten, Kasachen, Katschin, Kirgisen, Koreaner, Korjaken,

Kurumbar, Leptscha, Mandschu, Manipuri, Mongolen, Siamesen, Tadschik, Torguten, Tungusen, Weddiden; *9* Adscharen, Ambonesen, Andamaner, Assamesen, Burjaeten, Chewsuren, Filipinos, Inguschen, Juerueken, Jukagiren, Kanaresen, Kaschmiri, Maduresen, Mahratten, Malabaren, Pakistani, Samojeden, Tschingpo, Turkmenen; *10* Bachtiaren, Baschkiren, Belutschen, Kabardiner, Kalmuecken, Karagassen, Karalpaken, Makassaren, Pandschabi, Sundanesen; *11* Gudscherati, Radschputen, Singhalesen, Vietnamesen; *12* Tscherkessen, Tschuktschen, Tschuwaschen
- **Vulkan:** *4* Taal; *6* Merapi, Semuru; *8* Krakatau; *11* Fudschijama
- **Währungseinheit** → Münze in Asien
- **Wasserbüffel:** *4* Arni
- **Westkap:** *5* Babal; *8* Kap Babal
- **Wildhuhn:** *7* Bankiva
- **Wildpferd:** *6* Tarpan
- **Wildrind:** *3* Jak, Yak
- **Wildschaf:** *6* Argali
- **Wirbelsturm:** *6* Taifun
- **Wüste:** *3* Lut; *4* Gobi; *5* Kewir, Nefud, Tharr
- **Zauberpriester:** *8* Schamane
- **Zierbaum:** *6* Ginkgo, Ginkjo
- **zweirädriger Wagen:** *7* Rikscha

As im Kartenspiel: *4* Daus
Askese: *9* Entsagung; *10* Enthaltung; *14* Enthaltsamkeit
Asket: *4* Jogi, Yogi; *7* Buesser
Aspekt: *5* Blick; *7* Anblick, Ansicht; *10* Standpunkt, Vorzeichen; *11* Beurteilung; *13* Gesichtspunkt
Asphalt: *7* Erdpech
Aspik: *6* Suelze
Aspirant: *8* Bewerber; *9* Anwaerter
Aspis: *11* Hutschlange; *15* Brillenschlange
Assekuranz: *12* Versicherung
Assessor: *9* Beisitzer
Assistent: *6* Helfer; *7* Gehilfe; *10* Hilfskraft; *11* Mitarbeiter
Assistenz: *5* Hilfe; *8* Beistand
assistieren: *6* helfen; *11* beispringen; *13* unterstuetzen
Assoziation: *10* Verbindung; *12* Verknuepfung
assyrische(r, s)
- **Feldherr:** *10* Holofernes
- **Gewicht:** *5* Sekel
- **Gottheit:** *2* Ea; *3* Anu, Bel, Sin, Utu; *4* Adad, Baal, Nabu, Nebo; *5* Assur, Enlil, Istar, Tamuz; *6* Dumuzi, Marduk, Nergal; *7* Astarte, Ischtar, Niturta; *8* Annunaki, Ningersu; *9* Schamasch
- **Hauptstadt:** *5* Assur; *6* Ninive
- **Hochtempel:** *8* Zikkurat
- **König:** *6* Sargon; *8* Sanherib; *10* Sardanapal; *11* Salmanassar; *12* Assurbanipal
- **Königin:** *9* Semiramis
- **Stufentempel:** *8* Zikkurat
- **Volk:** *7* Sumerer

Ast: *5* Zweig
Asthma: *7* Atemnot; *10* Beklemmung
Astrologe: *11* Sterndeuter
Astrologe des Königs Louis XI.: *8* Galeotti
Astrologe Wallensteins: *4* Seni
Astrologie: *12* Sterndeutung
astrologische Deutung der Gestirnskonstellation: *8* Horoskop
astrologischer Aspekt: *6* Trigon; *11* Konjunktion
Astronaut: *10* Raumfahrer; *14* Weltraumfahrer
Astronautik: *9* Raumfahrt; *13* Weltraumfahrt
astronautische Aktion: *11* Mondlandung; *13* Erdumkreisung; *14* Mondumkreisung
Astronom: *13* Sternkundiger
Astronom: *4* Hale, Hall, Witt, Wolf; *5* Adams, Brahe, Brown, Encke, Euler, Galle, Gauss, Havel; *6* Bessel, Halley, Hansen, Kepler, Lowell, Newton; *7* Barnard, Galilei, Laplace; *8* Herschel, Hipparch, Huyghens, Riccioli; *10* Kopernikus, Ptolemaeus, Tycho Brahe
Astronom im alten Alexandria: *10* Ptolemaeus
Astronomie: *10* Sternkunde; *12* Himmelskunde
astronomische(r, s)
- **Begriff:** *3* Pol; *4* Apex, Mond, Nova; *5* Komet, Nadir, Nebel, Sonne, Stern, Zenit; *6* Albedo, Azimut, Himmel, Korona, Meteor, Planet; *7* Galaxis, Gestirn, Neumond, Perihel, Trabant; *8* Asteroid, Ekliptik, Fixstern, Halbmond, Horizont, Lunation, Meteorit, Satellit, Vollmond; *9* Firmament, Lichtjahr, Lichtzeit, Planetoid, Sternbild, Supernova, Tierkreis; *10* Opposition, Pfeilstern, Wendekreis; *11* Deklination, Doppelstern, Praezession, Protuberanz, Sonnenfleck, Spiralnebel, Wandelstern; *12* Milchstrasse
- **Beobachtungsstätte:** *10* Sternwarte; *13* Observatorium
- **Instrument:** *4* Mire; *6* Oktant; *7* Bussole, Sextant; *8* Fernrohr, Teleskop; *10* Astrograph, Heliometer, Sternkarte, Theodolith; *11* Koronograph, Spektroskop
- **Längenmaß:** *6* Metron

Astwerk: *6* Geaest, Reisig
Asyl: *4* Heim; *6* Obdach; *8* Herberge; *9* Freistatt
asymmetrisch: *8* ungleich; *14* unregelmaessig; *15* ungleichmaessig
asynchron: *8* getrennt, ungleich; *15* entgegenlaufend, ungleichmaessig
Atelier: *6* Studio
Atem: *4* Luft, Odem; *5* Hauch, Puste; *8* Spiritus
Atemmesser: *10* Spirometer
Atemnot: *6* Asthma
Atempause: *4* Rast; *8* Erholung; *11* Entspannung; *12* Verschnaufen; *13* Unterbrechung
Atemröhre der Muschel: *5* Sipho
Atemstillstand bei Ohnmacht: *8* Asphyxie
Athener Wahrzeichen: *9* Akropolis
athenisch → griechisch
athenische(r, s)
- **Adel:** *10* Eupatriden
- **Bildhauer:** *5* Myron; *6* Lysipp; *7* Phidias; *8* Lysippos; *10* Praxiteles
- **Blutgericht:** *7* Areopag

- **Feldherr:** *5* Kimon; *6* Nikias; *9* Miltiades
- **Flottenbefehlshaber:** *5* Konon
- **Geschichtsschreiber:** *8* Xenophon
- **Gesetzgeber:** *5* Solon; *6* Drakon
- **Göttin:** *6* Athene; *12* Pallas Athene
- **Hetäre:** *6* Phryne
- **Komödiendichter:** *12* Aristophanes
- **Mathematiker:** *5* Meton
- **Philosoph:** *5* Plato
- **Säulenhalle:** *4* Stoa
- **Staatsmann:** *5* Solon, Timon; *8* Perikles; *9* Aristides; *10* Alkibiades; *12* Themistokles
- **Tempel:** *9* Parthenon; *11* Erechtheion
- **Tyrann:** *11* Pisistratus
- **Tyrannenmörder:** *9* Harmodius; *11* Aristogiton
- **Wahrzeichen:** *9* Akropolis

ätherisch: *6* astral
Atherom: *14* Talggeschwulst
äthiopische(r, s)
- **Berg:** *5* Dendi, Kollo
- **Feldmaß:** *5* Kalad
- **Fluß** → Fluß in Äthiopien
- **Flüssigkeitsmaß:** *4* Goba, Koba, Kuba; *6* Medane
- **Fürstentitel:** *3* Ras
- **Getreidemaß:** *5* Ardeb
- **Hafenstadt:** *5* Assab; *7* Massaua
- **Hauptstadt:** *10* Addis Abeba
- **Herrschertitel:** *5* Negus
- **Kaiser:** *13* Haile Selassie
- **König:** *7* Menelik; *9* Theodorus
- **Marathonläufer:** *5* Abebe
- **Münze:** *3* Ber
- **Provinz:** *5* Galla, Kaffa, Schoa, Tigre; *6* Amhara, Harrar, Somali; *7* Danakil, Eritrea
- **See:** *7* Tanasee
- **Stadt** → Stadt in Äthiopien
- **Titel:** *3* Ras; *5* Abuna, Negus; *12* Negus-Negesti
- **Volk:** *5* Galla; *6* Amhara; *7* Danakil
- **Vulkan:** *10* Ras Daschan

Athlet: *5* Boxer; *6* Ringer, Werfer; *7* Laeufer; *8* Sportler, Springer, Sprinter; *11* Kraftmensch; *12* Gewichtheber, Wettkaempfer
athletisch: *9* muskuloes
Äthylalkohol: *9* Weingeist
Atlant: *14* Gebaelktraeger
Atlantikinsel → Insel im Atlantik
Atlantikinselgruppe: *6* Azoren; *7* Kanaren; *8* Antillen, Bermudas; *14* Falklandinseln
Atlantikpakt: *4* NATO
Atlas: *10* Kartenwerk
Atlasgebirge: *13* Faltengebirge
Atlasgewebe: *8* Duchesse
Atman: *4* Atem; *11* Lebenshauch
Atmometer: *18* Verdunstungsmesser
Atmoskessel: *11* Dampfkessel
Atmosphäre: *6* Umwelt; *8* Stimmung; *10* Lufthuelle
Atmosphärenüberdruck: *4* atue
atmosphärische(r)
- **Druckeinheit:** *3* ata
- **Lichterscheinung:** *5* Blitz; *9* Nordlicht; *10* Polarlicht, Regenbogen
- **Niederschlag** → Niederschlag
- **Spiegelung:** *11* Fata Morgana
- **Strahlenbrechung:** *10* Refraktion

Atmung: *11* Respiration
Atmungsgerät: *10* Respirator
Atmungsorgan: *5* Kieme, Lunge; *6* Kiemen; *7* Trachee
Atoll der Marschallinseln: *6* Bikini; *8* Eniwetok
Atollgewässer: *6* Lagune
Atom: *15* Materieteilchen
atomar: *7* nuklear
Atombatterie, Atombrenner, Atommeiler: *4* Pile; *7* Reaktor
Atomenergieanlage: *13* Kernkraftwerk
atomisieren: *12* zertruemmern
Atomkern: *6* Nuklid; *7* Nukleus
Atomkernlehre: *10* Kernphysik; *13* Nuklearphysik
Atomkernspaltung: *7* Fission
Atomkernverschmelzung: *6* Fusion
Atomkraft: *11* Kernenergie
Atomkraftwerk bei Landshut: *3* Ohu
Atompilz: *9* Rauchpilz
Atomreaktor: *6* Meiler
Atom-U-Boot: *8* Nautilus
Atomverbindung: *7* Molekel; *8* Molekuel
Atomwaffe: *6* A-Bombe, H-Bombe; *11* Kobaltbombe
Atomzerfall: *15* Radioaktivitaet
Atomzertrümmerung: *7* Fission; *12* Kernspaltung; *14* Kettenreaktion; *15* Nuklearspaltung; *18* Atomkernumwandlung
Atonie: *12* Erschlaffung
Atride: *8* Menelaos; *9* Agamemnon
Attacke: *7* Angriff
Attest: *7* Zeugnis; *9* Gutachten; *13* Bescheinigung
Attraktion: *3* Hit; *4* Clou; *8* Schlager; *9* Zugstueck; *15* Anziehungskraft
Attraktion des Wiener Praters: *9* Riesenrad
attraktiv: *9* anziehend; *11* interessant, zugkraeftig
Attribut: *7* Beigabe, Beiwort, Merkmal; *10* Beifuegung; *11* Eigenschaft
ätzen: *6* beizen
ätzend: *9* kaustisch
ätzende Flüssigkeit: *5* Lauge; *6* Saeure
Ätzkunst: *7* Kaustik
Ätzmittel: *12* Hoellenstein
auch: *5* alias
Auerochs: *2* Ur
auf die Mitte einstellen: *10* zentrieren
auf diese Art: *2* so; *6* derart
auf ein Ziel gerichtet: *11* tendenzioes
auf etwas eingehen: *9* reagieren
auf frischer Tat: *11* in flagranti
auf keinen Fall: *3* nie
auf Kosten anderer leben: *11* schmarotzen
auf Umwegen: *8* indirekt; *9* mittelbar
Aufbahrungsgerüst: *8* Katafalk

Aufbau: *3* Bau; *4* Plan; *6* System; *7* Gefuege, Montage; *8* Struktur; *10* Gliederung; *11* Arrangement; *12* Konstruktion, Organisation
Aufbau auf dem Schiff-Vordeck: *4* Back
aufbauend: *11* konstruktiv
Aufbaustoff der Knochen: *4* Kalk
aufbegehren: *6* maulen, murren; *7* trotzen; *9* auflehnen; *11* rebellieren
aufbewahren: *6* horten, lagern; *7* sammeln; *9* verwahren; *11* reservieren
Aufbewahrungsgefäß für Hostien: *8* Ziborium
Aufbewahrungsort: *5* Depot, Lager
Aufbewahrungsort für das Allerheiligste: *10* Tabernakel
Aufbewahrungsort für Wertsachen: *4* Hort, Safe; *6* Tresor
aufblasen: *7* blaehen
aufbrausen: *10* moussieren
aufbrausend: *7* graetig, reizbar; *10* cholerisch
aufbringen: *6* kapern; *10* auftreiben
Aufbruch: *5* Start; *7* Abreise
aufdrängen: *11* oktroyieren
aufdringlich: *6* dreist; *7* laestig; *9* penetrant; *11* zudringlich
aufdringlicher Kundenwerber: *9* Anreisser
Aufeinanderfolge: *5* Reihe, Serie
Aufenthalt: *4* Rast; *5* Pause; *7* Station; *8* Stokkung; *11* Anwesenheit
Aufenthalt
– der gefallenen Helden: *7* Walhall; *8* Walhalla
– der gestürzten Titanen: *8* Tartarus
– des Minotaurus: *9* Labyrinth
– der Seligen: *7* Elysium
Aufenthaltsnachweis: *5* Alibi
Aufenthaltsraum auf Schiffen: *7* Kajuete
Auferstehungsfest: *6* Ostern
Auffahrt: *5* Korso, Rampe
auffallend: *7* markant; *8* deutlich, eklatant, frappant, merklich
auffallender Unterschied: *10* Diskrepanz
Auffangbehälter für Regenwasser: *8* Zisterne
auffassen: *8* urteilen; *9* begreifen
Auffassung: *6* Lesart; *7* Ansicht, Meinung
Auffassungsart: *11* Mentalitaet
Auffassungsgabe: *5* Grips
Auffindung von Unbekanntem: *10* Entdeckung
Aufforderung: *6* Appell; *9* Ultimatum
Aufforderung zum Erscheinen vor Gericht: *6* Ladung
auffrischen: *8* erneuern; *10* renovieren
aufführen: *8* benehmen; *9* errichten, erwaehnen; *10* aufzaehlen, vorfuehren; *11* wiedergeben; *12* veranstalten
Aufgabe: *3* Amt; *5* Thema; *6* Pensum; *7* Problem, Exempel, Lektion, Pflicht; *9* Preisgabe; *12* Obliegenheit
Aufgang: *6* Treppe
Aufgangspunkt eines Gestirns: *9* Aszendent
aufgeben: *8* abfinden; *9* aufhoeren; *10* expedieren, quittieren, verzichten; *11* ausscheiden, resignieren; *12* kapitulieren
– einer Zeitungsanzeige: *9* Insertion
aufgeblasen: *5* eitel; *11* eingebildet, prahlerisch
Aufgebot: *7* Einsatz
Aufgebot zum Kriegsdienst: *8* Heerbann
aufgebracht: *6* erregt, zornig; *7* fuchtig
Aufgebrachtsein: *8* Erregung
aufgebrachtes Schiff: *5* Prise
aufgedonnert: *10* auffaellig, ueberladen; *13* herausgeputzt
aufgedreht: *5* fidel; *6* lustig; *9* froehlich; *11* aufgekratzt, uebermuetig; *13* stimmungsvoll
aufgedunsen: *11* geschwollen; *12* aufgetrieben, verschwollen
aufgehen: *6* keimen, loesen; *7* knospen, oeffnen, stimmen; *8* scheinen
aufgehendes Gestirn: *9* Ascendent
Aufgeld: *4* Agio
Aufgelegtheit: *5* Laune; *8* Stimmung
aufgenähte Kleiderzier: *11* Applikation
aufgeplatzt: *6* rissig
aufgepreßte Farbschicht: *5* Folie
aufgeräumt: *6* heiter, sauber; *10* ordentlich
aufgeregt: *6* erregt; *7* nervoes, reizbar, unruhig; *8* zitterig; *9* exaltiert; *11* echauffiert
aufgeschichteter Haufen: *6* Stapel
aufgeschlossen: *5* offen; *12* empfaenglich
aufgeschütteter Erdkörper: *4* Damm
aufgeschwollen: *10* schwulstig
aufgespeichert: *6* latent
aufgeweckt: *4* klug; *6* munter; *7* lebhaft
aufgeworfen: *10* schwulstig
aufgrund: *5* wegen
aufgetürmtes Eis: *7* Packeis
Aufgußgetränk: *3* Tee
Aufgußtierchen: *10* Infusorium
aufhalten: *7* bremsen, hindern; *8* anhalten; *10* verzoegern
Aufhänger: *5* Haken; *6* Buegel
aufheben: *9* streichen, verwahren; *10* beseitigen, widerrufen; *11* annullieren
aufhebend: *9* suspensiv; *12* peremtorisch
Aufhebung: *8* Negation
Aufhebung einer Verpflichtung: *7* Dispens
Aufhebung eines Urteils: *9* Kassation
aufhetzen: *9* agitieren
aufhören: *5* enden; *6* lassen; *10* innehalten
Aufkäufergruppe: *6* Corner, Korner
aufklären: *8* belehren, erhellen; *11* informieren; *12* unterrichten
Aufklebebild: *7* Collage
aufkommende Erkenntnis: *8* Einsicht
Auflage: *6* Abgabe; *9* Bedingung; *10* Bestimmung; *13* Verpflichtung
Auflauf: *6* Tumult; *7* Soufflé; *9* Getuemmel; *10* Ansammlung
auflaufen: *8* stranden, zunehmen
aufleben: *7* erholen; *8* gedeihen
auflebender alter Schlager: *5* Oldie
Auflehnung: *5* Trotz; *6* Fronde, Putsch; *7* Revolte; *8* Aufstand, Meuterei; *9* Rebellion; *10* Revolution
Auflehnung der Palästinenser gegen Israel: *8* Intifada

auflösbar: *7* solubel; *8* solvabel
auflösen: *8* zerlegen; *9* solvieren; *11* analysieren, liquidieren
Auflösung von Sitte und Ordnung: *14* Demoralisation
aufmerksam: *4* rege; *6* galant; *7* achtsam, wachsam; *11* sorgfaeltig; *12* konzentrisch
Aufmerksamkeit: *6* Obacht; *7* Achtung; *8* Praesent, Sorgfalt; *9* Augenmerk, Teilnahme; *12* Hoeflichkeit; *13* Konzentration
aufmuntern: *9* animieren, ermutigen
Aufnahme: *7* Empfang; *8* Akkolade, Beitritt; *9* Rezeption; *15* Immatrikulation
Aufnahmefähigkeit: *10* Kapazitaet
Aufnahmeraum: *6* Studio
aufnehmen: *5* heben; *6* filmen, leihen; *8* anfangen; *9* einreihen; *10* aufgreifen
aufnehmend: *8* rezeptiv
Aufopferung: *7* Hingabe
Aufpasser: *6* Hueter; *8* Waechter
Aufprall: *5* Stoss
aufraffen: *8* ermannen; *10* aufrappeln
aufräumen: *6* ordnen; *10* beseitigen
aufrechnen: *8* addieren; *12* kompensieren
Aufrechnung: *8* Addition; *12* Kompensation
aufrecht: *6* gerade; *9* senkrecht
aufregen: *8* empoeren; *10* alterieren; *11* beunruhigen
aufregend: *9* empoerend, turbulent; *10* dramatisch; *12* beunruhigend, sensationell; *13* abenteuerlich, erschuetternd; *16* nervenaufreibend
aufregender Krimi: *8* Thriller
aufregendes Erlebnis: *9* Abenteuer
Aufregung: *6* Unruhe, Wirbel; *7* Emotion, Theater; *10* Alteration, Exaltation
aufreiben: *8* ermueden; *9* abrackern, verletzen, verzehren; *10* vernichten; *11* erschoepfen, verbrauchen; *17* ueberbeanspruchen
Aufreizung: *9* Agitation; *11* Provokation
aufrichten: *7* erheben; *8* troesten; *9* errichten
Aufrichten im Leid: *5* Trost
– der Pferde: *6* Levade
aufrichtig: *5* offen, reell; *7* ehrlich; *10* wahrhaftig; *11* unverstellt
Aufriß: *4* Plan; *6* Abriss, Muster, Schema
aufrücken: *10* avancieren
Aufrührer: *6* Rebell; *8* Agitator, Empoerer, Meuterer; *9* Insurgent; *13* Revolutionaer
Aufruf: *6* Appell; *8* Manifest
Aufruhr: *6* Tumult, Unruhe; *7* Krawall, Revolte; *8* Aufstand; *9* Rebellion; *12* Insurrektion, Proklamation
Aufrührer: *6* Rebell; *9* Insurgent
aufrütteln: *6* wecken
aufsagen: *9* vortragen; *10* rezitieren; *11* deklamieren
aufsässig: *5* frech; *10* abtruennig, rebellisch, ungehorsam; *13* revolutionaer; *14* aufruehrerisch
Aufsässiger → Aufrührer
Aufsässigkeit: *8* Renitenz
Aufsatz: *5* Essay; *7* Artikel, Beitrag, Bericht; *10* Abhandlung
aufsaugen: *11* absorbieren, resorbieren
Aufsaugung: *10* Absorption
aufs beste: *6* optime; *12* vortrefflich
Aufschaukelung: *10* Eskalation
aufschieben: *8* vertagen
aufschiebend: *9* suspensiv; *11* dilatorisch
Aufschlag: *5* Stoss; *8* Aufprall
Aufschlag an Kleidungsstücken: *6* Krempe, Revers
aufschließen: *7* oeffnen
aufschlußreich: *10* instruktiv; *11* interessant
Aufschneider: *7* Angeber, Prahler; *9* Bramarbas, Prahlhans; *10* Scharlatan, Windmacher; *12* Muenchhausen
Aufschneiderei: *6* Humbug; *9* Flunkerei, Geflunker; *12* Jaegerlatein, Seemannsgarn; *14* Muenchhausiade
Aufschnitt: *5* Belag
aufschreiben: *8* notieren
Aufschrift: *5* Titel; *9* Inschrift; *11* Bezeichnung
Aufschub: *5* Frist, Pause; *8* Dilation, Stundung; *9* Vertagung; *10* Aussetzung, Moratorium; *11* Prorogation; *12* Prolongation, Verzoegerung
Aufschüttung: *4* Damm, Wall; *5* Halde, Warft
Aufschwung: *8* Aufstieg
Aufschwung an der Börse: *6* Hausse
Aufsehen: *5* Eklat, Glanz; *7* Skandal; *9* Sensation
aufsehenerregend: *7* epochal; *8* eklatant; *12* sensationell
Aufseher: *4* Baas; *7* Waerter; *8* Waechter; *9* Inspektor
Aufsicht: *3* Hut; *5* Wache; *9* Kontrolle; *10* Inspektion; *12* Ueberwachung
Aufsichtsbeamter: *9* Inspektor; *11* Kontrolleur
Aufsichtsbeamter im Bergbau: *7* Steiger
Aufsichtsbehörde: *10* Kuratorium
Aufsichtsführender: *4* Wart; *8* Aufseher
aufspüren: *6* finden; *9* entdecken; *11* aufstoebern; *12* aufscheuchen
aufstacheln: *6* reizen
Aufstand → Aufruhr
Aufständischer → Aufrührer
aufstellen: *9* aufbieten, errichten, postieren; *10* statuieren
Aufstellung: *5* Liste; *7* Tabelle; *8* Rechnung; *9* Formation; *10* Uebersicht; *11* Verzeichnis
aufstöbern: *6* finden
aufstocken: *8* erhoehen; *12* vergroessern
Auftrag: *5* Order; *6* Befehl, Mandat; *7* Mission, Sendung, Weisung; *10* Kommission
Auftragebrett: *7* Tablett
auftragen: *9* servieren
Aufträge vergeben: *6* ordern; *9* bestellen
Auftraggeber: *5* Kunde; *6* Klient; *7* Mandant; *8* Abnehmer; *9* Besteller
auftragsweise: *13* kommissarisch
Auftreten: *8* Allueren
Auftreten der Wundmale Jesu: *14* Stigmatisation
Auftrieb: *7* Ansporn; *11* Ermunterung
Auftritt: *5* Krach, Szene; *7* Vorgang; *8* Ereignis

Auftropfstein in Höhlen: *9* Stalagmit
Aufwand: *5* Luxus, Staat; *6* Kosten, Pracht, Spesen; *9* Verbrauch; *13* Verschwendung; *15* Repraesentation
aufwarten: *6* dienen; *8* bedienen
Aufwärter: *6* Diener; *7* Kellner; *9* Kalfaktor
aufwärts: *5* empor; *8* steigend
Aufwärtshaken beim Boxkampf: *8* Uppercut
Aufwartung: *9* Bedienung
Aufwickler: *5* Spule
Aufwiegelei: *5* Hetze
aufwiegeln: *9* agitieren, aufhetzen; *11* aufstacheln, provozieren
Aufwiegler: *8* Demagoge
aufwühlen: *7* erregen
aufräumen: *8* halftern
aufzeichnen: *8* notieren; *9* eintragen; *12* registrieren; *14* protokollieren
Aufzeichnung: *5* Notiz; *7* Chronik, Vermerk; *9* Protokoll; *13* Niederschrift
– geschichtlicher Ereignisse nach ihrer Zeitfolge: *7* Chronik
– der Herzaktionsströme: *3* EKG
– in Kurzschrift: *5* Steno; *10* Stenogramm
– des Leiden Christi: *7* Passion
– von Musik, Sprache: *12* Bandaufnahme; *14* Bandbespielung; *15* Tonbandaufnahme; *18* Magnetbandaufnahme
– von Tanzbewegungen: *13* Choreographie
Aufzeichnungsgerät: *8* Recorder; *13* Videorecorder
aufziehen: *5* hegen
Aufzug: *3* Akt; *4* Lift; *5* Szene; *8* Elevator; *9* Fahrstuhl; *11* Paternoster
aufzwingen: *11* oktroyieren
Auge des Gesetzes: *7* Polizei
Auge im Würfelspiel: *5* Point
Augen des Wildes: *7* Lichter
Augenarzt: *7* Okulist
Augenausdruck: *5* Blick
Augenblick: *2* Nu; *6* Moment
augenblicklich: *3* nun; *5* jetzt; *6* sofort; *8* momentan; *10* ploetzlich
augenblicklicher Zustand: *4* Lage; *6* Status; *9* Situation, Status quo; *11* Gegebenheit, Verhaeltnis
Augenblicksbedeutung: *11* Aktualitaet
Augendeckel: *3* Lid
augenfällig: *8* deutlich, eklatant, offenbar
Augenglas: *6* Brille; *7* Binokel, Lorgnon, Monokel
Augenkrankheit: *4* Star; *7* Glaukom; *8* Irititis; *9* Granulose
Augenmerk: *9* Beachtung
Augennaß: *6* Traene
Augenschein: *7* Evidenz; *8* Autopsie
Augenschminke: *11* Lidschatten
Augenteil: *3* Lid; *4* Iris; *7* Pupille; *8* Augapfel, Hornhaut
Augenwassertropfen: *6* Traene, Zaehre
Augenweide: *6* Freude, Labsal
Augenzeugenbericht: *9* Reportage
Augsburger
– Maler: *7* Holbein
– Patrizierfamilie: *6* Fugger, Welser
– Schutzgöttin: *4* Cisa
– Siedlung: *8* Fuggerei
August: *7* Ernting; *9* Erntemond; *10* Erntemonat
Auktion: *4* Gant; *13* Versteigerung
aus Bronze: *5* ehern
aus dem Altertum: *5* antik
aus der Art schlagen: *8* entarten
aus Edelmetall: *6* golden; *7* silbern
aus eigenem Antrieb: *7* spontan
aus Erz: *5* ehern
aus gebrannter Erde: *5* irden
aus Gold: *6* golden
aus Metall: *8* metallen
aus Ton: *5* irden
aus voller Kehle: *8* lauthals
Ausarbeitung: *6* Skript; *8* Elaborat, Skriptum; *10* Manuskript; *11* Komposition
Ausatmung: *10* Exhalation; *11* Exspiration
ausbessern: *7* flicken; *10* reparieren; *12* restaurieren
Ausbesserung: *9* Reparatur
Ausbesserungsstätte für Schiffe: *5* Werft
Ausbeute: *6* Ertrag
ausbeuten: *7* abbauen; *9* ausnutzen, ausrauben; *10* schroepfen, auspluendern
ausbilden: *6* lehren; *11* kultivieren
Ausbilder von Sportlern: *7* Trainer
Ausbildung: *5* Lehre
Ausblick: *11* Perspektive
ausbreiten: *6* dehnen; *9* ausdehnen, entfalten; *11* expandieren
Ausbreitung: *9* Expansion
Ausbruch: *8* Eruption
ausbürgern: *12* expatriieren
Ausdauer: *6* Geduld; *9* Resistenz
ausdehnen: *9* schwellen; *10* verbreiten
Ausdehnung: *5* Hoehe, Tiefe, Weite; *6* Breite, Kuerze, Laenge; *9* Dimension, Expansion, Extension; *11* Erweiterung
Ausdehnungsbegriff: *4* hoch, kurz, lang, weit; *5* breit
Ausdehnungsdrang: *13* Imperialismus
Ausdruck: *4* Form, Stil; *10* Expression
ausdrücklich: *6* eigens; *8* deutlich; *9* explizite
Ausdrucksbewegung: *8* Gebaerde
Ausdrucksform: *4* Stil
Ausdruckskunst: *5* Mimik
ausdruckslos: *3* tot; *4* kalt; *12* nichtssagend
ausdrucksvoll: *6* sinnig; *10* pathetisch
Ausdrucksweise: *4* Stil; *7* Diktion
Ausdünstung: *13* Transpiration
Auseinandergehen: *9* Divergenz
Auseinanderklaffen: *10* Diskrepanz
auseinandernehmen: *8* zerlegen; *11* demontieren
Auseinandersetzung: *4* Zank; *5* Krieg, Zwist; *6* Rezess, Streit; *7* Polemik; *11* Liquidation
auserlesen: *4* edel; *5* prima; *7* delikat; *8* exquisit; *11* erstklassig; *12* hervorragend
Auserlesenes: *5* Elite; *11* Delikatesse

auserwählt: *10* auserkoren
Ausfahrt: *3* Tor
Ausfall: *5* Manko; *7* Verlust; *8* Versagen
– der Vogelfedern: *6* Mauser
Ausfertiger: *9* Expedient, Expeditor; *10* Abfertiger
Ausfertigung: *10* Zertifikat
Ausfließen von Lava: *8* Effusion
Ausflucht: *5* Finte; *6* Flause; *7* Evasion; *8* Notluege
Ausflüchte: *12* Fisimatenten
Ausflug: *4* Ritt, Tour, Trip; *6* Partie; *9* Abstecher, Exkursion, Wanderung
Ausflügler: *7* Tourist
Ausflugswagen: *7* Kremser
Ausfluß: *8* Abfluss; *12* Ausscheidung
ausforschen: *8* erkunden, eruieren; *9* sondieren
Ausfuhr: *6* Export
ausführbar: *8* moeglich; *11* praktikabel
ausführen: *9* erledigen; *11* exportieren
ausführende Gewalt: *9* Exekutive
Ausfuhrkaufmann: *9* Exporteur
ausführlich: *9* umfassend; *11* detailliert
Ausfuhrsperre: *7* Embargo
Ausführung: *10* Erledigung
Ausführungsart: *10* Modalitaet
Ausgabe: *6* Kosten; *7* Auflage, Edition, Zahlung; *8* Emission; *10* Mitteilung, Verleihung, Verteilung; *11* Bekanntgabe; *12* Distribution; *17* Veroeffentlichung
Ausgabe von Büchern: *7* Edition
Ausgabe von Wertpapieren: *8* Emission
Ausgaben: *6* Kosten; *8* Unkosten
Ausgang: *6* Anfang, Exitus, Urlaub; *8* Ergebnis, Oeffnung
Ausgangsgebilde: *4* Keim
Ausgangsgestein: *5* Edukt
Ausgangsort beim Rennen: *5* Start
Ausgangspunkt: *5* Basis; *7* Prinzip; *8* Ursprung, Zentrale
Ausgangsstoff für synthetische Farben: *6* Anilin
ausgebautes Dachgeschoß: *8* Mansarde
ausgedehnt: *4* lang, weit; *5* breit; *8* extensiv
ausgedienter Soldat: *7* Veteran
ausgefallen: *6* bizarr, kurios; *7* abwegig; *10* verstiegen; *11* extravagant, merkwuerdig; *13* ungewoehnlich
ausgefüllt: *6* massiv
ausgeglichen: *5* quitt; *10* harmonisch; *11* apollinisch
Ausgeklügeltes: *7* Finesse
ausgekocht: *8* gerissen; *12* durchtrieben
ausgelassen: *4* toll; *12* bacchantisch
Ausgelassenheit: *5* Gaudi; *7* Gaudium; *8* Uebermut
ausgelernt: *7* perfekt
ausgelernter Handwerker: *7* Geselle, Meister
ausgeliehene Summe: *6* Kredit; *8* Darlehen
ausgeprägt: *7* markant, typisch; *9* schnittig
ausgerechnet: *4* just
ausgeruht: *6* erholt
ausgesetztes Kind: *10* Findelkind
ausgestochenes Rasenstück: *4* Sode
ausgestorbene(r, s)
– Elefant: *6* Mammut; *8* Mastodon
– Indianerstamm in Nordamerika: *9* Mohikaner
– Kriechtier: *7* Saurier
– Riesenechse: *10* Dinosaurus; *12* Brontosaurus
– Riesenvogel: *3* Moa; *6* Dronte
– Vogel Neuseelands: *3* Moa
– Wildpferd: *6* Quagga, Tarpan
– Wildrind: *2* Ur; *8* Auerochs; *9* Auerochse
Ausgestoßener: *5* Paria
ausgesucht: *7* erlesen; *8* exquisit
ausgetrocknet: *5* duerr
ausgewachsen: *4* reif
ausgezeichnet: *5* famos, prima; *7* erlesen; *8* exquisit; *9* exzellent, fulminant, picobello; *12* hervorragend
Ausgleich: *7* Entgelt; *8* Handikap; *9* Abfindung, Vergleich; *10* Kompromiss; *11* Aequivalent; *12* Kompensation; *13* Gleichgewicht
ausgleichen: *11* temperieren
Ausgleichsgetriebe: *12* Differential
Ausguck: *3* Lug; *5* Warte; *6* Auslug; *11* Kraehennest
Ausgußröhrchen: *6* Tuelle
Aushändigung: *9* Uebergabe
Aushang: *6* Plakat; *7* Affiche; *8* Anschlag
Aushebemaschine: *6* Bagger
Ausheben von Rekruten: *7* mustern; *10* einberufen; *11* rekrutieren
Aushilfe: *9* Vertreter
Aushorcher: *7* Spitzel; *9* Kalfaktor
Ausklang: *4* Ende; *6* Epilog; *9* Nachspiel
auskommen: *7* reichen
Auskommen: *8* Existenz; *9* Unterhalt
auskundschaften: *6* suchen; *8* forschen; *9* baldowern; *10* spionieren; *12* ausbaldowern
Auskundschafter: *5* Spion
Auskundschaftung: *8* Spionage
Auskunft: *10* Aufschluss; *11* Information
Auskunft erteilen: *11* informieren
Auskunftei: *8* Detektei; *13* Detektivbuero; *16* Ermittlungsbuero
Auskunftsersuchen: *5* Frage; *7* Anfrage
ausladen: *8* loeschen
Auslage: *7* Etalage
Auslagen: *6* Kosten, Spesen
Ausländer: *4* Exot; *7* Fremder
ausländische Geldwährung: *6* Valuta
ausländisches Geld: *7* Devisen
auslassen: *9* elidieren
Auslassungszeichen: *9* Apostroph
Auslauf für Hunde: *7* Zwinger
Ausläufer: *5* Zunge; *6* Spitze, Zipfel
Ausläufer des Muskels: *5* Sehne
Auslauffeld auf Flugplätzen: *5* Piste; *8* Rollfeld
auslaugen: *9* erodieren; *11* extrahieren
Auslaugung: *7* Erosion; *10* Extraktion
auslegen: *6* deuten; *9* erklaeren; *11* explizieren; *14* interpretieren
Ausleger: *8* Traverse; *9* Interpret
Auslegung: *6* Glosse, Lesart; *7* Deutung,

Exegese; *9* Kommentar; *10* Erklaerung; *12* Erlaeuterung; *14* Interpretation
Auslese: *5* Elite; *9* Selektion
Ausleseklasse: *7* Selekta
auslesen: *9* sortieren
Auslichtung des Baumbestandes: *13* Durchforstung
Auslieferung: *6* Abgabe
Auslöschung: *7* Tilgung; *12* Amortisation
Auslosung: *8* Lotterie
Auslösung: *4* Reiz; *9* Induktion
ausmalen: *10* kolorieren
Ausmaß: *6* Format; *9* Dimension
Ausmessungsbegriff: *5* Hoehe, Tiefe, Weite; *6* Breite, Laenge
Ausnahme: *9* Exzeption, Vorbehalt
Ausnahmeerscheinung: *8* Anomalie
ausnahmsweise: *12* exzeptionell
Ausnutzung der Kursunterschiede: *9* Arbitrage
Ausputz: *6* Zierat
ausrauben: *8* fleddern
Ausrede: *5* Luege; *6* Flause; *7* Vorwand; *8* Notluege; *9* Ausflucht, Schwindel
ausreichend: *5* genug; *9* genuegend; *10* suffizient; *11* zulaenglich
ausreißen: *5* roden; *6* jaeten; *7* fliehen; *9* entfernen; *10* entfliehen
ausrotten: *6* jaeten; *10* beseitigen, vernichten
Ausruf: *2* ah, au, ei, na, nu, oh; *3* ach, aha, hei, oho, oje; *4* nanu, pfui; *7* ojemine
Ausrufer: *6* Herold; *7* Ansager; *13* Marktschreier
Ausrufewort: *12* Interjektion
ausruhen: *6* rasten; *7* erholen
ausrüsten: *8* armieren
Ausrüstung: *6* Geraet; *7* Armatur, Gepaeck; *9* Armierung, Ruestzeug
Ausrüstung eines Segelschiffes: *8* Takelage
Aussage: *6* Angabe; *7* Zeugnis; *9* Bekundung; *10* Aeusserung, Behauptung, Mitteilung; *11* Gestaendnis
Aussagebekräftigung: *3* Eid; *6* Schwur
Aussageform: *5* Modus; *9* Kategorie
Aussagender vor Gericht: *5* Zeuge
Aussatz: *5* Lepra
aussaugen: *10* schroepfen
Ausschank: *3* Bar
Ausschankgefäß: *6* Siphon
Ausschau: *3* Lug
ausscheiden: *7* sichten; *9* absondern; *11* eliminieren
Ausscheidung: *3* Kot; *6* Sekret; *7* Auswurf, Schleim; *8* Schweiss, Speichel; *9* Exkrement; *11* Absonderung
Ausscheidung der Nadelhölzer: *4* Harz
Ausscheidung des Pottwals: *5* Amber, Ambra
Ausschlag: *4* Akne; *5* Ekzem; *7* Flechte; *8* Exanthem
ausschlagen: *7* knospen; *8* ablehnen; *9* spriessen; *10* abschlagen
ausschließen: *8* auslassen; *10* beseitigen; *11* ausscheiden
ausschließlich: *3* nur; *4* ganz, ohne; *6* ausser, einzig; *7* vornehm; *8* alleinig, exklusiv
Ausschluß aus der Rechtsgemeinschaft: *4* Acht, Bann; *10* Verbannung; *11* Verstossung; *15* Exkommunikation
Ausschmückung: *4* Zier; *5* Dekor; *6* Zierat; *10* Dekoration
ausschneiden: *10* dekupieren
Ausschneidewerkzeug: *6* Stanze
Ausschnitt: *4* Teil; *6* Luecke
Ausschreibung: *10* Submission
Ausschreitung: *6* Exzess
Ausschuß: *7* Gremium, Komitee; *10* Kommission
Ausschußware: *5* Bafel; *6* Ramsch
ausschweifendes Gelage: *5* Orgie; *9* Bacchanal
Ausschweifung: *5* Orgie; *6* Exzess, Laster
Aussehen: *3* Air
außen: *8* peripher
Außenlinie: *4* Rand; *5* Kante
Außenseite: *9* Aeusseres, Exterieur
Außenseiter: *8* Outsider; *10* Sonderling
Außenstände: *8* Guthaben; *9* Forderung
Außenteil des Buches: *5* Decke; *6* Deckel; *7* Einband; *8* Umschlag; *14* Schutzumschlag
außer Dienst: *7* inaktiv
außeramtlich: *6* privat
außerdem: *4* auch; *5* extra; *6* ferner; *9* obendrein
außerdienstlich: *11* inoffiziell
außerehelich: *9* illegitim
außereheliche Geschlechtsgemeinschaft: *10* Konkubinat
äußerer Mantel der Bäume: *5* Rinde
Äußeres: *4* Form; *6* Huelle, Schale, Schein; *8* Anstrich; *9* Exterieur; *11* Aussenseite, Erscheinung, Oberflaeche
außergewöhnlich: *5* enorm; *11* phaenomenal; *13* extraordinaer
außergewöhnliches Ereignis: *9* Phaenomen, Sensation
außerhalb: *6* aussen, ausser
äußerlich: *6* extern, formal; *7* formell
Äußerlichkeiten: *9* Formalien
außerordentlich: *5* enorm; *7* eminent; *10* gigantisch; *11* phaenomenal
außerordentlicher Professor: *15* Extraordinarius
außerparlamentarische Interessenvertretung: *17* Buergerinitiative
äußerst: *4* sehr; *6* extrem; *7* hoechst; *10* hochgradig
außerstädtisches Domizil: *8* Landhaus
äußerste Aufforderung: *9* Ultimatum
äußerste Sorgfalt: *7* Akribie
äußerster Preis: *5* Limit
Äußerung: *4* Wort; *7* Aussage; *9* Bemerkung
Aussicht: *6* Chance; *7* Zukunft; *8* Hoffnung, Prospekt
Aussichtspunkt: *6* Bastei
Aussichtsturm: *5* Warte
Aussichtsturm in Paris: *10* Eiffelturm
Aussiedler: *8* Kolonist
aussondern: *14* diskriminieren

ausspannen: *5* ruhen; *7* erholen; *10* abschirren
aussperren: *12* boykottieren; *14* durchschiessen
Ausspiegelung: *10* Endoskopie
Ausspielung: *5* Lotto; *7* Tombola
Aussprache: *4* Rede; *6* Akzent; *7* Beichte, Debatte, Tonfall; *8* Betonung; *9* Gespraech; *10* Diskussion; *11* Eroerterung
Aussprachezeichen: *5* Tilde, Trema; *7* Cedille
Aussprechen eines Wunsches: *5* Bitte
Aussprengsel: *7* Exklave
Ausspritz-Mundstück: *5* Duese
Ausspruch: *4* Wort; *5* Zitat; *6* Diktum, Spruch; *7* Sentenz; *9* Bemerkung; *10* Aeusserung
Ausspruchsammlung: *3* Ana; *13* Zitatenschatz
Ausstand: *6* Streik
Ausstattung: *7* Mitgift; *8* Dotation, Staffage; *9* Aussteuer; *10* Dekoration
Ausstattung eines Innenraumes: *9* Interieur
Ausstattungsstück: *4* Show; *5* Revue, Schau
ausstechen: *7* stanzen
Aussteller von Testamenten: *8* Testator
Ausstellung: *4* Show; *5* Messe, Schau
Ausstellung für absonderliche Dinge: *18* Raritaetenkabinett
Ausstellungsgebäude: *6* Museum; *8* Pavillon
Ausstellungsraum: *5* Salon; *7* Galerie
Ausstellungsstand: *4* Koje
Ausstellungsstück: *7* Exponat
Aussteuer: *7* Mitgift; *10* Heiratsgut; *11* Ausstattung
Ausstocken des Waldbodens: *5* Roden
Ausstoß: *8* Emission
Ausstoß aus der Kirche: *4* Bann; *15* Exkommunikation
ausstoßen: *9* elidieren
Ausstrahlung: *6* Schein; *8* Emission; *9* Emanation; *11* Irradiation
Ausstrahlung des menschlichen Körpers: *2* Od
austauschbar: *10* permutabel
australische(r, s)
- **Außengebiet:** *11* Heardinseln, Kokosinseln; *12* Norfolkinsel; *13* Ashmoreinseln, Cartierinseln; *14* Christmasinsel; *15* Mac Donaldinseln, Weihnachtsinsel; *18* Korallenmeerinseln
- **Berg:** *3* Isa; *5* Mt. Isa; *6* Mt. Hann; *7* Mt. Bruce, Mt. Cooke; *9* Koscunsko; *10* Capoompeta
- **Bergsteiger:** *7* Hillary
- **Beuteltier:** *4* Kusu; *5* Koala; *6* Wombat; *9* Kaenguruh
- **Bundesstaat:** *8* Victoria; *9* Tasmanien; *10* Queensland; *12* Neu-Sued-Wales
- **Buschwald:** *5* Scrub
- **Fluß:** *6* Cooper, Murray; *7* Darling; *8* Flinders
- **Hafenstadt** → Hafenstadt in Australien
- **Hauptstadt:** *8* Canberra
- **Holzgewächs:** *5* Mulga; *9* Kasuarine; *10* Eukalyptus
- **Hund:** *5* Dingo
- **Insel:** *4* Cato; *5* Adele, Bigge, Elcho; *6* Barrow; *8* Melville; *9* Kaenguruh, Tasmanien; *10* Mornington
- **Inselwelt:** *10* Melanesien
- **Laufvogel:** *3* Emu, Moa; *4* Kiwi; *6* Kasuar
- **Mediziner:** *6* Burnet
- **Münze:** *4* Cent; *6* Dollar
- **Nobelpreisträger:** *5* White; *6* Burnet, Eccles
- **Raketenversuchsgelände:** *7* Woomera
- **Sängerin:** *5* Melba; *10* Sutherland
- **Schafzüchter:** *8* Squatter
- **Schriftsteller:** *4* West; *5* White
- **Schwimmerin:** *5* Gould
- **See:** *7* Eyresee
- **Singvogel:** *13* Paradiesvogel; *14* Staffelschwanz
- **Stadt** → Stadt in Australien
- **Straußenvogel:** *3* Emu, Moa; *4* Kiwi; *6* Kasuar
- **Wildhund:** *5* Dingo
- **Wurfholz:** *8* Bumerang
- **Wüstenechse:** *8* Moloch

Austreibung von bösen Geistern: *10* Exorzismus
Ausübung: *6* Praxis; *7* Praktik
Auswahl: *5* Elite, Kanon; *9* Selektion, Sortiment; *10* Kollektion
auswählen: *7* sichten
auswählend: *8* selektiv
Auswanderer: *8* Emigrant
Auswanderung: *5* Treck; *10* Emigration
auswärtig: *6* extern
auswärtige Besitzung: *7* Kolonie
auswärtige Vertretung einer Regierung: *8* Konsulat; *9* Botschaft; *13* Gesandtschaft
Auswanderung Mohammeds: *6* Hegira; *8* Hedschra
Auswaschung: *7* Erosion
auswechseln: *8* erneuern, tauschen
Ausweg: *5* Hilfe; *6* Flucht; *7* Loesung
ausweichend: *6* evasiv
Ausweis: *4* Pass; *5* Beleg; *7* Urkunde; *8* Nachweis; *9* Kennkarte; *12* Legitimation
ausweisen: *6* zeigen; *8* beweisen; *10* vertreiben; *11* exmittieren; *12* legitimieren
Ausweispapier (Gaunersprache): *6* Flebbe
Ausweisung: *9* Exmission
Ausweitung: *9* Expansion
auswendig lernen: *10* memorieren
Auswerfer beim Gewehr: *7* Ejektor
auswiegen: *11* balancieren; *14* ausbalancieren
Auswirkung: *6* Erfolg; *8* Ergebnis; *10* Konsequenz
Auswuchs: *7* Knorren
Auswurf: *6* Schund, Sputum
Auswurfgestein: *4* Tuff
Auszehrung: *7* Atrophie; *12* Schwindsucht
Auszeichnung: *3* Lob; *5* Orden, Preis; *11* Distinktion
ausziehen: *11* extrahieren
Auszubildender: *5* Azubi; *8* Lehrling
Auszug: *5* Infus, Probe, Treck; *6* Essenz, Exodus; *7* Elixier, Extrakt, Exzerpt; *8* Ausreise, Raeumung; *12* Auswanderung
autark: *11* unabhaengig; *12* selbstaendig
authentisch: *4* echt; *9* verbuergt; *11* massgeblich; *12* zuverlaessig; *13* rechtsgueltig
Auto... → Kraftfahrzeug...
Autobiographie: *8* Memoiren; *10* Lebenslauf

Autogestell: *7* Chassis
Autogramm: *9* Namenszug; *10* Schriftzug; *12* Unterschrift
Autohotel: *5* Motel
Autokennzeichen → Kfz-Kennzeichen
Automarke: *2* MG, VW; *3* BMW, DAF, ISO, NSU; *4* Audi, Fiat, Ford, Glas, Lada, Opel, Saab; *5* Buick, Dodge, Honda, Lotus, Mazda, Riley, Rover, Simca, Skoda, Volvo, Wolga; *6* Abarth, Austin, Datsun, Jaguar, Lancia, Morris, Rootes, Toyota; *7* Bedford, Bentley, Bristol, Citroen, Ferrari, Hanomag, Hillman, Lincoln, Panhard, Peugeot, Pontiac, Porsche, Rambler, Renault, Sunbeam, Triumph, Zastava; *8* Borgward, Cadillac, Chrysler, Maserati, Mercedes, Plymouth, Vauxhall, Wartburg, Wolseley; *9* Alfa Romeo, Auto Union, Chevrolet, Oldsmobil, Steyr-Puch; *10* Moskwitsch, Rolls Royce, Volkswagen; *11* Autobianchi; *12* Mercedes Benz
automatische Bewegung: *6* Reflex
Automobil → Kraftfahrzeug
Autor: *7* Dichter, Urheber; *9* Verfasser; *14* Schriftsteller
Autor von... → Verfasser von ...
Autoreifen: *4* Pneu
Autorennstrecke: *4* Avus; *5* Monza; *6* Le Mans, Zolder; *7* Sebring; *8* Solitude; *9* Monthléry, Norisring, Zandvoort; *10* Hockenheim, Monte Carlo; *11* Silverstone, Watkins Glenn; *12* Indianapolis
Autorität: *7* Ansehen, Geltung; *9* Obrigkeit
Autosternfahrt: *6* Rallye
Autounterstellung: *6* Garage
Autoversicherung: *5* Kasko
Autozubehör: *4* Hupe; *6* Lenker, Volant; *7* Blinker; *12* Scheinwerfer
Avantgarde: *6* Vorhut; *8* Vortrupp
Axt: *4* Beil
Axt als Waffe: *5* Barte; *9* Streitaxt
Azoreninsel: *4* Pico; *5* Fayal; *8* Graciosa, Sao Jorge, Terceira; *9* Sao Miguel
Aztekenkönig: *9* Montezuma; *10* Cuauhtemoc

B

babbeln: *8* plaudern; *9* schwatzen; *10* schwaetzen
Babusche: *9* Hausschuh, Pampusche, Pantoffel
Baby: *9* Kleinkind, Saeugling; *11* Kleinstkind; *12* Neugeborenes
Babykost: *3* Mus
Babylon: *5* Babel; *8* Chaldaea
babylonische(r,s)
- **Epos:** *10* Gilgamesch
- **Feldherr:** *10* Holofernes
- **Gewichtseinheit:** *5* Sekel
- **Gottheit:** *2* Ea; *3* Anu, Bel, Sin; *4* Apsu, Baal; *5* Enlil, Istar, Kingu, Mummu; *6* Marduk, Moloch, Tiamat; *7* Astarte, Ischtar, Mylitta
- **Himmelsgott:** *3* Anu
- **Hochtempel:** *8* Zikkurat
- **König:** *12* Nabopolassar, Nebukadnezar
- **Münzeinheit:** *5* Sekel
- **Sonnengott:** *6* Marduk
- **Stadt:** *5* Akkad, Babel; *7* Babylon

babylonisch-assyrische Totengöttin: *6* Alluta
babylonisch-persische Göttin: *6* Nanaea
Babyserviette: *4* Latz
Bacchanal: *5* Orgie; *6* Gelage; *8* Kultfest; *11* Trinkgelage
Bacchantenstab: *7* Thyrsus
bacchantisch: *4* wild; *7* trunken; *10* freudetoll
Bacchusfest: *9* Bacchanal
Bachstelze: *10* Wippsteert
backbord: *5* links
Backe: *5* Wange
Backenbart: *10* Koteletten
Backenstreich: *7* Dachtel, Schelle; *8* Ohrfeige; *11* Maulschelle
Backenzahn: *5* Molar
Backfett: *8* Frituere
Backfisch: *8* Teenager
Backgewürz: *4* Anis; *6* Safran; *8* Zitronat
Backmasse: *4* Teig
Backstein: *6* Ziegel; *7* Klinker
Backtrog: *5* Molle, Mulde
Backware, Backwerk: *4* Brot, Keks; *5* Torte; *6* Brezel, Kuchen, Printe, Semmel, Stuten, Wecken; *7* Brioche, Kipferl, Nockerl; *8* Schrippe; *9* Broetchen, Hoernchen, Lebkuchen; *13* Pfefferkuchen
Bad → Kurort, → Seebad
Bad: *5* Sauna; *6* Brause, Dusche, Kurort, Solbad, Therme; *7* Heilbad, Luftbad, Moorbad; *8* Dampfbad; *9* Sonnenbad, Wannenbad; *10* Schwimmbad, Schwitzbad, Thermalbad
Badeanzug: *6* Bikini
Badegelände: *6* Strand
Badeort → Kurort, → Seebad
Bäderkunde: *11* Balneologie
Badestrand: *4* Lido, Ufer; *7* Gestade
Badestrand
- **in Honolulu:** *7* Waikiki
- **bei Venedig:** *4* Lido

Badezelle: *6* Kabine
badische Landschaft → Landschaft in Baden
- **Stadt** → Stadt in Baden

Bagage: *4* Pack; *5* Bande, Tross; *7* Gepaeck; *8* Gesindel; *9* Gelichter
Bagatelle: *8* Lappalie; *10* Banalitaet, Nebensache; *11* Kleinigkeit
Bagger: *7* Greifer; *9* Bulldozer, Schrapper
Baggermaschine: *11* Paternoster
Bahamainsel: *3* Cat, Lee; *5* Abaco, Exuma; *6* Acklin, Caicos, Inagua; *9* Eleuthera, Mariguana; *13* Wattlingsinsel
Bahn: *3* Weg, Zug; *4* Spur; *5* Linie; *8* Streifen
Bahn der Himmelskörper: *5* Orbit
Bahn für Pferde- und Wagenrennen: *9* Hippodrom
bahnbrechend: *6* genial
Bahnbrecher: *7* Pionier
bahnen: *5* ebnen
Bahnhof: *7* Station; *11* Haltestelle
Bahnschiene: *5* Gleis
Bahnsteig: *6* Perron
Bahre: *5* Trage
Bai: *5* Bucht
Bajuware: *5* Bayer
Bakel: *5* Stock
Bakschisch: *4* Gabe; *7* Almosen; *9* Trinkgeld
Bakterie: *5* Kokke; *6* Kokkus, Vibrio; *8* Bazillus; *9* Spaltpilz; *10* Gonokokkus, Salmonelle; *11* Schizomyzet
Bakteriengift: *5* Toxin
Bakterienzucht: *6* Kultur
Balance: *5* Waage; *7* Schwebe; *13* Gleichgewicht
bald: *4* fast; *5* frueh; *6* beinah, schier, sofort, zeitig; *7* beinahe; *8* ehestens
Baldriangewächs: *5* Narde
Baleareninsel: *5* Ibiza; *7* Cabrera, Menorca, Minorka; *8* Mallorca; *10* Formentera
Baleareninseln: *8* Pityusen
Balg: *4* Haut, Leib; *5* Bauch, Goere, Wanst; *8* Luftsack, Tierhaut; *10* Puppenleib, Quaelgeist; *13* Puppenkoerper
Balge: *5* Priel
balgen: *6* raufen, ringen; *7* rangeln; *8* pruegeln, schlagen
Balggeschwulst: *5* Zyste
balinesischer Tanz: *6* Legong
Balkanbewohner: *5* Serbe; *6* Kroate; *7* Albaner, Bulgare, Grieche, Rumaene, Slovene; *8* Mazedone
Balkanfluß: *3* Sau; *4* Drin, Save; *5* Donau, Drina; *6* Morawa, Wardar; *7* Maritza
Balkangebirge: *6* Balkan, Pindus; *7* Rhodope, Welebit
Balkanhauptstadt: *5* Athen, Sofia; *6* Tirana; *7* Belgrad; *8* Bukarest
Balkanstaat: *8* Albanien; *9* Bulgarien, Rumaenien; *11* Jugoslawien; *12* Griechenland

Balken: *6* Strebe; *7* Stuetze, Traeger; *8* Langholz
Balken im Dachstuhl: *6* Pfette
Balkenstütze: *7* Konsole
balkonartiger Vorbau: *5* Altan, Erker
Balkonpflanze: *4* Efeu; *6* Reseda, Salvie, Zinnie; *7* Begonie, Fuchsie, Geranie, Lobelie, Petunie, Verbene, Zyklame; *8* Clematis, Eiskraut, Gloxinie, Portulak, Weinrebe; *9* Balsamine, Heliotrop, Hortensie; *10* Feuerbohne, Geissblatt, Pelargonie; *11* Kaiserwinde
Ball: *4* Fest; *5* Kugel, Leder, Party; *6* Globus; *7* Balparé; *8* Tanzfest; *9* Balmasque, Spielzeug, Tanzparty; *10* Maskenfest; *11* Sportgeraet
Ballen: *4* Pack; *5* Kollo; *7* Klumpen
Ballett von
- **Adam:** *7* Giselle
- **Bayer:** *9* Puppenfee
- **Blacher:** *6* Hamlet; *8* Chiarina; *9* Quadrille; *10* Lysistrata; *11* Harlekinade
- **Chatschaturian:** *6* Gayane
- **Delibes:** *5* Sylvia; *8* Coppelia
- **Dukas:** *6* La Péri
- **de Falla:** *9* Dreispitz; *12* Liebeszauber
- **Egk:** *7* Abraxas; *8* Georgica
- **Hindemith:** *6* Daemon; *8* Antiquar; *9* Herodiade
- **Honegger:** *9* Semiramis
- **Krenek:** *6* Mammon
- **Milhaud:** *6* Salade
- **Prokofieff:** *10* Cinderella; *13* Romeo und Julia
- **Ravel:** *6* Bolero; *7* La valse
- **Rimsky-Korssakow:** *12* Schéhérazade
- **Satie:** *6* Parade
- **Strauss, Richard:** *11* Schlagobers
- **Strawinsky:** *7* Orpheus; *10* Feuervogel, Kuss der Fee, Petruschka, Pulcinella; *11* Kartenspiel; *12* Reineke Fuchs; *14* Bauernhochzeit, Apollon Musagète; *15* Fruehlingsopfer
- **Tschaikowsky:** *11* Nussknacker, Schwanensee; *12* Dornroeschen
- **Williams:** *3* Job

Balletteinstudierung: *13* Choreographie
Ballettgruppe: *13* Corps de ballet
Ballettpose: *8* Arabeske
Ballettänzerin: *9* Ballerina; *11* Balletteuse
Ballettvorführung: *4* Tanz
Ballkleid: *4* Robe
Ballon: *5* Kugel; *6* Kolben, Reifen; *7* Flasche; *10* Glaskolben; *11* Korbflasche; *12* Kugelflasche, Luftfahrzeug
Ballspiel: *4* Golf, Polo; *5* Rugby; *6* Boccia, Hokkey, Kegeln, Pelota, Tennis; *7* Billard, Bowling, Kricket, Krocket, Radball, Radpolo; *8* Baseball, Flugball, Fussball, Football, Handball, Korbball, Lacrosse, Minigolf, Pingpong, Pushball, Softball; *9* Badminton, Faustball, Federball, Prellball; *10* Basketball, Schlagball, Volleyball, Wasserball; *11* Tischtennis, Voelkerball
Ballspiel
- **der Basken:** *6* Pelota
- **zu Pferde:** *4* Polo

Balsam: *5* Salbe; *6* Labsal
Balsamharz: *6* Myrrhe
Balte: *4* Este; *5* Lette; *7* Litauer
baltendeutscher Schriftsteller: *6* Thiess
Baltenland: *7* Litauen, Estland; *8* Lettland
baltische Hauptstadt: *4* Riga; *5* Reval, Wilna
- **Landschaft:** *7* Livland

Balustrade: *9* Bruestung, Gelaender
Balz: *11* Liebesspiel; *12* Paarungszeit
balzen: *6* werben; *8* umwerben
banal: *4* fade; *5* flach, platt; *11* alltaeglich; *12* abgedroschen
Banalität: *9* Platitude, Plattheit; *12* Trivialitaet; *16* Abgedroschenheit
Bananenart: *4* Musa; *6* Pisang
Banause: *8* Spiesser; *13* Spiessbuerger
Band: *4* Gurt; *5* Litze; *6* Fessel, Tresse; *7* Strippe; *8* Borduere, Streifen
Band eines Schriftwerkes: *7* Volumen
Bandage: *5* Binde; *7* Verband; *10* Handschutz; *13* Schutzverband
Bande: *4* Gang, Pack; *5* Horde, Schar; *6* Clique; *7* Fesseln; *8* Gesindel
Bänder an der Mitra: *5* Inful
bandförmiges Gewinde: *8* Girlande
bändigen: *7* fesseln, zaehmen, zuegeln; *11* beherrschen
Bändigen von Tieren: *7* Dressur
Bandit: *7* Raeuber; *8* Gangster; *9* Desperado
Bandschleife: *7* Rosette
Bandschlinge: *4* Oese; *8* Schleife
Bange: *5* Angst; *6* Furcht
banges Gefühl: *5* Scheu
Bankansturm: *3* Run
Bänkelsängerlied: *7* Moritat
Bankett: *8* Festmahl; *9* Ehrenmahl, Seitenweg; *14* Seitenstreifen
Bankfach: *4* Safe; *6* Tresor
Bankhalter: *8* Croupier
Bankierfamilie: *10* Rothschild
Banknote: *5* Sorte; *6* Schein; *10* Geldschein
Bankpanik: *3* Run
Bankrott: *4* Ruin; *7* Konkurs
Bankschalter: *5* Kasse
banktechnischer Begriff: *3* Bon, Run; *4* Agio, Avis, Bond, Giro, Kauf, Kurs, Mise, Zins; *5* Agent, Aktie, Bonus, Debet, Depot, Kasse, Saldo, Talon; *6* Aktiva, Akzept, Coupon, Faktur, Kredit, Rabatt, Scheck, Skonto, Storno, Tratte, Valuta, Zinsen; *7* Allonge, Anleihe, Debitor, Defizit, Devisen, Disagio, Diskont, Domizil, Inkasso, Kapital, Kaution, Konkurs, Offerte, Passiva, Rendite, Rimesse, Solvenz, Trassat, Wechsel, Zession; *8* Agiotage, Banknote, Bankrott, Bonitaet, Clearing, Darlehen, Effekten, Emission, Exchange, Finanzen, girieren, Hypothek, Inventar, Kreditor, Promesse, Prospekt, Trassant; *9* Aktionaer, Akzeptant, Bezogener, Deflation, Dividende, Falliment, Inflation, Insolvenz, Notierung, Provision; *10* honorieren, Obligation; *11* Datowechsel, finanzieren, kreditieren, Transak-

tion; *12* Amortisation, Bonifikation, Fallissement, Kontokorrent, lombardieren
Bankwesen: *6* Boerse
Bankzentrum in New York: *10* Wallstreet
Bann: *4* Acht; *6* Verruf; *10* Ausschluss; *11* Ausstossung
bannen: *7* aechten
Banner: *5* Fahne; *6* Panier; *7* Stander; *9* Standarte
Bannmeile: *9* Sperrzone, Weichbild; *10* Schutzzone; *11* Sperrbezirk, Sperrgebiet
Bannspruch: *8* Anathema
Bannware: *11* Konterbande
Bantustamm: *3* Ewe; *4* Ambo, Gogo, Zulu; *5* Duala; *6* Baluba, Basuto, Herero, Owambo; *7* Kaffern, Suaheli; *11* Betschuanen
bar: *4* rein; *5* ledig, bloss
barbarisch: *3* roh
Barbarossa: *7* Rotbart
Barbesitzer: *9* Barkeeper
Barbier: *5* Bader; *6* Figaro; *7* Friseur
Bärenart: *5* Panda; *6* Grisly; *7* Baribal, Eisbaer; *9* Binturong, Braunbaer, Nasenbaer, Waschbaer; *10* Alaskabaer, Bambusbaer, Beutelbaer, Grislybaer, Kodiakbaer, Kragenbaer, Lippenbaer, Wickelbaer; *11* Brillenbaer, Katzenfrett, Malaienbaer, Schwarzbaer; *15* Kamtschatkabaer
Bargeld: *5* Kasse; *7* Moneten
bargeldloser Zahlungsverkehr: *4* Giro
Bargetränk → alkoholisches Mischgetränk
Barmeister: *5* Mixer
barmherzig: *6* guetig; *7* gnaedig; *9* mitleidig
barmherziger Helfer: *9* Samariter
Barmherzigkeit: *7* Pietaet
Barockkloster in Niederschlesien: *8* Gruessau
Barockverzierung: *9* Kartusche
Barometer: *7* Aneroid; *10* Wetterglas; *15* Luftdruckmesser
– zum Aufzeichnen des Luftdrucks: *9* Barograph
Baron: *8* Freiherr
Baronesse: *13* Freifraeulein
Baronin: *6* Freiin; *8* Freifrau
Barras: *7* Kommiss; *8* Militaer
Barre: *6* Riegel, Stange; *8* Sandbank
Barreninsel: *8* Stériles
Barrenstange: *4* Holm
Barriere: *6* Sperre; *8* Schranke; *10* Schlagbaum
Barrikade: *6* Sperre; *7* Schanze; *14* Strassensperre
barsch: *4* grob; *6* bruesk
Barschart: *6* Sander, Schill, Zander; *10* Kaulbarsch; *14* Papageienfisch
Bart: *6* Fraese
Bartabnahme: *5* Rasur
Bartfäden bei Fischen: *7* Barteln
Bartpfleger: *5* Bader; *7* Balbier, Barbier
Barttracht: *6* Fliege, Fraese; *8* Vollbart; *9* Spitzbart; *10* Backenbart, Kaiserbart, Knebelbart, Koteletten; *11* Henriquatre, Schnurrbart, Zwirbelbart
Barzahlungsnachlaß: *6* Skonto
Basis: *5* Hafen; *6* Sockel; *7* Flaeche; *8* Standort, Unterbau; *9* Flughafen, Fundament, Grundlage, Grundzahl, Plattform; *10* Grundlinie; *11* Saeulenfuss, Stuetzpunkt; *13* Ausgangspunkt; *17* Marinestuetzpunkt
Basketball: *8* Korbball
baskische(s)
– Ballspiel: *6* Pelota
– Schellentrommel: *7* Pandero
– Separatistenorganisation: *3* Eta
Basse: *4* Eber; *6* Keiler; *8* Wildeber
Baßgeige: *10* Kontrabass
Baßtrompete: *9* Bombardon
Bastard: *6* Hybrid; *7* Bankert, Hybride; *9* Mischling
Bastelwerkzeug: *9* Laubsaege
Bastfaser: *4* Jute; *5* Ramie
Bastion: *6* Bastei; *7* Festung
Basutoland: *7* Lesotho
Batzen: *7* Klumpen
Bau: *8* Struktur
Bauart: *3* Typ; *12* Konstruktion
Bauch: *4* Leib; *5* Wampe; *7* Abdomen
Bauchfeder: *5* Flaum
Bauchfell: *10* Peritoneum
bauchige Flasche: *7* Karaffe; *11* Bocksbeutel
bauchiges Gefäß: *7* Ampulle
Bauchmitte: *5* Nabel
Bauchredner: *13* Ventriloquist
Bauchspeicheldrüse: *8* Pankreas
Bauelement der Elektronik: *10* Transistor
Bauer im Vorderen Orient: *8* Fellache
bäuerlich: *8* rustikal; *9* laendlich
bäuerliche Dienerschaft: *7* Gesinde
Bauernbesitz: *4* Odal
Bauernbühne in Innsbruck: *3* Exl
Bauernfänger: *6* Gauner; *7* Luegner; *8* Heuchler; *9* Betrueger; *13* Falschspieler
Bauerngut: *3* Hof
Bauernhütte: *4* Kate
Bauernrose: *7* Paeonie
Bauernschuh: *9* Bundschuh
baufällig: *6* morsch; *8* bruechig
Bauführer: *6* Polier
Bauhandwerker: *5* Maler; *6* Glaser, Maurer; *8* Klempner, Zimmerer; *9* Schlosser, Schreiner, Steinmetz; *10* Dachdecker, Ofensetzer, Stukkateur, Tapezierer, Verschaler, Zimmermann; *11* Anstreicher; *12* Betongiesser, Fliesenleger, Installateur
Bauholz: *5* Bohle, Brett, Diele, Latte; *6* Balken, Pfette
Bauhütte: *7* Baracke
Baukunst: *11* Architektur
bauliche Veränderung: *5* Anbau, Umbau
Baum → Laubbaum → Nadelbaum → Palme
Baum der Mittelmeerländer: *5* Pinie; *8* Zypresse
baumartiges Gras: *6* Bambus
Baumaschine: *4* Kran; *5* Ramme; *6* Bagger; *9* Bulldozer; *10* Fallhammer; *12* Betonmischer, Planierraupe; *13* Loeffelbagger
Baumbestand: *4* Wald; *7* Gehoelz
baumbestandene Straße: *5* Allee

baumbestandenes Grasland: *7* Savanne
baumbewohnende Eidechse: *6* Leguan; *10* Chamaeleon
baumbewohnendes Nagetier: *9* Eichkatze; *13* Eichhoernchen, Eichkaetzchen
Bäume des Libanon: *6* Zedern
Baumeidechse: *6* Leguan; *10* Chamaeleon
Baumeister: *9* Architekt
Baumfaser: *4* Bast
Baumfrucht → Obst
Baumfrucht: *4* Nuss; *5* Ecker; *6* Eichel, Marone; *8* Kastanie
Baumgruppe: *5* Horst
Baumharz: *5* Elemi
baumhohes Gras: *6* Bambus
Baumkunde: *11* Dendrologie
baumlose Pflanzenregion: *6* Steppe, Tundra
baumloser Streifen im Wald: *8* Schneise
Baumnymphe: *6* Dryade
Baumreptil: *10* Chamaeleon
Baumrinde: *5* Borke
Baumrinde zum Gerben: *4* Lohe
Baumschaft: *5* Stamm
Baumschale: *5* Rinde
Baumschmuck: *4* Laub
Baumsteppe: *7* Savanne
Baumstraße: *5* Allee
Baumstumpen: *5* Knorz
Baumteil: *3* Ast; *4* Laub; *5* Blatt, Krone, Rinde, Stamm, Zweig
Baumüll: *6* Schutt
Baumuster: *6* Modell; *8* Maquette
Baumwollfutterstoff: *9* Sarsenett
Baumwollgarn: *5* Twist
Baumwollgewebe: *3* Boi, Boy; *4* Mako; *5* Kapok, Linon, Pikee, Twill; *6* Chintz, Cotton, Etamin, Gingan, Kaliko, Kattun, Perkal, Velvet, Zephir; *7* Gingham, Kambrai, Kambrik, Mollino, Organdy; *8* Barchent, Cretonne, Kretonne, Moleskin, Renforcé, Tarlatan; *9* Madapolam, Schirting
Baumwollgewicht: *6* Ballen
Baumwollhemd: *5* Shirt
Baumwollstoff: *5* Drell, Drill
Baumwollstoff für Federbetten: *6* Inlett
bauschig: *6* puffig
Baustein: *6* Ziegel; *7* Klinker
Baustein
- **der Materie:** *4* Atom
- **des Atomkerns:** *7* Nukleon

Baustelle: *8* Parzelle
Baustil des Mittelalters: *5* Gotik; *7* Romantik
Baustoff: *4* Gips, Glas, Holz, Kalk, Kies, Sand; *5* Beton, Stein; *6* Zement; *7* Moertel
Baustoff der Bienen: *5* Wachs
Bautrümmer: *6* Schutt
Bauwerk: *3* Dom, Tor; *4* Burg, Haus, Turm; *5* Halle, Mauer, Villa; *6* Kirche, Palais, Palast; *7* Kapelle, Kaserne, Schloss, Stadion, Theater; *8* Bungalow, Gebaeude, Hochhaus, Pavillon; *10* Kathedrale; *13* Wolkenkratzer
Bauwerk → Wahrzeichen
Bauwerk in
- **Athen:** *9* Parthenon
- **Berlin:** *8* Funkturm, Zeughaus; *9* Reichstag; *14* Olympiastadion; *16* Brandenburger Tor, Deutschlandhalle; *17* Gedaechtniskirche
- **Danzig:** *7* Krantor; *8* Artushof; *12* Marienkirche
- **Dresden:** *7* Zwinger
- **Frankfurt am Main:** *6* Roemer
- **London:** *5* Tower
- **Lübeck:** *10* Holstentor
- **Moskau:** *5* Kreml
- **Paris:** *6* Louvre; *10* Eiffelturm; *12* Invalidendom; *13* Arc de Triomphe
- **Rom:** *9* Kolosseum; *10* Engelsburg, Titusbogen; *12* Peterskirche
- **Straßburg:** *8* Muenster
- **Trier:** *8* Basilika; *10* Porta Nigra; *13* Roemerbruecke
- **Ulm:** *8* Muenster
- **Venedig:** *11* Dogenpalast; *12* Markuskirche; *13* Rialtobruecke
- **Washington:** *7* Capitol, Kapitol
- **Wien:** *11* Stephansdom

Bauwerk zum Stauen fließenden Wassers: *4* Wehr; *8* Staudamm; *9* Talsperre
bayerisch (Dialekt)
- **Dummkopf:** *4* Depp
- **Junge:** *3* Bua
- **Lederhose:** *5* Wichs
- **Rettich:** *4* Radi
- **Vergnügen:** *5* Gaudi

bayerische(r, s)
- **Abtei:** *5* Ettal
- **Alpenschilderer:** *3* Noe
- **Barockmaler:** *4* Asam
- **Fluß** → Fluß in Bayern
- **Goldmünze:** *6* Maxdor
- **Herrschergeschlecht:** *11* Wittelsbach
- **Herzog:** *5* Odilo; *7* Tassilo
- **Humorist:** *8* Valentin; *10* Weissferdl
- **Kirchenmusiker:** *3* Ett
- **Königsschloß:** *14* Neuschwanstein
- **Kriegsgott:** *3* Eru
- **Künstlerfamilie:** *4* Asam
- **Landeshauptstadt:** *8* Muenchen
- **Maler:** *4* Asam; *8* Spitzweg
- **Porzellanstadt:** *4* Selb
- **Puppenspieler:** *5* Pocci
- **Schloß** → Schloß in Bayern
- **Schriftsteller:** *5* Thoma; *9* Ganghofer
- **See** → See in Bayern
- **Stadt** → Stadt in Bayern
- **Volkstanz:** *13* Schuhplattler
- **Vorname:** *4* Toni; *5* Seppl, Vroni

Bazillus: *8* Bakterie; *9* Spaltpilz
beachtlich: *4* sehr, toll; *8* grandios, imposant; *9* bedeutend, bedeutsam; *10* grossartig; *11* imponierend; *13* eindrucksvoll
Beamtenanwärter: *10* Referendar
Beamtenherrschaft: *11* Buerokratie
Beamtentitel: *3* Rat; *6* Baurat, Hofrat, Rektor;

7 Amtmann, Amtsrat, Attaché, Kanzler, Postrat; *8* Assessor, Direktor, Foerster, Dirigent, Minister, Schulrat; *9* Assistent, Inspektor, Kommissar, Konrektor, Professor, Sekretaer; *10* Gouverneur, Praesident, Referendar; *12* Bundesanwalt, Forstmeister, Legationsrat, Staatsanwalt; *13* Oberinspektor; *14* Ministerialrat; *15* Amtsgerichtsrat, Staatssekretaer; *16* Senatspraesident
Beamtenwechsel: *10* Revirement
Beamter im alten Rom: *5* Aedil; *6* Konsul, Liktor, Tribun; *7* Auditor
beanspruchen: *7* fordern; *12* reflektieren
beanstanden: *6* tadeln; *8* monieren; *11* reklamieren
Beanstandung: *5* Tadel; *7* Monitum; *11* Reklamation; *13* Missbilligung
bearbeiten: *10* redigieren; *11* kultivieren
bearbeitete Tierhaut: *5* Leder
beaufsichtigen: *6* hueten, warten; *11* inspizieren
Beaufsichtiger: *10* Inspizient
Beauftragter: *5* Agent, Organ; *9* Kommissar, Vertreter; *11* Funktionaer
beben: *7* zittern; *9* vibrieren
Beben: *5* Trema; *6* Tremor; *7* Zittern; *9* Vibration
bebildern: *12* illustrieren
bebilderte Zeitschrift: *7* Magazin; *11* Illustrierte
Bebilderung: *12* Illustration
Becher: *5* Kelch, Pokal
Becherwerk: *8* Conveyer; *11* Paternoster
becircen: *8* verhexen; *9* bezaubern; *10* verfuehren, verzaubern
Becken: *5* Mulde, Wanne; *6* Bassin, Kessel, Schale, Zimbel
Becken zw. Fränk. u. Schwäb. Alb: *4* Ries
Bedacht: *7* Umsicht; *8* Sorgfalt, Vorsicht; *11* Ueberlegung
Bedarf: *6* Fehlen, Mangel
bedauerlicherweise: *6* leider
bedauerlicher Zustand: *3* Not; *5* Elend
Bedauern: *4* Reue; *7* Mitleid; *9* Leidwesen
bedauernswert: *3* arm; *7* unselig; *8* aermlich, armselig, duerftig; *9* miserabel; *11* kuemmerlich
bedeckt: *6* wolkig; *8* bewoelkt
bedeckter Abzugsgraben: *4* Dole
Bedeckung: *6* Geleit, Schutz; *7* Eskorte
Bedenken: *7* Skrupel
bedenklich: *6* dubios, mulmig; *7* ominoes, prekaer, suspekt; *8* kritisch
Bedenkzeit: *5* Frist
bedeuten: *6* gelten; *7* heissen, besagen
bedeutend: *5* gross; *7* eminent, epochal; *8* beruehmt, wertvoll; *9* gewichtig, prominent; *12* hervorragend
bedeutende Fachkraft: *10* Kapazitaet
bedeutsames Geschehen: *8* Ereignis
Bedeutung: *4* Sinn, Wert; *6* Belang; *7* Geltung, Meinung; *9* Interesse
Bedeutung für die Gegenwart: *11* Aktualitaet
bedeutungslos: *4* fade; *5* banal; *6* gering
bedeutungsvolle Persönlichkeit: *9* Prominenz
Bediensteter: *6* Kustos; *7* Beamter
Bedienterntracht: *6* Livree
Bedienung: *4* Ober; *7* Kellner, Service
Bedienungsanlage für Eisenbahnsignale: *9* Stellwerk
Bedienungsgeld: *6* Servis
Bedienungsteil von Maschinen: *7* Armatur
bedingt: *7* relativ
bedingter Straferlaß: *10* Bewaehrung; *16* Bewaehrungsfrist
Bedingtheit: *12* Relativitaet
Bedingung: *4* Aber; *7* Auflage; *9* Kondition
Bedingungsform: *11* Konditional
bedingungslos: *7* absolut
Bedrängnis: *3* Not; *4* Leid; *7* Notlage; *10* Bredouille
bedrängte Lage: *3* Not; *5* Armut, Elend
Bedrängung: *5* Zwang
Bedrohung: *6* Gefahr
bedrückend: *6* genant
bedrückendes Schlaferlebnis: *8* Alptraum
Bedruckung mit Punktmuster: *9* Rasterung
Beduinenhäuptling: *7* Scheich
Beduinenmantel: *6* Burnus
Bedürfnis: *6* Mangel; *8* Notdurft; *9* Verlangen
bedürfnislos: *10* bescheiden
bedürftig: *3* arm; *5* elend; *9* mittellos; *10* notleidend
Bedürftigkeit: *5* Armut
beeindrucken: *10* imponieren
beeindruckender Glanz: *6* Pracht
beeinflußbar: *11* suggestibel
beeinflussen: *6* lenken; *7* anregen; *9* einwirken; *11* inspirieren, suggerieren; *13* hypnotisieren
Beeinflussung: *7* Hypnose; *10* Suggestion; *11* Inspiration
beerdigen: *8* begraben; *9* beisetzen, bestatten
Beerenernte: *4* Lese; *8* Weinlese
Beerenobst: *8* Erdbeere, Himbeere; *9* Blaubeere, Brombeere; *10* Kronsbeere; *11* Heidelbeere; *12* Preiselbeere, Stachelbeere; *13* Johannisbeere
beeinträchtigen: *7* hindern, stoeren
beendet: *3* aus
Beeteinfassung: *7* Rabatte
Beethovens
- **Geburtsstadt:** *4* Bonn
- **Lehrer:** *5* Neefe
- **Oper:** *7* Fidelio
- **3. Sinfonie:** *6* Eroica, Eroika
- **6. Sinfonie:** *9* Pastorale

befähigt: *8* geeignet; *12* qualifiziert
Befähigung: *6* Talent; *8* Fakultas; *10* Fertigkeit; *13* Qualifikation
befangen: *5* scheu; *7* gehemmt; *8* verlegen; *10* aengstlich; *11* schuechtern; *14* voreingenommen
Befangenheit: *4* Gene
Befehl: *4* Ukas; *5* Gebot, Order; *7* Auftrag, Weisung; *8* Kommando
Befehl an Hunde: *6* apport
Befehl des Zaren: *4* Ukas

Befehlsform: *9* Imperativ
Befehlsgewalt: *8* Kommando
Befehlshaber: *10* Kommandant, Kommandeur
befestigen: *8* armieren
Befestigung: *4* Wehr; *7* Fassung
Befestigungsanlage → Festungsanlage
Befestigungsmittel: *4* Gips, Leim, Niet; *5* Nagel; *6* Klemme, Spange, Zement; *7* Klammer; *8* Kleister, Schraube; *10* Heftzwecke, Reissnagel, Stecknadel
Befestigungswerk → Festungsanlage
Befinden: *7* Ergehen, Meinung, Zustand
beflissen: *5* emsig; *6* eifrig; *7* bemueht; *8* fleissig; *9* gefaellig
Beflissenheit: *5* Eifer
beförderbar: *13* transportabel
befördern: *6* senden; *9* spedieren; *14* transportieren
befördert werden: *10* avancieren
Beförderung: *9* Transport; *10* Avancement
Beförderungsgebühr: *5* Porto; *6* Fracht
Beförderungsgut: *5* Fuhre; *6* Fracht
Beförderungsmittel → Verkehrsmittel
befragen: *12* konsultieren
Befragung: *9* Interview; *12* Konsultation
befreien: *6* loesen, retten; *8* erloesen; *9* entbinden, entlassen; *12* dispensieren
Befreier: *6* Retter; *8* Erloeser
Befreier Roms: *6* Brutus
– Südamerikas: *7* Bolivar
Befreiung: *6* Indult; *7* Dispens, Rettung; *8* Exemtion; *10* Degagement
befremdend: *8* frappant
befriedigen: *7* stillen; *8* abfinden; *9* erfuellen; *11* entsprechen
befriedigt: *4* satt
befristen: *11* terminieren
Befruchtung: *10* Kopulation
befugen: *11* berechtigen, lizenzieren; *12* ermaechtigen
Befugnis: *5* Recht; *8* Anspruch
befugt: *9* kompetent
Befund: *7* Zeugnis; *8* Ergebnis; *12* Feststellung
befürworten: *9* empfehlen
begabt: *4* klug; *6* faehig; *10* talentiert; *11* intelligent
Begabung: *6* Anlage, Talent; *8* Ingenium; *10* Faehigkeit
Begebenheit: *8* Ereignis
Begegnung: *7* Treffen
Begehren: *6* Wunsch; *7* Geluest; *8* Begierde; *9* Forderung, Verlangen
begehrlich: *6* gierig
Begeisterter: *3* Fan; *10* Enthusiast
Begeisterung: *4* Elan; *5* Eifer, Jubel, Verve; *6* Freude, Furore; *7* Beifall, Ekstase, Hingabe, Schwung; *8* Inbrunst; *10* Entzuecken; *12* Enthusiasmus
Begierde: *4* Gier, Lust; *5* Drang, Trieb; *6* Begehr, Libido, Wunsch; *8* Begehren
Begierden: *8* Gelueste
begierig: *7* erpicht
Beginn: *5* Start; *6* Anfang; *7* Anbruch; *8* Ursprung; *10* Eroeffnung; *13* Ausgangspunkt
beginnen: *7* starten; *8* anfangen; *10* initiieren
beglaubigen: *9* testieren; *11* attestieren; *12* legitimieren; *13* akkreditieren
beglaubigt: *9* offiziell
Beglaubigung: *6* Attest, Testat, Diplom; *10* Akkreditiv, Vidimation, Zertifikat; *12* Legitimation, Verifikation
Beglaubigungsbüro: *8* Notariat
Beglaubigungsschreiben: *10* Akkreditiv
begleichen: *6* tilgen, zahlen; *8* abgelten, bezahlen, loeschen; *10* bereinigen
begleiten: *6* folgen; *8* mitgehen; *11* eskortieren
Begleiter: *6* Freund, Kumpan, Sozius; *7* Kamerad, Trabant; *8* Satellit; *9* Gefaehrte; *11* Gefolgsmann
Begleiter → Gefährte
Begleiter
– des Achill: *9* Patroklos, Patroklus
– des Amor: *9* Amoretten
– der Aphrodite: *4* Amor, Eros; *6* Cupido, Kupido
– des Apostels Paulus: *5* Titus; *8* Barnabas
– der Aphrodite: *4* Eros
– des Bacchus: *4* Faun; *5* Silen; *8* Bacchant
– des Dionysos: *4* Faun; *5* Satyr, Silen
– des Don Giovanni: *9* Leporello
– des Don Quichotte: *11* Sancho Pansa
– der höchsten römischen Beamten: *8* Liktoren
– des Jason: *6* Kastor, Neleus, Peleus; *7* Admetos, Telamon, Theseus; *8* Euphemos, Herakles; *10* Argonauten
– Karls des Großen: *6* Alkuin; *7* Einhard; *8* Paladine
– des Orest: *7* Pylades
– des Patroklos: *6* Achill; *8* Achilles; *9* Achilleus
– Robinsons: *7* Freitag
– des Telemach: *6* Mentor
– der Toten in den Hades: *6* Hermes
– der Venus: *4* Amor; *6* Cupido, Kupido
Begleiterin
– der Artemis: *4* Aura
– von Reisegesellschaften: *7* Hostess
Begleitschiff: *6* Tender
Begleitschiff des Kolumbus: *4* Nina; *5* Pinta
Begleitung: *6* Geleit; *7* Eskorte, Gefolge
beglücken: *8* erfreuen
beglückt: *5* selig
beglückwünschen: *11* gratulieren
Begnadigung: *6* Pardon; *8* Amnestie; *9* Vergebung; *10* Absolution, Verzeihung; *11* Straferlass
Begnadung: *8* Charisma
Begräbnisstätte: *4* Grab; *5* Gruft; *8* Friedhof; *9* Katakombe, Mausoleum; *10* Katakomben
Begräbnisstätte
– des Altertums: *9* Nekropole; *10* Nekropolis
– der spanischen Könige: *6* Escorial
begreifen: *8* erkennen, kapieren; *9* verstehen
begrenzen: *10* limitieren; *12* beschraenken; *13* determinieren, einschraenken

begrenzend: *12* determinativ
begrenzt: *3* eng; *5* knapp; *9* limitiert
Begrenzung: *4* Saum, Rand, Zaun; *6* Grenze; *10* Limitation
Begrenzungslinie zwischen Himmel und Erde: *8* Horizont
Begriff: *4* Sinn; *5* Wesen; *7* Gedanke, Meinung; *8* Terminus; *10* Abstraktum; *11* Vorstellung
Begriff
- **des Billardspiels:** *5* Effet
- **der chinesischen Philosophie:** *3* Tao, Jin, Yin; *4* Jan, Yang
- **der Datenverarbeitung:** *3* Bit, RAM, ROM, ; *4* Data, Term; *5* ALGOL, BASIC, COBOL, Datei, Datex, Input; *7* FORTRAN, Rechner; *8* Codewort, Compiler, Computer, Hardware, Operator, Programm, Software, Terminal; *9* Operation; *13* Programmierer, Rechenzentrum; *14* Datentechniker, Programmierung, Prozessrechner
- **des Eiskunstlaufs** → Eislauffigur → Eislaufsprung
- **der japanischen Philosophie:** *3* Zen
- **der Mathematik** → mathematischer Begriff
- **aus dem Postwesen:** *3* Amt, OPD; *4* Code, Post, frei; *5* Brief, Kabel, Karte, Paket, Porto, Telex; *6* franko, Siegel, unfrei; *7* Adresse, Chiffre, Eilbote, Eilpost, Gebuehr, Postamt, Postgut, Stempel, Telefax, Telefon; *8* Absender, Adressat, Bahnpost, Datapost, Depesche, Eilbrief, Feldpost, Flugpost, Luftpost, Ortsnetz, Postbote, Postfach, Postgiro, Posthorn, Schalter, Telephon, Zeittakt; *9* Anschrift, Anweisung, Frankatur, Freimarke, Ganzsache, Nachnahme, Paeckchen, Paketpost, Postkarte, Postpaket, Postrecht, Postregal, Postwesen, Telebrief, Telegramm, Telegraph, Wertbrief, Wertpaket, Zahlkarte; *10* Aufgabeort, Aufschrift, Briefmarke, Briefwaage, Bundespost, Drucksache, Eilsendung, Einzahlung, Empfaenger, Lagerkarte, Paketkarte, Postgesetz, Posthalter, Poststelle, Streifband, Warenprobe, Wertangabe, Zustellung; *11* Briefkasten, Freigebuehr, Freimachung, Freistempel, Gedenkmarke, Geldsendung, Nachgebuehr, Postanstalt, Postauftrag, Postgiroamt, Posthaftung, Postsendung, Poststempel, Postverkehr, Rueckschein, Schiffspost, Telegraphie, Wertsendung, Wertzeichen, Wurfsendung; *12* Ausweiskarte, Briefsendung, Brieftraeger, Einschreiben, Fernsprecher, Freistempler, Hauptpostamt, Nahgespraech, Paketsendung, Postminister, Postschalter, Postsparbuch, Schalterraum, Schliessfach, Schmuckblatt, Telefonzelle, Ueberweisung, Warensendung; *13* Antwortschreiben, Bildtelegramm, Briefumschlag, Eilzustellung, Ferngespraech, Fernschreiber, Landzusteller, Ortsgespraech, Postanweisung, Postgeheimnis, Postgirokonto, Postsparkasse, Postsparkonto, Standardbrief, Standardpaket; *14* Bestimmungsort, Brieftelegramm, Fernmeldewesen, Gewichtsgrenze, Kabelfernsehen, Landzustellung, Weltpostverein, Zwischenschein; *15* Auslandsverkehr, Fernsprechzelle, Luftpostverkehr, Paketzustellung, Postwertzeichen, Postwurfsendung, Postzeitungsamt, Postzeitungsgut, Tarifentfernung, Wohlfahrtsmarke; *16* Briefmarkengeber, Gebuehreneinheit, Landbrieftraeger, Nachnahmesendung, Postausweiskarte, Postschliessfach, Schnellpaeckchen, Telegrammadresse, Wertzeichengeber; *17* Einlieferungsbuch, Einschreibsendung, Einzahlungsschein, Fernsprechverkehr, Muenzfernsprecher, Oberpostdirektion, Postsparkassenamt; *18* Briefmarkenautomat, Standarddrucksache
- **des Schachspiels:** *4* matt, patt; *5* remis
- **des Tennis:** *3* Lob

Begriffkunde: *11* Ideographik
begrifflich: *8* abstrakt
Begriffsbestimmung: *10* Definition
Begriffsfanatiker: *8* Ideologe
Begriffsform: *9* Kategorie
Begriffsgattung: *3* Art
Begriffslehre: *9* Ideologie
Begriffsschrift: *11* Ideographie
Begriffszeichen: *9* Ideogramm
begrenzen: *10* limitieren; *12* beschraenken; *13* einschraenken
begründen: *9* erklaeren; *10* etablieren, motivieren
begründend: *6* kausal
Begründer → Gründer
Begründer der/des
- **Anthroposophie:** *7* Steiner
- **Bakteriologe:** *4* Koch
- **Bergbaukunde:** *8* Agricola
- **Berliner Akademie:** *7* Leibniz
- **Berliner Universität:** *8* Humboldt
- **chinesischen Staatsreligion:** *8* Konfutse; *9* Konfuzius
- **Eisenbahnwesens:** *10* Stephenson
- **Elektrotechnik:** *7* Siemens
- **Gesteinskunde:** *8* Agricola
- **griechischen Tragödie:** *7* Thespis
- **Homöopathie:** *9* Hahnemann
- **katholischen Gesellenvereine:** *7* Kolping
- **klassischen Medizin:** *11* Hippokrates
- **Lehre vom Sozialismus:** *4* Marx
- **Mengenlehre:** *6* Cantor
- **Mineralogie:** *8* Agricola
- **modernen Türkei:** *5* Kemal; *8* Atatuerk
- **neuen olympmischen Spiele:** *9* Coubertin
- **optischen Werke in Jena:** *5* Zeiss
- **Psychoanalyse:** *5* Freud
- **Relativitätstheorie:** *8* Einstein
- **Religion der Perser:** *9* Zoroaster; *11* Zarathustra
- **Sowjetunion:** *5* Lenin
- **wissenschaftlichen optischen Technik:** *4* Abbe; *6* Schott
- **wissenschaftlichen Vogelschutzes:** *9* Berlepsch
- **Zionismus:** *5* Herzl
- **Zuckerrübenindustrie:** *6* Achard

begründet: *8* fundiert
begründeter Tatbestand: *5* Indiz
Begründung: *11* Motivierung
begünstigen: *8* foerdern; *9* vorziehen; *11* erleichtern; *12* favorisieren
Begünstigung der Unzucht: *8* Kuppelei
Begünstigung von Verwandten: *10* Nepotismus; *17* Vetternwirtschaft
Begutachtung: *9* Expertise
begütert: *5* reich; *10* wohlhabend
begütigen: *8* troesten; *9* beruhigen; *10* versoehnen
behaarte Tierhaut: *4* Fell
behäbig: *4* dick
behagen: *6* passen; *8* gefallen
behaglich: *6* bequem, mollig; *8* angenehm; *10* gemuetlich; *11* komfortabel
Behälter: *4* Dose, Etui, Fass, Korb, Krug Lade, Sack, Tank, Tube, Urne; *5* Eimer, Kiste, Mappe, Tonne, Truhe, Tuete; *6* Beutel, Huelse, Kapsel, Kasten, Kessel, Koffer,; *6* Tasche; *7* Buechse, Flasche, Koecher, Schrein; *8* Futteral, Kanister, Kassette; *9* Reservoir, Schachtel, Schatulle, Tabatiere; *10* Necessaire
Behälter für
- **Fische:** *8* Aquarium
- **Gas:** *9* Gasometer
- **Kriechtiere:** *9* Terrarium
- **Obst:** *6* Steige
- **Pfeile:** *7* Koecher
- **Regenwasser:** *8* Zisterne
- **Salben:** *4* Dose, Tube
- **Wahlzettel:** *4* Urne

behandeln: *7* pflegen; *8* kurieren
behandelnder Arzt: *9* Therapeut
behandelter Stoff: *5* Thema
Behandlung: *6* Pflege; *7* Wartung
Behandlung von Textilien: *8* Appretur
Behandlungsraum: *12* Ambulatorium
Behandlungsweise: *7* Methode; *8* Prozedur
Behang: *8* Draperie
beharrlich: *4* fest; *6* stetig; *8* konstant; *9* standhaft; *10* konsequent, persistent; *11* hartnaeckig
Beharrlichkeit: *10* Konsequenz, Zaehigkeit
beharrsam: *11* konservativ
Behauptung: *5* These; *6* Angabe; *7* Aussage, Meinung
Behausung der Eskimos: *4* Iglu
- **nordamerikanischer Indianer:** *4* Tipi; *6* Wigwam
- **aus Stoff:** *4* Zelt

beheben: *6* heilen; *9* abstellen; *10* ausbessern, beseitigen, reparieren
beheiztes Gebäude für Pflanzen: *9* Treibhaus
Behelf: *6* Ausweg, Ersatz; *8* Surrogat; *9* Notloesung; *11* Provisorium
Behelfshaus: *7* Baracke
behelfsmäßig: *11* notduerftig; *12* provisorisch; *14* interimistisch
behend: *4* agil; *5* alert, flink; *7* gewandt, schnell
beherbergen: *8* logieren; *9* aufnehmen; *11* einlogieren; *12* unterbringen
Beherbergungsbetrieb: *5* Hotel, Motel; *8* Herberge
beherrschen: *8* meistern, regieren; *9* bezwingen; *13* kontrollieren
beherrschend: *8* dominant
beherrscht: *7* gefasst; *8* besonnen; *13* diszipliniert
beherzt: *5* kuehn, mutig; *6* tapfer; *7* resolut; *10* couragiert; *13* unerschrocken
Beherztheit: *3* Mut
behexen: *8* becircen; *10* verzaubern
behilflich: *9* gefaellig
behindert: *11* gehandikapt
Behörde: *3* Amt; *5* Buero; *6* Kammer; *7* Kanzlei; *9* Magistrat, Regierung; *10* Verwaltung; *11* Ministerium; *12* Dienststelle
Behörde für Stellenvermittlung: *10* Arbeitsamt
Behördenweg: *7* Instanz
Behördenzuständigkeit: *9* Kompetenz
behördlich zugelassen: *10* approbiert
behüten: *9* schuetzen; *10* beschirmen
behutsam: *4* fein, zart; *5* sacht; *7* achtsam; *8* schonend; *10* vorsichtig
Beiboot: *3* Gig; *5* Dingi, Jolle; *7* Pinasse; *8* Barkasse
beibringen: *6* lehren; *11* applizieren
Beichte: *10* Bekenntnis; *11* Gestaendnis
beichten: *8* gestehen; *10* offenbaren
Beichtvater: *12* Poenitentiar
beidäugig: *9* binokular
beiderseitig: *9* bilateral
beidlebig: *10* amphibisch
beide: *4* alle, zwei
Beifahrer: *6* Sozius
Beifall: *3* Lob; *5* Jubel; *6* Furore; *7* Anklang, Applaus, Ovation; *10* Zustimmung; *11* Akklamation; *12* Begeisterung
Beifall klatschen: *12* applaudieren
Beifallklatscher (gedungener): *8* Claqueur
Beifallsruf: *5* Bravo; *6* Dakapo; *10* Bravissimo
Beifügung: *6* Anlage; *8* Attribut; *10* Apposition
Beifuß: *6* Wermut; *7* Absinth; *8* Estragon; *9* Eberraute; *11* Mutterkraut
Beigabe: *6* Anhang
beigefügtes Schriftstück: *6* Anlage; *8* Beiblatt
Beigeordneter: *7* Attaché
beigeordneter Diplomat: *7* Attaché
- **Offizier:** *8* Adjutant

Beiguß: *5* Sauce, Sosse, Tunke
Beihilfe: *9* Assistenz; *10* Subvention
Beil: *3* Axt; *5* Barte
Beilage: *6* Anlage, Zugabe; *8* Beiblatt; *10* Ergaenzung
beiläufig: *8* nebenbei; *9* en passant
beilegen: *10* schlichten; *11* vergleichen
Beilegung eines Streites: *9* Vergleich; *11* Schlichtung
Beileid: *9* Kondolenz, Teilnahme; *11* Anteilnahme
Bein des Wildes: *4* Lauf

beinahe: *4* fast; *6* schier
Beiname: *8* Kognomen
Beiname
- **des Achill:** *6* Pelide
- **der Aphrodite:** *10* Anadyomene, Kallipygos
- **des Apoll:** *7* Musaget, Phoebus
- **der Artemis:** *6* Phoebe
- **der Athene:** *6* Pallas
- **Buddhas:** *6* Gotama; *7* Gautama
- **Dantes:** *9* Alighieri
- **der Demeter:** *5* Chloe
- **des Esau:** *4* Edom
- **Friedrich Wilhelms I. von Preußen:** *14* Soldatenkoenig
- **General Francos:** *8* Caudillo
- **des Generalfeldmarschalls Rommel:** *12* Wuestenfuchs
- **des Generalfeldmarschalls von Wrangel:** *11* Papa Wrangel
- **des Gottes Hades:** *5* Pluto
- **des Judas:** *9* Ischariot
- **der Juno:** *6* Moneta
- **des Jupiter:** *7* Pluvius
- **des Kaisers von Äthiopien:** *12* Loewe von Juda
- **Kaiser Friedrichs I.:** *7* Rotbart; *10* Barbarossa
- **Ludwigs XIV.:** *12* Sonnenkoenig
- **Richards I.:** *10* Loewenherz
- **des römischen Kaisers Oktavian:** *8* Augustus

Beinbekleidung: *5* Socke; *7* Strumpf; *8* Gamasche
Beingelenk: *4* Knie
Beinhaus: *6* Karner, Kerner; *8* Ossarium
Beinkleid: *4* Hose
beinlose Larve: *4* Made
beinlose Unterhose: *4* Slip
Beinmuskel: *4* Wade
Beinschutzkleidung: *8* Gamasche
Beinspreizen: *6* Spagat
Beinteil: *4* Fuss, Knie, Wade; *8* Schenkel; *9* Kniekehle; *10* Schienbein; *12* Oberschenkel; *13* Unterschenkel
beiordnen: *12* koordinieren
Beiordnung: *12* Koordination
beipflichten: *9* zustimmen
beirren: *10* irritieren
Beisammensein: *5* Party
Beisatz: *10* Apposition
Beischlaf: *6* Koitus
beisetzen: *8* begraben; *9* beerdigen, bestatten
Beisetzung: *10* Beerdigung, Begraebnis, Bestattung; *13* Einaescherung
Beisitzer: *8* Assessor
Beispiel: *6* Muster; *7* Exempel; *9* Paradigma
beispielhaft: *11* vorbildlich; *12* exemplarisch; *13* mustergueltig
Beispielsfall: *10* Praezedens
beispringen: *6* helfen
beißen: *5* kauen, nagen; *6* jucken; *8* knabbern
beißend: *6* bissig, scharf; *9* kaustisch, satirisch
beißender Spott: *4* Hohn; *6* Ironie; *9* Sarkasmus
Beißverletzung: *4* Biss
Beißwerkzeug: *4* Zahn
Beistand: *5* Hilfe; *6* Helfer; *7* Adlatus; *9* Assistenz; *14* Unterstuetzung
Beistand vor Gericht: *6* Anwalt; *11* Verteidiger
- **im Zweikampf:** *9* Sekundant

beistehen: *6* helfen; *11* assistieren, sekundieren; *13* unterstuetzen
Beistehender: *6* Helfer; *8* Ratgeber
Beistrich: *5* Komma
Beitrag: *5* Hilfe; *6* Abgabe, Anteil, Spende, Umlage; *7* Gebuehr, Praemie; *8* Zuschuss; *10* Kontingent, Scherflein
Beitreibung: *7* Inkasso; *10* Einziehung; *12* Kontribution
Beiwagen: *6* Tender
Beiwerk: *8* Staffage; *10* Ergaenzung
Beiwort: *8* Adjektiv; *9* Epitheton
beizen: *6* aetzen
bejahen: *6* nicken; *8* billigen; *9* zustimmen; *10* gutheissen
bejahend: *7* positiv
bejahrt: *3* alt
bejahrter Mann: *5* Greis
Bejahrtheit: *5* Alter
Bejahung: *11* Affirmation
bekannt: *7* ruchbar; *8* beruehmt, offenbar, vertraut; *9* angesehen, notorisch
bekannte(r, s)
- **Ausspruch:** *5* Zitat
- **deutscher Flieger:** *4* Udet
- **deutscher Luftschiffer:** *7* Eckener; *8* Zeppelin
- **Pariser Nachtlokal:** *5* Maxim
- **Rheinfelsen:** *7* Lorelei

bekanntmachen: *10* verbreiten, vorstellen; *13* praesentieren
Bekanntmachung: *5* Edikt; *6* Erlass, Plakat; *8* Bulletin; *12* Proklamation
Bekanntschaft: *6* Konnex
bekennen: *7* zugeben; *8* beichten, gestehen; *10* offenbaren, versichern
Bekenntnis: *5* Lehre; *6* Glaube; *8* Religion; *10* Konfession; *11* Gestaendnis
Bekleidungsstück → Kleidungsstück
Beklemmung: *3* Alp
bekömmlich: *6* gesund; *7* heilsam; *8* nahrhaft; *11* zutraeglich
beköstigen: *7* naehren, speisen; *8* bewirten
Bekräftigung: *3* Eid; *6* Siegel
bekränzen: *8* umwinden; *10* dekorieren
bekunden: *8* aussagen, bezeugen; *13* dokumentieren
Belag: *6* Zukost; *10* Aufschnitt
Belag → Fußbodenbelag
Belang: *9* Bedeutung, Interesse, Wichtigkeit
belanglos: *6* gering; *9* unwichtig; *10* irrelevant; *14* nebensaechlich
Belanglosigkeit: *8* Lappalie; *9* Bagatelle
belastend: *10* gravierend; *11* erschwerend
belästigen: *7* stoeren; *8* genieren; *10* behelligen; *11* molestieren; *13* inkommodieren
Belästigung: *6* Insult
Belastung: *5* Debet

beleben: *7* anregen; *8* staerken; *9* ermuntern; *10* erfrischen
belebendes Moment: *8* Staffage
belebt: *9* organisch
belebte Tonfigur der jüdischen Sage: *5* Golem
Beleg: *6* Beweis; *9* Unterlage
Belege: *8* Material
belegen: *8* beweisen; *10* nachweisen; *11* reservieren
Belegschaft: *7* Schicht; *8* Personal; *9* Besatzung; *10* Mannschaft
belegt: *6* heiser; *10* reserviert
belegte Weißbrotschnitte: *8* Sandwich
belehren: *11* informieren
belehrende Erzählung: *5* Fabel
belehrendes Erlebnis: *9* Erfahrung
Belehrung: *7* Lektion; *11* Information
beleibt: *4* dick; *9* korpulent
beleidigt: *7* pikiert
Beleidigung: *4* Tort; *6* Insult; *7* Affront, Injurie, Sottise; *9* Invektive, Kraenkung; *10* Schmaehung
beleihen: *12* lombardieren
Beleihung: *7* Lombard
beleuchten: *8* erhellen; *9* erklaeren; *10* anstrahlen; *12* illuminieren
beleuchtet: *4* hell
Beleuchtung: *5* Licht
Beleuchtungskörper: *5* Ampel, Kerze, Lampe; *6* Fackel; *7* Lampion, Laterne, Leuchte, Luester, Wandarm; *8* Kienspan, Leuchter; *10* Bogenlampe, Gluehbirne, Kandelaber; *11* Armleuchter; *12* Kronleuchter, Leuchtroehre, Schweinwerfer, Taschenlampe, Tiefstrahler
Belgier: *5* Flame; *7* Wallone
belgische(r, s)
- **Badeort:** *3* Spa; *7* Ostende
- **Bakteriologe:** *6* Bordet
- **Baumeister:** *4* Suys; *5* Bourla; *7* Guimard; *8* Poelaert, Roelandt
- **Bier:** *4* Faro, Mars; *6* Lambic
- **Bildhauer:** *5* Minne; *7* Meunier
- **Chemiker:** *6* Solvay
- **Dichter:** *11* Maeterlinck
- **Festungsstadt:** *5* Namur
- **Fluß** → Fluß in Belgien
- **Hafenstadt** → Hafenstadt in Belgien
- **Hauptstadt:** *8* Bruessel
- **Holzschneider:** *8* Masereel
- **Industriegebiet:** *8* Borinage
- **Komponist:** *6* Franck, Grétry
- **Königin:** *7* Fabiola
- **Königsname:** *6* Albert; *7* Leopold; *8* Baudouin
- **Kriminalschriftsteller:** *7* Simenon
- **Landschaft:** *7* Brabant; *8* Flandern, Hennegau
- **Luftfahrtgesellschaft:** *6* Sabena
- **Maler:** *4* Rops; *5* Ensor; *6* Cantre; *7* Wappers; *8* Courtens, Laermans
- **Münze:** *5* Franc; *7* Centime
- **Nationalhymne:** *11* Brabançonne
- **Nobelpreisträger** → Nobelpreisträger
- **Politiker:** *5* Spaak
- **Reformator:** *4* Bray
- **Schlachtort:** *8* Waterloo; *13* Belle-Alliance
- **Schriftsteller:** *5* Claes, Moens; *6* Coster; *7* Eekhoud, Simenon; *8* Herreman; *9* Rodenbach, Streuvels, Verhaeren; *10* Verschaeve; *11* Maeterlinck, Timmermanns
- **Sozialist:** *5* Spaak
- **Stadt** → Stadt in Belgien
- **Universitätsstadt:** *4* Gent; *6* Loewen; *8* Bruessel, Luettich
- **Volksteil:** *6* Flamen; *8* Wallonen

belichten: *10* exponieren
beliebig: *12* willkuerlich
beliebt: *7* begehrt, gaengig, gefragt; *8* populaer; *10* geschaetzt, willkommen
beliebte Wettkampfart im Altertum: *11* Wagenrennen
beliebter alter Schlager: *5* Oldie
- **Nachtisch:** *3* Eis

Beliebtheit: *5* Gunst; *7* Achtung, Ansehen; *8* Renommée; *12* Popularitaet
bellen: *7* belfern; *8* klaeffen; *10* anschlagen
Belobigung: *12* Auszeichnung
belohnen: *11* praemieren
Belohnung: *5* Preis; *7* Praemie; *10* Verguetung; *12* Auszeichnung
Belüfter: *10* Ventilator
belustigen: *9* erheitern; *10* vergnuegen; *11* delektieren
belustigend: *7* komisch, spassig; *10* erheiternd
belustigender Unterhalter: *11* Entertainer
Belustigung: *4* Hetz; *5* Gaudi, Party, Spass; *10* Amuesement, Vergnuegen; *11* Erheiterung
Bemächtigung: *4* Raub; *7* Zugriff; *9* Aneignung, Eroberung; *10* Okkupation; *12* Konfiskation
bemalte kleine griechische Tontafel: *5* Pinax
bemängeln: *6* tadeln; *7* maekeln, meckern; *11* kritisieren
bemänteln: *9* verdecken; *12* beschoenigen
bemäntelter Spott: *6* Ironie
bemerken: *8* gewahren, notieren; *10* wahrnehmen
bemerkenswert: *7* wichtig; *9* bedeutend; *11* interessant; *15* aufschlussreich
Bemerkung: *4* Wort; *5* Notiz; *6* Glosse, Kritik; *8* Fussnote; *9* Ausspruch, Kommentar; *10* Erklaerung
bemittelt: *5* reich; *10* vermoegend, wohlhabend
Bemühung: *5* Eifer; *7* Einsatz; *11* Anstrengung
benachrichtigen: *6* melden; *9* mitteilen; *11* informieren; *12* unterrichten
benachteiligt: *11* gehandikapt
Benachteiligung: *8* Handikap
benedeien: *6* segnen; *12* seligpreisen
Benediktinerabtei
- **an der Donau:** *4* Melk
- **in der Eifel:** *10* Maria Laach
- **in Frankreich:** *5* Cluny; *15* Mont-Saint-Michel
- **bei Höxter:** *6* Corvey
- **in Italien:** *6* Bobbio; *9* Camaldoli; *12* Monte Cassino

- **im Kanton Schwyz:** *10* Einsiedeln
- **am Main:** *4* Banz
- **in Oberbayern:** *5* Ettal; *10* Wessobrunn
- **in Prüm:** *6* Regino
- **bei Sigmaringen:** *6* Beuron

Benediktion: *5* Weihe; *7* Segnung
Benefizium: *7* Wohltat
Benehmen: *3* Art; *4* Stil; *7* Alluere, Anstand, Gehaben; *8* Allueren, Betragen, Etikette, Manieren; *9* Verhalten; *10* Courtoisie; *11* Umgangsform
Beneluxstaat: *7* Belgien; *9* Luxemburg; *11* Niederlande
benennen: *10* bezeichnen, nominieren
Benennung: *4* Name
bengalisches Flächenmaß: *5* Kauri
Bengel: *5* Junge, Range; *6* Flegel, Schelm; *7* Bursche, Lausbub, Luemmel; *8* Wildfang; *9* Schlingel; *10* Lausejunge
benommen: *9* somnolent
Benommenheit: *5* Sopor
benötigen: *8* brauchen
benötigte Gegenstände: *6* Bedarf
Benotung: *6* Zensur
benutzbar: *11* praktikabel
Benzin: *5* Sprit; *7* Gasolin; *10* Kraftstoff, Treibstoff
Benzinbehälter: *4* Fass, Tank; *8* Kanister
Benzingemisch: *12* Petrolaether
beobachten: *6* peilen; *8* belauern; *10* bespitzeln
Beobachtung: *11* Observation
Beobachtungsgerät: *8* Fernglas, Fernrohr, Teleskop; *9* Mikroskop
Beobachtungsmarke an Meßinstrumenten: *4* Mire
Beobachtungsstation: *5* Warte; *13* Observatorium
Beobachtungszeit: *11* Quarantaene
bequem: *4* faul; *6* kommod, leicht; *7* laessig, passend; *8* angenehm, guenstig, handlich, muehelos; *10* gemuetlich; *11* komfortabel
bequemer Stuhl: *6* Sessel; *13* Schaukelstuhl
Bequemlichkeit: *7* Komfort; *10* Konvenienz
berappen: *6* zahlen; *10* begleichen
beraten: *12* konsultieren
beratend: *11* konsultativ
Berater: *5* Tutor; *6* Mentor; *8* Ratgeber; *10* Konsultant
Berater eines Fürsten: *7* Paladin
beratschlagen: *11* konferieren
Beratung: *9* Konferenz, Konsilium; *11* Eroerterung; *12* Konsultation
Beratungsraum: *8* Kabinett
Beraubung feindlicher Landesbewohner: *11* Pluenderung
Beräucherung mit Weihrauch: *6* Inzens
berauschend: *10* narkotisch
Berberaffe: *5* Magot
Berberstamm: *6* Tuareg; *7* Kabylen; *8* Guanchen; *10* Rifkabylen
berechnen: *8* bewerten; *9* schaetzen; *11* kalkulieren, kombinieren
berechnend: *12* diplomatisch
Berechnung: *7* Kalkuel, Politik; *11* Kalkulation, Kombination, Spekulation
Berechnungsgrundlage bei Bauwerken: *6* Statik
berechtigen: *7* befugen; *8* erlauben, zulassen; *12* autorisieren, ermaechtigen
beredsam: *6* beredt
Beredsamkeit: *5* Suada, Suade; *8* Eloquenz, Rhetorik
beredt: *8* eloquent
Bereich: *4* Raum, Zone; *6* Bezirk, Gebiet, Gegend, Region; *7* Sektion, Sphaere; *8* Distrikt; *9* Dimension
Bereifung: *4* Pneu; *6* Reifen
bereinigen: *7* klaeren; *10* schlichten
bereit: *5* parat; *6* fertig, willig; *7* willens; *9* geruestet
bereiten: *6* machen; *8* fertigen; *9* anrichten, zurichten; *10* anfertigen, herstellen; *11* fabrizieren
bereits: *5* schon; *7* laengst
Bereitschaft zur Buße: *5* Reue
Bereitschaftsruf: *5* Alarm
bereitwillig: *4* gern
Beresinazufluß → Nebenfluß der Beresina
Berg, Berggipfel, Bergkegel, Bergstock

- **bei Aalen:** *3* Ipf
- **in den Abruzzen:** *9* Gran Sasso
- **in Afghanistan:** *8* Koh-i-Baba, Tiritsch
- **in Afrika:** *3* Kon, Sil, Ulu, Zab; *4* Kibo, Meru; *5* Dendi, Kenia; *7* Kirunga, Mawensi; *8* Kuroworo; *9* Ruwenzori, Tafelberg; *10* Karissimbi, Ras Daschan; *11* Kamerunberg, Tsaratanana; *14* Kilimandscharo
- **in Algerien:** *3* Sab; *5* Tahat
- **in den Allgäuer Alpen:** *9* Nebelhorn
- **in den Alpen:** *2* Ot; *3* Err; *4* Isel; *5* Eiger, Mythe, Toedi; *6* Moench, Ortler; *7* Ankogel, Pilatus, Saentis, Schlern; *8* Hochobir, Jungfrau, Pfaender, Watzmann; *9* Dachstein, Hochstuhl, Marmolata, Montblanc, Monte Rosa, Nebelhorn, Sonnblick, Venediger, Zugspitze; *10* Drei Zinnen, Matterhorn, Wetterhorn, Wildspitze; *14* Finsteraarhorn; *16* Dreiherrenspitze
- **im Altai:** *7* Chuitun
- **in Amerika:** *8* Cotopaxi, Illimani, McKinley; *9* Aconcagua, Mac Kinley, Tajumulco; *10* Chimborazo; *11* Chimborasso; *12* Popocatepetl
- **in Anatolien:** *3* Ala; *5* Akdag; *6* Ararat, Uludag
- **in den Anden:** *6* Sajama; *8* Illimani; *9* Aconcagua, Huascaran; *10* Chimborazo; *11* Chimborasso
- **in der Antarktis:** *6* Erebus
- **im Antilibanon:** *6* Hermon
- **in Argentinien:** *5* Maipo; *9* Aconcagua
- **in Armenien:** *6* Ararat
- **in Asien:** *3* Apo; *6* Ararat; *7* Belucha, Everest, Nilgiri; *8* Demawend, Kuh-i-Dena; *10* Chantengri; *11* Fudschijama, Nanga Parbat
- **bei Athen:** *8* Hymettos

- **in Äthiopien:** *10* Ras Daschan
- **bei Baden-Baden:** *6* Merkur
- **auf Bali:** *5* Agung
- **im Bayerischen Wald:** *5* Arber, Osser
- **bei Berchtesgaden:** *8* Watzmann; *10* Hochkalter, Hoher Goell; *12* Obersalzberg
- **in den Berner Alpen:** *5* Eiger; *6* Moench; *8* Jungfrau; *10* Wetterhorn; *14* Finsteraarhorn
- **der Berninagruppe:** *8* Piz Palue
- **in den Beskiden:** *9* Babia Gora
- **in Bhutan:** *10* Kula Kangri; *12* Tschomolhari
- **im Böhmerwald:** *6* Rachel
- **in Bolivien:** *6* Sorata; *7* Illampu; *8* Illimani
- **auf Borneo:** *4* Raja; *5* Besar, Murud; *6* Tebang; *8* Kinabalu
- **bei Bregenz:** *8* Pfaender
- **im Breisgau:** *11* Kaiserstuhl
- **in Bulgarien:** *5* Botew; *7* Mus Alla
- **auf Ceylon:** *8* Adamspik; *9* Adams Peak; *12* Pidurutagala; *16* Pedurutallagalla
- **in Chile:** *6* Osorno; *9* El Calbuco
- **in China:** *6* Tangla; *11* Niitakayama; *12* Minya Gongkar, Wutschischan
- **in Dänemark:** *10* Himmelberg
- **in Deutschland:** *5* Arber; *6* Kandel, Kynast, Lupfen, Zobten; *7* Belchen, Brocken, Heuberg, Kniebis, Malchen; *8* Feldberg, Hohe Acht, Hohe Eule, Meissner, Watzmann; *9* Alpspitze, Altkoenig, Erbeskopf, Hochvogel, Kreuzberg, Melibokus, Zugspitze; *10* Hochkalter, Hohentwiel, Ochsenkopf, Schneeberg, Winterberg; *11* Drachenfels, Kahler Asten, Kaiserstuhl, Koenigstuhl, Kyffhaeuser, Schneekoppe, Wasserkuppe, Wendelstein; *12* Hohenstaufen, Obersalzberg, Schauinsland; *13* Hoher Meissner, Stubbenkammer; *14* Passeier Spitze
- **in den Dolomiten:** *5* Sella; *7* Civetta, Latemar; *9* Cristallo, Marmolata; *11* Rosengarten; *13* Geislerspitze
- **in der Dominikanischen Republik:** *4* Tina; *9* Monte Tina
- **in Ecuador:** *8* Cotopaxi; *10* Chimborazo; *11* Chimborasso
- **in der Eifel:** *8* Hohe Acht
- **aus Eisenerz in Schweden:** *6* Taberg
- **in El Salvador:** *8* Santa Ana
- **im Elburs:** *8* Demawend
- **im Engadin:** *3* Lad
- **in England:** *6* Brecon, Yes Tor; *7* Beacons, Snowdon, The Peak; *8* Ben Nevis; *9* Leith Hill
- **im Erzgebirge:** *8* Keilberg; *9* Auersberg; *11* Fichtelberg, Rammelsberg
- **der Everestgruppe:** *6* Makalu
- **im Fichtelgebirge:** *10* Schneeberg
- **auf Formosa:** *6* Yushan
- **im Fulda-Werra-Bergland:** *8* Meissner
- **in Galiläa:** *5* Tabor
- **bei Garmisch-Partenkirchen:** *4* Wank; *8* Kreuzeck; *9* Alpspitze, Zugspitze
- **der Gesetzgebung Mosis:** *5* Horeb
- **in den Glarner Alpen:** *5* Toedi
- **im Glatzer Bergland:** *10* Heuscheuer
- **bei Goslar:** *11* Rammelsberg
- **mit der Gralsburg:** *13* Montsalwatsch
- **im Grazer Bergland:** *5* Osser
- **in Graubünden:** *3* Alv, Err; *4* Aela
- **in Griechenland:** *3* Ida; *4* Ossa; *5* Olymp; *7* Olympos; *8* Smolikas; *9* Giona Oros
- **auf Grönland:** *5* Forel
- **in Großbritannien:** *6* Brecon, Yes Tor; *7* Beacons, Snowdon, The Peak; *8* Ben Attow, Ben Nevis; *9* Leith Hill
- **in Guatemala:** *5* Fuego; *6* Tacana; *9* Tajumulco
- **der Hardt:** *6* Kalmit
- **im Harz:** *7* Brocken; *8* Wurmberg; *11* Rammelsberg
- **im Hegau:** *10* Hohentwiel
- **bei Heidelberg:** *11* Koenigsstuhl
- **im Himalaja:** *5* Kamet; *6* Makalu; *7* Dapsang, Everest; *9* Annapurna; *10* Dhaulagiri; *11* Gaurisankar, Nanga Parbat; *12* Mount Everest
- **in den Hohen Tauern:** *7* Ankogel, Eichham; *8* Hochnarr, Muntaniz, Schareck; *9* Sonnblick; *10* Breitkogel; *13* Grossglockner; *16* Dreiherrenspitze
- **im Hunsrück:** *9* Erbeskopf
- **in Indien:** *3* Abu; *6* Dewodi; *8* Anaimudi, Mount Abu; *10* Doddabetta
- **in Indonesien:** *3* Awu; *5* Kelut; *6* Makian, Merapi; *7* Tambora; *8* Krakatau; *10* Papantajan
- **bei Innsbruck:** *4* Isel; *9* Hafelekar; *13* Patscherkofel
- **im Iran:** *6* Kuhran; *7* Sawalan; *8* Demawend
- **in Irland:** *6* Keeper; *7* Brandon, Errigal
- **auf Ischia:** *6* Epomeo
- **auf Island:** *5* Askja, Hekla; *11* Bardarbunga
- **in Israel:** *5* Tabor
- **in Italien:** *4* Tosa; *5* Aetna, Amaro, Vesuv; *6* Amiato, Cimone, Ortler, Serino, Tofana; *7* Antelao; *8* Adamello; *9* Gran Sasso, Marmolata, Monte Rosa; *11* Rosengarten; *12* Gran Paradiso
- **in Japan:** *3* Aso; *4* Akan; *5* Oakan; *6* Mihara, Misaka, Nantai, Ontake, Sakura; *7* Abukuma; *8* Kitagami; *11* Fudschijama
- **auf Java:** *5* Kalut; *6* Merapi, Semeru
- **bei Jerusalem:** *7* Oelberg
- **im Jordantal:** *4* Neba, Nebo
- **in Jugoslawien:** *6* Komovi; *7* Triglav; *8* Durmitor
- **in Kalifornien:** *11* Mount Wilson; *12* Mount Palomar
- **in Kanada:** *4* Hunt; *5* Logan; *6* Robson; *8* Columbia; *10* Carruthers
- **bei Kapstadt:** *9* Tafelberg
- **im Karakorum:** *7* Dapsang
- **in den Karawanken:** *4* Obir; *8* Hochobir; *9* Hochstuhl
- **der Karpaten:** *3* Omu
- **in Kaschmir:** *11* Nanga Parbat
- **bei Kassel:** *8* Meissner
- **im Kaukasus:** *6* Elbrus, Kasbek
- **des Kilimandscharo:** *4* Kibo; *7* Mawensi

- **in den Kitzbühler Alpen:** *9* Brechhorn
- **der Klöster:** *5* Athos
- **in Kolumbien:** *5* Huila; *6* Cumbal, Purace
- **am Königssee:** *8* Watzmann
- **bei Königswinter:** *11* Drachenfels
- **in den Kordilleren:** *7* Illampu
- **in Korea:** *9* Paektusan
- **auf Korsika:** *3* Oro; *6* Cinto
- **auf Kreta:** *5* Ida
- **auf Kuba:** *8* Turquino
- **im Lausitzer Gebirge:** *7* Lausche
- **in den Lechtaler Alpen:** *7* Valluga; *8* Taneller; *9* Muttekopf, Samspitze; *10* Thorspitze
- **bei Leningrad:** *7* Pulkowo
- **bei Lugano:** *3* Bre
- **bei Luzern:** *4* Rigi; *7* Pilatus
- **auf Luzon:** *5* Mayon
- **auf Madeira:** *5* Ruivo
- **auf Mallorca:** *9* Puig Mayor
- **im Mangfallgebirge:** *11* Wendelstein
- **in Mexiko:** *7* Orizaba; *9* Parieutin; *12* Popocatepetl
- **auf Mindanao:** *3* Apo
- **in Mittelamerika:** *9* Tajumulco
- **in Mittelitalien:** *12* Monte Cassino
- **bei Monte Carlo:** *4* Agel
- **bei Neapel:** *7* Posilip; *8* Posilipo
- **in Nepal:** *6* Makalu; *7* Manaslu; *9* Annapurna; *10* Dhaulagiri
- **in der Niederen Tatra:** *7* Djumbir
- **in den Niederen Tauern:** *6* Roteck; *7* Hocheck; *8* Murtoerl, Weisseck; *11* Hochgolling; *12* Gurpitscheck
- **in Niederösterreich:** *3* Rax
- **in Niederschlesien:** *6* Zobten
- **in Nikaragua:** *5* Viejo
- **in Nordamerika:** *8* McKinley; *9* Mac Kinley
- **in Norwegen:** *10* Galdhoepig
- **bei Oberstdorf:** *9* Nebelhorn
- **im Odenwald:** *7* Malchen; *9* Melibokus; *11* Koenigstuhl
- **in Ostafrika:** *4* Kibo, Meru; *5* Elgon, Kenia; *7* Mawensi; *14* Kilimandscharo
- **in Österreich:** *5* Zimba; *7* Olperer; *8* Eisenhut, Kreuzeck, Oetscher, Stuhleck; *9* Dachstein; *10* Frauenalpe, Hochkoenig, Wildspitze; *11* Hochgolling, Zuckerhuetl; *13* Grossglockner, Grossvenediger
- **der Ostsudeten:** *8* Altvater
- **in den Ötztaler Alpen:** *6* Feiler; *7* Koepfle; *8* Similaun, Wildgrat; *9* Glockturm, Hohe Geige; *10* Schalfkogl, Wildspitze
- **in Peru:** *5* Misti; *6* Ampato; *8* Coropuna; *9* Huascaran
- **auf den Philippinen:** *3* Apo; *5* Mayon; *9* Malaspina
- **im Pindos:** *6* Lakmos
- **in den Pyrenäen:** *7* Canigou; *9* Maladetta
- **im Riesengebirge:** *10* Sturmhaube; *11* Schneekoppe
- **bei Rio de Janeiro:** *9* Zuckerhut
- **in der Rhön:** *11* Wasserkuppe
- **im Rothaargebirge:** *10* Langenberg; *11* Kahler Asten
- **in Rumänien:** *5* Negoi; *6* Mandra; *7* Bihorul, Peleaga; *8* Petrosul, Retjezat; *10* Moldoveanu
- **bei Salzburg:** *8* Gaisberg; *10* Untersberg
- **im Salzkammergut:** *10* Traunstein
- **bei Samaden (Schweiz):** *2* Ot
- **bei Sankt Moritz:** *3* Err
- **auf Sardinien:** *3* Ala
- **in Schlesien:** *6* Zobten; *8* Altvater; *10* Heuscheuer, Sturmhaube; *11* Schneekoppe
- **der Schobergruppe:** *6* Petzek
- **in Schottland:** *8* Ben Attow
- **in der Schwäbischen Alb:** *6* Achalm; *8* Rechberg
- **im Schwarzwald:** *6* Kandel; *7* Belchen, Kniebis, Obereck; *8* Feldberg, Hornkopf; *9* Bloessing; *10* Vogelskopf; *12* Hornisgrinde, Schauinsland
- **in Schweden:** *10* Kabnekajse
- **in der Schweiz:** *3* Aul, Err; *4* Alis, Rigi; *5* Eiger, Mythe, Toedi, Vorab; *6* Moench; *7* Bernina, Saentis; *8* Wildhorn, Hochwang, Jungfrau; *9* Bella Tola, Hausstock, Oldenhorn, Weisshorn; *10* Matterhorn, Sustenhorn; *11* Aletschhorn, Blinnenhorn, Ringelspitz, Wildstrubel
- **in den Seealpen:** *9* Argentera
- **im Siebengebirge:** *11* Drachenfels
- **auf Sizilien:** *5* Aetna
- **in der Sowjetunion:** *6* Ararat, Elbrus; *8* Sochondo
- **in Spanien:** *5* Aneto; *7* Perdido; *8* Mulcahén, Penalara; *9* Maladetta; *10* Montserrat, Pena Golosa
- **in Spanisch-Marokko:** *4* Alem
- **auf Sri Lanka (Ceylon):** *8* Adamspik; *9* Adams Peak; *12* Pidurutagala; *14* Piturutalagala; *16* Pedurutallagalla
- **bei St. Moritz:** *3* Err
- **in den Stubaier Alpen:** *7* Freihut, Habicht; *10* Haidenkogl, Schrankogl; *11* Zuckerhuetl
- **in Südamerika:** *6* Sajama; *8* Cotopaxi; *9* Aconcagua, Tupungato; *10* Chimborazo; *11* Chimborasso
- **in Südtirol:** *6* Ortler
- **in Südwestafrika:** *9* Waterberg
- **auf Sumatra:** *5* Dempo; *8* Kerintji
- **in Tanganjika:** *4* Kibo, Meru; *7* Mawensi
- **in den Tauern:** *9* Venediger
- **im Taunus:** *8* Feldberg
- **im Taurus:** *3* Ala
- **im Teutoburger Wald:** *10* Grotenburg
- **in Thailand:** *3* Kao
- **in Thessalien:** *4* Ossa
- **in Tirol:** *3* Arl; *4* Isel
- **im Thüringer Wald:** *10* Kickelhahn
- **in der Toskana:** *6* Amiata
- **in der Tschechoslowakei:** *5* Litno; *6* Boubin; *8* Altvater
- **in der Türkei:** *3* Ala; *5* Akdag; *6* Ararat, Uludag

- **in Ungarn:** *5* Kekes
- **am Vierwaldstätter See:** *4* Rigi; *12* Buergenstock
- **in den Vogesen:** *7* Belchen
- **in Wales:** *7* Snowdon
- **in den Walliser Alpen:** *3* Dom; *10* Matterhorn
- **im Wettersteingebirge:** *8* Kreuzeck; *9* Alpspitze, Zugspitze
- **bei Wien:** *10* Kahlenberg; *12* Leopoldsberg
- **bei Zell am See:** *9* Hundstein; *13* Grossglockner, Kitzsteinhorn
- **bei Zermatt:** *10* Matterhorn
- **in den Zillertaler Alpen:** *7* Olperer, Rotkopf; *10* Hochfeiler
- **bei Zürich:** *5* Albis
- **auf Zypern:** *7* Troodos

Berg der Gesetze: *5* Horeb
Berg mit der Gralsburg: *13* Montsalwatsch
Berg der Klöster: *5* Athos
Bergabhang: *5* Leite
Bergarbeiter: *5* Hauer; *6* Knappe, Kumpel; *7* Steiger, Hallore; *8* Bergmann
Bergbahn: *4* Lift; *8* Seilbahn; *10* Sessellift; *11* Schwebebahn, Zahnradbahn
Bergbauanlage: *4* Kaue, Mine; *5* Floez, Grube, Halde, Lutte, Pumpe, Streb, Zeche; *7* Querbau, Rutsche, Schacht, Stollen, Tagebau, Versatz; *8* Bohrloch, Tuebbing; *9* Bremsberg, Tuerstock; *11* Foerderband, Foerderkorb, Foerderturm; *13* Wetterschacht
Bergbaugebiet in Afrika: *7* Katanga
Bergbaugerät: *4* Haue; *5* Picke; *6* Bohrer; *8* Faeustel, Schlegel; *9* Schlaegel; *11* Wetterlampe
Bergbauort in Gabun: *6* Moanda
- **in Israel:** *5* Timna

Bergblume: *6* Arnika, Enzian; *9* Alpenrose, Edelweiss
Bergdrache: *10* Tatzelwurm
Bergdurchstich: *6* Tunnel
Bergeinschnitt: *3* Kar, Tal
bergen: *6* retten
Bergerbse: *4* Orbe
Bergfeste in Messenien: *3* Ira
Bergform: *5* Kegel
Bergfried: *6* Donjon; *8* Belfried, Wehrturm
Berggasthof: *5* Baude
Berggeist: *6* Kobold; *9* Ruebezahl
Berggipfel: *3* Ras; *5* Kofel, Kogel
Berggruppe
- **im Berner Oberland:** *11* Bluemlisalp
- **der Dolomiten:** *10* Drei Zinnen; *11* Rosengarten
- **in den französischen Alpen:** *7* Pelvoux
- **in Graubünden:** *5* Adula
- **in den Ostalpen:** *9* Dolomiten
- **des Pfälzer Berglandes:** *11* Donnersberg
- **in der Schweiz:** *11* Churfirsten
- **in St. Gallen:** *11* Churfirsten

Berghang: *5* Leite
Berghütte: *5* Baude
Bergkamm: *4* Grat
Bergkegel im Hegau: *10* Hohentwiel
Bergkiefer: *7* Latsche
Bergkloster
- **in Bulgarien:** *4* Rila
- **in Griechenland:** *5* Athos; *7* Meteora
- **in Italien:** *12* Monte Cassino
- **in der Türkei:** *6* Sumela

Bergkristall: *6* Zitrin
Bergkuppe: *3* Ras; *5* Kofel, Kogel
Bergland
- **an der Adria:** *8* Albanien
- **in Belgien:** *8* Ardennen
- **zwischen Erzgebirge und Lausitz:** *19* Elbsandsteingebirge
- **in Frankreich:** *6* Morvan
- **im Mainviereck:** *8* Spessart
- **in Namibia:** *5* Otavi, Otawi
- **im Saarland:** *6* Warndt
- **in Schottland:** *5* Morar
- **der USA:** *10* Black Hills

Berglöwe: *4* Puma
Bergmann: *5* Hauer, Muter; *6* Knappe, Kumpel; *7* Steiger
bergmännischer Begriff: *3* Bau, Gut, Kux, Ort, Tag; *4* Ader, Gang, Haue, Hunt, Kaue, Korb, Mine, Trum; *5* Abbau, Bruch, Ferch, Floez, Gagat, Grube, Gumpe, Halde, Lutte, Mugel, Picke, Sohle, Streb, Teufe, Zeche; *6* Abraum, Gezaeh, Mutung, Schurf, Wetter; *7* Gebrech, Lachter, Schacht, Stempel, Stollen, Strecke, Tagebau, Versatz; *8* Geleucht, Scharung, Strebbau; *10* Querschlag, Schuerfung; *11* Bewetterung, Foerderband, Foerderkorb, Foerderturm, Grubenlampe, Grubenlicht; *12* Schlagwetter
bergmännisches Längenmaß: *7* Lachter
Bergmannsgruß: *9* Glueckauf
Bergmassiv
- **in den Dolomiten:** *7* Schlern
- **am Isonzo:** *3* Kru
- **im Salzkammergut:** *9* Dachstein
- **in Südtirol:** *9* Dolomiten

Bergmatte am Vierwaldstätter See: *6* Ruetli
Bergnymphe: *6* Oreade
Bergpfad: *5* Steig, Stieg
Bergrettungsschlitten: *4* Akia, Akja
Bergrücken: *4* Grat, Kamm
Bergrücken
- **der Glarner Alpen:** *5* Etzel
- **bei Hannover:** *7* Deister
- **in Niederösterreich:** *13* Leitha Gebirge
- **am Rhein:** *10* Niederwald
- **bei Rüdesheim:** *10* Niederwald
- **an der Weser:** *7* Suentel
- **zwischen Weser und Leine:** *3* Ith
- **am Züricher See:** *5* Albis

Bergschlucht: *5* Klamm
Bergspitze: *3* Pic, Pik, Piz; *4* Horn, Peak, Pico; *5* Kogel; *6* Gipfel
Bergstamm → Bergvolk
Bergsteiger: *8* Alpinist
Bergsteigergruppe: *10* Seilschaft
Bergsteigergerät: *9* Eispickel

Bergstock in der Schweiz: *3* Err; *4* Rigi
Bergtataren im Kaukasus: *5* Taulu
Bergübergang: *4* Pass
Berg- und Talbahn: *10* Achterbahn
Bergung der Früchte: *5* Ernte
Bergungsschlitten: *4* Akia, Akja
Bergvolk
- **in Assam:** *4* Naga
- **auf Ceylon:** *5* Weddá
- **in China:** *4* Lo-lo, Miao
- **in Ostindien:** *5* Kondh
- **in Vietnam:** *5* Chema

Bergweg: *4* Pfad; *5* Steig, Stieg
Bergweide: *3* Alm, Alp; *4* Alme, Alpe; *5* Matte
Bergwerk: *4* Mine; *5* Grube, Puett, Zeche; *7* Stollen
Bergwerksanteil: *3* Kux
Bergwiese: *3* Alm; *4* Mahd; *5* Matte
Bergwild: *4* Gams; *5* Gemse; *9* Steinbock
Bergzacke: *5* Zinne
Bergziege: *4* Gams; *5* Gemse
Bergzug → Höhenzug
Bericht: *4* Avis; *6* Exposé, Report; *7* Rapport, Referat; *8* Bulletin; *9* Reportage; *10* Erzaehlung, Mitteilung
Berichterstatter: *8* Referent, Reporter; *13* Korrespondent
Berichterstattung: *9* Reportage; *11* Information
berichtigen: *9* klarieren; *10* verbessern; *11* dementieren, klarstellen, korrigieren
Berichtigung: *6* Storno; *7* Dementi; *9* Korrektur
Berieseler zum Feuerschutz: *9* Sprinkler
Berittener: *6* Reiter
berittene Söldner im Mittelalter: *7* Reisige
berittener Stierkämpfer: *7* Picador
Berline: *7* Kutsche; *10* Reisewagen, Viersitzer
Berliner
- **Architekt:** *5* March
- **Arzt:** *4* Bier; *7* Virchow; *8* Hufeland; *10* Sauerbruch
- **Ausflugsziel:** *6* Werder; *9* Grunewald
- **Autorennbahn:** *4* Avus
- **Baumeister:** *8* Schinkel
- **Bauwerk:** *8* Funkturm, Zeughaus; *9* Reichstag; *14* Olympiastadion; *16* Brandenburger Tor, Deutschlandhalle; *17* Gedaechtniskirche
- **Bildhauer:** *7* Schadow; *9* Schlueter
- **Eckensteher:** *3* Ede; *5* Nante
- **Filmregisseur:** *3* Ode
- **Flughafen:** *5* Gatow, Tegel; *9* Tempelhof; *11* Schoenefeld
- **Fluß:** *5* Havel, Spree
- **Glas Bier:** *5* Molle
- **Hautarzt:** *6* Lassar
- **Kabarettist:** *6* Gruner
- **Komponist:** *5* Kollo; *6* Lincke, Meisel, Nelson; *8* Kuennecke
- **Krankenhaus:** *7* Charité
- **Maler und Zeichner:** *5* Kolbe, Zille; *6* Koenig; *7* Blechen; *8* Hosemann, Kollwitz; *10* Liebermann
- **Operettenkomponist:** *5* Kollo; *6* Lincke; *8* Kuennecke
- **Original:** *3* Ede; *5* Nante
- **Prachtstraße:** *6* Ku-Damm; *14* Unter den Linden; *15* Kurfuerstendamm
- **Rennstrecke:** *4* Avus
- **Schauspielerin:** *5* Wieck
- **Schriftsteller:** *8* Schnurre
- **Sender:** *3* SFB; *4* Rias; *18* Sender Freies Berlin
- **Spezialität:** *5* Molle; *6* Weisse; *7* Bulette, Eisbein
- **Symbolfigur:** *4* Baer; *8* Berolina
- **Verwaltungsbezirk:** *6* Pankow; *7* Spandau, Treptow, Wedding; *8* Lankwitz, Steglitz; *9* Koepenick, Kreuzberg, Neukoelln, Tempelhof; *10* Tiergarten, Weissensee, Zehlendorf; *11* Lichtenberg, Schoeneberg, Wilmersdorf; *13* Reinickendorf; *14* Charlottenburg, Friedrichshain, Prenzlauer Berg
- **Wahrzeichen:** *8* Funkturm; *16* Brandenburger Tor
- **Wappentier:** *4* Baer
- **Zeichner:** *5* Zille

Berner Alpenpaß: *5* Gemmi
Bernina-Alpengletscher: *5* Roseg
bersten: *7* krachen, platzen; *8* springen; *9* krepieren; *10* detonieren
berüchtigt: *5* uebel; *8* schlecht, verrufen
Beruf: *4* Fach; *5* Stand; *6* Metier, Praxis; *10* Profession
Beruf → Frauenberuf
Beruf: *4* Amme, Arzt, Bote, Hirt, Koch, Mime, Ober, Senn, Wirt, Zofe; *5* Agent, Autor, Bader, Bauer, Clown, Hauer, Hirte, Imker, Lotse, Maler, Mixer, Notar, Pilot, Weber; *6* Aetzer, Anatom, Anwalt, Artist, Baurat, Beizer, Binder, Brauer, Butler, Cutter, Diakon, Diener, Dozent, Dreher, Fahrer, Farmer, Former, Funker, Geiger, Gerber, Gipser, Glaser, Heizer, Henker, Jaeger, Jockey, Jurist, Kantor, Konsul, Kuefer, Kumpel, Kurier, Lehrer, Lektor, Makler, Maurer, Melker, Mesner, Mineur, Naeher, Nieter, Oberin, Packer, Pastor, Pedell, Polier, Reeder, Rektor, Seiler, Setzer, Soldat, Winzer, Wirker; *7* Advokat, Aerztin, Akrobat, Amtmann, Ansager, Attaché, Auditor, Baekker, Bankier, Barbier, Bardame, Beamter, Bremser, Cellist, Chirurg, Chorist, Dechant, Dentist, Dichter, Drogist, Drucker, Faerber, Fischer, Flieger, Fraeser, Friseur, Gendarm, Geologe, Giesser, Graveur, Hebamme, Kellner, Koechin, Koehler, Komiker, Kraemer, Kuester, Kurator, Literat, Maelzer, Mamsell, Manager, Masseur, Matrose, Metteur, Metzger, Monteur, Mueller, Muenzer, Musiker, Oekonom, Optiker, Pfarrer, Pfleger, Pianist, Portier, Revisor, Richter, Saenger, Sattler, Schmied, Seemann, Spinner, Statist, Steiger, Sticker, Steward, Taenzer, Taucher, Taxator, Toepfer, Trainer, Waerter, Zoologe; *8* Abdekker, Antiquar, Arbeiter, Archivar, Assessor, Astronom, Aufseher, Bergmann, Chefarzt,

Chemiker, Coiffeur, Croupier, Detektiv, Diplomat, Direktor, Dirigent, Dompteur, Erzieher, Facharzt, Flechter, Floesser, Foerster, Forscher, Forstrat, Fotograf, Friseuse, Fuhrmann, Gaertner, Gastwirt, Geograph, Haendler, Hauswart, Humorist, Imitator, Jongleur, Juwelier, Kapitaen, Kaufmann, Klempner, Konditor, Kritiker, Kutscher, Laborant, Lagerist, Landmann, Landwirt, Layouter, Lehrerin, Masseuse, Modistin, Naeherin, Offizier, Organist, Physiker, Plaetter, Polierer, Polizist, Postbote, Priester, Provisor, Radierer, Reporter, Schaefer, Schiffer, Schulrat, Schuster, Spengler, Stricker, Syndikus, Tankwart, Taschner, Theologe, Tierarzt, Tischler, Traiteur, Troedler, Verleger, Wachmann, Waechter, Waescher, Zahnarzt, Zeichner, Zimmerer, Ziseleur, Zoellner; *9* Apotheker, Appreteur, Architekt, Astrologe, Astronaut, Ballerina, Bandagist, Bauglaser, Bildhauer, Boettcher, Botaniker, Chauffeur, Chirologe, Disponent, Dramaturg, Drechsler, Emailleur, Expedient, Exporteur, Fabrikant, Flaschner, Fleischer, Gesandter, Gloeckner, Graphiker, Holzhauer, Hutmacher, Importeur, Ingenieur, Inspektor, Intendant, Isolierer, Justizrat, Kaemmerer, Kassierer, Kastellan, Kloeppler, Komponist, Konrektor, Kontorist, Korrektor, Kuenstler, Lackierer, Lohgerber, Manikuere, Mannequin, Mediziner, Missionar, Modelleur, Paedagoge, Pedikuere, Pflegerin, Pfoertner, Philosoph, Pianistin, Politiker, Produzent, Professor, Prokurist, Publizist, Rangierer, Redakteur, Regisseur, Repetitor, Saengerin, Schaffner, Schleifer, Schlosser, Schmelzer, Schneider, Schnitzer, Schreiber, Schreiner, Schwester, Sekretaer, Souffleur, Spediteur, Staatsrat, Steinmetz, Stenograf, Stickerin, Taenzerin, Taeschner, Techniker, Tonsetzer, Uhrmacher, Vertreter, Volkswirt, Wachtmann, Waerterin, Zurichter; *10* Arbeiterin, Baufuehrer, Baumeister, Beleuchter, Betonbauer, Bootsbauer, Buchbinder, Buchhalter, Buchmacher, Dachdecker, Dekorateur, Dienstmann, Direktrice, Einkaeufer, Einrichter, Elektriker, Erzieherin, Fahrlehrer, Fassbinder, Fernfahrer, Grafikerin, Graphologe, Handwerker, Homoeopath, Hufschmied, Journalist, Kalkulator, Kameramann, Korbmacher, Kuerschner, Kunstmaler, Laborantin, Landmesser, Librettist, Lithograph, Maschinist, Mechaniker, Mineraloge, Ofensetzer, Orgelbauer, Orthopaede, Pharmazeut, Photograph, Plaetterin, Reitlehrer, Rennfahrer, Retuscheur, Sanitaeter, Schankwirt, Schlachter, Schweisser, Seelsorger, Siebmacher, Stenograph, Stewardess, Stuckateur, Studienrat, Tanzlehrer, Tapezierer, Turnlehrer, Verkaeufer, Veterinaer, Waescherin, Wagenbauer, Zimmermann; *11* Anstreicher, Archaeologe, Auktionator, Auskultator, Bademeister, Bahnbeamter, Bankbeamter, Bauarbeiter, Bautischler, Besenbinder, Botschafter, Braumeister, Buchdrucker, Choreograph, Dolmetscher, Drahtzieher, Eisenbahner, Galvaniseur, Geistlicher, Glasblaeser, Gouvernante, Gynaekologe, Hausmeister, Holzfaeller, Kabarettist, Kaminsetzer, Knopfmacher, Kontoristin, Kontrolleur, Kraftfahrer, Kranfuehrer, Kranzbinder, Kriminalrat, Oberkellner, Pfandleiher, Postbeamter, Registrator, Restaurator, Schuhmacher, Schuhputzer, Sekretaerin, Sortimenter, Sportlehrer, Statistiker, Steinsetzer, Stellmacher, Stenotypist, Unternehmer, Weissgerber, Werbeleiter, Werkmeister, Zollbeamter; *12* Bankdirektor, Bauschlosser, Bibliothekar, Blumenbinder, Brandmeister, Brieftraeger, Brunnenbauer, Buchhaendler, Conferencier, Fleischhauer, Fliesenleger, Fuersorgerin, Geruestbauer, Gesanglehrer, Installateur, Kammerjaeger, Klavierbauer, Korrepetitor, Kunstschmied, Maurerpolier, Opernsaenger, Parkettleger, Patentanwalt, Privatdozent, Putzmacherin, Rechtsanwalt, Restaurateur, Schauspieler, Staatsanwalt, Toningenieur, Tontechniker, Totengraeber, Viehhaendler; *13* Administrator, Autoschlosser, Baggerfuehrer, Bildredakteur, Bildtechniker, Fensterputzer, Feuerwehrmann, Kapellmeister, Kellermeister, Kesselschmied, Korrespondent, Kunsthaendler, Kupferschmied, Maskenbildner, Messerschmied, Nachtwaechter, Programmierer, Pyrotechniker, Regierungsrat, Schirrmeister, Schriftleiter, Schriftsetzer, Stenotypistin, Zuckerbaecker; *14* Automechaniker, Ballettmeister, Betriebsleiter, Buechsenmacher, Buehnenbildner, Buerovorsteher, Buerstenbinder, Damenschneider, Dienstmaedchen, Elektromonteur, Fabrikdirektor, Feinmechaniker, Gepaecktraeger, Glockengiesser, Klavierstimmer, Konzertmeister, Lagerverwalter, Ministerialrat, Modelltischler, Regieassistent, Schauspielerin, Schriftsteller, Strassenbahner, Superintendent, Werkzeugmacher, Wirtschafterin, Zigarrenmacher; *15* Diplomingenieur, Fernsehreporter, Fuhrunternehmer, Generaldirektor, Heizungsmonteur, Herrenschneider, Konsistorialrat, Kriminalbeamter, Maschinensetzer, Moebelschreiner, Perueckenmacher, Verlagskaufmann, Vertriebsleiter

beruflich: *15* professionell

beruflich Tätiger: *7* Beamter; *8* Arbeiter; *12* Angestellter; *14* Selbstaendiger

Berufsausbildung: *5* Lehre; *10* Ausbildung

berufsbezogene Kopfbedeckung: *4* Helm; *5* Haube; *10* Schutzhelm

Berufserfahrung: *6* Praxis

Berufsgeheimnis: *15* Schweigepflicht

Berufsgenosse: *7* Kollege

berufsmäßig: *13* professionell

Berufssoldat: *8* Soeldner; *10* Kapitulant

Berufsspieler: *9* Hasardeur

Berufssportler: *5* Profi; *12* Professional

Berufstätigkeit: *6* Arbeit

Berufsvereinigung: *5* Gilde, Zunft; *6* Innung; *7* Verband; *12* Gewerkschaft
Berufung: *6* Rekurs; *8* Charisma; *9* Ernennung; *11* Appellation
beruhigen: *7* lindern; *8* glaetten
beruhigt: *7* sorglos
Beruhigungsmittel: *4* Brom; *7* Quietiv, Sedativ; *8* Baldrian, Laudanum, Morphium; *9* Sedativum
berühmt: *7* bekannt, beliebt, namhaft; *8* gefeiert, illuster, populaer; *9* prominent; *10* renommiert
berühmte(r)
- **antiker Ringer:** *5* Milon
- **Brücke in Venedig:** *6* Rialto
- **deutsche Fliegerin:** *7* Reitsch; *8* Beinhorn
- **Diamant:** *5* Orlow; *8* Cullinan, Kohinoor; *10* Grossmogul
- **Figur am Naumburger Dom:** *3* Uta
- **Gemäldegalerie in Florenz:** *8* Uffizien
- **Gemäldegalerie in Madrid:** *5* Prado
- **Herzchirurg:** *7* Barnard
- **Jongleur:** *8* Rastelli
- **Tenor:** *5* Gigli; *6* Caruso
- **Venezianerin:** *7* Cornaro

Berühmtheit: *9* Prominenz
berühren: *8* anfassen, betasten; *9* tangieren
Berührung: *7* Kontakt; *13* Fuehlungnahme
Berührungslinie: *8* Tangente
Berührungsverbot: *4* Tabu
Besatz: *4* Gorl, Saum; *5* Biese, Borte, Gimpe, Litze; *6* Galone, Tresse, Solant; *7* Ruesche; *8* Borduere, Garnitur, Posament
Besatzung: *8* Garnison; *9* Bemannung; *10* Mannschaft
beschädigen: *9* laedieren, verletzen; *11* ramponieren
beschädigt: *6* defekt; *8* laediert; *10* ramponiert
Beschädigung: *4* Leck, Riss
beschaffen: *8* besorgen, erwerben
Beschaffenheit: *3* Art; *5* Guete; *7* Zustand; *9* Qualitaet; *12* Konstitution
Beschäftigung: *3* Job; *6* Arbeit
beschämen: *9* blamieren; *10* demuetigen; *12* blossstellen
beschämend: *8* blamabel
beschatten: *8* belauern; *9* verfolgen; *11* ueberwachen
Beschau: *8* Pruefung, Revision; *9* Musterung; *10* Inspektion; *12* Besichtigung
beschaulich: *5* ruhig; *10* besinnlich; *12* kontemplativ
Beschaulichkeit: *5* Musse, Otium
Bescheid: *7* Antwort; *8* Auskunft; *9* Nachricht
bescheiden: *5* gering; *7* einfach, maessig, sittsam; *8* duerftig; *9* genuegsam
Bescheidenheit: *5* Demut
bescheinigen: *10* quittieren; *11* attestieren, beglaubigen; *13* zertifizieren
Bescheinigung: *6* Attest, Testat; *7* Ausweis, Zeugnis; *10* Zertifikat
Bescheinigung der Mittellosigkeit: *13* Armutszeugnis
Beschießung: *8* Kanonade; *12* Bombardement
beschimpfen: *9* schmaehen
Beschimpfung: *6* Insult; *10* Schmaehung
Beschirmerin der Kunst: *4* Muse
beschlagen: *4* firm; *6* kundig; *8* versiert
Beschlagnahme: *6* Arrest, Kaptur; *7* Embargo; *8* Kaperung; *10* Einziehung; *12* Konfiskation; *13* Sequestration; *14* Sicherstellung
beschlagnahmen: *9* einziehen; *11* requirieren; *12* konfiszieren
Beschleuniger für Elementarteilchen: *9* Zyklotron
beschleunigt: *5* eilig, rasch; *7* eilends, express, schnell
beschleunigte Bahnfracht: *6* Eilgut; *10* Expressgut
Beschleunigung: *4* Eile, Hast; *5* Spurt
Beschluß: *6* Dekret; *10* Resolution
Beschlußvorschlag: *6* Antrag
beschneiden: *6* kappen; *7* kuerzen
beschränken: *9* begrenzen; *10* limitieren, reduzieren
beschränkend: *10* restriktiv
beschränkt: *3* eng; *4* doof, dumm; *5* knapp; *6* stupid, schmal; *8* borniert; *11* philistroes
beschränkte Studienzulassung: *14* Numerus clausus
Beschränkung: *9* Einengung; *10* Konklusion, Limitation
beschreiben: *9* schildern
beschreibende Völkerkunde: *12* Ethnographie
Beschreibung: *11* Darstellung, Deskription, Schilderung, Signalement
Beschreibung des eigenen Lebens: *14* Autobiographie
- **von Heiligenleben:** *12* Hagiographie
- **von Tanzbewegungen:** *13* Choreographie

Beschriftung: *4* Text; *11* Inskription
beschuldigen: *8* anklagen; *9* vorwerfen; *11* bezichtigen; *13* inkriminieren
Beschuldiger: *7* Klaeger
Beschuldigter: *11* Angeklagter
Beschuldigung: *5* Klage; *7* Anklage
beschützen: *11* protegieren
Beschützer: *6* Patron; *9* Protektor
Beschützerin: *7* Patrona
Beschützerin von Kunst und Wissenschaft: *4* Muse
Beschwerde: *5* Klage, Muehe; *6* Leiden, Rekurs; *9* Einspruch; *11* Reklamation
Beschwerde vor Gericht: *5* Klage
- **im Rechtswesen:** *6* Rekurs

Beschwerdeführer: *9* Reklamant
beschweren: *6* klagen
beschwerlich: *6* laestig; *9* muehevoll; *11* kompliziert, strapazioes
Beschwerlichkeit: *8* Strapaze
beschwichtigen: *9* beruhigen
beschwören: *6* bannen, bitten, mahnen; *7* zaubern
Beschwörung von bösen Geistern: *10* Exorzismus

Beschwörungsformel: *11* Abrakadabra
beseitigen: *6* toeten; *9* ausrotten, entfernen; *10* abschaffen, umstossen; *11* ausschalten, eliminieren
Beseitigung: *12* Ausscheidung, Eliminierung
Besen: *5* Feger
Besenginster: *10* Brahmbusch
besessen: *6* gierig; *7* gebannt; *9* triebhaft, verrueckt, verzueckt
Besessenheit: *5* Manie, Sucht; *11* Verzueckung
besetzt: *4* voll
Besetzung: *10* Okkupation
besichtigen: *7* ansehen; *10* betrachten
Besichtigung: *8* Autopsie; *10* Inspektion, Visitation
besiedeln: *12* kolonisieren
Besiegter: *9* Verlierer
besinnlich: *11* beschaulich; *12* kontemplativ, nachdenklich
Besinnung: *8* Vernunft; *11* Bewusstsein
besinnungslos: *11* ohnmächtig
Besitz: *3* Gut, Hof; *4* Habe; *7* Anwesen; *8* Eigentum, Reichtum; *9* Habschaft, Vermoegen
besitzanzeigendes Fürwort: *3* ihr; *4* dein, euer, mein, sein; *5* unser
Besitzer: *6* Eigner, Mieter, Patron; *7* Inhaber; *8* Hausherr, Paechter; *11* Eigentuemer
Besitzergreifung: *4* Raub; *9* Aneignung, Diebstahl; *10* Okkupation, Usurpation
besitzlos: *3* arm
Besitzlosigkeit: *5* Armut
Besitznachfolger: *4* Erbe
Besitztitel: *5* Claim
Besitztum: *3* Gut; *4* Habe; *5* Lehen, Pacht; *8* Eigentum
Besitzwerte: *6* Aktiva
besolden: *7* loehnen; *9* entlohnen, vergueten
Besoldung: *4* Gage, Lohn; *6* Gehalt, Salaer
besondere Form der Religiosität: *6* Mystik
– Form des Sauerstoffes: *4* Ozon
– geistige Fähigkeit: *11* Intelligenz
– Kleidungsweise: *6* Tracht
– sprachliche Ausdrucksweise: *6* Jargon
Besonderheit: *5* Abart; *7* Merkmal; *9* Eigenheit; *11* Spezifitaet; *12* Spezialitaet; *13* Singularitaet; *15* Individualitaet
besonders: *5* apart, extra; *6* eigens; *8* reizvoll, speziell; *11* partikulaer; *13* eigentuemlich
besonnen: *8* gelassen; *9* umsichtig
bespitzeln: *8* belauern; *11* ueberwachen
besprechen: *7* beraten; *10* beurteilen, verhandeln; *11* diskutieren, kritisieren, rezensieren
Besprechung: *6* Kritik; *7* Debatte; *9* Konferenz, Rezension
besser machen: *8* veredeln; *11* meliorieren
bessern: *5* heben; *8* laeutern
Besserwisser: *8* Noergler; *10* Rechthaber, Staenkerer
Bestallung: *11* Approbation
Bestand: *3* Ist; *5* Dauer, Fonds, Masse; *6* Fundus, Status, Vorrat; *8* Inventar
beständig: *4* stet, treu; *6* stabil, stetig; *8* konstant; *9* dauerhaft; *13* unaufhoerlich
Beständigkeit: *11* Stabilitaet
Bestandsaufnahme: *8* Inventur
Bestandteil: *5* Glied; *8* Substanz, Zubehoer; *10* Ingrediens, Ingredienz, Komponente
Bestandteil
– des Atomkerns: *7* Neutron
– des Bienenwachses: *5* Zerin
– des Blutes: *5* Serum; *11* Haemoglobin
– der Erdatmosphäre: *4* Luft, Ozon; *7* Edelgas; *10* Sauerstoff, Stickstoff; *11* Wasserdampf; *12* Kohlendioxyd, Kohlensaeure
– der Erdkruste: *7* Mineral
– der fetten Öle: *5* Olein
– der Galle: *5* Bilin
– eines Ganzen: *10* Komponente
– des Kaffees: *7* Coffein, Koffein
– der Körperflüssigkeit: *5* Serum
– der Luft: *10* Sauerstoff
– des Magensaftes: *6* Pepsin
– der Milch: *4* Rahm
– der Öle: *8* Geraniol
– der Ölfarbe: *6* Firnis; *9* Terpentin
– des Opiums: *6* Codein, Kodein; *7* Morphin; *8* Morphium
– der Röhrenknochen: *4* Mark
– der Schokolade: *5* Kakao, Milch; *6* Zucker
– von schottischen Namen: *3* Mac
– des Tabaks: *7* Nicotin, Nikotin
– des Tees: *4* Tein
– der Zelle: *4* Kern
– des Zellkerns: *9* Chromosom
Bestärkung: *11* Affirmation; *12* Versicherung
bestätigen: *7* bejahen; *9* besiegeln, zustimmen; *10* genehmigen, quittieren; *13* sanktionieren
Bestätigung: *4* Amen; *6* Placet, Plazet; *8* Sanktion; *11* Approbation; *12* Ratifikation
bestatten: *9* beerdigen, beisetzen
bestechlich: *7* korrupt
Bestechung: *10* Korruption
Bestechungsgeld: *10* Bakschisch
Besteckteil: *5* Gabel; *6* Messer; *7* Loeffel
bestehen: *10* existieren
Besteller: *8* Abonnent
bestellter Pfleger: *7* Kurator
bestelltes Land: *4* Feld; *5* Acker
Bestellung: *5* Order; *7* Auftrag; *10* Kommission
Bestenauslese: *5* Elite
bestens: *5* prima; *8* herrlich; *10* primissima
bestes Rennpferd: *5* Crack
Bestfall: *7* Optimum
bestialisch: *6* brutal; *7* grausam; *8* viehisch; *12* unmenschlich
Bestie: *6* Untier; *8* Unmensch
bestimmen: *7* berufen, waehlen; *8* anordnen, befehlen; *9* einsetzen; *10* definieren, statuieren; *13* konstituieren
bestimmend: *12* determinativ
bestimmender Erbfaktor: *3* Gen
bestimmt: *4* fest; *6* gewiss, sicher; *7* dezisiv, fraglos, positiv; *9* energisch; *10* konsequent

bestimmte(r)
- **Artikel:** *3* das, der, die
- **Arzneimenge:** *5* Dosis
- **englischer Artikel:** *3* the
- **französischer Artikel:** *2* la, le
- **italienischer Artikel:** *2* il, la, le
- **Menge:** *4* Mass, Teil; *5* Dosis; *6* Anteil, Anzahl, Partie, Posten; *7* Quantum; *10* Quantitaet
- **Obstdiät:** *10* Traubenkur
- **Sorte:** *3* Art
- **spanischer Artikel:** *2* el; *3* los
- **Stelle:** *3* Ort; *5* Platz
- **Zahl einer Reihe:** *6* Nummer
- **Zeitpunkt:** *5* Datum, Frist; *6* Termin
- **Zeitspanne:** *5* Dauer

Bestimmung: *3* Los; *4* Ziel; *5* Fatum; *6* Kismet; *7* Aufgabe, Fuegung, Mission; *9* Bedingung, Regulativ, Schicksal; *10* Vorschrift; *11* Designation, Destination
Bestleistung: *6* Rekord, Spitze; *7* Maximum, Optimum; *10* Weltrekord
bestmöglich: *7* optimal
bestrafen: *6* ahnden; *10* massregeln, zuechtigen
Bestrahlungsgerät: *11* Hoehensonne
Bestreben: *9* Bemuehung
bestreiten: *7* leugnen; *8* negieren; *9* anfechten, verwehren
bestricken: *9* bezaubern
Bestseller: *3* Hit; *7* Reisser; *8* Schlager
bestücken: *8* armieren
Bestückung: *9* Armierung
bestürzt: *6* ratlos; *7* perplex; *11* fassungslos; *12* konsterniert
Bestwert: *7* Optimum
Besuch: *6* Visite; *8* Frequenz
Besucher: *4* Gast
Besucherschaft: *8* Publikum
betagt: *3* alt
Betätigung: *6* Arbeit
betäuben: *7* laehmen; *10* berauschen; *13* einschlaefern, narkotisieren; *15* chloroformieren
betäubt: *8* benommen; *10* bewusstlos
Betäubung: *7* Narkose
Betäubungsmittel: *5* Opiat, Opium; *6* Aether, Kokain; *7* Lachgas, Prokain; *8* Morphium; *10* Chloroform, Narkotikum
bete (lateinisch): *3* ora
Beteiligung: *13* Partizipation, Partnerschaft
Beteiligung am Gewinn: *8* Tantieme
Beteuerung: *3* Eid; *6* Schwur
betonen: *10* pointieren; *11* hervorheben; *12* akzentuieren
betont: *10* ostentativ
Betonung: *5* Iktus; *6* Akzent; *7* Emphase
Betonungszeichen: *4* Akut; *6* Akzent, Gravis; *10* Zirkumflex
Betonunterstand: *6* Bunker
betören: *8* bezirzen; *9* beruecken; *10* verfuehren
betrachten: *7* ansehen
betrachtend: *12* kontemplativ
beträchtlich: *4* sehr, viel; *5* enorm, gross; *8* merklich; *9* bedeutend, erheblich; *10* ansehnlich; *11* erklecklich, umfangreich
Betrachtung: *9* Reflexion
Betrachtungsweise: *6* Aspekt; *11* Blickwinkel, Perspektive
Betrag: *5* Preis, Summe; *6* Posten; *7* Quantum; *8* Ergebnis
Betragen: *8* Konduite
betreiben: *8* ausueben; *9* nachgehen
betreuen: *6* hueten; *7* pflegen
Betreuer: *5* Coach; *7* Manager, Pfleger, Stewart, Trainer; *10* Impresario
Betreuerin: *10* Stewardess
Betreuung: *4* Hort; *5* Obhut; *6* Schutz
Betrieb: *4* Werk; *5* Firma; *6* Fabrik, Rummel, Trubel; *9* Geschaeft; *11* Unternehmen
betriebsam: *4* rege; *5* aktiv, emsig; *6* eifrig; *7* ruehrig; *8* fleissig, hektisch; *11* geschaeftig
Betriebsamkeit: *6* Hektik; *10* Aktivitaet; *15* Geschaeftigkeit
Betriebsführung: *10* Management
Betriebsleiter: *4* Boss, Chef; *8* Direktor
Betriebslokal: *7* Kantine
Betriebsstörung: *5* Panne
Betriebszusammenschluß: *8* Kombinat
betroffen: *12* konsterniert
betrogener Ehemann: *7* Hahnrei
Betrübnis: *6* Trauer
betrübt: *7* traurig
Betrug: *3* Lug; *4* Nepp; *5* Luege, Schmu; *7* Mogelei; *8* Gaunerei; *9* Prellerei, Schwindel; *10* Baratterie, Faelschung, Taeuschung
betrügen: *7* prellen; *9* taeuschen; *11* hineinlegen, hintergehen; *14* uebervorteilen
Betrüger: *5* Filou; *6* Gauner; *7* Halunke; *9* Faelscher; *10* Defraudant, Scharlatan
betrügerisch: *6* falsch
betrunken: *3* dun; *4* blau; *7* bezecht; *9* berauscht
Betrunkensein: *6* Rausch
Betschuanaland: *8* Botouana
Bett: *5* Lager
Bettbezug: *6* Zieche, Zueche
Bettelmönch: *5* Fakir; *8* Derwisch; *9* Mendikant
Bettfeder: *5* Daune
Bettfedernhülle: *6* Inlett
Betthimmel: *9* Baldachin
Bettler: *9* Schnorrer
Bettler in Neapel: *9* Lazzarone
Bettlersprache: *5* Argot
Bettnische: *7* Alkoven
Bettpolster: *8* Matratze
Bettsofa: *5* Diwan
Bettuch: *5* Laken
Bettverschlag: *4* Koje
Beugefall: *5* Dativ, Kasus; *7* Ablativ, Genitiv; *9* Akkusativ, Nominativ
Beugemuskel des Oberarms: *6* Bizeps
beugen: *5* knien; *6* biegen, ducken, neigen; *10* flektieren; *11* deklinieren, konjugieren
Beugung: *7* Flexion; *11* Deklination, Konjugation

Beugungsfall: *5* Dativ, Kasus; *7* Ablativ, Genetiv, Vokativ; *9* Akkusativ, Nominativ
Beule: *5* Delle; *10* Geschwulst, Schwellung
Beunruhigung: *5* Alarm
beurkunden: *13* dokumentieren; *14* protokollieren
beurkundet: *8* testiert; *12* dokumentiert
Beurkundung: *9* Protokoll; *12* Verifikation
Beurkundungsbeamter: *5* Notar
Beurkundungskanzlei: *8* Notariat
beurlaubt: *7* inaktiv
beurteilen: *9* zensieren; *11* kritisieren
Beurteiler: *6* Zensor; *8* Kritiker
Beurteilung: *6* Kritik, Zensur; *9* Bewertung; *10* Judikation; *12* Abschaetzung; *13* Qualifikation
Beute: *4* Fang, Raub; *5* Kaper, Prise; *6* Rapuse; *11* Requisition; *12* Kontribution
Beutel: *4* Sack; *5* Tuete; *6* Boerse, Tasche; *7* Saekkel; *8* Futteral
beutelartige Handtasche: *9* Pompadour
Beuteltier: *4* Kusu; *5* Koala; *6* Kuskus, Wombat; *7* Opossum; *9* Kaenguruh; *10* Beutelwolf; *11* Beutelratte; *12* Beutelmarder
Beutestück: *8* Trophaee
Bevollmaechtigter: *9* Prokurist; *10* Prokurator
bevollmächtigt: *11* autorisiert
Bevollmächtigung: *12* Autorisation
bevor: *3* ehe
bevorrechten: *13* privilegieren
bevorzugen: *9* vorziehen; *10* verwoehnen; *12* beguenstigen
bewachen: *7* sichern; *9* aufpassen
Bewacher Asgards: *8* Heimdall
- der griechischen Unterwelt: *8* Zerberus
- der Io: *5* Argus
- des Nibelungenhorts: *6* Fafner, Fafnir
bewachter Durchgang: *6* Sperre
bewaffnen: *8* armieren
bewaffnete Auseinandersetzung: *6* Krieg
Bewaffnung: *8* Ruestung
bewahren: *7* sichern; *8* erhalten; *9* schuetzen
bewähren: *6* taugen; *8* beweisen, erproben
bewahrend: *11* konservativ
Bewahrheitung: *12* Verifikation
bewährt: *6* probat; *7* erprobt
Bewährungsversuch: *4* Test; *5* Probe
bewandert: *6* kundig; *8* versiert
bewegen: *5* regen; *7* ruehren, treiben
bewegende Kraft: *7* Antrieb, Dynamik
Beweggrund: *5* Motiv; *6* Anlass, Movens; *7* Ursache; *10* Motivation; *12* Veranlassung
beweglich: *4* agil; *5* flink, labil, mobil; *7* gewandt, lebhaft; *13* transportabel
bewegliche(s)
- Fest: *6* Ostern; *9* Pfingsten
- Gewebsorgan: *6* Muskel
- Habe: *6* Moebel; *7* Hausrat; *8* Mobiliar, Mobilien
- Plastik: *6* Mobile
- Verbindung: *6* Gelenk
- Vermögen: *7* Fahrnis
- Wehr: *7* Schuetz; *8* Schuetze
Beweglichkeit: *7* Schwung; *9* Agilitaet; *10* Mobilitaet, Vitalitaet; *12* Elastizitaet, Gelenkigkeit; *13* Flexibilitaet
bewegt in der Musik: *5* mosso
Bewegung: *4* Gang, Tanz; *5* Fahrt; *6* Regung, Unruhe
Bewegungsablauf beim Tanz: *5* Figur
Bewegungsart: *4* Lauf, Trab; *6* Galopp
Bewegungsgleichmaß: *10* Eurhythmie
Bewegungslähmung: *8* Paralyse
Bewegungslehre: *7* Dynamik, Kinetik; *8* Mechanik; *9* Kinematik
Bewegungslosigkeit: *6* Starre
Bewegungsorgan: *6* Muskel
Bewegungsorgan der Fische: *6* Flosse
Bewegungsspiel: *6* Fangen; *7* Haschen; *9* Blindekuh, Tauziehen; *10* Verstecken; *11* Sackhuepfen
Bewegungsübung: *9* Gymnastik
bewehren: *8* armieren
Beweis: *5* Beleg; *7* Zeugnis; *8* Dokument; *9* Deduktion; *13* Demonstration
beweisen: *6* dartun; *7* belegen; *9* erhaerten
beweisend: *12* demonstrativ
Beweisführung: *9* Deduktion; *13* Argumentation, Demonstration
beweiskräftig: *11* apodiktisch
Beweismittel: *8* Argument
Beweisstück: *5* Beleg; *8* Asservat, Dokument, Quittung
Bewerber: *6* Freier; *8* Aspirant, Kandidat; *9* Anwaerter, Postulant; *10* Reflektant, Submittent; *11* Interessent, Praetendent
Bewerbung: *10* Kandidatur
Bewertung: *4* Note; *6* Kritik, Zensur; *9* Praedikat
- von Leistungen: *7* Zeugnis
bewilligen: *8* erlauben; *9* gewaehren; *11* konzedieren
Bewilligung: *9* Erlaubnis; *10* Gewaehrung, Konzession
Bewirtungsgewerbe: *11* Gastronomie
Bewohner: *6* Mieter; *7* Insasse; *9* Einwohner
Bewohner
- Afrikas: *5* Neger; *6* Araber; *7* Afrikaner
- Albaniens: *7* Albaner; *8* Skipetar; *9* Skipetare
- eines Alpenlandes: *7* Tiroler
- des alten Mexikos: *6* Azteke
- eines amerikanischen Staates: *7* Chilene, Kubaner; *8* Kanadier, Peruaner; *9* Mexikaner; *11* Argentinier, Brasilianer, Venezolaner
- Amerikas: *5* Indio; *8* Indianer; *10* Amerikaner
- der Arktis: *6* Eskimo
- eines asiatischen Staates: *4* Thai; *5* Inder; *6* Iraner, Iraker, Perser, Tuerke; *7* Afghane, Burmese, Chinese, Israeli, Japaner, Mongole, Tibeter; *8* Filipino, Koreaner; *9* Jordanier, Tibetaner; *10* Indonesier, Vietnamese
- Asiens: *5* Asiat
- eines Balkanstaates: *5* Serbe; *6* Kroate; *7* Albaner, Bulgare, Grieche, Rumaene, Slowene

- **des Baltikums:** *4* Este; *5* Balte, Lette; *7* Litauer
- **Belgiens:** *5* Flame; *7* Belgier, Wallone
- **Biafras:** *3* Ibo
- **der Bretagne:** *7* Bretone
- **der britischen Hauptstadt:** *8* Londoner
- **Ceylons:** *10* Singhalese
- **der CSSR:** *6* Boehme; *7* Slowake; *8* Tscheche
- **eines Eilandes:** *9* Insulaner
- **der entgegengesetzten Seite der Erde:** *9* Antipoden
- **Etruriens:** *8* Etrusker
- **einer europäischen Hauptstadt:** *6* Berner, Bonner, Osloer, Prager, Roemer, Wiener; *7* Athener, Pariser; *8* Berliner, Londoner, Madrider; *9* Belgrader; *10* Moskowiter, Lissaboner, Warschauer; *11* Stockholmer; *12* Kopenhagener
- **eines europäischen Staates:** *3* Ire; *4* Pole; *5* Brite, Daene, Finne, Russe, Ungar; *7* Albaner, Belgier, Bulgare, Grieche, Rumaene, Schwede, Spanier; *8* Franzose, Norweger, Tscheche; *9* Deutscher, Islaender, Italiener, Jugoslawe, Monegasse, Schweizer; *10* Englaender, Hollaender, Portugiese; *11* Luxemburger; *13* Niederlaender, Oesterreicher
- **Feuerlands:** *10* Patagonier
- **Frankreichs:** *8* Franzose
- **der französischen Hauptstadt:** *7* Pariser
- **einer französischen Insel:** *5* Korse
- **der griechischen Hauptstadt:** *7* Athener
- **Großbritanniens:** *5* Brite; *7* Schotte, Waliser; *10* Englaender
- **der »Grünen Insel«:** *3* Ire
- **Hawaiis:** *6* Kanake
- **heißer Länder:** *6* Exoten
- **Irlands:** *3* Ire
- **der italienischen Hauptstadt:** *6* Roemer
- **einer italienischen Insel:** *5* Sarde; *10* Sizilianer
- **Jugoslawiens:** *5* Serbe; *6* Kroate; *7* Bosnier, Slowene; *8* Bosniake; *13* Montenegriner
- **Jütlands:** *5* Juete
- **Kataloniens:** *8* Katalane
- **Korfus:** *7* Korfiot
- **Korsikas:** *5* Korse
- **Kretas:** *6* Kreter
- **Lapplands:** *5* Lappe
- **Lettlands:** *5* Lette
- **der Londoner City:** *7* Cockney
- **der Lüneburger Heide:** *7* Heidjer
- **Madagaskars:** *4* Howa; *9* Madagasse, Madegasse, Makassare
- **Maltas:** *8* Malteser
- **der Mark:** *7* Maerker
- **einer Mittelmeerinsel:** *5* Korse, Sarde; *6* Cyprer, Kreter; *7* Cypriot, Zypriot; *8* Malteser; *10* Sizilianer
- **Monakos:** *9* Monegasse
- **des Morgenlandes:** *9* Orientale
- **Moskaus:** *10* Moskowiter
- **Neapels:** *12* Neapolitaner
- **Nordskandinaviens:** *5* Lappe
- **des Orients:** *9* Orientale
- **eines österreichischen Bundeslandes:** *7* Tiroler
- **der österreichischen Hauptstadt:** *6* Wiener
- **Perus:** *8* Peruaner
- **der Philippinen:** *8* Filipino
- **der Pyrenäen:** *5* Baske
- **Sardiniens:** *5* Sarde
- **der Schweizer Hauptstadt:** *6* Berner
- **der Sowjetunion:** *4* Este; *5* Lette, Russe, Tatar; *6* Ossete, Usbeke; *7* Kasache, Kirgise, Litauer, Ruthene; *8* Armenier, Georgier, Turkmene, Ukrainer
- **Südafrikas:** *4* Bure
- **der Südsee:** *6* Kanake
- **Thailands:** *4* Thai
- **von Troja:** *5* Troer
- **der Tschechoslowakei:** *6* Boehme; *7* Slowake; *8* Tscheche
- **von Wales:** *7* Waliser
- **Westindiens:** *6* Karibe; *7* Karaibe
- **Zyperns:** *7* Zypriot

bewohnter Teil der Erde: *8* Oekumene
Bewuchs des Kopfes: *5* Haare
bewundernswert: *9* admirabel
bewußt: *11* absichtlich, willentlich
bewußtlos: *11* ohnmaechtig
Bewußtlosigkeit: *4* Koma
Bewußtsein: *5* Geist; *6* Wissen; *9* Sensorium
Bewußtseinsspaltung: *13* Schizophrenie
bezahlen: *8* berappen; *10* honorieren
bezahlter Tanzpartner: *6* Gigolo
Bezahlung: *4* Gage, Lohn; *5* Heuer; *6* Gehalt; *7* Honorar; *10* Verguetung
Bezahlung der Seeleute: *5* Heuer
bezaubern: *8* becircen, betoeren; *9* beruecken; *10* begeistern, entzuecken; *11* faszinieren
bezaubernd: *7* reizend; *8* charmant
bezaubernde Anmut: *6* Charme
Bezauberung: *10* Berueckung; *11* Faszination
bezeichnen: *6* nennen; *9* markieren, signieren; *10* nominieren; *11* designieren
bezeichnend: *6* markant; *7* typisch; *13* symptomatisch; *16* charakteristisch
Bezeichnung: *4* Name; *6* Signum; *9* Inschrift; *11* Designation

- **der Apostelbriefe im NT:** *7* Epistel
- **für Bayern:** *7* Bavaria
- **für Dresden:** *10* Elb-Florenz
- **der Elendsviertel:** *4* Slum
- **für den Kaiser von Japan:** *5* Tenno; *6* Mikado

Bezeugung: *6* Testat
Bezieher: *8* Abonnent
Bezieher einer Rente: *7* Rentner
Beziehung: *5* Bezug; *8* Referenz, Relation; *9* Konnexion; *10* Verbindung
beziehungslos: *5* fremd; *6* einsam
Beziehungspunkt: *6* Anhalt
beziehungsweise: *10* respektive
Beziehungswort: *12* Praeposition
beziffern: *10* numerieren
Bezirk: *3* Gau; *5* Kreis, Rayon; *6* Gebiet, Region,

Revier, Sektor; *7*Provinz, Umkreis; *8*Distrikt; *11*Territorium
Bezirk des Deutschen Ordens: *6*Ballei
Bezirk in Frankreich: *6*Kanton; *11*Département
Bezirkspolizei in den USA: *7*Sheriff
Bezug: *4*Kauf; *6*Huelle; *7*Betreff; *8*Hinsicht
bezüglich: *7*relativ; *8*reziprok
Bezüglichkeit: *12*Relativitaet
Bezugsstoff für Betten: *6*Inlett
bezwingbar: *9*koerzibel
Bezwinger: *6*Sieger; *8*Eroberer
Bezwinger des Mount Everest: *7*Hillary
Bibelauslegung: *7*Exegese
Bibelteil: *2*AT, NT; *5*Psalm; *7*Psalmen; *10*Apokalypse, Evangelium; *14*Altes Testament, Neues Testament
Bibelübersetzung: *5*Itala; *7*Vulgata; *8*Peschita; *11*Septuaginta
Bibelwort: *6*Losung
Biberratte: *6*Nutria
Biberschwanz: *5*Kelle
Bibliothek: *9*Buecherei; *15*Buechersammlung
biblische(r, s)
- **Berg:** *4*Zion; *5*Horeb, Tabor, Sinai; *6*Hermon, Karmel; *7*Garazim
- **Buch:** *4*Amos, Esra, Hiob, Joel, Jona, Mose, Ruth; *5*Hosea, Josua; *6*Baruch, Esther, Sirach; *7*Genesis, Nehemia
- **Fabeltier:** *8*Behemoth
- **Fluß:** *6*Jordan
- **Frauengestalt:** *3*Eva, Lea; *4*Ruth, Sara; *5*Hagar, Naemi, Noemi, Rahel, Sarah; *6*Dalila, Debora, Delila, Esther, Isebel, Judith, Miriam, Mirjam, Salome; *7*Abigail, Rebeka, Susanna; *8*Bathseba, Sulamith
- **Garten:** *4*Eden; *8*Paradies; *10*Gethsemane
- **Gesetzgeber:** *5*Moses
- **Goldland:** *5*Ophir
- **Götze:** *4*Baal
- **Heldengestalt:** *6*Samson, Simson
- **Himmelsbrot:** *5*Manna
- **Jäger:** *6*Nimrod
- **König(in):** *3*Asa, Ela; *4*Ahab, Amri, Omri, Saul; *5*David, Hiram, Josia; *6*Ahasja, Hiskia, Salome; *7*Herodes, Salomon; *8*Jerobeam, Jojachin, Rehabeam; *9*Abimelech
- **Königreich in Südarabien:** *4*Saba
- **Land:** *4*Juda, Moab, Saba; *6*Israel, Judaea, Kanaan; *7*Idumaea, Jesreel, Samaria; *8*Galilaea; *9*Bethanien
- **Männergestalt:** *3*Dan, Ela, Eli, Gad, Ham, Lot, Noe, Sem; *4*Abel, Adam, Ahas, Esau, Esra, Hiob, Joab, Joas, Juda, Kain, Levi, Mesa, Noah, Onan, Seth, Uria; *5*Aaron, Abner, Arodi, Asser, David, Elias, Enoch, Isaak, Jakob, Jesse, Jesus, Josia, Josua, Jubal, Judas, Korah, Laban, Moses, Ruben, Sebak, Simon; *6*Baruch, Bileam, Gideon, Henoch, Ismael, Jairus, Japhet, Josias, Joseph, Nimrod, Raguel, Samson, Samuel, Saulus, Simeon, Simson, Sirach, Thubal; *7*Abraham, Absalom, Ananias, Eleasar, Elieser, Goliath, Kaiphas, Lazarus, Manasse, Sebalon, Zubalon; *8*Barnabas, Benjamin, Jonathan, Josaphat, Potiphar; *9*Malachias, Mardoachia, Serubabel, Zerubabel; *10*Methusalah, Methusalem; *11*Melchisedek
- **Maß:** *3*Bat, Kab, Kor, Log, Sea; *4*Epha, Rute; *5*Homer; *6*Letech; *7*Issaron, Stadion
- **Monatsname:** *2*Ab; *4*Adar, Elul, Ijar; *5*Nisan, Sebat, Sivan; *6*Tammus, Tebeth; *7*Chislev, Tischri; *12*Marcheschwan
- **Name Gottes:** *5*Jahve; *6*Adonai, Jehova; *7*Zebaoth
- **Name des Nilpferdes:** *8*Behemoth
- **Nomadenvolk:** *9*Ammoniter; *10*Amalekiter
- **Ort** → biblische Stadt
- **Prophet:** *4*Amos, Esra, Hiob, Joel, Jona, Osee; *5*Elias, Elisa, Hosea, Jonas, Micha, Nahum; *6*Baruch, Daniel, Haggai, Isaias, Jesaja, Nathan, Obadja, Samuel; *7*Habakuk, Jeremia, Nehemia; *8*Ezechiel, Hesekiel, Jeremias, Sacharja, Zephania; *9*Malachias
- **Prophetin:** *6*Debora
- **Reich:** *4*Juda
- **Riese:** *4*Enak; *7*Goliath
- **See:** *10*Genezareth
- **Stadt:** *4*Kana, Naim, Nain; *5*Babel, Sodom; *6*Bethel, Emmaus; *7*Babylon, Jericho; *8*Bethesda, Gomorrha, Nazareth; *9*Bethanien, Bethlehem, Jerusalem, Kapernaum
- **Stadt der Sünden:** *5*Sodom; *8*Gomorrha
- **Stammutter:** *3*Eva
- **Stammvater:** *3*Ham, Noe, Sem; *4*Adam, Noah; *5*David, Isaak, Jakob; *7*Abraham
- **Urvater** → biblischer Stammvater
- **Volk:** *5*Magog; *8*Amoriter, Aramaeer, Enakiter, Idumaeer, Moabiter; *9*Ammoniter, Chaldaeer, Philister, Samariter; *10*Amalekiter, Hasmonaeer, Isrealiten, Kanaaniter, Makkabaeer, Phoenizier

bieder: *4*brav; *5*artig; *6*wacker
Biederkeit: *8*Bonhomie
Biedermann: *8*Bonhomme
biegsam: *7*schwank; *8*flexibel; *11*geschmeidig
biegsamer Zweig: *5*Gerte
Biegung: *5*Kurve
Biene: *4*Imme
Bienenart: *6*Hummel
Bienenerzeugnis: *5*Honig, Wachs
Bienengott: *5*Zosim
Bienenkönigin: *6*Weisel
Bienenkorb: *3*Kar
Bienenkrankheit: *12*Nosemaseuche
Bienenmännchen: *5*Drohn; *6*Drohne
Bienenprodukt: *5*Honig, Wachs
Bienenzelle: *4*Wabe
Bienenzüchter: *5*Imker
Bienenzüchterei: *7*Imkerei
Biergefäß: *4*Fass, Glas; *5*Molle, Tulpe; *6*Humpen, Seidel, Stange; *8*Masskrug, Schoppen
Bierhersteller: *6*Brauer
Bierkäppchen: *7*Zerevis
Bierlage: *5*Runde

Bierrettich: *4* Radi
Biersorte: *3* Ale; *4* Gose; *5* Mumme, Stout; *6* Porter, Weisse; *7* Altbier; *8* Pilsener
Bierwürze: *6* Hopfen
Bierzutat: *4* Malz; *6* Hopfen
Biest: *4* Tier, Vieh
bieten: *10* offerieren
Bigamie: *9* Doppelehe
bigott: *10* froemmelnd; *12* heuchlerisch, scheinheilig
Bilanz: *5* Fazit, Stand; *8* Ergebnis; *9* Abschluss; *10* Abrechnung, Rueckblick, Ueberblick; *12* Soll und Haben
Bild: *4* Foto; *5* Figur, Kopie, Photo; *6* Grafik, Skizze; *7* Anblick, Graphik; *8* Aquarell, Aufnahme, Eindruck, Gemaelde, Metapher, Portraet, Portrait; *9* Abklatsch, Konterfei, Medaillon; *10* Wiedergabe; *11* Darstellung, Oelgemaelde; *12* Illustration; *13* Illustrierung
Bild ländlichen Friedens: *5* Idyll; *6* Idylle
- der Maria mit Leichnam Christi: *5* Pieta
- plus Ton: *11* Audiovision
- im Tiefdruckverfahren: *5* Stich
Bildabmaler: *6* Kopist
Bildaufnahmegerät: *10* Filmkamera; *11* Fotoapparat; *13* Fernsehkamera
Bildband: *5* Album
Bildbandgerät: *13* Videorecorder
Bildbeiwerk: *8* Staffage
Bildberichterstatter: *12* Fotoreporter; *13* Photoreporter
Bilddruckgitternetz: *6* Raster
Bildeinfassung: *6* Rahmen
bilden: *6* formen, lehren; *8* erziehen; *11* kultivieren
bildende Kunst: *7* Graphik, Malerei, Plastik; *11* Architektur
bildender Künstler: *5* Maler; *9* Architekt, Bildhauer, Graphiker
Bilderrätsel: *5* Rebus
Bilderrahmen: *12* Passepartout
Bildersammlung: *7* Galerie; *10* Pinakothek
Bilderschmuck: *8* Vignette; *12* Illustration
Bilderschriftzeichen: *11* Hieroglyphe
Bildersprache: *8* Symbolik
Bilderstürmer: *10* Ikonoklast
Bildgeschichten: *6* Comics
bildhaft: *9* plastisch; *11* anschaulich
Bildhaftigkeit: *12* Plastizitaet
Bildhauer: *9* Steinmetz; *13* Holzschnitzer
Bildhauerporträt: *6* Bueste
Bildhauerwerk: *6* Bueste, Relief, Statue; *7* Plastik; *8* Skulptur
Bildhauerwerkzeug: *6* Bohrer; *7* Meissel; *9* Schlaegel
Bildkapsel: *9* Medaillon
bildlich: *10* figuerlich, symbolisch; *11* allegorisch; *12* metaphorisch; *13* gleichnishaft
bildliche Begriffsdarstellung: *9* Allegorie
bildliche Redewendung: *5* Trope
bildlicher Ausdruck: *8* Metapher
Bildloch der Kamera: *6* Blende
Bildnis: *8* Portraet; *9* Konterfei
bildsam: *9* plastisch
Bildsäule: *6* Statue
Bildschmuck: *12* Illustration
Bildstock: *8* Klischee
Bildstreifen: *4* Film; *5* Comic
Bildteppich: *5* Kelim; *7* Gobelin; *10* Tapisserie
Bildung: *6* Kultur; *9* Formation; *10* Urbanitaet
Bildungsstand: *6* Niveau
Bildungsstätte: *6* Kolleg, Lyzeum, Schule; *7* College, Seminar, Theater; *8* Akademie, Institut, Internat; *9* Gymnasium, Technikum; *10* Hochschule, Oberschule, Realschule; *11* Volksschule; *12* Mittelschule, Universitaet; *13* Handelsschule, Realgymnasium; *14* Fachhochschule; *15* Volkshochschule
Bildunterschrift: *7* Legende
Bildwerfer: *7* Diaskop, Episkop; *9* Projektor; *10* Epidiaskop
Bildwerk: *6* Mosaik, Relief, Statue; *7* Plastik; *8* Aquarell, Gemaelde, Skulptur; *11* Holzschnitt, Kupferstich; *12* Lithographie
Bildwerk aus bunten Steinchen: *6* Mosaik
bildwirksam: *7* fotogen; *8* photogen
Bildzeichen: *8* Signatur; *9* Ideogramm
Billardausdruck: *5* Bande, Effet, Point, Queue; *11* Karambolage
Billardspielart: *5* Cadre
Billardstock: *5* Queue
Billett: *5* Brief, Karte; *6* Ticket, Zettel; *9* Fahrkarte, Schreiben; *10* Fahrschein; *14* Eintrittskarte
billig: *6* simpel; *7* einfach, gerecht; *8* ordinaer, primitiv, wohlfeil; *9* preiswert
billigen: *7* bejahen; *8* zulassen; *10* gutheissen; *13* sanktionieren
billiges Kleid: *6* Fummel
Bimssteintuff: *5* Trass
Binde: *7* Verband
Bindegewebestrang: *5* Sehne
Bindehautentzündung: *6* Xerose
Bindemittel: *3* Oel; *4* Gips, Kitt, Lehm, Leim; *6* Binder, Zement; *7* Moertel, Tragant; *8* Kleister; *9* Klebstoff
binden: *6* heften, knoten, loeten; *7* fesseln; *8* flechten, knuepfen, legieren; *10* engagieren; *11* broschieren
bindend: *13* obligatorisch
bindender Auftrag: *6* Befehl
Binder: *7* Schlips; *8* Krawatte
Bindestrich: *5* Divis
Bindewort: *11* Konjunktion
Bindewort: *2* da, ob, so; *3* als, und; *4* aber, auch, dann, denn, doch, oder, weil, wenn, zwar; *5* bevor, darum, somit; *6* ferner; *7* deshalb, obschon; *8* vielmehr; *9* ueberdies, uebrigens; *10* gleichwohl
Bindfaden: *6* Schnur, Spagat; *7* Strippe
Bindung: *7* Ligatur; *10* Engagement
Bindung an das Göttliche: *6* Glaube; *8* Religion
binnen: *9* innerhalb
Binnengewässer → See

Binnenmeer in Kanada: *9* Hudsonbai
Binokel: *6* Brille; *8* Fernglas, Fernrohr; *9* Augenglas, Mikroskop
biochemischer Wirkstoff: *5* Enzym; *7* Ferment
Biograph Goethes: *9* Eckermann
– Hebbels: *3* Kuh
– Karls des Großen: *7* Einhard
Biographie: *8* Memoiren; *10* Lebensbild; *18* Lebensbeschreibung
Biologie: *11* Lebenskunde
biologische(r)
– Begriff: *2* Id; *3* Art, Gen; *4* Keim, Same; *5* Rasse, Reife, Samen, Spore, Stamm, Wuchs; *6* Plasma; *7* Familie, Gattung
– Neubildung: *12* Regeneration
– Wirkstoffe: *11* Antibiotika
birkenähnlicher Baum: *4* Erle
Birkengrün: *4* Maie; *5* Maien
birmanische(r)
– Bürgerrechtlerin: *6* Suu Kyi
– Fluß: *7* Irawadi
– Hauptstadt: *6* Rangun; *7* Rangoon
– Münzeinheit: *3* Bat; *4* Bhat, Kyat
– Tempel: *6* Pagode
– Volksstamm: *3* Mro; *4* Kadu, Lahu, Lisu; *5* Karen
birnenförmiges Glasgefäß: *6* Phiole
Birnensorte: *5* Lucas; *8* Gellerts; *9* Alexander, Gute Luise; *10* Bergamotte; *11* Butterbirne; *14* Clapps Liebling, Williams Christ
Bisam: *7* Moschus
Bischof von Bayeux: *3* Odo
– eines Landes: *6* Primas
– der Westgoten: *7* Ulfilas, Wulfila
bischöfliches Rundschreiben: *11* Hirtenbrief
Bischofsaffe: *5* Mbega
Bischofsamt: *9* Episkopat
Bischofskirche: *3* Dom; *8* Muenster; *10* Kathedrale
Bischofsmütze: *5* Inful, Mitra
Bischofssprengel: *6* Bistum; *8* Dioezese
Bischofsstab: *9* Krummstab; *10* Hirtenstab
Bischofstitel: *9* Patriarch
Bischofsversammlung: *6* Konzil
Bischofswürde: *9* Episkopat
Bismarcks Geburtsort: *12* Schoenhausen
Bismarcks Sterbeort: *13* Friedrichsruh
Bissen: *6* Happen, Imbiss, Stueck
bissig: *6* scharf; *7* boshaft; *9* zaenkisch; *14* streitsuechtig
bissiges Sinngedicht: *5* Xenie
Bistumsverleihung: *10* Investitur
bisweilen: *8* manchmal
Bitte: *5* Gebet; *6* Gesuch; *8* Anliegen, Ersuchen
Bitte um Antwort: *5* Frage
Bitte an Gott: *5* Gebet
bitter: *4* hart, herb; *6* scharf; *11* schmerzlich
bittere Apfelsine: *9* Pomeranze; *10* Grapefruit
bitterer Hohn: *5* Spott
Bittererde: *8* Magnesia
Bitterkeit: *5* Groll
Bittgang: *10* Prozession
Bittgebet: *7* Litanei
Bittschrift: *6* Gesuch; *7* Eingabe, Supplik; *8* Petition
Bittsteller: *10* Supplikant
Blähhals: *5* Kropf
Blähsucht: *8* Tympanie; *9* Flatulenz
blamieren: *11* blossstellen; *15* kompromittieren
blank: *5* glatt, nackt; *6* sauber; *9* glaenzend
blanko: *4* leer
Blase: *5* Bande; *6* Beutel
blasen: *5* tuten, wehen; *6* dudeln
Blasenbildung: *6* Schaum
Blasenentzündung: *8* Zystitis
Blasenspiegel: *9* Cystoskop
Blashorn für Kinder: *4* Tute
blasierter Angeber: *4* Snob
Blasinstrument: *4* Horn, Lure, Oboe, Tuba; *6* Cornet, Fagott, Floete, Pfeife, Piston, Zinken; *7* Alphorn, Bassett, Bombard, Clairon, Fanfare, Helikon, Kornett, Okarina, Pikkolo, Posaune, Serpent; *8* Hautbois, Jagdhorn, Saxophon, Schalmei, Trompete, Waldhorn; *9* Bombardon, Dudelsack, Sousaphon; *10* Bombardino, Flageolett, Klarinette, Querfloete, Querpfeife; *11* Blockfloete; *12* Englischhorn; *13* Pikkolofloete
blaß: *4* fahl, zart; *6* bleich; *7* blutlos, farblos
blaßblau: *6* livide
blasser Rotwein: *9* Bleichert
blaßgelb: *5* creme
Bläßhuhn: *5* Ralle
blaßrot: *4* rosa
blaßroter Wein: *7* Clairet
Blatt: *5* Bogen, Wisch; *6* Klinge, Zettel; *7* Zeitung
Blatt einer Konifere: *11* Tannennadel
– Papier: *5* Bogen
Blättchen: *5* Folie; *7* Lamelle
blattdünnes Metall: *5* Folie
Blatternarbe: *5* Pocke
Blätterpilzgattung: *7* Reizker; *8* Egerling; *10* Champignon
Blätterteigpastete: *7* Bouchée, Timbale; *8* Krustade; *9* Vol-au-vent
Blätterwald: *6* Presse
Blätterwerk: *4* Laub
Blattgemüse: *4* Kohl; *5* Salat; *6* Spinat
Blattgrün: *11* Chlorophyll
Blatthalter: *7* Tenakel
Blattholz: *7* Furnier
Blatthornkäfer: *9* Maikaefer; *10* Junikaefer, Mistkaefer, Rosskaefer; *11* Brachkaefer, Rosenkaefer; *12* Hirschkaefer, Pillendreher; *13* Nashornkaefer; *16* Sonnenwendkaefer
Blattkaefer: *7* Erdfloh
Blattlausart: *7* Reblaus
Blattpfeife: *5* Fiepe
Blattpflanze: *6* Aralie
blättriger Gips: *7* Selenit
Blattrückseite: *5* Verso; *6* Revers
Blattvorderseite: *5* Avers
Blattzinn: *8* Stanniol

Blaubeere: *11* Heidelbeere
blaue Farbe: *4* azur; *10* ultramarin
blauer Farbstoff: *6* Indigo
– Kohlenwasserstoff: *6* Azulen
– Teerfarbstoff: *6* Azurin
Blaufelchen: *5* Renke
Blausäuregift: *8* Zyankali
Blauspat: *8* Lazulith
Blauspecht: *7* Kleiber
Blechbehälter: *4* Dose; *7* Buechse; *8* Kanister
Blechblasinstrument: *4* Horn, Tuba; *7* Kornett, Posaune; *8* Saxophon, Trompete; *9* Bombardon, Sousaphon
Blechschmied: *8* Klempner, Spengler
Bleibe: *4* Asyl; *8* Herberge; *10* Unterkunft
bleibend: *7* durabel; *10* stationaer
bleich: *4* fahl; *5* blass; *8* blutleer; *9* waechsern
bleiche Gesichtsfarbe: *7* Blaesse
Bleichgesicht: *7* Weisser
Bleichmittel: *5* Chlor; *9* Chlorkalk
Bleichsucht: *9* Chlorose
bleiern: *4* grau; *6* schwer; *11* unbeweglich
Bleifarbe: *7* Mennige
Bleiglanz: *7* Galenit
Bleioxyd: *7* Mennige
Bleisiegel: *6* Plombe
Bleistifteinlage: *4* Mine
Bleistiftstadt: *9* Nuernberg
blenden: *9* taeuschen; *11* verblueffen
blendend: *5* grell; *9* strahlend
Blendwerk: *4* Trug; *10* Hokuspokus
Blessur: *10* Verletzung, Verwundung
Blick: *5* Sicht; *8* Aussicht
blicken: *5* lugen, sehen; *6* gucken; *7* schauen
Blickwinkel: *6* Aspekt; *11* Perspektive
blind: *7* achtlos
Blinddarm: *6* Coecum
Blinddarmfortsatz: *8* Appendix
blinde(r)
– Gehorsam: *15* Kadavergehorsam
– Leidenschaft: *10* Fanatismus
– Mordwut: *4* Amok
– Zorn: *3* Wut; *4* Rage
Blindenschriftsystem: *7* Braille
blinder Seher: *8* Tiresias
Blindgänger: *5* Niete; *8* Versager
blindgläubig: *6* bigott
Blindheit: *7* Anopsie
Blindschacht: *6* Gesenk
blindwütig: *9* fanatisch
blindwütiger Zerstörer: *7* Wandale
Blinkzeichen: *11* Lichtsignal
blinzeln: *8* zwinkern
Blitzart: *10* Kugelblitz; *11* Linienblitz; *15* Perlschnurblitz
blitzen: *6* zucken; *7* wettern
blitzend: *9* fulminant
Block: *5* Klotz; *6* Kloben; *7* Klumpen
Blockade: *6* Sperre
Blocksberg: *7* Brocken
Blocksbergfest: *14* Walpurgisnacht
Blockschrift: *7* Antiqua
blöde: *3* irr; *4* dumm; *6* albern, stupid; *9* idiotisch
Blödling: *7* Trottel
Blödsinn: *6* Demenz, Unsinn; *7* Quatsch
Blödsinniger: *5* Idiot
blonde Frau: *8* Blondine
bloß: *3* bar, nur; *4* aber, kahl; *5* nackt
Blöße: *6* Luecke, Mangel; *9* Schwaeche
bloßstellen: *9* blamieren; *12* desavouieren; *15* kompromittieren
Bloßstellung: *7* Blamage
Bluff: *5* Mache; *10* Hokuspokus, Taeuschung; *12* Irrefuehrung
bluffen: *9* taeuschen
blühen: *7* prangen; *8* gedeihen; *9* florieren
Blume: *4* Duft; *5* Aroma; *6* Bluete, Wuerze
Blume: *4* Mohn, Rose; *5* Aster, Lilie, Malve, Nelke, Phlox, Tulpe, Wicke, Winde; *6* Akelei, Dahlie, Krokus, Lupine, Primel, Reseda, Zinnie; *7* Anemone, Aurikel, Begonie, Fuchsie, Geranie, Levkoje, Lobelie, Petunie, Tagetes; *8* Georgine, Gladiole, Gloxinie, Goldlack, Goldwurz, Narzisse, Veilchen; *9* Amaryllis, Buschrose, Hortensie, Hyazinthe; *10* Immortelle, Leberblume, Loewenmaul, Montbretie, Nachtkerze, Osterblume, Pelargonie, Strohblume; *11* Cosmosblume, Kosmosblume, Ringelblume, Rittersporn, Sonnenblume, Wucherblume; *12* Chrysantheme, Flammenblume, Glockenblume, Koenigskerze, Mittagsblume, Schwertlilie; *13* Schleierkraut, Tausendschoen; *15* Gaensebluemchen, Schlafmuetzchen; *16* Stiefmuetterchen, Vergissmeinnicht
Blumenarrangement: *7* Gebinde
Blumenbänder: *9* Girlanden
Blumenbeet: *7* Rabatte
Blumenbehälter: *4* Vase
Blumenfülle: *4* Flor
Blumengebinde: *5* Kranz; *7* Strauss
Blumengefäß: *4* Vase
Blumengewinde: *5* Kranz; *6* Feston; *8* Girlande
Blumengöttin: *5* Flora
Blumenkohl: *7* Karfiol
Blumenkönigin: *4* Rose
Blumensteckkunst: *7* Ikebana
Blumenstengel: *5* Stiel
Blumenstrauß: *6* Bukett
Blumentier: *7* Koralle
Blumenwelt: *5* Flora
blusenartiger Frauenkittel: *6* Kasack
– Soldatenrock: *7* Litewka
Blutabzug: *8* Aderlass; *10* Schroepfen
Blutader: *4* Vene; *5* Aorta; *7* Arterie
Blutandrang: *7* Wallung; *10* Kongestion
Blutarmut: *7* Anaemie
Blutaustritt: *10* Bluterguss
Blutbad: *8* Gemetzel, Massaker
Blutbahnen: *5* Adern, Venen; *8* Arterien
Blutbestandteil: *6* Plasma
Blutdorn: *10* Berberitze
Blüte: *4* Flor; *5* Blume, Glanz
Blüte der Silberakazie: *6* Mimose

Blüte vor der Entfaltung: *6* Knospe
Blutegelwirkstoff: *7* Hirudin
Blütenanlage: *6* Knospe
Blutegelwirkstoff: *7* Hirudin
Blütenanlage: *6* Knospe
Blütenfülle: *5* Flora
Blütenhonig: *6* Nektar
Blütenlese: *10* Anthologie
blütenlose niedere Pflanze: *4* Moos
Blütenpflanze: *5* Blume
Blütenpracht: *4* Flor
Blütensaft: *6* Nektar
Blütenschmuck: *4* Flor
Blütenstand: *5* Aehre, Dolde, Rispe; *6* Kolben, Spirre, Traube, Wickel, Zapfen; *8* Geschein; *9* Kaetzchen, Koerbchen
Blütenstand der Weinrebe: *8* Geschein
Blütenstaub: *6* Pollen
Blütenstrauch → Zierpflanze
Blütenteil: *5* Kelch, Narbe; *7* Stempel; *11* Staubbeutel
Blutentziehung: *8* Aderlass; *11* Schroepfung
Bluterguß: *8* Haematom
Bluterkrankheit: *11* Haemophilie
Blütezeit der italienischen Renaissance: *11* Cinquecento
– einer Pflanze: *10* Floreszenz
Blutfarbstoff: *11* Haemoglobin
Blutflüssigkeit: *5* Serum; *6* Plasma
Blutgefäß: *4* Ader, Vene; *7* Arterie
Blutgefäßverengung: *8* Stenosis
Blutgefäßverstopfung: *7* Embolie
Blutgerinnsel: *6* Pfropf; *8* Pfropfen, Thrombus; *10* Blutpfropf
Blutgerinnselbildung: *9* Thrombose
Blutgerüst: *8* Schafott
Blutgeschwür: *8* Furunkel; *9* Karbunkel, Karfunkel
Blutgruppenmerkmal: *12* Rhesusfaktor
Blutkörperchen: *8* Leukozyt; *10* Erythrozyt
Blutkrankheit: *7* Anaemie, Leukose; *9* Leukaemie
Blutkraut: *11* Wiesenknopf
Blutkreislauf: *11* Zirkulation
Blutleere: *9* Ischaemie
Blutrache: *8* Vendetta
blutsaugende Fliege: *6* Bremse
blutsaugendes Gespenst: *6* Vampir
blutsaugendes Ungeziefer: *4* Floh, Laus; *5* Wanze; *6* Bremse
Blutsauger: *4* Egel
Blutschande: *6* Inzest
Blutstauungen: *6* Stasen
Blutstein: *8* Haematit
blutstillendes Mittel: *5* Alaun; *11* Adstringens
Blutübertragung: *11* Transfusion; *15* Bluttransfusion
Blutsverwandter: *5* Agnat; *6* Kognat
Bluttat: *4* Mord
Blutumlauf: *9* Kreislauf
blutunterlaufene Stelle: *8* Striemen
Blutvergiftung: *6* Sepsis
Blutwasser: *5* Serum
Blutzeuge: *9* Maertyrer
Blutzirkulation: *9* Kreislauf
Bock: *6* Fehler, Hammel, Widder; *7* Gestell
bocken: *7* stossen, trotzen
Bockkäferart: *6* Gerber; *8* Hausbock, Heldbock; *9* Saegebock, Schreiner; *10* Eichenbock, Pappelbock, Spiersbock, Zimmerbock; *11* Moschusbock
Bocksprung: *8* Kapriole
Boden: *5* Basis, Grund
Bodenart: *3* Ton; *4* Klei, Lehm, Sand; *5* Loess; *6* Mergel, Podsol
Bodenbelag: *5* Matte; *7* Laeufer, Teppich
Bodenbestandteil: *5* Humus
Bodenbewachsung: *4* Gras
Bodendunst: *5* Nebel
Bodenentwässerung: *8* Draenung, Drainage; *11* Drainierung
Bodenerhebung: *4* Berg; *6* Huegel
Bodenertrag: *5* Ernte
Bodenerzeugnisse: *10* Naturalien
Bodenfläche: *5* Areal
Bodenform: *3* Tal; *4* Berg; *5* Ebene
Bodengüte: *8* Bonitaet
Bodenkunde: *9* Pedologie
bodenlos: *4* tief; *10* abgruendig
Bodennahrung: *4* Dung, Kali, Mist; *6* Jauche; *7* Duenger; *8* Salpeter
Bodennutzung: *8* Ackerbau
Bodenplatte: *6* Fliese
Bodenraum: *5* Gaden; *6* Buehne, Kammer; *8* Speicher; *10* Dachkammer
Bodensatz: *6* Drusen; *8* Residuum, Sediment; *9* Sinkstoff; *10* Ablagerung
Bodenschatz: *3* Erz; *5* Kohle; *6* Erdgas, Erdoel; *7* Mineral
Bodenseefisch: *11* Blaufelchen
Bodenseehafen: *6* Lindau; *7* Bregenz; *8* Konstanz; *9* Meersburg, Rorschach; *10* Romanshorn; *11* Ueberlingen; *15* Friedrichshafen
Bodenseeinsel: *6* Lindau, Mainau; *9* Reichenau
Bodensenke: *3* Tal
bodenständig: *8* heimisch
Bodenturnübung: *5* Rolle; *6* Spagat; *9* Handstand, Kopfstand
Bodenverbesserung: *11* Melioration
Bodenvertiefung: *5* Senke
Bodenzustand: *4* Gare
Bogen: *5* Blatt, Kurve; *6* Fornix; *7* Biegung; *9* Kruemmung
Bogengang: *7* Arkaden
Bogenhalle: *6* Loggia
Bogenhanf: *10* Sanseverie
Bogenlänge: *5* Arkus
Bogenlinie: *5* Kurve
Bogenreihe auf Säulen: *6* Arkade
Bogensprung: *8* Kurbette
Bohle: *4* Bord; *5* Brett, Diele,; *6* Planke
böhmische(r, s)
– Bier: *7* Pilsner
– Komponist: *7* Smetana

- **Reformator:** *3* Hus
- **Volkstanz:** *5* Polka

Bohle: *4* Bord; *5* Brett, Diele; *6* Planke
Bohnenkraut: *7* Saturei
Bohnerbesen: *3* Mop
bohnern: *7* wichsen
bohren: *6* graben; *7* drillen, stechen
Boiler: *18* Warmwasserbereiter
bolivianische(r, s)
- **Berg:** *6* Sorata; *7* Illampu; *8* Illimani
- **Fluß:** *4* Beni; *5* Abuna; *6* Mamore
- **Hauptstadt:** *5* La Paz
- **Haustier:** *4* Lama; *6* Alpaka
- **Münze:** *7* Centavo; *9* Boliviano
- **Politiker:** *7* Bolivar
- **Stadt** → Stadt in Bolivien

Bolle: *7* Zwiebel
Böller: *4* Fass; *6* Pflock; *7* Moerser; *12* Wurfmaschine
Bollwerk: *3* Kai; *4* Mole, Pier, Wall; *6* Bastei; *7* Bastion, Schanze
Bolzenteil: *8* Nietkopf
Bombast: *8* Schwulst
bombastisch: *7* pompoes; *11* hochtrabend, schwuelstig
Bombenaufprall: *9* Einschlag, Explosion; *10* Detonation
bombensicherer Raum: *6* Bunker; *9* Kasematte; *10* Unterstand
Bon: *8* Quittung; *9* Anweisung, Gutschein; *12* Kassenzettel
Bonität: *3* Ruf; *4* Wert; *5* Guete; *6* Ertrag; *10* Bodenguete; *18* Zahlungsfaehigkeit
Bonmot: *4* Witz; *5* Pointe; *7* Wendung; *9* Ausspruch, Wortspiel; *12* Geistesblitz
Bonus: *6* Anteil, Gewinn, Rabatt, Zugabe; *7* Praemie; *8* Nachlass; *9* Dividende; *10* Verguetung; *11* Ueberschuss; *12* Gewinnanteil
Bonvivant: *8* Lebemann
Boom: *6* Hausse
Boot: *4* Ewer, Kahn, Kanu; *5* Barke, Jolle, Kajak, Zille; *6* Gondel, Nachen; *7* Einbaum; *8* Barkasse, Kanadier
Boot
- **der Araber:** *3* Dau; *4* Dhau
- **aus einem ausgehöhlten Baumstamm:** *7* Einbaum
- **aus Binsenbündeln:** *5* Balsa
- **der Chinesen:** *8* Dschunke
- **der Eskimos:** *5* Kajak, Umiak
- **der Malaien:** *4* Prau
- **ohne Mast:** *5* Barke

Bootsanlegestelle: *4* Steg
Bootsführer in Venedig: *10* Gondoliere
Bootsgast: *7* Matrose
Bootshebelarm: *10* Ruderpinne
Bootsrennen: *7* Regatta
Bootswettfahrt: *7* Regatta
Bootszubehör: *4* Mast; *5* Anker, Dolle, Ducht, Motor, Pinne, Segel, Spake, Stake; *6* Fender, Klampe, Riemen, Steuer; *8* Dollbord; *9* Ruderbank; *10* Bootshaken, Ruderblatt, Ruderpinne
Bord: *4* Deck, Rand; *5* Brett, Regal; *6* Leiste; *7* Gestell; *9* Wandbrett; *12* Buecherbrett
Bordeauxwein: *5* Médoc, Palus; *6* Graves; *8* Bazadais; *9* Haut-Brion, Sauternes, St. Emilion
Borg: *4* Pump; *7* Anleihe
borgen: *6* leihen, pumpen
Borke: *5* Rinde; *6* Kruste, Schorf
Borkenkäfer: *8* Ruessler
Born: *5* Bronn, Quell; *6* Quelle; *7* Brunnen; *10* Heilquelle; *11* Jungbrunnen
borsaures Salz: *5* Borat
Börse: *10* Geldbeutel; *12* Portemonnaie
Börsenaufgeld: *4* Agio
Börsenauftrag: *5* Ordre
Börsenkaufmann: *6* Sensal
Börsenkurs: *8* Exchange
Börsenmakler: *8* Agioteur
Börsenpanik: *3* Run
Börsenpapier: *3* Kux; *5* Aktie; *6* Devise, Valeur; *7* Wechsel; *8* Effekten; *10* Obligation, Pfandbrief, Stammaktie, Wertpapier; *12* Konnossement
Börsenpreis: *4* Kurs
Börsenspekulant: *6* Jobber
Börsenspekulation: *8* Agiotage
Börsenspieler: *5* Fixer
börsentechnischer Begriff: *3* Bon, Run; *4* Agio, Bond, Kauf, Kurs, Pari, Zins; *5* Agent, Bonus, Depot, Limit, Medio, Talon; *6* Baisse, Coupon, Flaute, Hausse, Jobber, Kredit, Profit, Scheck, Ultimo, Valuta, Zinsen; *7* Begeben, Debitor, Devisen, Disagio, Diskont, Offerte, Prokura, Rendite, Solvenz; *8* Agiotage, Bonitaet, Courtage, Effekten, Emission, Exchange, Prospekt; *9* Aktionaer, Arbitrage, Deflation, Dividende, Inflation, Insolvenz, Notierung, Provision; *10* Kurszettel, Obligation; *12* Bonifikation
Borste: *4* Haar; *7* Stachel
borstenartige Spitze an Getreideähren: *6* Granne
Borstenbüschel: *5* Quast
Borstenhaar: *4* Seta
Borstenvieh: *7* Schwein
Borstenwurm: *4* Pier; *6* Palolo; *8* Sandwurm; *9* Regenwurm; *11* Roehrenwurm
Borte: *4* Band; *5* Litze; *6* Galone, Tresse; *8* Borduere, Posament
Borusse: *7* Preusse
Borverbindung: *5* Borax
Borwasserstoff: *5* Boran
bösartig: *10* pernizioes
bösartige Geschwulst: *5* Gliom; *6* Sarkom
- **Seuche:** *4* Pest; *5* Lepra; *6* Pocken, Typhus; *7* Cholera

bösartiges Tier: *6* Bestie
Böschung: *4* Hang; *5* Berme
Böschungsabsatz: *5* Berme
böse: *3* arg; *5* uebel; *6* gemein; *7* garstig, herzlos, ruchlos, schlimm; *8* schlecht
böse(r, s)

- **Absicht:** *5* Dolus
- **Geist:** *5* Satan; *6* Daemon, Unhold
- **Mensch:** *6* Bandit, Ganove, Gauner, Schuft, Unhold; *7* Halunke, Raeuber; *8* Gangster; *9* Betrueger; *10* Verbrecher
- **Schlange:** *8* Neidhard
- **Spott:** *4* Hohn
- **Weib:** *4* Hexe; *5* Furie; *7* Megaere; *9* Xanthippe
- **Zwerg:** *5* Galar; *6* Fjalar

boshaft: *5* boese, infam; *6* gemein, giftig; *8* haemisch; *8* gehaessig, malizioes, tueckisch; *10* schikanoes; *13* heimtueckisch
boshafte Handlung: *7* Streich
Bosheit: *3* Arg; *4* List; *6* Tuecke; *7* Infamie; *8* Schikane; *10* Hinterlist, Heimtuecke
böswillige Äußerung: *5* Luege; *7* Affront; *8* Nachrede; *11* Beleidigung, Verleumdung; *12* Diffamierung

- **Zerstörung:** *8* Sabotage

Boß: *4* Chef
Botanik: *13* Pflanzenkunde
botanische Anlage: *4* Beet, Park; *6* Garten; *9* Treibhaus; *10* Baumwolle; *12* Gewaechshaus
botanischer Begriff: *3* Ast; *4* Ader, Alge, Auge, Bast, Baum, Dorn, Farn, Gras, Halm, Harz, Holz, Keim, Kern, Kork, Korn, Laub, Mark, Moos, Nuss, Pilz, Rebe, Reis, Rohr, Saat, Saft, Same; *5* Aehre, Beere, Blatt, Blume, Bohne, Borke, Dolde, Ecker, Faser, Flora, Kelch, Krone, Lippe, Nadel, Narbe, Polle, Ranke, Raute, Rinde, Rispe, Samen, Spore, Stamm, Staub, Stiel, Tolle, Trieb, Zelle, Zweig; *6* Bluete, Eichel, Frucht, Gewebe, Granne, Huelle, Huelse, Kapsel, Knolle, Knospe, Knoten, Kolben, Pollen, Roehre, Schaft, Schale, Schote, Senker, Sporen, Spross, Staude, Traube, Wickel, Wurzel, Zapfen; *7* Ableger, Flechte, Griffel, Lamelle, Scheide, Schuppe, Stachel, Stempel, Stengel, Strauch, Zwiebel, Zwitter; *8* Absenker, Keimling, Kernhaus, Pfropfen, Saatkorn, Saemling, Wildling, Zellwand; *9* Deckblatt, Hochblatt, Kaetzchen, Keimblatt, Kronblatt, Milchsaft, Samenhaar, Sandblatt, Steckling, Trugdolde, Veredlung; *10* Blattgruen, Huellblatt, Jahresring, Keimwurzel, Kelchblatt, Luftwurzel, Staubblatt, Staubfaden; *11* Befruchtung, Bestaeubung, Bluetenkorb, Brutzwiebel, Chlorophyll, Doldenrispe, Fruchtstand, Kreuzbluete, Pfahlwurzel, Samenkapsel, Schoessling, Staubbeutel, Staubbluete, Wurzelstock; *12* Bluetenblatt, Bluetenstaub, Fruchtknoten, Samenfluegel, Scheinfrucht, Staubgefaess; *13* Bluetenkolben
botanisches Album: *9* Herbarium
Bote: *3* Boy; *6* Herold, Kurier
Bote im diplomatischen Dienst: *6* Kurier

- **Gottes:** *5* Engel
- **im Orient:** *6* Kawass

Botin der Frigga: *3* Gna

- **des Grals:** *7* Kundrie

Botmäßigkeit: *5* Macht, Zwang; *6* Gewalt; *10* Herrschaft
Botschaft: *5* Kunde; *7* Mission; *9* Nachricht; *10* Kundgebung
Botschaft des Christentums: *10* Evangelium
Botschafter: *5* Legat; *7* Nuntius; *8* Diplomat; *9* Gesandter; *11* Ambassadeur
Botschafter des Papstes: *7* Nuntius
Botschaftsangehöriger: *7* Attaché
Botschaftsgebäude: *9* Ambassade
Böttcher: *6* Kuefer; *8* Buettner; *10* Fassbinder, Schaeffler
Bottich: *4* Kufe; *5* Zuber; *6* Buette; *8* Holzfass; *9* Holzwanne
Boxarena: *4* Ring
Boxcalf: *9* Kalbleder
Boxhieb: *5* Haken, Linke; *6* Rechte; *7* Auslage; *8* Uppercut; *9* Kinnhaken
boxtechnischer Begriff: *2* K.o.; *3* Jab; *4* Ecke, Foul, Gong, Ring; *5* Fight, Haken, Linke, Match, Punch, Runde; *6* Bantam, Clinch, Gerade, Groggy, Parade, Rechte; *7* Auslage, Bandage, Blocken, Deckung, Kontern, Stoppen; *8* Knockout, Sidestep, Sparring, Uppercut; *9* Doublette, Kinnhaken, Punktsieg, Schwinger; *10* Leberhaken, Tiefschlag
Boxtraining: *8* Sparring
Box-Weltmeister: *4* Baer, Clay, Hart; *5* Burns, Ellis, Louis; *6* Corbet, Liston, O'Brien, Tunney; *7* Carnera, Charles, Dempsey, Frazier, Johnson, Sharkey, Walcott, Willard; *8* Braddock, Jeffries, Marciano, Sullivan; *9* Johansson, Patterson, Schmeling
Boykott: *6* Entzug, Sperre, Strafe, Verruf; *7* Embargo; *11* Aussperrung
Brachialgewalt: *5* Zwang; *7* Rohheit; *8* Armkraft
brachliegen: *5* ruhen
Brachse: *4* Blei; *6* Brasse
Brachvogel: *6* Goiser; *9* Brachhuhn, Keilhaken; *14* Doppelschnepfe, Kronenschnepfe
Branche: *4* Fach; *5* Zweig
Branchenkenner: *7* Experte; *8* Fachmann
Brand: *4* Glut, Lohe; *5* Feuer; *7* Nekrose
Brandabgase: *5* Rauch
brandenburgisches Herrscherhaus: *8* Askanier; *12* Hohenzollern
Brandfackel: *5* Fanal
Brandmal: *6* Stigma
brandmarken: *6* tadeln
Brandrückstand: *4* Russ; *5* Asche; *8* Schlacke
Brandschatzung: *12* Kontribution
Brandstifter: *8* Pyromane
Brandstiftungstrieb: *9* Pyromanie
Brandung: *6* Gischt
Brandungswelle: *7* Brecher
Brandwache: *9* Feuerwehr
Branntwein: *3* Gin, Rum; *4* Koem, Korn, Raki, Sake; *5* Arrak, Fusel, Gilka, Wodka; *6* Brandy, Cassis, Cognac, Enzian, Kirsch, Kognak, Likoer, Whisky; *7* Absinth, Allasch, Aquavit, Genever, Kuemmel, Ratafia, Schnaps; *8* Armagnac, Calvados; *9* Angostura, Machandel, Slibowitz, Sliwowitz, Wacholder, Wein-

brand; *10* Doppelkorn; *11* Steinhaeger; *12* Himbeergeist, Kirschwasser
Branntweinbrennerei: *12* Destillation
Branntweinschenke: *8* Destille
brasilianische(r, s)
- **Amtssprache:** *13* Portugiesisch
- **Erdnuß:** *7* Arachis
- **Fluß** → Fluß in Brasilien
- **Fußballspieler:** *4* Péle
- **Gummisucher:** *11* Serengueiro
- **Hafenstadt** → Hafenstadt in Brasilien
- **Hauptstadt:** *8* Brasilia
- **Indianerstamm:** *4* Pano, Tupi; *5* Aruak; *6* Tukano; *8* Karaiben
- **Insel:** *7* Sao Paul; *8* Trinidad; *17* Fernando de Noronha
- **Kaffeestadt:** *6* Santos
- **Kaisername:** *5* Pedro
- **Lagunenstadt:** *6* Recife
- **Mischling:** *6* Cafuso; *7* Caboclo
- **Münze:** *4* Reis; *7* Centavo, Milreis; *8* Cruzeiro
- **Raubfisch:** *7* Piranha
- **Raubtier:** *6* Jaguar
- **Rennfahrer:** *5* Senna; *6* Piquet
- **Säugetier:** *5* Tapir
- **Schriftsteller:** *5* Amado; *7* Alencar
- **Staat:** *4* Acre, Pará; *5* Amapá, Bahia, Ceará, Goiás, Piaui; *6* Paraná; *7* Alagoas, Guaporé, Paraiba, Sergipe; *8* Amazonas, Maranao; *9* Rio Branco; *10* Mato Grosso, Pernambuco
- **Stadt** → Stadt in Brasilien
- **Umgangssprache:** *4* Tupé
- **Wohnhaus:** *6* Maloka

Brasilkastanie: *8* Paranuss
Bratensaft: *3* Jus
Bratenrock: *7* Gehrock
Bratenstück: *5* Filet, Steak; *8* Kotelett; *9* Karbonade
Braten zerlegen: *11* tranchieren
Bratgefäß: *6* Pfanne
Bratrost: *5* Grill
Bratsche: *5* Viola
Brauch: *3* Uso; *4* Mode, Usus; *5* Regel, Sitte; *6* Usance; *7* Komment; *9* Tradition
brauchbar: *6* patent; *8* geeignet; *9* nuetzlich, praktisch; *11* praktikabel
brauchen: *10* benoetigen
Brauerei: *5* Braeu
Brauereianlage: *7* Sudhaus; *9* Maelzerei
Braugerste: *4* Malz
Braugemisch: *7* Maische
Braunalge: *10* Blasentang
braune Farbe: *5* Sepia, Umber, Umbra; *6* Bister
Braunelle: *7* Guensel; *8* Brunelle
Braunfisch: *8* Tuemmler
braunhaarig: *8* bruenett
Braunkohlenart: *6* Lignit
Braunkohlenkoks: *5* Grude
Braunschweiger Bier: *5* Mumme
- **Burg:** *13* Dankwarderode
- **Höhenzug:** *3* Elm

braunschweigisches Herrschergeschlecht: *6* Welfen
Braurückstand: *6* Treber
Brause: *6* Dusche; *7* Sprudel
brausen: *5* rasen, tosen; *6* sausen, wallen; *7* duschen; *8* sprudeln, stuermen
Brautschaft: *7* Mitgift; *9* Aussteuer
Brautschau: *6* Freite
Brautschmuck: *5* Myrte
Brautwerbung: *6* Freite
brav: *5* artig; *6* bieder, tapfer, wacker; *7* sittsam; *13* rechtschaffen
Bravour: *3* Mut; *7* Schneid; *10* Tapferkeit
Bravourstück: *11* Glanznummer; *12* Paradenummer; *13* Glanzleistung
Break: *7* Wechsel; *9* Jagdwagen; *11* Kutschwagen, Pferdewagen; *12* Konterschlag; *15* Rhythmuswechsel
brechen: *7* bersten; *11* zerspringen
Brecher: *3* See; *4* Woge; *5* Welle; *8* Sturzsee; *10* Sturzwelle
Brechmittel: *8* Emetikum
Brechnußbaumgift: *9* Strychnin
Brechreiz: *6* Nausea
Brechruhr: *7* Cholera
Brechung: *10* Refraktion
Brechungsmittel: *6* Medium
Brechwurzel: *5* Ipeka; *6* Kuahna
Bredouille: *11* Bedraengnis; *12* Verlegenheit
Brei: *3* Mus; *4* Papp; *6* Pueree
breiartiges Gericht: *7* Gruetze
breiige Tubenmasse: *5* Paste
breit: *4* weit; *5* largo
Breite: *9* Dimension; *10* Ausdehnung
breite
- **Erhöhung:** *6* Podium
- **Fähre:** *5* Ponte
- **Leiste:** *5* Latte
- **Straße:** *6* Avenue; *9* Boulevard

breiter Schal: *5* Stola
breitkrempiger Hut: *8* Sombrero; *10* Kalabreser; *11* Florentiner
Breitling: *7* Sprotte
breittreten: *12* kolportieren
Breitwandfilm: *8* Cinerama; *11* Cinemascope, Vistavision
Bremens Wahrzeichen: *6* Roland
bremsen: *6* hemmen; *7* mindern, stoppen; *8* anhalten, drosseln; *9* maessigen; *10* arretieren; *12* verlangsamen
Bremsschwung im Schilauf: *8* Telemark
Bremsvorrichtung: *9* Hemmschuh
brennen: *6* beizen, gieren, jucken, sengen; *7* flammen, gluehen, roesten
brennend: *4* akut; *8* flagrant
Brenner: *12* Destillateur
Brenngas: *5* Butan; *6* Propan
Brennholzstück: *6* Scheit
Brennpunkt: *5* Fokus, Mitte; *7* Zentrum
Brennstoff: *3* Gas, Oel; *4* Holz, Koks, Torf; *5* Grude, Kohle; *6* Erdoel; *7* Brikett, Kerosin;

9 Anthrazit, Holzkohle, Petroleum; *10* Braunkohle, Steinkohle
Brennstoffbehälter: *4* Tank; *8* Kanister
brenzlig: *10* bedenklich
Bresche: *4* Riss; *5* Spalt; *6* Luecke
Brett: *4* Bord; *5* Bohle, Diele, Latte, Tafel; *6* Planke
Brettel: *3* Ski; *4* Schi
Bretterbau: *4* Bude
Brettergerüst: *6* Buehne
Brettergestell: *5* Regal
Bretterschuppen: *9* Verschlag
Bretterstoß: *6* Stapel
Brettverkleidung: *8* Schalung
Brettfuge: *3* Nut
Brettspiel: *2* Go; *4* Dame, Puff; *5* Halma, Salta; *6* Domino, Muehle, Schach; *8* Solitaer; *9* Tokadille; *10* Tricktrack
Brettspielbegriff: *3* Zug; *4* Feld; *5* Figur, Stein
Breve des Papstes: *5* Bulle
Brevier: *6* Auszug; *9* Gebetbuch; *12* Stundengebet
Brief: *7* Epistel; *9* Schreiben
Briefchen: *6* Billet
Briefabsender: *9* Adressant
Briefempfänger: *8* Adressat
Briefgebühr: *5* Porto
Briefmarkenkunde: *10* Philatelie
Briefmarkensammler: *11* Philatelist
Briefpartner: *13* Korrespondent
Briefumschlag: *6* Kuvert
Briefverschluß: *6* Siegel
Briefwechsel: *13* Korrespondenz
brillant: *8* grandios; *9* glaenzend; *10* grossartig
Brillenart: *7* Klemmer, Kneifer, Lorgnon, Zwikker; *9* Lorgnette; *11* Haftglaeser
Brillenschlange: *3* Ara; *4* Haie; *5* Aspis, Kobra
Brillenteil: *4* Glas, Rand, Steg; *6* Buegel
bringen: *7* liefern; *11* apportieren
brisant: *8* explosiv; *9* sprengend; *11* hochaktuell
Britisch-Honduras: *6* Belize
britische(r, s) → englische(r, s) → schottische(r, s)
britische(r, s)
- **Admiral:** *6* Nelson
- **Antarktis Territorium:** *10* Grahamland
- **Arbeiterpartei:** *11* Labour Party
- **Atomforscher:** *9* Cockeroft
- **Berg:** *7* Snowdon, The Peak; *9* Leith Hill, The Wrekin
- **Besitzung in Spanien:** *9* Gibraltar
- **Chemiker:** *5* Krebs; *6* Martin, Perutz; *7* Kendrew
- **Choreograph:** *6* Cranko
- **Feldmarschall:** *10* Montgomery
- **Festung im Mittelmeer:** *9* Gibraltar
- **Flagge:** *9* Union Jack
- **Halbinsel:** *5* Wales
- **Insel:** *3* Man; *6* Wright
- **Insel im Kanal** → Insel im Ärmelkanal
- **Jungferninsel:** *7* Anegada, Tortola; *11* Jost Van Dyke, Virgin Gorda
- **Kolonialpolitiker:** *6* Rhodes
- **Königshafen:** *8* Ramsgate
- **Kriegshafen:** *10* Portsmouth
- **Kronkolonie in Spanien:** *9* Gibraltar
- **Luftverkehrsgesellschaft:** *3* BEA; *4* BOAC
- **Luftwaffe:** *8* Air Force
- **Nationalflagge:** *9* Union Jack
- **Nobelpreisträger** → Nobelpreisträger
- **Parade:** *5* Tatoo
- **Politiker:** *6* Wilson; *9* Gaitskell; *9* Macmillan; *11* Beaverbrook
- **Polizist:** *9* Constable
- **Premierministerin:** *8* Thatcher
- **Reich:** *6* Empire
- **Rundfunkgesellschaft:** *3* BBC
- **Sagenkönig:** *4* Lear; *5* Artus
- **Schriftsteller** → englischer Schriftsteller
- **Seefahrer:** *4* Cook, Blake, Davis, Drake; *6* Hudson; *7* Raleigh
- **Soldatensender:** *3* BFN
- **Staatenbund:** *12* Commonwealth
- **Staatsmann** → englischer Staatsmann
- **Stützpunkt in Südeuropa:** *9* Gibraltar
- **Südpolfahrer:** *5* Scott
- **Überseegebiet:** *4* Oeno; *5* Ducie; *7* Bermuda; *8* Anguilla, Hongkong, St. Helena; *9* Henderson; *10* Montserrat; *11* Turksinseln; *12* Caicosinseln, Kaimaninseln; *14* Falklandinseln, Jungferninseln, Pitcairninseln
- **Verdienstorden:** *9* Bathorden; *14* Hosenbandorden
- **Weltreich:** *6* Empire

bröckeln: *7* brechen; *8* kruemeln
Brocken: *5* Block
brodeln: *6* kochen, sieden, wallen
Brodem: *5* Dampf, Qualm, Wasen; *6* Wrasen
Brokattuch zur Bedeckung der Kaaba: *5* Kiswa
Bromverbindung: *6* Bromat, Bromit
Bronchienspiegel: *11* Bronchoskop
bronzenes Schlagbecken: *4* Gong
Bronzeposaune: *4* Lure
Brosame: *5* Krume; *7* Kruemel
Brosche: *6* Spange; *7* Agraffe
Brotaufschnitt: *5* Belag
Brotaufstrich: *5* Honig, Sirup; *6* Butter; *9* Margarine, Marmelade; *10* Konfituere
Brötchen: *4* Kipf, Weck; *5* Wecke; *6* Kipfel, Semmel; *7* Kipferl; *8* Knueppel, Schrippe
Brotform: *4* Laib
Brotfrüchte: *9* Zerealien
Brotgetreide: *4* Korn; *6* Dinkel, Gerste, Roggen, Weizen
Brotkanten: *4* Knast, Knust, Ranft, Rinde
Brotrinde: *5* Kante; *6* Kruste
Brotröster: *7* Toaster
Brotscheibe: *5* Bemme; *6* Stulle; *8* Schnitte
Brotscheibe für Kommunion und Abendmahl: *6* Hostie
Brotzeit: *5* Essen
Bruch: *4* Luch, Moor, Riss; *5* Panne; *6* Knacks, Sprung

brüchig: *4* lose; *5* kross; *6* locker, morsch, muerbe
Bruchschrift: *7* Fraktur
Bruchrechnungsbegriff: *6* Nenner; *7* Zaehler
Bruchstück: *4* Teil; *5* Torso; *7* Scherbe; *8* Fragment, Rudiment, Truemmer
Brücke: *4* Steg; *7* Kontakt, Teppich, Viadukt; *9* Uebergang; *10* Verbindung, Zahnersatz; *13* Ueberfuehrung
Brücke in London: *11* Tower Bridge
- in Prag: *12* Karlsbruecke
- bei San Franzisko: *10* Golden Gate; *16* Golden Gate Bridge
- über ein Tal: *7* Viadukt
- in Venedig: *6* Rialto; *14* Seufzerbruecke
Brückenschiff: *6* Ponton
Bruder von
- Aaron: *5* Moses
- Abel: *4* Kain, Seth
- Agamemnon: *8* Menelaos
- Apoll: *4* Ares, Mars; *6* Hermes, Merkur; *8* Hephaest, Vulcanus, Vulkanus
- Ares: *6* Hermes; *8* Hephaest
- Arminius: *6* Flavus
- Artemis: *5* Apoll; *6* Apollo; *7* Apollon
- Atlas: *10* Prometheus
- Atreus: *8* Thyestes
- Attila: *5* Bleda
- Baldur: *5* Hoedr; *6* Hoedur
- Castor: *6* Pollux; *10* Polydeukes
- Demeter: *4* Zeus; *5* Hades; *8* Poseidon
- Diana: *5* Apoll; *6* Apollo; *7* Apollon
- Egil: *7* Wieland
- Elektra: *5* Orest, Orestes
- Esau: *5* Jakob
- Fafnir: *3* Otr; *5* Regin
- Gernot: *7* Gunther; *8* Giselher
- Giselher: *6* Gernot; *7* Gunther
- Gunther: *6* Gernot; *8* Giselher
- Hades: *4* Zeus; *8* Poseidon
- Hagen: *8* Dankwart
- Hannibal: *4* Mago; *9* Hasdrubal
- Hasdrubal: *8* Hannibal
- Hektor: *5* Paris
- Hera: *4* Zeus; *5* Hades; *8* Poseidon
- Hermes: *4* Ares; *5* Apoll; *6* Apollo; *7* Apollon; *8* Hephaest
- Hestia: *4* Zeus; *5* Hades; *8* Poseidon
- Hödur: *5* Baldr; *6* Balder, Baldur
- Iphigenie: *5* Orest; *7* Orestes
- Isis: *6* Osiris
- Jakob: *4* Esau
- Juno: *5* Orkus; *6* Neptun
- Kain: *4* Abel, Seth
- Kassandra: *5* Paris; *6* Hektor
- Kastor: *6* Pollux; *10* Polydeukes
- König Baudouin: *6* Albert
- Kriemhild: *6* Gernot; *7* Gunther; *8* Giselher
- Luna: *3* Sol
- Menelaos: *8* Agamemnon
- Merkur: *4* Mars; *5* Apoll; *6* Apollo; *7* Apollon; *8* Vulcanus, Vulkanus
- Moses: *5* Aaron
- Napoleon I.: *5* Louis; *6* Jérôme, Joseph, Lucien
- Neleus: *6* Pelias
- Neptun: *5* Orkus; *7* Jupiter
- Odin: *2* Ve, We; *4* Vili, Wili
- Osiris: *4* Seth
- Paris: *6* Hektor
- Peleus: *7* Telamon
- Pelias: *6* Neleus
- Petrus: *7* Andreas
- Pollux: *6* Castor, Kastor
- Poseidon: *4* Zeus; *5* Hades
- Prometheus: *5* Atlas
- Remus: *7* Romulus
- Romulus: *5* Remus
- Seth: *4* Abel, Kain
- Seth: *6* Osiris
- Telamon: *6* Peleus
Thyestes: *6* Atreus
- Wieland: *4* Egil; *5* Egill
Wotan: *2* Ve, We; *4* Vili, Wili
- Zeus: *5* Hades; *8* Poseidon
Brudermörder: *4* Kain
Bruderschaft: *9* Hermandad; *12* Kongregation
Brühe: *5* Sauce, Sosse, Suppe
brummiger Mensch: *6* Muffel
Brunnen: *4* Born; *5* Bronn; *6* Quelle; *8* Zisterne
Brunnentempel: *9* Nymphaeum
Brunst: *6* Brunft; *8* Begierde
brüsk: *4* jaeh; *6* abrupt, barsch; *7* schroff; *12* unvermittelt; *14* ruecksichtslos
Brust des Rindes: *3* Bug
Brustdrüse: *6* Thymus
Brustdrüse des Kalbes: *5* Bries; *7* Briesel; *10* Kalbsmilch
Brustfell: *6* Pleura
Brustfellentzündung: *9* Pleuritis
Brustharnisch: *7* Kuerass
Brusthöhlenspiegel: *11* Thoraskop
Brustknochen: *5* Rippe
Brustkorb: *6* Thorax
Brustkrause: *5* Jabot
Brustkreuz: *9* Pektorale
Brustpanzer: *7* Kuerass; *8* Harnisch
Brustriemen am Pferdegeschirr: *5* Siele
Brustschutz des Fechters: *8* Plastron
Bruststück vom Geflügel: *5* Filet
Brüstung: *6* Reling; *9* Gelaender; *10* Balustrade; *12* Fensterbrett
Brustwarze der Säugetiere: *5* Zitze
Brut: *5* Fasel
Brut von Federvieh: *6* Geheck
brutal: *3* roh; *10* gefuehllos; *12* gewalttaetig
Brutalität: *6* Roheit
brütende Henne: *6* Glucke
Brutgut: *2* Ei; *4* Eier
Brutstätte: *4* Nest
Bruttogewicht: *6* Sporko
Bub: *5* Junge, Knabe
Bubenstück: *5* Unfug; *7* Streich

Buch: *4* Band; *7* Foliant; *8* Schwarte; *9* Schmoeker
Buch
– **des Alten Testaments:** *4* Esra, Hiob, Ruth; *6* Baruch, Esther, Sirach; *7* Genesis
– **des Islams:** *5* Koran
– **der Juden:** *6* Talmud
– **der Psalmen:** *7* Psalter
Buch mit besonders hoher Auflage: *10* Bestseller
Buchabschnitt: *7* Kapitel
Buchaufbau: *6* Layout; *10* Gestaltung, Gliederung
Buchausgabe: *7* Edition
Buchbindergerät: *6* Presse; *8* Falzbein, Heftlade; *9* Leimwalze; *11* Pressbalken
Buchbinderleinen: *6* Kaliko; *7* Buckram
Buchdruckerei: *7* Offizin
Buchdruckerkunst: *11* Typographie
Buchdruckverfahren: *6* Offset; *8* Rotation; *9* Hochdruck, Rotaprint, Siebdruck, Tiefdruck; *10* Flachdruck, Gummidruck, Lichtdruck, Manuldruck, Steindruck
Bucheinbandschmuck: *5* Semis
Buchenfrucht: *5* Ecker; *6* Buchel; *8* Buchnuss
Buchenland: *8* Bukowina
Bücherbrett: *4* Bord; *5* Regal; *7* Etagere
Bücherei: *10* Bibliothek
Büchergestell: *5* Regal
Bücherkunde: *13* Bibliographie
Bücherliebhaberei: *12* Bibliophilie
Bücherliebhaber: *11* Bibliophile
Büchernarr: *10* Bibliomane
Büchersammlung: *9* Buecherei; *10* Bibliothek
Bücherverzeichnis: *13* Bibliographie
Bücherwurm: *9* Leseratte; *11* Bibliophile
Bücherzeichen: *8* Exlibris
Buchformat: *3* DIN; *5* Folio, Oktav, Quart, Sedez
Buchhalter: *5* Clerk
buchhalterischer Begriff: *4* Soll; *5* Debet, Haben, Saldo; *6* Credit, Kredit
Buchkapitel: *5* Caput
Buchleinwand: *6* Kaliko; *7* Buckram
Buchmacherkurse: *4* Odds
Buchmacherunternehmen: *9* Wettbuero
Buchprüfer: *7* Revisor
Buchprüfung: *8* Revision
Buchsbaum: *3* Bux
Buchschutz: *7* Einband, Schuber
Buchse: *4* Hose; *8* Zylinder; *9* Steckdose
Büchse: *4* Dose; *6* Gewehr; *7* Stutzen
Buchseite: *5* Blatt; *6* Pagina
Buchseitenüberschrift: *13* Kolumnentitel
Büchsenfleisch: *10* Cornedbeef
Buchspalte: *6* Rubrik
Buchstabe: *6* Letter, Litera
Buchstabenfolge: *3* Abc; *8* Alphabet
Buchstabenrechnung: *7* Algebra
Buchstabenreihe: *5* Zeile
Buchstabenverbindung: *7* Ligatur
Buchstabenschlüssel: *6* Klavis
Buchstabenversetzrätsel: *8* Anagramm
buchstäblich: *5* exakt, genau
Bucht: *3* Bai; *4* Golf, Haff; *5* Busen, Fjord; *6* Bekken, Bodden, Foerde
Bucht
– **des Atlanischen Ozeans:** *7* Biskaja
– **an der Emsmündung:** *4* Jade
– **der Kaspisee:** *9* Karabugas
– **in Nordspanien:** *3* Ria
– **an der Obmündung:** *3* Tas
Buchteil → Teil des Buches
Buchungsergebnis: *5* Saldo
Buchungsunterlage: *5* Beleg
Buchvertrieb: *6* Verlag
Buckel: *7* Hoecker, Ruecken
Buckelrind: *4* Zebu
Buddel: *7* Flasche
buddeln: *6* graben
Buddha der Chinesen: *2* Fo
Buddha-Heiligtum auf Java: *9* Boro-Budur
Buddhas Beiname: *6* Gotama, Gautama
– **Lieblingsjünger:** *6* Ananda
Buddhismus in Japan: *3* Zen
buddhistische(r, s)
– **Begriff:** *5* Karma; *7* Nirwana
– **Glückseligkeit:** *7* Nirwana
– **Gottheit:** *7* Kwannon
– **Grabmal:** *4* Tope
– **Heiliger:** *5* Arhat
– **indischer Kultbau:** *5* Stupa
– **Kloster:** *6* Vihara
– **Priester:** *4* Lama; *5* Bonze
– **Schriftsprache:** *4* Pali
– **Sekte:** *3* Zen
– **Symbol:** *5* Lotos
– **Tempel:** *6* Pagode
– **Tempelfahnen:** *5* Tanka
Budget: *4* Etat
Büfett: *8* Anrichte
Büfettier: *6* Zapfer
Buffa: *5* Posse; *7* Schwank
Büffel: *4* Anoa; *5* Bison; *6* Wisent; *7* Kerabau, Mindora; *8* Buffalo
büffeln: *6* pauken
Bügelmaschine: *11* Heissmangel
bügeln: *8* plaetten
Bugzufluß → Nebenfluß des Bug
Buhle, Buhlerin: *7* Hetaere; *8* Geliebte
buhlen: *6* werben
Buhne: *5* Hoeft; *6* Hoefte, Kribbe, Stacke
Bühne: *5* Szene; *6* Podium
Bühnenauftritt: *5* Szene
Bühnenaufzug: *3* Akt
Bühnenbegriff: *3* Akt; *4* Arie, Diva, Gage, Loge, Mime, Oper, Part, Pose, Solo, Star; *5* Buffo, Drama, Duett, Farce, Maske, Mimik, Naive, Posse, Probe, Rampe, Regie, Revue, Rolle, Szene; *6* Aufzug, Claque, Charge, Debuet, Dialog, Epilog, Finale, Prolog, Sketch, Solist, Studio; *7* agieren, Ballett, Billett, Galerie, Heroine, Komiker, Kothurn, Kulisse, Musical, Parodie, Parkett, Pierrot, Schwank, Statist, Tournee, Varieté; *8* Auftritt, Burleske, Claqueur, Einakter, Ensemble, Figurant, Gra-

cioso, Harlekin, Kabarett, Komoedie, Libretto, Operette, Parterre, Premiere, Programm, Prospekt, Requisit, Soffitte, Solistin, Szenerie, Trilogie; *9* Dramolett, Dramaturg, Garderobe, Hanswurst, Intendant, Intendanz, Lustspiel, Melodrama, Mysterium, Pantomime, Pierrette, Regisseur, Rezitator, Singspiel, Soubrette, Souffleur, Taktstock, Tragoedie; *10* Engagement, Inspizient, Komoediant, Primadonna, Proszenium, Repertoire, Rezitation, Schauspiel, Souffleuse
Bühnenberühmtheit: *4* Star
Bühnenbild: *5* Szene; *8* Szenerie
Bühnendekoration: *7* Kulisse
Bühnendichter: *10* Dramatiker
Bühnenfach: *4* Alte; *5* Buffo, Naive; *6* Charge; *9* Bonvivant
Bühnengröße: *4* Star
Bühnenhaus: *7* Theater
Bühnenkante: *5* Rampe
Bühnenkünstler: *4* Mime; *12* Schauspieler
Bühnenleiter: *9* Intendant
bühnenmäßig: *12* theatralisch
Bühnenschau: *5* Revue
Bühnenschiebewand: *7* Kulisse
Bühnenstück → Bühnenwerk → Schauspiel
Bühnenszene: *6* Sketch
Bühnentanz: *7* Ballett
Bühnenwart: *10* Inspizient
Bühnenwerk: *4* Oper; *5* Drama, Posse, Revue; *6* Musical; *8* Komoedie, Operette; *9* Lustspiel, Melodrama, Mysterium, Pantomime, Singspiel; *10* Musikdrama, Schauspiel
Bukett: *4* Duft; *5* Blume; *13* Blumenstrauss
Bukoliker: *4* Voss; *6* Vergil; *8* Theokrit
bulgarische(r, s)
- **Berg:** *6* Vitosa; *7* Perelik
- **Fluß** → Fluß in Bulgarien
- **Gebirge:** *7* Rhodope; *8* Rhodopen
- **Hafenstadt:** *5* Varna, Warna; *6* Burgas
- **Hauptstadt:** *5* Sofia
- **Herrscher:** *5* Boris; *6* Simeon; *9* Alexander, Ferdinand
- **Kloster:** *4* Rila
- **Luftverkehrsgesellschaft:** *5* Tabso
- **Münze:** *3* Lev, Lew; *4* Lewa; *8* Stotinka
- **Seebad:** *5* Varna, Warna
- **Stadt** → Stadt in Bulgarien
- **Volksvertretung:** *8* Sobranje

Bulle: *5* Stier; *6* Erlass, Kapsel; *7* Urkunde; *11* Papsterlass
Bullenbeißer: *9* Bulldogge
Bulletin: *7* Bericht; *12* Tagesbericht; *13* Verlautbarung; *14* Bekanntmachung
Bummelei: *11* Schlendrian
Bummelstreik im Flugwesen: *6* Goslow
Bummler: *7* Flaneur
Bund: *3* Ehe; *4* Gurt, Liga; *5* Garbe, Union; *6* Ballen; *7* Buendel, Gebinde, Strauss; *8* Buendnis; *11* Foederation, Vereinigung; *15* Zusammenschluss
Bundesdistrikt der USA: *8* Columbia
Bundeshauptstadt: *4* Bonn
- **der USA:** *10* Washington

Bundeskriminalamt der USA: *3* FBI
Bundesland
- **der Schweiz:** *6* Kanton
- **von Österreich** → österreichisches Bundesland
- **in Hinterindien:** *5* Birma, Burma
- **in Südasien:** *8* Malaysia

Bundesnachrichtendienst: *3* BND
Bundesstaat der USA → Staat der USA
Bundesstaat der Schweiz: *4* Bern
Bundestrainer: *6* Schoen; *7* Derwall; *9* Herberger; *11* Beckenbauer
bündig: *9* stringent
Bündnis: *4* Liga, Pakt; *5* Union; *7* Allianz, Entente; *9* Koalition
bunt: *8* ungleich; *9* polychrom; *10* mehrfarbig, vielfarbig; *11* vielfaeltig
bunt bemalen: *10* kolorieren
bunte(r, s)
- **Bühne:** *7* Varieté
- **Papagei:** *3* Ara
- **Papierblättchen:** *8* Konfetti
- **Streifen an Uniformen:** *5* Biese
- **Treiben:** *6* Trubel
- **Waldvogel:** *6* Haeher

Buntheit: *8* Spektrum
Buntmarder: *6* Charsa
Buntmetall: *4* Zink, Zinn; *6* Bronze, Kupfer; *7* Messing
Bürde: *4* Last, Leid; *6* Ladung; *7* Ballast
Burenführer: *5* Smuts; *7* Krueger; *9* Pretorius
Burg: *7* Festung, Kastell
Burg → Schloß
Burg
- **im Aargau:** *8* Habsburg
- **im Apennin:** *7* Canossa
- **in arabischen Städten:** *5* Kasba
- **von Athen:** *9* Akropolis
- **von Bautzen:** *9* Ortenburg
- **in Belgien:** *10* Wynendaele
- **von Belgrad:** *10* Kalemegdan
- **von Braunschweig:** *13* Dankwarderode
- **in Deutschland:** *4* Diez, Eltz, Katz, Maus, Saba; *5* Alken, Pfalz; *6* Cobern, Cochem, Kobern, Kochem, Kynast, Plesse, Runkel; *7* Lahneck, Nolling, Saaleck; *8* Habsburg, Nuerburg, Rheineck, Sababurg, Wartburg; *9* Gutenfels, Marksburg, Ortenburg, Rheinfels, Trausnitz; *10* Hardenberg, Hohentwiel, Marienberg, Marienburg, Miltenberg, Rudelsburg, Treuenfels; *11* Drachenfels, Stolzenfels; *12* Hohenzollern, Lichtenstein; *13* Albrechtsburg, Dankwarderode; *15* Ehrenbreitstein
- **in der Eifel:** *8* Nuerburg
- **bei Eisenach:** *8* Wartburg
- **an der Elbe:** *13* Albrechtsburg
- **in Frankreich:** *4* Metz; *5* Laval, Niort; *6* Angers, Chalus, Chinon, Lassay, Luynes; *7* Falaise, Grignan; *8* Langeais, Tarascon;

11 Carcassonne; *12* Aigues Mortes; *13* Chatellerault, Saintes Maries
- **bei Göttingen:** *6* Plesse; *10* Hardenberg
- **von Granada:** *8* Alhambra
- **im Hegau:** *10* Hohentwiel
- **in Italien:** *5* Nurag; *6* Trient; *7* Canossa, Capitol, Kapitol; *10* Engelsburg; *11* Campidoglio; *13* Castel del Monte
- **im Kanton Aargau:** *8* Habsburg
- **von Koblenz:** *15* Ehrenbreitstein
- **von Korinth:** *11* Akrokorinth
- **von Krakau:** *5* Wawel
- **an der Lahn:** *4* Diez; *6* Runkel
- **von Landshut:** *9* Trausnitz
- **von London:** *5* Tower
- **am Main:** *10* Miltenberg
- **von Meißen:** *13* Albrechtsburg
- **an der Mosel:** *4* Eltz; *5* Alken, Arras; *6* Cobern, Kobern, Cochem, Kochem
- **von Moskau:** *5* Kreml
- **an der Nogat:** *10* Marienburg
- **von Paris:** *8* Bastille
- **von Prag:** *9* Hradschin
- **im Reinhardswald:** *4* Saba; *8* Sababurg
- **am Rhein:** *4* Katz; *5* Pfalz; *7* Lahneck, Nolling; *8* Rheineck; *9* Gutenfels, Marksburg, Rheinfels; *10* Treuenfels; *11* Drachenfels, Stolzenfels
- **von Rom:** *7* Capitol, Kapitol
- **an der Saale:** *7* Saaleck; *10* Rudelsburg
- **von Salzburg:** *13* Hohensalzburg
- **in Schlesien:** *6* Kynast
- **auf der Schwäbischen Alb:** *12* Hohenzollern
- **in der Schweiz:** *6* Schwyz; *7* Sargans
- **in Spanien:** *6* Malaga, Toledo; *7* Alkazar, Granada; *8* Alhambra; *9* Salobrena
- **im Taunus:** *8* Saalburg
- **von Theben:** *6* Kadmea
- **in Thürigen:** *7* Saaleck; *8* Wartburg; *10* Rudelsburg
- **bei Toledo:** *7* Alkazar
- **von Troja:** *8* Pergamon
- **in Württemberg:** *12* Lichtenstein
- **in Würzburg:** *10* Marienberg

Bürge: *6* Garant, Kavent
Bürge mit Leib und Leben: *6* Geisel
bürgen: *6* haften; *7* sichern; *8* gutsagen; *9* einstehen; *11* garantieren
Bürger: *8* Staedter, Zivilist; *9* Bourgeois
Bürger
- **einer Hansestadt:** *7* Hanseat
- **in Uniform:** *6* Soldat

Bürgeradel: *9* Patriziat
bürgerlich: *5* zivil
bürgerliche Kleidung: *5* Zivil
Bürgermeister: *7* Schulze; *11* Schultheiss
Bürgermeister
- **in England:** *5* Mayor
- **in Frankreich:** *5* Maire
- **in Italien:** *7* Podesta
- **in Polen:** *7* Starost
- **bei Rembrandt:** *3* Six
- **in Spanien:** *7* Alkalde
- **in den USA:** *5* Mayor

Bürgerschaftsvertretung: *9* Magistrat
Bürgersteig: *8* Trottoir
Bürgerwehr: *5* Miliz
Burggemach: *8* Kemenate
Burggraben: *7* Zwinger
Burgherr: *6* Ritter
Burgherrin: *8* Edelfrau
Bürgschaft: *4* Aval; *7* Gewaehr, Kaution; *8* Garantie
Bürgschaftsbrief: *10* Akkreditiv
Bürgschaftsgegenstand: *5* Pfand
Burgunderkönig: *6* Gernot; *7* Gunther; *8* Giselher
Burgunderkönigin: *8* Brunhild; *9* Bruenhild, Brunhilde
Burgunderwein: *4* Ruly; *5* Givry, Mâcon; *6* Beaune, Morgon; *7* Chablis, Fleurie, Musigny, Pommard; *8* Montagny; *9* Mâconnais, Meursault; *10* Beaujolais, Châlonnais, Chambertin, Richebourg
burgundische Frauenhaube: *6* Hennin
- **Residenz:** *5* Arles

burgundisches Königreich: *6* Arelat
Burgwächter: *8* Burgvogt
Burleske: *5* Posse
burmesisch → birmanisch
Büro: *6* Kontor, Office; *7* Kanzlei
Burschenschaft: *4* Bund; *10* Verbindung; *13* Studentenbund
burschikos: *5* flott; *7* formlos
Bürste: *11* Kardaetsche
Bürzel: *5* Sterz
Busch: *7* Strauch
Büschel: *4* Bund; *5* Quast, Tolle; *6* Schopf
Buschmesser: *7* Machete
Buschwald: *3* Loh
Buschwald der Mittelmeerländer: *7* Macchia
Buschwindröschen: *7* Anemone
Busen: *5* Brust
busenfrei: *7* topless
Busenfreund: *7* Intimus
Bußbereitschaft: *4* Reue
Buße: *6* Strafe, Suehne; *7* Auflage; *9* Poenitenz
Büßer: *5* Asket; *9* Poenitent
bußfertig: *5* reuig
Bußfertigkeit: *4* Reue
Bußpsalm: *8* Miserere
Bußübung: *6* Askese; *9* Kasteiung
Büste: *5* Brust
Büstenpfeiler: *5* Herme
Butte, Bütte: *5* Wanne, Zuber; *7* Bottich
Büttel: *7* Scherge; *8* Haescher
Butterblume: *10* Loewenzahn; *16* Sumpfdotterblume
Buttarersatz: *9* Margarine
Butterfaß: *4* Karn
buttern: *6* kirnen
Büttner: *6* Kuefer; *9* Boettcher
byzantinische(r, s)
- **Feldherr:** *6* Narses; *7* Belisar
- **Historiker:** *6* Prokop; *7* Zonares; *9* Prokopius
- **Humanist:** *9* Bessarion

- **Kaiser:** *3* Leo; *4* Zeno; *5* Zenon; *6* Manuel; *7* Michael; *8* Basilius
- **Kaiserhaus:** *8* Komnenen
- **Kaiserin:** *3* Zoe; *5* Irene; *8* Theodora
- **Prinzessin:** *9* Theophanu
- **Statthalter:** *6* Exarch
- **Theologie:** *9* Bessarion

Byzanz: *8* Istanbul; *14* Konstantinopel

C

Cab: *7* Kutsche; *8* Droschke; *11* Einspaenner
Caisson: *10* Senkkasten
Camp: *5* Lager; *9* Zeltlager; *15* Gefangenenlager; *18* Internierungslager
Camping: *5* Biwak; *9* Zeltlager; *10* Lagerleben; *11* Ferienlager
Campingausrüstung: *4* Zelt; *6* Hering, Kocher, Spaten; *8* Kanister, Kochtopf, Zeltstab; *9* Blasebalg; *10* Schlafsack, Sturmleine, Wassersack, Zeltpflock, Zeltstange; *12* Luftmatratze; *14* Wasserkanister
Campingunterkunft: *4* Zelt
Cape: *6* Umhang
Cello: *9* Kniegeige
Ceylon: *8* Sri Lanka
Ceylonese: *10* Singhalese
ceylonesische(r)
- **Berg** → Berg auf Ceylon
- **Hauptstadt:** *7* Colombo
- **Inselgruppe:** *9* Malediven
- **Stadt** → Stadt auf Ceylon

Chaiselongue: *4* Sofa; *5* Couch, Diwan, Liege
Champagner: *4* Sekt; *10* Schaumwein
Champignon: *8* Egerling
Champion: *7* Favorit, Meister; *9* Rekordler; *10* Rekordmann; *12* Rekordhalter, Sportmeister; *13* Weltrekordler; *14* Weltrekordmann
Championat: *13* Meisterschaft
Chance: *6* Trumpf; *8* Aussicht, Hoffnung, Okkasion; *11* Gelegenheit, Gluecksfall; *12* Moeglichkeit
Change: *7* Wechsel; *11* Geldwechsel
Chanson: *4* Lied, Song; *7* Couplet; *10* Brettllied; *12* Kabarettlied
Chaos: *4* Wust; *6* Wirbel; *7* Urstoff; *8* Wirrwarr; *10* Tohuwabohu; *13* Durcheinander; *15* Desorganisation
Charakter: *3* Art, Typ; *4* Form; *5* Natur, Typus, Wesen; *7* Merkmal; *8* Gepraege; *9* Gesinnung, Sinnesart, Wesensart; *11* Temperament; *15* Persoenlichkeit
Charakterbild: *5* Image
Charaktereigenschaft: *3* Mut; *4* Geiz; *5* Treue; *6* Geduld; *7* Neugier
charakterisieren: *12* kennzeichnen
Charakteristik: *13* Kennzeichnung
charakteristisch: *4* echt; *5* eigen
charakterlos: *5* infam; *6* ehrlos, gemein
Charakterrolle (kleine): *6* Charge
Charge: *3* Amt; *4* Rang; *6* Ladung, Wuerde; *10* Dienstgrad; *11* Beschickung; *12* Vorgesetzter
Charisma: *9* Begnadung; *12* Ausstrahlung
Charitin: *6* Aglaia, Thalia; *10* Euphrosyne
charmant: *7* reizend; *8* lieblich; *11* bestrickend
Charme: *5* Anmut; *6* Grazie; *8* Liebreiz
Charta: *7* Urkunde; *8* Leitsatz; *9* Grundsatz; *11* Grundgesetz
chartern: *6* leasen, leihen, mieten; *7* pachten
Chassis: *6* Rahmen; *11* Fahrgestell
Chatten: *6* Hessen
Chauffeur: *6* Fahrer; *11* Kraftfahrer
Chaussee: *5* Allee; *7* Strasse; *11* Landstrasse; *16* Ueberlandstrasse
Chef: *4* Boss; *6* Leiter; *7* Meister; *9* Oberhaupt; *12* Vorgesetzter
Chefpilot: *8* Kapitaen
Chemiefaser → Kunstfaser
chemisch kleinster Teil: *4* Atom
chemische(r, s)
- **Arbeitsgerät** → chemisches Hilfsmittel
- **Begriff:** *3* Eis, Gas, Gel, Ion, Mol, Sud; *4* Atom, Base, Oxyd, Rost, Salz, Satz, Sole; *5* Asche, Beize, Biose, Dampf, Druck, Enzym, Kette, Lauge, Seife, Stoff; *6* Alkali, Dichte, Dioxyd, Filter, Flamme, Formel, Haerte, Metall, Pulver, Saeure, Valenz; *7* Analyse, Dialyse, Element, Emulsion, Filtrat, Gaerung, Gemenge, Kalorie, Kolloid, Lackmus, Loesung, Mineral, Molekel, Prozess, Schicht, Versuch; *8* Alkalien, Diastase, Emulsion, Katalyse, Kristall, Mischung, Molekuel, Reaktion, Schmelze, Spaltung, Sublimat, Substanz, Synthese; *9* Diffusion, Emanation, Gleichung, Indikator, Legierung, Metalloid, Oxydation, Reduktion, Titration; *10* Absorption, Affinitaet, Allotropie, Edelmetall, Einwirkung, Elektrolyt, Experiment, Filtration, Grundstoff, Saettigung, Saeurerest, Siedepunkt, Temperatur, Wertigkeit; *11* Aequivalenz, Elektrolyse, Katalysator, Metallurgie, Mutterlauge, Nichtmetall, Raffination, Spektroskop, Sublimation, Verbrennung, Vereinigung; *12* Alkalimetall, Alkalimetrie, Assimilation, Destillation, Dissoziation, Niederschlag; *13* Alkoholometer; *14* Loesungsmittel, Neutralisation, Strukturformel; *15* Aggregatzustand, Radioaktivitaet, Spektralanalyse; *16* Elementaranalyse, Molekulargewicht
- **Element:** *3* Bor, Jod, Zer; *4* Blei, Brom, Gold, Neon, Niob, Uran, Zink, Zinn; *5* Argon, Arsen, Chlor, Chrom, Eisen, Fluor, Radon, Selen, Titan, Xenon; *6* Barium, Curium, Erbium, Helium, Indium, Kalium, Kobalt, Kupfer, Mangan, Neodym, Nickel, Osmium, Platin, Radium, Silber, Tantal, Tellur, Wismut; *7* Antimon, Iridium, Kadmium, Kalzium, Krypton, Lanthan, Lithium, Natrium, Rhenium, Rhodium, Terbium, Thorium, Thulium, Wolfram, Yttrium, Zaesium; *8* Aktinium, Astatium, Europium, Francium, Lutetium, Phosphor, Polonium, Rubidium, Samarium, Schwefel, Silizium, Skandium, Thallium, Vanadium; *9* Aluminium, Americium, Berkelium, Beryllium, Germanium, Magnesium, Molybdaen, Neptunium, Palladium, Plutonium, Praseodym, Ruthenium,

Strontium, Ytterbium, Zirkonium; *10* Dysprosium, Gadolinium, Promethium, Sauerstoff, Stickstoff, Technetium; *11* Einsteinium, Kalifornium, Kassiopeium, Kohlenstoff, Mendelevium, Quecksilber, Wasserstoff; *12* Protaktinium
- **Erkennungsmittel:** *7* Reagens
- **Experimentiergefäß:** *7* Retorte; *8* Kochglas; *11* Reagenzglas
- **Grundstoff:** *7* Element
- **Hilfsmittel:** *5* Tubus; *6* Ballon, Filter, Kolben, Mensur, Tiegel; *7* Lackmus, Loesung, Pipette, Reagens, Reagenz, Retorte; *8* Buerette, Dreifuss, Messglas, Zylinder; *9* Exhaustor, Konverter; *10* Becherglas; *11* Reagenzglas; *12* Messzylinder; *13* Standzylinder
- **Kampfstoff:** *3* Gas; *4* Lost; *8* Chlorgas
- **Lösungsmitteln:** *6* Azeton
- **Niederschlag:** *3* Gel
- **Prüfmittel:** *7* Reagenz
- **Reagens:** *7* Lackmus
- **Umsetzung:** *8* Reaktion
- **Untersuchung:** *7* Analyse
- **Verbindung:** *4* Amid, Amin, Base, Oxyd, Rost, Salz, Soda, Zyan; *5* Alkyl, Borat, Elain, Ester, Fluat, Indol, Jodat, Jodid, Keton, Lauge, Olein, Oleum, Pinen, Purin, Seife; *6* Aethan, Aether, Aethyl, Alkali, Anilin, Azetat, Azeton, Benzol, Chinon, Glykol, Hydrat, Hydrid, Karbid, Kresol, Laktam, Methan, Methyl, Natron, Nitrat, Nitrid, Nitrit, Oxydul, Pektin, Pentan, Phenol, Pyrrol, Saeure, Skatol, Smalte, Sterin, Styrol, Sulfat, Sulfid, Sulfit, Tannin, Terpen, Toluol, Xylole, Xylose; *7* Aldehyd, Alkohol, Chloral, Chlorat, Chlorid, Chollin, Derivat, Dextrin, Elaidin, Glukose, Isopren, Kreosot, Kumaron, Mennige, Nitrose, Nuklein, Phosgen, Pyridin, Salmiak, Silikat, Staerke, Tartrat, Vitriol, Zeolith; *8* Alkaloid, Ammoniak, Ammonium, Anhydrid, Azetylen, Hydroxyd, Isobutan, Karbinol, Karbonat, Kleesalz, Kochsalz, Perborat, Phosphat, Salpeter, Zyankali; *9* Anthrazen, Asparagin, Bichromat, Pottasche, Silikagel; *10* Bikarbonat, Blausaeure, Gerbsaeure, Kohlenoxyd, Naphthalin, Oxalsaeure, Salzsaeure, Sulfonamid, Wasserglas, Weinsaeure; *11* Aminosaeure, Essigsaeure, Formaldehyd, Glaubersalz; *12* Kohlendioxyd, Kohlenhydrat, Kohlensaeure, Piktrinsaeure
- **Verwandtschaft:** *10* Affinitaet
- **Werkstatt:** *5* Labor; *12* Laboratorium
- **Zeichen:** *6* Formel
- **Zeichen für...** → Abkürzung
- **Zusatz:** *7* Additiv

Chemotechniker: *8* Laborant
Cheruskerfürst: *5* Armin; *7* Hermann, Segimer; *8* Arminius
Cheruskerfürstin: *9* Thusnelda
Chiffre: *4* Zahl; *6* Ziffer; *8* Kennwort
chilenische(r)
- **Berg:** *6* Osorno; *9* El Calbuco
- **Besitzloser:** *5* Rotos
- **Dichterin:** *7* Mistral
- **Dünger:** *5* Guano; *8* Salpeter
- **Fluß:** *3* Loa; *5* Maipo; *6* Bio-Bio
- **Hafenstadt** → Hafenstadt in Chile
- **Halbinsel:** *6* Taitao
- **Hauptstadt:** *8* Santiago
- **Indianer:** *9* Araukaner
- **Insel** → Insel vor Chile
- **Landbesitzer:** *8* Criollos
- **Landessprache:** *8* Spanisch
- **Lyriker:** *6* Neruda
- **Münze:** *4* Peso; *7* Centavo
- **Nobelpreisträger für Literatur:** *7* Mistral
- **Pianist:** *5* Arrau
- **Provinz:** *5* Aysen, Maule, Nuble; *6* Arauco, BioBio, Lautin, Chiloe; *7* Atacama, Malecco; *8* Coquimbo, Tarapaca; *9* Aconcagua, Colchagua; *10* Lianquihue; *11* Antofagasta
- **Staatsmann:** *7* Allende; *8* Pinochet
- **Stadt** → Stadt in Chile
- **Vulkan:** *6* Osorno; *9* El Calbuco
- **Wasserfälle:** *10* Pilmaiquen
- **Wüste:** *7* Atacama

Chiletanne: *9* Araukarie
Chinagras: *5* Ramie
Chinakundiger: *8* Sinologe
Chinarindenbaum: *8* Cinchona
Chinchilla: *9* Hasenmaus
chinesische(r, s)
- **Bauwerk:** *5* Mauer; *11* Grosse Mauer
- **Beamter:** *8* Mandarin
- **Berg** → Berg in China
- **Delikatesse:** *7* Trepang
- **Dichter:** *4* Tu Fu; *7* Li Taipo
- **Dynastie:** *3* Han, Hia, Kin, Sin, Sui; *4* Ming, Sung, Tang, Tsin; *6* Schang; *8* Mandschu
- **Ehrenbezeigung:** *5* Kotau
- **Erfindung:** *6* Papier; *7* Kompass; *9* Porzellan; *13* Schiesspulver
- **Fischfangvogel:** *8* Kormoran
- **Flächenmaß:** *2* Pu; *3* Meu, Mow; *4* Kung; *5* Ching
- **Flöte:** *2* Yo
- **Fluß** → Fluß in China
- **Geheimorganisation:** *5* Boxer
- **General:** *4* Piao
- **Gesellschaftsspiel:** *8* Mah-Jongg
- **Gewicht:** *3* Fan, Fen, Jin, Lei, Tan, Yin; *4* Chin, Tael; *5* Liang, Pikul
- **Grenzfluß:** *4* Amur
- **Hafenstadt** → Hafenstadt in China
- **Halbinsel:** *8* Liaotung, Liautung; *9* Schantung
- **Hauptstadt:** *6* Peking, Taipeh
- **Hausboot:** *6* Sampan
- **Hohlmaß:** *2* Ho, Hu; *3* Tan; *5* Sheng
- **Hunderasse:** *8* Chow-Chow
- **Insel:** *6* Hainan, Taiwan; *7* Formosa
- **Kleinbär:** *5* Panda
- **Landschaft:** *11* Mandschurei
- **Längenmaß:** *2* Li; *3* Fan, Fen; *5* Chang
- **Lastenträger:** *4* Kuli

- **Laute:** *3* Kin; *4* Pipa
- **Maler:** *10* Ku Kai-tschi
- **Marschall:** *16* Tschiangkaischek
- **Meerenge:** *13* Fukienstrasse
- **Münze:** *4* Cent, Tael, Yuan; *5* Tsjao; *6* Dollar
- **Musikinstrument:** *2* Yo; *3* Kin
- **Nachrichtenagentur:** *6* Xinhua
- **Name für Buddha:** *2* Fo
- **Nobelpreisträger für Physik:** *3* Lee; *4* Yang
- **Partei:** *10* Kuomintang
- **Philosoph:** *6* Laotse; *7* Mengtse; *8* Konfutse; *9* Konfuzius; *11* Tschuangtse
- **Philosophie:** *3* Tao; *8* Taoismus
- **Philosophiebegriff:** *3* Tao
- **Physiker:** *3* Lee
- **Politiker:** *3* Mao; *7* Limpiao; *10* Mao Tse-tung
- **Provinz** → Provinz in China
- **Religionsphilosophie:** *3* Tao; *8* Taoismus
- **Riesentrommel:** *3* Kou
- **See:** *6* Poyang; *7* Kuku Nor; *9* Tengri Nor
- **Segelschiff:** *8* Dschunke
- **Selbstverteidigung:** *6* Tai Tji
- **Spitz:** *8* Chow-Chow
- **Staatsbeamter:** *8* Mandarin
- **Staatsmann:** *3* Mao; *9* Sun Jatsen, Sun Yatsen; *16* Tschiangkaischek
- **Staatsreligion:** *8* Taoismus
- **Stadt** → Stadt in China
- **Tagelöhner:** *4* Kuli
- **Tempel:** *6* Pagode
- **Verbeugung:** *5* Kotau
- **Volksliedersammlung:** *8* Schiking
- **Volksreligion:** *8* Taoismus
- **Volksstamm:** *4* Lo-lo
- **Währungseinheit:** *4* Cent, Tael, Yuan; *5* Tsjao; *6* Dollar
- **Wegemaß:** *2* Li
- **Weiser:** *6* Laotse; *8* Konfutse; *9* Konfuzium
- **Wohnboot:** *6* Sampan
- **Würdenträger:** *8* Mandarin
- **Zierstrauch:** *8* Wistarie
- **Zither:** *3* Kin

chirurgisch: *8* operativ
chirurgischer Eingriff: *9* Operation; *10* Amputation
- **Nähfaden:** *6* Katgut

chirurgisches Instrument: *8* Lanzette, Skalpell
Chlorophyll: *10* Blattgruen
chlorsaures Salz: *7* Chlorat
Chlorverbindung: *7* Chloral, Chlorat, Chlorid; *8* Chloruer
Chlorwasserstofflösung: *10* Salzsaeure
cholerisch: *10* jaehzornig; *11* aufbrausend
Chor: *6* Empore; *9* Altarraum, Singschar; *10* Singgruppe; *11* Komposition, Musikstueck, Vokalgruppe; *13* Gesangsgruppe, Saengergruppe; *18* Saengervereinigung
Choral: *4* Lied; *6* Gesang; *11* Kirchenlied; *12* Gemeindelied; *14* Gemeindegesang
Choreographie: *9* Tanzregie
Chorfrau: *9* Kanonisse
Chorhemd: *4* Albe
Chorherr: *9* Kanoniker, Kanonikus
chorischer Gesang: *6* Choral
Chorist: *7* Saenger
Chorlied: *8* Madrigal
Chorraum: *12* Presbyterium
Chorschranke: *7* Lettner
Chorwerk: *5* Messe; *7* Kantate
Christbaumschmuck: *5* Kerze, Kette, Kugel, Stern; *7* Lametta; *10* Engelshaar
Christblume: *8* Nieswurz
christliche(r, s)
- **Dankgottesdienst:** *6* Tedeum
- **Einsiedler:** *9* Anachoret
- **Fest:** *6* Ostern; *7* Busstag, Firmung; *9* Pfingsten, Weihnacht; *10* Christfest, Karfreitag; *11* Allerseelen, Heiligabend, Himmelfahrt, Weihnchten; *12* Fronleichnam, Herz-Jesu-Fest, Konfirmation; *13* Allerheiligen, Heiliger Abend; *15* Dreikoenigsfest, Gruendonnerstag; *16* Reformationsfest
- **Glaubensbewegung:** *11* Reformation
- **Heilsbotschaft:** *10* Evangelium
- **Herberge:** *6* Hospiz
- **Kardinaltugend:** *5* Liebe; *6* Glaube
- **Konfession, Sekte:** *7* Quaeker; *8* Hussiten, Mormonen; *9* Baptisten, Maroniten, Puritaner, Waldenser; *10* Donatisten, Hugenotten, Katholiken, Lutheraner, Mennoniten; *11* Adventisten, Calvinisten, Herrenhuter, Methodisten, Reformierte, Zwinglianer; *12* Protestanten
- **Nachkommen der alten Ägypter:** *6* Kopten
- **Sakrament** → Sakrament
- **Sekte in Amerika:** *8* Mormonen
- **Sinnbild:** *5* Kreuz; *7* Phoenix
- **soziale Bewegung:** *11* Heilsarmee

Christmond: *8* Dezember
Christusmonogramm: *3* IHS
Christussymbol: *2* XP
Christwurz: *6* Germer
chromatische Handharmonika: *9* Akkordeon
Chronik: *7* Annalen; *8* Jahrbuch, Tagebuch
Chronikschreiber: *8* Chronist
Chronologie: *9* Zeitfolge, Zeitkunde
Chronometer: *3* Uhr; *10* Taktmesser, Zeitmesser
Chrysantheme: *9* Margerite; *10* Marguerite; *11* Winteraster
Ciceros Privatsekretär: *4* Tiro
circa: *4* etwa
Cissus: *6* Klimme
Clerk: *7* Gehilfe; *9* Schreiber, Sekretaer; *10* Buchhalter
clever: *5* smart; *6* listig, wendig; *8* gerissen; *9* geschickt
Clique: *4* Gang; *5* Bande, Rotte; *8* Kluengel
Clou: *9* Sensation; *10* Hoehepunkt; *11* Glanznummer, Knalleffekt; *12* Paradenummer; *13* Glanzleistung
Clown: *7* Bajazzo; *8* Harlekin; *9* Hanswurst; *10* Hampelmann, Komoediant, Spassvogel; *11* Spassmacher; *12* Dummer August
Club: *11* Vereinigung

Coach: *5* Wagen; *7* Kajuete, Trainer; *8* Betreuer
Cockpit: *10* Fahrersitz; *13* Pilotenkabine
Cocktail: *4* Fizz, Flip, Sour; *5* Daisy, Julep, Sling; *6* Cooler, Crusta; *7* Cobbler, Collins, Egg-Nogg; *8* High Ball
Cocktail (berühmter): *4* Ohio; *5* Bronx; *8* Blue Lady, Claridge; *9* Manhattan
Code: *10* Gesetzbuch, Schluessel
College: *10* Hochschule
Combo: *4* Band; *6* Gruppe; *7* Kapelle; *8* Ensemble
Computer: *12* Rechenanlage; *16* Elektronengehirn; *17* Elektronenrechner
Conférence: *6* Ansage
Conférencier: *7* Ansager; *8* Sprecher
Count: *4* Graf
Countdown: *12* Endkontrolle; *13* Vorstartphase
Coup: *6* Schlag; *7* Streich
Couplet: *7* Chanson
Cour: *3* Hof; *10* Aufwertung, Hofhaltung
Courage: *3* Mut; *7* Schneid; *9* Kuehnheit; *10* Tapferkeit; *11* Beherztheit
couragiert: *5* mutig; *6* tapfer; *9* schneidig
Courtoisie: *12* Hoeflichkeit
Cousin: *5* Kusin; *6* Vetter
Cousine: *4* Base; *6* Kusine
Cowboy: *10* Rinderhirt
Cowboyfest: *5* Rodeo
Cowboyhut: *7* Stetson
Crack: *12* Spitzenpferd; *15* Spitzensportler
Creme: *5* Paste, Salbe
cremefarben: *8* mattgelb; *9* blassgelb
Crew: *4* Team; *5* Bande, Schar; *6* Gruppe; *9* Besatzung; *10* Mannschaft
Croupier: *10* Bankhalter

D

da: *4* dort, hier, weil; *5* zumal; *7* zugegen; *8* anwesend
Dach der Mundhöhle: *6* Gaumen
- der Welt: *5* Pamir, Tibet; *6* Himmel; *9* Firmament
Dachabschluß: *6* Giebel
Dachdeckergerät: *7* Haubank; *9* Deckstuhl
Dachdeckermaterial: *4* Blei, Glas, Reet, Ried; *5* Beton, Stroh; *6* Schilf, Ziegel, Pfanne; *7* Eternit; *8* Schiefer, Schindel; *9* Teerpappe, Wellblech
Dachfenster: *3* Luk; *4* Luke; *5* Gaube, Gaupe
Dachfläche: *4* Walm
Dachform: *6* Kuppel; *8* Walmdach; *9* Flachdach; *10* Satteldach
Dachgeschoß: *8* Mansarde
Dachgesellschaft eines Konzerns: *7* Holding
Dachhase: *5* Katze
Dachraum: *5* Boden; *6* Buehne; *8* Mansarde, Speicher; *12* Trockenboden
Dachrinne: *6* Traufe
Dachs in der Tierfabel: *8* Grimbart
Dachshund: *6* Dackel, Teckel
Dachspitze: *5* First
Dachteil: *4* Walm; *5* First, Haube, Raehm, Rinne; *6* Kandel, Pfette, Sparre, Strebe, Traufe
Dachterrassenwohnung: *9* Penthouse
Dachwinkel: *3* Oke
Dachzimmer: *8* Mansarde
dafür: *3* pro
Dafürhalten: *7* Meinung
dagegen: *4* anti
dagegen sein: *10* opponieren
Daheim: *7* Zuhause
Dahlienart: *8* Georgine
dalmatinische Hafenstadt → Hafenstadt in Dalmatien
- Insel → Insel vor Jugoslawien
damals: *5* einst; *6* ehedem; *7* dazumal, frueher, vormals, weiland; *9* einstmals; *10* seinerzeit
Damastgewebe: *6* Lampas
Damenbadeanzug: *6* Bikini
damenhaft: *8* ladylike
Damenhut: *5* Toque; *6* Schute; *7* Kapotte; *11* Florentiner
Damenkleidung → Kleidungsstück
Damenmantel: *9* Redingote
Damenmantel mit Kapuze: *8* Capuchon
Damenreitpferd: *6* Zelter
Damenschuh: *5* Pumps; *6* Opanke; *7* Sandale, Slipper; *8* Trotteur; *9* Sandaline; *10* Bottilons, Sandalette
Damenstrümpfe: *6* Nylons
Damenunterkleidung: *4* Hemd, Slip; *5* Jupon; *6* Mieder; *7* Dessous, Korsett; *8* Garnitur, Hemdhose, Leibchen; *9* Petticoat, Trikotage, Unterrock; *10* Schluepfer, Unterkleid; *11* Kombination, Untertaille
Damenzimmer: *7* Boudoir
Damhirsch: *9* Schaufler
dämlich: *4* dumm; *6* albern
Damm: *3* Kai; *4* Mole, Pier, Wall, Wehr; *5* Buhne, Deich
dämmen: *9* isolieren
Dämmerung: *9* Zwielicht; *10* Halbdunkel
Dammkrone: *5* Haupt
Dämmung: *9* Isolation
Dämon: *5* Geist; *6* Teufel; *7* Ungeist
- im Alten Testament: *6* Asasel
- im arabischen Glauben: *5* Jinni
- von Petersburg: *8* Rasputin
- der nordischen Mythologie: *6* Utsard; *10* Fenriswolf
- im nordischen Volksglauben: *5* Troll
Dämonen: *8* Perchten
dämonisch: *8* besessen; *9* teuflisch
Dampf: *5* Dunst; *6* Brodem, Wrasen; *8* Schwaden
Dampfbad: *5* Sauna
dampfen: *6* kochen; *9* schwitzen
Dampfer: *7* Steamer
- mit Schaufelrädern: *10* Raddampfer
Dämpfer: *7* Sordine, Sordino
Dampfmaschine: *10* Lokomobile
Dampfmaschinenteil: *6* Kolben, Regler, Ventil; *8* Exzenter, Schieber, Zylinder; *10* Schwungrad
Dampfschiff: *7* Dampfer, Steamer
Dämpfungsmaß: *5* Neper
danach: *7* nachher; *8* folglich
Dandy: *4* Beau, Geck, Snob; *7* Angeber, Stutzer; *8* Modegeck, Modenarr
Dänemark: *7* Danmark
Dänenprinz: *6* Hamlet
dänische(r, s)
- Abgeordnetenhaus: *9* Folketing
- Arzt: *6* Finsen
- Astronom: *5* Brahe; *6* Roemer
- Atomphysiker: *4* Bohr
- Berg: *10* Himmelberg
- Bildhauer: *11* Thorwaldsen
- Biologe: *3* Dam
- Dichter: *4* Munk; *7* Holberg; *8* Andersen; *11* Pontoppidan
- Filmkomiker: *3* Pat; *8* Patachon
- Filmschauspielerin: *7* Nielsen
- Flagge: *8* Danebrog
- Geograph: *5* Hedin; *9* Rasmussen
- Grenzwall in Schleswig: *8* Danewerk
- Hafenstadt → Hafenstadt in Dänemark
- Halbinsel: *8* Juetland
- Hauptstadt: *10* Kopenhagen
- Held: *3* Dan
- Herrscher: *4* Abel
- Hohlmaß: *3* Ahm
- Insel: *3* Als, Fyn; *4* Moen, Roem; *5* Aaroe, Aeroe, Alsen, Fanoe, Manoe; *6* Amager, Anholt, Fuenen, Laesoe, Roemoe, Samsoe;

7 Falster, Lolland, Seeland; *8* Bornholm; *9* Groenland, Langeland
- **Insel in der Arktis:** *9* Groenland
- **Insel im Kattegat:** *6* Anholt, Laesoe, Samsoe
- **Insel im Öresund:** *6* Amager
- **Inselgruppe im Atlantik:** *8* Faeroeer
- **Kap:** *6* Skagen
- **Komiker der Stummfilmzeit:** *3* Pat; *5* Hardy; *6* Laurel
- **Komponist:** *4* Gade
- **König:** *3* Dan; *4* Erik, Gorm, Knud, Knut, Olaf, Sven; *5* Kanut, Niels; *6* Harald, Johann, Magnus; *7* Godfred; *8* Frederik, Kristian, Valdemar, Waldemar
- **Königin:** *6* Ingrid; *9* Margrethe
- **Krebsforscher:** *7* Fibiger
- **Längenmaß:** *4* Alen
- **Männername:** *4* Knud; *5* Malte; *8* Kristian
- **Märchendichter:** *8* Andersen
- **Meerenge:** *4* Belt
- **Meeresbucht:** *5* Fakse, Koege; *8* Ise-Fjord, Lim-Fjord
- **Münze:** *4* Oere; *5* Krone
- **Nebenland:** *8* Faeroeer
- **Nobelpreisträger** → Nobelpreisträger
- **Nordseeinsel:** *4* Roem; *5* Fanoe, Manoe; *6* Roemoe
- **Ostseeinsel:** *4* Moen; *5* Aaroe, Aeroe, Alsen; *6* Fuenen, Samsoe; *7* Falster, Laaland, Lolland, Seeland; *8* Bornholm; *9* Langeland
- **Parlament:** *7* Rigsdag; *9* Folketing
- **Philosoph:** *7* Sibbern; *9* Hoeffding; *11* Kierkegaard
- **Physiker:** *4* Bohr; *7* Oersted
- **Physiologe:** *5* Krogh
- **Polarforscher:** *9* Rasmussen
- **Politiker:** *5* Bajer
- **Sagenheld:** *5* Ogier; *6* Hamlet
- **Sagenkönig:** *5* Krake; *6* Hawart, Hettel
- **Sänger:** *9* Roswaenge
- **Schauspielerin:** *7* Nielsen
- **Schriftsteller:** *4* Munk; *6* Jensen, Larsen; *7* Fleuron, Heiberg, Holberg; *8* Andersen, Freuchen, Jacobsen; *9* Gjellerup; *11* Kierkegaard
- **Schriftstellerin:** *6* Blixen
- **Seefahrer:** *6* Bering
- **Seeheld:** *4* Juel
- **Silbermünze:** *9* Rijsdaler
- **Staatsmann:** *9* Struensee
- **Stadt** → Stadt in Dänemark
- **Währungseinheit:** *5* Krone
- **Zither:** *5* Humle

Dankgebet: *7* Gratias
Dantes Beiname: *9* Alighieri
Dantes Geliebte: *8* Beatrice
Dantes Hölle: *7* Inferno
Danziger
- **Bauwerk:** *7* Krantor; *8* Artushof, Zeughaus; *12* Marienkirche
- **Dichter:** *5* Halbe
- **Kloster:** *5* Oliva
- **Likör:** *10* Goldwasser
- **Wacholderbranntwein:** *9* Machandel

darbieten: *13* praesentieren
Darbietung: *4* Show; *5* Schau; *11* Vorstellung
darbringen: *6* opfern
Darbringung: *5* Opfer
Dardanellen: *10* Hellespont
Dargebrachtes: *4* Gabe
dargestellter Humor: *5* Komik
darlegen: *6* zeigen; *9* erklaeren, vortragen; *10* darstellen; *13* demonstrieren
darlegend: *12* demonstrativ
Darlegung: *6* Exposé; *10* Erklaerung; *13* Demonstration, Manifestation
Darlehen: *6* Kredit; *7* Anleihe
Darmausgang: *4* Anus; *5* After
Darmeinlauf: *6* Klysma; *8* Klistier
Darmentzündung: *9* Enteritis
Darmkrankheit bei Pferden: *5* Kolik
Darmschmarotzer: *8* Bandwurm
Darmspülung: *8* Klistier
Darmüberfunktion: *8* Diarrhoe; *9* Durchfall
Darmverschluß: *5* Ileus
darstellen: *5* mimen; *7* agieren, spielen; *11* konterfeien, verkoerpern; *13* portraetieren
Darsteller: *4* Mime; *6* Akteur; *7* Statist; *8* Komparse; *12* Schauspieler
Darstellung: *4* Bild; *7* Version; *10* Wiedergabe; *12* Illustration, Konstruktion; *13* Demonstration
Darstellung
- **einer chemischen Verbindung:** *6* Formel
- **des duldenden Christus:** *8* Ecce-Homo
- **der Himmelfahrt Mariae:** *7* Assunta
- **des nackten Körpers:** *3* Akt
- **aller Vorfahren:** *10* Ahnentafel

Darstellungsweise: *4* Stil
darüber: *4* oben
darum: *7* deshalb
darunter: *5* unten
das königliche Spiel: *6* Schach
dasein: *5* leben; *8* bestehen; *9* vorkommen; *10* existieren
Dasein: *5* Leben; *8* Bestehen, Existenz; *9* Gegenwart
daseinsbejahend: *10* lebensfroh; *12* optimistisch
dasselbe: *4* dito
Dasselfliege: *6* Bremse
Datenausgabe: *6* Output
Dateneingabe: *5* Input
Datenendgerät: *8* Terminal
Datenspeicherwerk: *5* Datei
Datum: *3* Tag; *4* Zeit; *6* Termin; *9* Zeitpunkt; *10* Zeitangabe
Datumsanzeiger: *8* Kalender
Dauer: *4* Zeit; *5* Frist, Weile; *9* Permanenz
Dauerbezieher: *8* Abonnent
Dauerbezug: *10* Abonnement
Dauergebäck: *4* Keks
dauerhaft: *4* ewig, fest; *5* solid; *6* solide, stabil; *7* durabel; *9* langlebig; *10* bestaendig
dauerhaft machen: *12* konservieren

Dauerhaftigkeit: *11* Stabilitaet
Dauermiete: *10* Abonnement
dauernd: *9* permanent; *10* persistent; *13* unaufhoerlich
Dauerware: *8* Konserve
Dauerwurst: *6* Salami; *10* Mortadella; *13* Zervelatwurst
Daune: *10* Flaumfeder; *14* Erstlingsfeder
Dauphin: *9* Kronprinz; *11* Thronfolger
Daus: *2* As
Davids
- **Feldherr:** *4* Uria; *5* Urias
- **Frau:** *6* Michal, Michol; *7* Abigail; *8* Bathseba; *9* Bethsabee
- **Gegner:** *7* Goliath
- **Sohn:** *6* Salomo; *7* Absalom, Salomon
- **Vater:** *4* Isai

davon: *4* fort
davonbleiben: *6* meiden
davonhasten: *8* enteilen
dazumal: *6* damals
dazwischentreten: *13* intervenieren
Debakel: *4* Ruin
Debatte: *6* Dialog; *10* Aussprache, Diskussion; *11* Eroerterung, Kontroverse, Wortgefecht; *18* Auseinandersetzung
Debet: *4* Soll; *6* Schuld
Debitor: *9* Schuldner
Debitoren: *11* Forderungen; *13* Aussenstaende
Debüt: *5* Start; *12* Antrittsrede, Erstauftritt
Debütant: *7* Neuling; *9* Anfaenger
Deck: *4* Bord
Deckblatt: *6* Tektur
Decke: *4* Fell; *5* Matte, Plaid; *7* Woilach
Deckel: *6* Klappe
Deckelbehälter: *4* Dose; *5* Kiste; *6* Kasten; *7* Buechse; *8* Kassette; *9* Schachtel, Schatulle
Deckendekoration: *8* Soffitte
deckender Teil: *5* Kappe
Deckengewölbe: *6* Kuppel
Deckmantel: *7* Tarnung
Deckname: *9* Pseudonym
Deckoffizier: *9* Bootsmann
Decköffnung: *4* Luke
Deckschicht: *5* Belag
Deckung: *7* Tarnung
deckungsgleich: *9* kongruent
Deduktion: *6* Beweis
Defekt: *6* Fehler, Mangel; *7* Schaden
defekt: *6* kaputt; *9* schadhaft; *10* fehlerhaft
Defensive: *6* Abwehr; *12* Verteidigung
definieren: *9* bestimmen
definitiv: *8* bestimmt; *10* endgueltig, massgebend; *12* entscheidend
Defizit: *5* Manko; *6* Mangel; *7* Verlust; *8* Einbusse, Passivum; *10* Fehlbetrag
Defloration: *13* Entjungferung
Deformation: *10* Verformung; *11* Entstellung, Missbildung; *13* Verunstaltung
deftig: *4* herb
Degen: *6* Espada, Rapier
Degeneration: *7* Abstieg, Verfall; *9* Entartung; *10* Niedergang; *12* Rueckschritt
degenerieren: *8* entarten
Degenquaste: *8* Portepee
Degradation: *12* Erniedrigung, Herabsetzung; *15* Herabwuerdigung
dehnbar: *6* duktil; *9* elastisch
dehnbares Gewebe: *7* Elastik
dehnen: *6* weiten; *8* strecken; *9* ausweiten
Dehnung: *7* Tension
Dehnungslaut: *2* ie
Dehnungszeichen: *10* Zirkumflex
Deich: *4* Damm
Deichschleuse: *4* Siel
Deist: *6* Tindal, Toland; *8* Reimarus, Voltaire
Dekade: *8* Zehnzahl
Dekadenz: *7* Verfall; *9* Entartung
Deklamation: *7* Vortrag; *10* Rezitation, Wiedergabe
deklamieren: *10* rezitieren
Deklaration: *10* Erklaerung, Wertangabe
deklarieren: *8* anmelden, anzeigen; *9* erklaeren
deklinieren: *6* beugen; *9* abweichen
Dekor: *4* Zier; *6* Muster, Zierat
Dekoration: *5* Orden
dekorieren: *6* zieren; *9* verzieren; *11* auszeichnen
Dekret: *6* Erlass
Delegation: *9* Abordnung; *10* Deputation
delegieren: *8* abordnen; *9* entsenden
delikat: *6* heikel, lecker; *9* koestlich; *10* auserlesen, bedenklich; *11* appetitlich; *14* wohlschmeckend
Delikatesse: *4* Takt; *8* Feinheit; *12* Leckerbissen
Delikatesse (Speise): *3* Aal; *4* Salm; *5* Fasan, Krebs, Lachs; *6* Auster, Hummer, Kalmar, Kaviar, Krebse, Scampi, Zander; *7* Avocado, Avokado, Forelle, Karpfen, Krabben, Parfait, Pastete, Rebhuhn, Shrimps, Wachtel; *8* Morcheln, Seezunge; *9* Galantine; *10* Rehruecken; *11* Champignons, Gaensebrust, Gaenseleber; *12* Artischocken, Froschkeulen, Palmenherzen; *14* Froschschenkel
Delikatessen: *8* Feinkost
Delikt: *8* Straftat
Delinquent: *10* Verbrecher; *11* Angeklagter, Missetaeter, Uebeltaeter
Delirium: *6* Rausch; *8* Wahnsinn; *10* Verwirrung
deliziös: *9* koestlich; *11* schmackhaft
Delle: *5* Beule
Delphin: *3* Nar; *6* Narwal; *8* Tuemmler
dem Wind abgewandte Schiffseite: *3* Lee
dem Wind zugekehrte Schiffseite: *3* Luv
Demarkation: *10* Abgrenzung, Begrenzung; *12* Grenzziehung
Demarkationslinie: *6* Grenze
demaskieren: *9* entlarven
Dementi: *8* Widerruf
Demission: *10* Entlassung, Ruecktritt
demnach: *8* folglich
demnächst: *4* bald
Demokratie: *15* Volksherrschaft
demolieren: *10* zerstoeren

Demonstrant: *9* Kundgeber
Demonstration: *6* Beweis; *7* Drohung; *9* Darlegung; *10* Erklaerung, Kundgebung; *11* Versammlung, Vorfuehrung; *12* Erlaeuterung
Demontage: *5* Abbau
Demoralisation: *11* Entmutigung; *14* Entsittlichung, Zuchtlosigkeit
demütig: *7* ergeben
den Atomkern betreffend: *7* nuklear
den Bergbau betreffend: *6* montan
den Mond betreffend: *5* lunar
den Mund betreffend: *4* oral
den Tod erleiden: *7* sterben
den Wind betreffend: *5* Anemo
Dengel: *8* Schneide
Denkart: *7* Ansicht, Meinung; *9* Gesinnung; *10* Auffassung, Standpunkt; *11* Einstellung, Mentalitaet
denkbar: *8* moeglich
denken: *6* meinen, sinnen; *8* urteilen; *10* ueberlegen
Denken: *6* Noesis
Denker: *9* Philosoph
denkfaul: *9* boeotisch
Denkfehler: *6* Irrtum
Denklehre: *5* Logik; *6* Noetik
Denkmal: *8* Monument
Denkmalpodest: *6* Sockel
Denkmünze: *8* Medaille
Denkorgan: *6* Gehirn
denkrichtig: *7* logisch
Denkschrift: *6* Exposé; *10* Kommuniqué, Memorandum
Denkspiel: *4* Quiz
Denksport: *5* Raten
Denksportaufgabe: *7* Raetsel
Denkspruch: *5* Gnome, Motto; *7* Paroemi, Sentenz
Denkvermerk: *10* Memorandum
Denkvermögen: *5* Ratio; *8* Verstand; *9* Intellekt; *11* Intelligenz
Denkweise: *9* Gesinnung, Ideologie
Denkwissenschaft: *11* Philosophie
denkwürdig: *7* epochal, wichtig
Denkwürdigkeiten: *8* Memoiren; *12* Memorabilien
Denkzentrum: *6* Gehirn
Denkzettel: *8* Notabene
Denunziant: *7* Spitzel; *9* Verraeter; *12* Anschwaerzer
denunzieren: *8* anzeigen, verraten; *12* anschwaerzen
Dependance: *11* Zweigstelle; *13* Nebengebaeude, Niederlassung
Depesche: *9* Telegramm
depeschieren: *7* drahten
deponieren: *11* hinterlegen
Deportation: *10* Verbannung; *13* Verschleppung
deportieren: *9* verbannen
Depot: *5* Lager; *7* Bahnhof, Einlage, Filiale; *10* Niederlage; *12* Aufbewahrung, Sammelstelle; *13* Niederlassung
Depression: *4* Tief; *7* Senkung; *9* Schwermut
deprimiert: *6* mutlos; *9* gedrueckt; *16* niedergeschlagen
Deputation: *9* Abordnung, Ausschuss; *10* Vertretung
Deputierter: *12* Abgeordneter
der Letzte der Mohikaner: *5* Unkas
derart: *2* so
derb: *3* roh; *4* grob, rauh; *5* drall, plump, prall; *6* deftig, kernig, robust; *9* drastisch; *10* konsistent; *11* hanebuechen
derber Mensch: *7* Grobian
derbes Gewebe: *5* Drell; *8* Drillich
derbkomisches Bühnenstück: *5* Posse
Derby: *6* Rennen; *11* Flachrennen, Zuchtrennen; *12* Galopprennen, Pferderennen
Derivation: *10* Abweichung
Derwisch: *5* Fakir
Derwischorden: *7* Rufaija, Senussi; *9* Bektaschi
derzeit: *3* nun; *5* jetzt
des Lesens und Schreibens Unkundiger: *10* Analphabet
des Menschen Innerstes: *5* Seele
Desaster: *7* Unstern
Deserteur: *12* Ueberlaeufer; *17* Fahnenfluechtiger
Desertion: *12* Fahnenflucht
desgleichen: *4* auch, dito; *6* ebenso; *9* ebenfalls
deshalb: *5* darum
Desillusion: *13* Enttaeuschung, Ernuechterung
Desinfektion: *9* Abtoetung; *10* Entgiftung, Entkeimung; *11* Entseuchung
Desinfektionsmittel: *3* Jod; *4* Kalk; *5* Chlor; *6* Karbol, Kresol, Phenol; *7* Kreosot; *8* Formalin; *9* Chlorkalk; *11* Formaldehyd
Desinfektor: *12* Kammerjaeger
desinfizieren: *9* entkeimen; *10* entseuchen; *13* sterilisieren
Desperado: *6* Bandit; *7* Raeuber; *10* Abenteurer
Despot: *6* Tyrann; *8* Diktator; *15* Gewaltherrscher
Despotie: *6* Terror; *8* Tyrannei, Willkuer
Dessert: *3* Eis; *7* Kompott, Pudding; *9* Nachtisch; *10* Nachspeise
Dessertwein: *5* Samos; *6* Malaga, Sherry; *7* Madeira, Marsala, Tokaier; *8* Jenerodi, Portwein; *9* Tarragona
Dessin: *4* Plan; *6* Muster; *7* Entwurf, Vorlage
Dessous: *7* Waesche; *12* Damenwaesche, Unterwaesche
Destillationsgefäß: *7* Retorte
Destillationsprodukt: *4* Teer; *6* Benzin, Gasoel; *9* Petroleum
destillieren: *7* trennen; *8* erhitzen, reinigen; *9* abdampfen
Detail: *4* Teil; *6* Stueck; *7* Umstand; *10* Einzelheit, Einzelteil; *11* Bestandteil, Kleinigkeit; *12* Einzelposten, Einzelstueck, Nebenumstand; *14* Begleitumstand
Detektei: *14* Auskunftsbuero; *16* Ermittlungsbuero
Detektiv: *8* Polizist; *9* Ermittler; *11* Kriminalist; *14* Geheimpolizist; *15* Kriminalbeamter

Detektiv bei Conan Doyle: *6*Holmes
determinieren: *9*abgrenzen, bestimmen, festlegen
Detonation: *5*Knall; *9*Explosion
detonieren: *7*platzen; *10*zerbersten; *11*explodieren
deuten: *14*interpretieren
Deuter: *9*Interpret
deutlich: *4*klar; *9*explizite
Deutlichkeit: *7*Evidenz
deutsch-
- **amerikanischer Anthropologe:** *4*Boas
- **amerikanischer Physiker:** *5*Stern; *8*Einstein
- **böhmischer Komponist:** *5*Benda
- **französischer Komponist:** *9*Offenbach
- **italienischer Komponist:** *6*Busoni

deutsche(r, s)
- **Adelsgeschlecht:** *4*Wied
- **Adelskalender:** *5*Gotha
- **Adelsprädikat:** *3*von
- **Adelstitel** → Adelstitel
- **Admiral:** *4*Heye, Spee; *6*Hipper, Raeder, Scheer; *7*Canaris, Doenitz, Krancke, Tirpitz; *8*Hennecke; *9*Puttkamer; *10*Friedeburg, Schniewind, Zimmermann
- **Afrikaforscher:** *5*Barth, Boehm, Vogel; *6*Peters, Rohlfs, Vogels; *7*Overweg; *8*Wissmann; *9*Bernatzik, Frobenius, Nachtigal; *10*Schomburgk; *12*Schweinfurth
- **Ägyptologe:** *5*Ebers, Sethe; *6*Morenz
- **Alchimist:** *5*Brand; *7*Dippel, Glauber, Schwarz; *8*Boettger
- **Altertumsforscher** → deutscher Archäologe
- **Anatom:** *5*Wolff
- **Anrede:** *4*Frau, Herr; *9*Fraeulein
- **Anthropologe:** *5*Ammon, Baelz, Ecker, Lucae, Meyer, Ploss, Ranke, Waitz; *6*Stratz, Wilser; *7*Bastian, Buschan, Fischer, Fritsch, Platner, Virchow; *8*Neuhauss; *9*Thilenius; *10*Blumenbach; *13*Schaaffhausen
- **Arabienforscher:** *6*Glaser
- **Arbeiterdichter:** *5*Gruen; *7*Barthel, Broegner
- **Arbeiterführer:** *5*Bebel
- **Archäologe:** *3*Mau; *4*Ross, Uhle, Voss; *5*Brunn, Budde, Conze, Grimm, Heyne, Kraus, Kunze, Lecoq, Meyer, Noack, Piper, Rohde, Sarre; *6*Andrae, Bittel, Boeckh, Gerkan, Humann, Koerte; *7*Andreae, Bossert, Buschor, Curtius, Koehler, Lepsius, Mommsen, Panifka, Preller, Welcker, Wiegand, Wolters; *8*Herzfeld, Koldewey, Lachmann, Rossbach, Schulten, Wieseler, Winckler; *9*Doerpfeld, Grotefend, Hilprecht, Oppenheim, Peutinger; *10*Borchhardt, Hirschfeld, Schliemann, Schoepflin, Steindorff; *11*Schuchhardt, Winckelmann; *12*Furtwaengler, Lindenschmit; *13*Messerschmidt
- **Architekt:** *4*Asam; *6*Klenze, Parler, Semper; *7*Behrens, Gropius, Neumann, Olbrich, Poelzig; *8*Bartning, Ensinger, Scharoun, Schinkel; *9*Schlueter; *12*Knobelsdorff; *14*Mies van der Rohe
- **Arzt** → deutscher Mediziner
- **Astronom:** *4*Wolf; *5*Encke, Galle, Gauss; *6*Bessel, Kepler; *8*Herschel; *10*Kopernikus, Koppernigk
- **Astronaut:** *5*Jaehn; *6*Furrer; *7*Merbold; *13*Messerschmidt
- **Astrophysiker:** *6*Kienle
- **Atomforscher:** *4*Born, Hahn, Laue; *5*Bothe; *6*Geiger, Jordan, Lenard, Planck; *7*Ardenne; *8*Einstein; *10*Heisenberg
- **Automarke:** *2*VW; *3*BMW, NSU; *4*Audi, Ford, Glas, Opel; *7*Porsche; *8*Borgward, Mercedes; *9*Auto Union; *10*Volkswagen; *12*Mercedes-Benz
- **Automobilclub (Abkürzung):** *3*AvD; *4*ADAC
- **Automobilpionier:** *4*Benz; *7*Daimler
- **Autorennfahrer:** *5*Stuck, *9*Rosemeyer, *10*Schumacher
- **Autorennstrecke:** *4*Avus; *8*Solitude; *10*Hokkenheim; *12*Nuerburgring, Schauinsland; *14*Hockenheimring
- **Badeort** → Kurort in der Bundesrepublik
- **Bakteriologe:** *4*Koch; *8*Loeffler; *9*Uhlenhuth; *10*Wassermann
- **Bandleader** → deutscher Orchesterleiter
- **Bankier:** *3*Abs
- **Barockbaumeister:** *7*Neumann
- **Barockkomponist:** *4*Bach; *7*Haendel, Schuetz; *9*Buxtehude
- **Barockmaler:** *8*Rottmayr
- **Baumeister** → deutscher Architekt
- **Baumeisterfamilie:** *6*Parler
- **Berg** → Berg in Deutschland
- **Bildhauer:** *4*Asam, Behn, Gaul; *5*Kolbe, Kraft, Notke, Rauch, Stoss, Tieck; *6*Breker, Donner, Krafft, Marcks, Mataré, Pacher, Parler, Syrlih, Thorak; *7*Barlach, Klimsch, Schadow, Vischer; *8*Permoser, Danneker; *9*Hagenauer, Lehmbruck, Schlueter; *10*Hildebrand; *15*Riemenschneider
- **Bildhauerin:** *8*Sintenis
- **Biologe:** *6*Fliess, Mendel; *7*Correns, Driesch, Hertwig, Spemann; *8*Hartmann, Uexkuell, Weismann
- **Bodenstation für Fernmeldesatelliten:** *8*Raisting
- **Boxer:** *4*Blin, Hoff, Zech; *5*Flint, Hecht, Lazek, Maske; *6*Diener, Heuser, Neusel, Scholz; *7*Mueller, Neuhaus; *8*Kalbfell, Westphal; *9*Schmeling; *10*Schoeppner; *12*Mildenberger
- **Buchdrucker:** *5*Unger; *9*Gutenberg
- **Bucht:** *4*Haff; *6*Bodden; *7*Dollart; *9*Jadebusen; *11*Fehmarnbelt, Fehmarnsund, Kieler Bucht, Wismarbucht; *12*Frisches Haff, Saaler Bodden; *13*Deutsche Bucht, Stettiner Haff; *14*Luebecker Bucht, Stettiner Bucht; *15*Pommersche Bucht; *17*Flensburger Foerde, Helgolaender Bucht; *18*Eckernfoerder Bucht, Greifswalder Bodden
- **Bundeshauptstadt:** *4*Bonn

- **Bundeskanzler:** *4* Kohl; *6* Brandt, Erhard; *7* Schmidt; *8* Adenauer; *9* Kiesinger
- **Bundesland:** *6* Bayern, Bremen, Hessen; *7* Hamburg, Sachsen; *8* Saarland; *10* Thueringen; *11* Brandenburg; *13* Niedersachsen, Sachsen-Anhalt; *14* Rheinland-Pfalz; *17* Baden-Wuerttemberg, Schleswig-Holstein; *18* Nordrhein-Westfalen; *21* Mecklenburg-Vorpommern
- **Bundespräsident:** *5* Heuss; *6* Herzog, Luebke, Scheel; *8* Carstens; *9* Heinemann; *14* von Weizsaecker
- **Burg** → Burg in Deutschland
- **Chemiekonzern:** *4* BASF
- **Chemiker:** *4* Caro, Hahn; *5* Alder, Bosch, Diels, Eigen, Frank, Haber, Huber, Lynen, Runge; *6* Achard, Baeyer, Bunsen, Liebig, Michel, Nernst, Schott, Werner; *7* Behring, Bergius, Buchner, Fehling, Fischer, Hofmann, Ostwald, Wallach, Wieland, Windaus, Winkler, Woehler, Ziegler; *8* Duisberg, Klaproth; *9* Butenandt, Zsigmondy; *10* Schoenbein, Staudinger, Strassmann; *11* Deisenhofer
- **Chirurg:** *4* Bier; *7* Esmarch; *10* Sauerbruch
- **Dichter** → deutscher Schriftsteller
- **Dichter:** *4* Benn, Brod, Buch, Dach, Eich, Flex, Fock, Holz, Jahn; *5* Arndt, Arnim, Barth, Gleim, Groth, Hauff, Hebel, Heine, Hesse, Lenau, Loens, Opitz, Raabe, Rilke, Sachs, Storm, Tieck, Vring; *6* Dehmel, Fichte, Fouqué, Geibel, George, Goethe, Grabbe, Hebbel, Herder, Hoelty, Kasack, Kerner, Kleist, Lersch, Loerke, Ludwig, Platen, Reuter, Uhland; *7* Barlach, Barthel, Bertram, Binding, Bonsels, Brockes, Broeger, Buerger, Carossa, Doeblin, Fleming, Fontane, Gellert, Koerner, Lessing, Moerike, Novalis, Schnack, Simrock, Stieler, Stifter, Wieland; *8* Borchert, Brentano, Buechner, Chamisso, Claudius, Gerhardt, Gryphius, Hatzfeld, Hausmann, Hoffmann, Jean Paul, Penzoldt, Rueckert, Schiller, Schubart; *9* Hauptmann, Klopstock, Schroeder; *10* Dauthendey, Hoelderlin, Liliencron; *11* Bergengruen, Eichendorff, Freiligrath, Hagelstange, Morgenstern; *12* Hildesheimer, Muenchhausen, Schenkendorf
- **Dichter der Freiheitskriege:** *5* Arndt; *6* Fichte; *7* Koerner
- **Dichter aus Nürnberg:** *5* Sachs
- **Dichter der Romantik:** *5* Arnim, Lenau, Tieck; *7* Novalis; *8* Brentano; *11* Eichendorff
- **Dichterin:** *3* Ava; *4* Huch; *6* Miegel, Seidel; *8* Bachmann, Roswitha; *15* Droste-Huelshoff
- **Diplomat:** *8* Holstein
- **Dirigent:** *5* Benda, Blech, Boehm, Busch, Heger, Liszt, Masur; *6* Buelow, Jochum, Rother, Wagner, Walter; *7* Karajan, Leitner, Nicolai, Nikisch, Rosbaud, Strauss; *8* Pfitzner; *9* Abendroth, Keilberth, Klemperer, Matzerath, Scherchen; *10* Sawallisch; *11* Muenchinger; *12* Furtwaengler; *14* Knappertsbusch
- **Dombaumeister:** *6* Parler
- **Dramatiker:** *5* Halbe; *6* Brecht, Goethe, Grabbe, Hebbel, Kaiser, Kleist; *7* Goering, Lessing; *8* Buechner, Schiller, Wedekind; *9* Hauptmann, Sternheim, Zuckmayer
- **Druckschrift:** *7* Fraktur
- **Endsilbe:** *3* ung
- **Entertainer:** *6* Biolek, *10* Gottschalk
- **Erfinder:** *4* Benz, Eyth, Otto, Reis; *5* Drais, Knorr, Krupp, Linde; *6* Borsig, Bunsen, Diesel, Halske, Miller, Nipkow, Wankel; *7* Daimler, Dornier, Eckener, Heinkel, Henlein, Junkers, Maybach, Litfass, Porsche, Schwarz, Siemens; *8* Berliner, Flettner, Guericke, Parseval, Roentgen, Zeppelin; *9* Gutenberg, Steinheil; *10* Senefelder
- **Erzähler** → deutscher Schriftsteller
- **evangelischer Kirchenlieddichter:** *5* Gerok; *7* Neander; *8* Gerhardt
- **Fabeldichter:** *3* Hey; *7* Gellert
- **Feldhauptmann:** *10* Frundsberg
- **Feldherr:** *4* Leeb, List, Roon; *5* Dietl, Goltz, Kluge, Kluck, Tilly, Yorck; *6* Buelow, Kleist, Moltke, Paulus, Rommel, Seeckt, Zieten; *7* Wrangel; *8* Bluecher, Guderian, Haeseler, Litzmann, Manstein, Seydlitz; *9* Gneisenau, Heeringen, Mackensen, Rundstedt, Witzleben; *10* Clausewitz, Falkenhayn, Frundsberg, Hindenburg, Kesselring,Ludendorff, Manteuffel, Schlieffen; *11* Derfflinger, Scharnhorst, Wallenstein; *13* Lettow-Vorbeck
- **Fern-Universität:** *5* Hagen
- **Festspielort:** *8* Bayreuth; *11* Bad Hersfeld; *12* Oberammergau; *14* Bad Gandersheim
- **Filmpreis:** *5* Bambi
- **Filmregisseur:** *4* Lang; *6* Berger; *8* Kaeutner, Schamoni
- **Filmschauspieler** → deutscher Schauspieler
- **Filmschauspielerin** → deutsche Schauspielerin
- **Flächenmaß:** *4* Hufe, Joch; *6* Morgen; *7* Juchert, Tagwerk
- **Flieger:** *4* Graf, Udet; *5* Grade, Hirth, Klemm, Koehl, Rudel; *6* Gronau; *7* Boelcke, Galland; *8* Moelders; *9* Huenefeld, Immelmann, Steinhoff; *10* Lilienthal, Richthofen
- **Fliegerin:** *7* Reitsch; *8* Beinhorn
- **Flottenführer** → deutscher Admiral
- **Flugzeugkonstrukteur:** *5* Focke, Klemm; *7* Dornier, Heinkel, Junkers; *8* Fieseler; *10* Lilienthal; *13* Messerschmitt
- **Fluß** → Fluß in Deutschland
- **Forschungsreisender:** *5* Barth; *6* Rohlfs; *8* Filchner; *9* Nachtigal; *10* Schomburgk; *12* Schweinfurth
- **Freiheitsdichter:** *12* Schenkendorf
- **Freiheitskämpfer:** *6* Schill; *7* Luetzow
- **Fürstengeschlecht:** *4* Wied; *6* Welfen; *8* Askanier, Wettiner; *12* Hohenzollern
- **Fußballspieler:** *3* Mai; *4* Held, Kalb, Rahn, Thon; *5* Eckel, Flohe, Maier, Turek, Urban, Vogts, Weber; *6* Cramer, Haller, Lattek, Libuda, Netzer, Schulz, Seeler, Strehl, Walter; *7* Bruells, Doerfel, Erhardt, Hoeness, Hof-

mann, Kessler, Morlock, Mueller, Overath, Posipal, Schmidt; *8* Breitner, Eckstein, Feldkamp, Gramlich, Heynckes, Hoettges, Hrubesch, Kloether, Liebrich, Rehhagel, Schaefer, Schuster; *9* Grabowski, Hahnemann, Juskowiak, Kitzinger, Klinsmann, Kohlmeyer, Szymaniak, Tilkowski, Wohlfahrth; *10* Herkenrath, Rummenigge, Schumacher, Weisweiler; *11* Beckenbauer; *12* Schnellinger; *13* Schwarzenbeck
- **Fußballtrainer:** *6* Schoen; *7* Derwall; *9* Herberger; *11* Beckenbauer
- **Gartenkünstler:** *5* Lenne; *8* Pueckler
- **Gebirge** → Gebirge in Deutschland
- **Geigenbauer:** *5* Klotz
- **General** → deutscher Feldherr
- **Generalpostmeister:** *7* Stephan
- **Geograph:** *6* Behaim; *8* Humboldt, Mercator
- **Germanist:** *5* Grimm; *7* Simrock
- **Geschichtsforscher** → deutscher Historiker
- **Geschichtsschreiber** → deutscher Historiker
- **Graphiker:** *5* Nolde, Weber; *6* Hekkel; *10* Hegenbarth
- **Grafikerin:** *8* Kollwitz
- **Großadmiral:** *6* Raeder; *7* Doenitz, Tirpitz
- **Großfunkstation:** *9* Norddeich
- **Großindustrieller:** *5* Krupp; *7* Stinnes
- **Gymnastikpädagogin:** *5* Medau
- **Hafenstadt:** *4* Kiel; *5* Emden; *6* Bremen, Wismar; *7* Hamburg, Luebeck, Rostock, Stettin; *8* Cuxhaven; *9* Flensburg; *11* Bremerhaven, Koenigsberg, Travemuende; *13* Wilhelmshaven
- **Halbinsel:** *4* Hela; *6* Angeln, Wittow, Zingst; *7* Jasmund, Samland; *10* Eiderstedt; *14* Frische Nehrung; *15* Kurische Nehrung
- **Hallig** → Hallig
- **Hauptstadt:** *4* Bonn; *6* Berlin
- **Heerführer** → deutscher Feldherr
- **Heidedichter:** *5* Loens
- **Heilbad** → Kurort in Deutschland
- **Heilkünstler:** *9* Eisenbart
- **Heldendichtung:** *7* Sigenot; *10* Gudrunlied, Nibelungen; *14* Nibelungenlied
- **Historiker:** *4* Dahn; *5* Dehio, Ranke, Sybel; *6* Haller, Marcks; *7* Mommsen, Niebuhr; *8* Dahlmann, Gebhardt, Gervinus, Meinecke; *9* Delbrueck, Lamprecht; *10* Treitschke
- **Holzschneider:** *7* Cranach, Holbein; *9* Altdorfer, Burgkmair
- **Homer-Übersetzer:** *4* Voss
- **Hormonforscher:** *9* Butenandt
- **Humanist:** *3* Eyb; *6* Hutten; *8* Reuchlin
- **Ingenieur:** *4* Eyth; *5* Linde; *6* Diesel, Miller; *10* Lilienthal
- **Insel** → deutsche Nordseeinsel → deutsche Ostseeinsel
- **interplanetarische Sonde:** *6* Helios
- **Jagdflieger:** *4* Udet; *6* Boelke; *8* Moelders; *10* Richthofen
- **Jugendschriftsteller:** *3* May
- **Jurist** → deutscher Rechtslehrer
- **Kabarettist:** *4* Polt; *5* Finck, Neuss; *6* Huesch, Manger; *7* Erhardt, Stiefel; *8* Kreisler, Valentin; *9* von Manger; *10* Havenstein, Qualtinger, Ringelnatz, Weissferdl; *11* Hildebrandt
- **Kabarettistin:** *4* Geri, Vita; *5* Lenya, Noack; *6* Hancke, Wieder; *7* Herking, Lorentz, Waldoff; *9* Karlstadt, Schlueter
- **Kaiser:** *4* Karl, Otto; *5* Franz; *6* Joseph, Konrad, Lothar, Ludwig, Rudolf; *7* Leopold, Wilhelm; *8* Heinrich, Matthias; *9* Ferdinand, Friedrich, Sigismund; *10* Maximilian
- **Kaisergeschlecht:** *6* Salier; *7* Sachsen; *10* Habsburger, Karolinger; *11* Ludolfinger; *12* Hohenstaufen, Hohenzollern
- **Kaiserin:** *5* Agnes; *7* Augusta; *8* Adelheid, Viktoria
- **Kaiserstadt:** *6* Aachen
- **Kanal:** *9* Ruhr-Kanal; *11* Neckar-Kanal; *12* Ems-Jade-Kanal, Kuestenkanal, Ludwigskanal; *13* Hunte-Ems-Kanal, Klodnitzkanal; *14* Elbe-Trave-Kanal, Oder-Spree-Kanal; *15* Mittellandkanal, Nord-Ostsee-Kanal, Rhein-Donau-Kanal
- **Kardinal:** *3* Bea; *5* Galen; *6* Frings, Jaeger; *8* Doepfner, Hoeffner; *9* Faulhaber
- **Karikaturist:** *5* Busch, Zille; *6* Loriot, Plauen, Simmel, Schmidt
- **Kernkraftwerk:** *3* Ohu; *4* Kahl; *6* Kalkar; *7* Bislich, Grohnde; *10* Wuergassen; *12* Brunsbuettel
- **Kirchenmusiker:** *5* Ramin
- **Klassiker:** *6* Goethe, Herder, Kleist; *7* Lessing, Wieland; *8* Schiller
- **Klavierbauer:** *9* Bechstein
- **Komiker:** *12* Hallervorden
- **Komponist:** *3* Abt, Egk, Fux; *4* Bach, Berg, Fall, Haas, Knab, Nick, Orff, Wolf; *5* Bruch, Gluck, Goetz, Graun, Hasse, Haydn, Henze, Kollo, Liszt, Loewe, Reger, Spohr, Weber, Weill; *6* Brahms, Buelow, Dostal, Eysler, Flotow, Goetze, Jessel, Keiser, Kuhnau, Lincke, Lothar, Mahler, Mozart, Quantz, Spitta, Wagner, Zelter, Zillig; *7* Abraham, Blacher, Fortner, Gilbert, Graener, Haendel, Hassler, Krieger, Lachner, Nessler, Nicolai, Pepping, Pepusch, Raymond, Reutter, Schuetz, Silcher, Stamitz, Strauss, Zilcher; *8* Benatzky, Bruckner, Goldmark, Hartmann, Honegger, Kreutzer, Kuenneke, Lortzing, Pfitzner, Reznicek, Schreker, Schubert, Schumann, Telemann, Weismann; *9* Beethoven, Buxtehude, Cornelius, Hindemith, Marschner, Meyerbeer, Offenbach, Pachelbel, Schroeder; *10* Praetorius, Rubinstein, Schillings, Schoenberg; *11* Humperdinck, Mendelssohn
- **König:** *4* Otto; *6* Arnulf, Konrad, Ludwig, Rudolf; *7* Philipp, Richard; *8* Albrecht, Heinrich, Ruprecht
- **Kosmonaut:** *5* Jaehn
- **Kraftfahrerbund:** *3* AvD; *4* ADAC
- **Kriegsorden:** *2* EK; *11* Ritterkreuz; *13* Eisernes Kreuz

- **Kritiker:** *4* Kerr, Luft
- **Kunstflieger(in):** *4* Udet; *7* Reitsch; *8* Fieseler
- **Kunstgewerblerin:** *5* Kruse
- **Kunsthistoriker:** *3* Eye; *5* Dehio
- **Kupferstecher:** *5* Beham, Stoss; *9* Altdorfer; *11* Chodowiecki
- **Kurort** → Kurort in der Bundesrepublik
- **Land** → deutsches Bundesland
- **Landeshauptstadt:** *4* Kiel; *5* Mainz; *6* Berlin, Bremen; *7* Hamburg; *8* Hannover, Muenchen; *9* Stuttgart, Wiesbaden; *11* Duesseldorf; *12* Saarbruecken
- **Landschaft** → Landschaft in Deutschland
- **Landsmann:** *5* Bayer, Hesse; *6* Franke, Friese, Pommer, Sachse; *7* Badener, Maerker, Schwabe; *8* Badenser, Bajuware, Pfaelzer, Westfale; *9* Schlesier; *10* Ostpreusse, Thueringer; *11* Westpreusse, Saarlaender; *12* Niedersachse, Rheinlaender; *13* Mecklenburger
- **Liederkomponist:** *4* Wolf; *5* Loewe; *6* Brahms; *7* Silcher; *8* Schubert, Schumann
- **Liedersammler:** *3* Erk
- **Literaturhistoriker:** *7* Goedeke
- **Lokomotivbauer:** *6* Borsig
- **Luftschiffer:** *7* Eckener; *8* Parseval, Zeppelin
- **Lyriker** → deutscher Dichter
- **Maler:** *3* Dix, Nay; *4* Asam, Fuhr, Klee, Koch, Marc, Moll, Tamm, Uhde, Veit, Witz, Zick; *5* Beham, Busch, Ernst, Graff, Grien, Hofer, Kubin, Leibl, Macke, Moser, Nolde, Runge, Solis, Stoss, Thoma, Zille; *6* Duerer, Heckel, Marées, Menzel, Rethel, Rohlfs; *7* Baldung, Blechen, Corinth, Cranach, Hartung, Holbein, Klinger, Lenbach, Lochner, Memling, Richter, Schwind, Slevogt; *8* Armberger, Baselitz, Beckmann, Boecklin, Carstens, Kaulbach, Kirchner, Kulmbach, Nithardt, Overbeck, Ridinger, Rottmann, Rottmayr, Schinkel, Spitzweg, Zeitblom; *9* Altdorfer, Burgkmair, Cornelius, Daffinger, Elsheimer, Feininger, Feuerbach, Friedrich, Immendorf, Kandinsky, Kokoschka, Kuegelgen, Pechstein, Schlemmer, Tischbein; *10* Gruenewald, Hegenbarth, Kalckreuth, Liebermann, Schongauer; *11* Chodowiecki, Waldmueller; *15* Schmidt-Rottluff
- **Malerin:** *6* Bachem; *8* Kollwitz; *9* Modersohn
- **Märchensammler:** *5* Grimm; *9* Bechstein
- **Mathematiker:** *5* Gauss, Klein; *6* Cantor; *7* Hilbert, Lambert, Leibniz, Riemann; *9* Minkowski
- **Mediziner:** *3* Erb; *4* Bier, Koch; *5* Carus, Chain, Credé; *6* Domagk; *7* Agrippa, Basedow, Behring, Bilharz, Ehrlich, Esmarch, Soemann, Virchow, Warburg; *8* Bergmann, Billroth, Hufeland, Kussmaul, Schleich, Uhlenhut; *9* Eisenbart, Forssmann, Hackethal, Hahnemann; *10* Langerhans, Paracelsus, Sauerbruch, Schweitzer; *11* Leidenfrost, Pettenkofer
- **Meeresbucht:** *4* Haff; *6* Bodden, Foerde; *7* Dollart; *9* Jadebusen; *11* Kieler Bucht; *12* Frisches Haff; *13* Danziger Bucht, Deutsche Bucht, Kurisches Haff, Stettiner Haff; *14* Luebecker Bucht; *17* Flensburger Foerde
- **Minnesänger:** *6* Konrad, Oswald, Ulrich; *7* Reinmar, Walther, Witzlav, Wolfram; *8* Heinrich, Neidhart; *9* Friedrich, Gottfried; *10* Kuerenberg
- **Missionsarzt:** *6* Binder; *10* Schweitzer
- **Mittelgebirge:** *3* Alb; *4* Harz, Jura; *5* Eifel, Hardt, Rhoen; *6* Taunus; *7* Sudeten; *8* Odenwald, Spessart; *9* Hunsrueck; *10* Erzgebirge, Niederwald, Westerwald; *11* Frankenwald, Schwarzwald, Steigerwald
- **Model:** *8* Schiffer
- **Moderator:** *4* Aust, *5* Jauch, *7* Bednarz
- **Moskauflieger:** *4* Rust
- **Motorenbauer:** *4* Benz, Otto; *6* Diesel, Wankel; *7* Daimler, Maybach
- **Mundartdichter:** *5* Groth; *6* Reuter, Holtei
- **Münze:** *2* DM, RM; *4* Mark; *5* DMark, Taler; *6* Batzen, Heller, Thaler; *7* Kreuzer, Pfennig, Pistole; *8* Groschen; *12* Deutsche Mark
- **Mystiker:** *6* Eckart; *7* Eckhart
- **Nationalökonom:** *4* List; *5* Weber; *7* Sombart
- **Naturforscher:** *4* Baer; *8* Humboldt; *9* Helmholtz; *10* Paracelsus; *11* Senckenberg
- **Naturheilkundiger:** *6* Kneipp
- **Nobelpreisträger** → Nobelpreisträger
- **Nordseehafen:** *5* Emden; *6* Bremen; *7* Hamburg; *8* Cuxhaven; *11* Bremerhaven; *13* Wilhemshaven
- **Nordseeinsel:** *4* Sylt; *5* Amrum, Foehr, Hooge, Juist; *6* Borkum, Hallig; *7* Baltrum, Neuwerk; *8* Langeoog, Pellworm, Trischen; *9* Helgoland, Langeness, Norderney; *10* Nordstrand, Scharhoern, Spiekeroog, Wangerooge
- **Nordseezufluß:** *3* Ems; *4* Elbe, Jade, Oste; *5* Eider, Weser
- **Normmaß:** *3* DIN
- **Operettenkomponist:** *5* Kollo; *6* Lincke; *7* Gilbert; *8* Kuenneke; *9* Offenbach
- **Opernkomponist:** *5* Gluck, Hasse, Henze, Weber; *6* Flotow, Wagner, Zillig; *7* Blacher, Fortner, Haendel, Nicolai, Strauss; *8* Lortzing, Pfitzner, Reznicek; *9* Cornelius, Hindemith, Marschner, Meyerbeer; *11* Humperdinck
- **Orchesterleiter:** *4* Ette, Kuhn, Last, Lehn, Thon; *5* Glahe; *6* Greger; *7* Berking; *8* Strasser; *9* Edelhagen, Osterwald, Zacharias
- **Orden:** *2* EK; *11* Ritterkreuz; *13* Eisernes Kreuz
- **Ostseehafen:** *4* Kiel; *6* Wismar; *7* Luebeck, Rostock, Stettin; *9* Flensburg; *11* Koenigsberg, Travemuende
- **Ostseeinsel:** *3* Oie; *4* Poel; *5* Ruden; *6* Ruegen, Ummanz, Usedom, Wollin; *7* Fehmarn; *9* Hiddensee
- **Ostseezufluß:** *4* Leba, Oder, Rega; *5* Lupow, Memel, Nogat, Trave; *6* Barthe, Grabow, Pregel, Schlei, Stolpe, Warnow; *8* Passarge, Persante; *9* Stepenitz
- **Pädagoge:** *4* Nohl; *7* Froebel, Basedow; *8* Salzmann

- **Patriot:** *4* Jahn
- **Philologe:** *4* Diez; *5* Duden
- **Philosoph:** *4* Kant, Kues, Kuno, Oken; *5* Bense, Bloch, Drews, Hegel, Lotze, Riehl, Wolff, Wundt; *6* Adorno, Boehme, Carnap, Eukken, Fichte, Hamann, Herder, Simmel; *7* Agrippa, Deussen, Dilthey, Fechner, Haekkel, Herbart, Jaspers, Leibniz, Ostwald, Stirner, Strauss; *8* Dessauer, Hartmann, Schlegel; *9* Avenarius, Feuerbach, Heidegger, Nietzsche, Schelling, Thomasius; *10* Baumgarten, Keyserling, Paracelsus; *12* Schopenhauer; *14* Schleiermacher
- **Physiker:** *3* Ohm; *4* Abbe, Born, Hahn, Laue, Mach, Wien; *5* Bothe, Braun, Eigen, Gauss, Hertz, Justi, Mayer, Slaby, Stark, Weber; *6* Bunsen, Franck, Geiger, Jensen, Jordan, Lenard, Nernst, Planck, Ritter; *7* Ardenne, Assmann, Chladni, Hilbert, Hittorf, Karolus, Lorentz, Ostwald, Prandtl; *8* Dessauer, Einstein, Guericke, Klitzing, Roentgen; *9* Helmholtz, Kirchhoff; *10* Fahrenheit, Fraunhofer, Heisenberg, Moessbauer; *11* Lichtenberg
- **Physiologe:** *6* Kossel; *7* Warburg
- **Pianist:** *5* Liszt; *6* Buelow, Cortot, Kempff; *7* Fischer; *8* Backhaus; *9* Gieseking; *10* Eschenbach
- **Pianistin:** *3* Ney
- **Polarforscher:** *7* Wegener
- **Politiker:** *3* Rau; *4* Apel, Bahr, Cuno, Ertl, Kahr, Kapp, Kiep, Kohl; *5* Bebel, Breit, Ebert, Ehard, Ehmke, Erler, Focke, Heuss, Leber, Loebe, Mende, Papen, Pieck, Ruehe, Stein, Stoph, Vogel, Wirth; *6* Barzel, Brandt, Dehler, Ehlers, Eisner, Engels, Eppler, Erhard, Gagern, Goppel, Hassel, Katzer, Kinkel, Luebke, Reuter, Riemer, Scheel, Schmid, Schurz, Wehner; *7* Albertz, Caprivi, Groener, Hoegner, Lagarde, Naumann, Schmidt, Strauss, Toepfer; *8* Adenauer, Albrecht, Bismarck, Brentano, Bruening, Carstens, Genscher, Hoecherl, Hoffmann, Ho-necker, Humboldt, Lassalle, Rathenau, Schiller, Strasser, Ulbricht; *9* Bangemann, Erzberger, Filbinger, Goerdeler, Grotewohl, Heinemann, Hugenberg, Kiesinger, Lambsdorf, Schroeder, Thaelmann; *10* Biedenkopf, Hardenberg, Hindenburg, Liebknecht, Ollenhauer, Schleicher, Schumacher, Stresemann; *11* Scheidemann, Stoltenberg; *12* Gerstenmaier; *15* Bethmann-Hollweg
- **politische Partei:** *3* CDU, CSU, DKP, FDP, NPD, REP, SPD, *6* Gruene
- **Popgruppe:** *3* PUR
- **Popsängerin:** *4* Nena; *5* Hagen
- **Porzellanmanufaktur:** *4* Selb; *6* Berlin; *7* Arzberg, Hoechst, Meissen; *9* Krautheim, Rosenthal; *11* Frankenthal, Ludwigsburg, Nymphenburg; *12* Fuerstenberg
- **Psychologe:** *5* Adler, Bondy, Lipps, Wundt; *6* Klages, Lersch
- **Radrennfahrer:** *5* Goelz; *6* Thurau
- **Raketenkonstrukteur:** *5* Braun
- **Rechenmeister:** *5* Riese
- **Rechtschreibebuch:** *5* Duden
- **Rechtslehrer:** *6* Gierke; *7* Ihering, Savigny; *8* Jellinek; *9* Feuerbach
- **Reeder:** *6* Ballin; *8* Woermann
- **Reformator:** *6* Luther; *9* Karlstadt; *11* Melanchthon
- **Reichsfreiherr:** *5* Stein
- **Reichskanzler:** *4* Cuno, Marx; *5* Bauer, Papen, Wirth; *6* Buelow, Hitler, Luther; *7* Caprivi, Mueller; *9* Bismarck, Bruening, Hertling; *9* Hohenlohe, Michaelis; *10* Fehrenbach, Schleicher, Stresemann; *11* Scheidemann; *15* Bethmann-Hollweg
- **Reichspräsident:** *5* Ebert; *10* Hindenburg
- **Reitergeneral:** *6* Zieten; *8* Seydlitz; *10* Pappenheim
- **Ritter:** *6* Hutten; *9* Sickingen; *12* Berlichingen
- **Rokokomaler:** *4* Zick
- **Rundtanz:** *6* Walzer
- **Sagengestalt:** *3* Ute; *4* Mime; *5* Etzel, Hagen, Iwein; *6* Gernot, Gudrun, Laurin, Roland, Volker; *7* Gunther, Lorelei, Wieland; *8* Alberich, Brunhild, Dietrich, Giselher, Ruediger, Siegmund; *9* Bruenhild, Brunhilde, Kriemhild, Ruebezahl, Siegfried; *10* Hildebrand; *13* Rattenfaenger
- **Sänger:** *3* Erb; *4* Prey; *6* Anders, Schock, Tauber; *7* Greindl; *8* Schreier; *9* Schlusnus; *14* Fischer-Dieskau
- **Sängerin:** *4* Sack; *5* Koeth, Moedl; *6* Berger; *12* Rothenberger
- **Schalksnarr:** *12* Eulenspiegel; *16* Till Eulenspiegel
- **Schauspieler:** *3* Ode; *4* Eyck, Held, Hinz, Kemp, Kowa, Loos, Piel; *5* Adorf, Bildt, Boehm, Diehl, Felmy, Forst, Goetz, Hasse, Kainz, Knuth, Lorre, Neuss, Ponto, Prack, Stahl, Veidt, Vogel; *6* Albers, Balser, Birgel, Breuer, Caspar, Clarin, Dahlke, Drache, Froebe, George, Giller, Juhnke, Kinski, de Kowa, Krauss, Lieven, Lingen, Lommel, Lothar, Lowitz, Moissi, Platte, Slezak, Strack, Thimig, Waldau, Wieman; *7* Borsche, Deltgen, Deutsch, Forster, Fritsch, Gebuehr, Girardi, Iffland, Kampers, Kieling, Klinger, Kortner, Krueger, Leibelt, Liedtke, Lukschy, Minetti, Pasetti, Raddatz, Regnier, Richter, Roberts, Schroth, Wegener; *8* Ambesser, Borchers, Buchholz, Devrient, Hartmann, Heesters, Jannings, Juergens, Kayssler, Kloepfer, Ruehmann, Soehnker, Stroheim, Thomalla, Valentin, Waescher; *9* Ackermann, Mosbacher, Quadflieg; *10* Bassermann, Gruendgens, Hubschmidt, Pallenberg, Schoenhals, Schoenherr, Wohlbrueck; *11* Albach-Retty, Kulenkampff, Liebeneiner, Schoenboeck; *12* Biederstaedt
- **Schauspielerin:** *3* Dor; *4* Fink, Glas, Gold, Horn, Kinz, Knef, Koch, Matz; *5* Drews, Egger, Haack, Hoppe, Krahl, Loeck, Roekk,

Rosar, Trowe, Uhlen, Wieck, Wuest; *6* Andree, Berger, Bruehl, Dorsch, Feiler, Harvey, Horney, Meisel, Neuber, Palmer, Porten, Pulver, Schell, Sommer, Thimig, Tiller, Wangel, Weigel, Weiser, Werner, Wieder, Wimmer; *7* Bergner, Dagover, Durieux, Huebner, Koczian, Koerber, Kuzmany, Peitsch, Schroth, Ullrich, Valente, Valetti, Wessely, Ziemann; *8* Benkhoff, Dietrich, Hatheyer, Hoeflich, Kirchner, Leuwerik, Sandrock; *9* Andergast, Hielscher, Schneider, Schollwer; *10* Soederbaum, Tschechowa; *11* Kueckelmann, Weissgerber; *12* Finkenzeller; *14* Flickenschildt
- **Schnellfahrstraße:** *14* Bundesautobahn
- **Schreibschrift:** *7* Kurrent; *10* Suetterlin
- **Schrift:** *7* Fraktur
- **Schriftsteller:** *3* Bab, May; *4* Bahr, Bamm, Benn, Dahn, Eich, Eyth, Fock, Gurk, Huch, Jens, Leip, Lenz, Mann, Molo, Roth, Voss; *5* Arndt, Arnim, Bauer, Boell, Busch, Ebers, Ernst, Ewers, Flake, Frank, Gleim, Goetz, Goltz, Grass, Groth, Halbe, Hauff, Heine, Hesse, Heyse, Hille, Jungk, Kafka, Kinau, Kirst, Kisch, Kneip, Lenau, Loens, Maas, Meyer, Musil, Opitz, Raabe, Rilke, Sachs, Seume, Stehr, Storm, Thoma, Trakl, Unruh, Weise, Weiss, Zesen, Zweig; *6* Alexis, Andres, Becher, Blunck, Bodmer, Boerne, Brecht, Dehmel, Fichte, Fouqué, Franke, Geibel, George, Gmelin, Goethe, Griese, Hebbel, Herder, Herzog, Hoelty, Holtei, Keller, Kesten, Kleist, Mechow, Platen, Ponten, Reuter, Schwab, Seidel, Strobl, Thiess, Uhland, Walser, Werfel, Winnig; *7* Bonsels, Doeblin, Dominik, Fallada, Fechter, Freytag, Gellert, Hermlin, Jacques, Juenger, Klabund, Koeppen, Lessing, Nestroy, Novalis, Richter, Rombach, Salomon, Simpson, Simrock, Sohnrey, Stifter, Vischer, Vulpius, Wichert, Wieland; *8* Alverdes, Andersch, Auerbach, Bierbaum, Borchert, Brentano, Buechner, Chamisso, Claudius, Doerfler, Edschmid, Frenssen, Gerhardt, Gotthelf, Gryphius, Hagedorn, Hochhuth, Hoffmann, Jean Paul, Kaestner, Kiaulehn, Kotzebue, Plievier, Remarque, Rosegger, Scheffel, Schiller, Schlegel, Schnurre, Wedekind, Wiechert; *9* Ganghofer, Gottsched, Hartleben, Hauptmann, Immermann, Klopstock, Schneider, Sudermann, Tucholsky, Zuckmayer; *10* Hoelderlin, Kellermann, Liliencron, Ringelnatz, Schnitzler, Weisenborn; *11* Anzengruber, Bergengruen, Eichendorff, Freiligrath, Friedenthal, Gerstaecker, Grillparzer, Morgenstern; *12* Enzensberger, Fallersleben, Feuchtwanger, Hofmannsthal, Muenchhausen, Schenkendorf; *14* Grimmelshausen
- **Schriftstellerin:** *4* Baum, Huch, Keun, Kolb, Kurz; *6* Droste, Le Fort, Miegel, Rinser, Seidel, Viebig; *7* La Roche, Seghers; *8* Guenther; *9* Aichinger, Kaschnitz; *13* Courths-Mahler; *15* Droste-Huelshoff, Ebner-Eschenbach
- **Schutzverband für musikalische Urheberrechte:** *4* GEMA
- **Schwanksammlung:** *9* Lalenbuch
- **See** → See in Deutschland
- **Seeräuber:** *12* Stoertebeker
- **Sender:** *2* BR, DW, HR, RB, SR; *3* ARD, DDR, DFF, DLF, DSF, MDR, NDR, SAT, SDR, SFB, SWF, VOX, WDR, ZDF; *4* NWDR, RIAS; *5* Kabel; *8* Premiere
- **Showmaster:** *4* Dall, Heck; *5* Jauch, Lippe; *6* Juhnke, Lembke; *7* Elstner, Krueger, Schanze; *9* Rosenthal, Schautzer; *10* Gottschalk; *11* Frankenfeld, Kulenkampff
- **Söldnerführer:** *9* Sickingen
- **Sopranistin:** *5* Koeth, Silja; *6* Berger, Hempel, Kupper; *12* Rothenberger
- **Sozialist:** *4* Marx; *6* Engels; *8* Lassalle; *10* Liebknecht, Schumacher
- **Sozialreformer:** *7* Kolping
- **Soziologe:** *5* Weber; *6* Adorno
- **Spielkarte:** *4* Daus, Ober; *5* Unter; *6* Wenzel
- **Spielkartenfarbe:** *3* Rot; *4* Herz; *5* Blatt, Gruen; *6* Eichel, Herzen; *8* Schellen; *9* Schueppen
- **Spionin:** *8* Mata Hari
- **Sportorganisator:** *3* Rau; *4* Diem, Halt; *5* Daume
- **Sprach- und Literaturwissenschaft:** *11* Germanistik
- **Staatsmann:** *4* Cuno, Kohl; *5* Ebert; *6* Brandt, Luther, Moeser; *7* Schmidt; *8* Bismarck, Bruening, Rathenau, Adenauer; *10* Stresemann
- **Staatsrechtler:** *8* Jellinek
- **Stadt** → Stadt in Deutschland
- **Stadt an der Donau** → Stadt an der Donau
- **Stadt am Rhein** → Stadt am Rhein
- **Städtebund:** *5* Hansa, Hanse
- **Strafrechtslehrer:** *9* Feuerbach
- **Stratege:** *6* Moltke; *10* Hindenburg, Ludendorff, Schlieffen
- **Strom:** *4* Elbe, Oder; *5* Rhein, Weser
- **Tänzerin:** *5* Hoyer, Litto; *6* La Jana
- **Tennisspieler:** *5* Cramm, Stich; *6* Becker; *7* Bungert
- **Tennisspielerin:** *4* Graf
- **Theaterkritiker:** *4* Kerr, Luft
- **Theologe:** *6* Herder; *7* Francke, Strauss, Wichern; *8* Dibelius
- **Tierfilmer:** *8* Sielmann
- **Tondichter** → deutscher Komponist
- **Trompeter:** *8* Guettler
- **Turnvater:** *4* Jahn
- **Universitätsstadt** → Universitätsstadt in Deutschland
- **Vogelwarte:** *9* Rossitten
- **Volksstamm:** *6* Bayern, Hessen; *7* Franken, Friesen, Pommern, Sachsen; *8* Ostfalen, Schwaben; *9* Alemannen, Schlesier, Westfalen; *10* Ostfriesen, Thueringer; *11* Nordfriesen, Ostpreussen; *13* Mecklenburger, Niedersachsen
- **Vorsilbe:** *2* an, in, ge, um; *3* ant, ent, ver, zer

- **Währungseinheit:** *4* Mark
- **Weinbaugebiet:** *3* Ahr; *4* Nahe, Saar; *5* Baden, Mosel, Pfalz, Ruwer; *7* Franken; *8* Bodensee, Rheingau, Schwaben; *10* Rheinpfalz; *11* Mainfranken, Mittelrhein, Rheinhessen; *12* Wuerttemberg
- **Weinort** → Weinort...
- **Wunderdoktor:** *9* Eisenbart
- **Zeichner:** *5* Busch, Grosz, Zille
- **Zirkusunternehmen:** *4* Renz; *5* Busch, Krone; *6* Barnum; *7* Althoff; *9* Hagenbeck, Sarrasani
- **Zoodirektor:** *4* Heck; *7* Grzimek
- **Zoologe:** *5* Brehm; *7* Haeckel

Deutschkunde: *11* Germanistik
Deutschland zur Römerzeit: *9* Germanien
Deutschlandlieddichter: *23* Hoffmann von Fallersleben
Deutschlandliedkomponist: *5* Haydn
Deutschlands älteste Stadt: *5* Trier
Deutschlands geteilte Hauptstadt: *6* Berlin
Deutschlands größte Insel: *6* Ruegen
Deutschlands höchster Berg: *9* Zugspitze
Deutung: *9* Auslegung; *10* Erklaerung; *12* Erlaeuterung; *14* Interpretation
Deutung der Gestirnstellung: *8* Horoskop
Devise: *5* Motto
devot: *5* fromm; *7* ergeben; *12* kriecherisch, unterwuerfig
Devotion: *7* Andacht
Dezember: *7* Julmond; *10* Christmond, Wintermond
dezent: *4* zart; *9* gedaempft, verhalten; *10* schicklich
Dezernat: *11* Sachbereich; *17* Geschaeftsbereich
Dezernent: *14* Sachbearbeiter
dezidieren: *6* widmen; *8* zueignen
dezimieren: *10* verringern
diabolisch: *9* hoellisch, teuflisch
Diadem: *5* Krone; *9* Stirnband, Stirnreif; *10* Stirnbinde, Stirnkrone
Diadoche: *8* Seleukos; *9* Antigonos, Antipator; *10* Lysimachos, Ptolemaeus
Diagnose: *10* Bestimmung, Erkenntnis; *12* Feststellung
Diagonale: *5* Linie; *6* Gerade; *8* Schraege; *10* Verbindung; *13* Uebereckline
Diagramm: *9* Schaubild
Dialekt: *5* Idiom, Slang; *7* Mundart
Dialektik: *13* Haarspalterei; *14* Diskutierkunst; *15* Spitzfindigkeit
Dialog: *6* Disput; *7* Debatte; *9* Gespraech; *11* Eroerterung, Unterredung, Wechselrede; *13* Zwiegespraech
Diamant: *5* Orlow; *8* Cullinan, Kohinoor; *10* Grossmogul
Diamantenschleifpulver: *5* Boort
Diamantenstadt in Afrika: *9* Kimberley
Diamantensucher: *6* Digger
Diarium: *6* Kladde; *8* Tagebuch
Diät: *9* Schonkost
Diäten: *10* Tagegelder
dicht: *2* zu; *3* eng; *4* fest, nahe; *7* kompakt; *10* konsistent
dicht verschlossen: *10* hermetisch
Dichtemesser: *10* Pyknometer
Dichter: *4* Poet; *6* Epiker; *7* Lyriker
Dichter → Verfasser
Dichter

- **der amerikanischen Nationalhymne:** *3* Key
- **der deutschen Nationalhymne:** *23* Hoffmann von Fallersleben
- **des Faust:** *6* Goethe
- **der Ilias:** *5* Homer
- **ländlicher Idyllen:** *9* Bukoliker

dichter Baumbestand: *4* Wald
dichter Urwald: *9* Dschungel
Dichterbund: *8* Hainbund
Dichtergott: *5* Apoll; *6* Apollo; *7* Apollon
Dichterheimat: *10* Hippokrene
dichterisch: *8* poetisch
dichterisch für

- **Adler:** *3* Aar
- **Ameise:** *4* Emse
- **Arbeit:** *3* Tun
- **Atem:** *4* Odem
- **Befestigung:** *4* Wehr
- **Brunnen:** *4* Born; *5* Bronn, Quell; *7* Bronnen
- **Diamant:** *6* Demant
- **Dichter:** *4* Poet
- **drohen:** *7* draeuen
- **edel:** *4* hehr
- **ehrlich:** *6* lauter
- **erhaben:** *4* hehr
- **Fährmann:** *5* Ferge
- **Felder:** *7* Gefilde
- **fliehen:** *8* fleuchen; *11* entfleuchen
- **Flügel:** *7* Fittich; *8* Fittiche
- **Flüssigkeit:** *4* Nass
- **Freund:** *8* Gevatter
- **Frühling:** *4* Lenz
- **Fuchs:** *7* Reineke
- **für alle Zeiten :** *8* immerdar
- **gebietet:** *6* gebeut
- **Gedicht:** *4* Poem
- **Gefahr:** *7* Faehrde; *8* Faehrnis
- **gegen:** *5* wider
- **Geruch:** *4* Ruch
- **Glanz:** *5* Glast
- **golden:** *7* guelden
- **Hafen:** *4* Port
- **Hase:** *5* Lampe; *12* Meister Lampe
- **Hauch:** *4* Odem
- **Hecke:** *3* Hag
- **Himmel:** *8* Jenseits; *9* Firmament
- **hübsch:** *4* hold
- **Kämpfer, Krieger:** *6* Kaempe
- **Kissen:** *6* Pfuehl
- **Kleid:** *6* Gewand
- **Knochen:** *6* Gebein
- **Lebenshauch:** *4* Odem
- **Liebe:** *5* Minne
- **Lied:** *5* Weise
- **Löwe:** *3* Leu

- **Lustwäldchen:** *4* Hain
- **Mädchen:** *4* Maid
- **mild:** *4* lind
- **Monat:** *4* Mond
- **nach:** *3* gen
- **Nadelwald:** *4* Tann
- **niemals:** *6* nimmer
- **Pferd:** *4* Ross
- **Polster:** *6* Pfuehl
- **Quelle:** *4* Born; *5* Bronn
- **Russen:** *7* Reussen
- **Schmuck:** *10* Geschmeide
- **Schmuckstück:** *7* Kleinod
- **Schutz:** *4* Hort
- **Schwanz:** *7* Schweif
- **Storch:** *6* Adebar
- **Träne:** *6* Zaehre
- **Unterwelt:** *5* Hades; *6* Hoelle
- **Wald:** *3* Hag; *4* Hain, Tann
- **Wasser:** *4* Nass
- **Welt:** *3* All
- **Wiesenlandschaft:** *2* Au; *3* Aue
- **Zufluchtsort:** *4* Port

dichterische Wortreihe: *4* Vers
dichterischer Zauber: *6* Poesie
Dichterling: *9* Poetaster
Dichterroß: *7* Pegasus
Dichtersitz: *7* Parnass
dichtes Gehölz: *7* Boskett
dichtgedrängt: *3* eng
Dichtigkeit: *10* Konsistenz
Dichtkunde: *6* Poetik
Dichtkunst: *4* Epik; *6* Poesie, Poetik
Dichtung: *4* Epik, Epos, Poem; *5* Drama, Lyrik, Posse, Prosa, Roman; *6* Elegie, Poesie; *7* Romanze
Dichtung der althebräischen Literatur: *4* Hiob
Dichtung Homers: *5* Ilias; *6* Iliade; *7* Odyssee
Dichtung Salomos: *8* Hohe Lied
Dichtung Vergils: *6* Aeneis; *7* Aeneide
Dichtungsmittel des Glasers: *4* Kitt
dick: *4* fett; *5* feist, stark; *6* massig, mopsig; *9* fleischig, stattlich
Dickblatt: *9* Fetthenne
Dickblattgewächs: *5* Sedum
dickbreiige Masse: *3* Mus; *4* Teig
Dickdarmentzündung: *7* Colitis
dicke(r, s)

- **Bauch:** *5* Wampe, Wanst
- **Baumrinde:** *5* Borke
- **Brei:** *3* Mus
- **Farbauftrag in der Malerei:** *7* Impasto
- **Haut:** *8* Schwarte
- **Likör:** *5* Creme
- **Nebel:** *4* Smog
- **Papier:** *5* Pappe; *6* Karton
- **Prahlhans:** *8* Falstaff
- **Saft:** *4* Seim
- **Schnur:** *6* Strick
- **Schreibheft:** *6* Kladde
- **Seil:** *3* Tau
- **Zweig:** *3* Ast

dickfellig: *4* stur; *11* lethargisch; *12* phlegmatisch; *13* unempfindlich
Dickfelligkeit: *7* Phlegma; *9* Lethargie
dickfleischige Wurzel: *5* Ruebe
dickfleischiges Gewächs: *6* Kaktus
dickflüssig: *6* breiig, saemig, seimig, teigig, viskos; *10* konsistent
dickflüssige Absonderung: *7* Schleim

- **Speise:** *4* Brei
- **Tunke:** *9* Majonaese; *10* Mayonnaise

dickflüssiger Saft: *4* Seim; *5* Sirup
Dickfuß: *5* Triel
Dickhäuter: *5* Tapir; *7* Elefant, Nashorn, Schwein; *8* Nilpferd; *10* Flusspferd, Rhinozeros
Dickicht: *6* Geaest; *8* Gebuesch; *9* Buschwerk, Gestruepp, Unterholz; *10* Gestraeuch
Dickkopf: *9* Eigensinn
dickköpfig: *4* stur
dicklich: *6* mollig
dickschalige Zitrone: *6* Limone
Dickwurzel: *5* Ruebe; *6* Knolle
die (Ant-)Arktis betreffend: *5* polar
die erste Frau: *3* Eva
die Ewige Stadt: *3* Rom
die Goldene Stadt: *4* Prag
die nächsten Angehörigen: *6* Eltern, Kinder
die schönsten Töchter der Steppe: *8* Gazellen
Dieb: *6* Ganeff, Ganove, Gauner; *7* Stehler; *10* Langfinger
Diebesfalle: *9* Fussangel
Diebesgut: *4* Sore
Diebesgutabnehmer: *6* Hehler
Diebeshelfer: *6* Hehler; *8* Komplize
diebischer Vogel: *6* Elster
Diebsschlüssel: *8* Dietrich
Diebstahl: *10* Entwendung; *12* Unterschleif, Veruntreuung; *13* Hinterziehung; *14* Unterschlagung
Diebstahl geistigen Eigentums: *7* Plagiat
Diebstahl mit Gewaltanwendung: *4* Raub
Diele: *4* Flur; *5* Brett; *7* Vorraum; *8* Hausflur; *9* Fussboden
dienende indische Kaste: *5* Paria; *6* Shudra
Dienende in der Landwirtschaft: *4* Magd
Dienender in der Landwirtschaft: *6* Knecht
Diener: *3* Boy; *5* Groom, Lakai; *6* Butler, Knecht; *7* Bursche, Famulus, Trabant; *8* Faktotum
Diener des Don Juan: *9* Leporello
Dienerin: *4* Magd, Zofe
Dienerkleidung: *6* Livree
Dienerschaft: *8* Personal
Dienst: *3* Amt; *4* Kult; *6* Kultus; *7* Service; *8* Leistung
Dienstältester: *5* Doyen
Dienstanweisung: *11* Instruktion
Dienstbarkeit: *8* Servitut
Dienstbereich: *7* Ressort
Dienstbezeichnung: *5* Titel
Dienstbote: *8* Domestik; *9* Domestike
Diensteinkommen: *9* Besoldung
Dienstenthebung: *10* Suspension

Dienstentlassung: *9* Kassation
Dienstflagge am Auto: *7* Stander
Dienstgehalt der Beamten: *9* Besoldung
Dienstgrad: *4* Rang; *6* Charge
Dienstkleidung: *6* Livree, Montur; *7* Uniform
Dienstleistung: *6* Servis; *8* Funktion
Dienstleistungsbetrieb: *4* Bahn, Post; *9* Eisenbahn; *16* Verkehrsbetriebe
dienstliche Meldung: *7* Rapport
dienstlicher Ungehorsam: *15* Insubordination
Dienstmädchen: *4* Magd, Zofe
Dienstmann: *6* Vasall; *8* Hoeriger; *9* Lehnsmann
Dienstsiegel: *7* Stempel
Dienststelle: *3* Amt; *5* Buero; *8* Behoerde
Dienststellung: *8* Funktion
Dienststempel: *6* Siegel
dienstunfähig: *5* krank; *7* invalid; *8* invalide
Dienstuntauglicher: *8* Invalide
Dienstvorschrift: *9* Direktive, Reglement
Dienstweg: *7* Instanz
Dienstzimmer: *5* Buero
diesig: *5* trueb; *6* neblig; *7* dunstig
diesige Luft: *5* Nebel
diesjährig: *6* heurig
Dietrich von Bern: *10* Theoderich
diffamieren: *9* schmaehen; *10* beleidigen, verleumden; *11* beschimpfen, herabsetzen; *12* anschwaerzen; *13* verunglimpfen
different: *8* ungleich; *10* abweichend; *11* verschieden; *15* unterschiedlich
Differenz: *4* Rest; *11* Unterschied
differenzieren: *13* unterscheiden
diffizil: *6* heikel; *9* schwierig
diffus: *4* wirr; *6* unklar; *8* unscharf; *9* nebelhaft, zerstreut; *10* undeutlich; *12* verschwommen; *13* weitschweifig
Diktat: *5* Zwang; *6* Ansage, Befehl, Gewalt; *8* Aufnahme; *11* Nachschrift; *13* Niederschrift
Diktator: *6* Despot, Tyrann; *10* Machthaber; *11* Gewalthaber; *12* Gewaltmensch; *13* Unterdruecker; *15* Gewaltherrscher
Diktatur: *8* Despotie, Tyrannei; *14* Totalitarismus; *16* Gewaltherrschaft, Zwangsherrschaft
Diktierapparat: *9* Diktaphon
Diktion: *4* Stil; *14* Ausdrucksweise
Dilemma: *3* Not; *5* Krise; *6* Klemme; *7* Notlage; *10* Zwangslage; *11* Zwickmuehle
Dilettant: *4* Laie; *7* Amateur; *9* Liebhaber
dilettantisch: *9* laienhaft; *12* stuemperhaft
Dill: *10* Baerenwurz; *11* Gurkenkraut
Dimension: *5* Hoehe, Tiefe; *6* Breite
Diner: *5* Essen; *9* Festessen; *11* Mittagessen; *12* Speisenfolge
Ding: *3* Ens; *5* Sache; *7* Koerper; *10* Gegenstand
dinglich: *4* real
Dingwort: *10* Substantiv
dinieren: *6* tafeln
Dinosaurier: *9* Ignanodon; *10* Diplodocus; *11* Stegosaurus; *12* Brontosaurus; *13* Tyrannosaurus
Diözese: *6* Bistum
Diphthong: *8* Zwielaut; *10* Doppellaut
Diplom: *7* Urkunde, Zeugnis; *10* Ehrenbrief; *12* Auszeichnung, Ehrenurkunde
Diplomat: *6* Konsul; *7* Attaché; *9* Gesandter; *11* Botschafter
Diplomatie: *11* Staatskunst
Diplomatik: *13* Urkundenlehre
diplomatisch: *4* klug; *8* taktisch; *9* geschickt, umsichtig; *10* berechnend, urkundlich, vorsichtig
diplomatische(r, s)
- **Aktenstück:** *7* Dossier
- **Bote:** *6* Kurier
- **Schriftstück:** *4* Note
- **Schritt:** *8* Demarche
- **Vertreter des Vatikan:** *7* Nuntius

direkt: *10* geradewegs, unumwunden; *11* unmittelbar
direkter Volksentscheid: *10* Referendum
Direktion: *4* Kurs; *7* Leitung; *8* Richtung, Vorstand
Direktive: *7* Weisung; *9* Massregel; *11* Richtschnur
Direktor: *6* Leiter
Direktorium: *8* Vorstand
Direktrice: *8* Leiterin; *11* Vorsteherin
Direktübertragung: *4* Live; *11* Livesendung
Dirigent: *10* Chorleiter; *13* Kapellmeister; *15* Orchesterleiter
Dirigentenstab: *9* Taktstock
dirigieren: *6* leiten, lenken; *7* fuehren
Dirigismus: *18* Wirtschaftslenkung
Dirne: *4* Hure; *5* Metze; *7* Kokotte; *8* Grisette
Disharmonie: *9* Missklang
Diskant: *6* Fistel; *10* Oberstimme; *11* Gegenstimme; *12* Fistelstimme
Diskont: *5* Abzug; *7* Vorzins; *9* Zinsabzug
Diskothek: *9* Tanzlokal; *15* Plattensammlung
Diskrepanz: *9* Zwiespalt; *10* Abweichung; *11* Uneinigkeit; *13* Unstimmigkeit; *15* Missverhaeltnis
diskret: *6* geheim; *8* heimlich, schonend, taktvoll; *12* feinfuehlend, unauffaellig, verschwiegen
Diskretion: *4* Takt; *6* Dezenz; *16* Verschwiegenheit
diskriminieren: *10* verleumden; *11* herabsetzen
Diskus: *11* Wurfscheibe
Diskussion: *7* Debatte; *10* Aussprache; *11* Eroerterung
Diskussionsleiter: *9* Moderator
Diskussionstagung: *9* Symposion, Symposium
Dispens: *6* Urlaub; *9* Befreiung; *10* Entbindung
Disposition: *4* Form, Plan; *7* Entwurf, Planung, Zustand; *8* Befinden, Stimmung, Vorsorge; *9* Anordnung, Kondition; *10* Einteilung, Gliederung, Verfassung, Verfuegung; *12* Vorbereitung
Disput: *9* Rededuell; *10* Redestreit, Wortstreit; *11* Wortgefecht, Wortwechsel
Disqualifikation: *10* Ausschluss
Dissertation: *12* Doktorarbeit
dissertieren: *11* promovieren

Dissident: *10* Freidenker
Dissonanz: *7* Misston; *9* Missklang
Distanz: *7* Abstand; *10* Entfernung
Distelfink: *9* Stieglitz
Distelgewächs: *5* Karde; *8* Eberwurz; *11* Artischocke
Distribution: *10* Verteilung
Distrikt: *3* Gau; *5* Kreis; *6* Bezirk
Disziplin: *5* Zucht; *7* Ordnung; *10* Fachgebiet
dito: *4* auch; *6* ebenso; *11* desgleichen, gleichfalls
Divergenz: *10* Abweichung
divers: *11* verschieden
diverse: *7* mehrere
Dividende: *6* Gewinn; *12* Gewinnanteil
Dividendenschein: *5* Kupon; *6* Coupon
dividieren: *6* teilen
Division: *7* Teilung; *14* Truppenverband
Divisionsergebnis: *8* Quotient
Divisor: *6* Nenner
Diwan: *5* Couch, Liege
Dnjeprzufluß → Nebenfluß des Dnjepr
Docke: *4* Zopf; *5* Puppe; *7* Buendel
Doge: *7* Dandolo
Dogenstadt: *7* Venedig
Dogge: *7* Mastiff
Dogma: *8* Lehrsatz; *10* Anschauung; *12* Glaubenssatz
Dogmatik: *13* Glaubenslehre
Doktor: *4* Arzt
Doktorarbeit: *12* Dissertation
Doktorwürde: *8* Doktorat
Doktrin: *5* Lehre; *8* Lehrsatz
Dokument: *7* Urkunde; *8* Nachweis; *13* Schriftstueck
dokumentieren: *7* belegen; *8* beweisen; *10* beurkunden
Dolch: *4* Kris; *7* Stilett
Dolch der Malaien: *4* Kris
Doldengewächs: *4* Anis, Merk; *6* Aralie, Kerbel; *7* Fenchel; *9* Mannstreu; *10* Baerenklau, Pimpinelle, Waldkerbel; *12* Kaelberkropf, Liebstoekkel, Stranddistel
Dolmetscher im Orient: *8* Dragoman
Dom: *8* Muenster; *10* Kathedrale
Domäne: *9* Staatsgut; *10* Fachgebiet; *11* Arbeitsfeld; *12* Staatsbesitz; *13* Arbeitsgebiet, Wirkungskreis
Domherr: *6* Propst; *9* Kanoniker, Kapitular
Dominikanische Republik: *12* Santo Domingo
Domizil: *4* Heim; *8* Wohnsitz
Dompfaff: *6* Gimpel
Dompteur: *8* Dresseur; *10* Tierlehrer; *13* Tierbaendiger
Donar: *4* Thor
Donars Hammer: *9* Mjoellnir
Donauabfluß: *4* Aach
Donaudurchbruch: *11* Eisernes Tor
Donauhafen: *6* Braila
Donauhafen in Bulgarien: *3* Lom
Donaulachs: *6* Huchen
Donaulandschaft: *5* Banat, Lobau; *6* Wachau
Donaumündungsarm: *5* Kilia
Donauquellfluß: *4* Breg; *7* Brigach
Donaustadt → Stadt an der Donau
Donauzufluß → Nebenfluß der Donau
Donkosakenführer: *5* Rasin
Donnergott: *4* Thor; *5* Donar
Don Quichottes Pferd: *9* Rosinante
Donzufluß → Nebenfluß des Don
Doppel: *5* Kopie; *8* Dublette, Duplikat; *9* Doublette
Doppelbildung: *11* Duplikation
doppeldeutig: *10* ambivalent
Doppelehe: *7* Bigamie
Doppelfahrrad: *6* Tandem
Doppelgänger: *6* Double; *8* Ebenbild
doppelgeschlechtlich: *8* androgyn
doppelgeschlechtliches Wesen: *7* Zwitter
doppelgesichtiger römischer Gott: *5* Janus
Doppelgipfel im Bayrischen Wald: *5* Osser
– im Böhmerwald: *5* Arber
Doppelheit: *11* Duplizitaet
Doppelkegelfangspiel: *6* Dibolo; *7* Diabolo
Doppelkontinent: *7* Amerika
Doppelkringel: *6* Brezel
Doppellaut: *8* Zwielaut; *9* Diphthong
Doppelpunkt: *5* Kolon
Doppelreihe von Personen als Ehrengasse: *7* Spalier
Doppelrumpfboot: *9* Katamaran
Doppelsalz: *5* Alaun
Doppelsinn: *10* Amphibolie
doppelsinnig: *7* homonym; *8* aequivok; *10* zweideutig
Doppelspiel beim Tennis: *5* Mixed
Doppelspieler: *6* Double
Doppelstern im Orion: *5* Rigel
– im Perseus: *5* Algol
– im Bild der Zwillinge: *6* Castor
Doppelstück: *8* Dublette, Duplikat; *9* Doublette
doppelte Buchführung: *6* Doppik
doppeltes Vorkommen: *11* Duplizitaet
doppeltkohlensaures Salz: *6* Natron; *10* Bikarbonat
Doppeltreffer: *8* Dublette
Doppeltreffer im Lotto: *4* Ambe
doppelwertig: *10* ambivalent
Doppelwertigkeit: *10* Ambivalenz
Doppelzug im Schachspiel: *7* Rochade
Dorade: *10* Goldbrasse
Dorado: *8* Goldland, Paradies; *9* Traumland; *15* Schlaraffenland
Dorf: *4* Kaff; *6* Weiler
Dorfbarbier: *5* Bader
Dorfgemeinschaft im alten Rußland: *3* Mir
Dorfplatz: *5* Anger
Dorfschenke: *4* Krug
Dorfschulze; *11* Schultheiss
Dorfwiese: *5* Anger
Dorneidechse: *6* Hardun
dorniger Steinobststrauch: *7* Schlehe
dörren: *6* darren; *7* roesten; *8* trocknen
Dörrfrüchte: *8* Backobst
Dörrgerät: *5* Darre

Dörrobst: *6* Hutzel
Dorsch: *5* Torsk; *8* Kabeljau, Laberdan; *10* Klippfisch, Stockfisch; *11* Schellfisch
dort: *2* da
Dose: *4* Etui; *7* Buechse; *9* Behaelter, Schachtel
dosieren: *8* abmessen, abwiegen, zumessen; *9* aufteilen
Dosis: *5* Prise
Dossier: *4* Akte; *8* Faszikel; *10* Aktenstoss
Dotation: *7* Mitgift; *8* Stiftung; *9* Aussteuer, Ehrengabe, Schenkung, Zuwendung; *11* Ausstattung
Dotter: *6* Eigelb
Double: *6* Doppel; *13* Doppelspieler, Ersatzspieler
Dozentur: *9* Lehrstuhl; *11* Lehrauftrag
dozieren: *6* lehren
Drache: *6* Phyton; *8* Lindwurm, Niddhoegg; *10* Tatzelwurm
Drachenechse: *5* Waran
Dragee: *5* Pille; *6* Arznei; *7* Konfekt; *8* Tablette; *11* Suessigkeit
Draht: *5* Kabel
Drahtanschrift: *16* Telegrammadresse
Drahtbügel: *6* Krampe
drahten: *12* depeschieren; *14* telegraphieren
Drahtgeflecht: *6* Rastel
Drahthaube beim Fechten: *5* Maske
drahtlose Telegraphie: *4* Funk
Drahtnachricht: *8* Depesche; *9* Telegramm
Drahtplastik: *6* Mobile
Drahtschlinge: *4* Oese
Drahtseil: *6* Trosse
Drahtstift: *5* Nagel
Drahtzaun: *4* Fenz
Drahtzieher: *7* Urheber; *9* Anstifter; *10* Hintermann
drakonisch: *6* streng
Drall: *7* Drehung, Torsion
Drama → Schauspiel
dramatisch: *8* erregend, spannend; *9* aufregend
dramatische(r, s)
- **Begriff:** *3* Akt; *5* Szene; *6* Aufzug; *8* Handlung
- **Gedicht:** *7* Ballade
- **Tonstück:** *9* Oratorium
- **Vortrag mit Musikbegleitung:** *9* Melodrama

Dramaturgie: *12* Buehnenkunde, Theaterkunde; *15* Schauspiellehre
Drang: *5* Trieb; *9* Verlangen
drängen: *10* pressieren; *11* insistieren
Drangsal: *3* Not; *4* Pein, Qual; *6* Haerte; *7* Muehsal
drastisch: *7* wirksam; *8* deutlich; *11* anschaulich, unverbluemt
Draufgabe: *8* Handgeld
Draufgänger: *7* Fighter; *8* Haudegen
draufgängerisch: *4* kess
Drauzufluß → Nebenfluß der Drau
Dreck: *3* Kot; *4* Mist; *5* Unrat; *7* Schlamm, Schmutz; *8* Kehricht
Dreh: *5* Drall, Finte, Kniff, Trick
drehbare Walze: *5* Rolle
drehbarer Schiffskran: *5* Davit
Drehbuch: *6* Skript
drehen: *8* rotieren; *11* zirkulieren
Drehgelenk: *9* Scharnier
Drehgriff: *6* Kurbel
Drehkörper: *5* Rotor; *7* Kreisel
Drehorgel: *11* Leierkasten
Drehpunkt: *3* Pol
Drehschwung: *9* Pirouette
Drehstab des Rades: *5* Achse
Drehstange: *6* Reitel
Drehstrom: *12* Wechselstrom
Drehung: *4* Tour; *5* Drall, Wende; *8* Rotation
Drehung beim Tanz: *9* Pirouette
Drehzahlmesser: *13* Tourenzaehler
Dreibeingestell: *6* Stativ
Dreieck: *5* Delta; *8* Triangel
dreieckige Flagge: *6* Wimpel
dreieckiger Offiziershut: *10* Dreimaster
Dreiecksegel: *3* Aap; *9* Spinnaker
Dreiecksmessung: *13* Trigonometrie
Dreiecksmuschel: *5* Donax
Dreiecksseite: *7* Kathete; *10* Hypotenuse
Dreieinigkeit, Dreifaltigkeit: *9* Trinitaet
Dreiergruppe: *4* Trio; *7* Terzett
Dreierherrschaft: *10* Triumvirat
dreifache Papstkrone: *5* Tiara
dreifacher Erfolg: *8* Hattrick
Dreifaltigkeit: *9* Trinitaet
Dreifaltigkeitsfest: *10* Trinitatis
dreifarbige französische Fahne: *9* Trikolore
Dreifingerfaultier: *2* Ai
Dreiflüssestadt in Niederbayern: *6* Passau
- **in Niedersachsen:** *7* Muenden

Dreigespann: *5* Triga; *6* Troika
Dreiheit: *6* Triade
dreijährig: *9* Triennale
Dreikäsehoch: *6* Knirps; *9* Hosenmatz; *10* Gernegross
Dreiklangstoß: *5* Tusch
Dreiklangtrompete: *7* Fanfare
Dreikönigsfest: *10* Epiphanias
dreileibiger Riese: *6* Geryon
Dreimännerherrschaft: *10* Triumvirat
Dreimarkstück: *5* Taler
dreimastiges Segelschiff: *4* Bark
Dreiphasenstrom: *9* Drehstrom
Dreiruderer: *6* Triere; *7* Trireme
Dreisatzrechnung: *10* Regeldetri
dreiseitige Pyramide: *9* Tetraeder
dreist: *4* kess; *5* frech
dreistes Auftreten: *6* Aplomb
dreistimmiges Tonstück: *4* Trio
dreiteiliger Altaraufsatz: *10* Triptychon
dreiteiliges Werk der Literatur: *8* Trilogie
drei Töne im Taktteil: *6* Triole
Dreitonintervall: *4* Terz
dreiviertellanger Kittel: *6* Kasack
Drei Weisen aus dem Morgenland: *6* Kaspar; *8* Melchior; *9* Balthasar
dreiwertiger Alkohol: *8* Glyzerin
Dreizack: *7* Trident

Dreizackträger: *8* Poseidon
Dreizahl: *6* Triade
Dreizehenfaultier: *2* Ai
dreizipfliges Schultertuch: *5* Fichu
Drellgewebe: *8* Drillich
Dreschabfall: *5* Spreu
Dreschboden: *5* Tenne
Dresche: *4* Haue; *5* Senge; *6* Tracht; *7* Pruegel
dreschen: *8* pruegeln, schlagen
Dreschertag: *6* Drusch
Dreschplatz: *5* Tenne
Dresdener Bauwerk: *7* Zwinger
- Beiname: *10* Elbflorenz
Dresseur: *8* Dompteur; *10* Tierlehrer; *13* Tierbaendiger
dressieren: *9* abrichten
Dressur: *9* Abrichten
Dressurleine: *5* Longe
Dressurübung: *5* Volte; *6* Levade, Pesade; *8* Kapriole; *9* Courbette, Pirouette
Drill: *7* Schliff
drillen: *9* schleifen; *10* exerzieren
Drinazufluß → Nebenfluß der Drina
dringend: *4* akut; *5* eilig; *8* pressant; *9* notwendig; *14* nachdruecklich, unaufschiebbar
dringende Sendung: *6* Eilgut; *8* Eilbrief; *12* Schnellpaket
dringlich: *4* akut; *7* aktuell; *8* pressant
Dringlichkeitsvermerk: *4* Eilt
dritte(r)
- Potenz: *5* Kubus
- Sinfonie Beethovens: *6* Eroica
- Stufe der Tonleiter: *4* Terz
- Teil der Messe: *5* Credo, Kredo
Droge: *10* Rauschgift; *14* Arzneirohstoff
Droge → Rauschgift
Drogenbenutzer: *4* User
Drogenhändler: *6* Pusher; *7* Drogist; *9* Apotheker
Drogensüchtiger: *5* Fixer
drogenunabhängig: *5* clean
drohender Rat: *7* Warnung
drohendes Gefühl: *6* Gefahr
Drohung: *9* Ultimatum; *13* Demonstration
drollig: *5* ulkig; *6* lustig, putzig; *7* komisch, spassig; *9* schnurrig; *11* possierlich
Dromedar: *5* Kamel
Droschke: *3* Cab; *4* Taxe; *7* Kutsche
Droschkenpferd: *5* Zosse
Drossel (Absperrvorrichtung): *6* Ventil
drosselartiger Vogel: *11* Steinroetel
drosseln: *7* bremsen, laehmen, mindern; *9* maessigen; *10* verringern
drüben: *8* jenseits
Druck: *5* Drang, Zwang; *8* Pression
Druckabsatz: *6* Alinea
Druckberichtigung: *9* Korrektur
Druckbuchstabe: *4* Type; *6* Letter
Druck-Einheitsmaß: *3* Bar; *4* Atue, Torr; *11* Atmosphaere
Drückeberger: *5* Memme; *8* Feigling
Druckeinheit: *3* Ata; *4* Atue
Druckerei: *7* Offizin
Druckerlaubnis: *10* Imprimatur
Druckerzeichen: *6* Signet
Druckerzeugnis: *4* Buch; *7* Traktat, Zeitung; *9* Flugblatt; *10* Broschuere; *11* Zeitschrift
Druckfehler: *7* Erratum
druckfertig machen: *10* redigieren
Druckgitter: *6* Raster
Druckhebel: *5* Taste
Druckheft: *10* Broschuere
Druckmaschine: *6* Presse
Druckmaß: *11* Atmosphaere
Druckmesser: *9* Manometer
Druckmittel: *11* Repressalie
Drucknachbildung: *9* Faksimile
Druckschrift: *5* Kanon; *6* Kursiv, Mittel; *7* Fraktur, Kolonel
Druckschriftgröße: *6* Korpus
Druckspalte: *7* Kolumne
Druckstock: *8* Klischee
drucktechnischer Begriff: *4* Band, Falz, fett, Perl, Type; *5* Abzug, Fahne, Folio, Mater, Oktav, Petit, Quart, Seite; *6* Absatz, Borgis, Cicero, Duodez, Einzug, Letter, Mignon, Presse, Raster, Rubrik, Signet, Spalte, Versal; *7* Affiche, Antiqua, Auflage, Ausgabe, Colonel, Edition, Elzevir, Fraktur, Galvano, Garmond, Initial, Kapitel, Kolonel, Kolumne, Konzept, Kurrent, Ligatur, Matrize, Spatium, Spiegel, Umbruch, Umdruck; *8* Akzidenz, Fuellsel, Garamond, Gravuere, halbfett, Initiale, Klischee, kompress, Majuskel, Praegung, Rotation, Signatur, Versalie; *9* Buchstabe, Copyright, Faksimile, Inkunabel, Korrektur, Makulatur, Monogramm; *10* Broschuere, Imprimatur; *11* Nonpareille, Numerierung; *12* Perforierung
drucktechnische Hilfsmittel: *5* Rakel; *6* Presse, Raster; *7* Tenakel
Druckverfahren: *6* Offset; *9* Buchdruck, Hochdruck, Siebdruck, Tiefdruck; *11* Anilindruck
Druckverfahren durch Zeichnung auf Stein: *12* Lithographie
Druckvorlage: *10* Manuskript
Drücker (an Tür): *5* Griff; *6* Klinke
Drude: *4* Hexe; *8* Zauberin; *10* Nachtgeist
Drudenfuß: *8* Diagramm; *10* Pentagramm
Drüse: *6* Mandel
Drüsenabsonderung: *6* Sekret
Drüsengeschwulst: *6* Adenom
Drüsenknötchen: *8* Follikel
Drüsensaft: *6* Inkret, Sekret
Drüsenstoff: *6* Hormon
Dschungelheld: *6* Tarzan
Dublee: *10* Vergoldung; *11* Goldauflage; *12* Versilberung; *13* Silberauflage
Duckmäuser: *6* Mucker; *8* Feigling, Heuchler, Kriecher; *9* Hasenfuss; *11* Leisetreter; *12* Schwaechling; *14* Drueckeberger
Duckmäuserei: *9* Muckertum
Duckstein: *4* Tuff
dudeln: *6* blasen, leiern; *7* floeten

Dudelsack: *7* Musette
Duell: *9* Zweikampf
Duellzeuge: *9* Sekundant
Duerozufluß → Nebenfluß des Duero
Duett: *10* Zwiegesang
Duft: *4* Arom; *5* Aroma, Blume, Odeur; *6* Bukett
Duft des Weines: *5* Blume; *6* Bukett
duftende Blume: *4* Iris, Rose; *5* Lilie, Nelke, Viole, Wicke; *6* Reseda, Salvie; *7* Levkoje; *8* Edelrose, Gardenie, Goldlack, Lavendel, Veilchen; *9* Heliotrop
duftender Zierstrauch: *6* Jasmin; *7* Flieder; *8* Oleander
duftendes Harzgemisch: *9* Weihrauch
duftreich: *10* aromatisch
Duftstoff: *5* Amber, Ambra, Bisam, Zibet; *6* Myrrhe, Parfum; *7* Juchten, Kumarin, Moschus, Parfuem; *8* Vanillin
dulden: *6* leiden; *8* billigen, zulassen; *10* tolerieren
duldsam: *8* tolerant
Duldsamkeit: *8* Toleranz; *9* Nachsicht
Dult: *5* Markt, Messe; *6* Rummel; *9* Jahrmarkt, Kirchweih
dumm: *4* doof; *5* bloed; *6* stupid; *8* daemlich
dummdreist: *11* impertinent
dummer August: *5* Clown
dummes Gerede: *10* Geschwaetz
dummes Zeug: *6* Tinnef
Dummheit: *6* Eselei, Unsinn; *7* Torheit
Dummkopf: *4* Depp, Narr; *5* Idiot, Tropf; *6* Dussel, Kaffer, Pinsel, Simpel; *7* Stiesel, Trottel; *8* Daemlack, Ignorant; *9* Bloedling
dummlustig: *6* albern
Dummy: *8* Attrappe, Maquette; *10* Buchmuster; *12* Schaupackung
Dünengras: *11* Strandhafer
Dung: *4* Mist
Düngemittel: *4* Kali; *5* Guano; *6* Apatit, Jauche; *7* Kompost; *8* Salpeter
dunkel: *6* obskur; *7* duester, finster; *8* mystisch
Dünkel: *7* Hochmut; *8* Arroganz
dunkelbraune Farbe: *5* Umber, Umbra
dünkelhaft: *10* sueffisant
dunkelhäutiger Mensch: *4* Mohr; *5* Neger; *7* Negride, Negroid; *9* Schwarzer
Dunkelheit: *5* Nacht
Dunkelnebel: *7* Globule
dunkle(r, s)
- **englisches Bier:** *5* Stout; *6* Porter
- **Kernholz:** *8* Ebenholz
- **Männeranzug:** *7* Gehrock, Smoking
- **Tiefengestein:** *5* Urtit
- **Weissagung:** *6* Orakel

dünn: *7* schlank
dünne(r, s)
- **Blättchen:** *7* Lamelle
- **Gebäck:** *6* Oblate
- **Gewebe:** *4* Flor, Gaze; *5* Nylon; *6* Etamin; *7* Chiffon, Organdy
- **Holzstückchen:** *4* Span
- **Kaffee:** *5* Lorke
- **Metallblatt:** *5* Folie
- **Zinnfolie:** *8* Stanniol
- **Zweigwerk:** *6* Reisig

Dunst: *4* Dust; *5* Dampf, Nebel; *8* Schwaden
Dunstgebilde am Himmel: *5* Wolke
Dunstglocke über Großstädten: *4* Smog
dunstig: *6* diesig, neblig
Duo: *5* Duett
Duplikat: *6* Duplum
durch: *3* per
durchaus: *7* absolut, partout; *11* schlechthin
durchbilden: *10* trainieren
Durchblick: *11* Perspektive
durchbohren: *6* lochen; *11* perforieren
Durchbohrung: *11* Perforation
durchbrochen: *5* ajour
durchbrochenes Gewebe: *9* Grenadine, Granatine
Durchbruchtal der Donau in Österreich: *6* Wachau
- **der Weser bei Minden:** *15* Porta Westfalica

durchdacht: *10* methodisch
durchdringbar: *9* permeabel
durchdringend: *5* grell; *7* schrill; *9* penetrant
durchdringende Flüssigkeit: *6* Naesse
Durcheinander: *4* Wust; *5* Chaos; *6* Gewirr, Rummel, Zirkus; *8* Wirrwarr; *9* Charivari, Labyrinth, Quodlibet; *10* Kunterbunt, Mischmasch, Tohuwabohu; *12* Kuddelmuddel
durcheinanderbringen: *9* verwirren
Durchfahrt: *7* Passage, Transit
Durchfall: *8* Diarrhoe; *9* Dysentrie; *11* Darmkatarrh
durchfeuchtet: *4* nass
Durchfuhr: *7* Transit
durchführbar: *8* moeglich
Durchgang: *5* Gasse; *7* Passage; *9* Durchlass
Durchgangshindernis: *6* Sperre; *8* Barriere, Schranke
Durchgangsverkehr: *7* Transit
durchgehend: *9* permanent
durchgeistigt: *10* aetherisch
durchgezeichnete Kopie: *5* Pause
Durchguß: *4* Sieb
Durchhau im Walde: *8* Schneise
durchkreuzen: *9* vereiteln; *10* verhindern; *13* hintertreiben
Durchlass: *6* Sperre
durchlässig: *6* poroes; *9* permeabel
durchlaufend: *14* kontinuierlich
durchleuchten: *8* roentgen
durchlochen: *11* perforieren
Durchlöcherung: *11* Perforation
Durchlüfter: *10* Ventilator
Durchmesser: *7* Kaliber; *8* Diameter
durchnäßt: *6* feucht
durchpausen: *8* kopieren
durchqueren: *9* passieren
Durchscheinbild: *3* Dia; *10* Diapositiv
Durchscheinen: *11* Transparenz
durchscheinend: *7* diaphan; *11* transparent
durchscheinende Lackschicht: *5* Lasur

durchscheinender Gips: *9* Alabaster
Durchschlag: *5* Kopie; *8* Duplikat; *12* Zweitschrift
Durchschlupf: *4* Loch; *6* Ausweg
Durchschnitt: *4* Norm; *5* Mitte, Regel; *6* Mittel; *10* Mittelmass, Mittelwert
durchschreiben: *8* kopieren
durchschreitbare Stelle im Fluß: *4* Furt
Durchschrift: *5* Kopie; *8* Duplikat
Durchsicht: *10* Visitation
Durchsichtsbild: *3* Dia; *10* Diapositiv
durchsichtig: *4* klar; *11* transparent
durchsichtige(r, s)
- **Farbüberzug:** *5* Lasur
- **Gewebe:** *4* Flor, Gaze; *5* Tuell, Voile
- **Gipsart:** *9* Alabaster
- **Mineral:** *4* Opal
- **Werkstoff:** *4* Glas

Durchsichtigkeit: *11* Transparenz
durchsuchen: *6* filzen
Durchsuchung: *6* Razzia
durchtrainiert: *3* fit; *6* topfit
durchtrieben: *7* gewiegt; *10* raffiniert
durchtriebener Bursche: *5* Filou
Durchtriebenheit: *10* Raffinesse
Durchtritt von Flüssigkeiten durch Scheidewände: *6* Osmose
durchweg: *8* generell
Durchzeichnung: *5* Pause
Dürers Lehrer: *8* Wolgemut
dürftig: *3* mau; *4* karg; *6* gering; *8* aermlich, primitiv
dürr: *4* karg; *5* mager; *7* trocken; *8* hutzlich
dürres Zweigwerk: *6* Reisig
Dusche: *6* Brause
Düsenflugzeug: *3* Jet; *5* Jumbo; *7* City Jet; *8* Jetliner
Düsseldorfer Belustigung: *11* Radschlagen
- **Prachtstraße:** *3* Koe
- **Karnevalsruf:** *5* Helau

duster: *6* dunkel; *7* traurig
Dwinazufluß → Nebenfluß der Dwina
Dynamik: *4* Elan; *7* Schwung; *10* Triebkraft
dynamisch: *5* vital; *7* lebhaft; *11* schwungvoll; *15* temperamentvoll
Dynamomaschine: *9* Generator
Dynamoteil: *5* Anker
Dynast: *6* Fuerst; *9* Herrscher
Dynastie: *10* Geschlecht; *12* Fuerstenhaus; *13* Herrscherhaus; *18* Fuerstengeschlecht

E

Ebbe: *4* Tide; *6* Fallen; *9* Tiefstand
Ebbe und Flut: *5* Tiden; *8* Gezeiten
eben: *4* plan; *5* flach, glatt
Ebenbild: *6* Abbild; *9* Konterfei
ebenbürtig: *6* gleich
Ebene: *7* Flaeche; *8* Tiefland; *9* Flachland
Ebene
- **bei Augsburg:** *8* Lechfeld
- **in Hessen:** *8* Wetterau
- **in Jugoslawien:** *9* Amselfeld
- **in Niederösterreich:** *9* Marchfeld
- **um Rom:** *8* Campagna

ebenes Viereck: *14* Parallelogramm
ebenfalls: *4* auch
Ebenmaß: *7* Numerus; *8* Harmonie, Rhythmus; *9* Symmetrie; *10* Gleichmass, Proportion
ebenmäßig: *10* harmonisch; *11* symmetrisch
ebenso: *4* auch, dito, item
Eber: *6* Keiler; *7* Schwein
Eberesche: *10* Teufelbaum; *11* Elsbeerbaum, Sperberbaum, Teufelsbaum; *13* Vogelbeerbaum
Eberwurz: *6* Distel; *9* Saudistel; *10* Golddistel, Sonnenrose; *11* Sonnenblume; *12* Silberdistel, Wetterdistel
ebnen: *6* bahnen; *8* glaetten; *9* planieren
Ebrozufluß → Nebenfluß des Ebro
Echo: *6* Nymphe; *7* Anklang; *8* Nachhall, Resonanz; *9* Widerhall
Echse: *4* Teju; *5* Agame, Gecko, Tokee, Waran; *6* Leguan; *8* Basilisk, Eidechse, Jacruaru, Krokodil; *9* Schleiche; *14* Blindschleiche
echt: *4* edel; *6* genuin; *8* original; *11* authentisch; *13* unverfaelscht
Echtheitserklärung: *12* Legitimation
Ecke: *6* Winkel
Eckfeld des Halmabretts: *3* Hof
eckig geschliffene Edelsteinfläche: *7* Facette
Eckzahn des Keilers: *5* Hauer
- **des Rotwildes:** *6* Graene; *7* Grandel
- **des Wildschweines:** *6* Gewehr

ecuadorianische(r)
- **Berg:** *8* Cotopaxi; *10* Chimborazo; *11* Chimborasso
- **Hauptstadt:** *5* Quito
- **Indianerstamm:** *4* Cara; *6* Kechua; *7* Jivaros, Saparos; *8* Ketschua
- **Münze:** *5* Sucre; *7* Centavo
- **Sprache:** *8* Ketschua, Spanisch
- **Stadt:** *4* Loja; *5* Quito; *6* Ambato, Cuenca; *8* Riobamba, Santa Ana; *9* Guayaquil
- **Vulkan:** *6* Sangay; *8* Antisana, Cotopaxi

edel: *4* echt, hehr; *5* human, nobel, vornehm
Edelblume: *4* Rose; *5* Nelke; *8* Orchidee; *12* Chrysantheme
Edelfalter: *5* Fuchs; *6* Apollo; *7* Admiral; *8* Eisvogel; *12* Kaisermantel, Trauermantel; *13* Landkaertchen, Tagpfauenauge; *14* Schneckenfalter, Schillerfalter; *16* Perlmutterfalter
Edelfisch: *3* Aal; *4* Salm; *5* Lachs; *7* Forelle, Karpfen, Maraene; *8* Seezunge
Edelgas: *4* Neon; *5* Argon, Radon, Xenon; *6* Helium, Thoron; *7* Aktinon, Krypton
Edelholz: *4* Teak; *8* Ebenholz, Mahagoni; *10* Palisander, Sandelholz
Edelholzblatt: *7* Furnier
Edelkastanie: *6* Marone
Edelknabe: *4* Page; *6* Knappe
Edelmann: *6* Junker, Ritter; *7* Adliger; *9* Caballero; *11* Gentilhomme
Edelmetall: *4* Gold; *6* Osmium, Platin, Silber; *7* Iridium, Rhodium; *9* Palladium, Ruthenium
Edelmetallgewicht: *4* Gran; *5* Graen
Edelmut: *8* Noblesse
edelmütig: *8* generoes
Edelpelz: *3* Feh; *4* Nerz, Seal; *5* Bisam, Zobel; *6* Nutria, Ozelot; *8* Hermelin; *9* Persianer; *10* Chinchilla; *12* Breitschwanz
Edelpilz: *10* Champignon
Edelrost: *6* Patina
Edelstein → Halbedelstein
Edelstein: *4* Jade, Onyx, Opal; *5* Achat, Gagat, Juwel, Lapis, Pyrop, Quarz, Rubin, Topas; *6* Adular, Amaryl, Apatit, Beryll, Citrin, Epidot, Euklas, Granat, Jadeit, Jaspis, Korund, Prasem, Saphir, Zirkon, Zitrin, Zyanit; *7* Diamant, Girasol, Idokras, Karneol, Lasurit, Nephrit, Smaragd, Spinell, Tuerkis; *8* Almandin, Amazonit, Amethyst, Brillant, Edelopal, Haematit, Heliodor, Hyazinth, Kaprubin, Labrador, Malachit, Markasit, Obsidian, Rhodonit, Sardonyx, Solitaer, Tansanit, Turmalin; *9* Aquamarin, Avanturin, Bernstein, Brasilian, Chalzedon, Feueropal, Fischauge, Goldtopas, Grossular, Heliotrop, Hydrophan, Karfunkel, Mondstein, Tigerauge; *10* Alexandrit, Chrysolith, Chrysopras, Katzenauge, Labradorit, Rauchquarz, Rauchtopas, Rosenquarz, Speckstein; *11* Lapislazuli, Nierenstein, Sonnenstein; *12* Bergkristall, Chrysoberyll; *13* Amazonenstein, Labradorstein
Edelstein (rund geschliffen): *8* Cabochon
Edelsteingewicht: *5* Karat
Edelsteinglanz: *5* Feuer
Edelsteinimitation: *6* Simili, Strass
Edelsteinmetropole: *6* London; *9* Antwerpen
Edelsteinnachahmung: *6* Simili, Strass
Eden: *8* Paradies; *14* Paradiesgarten
Edikt: *5* Gebot; *6* Befehl, Erlass; *9* Anordnung; *10* Verfuegung, Verordnung
Edition: *6* Verlag; *7* Ausgabe; *10* Herausgabe
edle(s)
- **Gesinnung:** *5* Guete; *14* Hochherzigkeit; *15* Grossmuetigkeit
- **Menschlichkeit:** *10* Humanitaet

- **Pferd:** *4* Ross
EDV-Begriff → Begriff der Datenverarbeitung
Effekt: *4* Ziel; *5* Folge; *6* Erfolg; *7* Wirkung; *8* Eindruck, Leistung; *10* Konsequenz
Effekten: *11* Wertpapiere; *14* Boersenpapiere
Effektgarn: *6* Boucle
Effekthascher: *6* Poseur
effektiv: *8* greifbar, wirklich; *9* vorhanden
Effet: *5* Drall, Stoss; *7* Drehung, Schwung, Wirkung
egal: *6* gleich; *7* schnurz; *8* einerlei; *13* gleichgueltig
Egerling: *10* Champignon
Egoismus: *8* Ichsucht; *9* Eigennutz
ehe: *5* bevor
Eheaussteuer: *7* Mitgift
ehedem: *5* einst
Ehefrau: *6* Gattin; *8* Gemahlin
Ehegefährte: *5* Gatte; *6* Gemahl
Ehegefährtin: *6* Gattin; *8* Gemahlin
ehelich: *7* legitim
ehelichen: *6* freien; *8* heiraten
ehelos: *5* ledig
Ehelosigkeit: *8* Zoelibat
ehemalig → alt → antik → früher
ehemalige(r, s)
- **Beamtentitel:** *9* Geheimrat
- **britische Besitzung:** *4* Aden; *10* Goldkueste
- **deutsche Kolonie:** *4* Togo; *5* Samoa; *7* Kamerun; *9* Neuguinea, Ostafrika; *10* Kiautschou; *14* Suedwestafrika; *16* Deutsch-Ostafrika
- **deutsche Münze:** *5* Taler; *6* Batzen, Gulden, Heller; *7* Kreuzer; *8* Groschen; *11* Kaiseradler
- **deutsche Währung:** *2* RM; *10* Reichsmark, Rentenmark
- **Deutsch-Südwestafrika:** *7* Namibia
- **französische Goldmünze:** *8* Louisdor; *11* Napoleondor
- **Funkstation bei Potsdam:** *5* Nauen
- **Fürstentum in Schlesien:** *5* Pless
- **Hauptstadt von China:** *7* Nanking
- **Hauptstadt von Spanisch-Marokko:** *6* Tetuan
- **Herrscher in Venedig:** *5* Dogen
- **internationale Flüchtlingsorganisation:** *3* IRO
- **italienische Besitzung:** *6* Libyen; *7* Eritrea
- **Kaiserresidenz:** *5* Pfalz
- **Kirchenstrafe:** *4* Bann
- **Kriegsteilnehmer:** *7* Veteran
- **portugiesische Besitzung:** *3* Diu; *5* Damao, Macao
- **spanische Kriegsflotte:** *6* Armada
- **Staat des Deutschen Reiches:** *8* Preussen
- **Sultanat auf Sumatra:** *4* Deli
- **Sultansresidenz:** *5* Saray; *6* Serail
- **türkischer Offizierstitel:** *3* Aga
ehemals: *4* olim
Ehemann: *5* Gatte; *6* Gemahl
Ehepartner: *5* Gatte; *6* Gattin, Gemahl; *8* Gemahlin
eher: *6* lieber, vorher; *7* frueher; *8* vielmehr
ehern: *4* hart; *6* eisern; *8* metallen
Eheschließung: *6* Heirat; *8* Hochzeit
Eheverfehlung: *7* Untreue
Eheversprechen: *9* Verlobung; *15* Heiratsantrag
Ehrabschneider: *10* Verleumder
Ehrabschneidung: *7* Rufmord; *11* Verleumdung; *12* Diffamierung
ehrbar: *6* honett; *7* sittsam; *9* ehrenhaft, honorabel; *11* respektabel
Ehre: *4* Ruhm; *6* Gloria, Wuerde; *7* Achtung, Ansehen, Respekt
ehren: *6* achten; *9* wuerdigen; *10* anerkennen, honorieren; *11* auszeichnen
Ehrenabzeichen: *5* Orden
Ehrenbezeigung: *5* Gruss, Kotau, Salut
Ehrenbrief: *6* Diplom
Ehrenerklärung: *14* Rehabilitation
Ehrenerweisung: *8* Honneurs, Reverenz
Ehrengabe: *13* Gratifikation
Ehrengasse: *7* Spalier
Ehrengeleit: *7* Eskorte
Ehrengruß: *5* Salut, Salve
ehrenhaft: *6* ehrsam, honett; *7* achtbar, honorig; *13* rechtschaffen
ehrenhaftes Verhalten: *8* Fairplay
ehrenhalber: *12* honoris causa
Ehrenmann: *9* Gentleman; *11* Gentilhomme
Ehrenname für Gandhi: *7* Mahatma
- **für Jesus:** *8* Christus
- **für Mekkapilger:** *7* Hadschi
- **der römischen Kaiser:** *6* Caesar
Ehrenpreis: *3* Cup; *5* Pokal; *8* Medaille
Ehrenrettung: *14* Rehabilitation
ehrenrührig: *6* ehrlos
Ehrensalve: *5* Salut
Ehrenschreiben: *7* Adresse
Ehrensold: *7* Honorar
Ehrentag: *9* Jubilaeum
Ehrentempel: *8* Pantheon
Ehrentitel: *7* Eminenz, Senator; *9* Exzellenz
Ehrentitel älterer Kapitäne: *9* Kommodore
Ehrentitel frommer Inder: *5* Sadhu
Ehrenurkunde: *6* Diplom
ehrenvoll: *9* honorabel
Ehrenvorsitzender: *9* Protektor
Ehrenabzeichen: *5* Orden; *8* Medaille; *10* Dekoration
Ehrenzeugnis: *6* Diplom
Ehrerbietung: *7* Respekt; *8* Reverenz
Ehrfurcht: *7* Respekt; *8* Reverenz
ehrfurchtsvoll: *5* devot
Ehrgeiz: *5* Eifer; *8* Ambition
ehrgeizige Ziele: *10* Ambitionen
Ehrgeizling: *7* Streber
ehrlich: *3* gut; *4* fair; *5* reell; *6* lauter, sauber; *7* redlich; *10* anstaendig, aufrichtig; *13* rechtschaffen
ehrlos: *5* infam; *6* falsch, gemein; *12* ehrvergessen, unanstaendig, unaufrichtig; *13* nichtswuerdig; *15* niedertraechtig
ehrloser Mensch: *4* Lump
Ehrlosigkeit: *7* Infamie, Schande, Schimpf
Ehrung: *3* Lob; *4* Dank; *7* Lobrede; *10* Wuerdigung; *12* Auszeichnung

ehrwürdig: *8* erlaucht; *15* patriarchalisch
ehrwürdige alte Frau: *7* Matrone
Ei der Laus: *5* Nisse
Eibe: *5* Taxus
Eibisch: *5* Malve; *6* Althee, Ibisch; *8* Hibiskus
Eichenschwamm: *12* Stinkmorchel
eichen: *8* visieren; *9* justieren; *11* adjustieren
Eichhörnchen: *3* Feh
Eichmaß: *6* Etalon
Eid: *6* Schwur
Eidbruch: *7* Meineid
Eidechse: *5* Gecko, Waran; *6* Leguan; *7* Lazerte; *10* Chamaeleon, Flugdrache, Mauergecko; *14* Blindschleiche
eidesstattliche Beurkundung: *9* Affidavit
Eidgenosse: *9* Schweizer
Eidgenossenschaft: *7* Schweiz
eidliche Versicherung: *9* Affidavit
Eidotter: *6* Eigelb
Eier des Fisches: *5* Rogen
– der Läuse: *6* Nissen
– im Nest: *6* Gelege
– von Wassertieren: *5* Laich
Eierauflauf: *7* Souffle
Eierfrucht: *9* Aubergine
Eierkuchen: *7* Omelett; *8* Frittate; *12* Palatschinke
Eierkunde: *7* Oologie
Eierlikör: *7* Advokat; *8* Advocaat; *10* Knickebein
Eierpflanze: *9* Aubergine
Eierspenderin: *4* Huhn; *5* Henne
Eierteigware: *5* Nudel
Eifelkratersee: *4* Maar
Eifellandschaft: *6* Ahrtal
Eifer: *9* Intension
Eiferer: *3* Fan, Fex; *5* Zelot; *9* Fanatiker
Eifersucht: *4* Neid; *7* Argwohn; *10* Rivalitaet
Eiform: *5* Oval
eiförmig: *4* oval; *5* ovoid
eifrig: *5* emsig; *8* fleissig, strebsam
Eigelb: *6* Dotter; *8* Eidotter
eigen: *6* proper
Eigenart: *3* Typ; *4* Note; *6* Manier; *8* Naturell; *9* Charakter; *13* Originalitaet; *16* Individualitaet
eigenartig: *5* apart; *9* originell
Eigenbrötler: *4* Kauz; *8* Original; *10* Sonderling; *12* Aussenseiter; *13* Einzelgaenger
eigene Lebensbeschreibung: *14* Autobiographie
eigengesetzlich: *7* autonom
eigenhändig: *6* selbst
eigenhändige Unterschrift: *6* Signum; *9* Autogramm
Eigenheim: *5* Villa; *8* Bungalow
Eigenliebe: *8* Egoismus; *11* Selbstsucht
eigenmächtig: *14* selbstherrlich
Eigenname Buddhas: *7* Gautama
Eigennutz: *8* Egoismus; *11* Selbstsucht
Eigennütziger: *6* Egoist
eigens: *5* extra; *8* speziell; *9* besonders; *10* namentlich
Eigenschaft: *8* Attribut; *9* Qualitaet
Eigenschaftswort: *8* Adjektiv
Eigensinn: *5* Trotz; *11* Obstination; *15* Halsstarrigkeit
eigensinnig: *4* stur; *7* trotzig; *8* obstinat; *10* kaprizioes; *11* dickkoepfig, halsstarrig, hartnaeckig; *12* starrkoepfig, widerborstig; *13* widerspenstig
eigenständig: *6* autark; *7* autonom; *17* nonkonformistisch
Eigensucht: *8* Egoismus, Ichsucht
Eigentum: *4* Habe; *6* Besitz; *9* Vermoegen
Eigentümer: *7* Inhaber; *8* Besitzer
eigentümlich: *7* typisch; *8* speziell; *9* besonders, originell
Eigentümlichkeit: *6* Cachet; *11* Spezifitaet
Eigentumsdelikt: *4* Raub; *6* Betrug; *8* Einbruch; *9* Diebstahl
eigenwillig: *10* kaprizioes
Eignung: *13* Qualifikation
Eignungsprüfung: *4* Test
Eihaut: *6* Amnion
Eiklar: *7* Eiweiss
Eiland: *5* Insel
Eilandsbewohner: *9* Insulaner
Eilbote im diplomatischen Dienst: *6* Kurier
Eile: *4* Hast; *5* Tempo; *6* Rasanz; *13* Schnelligkeit
eilen: *5* jagen, rasen; *6* hasten, hetzen, laufen, rennen; *8* preschen
eilig: *3* fix; *5* flink, rasch; *6* hastig, hurtig; *8* pressant
Eilnachricht: *8* Depesche; *9* Telegramm
Eilpostkutsche: *9* Diligence
Eimer: *6* Kuebel
einäschern: *9* kremieren; *10* verbrennen
Einäscherung: *9* Kremation; *11* Verbrennung
Einäscherungsanlage: *11* Krematorium
Einäscherungshalle: *11* Krematorium
einatmen: *10* inhalieren
Einatmung: *10* Inhalation
einäugiger Riese: *4* Oger; *6* Kyklop, Zyklop; *8* Polyphem
einbalsamierter Leichnam: *5* Mumie
Einbau: *12* Installation
Einbaum: *4* Kanu; *6* Piroge
einbegriffen: *9* implizite, inklusive
einberufen: *8* ausheben; *12* mobilisieren
Einberufung: *10* Gestellung; *12* Mobilmachung
Einbeulung: *5* Delle
Einbildung: *4* Trug; *7* Duenkel, Hochmut; *8* Illusion; *11* Spekulation
Einbildungskraft: *9* Phantasie; *11* Imagination
Einblicklinse der Kamera: *6* Okular
Einbrecher: *4* Dieb; *7* Raeuber
Einbrenne: *8* Schwitze
Einbringen der Früchte: *5* Ernte
Einbruch: *8* Invasion
einbürgern: *14* naturalisieren
Einbürgerung: *14* Naturalisation, Nostrifikation; *15* Naturalisierung
Einbuße: *7* Verlust
Eindämmen eines Flusses: *11* Regulierung
eindampfen: *11* evaporieren
eindeutig: *4* klar

eindringen: *12* infiltrieren
eindringlich: *5* ernst; *6* betont; *8* bestimmt, intensiv; *10* instaendig; *13* ausdruecklich; *14* nachdruecklich
Eindringlichkeit: *10* Intensitaet
Eindringling: *7* Invasor
Eindruck: *7* Wirkung; *10* Impression
Eindruck machen: *10* imponieren
eindrucksvoll: *7* wirksam; *8* imposant; *11* imponierend
eine der Chariten: *6* Aglaia, Thalia; *10* Euphrosyne
- **der Frauen Abrahams:** *4* Sara; *6* Ketura
- **der Frauen Jakobs:** *3* Lea; *5* Rahel

eine der Gezeiten: *4* Ebbe, Flut
eine der Haupttugenden: *4* Spes; *5* Fides, Liebe; *6* Glaube; *7* Caritas, Glauben, Staerke; *8* Hoffnung, Justitia, Klugheit, Weisheit; *9* Fortitudo, Prudentia; *10* Tapferkeit; *11* Maessigkeit, Temperentia; *12* Besonnenheit; *13* Gerechtigkeit
eine der Nymphen: *6* Dryade, Egeria, Najade, Oreade; *7* Galatea, Nereide; *8* Galateia, Okeanide
eine der Okeaniden → Okeanide
eine der schönen Künste: *4* Tanz; *5* Musik; *7* Malerei; *8* Dichtung
eine der drei
- **Chariten:** *6* Aglaia, Thalia; *10* Euphrosyne
- **Erinnyen:** *6* Alekto; *7* Megaere, Megaira; *9* Tisiphone
- **Gorgonen:** *6* Medusa, Meduse; *7* Euryale, Stheino
- **Grazien:** *6* Aglaia, Thalia; *10* Euphrosyne
- **Horen:** *4* Dike; *6* Eirene; *7* Eunomia
- **Nornen:** *3* Urd; *5* Skuld; *8* Werdandi

eine der neun Musen: *4* Klio; *5* Erato; *6* Thalia, Urania; *7* Euterpe; *8* Kalliope; *9* Melpomene; *10* Polyhymnia; *11* Terpsichore
eine der seltensten Briefmarken: *9* Mauritius
eine der sieben Todsünden: *4* Geiz, Neid, Zorn; *7* Hochmut, Wollust; *10* Trunksucht; *19* Traegheit des Herzens
einebnen: *9* planieren; *11* nivellieren; *12* gleichmachen
Einehe: *9* Monogamie
einengend: *10* restriktiv
einer der
- **Apostel:** *5* Lukas, Simon; *6* Markus, Paulus, Petrus, Thomas; *7* Andreas, Jakobus; *8* Johannes, Matthias; *9* Matthaeus, Philippus; *13* Bartholomaeus
- **Argonauten:** *4* Idas; *5* Iason; *6* Kastor, Neleus, Peleus; *7* Admetos, Telamon, Theseus; *8* Euphemos, Herakles
- **Artusritter:** *4* Erek; *5* Gawan, Iwein; *6* Gawein, Merlin; *7* Tristan; *8* Lanzelot, Parzival; *9* Lohengrin
- **Begründer des Marxismus:** *4* Marx; *6* Engels
- **Eisheiligen:** *8* Mamertus; *9* Servatius; *10* Pankratius
- **Erzengel:** *5* Uriel; *7* Gabriel, Michael, Raphael
- **Evangelisten:** *5* Lukas; *6* Markus; *8* Johannes; *9* Matthaeus
- **Göttinger Sieben:** *5* Ewald, Grimm, Weber; *8* Albrecht, Dahlmann, Gervinus
- **großen Richter Israels:** *6* Gideon
- **Heiligen Drei Könige:** *6* Kaspar; *8* Melchior; *9* Balthasar
- **Raben Odins:** *5* Hugin, Munin
- **sagenhaften Gründer Roms:** *5* Remus; *7* Romulus
- **sieben Epigonen:** *8* Alkmaion, Diomedes, Euryalos; *9* Aegialeus, Promachos, Sthenelos; *11* Thersandros
- **sieben Hügel Roms:** *7* Aventin, Caelius, Kapitol, Palatin, Viminal; *8* Esquilin, Quirinal
- **Sieben Weisen Griechenlands:** *4* Bias; *5* Solon; *6* Chilon, Thales; *8* Pittakos; *9* Kleobulos, Periander
- **Sinne:** *6* Gehoer, Geruch; *7* Gesicht; *8* Tastsinn; *9* Geschmack; *13* Gleichgewicht
- **Titanen:** *5* Andes, Koios, Krios; *6* Adanos, Anytos, Kreios, Kronos, Ophion; *7* Aigaion, Japetos, Okeanos, Ostasos; *8* Hyperion, Olymbros; *10* Prometheus
- **vier großen Propheten:** *6* Daniel, Jesaja; *8* Hesekiel, Jeremias
- **vierzehn Nothelfer:** *5* Georg, Vitus; *7* Barbara, Blasius, Erasmus; *8* Achatius, Aegidius, Cyriakus; *9* Dionysius, Katharina, Margareta, Pantaleon; *10* Eustachius; *13* Christophorus
- **Wölfe Odins:** *4* Geri; *5* Freki
- **zwölf kleinen Propheten:** *4* Amos, Joel, Jona; *5* Hosea, Micha, Nahum; *6* Haggai, Obadja; *7* Habakuk; *8* Maleachi, Sacharja, Zephanja

einerlei: *4* egal
Einerlei: *9* Monotonie
eines der Sieben Weltwunder: *6* Koloss, Pharos; *9* Mausoleum, Pyramiden; *10* Artemision, Zeusstatue; *16* Haengende Gaerten
einfach: *6* frugal, simpel; *8* primitiv, schlicht; *9* elementar, idyllisch
einfache(r, s)
- **Bau:** *7* Baracke
- **Eiweißkörper:** *7* Protein
- **Essen:** *7* Eintopf
- **Gefährt:** *5* Karre
- **Geländeaufzeichnung:** *5* Kroki
- **Holzfackel:** *4* Kien
- **Lagerstätte:** *8* Pritsche
- **Schlüssel:** *8* Dreikant, Vierkant
- **Schrank:** *5* Spind
- **Soldat:** *8* Gemeiner
- **Wagen:** *5* Karre
- **Wasserfahrzeug:** *4* Boot; *5* Floss; *7* Einbaum
- **Zeitmesser:** *7* Sanduhr
- **Zimmer:** *4* Bude

Einfachheit: *12* Simplizitaet
Einfahrt: *3* Tor; *6* Portal
Einfall: *3* Gag; *4* Idee, Raid; *7* Gedanke; *8* Invasion; *11* Erleuchtung, Inspiration
Einfallsreichtum: *9* Phantasie; *14* Erfindungsgabe

Einfalt: *8* Bonhomie, Dummheit; *12* Simplizitaet
einfältig: *4* doof, naiv; *6* simpel
einfältiger Mensch: *3* Tor; *4* Narr; *6* Gimpel; *7* Abderit, Trottel
Einfältigkeit: *9* Naivitaet
Einfaltspinsel: *4* Depp; *6* Simpel
Einfamilienhaus: *5* Villa; *8* Bungalow; *9* Eigenheim; *10* Reihenhaus
einfarbig: *3* uni; *9* monochrom
einfassen: *6* rahmen; *7* saeumen; *9* einrahmen, garnieren
Einfassung: *4* Rand, Saum; *5* Bande, Kante, Zarge; *6* Rahmen; *8* Borduere, Garnitur
einfetten: *5* oelen; *9* schmieren
Einflieger: *9* Testpilot
Einfluss: *3* Ruf; *5* Macht; *7* Geltung, Wirkung; *8* Influenz, Renommee
Einflußnahme: *12* Manipulation
einflüstern: *8* vorsagen; *11* souffIieren
einförmig: *7* monoton, uniform
Einförmigkeit: *8* Einerlei; *9* Monotonie; *12* Uniformitaet
Einfriedung: *4* Fenz, Zaun; *5* Knick, Mauer; *6* Gatter, Pferch
Einfuhr: *6* Import
einführend: *14* programmatisch
Einfuhrerlaubnis: *17* Importgenehmigung
Einfuhrgebühr: *4* Maut, Zoll
Einfuhrhändler: *9* Importeur
Einführung: *9* Leitfaden; *10* Initiation, Investitur; *12* Introduktion
Einfuhrware: *7* Importe
Eingabe: *6* Antrag, Gesuch; *8* Petition; *10* Memorandum; *11* Bittschrift, Denkschrift
Eingang: *4* Tuer; *6* Anfang, Entree, Portal; *7* Zutritt
Eingangshalle: *7* Vorraum; *9* Vestibuel
eingearbeitete Mannschaft: *4* Team
eingebildet: *5* eitel; *8* blasiert; *9* imaginaer; *10* hochmuetig; *11* illusorisch
eingebildeter Kranker: *11* Hypochonder
- **Mensch:** *4* Geck, Snob; *5* Protz; *6* Fatzke; *7* Angeber

Eingebildetheit: *6* Spleen
eingeboren: *8* heimisch
Eingeborenenboot: *4* Kanu
Eingeborener → Urbewohner
Eingeborener
- **Afrikas:** *5* Neger
- **Amerikas:** *5* Indio; *8* Indianer
- **Neuguineas:** *5* Papua
- **Neuseelands:** *5* Maori

eingeborener Soldat: *6* Askari
eingebrannte Falte: *7* Plissee
Eingebung: *7* Einfall; *11* Inspiration
eingedickter Fruchtsaft: *5* Gelee
eingedickter Saft der Süßholzwurzel: *8* Lakritze
eingedeichtes Land: *4* Koog; *6* Polder
eingefleischter Junggeselle: *9* Hagestolz
eingefräste Rille: *3* Nut
eingeführte Ware: *7* Importe
eingehen: *9* krepieren
eingehend: *8* speziell
eingehende Besprechung: *11* Eroerterung
eingeknickte Buchseite: *8* Eselsohr
eingelegte(r, s)
- **Ei:** *5* Solei
- **Gemüsefrucht:** *10* Essiggurke; *11* Perlzwiebel; *12* Mixed Pickles
- **Hering:** *4* Sild; *8* Rollmops; *14* Bismarckhering
- **kleine Gurke:** *9* Cornichon
- **Knospe:** *5* Kaper
- **Sardelle:** *8* Anchovis; *9* Anschovis
- **Weißkohl:** *10* Sauerkraut

Eingemachtes: *8* Konserve; *10* Konfituere
eingepreßte Fabrikmarke in Papier: *13* Wasserzeichen
eingesalzener Kabeljau: *8* Laberdan
eingesäuertes Viehfutter: *6* Silage
eingeschlossener Teil eines Staates: *7* Enklave
eingeschüchtert: *6* mutlos
eingesetztes Stoffstück: *4* Keil
eingetragenes Warenzeichen: *11* Schutzmarke
Eingeweide: *6* Daerme, Inster; *7* Kutteln; *8* Gekroese; *9* Innereien, Kaldaunen
Eingeweihter: *5* Adept; *9* Mitwisser; *10* Vertrauter
eingezuckerte Apfelsinenschale: *8* Orangeat
eingezuckerte Zitronenschale: *8* Zitronat
Eingitterröhre: *6* Audion
Einglas: *7* Monokel
eingreifen: *13* intervenieren
Eingriff: *9* Massnahme, Operation; *10* Verletzung; *12* Intervention, Nichtachtung; *13* Einflussnahme
Eingriff am lebenden Tier: *11* Vivisektion
Einhegung: *6* Pferch
einheimische(r, s)
- **Getreidesorte:** *5* Hafer, Hirse, Spelt, Spelz; *6* Dinkel, Gerste, Roggen, Weizen; *10* Buchweizen
- **Giftpflanze:** *4* Aron, Eibe; *6* Germer; *7* Gleisse; *8* Aronstab, Eisenhut, Nieswurz, Sturmhut; *9* Fingerhut; *10* Belladonna, Schierling, Stechapfel, Wolfsmilch; *11* Bilsenkraut, Tollkirsche; *13* Nachtschatten, Wasserlobelie; *14* Herbstzeitlose
- **Giftpilz:** *8* Erdstern, Perlpilz, Risspilz; *9* Faelbling; *10* Satanspilz, Speiteufel; *11* Fliegenpilz, Giftreizker, Pantherpilz; *12* Giftegerling; *13* Birkenreizker, Speitaeubling; *15* Gallenroehrling, Kartoffelbovist, Tigerritterling; *19* Knollenblaetterpilz
- **Giftschlange:** *10* Kreuzotter
- **Nachtschattengewächs:** *5* Tabak; *6* Tomate; *7* Solanum; *9* Kartoffel, Tollbeere; *10* Hundsbeere, Stechapfel; *11* Bilsenkraut, Tollkirsche
- **Orchidee:** *5* Orant; *6* Orchis; *7* Ragwurz; *8* Nestwurz; *9* Sumpfwurz; *11* Frauenschuh, Knabenkraut
- **Raubtier:** *5* Dachs, Fuchs, Iltis, Otter; *6* Marder, Wiesel; *8* Hermelin; *9* Frettchen, Wildkatze; *10* Fischotter
- **Reptil:** *8* Eidechse

- Vogel → Vogel
- Wildtier: *3* Reh; *4* Hase; *6* Hirsch; *11* Wildschwein
Einheimischer: *11* Ansaessiger
einheimsen: *6* ernten; *9* kassieren
Einheit → Maßeinheit
- von drei Noten: *6* Triole
Einheit der Meßskala: *4* Grad
Einheit des Selbstbewußtseins: *3* Ich
Einheit der Artillerie: *8* Batterie
einheitlich: *6* gleich; *7* uniform; *9* einmuetig
einheitlich festsetzen: *6* normen
- zusammenfassen: *14* zentralisieren
Einheitskleidung: *7* Uniform
Einheitslehre: *8* Monismus
Einheitsmuster: *4* Norm
Einhelfer: *9* Souffleur
einhöckeriges Kamel: *8* Dromedar
Einhufer: *5* Pferd
einig: *7* konform
einige: *6* manche; *7* diverse, etliche, mehrere; *12* verschiedene
Einigungsbewegung der Christenheit: *8* Oekumene
einjährig: *7* annuell
einjähriges Pferd: *5* Enter
Einkauf: *11* Akquisition, Anschaffung
Einkaufsbehälter: *4* Korb, Netz; *6* Beutel, Tasche
Einkaufsbummel: *8* Shopping
Einkehr: *4* Reue; *9* Besinnung
einkehren: *8* besuchen; *9* absteigen
Einkerbung: *3* Nut; *4* Nute; *5* Kehle; *7* Inzisur
Einklang: *7* Unisono; *8* Harmonie
Einkommen: *4* Gage, Lohn, Zins; *5* Rente; *6* Gehalt, Salaer; *7* Honorar, Revenue; *8* Pfruende
Einkorn: *6* Dinkel
Einkreisungsjagd: *13* Kesseltreiben
einkufiger Schlitten: *4* Akja
einladend: *11* appetitlich
Einladung: *12* Aufforderung
Einlage: *6* Inhalt; *8* Fuellung
Einlaß: *7* Zutritt
Einlaßkarte: *7* Billett
Einlauf: *8* Klistier
Einlegearbeit: *6* Mosaik; *8* Intarsia; *9* Intarsien
einleiten: *10* initiieren
Einleitung: *6* Prolog; *9* Introitus, Praeambel; *12* Introduktion; *14* Praeliminarien
einleuchtend: *7* evident; *9* plausibel
einmachen: *12* konservieren
einmalig: *11* einzigartig
einmalige Geldleistung: *9* Abfindung
Einmaliges: *6* Unikum
Einmannboot eines Schiffes: *5* Dingi; *6* Dinghi
Einmaster: *4* Slup; *5* Tjalk; *6* Kutter
Einmischung: *12* Intervention
Einmütigkeit: *10* Konkordanz
Einnahme: *6* Erloes
einnehmen: *7* erobern; *9* kassieren; *10* okkupieren
Einöde: *6* Wueste; *7* Wildnis; *9* Wuestenei
einordnen: *11* rubrizieren; *12* registrieren
einpassen: *9* justieren
Einpauker: *9* Repetitor
einprägsam: *7* markant; *9* plastisch
einrädriges Schubfahrzeug: *5* Karre
einräuchern: *8* umnebeln
einräumen: *11* konzedieren
Einrede: *4* Veto; *7* Einwand, Einwurf; *9* Einspruch
einreden: *11* suggerieren
Einreibemittel: *5* Salbe; *6* Balsam; *7* Kampfer, Tinktur
einreihen: *10* gruppieren
Einreihung: *10* Klassement
einreißen: *10* demolieren
einrichten: *10* moeblieren; *12* installieren
Einrichtung: *8* Institut; *11* Institution; *12* Installation, Organisation; *13* Etablissement
Einrichtungsgegenstand: *4* Bett; *5* Lampe, Stuhl, Tisch; *7* Schrank, Teppich
Einrichtungsgegenstände: *6* Moebel; *8* Inventar
einritzen: *9* gravieren
Einsager: *9* Souffleur
einsalzen: *7* poekeln
einsam: *3* oed; *4* oede; *6* allein; *9* abgelegen
einsame Gegend: *4* Oede
einsames Inselleben: *11* Robinsonade
Einsamkeit: *4* Oede; *6* Wueste
einsatzbereit: *3* fit
einsaugen: *11* resorbieren
Einschiebsel: *7* Episode
einschläfern: *13* narkotisieren
einschließlich: *9* implizite, inklusive
Einschließung: *8* Blockade; *9* Okklusion; *10* Zernierung
einschmieren: *5* oelen; *6* fetten
einschneiden: *6* kerben
Einschnitt: *3* Nut; *4* Nute; *5* Kerbe, Kimme; *6* Zaesur; *7* Inzisur, Scharte; *8* Inzision
Einschnürung: *11* Kontraktion
einschränken: *10* reduzieren
einschränkend: *10* restriktiv
einschränkendes Wort: *3* nur; *5* bloss; *6* allein, ausser, einzig; *9* lediglich; *11* ausgenommen
Einschränkung: *7* Klausel; *11* Restriktion; *12* Modifikation
- des Geldumlaufs: *9* Deflation
einschreiben: *12* inskribieren; *15* immatrikulieren
Einsegnung: *12* Konfirmation
einsehbar: *9* plausibel; *12* intelligibel
einseitig: *8* partiell; *9* subjektiv; *10* doktrinaer, unilateral
einseitige Vaterlandsbegeisterung: *12* Chauvinismus
einsetzen: *13* konstituieren
Einsicht: *6* Raeson
einsichtsvoll: *11* intelligent
einsickern: *12* infiltrieren
Einsickerung: *12* Infiltration
Einsiedelei: *6* Klause; *8* Kartause; *9* Eremitage

Einsiedler: *6* Eremit; *7* Marabut; *8* Klausner; *9* Anachoret
Einsiedlerorden: *10* Kartaeuser
Einspänner: *3* Cab, Gig; *7* Dogcart
einspritzen: *10* injizieren
Einspritzung: *9* Injektion
Einspruch: *4* Veto; *6* Rekurs; *7* Einrede, Protest; *10* Beschwerde; *14* Interpellation
Einspruchsrecht: *4* Veto
einst: *4* olim; *6* ehedem
einstehen: *11* garantieren
einstellen: *10* regulieren
Einstellraum: *6* Garage; *8* Schuppen
Einstelltaste der Schreibmaschine: *9* Tabulator
Einstieg: *3* Luk; *4* Luke
einstimmig: *7* unisono
einstöckiges Haus: *8* Bungalow
einstufen: *11* rubrizieren
Einsturztrichter im Karst: *6* Doline
einstweilig: *12* provisorisch
einstweilige Amtsenthebung: *10* Suspension
eintägig: *7* ephemer
Eintagsfliege: *10* Ephemeride
Eintänzer: *6* Gigolo
einteilen: *11* disponieren, rationieren
Einteilung für eine Messung: *5* Skala
Einteilungsbegriff: *3* Art; *5* Kreis, Rasse, Reihe, Sorte, Stamm, Typus; *6* Klasse; *7* Familie, Gattung, Ordnung
eintönig: *7* monoton
eintöniger Vortrag: *7* Geleier
eintöniges Gerede: *7* Litanei
Eintönigkeit: *8* Einerlei; *9* Monotonie
Eintopfgericht: *8* Labskaus; *9* Irishstew; *13* Pichelsteiner
Eintracht: *7* Frieden; *8* Harmonie
einträchtig: *9* kollegial
Eintrag: *5* Notiz
eintragen: *8* notieren; *12* registrieren
einträglich: *8* lukrativ, rentabel
Eintragungsliste: *8* Matrikel
Eintreffen: *7* Ankunft
eintreten: *9* geschehen, passieren
Eintritt: *6* Entree, Zugang
Eintrittsgeld: *6* Entree
Eintrittskarte: *7* Billett
einüben: *6* lehren, lernen, pauken; *7* drillen; *10* exerzieren
Einüber: *12* Korrepetitor
Einverleibung: *8* Annexion
Einvernahme: *7* Verhoer; *10* Vernehmung
Einverständnis: *9* Billigung; *10* Zustimmung
Einwand: *4* Aber; *7* Einrede; *8* Bedenken; *11* Widerspruch
Einwanderer: *9* Immigrant
einwandfrei: *4* fair; *7* korrekt; *8* makellos, tadellos
Einweichmittel: *4* Soda
Einweihung: *10* Initiation
ein wenig: *5* etwas
Einwilligung: *7* Konsens
Einwirkung von außen: *8* Eingriff
Einwohner → Bewohner
Einwohnerverzeichnis: *10* Adressbuch
Einzahl: *8* Singular
Einzahlungsformular: *9* Zahlkarte; *13* Postanweisung
einzäunen: *9* einfenzen
Einzäunung: *4* Fenz; *6* Gatter, Pferch; *10* Umfriedung
Einzelaufzählung: *13* Spezifikation
Einzeldarsteller: *6* Solist
Einzeldarstellung: *4* Solo; *11* Monographie
Einzelgänger: *4* Kauz; *10* Sonderling; *12* Aussenseiter, Subjektivist; *13* Eigenbroetler, Individualist, Nonkonformist
Einzelgesang: *7* Monodie
Einzelhändler: *10* Detaillist
Einzelheit: *6* Detail
Einzeljagd: *6* Pirsch
Einzeller: *7* Protist; *9* Protozoen
einzelliges Lebewesen: *6* Amoebe
einzeln: *6* allein; *7* separat; *8* speziell; *9* singulaer; *11* partikulaer
einzeln aufführen: *13* spezifizieren
einzeln gefaßter Edelstein: *8* Solitaer
Einzelposten: *8* Position
Einzelraum: *6* Séparé
Einzelsänger, -spieler: *6* Solist
Einzelstück: *6* Unikat; *8* Exemplar
Einzelvortrag: *4* Solo
Einzelvortragender: *6* Solist
Einzelwesen: *10* Individuum
einziehen: *9* kassieren; *10* einberufen; *12* konfiszieren
Einziehen von Geldforderungen: *7* Inkasso
Einziehung: *12* Konfiskation
einzigartig: *8* einmalig, original; *9* originell
Einzigartiges: *6* Unikum
eirund: *4* oval
Eisenabfälle: *7* Schrott
eisenanziehendes Metall: *6* Magnet
Eisenbahner: *6* Heizer; *7* Bremser; *9* Rangierer, Schaffner; *10* Lokfuehrer, Zugfuehrer; *11* Kontrolleur; *14* Weichensteller; *16* Fahrdienstleiter, Schrankenwaerter
Eisenbahnfahrplan: *8* Kursbuch
Eisenbahnfährschiff: *7* Trajekt
Eisenbahnfahrzeug: *3* Lok; *4* E-Lok, Lore; *5* Ellok; *6* Tender, Waggon; *8* Draisine; *9* Diesellok; *10* Lokomotive, Triebwagen
Eisenbahngüterwagen: *4* Lore
Eisenbahnsicherheitsanlage: *4* Bake; *6* Signal; *8* Schranke; *9* Notbremse, Vorsignal, Warnkreuz; *10* Laeutewerk, Signalmast; *11* Hauptsignal
Eisenbahnsignalanlage: *9* Stellwerk
Eisenbahnwagen: *6* Waggon
Eisenblock: *6* Bramme
Eisenblock zum Schmieden: *6* Amboss
Eisenerz: *5* Pyrit; *7* Minette, Siderit; *8* Haematit, Magnetit; *9* Eisenkies, Eisenspat; *10* Eisenstein; *12* Schwefelkies; *13* Roteisenstein;

15 Brauneisenstein, Raseneisenstein; *16* Magneteisenstein
Eisenfraß: *4* Rost
Eisenfresser: *9* Bramarbas
eisenhaltiges Mineral: *3* Erz
Eisenhut: *6* Akonit
Eisenhutgift: *8* Aconitin
Eisenhütte: *9* Giesserei, Stahlwerk
Eisenkies: *5* Pyrit
Eisenklumpen: *5* Luppe
Eisenkraut: *7* Verbene
Eisenoxyd: *4* Rost; *6* Zunder
Eisenoxyd ansetzen: *6* rosten
Eisensalz: *6* Ferrit
Eisenstift: *4* Niet; *5* Nagel
Eisenwerk: *6* Huette
eisern: *5* ehern; *12* unerbittlich; *13* kompromisslos
eiserne Hiebwaffe: *10* Schlagring
Eisgetränk: *6* Sorbet; *9* Scherbett
Eisgipfel bei Zermatt: *6* Pollux
Eisheiliger: *6* Servaz; *7* Bonifaz, Pankraz; *8* Mamertus; *9* Servatius; *10* Bonifatius, Pankratius
Eishockeyspiel: *5* Bully
Eishockeyart: *5* Bandy
Eishockeyscheibe: *4* Puck
eisiger Schneesturm: *8* Blizzard
– Überzug: *4* Reif
Eislauffigur: *4* Mond; *5* Bogen, Wende; *6* Achter, Dreier, Zirkel; *7* Libelle, Spirale; *8* Schlinge; *9* Pirouette; *11* Bogenachter; *12* Todesspirale
Eislaufsprung: *4* Axel, Flip, Lutz; *5* Euler; *6* Thoren; *7* Salchow, Toelopp; *10* Rittberger; *11* Axel-Paulsen
Eismond: *6* Januar
Eisniederschlag: *5* Hagel
Eisprung: *9* Ovulation
Eisschießen: *7* Bosseln, Curling
Eisschützenmannschaft: *10* Moarschaft
Eisschützenziel: *5* Daube
Eisstrom: *9* Gletscher
Eiszeit: *8* Diluvium
eiszeitlich: *7* glazial
eiszeitliches Säugetier: *6* Mammut
eitel: *4* inan; *5* affig; *6* kokett; *10* affektiert
Eitelkeit: *10* Koketterie
Eiterbläschen: *6* Pustel
Eitergeschwür: *7* Abszess; *8* Furunkel; *9* Karbunkel
eitern: *9* schwaeren
eitler Mann: *4* Geck, Snob
Eiweiß(körper): *6* Glutin, Kasein; *7* Albumin, Antigen, Proteid, Protein; *8* Globulin, Lezithin
Ekel: *6* Degout, Greuel; *7* Abscheu, Grausen; *8* Scheusal; *10* Widerwille
ekelhaft: *4* fies; *9* degoutant
ekeln: *8* anwidern; *9* abstossen
Eklat: *5* Glanz; *8* Aufsehen
eklatant: *8* offenbar; *11* offenkundig; *15* augenscheinlich
ekuadorianisch → ecuadorianisch
Ekzem: *13* Hautausschlag
Elan: *3* Pep; *7* Schwung; *10* Vitalitaet; *12* Begeisterung, Enthusiasmus
elastisch: *8* flexibel
elastischer Stoff: *5* Gummi; *7* Gallert
elastischer Stahldraht: *5* Feder
Elbezufluß → Nebenfluß der Elbe
Elbflorenz: *7* Dresden
Elbinsel bei Hamburg: *12* Finkenwerder
Elch: *3* Elk; *4* Elen; *8* Elentier; *10* Elenhirsch
Elchbulle: *9* Schaufler
Elchgeweih: *8* Schaufel
Eldorado: *8* Goldland, Paradies; *9* Traumland; *10* Wunschland
Elefant der Vorzeit: *6* Mammut; *8* Mastodon
Elefantenführer: *5* Mahut; *6* Kornak
Elefantenstoßzahn: *9* Elfenbein
Elefantentreiber: *5* Mahut
elegant: *4* chic, fein; *6* schick; *7* modisch
Elegant: *4* Geck; *5* Dandy; *7* Stutzer
elegante Kutsche: *7* Karosse
Eleganz: *4* Chic; *5* Anmut; *6* Schick; *8* Feinheit; *9* Geschmack
elegisch: *9* wehmuetig; *12* schwermuetig
Elektras Bruder: *5* Orest; *7* Orestes
– Mutter: *13* Klytaemnestra
– Schwester: *9* Iphigenie
– Vater: *9* Agamemnon
elektrisch geladenes Teilchen: *3* Ion; *5* Anion; *6* Kation
elektrische(r, s)
– Anschluß: *6* Buchse; *7* Kontakt, Stecker; *9* Steckdose
– Energie: *5* Strom
– Fisch: *9* Zitteraal; *10* Zitterwels; *12* Zitterrochen
– Generator: *6* Dynamo
– Kontaktführer: *7* Stecker
– Kraftstation: *8* Zentrale
– Leitung: *5* Kabel
– Lichterscheinung: *9* Elmsfeuer, Nordlicht
– Maßeinheit: *3* Ohm; *4* Volt, Watt; *5* Farad; *6* Ampere
– Musikinstrument: *9* Polychord; *10* Trautonium; *12* Hammondorgel
– Pol: *5* Anode; *7* Kathode
– Schalteinrichtung: *6* Relais
– Schutzeinrichtung: *6* Erdung; *9* Isolation, Sicherung; *10* Isolierung
– Stromerzeuger: *6* Dynamo; *9* Generator
– Stromspeicher: *4* Akku; *8* Batterie; *11* Akkumulator
Elektrizitätsträger: *3* Ion
elektro-chemischer Vorgang: *11* Elektrolyse
elektro-chemisches Verfahren: *13* Galvanisieren
Elektrode: *5* Anode; *7* Kathode
Elektrokardiogramm: *3* EKG
Elektronengehirn: *8* Computer
Elektronenröhre: *5* Diode; *6* Audion; *6* Hexode, Oktode, Triode; *7* Heptode, Pentode
Elektronenschleuder: *8* Betatron

elektronisches Klangerzeugungsgerät: *9* Vibraphon; *11* Synthesizer
Element: *7* Urstoff; *10* Grundstoff
elementar: *11* fundamental
Elementarlehrbuch: *5* Fibel
Elementarteilchen: *4* Atom; *5* Meson, Quant; *6* Photon, Proton; *7* Neutron, Nukleon; *8* Elektron, Mesotron, Negatron, Neutrino, Positron
Elementarteilchenbeschleuniger: *9* Zyklotron
Elen: *4* Elch
Elend: *3* Not; *5* Armut; *6* Jammer, Misere
Elendsviertel: *4* Slum; *5* Slums
Elevator: *4* Lift; *6* Aufzug; *8* Hebewerk, Saugrohr; *9* Fahrstuhl; *10* Becherwerk; *14* Foerderspirale
Eleve: *8* Lehrling, Schueler, Zoegling; *9* Anfaenger
Elfeck: *10* Hendekagon
Elfenkönig: *3* Erl; *6* Oberon; *9* Erlkoenig
Elfenkönigin: *7* Titania
Elfenschuh: *6* Akelei
eliminieren: *9* entfernen; *10* beseitigen; *11* ausschalten, ausscheiden
Elite: *7* Auslese, Auswahl
Elitetruppe: *5* Garde
Elliceinseln: *6* Turalu
Eloge: *3* Lob; *6* Ehrung; *7* Lobrede; *10* Kompliment
Elritze: *7* Pfrelle, Pfrille
elsässischer
- **Dichter:** *9* Schickele
- **Maler:** *3* Arp
- **Satiriker:** *8* Fischart

elternloses Kind: *5* Waise
Elternteil: *5* Vater; *6* Mutter
Emanationseinheit: *5* Curie
Emanzipation: *8* Freigabe; *9* Befreiung; *14* Gleichstellung; *18* Gleichberechtigung
Embargo: *20* Ausfuhrbeschraenkung
Emblem: *6* Wappen; *7* Kokarde
Embryo: *5* Fetus; *6* Foetus
embryonales Haarkleid: *6* Lanugo
Emigration: *12* Auswanderung
Emissär: *11* Abgesandter
Emission: *7* Ausgabe; *10* Aussendung; *11* Ausstroemen
Emotion: *8* Erregung; *9* Aufregung; *15* Gemuetsbewegung
Empfang: *4* Cour; *6* Cercle, Erhalt; *7* Audienz; *8* Aufnahme; *9* Rezeption
empfangen: *11* konzipieren
empfangend: *8* rezeptiv
Empfänger: *8* Adressat
Empfänger von Altersgeld: *7* Rentner; *9* Rentnerin
empfänglich: *7* geneigt; *8* rezeptiv
Empfänglichkeit: *5* Organ
Empfängnisverhütung: *13* Kontrazeption
Empfangsbescheinigung: *6* Acquit; *8* Quittung
Empfangserklärung: *6* Akzept
Empfangsgebäude: *7* Bahnhof; *9* Flughafen
Empfangsschein: *8* Quittung; *9* Akzepisse
Empfangstag: *4* Jour
Empfangszimmer: *5* Salon
empfehlen: *5* raten; *7* zuraten; *11* vorschlagen; *14* rekommandieren
Empfehlung: *3* Rat; *8* Referenz
empfindlich: *7* penibel; *8* pingelig, sensibel; *11* mimosenhaft
empfindliche Zierpflanze: *6* Mimose
Empfindlichkeit: *8* Allergie
empfindsam: *8* sensibel; *11* sentimental
Empfindsamkeit: *13* Sensibilitaet; *16* Sentimentalitaet
Empfindung: *5* Organ; *7* Gefuehl; *9* Sentiment; *10* Impression; *11* Wahrnehmung
Empfindungsart: *11* Mentalitaet
Empfindungsorgan: *4* Sinn
Empfindungsstrang: *4* Nerv; *6* Nerven
Empfindungsursache: *4* Reiz
Empfindungsvermögen: *12* Sensualitaet
Empirie: *9* Erfahrung
empirisch: *17* erfahrungsgemaess
empor: *9* aufwaerts
Empore: *4* Rang; *7* Galerie
empörend: *10* skandaloes
Empörer: *6* Rebell; *8* Meuterer
emporgekommen: *9* arriviert
emporgeschleuderte Gasmassen der Sonnenoberfläche: *13* Protuberanzen
Emporhebung: *9* Elevation
Emporkömmling: *8* Parvenue
empört: *10* indigniert
Empörung: *3* Wut; *4* Rage; *7* Aufruhr, Revolte; *8* Meuterei; *9* Rebellion
emsig: *4* rege; *5* aktiv; *6* eifrig; *7* ruehrig; *8* fleissig, tuechtig
emsiges Streben: *5* Eifer; *6* Fleiss
Emsigkeit: *5* Eifer; *6* Fleiss; *10* Aktivitaet; *11* Ruehrigkeit
Emszufluß: *3* Ahe; *4* Hase, Leda
Endbetrag: *5* Summe
Ende: *4* Rest; *5* Neige; *6* Exitus, Grenze, Spitze; *7* Schluss
Ende des irdischen Lebens: *3* Tod
Endergebnis: *5* Fazit; *11* Quintessenz
endgültig: *9* definitiv; *12* peremtorisch
Endkampf: *6* Finish
endloses Gerede: *7* Palaver
Endpunkt
- **der Bagdadbahn:** *5* Basra
- **der Erdachse:** *3* Pol
- **eines Rennens:** *4* Ziel

Endspiel: *6* Finale
Endstellung im Schachspiel: *4* matt, patt; *5* remis
Endstück des Brotes: *5* Knust; *6* Kanten
Endsumme: *5* Fazit
Endzustand des gläubigen Buddhisten: *7* Nirwana
Endzweck: *11* Destination
Energie: *5* Kraft
Energieeinheit: *3* Erg
Energieerzeuger: *9* Generator

Energiemenge: *5* Quant
Energiequelle: *3* Gas; *4* Holz; *5* Kohle; *6* Benzin, Erdgas, Erdoel
Energiesammler: *4* Akku; *11* Akkumulator
Energieteilchen: *6* Photon
energisch: *7* resolut
enervieren: *9* entwerfen; *11* entkraeften
eng: *5* dicht; *6* schmal
engagieren: *10* einstellen; *12* verpflichten
enganliegendes Gewebe: *6* Trikot
Enge: *6* Klemme; *7* Defilee
enge(r, s)
- **Durchgang:** *4* Gatt
- **Raum:** *6* Klause
- **Straße:** *5* Gasse
- **Tal:** *5* Klamm

Engel: *5* Ariel, Uriel; *6* Cherub, Seraph; *7* Angelus, Gabriel, Michael, Raphael
Engel von Augsburg: *8* Bernauer
Engel von Sibirien: *11* Brandstroem
Engelfigur: *4* Putte
Engelfisch: *6* Rochen
Engelkraut: *9* Sonnentau
Engelsfigur: *5* Putte
Engelwurz: *7* Theriak; *8* Angelika
enger Durchgang: *3* Gat; *4* Gatt
enger werdendes Rohrstück: *5* Duese
enges Tal: *5* Klamm
engherzig: *7* penibel; *8* pingelig, spiessig; *9* kleinlich; *10* intolerant, pedantisch; *11* philistroes, provinziell; *13* philisterhaft
England: *6* Albion; *7* Britain; *9* Britannia; *10* Britannien
Engländer: *5* Brite
englisch (Sprache)
- **Aal:** *3* eel
- **Abend:** *7* evening
- **Abendessen:** *6* dinner, supper
- **aber:** *3* but
- **acht:** *5* eight
- **Acker:** *5* field
- **alt:** *3* old
- **Alter:** *3* age
- **Amme:** *5* nurse
- **an:** *2* on
- **Anfang:** *5* start
- **Anhänger:** *3* fan
- **Arbeit:** *4* work; *6* labour
- **Atem:** *6* breath
- **auf:** *2* on
- **Ausflug:** *4* trip
- **Auto:** *3* car
- **Bad:** *4* bath
- **Baum:** *4* tree
- **Baumwolle:** *6* cotton
- **Bein:** *3* leg
- **Bergspitze:** *4* peak
- **Bett:** *3* bed
- **Bier:** *4* beer
- **Blut:** *5* blood
- **Brauch:** *3* use
- **Brief:** *6* letter
- **Brot:** *5* bread
- **Bruder:** *7* brother
- **Buch:** *4* book
- **Dame:** *4* lady
- **Dampf:** *5* steam
- **Dampfer:** *7* steamer
- **Darlehen:** *4* loan
- **Dekan:** *4* Dean
- **deutsch:** *6* german
- **Deutschland:** *7* Germany
- **Dieb:** *5* thief
- **drei:** *5* three
- **du:** *3* you
- **Ehe:** *8* marriage
- **Ei:** *3* egg
- **Eiche:** *3* oak
- **eins:** *3* one
- **Eis:** *3* ice
- **Eisen:** *4* iron
- **Elendsviertel:** *4* slum
- **Elle:** *3* ell
- **Ende:** *3* end
- **er:** *2* he
- **es:** *2* it
- **essen:** *3* eat
- **fangen:** *5* catch
- **Fenster:** *6* window
- **Fläche:** *4* area
- **Flughafen:** *7* airport
- **Fluß:** *5* river
- **Frau:** *4* wife; *5* woman; *8* Mistress
- **Fräulein:** *4* Miss
- **frei:** *4* free
- **Freiheit:** *7* freedom, liberty
- **Friede:** *5* peace
- **Fruchtgelee:** *3* jam
- **fünf:** *4* five
- **für:** *3* for
- **Furcht:** *4* fear
- **Fuß:** *4* foot
- **Gebrauch:** *3* use
- **Gedicht:** *4* poem
- **Gesetz:** *3* law
- **Gesicht:** *4* face
- **Gesundheit:** *6* health
- **gewandt:** *5* smart
- **Gipfel:** *3* top
- **Glück:** *7* fortune; *9* happiness
- **Gold:** *4* gold
- **Goldgräberanteil:** *5* claim
- **Graf:** *5* count
- **Gräfin:** *8* countess
- **groß:** *3* big; *5* great
- **grün:** *5* green
- **Haar:** *4* hair
- **Hafen:** *4* port; *7* harbour
- **Hafendamm:** *4* pier
- **Hafer:** *4* oats
- **Hauptstadt:** *7* capital
- **Haus:** *5* house
- **Haushofmeister:** *6* butler
- **Haut:** *4* skin

- **Heim:** *4* home
- **Herr:** *3* Sir; *6* Mister
- **Himmel:** *3* sky; *6* heaven
- **Hitze:** *4* heat
- **Hochruf:** *5* cheer
- **Holz:** *4* wood
- **Hut:** *3* hat
- **Irrtum:** *7* mistake
- **ist:** *2* is
- **ja:** *3* yes
- **Jahr:** *4* year
- **jetzt:** *3* now
- **jung:** *5* young
- **Junge:** *3* boy
- **Kartoffel:** *6* potato
- **Kind:** *5* child
- **Kinderschwester:** *5* nurse
- **klug:** *6* clever; *7* prudent
- **Knabe:** *3* boy
- **Krawatte:** *3* tie
- **Kreuz:** *5* cross
- **Küche:** *7* kitchen
- **Kunst:** *3* art
- **kurz:** *5* short
- **Land:** *7* country
- **lang:** *4* long
- **Licht:** *5* light
- **Liebe:** *4* love
- **Liebhaberei:** *5* hobby
- **Liebling:** *7* darling
- **Lied:** *4* song
- **Löwe:** *4* lion
- **Luft:** *3* air
- **Macht:** *5* power
- **Mädchen:** *4* girl
- **Magen:** *7* stomach
- **Mahlzeit:** *4* meal
- **Mann:** *3* man
- **Männer:** *3* men
- **Marmelade:** *3* jam
- **Meer:** *3* sea; *5* ocean
- **mehr:** *4* more
- **mein:** *2* my
- **Meinung:** *7* opinion
- **Mittagessen:** *5* lunch
- **Mond:** *4* moon
- **Morgen:** *7* morning
- **Mund:** *5* mouth
- **Mutter:** *6* mother
- **Nacht:** *5* night
- **Nebel:** *3* fog
- **Neid:** *4* envy
- **Nein:** *2* no
- **Nelke:** *4* pink
- **neu:** *3* new
- **Neuigkeit:** *4* news
- **neun:** *4* nine
- **Niederlage:** *6* defeat
- **niemand:** *6* nobody
- **Not:** *4* need; *6* misery
- **Nuß:** *3* nut
- **Oberst:** *7* colonel
- **Obst:** *5* fruit
- **oder:** *2* or
- **offen:** *4* open
- **Ohr:** *3* ear
- **Öl:** *3* oil
- **Osten:** *4* east
- **Paar:** *4* pair; *6* couple
- **Pastete:** *3* pie
- **Pferd:** *5* horse
- **pfiffig:** *5* smart
- **Pokal:** *3* cup
- **Polizei:** *6* police
- **Preis:** *5* price
- **Puder:** *6* powder
- **Punkt:** *5* point
- **Rakete:** *6* rocket
- **Recht:** *5* right
- **Rede:** *6* speech
- **Regen:** *4* rain
- **Reh:** *3* roe
- **Reise:** *4* trip; *6* travel; *7* journey
- **roh:** *4* rude
- **rot:** *3* red
- **Rücken:** *4* back
- **Rückkehr:** *6* return
- **Ruhm:** *5* glory
- **Rute:** *3* rod
- **Sache:** *5* thing
- **Schiene:** *4* rail
- **Schnee:** *4* snow
- **Schneider:** *6* tailor
- **Schreibfeder:** *3* pen
- **Schwester:** *6* sister
- **sechs:** *3* six
- **See:** *3* sea; *4* lake
- **sein:** *2* be
- **sie:** *3* she
- **sieben:** *5* seven
- **Sieg:** *7* victory
- **Sohn:** *3* son
- **Sonne:** *3* sun
- **Sorge:** *4* care
- **spät:** *4* late
- **spielen:** *4* play
- **Sportgröße:** *5* crack
- **Staat:** *5* state
- **Steckenpferd:** *5* hobby
- **Stein:** *5* stone
- **Steuer:** *4* taxe
- **Straße:** *4* road; *6* street
- **süß:** *5* sweet
- **Tag:** *3* day
- **Tasche:** *6* pocket
- **Tee:** *3* tea
- **tief:** *4* deep
- **Tinte:** *3* ink
- **Tisch:** *5* table
- **Tochter:** *8* daughter
- **Topf:** *3* pot
- **Traum:** *5* dream
- **Treffen:** *7* meeting
- **trocken:** *3* dry

- **Uhr:** *5* clock, watch
- **und:** *3* and
- **Vater:** *6* father
- **Verkauf:** *4* sale
- **verkaufen:** *4* sell
- **Verkaufsladen:** *5* store
- **Verneinung:** *2* no; *5* never
- **Verrat:** *7* treason
- **Versuch:** *4* test; *5* trial
- **vier:** *4* four
- **Wagen:** *3* car
- **Warenlager:** *5* store
- **Weg:** *3* way
- **Welt:** *5* world
- **wenn:** *2* if
- **wer:** *3* who
- **Wette:** *3* bet
- **Wetter:** *7* weather
- **wir:** *2* we
- **Woche:** *4* week
- **Wochenende:** *7* weekend
- **wunderbar:** *9* wonderful
- **Zahl:** *6* number
- **zehn:** *3* ten
- **Zeile:** *4* line
- **Zeit:** *4* time
- **Zitrone:** *5* lemon
- **zu:** *2* to
- **Zucker:** *5* sugar
- **Zug:** *5* train
- **Zukunft:** *6* future
- **Zustand:** *5* state
- **zwei:** *3* two
- **Zwiebel:** *5* onion

englische(r, s) → britische(r, s)

englische(r, s)

- **Abkürzung für Christmas:** *4* Xmas
- **Abkürzung für Frau:** *3* Mrs.
- **Abkürzung für Herr:** *2* Mr.
- **Abkürzung für Pferdestärke:** *2* HP
- **Abkürzung für Shilling:** *2* sh
- **Adelsgeschlecht:** *5* Essex
- **Adelstitel:** *3* Sir; *4* Duke, Earl, Lady, Lord, Peer; *5* Count; *6* Knight; *7* Baronet, Duchess; *8* Countess, Marquess, Viscount; *11* Viscountess
- **Admiral:** *6* Nelson
- **Afrikaforscher:** *5* Bruce; *7* Stanley; *11* Livingstone
- **Anatom:** *6* Harvey
- **Anrede:** *3* Sir, *4* Lady, *6* Mister
- **Anthropologe:** *5* Tyler
- **Anwaltskammer:** *3* Bar
- **Arbeiterpartei:** *11* Labourparty
- **Archäologe:** *5* Evans; *6* Newton; *8* Hamilton
- **Architekt:** *5* Jones
- **Arktisforscher** → englischer Polarforscher
- **Artikel:** *3* the
- **Arzt** → englischer Mediziner
- **Astronom:** *4* Airy, Wren; *5* Adams; *6* Halley; *7* Bradley; *9* Eddington
- **Automarke:** *2* MG; *5* Lotus, Riley, Rover; *6* Austin, Humber, Jaguar, Jensen, Morris; *7* Bentley, Bristol, Hillman, Sunbeam, Triumph; *8* Vauxhall, Wolseley; *10* Rolls Royce
- **Autorennfahrer:** *4* Moss
- **Bakteriologe:** *5* Bruce; *7* Fleming
- **Ballspiel:** *5* Rugby; *6* Tennis; *7* Kricket, Krokket; *9* Badminton
- **Bejahung:** *3* yes
- **Berg** → Berg in Großbritannien
- **Bergsteiger:** *4* Hunt; *7* Hillary
- **Bezeichnung für dicken Nebel:** *3* Fog
- **Bier:** *3* Ale; *5* Stout; *6* Porter
- **Bildhauer:** *5* Moore; *6* Butler; *7* Dalwood, Epstein, Meadows; *8* Armitage, Chadwick, Hepworth
- **Biologe:** *6* Darwin, Huxley
- **Bischof:** *4* Laud, Pole; *6* Becket, Fisher, Parker, Temple, Thomas; *7* Crammer, Dunstan, Langton, Manning, Wiseman; *8* Gardiner, Lanfranc; *10* Bradwardin
- **Bleigewicht:** *6* Fudder
- **Botaniker:** *4* Grew; *5* Brown, Hales; *6* Hooker, Knight; *7* Bentham, Fortune, Lindley
- **Chemiker:** *4* Davy, Todd; *5* Aston, Dewar, Soddy; *6* Dalton, Graham, Harden, Perkin, Ramsay, Talbot; *7* Faraday, Haworth, Hopkins; *8* Bessemer, Robinson; *9* Cavendish, Priestley
- **Chirurg:** *4* Bell; *6* Cooper, Lister
- **Derbystadt:** *5* Epsom
- **Dichter:** *3* Gay; *4* Pope; *5* Blake, Byron, Eliot, Keats, Wilde, Young; *6* Butler, Cowper, Milton, Sidney, Thomas; *7* Carroll, Chaucer, Dikkens, Hopkins, Marlowe, Shelley, Southey, Spenser, Thomson; *8* Browning, Fielding, Tennyson; *9* Coleridge, Masefield, Swinburne; *10* Wordsworth; *11* Shakespeare
- **Dirigent:** *7* Beecham
- **Dramatiker:** *3* Fry, Kyd; *6* Coward, Jonson; *7* Marlowe, Osborne, Shirley; *8* Sheridan; *11* Shakespeare
- **Dramenkönig:** *4* Lear
- **Droschke:** *3* Cab
- **Dudelsack:** *7* Bagpipe
- **Dynastie** → englisches Königsgeschlecht
- **Einspänner:** *5* Buggy; *7* Dogcart
- **Entdecker:** *4* Cook; *5* Davis, Drake, Parry, Scott; *6* Baffin, Burton, Hudson; *7* Stanley; *8* Flinders; *11* Livingstone
- **Erdumsegler:** *5* Drake
- **Erfinder:** *4* Bell, Cort, Watt; *5* Cooke, Darby; *6* Dunlop, Talbot; *7* Parsons; *8* Wedewood; *10* Cartwright
- **Feldherr:** *4* Haig; *6* Talbot; *10* Wellington; *10* Montgomery; *11* Marlborough
- **Feldmaß:** *4* Acre
- **Filmkomiker:** *7* Chaplin
- **Filmproduzent:** *4* Rank
- **Filmregisseur:** *4* Lean, Reed; *7* Olivier; *8* Goulding; *9* Hitchcock
- **Filmschauspieler** → englischer Schauspieler
- **Filmstudio:** *7* Elstree
- **Flächenmaß:** *4* Acre, Rood

- **Fluß** → Fluß in England
- **Flüssigkeitsmaß:** *4* Pipe
- **Frauenname:** *3* Ann, Eve, Kay, Liz, Mae; *4* Anne, Edna, Jane, Joan, June, Kate, Mary, Maud; *5* Bessy, Betty, Carol, Daisy, Dolly, Ellen, Emily, Fanny, Grace, Janet, Jenny, Julie, Linda, Moira, Nancy, Nanny, Nelly, Susan; *6* Claire, Evelyn, Joanne, Myriam, Vivian; *7* Dorothy, Harriet, Shirley, Therese; *8* Emmeline; *9* Elizabeth, Katherine
- **Frauenrechtlerin:** *11* Suffragette
- **Fruchtmus:** *3* Jam
- **Frühstücksspeck:** *5* Bacon
- **Gabelfrühstück:** *5* Lunch
- **Gaststätte:** *3* Pub
- **Gaunersprache:** *4* Cant
- **Gehrock:** *3* Cut; *7* Cutaway
- **Geistlicher:** *8* Reverend
- **geistlicher Titel:** *4* Dean
- **Geograph:** *6* Philby; *8* Flinders; *10* Cunningham; *11* Livingstone
- **Geologe:** *5* Lyell; *6* Hutton
- **Getreidebranntwein:** *6* Whisky
- **Getreidemaß:** *6* Bushel
- **Gewebe:** *4* Cord; *5* Tweed; *7* Bobinet; *8* Glenchek
- **Gewicht:** *3* Ton, Tub; *7* Quarter
- **Goldmünze:** *9* Sovereign
- **Graf:** *4* Earl
- **Grafschaft** → Grafschaft in England
- **Grafschaftsrichter:** *7* Sheriff
- **Großbürgertum:** *6* Gentry
- **Gutsherr:** *6* Squire
- **Hafenstadt** → Hafenstadt in Großbritannien
- **Halbinsel:** *5* Wales; *8* Cornwall
- **Handelsgewicht:** *3* Ton
- **Hauptstadt:** *6* London
- **Haushofmeister:** *6* Butler
- **Heldengedicht:** *7* Beowulf
- **Herrschergeschlecht** → englisches Königsgeschlecht
- **Herrschername:** *3* Ann; *4* Anna, Anne, John, Karl, Mary; *5* Georg, Henry, Jakob, James, Maria; *6* Eduard, Edward, George, Johann; *7* Charles, Richard; *8* Victoria; *9* Elisabeth, Elizabeth
- **Herzogsgeschlecht:** *10* Buckingham
- **Historiker:** *7* Carlyle, Toynbee
- **Hochadel:** *8* Nobility
- **Hochruf:** *5* cheer
- **Höflichkeitstitel:** *7* Esquire
- **Hohlmaß:** *4* Pint; *5* Quart; *6* Barrel; *7* Gallone, Quarter
- **Holzmaß:** *8* Standard
- **Hornpfeife:** *8* Hornpipe
- **Humanist:** *4* More; *6* Burton
- **Hunderasse:** *3* Fox; *6* Setter; *7* Bobtail, Griffon, Sheltie, Terrier, Whippet; *8* Airedale; *9* Greyhound; *10* Foxterrier
- **Ingenieur:** *6* Fowler; *10* Stephenson
- **Insel:** *3* Man; *4* Aran, Sark; *5* Sercq, Wight; *6* Jersey; *8* Alderney, Guernsey
- **Jugendschriftsteller:** *3* Mee; *6* Blyton
- **Kanalinsel:** *4* Sark; *5* Sercq, Wight; *6* Jersey; *8* Alderney, Guernsey
- **Karikaturist:** *3* Low
- **Kartenspiel:** *5* Poker; *6* Bridge
- **Käsestadt:** *6* Chester
- **Kinderpflegerin:** *5* Nurse
- **Kirchenlehrer:** *4* Beda
- **Komponist:** *3* Gay; *4* Byrd; *5* Bliss, Elgar, Jones, Parry, Scott; *6* Delius, Walton; *7* Britten, Purcell; *8* Sullivan; *9* Dunstable
- **König** → König von England
- **Königin:** *3* Ann; *4* Anna, Anne, Mary; *5* Maria; *8* Victoria, Viktoria; *9* Elisabeth, Elizabeth
- **Königsgeschlecht:** *4* York; *5* Anjou, Tudor; *6* Stuart; *11* Plantagenet
- **Königshafen:** *8* Ramsgate
- **Korbballspiel:** *10* Basketball
- **Krankenpflegerin:** *5* Nurse
- **Krankheit:** *8* Rachitis
- **Kriminalpolizei:** *4* Yard; *12* Scotland Yard
- **Kriminalschriftsteller:** *7* Wallace; *10* Chesterton
- **Kriminalschriftstellerin:** *8* Christie
- **Kugelspiel:** *7* Krocket
- **Kunsttischler:** *11* Chippendale
- **Kutsche:** *3* Cab
- **Landadel:** *6* Gentry
- **Landhaus:** *7* Cottage
- **Landschaftsmaler:** *9* Constable
- **Längenmaß:** *4* Foot, Inch, Mile, Yard
- **Luftfahrtgesellschaft:** *3* BEA
- **Luxusschiff (1912 gesunken):** *7* Titanic
- **Maler:** *3* Cox; *4* Hunt, Lely, Nash, Opie; *5* Blake; *6* Morris, Romney, Turner; *7* Hogarth, Millais; *8* Lawrence, Reynolds, Rossetti; *9* Constable; *12* Gainsborough
- **Männername:** *3* Bat, Ben, Bob, Gus, Guy, Jim, Joe, Jon, Lee, Mac, Max, Nat, Pat, Ray, Sam, Ted, Tim, Tom; *4* Adam, Alec, Bill, Dave, Dick, Eric, Fred, Hugh, Jack, John, Marc, Mike, Neil, Noel, Tony, Walt, Will; *5* Allan, Basil, Billy, Brian, Bruce, Carol, Cecil, Cliff, Danny, Edgar, Elmer, Harry, Henry, Hiram, James, Jimmy, Judge, Kevin, Louis, Nevil, Paddy, Percy, Ralph, Roger, Teddy, Timmy, Tommy; *6* Archer, Arthur, Edward, Ernest, Eugene, George, Harlow, Harold, Horace, Howard, Irving, Johnny, Lester, Norman, Oliver, Philip, Robert, Rupert, Thomas, Wilbur, Willie; *7* Andrews, Bernard, Charles, Denholm, Douglas, Gilbert, Kenneth, Orville, Patrick, Raymond, Rudyard, Terence, William; *8* Franklin, Frederic, Laurence, Thornton; *9* Archibald, Broderick, Frederick; *11* Christopher
- **Mathematiker:** *4* Wren; *6* Briggs, Napier, Russel, Stokes; *7* Simpson
- **Mediziner:** *4* Ross; *6* Jenner; *7* Hodgkin, Simpson
- **Mietdroschke:** *3* Cab
- **Mietwagen:** *5* Coach

- **Mittagsmahlzeit:** *5* Lunch
- **Möbelstil:** *11* Chippendale
- **Modeheld:** *8* Brummell
- **Münze:** *5* Pence, Penny, Pfund, Pound; *8* Farthing, Shilling
- **Nachrichtenagentur:** *6* Reuter
- **Nationalgericht:** *8* Porridge
- **Nationalökonom:** *5* Smith; *7* Malthus
- **Nationalspiel:** *4* Golf; *7* Kricket
- **Naturforscher:** *3* Ray; *4* Owen; *6* Darwin, Newton
- **Nobelpreisträger** → Nobelpreisträger
- **Nordseebucht:** *4* Wash
- **Orden:** *14* Hosenbandorden
- **Ozeanriese:** *7* Titanic
- **Pferderennplatz:** *5* Ascot
- **Philosoph:** *4* Hume, Mill; *5* Bacon, Locke; *6* Dawson, Hobbes, Russel, Toland; *7* Bentham, Carlyle, Spencer; *8* Berkeley
- **Physiker:** *4* Dale, Davy, Kerr; *5* Astor, Boyle, Bragg, Dirac, Jeans, Joule, Young; *6* Barkla, Dalton, Hughes, Kelvin, Newton, Powell, Stokes, Talbot, Wilson; *7* Crookes, Faraday, Lockyer, Maxwell, Moseley, Thomson; *8* Appleton, Blacket, Brewster, Chadwick, Rayleigh, Reynolds; *10* Richardson, Rutherford
- **Physiologe:** *4* Hill
- **Polarforscher:** *4* Ross; *5* Fuchs, Scott; *6* Baffin; *8* Franklin; *10* Shackleton
- **Politiker:** *3* Fox, Pym; *4* Eden, Grey, Pitt; *5* Bevan, Bevin, Hoare, Homes, Simon; *6* Attlee, Cripps, Curzon, Rhodes, Wilson; *7* Baldwin, Balfour; *9* Churchill, Gladstone
- **Politikerin:** *8* Thatcher
- **Polizist:** *5* Bobby
- **Porzellanmanufaktur:** *8* Wedgwood
- **Primaballerina:** *7* Fonteyn
- **Prinzessin:** *4* Anne
- **Quäker:** *4* Penn
- **Rechtsanwalt:** *9* Barrister
- **Reformator:** *6* Wiclif, Wyclif; *7* Tyndale
- **Reitpferd:** *3* Kob; *6* Hunter
- **Rosinenspeise:** *11* Plumpudding
- **Rundfunkgesellschaft:** *3* BBC
- **Sagenheld:** *4* Hood
- **Sagenkönig:** *4* Lear; *5* Artus
- **Schatzamt:** *8* Treasury
- **Schauspieler:** *4* Kean, Todd; *5* Grant, Mason; *6* Howard; *7* Chaplin, Granger, Olivier; *8* Guinness, Laughton
- **Schauspielerin:** *4* Kerr; *5* Leigh; *6* Taylor; *7* Hepburn
- **Schlagballspiel:** *7* Kricket
- **Schnaps:** *6* Brandy
- **Scholastiker:** *5* Occam
- **Schriftsteller:** *3* Fry, Map, Mee; *4* Lamb, Rowe, Shaw; *5* Bacon, Burke, Burns, Byron, Defoe, Doyle, Eliot, Hardy, Joyce, Scott, Shute, Swift, Wells, Wilde, Yeats; *6* Angell, Bulwer, Conrad, Coward, Cronin, Dryden, Greene, Huxley, Jonson, Malory, Milton, Morgan, Orwell, Ruskin, Spring, Steele, Sterne; *7* Burnett, Chaucer, Deeping, Dickens, Forster, Johnson, Kipling, Marryat, Maugham, Roberts, Shelley, Wallace, Walpole; *8* Browning, Disraeli, Fielding, Forester, Gollancz, Lawrence, Marshall, Meredith, Sheridan, Tennyson, Thompson; *9* Goldsmith, Mansfield, Priestley, Swinburne, Stevenson, Thackeray; *10* Chesterton, Galsworthy, Richardson
- **Schriftstellerin:** *5* Eliot, Waugh, Woolf; *6* Bronte; *8* Christie, Macaulay; *9* Du Maurier
- **Schulstadt:** *4* Eton
- **Schutzmann:** *10* Konstabler
- **Seebad** → Seebad in England
- **Seebad am Kanal:** *8* Brighton; *11* Bournemouth
- **Seefahrer:** *4* Cook; *5* Blake, Davis, Drake; *6* Hudson; *7* Raleigh
- **Seeheld:** *5* Drake; *6* Nelson
- **Signalhorn:** *5* Bugle
- **Silbermünze:** *6* Florin
- **Sozialpolitiker:** *9* Beveridge
- **Staatsmann:** *3* Fox; *4* Eden, Grey, Pitt; *5* Bacon, Bevin, Heath, Homes, Simon; *6* Curzon, Rhodes, Russel, Wilson; *7* Baldwin, Balfour; *8* Cromwell, Disraeli, Hastings; *9* Churchill, MacMillan; *11* Chamberlain
- **Stadt** → Stadt in England
- **Stutzer:** *5* Dandy
- **Stützpunkt in Spanien:** *9* Gibraltar
- **Südpolforscher:** *5* Scott
- **Tanz:** *7* Onestep, Twostep; *8* Anglaise
- **Tänzerin:** *7* Fonteyn
- **Taxi:** *3* Cab
- **Teegewicht:** *3* Tub
- **Theologe:** *6* Wesley
- **Thronfolgertitel:** *13* Prince of Wales
- **Umgangssprache:** *5* Slang
- **Universitätsstadt** → Universitätsstadt in Großbritannien
- **Verfassung:** *11* Magna Charta
- **Verneinung:** *2* no; *5* never
- **Vorname** → englischer Frauenname → englischer Männername
- **Wacholderschnaps:** *3* Gin
- **Währungseinheit** → englische Münze
- **Wegemaß:** *4* Link, Mile
- **Weihnachtsspeise:** *11* Plumpudding
- **Weltumsegler:** *4* Cook
- **Witzblatt:** *5* Punch
- **Wollgewicht:** *5* Clove
- **Wollstoff:** *8* Homespun
- **Wort für Handelsmarke:** *9* Trademark
- **Zahlwort:** *3* one, six, ten, two; *4* five, four, nine; *5* eight, seven, three
- **Zeichner:** *3* Low; *7* Flaxman; *9* Beardsley
- **Zeitung:** *5* Times

eng verbinden: *7* liieren
eng verbunden: *6* liiert; *11* solidarisch
engmaschig: *5* dicht
Engpaß: *7* Defilee
Engpaß in Griechenland: *11* Thermopylen

engstirnig: *8* borniert
engstirniger Mensch: *8* Spiesser; *13* Spiessbuerger
Enkel: *7* Epigone; *9* Nachkomme; *10* Kindeskind
enorm: *8* gewaltig; *11* erstaunlich; *16* ausserordentlich; *17* aussergewoehnlich
enorme Menge: *5* Masse
entartet: *7* pervers; *8* dekadent; *11* degeneriert
Entartung: *8* Dekadenz; *12* Degeneration
Entbehrung: *3* Not; *6* Karenz, Mangel
Entbindung: *6* Geburt; *10* Degagement
Entbindung von einer Verpflichtung: *7* Dispens
entblößt: *5* bloß, nackt
Entblößung: *10* Exhibition
Entdecker
- **Amerikas:** *8* Kolumbus
- **des Amilins:** *5* Runge
- **des Atommodells:** *4* Bohr
- **des Blutkreislaufs:** *6* Harvey
- **Brasiliens:** *6* Cabral
- **Chiles:** *7* Almagro
- **des Cholerabazillus:** *4* Koch
- **des Diphterie-Serums:** *7* Behring
- **des Gravitationsgesetzes:** *6* Newton
- **des Insulins:** *7* Banting
- **Japans:** *5* Pinto
- **der Kernspaltung:** *4* Hahn
- **Kolumbiens:** *5* Ojeda
- **Labradors:** *5* Cabot; *6* Caboto
- **Mexikos:** *6* Cortez
- **Neufundlands:** *5* Cabot; *6* Caboto
- **Neuseelands:** *6* Tasman
- **des Penicillins:** *7* Fleming
- **des Pergamonaltars:** *6* Humann
- **Perus:** *7* Pizarro
- **der Philippinen:** *8* Magallan, Magellan; *9* Magalhaes
- **des Radiums:** *5* Curie
- **des Sauerstoffs:** *9* Priestley
- **der Schilddrüsenkrankheit:** *7* Basedow
- **des Seewegs nach Indien:** *4* Gama
- **des Seewegs um Südafrika:** *4* Diaz
- **des Starrkrampf-Serums:** *7* Behring
- **des Südpols:** *8* Amundsen
- **der Sulfonamide:** *6* Domagk
- **des Transhimalaya:** *5* Hedin
- **Trojas:** *10* Schliemann
- **des Tuberkelbazillus:** *4* Koch
- **des Wasserstoffs:** *9* Cavendish
- **der Wechselströme:** *5* Tesla
- **der X-Strahlen:** *8* Roentgen

Entdeckung: *4* Fund
entehren: *9* schaenden
enteignen: *13* depossedieren
Enterich: *5* Erpel
Entern eines Schiffes: *8* Abordage
entfernen: *11* sezernieren; *12* distanzieren
entfernt: *4* weit
entferntes Gewitter: *14* Wetterleuchten
Entfernung: *7* Abstand, Distanz
Entfernungsbegriff: *3* nah; *4* fern, weit; *5* Ferne, Naehe, Weite
Entfernungsmesser: *9* Telemeter
Entfremdung: *12* Abalienation
Entführer: *9* Kidnapper
- **der Europa:** *4* Zeus
- **der Helena:** *5* Paris

Entführung: *10* Kidnapping
entgaste Steinkohle: *4* Koks
entgegen: *5* wider; *6* kontra
entgegenarbeiten: *10* sabotieren
entgegengesetzt: *5* wider; *6* kontra; *8* kontraer; *9* diametral
Entgegenkommen: *7* Avancen
entgegenkommend: *6* kulant; *10* konziliant
entgegnen: *8* erwidern; *9* antworten; *10* opponieren
Entgegnung: *6* Replik; *7* Antwort; *10* Erwiderung
Entgelt: *4* Gage, Lohn, Sold; *6* Gehalt, Salaer; *7* Honorar; *9* Besoldung, Verdienst
Entgelt für Gutes: *4* Dank
Entgleisung: *7* Fauxpas
enthalten: *8* immanent
enthaltsam: *6* keusch; *9* abstinent
enthaltsam Lebender: *5* Asket
enthaltsame Lebensweise: *6* Askese; *8* Zoelibat
Enthaltsamkeit: *6* Askese; *9* Abstinenz
entheben: *8* absetzen; *12* suspendieren
enthüllen: *11* dekuvrieren, demaskieren
enthüllte Weizenkörner: *7* Graupen
Enthusiast: *3* Fan
enthusiastisch: *10* begeistert; *11* hingerissen
Entjungferung: *11* Defloration
Entkeimung: *12* Desinfektion; *13* Sterilisation
entkleiden: *8* strippen; *9* ausziehen
Entkleidungsvorführung: *10* Striptease
entkommen: *7* fliehen
Entkommen: *6* Flucht
Entkräftung: *8* Marasmus
Entladung der Luftelektrizität: *8* Gewitter
Entladung an Mastspitzen: *9* Elmsfeuer
entlarven: *11* demaskieren
Entlassung: *8* Abschied; *9* Demission; *10* Kuendigung
Entlohnung → Entgelt
Entlüfter: *9* Exhaustor; *10* Ventilator
entmachtete chinesische Politikergruppe: *11* Viererbande
entmannen: *10* kastrieren
Entmannter: *6* Eunuch; *7* Kastrat
entmutigen: *14* demoralisieren
entmutigt: *10* deprimiert
Entnahme von Flüssigkeit: *8* Punktion
entnerven: *10* enervieren
entpflichten: *12* dispensieren
Entpflichtung: *7* Dispens
enträtseln: *6* loesen
entrechten: *13* depossedieren
Entrechteter: *5* Paria
entrechteter Mensch: *6* Sklave
Entree: *4* Flur; *6* Anfang, Beginn; *7* Eingang, Einlass, Vorraum, Zutritt; *8* Aufnahme, Eintritt; *9* Vorzimmer; *11* Einfuehrung
entrichten: *6* zahlen

Entrückung: *7* Ekstase
entrüstet: *6* zornig; *10* indigniert
Entrüstung: *9* Empoerung; *11* Indignation
entsagen: *10* verzichten; *11* resignieren
Entsagung: *11* Resignation
Entschädigung: *6* Ersatz; *9* Rekompens; *11* Aequivalent; *12* Kompensation; *13* Gratifikation
Entschädigungsgelder: *7* Diaeten
Entscheid des Papstes: *9* Dekretale
entscheidend: *7* dezisiv
entscheidender Handgriff: *4* Dreh
– Umstand: *6* Moment
Entscheidung: *5* Krise, Votum; *6* Krisis, Urteil; *9* Beschluss; *10* Entschluss; *11* Alternative
Entscheidungsrecht: *6* Option
entschieden: *12* determinativ
Entschließung: *10* Resolution
entschlossen: *7* resolut; *9* energisch; *12* determinativ
Entschluß: *5* Wille; *6* Willen; *7* Vorsatz; *10* Resolution
entschlüsseln: *10* dekodieren; *13* dechiffrieren
Entschlußkraft: *10* Initiative
Entschuldigung: *6* Pardon
Entschuldigungslüge: *7* Ausrede
entseelt: *3* tot
Entsetzen: *5* Graus; *6* Grauen; *8* Schauder
entseuchen: *13* desinfizieren
Entseuchung: *12* Desinfektion
entsittlichen: *14* demoralisieren
Entspannung: *4* Ruhe; *8* Erholung
entsprechend: *6* analog; *7* homolog; *8* adaequat
Entsprechung: *8* Analogie
entstehen: *6* werden
Entstehung: *6* Genese; *7* Genesis; *8* Ursprung
entstellen: *11* deformieren
entstellte Abbildung: *8* Zerrbild
Entstellung: *5* Luege; *10* Verdrehung
enttäuschen: *11* frustrieren; *16* desillusionieren
Enttäuschung: *10* Misserfolg; *11* Desillusion, Frustration
entwässern: *7* rigolen; *10* draenieren
Entwässerung: *8* Draenage, Draenung
Entwässerungsanlage: *4* Siel; *5* Draen, Fleet; *6* Graben, Rigole; *12* Kanalisation
Entwässerungsgraben: *6* Rigole
Entwässerungsrohr: *5* Draen
Entwässerungsstollen im Deich: *4* Siel
entweihen: *9* schaenden; *11* profanieren
Entweihung: *11* Profanation; *12* Profanierung
entwenden: *6* rauben; *7* stehlen
entwendeter Gegenstand: *5* Beute
Entwendung: *4* Raub; *9* Diebstahl
entwerfen: *6* planen; *10* skizzieren; *11* konzipieren
Entwicklung: *6* Genese; *7* Prozess, Tendenz; *9* Evolution
Entwicklungsabschnitt: *5* Phase
Entwicklungsbeschleunigung: *12* Akzeleration
Entwicklungsbild beim Foto: *7* Negativ
Entwicklungsform bei Insekten: *5* Larve
Entwicklungsjahre: *9* Pubertaet
Entwicklungsprogramm der UN: *4* UNDP
Entwicklungsprozeß: *8* Wachstum
Entwicklungsrichtung: *5* Trend
Entwicklungsstufe: *5* Larve, Phase; *7* Stadium
Entwicklungstendenz: *5* Trend
Entwurf: *4* Plan; *6* Abriss, Design, Exposé, Layout, Modell, Schema, Skizze,Studie; *7* Konzept, Projekt; *12* Konstruktion
Entwurf zu einem Wandgemälde: *6* Karton
entziffern: *5* lesen; *13* dechiffrieren
Entzücken: *5* Wonne; *6* Freude
entzückend: *7* reizend; *8* charmant; *9* scharmant
entzückt: *5* selig
entzündbar: *11* inflammabel
Entzündung: *7* Kartarrh; *10* Bronchitis
– der Bronchien: *10* Bronchitis; *16* Bronchialkatarrh
– von Gelenken und Muskeln: *6* Rheuma; *12* Rheumatismus
– der Regenbogenhaut: *6* Iritis
– des Wurmfortsatzes: *12* Appendizitis
entzwei: *6* kaputt
Enzyklopädie: *7* Lexikon
Enzym: *7* Ferment
– im Speichel: *7* Ptyalin
Epidemie: *4* Pest; *5* Lepra; *6* Pocken, Seuche; *7* Aussatz, Cholera
epidemieartige Krankheit: *6* Grippe
Epigone: *9* Nachahmer; *10* Nachfolger
Epigramm: *4* Vers; *6* Spruch; *7* Gedicht; *9* Spottvers; *10* Aufschrift, Sinnspruch; *11* Sinngedicht
Epigraph: *9* Inschrift
Epiker: *7* Dichter
Epilepsie: *9* Fallsucht, Veitstanz
Epilog: *7* Nachruf; *8* Ausklang, Nachwort; *9* Nachspiel; *11* Schlusswort
episches Gedicht: *4* Epos; *7* Ballade
Episkop: *10* Bildwerfer
Episkopat: *11* Bischofsamt; *14* Bischofswuerde
Episode: *5* Flirt; *8* Liebelei; *13* Nebenhandlung, Zwischenspiel
Epistel: *5* Brief; *7* Mahnung; *9* Mahnbrief; *12* Apostelbrief, Strafpredigt; *13* Sendschreiben
Epoche: *4* Aera; *7* Periode
Epos des Mittelalters: *8* Parsifal, Parsival, Parzival; *10* Gudrunlied; *11* Rolandslied; *14* Nibelungenlied
Epos von
– Dante Alighieri: *14* Divina commedia; *18* Goettliche Komoedie
– Homer: *5* Ilias; *6* Iliade; *7* Odyssee
– Klopstock: *7* Mersias
– von Platen: *9* Abbasiden
– Spitteler: *10* Prometheus
– Vergil: *6* Aeneis
– Wolfram von Eschenbach: *8* Parsifal, Parsival, Parzival
Eppich: *4* Efeu
Equipage: *7* Kutsche
Erbanlage: *2* Id; *3* Gen

Erbarmedich: *7* Eleison
Erbarmen: *7* Mitleid
erbärmlich: *9* miserabel
Erbauer: *9* Architekt; *12* Konstrukteur
Erbauer
- **der Arche:** *3* Noe; *4* Noah
- **Bagdads:** *8* Almansor
- **des Benzinkraftwagens:** *7* Benz; *7* Daimler
- **des Bismarckdenkmals in Hamburg:** *7* Lederer
- **des Brandenburger Tores:** *8* Langhans
- **des ersten Dampfschiffes:** *6* Fulton
- **des Eiffelturmes:** *6* Eiffel
- **des ersten Flugzeugs:** *10* Lilienthal
- **von halbstarren Luftschiffen:** *8* Parseval
- **des Hermanndenkmals:** *6* Bandel
- **des Labyrinths zu Kreta:** *8* Daedalus
- **der ersten Lokomotive:** *10* Stephenson
- **des Luftschiffes:** *8* Zeppelin
- **des Moskauer Kremls:** *9* Demetrius
- **des Pantheons:** *7* Agrippa
- **des Pariser Wahrzeichens:** *8* Eiffel
- **des Suezkanals:** *7* Lesseps
- **des Ulmer Münsters:** *8* Ensinger

Erbauungsschrift: *7* Traktat; *8* Postille
Erbbild: *7* Genotyp; *9* Genotypus
Erbe: *8* Nachlass
erbeuten: *7* erlegen
Erbfaktor: *3* Gen
Erbgesundheitslehre: *7* Eugenik
Erbgutträger: *2* Id
Erblasser: *8* Testator
Erblehre: *7* Genetik
erblich: *10* hereditaer
erbliches Herrschergeschlecht: *8* Dynastie
erblicken: *7* sichten
Erbpflege: *7* Eugenik
Erbschaft: *4* Erbe; *8* Nachlass
Erbsen ausschoten: *6* kirnen
Erbsenschoten: *7* Huelsen
Erdabsatz: *8* Terrasse
Erdabtragung: *7* Erosion
Erdachse: *3* Pol; *7* Nordpol, Suedpol
Erdachsenschwankung: *8* Nutation
Erdalkalimetall: *6* Barium, Radium; *7* Kalzium; *9* Beryllium, Magnesium, Strontium
Erdaltertum: *12* Palaeozoikum
Erdanziehung: *11* Gravitation, Schwerkraft
Erdapfel: *9* Kartoffel; *10* Topinambur
Erdarbeiten: *7* Tiefbau
Erdart: *3* Ton; *4* Lehm; *5* Loess
Erdaufschüttung: *4* Wall
Erdaufschüttung als Wohnplatz: *4* Warf; *5* Warft
Erdbahn: *8* Ekliptik
Erdbahnpunkt: *5* Aphel; *8* Periphel
Erdball: *6* Globus
Erdbebenkunde: *7* Seismik; *11* Seismologie
Erdbebenmesser: *11* Seismograph
erdbeerfarbig: *6* fraise
Erdbegleiter: *4* Mond
Erdbirne: *10* Topinambur
Erde: *4* Welt; *5* Boden, Grund; *6* Globus; *7* Scholle
Erde (in der nordischen Mythologie): *7* Midgard
Erdenbürger: *6* Mensch
Erdengürtel: *4* Zone
erdenklich: *10* imaginabel
Erderschütterung: *5* Beben; *8* Erdbeben
Erdfarbe: *5* Ocker, Umbra
erdfarben: *4* kaki; *5* khaki
Erdferne: *8* Apogaeum
Erdformation → geologische Formation
Erdgas: *6* Methan
Erdgeist: *4* Gnom; *5* Zwerg
erdgeschichtliche Formation → geologische Formation
Erdgeschoß: *8* Parterre
Erdgöttin: *4* Gaea
Erdgürtel: *4* Zone
Erdhacke: *5* Karst
Erdhalbkugel: *11* Hemisphaere
Erdhöhle des Fuchses: *3* Bau
erdichten: *9* fingieren
erdichtet: *8* mythisch
Erdichtung: *7* Fiktion
Erdinneres: *5* Magma
Erdkern: *4* Nife
Erdkreis: *4* Welt; *5* Orbis
Erdkruste: *4* Sial
Erdkugel: *6* Globus; *7* Sphaere
Erdkunde: *10* Geographie
Erdkundler: *8* Geograph
Erdlängenkreis: *8* Meridian
Erdloch: *4* Riss; *5* Grube, Kluft; *6* Krater, Spalte
Erdmesser: *6* Geodat; *8* Geometer
Erdmessung: *9* Geodaesie
Erdmetall → seltene Erde
Erdmittelalter: *10* Mesozoikum
Erdmond: *7* Trabant
Erdnähe: *9* Perigaeum
Erdneuzeit: *9* Neozoikum
Erdoberfläche: *4* Land; *6* Wasser
Erdöl: *7* Naphtha; *9* Petroleum
Erdölgebiet in Saudi-Arabien: *5* Daran; *6* Dharan
Erdölkonzern: *2* BP; *4* Aral, Esso; *5* Shell
Erdölleitung: *8* Pipeline
Erdölschiff: *6* Tanker
Erdpech: *7* Asphalt, Bitumen
Erdrauch: *7* Fumaria; *9* Feldraute
Erdrinde: *12* Lithosphaere
Erdrinne: *6* Graben
erdrosseln: *11* garottieren; *13* strangulieren
Erdrosselung: *13* Strangulation
Erdsatellit: *4* Mond; *7* Trabant
Erdschicht → geologische Formation
Erdscholle: *6* Plagge
Erdstrich: *4* Zone
Erdstufe: *8* Terrasse
Erdteil: *5* Asien; *6* Afrika, Europa; *7* Amerika; *8* Eurasien; *9* Antarktis, Kontinent; *10* Australien
Erdtrabant: *4* Mond

Erdtrichter: *5* Binge, Pinge
Erdüberflutung: *8* Sintflut
erdulden: *5* leiden; *8* ertragen; *10* tolerieren
Erdumlaufbahn: *5* Orbit
Erdvermessung: *9* Geodaesie
Erdvermessungsgerät: *9* Theodolit
Erdvertiefung: *6* Graben
Erdwachs: *7* Zeresin
Erdwall: *4* Damm; *5* Deich
Erdwissenschaft: *8* Geologie
Erdwissenschaftler: *7* Geologe
ereifern: *12* echauffieren
Ereignis: *6* Aktion, Faktum; *7* Episode, Vorgang; *9* Geschehen, Sensation
Eremit: *8* Klausner; *10* Einsiedler
Eremitage: *11* Einsiedelei
erfahren: *8* versiert; *9* bewandert
Erfahrung: *7* Empirie; *8* Kenntnis
Erfahrungsbeweis: *10* Experiment
erfahrungsgemäß: *8* induktiv; *9* dikursiv, empirisch; *11* pragmatisch
Erfahrungsmensch: *9* Empiriker
Erfahrungssatz: *11* Aposteriori
Erfahrungswissenschaft: *7* Empirie
erfinden: *9* entdecken
Erfinder: *12* Konstrukteur
Erfinder → Entdecker → Erbauer
Erfinder der/des
- **Akkumulators:** *6* Planté
- **Antenne:** *5* Popow
- **Äthernarkose:** *6* Morton
- **Augenspiegels:** *9* Helmholtz
- **Automobilmotors:** *4* Otto; *6* Diesel; *7* Daimler
- **Autotypie:** *6* Horgan
- **Barometers:** *10* Torricelli
- **Biers:** *9* Gambrinus
- **Bildtelegraphie:** *4* Korn
- **Blindenschrift:** *7* Braille
- **Blitzableiters:** *8* Franklin
- **Buchdruckerkunst:** *9* Gutenberg
- **Büstenhalters:** *6* Crosby
- **Computers:** *4* Zuse
- **Dampfkochtopfes:** *5* Papin
- **Dampflokomotive:** *10* Stephenson
- **Dampfmaschine:** *4* Watt; *5* Papin; *6* Branca
- **Dampfschiffs:** *6* Fulton
- **Dieselmotors:** *6* Diesel
- **Differentialrechnung:** *7* Leibniz
- **Diphterieschutzimpfung:** *7* Behring
- **Drachenballons:** *8* Parseval
- **drahtlosen Telegraphie:** *7* Marconi
- **Drehkolbenmotors:** *6* Wankel
- **Drehstrommotors:** *5* Tesla
- **Druckknopfes:** *5* Bauer
- **Druckluftbremse:** *5* Knorr
- **Dynamits:** *5* Nobel
- **Dynamomaschine:** *7* Siemens
- **Echolots:** *4* Behm
- **Einheitspatrone:** *7* Flobert
- **Eisenbetons:** *6* Monier
- **Eismaschine:** *5* Linde
- **elektrischen Rechenmaschine:** *6* Eckert; *7* Mauchly
- **Elektrisiermaschine:** *8* Guericke
- **Elektrokardiographie:** *9* Einthofen
- **Elektronenmikroskops:** *5* Ruska
- **Esperanto:** *8* Zamenhof
- **Fahrrads:** *5* Drais
- **Fahrstuhls:** *6* Weigel
- **Farbfotografie:** *8* Lippmann
- **Fernrohrs:** *6* Kepler; *7* Galilei
- **Fernschreibers:** *5* Morse
- **Fernsehens:** *6* Nipkow
- **Fernsprechers:** *4* Bell, Reis
- **Films:** *6* Edison, Latham; *7* Lumiere, Messter
- **Flaschenzugs:** *10* Archimedes
- **Fleischextrakts:** *6* Liebig
- **Flugzeugs:** *10* Lilienthal
- **Fotografie:** *6* Niepce, Talbot; *8* Daguerre
- **Funk-Alphabets:** *5* Morse
- **Funktelegraphen:** *7* Marconi
- **Gasbeleuchtung:** *7* Murdock
- **Gasglühlichts:** *4* Auer
- **Gasmotors:** *4* Otto
- **Gleitflugzeugs:** *10* Lilienthal
- **Globus:** *6* Behaim
- **Glühlampe:** *6* Edison, Goebel
- **Grammophons:** *6* Edison
- **Insulin:** *4* Best; *7* Banting
- **Katzenauges:** *4* Shaw
- **Kehlkopfspiegels:** *6* Garcia
- **Kinematographen:** *6* Edison; *7* Eastman, Lumiere, Messter; *9* Muybridge; *12* Skladanowski
- **Kraftwagens:** *4* Benz; *7* Daimler
- **Kreiselkompasses:** *9* Anschuetz
- **Kreiskolbenmotors:** *6* Wankel
- **Kurzschrift:** *6* Stolze
- **Laterna magica:** *7* Kircher
- **Laufrades:** *5* Drais
- **Lokomotive:** *10* Stephenson
- **Luftballons:** *11* Montgolfier
- **Luftdruckbremse:** *5* Knorr
- **Luftpumpe:** *8* Guericke
- **Luftreifens:** *6* Dunlop
- **Luftschiffes:** *8* Zeppelin
- **Manometers:** *8* Guericke
- **Margarine:** *8* Mouriers
- **Maschinengewehrs:** *5* Maxim
- **mechanischen Webstuhls:** *10* Cartwright
- **Metallflugzeugs:** *7* Junkers
- **Mikrophons:** *6* Hughes
- **Motorflugzeugs:** *6* Wright
- **Motorrads:** *7* Daimler
- **Nähmaschine:** *12* Madersperger
- **nahtlosen Röhren:** *10* Mannesmann
- **Nylons:** *9* Carothers
- **Pendeluhr:** *7* Huygens
- **Penicillins:** *7* Fleming
- **Perlons:** *7* Schlack
- **Photographie:** *6* Niepce, Talbot; *8* Daguerre
- **Plakatsäule:** *7* Litfass
- **Porzellans:** *8* Boettger

- **Quantentheorie:** *6* Planck
- **Quecksilberthermometers:** *10* Fahrenheit
- **Rechenmaschine:** *7* Leibniz
- **Relativitätstheorie:** *8* Einstein
- **Revolvers:** *4* Colt
- **Rollfilms:** *7* Eastman
- **Rotationskolbenmaschine:** *6* Wankel
- **Saxophons:** *3* Sax
- **Schallplatte:** *8* Berliner
- **Schießpulvers:** *7* Schwarz
- **Schiffskreisels:** *7* Schlick
- **Schiffsschraube:** *6* Ressel; *8* Ericsson
- **Schnellpresse:** *6* Koenig
- **Schwerölmotors:** *6* Diesel
- **Spektralanalyse:** *6* Bunsen; *9* Kirchhoff
- **Spinnmaschine:** *9* Arkwright
- **Stahlbetons:** *6* Monier
- **Steindrucks:** *10* Senefelder
- **Strumpfwirkmaschine:** *3* Lee
- **synthetischen Gummis:** *7* Hofmann
- **Taschenuhr:** *7* Henlein
- **Telefons:** *4* Bell, Reis
- **Telegraphenschrift:** *5* Morse
- **Thermometers:** *10* Fahrenheit
- **Tonbandgeräts:** *8* Pflaumer
- **Tonfilms:** *4* Engl, Vogt; *7* Masolle
- **Unruhe für Uhren:** *7* Henlein
- **Verbrennungsmotors:** *4* Otto; *6* Langen
- **Warmluftballons:** *11* Montgolfier
- **Zählrohrs:** *6* Geiger
- **Zeigertelegrafen:** *7* Siemens
- **Zeitlupe:** *6* Musger
- **Zentrifuge:** *8* Guericke
- **Zündhütchen:** *3* Egg
- **Zündnadelgewehrs:** *6* Dreyse
- **Zwölftonsystems:** *5* Hauer

erfinderisch: *9* ingenioes
Erfinderschutz: *6* Patent
Erfindung: *7* Fiktion
Erfindungskraft: *8* Ingenium
Erfolg: *3* Hit; *4* Sieg; *6* Effekt, Gewinn; *7* Vorteil, Wirkung; *8* Ergebnis, Resultat
erfolgreicher Aufstieg: *8* Karriere

- **Ausgang:** *8* Gelingen
- **Schlager:** *3* Hit; *9* Evergreen; *11* Gassenhauer

erforderlich: *6* noetig; *7* obligat; *9* notwendig
erforschen: *8* erkunden; *9* sondieren, studieren; *10* ergruenden; *11* explorieren; *13* recherchieren
Erforschung: *11* Exploration
Erforschung der öffentlichen Meinung: *10* Demoskopie

- **des Sachverhalts:** *20* Ermittlungsverfahren
- **des Übersinnlichen:** *11* Okkultismus

erfreuen: *11* delektieren
erfreulich: *8* angenehm
erfreulicher Anblick: *10* Augenweide
erfrischen: *5* laben; *7* beleben; *9* erquicken
erfrischendes Getränk: *4* Bier, Saft; *6* Brause; *7* Sprudel; *8* Limonade; *9* Eiskaffee, Orangeade
Erfrischung: *3* Bad, Eis; *4* Labe; *5* Trank, Trunk; *6* Labsal
Erfrischungsraum: *7* Kantine
Erfüllung: *7* Tilgung
erfundene Jagdgeschichten: *12* Jaegerlatein
Ergänzung: *7* Pendant; *8* Korrelat; *10* Komplement, Supplement
Ergänzungsstoff: *7* Vitamin
ergeben: *4* treu; *10* resigniert
Ergebenheit: *5* Treue
Ergebnis: *5* Fazit, Summe; *7* Produkt; *8* Resultat
Ergebnis einer Einwirkung: *8* Reaktion
ergebnislos: *7* negativ
Ergebung: *12* Kapitulation
Ergehen: *8* Befinden
ergiebig: *7* fuendig; *9* produktiv
ergo: *4* also; *7* demnach; *8* folglich, insofern; *13* infolgedessen
ergötzen: *11* delektieren
Ergötzen: *4* Lust; *6* Freude
ergötzlich: *8* amuesant
ergreifend: *8* tragisch
Ergriffensein: *9* Affektion
ergründen: *8* eruieren
Ergußgestein → Vulkangestein
erhaben: *4* hehr; *6* konvex, sublim; *8* heroisch
erhaben geschnittener Edelstein: *5* Kamee
erhabener Stil: *7* Kothurn
erhalten: *13* praeservieren
erhaltend: *11* konservativ
erhärtete Harzart: *5* Gummi
erheblich: *4* sehr; *8* relevant
Erhebung: *5* Nocke; *6* Nocken; *7* Enquete; *8* Aufstand; *9* Empoerung; *12* Insurrektion
erhitzt: *11* echauffiert
erhöhen: *11* potenzieren, sublimieren
erhöhte Körpertemperatur: *6* Fieber
erhöhter Fensterplatz: *7* Estrade

- **Kirchenraum:** *4* Chor
- **Platz:** *6* Empore; *7* Estrade, Galerie
- **Sitzraum in der Kirche:** *6* Empore
- **Stand bei der Predigt:** *6* Kanzel

Erhöhung im Gelände: *4* Berg; *6* Huegel
Erholung: *4* Rast; *5* Pause; *6* Ferien, Labsal, Urlaub
Erholungsort: *3* Bad; *6* Kurort
Erinnerung: *5* Mneme; *7* Denkmal, Memento; *8* Andenken; *11* Reminiszenz
Erinnerungen: *8* Memoiren
Erinnerungsbild: *7* Engramm
Erinnerungsbuch: *5* Album
Erinnerungsmal für Tote: *7* Marterl; *8* Kenotaph
Erinnerungsstätte: *7* Denkmal, Mahnmal; *8* Monument
Erinnerungsstück: *8* Andenken, Souvenir
Erinnerungsverlust: *7* Amnesie
Erinnye: *6* Alekto; *7* Megaere, Megaira; *9* Tisiphone
Erkältungserscheinung: *6* Husten, Niesen
Erkältungskrankheit: *6* Grippe; *9* Influenza, Schnupfen
erkennen: *8* einsehen, gewahren; *9* begreifen; *13* apperzipieren; *14* identifizieren; *15* diagnostizieren

Erkennen einer Krankheit: *8* Diagnose
Erkenntnis: *8* Einsicht
Erkenntnislehre: *6* Noetik
Erkenntnisvermögen: *9* Intellekt; *11* Intelligenz
Erkennungswort: *6* Losung
Erkennungszeichen: *3* Mal; *5* Marke; *6* Schild; *7* Merkmal
Erkennungsziffer: *7* Chiffre
Erker: *6* Balkon
erklären: *6* deuten; *8* auslegen; *11* explizieren; *14* interpretieren
Erklärer: *6* Deuter; *9* Interpret
Erklärung: *10* Paraphrase; *11* Deklaration; *14* Interpretation
Erklärung vor Gericht: *7* Aussage
Erkrankung → Krankheit
Erkrankung der Schilddrüse: *5* Kropf; *6* Struma
erkunden: *9* sondieren; *12* ausbaldovern; *13* recherchieren
Erkundigung: *5* Frage; *7* Anfrage
Erlaß: *5* Edikt; *6* Dekret; *8* Reskript; *10* Verordnung
Erlaß des
- **Papstes:** *5* Breve, Bulle
- **Sultans:** *5* Irade; *6* Ferman
- **Zaren:** *4* Ukas

erlassen: *11* amnestieren
erlauben: *8* billigen; *9* gestatten, gewaehren; *10* bewilligen
Erlaubnis: *6* Lizenz, Placet, Plazet; *10* Konzession, Permission
erlaucht: *4* edel; *7* erlesen; *10* ehrwuerdig
erläutern: *12* illustrieren, kommentieren
Erläuterung: *9* Kommentar; *12* Illustration
Erle: *5* Eller
Erlebnis: *9* Abenteuer
Erlebnis im Schlaf: *5* Traum
Erlebnishungriger: *10* Abenteurer
erledigen: *11* absolvieren
erledigt: *6* vakant, vorbei; *8* knockout
erlegtes Wild: *5* Beute
erlernte Tätigkeit: *5* Beruf
erlesen: *7* elegant, kostbar; *8* exquisit, wertvoll; *9* exzellent; *10* ausgesucht, besonders; *12* hervorragend, vortrefflich; *13* ausgezeichnet, geschmackvoll
Erlesenes: *5* Elite
erleuchten: *11* inspirieren; *12* illuminieren
Erleuchtung: *4* Idee; *7* Einfall; *11* Inspiration
Erlogenes: *9* Schwindel
Erlös: *6* Ertrag, Gewinn
Erlöser: *7* Heiland; *8* Salvator
Erlöser der Mohammedaner: *5* Mahdi
Erlösungsbegriff im Buddhismus: *7* Nirvana, Nirwana
ermächtigen: *12* autorisieren; *16* bevollmaechtigen
Ermächtigung: *9* Vollmacht; *12* Autorisation
Ermahnung: *9* Paraenese; *10* Admonition
ermattet: *6* marode
ermitteln: *8* eruieren; *11* untersuchen; *13* recherchieren
Ermittler: *8* Detektiv
Ermittlung: *9* Recherche
Ermittlungsbüro: *8* Detektei
ermorden: *9* umbringen; *11* liquidieren; *12* massakrieren
Ermordung: *9* Totschlag; *11* Liquidation
ermüdend: *7* monoton
ermüdet: *4* matt; *7* schlaff, schlapp
ermuntern: *9* animieren
Ernährungsform: *5* Diaet; *7* Rohkost
ernennen: *7* berufen; *10* nominieren; *11* designieren
Ernennung: *10* Nomination
Erneuerer: *8* Reformer; *10* Reformator
erneuern: *10* renovieren; *11* reformieren
Erneuerung: *6* Reform; *11* Reformation
Erneuerungsschein bei Wertpapieren: *5* Talon
erniedrigen: *11* degradieren; *14* herabwuerdigen
ernst: *8* gemessen
ernster Warnruf: *9* Menetekel
ernstes Musikstück: *9* Oratorium
ernsthaft: *7* serioes
Ernte: *4* Lese, Mahd; *6* Ertrag; *7* Schnitt
Erntearbeiter: *9* Schnitter
Erntebereitschaft: *5* Reife
Erntegerät: *5* Sense; *6* Sichel; *12* Maehdrescher
Erntemonat: *6* August; *7* Ernting
Ernüchterung: *11* Desillusion
Eroberer: *7* Invasor; *12* Konquistador
Eroberer Mexikos: *6* Cortez
- **Perus:** *7* Pizarro

Eröffnung: *10* Ouvertuere
erörtern: *10* besprechen; *11* debattieren, diskutieren, disputieren
Erörterung: *6* Disput; *7* Debatte, Diskurs; *8* Beratung; *10* Diskussion
Erotik: *3* Sex
erpicht: *6* gierig; *9* versessen
erpresserische Forderung: *9* Loesegeld
Erpressung: *5* Zwang; *7* Drohung; *9* Noetigung
erproben: *6* testen
erprobt: *6* probat
Erprobung: *4* Test
erquicken: *5* laben
Erquickung: *4* Labe
erregbar: *9* irritabel
erregbarer Mensch: *10* Choleriker
erregen: *10* irritieren
erregend: *10* dramatisch
erregendes Ereignis: *9* Sensation
erregtes Streitgespräch: *6* Disput
- **Geschehen:** *5* Drama

Erreger → Krankheitserreger
erregt: *11* aufgebracht
Erregung: *6* Affekt; *7* Emotion; *9* Affektion, Induktion
Erregungsauslösung: *4* Reiz
errichten: *12* konstruieren
Errungenschaft: *11* Akquisition
Ersatz: *7* Reserve; *8* Aushilfe, Surrogat
Ersatzanspruch: *7* Regress
Ersatzdarsteller: *6* Double

Ersatzglied: *8* Prothese
Ersatzmann: *9* Substitut
Ersatzschauspieler: *6* Double
Ersatzstoff: *8* Surrogat
erschaffen: *8* kreieren
Erschaffer: *9* Schoepfer
Erscheinung: *6* Vision; *9* Exterieur, Phaenomen
Erscheinungen: *8* Gesichte
Erscheinungsbild: *7* Habitus; *9* Phaenotyp
Erscheinungsfest: *10* Epiphanias
Erscheinungsform: *7* Habitus; *9* Phaenomen
Erscheinungsvermerk: *9* Impressum
erschießen: *11* fuesilieren
Erschießungskommando: *7* Peloton
Erschlaffung: *6* Atonie
erschöpft: *4* matt; *6* marode
Erschöpfungserscheinung: *7* Apathie
Erschöpfungszustand: *12* Neurasthenie
erschrecken: *7* stutzen
erschütternd: *8* tragisch
erschütterndes Leid: *6* Tragik
erschüttert: *6* bewegt; *9* ergriffen; *11* aufgewuehlt, fassungslos
Erschütterung: *9* Vibration
Erschütterung des Erdbodens: *8* Erdbeben
erschweren: *12* komplizieren
erschwerend: *10* gravierend
Erschwerung: *12* Komplikation
ersinnbar: *10* imaginabel
ersinnlich: *10* imaginabel
erst: *5* zuvor; *7* primaer
erstarrte vulkanische Masse: *13* Ergussgestein
erstarrtes Wasser: *3* Eis
Erstattungsanspruch: *7* Regress
Erstaufführung: *8* Premiere
Erstauftretender: *9* Debuetant
Erstauftritt: *6* Debuet
erstaunlich: *5* enorm; *7* stupend; *11* phaenomenal
erste(r, s)
- **Arzt im Weltraum:** *6* Kerwin
- **Auftreten:** *6* Debuet
- **Bartwuchs:** *5* Flaum
- **Buch Moses:** *7* Genesis
- **bundesdeutscher Weltraumfahrer:** *7* Merbold
- **byzantinischer Kaiser:** *8* Arkadios
- **deutsche Dichterin:** *8* Roswitha
- **deutsche Universität:** *4* Prag
- **deutscher Bundeskanzler:** *8* Adenauer
- **deutscher Bundespräsident:** *5* Heuss
- **deutscher Forschungssatellit:** *4* Azur
- **Deutscher im All:** *5* Jaehn
- **deutscher Reichskanzler:** *8* Bismarck
- **deutscher Reichspräsident:** *5* Ebert
- **deutscher Roman:** *8* Ruodlieb
- **deutscher Weltraumfahrer:** *4* Jahn
- **Entwurf:** *7* Konzept
- **Erdsatellit:** *8* Explorer
- **europäische Universität:** *7* Bologna
- **Flieger im Motorflug:** *6* Wright
- **Frau:** *3* Eva
- **Frau im Weltraum:** *11* Tereschkowa
- **Frühlingsblume:** *7* Anemone
- **Gebirgsbahn der Erde:** *13* Semmeringbahn
- **Geiger:** *6* Primas
- **Generalsekretär der UNO:** *3* Lie
- **Herzog der Ungarn:** *5* Arpad
- **Herzverpflanzer:** *7* Barnard
- **Kammer im englischen Parlament:** *8* Oberhaus
- **Kanalschwimmerin:** *6* Ederle
- **König der Dänen:** *3* Dan
- **Kosmonaut:** *7* Gagarin
- **lateinische Bibelübersetzung:** *5* Itala
- **Lesebuch:** *5* Fibel
- **Mensch:** *4* Adam
- **Mensch auf dem Mond:** *6* Aldrin; *9* Armstrong
- **Mensch der nordischen Sage:** *3* Ask
- **Messe eines Priesters:** *6* Primiz
- **Oper:** *5* Dafne
- **Opernkomponist:** *4* Peri
- **Ozeanflieger:** *9* Lindbergh
- **Präsident der USA:** *10* Washington
- **römischer Kaiser:** *8* Augustus
- **Sängerin:** *10* Primadonna
- **Sohn Adams:** *4* Kain
- **Stock:** *8* Beletage
- **Tänzerin:** *14* Primaballerina
- **Tonstufe:** *5* Prime
- **unter Gleichen:** *16* primus inter pares

Erster: *6* Primus
Erstgeborener: *11* Stammhalter
Erstgeburtsrecht: *6* Primat
erstklassig: *5* prima
Erstlingsfeder: *5* Daune
Erstminister: *7* Premier
erstrebter Punkt: *4* Ziel
Erstrecht: *10* Prioritaet
ersuchen: *5* Bitte
Ertrag: *4* Zins; *5* Ernte; *6* Erloes, Gewinn; *7* Produkt, Rendite
Ertragslosigkeit: *11* Sterilitaet
ertragreich: *9* produktiv
Ertragsfähigkeit: *8* Bonitaet; *10* Bodenguete
Eruption: *8* Ausbruch
Eruptivgestein → Vulkangestein
erwägen: *12* reflektieren
erwägenswert: *10* diskutabel
erwarten: *5* ahnen; *8* erhoffen, ersehnen
erwarteter Sieger: *7* Favorit
Erweckung Jesu: *12* Auferstehung
Erwerb: *9* Akzession, Verdienst
Erwerbstätigkeit: *6* Arbeit
Erwerbsunfähiger: *8* Invalide
Erwiderung: *6* Replik
Erwiderung auf Kontra: *2* Re
erworbenes Wissen: *8* Kenntnis
Erwünschtes: *9* Desiderat
erwürgen: *13* strangulieren
erzählend: *6* episch
erzählende Dichtkunst: *4* Epik
erzählende Dichtung: *4* Epos; *5* Roman; *7* Ballade, Novelle
erzählender Dichter: *6* Epiker

erzählendes Gedicht: *3* Ode
Erzählung: *4* Maer, Sage; *5* Fabel, Story; *6* Skizze; *7* Legende, Novelle; *8* Groteske, Maerchen; *10* Geschichte
Erzausfuhrhafen in Norwegen: *8* Kirkenes
Erzbergwerk: *4* Mine
Erzbischof: *6* Primas; *9* Patriarch; *10* Metropolit
Erzengel: *5* Uriel; *6* Cherub; *7* Gabriel, Michael, Raphael
erzeugen: *11* produzieren
Erzeuger: *9* Produzent
Erzeugnis: *7* Produkt; *8* Fabrikat
Erzeugung: *10* Produktion
Erzgebirgsstadt: *3* Aue
Erzherzog von Österreich: *6* Johann
Erzieher: *6* Eltern, Lehrer, Mentor; *7* Pfleger, Vormund; *9* Paedagoge; *10* Praezeptor
Erzieher Samuels: *3* Eli
Erzieherin: *5* Bonne, Nurse; *8* Lehrerin; *11* Gouvernante
Erzieherin der Haimonskinder: *3* Aja
Erziehungsanstalt: *8* Internat
Erziehungsbeihilfe: *10* Stipendium
Erziehungsheim: *8* Internat; *9* Pensionat
Erziehungslehre: *10* Paedagogik
Erziehungsmaßnahme: *5* Drill; *7* Strenge
erzielter Treffer: *3* Tor
Erzpocher: *6* Haeuer
Erzschelm: *12* Eulenspiegel
Erzstadt in Schweden: *6* Kiruna
erzürnen: *7* erbosen
erzürnt: *11* aufgebracht
Erzürntheit: *3* Wut; *5* Grimm
Erzvater: *9* Patriarch
Erzverarbeitungslehre: *11* Metallurgie
erzwingen: *9* forcieren
Esaus Bruder: *5* Jakob
- Vater: *5* Isaak
Eselart: *6* Onager
Eselei: *7* Torheit
Eskalation: *10* Steigerung; *14* Aufschaukelung
Eskapade: *12* Seitensprung
Eskimobluse: *6* Anorak
Eskimoboot: *5* Kajak, Umiak
Eskimohund: *5* Husky
Eskimohütte: *4* Iglu
Eskorte: *6* Geleit; *7* Gefolge
Esprit: *4* Witz; *5* Geist
Essay: *7* Aufsatz, Versuch; *10* Abhandlung
eßbare(r)
- Eingeweide: *7* Innerei; *9* Innereien
- Fisch → Speisefisch
- Früchte: *4* Obst
- Kastanie: *6* Marone
- Meeresmuschel: *6* Auster
- Pflanzen: *4* Obst; *5* Pilze; *7* Gemuese
- Pilz → Speisepilz
- Schnecke: *16* Weinbergschnecke
- Seegurke: *7* Trepang
- Süßkartoffel: *6* Batate
Eßbedürfnis: *6* Hunger; *7* Appetit
Eßbesteck: *5* Gabel; *6* Messer; *7* Loeffel
Esse: *5* Kamin; *6* Schlot
essen: *7* speisen
Essen: *4* Kost, Mahl; *6* Speise
Essenz: *5* Geist, Wesen; *6* Auszug; *10* Konzentrat
Essenzubereiter: *4* Koch
Eßgerät: *5* Gabel; *6* Messer; *7* Besteck, Loeffel
Eßgeschirr: *4* Napf; *5* Satte; *6* Platte, Schale, Teller; *7* Terrine; *8* Sauciere; *9* Schuessel
Essigbaum: *4* Rhus; *6* Sumach
Essiggeist: *9* Azeton
essigsaures Salz: *6* Azetat
Eßkastanie: *6* Marone
Eßkultur: *11* Gastronomie
Eßlokal: *10* Restaurant
Eßlust: *6* Hunger; *7* Appetit
Eßtisch auf Schiffen: *4* Back
Este: *5* Balte
estnische(r, s)
- Fluß: *2* Aa; *5* Narwa; *6* Embach
- Hauptstadt: *5* Reval; *6* Tallin; *7* Tallinn
- Insel: *5* Dagoe, Oesel, Runoe
- Nationalepos: *10* Kalewipoeg
- Schriftsteller: *5* Vilde
- Stadt → Stadt in Estland
- Universitätsstadt: *5* Tartu; *6* Dorpat
Estragon: *7* Beifuss
etablieren: *8* gruenden
etablierte Gesellschaft: *13* Establishment
Etablissement: *7* Betrieb
Etage: *6* Stock; *8* Geschoss; *9* Stockwerk
Etagere: *7* Gestell; *8* Stellage
Etappe: *3* Weg; *5* Phase, Route, Stufe; *10* Hinterland
Etat: *5* Staat, Stand; *6* Budget; *7* Bestand, Zustand; *8* Haushalt, Stellung; *11* Voranschlag; *13* Haushaltsplan; *14* Staatshaushalt
Ethik: *5* Moral
ethischer Begriff: *3* Ruf; *4* Ehre, Reue; *5* Ethos, Luege, Moral, Sitte, Treue; *6* Schuld, Suehne, Wuerde; *7* Anstand, Leumund; *8* Gewissen, Wahrheit; *9* Gesinnung
Ethos: *5* Sitte
etruskische(n)
- Ausgrabungsstätte: *7* Corneto
- Gottheit: *4* Lusa; *5* Tinia
- König: *7* Porsena
- Urne: *5* Zista, Ziste; *6* Kanope
- Wahrsager: *8* Haruspex
Etui: *6* Huelle, Kapsel; *8* Futteral; *9* Behaelter
etwa: *5* circa, zirka; *9* ungefaehr
etwas bezweckend: *11* tendenzioes
etwas in Ordnung bringen → ordnen
Eucharistie: *9* Abendmahl, Kommunion; *14* Altarsakrament
eucharistisches Brot: *6* Hostie
Eugenik: *10* Erbhygiene
Eulenart: *3* Uhu; *4* Kauz
Eurasier: *7* Burgher, Ostiake; *8* Halfcast; *9* Turktatar
Europäer: *3* Ire; *4* Este, Pole; *5* Brite, Daene, Finne, Flame, Lette, Russe, Serbe, Ungar; *6* Kroate; *7* Albaner, Belgier, Bulgare, Grieche,

Litauer, Rumaene, Schotte, Schwede, Spanier, Wallone; *8* Albanier, Franzose, Norweger, Ukrainer; *9* Deutscher, Italiener, Schweizer; *10* Englaender, Jugoslawe, Portugiese
europäisch-asiatisches Grenzgebirge: *4* Ural
europäische(r, s)
- **Atomforschungsgemeinschaft:** *7* Euratom
- **Binnenmeer:** *6* Ostsee
- **Flugzeugtyp:** *6* Airbus
- **Fluß** → Fluß in Europa
- **Freihandelszone:** *4* EFTA
- **Fürstentum:** *6* Monaco, Monako; *13* Liechtenstein
- **Gebirge** → Gebirge in Europa
- **Gemeinschaft:** *2* EG
- **Gemeinschaft für Kohle und Stahl:** *11* Montanunion
- **Gemeinschaft für Nutzung von Kernenergie:** *7* Euratom
- **Gewässer:** *5* Adria; *6* Ostsee; *7* Nordsee; *8* Bodensee
- **Grenzgebirge:** *4* Ural
- **Halbinsel** → Halbinsel in Europa
- **Hauptstadt:** *3* Rom; *4* Bern, Bonn, Oslo, Prag, Wien; *5* Athen, Paris, Sofia, Vaduz; *6* Berlin, Dublin, London, Madrid, Moskau, Tirana; *7* Belgrad, Den Haag; *8* Bruessel, Budapest, Bukarest, Helsinki, Lissabon, Warschau; *9* Luxemburg, Reykjavik, Stockholm; *10* Kopenhagen
- **Hochgebirge:** *5* Alpen
- **Insel:** *6* Irland, Island; *7* Korsika; *8* Mallorca, Sizilien; *9* Sardinien
- **Inselbewohner:** *3* Ire; *5* Brite, Korse, Sarde; *9* Islaender
- **Inselstaat:** *5* Malta; *6* Irland, Island; *15* Grossbritannien
- **Kleinstaat:** *6* Monaco, Monako; *7* Andorra; *9* San Marino; *13* Liechtenstein
- **Meer:** *5* Adria; *6* Ostsee; *7* Nordsee; *10* Mittelmeer
- **Münze:** *3* Lei, Lek, Leu, Lew; *4* Banu, Lira, Mark, Oere, Para; *5* Aurar, Dinar, Franc, Krone, Lepto, Pence, Pfund, Rubel, Zloty; *6* Escudo, Filler, Florin, Forint, Gulden, Kopeke, Markka, Pennia, Peseta, Rappen; *7* Centime, Drachme, Franken, Pfennig; *8* Finnmark, Groschen, Shilling; *9* Schilling
- **Organisation für Weltraumforschung:** *4* ESRO
- **Raumsonde:** *6* Giotto
- **See** → See in Europa
- **Sprache:** *7* Deutsch; *8* Daenisch, Englisch, Finnisch, Polnisch, Russisch, Serbisch, Spanisch; *9* Kroatisch, Ungarisch; *10* Griechisch, Norwegisch, Schwedisch; *11* Italienisch; *12* Franzoesisch, Hollaendisch; *13* Portugiesisch; *15* Niederlaendisch
- **Staat:** *3* BRD, DDR; *4* CSSR; *5* Polen, UdSSR; *6* Irland, Island, Monaco, Monako, Ungarn; *7* Andorra, Belgien, England, Holland, Italien, Schweiz, Spanien, Tuerkei; *8* Albanien, Finnland, Norwegen, Portugal, Russland, Schweden; *9* Bulgarien, Daenemark, Luxemburg, Rumaenien, San Marino
- **Vulkan:** *5* Aetna, Askja, Hekla, Vesuv; *9* Stromboli
- **Währung** → europäische Münze
- **Weltraumorganisation:** *3* ESA
- **Weltraumrakete:** *6* Ariane
- **Wildrind:** *6* Wisent
- **Zwergstaat:** *6* Monaco, Monako; *7* Andorra; *9* San Marino; *13* Liechtenstein

Euterteil: *5* Zitze
evakuieren: *7* raeumen; *9* umsiedeln; *10* aussiedeln
evangelische Christen: *12* Protestanten
- **Einsegnung:** *12* Konfirmation

evangelischer Geistlicher: *6* Pastor; *7* Pfarrer
- **Kirchenliederdichter:** *7* Neander; *8* Gerhardt

Evangelist: *5* Lukas; *6* Markus; *8* Johannes; *9* Matthaeus
Evangelistensymbol für
- **Johannes:** *5* Adler
- **Lukas:** *5* Stier
- **Markus:** *5* Loewe
- **Matthäus:** *5* Engel

Evangelium: *7* Predigt, Schrift; *9* Abschnitt, Botschaft, Vorlesung; *13* Frohbotschaft
eventuell: *10* vielleicht; *15* moeglicherweise
evident: *8* offenbar; *11* offenkundig; *12* ueberzeugend; *15* augenscheinlich
ewig: *5* immer; *6* endlos; *7* zeitlos
Ewige Stadt: *3* Rom
Ewiger Jude: *7* Ahasver
Ewigkeit: *4* Aeon
exakt: *5* genau
exakte Wissenschaft: *6* Chemie, Physik; *10* Astronomie, Mathematik
exaltiert: *9* aufgeregt; *11* ueberspannt; *16* ueberschwenglich
Examensnote: *4* rite; *8* cum laude
Exchange: *6* Tausch; *7* Wechsel
Exekution: *7* Vollzug; *9* Pfaendung; *11* Ausfuehrung, Hinrichtung, Vollziehung; *13* Vollstrekkung
Exempel: *6* Muster; *8* Beispiel
Exemplar: *6* Muster, Stueck; *12* Einzelstueck
exemplarisch: *12* beispielhaft; *13* mustergueltig
exerzieren: *5* ueben
Exhumierung: *10* Ausgrabung
Exil: *10* Emigration, Verbannung; *14* Verbannungsort
Existentialphilosoph: *6* Marcel, Sartre; *7* Jaspers; *9* Heidegger; *11* Kierkegaard
Existenz: *5* Leben; *6* Dasein
existieren: *5* leben; *8* bestehen
Exitus: *3* Tod; *4* Ende
Exklave von Angola: *7* Cabinda
- **von Südafrika:** *11* Walfischbai

Exkursion: *7* Ausflug; *9* Lehrfahrt, Streifzug, Wanderung; *11* Lehrausflug; *12* Studienfahrt
Exodus: *6* Auszug
exotisch: *5* fremd; *10* fremdartig; *14* fremdlaendisch

Expansion: *10* Ausdehnung; *11* Ausbreitung
exotische Zierpflanze: *8* Orchidee
Expansionskraft: *7* Tension
expatriieren: *11* ausbuergern
Expedition: *9* Kriegszug; *10* Versendung; *15* Forschungsreise; *16* Versandabteilung
Experiment: *4* Test; *5* Probe; *6* Wagnis; *7* Versuch
Experimentiergefäß: *7* Retorte; *11* Reagenzglas
Expertise: *9* Gutachten; *12* Begutachtung, Untersuchung
explodieren: *10* detonieren
explorieren: *10* erforschen
Explosion: *10* Detonation
Explosionsgeräusch: *5* Knall
Explosivkrater: *4* Maar
Exponent: *8* Hochzahl; *9* Vertreter; *13* Repraesentant
Export: *7* Ausfuhr
Exposition: *5* Schau; *10* Frankreich; *11* Deutschland, Jugoslawien, Niederlande, Oesterreich, Sowjetunion; *12* Griechenland; *13* Liechtenstein; *14* Bundesrepublik; *15* Grossbritannien; *16* Tschechoslowakei
- **Strom:** *2* Po; *4* Ebro, Elbe, Maas, Oder; *5* Donau, Loire, Rhein, Rhône, Wolga; *6* Themse; *8* Weichsel
- **Völkergruppe:** *6* Balten, Basken, Finnen, Kelten, Lappen, Slawen; *7* Romanen; *8* Germanen, Madjaren, Magyaren

expreß: *6* eigens; *7* schnell
Expression: *8* Ausdruck
exquisit: *7* erlesen; *10* ausgesucht; *11* auserwaehlt
Extempore: *8* Stegreif; *13* Improvisation
Exterieur: *9* Aeusseres; *11* Aussenseite, Erscheinung, Oberflaeche
extern: *8* draussen; *10* ausserhalb, auswaertig; *11* aeusserlich
Extrakt: *6* Auszug
Extrakt aus Süßholz: *8* Lakritze
Extraktion: *13* Herausloesung
Extravaganz: *9* Snobismus
extrem: *5* krass
extremer Lichtverstärker: *5* Laser
exzellent: *11* vorzueglich; *12* hervorragend, vortrefflich; *13* ausgezeichnet
exzentrisch: *11* extravagant, ueberspannt, verschroben
Exzeß: *5* Orgie; *13* Ausschreitung, Ausschweifung, Masslosigkeit

F

Fabel: *4* Fama, Maer; *6* Luege, Stoff, Thema; *8* Dichtung, Handlung; *9* Erfindung; *10* Erdichtung, Erzaehlung, Geschichte; *15* Tiergeschichte
Fabelflugtier: *5* Greif
fabelhaft: *10* grossartig; *11* erstaunlich
Fabelland: *5* Thule; *6* Dorado, Orplid; *8* Atlantis, Eldorado
Fabelname des
– Adlers: *3* Aar
– Bären: *4* Petz; *5* Braun; *11* Meister Petz
– Dachses: *8* Grimbart
– Esels: *7* Langohr
– Fuchses: *7* Reineke
– Hahns: *7* Henning
– Hasen: *5* Lampe
– Katers: *6* Murner
– Löwen: *5* Nobel
– Storches: *6* Adebar
– Wolfes: *7* Isegrim
Fabeltier: *5* Greif; *6* Drache; *7* Einhorn; *8* Basilisk, Lindwurm
Fabelwesen der griechischen Sage: *7* Centaur, Kentaur, Zentaur
Fabrik: *4* Werk; *7* Betrieb; *13* Etablissement
Fabrikant: *9* Produzent
Fabrikat: *4* Ware; *7* Produkt
Fabrikschornstein: *4* Esse; *6* Schlot
Fabrikspeiseraum: *7* Kantine
Fabrikzeichen: *9* Trademark
fabrizieren: *5* bauen; *8* erzeugen, fertigen, schaffen; *10* herstellen; *11* produzieren
fabulieren: *12* phantasieren
Fach: *4* Lade; *5* Regal, Zweig; *6* Gebiet, Rubrik, Sparte; *7* Branche, Ressort
Facharzt: *6* Anatom; *7* Chirurg; *8* Zahnarzt; *9* Internist, Neurologe; *10* Orthopaede; *11* Dermatologe, Gynaekologe
Fachausdruck: *8* Terminus
Fachbearbeiter: *9* Dezernent
Fachbericht: *7* Referat
Fachblatt: *5* Organ
fächeln: *6* wedeln
fächerartige Flußmündung: *5* Delta
Fächergestell: *5* Regal
Fächerpalme: *3* Dum, Eta, Ita
Fächerschüssel: *8* Kabarett
Fachgebiet: *6* Sparte; *7* Ressort; *9* Disziplin; *12* Spezialitaet
fachgemäß: *9* technisch
Fachgespräch: *10* Kolloquium
Fachgröße: *10* Kapazitaet
Fachhochschule: *8* Akademie; *9* Technikum; *13* Polytechnikum; *14* Konservatorium
fachkundig: *11* pragmatisch
fachliche Unterweisung: *8* Beratung
Fachmann: *6* Kenner; *7* Experte, Koenner; *10* Kapazitaet, Spezialist
fachmännisch: *6* expert; *7* gekonnt; *12* qualifiziert
Fachsprache: *6* Jargon; *12* Terminologie
Fachvortrag: *7* Referat
Fachwissenschaft: *5* Logik; *6* Chemie, Physik; *7* Botanik, Hygiene, Medizin; *8* Anatomie, Biologie, Geologie, Zoologie; *9* Geometrie, Theologie; *10* Astronomie, Mathematik, Philosophie, Soziologie; *11* Philosophie, Psychologie
Fachwort: *8* Terminus
Fackel: *8* Flambeau
Fädchen: *5* Faser; *6* Fussel
fade: *5* banal, schal; *6* albern; *10* langweilig
Faden: *4* Garn; *6* Schnur
Faden aus Schaf- oder Ziegendarm für Wundnähte: *6* Katgut
Fadenende: *5* Fluse
Fadennudeln: *9* Spaghetti
Fadenrolle: *5* Spule
Fadensaum: *6* Franse
Fadenschleife: *4* Oese
Fadenschlinge: *6* Franse, Masche
Fadenstärkemaßeinheit: *3* DEN
Fadenverschlingung: *6* Knoten
Fadenwurm: *8* Trichine, Spulwurm; *12* Essigaelchen
fader Wortwitz: *7* Kalauer
fades Getränk: *5* Seich
fähig: *3* fit; *5* habil; *7* kapabel; *8* geeignet, imstande, tauglich
Fähigkeit: *4* Gabe; *6* Talent; *7* Eignung, Koennen; *8* Begabung, Geschick
Fähigkeit, Arbeit zu leisten: *7* Energie
Fähigkeit der Wahrnehmung: *4* Sinn
fahl: *6* bleich
fahles Pferd: *5* Falbe
fahnden: *6* suchen; *9* verfolgen
Fahndung: *6* Razzia
Fahndungsblatt: *10* Steckbrief
Fahndungsstreife: *6* Razzia
Fahne: *6* Banner, Flagge, Panier, Wimpel; *7* Stander; *9* Standarte
Fahnenflucht: *9* Desertion
Fahnenflüchtiger: *9* Deserteur
Fähnrich: *7* Kornett; *12* Fahnenjunker
Fahrabteilung: *5* Train, Tross
Fahrbahn: *5* Piste; *7* Schiene, Strasse
fahrbar: *13* transportabel
fahrbare Dampfmaschine: *3* Lok; *10* Lokomobile, Lokomotive
fahrbarer Operationsraum: *10* Klinomobil
Fahrbereich: *13* Aktionsradius
fahrbereit: *9* startklar; *11* startfertig
Fähre: *7* Trajekt
fahrende Leute: *8* Artisten
fahrender Schüler: *6* Vagant; *7* Scholar; *8* Bacchant

Fahrer: *5* Pilot; *6* Lenker; *9* Chauffeur
Fahrerlaubnis: *13* Fuehrerschein
Fahrersitz: *7* Cockpit
Fahrgast: *9* Passagier
Fahrgastbetreuer: *7* Steward
Fahrgastbetreuerin: *10* Stewardess
Fahrgastraum: *5* Kupee; *6* Abteil, Kabine
Fahrgeschwindigkeitsmesser: *5* Tacho; *10* Tachometer
Fahrgeschwindigkeitsmesser bei Schiffen: *3* Log
Fahrgestell des Kraftwagens: *7* Chassis
- bei Trabrennen: *5* Sulky
fahrig: *6* unstet; *7* nervoes; *10* schusselig
Fahrigkeit: *6* Unrast
Fahrkarte: *6* Ticket; *7* Billett
Fährmann: *5* Ferge
Fährmann in der Unterwelt: *6* Charon
Fährnis: *6* Gefahr
Fahrplanübersicht: *8* Kursbuch
Fahrpromenade: *5* Korso
Fahrrad: *4* Velo; *6* Tandem; *9* Veloziped
Fahrrad mit Hilfsmotor: *4* Mofa; *5* Moped
Fahrradteil → Teil des Fahrrades
Fahrrinne: *4* Tief
Fahrschein: *6* Ticket; *7* Billett
Fährschiff: *7* Trajekt
Fahrstraße: *5* Piste; *8* Autobahn, Chaussee
Fahrstuhl: *4* Lift; *6* Aufzug; *11* Paternoster
Fahrt: *4* Tour; *5* Reise
Fahrtantritt: *5* Start; *7* Abreise
Fahrtenbuch für Schiffe: *7* Logbuch
Fahrtenschreiber: *10* Tachograph
Fahrtrichtung: *4* Kurs
Fahrtrichtungsanzeiger: *7* Blinker
Fahrtruppe: *5* Train, Tross
Fahrwasserkundiger: *5* Lotse
Fahrwasserrinne im Wattenmeer: *5* Priel
Fahrweg: *7* Strasse
Fahrwind: *5* Brise
Fahrzeug: *3* Bus, Cab, Zug; *4* Auto, Bahn, Obus, Taxi, Tram; *5* Karre, Moped, Sulky; *6* Chaise, Fiaker, Karren, Roller, Schiff; *7* Autobus, Dogcart, Fahrrad, Karosse, Kremser, Kutsche, Omnibus, Traktor, Trecker, Vehikel; *8* Equipage, Fuhrwerk, Kalesche, Kraftrad, Landauer, Lastauto, Motorrad; *9* Automobil, Lastwagen, Taxameter; *10* Kabriolett; *11* Lieferwagen, Schwebebahn; *12* Strassenbahn
Fahrzeug
- für Kinder: *6* Roller; *7* Dreirad
- für Kranke: *9* Rollstuhl
- ohne Ladung: *5* Kasko
Fahrzeuglenkung: *9* Steuerung
Fahrzeugluftreifen: *4* Pneu
Fahrzeugoberbau: *10* Karosserie
Fahrzeugpark: *5* Depot
Fahrzeugschaden: *5* Panne
Fahrzeugversicherung: *5* Kasko; *9* Teilkasko, Vollkasko
Faible: *4* Hang; *7* Neigung; *8* Vorliebe; *9* Schwaeche, Sympathie
fair: *6* sauber; *7* ehrlich, redlich; *8* tolerant; *10* anstaendig, ritterlich; *11* einwandfrei
Fakir: *4* Jogi; *7* Gaukler; *8* Derwisch
Faksimile: *10* Nachahmung, Wiedergabe; *11* Nachbildung; *12* Reproduktion
Faktor: *7* Umstand; *12* Druckmeister; *14* Setzereileiter; *16* Vervielfaeltiger
Faktotum: *6* Diener, Helfer; *7* Gehilfe
Faktum: *8* Tatsache
fakultativ: *8* wahlfrei; *10* freiwillig
Fakultätsvorsteher: *5* Dekan
Falbe: *8* Isabelle
Falkenjagd: *5* Beize
Falkenmännchen: *6* Terzel
Falkenvogel: *5* Milan; *9* Baumfalke, Jagdfalke, Turmfalke; *11* Wanderfalke
Falklandinseln: *8* Malwinen
Fall: *5* Kasus, Sache, Sturz
Fallbeil: *10* Guillotine
Falle: *4* Netz; *8* Schlinge; *9* Fangeisen; *10* Hinterhalt; *11* Tellereisen
Fallen der Börsenkurse: *6* Baisse
Fallensteller: *7* Trapper
Fallhammer: *5* Ramme
Fallhöhe: *8* Gefaelle
fällig: *6* liquid; *7* liquide
Fallklotz: *5* Ramme
Fallreep: *13* Schiffstreppe
Fallsucht: *9* Epilepsie
Fallwind: *4* Bora; *5* Foehn; *7* Mistral
falsch: *5* irrig; *6* unecht; *8* verkehrt, verlogen; *9* unehrlich, unredlich; *10* fehlerhaft; *11* irrtuemlich; *12* heuchlerisch, hinterlistig, unaufrichtig; *13* hinterhaeltig
falsch denken: *5* irren
falsch geleitete Post: *10* Irrlaeufer
falsche(r, s)
- Akazie: *7* Robinie
- Annahme: *6* Irrtum
- Aussage: *5* Luege
- Beurteilung: *6* Irrtum
- Folgerung: *11* Trugschluss
- Glanz: *7* Flitter; *11* Flitterwerk
- Gott: *6* Abgott
- Götzenbilder: *5* Idole
- Haar: *8* Peruecke
- Haarteil: *6* Toupet
- Ideal: *4* Idol
- Maßnahme: *9* Fehlgriff
- Richtung: *6* Irrweg
- Schein: *4* Trug; *10* Taeuschung
- Schmuck: *5* Talmi
- Schwur: *7* Meineid
- Straße: *6* Irrweg
- Theorie: *8* Irrlehre
- zeitliche Einordnung: *13* Anachronismus
- Zeitungsmeldung: *4* Ente
Falscheid: *7* Meineid
Falschgeld: *6* Bluete
Falschmeldung: *4* Ente
Falschspiel: *6* Betrug; *7* Mogelei
Fälschung: *10* Falsifikat

Falsett: *6* Fistel
Falsifikat: *10* Faelschung
faltbare Unterkunft: *4* Zelt
Falte: *4* Falz; *5* Knick, Kniff; *6* Furche, Runzel
falten: *6* falzen; *7* knicken, kniffen; *10* plissieren
Faltensaum: *6* Falbel
Faltenstoff: *7* Plissee
Faltenwurf: *8* Draperie
Falz: *3* Nut; *4* Nute
Fama: *3* Ruf; *5* Ondit; *8* Geruecht, Nachrede
Familie: *5* Sippe, Stamm; *6* Gruppe; *8* Parentel; *9* Mischpoke; *10* Geschlecht, Sippschaft; *12* Gemeinschaft
Familienältester: *6* Senior
Familienangehörige: *4* Sohn; *5* Vater; *6* Bruder, Mutter; *7* Tochter; *9* Schwester
Familienfeier: *5* Taufe; *7* Firmung; *8* Hochzeit; *9* Namenstag, Verlobung; *10* Geburtstag; *11* Polterabend; *12* Hochzeitstag, Konfirmation; *13* Erstkommunion
Familienforschung: *10* Genealogie
Familienname: *6* Zuname
Familienname Napoleons: *9* Bonaparte
Familienoberhaupt: *5* Vater
Familienstammbaum: *10* Ahnentafel
Familienstand: *5* ledig; *9* verwitwet; *10* geschieden; *11* verheiratet
Familienvorstand: *8* Hausherr
Familienzweig: *5* Linie
famos: *5* prima, patent
Famulus: *7* Gehilfe
Fan: *9* Anhaenger, Liebhaber
Fanal: *6* Fackel, Signal; *7* Zeichen; *12* Feuerzeichen, Rauchzeichen; *13* Leuchtzeichen
Fanatiker: *7* Eiferer
fanatischer Nationalist: *10* Chauvinist
Fang: *5* Beute; *6* Kralle, Rachen
Fangarm des Tintenfisches: *8* Tentakel
Fanggehege: *6* Korral
Fanggerät: *4* Bola, Netz; *5* Angel, Falle, Hamen, Lasso, Reuse; *7* Kescher; *8* Schlinge; *9* Fallgrube; *11* Tellereisen
Fanggerät für Vögel: *8* Leimrute
Fanghaare: *8* Tentakel
Fangheuschrecke: *6* Mantis
Fant: *4* Geck, Snob; *5* Junge, Laffe; *6* Fatzke
Fantasie (musikalisch): *10* Paraphrase
Farbe → Farbton
Farbe: *7* Kolorit
Farbe
- **der Falschheit:** *4* Gelb
- **des Gesichts:** *5* Teint
- **der Hoffnung:** *5* Gruen
- **im Kartenspiel:** *3* Pik, Rot; *4* Herz, Karo; *5* Gruen, Kreuz, Treff; *6* Eichel; *8* Schellen
- **der Liebe:** *3* Rot
- **der Reinheit:** *5* Weiss
- **der Trauer:** *7* Schwarz
- **der Treue:** *4* Blau

färben: *6* toenen; *10* kolorieren
Farben einer studentischen Verbindung: *7* Couleur
Farbenblindheit: *13* Achromatopsie
Farbenbrett: *7* Palette
farbenfroh: *4* bunt
Farbengebung: *7* Kolorit
Farbenglanz: *8* Schiller
Farbengrundstoff: *6* Anilin
Farbenkünstler: *8* Kolorist
Farbenlehre: *9* Chromatik
Farbenmischplatte: *7* Palette
Farbenpracht: *8* Buntheit
Färberbraun: *6* Sumach
Farberde: *3* Bol
Färberpflanze: *3* Wau
Färberwurzel: *5* Krapp
Farbgebung: *7* Kolorit
farbig: *4* bunt
Farbige: *7* Negerin
Farbiger: *5* Neger
farbiges Abzeichen: *7* Kokarde
Farbkörper: *7* Pigment
farblos: *3* fad; *4* fade; *5* blass
Farblösemittel: *6* Azeton
Farblosigkeit: *10* Albinismus
Farbmesser: *10* Chromoskop
Farbstoff: *3* Wau; *4* Waid; *5* Eosin, Henna, Krapp, Ocker, Sepia, Umber, Umbra; *6* Anilin, Indigo, Karmin, Kobalt, Purpur, Safran; *7* Auramin, Fuchsin, Mennige, Phloxin, Pigment; *8* Alizarin, Karmesin, Koralin, Nigrosin, Zinnober; *9* Bleiweiss, Karthamin, Zinkweiss; *10* Chrysoidin; *11* Koschenille; *12* Berlinerblau
Farbstoffkörper der Haut: *7* Pigment
Farbstoffträger: *14* Chromatophoren
- **in Pflanzenzellen:** *9* Plastiden

Farbstift: *7* Pastell
Farbton: *3* rot; *4* azur, blau, bleu, gelb, grau, gris, lila, oliv, rosa; *5* beige, braun, gruen, khaki, mauve, ocker, sepia, siena, umber, umbra, weiss; *6* cerise, fraise, golden, indigo, karmin, orange, purpur, safran; *7* chamois, eisblau, schwarz, silbern, violett, weinrot; *8* azurblau, chromrot, goldgelb, hellblau, karmesin, mausgrau, rehbraun, rotbraun, zinnober; *9* chromgelb, elfenbein, hechtgrau, hellbraun, hellgruen, kirschrot, ockergelb, rostbraun, scharlach, tizianrot, ziegelrot; *10* dunkelblau, himmelblau, kobaltblau, marineblau, quittegelb, sandfarben, tomatenrot, ultramarin; *11* bordeauxrot, indischgelb, koenigsblau, lachsfarben; *12* scharlachrot, schiefergrau, smaragdgruen, veilchenblau, zitronengelb; *13* flaschengruen, fleischfarben, isabellfarben; *14* kastanienbraun, kornblumenblau, preussischblau
Farbüberzug: *5* Lasur
Farbwalze der Schnellpresse: *6* Duktor
Farbwirkung: *7* Kolorit
Farce: *5* Posse
Farm: *5* Ranch
Farmer: *5* Bauer; *7* Rancher; *8* Landwirt
Farngewächs: *8* Baerlapp; *10* Frauenhaar

Färöerinsel: *5* Vagoe; *6* Sandoe; *7* Syderoe; *8* Oesteroe, Stroemoe; *10* Norderoeer
fasanenartiger Hühnervogel: *9* Steinhuhn
Fasanengehege: *9* Fasanerie
Fasching: *8* Karneval; *9* Fastnacht
Faschingsfigur: *4* Narr; *6* Domino
Faschingsgesellschaft: *8* Narhalla
Faselei: *6* Gerede; *7* Rederei; *10* Geschwaetz
Faser: *5* Fiber
Faser der Kokosnuß: *4* Coir
Faserbündel: *5* Riste
Fasergebilde: *5* Faden; *6* Strang
Fasergewebe: *9* Textilien
Faserkiesel: *6* Mullit
Faserlänge: *6* Stapel
Faserpflanze: *4* Alfa, Aloe, Hanf, Jute, Lein; *5* Agave, Kapok, Ramie; *6* Flachs, Nessel; *7* Esparto; *8* Alfagras; *9* Baumwolle; *10* Kokospalme
Faserschicht: *5* Vlies
Faserstoff des Blutes: *6* Fibrin
Faserstofferzeugnisse: *9* Textilien
Faserstück: *5* Flock
Faß: *5* Tonne; *6* Barrel
Fassade: *5* Front; *9* Aeusseres; *10* Schauseite, Stirnseite; *11* Erscheinung, Vorderfront, Vorderseite
faßbar: *11* perzeptibel
Faßbrett: *5* Daube
Faßmacher: *6* Kuefer
Fasson: *3* Art; *4* Form; *6* Muster
Fassung: *7* Version; *10* Kontenance
fassungslos: *12* konsterniert
Fassungsvermögen: *6* Inhalt; *10* Kapazitaet
Faßverschluß: *5* Spund
fast: *6* beinah, nahezu; *7* beinahe; *8* ziemlich
fast gar nicht: *4* kaum
fast geräuschlos: *5* leise
fast senkrecht: *5* steil
fast unhörbar: *5* leise
Fasten der Moslems: *5* Sijam
Fastenmonat der Mohammedaner: *7* Ramadan
Fastensonntag: *6* Judika; *9* Invokavit
Fastenzeit von 40 Tagen: *6* Karene
Fastnacht: *8* Fasching, Karneval
Fastnachtsausschuß: *8* Elferrat
Fastnachtsgeck: *4* Narr
Fastnachtskomödie: *13* Neidhartspiel
Fastnachtsmontag: *11* Rosenmontag
Fastnachtsruf: *5* alaaf, helau
Faszination: *12* Verzauberung
faszinieren: *9* bezaubern; *10* bestricken, verzaubern
Fata Morgana: *8* Trugbild; *14* Luftspiegelung; *16* Sinnestaeuschung
faul: *5* aasig, inert, traeg; *6* traege
Faulbaum: *9* Kreuzdorn
faulen: *6* modern
Faulendes: *5* Moder
faulenzen: *7* gammeln
Faulenzer: *8* Tagedieb
fauler Witz: *7* Kalauer
Fäulnis: *5* Moder
Fäulnisgift: *6* Neurin
Fäulnisstoff: *5* Moder
Faulpelz: *13* Baerenhaeuter
Faulschlamm: *8* Sapropel
Faultier: *2* Ai; *4* Unau
Faustgewalt: *14* Brachialgewalt
Fausthandschuh: *10* Faeustling
Faustkampf: *5* Boxen
– der alten Griechen: *10* Pankration
Faustkämpfer: *5* Boxer
Fauteuil: *8* Armstuhl; *9* Lehnstuhl
Fauxpas: *4* Bock; *6* Fehler; *8* Verstoss; *9* Fehltritt, Missgriff; *11* Entgleisung; *13* Taktlosigkeit
Favorit: *8* Geliebte, Liebchen, Liebling; *9* Geliebter, Liebhaber, Maetresse, Maitresse; *10* Guenstling
Faxen: *3* Ulk; *5* Getue; *6* Unsinn
Fazit: *5* Summe; *7* Wirkung; *8* Resultat
Feature: *7* Bericht; *14* Fernsehbericht; *17* Dokumentarbericht
Februar: *5* Feber; *7* Hornung
Fechtgang: *6* Assaut
Fechthandschuhteil: *5* Stulp
Fechthieb: *4* Prim, Terz; *5* Quart, Quint
Fechtstoß: *4* Filo; *7* Riposte
Fechtwaffe: *5* Degen, Spada; *6* Rapier, Saebel; *7* Florett; *9* Schlaeger
Feder: *5* Spund
Federball: *9* Badminton
Federbett: *7* Plumeau
Federbrett: *9* Trampolin
Federbusch: *7* Panasch
Federdeckbett: *7* Plumeau
Federhalter: *7* Fueller
Federkiel: *4* Pose
Federkraft: *12* Elastizitaet
Federmappe: *6* Pennal
federnd: *6* leicht, locker; *7* biegsam; *8* flexibel; *9* elastisch
Federschmuck: *8* Aigrette
Federsprungbett: *9* Trampolin
Federvieh: *4* Ente, Gans, Hahn, Huhn, Pute; *5* Erpel, Henne, Taube; *6* Ganter, Glucke, Gockel, Kueken; *7* Kuecken, Goessel; *8* Enterich, Hausente, Perlhuhn, Poularde, Truthahn; *9* Truthenne; *10* Gaenserich
Federwechsel der Vögel: *6* Mauser
Federweiß: *4* Talk; *6* Talkum
Federweißer: *4* Most
Federwild: *5* Fasan; *7* Rebhuhn; *8* Auerhahn, Schnepfe, Wildente, Wildgans; *12* Waldschnepfe; *13* Sumpfschnepfe
Federwildragout: *5* Salami; *6* Salmis
Federwolke: *6* Cirrus, Zirrus
Federzange: *8* Pinzette
Fee: *4* Elfe
Fee der französischen Sage: *7* Morgana
Fee der persischen Sage: *4* Peri
Feenkönigin der keltischen Sage: *3* Mab
Fegefeuer: *9* Vorhoelle; *11* Purgatorium
fegen: *6* kehren, putzen; *8* saeubern, scheuern

Feger: *5* Besen, Wedel
Feh: *4* Fell, Pelz; *8* Grauwerk, Pelzwerk; *9* Rauchware; *17* Eichhoernchenfell
Fehde: *5* Kampf; *6* Streit
Fehl: *5* Makel; *6* Falsch
fehl am Platz: *10* deplaciert
Fehlbetrag: *5* Manko, Minus; *7* Defizit
Fehler: *5* Makel; *6* Defekt, Irrtum, Lapsus, Mangel; *9* Schnitzer
Fehler beim Fußball: *4* foul
fehlerfrei: *6* intakt; *7* korrekt, richtig
fehlerhaft: *6* defekt; *9* inkorrekt
fehlerhaft sprechen: *7* lispeln
Fehlfarbe: *5* Fosse
Fehlgeburt: *5* Abort; *7* Abortus
fehlgeleiteter Gegenstand: *10* Irrlaeufer
Fehlhandlung: *6* Irrung
Fehlleitung: *12* Irrefuehrung
Fehllos: *5* Niete
Fehlschlag: *6* Fiasko; *8* Versager; *10* Misserfolg
Fehlschluß: *6* Irrtum
Fehlschuß: *9* Fahrkarte
Fehltritt: *6* Suende; *7* Fauxpas; *8* Vergehen
Feier: *4* Fest, Fete
Feier der Eheschließung: *8* Hochzeit
Feier bei einem Neubau: *9* Richtfest
feierlich: *6* solenn; *8* erhebend, festlich, pastoral; *9* offziell; *10* pathetisch; *11* zeremoniell
feierlich begehen: *11* zelebrieren
feierliche(r, s)
- **Amtstracht:** *4* Robe; *5* Ornat
- **Anrede:** *10* Apostrophe
- **Begrüßung:** *10* Salutation
- **Brauch:** *5* Ritus
- **Empfang:** *4* Cour
- **Gedicht:** *3* Ode
- **Gelübde:** *5* Votum
- **Handlung:** *5* Weihe; *9* Zeremonie
- **katholische Messe:** *7* Hochamt
- **Lied:** *5* Hymne; *6* Hymnos, Hymnus; *11* Landeshymne; *13* Nationalhymne
- **Musikstück:** *8* Maestoso
- **Tanz:** *6* Pavane
- **Umzug:** *10* Prozession
- **Versicherung:** *3* Eid
- **Zeremonie:** *5* Weihe

Feierlichkeit: *8* Pathetik
Feiertag: *7* Maifest, Neujahr; *9* Erster Mai, Silvester, Totenfest; *13* Erntedankfest
Feiertag
- **(christlich):** *6* Ostern; *7* Busstag; *9* Pfingsten; *10* Epiphanias, Karfreitag; *11* Allerseelen, Heiligabend, Himmelfahrt, Weihnachten; *12* Fronleichnam; *13* Allerheiligen, Buss- und Bettag; *16* Reformationsfest
- **(jüdisch):** *6* Passah; *7* Neujahr; *15* Laubhuettenfest; *16* Versoehnungsfest
- **(mohammedanisch):** *6* Bairam

feige: *6* mutlos; *7* schwach; *10* aengstlich, memmenhaft; *11* hasenherzig
Feigenbaum: *6* Banian
Feigenkaktus: *7* Opuntie
Feigling: *5* Memme; *7* Poltron; *9* Hasenfuss
feil: *9* kaeuflich
feilbieten: *10* offerieren
Feile: *6* Raspel
feilen: *8* glaetten, polieren
Feilmaschine: *6* Fraese
feilschen: *7* handeln; *9* schachern
Feime: *7* Schober
fein: *4* zart; *5* duenn, genau; *6* knorke, schick, sublim, subtil; *7* delikat, elegant, vornehm; *8* brillant, zierlich; *10* manierlich; *11* mimosenhaft
fein gekleidet: *7* elegant
Feinarbeit: *8* Filigran
Feinbäckerei: *10* Patisserie
Feind: *6* Gegner; *8* Opponent; *11* Widersacher
Feind des Messias: *10* Antichrist
feindlich: *9* aggressiv
feindliche Gesinnung: *11* Animositaet
feindlicher Einfall: *8* Invasion
Feindschaft: *4* Hass; *5* Odium; *8* Unfriede; *11* Animositaet
feindselig: *6* unhold
Feindseligkeit: *4* Zank; *5* Fehde, Krieg, Zwist; *6* Streit
feine(r, s)
- **Abstufung:** *6* Nuance
- **Benehmen:** *10* Courtoisie
- **Brauch:** *8* Etikette
- **chinesische Teesorte:** *5* Pekoe
- **Drahtgeflecht:** *4* Gaze
- **Gestein:** *4* Kies, Sand
- **Gewebe:** *6* Batist
- **Gewebe des Altertums:** *6* Byssus
- **Goldschmiedearbeit:** *8* Filigran
- **Kaffeesorte:** *5* Mokka
- **Kochkunst:** *11* Gastronomie
- **Leder:** *3* Kid
- **Pferdewagen:** *8* Equipage
- **Pulver:** *5* Puder
- **Sitte:** *7* Fashion
- **Spott:** *6* Ironie
- **Unterschied:** *6* Nuance
- **Wesen:** *10* Urbanitaet
- **Wollart:** *6* Angora, Merino

feinfühlend: *8* sensibel, taktvoll; *10* empfindsam
Feingebäck: *4* Keks; *5* Torte; *6* Baiser, Waffel; *7* Biskuit, Krapfen, Makrone, Pastete; *9* Tortelett; *10* Baumkuchen, Mohrenkopf
Feingefühl: *4* Takt
feingehacktes Fleisch: *7* Haschee
Feingehalt einer Goldmünze: *4* Aloi
Feingehalt der Münzen: *3* Loi
Feingeist: *7* Aesthet
feingekörntes Gestein: *4* Sand
feingemahlener Zucker: *9* Raffinade
Feingemüse: *5* Pilze; *7* Spargel
feingeschnittener Pfeifentabak: *4* Shag
Feingewicht bei Gold: *5* Karat
Feinheit: *5* Kniff; *6* Nuance, Schick; *7* Eleganz, Finesse; *8* Brillanz; *10* Praezision
Feinheitsmaß für Garn: *3* Den; *6* Denier

feinkeramisches Erzeugnis: *6* Fliese, Kachel; *8* Majolika, Steingut; *9* Porzellan; *10* Terrakotta
Feinkost: *11* Delikatesse
Feinleder: *3* Kid; *5* Nappa
Feinmechaniker: *7* Optiker; *9* Uhrmacher
Feinmeßgeräte: *9* Optimeter; *10* Mikrometer, Schublehre
feinnervig: *8* sensitiv
Feinrips: *6* Faille
Feinschlosser: *10* Mechaniker
feinschmeckend: *6* lecker; *7* delikat; *9* delizioes, koestlich
Feinschmecker: *7* Gourmet; *8* Gourmand; *9* Geniesser
Feinschmeckerei: *11* Gastronomie
feinste Farbqualität: *5* River
feinste Rohseide: *5* Grege
feinster Schmutz: *5* Staub
feinstes Gestein: *4* Sand
feist: *4* dick; *7* speckig
Felchen: *5* Renke
Feld: *4* Flur, Kampf, Land; *5* Acker
Feldbahnwagen: *4* Lore
Feldbesfestigung: *5* Sappe; *6* Bunker; *7* Schanze, Stollen; *9* Barrikade, Brustwehr; *10* Laufgraben; *11* Drahtverhau
Feldbinde: *8* Schaerpe
Feldblume: *4* Mohn
Feldeinfriedung: *5* Knick
Felder beim Billard: *5* Cadre
Feldertrag: *5* Ernte
Feldfrucht: *4* Hanf, Klee, Korn, Lein, Mais, Mohn, Raps, Reis, Senf; *5* Bohne, Erbse, Gurke, Hafer, Hirse, Linse, Ruebe, Wicke, Wruke; *6* Flachs, Gerste, Lupine, Roggen, Weizen; *7* Luzerne, Ruebsen; *8* Getreide; *9* Kartoffel, Kohlruebe, Ruebsamen, Seradella; *10* Buchweizen, Esparsette, Serradella, Topinambur
Feldgemeinschaft: *8* Allmende
Feldgerät: *4* Egge; *5* Harke, Pflug, Sense; *6* Rechen, Sichel
Feldgeschrei: *6* Losung, Parole
Feldgeschütz: *6* Kanone
Feldgott: *3* Pan; *4* Faun
Feldherr: *8* Stratege; *11* Heerfuehrer; *12* Befehlshaber; *16* Oberbefehlshaber
Feldherr
- **Alexanders des Großen:** *8* Diadoche; *10* Lysimachos
- **Davids:** *4* Uria; *5* Urias
- **des 30jährigen Krieges:** *5* Tilly; *6* Gallas; *8* Mansfeld; *11* Piccolomini, Wallenstein
- **des Großen Kurfürsten:** *11* Derfflinger
- **Justinians:** *7* Belisar
- **Karls V.:** *4* Alba
- **König Sauls:** *5* Abner
- **Maria Theresias:** *4* Daun
- **Napoleons:** *5* Murat
- **Nebukadnezars:** *10* Holofernes
- **des oströmischen Reiches:** *7* Belisar
- **Wallensteins:** *4* Illo

Feldhuhn: *7* Wachtel
Feldjäger: *7* Gendarm
Feldlager: *4* Camp; *5* Biwak
Feldmark: *4* Flur
Feldmaß: *2* Ar; *4* Hufe, Joch, Rute; *5* Acker; *6* Hektar, Morgen; *7* Juchart, Juchert, Tagwerk; *8* Tagewerk
Feldmesser: *7* Geodaet; *8* Geometer
Feldmessung: *9* Geodaesie
Feldrand: *4* Rain
Feldraute: *8* Erdrauch
Feldsalat: *8* Rapunzel
Feldspat: *6* Adular
Feldstecher: *8* Fernglas, Fernrohr, Jagdglas
Feldstück: *4* Kamp; *6* Gewann; *7* Gewende
Feldunkraut → Ackerunkraut
Feldwache: *7* Vedette; *9* Vorposten
Feldweg: *4* Rain
Feldzeichen: *6* Banner, Panier; *9* Standarte
Feldzug: *5* Krieg; *8* Kampagne
Felge: *8* Radkranz
Fell: *4* Balg, Haut; *5* Decke; *8* Schwarte
Fell
- **der Bisamratte:** *5* Bisam
- **junger Rentiere:** *6* Pijiki
- **junger Ziegen:** *3* Kid
- **des Karakulschafes:** *7* Krimmer
- **des Seebären:** *4* Seal
- **des sibirischen Eichhörnchens:** *3* Feh
- **des sibirischen Marders:** *5* Zobel
- **über den Geweihansätzen:** *4* Bast
- **des Ziesels:** *6* Suslik

Fellranzen: *9* Tornister
Fels: *3* Lei
Felsen: *4* Riff; *5* Kliff; *6* Klippe; *7* Gestein
Felsen
- **im Harz:** *10* Rosstrappe
- **am Rhein:** *7* Lorelei
- **im Zittauer Gebirge:** *5* Oybin

Felsengrab: *9* Hypogaeum
Felsengruppe
- **des Elbsandsteingebirges:** *6* Bastei
- **im Teutoburger Wald:** *12* Externsteine

Felseninsel
- **vor Marseille:** *2* If
- **vor Skandinavien:** *8* Schaeren

Felsenklippe: *4* Riff
Felsenschlange: *6* Assala
Felshöhle: *6* Grotte
felsig: *7* steinig
Felsnische: *3* Kar
Felsschlucht: *5* Klamm
Felsspalte: *5* Kamin
Felsüberhang: *4* Abri
Felswand: *4* Fluh
Felswüste der Sahara: *7* Tassili
Fenchelholz: *9* Sassafras
Fensterglas: *7* Scheibe
Fensterhaken: *5* Haspe
fensterlose Kammer: *6* Kabuff, Kabuse
- **Zimmernische:** *7* Alkoven

Fensteröffnungsbegrenzung: *8* Sohlbank

Fensterrolladen: *8* Jalousie
Fensterschutz: *5* Rollo; *8* Jalousie, Rolladen
Fensterteil: *5* Sturz, Zarge; *7* Sprosse
Fensterverschluß: *5* Laden
Fenstervorhang: *5* Store; *7* Gardine
Fenstervorsprung: *4* Sims
Fensterzone in der Basilika: *9* Obergaden
Ferien: *6* Urlaub
Ferment: *3* Bor, Cer, Lab; *5* Enzym; *6* Pepsin, Zimase; *7* Laktase, Trypsin; *8* Diastase, Invertin, Katalase
fern: *4* weit; *8* entlegen
Ferne: *5* Weite; *6* Fremde
ferner: *4* item
Ferngespräch: *5* Anruf; *9* Telefonat; *10* Telephonat
Ferngesprächsvermittlung: *15* Telefonzentrale
Fernglas: *11* Feldstecher
Fernkampfwaffe: *6* Rakete; *9* Geschuetz
Fernleitung: *5* Kabel
Fernrohr: *8* Teleskop; *9* Refraktor
Fernschreiben: *5* Telex; *9* Telegramm
Fernschreiber: *8* Telegraf; *9* Telegraph
Fernsehantenne: *5* Dipol
Fernsehen: *10* Television
fernsehgeeignet: *7* telegen
Fernsehgesprächsrunde vor Publikum: *8* Talkshow
fernsehtechnischer Begriff → Begriff der Fernsehtechnik
Fernsehunterricht: *10* Telekolleg
Fernsprecher: *7* Telefon; *8* Telephon
Fernwirkung: *10* Telepathie
Ferse: *5* Hacke; *6* Hacken
Fersenstachel: *6* Sporen
fertig: *3* gar; *5* parat, quitt; *8* erledigt; *9* vollendet
fertiges Insekt: *5* Imago
fertiggekocht: *3* gar
Fertigkeit: *6* Uebung; *7* Routine; *8* Geschick
Fertigkleidung: *10* Konfektion
fesartige Kopfbedeckung: *8* Tarbusch
Fessel: *4* Band; *5* Bande, Kette; *6* Ketten, Knebel; *7* Bindung; *11* Handschelle
fesseln: *7* knebeln; *11* faszinieren
fesselnd: *11* interessant
fest: *4* firm, zaeh; *5* solid, stark; *6* eisern, gefeit, sicher, solide, stabil; *7* kompakt; *8* bestimmt; *9* standhaft, unbeugsam; *10* konsistent
Fest: *4* Fete; *5* Feier
Fest der Auferstehung Jesu: *6* Ostern
– der Wintersonnenwende: *3* Jul
Festbeleuchtung: *9* Feuerwerk; *12* Illumination
feste(r, s)
– Abmachung: *7* Vertrag
– Absicht: *5* Wille
– chemisches Element: *6* Metall
– Einkommen: *5* Fixum
– Gewebe: *5* Drell; *8* Drillich
– Leine: *3* Tau
– Platz: *7* Kastell
– Seezeichen: *4* Bake
– Teil der Erdoberfläche: *4* Land
– Verband: *7* Bandage
– Zeitpunkt: *6* Termin
– Zuversicht: *6* Glaube
Festessen: *5* Diner; *7* Bankett; *8* Gastmahl; *9* Galadiner
Festgedicht: *3* Ode; *6* Karmen
festgegründet: *8* fundiert; *9* etabliert
Festgelage: *5* Orgie
festgelegte Spielfolgen: *9* Programme
Festgesang: *5* Hymne
festgesetzte
– Preisgrenze: *5* Limit
– Speisenfolge: *5* Menue
– Zeit: *5* Frist; *6* Termin
Festhalle in Köln: *10* Guerzenich
festhalten: *8* fixieren
festigen: *13* stabilisieren
Festigkeit: *6* Haerte; *7* Staerke; *8* Ausdauer; *10* soliditaet
Festigung: *14* Konsolidierung, Stabilisierung
Festkleid: *4* Gala
Festkleidung: *3* Boa, Cut; *4* Gala, Robe; *5* Frack, Stola; *7* Cutaway, Smoking; *8* Schleppe; *9* Ballkleid; *10* Abendkleid; *13* Cocktailkleid
Festkneipe: *7* Kommers
Festland: *9* Kontinent
Festland von Europa und Asien: *8* Eurasien
festlegen: *10* definieren
festlegend: *12* determinativ
festlich: *6* solenn
festliche(r, s)
– Abendessen: *6* Souper
– Beleuchtung: *12* Illumination
– Fahrt: *5* Korso
– Gedicht: *3* Ode
– Tanzabend: *7* Bal paré
Festlichkeit: *4* Fete; *5* Feier
Festmahl: *5* Diner; *7* Bankett; *9* Galadiner
festnehmen: *9* verhaften; *10* arretieren; *11* inhaftieren
Festsaal: *4* Aula
festsetzen: *10* etablieren, statuieren; *13* konstituieren, stabilisieren
festsitzend: *6* sessil
Festspiel: *8* Festival
Festspielort in Bayern: *8* Bayreuth; *12* Oberammergau
– in Österreich: *3* Erl; *7* Bregenz; *8* Salzburg
– in Tirol: *3* Erl
feststehend: *8* konstant; *9* stereotyp
feststehender Ausdruck: *6* Formel
feststehender Teil einer Maschine: *6* Stator
feststellen: *8* erkennen, fixieren; *12* konstatieren
Feststellung: *6* Befund; *8* Diagnose
Feststellung der Person: *15* Identifizierung
Festteilnehmer: *4* Gast
Festtracht: *4* Gala
Festtracht der Studenten: *5* Wichs
Festung: *4* Burg, Fort; *5* Feste; *7* Kastell; *9* Zitadelle
Festung am Rhein: *15* Ehrenbreitstein
Festungsanlage: *4* Wall; *5* Sappe; *6* Bastei; *7* Erd-

wall, Eskarpe, Bastion, Schanze; *8* Bollwerk, Faschine; *9* Kasematte; *10* Laufgraben
Festungsteil: *7* Bastion; *9* Esplanade
Festwert: *9* Konstante
Festzelt: *8* Pavillon
Festzug: *5* Korso, Umzug; *6* Parade; *10* Prozession
Fete: *4* Fest; *5* Feier; *11* Festivitaet
fett: *4* dick; *5* feist, oelig; *6* tranig
Fett: *3* Oel; *4* Talg, Tran; *5* Speck, Wachs; *6* Butter, Flomen, Schmer; *7* Lanolin, Schmalz, Stearin; *8* Paraffin; *9* Margarine
fettähnliche Stoffe: *6* Lipide
fettarm: *5* mager
Fettbestandteil: *7* Stearin
fetten: *5* oelen; *9* schmieren
fetter Marschboden: *4* Klei
Fettfütterung: *4* Mast
Fettgeschwulst: *5* Lipom
Fetthenne: *5* Sedum; *11* Donnerkraut
fettig: *5* oelig; *9* schmierig
Fettleibigkeit: *9* Korpulenz
Fettpflanze: *10* Sukkulente
Fettsalbe: *7* Lanolin
Fettschicht: *5* Speck
Fettvogel: *5* Racke
Fetzen: *5* Wisch; *9* Schnitzel
feucht: *4* nass; *5* humid, klamm
feuchte(r, s)
- **Boden:** *5* Wasen
- **Bodenstelle:** *5* Suhle
- **Gelände:** *5* Sumpf
- **Niederung:** *2* Au; *3* Aue
- **Umschlag:** *9* Kompresse

Feuchtigkeit: *6* Naesse
Feuchtigkeitsmesser: *9* Hygroskop; *10* Hygrometer
feuchtwarme Witterung: *8* Schwuele
feudal: *5* nobel; *7* vornehm; *8* exklusiv
feudalistische Besitzform: *5* Lehen
Feuer: *4* Glut, Lohe; *5* Brand; *6* Flamme
Feueranzünder: *5* Flint; *7* Fidibus; *9* Feuerzeug; *11* Streichholz
Feuerbestattungsanstalt: *11* Krematorium
feuerfester Ton: *9* Schamotte
feuerfestes Mineral: *6* Asbest
feuerflüssige Masse im Erdinnern: *5* Magma
feuergefährliche Flüssigkeit: *3* Oel; *6* Aether, Benzin, Benzol; *8* Spiritus
Feuergeist: *10* Salamander
Feuergott: *4* Agni, Loki; *6* Vulkan; *8* Hephaest, Vulcanus; *10* Hephaestus, Hephaistos
Feuerkröte: *4* Unke
Feuerkugel: *6* Meteor
Feuerländer: *3* Ona
feuern: *6* heizen, werfen; *9* schiessen
Feuerreich in der Edda: *6* Muspel
Feuerruf: *6* feurio; *7* feuerjo
Feuersbrunst: *5* Brand
Feuerschwamm: *6* Zunder
feuerspeiender Berg: *6* Vulkan
Feuerstein: *3* Cer; *5* Flint, Silex; *6* Eolith
Feuerstelle: *4* Esse, Herd, Ofen; *5* Kamin
Feuerwaffe: *2* MG, MP; *3* Pak; *4* Colt, Flak; *6* Flinte, Gewehr, Kanone, Rakete; *7* Buechse, Moerser, Muskete, Pistole; *8* Browning, Drilling, Haubitze, Revolver, Terzerol, Tesching; *9* Geschuetz, Karabiner; *11* Minenwerfer, Panzerfaust; *15* Maschinengewehr; *16* Maschinenpistole
Feuerwasser: *7* Schnaps
Feuerwelt: *10* Muspelheim
Feuerwerker: *13* Pyrotechniker
Feuerwerkerei: *11* Pyrotechnik
Feuerwerkskörper: *6* Rakete
Feuerzeichen: *5* Fanal
feurig: *6* brioso; *7* con brio
Fiaker: *7* Kutsche; *8* Droschke, Kutscher; *14* Pferdedroschke
Fiasko: *4* Ruin; *6* Pleite; *7* Konkurs, Verlust; *8* Einbruch, Einbusse, Reinfall; *10* Fehlschlag, Misserfolg
Fiber: *5* Faser
Fichtenharz: *7* Galipot
Fichtenspargel: *8* Ohnblatt
Fichtenspinner: *5* Nonne
fidel: *6* heiter, lustig; *9* froehlich, vergnuegt
Fidibus: *6* Papier; *8* Streifen; *9* Anzuender
Fidschiinsel: *3* Ono; *4* Koro, Ngau, Waia; *5* Moala, Naiau, Vatoa; *6* Matuku; *7* Kambara, Tavinni
Fieber: *5* Hitze; *9* Aufregung
Fieberanfall: *6* Krisis
Fieberbaum: *10* Eukalyptus
fieberhaft: *6* febril; *8* hektisch
Fiebermittel: *6* Chinin; *7* Aspirin, Salizin; *9* Cinchonin
Fiebermücke: *9* Anopheles
fiebern: *6* gieren; *7* zittern
Fieberwahn: *8* Delirium
Fiedel: *5* Geige; *7* Violine
Fight: *5* Duell, Kampf; *6* Streit; *7* Gefecht, Treffen; *9* Zweikampf; *18* Auseinandersetzung
Figur: *4* Form; *6* Format, Statue; *7* Gebilde, Gestalt
Figur aus... → Gestalt aus...
Figur aus der Hohen Schule: *5* Volte; *6* Levade, Pesade, Piaffe; *7* Lançade; *8* Capriole; *9* Courbette, Pirouette
- **im Naumburger Dom:** *3* Uta
- **der Quadrille:** *3* Ete
- **im Kartenspiel:** *4* Bube, Dame, Ober; *5* Unter; *6* Koenig

Figürchen: *8* Figurine
figürlicher Gesimsstreifen: *5* Fries
Filiale: *10* Niederlage, Zweigbuero; *11* Zweigstelle; *12* Zweigbetrieb; *13* Niederlassung; *14* Zweiggeschaeft
Filibuster: *5* Pirat; *6* Korsar; *10* Flibustier, Seeraeuber
Filmapparat: *6* Kamera
Filmatelier: *6* Studio
Filmberuf: *6* Cutter, Double; *9* Dramaturg, Ope-

rateur, Regisseur; *10* Beleuchter, Inspizient, Kameramann
Filmfan: *7* Cineast
Filmfestspiele
- in Berlin: *9* Berlinale
- in Venedig: *8* Biennale
Filmfestspielstadt: *6* Berlin, Cannes; *7* Venedig
Filmgröße: *4* Star
Filmkammer: *7* Magazin
Filmkenner: *7* Cineast
Filmmanuskript: *8* Drehbuch
Filmpreis: *5* Bambi, Oscar, Oskar
Filmsammlung: *9* Videothek; *10* Cinemathek
Filmstadt der USA: *9* Hollywood
Filmtheater: *4* Kino
Filmvorführer: *9* Operateur
Filmwitz: *3* Gag
Filter: *4* Sieb
Filtertuch: *6* Seiher
Filzhütte asiatischer Nomaden: *5* Jurte
Filzmütze: *6* Kalpak, Kolpak
Filzzelt asiatischer Nomaden: *7* Kibitka
Finanzen: *6* Gelder; *9* Vermoegen
finanzielles Geschäft: *11* Transaktion
- Wagnis: *6* Risiko
Finanzmann: *9* Finanzier
Findelkind: *5* Waise
Finesse: *5* Kniff; *8* Feinheit
Fingerabdruckverfahren: *13* Daktyloskopie
Fingerhut: *9* Digitalis
Fingerkraut: *10* Gaensefuss, Tormentill
Fingerschmuck: *4* Ring
Fingerspiel: *4* Mora
Fingerspitzengefühl: *4* Takt
Fingerschmuckstück: *4* Ring
Fingertier: *6* Aye Aye
Fingerzeig: *3* Tip; *4* Wink; *7* Hinweis
Finish: *4* Ende; *8* Endkampf
Finkenvogel: *5* Ammer, Spatz, Weber; *6* Gimpel, Zeisig; *7* Amadine, Girlitz, Kanarie, Kanario, Ortolan; *8* Bergfink, Buchfink, Dompfaff, Kardinal, Sperling; *9* Goldammer, Gruenling, Haenfling, Stieglitz; *10* Distelfink; *11* Gartenammer, Kernbeisser; *13* Kanarienvogel, Kreuzschnabel
finnische(r, s)
- Architekt: *5* Aalto; *8* Saarinen
- Bildhauer: *8* Aaltonen
- Chemiker: *8* Virtanen
- Dampfbad: *5* Sauna
- Dichter: *3* Aho; *4* Kivi; *5* Leino; *8* Runeberg; *11* Sillanpaeae
- Dichterin: *6* Talvio
- Feldmarschall: *10* Mannerheim
- Fluß → Fluß in Finnland
- Gewässer: *5* Enare, Inari; *8* Enaresee, Inarisee
- Hafenstadt → Hafenstadt in Finnland
- Hauptstadt: *8* Helsinki; *11* Helsingfors
- Heißluftbad: *5* Sauna
- Inselgruppe: *12* Alandsinseln
- Komponist: *8* Sibelius; *9* Palmgreen
- Läufer: *5* Nurmi
- Münze: *5* Penni; *6* Markka; *8* Finnmark
- Musikinstrument: *7* Kantele
- Name für Finnland: *5* Suomi
- Nationalepos: *8* Kalewala
- Nobelpreisträger für Chemie: *8* Virtanen
- Nobelpreisträger für Literatur: *11* Sillanpaeae
- Rennfahrer: *7* Rosberg
- See: *5* Enare, Inari; *8* Enaresee, Inarisee
- Staatsmann: *6* Tanner; *8* Kekkonen
- Stadt → Stadt in Finnland
- Stadt in Lappland: *5* Ivalo
- Stromschnellen: *6* Imatra
- Verwaltungsbezirk: *4* Laen
- Volksstamm: *5* Esten, Liven; *6* Lappen; *8* Karelier, Ostjaken, Udmurten
- Wunderläufer: *5* Nurmi
- Zither: *7* Kantele
finnisch-ugrisches Volk: *5* Esten
Finnland: *5* Suomi
Finnmark: *6* Markka
finster: *6* dunkel; *7* duester
Finte: *4* Dreh, List; *5* Falle, Kniff, Trick; *7* Vorwand
Firlefanz: *4* Tand; *5* Posse; *6* Unsinn; *7* Torheit
firm: *4* fest; *6* sicher; *10* sattelfest
Firma: *7* Betrieb; *9* Geschaeft; *11* Unternehmen
Firmeninhaber: *4* Chef; *9* Fabrikant, Produzent
Firmenleiter: *7* Manager
Firmenvertretung: *7* Agentur, Filiale
Firmenwert: *8* Goodwill
Firmenzusammenschluß: *6* Fusion; *7* Konzern
Firn: *9* Altschnee
Firnis: *7* Leinoel
First: *4* Dach; *6* Giebel
Fisch: *3* Aal, Hai, Sei; *4* Alse, Anke, Bars, Blei, Butt, Leng, Orfe, Salm, Urbe, Wels; *5* Aitel, Aland, Alose, Barbe, Hecht, Lachs, Orade, Stint, Stoer, Umber; *6* Barsch, Beluga, Brasse, Doebel, Dorade, Dorsch, Hausen, Hering, Merlan, Pricke, Rochen, Schlei, Ukelei, Zander; *7* Aalbutt, Blauhai, Brachse, Elritze, Felchen, Flunder, Forelle, Karpfen, Makrele, Muraene, Pfrille, Piranha, Ploetze, Rotauge, Sardine, Schleie, Scholle, Sprotte, Sterlet, Uckelei; *8* Aalraupe, Anchovis, Flussaal, Goldbutt, Goldorfe, Heilbutt, Kabeljau, Lamprete, Maifisch, Neunauge, Rotfeder, Saibling, Sardelle, Schmerle, Seelachs, Seezunge, Sterlett; *9* Goldfisch, Hammerhai, Igelfisch, Karausche, Knurrhahn, Katzenhai, Steinbutt, Stichling, Thunfisch, Zitteraal; *10* Barramunda, Bitterling, Goldbrasse, Gruendling, Klippfisch, Rheinlachs, Saegefisch, Weissfisch; *11* Bachforelle, Blaufelchen, Goldmakrele, Kofferfisch, Schellfisch; *12* Seepferdchen, Zitterrochen; *14* Spiegelkarpfen; *15* Schlammpeitzger
Fischabfall: *6* Gammel
Fischatmungsorgan: *6* Kiemen
Fischbehälter: *3* Kar; *6* Laegel
Fischbein: *5* Barte
Fischbrut: *5* Laich

Fischdampfer: *7* Trawler
Fischeier: *5* Rogen; *6* Kaviar
Fischemulsion: *9* Lebertran
fischen: *6* angeln
Fischerfahrzeug: *4* Ewer; *5* Sloop; *6* Dogger, Kutter, Logger
Fischerfahrzeug im Mittelalter: *7* Tartane
- im Mittelmeer: *8* Bragozza
Fischerinsel: *6* Penghu
Fischerkahn: *6* Keitel, Keutel
Fischfänger: *6* Angler
Fischfanggerät: *4* Netz; *5* Angel, Bunge, Reuse
Fischfett: *4* Tran
Fischgebiet der Nordsee: *10* Doggerbank
Fischkasten: *5* Buenn
Fischknochen: *6* Graete
Fischkonserve: *8* Anchovis, Rollmops; *10* Oelsardine, Salzhering; *11* Appetitsild, Gabelbissen
Fischkunde: *12* Ichthyologie
Fischmarder: *5* Otter
Fischnetz: *4* Wate; *5* Hamen
Fischöl: *9* Lebertran
Fischreuse: *5* Bunge
Fischruder: *6* Flosse
Fischsuppe: *13* Bouillabaisse
Fischwasserbehälter: *8* Aquarium
Fisimatenten: *5* Faxen; *11* Ausfluechte, Winkelzuege
Fiskus: *5* Aerar
Fistelstimme: *7* Falsett
fit: *8* tauglich; *14* durchtrainiert; *15* leistungsfaehig
Fittich: *7* Fluegel
fix: *6* sicher; *7* gewandt, schnell
fixieren: *9* anstarren, festlegen; *10* festhalten
Fixiermittel: *7* Fixativ; *8* Sikkativ; *9* Schellack; *10* Wasserglas
Fixstern: *4* Wega; *5* Atair, Deneb, Rigel, Sonne; *6* Castor, Pollux, Sirius; *7* Antares, Canopus, Capella
Fixum: *6* Gehalt; *7* Entgelt; *9* Einkommen, Festbezug, Verdienst; *10* Festgehalt
Fjord: *5* Bucht
Fjord in Norwegen: *4* Ands
Fjord in Schottland: *3* Tay; *4* Alsh
FKK-Anhänger: *6* Nudist
flach: *4* eben; *5* banal, platt; *6* seicht
Flachdachhaus: *8* Bungalow
Flachdruckverfahren: *6* Offset; *10* Steindruck; *12* Lithographie
Fläche: *5* Areal, Ebene, Platz; *6* Gebiet
flache(r, s)
- Bodenerhebung: *6* Huegel
- Boot: *4* Kanu
- Gebäck: *6* Fladen, Oblate
- Gelände: *5* Ebene
- Gewässer: *4* Noor
- Kopfbedeckung: *12* Baskenmuetze, Tellermuetze
- Kuchen: *6* Fladen
- Landschaft: *5* Ebene
- Meeresbucht: *4* Wiek
- Milchschale: *5* Satte
- Mütze: *6* Barett
- Schale: *8* Kuevette
- Schüssel: *6* Platte
- Strandsee: *4* Haff; *6* Lagune
- Vertiefung: *5* Delle
- Wassergefährt: *5* Floss
- Weinboot: *3* Aak
Flächenabschnitt im Forst: *5* Jagen
Flächenbegrenzung: *4* Rand
Flächeninhalt: *5* Areal
Flächenmaß: *2* Ar; *4* Acre; *6* Hektar, Morgen
Flächenmesser: *10* Planimeter
Flächenraum: *5* Areal
Flächenverzierung: *8* Arabeske
Flachfisch: *4* Butt; *7* Flunder, Scholle; *8* Goldbutt, Heilbutt; *9* Steinbutt
flachgedrückt: *5* platt
flachgestreckt: *6* rasant
Flachheit: *10* Platituede
Flachholz: *5* Brett
Flachland: *5* Ebene
Flachland in Ungarn: *6* Puszta
Flachs: *4* Lein
Flachsabfall: *4* Werg
Flachsbündel: *5* Riste
Flachseestreifen vor der Nordseeküste: *4* Watt
Flachserzeugnis: *9* Leinsamen
Flachsgranne: *3* Ahn
Flachspflanze: *4* Lein
flachverlaufend: *6* rasant
flackernde Flamme: *4* Lohe
Flagge: *5* Fahne; *6* Banner, Goesch, Panier, Wimpel; *7* Stander; *9* Standarte
flaggen: *6* hissen; *7* heissen
Flaggengruß: *6* Dippen
Flair: *7* Fluidum; *9* Spuersinn; *11* Atmosphaere
flämische(r)
- Dichter: *6* Coster; *9* Streuvels; *10* Timmermans
- Maler: *3* Fyt; *5* Orley; *6* Rubens; *7* Snyders, Teniers; *8* Jordaens
- Schriftsteller: *5* Claes; *7* Gezelle; *9* Streuvels; *10* Conscience, Timmermans
- Universitätsstadt: *4* Gant, Gent
Flamme: *4* Lohe; *5* Feuer
Flammenblume: *5* Phlox
Flammenmergel: *5* Gault
Flammenwelt in der nordischen Mythologie: *10* Muspelheim
Flammenzeichen: *5* Fanal
flandrische(r)
- Hafenstadt: *4* Gent
- Küstenfluß: *4* Yser
- Zither: *6* Hommel
flanieren: *10* schlendern; *14* spazierengehen
Flanke: *5* Seite; *6* Weiche
Fläschchen: *6* Flakon
Flasche: *5* Kruke, Pulle; *6* Buddel, Buttel; *7* Karaffe; *9* Bouteille
Flaschenform: *11* Bocksbeutel

Flaschenkürbis: *9* Kalebasse
Flaschenreihe: *8* Batterie
Flaschenverschluß: *4* Kork; *6* Korken; *8* Propfen
Flaschenzug: *4* Gien; *5* Takel, Talje
Flaschner: *8* Blechner, Klempner, Spengler
Flattergras: *6* Milium; *9* Waldhirse
flatterhaftes Geschöpf: *8* Irrwisch
Flattertier: *10* Fledermaus
flau: *3* mau; *4* matt, mies; *5* muede; *8* schlecht
Flaumfeder: *5* Daune
Flaumhaare: *5* Wolle
Flause: *5* Getue, Luege; *7* Ausrede; *10* Geschwaetz
Flausen: *12* Fisimatenten
Flaute: *6* Baisse, Stille; *10* Windstille
Flechte: *4* Zopf
Flechtmaterial: *4* Bast, Rohr
Flechtwerk: *4* Korb; *5* Matte, Zaine
Fleck: *3* Mal; *5* Makel; *6* Fehler, Klecks
Flecken: *3* Ort; *5* Markt, Platz
fleddern: *9* ausrauben, pluendern
Fledermaus: *6* Kalong, Vampir; *8* Flughund; *9* Blattnase; *11* Abendsegler; *12* Hufeisennase; *14* Fliegender Hund
Flegel: *5* Flaps, Rekel; *6* Bengel, Raegel, Ruepel; *7* Luemmel
Flegelei: *5* Unart
flehentlich: *10* instaendig
Fleisch des Wildes: *8* Wildbret
Fleischbrühe: *8* Bouillon, Consommé
Fleischer: *7* Metzger; *10* Schlachter
Fleischextrakt: *6* Bruehe, Wuerze
fleischfarben: *8* inkarnat
Fleischfaserbündel: *6* Muskel
fleischfressende Pflanze: *8* Taublatt; *9* Fettkraut, Sonnentau
Fleischfresser: *9* Karnivore
Fleischfüllung: *5* Farce
Fleischgericht: *5* Filet, Klops, Steak; *6* Braten, Ragout; *7* Bulette, Eisbein, Gulasch, Haschee, Pastete, Roulade; *8* Kotelett; *9* Beefsteak, Entrecôte, Frikassee, Karbonade, Roastbeef, Rumpsteak, Schnitzel; *10* Frikadelle, Frikandeau, Rippespeer; *11* Frikandelle
fleischig: *7* pulpoes; *9* sukkulent
Fleischkloß: *5* Klops
Fleischkonserve: *8* Pemmikan; *10* Corned beef
Fleischkrem: *6* Mousse
Fleischkugel: *5* Klops, Kloss
fleischlich: *8* leiblich; *11* koerperlich
fleischlose Ernaehrung: *12* Vegetarismus
Fleischmaschine: *4* Wolf
Fleischrolle: *7* Roulade
Fleischsaftgallert: *3* Jus
Fleischscheibe: *7* Tranche
Fleischspeise → Fleischgericht
Fleischsülze: *5* Aspik
Fleischton: *8* Inkarnat
Fleischvergiftung: *10* Botulismus
Fleischware → **Wurstart:** *5* Wurst; *6* Suelze; *10* Aufschnitt, Leberkaese; *12* Leberpastete, Rollschinken; *13* Lachsschinken
Fleischwerdung: *11* Inkarnation
Fleiß: *5* Eifer
fleißig: *5* emsig; *6* eifrig; *8* strebsam; *9* arbeitsam
fleißiges Insekt: *4* Imme; *5* Biene; *6* Ameise
Fleißiges Lieschen: *7* Begonie; *9* Balsamine
flektieren: *6* beugen; *11* deklinieren, konjugieren
flexibel: *7* beugbar, beugsam, biegsam, dehnbar; *9* beweglich, elastisch; *11* geschmeidig
Flexion: *7* Beugung, Biegung
Flibustier: *5* Pirat; *6* Korsar; *10* Filibuster, Seeraeuber
Flickarbeit: *9* Reparatur; *12* Ausbesserung; *14* Instandsetzung
Flicken: *6* Lappen; *7* Riester
Flickgedicht: *5* Cento
Flieder: *5* Lilak; *7* Syringe; *8* Holunder
fliederfarben: *4* lila
Fliege: *6* Bremse, Dassel, Tsetse; *7* Brummer; *10* Biesfliege, Bohrfliege, Goldfliege; *12* Rinderbremse, Schwebfliege, Stubenfliege; *13* Fleischfliege, Schlammfliege; *14* Schmeissfliege
Fliegenblume: *5* Orche; *8* Stapelie
fliegende(r, s)
- **Fisch:** *8* Flughahn
- **Hund:** *6* Kalong
- **Personal:** *5* Pilot; *7* Kopilot; *9* Navigator; *10* Bordfunker, Stewardess
- **Säugetier:** *10* Fledermaus
- **Untertasse:** *3* Ufo

Fliegenlarve: *4* Made
Fliegenschnäppervogel: *10* Grasmuecke, Rotschwanz; *11* Rohrsaenger
Flieger: *5* Pilot
Flieger der griechischen Sage: *6* Ikarus; *8* Daedalus
Fliegerstandort: *5* Horst
Fliegertruppe: *9* Luftwaffe
Fliehkraft: *16* Zentrifugalkraft
Fliese: *6* Kachel
Fließarbeitsanlage: *7* Rutsche; *9* Rolltisch; *10* Fliessband
fließen: *6* pulsen; *9* pulsieren
fließende Vulkanmasse: *9* Lavastrom
fließendes Gewässer: *4* Bach; *5* Fluss, Strom; *7* Rinnsal
fließt durch → Fluß
flink: *3* fix; *4* agil; *5* alert, flott, rasch; *6* behend, hurtig; *7* behende, schnell
Flint: *10* Feuerstein
Flinte: *6* Gewehr; *7* Buechse; *10* Jagdgewehr
Flintglas: *12* Kristallglas
Flip: *8* Cocktail
Flirt: *8* Liebelei, Poussage; *9* Taendelei
Flitter: *4* Tand; *7* Plunder, Troedel; *10* Pailletten
Flitterkram: *9* Firlefanz
Flitterwochen: *9* Honigmond
Florentiner: *8* Strohhut; *11* Nussgebaeck
florentinische(r, s)
- **Adelsgeschlecht:** *6* Medici; *7* Strozzi
- **Bauwerk:** *8* Uffizien
- **Bildhauer:** *6* Majano; *7* Fiesole; *9* Donatello

- **Dichter:** *5* Dante
- **Gemäldegalerie:** *5* Pitti; *8* Uffizien
- **Goldmünze:** *8* Florenus
- **Maler:** *5* Dolci, Lippi, Sarto; *6* Giotto; *7* Gozzoli, Uccello; *8* Masaccio; *10* Botticelli
- **Palast:** *5* Pitti; *8* Signoria, Uffizien
- **Politiker:** *11* Machiavelli
- **Prediger:** *10* Savonarola

Florenz auf italienisch: *7* Firenze
Florgewebe: *7* Pluesch
florieren: *7* bluehen; *8* gedeihen
Floskel: *9* Redensart; *11* Redewendung
Flossenfüßer: *5* Robbe
Flöte: *6* Pfeife; *7* Okarina; *10* Querfloete, Querpfeife; *11* Blockfloete
Flötist Friedrichs des Großen: *6* Quantz
flott: *4* chic, kess; *5* fesch, flink, smart; *6* leicht, schick; *7* schnell; *10* burschikos
Flotte: *6* Armada, Marine
Flottenbasis: *11* Kriegshafen, Stuetzpunkt
Flottenchef: *7* Admiral
flottieren: *8* schweben; *9* schwanken, schwimmen
Flöz: *5* Lager; *7* Schicht
Fluch: *8* Anathema; *10* Laesterung
fluchen: *8* laestern
Flucht Mohammeds: *8* Hedschra
Fluchtburg: *8* Refugium
flüchtige(r)

- **Brennstoff:** *6* Erdgas
- **Flüssigkeit:** *6* Aether, Azeton, Benzin, Benzol; *7* Alkohol
- **Zeichnung:** *6* Skizze

Flüchtigkeitsfehler: *9* Schnitzer
Flüchtlingszug: *5* Treck
Flugabwehr: *4* Flak
Flugblatt: *7* Traktat; *8* Pamphlet; *10* Broschuere
Flügel: *5* Anbau, Trakt; *7* Fittich, Klavier; *8* Schwinge
Flügelaltar: *9* Diptychon
Flügelhorn: *7* Kornett
Flügelpferd: *7* Pegasus
flugfähiges Tier: *5* Vogel
Fluggast: *9* Passagier
Fluggastbetreuer: *7* Steward
Fluggastbrücke: *6* Jetway
Fluggebiet: *8* Luftraum
Fluggerät → Flugkörper
Flughafen von

- **Amsterdam:** *8* Schiphol
- **Antwerpen:** *6* Deurne
- **Athen:** *10* Hellenikon
- **Bangkok:** *8* Don Maang
- **Barcelona:** *8* Muntadas
- **Basel:** *9* Blotzheim
- **Beirut:** *7* Khaldeh
- **Belgrad:** *5* Zemun
- **Berlin:** *5* Gatow, Tegel; *9* Tempelhof; *11* Schoenefeld
- **Bern:** *4* Belp
- **Bilbao:** *7* Sondica
- **Bonn:** *4* Wahn
- **Bordeaux:** *8* Mérignac
- **Boston:** *5* Logan
- **Brüssel:** *9* Melsbroek
- **Budapest:** *8* Ferihegy
- **Buenos Aires:** *6* Ezeiza
- **Bukarest:** *7* Baneasa
- **Chicago:** *6* Midway; *9* Sky Harbor
- **Damaskus:** *5* Mezze
- **Delhi:** *5* Palam
- **Düsseldorf:** *8* Lohausen
- **Florenz:** *8* Peretola
- **Frankfurt/Main:** *9* Rhein-Main
- **Genf:** *8* Cointrin
- **Glasgow:** *7* Renfrew
- **Hamburg:** *12* Fuhlsbuettel
- **Hannover:** *11* Langenhagen
- **Helsinki:** *5* Malmi
- **Hongkong:** *6* Kai Tak
- **Istanbul:** *9* Yesilkoey
- **Kairo:** *6* Al Maza
- **Köln:** *4* Wahn
- **Kopenhagen:** *7* Kastrup
- **Lissabon:** *7* Alverca
- **Liverpool:** *5* Speke
- **London:** *7* Croydon; *8* Heathrow, Northolt; *13* London Airport
- **Lyon:** *4* Bron
- **Madrid:** *7* Barajas
- **Mailand:** *6* Linate; *8* Malpensa
- **Manchester:** *7* Ringway
- **Marseille:** *9* Marignane
- **Montevideo:** *8* Carrasco
- **Moskau:** *7* Wnukowo; *13* Scharzemetjewo
- **München:** *4* Riem
- **New York:** *8* Idlewild; *14* Kennedy Airport; *16* Laguardia Airport
- **Nizza:** *5* Le Var
- **Oslo:** *7* Fornebu; *10* Gardermoen
- **Paris:** *4* Orly; *9* Le Bourget
- **Peking:** *6* Scho-Du
- **Prag:** *6* Ruzyne
- **Rom:** *8* Ciampino; *9* Fiumicino
- **Sevilla:** *8* San Pablo
- **Singapur:** *6* Tengah; *7* Kallang
- **Stockholm:** *6* Bromma
- **Stuttgart:** *12* Echterdingen
- **Teheran:** *8* Mehrabad
- **Tel Aviv:** *3* Lod; *5* Lydda
- **Tokio:** *6* Haneda, Narita
- **Toulouse:** *7* Blagnac
- **Warschau:** *6* Okecie
- **Wien:** *6* Aspern; *9* Schwechat
- **Zürich:** *6* Kloten

Flughafenanlage: *6* Hangar; *8* Rollbahn; *9* Funkfeuer, Landebahn, Startbahn
Flughafenhalle: *8* Terminal
Flughund: *5* Badul; *6* Kalong
Flugkörper: *6* Ballon, Rakete; *7* Drachen; *8* Flugzeug, Zeppelin; *10* Luftschiff
Flugpionier: *4* Udet; *5* Balbo; *6* Fokker, Gronau, Wright; *7* Blériot, Boelcke, Eckener, Piccard; *8* Beinhorn, Parseval, Zeppelin; *9* Immel-

mann, Lindbergh; *10* Lilienthal; *11* Montgolfier; *12* Christiansen
Flugplatz → Flughafen
Flugsandhügel: *5* Duene
Flugschrift: *7* Traktat; *8* Pamphlet; *10* Broschuere
Flugtier: *5* Vogel
flugunfähiger Meeresvogel: *7* Pinguin
Flugwesen: *7* Aviatik; *9* Luftfahrt; *10* Aeronautik
Flugzeug: *8* Aeroplan
Flugzeugart: *3* Jet; *9* Eindecker, Koleopter, Turboprop; *10* Helikopter; *12* Doppeldecker, Hubschrauber; *13* Segelflugzeug; *14* Duesenflugzeug, Duesenmaschine
Flugzeugbesatzung: *4* Crew
Flugzeugführer: *5* Pilot; *7* Flieger
Flugzeugführung: *10* Navigation
Flugzeughalle: *6* Hangar
Flugzeughersteller: *4* Bell, Fiat, Rata, Saab, Shin, Siat; *5* Arado, Klemm Piper, Sabre; *6* Boeing, Cessna, Fokker, Hawker; *7* Boelkow, Buecker, Curtiss, Dornier, Douglas, Heinkel, Junkers, Mikojan, Minimoa, Rumpler, Tupolew, Vickers; *8* Dassault, Fieseler, Henschel, Kawasaki, Lockheed, Sikorsky; *9* Fokke Wulf, Iljuschin, Lightning; *11* de Havilland; *13* Curtiss Wright, Messerschmitt
Flugzeugschleuder: *8* Katapult
Flugzeugteil: *4* Heck; *5* Duese, Rumpf; *6* Kabine; *7* Fluegel; *9* Propeller, Triebwerk; *11* Fahrgestell, Hoehenruder, Seitenruder, Tragflaeche; *12* Luftschraube
Flugzeugtyp: *3* Mig; *4* Rata; *5* Comet, Klemm, Sabre; *6* Boeing, Condor, Focker, Hawker, Viking; *7* Clipper, Comuter, Curtiss, Dornier, Heinkel, Junkers, Klipper, Phantom, Rumpler, Vickers; *8* Concorde, Fieseler, Noratlas; *9* Caravelle, Fokke-Wulf, Skymaster; *11* Starfighter; *13* Constellation, Curtiss-Wright, Messerschmitt
Flugzeugverband: *7* Staffel; *10* Geschwader
Fluidum: *2* Od; *3* Air
Fluktuation: *7* Wechsel; *9* Schwanken; *10* Schwankung
Flunder: *4* Butt; *7* Scholle
Flur: *3* Ern; *4* Gang; *5* Diele, Flett; *8* Korridor
Flurbuch: *8* Kataster
Flurstück: *6* Gewann; *7* Gewende
Fluß → Nebenfluß
Fluß
- **bei Aberdeen:** *3* Don
- **in Abessinien** → Fluß in Äthiopien
- **in Afghanistan:** *5* Kabul; *7* Herirud, Hilmend
- **in Afrika:** *3* Nil; *4* Bani, Dawa, Ruki, Tana, Vaal; *5* Benue, Kafue, Komoe, Kongo, Lulua, Niger, Sobat, Uhehe, Volta; *6* Atbara, Gambia, Kassai, Kuando, Kuango, Kunene, Logone, Oranje, Rovuma, Sanaga, Schari, Ubangi; *7* Kubango, Limpopo, Sambesi, Senegal; *8* Komadugu, Okawango
- **in Ägypten:** *3* Nil; *6* Atbara
- **in Alaska:** *5* Yukon
- **in Albanien:** *3* Fan, Mat; *4* Drin; *5* Devol, Drino, Seman, Vjose; *6* Devoli, Semeni; *7* Vojussa; *8* Schkumbi
- **durch Albi:** *4* Tran
- **in den Allgäuer Alpen:** *7* Wertach
- **in den Alpen:** *2* Po; *3* Inn, Mur, Sau; *4* Aare, Adda, Arve, Drau, Enns, Gail, Isar, Lech, Raab, Save, Sawa; *5* Drave, Drôme, Etsch, Isère, Oglio, Piave, Rhein, Rhône, Traun; *6* Eisack, Maggia; *7* Durance, Salzach; *11* Tagliamento
- **durch Altena:** *5* Lenne
- **durch Amberg:** *4* Vils
- **in Amerika:** *4* Ohio; *5* Yukon; *6* Hudson, Parana; *7* Niagara, Orinoco; *8* Amazonas, Arkansas, Colorado, Columbia, Illinois, Missouri, Paraguay, Rio Negro, St. Lorenz; *9* Makkenzie, Magdalena, Rio Grande, Tennessee; *11* Mississippi; *12* Rio de la Plata
- **durch Amiens:** *5* Somme
- **durch Amsterdam:** *6* Amstel
- **durch Anklam:** *5* Peene
- **in den Aralsee:** *3* Amur, Syr
- **in Argentinien:** *6* Chubut, Parana, Salado; *7* Bermejo, San Juan; *8* Colorado, Rio Negro
- **in Armenien:** *4* Aras, Kura; *6* Tigris; *7* Euphrat
- **durch Aschaffenburg:** *4* Main
- **in Aserbeidschan:** *4* Kura
- **in Asien:** *2* Ob; *3* Tas; *4* Amur, Jana, Lena; *5* Indus, Tarim; *6* Ganges, Kolyma, Mekong, Saluen, Salwin, Tigris; *7* Euphrat, Hilmend, Hoangho, Irawadi, Narbada, Selenga, Sikiang, Sungari; *8* Amudarja, Jenissei, Syr Darja; *11* Brahmaputra; *12* Jangtsekiang
- **in das Asowsche Meer:** *3* Don; *4* Jeja; *5* Kuban
- **in Äthiopien:** *3* Nil, Omo; *4* Baro, Baua; *5* Abbai, Abeba, Ghela, Sagan, Uraga; *6* Atbara, Ganali; *9* Blauer Nil
- **durch Augsburg:** *4* Lech; *7* Wertach
- **in Australien:** *3* Ord; *6* Cooper, Murray; *7* Darling, Fitzroy; *8* Flinders
- **durch Baden-Baden:** *3* Oos
- **durch Bad Kreuznach:** *4* Nahe
- **durch Bad Neuenahr:** *3* Ahr
- **durch Bad Orb:** *6* Kinzig
- **zum Balchaschsee:** *3* Ili
- **im Balkan:** *6* Mariza
- **im Baltikum:** *5* Duena
- **durch Bamberg:** *7* Regnitz
- **in Baschkirien:** *4* Dema
- **durch Basel:** *5* Rhein
- **in Bayern:** *3* Alz, Ilm, Inn; *4* Isar, Lech, Main, Naab, Vils; *5* Ammer, Amper, Donau, Regen, Traun, Wuerm; *6* Laaber, Mindel; *7* Loisach, Pegnitz, Rednitz; *8* Altmuehl
- **in Belgien:** *3* Lys; *4* Maas, Yser; *5* Nethe; *6* Sambre; *7* Schelde
- **durch Belgrad:** *4* Save; *5* Donau
- **durch Berlin:** *5* Havel, Panke, Spree
- **durch Bern:** *4* Aare
- **durch Bingen:** *4* Nahe; *5* Rhein
- **in Birma:** *4* Mali; *7* Irawadi
- **aus dem Bodensee:** *5* Rhein

- **in den Bodensee:** *3* Ach; *4* Aach; *5* Argen, Rhein
- **in Böhmen:** *4* Eger, Iser
- **in Bolivien:** *4* Beni; *5* Abuna; *6* Mamore
- **auf Borneo:** *6* Barito, Rejang; *7* Mahakam
- **durch Bozen:** *6* Eisack
- **in Brasilien:** *3* Ica; *4* Acre, Poti; *5* Manso; *6* Parana; *8* Amazonas, Rio Negro; *9* Rio Branco; *12* Sao Francisco
- **durch Braunschweig:** *4* Oker
- **durch Bremen:** *5* Weser
- **durch Bremervörde:** *4* Oste
- **durch Breslau:** *4* Oder
- **in der Bretagne:** *3* Aff; *4* Oust; *5* Aulne, Elorn, Rance; *6* Blavet, Trieux; *7* Vilaine
- **durch Brüssel:** *5* Senne
- **in Bulgarien:** *3* Lom; *4* Arda; *6* Struma; *7* Maritza
- **durch Bünde:** *4* Else
- **in Burma:** *7* Irawadi
- **durch Buxtehude:** *4* Este
- **durch Caen:** *4* Orne
- **durch Calw:** *6* Nagold
- **in den Cevennen:** *4* Tarn
- **auf Ceylon:** *13* Mahaviliganga
- **aus dem Chiemsee:** *3* Alz
- **in den Chiemsee:** *4* Ache
- **in Chile:** *3* Loa; *4* Lebu; *5* Maipo; *6* Bio-Bio
- **in China:** *5* Paiho; *6* Wusung; *7* Hoangho, Jangtse, Sikiang; *12* Jangtsekiang
- **durch Coburg:** *3* Itz
- **durch Colmar:** *3* Ill
- **in den Comer See:** *4* Adda, Mera
- **durch Compiègne:** *4* Oise
- **in der CSSR** → Fluß in der Tschechoslowakai
- **in Cumberland:** *4* Eden
- **in Dänemark:** *3* Arn
- **durch Danzig:** *7* Mottlau, Radaune
- **durch Detmold:** *5* Werre
- **in Deutschland:** *3* Ahe, Ahr, Alf, Alz, Elz, Ems, Enz, Ill, Ilm, Ilz, Inn, Ise, Itz, Nab, Oos, Rur; *4* Aach, Albe, Alle, Alme, Bode, Breg, Dill, Eder, Elbe, Elde, Erft, Eltz, Este, Gera, Glan, Hase, Ihle, Ihna, Ilme, Ilse, Isar, Jade, Lahn, Leba, Lech, Leda, Main, Murg, Naab, Nahe, Obra, Oder, Oker, Oppa, Orla, Oste, Rega, Rems, Rhin, Rott, Ruhr, Russ, Saar, Sieg, Urft, Wied, Wurm; *5* Achen, Aisch, Aller, Ammer, Amper, Bigge, Bille, Bober, Dahme, Donau, Dosse, Eider, Finow, Fulda, Gilge, Guenz, Hamme, Havel, Hunte, Iller, Jagst, Leine, Lenne, Liebe, Lippe, Loeba, Memel, Mosel, Mulde, Netze, Nidda, Nogat, Peene, Pfinz, Pissa, Plane, Regen, Rhein, Ruwer, Saale, Spree, Stoer, Swine, Traun, Trave, Uchte, Ucker, Weide, Werra, Weser, Wiese, Wuerm; *6* Alster, Diemel, Ebrach, Elbing, Elster, Ennepe, Geeste, Gutach, Inster, Jeetze, Kinzig, Kocher, Moehne, Nagold, Neckar, Neisse, Pregel, Randow, Rodach, Stober, Stolpe, Tauber, Vechte, Warnow, Warthe, Wipper, Wuemme, Wupper, Wutach; *7* Bartsch, Brigach, Emscher, Ilmenau, Loisach, Pegnitz, Pleisse, Rednitz, Regnitz, Schwalm, Unstrut; *8* Altmuehl, Angerapp, Dievenow, Innerste, Katzbach, Klodnitz, Malapane, Passarge, Persante, Recknitz, Schwarza, Stockach, Tollense, Wakenitz, Woernitz; *9* Weistritz; *12* Weisse Elster; *13* Schwarzwasser; *14* Schwarze Elster
- **zum Dollart:** *3* Ems
- **durch Dresden:** *4* Elbe
- **durch Düren:** *3* Rur
- **durch Düsseldorf:** *5* Rhein
- **durch Echternach:** *5* Sauer
- **in Ecuador:** *5* Tigre
- **in der Eifel:** *3* Ahr; *4* Erft, Urft; *5* Nette; *6* Lieser
- **durch Einbeck:** *4* Ilme
- **zum Eismeer:** *3* Tas
- **zur Elfenbeinküste:** *3* Ibo; *4* Lobo
- **durch Ellwangen:** *5* Jagst
- **im Elsaß:** *3* Ill
- **im Engadin:** *3* Inn
- **in England:** *3* Cam, Exe, Nar, Nen, Ure; *4* Aire, Avon, Nene, Ouse, Tees; *5* Clyde, Trent; *6* Severn, Themse
- **durch Epernay:** *5* Marne
- **durch Essen:** *4* Ruhr
- **in Estland:** *2* Aa; *5* Narwa; *6* Embach
- **in Europa:** *2* Po; *3* Aar, Ain, Bug, Dee, Don, Mur, Oka, San, Ufa; *4* Aare, Arno, Arve, Aube, Avon, Drau, Ebro, Eger, Enns, Iser, Maas, Main, Newa, Oder, Raab, Save, Tajo, Tejo, Ural, Yser; *5* Aisne, Donau, Donez, Drina, Etsch, Isere, Kuban, Loire, Marne, Meuse, Narew, Piave, Pruth, Rhein, Rhône, Saône, Seine, Somme, Tiber, Wolga; *6* Dnjepr, Isonzo, Limmat, Moldau, Moskwa, Njemen, Pripet, Theiss, Themse; *7* Dnjestr, Durance, Garonne, Salzach, Schelde, Wolchow; *8* Beresina, Charente, Dordogne, Weichsel; *10* Manzanares; *12* Guadalquivir
- **durch Fehrbellin:** *4* Rhin
- **in den Finnischen Meerbusen:** *4* Luga, Newa; *5* Narwa
- **in Finnland:** *3* Wyg; *4* Kala, Kemi; *5* Ivalo; *8* Kemijoki
- **durch Florenz:** *4* Arno
- **in Franken:** *7* Pegnitz
- **in Frankreich:** *3* Aim, Arc, Lot, Tet, Var; *4* Aube, Cher, Eure, Gard, Maas, Oise, Orne, Tarn, Yser; *5* Adour, Aisne, Isère, Loire, Marne, Meuse, Rhône, Saône, Seine, Sevre, Somme; *6* Sambre; *7* Garonne, Gironde, Schelde; *8* Charente, Dordogne
- **in den französischen Alpen:** *3* Nom
- **durch Freiburg/Brsg.:** *7* Dreisam
- **durch Friedland:** *4* Alle
- **in das Frische Haff:** *5* Nogat; *6* Pregel; *8* Passarge
- **durch Fritzlar:** *4* Eder
- **in Gabun:** *5* Ogowe
- **in Galizien:** *3* San; *4* Lipa

- **durch den Genfer See:** *5* Rhône
- **in Georgien:** *4* Kura
- **durch Gerona:** *3* Ter
- **in Ghana:** *3* Oti; *5* Volta
- **durch Gießen:** *4* Lahn
- **durch Göttingen:** *5* Leine
- **in Graubünden:** *4* Mera; *5* Moesa
- **durch Graz:** *3* Mur
- **durch Grenoble:** *5* Isère
- **in Griechenland:** *3* Iri; *4* Arda, Arta; *5* Axios, Ledon; *6* Asopos, Louros, Mestra, Nestos; *7* Enipeus, Peneios, Strymon; *8* Aliakmon, Alpheios, Megdobas; *9* Bouraikos, Salamvria
- **der griechischen Sage:** *4* Styx; *5* Lethe; *7* Acheron, Cocytus, Kokytus; *8* Eridanus
- **in Guinea:** *5* Niger
- **durch Hadamar:** *3* Elz
- **im Hades:** *5* Lethe
- **auf Haiti:** *10* Artibonite
- **durch Haldensleben:** *4* Ohre
- **durch Hamburg:** *4* Elbe; *5* Bille; *6* Alster
- **durch Hamm:** *5* Lippe
- **durch Hanau:** *4* Main
- **durch Hannover:** *5* Leine
- **im Harz:** *4* Bode, Ilse, Oker
- **im Heiligen Land:** *6* Jordan
- **in der Herzegowina:** *7* Neretva
- **in Hessen:** *4* Eder, Lahn, Main; *5* Fulda, Rhein, Werra; *7* Schwalm
- **im hessischen Bergland:** *5* Fulda
- **durch Hildesheim:** *8* Innerste
- **in Hinterindien:** *6* Saluen; *7* Irawadi
- **aus dem Hohen Venn:** *3* Rur
- **in Holland** → Fluß in den Niederlanden
- **in Holstein:** *5* Trave
- **in Honduras:** *4* Ulua
- **in den Humber:** *5* Trent
- **aus dem Hunsrück:** *4* Nahe; *5* Ruwer
- **in Indien:** *5* Indus; *6* Ganges; *7* Narbada; *8* Godavari, Godowari, Krischna; *11* Brahmaputra
- **in Indonesien:** *4* Musi; *6* Barito, Kampar; *10* Batang Hari
- **in Innerasien:** *3* Ili; *5* Tarim; *7* Selenga
- **im Irak:** *6* Tigris; *7* Euphrat
- **im Iran:** *3* Kor; *4* Aras, Mand; *5* Karun, Tilar
- **in Irland:** *4* Erne, Suir; *7* Shannon
- **in Island:** *8* Joekulsa
- **in Israel:** *5* Faria; *6* Jordan
- **in Italien:** *2* Po; *4* Adda, Anio, Arno, Liri, Mera, Nera, Reno, Sele, Toce, Tose; *5* Etsch, Oglio, Piave, Sesia, Tiber; *6* Isonzo, Rubico, Tanaro, Tessin; *7* Busento, Rubikon; *8* Volturno
- **durch Itzehoe:** *5* Stoer
- **in Japan:** *8* Schinano
- **in Jugoslawien:** *3* Lim, Sau, Una; *4* Drau, Ibar, Kupa, Save, Tara; *5* Drina; *6* Morava, Theiss; *7* Narenta, Neretva
- **in Kalifornien:** *10* Sacramento
- **in Kambodscha:** *3* Sen; *6* Mekong
- **in Kamerun:** *3* Deo, Lom
- **in Kampanien:** *8* Volturno
- **in Kanada:** *5* Yukon; *6* Fraser, Ottawa; *8* Klondike; *9* Mackenzie, Saint John; *13* Saskatschewan
- **durch Karlsbad:** *4* Eger
- **in Kasachstan:** *3* Ili
- **in das Kaspische Meer:** *4* Emba, Kuma, Kura, Ural; *5* Terek, Wolga
- **in Kaukasien:** *4* Kuma; *5* Kuban, Terek
- **im Kaukasus:** *4* Aras, Kura, Rion; *5* Kuban, Terek
- **durch Kempten:** *5* Iller
- **in Kenia:** *4* Tana
- **in der Kirgisensteppe:** *3* Ili; *4* Emba
- **durch Kirn:** *4* Nahe
- **in Kleinasien** → Fluß in der Türkei
- **in Kolumbien:** *3* Uva; *4* Tomo; *6* Atrato; *7* Orinoko
- **im Kongo:** *5* Ituri, Uelle, Ogowe; *6* Ubangi
- **durch Königsberg:** *6* Pregel
- **in Korea:** *3* Han, Kum; *4* Jalu; *5* Tuman
- **durch Kreuznach:** *4* Nahe
- **auf der Krim:** *4* Alma
- **in das Kurische Haff:** *4* Arge; *5* Memel
- **in Kurland:** *2* Aa; *4* Abau
- **in den Lago Maggiore:** *4* Toce; *5* Tresa; *6* Maggia, Tessin
- **durch Leer:** *4* Leda
- **durch Lemgo:** *4* Bega
- **durch Leningrad:** *4* Newa
- **in Lettland:** *2* Aa
- **im Libanon:** *3* Asi; *6* Litani
- **durch Limburg:** *4* Lahn
- **durch Lingen:** *3* Ems
- **durch Linz:** *5* Donau
- **durch Lomza:** *5* Narew
- **durch London:** *6* Themse
- **durch Lübeck:** *5* Trave
- **in der Lüneburger Heide:** *3* Ise; *4* Luhe
- **durch Lüttich:** *4* Maas; *6* Ourthe
- **in Luxemburg:** *3* Our, Syr; *4* Ernz, Sure, Wark; *5* Eisch, Mamer, Sauer, Wiltz; *6* Chiers; *7* Alzette
- **durch Luzern:** *5* Reuss
- **durch Macon:** *5* Saône
- **durch Madrid:** *10* Manzanares
- **durch Magdeburg:** *4* Elbe
- **in Mähren:** *5* Iglau, March
- **durch Mailand:** *5* Olona
- **in der Mandschurei:** *6* Liauho; *7* Sungari
- **durch Mannheim:** *5* Rhein
- **in Marokko:** *3* Dra, Gru, Sus; *4* Sebu
- **durch Mayen:** *5* Nette
- **in Mazedonien:** *6* Struma
- **in Mecklenburg:** *6* Warnow
- **durch Meiningen:** *5* Werra
- **durch Meppen:** *3* Ems
- **durch Meran:** *5* Etsch
- **durch Merzig:** *4* Saar
- **durch Meseritz:** *4* Obra
- **in Mesopotamien:** *6* Tigris; *7* Euphrat
- **in Mexiko:** *5* Verde; *6* Sonora

- **in Mittelamerika:** *7* San Juan; *10* Usumacinta
- **in Mittelasien:** *3* Syr; *5* Tarim
- **in das Mittelmeer:** *2* Po; *3* Nil, Ter, Tet; *4* Aude, Drin, Ebro; *5* Etsch, Piave, Rhône, Tiber; *8* Menderes; *11* Guadealaviar, Tagliamento
- **in der Mongolei:** *3* Nun; *4* Tola; *7* Selenga
- **durch Moskau:** *6* Moskwa
- **durch München:** *4* Isar
- **durch Münster:** *2* Aa
- **durch Naumburg:** *5* Saale
- **in Neubrandenburg:** *5* Peene
- **auf Neuguinea:** *3* Ely
- **durch Neuß:** *4* Erft
- **in den Niederlanden:** *3* Eem, Lek; *4* Maas, Roer, Waal; *5* Yssel; *6* Dinkel, Vechte; *7* Schelde
- **in Niedersachsen:** *4* Elbe, Luhe, Oker, Oste; *5* Aller, Leine, Weser
- **in Nigeria:** *4* Modu; *7* Gongola
- **in Nikaragua:** *7* Segovia
- **in Nordamerika:** *4* Ohio; *5* Miami; *6* Hudson; *7* Potomac; *8* Columbia, Delaware, Missouri, St. Lorenz; *11* Mississippi, Susquehanna
- **in Norddeutschland:** *3* Ems; *4* Eider, Stoer; *6* Alster
- **in Norditalien:** *2* Po; *4* Adda; *5* Etsch, Piave; *6* Brenta, Isonzo; *11* Tagliamento
- **in das Nördliche Eismeer:** *9* Mackenzie
- **in Nordrußland:** *5* Onega; *9* Petschora
- **in der Normandie:** *4* Orne, Vire
- **durch Northeim:** *5* Rhume
- **in Norwegen:** *3* Nea; *4* Alta, Rena, Sira, Tana; *6* Glomma; *7* Glommen
- **durch Nürnberg:** *7* Pegnitz
- **in den Ob-Busen:** *3* Tas
- **in Oberitalien** → Fluß in Norditalien
- **in Oberschlesien:** *4* Ruda; *5* Zinna; *6* Neisse, Stober; *7* Birawaka; *8* Klodnitz, Malapane
- **durch Omsk:** *2* Om
- **durch Orel:** *3* Oka
- **in Ostafrika:** *4* Juba, Tana; *6* Rovuma
- **der Ostalpen:** *6* Isonzo
- **in Österreich:** *3* Inn, Mur; *4* Ager, Drau, Enns, Isel, Raab, Sill; *5* March, Thaya, Traun; *6* Ziller
- **in Ostpreußen:** *4* Alle, Arge; *5* Neide, Pissa; *6* Inster, Pregel; *8* Passarge
- **zur Ostsee:** *4* Oder; *5* Trave; *6* Pregel; *8* Weichsel
- **in Pakistan:** *3* Nal; *4* Nara; *5* Indus
- **in Palästina:** *6* Jordan
- **durch Parchim:** *4* Elde
- **durch Paris:** *5* Seine
- **durch Passau:** *3* Ilz, Inn; *5* Donau
- **auf dem Peloponnes:** *5* Ladon; *6* Asopos, Pyrros; *7* Eurotas, Inachos; *8* Alpheios
- **in Pennsylvanien:** *11* Susquehanna
- **durch Perm:** *4* Kama
- **durch Perpignan:** *3* Tet
- **in Persien:** *3* Kor; *5* Karun, Tilar
- **in Peru:** *3* Ene; *4* Lomoa, Napo; *5* Tigre, Uritu; *7* Maranon
- **durch Pforzheim:** *3* Enz
- **durch Pisa:** *4* Arno
- **in Polen:** *3* Bug, Ner, San; *4* Nida, Obra; *5* Narew, Wasta, Wista; *6* Warthe; *8* Weichsel
- **in Pommern:** *4* Ihna, Leba, Oder, Rega; *5* Peene; *6* Stolpe, Wipper; *8* Persante
- **in Portugal:** *3* Tua; *4* Tejo; *5* Douro
- **durch Pößneck:** *4* Orla
- **durch Prag:** *6* Moldau
- **in der Prignitz:** *5* Dosse
- **durch Przemysl:** *3* San
- **in den Pyrenäen:** *5* Esera
- **der Pyrenäenhalbinsel:** *4* Ebro, Tajo, Tejo; *5* Douro, Duero; *8* Guadiana; *12* Guadalquivir
- **durch Quedlinburg:** *4* Bode
- **durch Rastatt:** *4* Murg
- **bei Ravenna:** *4* Reno
- **durch Regensburg:** *5* Donau, Regen
- **durch Rendsburg:** *5* Eider
- **im Rheinland:** *3* Ahr, Rur; *4* Erft, Lahn, Nahe, Ruhr, Sieg; *5* Mosel, Niers, Rhein, Ruwer; *6* Wupper
- **aus dem Riesengebirge:** *4* Elbe; *5* Bober
- **durch Riga:** *5* Duena
- **durch Rom:** *5* Tiber
- **durch Rosenheim:** *3* Inn
- **in Rumänien:** *3* Alt, Olt; *4* Bega; *5* Mures, Pruth; *6* Moldau, Sereth
- **in Rußland:** *3* Don, Oka, Ufa; *4* Kama, Kura, Newa, Rion, Ural; *5* Desna, Duena, Dwina, Onega, Terek, Wolga; *6* Dnjepr, Moskwa, Njemen, Pripet; *8* Beresina
- **durch Sagan:** *5* Bober
- **durch Salzburg:** *7* Salzach
- **durch Saragossa:** *4* Ebro
- **auf Sardinien:** *5* Tirso
- **im Sauerland:** *5* Lenne; *6* Ennepe
- **in Schlesien:** *4* Lohe, Oder, Ohle, Orla; *5* Bober; *6* Neisse, Stober; *7* Bartsch; *8* Katzbach, Klodnitz, Malapane; *9* Weistritz
- **durch Schleswig:** *6* Schlei
- **in Schleswig-Holstein:** *5* Eider, Stoer, Trave
- **zwischen Schleswig und Holstein:** *5* Eider
- **in Schottland:** *3* Dee, Don, Tay; *4* Geln, Ness, Tyne; *5* Clyde, Forth, Tweed
- **aus der Schwäbischen Alp:** *4* Rems
- **in das Schwarze Meer:** *3* Bug; *4* Rion; *5* Donau; *6* Dnjepr; *7* Dnjestr, Sakarya
- **am Schwarzen Meer:** *5* Fasan
- **im Schwarzwald:** *3* Elz, Oos; *4* Murg
- **in Schweden:** *3* Dal, Ulme
- **in der Schweiz:** *3* Inn; *4* Aare, Emme, Orbe, Thur; *5* Moesa, Reuss, Rhein, Rhône, Saane; *6* Limmat, Tessin, Ticino; *7* Tarmina
- **in Serbien:** *6* Morava
- **durch Sevilla:** *12* Guadalquivir
- **in Sibirien:** *2* Ob, Om, Ni; *3* Ket, Oka, Tas; *4* Amur, Jana, Lena; *5* Aldan, Tobol; *6* Angara, Kolyma; *7* Irtysch; *8* Jenissei; *9* Indigirka
- **in Siebenbürgern:** *5* Mures

- **durch Siegburg:** *4* Sieg; *5* Agger
- **auf Sizilien:** *5* Salso; *6* Simeto
- **durch Soissons:** *5* Aisne
- **in der Sowjetunion** → Fluß in Rußland → Fluß in Sibirien
- **in Spanien:** *3* Ega, Sil, Ter; *4* Ebro, Esla, Mino, Tajo; *5* Duero, Jucar, Minjo, Navia, Odiet, Segre; *6* Orbigo, Segura; *7* Mijares; *8* Guadiana; *11* Guadalaviar; *12* Guadalquivir
- **durch Stade:** *8* Schwinge
- **durch Stargard:** *4* Ihna
- **durch Staßfurt:** *4* Bode
- **in der Steiermark:** *3* Mur
- **durch Stendal:** *5* Uchte
- **durch Steyr:** *4* Enns
- **durch St. Louis:** *11* Mississippi
- **durch Straßburg:** *3* Ill
- **durch Stuttgart:** *6* Neckar
- **in Südafrika:** *3* Kei; *6* Oranje; *7* Limpopo
- **in Südamerika:** *6* Parana; *7* La Plata, Orinoco, Uruguay; *8* Amazonas, Rio Negro; *9* Tocantins
- **im Sudan:** *3* Nil
- **in Südasien:** *11* Brahmaputra
- **aus den Sudeten:** *4* Elbe, Iser, Oder
- **in Süditalien:** *4* Sele
- **in Südostafrika:** *7* Sambesi
- **in Südtirol:** *5* Etsch
- **auf Sumatra:** *4* Hari, Musi; *6* Kampar
- **in Tansania:** *4* Umba
- **durch Terni:** *4* Nera
- **durch Teschen:** *4* Olsa
- **in Texas:** *8* Colorado
- **in Thailand:** *3* Nan; *5* Menam
- **durch Thorn:** *8* Weichsel
- **in Thüringen:** *3* Ilm; *4* Orla; *5* Nesse, Saale
- **durch Tiflis:** *4* Kura
- **durch Tilsit:** *5* Memel
- **in Tirol:** *3* Inn; *5* Etsch; *6* Eisack
- **in Togo:** *3* Oti
- **durch Toledo:** *4* Tajo
- **in der Toscana:** *3* Era; *4* Arno
- **durch Tours:** *5* Loire
- **durch Trier:** *5* Mosel
- **in der Tschechoslowakei:** *4* Eger, Elbe; *5* March, Wotau; *6* Beraun, Moldau; *7* Blanitz, Truebau
- **durch Tübingen:** *6* Neckar
- **durch Turin:** *2* Po
- **in der Türkei:** *6* Goeksu, Seyhan, Tigris; *7* Euphrat, Sakaria; *8* Maeander, Menderes; *10* Kisil-Irmak
- **in Turkestan:** *3* Amu; *4* Aksu; *8* Amudarja
- **durch Uelzen:** *7* Ilemnau
- **in der Ukraine:** *3* Bug; *5* Desna
- **durch Ulm:** *5* Donau
- **in Ungarn:** *3* Sed; *4* Raab
- **der Unterwelt:** *4* Styx; *5* Lethe; *7* Acheron, Cocytus, Kokytos
- **in Uruguay:** *6* Dayman; *8* Rio Negro
- **in den USA:** *4* Ohio; *5* Miami; *6* Hudson; *8* Missouri; *11* Mississippi
- **in Venezuela:** *5* Apure, Apusa; *7* Orinoco
- **durch Verden:** *5* Aller
- **des Vergessens:** *5* Lethe
- **durch Verona:** *5* Etsch
- **in Vietnam:** *6* Mekong, Songka; *7* Songkio
- **durch Villach:** *4* Drau
- **in Vorderasien:** *6* Tigris; *7* Euphrat
- **im Vorderen Orient:** *6* Jordan
- **in Vorderindien:** *7* Narbada
- **durch Waiblingen:** *4* Rems
- **durch Warburg:** *6* Diemel
- **durch Warschau:** *8* Weichsel
- **durch Weiden:** *4* Naab
- **durch Weimar:** *3* Ilm
- **in das Weiße Meer:** *3* Kem; *5* Dwina, Onega
- **in Weißrußland:** *3* Ula
- **durch Wels:** *5* Traun
- **durch Wertheim:** *4* Main; *6* Tauber
- **in Westafrika:** *5* Volta; *6* Gambia
- **durch Wien:** *5* Donau
- **durch Wiesbaden:** *5* Rhein
- **durch Winsen:** *4* Luhe
- **durch Witten:** *4* Ruhr
- **durch Wittstock:** *5* Dosse
- **durch Würzburg:** *4* Main
- **durch Wurzen:** *5* Mulde
- **in Zentralafrika:** *5* Kongo; *6* Schari
- **in Zentralasien:** *3* Ili
- **zum/zur...** → Nebenfluß
- **durch Zürich:** *6* Limmat

Flußarm im Rheindelta: *5* Linge; *6* Ijssel
Flußbarsch: *6* Bersig
Flußbegrenzung: *4* Ufer
Flußbett: *4* Wadi; *5* Creek, River
Flußbiegung: *4* Knie
Flußboot: *5* Gelle
Flußgestein: *4* Kies
Flußgott der Griechen: *5* Ladon; *6* Asopos, Peneos; *7* Apheus, Penelos; *8* Acheloos, Alphaios
Flußinsel: *6* Werder
Flußkanonenboot: *7* Monitor
Flußlandestelle: *6* Laende
Flußlandschaft: *2* Au; *3* Aue
Flußmündung: *5* Delta
Flußmuschel: *6* Najade
Flußneunauge: *6* Bricke, Pricke
Flüssigkeitsansammlung: *6* Erguss
- **in Wunden:** *5* Serom

Flußniederung: *2* Au; *3* Aue
Flußpferd: *8* Nilpferd; *12* Hippopotamus
Flußrand: *4* Ufer
Flußregelungsanlage: *4* Wehr; *5* Buhne, Deich
Flußtal: *5* Canon
Flußübergang: *4* Furt, Steg; *7* Bruecke
flüssig: *6* liquid; *7* liquide
flüssige(r, s)
- **Dünger:** *6* Jauche
- **Fett:** *3* Oel; *4* Tran
- **Gestein:** *4* Lava; *5* Magma
- **Nahrungsmittel:** *5* Milch
- **Speise:** *5* Sauce, Sosse, Suppe, Tunke
- **Speisewürze:** *5* Essig

Flüssiggas: *5* Butan, Gasol; *6* Propan
Flüssigkeit: *4* Nass, Saft, Seim; *5* Lauge; *6* Bruehe, Wasser; *8* Getraenk
Flüssigkeitsbehälter: *4* Fass, Krug, Tank; *5* Eimer, Kanne, Kruke, Wanne; *6* Ballon, Kessel; *7* Flasche; *8* Kanister
Flüssigkeitsentnehmer: *7* Pipette
Flüssigkeitsgemisch: *7* Loesung; *8* Emulsion
Flüssigkeitsmaß: *3* Ahm, Ohm; *5* Liter, Quart; *6* Seidel; *7* Gebinde; *8* Schoppen; *9* Deziliter; *10* Hektoliter
Flüssigkeitsrest: *5* Neige
Flüstern: *7* Geraune; *8* Gewisper; *9* Getuschel, Gezischel
flüstern: *6* raunen; *7* wispern; *8* tuscheln
Flut: *4* Tide; *5* Menge, Strom; *7* Steigen
Flutwelle in asiatischen Flußmündungen: *4* Bore
Fohlen: *5* Enter; *7* Fuellen
Fokus: *10* Brennpunkt
Folge: *5* Kette, Reihe, Serie, Suite; *6* Zyklus; *7* Produkt, Sequenz, Wirkung; *8* Resultat; *10* Konsequenz
Folge von drei Dichtwerken u. a.: *8* Trilogie
– von vier Dichtwerken u. a.: *10* Tetralogie
– von Muskelkrämpfen: *6* Klonus
– von Tanzsätzen: *5* Suite
folgerichtig: *7* logisch; *10* konsequent; *11* konstruktiv; *12* systematisch
folgerichtiges Denken: *5* Logik
Folgerichtigkeit: *10* Konsequenz
folgern: *8* ableiten, urteilen; *10* schliessen
Folgerung: *6* Schluss; *10* Konsequenz
folgewidrig: *9* unlogisch; *12* inkonsequent
Folgezeit: *7* Zukunft
folglich: *4* also, ergo; *5* daher; *7* deshalb
folgsam: *4* brav; *5* artig
Folie aus Zinn: *8* Stanniol
folkloristische Kleidung: *6* Tracht
Folter: *4* Pein, Qual; *6* Marter, Tortur
foltern: *7* martern, quaelen; *8* peinigen
foppen: *4* uzen; *6* narren, necken; *7* prellen; *9* betruegen, duepieren; *11* hintergehen, ueberlisten
Fopperei: *2* Uz
Force: *5* Zwang; *6* Gewalt; *7* Staerke
Förde: *5* Bucht
Förderband: *8* Conveyer
Förderer: *6* Helfer; *9* Protektor
fordern: *8* heischen; *9* verlangen
Forderung: *6* Begehr; *8* Postulat, Zumutung; *9* Verlangen
Förderung: *5* Gunst, Hilfe; *10* Protektion
Forderungsabtretung: *7* Zession
Forderungssicherheit: *5* Pfand
Förderwagen im Bergbau: *4* Hund
Förderwerk: *8* Elevator
Forke: *5* Gabel
Form: *4* Plan; *5* Model, Modus; *6* Fasson, Muster, Schema; *7* Gestalt; *8* Struktur
Form der Arie: *8* Kavatine
– des Ausdrucks: *4* Stil
– des Buddhismus: *9* Lamaismus
– des Dramas: *9* Tragoedie; *11* Trauerspiel
– der Energie: *6* Waerme; *9* Atomkraft; *11* Magnetismus, Wasserkraft; *13* Elektrizitaet
– des gesellschaftlichen Umgangs: *8* Etikette
– des Sauerstoffs: *4* Ozon
– der Zellkernteilung: *6* Mitose
Formalität: *9* Formsache; *10* Vorschrift; *12* Hoeflichkeit; *13* Foermlichkeit; *15* Aeusserlichkeit
Formänderung: *11* Deformation
Format: *4* Mass; *5* Figur; *7* Gestalt
Formation: *7* Bildung, Verband
Formbarkeit: *12* Plastizitaet
Formblatt: *8* Formular, Vordruck
Formel: *4* Norm; *5* Regel; *6* Gesetz; *7* Begriff, Floskel, Wendung, Zeichen; *8* Ausdruck, Terminus; *10* Bestimmung, Vorschrift; *11* Redewendung
formelhafte Redewendung: *7* Floskel
formell: *5* steif; *8* proforma; *9* foermlich; *11* aeusserlich
formen: *6* bilden; *7* praegen; *9* gestalten; *11* modellieren
Formenlehre: *9* Grammatik
Former: *9* Modelleur
Formgebung: *7* Styling
formieren: *6* bilden; *13* konstituieren
förmlich: *6* formal; *7* formell; *9* offiziell; *10* formaliter; *11* zeremoniell, zeremonioes; *13* konventionell
Förmlichkeit: *8* Etikette; *9* Formalien, Zeremonie; *11* Formalitaet
Förmlichkeiten: *9* Formalien
formlos: *6* amorph; *10* burschikos, nonchalant
formlose Übereinkunft: *9* Agreement
Formlosigkeit: *11* Nonchalance
Formosa: *6* Taiwan
Formsache: *11* Formalitaet; *15* Aeusserlichkeit
Formstück: *7* Fitting
Formular: *6* Muster; *8* Vordruck; *9* Formblatt
Formveränderung: *11* Deformation
Formwechsel: *11* Anamorphose; *12* Metamorphose
forsch: *5* flott, kuehn; *6* munter; *9* schneidig
forschen: *9* studieren
Forscher: *9* Gelehrter; *15* Wissenschaftler
Forschungsanstalt: *8* Institut
Forschungsgerät im Weltraum: *5* Sonde
Forschungsraum: *5* Labor; *12* Laboratorium
Forschungsreise: *10* Expedition
Forschungsstätte: *5* Labor; *12* Laboratorium
Forschungsweise: *7* Methode
Forst: *4* Wald; *7* Waldung
Forstabteilung: *5* Jagen
Forstbeamter: *8* Foerster, Forstrat; *11* Hegemeister; *12* Forstmeister, Oberfoerster
Forstbestand: *6* Gehege; *8* Dickicht, Hochwald, Jungholz, Laubwald, Schonung; *9* Gestruepp, Mischwald, Nadelwald, Pflanzung, Unterholz
Forstbezirk: *6* Revier
Forstlehrling: *5* Eleve

Forstschädling: *5* Nonne; *7* Spanner, Spinner; *12* Borkenkaefer
Fort: *7* Festung; *11* Befestigung; *12* Festungswerk
Fort am Großen Sklavensee: *3* Rae
Fortbestehen: *5* Dauer
Fortbewegungsart: *5* gehen; *6* fahren, laufen, reiten, rennen; *7* fliegen; *8* springen; *9* schwimmen
Fortbewegungsorgan der Fische: *6* Flosse
Fortdauer: *10* Stetigkeit; *12* Kontinuitaet
fortdauernd: *6* stetig; *14* kontinuierlich
forte: *4* laut; *5* stark
Fortgang: *7* Verlauf; *11* Entwicklung
fortlaufend: *10* kursorisch
Fortplanzung: *10* Vermehrung
Fortpflanzung ohne Befruchtung: *6* Agamie
Fortpflanzungszelle: *2* Ei; *4* Same; *5* Gamet
Fortsatz des Blinddarms: *8* Appendix
Fortschreiten: *11* Progression
Fortschritt: *8* Progress
fortschrittlich: *10* progressiv
Forum: *5* Markt, Runde; *7* Gericht; *10* Marktplatz; *11* Gerichtshof, Versammlung; *12* Richterstuhl; *15* Gespraechsrunde
fossiles Harz: *9* Bernstein
fossiles Tier: *7* Ammonit, Saurier, Urvogel; *10* Ammonshorn
Fotoapparat: *3* Box; *6* Kamera
Fotokopie: *10* Ablichtung
fototechnisches Kurzwort: *3* Dia
Fotozubehör: *4* Film; *6* Platte, Stativ; *8* Farbfilm, Kassette, Rollfilm, UV-Filter; *10* Blitzlicht, Gelbfilter; *11* Lichtmesser; *15* Elektronenblitz, Selbstausloeser; *17* Belichtungsmesser, Entfernungsmesser
Foyer: *7* Vorraum; *8* Vorhalle; *10* Wandelgang; *11* Wandelhalle; *16* Erfrischungsraum
Fracht: *5* Kargo; *6* Ladung; *7* Ladegut; *12* Transportgut
Fracht entladen: *8* loeschen
Frachtbrief: *12* Konnossement
Frachtkahn: *5* Prahm, Zille; *8* Leichter
Frachtnachlaß: *8* Refaktie
Frachtraum: *7* Tonnage
Frachtschiff: *6* Tanker; *8* Frachter
Frachtstück: *4* Pack; *5* Kiste, Kollo; *6* Ballen
Frachtverkehr: *14* Warentransport; *15* Guetertransport
Frachtvertrag: *7* Charter
Frage: *7* Problem
Fragefürwort: *3* was, wem, wen, wer
fragend: *12* interrogativ
Fragenkreis: *7* Materie
Fragespiel: *4* Quiz
Fragestellung: *7* Problem
Frage- und Antwort-Spiel: *4* Quiz
Fragewort: *2* wo; *3* wie; *5* warum, wieso, wohin; *6* wofuer; *7* weshalb; *12* Interrogativ
fraglich: *6* dubios
Fraglichkeit: *11* Problematik
Fragment: *5* Torso
fragwürdig: *6* obskur; *7* dubios, ominoes, seltsam, suspekt; *10* mysterioes; *11* verdaechtig, zweifelhaft
Fraktion: *6* Gruppe; *10* Vertretung; *12* Parteigruppe
Fraktur: *4* Buch; *5* Bruch; *7* Schrift; *12* Druckschrift, Knochenbruch
Frankenkönig: *3* Odo; *4* Karl; *6* Ludwig, Pippin; *7* Guntram; *8* Chlodwig, Dagobert, Karlmann, Merowech, Sigibert; *10* Childerich; *11* Karl Martell
Frankenweinflasche: *11* Bocksbeutel
Frankfurter Bauwerk: *6* Roemer; *10* Goethehaus; *11* Paulskirche
fränkische(r, s)
- **Adelsgeschlecht:** *9* Hohenlohe
- **Erzbischof:** *3* Ebo
- **Hausflur:** *3* Ern
- **Hausmeier:** *6* Pippin
- **Herrschergeschlecht:** *6* Salier; *10* Karolinger, Merowinger
- **Hofbeamter:** *10* Seneschall
- **König** → Frankenkönig
- **Reichsstadt:** *12* Dinkelsbuehl

Frankreich auf französisch: *6* France
Franktireur: *8* Partisan; *13* Freischaerler
Franse: *8* Posament
Fransenbüschel: *6* Quaste; *7* Troddel
Franziskanerorden: *9* Kapuziner, Klarissen, Minoriten; *10* Tertiarier; *11* Observanten, Spiritualen
Franzosengras: *7* Raygras; *10* Glatthafer
Franzosenkraut: *10* Knopfkraut
französisch (Sprache)
- **Abend:** *4* soir
- **acht:** *4* huit
- **alsdann:** *5* alors
- **Arbeit:** *7* travail
- **Arm:** *4* bras
- **Art:** *5* genre
- **auch:** *5* aussi
- **Baby:** *4* bébé
- **Bad:** *4* bain
- **Ball:** *3* bal
- **Bauer:** *6* paysan
- **Baum:** *5* arbre
- **Beleidigung:** *7* affront
- **Bett:** *3* lit
- **blau:** *4* bleu
- **Blume:** *5* fleur
- **deutsch:** *8* allemand
- **Dienst:** *7* service
- **Ding:** *5* chose
- **drei:** *5* trois
- **du:** *2* tu
- **Duft:** *5* odeur
- **durch:** *3* par
- **Ehre:** *7* honneur
- **Eindruck:** *10* impression
- **einfarbig:** *3* uni
- **eins:** *2* un
- **Eintracht:** *8* concorde
- **Eintritt:** *6* entrée

- **Einzelheit:** *6* detail
- **Eisen:** *3* fer
- **Ende:** *3* fin
- **er:** *2* il
- **Erde:** *5* terre
- **Fahne:** *7* drapeau
- **Fahrkarte:** *6* billet
- **Farbe:** *7* couleur
- **Fehltritt:** *7* fauxpas
- **Feld:** *5* champ
- **Feuer:** *3* feu
- **flink:** *6* alerte
- **Flug:** *3* vol
- **Flugzeug:** *5* avion
- **Folge:** *5* suite
- **Frankreich:** *6* France
- **Frau:** *5* femme
- **Freund:** *3* ami
- **Freundin:** *4* amie
- **Frühling:** *9* printemps
- **fünf:** *4* cinq
- **Fuß:** *4* pied
- **Gattung:** *5* genre
- **Geist:** *6* esprit
- **gelb:** *5* jaune
- **Geld:** *6* argent
- **Gepäck:** *6* bagage
- **Geschenk:** *7* présent
- **Gold:** *2* or
- **Gott:** *4* Dieu
- **groß:** *5* grand
- **grün:** *4* vert
- **gut:** *3* bon; *4* bien
- **Gutschein:** *3* bon
- **halb:** *4* demi
- **Hand:** *4* main
- **Haus:** *6* maison
- **Heinrich:** *5* Henri
- **Herbst:** *7* automne
- **ich:** *2* je; *3* moi
- **in:** *2* en; *4* dans
- **Insel:** *3* Île
- **ist:** *3* est
- **ja:** *3* oui
- **Jagd:** *6* chasse
- **kalt:** *5* froid
- **Karl:** *7* Charles
- **Katze:** *4* chat
- **Kind:** *6* enfant
- **klein:** *5* petit
- **König:** *3* roi
- **Königin:** *5* reine
- **königlich:** *5* royal
- **Kugel:** *5* boule
- **Kunst:** *3* art
- **Kuß:** *6* baiser
- **Leben:** *3* vie
- **lebendig:** *3* vif; *6* vivant
- **Liebe:** *5* amour
- **Löwe:** *4* lion
- **Luft:** *3* air
- **Mahlzeit:** *5* diner; *6* souper; *8* déjeuner
- **man:** *2* on
- **Mann:** *5* homme
- **Meister:** *6* maître
- **Morgen:** *5* matin
- **Mut:** *7* courage
- **Nacht:** *4* nuit
- **nein:** *3* non
- **neun:** *4* neuf
- **nichts:** *4* rien
- **oder:** *2* ou
- **ohne:** *4* sans
- **Oper:** *5* opera
- **Osten:** *3* est
- **Preis:** *4* prix
- **Punkt:** *5* point
- **Recht:** *5* droit
- **Regenschirm:** *9* parapluie
- **Reise:** *6* voyage
- **rosa:** *4* rosé
- **rot:** *5* rouge
- **Ruhm:** *6* gloire
- **Sache:** *5* chose
- **Sankt:** *5* saint
- **Schimpf:** *7* affront
- **Schlag:** *4* coup
- **Schloß:** *7* château
- **Schnee:** *5* neige
- **schwarz:** *4* noir
- **sechs:** *3* six
- **See:** *3* lac
- **Seele:** *3* âme
- **sehr:** *4* tres
- **sieben:** *4* sept
- **Sommer:** *3* été
- **Sonne:** *6* soleil
- **Spiel:** *3* jeu
- **Straße:** *3* rue
- **Tag:** *4* jour
- **Tanz:** *5* danse
- **Tier:** *4* bête
- **Tisch:** *5* table
- **Tod:** *4* mort
- **und:** *2* et
- **Unglück:** *7* malheur
- **unser:** *5* notre
- **vier:** *6* quatre
- **vol:** *5* plein
- **von:** *2* de
- **Wasser:** *3* eau
- **Weihnachten:** *4* Noël
- **Wein:** *3* vin
- **weiß:** *5* blanc
- **Welt:** *5* monde
- **wenig:** *3* peu
- **Winter:** *5* hiver
- **wirklich:** *4* réel
- **Witz:** *6* esprit
- **wo:** *3* où
- **Wunder:** *7* miracle
- **zehn:** *3* dix
- **zwei:** *4* deux
- **zwischen:** *5* entre

französische(r, s)
- **Adelsgeschlecht:** *7* Orléans
- **Adelspartei:** *6* Fronde
- **Adelsprädikat:** *2* de
- **Adelstitel:** *3* Duc; *4* Pair; *5* Baron, Comte; *6* Prince; *7* Baronne, Marquis, Vicomte; *8* Comtesse, Duchesse, Marquise; *9* Chevalier, Princesse; *10* Vicomtesse
- **Admiral:** *7* Coligny
- **Afrikaforscher:** *6* Brazza
- **Ägyptologe:** *11* Champollion
- **alte Münze:** *3* Sou; *5* Livre; *8* Louisdor; *11* Napoleondor
- **alter Tanz:** *7* Gavotte; *9* Française, Quadrille
- **Anrede:** *6* Madame; *8* Monsieur; *12* Mademoiselle
- **Anrede für Majestät:** *4* Sire
- **Apéritif:** *5* Byrrh, Picon; *6* Pernod, Ricard; *8* Dubonnet
- **Apfelbranntwein:** *8* Calvados
- **Artikel:** *2* la, le, un; *3* les, une
- **Arzt:** *6* Carrel; *7* Laveran; *8* Cournand
- **Astrologe:** *11* Nostradamus
- **Astronaut:** *8* Chrétien
- **Atomphysiker:** *6* Joliot
- **Automarke:** *5* Simca; *7* Citroën, Panhard, Peugeot, Renault
- **Autorennfahrer:** *5* Prost; *6* Alliot
- **Bakteriologe:** *7* Pasteur, Nicolle; *8* Calmette
- **Ballonfahrer:** *6* Rozier; *9* Blanchard; *11* Montgolfier
- **Benediktinerabtei:** *5* Cluny
- **Bildhauer:** *3* Arp; *4* Adam; *5* Pilon, Puget, Rodin; *6* Houdon, Pompon; *7* Colombe, Despiau, Laurens, Lemoyne, Maillol, Pigalle, Richier; *9* Bourdelle
- **Biologe:** *5* Henri; *6* Carrel; *7* Lamarck, Pasteur
- **Branntwein:** *6* Cognac, Kognak; *8* Armagnac, Calvados, Salignac
- **Chansonnier:** *4* Brel; *6* Bécaud; *8* Moustaki; *9* Chevalier
- **Chansonnette:** *4* Piaf; *5* Gréco
- **Chemiker:** *6* Perrin; *7* Moissan, Pasteur; *8* Grignard, Sabatier; *9* Lavoisier
- **Departement:** *3* Ain, Lot, Var; *4* Aube, Aude, Cher, Eure, Gard, Jura, Nord, Oise, Orne, Tarn; *5* Aisne, Alpes, Doubs, Drôme, Indre, Isère, Loire, Marne, Meuse, Rhône, Seine, Somme; *6* Landes, Loiret, Manche, Sarthe, Savoie, Vendée, Vienne, Vosges; *7* Belfort, Côte d'or, Garonne, Gironde, Hérault, Moselle; *8* Ardennes, Calvados, Dordogne, Pyrénées, Vaucluse; *9* Finistere
- **Dichter:** *4* Gide, Hugo; *5* Camus; *6* Aragon, Céline, Daudet, Musset, Racine, Valéry, Villon; *7* Chénier, Claudel, Cocteau, Mistral, Molière, Prévert, Regnard, Rimbaud, Rolland, Ronsard; *8* Beranger, Corbiere, Laforgue, Mallarmé, Perrault, Rabelais, Verlaine, Voltaire; *10* Baudelaire, La Fontaine; *11* Montherlant
- **Dichterin:** *4* Labé
- **Dramatiker:** *5* Camus; *6* Achard, Pagnol, Racine, Sardou, Sartre, Scribe; *7* Anouilh, Moliere, Rostand; *8* Salacrou; *9* Corneille
- **Druckerfamilie:** *5* Didot; *7* Etienne
- **Dudelsack:** *7* Musette
- **farbiger Soldat:** *5* Spahi, Turko, Zuave
- **Festung:** *4* Laon, Metz, Toul; *5* Brest, Lille, Sedan; *6* Epinal, Verdun; *7* Belfort; *8* Maubeuge
- **Festungsbaumeister:** *6* Vauban
- **Filmpionier:** *6* Melies
- **Filmregisseur:** *5* Carne, Clair, Malle; *6* Godard, Guitry, Renoir
- **Filmschauspieler:** → französischer Schauspieler
- **Flächenmaß:** *3* Are
- **Flagge:** *9* Trikolore
- **Flieger:** *6* Voisin; *7* Blériot
- **Fluggesellschaft:** *9* Air France
- **Fluß** → Fluß in Frankreich
- **Frauenname:** *3* Eve; *4* Lulu, Rose; *5* Alice, Julie, Manon, Marie, Odile, Renée; *6* Anette, Clare, Gisele, Hélène, Janine, Jeanne, Louise, Lucile, Marion, Mignon, Mylene, Nicole, Odette, Simone, Yvonne; *7* Annette, Babette, Blanche, Colette, Danièle, Désirée, Dorette, Eugénie, Héloise, Lisette, Lucille, Martine, Michèle, Nanette, Natalie, Suzanne, Thérèse, Valérie; *8* Béatrice, Fabienne, Germaine, Hortense, Isabelle, Juliette, Mireille, Nathalie; *9* Albertine, Angélique, Cathérine, Françoise, Geneviève, Jeannette, Josephine, Madeleine, Valentine; *10* Antoinette, Blanchette, Florentine, Marguerite; *11* Marie Louise
- **Fürstenhaus:** *5* Anjou, Capet; *6* Valois; *7* Bourbon, Burgund
- **Gartenkünstler:** *7* Lenôtre
- **Gasthaus:** *7* Auberge
- **Gebirge** → Gebirge in Frankreich
- **Gefängnis:** *5* Bagno
- **Geheimpolizei:** *6* Sureté
- **Geheimsekte:** *10* Albigenser
- **Geheimzeichen:** *7* Chiffre
- **geistreiches Witzwort:** *6* Bonmot
- **Gesetzbuch:** *4* Code
- **Gewebe:** *5* Arras
- **Graphiker:** *6* Callot; *7* Maillol
- **Hafenstadt** → Hafenstadt in Frankreich
- **Hafenstadt am Mittelmeer:** *4* Sète; *6* Toulon; *9* Marseille
- **Halbinsel:** *8* Bretagne, Cotentin
- **Hauptstadt:** *5* Paris
- **Heiliger:** *3* Ado
- **Herrscheranrede:** *4* Sire
- **Herrschergeschlecht:** *5* Anjou, Capet; *6* Valois; *7* Bourbon, Burgund; *8* Capetien; *10* Kapetinger
- **Herrschername** → französischer Königsname
- **hinweisendes Fürwort:** *2* ce; *3* cet; *5* cette
- **Historiker:** *5* Taine; *6* Aulard, Breuil; *8* Voltaire; *9* Bainville
- **Humanist:** *8* Rabelais
- **Illustrator:** *4* Doré

- **Infanterist:** *8* Chasseur
- **Ingenieur:** *6* Eiffel; *7* Lesseps
- **Insel:** *2* If, Ré; *3* Yeu; *5* Croix; *6* Levant, Oléron; *7* Korsika, Mopelia, Réunion; *8* Belle-Ile; *11* Noirmoutier; *12* Porquerolles
- **Jakobiner:** *8* Mirabeau
- **Kaisername:** *8* Napoléon
- **Kampfflugzeug:** *6* Mirage
- **Kardinal:** *9* Richelieu
- **Karikaturist:** *5* Sempé; *7* Daumier
- **Käse:** *4* Brie; *7* Gervais, Romadur; *8* Romadour; *9* Camenbert, Roquefort
- **Kinderfrau:** *5* Bonne
- **Kolonialtruppe:** *6* Zuaven; *13* Fremdenlegion
- **Komponist:** *4* Adam, Aimé, Lalo; *5* Auber, Bizet, Dukas, Ibert, Lully, Méhul, Ravel, Satie; *6* Albert, Franck, Gounod, Halévy, Rameau, Thomas; *7* Berlioz, Debussy, Delibes, Milhaud, Poulenc, Roussel; *8* Couperin, Maillart, Massenet, Messiaen; *9* Boieldieu; *10* Saint-Saëns; *11* Carpentier
- **Königsgeschlecht:** *6* Valois; *7* Bourbon; *8* Capetien; *10* Kapetinger
- **Königsmörder:** *9* Ravaillac
- **Königsname:** *5* Henri, Louis; *7* Charles; *8* François, Philippe
- **Kräuterlikör:** *8* Anisette; *10* Chartreuse; *12* Benediktiner
- **Kriegshafen:** *5* Brest; *6* Toulon
- **Kronprinz:** *7* Dauphin
- **Kurort** → Kurort in Frankreich
- **Küstenfluß:** *3* Tet; *4* Orne
- **Küstengebirge:** *7* Esterel
- **Landschaft** → Landschaft in Frankreich
- **Liederdichter:** *8* Béranger
- **Likör:** *8* Anisette; *9* Cointreau; *10* Chartreuse; *11* Vieille Cure; *12* Benediktiner, Cordial Médoc
- **Losungswort der Revolution:** *7* Egalité, Liberté; *10* Fraternité
- **Luftfahrtgesellschaft:** *9* Air France
- **Lustspieldichter:** *7* Molière
- **Majestätsanrede:** *4* Sire
- **Maler:** *4* Doré, Dufy; *5* Corot, David, Degas, Dénis, Léger, Manet, Monet, Pesne, Redon; *6* Braque, Breton, Buffet, Clouet, Dérain, Dubois, Greuze, Ingres, Lebrun, Millet, Renoir, Rigaud, Seurat, Signac, Sisley, Tanguy, Vernet; *7* Bonnard, Boucher, Cézanne, Chardin, Courbet, Daumier, Duchamp, Gauguin, Gleizes, Liotard, Lorrain, Marquet, Matisse, Poussin, Prud'hon, Rouault, Soutine, Utrillo, Watteau; *8* Delaunay, Gromaire, Pissarro, Rousseau; *9* Delacroix, Fragonard, Géricault; *15* Toulouse-Lautrec
- **Malerin:** *7* Valadon
- **Männername:** *3* Lou; *4* Jean, René, Yves; *5* Alain, André, Denis, Emile, Henri, Jules, Louis, Raoul; *6* Armand, Claude, Edmond, Eugène, Gaston, George, Honoré, Horace, Jérôme, Marcel, Michel, Odilon, Pierre, Romain; *7* Adolphe, Anatole, Antoine, Charles, Edouard, Etienne, Fernand, Germain, Jacques, Maurice, Nicolas, Olivier, Prosper; *8* Ambroise, Aristide, Félicien, François, Frédéric, Stéphane; *9* Sébastien, Victorien
- **Märchengestalt:** *4* Oger
- **Marschall:** *4* Foch, Niel; *6* Joffre, Pétain, Vauban; *7* Masséna, Turenne
- **Mathematiker:** *5* Monge; *6* Fermat, Moivre, Pascal; *7* Fourier, Poisson; *8* Lagrange, Poincaré; *9* Descartes
- **Mediziner:** *6* Carrel; *7* Laveran; *8* Cournand
- **Mehrzahlartikel:** *3* les
- **Minnesänger:** *7* Blondel; *10* Troubadour; *13* Bertran de Born
- **Modeschöpfer:** *4* Dior; *5* Patou, Ricci; *6* Cardin, Carven, Chanel, Féraud, Lanvin; *7* Balmain, Esterel, Laroche, Rabanne; *8* Scherrer; *9* Courrèges; *12* Saint-Laurent
- **Modeschöpferin:** *6* Chanel
- **Münze:** *3* Sou; *5* Franc; *7* Centime
- **Nachrichtenagentur:** *3* AFP
- **Name für Karl den Großen:** *11* Charlemagne
- **Nationalflagge:** *9* Trikolore
- **Nationalheldin:** *10* Jeanne d'Arc
- **Nationalhymne:** *12* Marseillaise
- **Nationalökonom:** *6* Turgot
- **Naturforscher:** *5* Curie; *6* Ampère; *7* Lamarck, Laplace, Pasteur, Réaumur, Coulomb
- **Nobelpreisträger** → Nobelpreisträger
- **Opernkomponist:** *4* Adam; *5* Auber, Bizet; *6* Albert, Gounod, Thomas; *8* Maillart; *9* Boieldieu
- **Orden:** *11* Ehrenlegion
- **Pantomime:** *7* Marceau
- **Pazifist:** *6* Jaures; *8* Barbusse
- **persönliches Fürwort:** *2* il; *3* ils, lui; *4* elle, leur; *5* elles
- **Pferderennbahn:** *7* Auteuil; *9* Vincennes; *10* Longchamps
- **Philosoph:** *5* Alain, Bayle, Camus, Comte, Ramus, Renan, Taine, Tracy; *6* Gilson, Marcel, Nicole, Pascal, Sartre; *7* Bergson, Blondel, Bossuet, Diderot; *8* Abaelard, Alembert, Rousseau, Voltaire; *9* Descartes, Helvétius; *11* Malebranche
- **Physiker:** *4* Biot; *5* Arago, Curie, Papin; *6* Ampère, Carnot, Fizeau, Perrin, Rozier, Savart; *7* Broglie, Coulomb, Fresnel, Poisson, Réaumur; *8* Foucault, Mariotte; *9* Becquerel, Gay-Lussac, Guillaume; *11* Joliot-Curie
- **Physikerehepaar:** *11* Joliot-Curie
- **Physikerin:** *5* Curie; *11* Joliot-Curie
- **Physiologe:** *6* Richet
- **Pilot und Ingenieur:** *7* Blériot
- **Politiker:** *3* Say; *4* Blum; *5* Pinay; *6* Briand, Chirac, Gaulle; *7* Bidault; *8* de Gaulle, Gambetta, Pompidou; *9* Clemenceau; *10* Mitterrand
- **Polizist:** *4* Flic
- **Porzellanmanufaktur:** *6* Sèvres
- **Präposition:** *2* de, en; *3* par; *4* dans, pour
- **Prinzentitel:** *5* Anjou

- **Protestanten:** *10* Hugenotten
- **Prunkmöbelbauer:** *6* Boulle
- **Revolutionär:** *5* Marat; *6* Danton; *9* Saint-Just; *10* Desmoulins; *11* Robespierre
- **Revolutionslied:** *10* Carmagnole; *12* Marseillaise
- **Revolutionspartei:** *9* Jakobiner
- **Revolutionsparole:** *7* Egalité, Liberté; *10* Fraternité
- **Ritter:** *6* Bayard
- **Riviera:** *9* Côte d'Azur
- **Rokokomaler:** *7* Boucher, Watteau; *9* Fragonard
- **Rotweinsorte:** *5* Médoc; *6* Graves, Morgon; *7* Fleurie, Musigny; *8* Bordeaux; *10* Beaujolais, Richebourg; *12* Saint-Emilion
- **Schafkäse:** *7* Romadur; *8* Romadour; *9* Roquefort
- **Schauspieler:** *4* Tati; *5* Delon, Funès, Gabin, Talma; *6* Marais, Picoli; *7* Philipe, Richard; *8* Barrault, Belmondo, Brasseur; *9* Chevalier, Depardieu
- **Schauspielerin:** *5* Béart, Caron, Carol; *6* Arnoul, Bardot, Moreau, Morgan; *8* Darrieux, Signoret; *9* Bernhardt
- **Schlagersängerin:** *4* Piaf; *5* Hardy
- **Schloß:** *3* Pau; *4* Biron, Blois; *6* Annecy, Chinon, Loches, Nantes, Saumur; *7* Amboise, Avignon, Brissac, Trianon, Vendôme; *8* Chambord, Tarascon, Valençay; *9* Marseille, Perpignan; *10* Châteaudun, Versailles; *11* Carcassonne, Rambouillet; *13* Fontainebleau
- **Schrifsteller:** *3* Sue; *4* Anet, Sade, Zola; *5* Camus, Dumas, Genet, Green, Verne; *6* Balzac, France, Lesage, Sartre; *7* Bourget, Diderot, Duhamel, Fénelon, Gautier, Mauriac, Maurois, Mérimée, Prévost, Rolland, Romains, Scarron, Tillier; *8* Bernanos, Constant, Flaubert, Rousseau, Stendhal, Voltaire; *9* Giraudoux; *10* Maupassant; *12* Beaumarchais; *13* Chateaubriand
- **Schriftstellerin:** *4* Sand; *5* Duras, Sagan, Staël; *7* Colette, Monnier; *8* Beauvoir, Sarraute
- **Seebad** → Seebad in Frankreich
- **Seefahrer:** *12* Bougainville
- **Sozialist:** *5* Blanc; *6* Auriol; *8* Lasalle
- **Staatsmann:** *6* Briand, Gaulle; *7* Colbert, Mazarin; *8* Daladier, de Gaulle, Poincaré, Pompidou; *9* Richelieu; *10* Clemenceau, Mitterrand, Talleyrand; *13* Chateaubriand
- **Staatsphilosoph:** *11* Montesquieu
- **Staatspräsident:** *6* Gaulle; *7* Giscard; *8* de Gaulle, Pompidou, d'Estaing; *15* Giscard d'Estaing
- **Stadt** → Stadt in Frankreich
- **Strafkolonie:** *5* Bagno
- **Tanz:** *6* Cancan; *7* Gavotte, Musette; *9* Française, Quadrille
- **Theologe:** *5* Renan
- **Thronfolger:** *7* Dauphin
- **Tiefseetaucher:** *8* Cousteau
- **Tragödiendichter:** *6* Racine; *9* Corneille
- **Troubadour:** *7* Blondel
- **Übersee-Territorium:** *6* Futuna
- **Varietékünstlerin:** *12* Mistinguette
- **Verneinung:** *3* non
- **Volksbuch:** *8* Magelone, Melusine
- **Volkssport:** *5* Boule
- **Volksstamm:** *8* Bretonen; *9* Normannen
- **Währungseinheit** → französische Münze
- **Waldgebirge:** *8* Argonnen
- **Wallfahrtsort:** *7* Lourdes
- **Wandteppich:** *7* Gobelin
- **weiblicher Vorname** → französischer Frauenname
- **Weinbrand:** *6* Cognac, Kognak; *8* Armagnac
- **Weinsorte:** *4* Ruly; *5* Givry, Médoc, Tavel; *6* Graves; *7* Chablis, Côte d'Or, Musigny; *8* Bordeaux; *9* Burgunder, Haut-Brion, Hermitage, Mâconnais, Sauternes; *10* Beaujolais, Châlonnais, Chambertin, Champagner, Rivesaltes; *12* Saint-Emilion
- **Zeitung:** *6* Figaro; *7* Le Matin, Le Monde; *8* Le Figaro

frappant: *8* treffend; *9* schlagend; *10* auffallend; *13* ueberraschend

Fraß: *6* Futter; *9* Korrosion; *10* Tierfutter, Viehfutter, Zersetzung; *11* Zerstoerung

Frater: *6* Bruder; *11* Laienbruder; *12* Ordensbruder; *13* Klosterbruder

Fraternisierung: *13* Verbruederung

Fratze: *8* Grimasse, Zerrbild; *9* Karrikatur

Frau: *4* Weib; *6* Gattin; *8* Gemahlin

Frau des... → Gattin des...

Frau im Gefolge des Dionysos: *7* Maenade

Frau im Paradies: *3* Eva

Frauenarzt: *11* Gynaekologe

Frauenberuf → Beruf

Frauenberuf: *4* Amme, Zofe; *5* Nurse; *6* Oberin; *7* Aerztin, Bardame, Hebamme, Koechin, Malerin, Mamsell, Weberin; *8* Cutterin, Friseuse, Hausfrau, Lehrerin, Lektorin, Masseuse, Modistin, Naeherin, Putzfrau, Wirkerin; *9* Ansagerin, Ballerina, Bueglerin, Kellnerin, Manikuere, Mannequin, Pedikuere, Pflegerin, Pianistin, Saengerin, Schwester, Stickerin, Taenzerin, Waerterin, Waschfrau, Zugehfrau; *10* Arbeiterin, Direktrice, Erzieherin, Fotografin, Fotomodell, Gaertnerin, Grafikerin, Kammerzofe, Laborantin, Plaetterin, Reporterin, Scriptgirl, Souffleuse, Stewardess, Strickerin, Waescherin; *11* Assistentin, Gouvernante, Hutmacherin, Kassiererin, Kontoristin, Photomodell, Schneiderin, Sekretaerin, Serviererin; *12* Arzthelferin, Aufwartefrau, Empfangsdame, Fuersorgerin, Hausgehilfin, Journalistin, Photographin, Putzmacherin, Telefonistin, Verkaeuferin; *13* Haushaelterin, Raumpflegerin, Stenotypistin, Toilettenfrau; *14* Bibliothekarin, Blumenbinderin, Buchhaendlerin, Dienstmaedchen, Garderobenfrau, Kindermaedchen, Schauspielerin, Wirtschafterin; *15* Hausangestellte, Korresponden-

tin, Maskenbildnerin, Platzanweiserin; *16* Kindergaertnerin, Krankenschwester
Frauenbewegung: *12* Emanzipation
Frauenboot der Eskimos: *5* Umiak
Frauenfeind: *7* Misogyn
Frauenflachs: *9* Leinkraut
Frauengemach
- einer Burg: *8* Kemenate
- in islamischen Wohnhäusern: *5* Harem
Frauengestalt → Gestalt
Frauengestalt als Sinnbild
- Berlins: *8* Berolina
- Deutschlands: *8* Germania
- Frankreichs: *8* Marianne
Frauengewand: *5* Kleid
Frauenhaar: *8* Adiantum, Milzfarn; *9* Federgras, Hasenbrot; *10* Zittergras
Frauenheilkunde: *12* Gynaekologie
Frauenheld: *7* Don Juan; *8* Casanova
Frauenkittel: *6* Kasack
Frauenkosename: *4* Anni, Elli, Emmi, Irmi, Lili, Loni, Mali, Mimi, Resi, Rosi, Susi; *5* Betti, Cilli, Fanni, Gundi, Gusti, Hanni, Henni, Jenni, Lissi, Nanni, Nelli, Stasi, Vreni, Vroni, Walli, Zenzi, Zilli; *6* Gretel, Gustel, Liesel, Steffi
Frauenkurzname: *2* Lu; *3* Lil, Mia, Oda, Ria; *4* Dina, Dora, Elsa, Else, Gina, Ilse, Inge, Irma, Lena, Lene, Lore, Meta, Nina, Nora, Rita, Suse, Ulla, Vera; *5* Doris, Elise, Frida, Gitta, Grete, Helen, Jette, Kaete, Karla, Liesa, Liese, Lotte, Magda, Marga, Minna, Nanna, Nette, Stina, Stine, Tilde, Trine, Trude, Ursel, Ziska; *6* Kaethe, Traute; *7* Leonore, Lisbeth
Frauenmantel: *5* Sinau; *8* Taublatt; *9* Hasenklee
Frauenmörder im Märchen: *8* Blaubart
Frauenname: *3* Ada, Eva, Ida, Ina, Ira, Lia, Oda, Pia, Ria, Uta, Ute; *4* Afra, Alma, Anna, Anne, Asta, Dina, Dora, Elke, Ella, Elsa, Else, Emma, Erna, Ilka, Ilsa, Ilse, Ines, Inge, Irma, Kate, Kora, Lena, Lene, Lina, Line, Lisa, Lise, Lola, Lona, Loni, Lore, Lulu, Meta, Mina, Mine, Mona, Nora, Olga, Resi, Rike, Rita, Rosa, Ruth, Suse, Susi, Thea, Tine, Toni, Ulla, Vera, Wera, Zita; *5* Adele, Agnes, Alice, Almut, Anita, Beata, Beate, Bella, Berta, Betti, Betty, Cilli, Daisy, Doris, Edith, Elisa, Elise, Ellen, Erika, Fanni, Fides, Gerda, Gerta, Grete, Hanna, Hanne, Heide, Heike, Helga, Helma, Henni, Henny, Herta, Hilda, Hilde, Hilma, Holda, Hulda, Ilona, Irene, Jenni, Julia, Julie, Jutta, Jutte, Karin, Karia, Karla, Kaete, Klara, Laura, Liane, Liese, Lilli, Linda, Lotte, Lucia, Luise, Luzia, Luzie, Lydia, Magda, Manon, Maria, Marie, Marta, Minna, Nelli, Nette, Norma, Paula, Petra, Rosel, Sally, Selma, Senta, Sofie, Sonja, Tilla, Toska, Trude, Viola, Vroni, Walli, Wanda, Wilma, Xenia, Zenzi, Zilli, Ziska; *6* Agathe, Aglaia, Alwine, Amalie, Amanda, Andrea, Angela, Bertha, Birgit, Carmen, Carola, Cosima, Dagmar, Daphne, Editha, Elvira, Emilia, Emilie, Ermina, Erwine, Esther, Evelyn, Fatima, Fatime, Frieda, Gisela, Gritta, Gudrun, Gudula, Hedwig, Helene, Hertha, Ingrid, Isolde, Judith, Karola, Kaethe, Korona, Kosima, Lenore, Lilian, Louise, Margit, Margot, Marion, Martha, Mignon, Monika, Ortrud, Pamela, Pamele, Regina, Regine, Regula, Renata, Renate, Sabine, Sigrid, Silvia, Sophia, Sophie, Stella, Thekla, Theoda, Thilde, Traute, Ulrike, Ursula, Vivian, Yvonne; *7* Alberta, Aloisia, Annette, Antonia, Antonie, Augusta, Auguste, Aurelia, Babette, Barbara, Beatrix, Bettina, Bettine, Christa, Claudia, Corinna, Dolores, Dorothy, Eiltrud, Elsbeth, Erdmute, Ernesta, Eugenie, Eulalia, Eulalie, Eveline, Felizia, Geralde, Gerhild, Gertrud, Gundula, Helmine, Hermine, Hilmara, Hiltrud, Irmgard, Johanna, Johanne, Josepha, Juliana, Juliane, Justine, Kamilla, Klaudia, Kordula, Korinna, Lavinia, Leonore, Lisbeth, Lisette, Malwine, Margrit, Marlene, Melanie, Melitta, Natalie, Ottilie, Pauline, Phyllis, Ricarda, Rikchen, Rosalia, Rosalie, Rotraud, Rudolfa, Ruthild, Sibylle, Susanna, Therese, Valerie, Waltrud, Waltrun, Xaveria, Zerline; *8* Adelaide, Adelgund, Adelheid, Adeltrud, Adolfine, Angelika, Beatrice, Berenike, Bernhild, Brigitte, Brunhild, Caecilia, Caecilie, Christel, Claudine, Cornelia, Diethild, Dietlind, Dorothea, Eberhild, Edeltrud, Eilberta, Eiltraud, Eleonore, Elfriede, Emanuela, Emmeline, Ermelind, Euphemia, Gabriele, Genoveva, Gerharde, Gerhilde, Gerlinde, Gertraud, Gertrude, Gilberta, Gisberta, Gunthild, Helmtrud, Herlinde, Hildburg, Hiltraud, Hiltraut, Ingeborg, Ingeburg, Ingelore, Irmtraud, Isabella, Isabelle, Jakobine, Julienne, Karoline, Klarissa, Klaudine, Kordelia, Kordelie, Kornelia, Kornelie, Kuniburg, Lamberta, Ludmilla, Luitgard, Marianne, Mathilde, Meinhild, Notburga, Preziosa, Radegund, Reingard, Reinhild, Roswitha, Ruthilde, Sieglind, Theodora, Theresia, Veronika, Virginia, Walpurga, Waltraud; *9* Adelgunde, Adeltraud, Albertine, Alexandra, Anastasia, Anneliese, Annemarie, Athanasia, Augustine, Benedikta, Bernharda, Berthilde, Brunhilde, Charlotte, Christina, Christine, Diethilde, Eberharda, Eberhilde, Edeltraud, Elisabeth, Ermelinde, Ernestine, Esmeralda, Euryanthe, Felizitas, Fidelitas, Filiberta, Franziska, Friedgund, Geraldine, Gertraude, Hannelore, Helmtraud, Helmtraut, Henriette, Hildegard, Hildegund, Hildemara, Hortensia, Josephine, Katharina, Katharine, Klothilde, Konstanze, Kriemhild, Kunigunde, Liselotte, Magdalena, Magdalene, Margareta, Margarete, Mechthild, Philomele, Philomena, Radegunde, Reinhilde, Rosalinde, Rosamunde, Rosemarie, Rudolfine, Sieglinde, Stephanie, Theodosia; *10* Christiane, Florentine, Friedegund, Friederike, Gerhardine,

Giselberta, Hildegunde, Klementine, Liese-lotte, Margarethe, Marguerite, Reinfriede, Wendelgard, Wilhelmine
Frauenrechtlerin: *11* Suffragette
Frauenschleierhaube im Mittelalter: *4* Rise
Frauenstimme: *3* Alt; *6* Sopran; *11* Mezzosopran
Frauenunterrock: *5* Jupon; *9* Krinoline
Fräulein: *7* Jungfer; *10* Demoiselle
fraulich: *7* feminin
frech: *4* kess; *6* dreist, patzig; *7* koddrig; *11* impertinent
freche Göre: *5* Range
frecher Junge: *7* Lausbub
Frechheit: *11* Impertinenz; *12* Dreistigkeit
frei: *5* frank; *6* franko, gratis, vakant; *9* degagiert; *11* emanzipiert
frei an Bord: *3* fob
Freibeuter: *5* Pirat; *6* Korsar; *10* Flibustier, Seeraeuber
Freibrief: *7* Charter; *8* Privileg
Freidenker: *9* Freigeist
freie Zeit: *5* Musse
freier Platz vor Gebäuden: *9* Esplanade
- Überschlag: *5* Salto
Freifrau: *7* Baronin
Freifräulein: *6* Freiin; *9* Baronesse
freigebig: *5* nobel; *6* guetig; *7* honorig, liberal; *8* generoes, splendid; *9* spendabel
freigebiger Gönner: *6* Maezen
Freigebühr: *6* Franko
Freigehege für Tiere: *8* Reservat
Freigeist: *6* Ketzer
Freigericht: *4* Feme
freigestellt: *10* fakultativ
Freigut im Mittelalter: *5* Allod
freihängendes Ruhenetz: *11* Haengematte
Freiheit: *10* Immunitaet; *14* Souveraenitaet
freiheitlich: *7* liberal
Freiheitsentzug: *4* Haft; *6* Arrest
Freiheitsheld der Tiroler: *5* Hofer
Freiheitslehre: *14* Aequilibrismus
Freiheitsstrafe: *4* Haft; *5* Knast; *6* Arrest, Kerker; *9* Zuchthaus; *10* Gefaengnis; *12* Festungshaft, Jugendarrest
Freiheitsverbrechen: *7* Drohung; *9* Noetigung; *10* Kidnapping, Kindesraub; *11* Entfuehrung; *12* Menschenraub; *13* Verschleppung
Freiherr: *5* Baron
Freikarte: *12* Gratisbillett
Freikirche: *9* Baptismus; *15* Bruedergemeinde
Freikörperkultur: *3* FKK; *8* Nudismus
Freilager: *5* Biwak
freilebend: *4* wild
Freilichtmalerei: *8* Pleinair
freiliegend: *9* exponiert
freimachen: *8* befreien; *9* losloesen; *10* frankieren; *11* entbloessen
Freimachung: *9* Frankatur
Freimaurer: *11* Logenbruder
Freimaurersymbol: *5* Kelle
Freimaurervereinigung: *4* Loge
Freischärler: *8* Guerilla, Partisan; *11* Franktireur
freisinnig: *7* liberal
Freisprechung: *10* Absolution
Freistatt: *8* Republik
Freistaat: *4* Asyl; *6* Obdach; *8* Zuflucht
Freistehen des päpstlichen Stuhles: *11* Sedisvakanz
freistehender Glockenturm: *9* Campanile
- Spitzpfeiler: *7* Obelisk
Freistilringer: *7* Catcher
Freistudent: *5* Dachs
Freitag vor Ostern: *10* Karfreitag
Freitisch für Hochschüler: *7* Konvikt
Freitod: *10* Selbstmord
Freitreppe an Burgen: *5* Grede
Freiübung: *9* Gymnastik
freiwillig: *7* spontan
freiwillig hungern: *6* fasten
Freiwilligentruppe: *6* Legion
Freiwilliger: *9* Volontaer
freiwilliger Krankenpfleger: *9* Samariter
Freizeit: *5* Musse, Pause; *6* Ferien, Urlaub
Freizeitbeschäftigung: *5* Hobby; *7* Basteln, Spielen
Freizeitsportler: *7* Amateur
fremd: *6* extern
fremdartig: *8* exotisch
Fremde: *5* Ferne
Fremdenführer: *8* Cicerone
Fremdenheim: *5* Hotel, Motel; *6* Hospiz; *7* Gasthof, Pension; *8* Gasthaus
Fremdenverkehr: *9* Tourismus, Touristik
Fremder: *4* Gast; *9* Fremdling; *10* Auslaender
Fremdgebiet: *7* Enklave
Fremdherrschaft: *9* Knechtung
Fremdkapital: *4* Borg, Pump; *5* Leihe; *8* Hypothek; *10* Obligation
fremdländisch: *6* welsch; *8* exotisch
Fremdrassiger: *4* Exot
fremdstoffig: *9* heterogen
Fremdwort, Fremdwortvorsilbe für
- acht: *4* okta, okto
- Acker(bau): *4* Agri, Agro
- allein: *4* mono
- all: *3* pan
- Altertum: *6* Antike
- anders: *5* alias
- auf: *3* epi
- aus: *2* ek, ex
- auseinander: *2* di; *3* dis
- außen: *4* ekto
- ausschließlich: *8* exklusiv
- bei: *3* par; *4* para
- Berg: *5* Monte
- binnen: *5* intra
- danke: *5* merci
- darüber hinaus: *5* ultra
- doppel, doppelt: *2* bi, di; *4* ambi
- drei: *3* tri
- durch: *3* per
- ebenso: *4* item
- Elendsviertel: *5* Slums
- Entwicklungsrichtung: *5* Trend

- **Erd:** *3* Geo
- **erwachsen:** *5* adult
- **falsch:** *6* pseudo
- **fern:** *4* tele
- **Fernsehen:** *10* Television
- **fünf:** *4* pent; *5* penta
- **für:** *3* per, pro
- **ganz und gar:** *5* total
- **gegen:** *3* ant; *4* anti; *6* kontra
- **gesamt:** *3* pan; *5* panto
- **Geschlecht:** *5* Genus
- **gleich:** *3* isa, iso; *4* homo
- **groß:** *4* mega; *5* makro
- **halb:** *4* demi, semi
- **Hautausschlag:** *4* Akne
- **heftig:** *4* akut
- **heilig:** *5* sankt
- **Hochebene:** *7* Plateau
- **hundert:** *5* hekto
- **im großen:** *6* en gros
- **im Jahre:** *4* Anno
- **im kleinen:** *8* en detail
- **innen:** *4* endo, ento
- **innerhalb:** *5* intra
- **je:** *3* per, pro
- **jenseits:** *3* tra; *5* trans, ultra
- **klein:** *5* mikro
- **Land:** *3* Geo
- **Leben:** *3* Bio
- **Luft:** *4* Aero
- **Meinungsumfrage:** *10* Demoskopie
- **mit:** *2* ko; *3* Kol, kom, kon, Kor, syl, sym, syn
- **Mitlaut:** *9* Konsonant
- **mittel:** *4* meso
- **nach:** *4* meta
- **neu:** *3* neo
- **oberhalb:** *5* supra
- **Pöbel:** *5* Plebs
- **Raum:** *6* Stereo
- **recht:** *5* ortho
- **Rede:** *3* Log; *4* Logo
- **richtig:** *5* ortho
- **rückwärts:** *5* retro
- **schlecht:** *3* dys; *4* kako
- **schwer:** *4* baro
- **sechs:** *3* hex; *4* hexa
- **selbst:** *3* aut; *4* auto, self
- **Selbstlaut:** *5* Vokal
- **Soll:** *5* Debet
- **Stein:** *4* Lith; *5* Litho
- **Stern:** *5* Astro
- **tausend:** *4* Kilo; *5* Mille
- **tausendstel:** *5* milli
- **über:** *3* tra; *5* hyper, super, trans
- **um:** *6* zirkum
- **unter:** *3* hyp, sub, suf, suk, sup, sur; *5* entre
- **Vernunft:** *5* Ratio
- **vier:** *5* tetra
- **Volks:** *4* Demo; *5* Demos
- **vor:** *4* ante, prae
- **voraus:** *3* pre
- **Wasser:** *3* Hyd; *5* Hydro
- **Werbeschlagwort:** *6* Slogan
- **zehntel:** *4* dezi
- **Zeitungsanzeige:** *7* Annonce, Inserat
- **zurück:** *5* retro
- **zweifach:** *2* bi, di; *4* ambi
- **zwischen:** *5* entre, inter

frenetisch: *6* rasend, tobend; *10* stuermisch
frequentieren: *8* besuchen
Frequenzband: *5* Kanal
Fressen: *6* Futter
Freßnapf: *4* Trog
Frettchen: *5* Iltis
Freude: *4* Lust; *5* Gaudi, Spass, Wonne; *7* Gaudium; *9* Ergoetzen; *10* Vergnuegen
Freude an Grausamkeit: *8* Sadismus
Freudenausbruch: *5* Jubel
Freudengesang: *9* Halleluja
Freudenhalle in der nordischen Sage: *7* Wingolf
Freudenhaus: *7* Bordell
Freudenruf: *3* hei; *5* Alaaf, Helau; *6* heissa; *8* Hosianna
freudig: *4* froh; *6* heiter; *10* begeistert
freudlos: *5* trist
Freund: *6* Kumpel; *7* Intimus, Kamerad; *9* Begleiter, Gefaehrte
Freund → Begleiter → Gefaehrte → Geliebter
Freund
- **des Achill:** *9* Patroklos, Patroklus
- **von Briefmarken:** *11* Philatelist
- **Friedrichs des Großen:** *5* Katte
- **Luthers:** *11* Melanchthon
- **der Madame de Staël:** *8* Constant
- **des Orest:** *7* Pylades
- **des Patroklos:** *6* Achill; *8* Achilles; *9* Achilleus
- **des Schönen:** *7* Aesthet

Freundin → Begleiterin → Gefaehrtin → Geliebte
Freundin
- **Kaiser Franz Josephs:** *7* Schratt
- **Michelangelos:** *7* Colonna
- **des Odysseus:** *5* Circe; *7* Kalypso; *8* Nausikaa

freundlich: *4* lieb, nett; *12* plaesierlich
- **gesinnt:** *7* zugetan

freundlicher Hinweis: *3* Rat
Freundschaft: *9* Zuneigung; *13* Verbundenheit
Freundschaftsinsel → Tongainsel
Frevel: *5* Untat; *6* Suende; *7* Unrecht; *10* Laesterung, Verbrechen
- **gegen Gott:** *6* Asebie

frevelhafter Übermut: *6* Hybris
Frevler: *7* Suender; *10* Verbrecher; *11* Uebeltaeter
Friede(n): *3* Pax; *4* Ruhe; *8* Harmonie; *9* Eintracht
Friedensbewegung: *10* Pazifismus
Friedensgott: *7* Forseti
Friedensgöttin: *5* Irene; *6* Eirene
Friedenslehre: *6* Irenik
Friedensnobelpreisträger → Nobelpreisträger
Friedenspfeife: *7* Calumet, Kalumet
Friedensrichter: *11* Schiedsmann
Friedenssymbol: *5* Taube

Friedhof: *8* Kirchhof; *11* Gottesacker
– in Paris: *12* Père-Lachaise
Friedhofsanlage: *4* Grab; *5* Gruft, Stele; *7* Grabmal; *8* Totenmal; *9* Grabkreuz, Grabstein, Mausoleum; *10* Grabhuegel, Grabstelle
friedlich: *4* zahm; *9* arkadisch, gutmuetig, idyllisch; *10* zutraulich; *12* vertraeglich
friedliches Nebeneinanderstehen: *10* Koexistenz
Frieselstoff: *7* Frottee
frigid: *12* gefuehlskalt
frisch: *3* neu; *4* jung; *5* alert; *6* gesund, munter, rezent; *7* lebhaft
frischer Schnee: *4* Neue; *9* Neuschnee
– Wind: *5* Brise
Frischhaltegerät: *7* Froster; *8* Eiseimer; *9* Eiskuebel, Kuehlfach; *10* Eisschrank, Frigidaire, Kuehltruhe; *11* Kuehltasche; *12* Gefriertruhe, Kuehlschrank; *13* Tiefkuehlfach; *14* Tiefkuehltruhe; *16* Tiefkuehlschrank
Frischhaltungsverfahren: *13* Konservierung
Frischluftzufuhr im Bergbau: *11* Bewetterung
Friseur: *6* Figaro; *7* Barbier; *8* Coiffeur
Frisiergerät, Frisiermittel: *4* Foen, Kamm; *6* Pomade; *7* Buerste; *8* Haarnetz; *9* Haarnadel, Haarspray; *10* Haarklemme, Haarspange, Haarwasser; *11* Brennschere, Brillantine; *12* Haarfestiger, Trockenhaube; *13* Lockenwickler
Frisierkunst: *8* Coiffure
Frisiertisch: *8* Toilette
friesische(r)
– Frauenname: *4* Gesa; *6* Gesine
– Insel: *4* Sylt; *5* Amrum, Fanoe, Foehr, Juist, Manoe, Romoe, Texel; *6* Borkum, Rottum; *7* Ameland, Baltrum; *8* Langeoog, Pellworm; *9* Helgoland, Norderney; *10* Nordstrand, Spiekeroog, Wangerooge; *12* Terschelling; *15* Schiermonnikoog
– Männername: *3* Nis; *4* Enno, Onno
– Schriftsteller: *8* Frenssen
Frist: *4* Ziel; *6* Spanne, Termin; *8* Aufschub, Zeitraum; *9* Intervall, Zeitpunkt; *10* Bedenkzeit, Zeitspanne; *14* Zahlungstermin
Fristgewährung: *8* Stundung
Fristverlängerung: *12* Prolongation
frivol: *5* frech; *8* schamlos; *12* leichtfertig
froh: *6* heiter, jovial, lustig, munter; *9* froehlich
frohe Botschaft: *10* Evangelium
Frohgefühl: *6* Freude
fröhliche Feier: *4* Fest, Fete
– Stimmung: *10* Heiterkeit
frohlocken: *6* jubeln; *8* jauchzen; *10* jubilieren
– Frohsinn: *10* Heiterkeit; *13* Froehlichkeit
fromm: *8* glaeubig; *9* religioes; *10* andaechtig, tugendhaft
fromme Erzählung: *7* Legende
– Handlung: *5* Gebet; *7* Andacht; *12* Gottesdienst
Frömmelei: *10* Bigotterie
frömmelnd: *5* devot; *6* bigott
frommer Büßer: *5* Asket
– Wanderer: *6* Pilger; *10* Wallfahrer
Frömmigkeit: *7* Pietaet; *12* Gottesfurcht; *13* Gottvertrauen
Fron: *4* Last; *5* Muehe
Frondienst: *5* Robot
Front: *5* Block; *10* Stirnseite; *11* Vorderseite; *12* Grenzflaeche; *13* Gefechtslinie; *16* Kriegsschauplatz
Froschlarve: *10* Kaulquappe
Froschlurch: *3* Aga; *4* Unke; *6* Kroete; *8* Bergunke; *9* Erdkroete, Taufrosch; *10* Grasfrosch, Laubfrosch; *11* Teichfrosch; *12* Wasserfrosch
Froschmann: *7* Taucher
Frost: *4* Reif; *6* Kaelte
Frostgebilde: *8* Eisblume; *9* Eiszapfen
frostig: *5* eisig
Frostschutzmittel: *6* Glykol
frottieren: *6* reiben; *8* abreiben
Frucht: *5* Folge; *6* Erfolg, Ertrag
Frucht: *4* Nuss; *5* Apfel, Beere, Birne, Ecker, Olive; *6* Ananas, Banane, Eichel, Limone, Mandel, Melone, Orange,Quitte, Tomate, Traube; *7* Erdnuss, Kirsche, Kuerbis, Pflaume, Walnuss, Zitrone; *8* Aprikose, Erdbeere, Himbeere, Pfirsich; *9* Apfelsine, Bickbeere, Blaubeere, Brombeere, Hagebutte, Haselnuss, Kokosnuss, Mandarine, Zwetschge; *10* Kronsbeere, Weintraube; *11* Heidelbeere; *12* Preiselbeere
Frucht
– der Betelpalme: *11* Arekananuss
– der Buche: *5* Ecker
– der Edelkastanie: *6* Marone
– der Eiche: *6* Eichel
– des Granatbaumes: *11* Granatapfel
– der Heckenrose: *9* Hagebutte
– des Mangobaumes: *5* Mango
– im Mutterleib: *5* Fetus; *6* Embryo
– des Nadelbaumes: *6* Zapfen
– des Ölbaumes: *5* Olive
– der Palme: *6* Dattel; *9* Kokosnuss
– der Rebe: *6* Traube; *9* Weinbeere; *10* Weintraube
– der wilden Rose: *9* Hagebutte
Fruchtäther: *5* Ester
Fruchtauszug: *4* Saft
fruchtbar: *9* produktiv
fruchtbare(r)
– Boden: *4* Klei; *5* Humus, Loess
– Ebene: *3* Aue; *6* Boerde
– Küstenniederung: *6* Marsch
– Schwarzerde Indiens: *5* Regur
– Wüstengegend: *4* Oase
Fruchtbarkeit: *11* Fertilitaet
Fruchtbarkeitsgott: *3* Fro; *4* Faun, Frey; *5* Freyr; *6* Faunus, Hermes; *7* Priapos; *8* Dionysos
Fruchtbarkeitsgöttin: *3* Deo; *5* Ceres, Freia, Freya; *6* Freyja, Kybele; *7* Artemis, Demeter
Fruchtbonbon: *5* Drops
Fruchtbrei: *3* Jam, Mus; *5* Gelee; *9* Marmelade; *10* Konfituere
Fruchtdolde: *6* Traube
Früchte: *4* Obst

Früchte einbringen: *6* ernten
Fruchtflüssigkeit: *4* Saft
Fruchtform: *5* Beere; *6* Schote, Traube
Fruchtgärten um Damaskus: *5* Ghuta
Fruchtgetränk: *4* Most; *8* Limonade, Obstsaft; *9* Orangeade
Fruchtgirlande: *6* Feston
Fruchthülle: *6* Huelse, Kapsel, Schale, Schote
Fruchtinneres: *4* Kern
Fruchtknoten: *7* Pistill, Stempel
Fruchtkorn: *4* Keim, Same
fruchtleere Getreidehalme: *5* Stroh
Fruchtlehre: *10* Karpologie
Fruchtmark: *4* Pulp; *5* Pulpe
Fruchtmus: *3* Jam; *9* Marmelade; *10* Konfituere
Fruchtpresse: *6* Kelter
Fruchtsaft: *3* Jus; *4* Most
Fruchtsaftgetränk: *4* Most; *8* Limonade; *9* Orangeade
Fruchtstand: *5* Aehre, Dolde, Rispe; *6* Kolben, Spirre, Traube, Wickel, Zapfen; *9* Kaetzchen
Fruchtstein: *4* Kern
Fruchtzucker: *8* Fruktose
frugal: *7* einfach, maessig; *9* kaerglich
frühchristliche(r, s)
- **Kirchenbau:** *8* Basilika
- **Liebesmahl:** *5* Agape
- **Religionslehre:** *6* Gnosis
- **Sektenangehöriger:** *5* Doket
- **Symbol:** *5* Fisch

Frühdruck: *9* Inkunabel; *11* Wiegendruck
früher: *4* eher; *5* einst; *6* vorher; *7* einstig; *8* ehemalig
früher → alt → ehemalig
frühere Bezeichnung für
- **Abteil:** *5* Coupé
- **Bahnsteig:** *6* Perron
- **Ballabend:** *7* Réunion
- **bequem:** *6* kommod
- **Beruf:** *6* Metier
- **Besuch:** *6* Visite
- **Bürgersteig:** *8* Trottoir
- **Damenzimmer:** *7* Boudoir
- **Diele:** *6* Entrée
- **Fahrrad:** *9* Veloziped
- **Flugzeug:** *8* Aeroplan
- **Freund:** *8* Gevatter
- **Friseur:** *5* Bader; *7* Barbier
- **Gepäck:** *6* Bagage
- **Handlungsgehilfe:** *6* Kommis
- **Kneifer:** *8* Pincenez
- **Kusine:** *4* Base
- **Lebensmittel:** *10* Viktualien
- **Lehrherr:** *9* Prinzipal
- **Mädchen:** *4* Maid
- **Maskenball:** *7* Redoute
- **Onkel:** *5* Oheim
- **Rechtsanwalt:** *7* Advokat
- **Regenschirm:** *9* Parapluie
- **Ruhebett:** *6* Canapé; *7* Kanapee
- **Sonnenschirm:** *7* Parasol
- **spanische Wand:** *8* Paravent
- **Unglück:** *7* Malheur
- **Verwundung:** *7* Blessur
- **Vormundschaft:** *7* Kuratel
- **Vorraum:** *6* Entrée
- **Wunder:** *7* Mirakel
- **Zeitung:** *7* Gazette

frühgeschichtlicher Zeitabschnitt: *7* Eiszeit; *9* Eisenzeit, Steinzeit; *10* Bronzezeit
Frühgottesdienst: *5* Mette
Frühling: *4* Lenz; *9* Fruehling, Maienzeit
Frühlingsblume: *5* Tulpe; *6* Krokus, Primel; *7* Anemone; *8* Narzisse, Veilchen; *9* Hyazinthe; *10* Osterblume, Osterluzei; *11* Osterglocke; *13* Maigloeckchen; *15* Schluesselblume; *16* Schneegloeckchen
Frühlingsfest: *6* Ostern
Frühlingsgott: *6* Baldur
Frühlingsgöttin: *6* Ostara
Frühlingsmonat: *3* Mai; *5* April, Maerz; *7* Lenzing; *9* Ostermond, Wonnemond
Frühlingsstrauch: *7* Flieder
frühstücken: *7* lunchen
Frühstücksspeck: *5* Bacon
Frühvorstellung: *7* Matinee
Frustration: *13* Enttaeuschung
Fuchs in der Fabel: *7* Reineke
Fuchsbau in der Fabel: *10* Malepartus
Füchsin: *7* Faehe
Fuchsschwanz: *5* Lunte
Fuchtel: *4* Rute; *5* Gerte, Stock; *8* Peitsche
Fuge: *3* Nut; *4* Falz, Nute; *5* Kanon, Spalt; *6* Furche, Runzel
fugenloser Fußboden: *7* Estrich; *8* Terrazzo
Fügung: *7* Gefuege; *8* Geschick; *9* Schicksal
Fügung in das Schicksal: *11* Resignation
fühlbar: *8* palpabel
fühlbarer Herzschlag: *4* Puls
Fühler: *7* Antenne; *8* Tentakel
Fühlungnahme: *7* Kontakt
Fuhre: *6* Fracht, Ladung
führen: *6* leiten, lenken; *7* steuern; *8* regieren; *10* dirigieren
führender Jakobiner: *11* Robespierre
Führer: *6* Leiter
Führer
- **der Argonauten:** *5* Iason, Jason
- **im Bauernkrieg:** *5* Geyer, Goetz
- **der Griechen vor Troja:** *9* Agamemnon
- **der Hugenotten:** *7* Coligny
- **der Makkabäer:** *5* Judas
- **einer Räuberbande am Rhein:** *14* Schinderhannes
- **des römischen Sklavenaufstandes:** *9* Spartacus, Spartakus
- **eines Schiffes:** *8* Kapitaen
- **durch unbekanntes Gebiet:** *5* Lotse

Führerin in einer Ausstellung: *7* Hostess
Führung: *7* Leitung; *9* Direktion
Führungsgremium: *4* Stab
Führungsrinne: *3* Nut; *4* Nute
Führungsschicht: *5* Elite
Fuhrunternehmer: *9* Spediteur

Fuhrwerk: *5* Karre, Wagen; *6* Karren; *7* Gespann, Kutsche, Vehikel; *9* Lastwagen; *10* Schubkarre
Fuhrwerkslenker: *8* Kutscher
Fuldazufluß → Nebenfluß der Fulda
Fülle: *5* Menge; *7* Andrang; *8* Reichtum; *10* Ueberfluss
Füllen: *6* Fohlen
Füllgas für Leuchtröhren: *4* Neon
Füllmaterial: *5* Kapok
Füllung: *5* Farce; *6* Inhalt
Fundament: *5* Basis, Grund; *6* Sockel; *8* Grundlage; *10* Untergrund
Fundation: *8* Stiftung
Fundgrube: *6* Quelle
Fundort einer Venusstatue: *4* Milo
Fünf Bücher Mosis: *5* Thora; *10* Pentateuch
Fünfeck: *8* Pentagon
Fünfergruppe: *8* Quintett
fünffüßiger Vers der Antike: *10* Pentameter
Fünfkampf der Helenen: *10* Pentathlon
Fünfmaß: *10* Pentameter
Fünfstromland: *9* Pandschab
fünfzackiger Stern: *10* Drudenfuss, Pentagramm
fünfzig Töchter eines griechischen Meergottes: *8* Nereiden
fungieren: *6* wirken; *7* agieren
Funk: *5* Radio
Funkdarbietung: *7* Sendung
Funkmeßverfahren: *5* Radar
Funknotruf: *3* CQD, SOS
Funkortung: *5* Radar
Funkspruch: *8* Depesche
Funkstation: *6* Sender
Funktionsfaser: *4* Nerv
Funktionsträger: *5* Organ
Funkzubehör: *7* Antenne
Funzel: *5* Kerze, Lampe, Licht
für: *3* per, pro
für alle Zeit: *4* ewig
Furche: *3* Nut; *4* Fuge, Nute; *5* Rille, Rinne; *6* Graben
furchen: *6* riefen; *7* riefeln
Furcht: *5* Angst, Bange; *6* Grauen; *7* Schreck
furchtbar: *8* horribel
furchtlos: *5* mutig
Furie: *7* Erinnye
Furnierholz: *5* Limba
Furnierplatte: *9* Sperrholz
Furor: *3* Wut; *4* Rage, Zorn
Furore: *7* Beifall, Raserei
Fürsorge: *5* Obhut; *6* Pflege
Fürsorgeverband: *7* Caritas; *10* Rotes Kreuz; *13* Innere Mission
Fürsprache: *5* Gunst; *9* Fuerbitte
Fürsprecher vor Gott: *8* Paraklet
Fürst: *5* Prinz; *6* Herzog, Kaiser, Koenig, Regent; *7* Monarch; *8* Erbprinz, Potentat; *9* Herrscher, Imperator
Fürst von Monaco: *7* Rainier
Fürstenhaus: *8* Dynastie
Fürstenhaus von Monaco: *8* Grimaldi
Fürstenhaushalt: *3* Hof
Fürstenhof: *8* Residenz
Fürstensitz: *5* Thron
Fürstentitel: *3* Aga, Bei, Duc, Ras, Roi, Zar; *4* Duke, Emir, Khan; *5* Bojar, Kalif, Mogul, Nabob, Negus, Schah, Tenno; *6* Infant, Mikado, Prince, Sultan; *7* Radscha; *8* Empereur; *9* Erzherzog, Padischah; *10* Grossmogul; *11* Grossfuerst, Maharadscha
Fürstentum
– in den Alpen: *13* Liechtenstein
– an der Côte d'Azur: *6* Monaco
Fürstin in Indien: *4* Rani; *8* Maharani
fürstliche(r, s)
– Anrede: *6* Hoheit; *8* Erlaucht; *9* Majestaet; *11* Durchlaucht
– Emblem: *5* Krone; *6* Zepter
– Haushalt: *3* Hof
Furunkel: *7* Abszess; *14* Eitergeschwuer
Fürwort: *8* Pronomen
Fuß: *5* Basis, Grund; *6* Sockel; *7* Stuetze
Fuß der Raubtiere: *5* Tatze
Fußabtreter: *5* Matte
Fußballausdruck: *3* Aus, Elf, Tor; *4* Ecke, Foul; *5* Match; *7* Abseits, Anstoss, Einwurf, Torraum; *8* Elfmeter, Halbzeit, Kopfball, Torlinie; *9* Querlatte, Spielfeld, Steilpass, Strafraum; *10* Strafstoss; *11* Mittellinie, Seitenlinie
Fußballmannschaft: *3* Elf
Fußballspieler: *6* Libero; *7* Laeufer, Stopper, Torwart; *8* Stuermer; *11* Verteidiger
Fußbank: *6* Hocker; *7* Schemel
Fußbekleidung: *5* Pumps, Schuh, Socke; *6* Opanke, Spikes; *7* Pantine, Sandale, Slipper, Stiefel, Strumpf; *8* Galosche, Latschen; *9* Fuessling, Halbschuh, Hausschuh, Holzschuh, Lackschuh, Pantoffel, Pelzschuh, Schlappen, Soeckchen, Turnschuh; *10* Sandalette, Sportschuh, Ueberschuh; *11* Stiefelette; *12* Schnuerschuh; *13* Schaftstiefel, Strassenschuh; *14* Schnuerstiefel, Wildlederschuh
Fußbodenart: *6* Dielen; *7* Estrich, Fliesen, Parkett; *8* Terrazzo
Fußbodenbelag: *7* Balatum, Laeufer, Parkett, Teppich; *8* Linoleum, Terrazzo
Fußbodenbrett: *5* Diele
Fußbodenerhöhung: *7* Estrade
Fußbodenpflegemittel: *11* Bohnerwachs
Fußbodenplatte: *6* Fliese
Fußbodenwischer: *3* Mop
Fußgänger: *7* Passant; *8* Wanderer
Fußgelenk: *6* Fessel
Fußgestell: *6* Podium, Sockel; *9* Piedestal
Fußgicht: *7* Podagra
Fußglied: *3* Zeh; *4* Zehe
Fußhebel: *5* Pedal
Fußknöchel: *5* Enkel
Fußleiste: *6* Sockel; *7* Lambrie; *8* Lamperie
fußlose Insektenlarve: *4* Made
fußloses Kriechtier: *8* Schlange
Fußmißbildung: *9* Klumpfuss
Fußnote: *6* Glosse; *9* Anmerkung
Fußpfad: *3* Weg; *5* Steig

Fußpflege: *9* Pedikuere
Fußpunkt: *5* Basis, Nadir
Fußrücken: *4* Rist; *5* Spann
Fußschemel: *5* Tritt
Fußsoldat: *9* Fuesilier, Grenadier; *11* Infanterist
Fußspur: *5* Tapfe; *6* Stapfe, Tapfen
Fußstütze: *7* Bandage, Einlage; *11* Fersenkappe, Fersenleder; *12* Einlegesohle
Fußteil → Teil des Fußes
Fußtruppe: *10* Infanterie
Fußwanderung: *11* Spaziergang
Fußweg: *8* Trottoir; *12* Buergersteig
Fußwurzelknochen: *10* Sprungbein
Futter: *5* Frass; *6* Furage; *7* Nahrung
Futteral: *4* Etui
Futterbehälter: *4* Napf, Trog
Futtergestell im Stall: *5* Raufe
Futtergewebe: *5* Serge
Futtergras: *3* Ray
Futterkrippe: *5* Raufe
Futtermittel: *3* Heu; *4* Korn; *5* Kleie, Spreu, Stroh; *6* Silage; *7* Wurzeln; *8* Haecksel; *9* Fischmehl, Schnitzel
füttern: *5* atzen
Futternapf: *4* Trog
Futterpflanze: *4* Klee, Mais; *5* Spark, Wicke; *6* Lupine; *7* Luzerne, Ruebsen, Spergel; *9* Kartoffel, Seradella; *10* Esparsette, Serradella, Topinambur; *11* Runkelruebe
Futterspeicher: *4* Silo
Futterstoff: *5* Serge
Futterstroh: *8* Haecksel
Futtertrog: *6* Krippe
Fütterung: *6* Atzung
Futur(um): *7* Zukunft

G

Gabe: *6* Spende; *7* Almosen; *8* Geschenk
Gabe an eine Gottheit: *5* Opfer
Gabel: *5* Forke
Gabeldeichsel: *4* Anse
Gabelfrühstück: *5* Lunch; *6* Imbiss; *8* Dejeuner
Gabelhirsch: *6* Gabler
Gabelmücke: *9* Anopheles
Gabelteil: *5* Zinke
Gabelung: *5* Ast; *8* Nebenast; *10* Abzweigung; *11* Seitenlinie
- eines Taues: *8* Hahnepot
Gabelweihe: *5* Milan
Gabenbehälter in der Kirche: *10* Opferstock
Gabler: *4* Bock; *6* Hirsch; *7* Rehbock
Gaffelsegel: *5* Besan
Gagat: *3* Jet; *4* Jett; *9* Pechkohle
Galakutsche: *7* Karosse
Galan der Ehefrau: *8* Cicisbeo
Galanterie: *12* Hoeflichkeit; *14* Ritterlichkeit
Galeerensklave: *6* Galeot
Galerie: *4* Gang; *6* Empore
Galgenvogel: *4* Lump; *6* Gauner
Gallenfarbstoff: *9* Bilirubin
Gallert: *3* Jus; *5* Aspik, Gelee; *8* Gelatine
Gallerterzeuger: *6* Pektin; *8* Agar-Agar
gallischer Volksstamm: *5* Bojer; *6* Aeduer; *8* Arverner
Galon: *5* Borte, Litze; *6* Tresse
Galopp: *6* Kanter
Galosche: *10* Gummischuh, Ueberschuh
Gambe: *9* Kniegeige
Gandhis Titel: *7* Mahatma
Gang: *4* Flur; *7* Galerie; *8* Korridor
Gangart der Hohen Schule: *5* Volte; *6* Levade, Pesade, Piaffe; *7* Lancade; *8* Capriole; *9* Courbette, Pirouette
- des Pferdes: *4* Pace, Trab, Zelt; *6* Galopp, Kanter, Parade; *7* Passage, Schritt; *8* Karriere
Gangeszufluß → Nebenfluß des Ganges
gängig: *6* kurant
Gangregler in Taschenuhren: *5* Unruh
Gangster: *6* Bandit
Ganove: *6* Ganeff, Gauner
Gänschen: *7* Goessel
Gänseblümchen: *12* Massliebchen; *13* Tausendschoen
Gänsefußgewächs: *5* Melde
Gänserich: *6* Ganter
Gänsevogel: *4* Ente; *6* Schwan
ganz: *3* gar; *5* total; *6* intakt; *8* komplett
Ganzheit: *10* Totalitaet
gänzlich: *5* total
gar: *6* schier
Garant: *6* Buerge
Garantie: *7* Gewaehr, Kaution; *10* Sicherheit; *11* Buergschaft
Garaus: *3* Tod; *4* Ende; *9* Verderben; *11* Vernichtung
Garbenhaufen: *5* Hocke
Garde: *5* Wache; *9* Leibwache; *10* Kerntruppe
Garderobenstück → Kleidungsstück
Gardine: *5* Store; *7* Vorhang
Gardinengewebe: *5* Tuell, Voile; *6* Etamin; *11* Marquisette
Gardinenpredigt: *6* Sermon
gärender Weinmost: *5* Sturm; *12* Federweisser
Gärfutter: *6* Silage
Gärfutterbehälter: *4* Silo
Gärmittel: *4* Hefe
Garn: *5* Faden, Zwirn
Garnelenart: *6* Granat, Krabbe; *8* Krevette
Garnfeinheitsgrad: *6* Denier
Garnknäuel: *3* Ile
Garnrolle: *5* Spule; *6* Haspel
Garnstrang: *5* Docke
Garnwinde: *5* Weife; *6* Haspel
Gärstoff: *4* Zyma
Garten Gottes: *4* Eden; *6* Himmel; *8* Paradies
Garten am Ölberg: *10* Gethsemane
Gartenammer: *7* Ortolan
Gartenanlage: *4* Beet, Park; *5* Rasen; *7* Rabatte, Rondell
Gartenbau: *11* Hortikultur
Gartenbeet: *7* Rabatte, Rondell
Gartenblume → Blume
Gartenerzeugnis: *4* Kohl, Obst; *5* Blume; *7* Gemuese; *8* Kraeuter; *9* Kartoffel → Gemüseart
Gartengerät: *5* Forke, Hacke, Harke; *6* Rechen, Schere, Spaten; *8* Schaufel; *10* Giesskanne; *11* Rasenmaeher; *12* Heckenschere
Gartenhaus: *5* Laube; *8* Pavillon
Gartenmeister: *8* Gaertner
Gartenpflanze: *6* Reseda; *8* Ranunkel; *9* Rhabarber
Gartenstück: *8* Parzelle
Gartentheater: *6* Tivoli
Gärung: *7* Aufruhr; *12* Fermentation
Gas als Brennstoff: *5* Butan; *6* Methan, Propan; *8* Acetylen, Azetylen
- zum Schweißen: *8* Acetylen, Azetylen
Gasausbrüche auf der Sonnenoberfläche: *13* Protuberanzen
Gasbehälter: *9* Gasometer
Gasbeleuchtung: *9* Auerlicht
Gasbrand: *9* Wundbrand
Gasdruckeinheit: *3* Tor
gasförmiger Grundstoff (Element): *4* Neon, Ozon; *5* Argon, Radon, Xenon; *6* Helium, Thoron; *7* Aktinon, Edelgas, Krypton; *9* Emanation; *10* Sauerstoff, Stickstoff; *11* Wasserstoff
- Zustand: *5* Dampf
Gashülle der Erde: *4* Luft; *11* Atmosphaere
Gaskammer im Fesselballon: *9* Ballonett
Gasmesser: *6* Gasuhr
Gasse: *3* Weg; *7* Strasse; *9* Durchgang

Gassenhauer: *8* Schlager
Gassenjunge: *5* Gamin
Gassenvogel: *5* Spatz; *8* Sperling
Gasstahlflasche: *5* Bombe
Gastgeber: *4* Wirt
Gastgeschenk: *5* Xenie
Gasthaus → Gastwirtschaft
Gasthausangestellter: *4* Ober; *7* Kellner, Pikkolo; *11* Oberkellner
Gasthausrechnung: *5* Zeche
Gasthörer: *9* Hospitant
gastlich: *8* wirtlich
Gastmahl: *5* Diner, Essen; *7* Bankett
Gastpflanze: *11* Schmarotzer
Gastronom: *4* Wirt; *8* Gastwirt, Hotelier; *12* Restaurateur
Gastspielreise: *7* Tournee
Gaststätte → Gastwirtschaft
Gaststättenbesitzer: *4* Wirt
Gaststättengewerbe: *10* Hotellerie; *11* Gastronomie
Gastwirt: *9* Gastronom; *12* Restaurateur
Gastwirtschaft: *3* Bar; *4* Café; *5* Hotel, Motel, Logis, Lokal; *6* Budike, Butike, Casino, Hospiz, Kasino, Kneipe; *7* Kantine, Pension, Schenke, Taberne, Taverne; *8* Destille, Dorfkrug, Herberge, Milchbar, Rasthaus, Schwemme, Spelunke; *9* Bierstube, Kaschemme, Kretscham, Weinstube; *10* Bierkeller, Fremdenhof, Kaffeehaus, Konditorei, Nachtlokal, Ratskeller, Restaurant, Trinkstube, Weinkeller, Wirtschaft; *11* Fremdenheim, Imbisshalle, Kaffeestube, Raststaette, Weinschenke, Winzerstube; *12* Mittagstisch; *13* Stehbierhalle
Gatte: *4* Mann; *6* Gemahl; *7* Ehemann, Gespons
Gatte der
- **Abigail:** *5* David
- **Aerope:** *6* Atreus
- **Alkeste:** *7* Admetos
- **Alkmene:** *10* Amphitryon
- **Amphitrite:** *8* Poseidon
- **Andromache:** *6* Hektor
- **Andromeda:** *7* Perseus
- **Antiope:** *7* Theseus
- **Aphrodite:** *8* Hephaest; *10* Hephaestus, Hephaistos
- **Arete:** *8* Alkinoos
- **Ariadne:** *8* Dionysos, Dionysus
- **Bathseba:** *4* Uria; *5* David, Urias
- **Baucis:** *8* Philemon
- **Brunhilde:** *7* Gunther
- **Cassiope:** *7* Kepheus
- **Deianira:** *8* Herakles, Herkules
- **Desdemona:** *7* Othello
- **Elsa von Brabant:** *9* Lohengrin
- **Enite:** *4* Erek
- **Eurydike:** *7* Orpheus
- **Eva:** *4* Adam
- **Freia:** *3* Fro
- **Frigg:** *4* Odin; *5* Wodan, Wotan
- **Gäa:** *6* Uranos
- **Glauke:** *5* Iason, Jason
- **Hagar:** *7* Abraham
- **Hebe:** *8* Herakles
- **Hekabe:** *7* Priamos, Priamus
- **Helche:** *5* Etzel
- **Helena:** *5* Paris; *8* Menelaos, Menelaus
- **Hera:** *4* Zeus
- **Herodias:** *7* Herodes
- **Hippodameia:** *6* Pelops
- **Hippolyta:** *7* Theseus
- **Iokaste:** *5* Laios; *7* Oedipus
- **Isis:** *6* Osiris
- **Isolde:** *5* Marke
- **Josephine:** *8* Napoleon
- **Juno:** *7* Jupiter
- **Kassiopeia:** *7* Kepheus
- **Klytämnestra:** *9* Agamemnon
- **Kreusa:** *5* Iason, Jason; *6* Aeneas
- **Kriemhild:** *5* Etzel; *9* Siegfried
- **Lea:** *5* Jakob
- **Maja:** *6* Vulkan
- **Maria:** *6* Joseph
- **Maria Stuart:** *5* Franz; *7* Darnley
- **Maria Theresia:** *5* Franz
- **Marianne:** *7* Herodes
- **Marie-Louise:** *8* Napoleon
- **Medea:** *5* Jason
- **Nanna:** *5* Baldr; *6* Balder, Baldur
- **niederländischen Königin Juliane:** *8* Bernhard
- **Niobe:** *7* Amphion
- **Nofretete:** *9* Amenophis
- **Nox:** *6* Erebus
- **Oinone:** *5* Paris
- **Penelope:** *8* Odysseus
- **Persephone:** *5* Hades, Pluto
- **Phädra:** *7* Theseus
- **Proserpina:** *5* Orkus
- **Rahel:** *5* Jakob
- **Ran:** *5* Aegir
- **Rebekka:** *5* Isaak
- **Rhea:** *6* Kronos, Uranos
- **Rhodope:** *9* Kandaules
- **Sara:** *7* Abraham
- **Sif:** *4* Thor; *5* Donar
- **Sophia Loren:** *5* Ponti
- **Tethys:** *7* Okeanos
- **Thetis:** *6* Peleus
- **Thusnelda:** *5* Armin; *7* Hermann; *8* Arminius
- **Titania:** *6* Oberon
- **Venus:** *8* Hephaest; *10* Hephaestos, Hephaistos
- **Xanthippe:** *8* Sokrates

Gatter: *4* Zaun; *6* Gitter
Gattin des
- **Abraham:** *4* Sara; *5* Hagar, Sarah
- **Adam:** *3* Eva
- **Admetos:** *7* Alkeste; *8* Alkestis
- **Aga Khan:** *5* Begum
- **Agamemnon:** *13* Klytaemnestra
- **Ägir:** *3* Ran
- **Ahab:** *6* Isabel, Isebel
- **Ahasver:** *5* Ester; *6* Esther
- **Alexanders des Großen:** *6* Roxane

- **Alkinoos:** *5* Arete
- **Amenophis' IV:** *9* Nofretete
- **Amphion:** *5* Niobe
- **Amphitryon:** *7* Alkmene
- **Äneas:** *6* Kreusa
- **Arminius:** *9* Thusnelda
- **Atreus:** *6* Aerope
- **Augustus:** *5* Livia
- **Bacchus:** *7* Ariadne
- **Balder, Baldur:** *5* Nanna
- **Bernadotte:** *7* Desirée
- **Bismarck:** *7* Johanna
- **Brahma:** *9* Saraswati
- **David:** *6* Michal, Michol; *7* Abigail; *8* Bathseba; *9* Bethsabee
- **Dionysos:** *7* Ariadne
- **Dogen:** *9* Dogaressa
- **Donar:** *3* Sif
- **Erebus:** *3* Nox
- **Erek:** *5* Enite
- **Etzel:** *6* Helche; *9* Kriemhild
- **Fro:** *5* Freia; *6* Freyja
- **Gunther:** *8* Brunhild; *9* Bruenhild, Brunhilde; *10* Bruenhilde
- **Hades:** *10* Persephone
- **Hektor:** *10* Andromache
- **Hephästos:** *9* Aphrodite
- **Herakles:** *4* Hebe; *8* Deianira
- **Hermann des Cheruskers:** *9* Thusnelda
- **Herodes:** *8* Marianne
- **Herodes Antipas:** *8* Herodias
- **Iason:** *5* Medea; *6* Glauke, Kreusa
- **Isaak:** *7* Rebekka
- **Jakob:** *3* Lea; *5* Rahel; *6* Rachel
- **Jupiter:** *4* Juno
- **Kaisers Claudius:** *9* Agrippina, Messalina
- **Kaisers Heinrich II:** *9* Kunigunde
- **Kaisers Justinian:** *8* Theodora
- **Kaisers Otto I.:** *8* Adelheid
- **Kalifen Ali:** *6* Fatima
- **Kandaules:** *7* Rhodope
- **Kepheus:** *8* Cassiope; *10* Kasseopeia, Kassiopeia
- **Königs Marke:** *6* Isolde
- **Kronos:** *4* Rhea; *5* Rheia
- **Laios:** *7* Iokaste
- **Landgrafen Ludwig von Thüringen:** *9* Elisabeth
- **Lohengrin:** *4* Elsa
- **Ludwig Bonaparte:** *8* Hortense
- **Luther:** *4* Bora; *9* Katharina
- **Marcus Antonius:** *7* Octavia
- **Marke:** *6* Isolde
- **Menelaos:** *6* Helena
- **Mohammed:** *6* Aischa
- **Mussolini:** *7* Rachele
- **Napoleon I.:** *9* Joséphine; *11* Marie Louise
- **Napoleon III.:** *7* Eugénie
- **Oberon:** *7* Titania
- **Odin:** *4* Fria; *5* Frigg, Frija; *6* Frigga
- **Ödipus:** *7* Iokaste
- **Odysseus:** *8* Penelope
- **Okeanos:** *6* Tethys
- **Orkus:** *10* Proserpina
- **Orpheus:** *8* Eurydike
- **Osiris:** *4* Isis
- **Othello:** *9* Desdemona
- **Paris:** *6* Helena, Oinone
- **Peleus:** *6* Thetis
- **Pelops:** *11* Hippodameia
- **Perikles:** *7* Aspasia
- **Perón:** *5* Evita
- **Perseus:** *9* Andromeda
- **persischen Königs Ahasver (Xerxes):** *6* Esther
- **Philemon:** *6* Baucis
- **Poseidon:** *10* Amphitrite
- **Priamos:** *6* Hekabe, Hekuba
- **Ptah:** *7* Sechmet
- **Rama:** *4* Sita
- **Rembrandt:** *6* Saskia; *9* Hendrikje
- **Rubens:** *6* Helene; *8* Isabella
- **Salomo:** *5* Salme
- **Saturn:** *6* Tellus
- **Robert Schumann:** *5* Klara
- **Siegfried:** *9* Kriemhild
- **Sokrates:** *9* Xanthippe
- **Theseus:** *7* Antiope, Phaedra; *9* Hippolyta
- **Thor:** *3* Sif
- **Urias:** *8* Bathseba
- **Uranos:** *4* Gaea, Gaia
- **Vulkan:** *4* Maja
- **Richard Wagner:** *5* Minna; *6* Cosima
- **Xerxes:** *6* Esther
- **Zeus:** *4* Hera, Here

Gattung: *3* Art, Typ; *5* Genre, Genus, Rasse, Sippe, Sorte; *6* Gruppe; *7* Ordnung; *9* Kategorie; *10* Geschlecht

Gau: *6* Bezirk, Gebiet, Gegend, Region; *7* Provinz; *10* Landschaft, Landstrich

Gaudium: *5* Spass; *6* Freude; *10* Vergnuegen

Gaukelei: *9* Blendwerk; *10* Hokuspokus, Taeuschung

Gaukler: *5* Fakir; *6* Magier; *7* Magiker; *8* Zauberer; *9* Betrueger; *11* Illusionist

Gauklerblume: *9* Braunwurz; *10* Affenblume; *11* Maskenblume

Gaumenlaut: *8* Guttural

Gaumenzäpfchen: *3* Huk

Gauner: *4* Dieb; *6* Ganeff, Ganove; *7* Stehler; *8* Gangster; *9* Betrueger, Erpresser; *10* Einbrecher, Schwindler; *13* Bauernfaenger

Gaunerei: *6* Betrug; *12* Niedertracht

Gaunergehilfe: *3* Ede

Gaunersprache: *5* Argot; *9* Rotwelsch

- **auskundschaften:** *9* baldowern
- **Ausweispapier:** *6* Flebbe
- **Diebesgut:** *4* Sore
- **falscher Geldschein:** *6* Bluete
- **Gauner:** *6* Ganeff, Ganove
- **Gefängnis:** *8* Kittchen
- **Geld:** *4* Kies, Moos; *5* Pinke
- **Kokain:** *4* Koks
- **Münzfälscher:** *6* Kipper, Wipper
- **Polizist:** *5* Bulle, Polyp

- **Verständigungszeichen:** *5* Zinke
- **Wache:** *8* Schmiere

Gaunerzeichen: *5* Zinke
Gazegewebe: *6* Etamin
Gazelle: *8* Antilope
Gazette: *7* Zeitung
Gebäck: *4* Brot, Keks; *5* Torte, Wecke; *6* Baiser, Brezel, Eclair, Kuchen, Oblate, Printe, Semmel, Stuten, Waffel; *7* Biskuit, Brioche, Krapfen, Kringel, Krokant, Makrone, Stollen, Strudel; *8* Schrippe, Striezel, Zwieback; *9* Broetchen, Gugelhopf, Gugelhupf, Lebkuchen, Negerkuss, Weissbrot; *10* Grahambrot, Plaetzchen, Salzbrezel, Salzstange, Weizenbrot, Windbeutel; *11* Bienenstich, Knaeckebrot, Pfannkuchen, Schweinsohr, Spekulatius; *12* Apfelstrudel, Pumpernickel, Vollkornbrot; *13* Liebesknochen, Schillerlocke
gebackene
- **Kartoffelscheiben:** *5* Chips
- **Klößchen:** *10* Croquettes
- **Speise:** *7* Auflauf
- **Weißbrotschnitte:** *6* Pafese

Gebälkträger in Menschengestalt: *4* Kore; *6* Atlant; *9* Kanephore, Karyatide
geballte Hand: *5* Faust
gebändigt: *4* zahm
Gebärde: *5* Geste; *9* Attituede
Gebärdenspiel: *5* Mimik; *9* Pantomime
Gebärdensprache: *13* Gestikulation
Gebaren: *7* Habitus
gebären: *8* kreissen; *9* entbinden; *12* niederkommen
Gebärmutter: *6* Uterus
Gebäude: *3* Bau; *4* Burg, Haus, Kate; *5* Kiosk, Laube, Villa; *6* Huette, Palais, Palast; *7* Scheuer, Scheune, Schloss; *8* Bungalow, Pavillon, Schuppen; *9* Blockhaus
Gebäudeanbau: *7* Veranda
Gebäudestütze: *6* Saeule; *7* Pfeiler
Gebäudeteil: *3* Tor; *4* Dach, Esse, Tuer; *5* Anbau, Boden, Erker, Etage, First, Kamin, Trakt; *6* Balkon, Giebel, Keller, Kuppel, Pforte, Portal, Saeule, Schlot, Sockel, Traufe, Treppe; *7* Fassade, Fenster, Gebaelk, Pfeiler; *8* Geschoss, Gewoelbe, Lichthof, Mansarde; *9* Dachstuhl, Fundament, Stockwerk; *11* Schornstein, Treppenhaus
Gebäudevorbau: *5* Erker; *6* Balkon
Gebäudevorsprung: *7* Risalit
Gebäudewart: *11* Hausmeister
gebefreudig: *9* spendabel
Gebeinaschegefäß: *4* Urne
Gebeine: *7* Knochen
Gebeine von Heiligen: *8* Reliquie
Gebeinurne: *8* Ossarium
geben: *7* reichen
Gebenedeite: *7* Madonna; *12* Gottesmutter
Gebetbuch: *7* Brevier, Missale
Gebetsanrede an Gott: *4* Abba
Gebetsaufruf: *6* Oremus
Gebetsende: *4* Amen
Gebetsform: *10* Rosenkranz
Gebetsmantel: *7* Tallith
Gebetsmühle der Lamaisten: *5* Korle
Gebetsnische in der Moschee: *5* Mihrab
Gebetsruf der Christen: *8* Hosianna
- **der Mohammedaner:** *4* Esan
- **des Muezzin:** *5* Adhan

Gebetsrufer: *7* Muezzin
Gebetsschluß: *4* Amen
Gebetsstunde: *4* None
Gebetszusammenstellung: *6* Agende
Gebiet: *3* Gau; *4* Fach, Zone; *6* Bezirk, Gegend, Region, Revier, Sektor, Sparte; *7* Bereich, Sektion, Terrain; *8* Distrikt; *11* Territorium
Gebiet
- **ohne Besitzer:** *12* Niemandsland
- **hohen Luftdrucks:** *4* Hoch
- **um Jerusalem:** *6* Judaea
- **zwischen Mittelmeer und Jordan:** *10* Palaestina
- **niedrigen Luftdrucks:** *4* Tief
- **um den Nordpol:** *6* Arktis
- **mit religiöser Minderheit:** *8* Diaspora
- **um den Südpol:** *9* Antarktis

gebieten: *6* walten; *8* befehlen; *9* herrschen; *12* kommandieren
Gebieter: *4* Herr; *9* Herrscher, Oberhaupt
Gebieterin: *6* Herrin
gebieterisch: *8* herrisch
gebietlich: *5* zonal; *8* regional
Gebietsausschluß: *7* Exklave
Gebietseinschluß: *7* Enklave
Gebietskörperschaft: *4* Land; *8* Gemeinde
Gebietsstreifen: *4* Zone; *8* Korridor
Gebilde: *4* Form; *5* Figur; *7* Gefuege, Gestalt; *8* Struktur
Gebilde ohne Ausdehnung: *5* Punkt
- **aus Wassertropfen:** *5* Wolke

gebildet: *5* urban
Gebinde: *4* Bund; *5* Garbe, Kranz; *7* Strauss
Gebirge, Gebirgsgruppe, Gebirgsstock, Gebirgszug
- **in Afghanistan:** *10* Hindukusch
- **in Afrika:** *3* Rif; *5* Atlas, Kenia; *9* Ruwenzori; *14* Kilimandscharo
- **in Ägypten:** *5* Sinai
- **in Algerien:** *5* Atlas
- **in Amerika:** *5* Anden; *10* Blaue Berge; *11* Kordilleren, Sierra Madre; *12* Sierra Nevada; *14* Rocky Mountains
- **in Anatolien:** *3* Ida; *6* Taurus
- **im Apennin:** *4* Meta
- **in Argentinien:** *5* Anden; *11* Kordilleren
- **in Asien:** *4* Alai; *5* Altai, Pamir, Sinai; *6* Elburs, Taurus; *7* Kwenlun, Libanon; *8* Himalaja, Kaukasus; *9* Karakorum, Tienschan; *10* Hindukusch; *11* Antilibanon
- **in Australien:** *10* Blaue Berge; *12* Darlingkette
- **auf der Balkanhalbinsel:** *6* Balkan, Pindus; *7* Rhodope, Welebit
- **in Bayern:** *14* Bayrischer Wald, Fichtelgebirge

- **zwischen Bayern und Böhmen:** *11* Boehmerwald
- **in Belgien:** *8* Ardennen; *9* Hohes Venn
- **in Böhmen:** *10* Kaiserwald
- **zwischen Böhmen und Schlesien:** *7* Sudeten-
in Bolivien: *5* Anden; *11* Kordilleren
- **in Böotien:** *7* Helikon
- **in Brasilien:** *3* Mar; *11* Sierra do Mar
- **in Bulgarien:** *4* Rila; *6* Balkan; *7* Rhodope, Witosch; *8* Rhodopen
- **in Chile:** *5* Anden; *11* Kordilleren
- **in China:** *7* Kwenlun; *8* Himalaja
- **in der CSSR:** *5* Tatra; *7* Sudeten; *8* Karpaten; *10* Erzgebirge; *11* Boehmerwald, Isergebirge
- **in Deutschland:** *3* Alb, Elm, Ith; *4* Haar, Harz, Jura; *5* Eifel, Hardt, Rhoen; *6* Osning, Taunus; *7* Deister, Solling, Suentel; *8* Idarwald, Odenwald, Soonwald, Spessart; *9* Hohes Venn, Hunsrueck; *10* Erzgebirge, Haarstrang, Niederwald, Westerwald; *11* Boehmerwald, Ebbegebirge, Eggegebirge, Frankenwald, Schwarzwald, Steigerwald; *12* Eulengebirge, Habichtswald, Lennegebirge, Pfaelzer Wald; *13* Elstergebirge, Kaufunger Wald, Knuellgebirge, Riesengebirge, Siebengebirge; *14* Allgaeuer Alpen, Bayrischer Wald, Fichtelgebirge, Glatzer Gebirge, Rothaargebirge, Thueringer Wald; *15* Teutoburger Wald
- **der Dolomiten:** *5* Sella; *9* Marmolata; *11* Rosengarten
- **in Ecuador:** *5* Anden; *11* Kordilleren
- **in Europa:** *4* Ural; *5* Alpen, Karst, Tatra; *6* Balkan, Tauern; *7* Apennin, Sudeten, Vogesen; *8* Abruzzen, Ardennen, Beskiden, Cevennen, Karpaten; *9* Apenninen, Dolomiten, Hohe Tatra, Marmolata, Pyrenaeen, Silvretta; *10* Karawanken, Wasgenwald; *11* Boehmerwald, Isergebirge; *12* Eulengebirge; *13* Kaisergebirge, Riesengebirge
- **zwischen Europa und Asien:** *4* Ural
- **in Frankreich:** *4* Jura; *7* Vogesen; *8* Ardennen, Cevennen
- **in Griechenland:** *4* Oeta, Ossa; *5* Olymp; *6* Pelion, Pindos; *7* Helikon, Liakura, Parnass; *8* Taigetos, Taygetos; *10* Pentelikon
- **in Indien:** *7* Nilgiri, Satpura; *8* Kardamom
- **in Innerasien:** *4* Alai; *5* Altai, Pamir; *6* Kunlun; *7* Kwenlun; *8* Himalaja; *9* Karakorum, Tienschan
- **im Iran:** *6* Elburs, Elwend, Zagros
- **in Israel:** *6* Karmel
- **in Italien:** *4* Meta; *7* Apennin; *8* Abruzzen; *9* Apenninen, Dolomiten, Marmolata
- **in Jugoslawien:** *5* Karst; *6* Kapela
- **in Kalifornien:** *12* Sierra Nevada
- **der Kalkalpen:** *9* Karwendel
- **der Karpaten:** *5* Tatra; *8* Beskiden
- **am Kaspischen Meer:** *6* Elburs
- **in Katalanien:** *10* Montserrat
- **in Kirgisistan:** *4* Alai
- **in Kleinasien:** *3* Ida; *6* Taurus; *8* Kaukasus
- **in Kolumbien:** *5* Anden; *11* Kordilleren
- **auf Kreta:** *3* Ida
- **auf der Krim:** *5* Jaila
- **in Luxemburg:** *8* Ardennen
- **in Marokko:** *3* Rif; *5* Atlas
- **in Mexiko:** *11* Kordilleren, Sierra Madre
- **in der Mongolei:** *7* Changai
- **in Nepal:** *8* Himalaja
- **in Nordafrika:** *3* Rif; *5* Atlas
- **in Nordamerika:** *10* Appalachen; *12* Sierra Nevada
- **der Oberrheinischen Tiefebene:** *11* Kaiserstuhl
- **der Ostalpen:** *6* Tauern
- **in Österreich:** *5* Alpen; *6* Tauern; *10* Hohe Tauern, Karawanken, Wienerwald; *13* Kaisergebirge, Niedere Tauern, Tennengebirge; *15* Mangfallgebirge
- **am Peloponnes:** *10* Erymanthus
- **in Persien:** *6* Elburs, Elwend, Zagros
- **in Peru:** *5* Anden; *11* Kordilleren
- **in Polen:** *5* Tatra; *8* Beskiden, Karpaten, Lysagora; *9* Hohe Tatra
- **in der Pfalz:** *5* Hardt
- **der Rätischen Alpen:** *9* Silvretta
- **in Rumänien:** *8* Karpaten
- **in Rußland:** *4* Ural; *5* Jaila; *8* Kaukasus
- **in der Sahara:** *3* Tir; *7* Ahaggar
- **der Salzburger Alpen:** *9* Dachstein
- **in Schottland:** *9* Highlands
- **in Schwaben:** *3* Alb; *4* Jura
- **zwischen Schwarzem Meer und Kaspisee:** *8* Kaukasus
- **in der Schweiz:** *4* Rigi; *5* Alpen; *7* Bernina; *8* Raetikon
- **in Sibirien:** *4* Ural; *5* Altai, Pamir, Sajan; *9* Tienschan
- **in der Sowjetunion:** *4* Ural; *5* Altai, Jaila, Pamir, Sajan; *8* Kaukasus; *9* Tienschan
- **in Spanien:** *9* Maladetta, Pyrenaeen; *12* Sierra Morena, Sierra Nevada
- **zwischen Spanien und Frankreich:** *9* Pyrenaeen
- **in Südamerika:** *5* Anden; *11* Kordilleren
- **in Südosteuropa:** *6* Balkan
- **in Tanganjika:** *14* Kilimandscharo
- **in Tansania:** *8* Usambara
- **in Thessalien:** *4* Ossa; *6* Pelion
- **in Tibet:** *6* Dangla, Kunlun
- **des Tienschau:** *4* Alai
- **in der Tschechoslowakei:** *5* Tatra; *7* Sudeten; *8* Karpaten; *10* Erzgebirge; *11* Boehmerwald, Isergebirge
- **in der Türkei:** *3* Ida; *6* Taurus; *8* Kaukasus
- **in Uganda:** *9* Ruwenzori
- **in Ungarn:** *5* Matra; *10* Bakonywald
- **zwischen Werra und Fulda:** *5* Rhoen; *8* Meissner; *13* Kaufunger Wald
- **in Zentralasien** → Gebirge in Innerasien

Gebirgsbach: *4* Ache

Gebirgsbahn: *4* Lift; *6* Aufzug; *7* Skilift; *8* Bergbahn, Seilbahn; *10* Haengelift, Sessellift;

11 Kabinenbahn, Schlepplift, Schwebebahn, Zahnradbahn; *13* Drahtseilbahn
Gebirgsbaum: *4* Arve
Gebirgsbildung: *9* Orogenese
Gebirgseinschnitt: *3* Kar, Tal; *4* Klus; *5* Klamm, Kluft, Mulde; *6* Kessel; *8* Schlucht
Gebirgserhebung: *3* Pic, Pik, Piz; *4* Berg, Grat, Kamm, Peak, Pico; *5* Hoehe, Kegel, Kuppe, Spitz, Zacke, Zinne; *6* Gipfel, Klippe, Sattel, Sierra, Spitze; *7* Anhoehe, Plateau, Ruecken
Gebirgsfluß: *3* Ach; *4* Ache
Gebirgsgasthaus: *5* Baude
Gebirgsgruppe → Gebirge
Gebirgshütte: *5* Baude
Gebirgskamm: *4* Grat
Gebirgskette: *6* Sierra
Gebirgskette → Gebirge
Gebirgsland
- **in Äthiopien:** *5* Kaffa
- **zwischen Kaspischem und Schwarzem Meer:** *8* Armenien
- **in Vorderasien:** *9* Kurdistan
- **westlich des Jordans:** *8* Galilaea

Gebirgslandschaft
- **der Sahara:** *4* Ahir
- **in Schottland:** *9* Grampians

Gebirgsnische: *3* Kar
Gebirgspaß zwischen Indien und Afghanistan: *7* Khaiber
Gebirgspfad: *5* Steig
Gebirgspflanze: *4* Arve; *6* Arnika, Enzian; *7* Latsche; *8* Siegwurz, Zyklamen; *9* Almrausch, Alpenrose, Edelraute, Edelweiss, Legfoehre; *10* Alpenlilie, Bergkiefer, Silberwurz, Steinbrech, Trollblume; *11* Almenrausch, Wohlverleih; *12* Zirbelkiefer; *13* Alpenveilchen; *15* Bergwohlverleih
Gebirgsschlucht: *3* Kar; *5* Klamm
Gebirgsstaat im östlichen Himalaja: *6* Bhutan
Gebirgsstock: *6* Massiv → Gebirge
Gebirgsstock in Graubünden: *3* Err
Gebirgsteil: *3* Pik, Piz; *4* Berg, Grat, Kamm; *5* Kuppe, Zacke, Zinne; *6* Gipfel, Klippe
Gebirgstruppe in Italien: *6* Alpini
Gebirgsübergang: *4* Pass
Gebirgsunterkunft: *5* Baude; *6* Huette
- **Gebirgsvolk in Indochina:** *3* Kha
- **in Persien:** *8* Kassiten

Gebirgswiese: *3* Alm
Gebirgswild: *4* Gams; *5* Gemse; *9* Alpenhase, Steinbock, Steinhuhn; *10* Murmeltier, Schneehuhn, Steinadler; *12* Laemmergeier, Schneekraehe; *15* Alpensalamander
Gebirgswüste in Ägypten: *15* Arabische Wueste
Gebirgszug → Gebirge → Höhenzug
Gebirgszug
- **der Alpen:** *4* Rigi; *5* Sella; *6* Tauern; *7* Bernina; *9* Dolomiten, Karwendel, Monte Rosa, Silvretta; *10* Hohe Tauern, Karawanken
- **der Apenninen:** *4* Meta

Gebiß: *6* Zaehne; *8* Prothese; *10* Zahnersatz; *12* Zahnprothese
Gebißstange des Pferdes: *7* Kandare
Gebläse: *9* Exhaustor; *10* Ventilator
Gebläsevorrichtung: *10* Kompressor
geblättert: *8* lamellar
Geblüt: *6* Erbgut; *8* Erbmasse, Herkunft; *10* Abstammung, Geschlecht
gebogen: *4* rund; *5* krumm
gebogene Hiebwaffe: *6* Saebel
gebogener Metallstift: *5* Haken
- **Nagel:** *6* Kramme, Krampe

gebogenes Wurfholz: *8* Bumerang
Geborgenheit: *3* Hut; *5* Obhut; *6* Schutz; *9* Betreuung, Fuersorge; *10* Sicherheit
Geborgtes: *4* Borg, Pump; *5* Leihe; *7* Anleihe
Gebot: *6* Befehl, Erlass
Gebotsübertretung: *6* Suende
gebrannter
- **Baustein:** *6* Ziegel; *7* Klinker
- **Ton:** *10* Terrakotta
- **Zucker:** *7* Karamel

gebratenes Fleischklößchen: *7* Bulette; *9* Brisolett; *10* Frikadelle
Gebräu: *3* Sud
Gebrauch: *3* Uso; *4* Usus
gebrauchen: *8* benutzen; *9* benuetzen
gebräuchlich: *6* usuell
gebrauchsfertig: *5* parat; *6* bereit
Gebrauchsgegenstände: *10* Utensilien
Gebrauchsmöbel: *4* Bett; *5* Stuhl, Tisch; *7* Schrank
Gebrechen: *6* Fehler, Leiden, Mangel; *9* Schwaeche
gebrechlich: *6* taprig
gebrochene Schrift: *7* Fraktur
gebrochener Akkord: *8* Arpeggio
Gebühr: *4* Maut, Satz, Taxe, Zoll; *5* Porto, Tarif; *6* Abgabe; *7* Beitrag, Entgelt, Honorar, Praemie
Gebühr des Börsenmaklers: *7* Kurtage
gebührenfrei: *7* taxfrei
Gebührenliste: *5* Tarif
gebündeltes Getreide: *5* Garbe
gebunden: *6* latent
gebunden in der Musik: *6* legato
gebundenes Heft: *10* Broschuere
Geburtshelferin: *7* Hebamme
Geburtsnarbe: *5* Nabel
Geburtsort: *6* Heimat
Geburtsort
- **Andersens:** *6* Odense
- **Johann Sebastian Bachs:** *8* Eisenach
- **Balzacs:** *5* Tours
- **Beethovens:** *4* Bonn
- **Bismarcks:** *12* Schoenhausen
- **Bruckners:** *9* Ansfelden
- **Dürers:** *9* Nuernberg
- **Haydns:** *6* Rohrau
- **Hebbels:** *11* Wesselburen
- **Herders:** *9* Mohrungen
- **Hölderlins:** *7* Lauffen
- **Jesu:** *9* Bethlehem
- **Luthers:** *8* Eisleben

- **Mohammeds:** *5* Mekka
- **Mozarts:** *8* Salzburg
- **Napoleons I.:** *7* Ajaccio
- **Samuels:** *4* Rama
- **Schillers:** *7* Marbach
- **Storms:** *5* Husum
- **Vasco da Gamas:** *5* Sines
- **C. M. von Webers:** *5* Eutin

Geburtsschmerzen: *5* Wehen
Geburtstag Mohammeds: *6* Mewlud
Gebüsch: *5* Horst; *7* Boskett
Gebüschformation: *5* Hecke
Gebüschpflanzung: *7* Boskett
Geck: *4* Beau, Fant, Gent, Snob; *5* Dandy, Laffe; *6* Fatzke; *7* Stutzer
Geckenhaftigkeit: *9* Snobismus
gedacht: *6* ideell
Gedächtnis: *5* Mneme
Gedächtnisfeier: *9* Jubilaeum
Gedächtniskunst: *8* Mnemonik; *11* Mnemoneutik; *12* Mnemotechnik
Gedächtnisleistung: *10* Erinnerung
Gedächtnisschwäche: *15* Vergesslichkeit
Gedächtnisstütze: *5* Notiz; *6* Agenda; *7* Vermerk; *8* Merkbuch; *9* Notizbuch; *10* Denkzettel; *12* Eselsbruecke; *14* Terminkalender
Gedächtnisverlust: *7* Amnesie
gedämpft in der Musik: *5* sordo
gedämpfter Reis: *7* Risotto
Gedanke: *4* Idee; *6* Grille; *7* Einfall; *9* Vorschlag
Gedankenflug: *8* Fantasie; *9* Phantasie
gedankenlos: *10* mechanisch
Gedankensplitter: *10* Aphorismen, Aphorismus
Gedankenübertragung: *10* Telepathie
Gedankenverbindung: *11* Assoziation
gedanklich: *11* theoretisch
Gedärm: *7* Kutteln; *8* Gekroese; *9* Kaldaunen; *10* Eingeweide

- **des Wildes:** *9* Gescheide

Gedeck: *3* Set; *4* Menu; *5* Menue; *6* Kuvert
gedeckter Tisch: *5* Tafel
gedeihen: *9* florieren; *12* prosperieren
Gedeihen: *4* Flor; *6* Erfolg, Glueck
Gedenkbuch: *5* Album
Gedenkfeier: *9* Jubilaeum
Gedenkmünze: *8* Plakette
Gedenkstätte: *7* Denkmal, Mahnmal, Marterl; *8* Ehrenmal, Monument; *12* Triumphbogen

- **gegenüber Bingen:** *17* Niederwalddenkmal
- **in Laboe:** *14* Marineehrenmal
- **in Masuren:** *17* Tannenbergdenkmal
- **im Teutoburger Wald:** *15* Hermannsdenkmal

Gedenkstein der Wikinger: *10* Bautastein
Gedenktafel in den Alpen: *7* Marterl
Gedicht in altfranzösischer Form: *3* Lai
Gedicht von Vergil: *8* Georgika
Gedichtabschnitt: *7* Strophe
Gedichtform: *3* Ode; *4* Epos, Lied, Poem; *5* Epode, Gasel, Hymne, Xenie; *6* Ekloge, Elegie, Sonett, Spruch; *7* Ballade, Kanzone, Romanze; *9* Distichon
Gedichtgattung: *7* Kasside
Gedichtsammlung: *5* Diwan; *10* Anthologie
Gedichtsteil: *4* Vers; *7* Strophe
gedickter Obstsaft: *5* Gelee
gediegen: *4* fest, rein; *5* reell, solid; *6* massiv, solide; *7* serioes
gedienter Soldat: *7* Veteran
Gedingelohn: *6* Akkord
gedörrter Dorsch: *10* Stockfisch
Gedränge: *7* Andrang, Gewuehl
gedrängt: *3* eng; *5* knapp
gedrehte Schnur: *5* Litze; *6* Kordel; *7* Flechte
gedrehtes Band: *7* Schnur
gedroschenes Getreide: *4* Korn
Gedrücktheit: *10* Depression
gedrungen: *7* kompakt
Geduld: *7* Langmut; *8* Ausdauer; *9* Gleichmut, Nachsicht
geduldig: *8* gelassen
Geduldsspiel: *6* Puzzle; *8* Patience
geeignet: *4* reif; *12* qualifiziert
Gefahr: *6* Risiko, Wagnis; *8* Faehrnis
gefährdet: *9* exponiert
Gefahrenmeldung: *5* Alarm
gefährlich: *7* riskant; *8* kritisch; *10* bedrohlich, unheilvoll
gefährliche(r, s)

- **Kampfsport:** *6* Karate
- **Lage:** *5* Krise; *6* Krisis
- **Stoff:** *4* Gift
- **Tierseuche:** *7* Tollwut
- **Unternehmen:** *6* Risiko, Wagnis; *9* Abenteuer

Gefährt: *5* Wagen; *8* Fahrzeug
Gefährte: *6* Kumpan, Sozius; *7* Genosse, Kamerad, Kollege, Partner
Gefährte → Begleiter
Gefährte des Don Quichotte: *11* Sancho Pansa

- **des Iason:** *6* Kastor, Neleus, Peleus; *7* Admetos, Telamon, Theseus; *8* Euphemos, Herakles
- **des Mohammed:** *5* Ashab
- **des Odysseus:** *7* Elpenor; *10* Eurylochos
- **des Paulus:** *8* Barnabas

Gefährtin der Artemis: *4* Aura

- **von Satre:** *8* Beauvoir

gefahrvoll: *7* riskant; *8* kritisch
Gefälle einer Fläche: *7* Neigung
Gefallen: *4* Lust; *6* Freude; *8* Belieben; *9* Geschmack, Sympathie, Zuneigung
gefällig: *6* kulant
Gefälligkeit: *5* Gunst; *6* Dienst; *8* Gefallen
Gefallsucht: *9* Eitelkeit; *10* Koketterie
gefallsüchtig: *5* eitel; *6* kokett
gefällte Bäume: *8* Langholz
gefalteter Papierstreifen: *7* Fidibus
gefälteltes Gewebe: *7* Plissee
Gefangener: *9* Arrestant, Haeftling; *10* Straefling; *11* Verhafteter; *13* Zuchthaeusler
Gefangenschaft: *4* Haft; *6* Arrest; *9* Gewahrsam
Gefängnis: *5* Knast; *6* Kerker; *8* Kittchen; *9* Gewahrsam, Zuchthaus; *12* Strafanstalt
Gefängnisraum: *5* Zelle
gefärbt: *4* bunt; *6* farbig; *10* parteiisch; *11* tendenzioes

Gefasel: *7* Rederei; *9* Gequassel; *10* Geschwaetz
Gefäß: *4* Dose, Fass, Glas, Krug, Kufe, Kump, Napf, Pott, Tank, Topf, Vase; *5* Bowle, Butte, Eimer, Kanne, Kelch, Kruke, Molle, Pokal, Satte, Tasse, Tonne, Wanne, Zuber; *6* Bassin, Becher, Becken, Buette, Flakon, Kumpen, Kessel, Kuebel, Pfanne, Phiole, Roehre, Roemer, Schaff, Schale, Seidel, Tiegel; *7* Amphora, Ampulle, Bottich, Buechse, Flasche, Karaffe, Retorte; *8* Kanister, Kuevette, Schoppen; *9* Behälter, Kalebasse, Schuessel; *10* Kasserolle
Gefäß
- **der Antike:** *7* Amphora
- **für die Asche Verstorbener:** *4* Urne
- **Blumen:** *4* Vase
- **zum Färben:** *5* Kuepe
- **für Fische:** *6* Bassin, Becken; *8* Aquarium
- **für Kleintiere:** *9* Terrarium
- **aus Kürbisschale:** *9* Kalebasse
- **im Labor:** *7* Retorte; *11* Reagenzglas
- **der Parzivalsage:** *4* Gral
- **zum Schmelzen:** *6* Tiegel
- **für Stimmzettel:** *4* Urne
- **für Tierfutter:** *4* Napf, Trog; *6* Krippe; *7* Traenke
- **für Treibstoff:** *4* Tank; *8* Kanister
- **für Wassertiere:** *6* Bassin, Becken; *8* Aquarium; *11* Schaubecken
- **zum Zerkleinern:** *7* Moerser

Gefäßgeschwulst: *6* Angiom
gefaßt: *10* resigniert
Gefecht: *5* Kampf; *6* Assaut; *12* Scharmuetzel
gefedertes Sprungbrett: *9* Trampolin
gefeierte Sängerin oder Schauspielerin: *4* Diva
Gefeierter: *7* Jubilar
gefeit: *5* immun; *6* sicher
Gefieder: *6* Federn
gefiedertes Wirbeltier: *5* Vogel
Gefiederwechsel: *6* Mauser
Gefilde der Asen: *6* Asgard; *7* Idafeld; *9* Idafoellr
- **der Seligen:** *7* Elysium

gefilterter Zucker: *9* Raffinade
geflammt: *8* moiriert
Geflecht: *4* Korb; *5* Matte; *6* Gewebe, Gitter; *8* Faschine
geflecktes Pferd oder Rind: *7* Schecke
geflochtene Schnur: *6* Kordel
geflochtener Behälter: *4* Korb
geflochtenes Haar: *4* Zopf
Geflügel: *4* Ente, Gans, Hahn, Huhn, Pute; *5* Erpel, Henne, Puter, Taube; *6* Ganter, Glucke, Gockel, Kapaun, Tauber; *7* Goessel, Kuecken, Taeuber; *8* Enterich, Poularde, Truthahn; *9* Truthenne; *10* Taeuberich
Geflügel zerlegen: *11* tranchieren
Geflügelfüllsel: *5* Farce
Geflügelkrankheit: *4* Roup, Pips, Zips
Geflügelprodukt: *2* Ei
Geflügelräuber: *5* Fuchs; *7* Habicht
Geflügelrumpf: *8* Karkasse
geflügelte(r, s)
- **Dichterroß:** *7* Pegasus
- **Liebesgott:** *8* Amorette
- **Wirbeltier:** *5* Vogel
- **Wort:** *5* Zitat

Gefolge: *4* Stab; *5* Suite, Tross; *6* Anhang, Geleit; *7* Eskorte
- **bei Leichenbegängnissen:** *7* Kondukt

Gefolgschaft: *9* Anhaenger
Gefolgsleute: *6* Mannen
Gefolgsmann: *5* Degen; *7* Paladin; *8* Getreuer
Gefolgsmann Karls des Großen: *6* Roland
geformt: *10* profiliert
Gefriergerät: *10* Eisschrank; *12* Kuehlschrank; *14* Tiefkuehltruhe
Gefrierschutzmittel: *6* Glykol
gefrorener Schnee: *6* Harsch
- **Tau:** *4* Reif

Gefrorenes: *3* Eis; *8* Eiscreme; *9* Speiseeis
Gefüge: *6* Aufbau; *8* Struktur; *9* Anordnung; *10* Organismus
gefügig: *5* kirre; *8* gehorsam
Gefühl: *6* Ahnung; *8* Instinkt; *9* Empfinden, Sentiment
- **des Abscheus:** *4* Ekel
- **für Recht und Unrecht:** *8* Gewissen

gefühllos: *3* roh; *4* hart; *6* brutal; *7* lieblos; *8* steinern; *10* gemuetsarm; *11* abgestumpft; *13* gleichgueltig, unempfindlich
Gefühlsarmut: *6* Kaelte
Gefühlsbereich: *6* Gemuet
gefühlsbetont: *8* affektiv; *9* emotional, expressiv; *10* pathetisch
Gefühlsbewegung: *6* Regung; *8* Erregung
Gefühlserregung: *6* Pathos
gefühlskalt: *6* frigid
gefühlsmäßig: *9* emotional; *10* emotionell, instinktiv
gefühlsmäßige Erkenntnis: *9* Intuition
- **Handlung:** *6* Affekt; *7* Emotion

gefühlsmäßiger Zustand: *5* Laune; *8* Stimmung
Gefühlsmensch: *11* Sanguiniker
Gefühlsregung: *4* Reue
Gefühlsroheit: *8* Zynismus
Gefühlsschwärmer: *10* Romantiker
Gefühlsseligkeit: *16* Sentimentalitaet
gefühlvoll: *10* empfindsam, seelenvoll; *11* sentimental
gefüllt: *4* voll
gefülltes Schmalzgebäck: *7* Beignet
gefürchtet: *8* verhasst; *9* unbeliebt; *11* gefaehrlich
gefürchtete Maifröste: *10* Eisheilige
gegebene Veranlagung: *8* Naturell
gegebenenfalls: *9* eventuell
Gegebenheit: *7* Umstand; *9* Realitaet
gegen: *3* gen, per; *4* anti; *5* wider; *6* contra, kontra
Gegenaktion: *6* Abwehr, Parade, Paroli, Reflex; *7* Antwort, Aufruhr; *8* Aufstand, Meuterei, Reaktion, Revanche; *9* Rebellion; *10* Auflehnung, Opposition, Revolution; *11* Reformation
Gegenansage: *6* Kontra
Gegenbehauptung: *9* Antithese
Gegenbewegung: *10* Widerstand

Gegenbuchung: *8* Ristorno
Gegend: *3* Gau; *4* Zone; *6* Gebiet, Region; *7* Bereich, Gefilde; *8* Umgebung; *10* Landschaft
Gegend am Nordpol: *6* Arktis
Gegend am Südpol: *9* Antarktis
Gegendruck: *8* Reaktion
Gegenfüßler: *8* Antipode
Gegengift: *7* Antidot; *9* Antitoxin
Gegenpartei: *10* Opposition
Gegenpol zur Anode: *7* Kathode
- **zur Kathode:** *5* Anode

Gegenpunkt zum Zenit: *5* Nadir
Gegenrede: *6* Replik; *7* Antwort; *10* Entgegnung; *11* Widerspruch
Gegensatz: *8* Kontrast; *9* Antithese; *10* Opposition; *12* Antagonismus
Gegensatz zu, Gegenteil von
- **Abend:** *6* Morgen
- **Abreise:** *7* Ankunft, Anreise
- **absolut:** *7* relativ
- **abstrakt:** *7* konkret
- **aktiv:** *6* passiv
- **alles:** *6* nichts
- **allgemein:** *7* einzeln
- **alt:** *3* neu; *4* jung
- **Analyse:** *8* Synthese
- **Angebot:** *9* Nachfrage
- **Antipathie:** *9* Sympathie
- **arm:** *5* reich
- **Aufstieg:** *9* Untergang
- **Ausland:** *6* Inland
- **außen:** *5* innen
- **Baisse:** *6* Hausse
- **Belastung:** *10* Entlastung
- **bissig:** *4* zahm
- **boese:** *3* gut
- **breit:** *6* schmal
- **brutto:** *5* netto
- **contra:** *3* pro
- **Deflation:** *9* Inflation
- **dick:** *5* duenn
- **dunkel:** *4* hell
- **dünn:** *4* dick
- **Dynamik:** *6* Statik
- **Ebene:** *7* Gebirge
- **Ehre:** *7* Schande
- **einzeln:** *9* allgemein
- **Erlaubnis:** *6* Verbot
- **Ernst:** *6* Scherz
- **Export:** *6* Import
- **fein:** *4* grob
- **fern:** *3* nah
- **fest:** *4* lose
- **Frau:** *4* Mann
- **frei:** *6* unfrei; *9* abhaengig
- **Frieden:** *5* Krieg
- **füllen:** *6* leeren
- **Gebirge:** *5* Ebene
- **geschlossen:** *5* offen
- **gesund:** *5* krank
- **glatt:** *4* rauh
- **Glück:** *4* Pech
- **grob:** *4* fein
- **groß:** *5* klein
- **gut:** *5* boese; *8* schlecht
- **hart:** *5* weich
- **Haß:** *5* Liebe
- **Hausse:** *6* Baisse
- **heiß:** *4* kalt
- **Heiterkeit:** *5* Ernst
- **hell:** *6* dunkel
- **her:** *3* hin
- **Herr:** *6* Knecht
- **Himmel:** *6* Hoelle
- **Hitze:** *6* Kaelte
- **hoch:** *4* tief
- **Höhe:** *5* Tiefe
- **Hölle:** *6* Himmel
- **horizontal:** *8* vertikal
- **hungrig:** *4* satt
- **Idealist:** *7* Realist
- **Import:** *6* Export
- **Inflation:** *9* Deflation
- **Inland:** *7* Ausland
- **innen:** *6* aussen
- **jung:** *3* alt
- **kalt:** *5* heiss
- **Kälte:** *5* Hitze
- **klein:** *5* gross
- **Knecht:** *4* Herr
- **Knechtschaft:** *8* Freiheit
- **krank:** *6* gesund
- **Krieg:** *7* Frieden
- **labil:** *6* stabil
- **Leben:** *3* Tod
- **Lee:** *3* Luv
- **leer:** *4* voll
- **leeren:** *7* fuellen
- **Licht:** *8* Schatten
- **Liebe:** *4* Hass
- **links:** *6* rechts
- **Lob:** *5* Ruege, Tadel
- **lose:** *4* fest
- **Luv:** *3* Lee
- **Mann:** *4* Frau
- **Materialist:** *8* Idealist
- **Morgen:** *5* Abend
- **Nachfrage:** *7* Angebot
- **Nacht:** *3* Tag
- **Nadir:** *5* Zenit
- **nah:** *4* fern
- **naß:** *7* trocken
- **negativ:** *7* positiv
- **netto:** *6* brutto
- **nichts:** *5* alles
- **Niederlage:** *4* Sieg
- **oben:** *5* unten
- **offen:** *2* zu; *11* geschlossen
- **oft:** *6* selten
- **Okzident:** *6* Orient
- **Orient:** *8* Okzident
- **passiv:** *5* aktiv
- **Pech:** *6* Glueck

- **peripher:** *7* zentral
- **Poesie:** *5* Prosa
- **positiv:** *7* negativ
- **Praxis:** *7* Theorie
- **pro:** *6* contra
- **Prosa:** *6* Poesie
- **rauh:** *5* glatt
- **Realist:** *8* Idealist
- **Recht:** *7* Unrecht
- **rechts:** *5* links
- **reich:** *3* arm
- **relativ:** *7* absolut
- **satt:** *7* hungrig
- **sauer:** *5* suess
- **Schande:** *4* Ehre
- **scharf:** *6* stumpf
- **Schatten:** *5* Licht
- **Scherz:** *5* Ernst
- **schlecht:** *3* gut
- **selten:** *3* oft
- **Sieg:** *10* Niederlage
- **Spaß:** *5* Ernst
- **stabil:** *5* labil
- **Statik:** *7* Dynamik
- **stumpf:** *6* scharf
- **süß:** *5* sauer
- **Sympathie:** *10* Antipathie
- **Synthese:** *7* Analyse
- **Tadel:** *3* Lob
- **Tag:** *5* Nacht
- **Theorie:** *6* Praxis
- **tief:** *4* hoch
- **Tiefe:** *5* Hoehe
- **Tod:** *5* Leben
- **Traum:** *12* Wirklichkeit
- **trocken:** *4* nass; *6* feucht
- **über:** *5* unter
- **unten:** *4* oben
- **unter:** *5* ueber
- **Untergang:** *7* Aufgang; *8* Aufstieg
- **verbieten:** *8* erlauben
- **Verbot:** *9* Erlaubnis
- **vertikal:** *10* horizontal
- **voll:** *4* leer
- **weich:** *4* hart
- **wild:** *4* zahm
- **Wind:** *6* Flaute
- **Wirklichkeit:** *5* Traum
- **zahm:** *4* wild
- **Zenit:** *5* Nadir
- **zentral:** *8* peripher
- **zu:** *5* offen

gegensätzlich: *8* kontraer; *10* adversativ
Gegensätzlichkeit: *10* Polaritaet
Gegenschlag: *6* Konter; *8* Reaktion
gegenseitig: *6* mutual; *7* mutuell; *8* reziprok
Gegenspiel: *9* Widerpart
Gegenspieler: *8* Antipode; *11* Widersacher
Gegenstand: *4* Ding; *5* Motiv, Sache, Sujet, Thema; *6* Objekt; *7* Gebilde, Koerper, Materie; *8* Substanz
Gegenstand von Heiligen: *8* Reliquie
gegenständlich: *8* objektiv
gegenständlich greifbar: *7* konkret
Gegenströmung: *8* Reaktion
Gegenstück: *7* Pendant
Gegenteil von → Gegensatz zu
gegenüber: *9* diametral
Gegenüber: *7* Visavis
gegenüberstellen: *10* opponieren
Gegenüberstellung: *9* Vergleich; *13* Konfrontation
Gegenwart: *5* Heute; *8* Praesens; *9* Teilnahme; *11* Anwesenheit
gegenwärtig: *6* modern, rezent; *8* anwesend, praesent
gegenwärtig sein: *6* dasein; *10* existieren
gegenwärtige Sachlage: *11* Aktualitaet
gegenwartsbezogen: *6* modern
Gegenwartsform: *8* Praesens
Gegenwartsform von sein: *3* bin, ist; *4* bist, seid, sind
Gegenwehr: *9* Defensive; *10* Widerstand; *12* Verteidigung
Gegenwert: *5* Preis; *6* Valuta; *7* Entgelt; *11* Aequivalent
Gegenwirkung: *8* Reaktion
gegerbte Tierhaut: *5* Leder
gegerbtes Ziegenleder: *7* Saffian
Gegner: *5* Feind; *6* Rivale; *8* Antipode, Opponent; *10* Konkurrent, Kontrahent; *11* Widersacher; *12* Gegenspieler
Gegner
- **Cäsars:** *4* Cato
- **des Christentums:** *10* Antichrist
- **des Faschismus:** *12* Antifaschist
- **Luthers:** *3* Eck

Gegnerin Maria Stuarts: *9* Elisabeth
gegnerisch: *13* oppositionell
Gegnerschaft: *9* Widerpart
gegorene(r, s)
- **Agavensaft:** *6* Pulque
- **Getränk aus Brot:** *5* Kwass
- **Honigsaft:** *3* Met
- **Milch:** *5* Kefir; *7* Joghurt
- **Stutenmilch:** *5* Kumys; *6* Kumyss
- **Traubensaft:** *4* Wein

gegossener Druckbuchstabe: *4* Type; *6* Letter
Gehabe: *5* Getue; *7* Alluere, Gebaren; *8* Benehmen, Betragen; *9* Verhalten
gehacktes Schweinefleisch: *4* Mett
Gehalt: *4* Gage, Lohn, Sold, Wert; *5* Fixum, Wesen; *6* Inhalt, Salaer; *7* Entgelt, Honorar; *9* Besoldung
gehaltlos: *4* leer
gehaltreich: *4* voll; *12* konzentriert
gehaltvoll: *9* praegnant
gehärtete Bleikügelchen: *6* Schrot
gehärtetes Eisen: *5* Stahl
gehässig: *6* odioes
Gehäuse: *4* Etui; *6* Huelle, Kasten; *9* Behaelter
geheftetes Buch: *10* Broschuere
Gehege zum Einfangen wilder Tiere: *6* Korral
- **für Pferde:** *7* Paddok

geheiligter Brauch: *5* Ritus
geheim: *6* anonym, latent, okkult, sekret; *8* heimlich; *9* verborgen; *10* esoterisch
Geheimanschlag: *6* Kabale
Geheimbund
- **der Antike:** *6* Mysten; *7* Kabiren; *8* Orphiker
- **in Italien:** *9* Karbonari
- **in Neapel:** *7* Camorra, Kamorra
- **in Ostafrika:** *6* Mau-Mau
- **auf Sizilien:** *5* Mafia; *6* Maffia
- **in den USA:** *10* Ku-Klux-Klan

Geheimbündelei: *12* Konspiration
geheime Offenbarung: *10* Apokalypse
Geheime Staatspolizei: *7* Gestapo
Geheimgericht: *4* Feme
Geheimkult bei den Negern Haitis: *4* Wodu, Wudu
Geheimkunst: *5* Magie
Geheimlehre: *6* Gnosis; *7* Kabbala; *8* Esoterik; *9* Mysterien; *11* Okkultismus
Geheimnis: *7* Arkanum; *9* Mysterium
geheimnisvoll: *6* okkult; *7* nebulos; *8* mystisch, nebuloes, orphisch; *10* mysterioes; *12* sibyllinisch
geheimnisvolle
- **Ausstrahlung:** *2* Od
- **Schale:** *4* Gral
- **warnende Inschrift:** *9* Menetekel
- **Weissagung:** *6* Orakel

Geheimpolizei im nationalsozialistischen Deutschland: *7* Gestapo
Geheimpolizei im zaristischen Rußland: *7* Ochrana
Geheimpolizist: *8* Detektiv
Geheimschreiben: *8* Kassiber
Geheimschriftschlüssel: *4* Code, Kode
Geheimwissenschaft: *11* Okkultismus
Geheimzeichen: *7* Chiffre
Geheiß: *6* Befehl
gehemmt: *11* gehandikapt
Gehilfe: *6* Helfer, Kommis; *7* Adjunkt, Adlatus, Geselle, Famulus; *8* Adjutant, Komplice; *9* Assistent; *11* Mitarbeiter
Gehilfe eines Abtes: *5* Prior
- **eines Bischofs:** *9* Koadjutor
- **des Chemikers:** *8* Laborant
- **im Handwerk:** *7* Geselle
- **beim Hochamt:** *6* Levite
- **bei der Jagd:** *7* Treiber
- **eines Offiziers:** *9* Ordonnanz
- **des Paulus:** *5* Titus; *9* Timotheus
- **des Schiedsrichters:** *13* Linienrichter
- **des Spielbankleiters:** *8* Croupier

Gehirn vom Schlachttier: *6* Bregen
Gehirnhautentzündung: *10* Meningitis
Gehirnschlag: *9* Apoplexie
gehobenes Lebensgefühl: *6* Freude; *8* Euphorie
Gehöft: *3* Gut, Hof
Gehölz: *4* Baum, Hain, Wald; *5* Busch, Forst; *8* Gebuesch; *9* Buschwerk, Gestruepp; *12* Holzgewaechs
Gehölzkunde: *11* Dendrologie
gehorchen: *8* parieren
Gehörknöchelchen: *6* Amboss, Hammer; *11* Steigbuegel
gehörlos: *4* taub
gehörnter Paarhufer: *3* Gnu, Jak, Kuh, Tur, Yak; *4* Anoa, Arni, Bock, Gams, Kudu, Zebu; *5* Bison, Gemse, Ochse, Schaf, Stier, Ziege; *6* Hammel, Muffel, Widder, Wisent; *7* Bueffel, Gazelle, Karakul, Mufflon; *8* Antilope; *9* Bergziege, Schafbock, Steinbock; *11* Moschustier; *12* Breitschwanz
Gehörorgan: *3* Ohr
gehorsam: *4* brav; *7* folgsam
Gehorsamsverweigerung: *8* Meuterei
Gehrock: *3* Cut; *7* Cutaway
Gehstange: *6* Stelze
Gehsteig: *3* Weg; *4* Pfad; *8* Trottoir; *12* Buergersteig
Geier der Anden: *6* Kondor
Geierart: *6* Kondor; *8* Aasgeier; *9* Bartgeier, Kammgeier; *11* Gaensegeier, Kuttengeier; *12* Koenigsgeier, Laemmergeier, Moenchsgeier
Geifer: *6* Saliva; *8* Speichel
Geige: *5* Gambe, Viola; *6* Fiedel; *7* Violine
Geigenbauer: *5* Amati, Klotz; *7* Stainer; *8* Guarneri; *10* Stradivari
Geigenharz: *11* Kolophonium
Geigenteil: *4* Hals, Steg; *5* Boden, Decke, Saite, Zarge; *6* Buegel; *9* Schalloch; *10* Bassbalken, Griffbrett
Geigenvirtuose: *6* Kremer; *7* Corelli, Menuhin, Tartini, Toselli; *8* Oistrach, Paganini, Sarasate; *11* Kulenkampff; *12* Schneiderhan
Geißbart: *8* Wollgras; *10* Maedesuess, Ziegenbart; *11* Krampfkraut
Geißblattgewächs: *8* Holunder, Mausholz; *10* Schneeball; *11* Tintenbeere
Geißel: *5* Knute, Plage; *8* Peitsche
Geißel des Mittelalters: *4* Pest; *6* Pocken
Geißelbruder: *10* Flagellant
Geist: *3* Nus; *5* Genie, Ratio, Seele, Wesen; *6* Daemon, Esprit, Essenz, Genius; *8* Gespenst, Spiritus, Verstand; *9* Intellekt
Geist der birmanischen Volksreligion: *3* Kat
Geister der Verstorbenen: *5* Manen; *7* Lemuren; *8* Schatten
Geisterbeschwörer: *8* Exorzist
Geisterbeschwörung: *10* Exorzismus; *11* Nekromantie
Geisterscheinung: *4* Spuk
Geisterglaube: *11* Daemonismus, Okkultismus, Spiritismus
Geistesanlage: *8* Ingenium
geistesarm: *3* fad; *4* dumm, fade
Geistesarmut: *8* Dummheit
Geistesart: *11* Mentalitaet
Geistesblitz: *4* Idee; *7* Einfall; *9* Intuition
geistesgestört: *3* irr; *5* bloed; *6* bloede; *10* paranoisch
Geistesgröße: *5* Genie; *11* Genialitaet
Geisteshaltung: *7* Habitus

Geisteskranke: *4* Irre
Geisteskranker: *5* Irrer
Geisteskrankheit: *5* Manie; *7* Irrsinn; *8* Paranoia, Psychose; *9* Katatonie, Monomanie; *13* Schizophrenie
geistesschwach: *5* debil
geistesverwandt: *9* kongenial
Geisteswissenschaft: *4* Jura; *5* Ethik, Logik; *6* Metrik, Poetik; *7* Melodik; *8* Didaktik, Dogmatik, Exegetik, Historik; *9* Denklehre, Dialektik; *10* Ethnologie, Genealogie, Metaphysik, Paedagogik, Philologie, Soziologie; *11* Chronologie, Dramaturgie, Philosophie, Psychologie, Rechtskunde, Seelenkunde, Sittenlehre, Sprachkunde, Staatsrecht; *12* Archaeologie; *13* Psychosomatik
geistig: *6* ideell, mental, sublim; *9* spiritual, spirituos; *10* platonisch, spirituell, spirituoes; *11* immateriell; *13* intellektuell
geistig beschränkt: *4* dumm; *8* borniert
geistig ebenbürtig: *9* kongenial
geistig gesund: *6* normal
geistige(r, s)
- **Arbeit:** *7* Studium
- **Ausdrucksform:** *4* Stil
- **Befähigung:** *6* Talent
- **Belebung:** *8* Anregung
- **Betrachtung:** *10* Meditation
- **Bewegung:** *8* Romantik
- **Diebstahl:** *7* Plagiat
- **Fähigkeit:** *11* Intelligenz
- **Gehalt:** *4* Sinn
- **Getränke:** *11* Spirituosen
- **Hilfe:** *3* Rat
- **Sinnestäuschung:** *6* Vision
- **Unvermögen:** *11* Sterilitaet
- **Vorstellung:** *7* Gedanke
- **Wahrnehmen:** *6* Noegis
- **Wesensart:** *5* Ethos

geistlich: *10* spirituell
geistliche(r, s)
- **Amt:** *7* Dekanat; *8* Pastorat, Vikariat; *9* Episkopat; *10* Pontifikat
- **Amtsbereich:** *6* Bistum; *7* Dekanat, Pfarrei; *8* Dechanei, Dioezese, Gemeinde, Parochie, Sprengel; *10* Kirchspiel
- **Amtstracht:** *5* Talar
- **Behörde:** *12* Konsistorium
- **Buch:** *5* Bibel; *7* Brevier, Missale, Psalter; *8* Messbuch; *10* Evangelium; *11* Katechismus
- **Gesang:** *5* Credo, Kredo, Kyrie, Messe, Missa, Psalm; *6* Choral, Tedeum; *7* Kantate, Litanei, Motette, Psalter, Requieum; *8* Miserere; *9* Oratorium
- **Kleidungsstück:** *4* Albe; *5* Inful, Mitra, Orale, Ornat, Stola, Talar, Tiara; *6* Barett, Birett, Sutane; *7* Soutane; *8* Beffchen, Chorhemd, Messrock
- **Lied:** *5* Psalm; *6* Choral
- **Lied des Mittelalters:** *4* Leis
- **Negerlied:** *9* Spiritual
- **Orden:** *7* Templer; *8* Jesuiten, Malteser, Paulaner, Serviten; *9* Kapuziner, Theatiner; *10* Augustiner, Barfuesser, Barnabiten, Basilianer, Johanniter, Karmeliter, Kartaeuser, Trappisten; *11* Dominikaner, Karthaeuser, Trinitarier; *12* Benediktiner, Franziskaner; *13* Zisterzienser
- **Ritterorden:** *7* Templer; *8* Malteser; *10* Johanniter
- **Titel** → geistlicher Würdenträger
- **Übungen:** *10* Exerzitien; *12* Meditationen
- **Vereinigung:** *5* Orden
- **Würdenträger:** *3* Abt; *4* Abbé, Pope; *5* Abate, Dekan, Papst, Pater, Prior, Vikar; *6* Diakon, Kaplan, Moench, Oberer, Pastor, Propst; *7* Bischof, Dechant, Domherr, Eminenz, Nuntius, Pfarrer, Praelat; *8* Kardinal, Katechet, Prediger, Priester, Reverend, Superior; *9* Kanonikus, Kapitular, Lizentiat, Missionar, Patriarch, Presbyter; *10* Erzbischof, Metropolit; *11* Archidiakon, Weihbischof; *13* Fuerstbischof; *14* Superintendent; *15* Konsistorialrat

Geistlicher → geistlicher Würdenträger
Geistlicher der Ostkirche: *4* Pope
Geistlichkeit: *6* Klerus
geistlos: *5* schal
geistreiche Verspottung: *10* Persiflage
- **Wendung:** *6* Bonmot

geistreicher Einfall: *3* Gag; *4* Idee; *6* Aperçu
geistvolle Betrachtung: *10* Aphorismus
Geiz: *7* Habgier; *8* Habsucht, Raffgier
geizen: *8* knausern
Geizhals: *4* Filz; *7* Knauser, Knicker
geizig: *8* schoflig
Gejammer: *5* Klage; *7* Lamento; *8* Gewinsel
Gejauchze: *5* Jubel; *8* Hosianna
gekästelt: *7* kariert
gekeimte Gerste: *4* Malz
gekelterter Fruchtsaft: *4* Most
gekocht: *3* gar
gekörntes Stärkemehl aus Palmenmark: *4* Sago
gekränkt: *7* pikiert
gekräuselter Besatz: *7* Faelbel
gekrönter Dichter: *7* Laureat
gekrümmte Linie: *5* Bogen, Kurve; *7* Spirale
gekünstelt: *10* affektiert, manieriert
gekünstelte Haltung: *4* Pose
Gel: *7* Kolloid
geladenes Teilchen: *3* Ion; *5* Anion
Gelage: *5* Orgie; *7* Bankett; *8* Gastmahl, Zecherei; *9* Bacchanal, Kneiperei, Zechabend
Gelände: *4* Land; *6* Gebiet; *7* Terrain
Geländebeschreibung: *11* Topographie
Geländeeinschnitt: *3* Tal
Geländeform: *3* Tal; *4* Berg; *5* Ebene, Mulde, Senke; *6* Huegel; *7* Gebirge; *8* Erhebung
Geländekraftwagen: *4* Jeep
Geländer: *9* Bruestung; *10* Balustrade
Geländerstütze: *8* Baluster
Geländerteil: *8* Handlauf
Geländeskizze: *5* Karte
Geländevertiefung: *3* Tal; *5* Mulde, Senke
Gelaß: *4* Raum; *6* Kammer, Zimmer

gelassen: *5* ruhig; *7* gefasst, stoisch
Gelassenheit: *7* Fassung, Haltung; *10* Kontenance
Gelatine: *4* Leim; *7* Gallert; *8* Gallerte; *11* Knochenleim
Geläuf: *4* Spur; *7* Wechsel
geläufig: *9* habituell
Gelbbleierz: *8* Wulfenit
gelbblühende Ölpflanze: *4* Raps
gelbblühender Strauch: *7* Ginster
gelbbrauner Uniformstoff: *4* Kaki; *5* Khaki
gelbbräunlich: *7* chamois
gelbe(r, s)
- **Farbstoff:** *7* Auramin
- **Gewürz:** *6* Safran
- **Pferd:** *5* Falbe
- **Rasse:** *10* Mongoliden
- **Ruebe:** *6* Moehre; *9* Mohrruebe
- **Safranfarbstoff:** *6* Krozin
- **Schmuckstein:** *5* Topas; *6* Citrin; *9* Tigerauge

Gelber Fluß: *7* Hoangho, Huangho, Hwangho
gelbgrünes Gas: *5* Chlor
Gelbguß: *7* Messing
Gelbkreuz: *4* Lost; *6* Yperit
gelblich: *4* falb; *5* beige; *7* chamois
gelbliches Pferd: *5* Falbe
Gelbreizker: *11* Pfifferling
gelbrot: *6* orange
gelbrote Rübe: *6* Moehre; *7* Karotte
Gelbsucht: *8* Ikterus
Gelbwurz: *7* Kurkuma
Geld: *4* Kies, Moos, Note; *5* Noten; *6* Mammon, Muenze, Schatz, Zaster; *7* Moneten; *8* Banknote; *10* Pinkepinke
Geld flüssig machen: *12* mobilisieren
Geld leihen: *6* borgen, pumpen
Geldadel: *11* Plutokratie
Geldaufnahme: *4* Borg, Pump; *6* Kredit; *7* Anleihe; *8* Darlehen
Geldbehälter: *4* Safe; *5* Kasse; *6* Boerse; *8* Kassette, Spardose; *9* Geldkatze, Schatulle; *10* Geldbeutel, Geldboerse; *11* Brieftasche; *12* Portemonnaie
Geldbeihilfe: *10* Stipendium; *14* Unterstuetzung
Geldbeutel: *6* Boerse; *9* Geldkatze; *10* Geldboerse; *12* Portemonnaie
Geldeinziehung: *7* Inkasso
Geldentwertung: *9* Inflation
Gelder: *5* Fonds; *8* Finanzen
Geldfürst: *5* Nabob
Geldgeber: *8* Kreditor; *9* Financier, Finanzier; *10* Glaeubiger
Geldgeschäft: *6* Finanz
Geldherrschaft: *11* Plutokratie
Geldinstitut: *4* Bank; *9* Sparkasse; *13* Darlehnskasse
Geldkästchen: *9* Schatulle
Geldkasten: *5* Kasse
Geldleute: *6* Finanz
geldlich: *8* monetaer; *9* pekuniaer; *10* finanziell
geldloser Handel: *6* Tausch
Geldmacht: *11* Plutokratie
Geldmann: *9* Financier, Finanzier
Geldmittel: *5* Fonds; *8* Finanzen
Geldnehmer: *7* Debitor; *9* Schuldner
Geldprägeanstalt: *6* Muenze
Geldschein: *4* Note; *8* Banknote
Geldschrank: *4* Safe; *6* Tresor
Geldstück: *6* Muenze
Geldsumme: *6* Betrag; *7* Kapital
Geldtäschchen: *12* Portemonnaie
Geldvorrat: *5* Kasse
Geldwert: *5* Preis
Geldwesen: *6* Finanz
Gelee: *7* Gallert
gelegen: *5* recht; *6* genehm, zupass; *8* guenstig; *10* willkommen
Gelegenheit: *6* Anlass, Chance, Zufall; *8* Okkasion; *12* Moeglichkeit
Gelegenheitsarbeit: *3* Job
Gelegenheitsgedicht: *6* Karmen
Gelegenheitskauf: *8* Okkasion
gelegentlich: *10* episodisch
gelegentlich vorkommend: *10* sporadisch
Gelehrsamkeit: *6* Wissen
Gelehrter: *8* Forscher; *10* Akademiker
Gelehrter
- **am Hofe Karls des Großen:** *6* Alkuin
- **des Mittelalters:** *6* Hraban; *8* Hrabanus
- **von Rotterdam:** *7* Erasmus
- **von Sevilla:** *6* Isidor

Geleit: *6* Schutz; *7* Eskorte, Gefolge, Komitat, Kondukt; *9* Bedeckung
Geleitwort: *5* Motto; *6* Devise; *7* Sentenz
Geleitzug: *6* Convoi, Konvoi
Gelenk: *5* Angel; *9* Scharnier
Gelenk des
- **Armes:** *8* Ellbogen; *10* Ellenbogen
- **Beines:** *4* Knie
- **Huftieres:** *6* Fessel

Gelenkentzündung: *5* Gicht; *9* Arthritis
Gelenkleiden: *5* Gicht; *6* Rheuma; *9* Arthritis; *12* Rheumatismus
Gelenkteil: *5* Kugel; *6* Kapsel
Gelenkverbindung bei Huftieren: *6* Fessel
gelernter Handwerker: *7* Geselle
Geliebte: *5* Buhle; *6* Schatz; *8* Liebchen; *9* Favoritin, Konkubine, Kurtisane, Maetresse, Maitresse
Geliebte des
- **Abaelard:** *7* Heloise
- **Adonis:** *9* Aphrodite
- **Alexanders des Großen:** *5* Thais
- **Amor:** *6* Psyche
- **Antonius:** *9* Kleopatra
- **Aristoteles:** *7* Phyllis; *9* Herpyllis
- **August des Starken:** *5* Cosel
- **Cäsar:** *9* Kleopatra
- **Catull:** *6* Lesbia
- **Dante:** *8* Beatrice
- **Daphnis:** *5* Chloe
- **Don Quixote:** *8* Dulcinea, Dulzinea
- **Eros:** *6* Psyche
- **Helios:** *6* Klytia

- **Herzogs Albrecht von Bayern:** *13* Agnes Bernauer
- **Hölderlin:** *7* Diotima
- **Jupiter:** *6* Latona
- **Karl VII. von Frankreich:** *5* Sorel
- **Leander:** *4* Hero
- **Ludwig I. von Bayern:** *10* Lola Montez
- **Ludwig XIV.:** *9* Maintenon, Montespan
- **Ludwig XV.:** *7* Dubarry, Pompadour
- **Nelson:** *12* Lady Hamilton
- **Odysseus:** *5* Circe; *7* Kalypso
- **Peer Gynt:** *7* Solveyg
- **Perikles:** *7* Aspasia
- **Petrarca:** *5* Laura
- **Philipp II:** *5* Eboli
- **Porgy:** *4* Bess
- **Radames:** *4* Aida
- **Romeo:** *5* Julia
- **Samson/Simson:** *6* Dalila, Delila
- **Tannhäuser:** *5* Venus
- **Tristan:** *6* Isolde
- **Zeus:** *2* Io; *4* Leda, Leto, Maia; *5* Danae; *6* Europa, Semele; *7* Alkmene

Geliebter: *5* Buhle, Galan; *6* Schatz; *9* Liebhaber
Geliebter der
- **Aida:** *7* Radames
- **Aphrodite:** *6* Adonis
- **Bess:** *5* Porgy
- **Chloe:** *7* Daphnis
- **Circe:** *8* Odysseus
- **Dalila/Delila:** *6* Samson, Simson
- **George Sand:** *6* Chopin, Musset
- **Hero:** *7* Leander
- **Isolde:** *7* Tristan
- **Julia:** *5* Romeo
- **Kalypso:** *8* Odysseus
- **Katharina II. von Rußland:** *5* Orlow; *8* Potemkin
- **Kleopatra:** *6* Caesar; *8* Antonius
- **Klytämnestra:** *7* Aegisth
- **Kybele:** *5* Attis
- **Lady Hamilton:** *6* Nelson
- **Nymphe Nais:** *7* Daphnis
- **Sappho:** *5* Phaon
- **Selene:** *8* Endymion
- **Tosca:** *11* Cavaradossi
- **Turandot:** *5* Kalaf

Gelierstoff: *6* Pektin
Gelingen: *4* Sieg; *6* Erfolg, Glueck
gell: *7* schrill
Gelöbnis: *3* Eid; *5* Votum; *6* Schwur; *8* Geluebde; *11* Versprechen
Gelobtes Land: *10* Palaestina
gelockt: *5* kraus; *6* wellig
Geltung: *3* Ruf; *4* Wert; *5* Image; *6* Nimbus; *7* Ansehen, Leumund; *8* Einfluss, Prestige, Renommee; *9* Bedeutung
Geltungsdrang: *7* Ehrgeiz
Gelübde → Gelöbnis
Gelüste: *8* Begehren, Begierde; *9* Verlangen
Gemach: *4* Raum; *5* Zelle; *8* Kemenate
gemächlich gehen: *9* schreiten
Gemahl: *4* Mann; *5* Gatte; *7* Ehemann
Gemahl der... → Gatte der...
gemahlenes Getreide: *4* Mehl
Gemahlin: *4* Frau; *6* Gattin; *7* Ehefrau
Gemahlin des... → Gattin des...
Gemälde: *4* Bild; *5* Ikone; *6* Fresko; *7* Bildnis, Gouache, Oelbild, Pastell, Tableau; *8* Aquarell, Portraet, Portrait; *9* Konterfei, Stilleben
Gemäldeentwurf: *6* Skizze, Studie
Gemäldegalerie → Kunstsammlung
Gemäldesammlung: *7* Galerie; *10* Pinakothek; *12* Kunstgalerie
Gemäldesammlung → Kunstsammlung
Gemarkung: *4* Flur; *5* Etter
gemäß: *6* analog
gemästet: *5* feist
gemauerte Uferstraße: *3* Kai; *4* Mole
gemein: *7* ruchlos, vulgaer; *8* ordinaer, schoflig
Gemeinde: *3* Ort; *5* Sekte; *7* Kommune; *8* Sprengel; *10* Kirchspiel; *14* Genossenschaft
Gemeindeflur: *4* Mark; *9* Gemarkung
Gemeindehelfer: *6* Diakon
Gemeindehelferin: *10* Diakonisse
Gemeindekassenleiter: *9* Kaemmerer
Gemeindekirchenrat: *12* Presbyterium
Gemeindeland: *8* Allmende
Gemeinderat: *5* Senat; *9* Magistrat
Gemeindevorsteher: *7* Schulze; *11* Schultheiss; *14* Buergermeister
Gemeindevorsteher
- **in anglo-amerikanischen Ländern:** *5* Mayor; *9* Lord Mayor
- **in Frankreich:** *5* Maire
- **in Italien:** *7* Podesta, Sindaco
- **im früheren Polen:** *7* Starost
- **Spanien:** *7* Alcalde

Gemeindewiese: *5* Anger
Gemeindezentrum: *7* Rathaus
Gemeindezentrum im alten Griechenland: *5* Agora
- **im alten Rom:** *5* Forum

gemeine Garnele: *5* Kroat
gemeine Handlung: *5* Untat; *10* Verbrechen
gemeiner Mensch: *7* Subjekt
Gemeinheit: *7* Infamie; *10* Schurkerei; *12* Niedertracht
gemeinhin: *5* vulgo
gemeinnützig: *6* sozial
Gemeinplatz: *9* Plattheit; *10* Platituede
gemeinsam: *8* simultan; *9* kollektiv; *11* solidarisch
gemeinsames Gespräch: *10* Kolloquium
- **Liebesmahl der Urchristen:** *5* Agape

Gemeinschaft: *3* Ehe; *4* Bund, Clan, Crew, Klan, Klub, Team; *5* Bande, Block, Haufe, Herde, Horde, Meute, Rotte, Rudel, Schar, Sippe, Staat, Stamm; *6* Clique, Gruppe, Klasse, Korona, Nation, Partei, Truppe, Verein; *7* Familie, Gremium; *8* Buendnis, Fraktion; *9* Sozietaet; *10* Konsortium, Mannschaft; *12* Gesellschaft; *13* Koerperschaft; *14* Genossenschaft

Gemeinschaft von Sängern: *4* Chor
gemeinschaftlich: *6* kommun
gemeinschaftliche Arbeitsniederlegung: *6* Streik
Gemeinschaftsarbeit: *8* Teamwork
Gemeinschaftserziehung: *11* Koedukation
gemeinschaftsfähig: *6* sozial
gemeinschaftsfremd: *7* asozial
Gemeinschaftsgesang: *4* Chor; *5* Kanon
gemeinschaftsunfähig: *7* asozial
Gemeinsinn: *12* Solidaritaet; *13* Kameradschaft
gemeinverständlich: *8* populaer
Gemeinwesen: *4* Dorf; *5* Stadt; *7* Flecken, Kommune; *8* Gemeinde
Gemenge: *6* Mixtur; *7* Gemisch, Loesung, Melange; *8* Emulsion, Mischung
Gemengsel: *11* Konglomerat
gemessen: *11* zeremoniell, zeremonioes; *13* gravitaetisch
Gemetzel: *8* Massaker
Gemisch → Gemenge
gemischt: *7* meliert; *10* kunterbunt
Gemme: *8* Intaglio
Gemse: *4* Gams
Gemsenhorn: *6* Krucke
Gemsgehörn: *7* Krickel
Gemsleder: *7* Chamois
Gemunkel: *4* Fama; *5* Ondit; *6* Gerede; *7* Klatsch, Tratsch; *8* Geruecht; *10* Geschwaetz; *11* Hoerensagen, Quatscherei
Gemüseart: *4* Kohl; *5* Bohne, Erbse, Gurke, Melde, Salat; *6* Melone, Moehre, Porree, Spinat, Tomate, Wurzel; *7* Endivie, Karfiol, Karotte, Kuerbis, Lattich, Mangold, Paprika, Rotkohl, Spargel, Wirsing, Zwiebel; *8* Chicorée, Pastinak, Portulak, Sellerie; *9* Gruenkohl, Kartoffel, Mohrruebe, Rosenkohl, Weisskohl; *10* Topinambur; *11* Artischocke; *13* Schwarzwurzel
Gemüse in Essig: *10* Mixpickles
Gemüsespeise: *5* Salat
Gemüsesuppe: *8* Julienne
gemustertes Gewebe: *5* Batik
Gemüt: *5* Seele, Wesen; *7* Gefuehl; *10* Empfindung; *11* Temperament
gemütlich: *5* intim
gemütliche Plauderei: *7* Plausch
Gemütsart: *8* Naturell; *9* Charakter; *11* Temperament
Gemütsbewegung: *3* Wut; *4* Ekel, Rage, Zorn; *5* Angst, Grimm, Scham; *6* Affekt, Freude, Furcht, Regung, Trauer; *7* Emotion; *11* Entruestung; *12* Begeisterung, Enthusiasmus, Leidenschaft
Gemütskrankheit: *5* Manie; *7* Raserei; *8* Tobsucht; *9* Schwermut; *11* Melancholie
Gemütsruhe: *9* Gleichmut; *10* Stoizismus
Gemütsstimmung: *5* Laune
Gemütszustand: *5* Laune; *8* Stimmung
gemütvoll: *11* sentimental
genähte Linie: *4* Naht
genarbtes Leder: *7* Chagrin
genäselt: *5* nasal
genau: *5* exakt; *6* strikt, subtil; *7* akkurat, korrekt, penibel, praezis, richtig; *9* minuzioes; *10* pedantisch
Genauigkeit: *7* Akribie; *9* Exaktheit; *10* Pedanterie, Praezision; *11* Akkuratesse, Korrektheit
Genealogie: *14* Ahnenforschung; *15* Sippenforschung; *17* Familienforschung
genealogischer Begriff: *3* Ahn; *4* Ahne; *5* Linie, Sippe, Stamm, Zweig; *7* Familie, Vorfahr; *9* Stammbaum; *10* Abstammung, Ahnenreihe, Hauptlinie, Nebenlinie, Verwandter; *11* Seitenlinie; *15* Blutsverwandter
Genehmigung: *6* Lizenz, Placet, Plazet; *7* Konsens; *9* Billigung, Erlaubnis, Zulassung; *10* Konzession
Genehmigung eines Heilberufes: *11* Approbation
– eines Vertrages: *12* Ratifikation
geneigte Fläche: *4* Hang
Geneigtheit: *4* Huld
General
– im amerikanischen Unabhängigkeitskrieg: *7* Steuben
– im Burenkrieg: *5* Smuts
– Friedrichs des Großen: *8* Schwerin, Seydlitz
– der früheren deutschen Schutztruppe: *13* Lettow-Vorbeck
– des Großen Kurfürsten: *11* Derfflinger
– Napoleons I.: *5* Murat; *6* Maison
– im nordamerikanischen Sezessionskrieg: *3* Lee; *5* Grant
– Wallensteins: *4* Illo; *7* Isolani; *11* Piccolomini
Generalsekretär der UNO: *3* Lie; *6* U Thant; *8* Waldheim; *13* Hammarskjoeld
Generalsrang: *9* Marschall; *13* Feldmarschall
Generation: *13* Menschenalter
Generator: *6* Dynamo
generell: *9* allgemein; *16* allgemeingueltig
generös: *9* freigebig, spendabel; *10* edelmuetig, hochherzig; *11* grossmuetig, grosszuegig
Genesender: *14* Rekonvaleszent
Genesis: *6* Quelle, Werden; *8* Ursprung; *9* Erzeugung, Werdegang; *10* Entruestung, Schoepfung; *11* Entwicklung, Erschaffung
Genesung: *7* Heilung; *9* Gesundung; *12* Konvaleszenz; *14* Rekonvaleszenz
Genesungsaufenthalt: *3* Kur
Genesungsheim: *10* Sanatorium
Genesungsurlaub: *3* Kur
Genetik: *8* Erblehre
Genfer Reformator: *6* Calvin
– Seewind: *5* Rebat
Genick: *6* Nacken
Genießer: *7* Aesthet, Gourmet, Sybarit; *8* Bacchant, Gourmand, Lebemann; *9* Epikureer, Schlemmer; *10* Leckermaul; *13* Feinschmecker
Genosse: *6* Kumpan, Kumpel, Sozius; *7* Kamerad, Kollege, Partner; *8* Komplice, Konsorte; *9* Gefaehrte
Genossenschaft: *10* Konsortium
Genre: *3* Art, Typ; *7* Gattung
genuesischer

- **Fürst:** *4* Doge
- **Kurort:** *5* Nervi
- **Seeheld:** *5* Doria
- **Titel:** *4* Doge
- **Verschwörer:** *6* Fiesco

genug: *7* sattsam
genügen: *7* reichen
genügend: *10* suffizient; *11* erklecklich
Genugtuung: *5* Rache; *6* Suehne; *7* Triumph; *12* Befriedigung, Satisfaktion
Genus: *7* Gattung; *10* Geschlecht
Genuß: *4* Lust; *5* Wonne; *6* Labsal, Nutzen, Profit; *7* Verzehr; *10* Vergnuegen
Genußgift: *7* Alkohol, Koffein, Nikotin
Genußmensch: *9* Epikureer
Genußmittel: *3* Kat, Tee; *4* Coca, Koka, Kola, Mate, Wein; *5* Betel, Kakao, Mokka, Tabak; *6* Kaffee; *7* Alkohol
genußsüchtig: *9* materiell
geographische(r, s)

- **Begriff:** *3* Ort, Pol, See, Tal; *4* Berg, Dorf, Land, Meer, Moor, Oase; *5* Ebene, Fluss, Heide, Insel, Kanal, Ozean, Staat, Stadt, Strom; *6* Eiland, Huegel, Kueste, Wueste; *7* Erdteil, Gebirge, Nordpol, Suedpol; *8* Aequator, Horizont, Meridian; *9* Gewaesser, Kontinent; *10* Landschaft
- **Hilfsmittel:** *5* Atlas, Karte; *6* Globus; *7* Kompass; *8* Seekarte; *9* Landkarte; *10* Planimeter, Projektion
- **Kartenwerk:** *5* Atlas
- **geologische Formation:** *3* Dan; *4* Dyas, Jura, Kulm, Lias, Malm, Perm, Raet, Sima; *5* Devon, Rhaet, Senon, Silur, Trias, Turon; *6* Danien, Dogger, Eozaen, Karbon, Keuper, Kreide; *7* Azoikum, Barrême, Eiszeit, Emscher, Miozaen, Molasse; *8* Alluvium, Diluvium, Holozaen, Kambrium, Pliozaen, Quartaer, Tertiaer; *9* Algonkium, Archaikum, Oligozaen, Paleozaen; *10* Mesozoikum, Ordovizium; *11* Muschelkalk, Pleistozaen; *12* Palaeozoikum

geometrische(r) Figur/Körper: *4* Oval; *5* Kegel, Kreis, Kubus, Kugel, Raute, Walze; *6* Prisma, Saeule, Trapez; *7* Dreieck, Ellipse, Parabel, Quadrat, Rhombus, Vieleck, Viereck, Wuerfel; *8* Hyperbel, Pyramide, Rhomboid, Zylinder; *9* Ellipsoid; *12* Kegelschnitt; *14* Parallelogramm
geometrischer Lehrsatz: *10* Pythagoras
geordnete Ablage von Schriftstücken: *11* Registratur
geordnetes Verzeichnis: *5* Liste
Georgine: *6* Dahlie
georgische Königin: *6* Tamara, Thamar
Gepäck: *6* Bagage, Koffer, Ranzen, Tasche; *7* Buendel, Seesack; *9* Felleisen, Tornister
gepanzerte Ritterrüstung: *8* Harnisch
gepflegt: *9* soigniert
gepflegt gekleidet: *7* elegant; *13* geschmackvoll
gepflegte Grünfläche: *5* Rasen
Gepflogenheit: *4* Usus; *5* Sitte; *6* Brauch, Praxis, Usance; *9* Herkommen; *10* Gewohnheit
gepflügtes Feld: *5* Acker
Geplänkel: *12* Scharmuetzel
Geplauder: *7* Plausch, Schwatz; *9* Gespraech; *12* Konversation, Unterhaltung
gepökeltes Fleischgericht: *7* Eisbein; *8* Kasseler

- **Rindfleisch**

(Konserve): *10* Cornedbeef
gepolsterter Brustschutz: *8* Plastron
Gepolter: *5* Rumor
Gepräge: *4* Form, Stil; *6* Cachet; *7* Merkmal; *9* Charakter, Wesensart
geprägte Edelmetallmünzen: *10* Brakteaten
geprägtes Geld: *6* Muenze
Gepränge: *4* Pomp; *5* Luxus, Prunk; *6* Pracht
gerade: *4* eben, just; *6* direkt; *7* ehrlich; *8* aufrecht
Gerade: *6* Flucht
geradeaus: *7* stracks
geradestellen: *6* ordnen; *9* justieren
Geradflügler: *6* Grille, Schabe; *7* Ohrwurm, Termite; *8* Heimchen, Heupferd, Kakerlak; *11* Heuschrecke
geradlinig: *6* linear
Gerät: *7* Apparat, Utensil; *8* Material, Requisit, Werkzeug; *10* Instrument
Gerät → Werkzeug
Gerät

- **der Akrobaten:** *6* Trapez
- **der Altsteinzeit:** *9* Faustkeil
- **zum Aufwickeln:** *5* Spule
- **zum Aufzeichnen der Erdbeben:** *11* Seismograph
- **des Bergmannes:** *6* Forkel
- **des Bergsteigers:** *4* Seil; *6* Pickel
- **zum Bestimmen der Himmelsrichtung:** *7* Kompass
- **des Chemikers:** *7* Retorte; *11* Reagenzglas
- **zum Dreschen:** *6* Flegel
- **zur Entnahme von Flüssigkeiten:** *5* Heber; *7* Pipette
- **der Kammacher:** *4* Iler
- **zum Krankentransport:** *5* Bahre, Trage; *9* Tragbahre
- **zum Lochstechen:** *4* Ahle
- **zum Messen der Ausstrahlung:** *11* Pyrgeometer
- **zum Messen des Druckes:** *9* Manometer
- **zum Messen der Feuchtigkeit:** *9* Hygroskop; *10* Hygrometer
- **zum Messen der Geschwindigkeit:** *10* Tachometer
- **zum Messen des Gewichtes:** *5* Waage
- **zum Messen der Kraft:** *11* Dynamometer
- **zum Messen des Lichtes:** *10* Photometer
- **zum Messen des Luftdruckes:** *9* Barometer
- **zum Messen der Muskelarbeit:** *8* Ergostat
- **zum Messen von Schwingungen:** *11* Seismometer
- **zum Messen von Strahlungen:** *9* Dosimeter; *13* Geigerzaehler

- **zum Messen der Wassertiefe:** *3* Lot; *7* Echolot
- **zum Messen der Windgeschwindigkeit:** *10* Anemometer
- **zum Messen von Winkeln:** *10* Goniometer
- **zum Messen der Zeit:** *3* Uhr; *8* Stoppuhr; *11* Chronometer
- **zum Notenlinienziehen:** *7* Rastral
- **der Seeräuber:** *10* Enterhaken
- **zur Strahlenzählung:** *13* Geigerzaehler
- **des Töpfers:** *11* Drehscheibe
- **zur Unterwasserortung:** *5* Sonar
- **zum Wärmemessen:** *11* Thermometer
- **des Winzers:** *6* Kelter
- **des Zigarrenmachers:** *5* Penal

Geräteschuppen: *6* Remise
Gerätschaft: *9* Apparatur
geräucherter Fisch: *7* Sprotte; *8* Buecking; *9* Bueckling; *11* Raeucheraal; *14* Raeucherhering
gerauhtes Gewebe: *7* Flanell
Geräusch: *3* Ton; *4* Hall, Laut; *5* Klang, Knall; *6* Heulen, Sausen, Schall; *7* Brausen, Klingen, Knallen, Pfeifen, Rattern; *8* Knattern, Knistern, Prasseln, Rascheln, Rauschen; *11* Plaetschern
geräuschlos: *5* leise, still
geräuschvoll: *4* laut
Gerberbottich: *6* Haspel
Gerberfett: *6* Degras
Gerbrinde: *4* Lohe
Gerbsäure: *6* Tannin
Gerbstoff: *7* Katechu
Gerechtigkeit: *6* Justiz; *8* Justitia
Gerede: *4* Fama, Salm; *6* Phrase, Tirade; *7* Bombast, Klatsch, Palaver, Rederei, Tratsch; *8* Geruecht, Larifari, Nachrede; *10* Geschwaetz
geregelte Folge: *5* Reihe, Serie
geregelter Zustand: *7* Ordnung
geregeltes Vorhaben: *10* Systematik
gereinigt: *10* raffiniert
gereinigter Zucker: *9* Raffinade
gereizt: *7* graetig, pikiert; *8* kribblig
Gericht: *6* Speise
gerichtlich: *10* forensisch
gerichtliche Entscheidung: *6* Urteil
Gerichtsanzeige: *5* Klage
Gerichtsarzt: *6* Anatom; *9* Pathologe
Gerichtsbarkeit: *4* Bann; *12* Jurisdiktion
Gerichtsbeisitzer: *8* Assessor, Schoeffe; *12* Geschworener
Gerichtsbeschluß: *6* Urteil
Gerichtsdiener: *7* Buettel, Heiduck, Scherge; *8* Haescher
Gerichtshof: *5* Forum; *8* Judizium, Tribunal
Gerichtshof im alten Athen: *7* Areopag
- **der katholischen Kirche:** *4* Rota; *10* Rota Romana

Gerichtskosten: *8* Expensen
Gerichtsordnung Karls V.: *8* Carolina
Gerichtsplatz: *8* Tribunal
Gerichtsschreiber: *6* Aktuar
Gerichtsstand: *7* Instanz
Gerichtstage im römischen Kalender: *5* Fasti
Gerichtsverfahren: *7* Prozess
Gerichtsverhandlung am Tatort: *11* Lokaltermin
Gerichtsvollzieher: *8* Exekutor
Gerichtswesen: *6* Justiz
gerieben: *5* smart; *6* clever
geriebene Semmel: *10* Paniermehl
gerillt: *10* profiliert
geringeltes Haar: *5* Locke
geringfügig: *5* klein, wenig; *6* winzig; *7* minimal
geringfügiger Fehler: *6* Lapsus
Geringfügigkeit: *9* Bagatelle
geringschätzig: *14* despektierlich
Gerinnmittel: *3* Lab
Gerippe: *6* Schema; *7* Skelett
geripptes Gewebe: *4* Kord, Rips; *9* Gabardine
gerissen: *5* smart; *6* clever, schlau; *7* gewieft; *10* routiniert
gerissener Bursche: *5* Filou
Gerissenheit: *7* Finesse
Germanenstamm → germanischer Volksstamm
Germanentrank: *3* Met
Germanenvolk → germanischer Volksstamm
germanische(r, s)
- **Adeliger:** *7* Edeling
- **Asenheim:** *6* Asgard
- **Asgardwächter:** *8* Heimdall
- **Begräbnisstätte:** *10* Huenengrab
- **Blasinstrument:** *4* Lure
- **Dichtung:** *4* Edda, Saga
- **Donnergott:** *4* Thor; *5* Donar
- **Drachentötung:** *9* Siegfried
- **Eisenmesser:** *3* Sax
- **Erbhof:** *4* Odal
- **Erdgöttin:** *5* Rinda
- **Friedensgott:** *7* Forseti
- **Fruchtbarkeitsgott:** *4* Frey; *5* Freyr
- **Fruchtbarkeitsgöttin:** *4* Frea; *5* Frigg, Frija
- **Frühlingsgott:** *3* Ali; *4* Wali
- **Frühlingsgöttin:** *6* Ostara
- **Gefallenenhalle:** *7* Walhall
- **Gerichtsverband:** *4* Zent
- **Getränk:** *3* Met
- **Gewandnadel:** *5* Fibel
- **Gott:** *3* Ali, Ase, Fro, Tiu, Tyr, Ull, Zio, Ziu; *4* Frey, Loki, Odin, Thor, Tiuz, Ullr, Wali, Wode; *5* Aegir, Baldr, Braga, Bragi, Donar, Freyr, Hoedr, Uller, Widar, Wodan, Wotan; *6* Balder, Baldur, Hoedur, Tuisko, Tuisto; *7* Forseti, Skirmir; *8* Heimdall
- **Gott der Dichtkunst:** *5* Bragi
- **Gott des Donners:** *4* Thor; *5* Donar
- **Gott des Feuers:** *4* Loki
- **Gott des Friedens:** *7* Forseti
- **Gott der Fruchtbarkeit:** *3* Fro; *4* Frey; *5* Freyr
- **Gott des Frühlings:** *3* Ali; *4* Wali
- **Gott des Krieges:** *3* Tiu, Tyr, Ziu
- **Gott des Lichtes:** *5* Baldr; *6* Balder, Baldur
- **Gott des Meeres:** *5* Aegir
- **Gott der Schiffahrt:** *5* Noerd
- **Götterbote:** *7* Skirmir
- **Götterbotin:** *3* Gna

- **Göttergeschlecht:** *4* Asen
- **Götterheim:** *6* Asgard
- **Göttervater:** *4* Odin, Wode; *5* Wodan, Wotan
- **Gottheit:** *3* Ase; *4* Dise, Wane; *5* Norne; *8* Walkuere
- **Göttin:** *3* Gna, Hel, Ran, Sif, Siv, Syn, Var, War; *4* Asin, Erke, Frea, Idun, Laga, Lofn, Nott, Saga, Sygn, Wara; *5* Freia, Frigg, Frija, Iduna, Nanna, Rinda, Skadi; *6* Freyja, Frigga, Gefjon, Loeffa, Ostara; *7* Nerthus, Sjoefna
- **Göttin der Erde:** *5* Rinda
- **Göttin der Fruchtbarkeit:** *5* Freia, Freya; *6* Freyja
- **Göttin des Frühlings:** *6* Ostara
- **Göttin des Herdes:** *4* Frea; *5* Frigg, Frija
- **Göttin der Jugend:** *4* Idun; *5* Iduna
- **Göttin der Liebe:** *5* Freia, Freya; *6* Freyja
- **Göttin des Schicksals:** *3* Urd; *5* Norne, Skuld; *8* Wordandi
- **Grabstätte:** *10* Huenengrab
- **Halbgöttinnen:** *5* Disen
- **Hauptstamm:** *9* Irminonen; *10* Herminonen, Ingwaeonen, Istwaeonen
- **Heerführer:** *7* Odoaker
- **Heiligtum:** *8* Irminsul
- **Helden:** *9* Einherier
- **Heldenepos:** *4* Edda, Saga
- **Heldenjungfrau:** *8* Walkuere
- **Höllenhund:** *4* Garm
- **Honigwein:** *3* Met
- **Jugendgöttin:** *4* Idun; *5* Iduna
- **Königsgeschlecht:** *6* Amaler; *10* Merowinger; *11* Arnulfinger
- **Kriegsgott:** *3* Tiu, Tyr, Ziu
- **Landesteil:** *3* Gau
- **Lichtgott:** *5* Baldr; *6* Balder, Baldur
- **Liebesgöttin:** *5* Freia; *6* Freyja
- **Meergott:** *5* Aegir
- **Meisterschütze:** *5* Egill
- **Quellgeist:** *5* Minir
- **Rechtsinstitution:** *4* Mund, Munt
- **Riesentochter:** *5* Skadi
- **Sagengestalt:** *3* Aski, Imd, Otr, Ute; *4* Egil, Geri, Groa, Hati, Heid, Surt; *5* Aslak, Eldir, Embla, Greip, Hagen, Lodin, Mimir; *6* Fafnir, Gernot, Gudrun, Oernir, Rother, Sigurd, Volker; *7* Gunther, Skjoeld; *8* Alberich, Brunhild, Dietrich, Giselherr, Siegmund; *9* Brunhilde, Hadubrand, Kriemhild, Siegfried, Sieglinde; *10* Hildebrand, Kriemhilde
- **Sagenschwert:** *6* Miming
- **Sagenwesen:** *4* Geri, Hate; *5* Freki, Garmr, Hugin, Munin, Skoll; *6* Fafnir, Fenrir, Fenris; *7* Heidrun; *8* Sleipnir; *10* Fenriswolf
- **Sänger:** *6* Skalde
- **Schicksalsgöttin:** *5* Norne
- **Schriftzeichen:** *4* Rune
- **Seefahrervolk:** *8* Wikinger
- **Sinnbild des Mannes:** *3* Ask
- **Sippenbesitz:** *4* Odal
- **Suebenfürst:** *8* Ariovist
- **Totenreich:** *3* Hel
- **Ungeheuer:** *10* Fenriswolf; *15* Midgardschlange
- **Unterwelt:** *3* Hel
- **Urriesin:** *6* Bestla
- **Volksstamm:** *5* Goten, Ubier; *6* Angeln, Baiern, Flamen, Jueten, Quaden, Rugier, Sweben; *7* Bataver, Chatten, Chauken, Cimbern, Franken, Friesen, Gepiden, Kimbern, Nervier, Sachsen, Zimbern; *8* Ostgoten, Semnonen, Silingen, Teutonen, Vandalen, Wandalen; *9* Alemannen, Bastarner, Brukterer, Burgunder, Cherusker, Normannen, Sugambrer, Westgoten; *11* Hermunduren, Langobarden, Markomannen; *12* Angelsachsen
- **Volksteil in Belgien:** *6* Flamen
- **Volksversammlung:** *5* Thing
- **Waffe:** *3* Ger, Sax
- **Wassergeist:** *3* Nix; *4* Nixe; *5* Noeck
- **Weissagerin:** *4* Wala
- **Weltesche:** *9* Yggdrasil
- **Wintersonnenfest:** *3* Jul
- **Wurfspieß:** *3* Ger
- **Zwerg:** *4* Dain
- **Zwergenfürst:** *8* Alberich
- **Zwergenkönig:** *6* Laurin
- **Zwergin:** *6* Dwalin

gern bereit: *6* willig
gern haben: *6* lieben, moegen; *9* schaetzen
gerodet: *5* urbar
Geröll: *4* Kies; *6* Schutt
Geröllhalde: *4* Grand
Geröllwüste in der Sahara: *3* Reg
geröstete eßbare Kastanie: *6* Marone
geröstetes Weißbrot: *5* Toast
Gerstenkorn: *5* Werre
Gerstensaft: *4* Bier
Gerte: *4* Rute; *5* Zweig
Geruch: *4* Arom, Duft; *5* Aroma, Odeur; *7* Gestank; *9* Witterung
Geruchsorgan: *4* Nase
Geruchsstoff: *6* Essenz
Geruchsverschluß: *6* Siphon
Gerücht: *4* Fama; *5* Ondit; *6* Gerede
Gerüchte verbreiten: *12* kolportieren
Gerüchtemacher: *10* Kolporteur
Gerümpel: *4* Kram; *6* Abfall; *7* Plunder
Gerüst: *7* Gefuege, Gerippe, Gestell
- **für Hinrichtungen:** *8* Schafott

Gerüst für den Sarg: *8* Katafalk
gerüstet: *5* parat
Gesalbter: *8* Christus
gesalzener Heringsfisch: *8* Sardelle
gesamt: *4* ganz; *5* total; *6* global; *9* universal; *10* universell
Gesamtabfindung: *9* Pauschale
Gesamtansicht einer Landschaft: *8* Panorama
Gesamtbetrag: *5* Summe
gesamte Theaterausstattung: *6* Fundus
gesamtes Künstlerpersonal: *8* Ensemble
Gesamtheit: *5* Summe; *9* Inbegriff; *10* Totalitaet; *14* Universalitaet
Gesamtheit

– der Abwässeranlagen: *12* Kanalisation
– der baltischen Staaten: *8* Baltikum
– des Bienenvolkes: *4* Bien
– der Bischöfe: *9* Episkopat
– der Eigenschaften: *9* Charakter
– der Geistlichen: *6* Klerus
– der Lehrerschaft einer Schule: *9* Kollegium
– der Theaterausstattung: *6* Fundus
– des Zeitungswesens: *6* Presse
Gesamtlänge: *5* Trakt
Gesamtvergütung: *9* Pauschale
Gesamtwirkung: *7* Fluidum
Gesamtwissen: *13* Enzyklopaedie
Gesandter: *5* Legat; *6* Envoyé; *7* Nuntius; *11* Botschafter
Gesandtschaft: *8* Legation
Gesandtschaftsangehöriger: *7* Attaché
Gesang: *4* Lied; *5* Melos; *6* Cantus
gesangartig: *9* cantabile
Gesangschule: *14* Konservatorium
Gesangsdarbietung: *4* Arie, Lied; *7* Chanson
Gesangsgruppe: *4* Chor
gesangsmäßig: *5* vokal
Gesangspart: *6* Stimme
Gesangsrolle: *6* Partie
Gesangsstimme: *3* Alt; *4* Bass; *5* Tenor; *6* Sopran; *7* Bariton
Gesangsstück: *3* Duo; *4* Arie, Lied, Solo, Song, Trio; *5* Duett; *6* Arioso, Choral, Kantus; *7* Chanson, Couplet, Kantate, Kanzone; *8* Belcanto, Belkanto, Parlando; *9* Kantilene, Psalmodie, Rezitativ, Volkslied
Gesangsübung: *8* Vokalise
Gesangsverzierung: *7* Triller; *9* Koloratur
– im Mittelalter: *6* Flores
Gesangverein: *4* Chor
Gesäß: *5* Sterz
gesättigt: *4* satt; *9* saturiert
Geschäft: *5* Firma, Laden; *6* Handel, Metier
geschäftiges Treiben: *6* Trubel
geschäftliche Unternehmung: *11* Transaktion
geschäftlicher Wettbewerb: *10* Konkurrenz
Geschäftsauflösung wegen Zahlungsunfähigkeit: *7* Konkurs
Geschäftsauftrag: *10* Kommission
Geschäftsbereich: *7* Ressort; *8* Dezernat
– eines Ministers: *12* Portefeuille
Geschäftsbrauch: *6* Usance
Geschäftsbuch: *6* Kladde; *7* Journal; *8* Inventar, Memorial
Geschäftseinlage: *4* Mise
Geschäftsführer: *6* Gerant; *7* Manager; *8* Direktor; *9* Prokurist
Geschäftsführerin: *10* Direktrice
Geschäftsinhaber: *4* Chef; *9* Prinzipal
geschäftskundig: *11* pragmatisch
Geschäftslage: *10* Konjunktur
Geschäftsleitung: *9* Direktion
Geschäftsmann: *7* Manager; *8* Kaufmann; *9* Fabrikant, Produzent; *11* Unternehmer
Geschäftsname: *5* Firma
Geschäftsnebenstelle: *7* Agentur, Filiale
Geschäftsordnung: *6* Statut; *7* Satzung; *9* Reglement
Geschäftspartner: *6* Sozius; *9* Teilhaber
Geschäftsraum: *6* Kontor
Geschäftsreisender: *6* Kommis; *9* Vertreter
Geschäftsreklame: *7* Werbung
Geschäftsschulden: *7* Passiva
Geschäftsstelle: *5* Buero, Depot; *6* Kontor; *7* Agentur, Filiale, Kanzlei; *11* Sekretariat
Geschäftsstille: *6* Flaute
Geschäftsstraße in New York: *10* Wallstreet
Geschäftsträger: *8* Resident
geschäftstüchtig: *5* smart; *6* clever
Geschäftsunkosten: *6* Spesen
Geschäftsvermittler: *5* Agent; *6* Makler
Geschäftsviertel einer Großstadt: *4* City
– im Orient: *5* Basar
Geschäftsvollmacht: *7* Prokura
Geschäftswerbung: *7* Reklame
Geschäftswert: *8* Goodwill
Geschäftszimmer: *5* Buero
Geschäftszweig: *6* Sparte; *7* Branche
gescheckt: *7* meliert
geschehen: *9* passieren
Geschehen: *5* Drama; *7* Vorgang; *8* Begebnis, Ereignis, Handlung
Geschehnisfolge: *4* Zeit
gescheit: *4* klug
gescheitertes Schiff: *5* Wrack
Geschenk: *4* Gabe; *6* Spende; *8* Dotation, Praesent, Stiftung; *9* Angebinde, Zuwendung; *10* Dedikation; *13* Gratifikation
Geschichtchen: *8* Anekdote
Geschichte: *5* Story; *7* Chronik; *8* Historie; *10* Erzaehlung
geschichteter Haufen: *5* Stoss; *6* Stapel
geschichtlich: *10* historisch
geschichtliche Jahrbücher: *7* Annalen
Geschichtsabschnitt: *6* Antike, Urzeit; *7* Neuzeit, Vorzeit; *8* Altertum; *11* Mittelalter
Geschichtsaufzeichnung: *7* Chronik
Geschichtsforscher: *10* Historiker
Geschichtsschreiber: *8* Chronist; *13* Historiograph
Geschichtswerk: *7* Chronik
Geschichtswerk des Xenophon: *8* Anabasis
Geschick: *3* Los; *7* Routine; *9* Schicksal; *10* Faehigkeit, Fertigkeit
Geschicklichkeitskünstler: *8* Jongleur
Geschicklichkeitsprüfung für Motorradfahrer: *5* Trial
Geschicklichkeitsspiel: *4* Jo-Jo; *6* Mikado; *7* Diabolo
geschickt: *5* habil; *6* clever, patent, wendig; *8* praktisch
geschickte Täuschung: *4* List
Geschirr: *7* Service
Geschirr für Zugtiere: *4* Joch; *5* Siele; *6* Kummet
Geschirrschrank: *7* Bufett
Geschirrteil: *5* Kanne, Tasse; *6* Teller; *7* Terrine; *8* Sauciere, Teekanne; *10* Untertasse
Geschlecht: *3* Sex; *4* Haus; *5* Genus, Sexus,

Sippe, Stamm; *7* Familie, Gattung, Gebluet; *8* Herkunft, Ursprung; *10* Generation
Geschlecht der deutschen Sage: *10* Nibelungen, Waelsungen
Geschlechterkunde: *10* Genealogie
geschlechtlich: *7* sexuell
geschlechtlich entartet: *7* pervers
geschlechtlich: *6* frigid
geschlechtliche Anziehungskraft: *9* Sex-Appeal
Geschlechtlichkeit: *11* Sexualitaet
geschlechtsbetont: *4* sexy
Geschlechtsbezeichnung: *4* Frau, Mann; *8* weiblich; *9* maennlich
Geschlechtsdrüse: *6* Gonade
Geschlechtskälte: *11* Frigiditaet
Geschlechtskrankheit: *4* Lues; *7* Tripper; *8* Schanker, Syphilis; *9* Gonorrhoe
Geschlechtsleben: *6* Erotik
Geschlechtsreife: *9* Pubertaet
Geschlechtstrieb: *6* Libido
Geschlechtstrieb beim Wild: *6* Brunft, Brunst
Geschlechtsverband: *5* Sippe
Geschlechtswort: *7* Artikel
Geschlechtszelle: *5* Gamet
geschliffene(r, s)
– Benehmen: *3* Pli
– Diamant: *8* Brillant
– Fläche: *7* Facette
– Glas: *8* Kristall
– Glasflasche: *7* Karaffe
geschlossen: *2* zu
geschlossene Anstalt: *8* Internat
– Einheit: *5* Front
– Marschordnung: *7* Kolonne
geschlossener Hausvorbau: *5* Erker
– Kraftwagen: *9* Limousine
Geschlossenheit: *6* Gaenze
Geschmack: *4* Stil; *5* Gusto; *7* Eleganz
geschmacklos: *3* fad; *4* fade; *7* stillos, taktlos; *8* kitschig
Geschmacklosigkeit: *6* Kitsch
Geschmacksempfindung → Geschmacksrichtung
Geschmacksknopse: *7* Papille
Geschmacksorgan: *5* Zunge
Geschmacksrichtung: *4* herb; *5* sauer, suess; *6* bitter, salzig
Geschmacksstoff: *5* Aroma
geschmackvoll: *4* fein; *5* apart; *6* schoen; *7* elegant; *8* stilvoll; *9* gefaellig; *11* aesthetisch
Geschmeide: *7* Schmuck; *9* Pretiosen, Preziosen; *10* Bijouterie, Edelsteine, Kleinodien
geschmeidig: *4* rank; *6* grazil; *8* flexibel, gelenkig
Geschmeiß: *3* Kot, Mob; *6* Poebel; *7* Gewuerm; *8* Gesindel, Vogelkot
Geschmetter: *13* Fanfarenstoss
geschnittener Stein: *5* Gemme, Kamee; *6* Glypte
geschnörkelt: *6* barock
Geschöpf: *4* Tier; *5* Wesen; *6* Mensch; *7* Kreatur, Pflanze; *9* Erzeugnis, Lebewesen
Geschoß: *5* Kugel, Pfeil; *6* Bolzen, Rakete; *7* Granate, Harpune, Torpedo; *9* Projektil; *10* Schrapnell; *11* Kartaetsche
Geschoß bei Bauwerken: *5* Boden, Etage, Stock; *6* Keller; *8* Beletage, Mansarde, Parterre; *9* Stockwerk; *10* Souterrain
Geschoßdrehung: *5* Drall
Geschoßdurchmesser: *7* Kaliber
geschraubt: *8* prezioes
Geschraubtheit: *5* Getue; *6* Gehabe; *8* Ziererei
Geschrei: *5* Laerm; *6* Geheul; *7* Gezeter; *8* Gebruell
geschriebenes Recht: *6* Gesetz
geschrittener Tanz: *9* Polonaise
Geschütz: *3* Pak; *4* Flak; *6* Kanone, Werfer; *7* Moerser; *8* Haubitze, Kartaune; *11* Minenwerfer
Geschütz im Altertum: *8* Balliste, Katapult; *9* Schleuder
– im ersten Weltkrieg: *10* Dicke Berta
Geschützabteilung: *8* Batterie
Geschützfeuer: *8* Kanonade
Geschützgestell: *7* Lafette
Geschützraum: *9* Kasematte
geschützt: *6* gefeit
Geschütztruppe: *10* Artillerie
Geschwader: *7* Eskader
Geschwaderführer: *9* Kommodore
geschwänzter Lurch: *5* Molch
Geschwätz: *4* Kaff, Kohl; *6* Gerede, Sermon; *7* Klatsch, Rederei, Tratsch; *8* Larifari; *11* Galimathias
Geschwindigkeit: *4* Eile; *5* Tempo
Geschwindigkeitsbegrenzung: *10* Tempolimit
Geschwindigkeitsgrad: *7* langsam, schnell
Geschwindigkeitsmesser: *3* Log; *5* Tacho; *10* Tachometer
– für Fließwasser: *10* Hydrometer
Geschwister: *7* Brueder; *10* Schwestern
Geschwisterkind: *5* Neffe; *6* Nichte
Geschworener: *12* Laienrichter
Geschwulst: *4* Myom; *5* Beule, Gliom, Krebs, Lipom, Oedem, Tumor, Zyste; *6* Adenom, Fibrom, Fungus, Kystom, Sarkom; *7* Blastom, Sarkoma; *8* Karzinom
Geschwür: *5* Ulcus, Ulkus; *8* Schwaere; *9* Karbunkel
gesegnet: *8* benedeit
Geselle: *6* Helfer; *7* Gehilfe
gesellig: *8* soziabel
gesellige(r, s)
– Beisammensein: *5* Party
– Kreis: *5* Runde; *6* Korona; *10* Stammtisch
– Mahl im Freien: *8* Picknick
– Sportart: *6* Kegeln
– Unterhaltung: *12* Konversation
– Veranstaltung: *4* Ball, Fest, Fete; *5* Party, Spiel; *6* Soiree; *7* Bankett
– Zusammenschluß: *4* Klub; *6* Cercle, Verein, Zirkel; *10* Kraenzchen, Stammtisch
Gesellschaft: *4* Bund, Club; *5* Kreis, Runde, Union; *6* Klasse, Verein; *9* Sozietaet; *11* Foederation; *14* Genossenschaft

Gesellschafter: *6* Sozius; *7* Partner; *9* Aktionaer, Kompagnon; *12* Kommanditist
gesellschaftlich: *6* sozial; *8* soziabel; *9* offiziell
gesellschaftlich abgeschlossen: *8* exklusiv
gesellschaftliche(r, s)
- **Abschließung:** *11* Kastengeist
- **Anstand:** *6* Dehors
- **Aufwand:** *15* Repraesentation
- **Kreis:** *4* Klub; *6* Cercle, Zirkel
- **Sitte:** *8* Etikette
- **Stellung:** *4* Rang
- **Taktlosigkeit:** *7* Fauxpas
- **Vergnügen:** *4* Tanz

Gesellschaftsanzug: *5* Frack; *7* Smoking
Gesellschaftsform: *11* Matriarchat, Patriarchat
Gesellschaftshaus: *6* Kasino
Gesellschaftsinsel: *3* Hao; *4* Anaa; *5* Marua, Tahaa; *6* Moorea, Scilly, Tahiti; *7* Maupiti
Gesellschaftskunde: *10* Soziologie
Gesellschaftskundler: *9* Soziologe
Gesellschaftsraum: *4* Saal; *5* Salon
gesellschaftsschädlich: *7* asozial
Gesellschaftsschicht: *4* Adel; *5* Kaste; *10* Buergertum; *12* Aristokratie
Gesellschaftsspiel → Brettspiel → Kartenspiel
Gesellschaftsspiel: *6* Domino, Kegeln, Puzzle; *7* Billard, Knobeln, Krocket, Roulett, Tombola; *8* Lotterie, Roulette, Wuerfeln; *9* Blindekuh, Federball; *10* Brettspiel, Verstecken; *11* Kartenspiel, Sackhuepfen; *13* Pfaenderspiel
Gesellschaftstanz: *5* Bebop, Blues, Combo, Kombo, Limbo, Mambo, Polka, Raspa, Rumba, Samba, Tango, Twist; *6* Boston, Walzer; *7* Madison, Onestep; *8* Cakewalk, Foxtrott, Kotillon; *9* Jitterbug, Pasodoble, Polonaese, Polonaise; *10* Charleston; *12* Boogie-Woogie, Rheinlaender
Gesellschaftswissenschaft: *10* Soziologie
Gesellschaftszimmer: *5* Salon
Gelenk: *4* Anke
Gesetz: *3* Lex; *4* Norm; *5* Gebot, Nomos
Gesetzbuch: *5* Kodex, Thora; *6* Talmud; *10* Pentateuch; *12* Code Napoleon; *14* Sachsenspiegel
Gesetzesnachtrag: *7* Novelle
Gesetzessammlung: *12* Kodifikation
Gesetzessammlung des Justinian: *7* Digesten
gesetzestreue Gesinnung: *10* Loyalitaet
Gesetzeswiderspruch: *9* Antinomie
gesetzgebende Gewalt: *11* Legislative
- **Körperschaft:** *9* Parlament

Gesetzgeber im alten Athen: *5* Drako, Solon; *6* Drakon
- **im Alten Testament:** *5* Moses

Gesetzgebung: *10* Legislatur
gesetzlich: *5* legal, loyal; *7* legitim; *9* rechtlich; *12* rechtmaessig
gesetzlich bestellter Erzieher: *7* Vormund; *13* Adoptiveltern
Gesetzlichkeit: *10* Legalitaet
Gesetzlosigkeit: *8* Anarchie
gesetzmäßig: *5* legal; *6* normal
gesetzte Ordnung: *5* Recht
gesetzwidrig: *7* illegal, illoyal
Gesicht: *6* Visage, Vision; *7* Antlitz; *8* Grimasse; *12* Physiognomie
Gesichtsausdruck: *3* Air; *5* Miene; *12* Physiognomie
Gesichtsausschlag: *4* Akne
Gesichtsbehaarung: *4* Bart; *5* Braue
Gesichtsblütchen: *4* Akne
Gesichtsfalte: *6* Runzel
Gesichtsfarbe: *5* Teint
Gesichtshaare: *4* Bart; *5* Braue
Gesichtsknochen: *6* Kiefer; *8* Jochbein, Siebbein; *9* Nasenbein, Stirnbein; *10* Oberkiefer; *11* Unterkiefer; *13* Schlaefenbein
Gesichtskreis: *4* Kimm; *6* Niveau; *7* Sphaere; *8* Horizont, Weltbild
Gesichtsmaske: *5* Larve
Gesichtsnerv: *8* Facialis; *10* Trigeminus
Gesichtspickel: *4* Akne; *8* Mitesser
Gesichtspunkt: *6* Aspekt, Moment; *8* Position; *10* Standpunkt
Gesichtsschutz am Helm: *6* Visier
Gesichtsteil: *3* Lid, Ohr; *4* Auge, Bart, Kinn, Mund, Nase; *5* Backe, Braue, Lippe, Stirn, Wange; *6* Kiefer, Wimper; *8* Schlaefe; *9* Gruebchen, Oberlippe; *10* Augenbraue, Unterlippe
Gesichtstreffer beim Boxen: *3* Jab
Gesichtsverfärbung: *5* Roete
Gesichtsverkleidung: *5* Larve, Maske
Gesichtsverzerrung: *6* Fratze; *8* Grimasse
Gesichtszuckungen: *3* Tic
Gesichtszüge: *12* Physiognomie
Gesims: *5* Wulst
Gesimsstreifen: *5* Fries
Gesindel: *3* Mob; *4* Pack; *5* Plebs; *6* Bagage, Poebel; *7* Gesocks; *8* Abschaum, Kanaille; *9* Gelichter, Unterwelt; *10* Lumpenpack
Gesinnung: *5* Ethos; *9* Charakter, Ideologie; *11* Mentalitaet
Gesinnungswechsel: *6* Umfall
gesittet: *5* human; *10* kultiviert, manierlich
Gesottenes: *3* Sud
gespaltene irische Provinz: *6* Ulster
Gespann: *8* Fuhrwerk
Gespannkolonne: *5* Treck
gesparte Beträge: *10* Ruecklagen
Gespenst: *4* Spuk; *5* Geist, Troll; *6* Daemon, Lemure; *7* Phantom
Gespenst der griechischen Sage: *5* Lamia
Gespenstererscheinung: *4* Spuk; *5* Geist
Gespensterfurcht: *10* Aberglaube
Gespensterheuschrecke: *15* Wandelndes Blatt
Gespenstertier: *10* Koboldmaki
gespenstisches Wesen: *3* Alp
Gespinst: *4* Garn; *5* Faden, Kokon; *6* Gewebe; *7* Filuere
Gespinstpflanze: *4* Lein; *6* Nessel; *9* Baumwolle
gesponnener Faden: *4* Garn
Gespräch: *4* Rede; *6* Dialog, Disput; *7* Debatte, Diskurs; *9* Plauderei; *10* Aussprache, Diskussion, Kolloquium; *11* Disputation; *12* Konversation, Unterhaltung

Gespräch mit Gott: *5* Gebet
Gesprächsstoff: *5* Thema
gespreizt: *12* theatralisch
Gespreiztheit: *11* Manierismus
gesprenkelt: *7* meliert
Gestäbe: *6* Staket
Gestade: *4* Ufer; *6* Kueste, Strand
Gestalt: *4* Form; *5* Figur; *6* Format, Statue; *7* Gebilde, Koerper; *8* Struktur
Gestalt
- **aus Abu Hassan:** *6* Fatime, Mesrur; *7* Zobeide
- **aus Aida:** *4* Aida; *7* Amneris, Radames, Ramphis; *8* Amonasro
- **aus Alceste:** *6* Apollo; *7* Admetos, Alceste, Evander; *8* Herakles
- **aus Amphitryon:** *4* Zeus; *6* Charis; *7* Alkmene
- **aus Arabella:** *5* Djura, Welko; *6* Matteo, Zdenka; *7* Waldner; *8* Adelaide, Mandryka
- **des A. T.** → biblische Frauengestalt → biblische Männergestalt
- **aus Bajazzo:** *5* Beppo, Canio, Nedda, Tonio; *6* Silvio
- **aus Barbier von Bagdad:** *5* Kalif; *7* Bostana; *8* Margiana, Mustapha, Nureddin; *10* Abul Hassan
- **aus Barbier von Sevilla:** *6* Figaro, Rosine; *7* Bartolo, Basilio; *8* Almaviva, Ambrosio, Fiorillo
- **aus Bärenhäuter:** *4* Anna, Hans, Lene, Wild; *5* Gunda, Kraft, Luise, Spitz; *6* Kaspar, Muffel; *8* Melchior, Nikolaus; *9* Froehlich; *10* Wippenbeck
- **aus Bastien und Bastienne:** *5* Colas; *7* Bastien; *9* Bastienne
- **aus Beatrice und Benedict:** *4* Hero; *6* Ursula; *7* Claudio, Leonato; *8* Beatrice, Benedict, Don Pedro, Somarona
- **aus Bettelstudent:** *3* Eva, Jan; *5* Laura; *7* Bogumil; *9* Palmatica; *10* Bronislawa
- **aus Blitz:** *5* Georg; *6* Darbel, Lionel; *9* Henriette
- **aus Bohème:** *4* Mimi; *6* Collin, Marcel, Rudolf; *7* Bernard, Musette; *8* Alcindor; *9* Parpignol, Schaunard
- **bei Wilhelm Busch:** *3* Max; *4* Fips; *5* Boeck, Bolte, Knopp; *6* Helene, Moritz; *7* Laempel; *8* Baehlamm, Klecksel; *9* Huckebein; *10* Bauer Mecke, Witwe Bolte; *11* Onkel Fritz, Tobias Knopp; *12* Fromme Helene; *13* Hans Huckebein, Lehrer Laempel, Maler Klecksel; *15* Balduin Baehlamm
- **aus Butterfly** → Gestalt aus Madame Butterfly
- **aus Carmen:** *4* José; *6* Carmen, Zuniga; *7* Micaela, Morales; *8* Dancairo, Mercedes; *9* Escamillo, Frasquita, Remendado
- **aus Casanova:** *5* Costa, Dohna, Perez, Prude; *6* Fonina; *7* Dolores
- **aus Cavalleria rusticana:** *4* Lola; *5* Alfio, Lucia; *7* Turiddu; *8* Santuzza
- **aus Cid:** *3* Rui; *4* Diaz; *5* Alvar, Calvo; *6* Fannez, Herold; *7* Chimeme; *8* Fernando
- **aus Clavigo:** *5* Marie; *6* Buenco, Sophie
- **aus Cosi fan tutte:** *7* Alfonso, Despina; *8* Fernando; *9* Dorabella, Guglielmo
- **aus Csardasfürstin:** *4* Boni, Feri; *5* Edwin, Stasi, Sylva; *7* Anhilte
- **aus Dalibor:** *4* Veit; *5* Jutta; *6* Milada; *7* Benesch, Dalibor; *9* Wladislaw
- **aus Dantons Tod:** *5* Julie; *6* Lucile; *7* Camille
- **aus Der eingebildete Kranke:** *5* Argan; *7* Belinde
- **aus Der Geizige:** *5* Elise; *6* Valere; *8* Harpagon
- **aus Der König und ich** → Gestalt aus The King and I
- **aus Der Widerspenstigen Zähmung:** *6* Bianca, Gremio, Schlau; *8* Baptista, Lucentio; *9* Hortensio, Katharina, Petruchio, Vincentio
- **aus Der zerbrochene Krug:** *3* Eve; *4* Adam, Rull; *5* Licht; *6* Marthe, Walter
- **aus Des Teufels General:** *6* Harras; *9* Korrianke
- **der deutschen Dichtung:** *5* Faust
- **der deutschen Heldensage:** *6* Eckart, Fasold; *7* Wieland; *9* Siegfried
- **aus deutschen Märchen:** *3* Fee; *4* Esel, Hahn, Hexe, Hund, Muck, Wolf; *5* Katze, Riese, Zwerg; *6* Gretel, Teufel; *7* Haensel; *9* Daeumling, Frau Holle, Geisslein, Goldmarie, Pechmarie; *11* Drosselbart; *12* Aschenputtel, Dornroeschen, Eulenspiegel, Froschkoenig, Hans im Glueck, Muenchhausen, Rotkaeppchen, Struwelpeter; *13* Rattenfaenger, Struwwelpeter; *14* Schneewittchen; *15* Rumpelstilzchen
- **aus Dichter und Bauer:** *5* Meyen; *6* Berner
- **aus Don Carlos:** *4* Alba, Posa; *5* Eboli, Feria, Lerma; *7* Philipp
- **aus Don Giovanni:** *6* Komtur; *7* Masetto, Zerlina; *9* Donna Anna, Leporello
- **aus Don Pasquale:** *6* Norina; *7* Ernesto; *9* Malatesta; *11* Don Pasquale
- **aus Dreigroschenoper:** *3* Ede; *4* Lucy; *5* Brown, Filch, Jenny, Jimmy, Molly, Polly; *6* Mackie; *7* Kimball, Peachum; *12* Mackie Messer
- **aus Dreimäderlhaus:** *4* Vogl; *5* Grisi; *6* Hederl
- **aus Egmont:** *4* Alba; *5* Silvia; *6* Jetter, Vansen; *9* Klaerchen
- **aus Ein Glas Wasser:** *4* Anna; *6* Masham; *7* Abigail; *11* Bolingbroke
- **aus Elektra:** *5* Orest; *7* Aegisth, Elektra; *12* Chrysothemis; *13* Klytaemnestra
- **aus Entführung aus dem Serail:** *5* Osmin, Selim; *6* Blonde; *8* Belmonte, Pedrillo; *9* Blondchen, Konstanze
- **aus Ernani:** *4* Jago; *6* Elvira; *7* Johanna; *9* Don Carlos; *11* Don Ricardo, Don Ruy Gomez
- **aus Euryanthe:** *6* Adolar; *7* Ludwig, Lysiart; *9* Eglantine
- **aus Evangelimann:** *4* Hans; *5* Huber; *6* Eipler, Martha; *8* Johannes; *9* Friedrich, Magdalena
- **aus Falstaff:** *4* Ford; *5* Alice, Cajus; *6* Fenton, Pistol; *7* Meg Page; *8* Aennchen, Bardolph, Falstaff
- **aus Faust:** *5* Faust; *6* Frosch, Marthe, Siebel,

Wagner; *7* Brander; *8* Gretchen, Mephisto, Valentin; *9* Margarete
- **aus Fidelio:** *5* Rocco; *7* Leonore; *9* Florestan; *10* Marzelline
- **aus Figaros Hochzeit:** *6* Figaro; *7* Bartolo, Basilio, Susanne; *8* Almaviva; *9* Cherubino; *10* Marcellina
- **aus Fledermaus:** *5* Adele, Frank; *6* Alfred, Frosch; *8* Orlofsky; *9* Rosaline; *10* Eisenstein
- **aus Fliegender Holländer:** *4* Erik, Mary; *5* Senta; *6* Daland; *10* Hollaender, Steuermann
- **aus Fra Diavolo:** *5* Beppo; *6* Matteo; *7* Giacomo, Lorenzo, Pamela, Zerline; *8* Kookburn
- **aus Freischütz:** *3* Max; *4* Kuno; *6* Agathe, Kaspar, Kilian, Samiel; *8* Aennchen
- **aus Gärtnerin aus Liebe:** *5* Nardo; *6* Ramiro; *7* Arminda; *8* Serpetta; *10* Don Anchise
- **aus Gasparone:** *4* Sora; *5* Luigi; *6* Nasone; *7* Benozzo, Erminio, Zenobia; *8* Carlotta, Sindulfo
- **der germanischen Sage** → germanische Sagengestalt
- **aus Glöckchen des Eremiten:** *4* Rose; *6* Belamy; *7* Friquet, Sylvain, Thibaut; *9* Georgette
- **aus Götterdämmerung:** *5* Hagen; *7* Gunther, Gutrune; *8* Alberich; *9* Siegfried, Waltraute; *11* Bruennhilde
- **aus Götz von Berlichingen:** *4* Link; *5* Georg, Lerse; *7* Metzler; *8* Adelheid; *10* Weislingen
- **aus Graf von Luxemburg:** *4* René; *5* Basil, Jules, Pawel, Renée, Stasa; *6* Angèle, Armand, Didier; *8* Pelegrin
- **der griechischen Sage** → griechische Sagengestalt
- **aus Hamlet:** *6* Hamlet; *7* Gertrud, Horatio, Laertes, Ophelia; *8* Claudius; *10* Fortinbras
- **aus Hänsel und Gretel:** *4* Hexe; *5* Peter; *6* Gretel; *7* Gertrud, Haensel
- **aus Hauptmann von Köpenick:** *5* Voigt; *8* Hoprecht
- **aus Hoffmanns Erzählungen:** *5* Franz; *6* Lutter, Stella; *7* Andreas, Antonia, Crespel, Hermann, Lindorf, Mirakel, Niklaus, Olympia; *8* Hoffmann; *9* Coppelius, Giulietta, Nathanael, Schlemihl; *10* Cochenille, Dapertutto, Spalanzani; *13* Pitichinaccio
- **aus Im Weißen Rößl:** *5* Erich; *7* Josepha, Leopold, Ottilie; *9* Klaerchen, Sigismund
- **aus Iphigenie in Aulis:** *7* Kalchas
- **aus Iphigenie auf Tauris:** *5* Arkas, Orest, Thoas; *7* Pylades
- **aus Judith:** *5* Assad, Mirza; *6* Achior, Judith; *7* Ephraim; *10* Holofernes
- **aus Jugend:** *5* Hoppe; *7* Amandus, Annchen
- **aus Kabale und Liebe:** *4* Kalb, Wurm; *5* Luise; *6* Miller, Sophie, Walter; *9* Ferdinand
- **aus Kaufmann von Venedig:** *5* Gobbo, Tubal; *6* Porzia; *7* Antonio, Jessica, Lorenzo, Nerissa, Shylock, Solanio
- **der keltischen Sage** → keltische Sagengestalt
- **aus Kiss Me Kate:** *4* Bill, Fred, Paul; *5* Harry, Lilli, Ralph; *6* Hattie; *7* Ann Lane
- **aus König Lear:** *4* Kent; *5* Edgar, Regan, Edmund, Oswald; *7* Gloster, Goneril; *8* Cordelia, Cornwall
- **aus Land des Lächelns:** *2* Mi; *4* Fu Li, Lisa, Lore; *6* Gustav; *7* Tschang; *8* Sou Chong
- **aus La Traviata:** *5* Flora, Georg; *6* Alfred, Annina, Gaston; *8* Violetta
- **aus Lohengrin:** *4* Elsa; *6* Ortrud; *8* Heinrich; *9* Lohengrin, Telramund
- **aus Lumpacivagabundus:** *4* Leim; *5* Peppi, Zwirn
- **aus Lustige Weiber von Windsor:** *3* Nym; *4* Flut; *6* Fenton, Pistol, Schaal; *8* Falstaff
- **aus Macbeth:** *6* Banquo, Duncan; *7* Fleance, Macbeth, Macduff, Malcolm
- **aus Madame Butterfly:** *4* Goro, Kate; *6* Nakodo, Suzuki; *9* Cho-Cho-San, Linkerton
- **aus Madame Pompadour:** *7* Belotte, Poulard
- **aus Margarete:** *5* Faust; *6* Marthe, Siebel; *7* Brander; *8* Mephisto, Valentin; *9* Margarete
- **aus Maria Stuart:** *5* Cecil, Hanna; *6* Dudley, Melvil, Paulet, Talbot; *8* Mortimer; *9* Elisabeth
- **aus Martha:** *5* Nancy; *6* Lionel; *7* Harriet; *8* Plumkett
- **aus Maske in Blau:** *4* José; *5* Franz, Pedro; *7* Armando, Evelyne, Gonzala, Juliska
- **aus Maskenball:** *4* René; *5* Oskar; *6* Amelia, Samuel, Ulrika; *7* Richard, Silvano
- **aus Medea:** *4* Gora; *5* Iason, Kreon, Medea; *6* Kreusa
- **aus Meistersinger:** *3* Eva; *4* Zorn; *5* David, Foltz, Moser, Ortel, Sachs; *6* Evchen, Pogner; *7* Kothner, Schwarz; *8* Stolzing; *9* Magdalene; *10* Beckmesser, Eisslinger, Nachtigall; *11* Vogelgesang
- **aus Mignon:** *5* Jarno; *6* Mignon; *7* Laertes, Philine; *8* Lothario
- **aus Minna von Barnhelm:** *4* Just; *5* Minna; *6* Werner; *7* Riccaut; *8* Tellheim; *9* Franziska
- **aus My fair Lady:** *5* Eliza; *7* Higgins; *9* Doolittle, Pickering
- **aus Nabucco:** *5* Rahel; *6* Fenena, Ismael; *7* Abdallo, Abigail, Nabucco; *9* Zacharias
- **aus Nachtlager von Granada:** *4* Otto; *5* Gomez, Pedro, Vasco; *8* Ambrosio, Gabriele
- **aus Nathan der Weise:** *4* Daja; *5* Recha; *6* Nathan, Sittah; *7* Saladin
- **aus Nibelungenring** → Gestalt aus Ring des Nibelungen
- **der Nibelungensage:** *3* Ute; *4* Mime; *5* Etzel, Hagen, Iring; *6* Gernot, Helche, Rumolt, Volker; *7* Bloedel, Gunther; *8* Alberich, Brunhild, Dankwart, Dietrich, Giselher, Ruediger, Siegmund; *9* Bruenhild, Brunhilde, Kriemhild, Siegfried, Sieglinde; *10* Hildebrand
- **aus Nora:** *6* Helmer
- **der nordischen Sage** → germanische Sagengestalt → nordische Sagengestalt
- **aus Norma:** *5* Norma, Sever; *7* Flavius, Orovist; *8* Adalgisa, Klotilde

- **aus Oberon:** *4* Puck; *5* Droll, Harun, Hucon, Rezia
- **aus Opernball:** *4* Jean; *5* Henri; *6* Angèle, Aubier, Alfonse, Feodora, Germain, Palmyra, Philipp; *8* Baptiste, Hortense
- **aus Othello:** *4* Jao; *6* Bianca, Cassio, Emilia; *7* Montano, Othello, Rodrigo; *8* Lodovico; *9* Brabantio, Desdemona
- **aus Paganini:** *5* Bella
- **aus Palestrina:** *5* Silla
- **aus Parsifal:** *6* Kundry; *7* Titurel; *8* Amfortas, Klingsor, Parsifal; *9* Gurnemanz
- **aus Peer Gynt:** *4* Aase; *5* Helga; *6* Anitra, Ingrid; *7* Solveig; *8* Peer Gynt
- **aus Peter Pan:** *3* Sym; *4* Liza, Nana
- **aus Pique Dame:** *4* Lisa; *6* Mascha
- **aus Porgy and Bess:** *3* Jim; *4* Bess, Lily; *5* Annie, Clara, Crown, Maria, Mingo, Porgy; *6* Serena; *7* Frazier, Robbins; *12* Sporting Life
- **aus Postillon von Lonjumeau:** *5* Bijou, Corcy; *7* Bourdon
- **des Puppentheaters:** *6* Gretel, Kasper, Teufel; *7* Gendarm, Kasperl, Raeuber; *8* Kasperle
- **aus Pygmalion:** *5* Eliza; *7* Higgins; *9* Doolittle, Pickering
- **aus Rheingold:** *4* Erda, Froh, Loge, Mime; *5* Freia, Wotan; *6* Fafner, Fasolt, Fricka; *8* Alberich, Woglinde; *9* Wellgunde; *10* Flosshilde
- **aus Rienzi:** *5* Cecco, Irene; *6* Orsini; *7* Adriano
- **aus Rigoletto:** *5* Borsa, Gilda; *7* Marullo; *8* Giovanna; *9* Maddalena, Rigoletto; *11* Sparafucile
- **aus Ring des Nibelungen:** *4* Erda, Froh, Loge, Mime; *5* Freia, Hagen, Wotan; *6* Donner, Fafner, Fasolt, Fricka; *7* Gunther, Gutrune; *8* Alberich, Siegmund; *9* Sieglinde, Waltraute; *11* Bruennhilde
- **aus Romeo und Julia:** *6* Marcus, Tybalt; *7* Capulet, Lorenzo; *8* Benvolio, Gregorio, Montague; *9* Balthasar
- **aus Rose Bernd:** *4* Keil, Rose; *5* Bernd, Flamm; *7* Marthel
- **aus Rosenkavalier:** *4* Ochs; *6* Annina, Duenna, Sophie; *7* Faninal; *8* Octavian; *9* Valzacchi; *11* Marschallin
- **aus Salome:** *6* Salome; *7* Herodes; *8* Herodias; *9* Jochanaan, Narraboth
- **aus Sappho:** *5* Phaon; *6* Sappho; *7* Melitta, Rhamnes; *8* Eucharis
- **aus Schöne Galathee:** *5* Mydas; *7* Ganymed; *9* Pygmalion
- **aus Schwarzwaldmädel:** *5* Lorle; *7* Blasius, Hannele, Juergen, Malwine; *8* Baerbele
- **bei Shakespeare:** *4* Jago, Lear; *5* Ariel; *7* Ophelia, Othello; *8* Falstaff; *9* Desdemona
- **aus Siegfried:** *4* Erda, Mime; *6* Fafner; *8* Alberich, Wanderer; *9* Siegfried; *11* Bruennhilde
- **aus Sommernachtstraum:** *4* Puck; *5* Egeus, Flaut; *6* Helena, Hermia, Oberon, Squenz, Zettel; *7* Schnock, Theseus, Titania; *8* Lysander; *9* Demetrius, Hippolyta
- **aus Tannhäuser:** *5* Venus, Hermann, Reinmar, Walther, Wolfram; *8* Biterolf, Heinrich; *9* Elisabeth
- **aus Tartuffe:** *5* Damis, Orgon; *6* Elmire, Valere; *7* Mariane; *8* Tartuffe
- **aus Tausend und eine Nacht:** *5* Ifrit, Leila, Massu, Ormuz; *6* Aladin; *7* Aladdin, Ali Baba, Sindbad; *8* Suleiman; *12* Scheherezade
- **aus The King and I:** *4* Anna; *6* Koenig, Lun Tha, Tuptim; *10* Lady Thiang; *13* Chulalongkorn
- **aus Tiefland:** *4* Nuri, Pena; *5* Nando, Pedro; *6* Martha; *7* Tommaso; *8* Moruccio; *10* Sebastiano
- **aus Tosca:** *5* Mario, Tosca; *6* Cesare, Floria; *7* Scarpia; *8* Spoletta; *11* Cavaradossi
- **aus La Traviata:** *5* Flora, Georg; *6* Alfred, Annina, Gaston; *8* Violetta
- **aus Tristan und Isolde:** *5* Marke, Melot; *6* Isolde; *7* Tristan; *8* Kurwenal; *9* Brangaene; *11* Koenig Marke
- **aus Troubadour:** *4* Inez, Luna, Ruiz; *7* Azucena, Leonore, Manrico; *8* Ferrando, Graf Luna
- **aus Turandot:** *3* Liu; *4* Pang, Ping, Pong; *5* Kalaf, Timur; *6* Altoum; *8* Turandot
- **aus Undine:** *4* Hans, Hugo, Veit; *6* Martha, Tobias, Undine, Bertalda; *10* Kuehleborn; *11* Ringstetten
- **aus Unsere kleine Stadt:** *4* Webb; *5* Emily, Gibbs, Wally; *6* George; *7* Rebecca
- **aus Verkaufte Braut:** *4* Hans, Muff; *5* Agnes, Kezal, Marie, Micha; *6* Wenzel; *8* Kathinka, Springer; *9* Esmeralda, Kruschina
- **aus Viel Lärm um Nichts:** *4* Hero; *7* Antonio, Claudio, Don Juan, Leonato; *8* Benedikt, Don Pedro
- **aus Vogelhändler:** *4* Adam, Weps; *5* Marie; *8* Adelaide; *10* Stanislaus
- **aus Der Waffenschmied:** *5* Georg, Marie; *7* Adelhof, Brenner; *9* Stadinger; *10* Irmentraut
- **aus Walküre:** *5* Wotan; *6* Fricka; *7* Hunding; *8* Gerhilde, Helmwige, Ortlinde, Siegmund, Siegrune; *9* Grimgerde, Sieglinde, Waltraute; *10* Rossweisse; *11* Bruennhilde; *12* Schwertleite
- **aus Wallenstein:** *3* Max; *4* Illo, Seni; *6* Gordon, Terzky, Thekla; *7* Isolani, Wrangel; *11* Piccolomini
- **aus Was Ihr wollt:** *5* Curio, Fabio, Maria, Viola; *6* Olivia, Orsino, Tobias; *7* Antonio; *8* Malvolio, Valentin; *9* Sebastian
- **aus Weh dem, der lügt:** *4* Leon; *6* Atalus, Edrita, Gregor; *7* Galomir; *8* Kattwald
- **aus West Side Story:** *3* Doc; *4* Riff, Tony; *5* Anita, Chino, Maria; *6* Krupke; *8* Bernardo
- **aus Der Wildschütz:** *7* Baculus, Ranette; *8* Eberbach, Freimann, Gretchen, Kronthal, Pankratius
- **aus Wilhelm Tell:** *4* Kunz; *5* Berta, Kuoni, Ruodi, Werni; *6* Arnold, Hedwig, Rudolf, Walter; *7* Gertrud, Gessler; *8* Melchtal; *9* Hilde-

gard; *10* Attinghaus, Baumgarten; *11* Stauffacher
- **aus Wintermärchen:** *4* Dion; *7* Leontes, Perdita; *8* Hermione
- **aus Zar und Zimmermann:** *5* Marie, Peter; *6* Lefort; *7* Syndham, van Bett; *10* Witwe Brown
- **aus Zarewitsch:** *4* Iwan; *5* Sonja; *6* Mascha
- **aus Zauberflöte:** *6* Pamina, Tamino; *8* Papagena, Papageno, Sarastro
- **aus Zaubergeiger:** *5* Gretl; *6* Kaspar; *7* Amandus, Cuperus, Fangauf; *9* Ninabella
- **aus Zigeunerbaron:** *5* Saffi; *6* Arsena, Kálmán, Sandor

Gestalt der Erde: *5* Geoid
gestalten: *6* bilden, formen; *7* praegen; *10* figurieren; *11* formulieren, konzipieren; *12* konstruieren
gestaltend: *9* plastisch
Gestalter: *11* Organisator; *12* Konstrukteur
Gestaltlehre: *11* Morphologie
gestaltlos: *6* amorph
Gestaltung: *9* Formation; *12* Konstruktion
Geständnis: *7* Aussage, Beichte; *10* Bekenntnis
gestattet: *7* erlaubt
Geste: *4* Wink; *5* Blick; *6* Nicken; *8* Gebaerde; *10* Fingerzeig, Kopfnicken; *12* Achselzucken, Handbewegung; *14* Kopfschuetteln
gestehen: *7* zugeben; *8* beichten, bekennen
gesteigerter Blutdruck: *10* Hypertonie
Gestein: *4* Fels; *6* Felsen
Gesteinsader: *6* Flaser
Gesteinsart: *3* Erz; *4* Kalk, Lava, Tuff; *5* Flint, Gneis, Ophit; *6* Basalt, Bauxit, Diorit, Felsit, Flysch, Gabbro, Granit, Kaolin, Kiesel, Kreide, Marmor, Mergel, Oolith, Perlit, Syenit; *7* Dendrit, Dolomit, Mylonit, Peperin, Phyllit, Plaener, Porphyr, Quarzit, Trachyt; *8* Granulit, Melaphyr, Obsidian, Schiefer; *9* Bimsstein, Kalkstein, Leukophyr, Sandstein; *10* Feuerstein; *13* Buntsandstein
Gesteinsflüssigkeit: *3* Gur
Gesteinsgebilde: *6* Felsen
Gesteinsmenge: *11* Konglomerat
Gesteinshohlraum mit Kristallen: *5* Druse
Gesteinskörnchen: *4* Sand
Gesteinskunde: *10* Lithologie; *11* Mineralogie; *12* Petrographie
Gesteinskundler: *10* Mineraloge
Gesteinsschmelzfluß: *4* Lava; *5* Magma
Gesteinsschutt: *7* Geroell
- **der Gletscher:** *7* Moraene

Gesteinsstruktur: *6* Textur
Gesteinstrümmer: *4* Kies, Sand
Gesteinsverwitterung: *9* Korrosion
Gestell: *4* Bock, Bord; *5* Regal; *6* Rahmen, Stativ; *7* Chassis, Geruest; *8* Schragen, Stellage
Gestell
- **für Fotoapparat:** *6* Stativ
- **der Geschütze:** *7* Lafette
- **zum Heutrocknen:** *6* Reiter
- **für Lampen:** *10* Kandelaber

gestellt: *8* situiert
Gestikulation: *8* Gebaerde; *11* Mienenspiel
Gestirn: *4* Mond; *5* Komet, Sonne, Stern
Gestirnforscher: *8* Astronom
Gestirnforschung: *10* Astronomie
Gestirnskonstellation: *9* Sternbild
gestohlene Ware: *4* Sore
gestreckt: *4* lang; *6* rasant
gestreckte Flugbahn: *6* Rasanz
gestreiftes Wildpferd: *5* Zebra
Gestrenge Herren: *10* Eisheilige
Gestrüpp: *5* Busch, Hecke; *8* Dickicht
Gestüt: *5* Zucht; *9* Rennstall; *11* Pferdezucht
Gesuch: *5* Bitte; *6* Antrag; *7* Eingabe; *8* Ansuchen, Petition; *8* Bewerbung; *11* Bittschrift
gesuchte Haltung: *4* Pose
gesund machen: *8* sanieren
gesund werden: *7* genesen
Gesundbrunnen: *8* Jungborn
gesunde Beschaffenheit des Körpers: *11* Salubritaet
gesunden: *7* genesen
Gesundheit: *8* Wohlsein; *11* Wohlergehen; *12* Wohlbefinden
gesundheitlich: *8* sanitaer; *10* hygienisch
gesundheitsgefährdend: *6* giftig
Gesundheitslehre: *7* Hygiene
Gesundung: *7* Heilung; *8* Genesung
gesungene Messe: *3* Amt; *7* Hochamt
Getäfel: *8* Wabenbau; *15* Holzverkleidung
getäfelter Fußboden: *7* Parkett
Getändel: *5* Flirt
geteertes Hanftau: *4* Reep
Getier: *5* Fauna
Getöse: *5* Laerm, Radau; *8* Gepolter
getragene Melodie: *9* Kantilene
Getränk: *3* Tee; *4* Cola, Mate, Most, Saft; *5* Kakao, Kefir, Milch, Mokka, Trank, Trunk; *6* Brause, Kaffee, Wasser; *7* Brunnen, Selters, Sprudel; *8* Espresso, Limonade; *9* Eiskaffee, Orangeade; *10* Fruchtsaft, Sodawasser; *11* Buttermilch, Traubensaft; *13* Mineralwasser
Getränk → alkoholisches Getränk
Getränkemischer: *5* Mixer; *8* Barmixer
Getränkerest: *5* Neige
Getratsch: *6* Gerede; *7* Klatsch; *10* Geschwaetz
Getreide: *4* Korn
Getreideart: *3* Tef; *4* Dara, Dari, Mais, Reis; *5* Durra, Emmer, Hafer, Hirse, Spelt, Spelz; *6* Dinkel, Durrha, Gerste, Roggen, Sorgho, Weizen; *7* Kukuruz, Sorghum; *9* Zerealin; *10* Buchweizen
Getreidebündel: *5* Docke, Garbe
Getreideeiweiß: *6* Gluten
Getreideerzeugnis: *4* Mehl
Getreidefrucht: *4* Korn
Getreidefruchtstand: *5* Aehre
Getreidegras: *5* Durra
Getreidehalm: *7* Stengel
Getreidehaufen: *5* Dieme, Feime
Getreidekorn: *6* Graupe
Getreidekornschalen: *5* Kleie

Getreidekrankheit: *4* Rost; *5* Brand; *7* Mehltau; *8* Gelbrost; *9* Maisbrand
Getreidemahlgut: *6* Griess
Getreidemaß: *3* Imi; *4* Immi; *6* Bushel, Malter, Simmer, Wispel
Getreideplatz zum Dreschen: *5* Tenne
Getreideprodukt: *4* Mehl
Getreidereiniger: *5* Tarar; *6* Trieur; *8* Windfege
Getreideschädling: *9* Blattlaus, Engerling, Kornmotte, Mehlmotte; *10* Kornkaefer
Getreidesieb: *6* Reiter
Getreidespeicher: *4* Silo; *7* Scheune
Getreidestengel: *4* Halm
Getreideunkraut: *4* Rade; *6* Quecke; *8* Kornrade; *9* Kornblume
getrennt: *7* separat; *9* separiert
Getrennthaltung: *9* Isolation
getreue Nachbildung einer Vorlage: *9* Faksimile
Getreuer: *7* Paladin
Getriebe: *7* Gewuehl; *8* Mechanik; *9* Apparatur; *11* Maschinerie, Mechanismus
Getriebeflüssigkeit: *5* Fluid
Getriebeteil: *3* Rad; *5* Achse, Hebel, Raste, Welle; *6* Gelenk, Kurbel, Sperre, Stange; *7* Zahnrad; *8* Schieber; *9* Zahnkranz
getrocknete(r, s)
- **Gras:** *3* Heu
- **Orchideenknolle:** *5* Salep
- **Pflanzensaft:** *5* Manna
- **Seegurke, Seewalze:** *7* Trepang
- **Weinbeere:** *6* Rosine; *8* Korinthe; *9* Sultanine

Getue: *5* Faxen, Mache; *6* Gehabe; *7* Flausen; *8* Allueren, Ziererei; *11* Affektation
Getümmel: *6* Tumult; *7* Auflauf, Aufruhr, Gewuehl
Getuschel: *8* Gemunkel
geübt: *8* versiert
Geübtheit: *7* Routine; *12* Versiertheit
Gevatter: *4* Pate
Gewächs: *4* Baum; *5* Blume; *6* Staude; *7* Pflanze, Strauch
gewachsener Stein: *4* Fels; *6* Felsen
Gewächshaus: *9* Treibhaus, Orangerie
Gewächsteil: *3* Ast; *4* Dorn; *5* Blatt, Ranke, Zweig; *6* Bluete, Wurzel
gewagt: *7* riskant
gewagtes Geschäft: *11* Spekulation
Gewähr: *7* Haftung, Kaution; *8* Garantie; *10* Sicherheit; *11* Buergschaft
gewähren: *11* konzedieren
Gewahrsam: *4* Haft; *5* Obhut; *6* Arrest
Gewährsmann: *5* Zeuge; *6* Buerge, Geisel, Garant
Gewalt: *5* Macht, Zwang; *10* Herrschaft; *11* Intensitaet
Gewaltherrschaft: *6* Terror; *8* Despotie, Diktatur, Tyrannei, Tyrannis
Gewaltherrscher: *6* Despot, Tyrann; *8* Diktator
gewaltig: *5* enorm; *6* immens, riesig; *8* kolossal, maechtig; *9* kraftvoll, machtvoll, titanisch; *10* exorbitant, gigantisch, monumental; *11* titanenhaft; *12* unermesslich
gewaltiger Jäger: *6* Nimrod
gewaltiges Bauwerk: *13* Monumentalbau
gewaltsam: *10* tyrannisch
gewaltsam entwenden: *6* rauben
gewaltsame
- **Aneignung:** *8* Annexion
- **Auflehnung:** *7* Revolte
- **Ausbeutung:** *7* Raubbau
- **Entwendung:** *4* Raub

Gewalttat → Gewaltverbrechen
Gewalttäter → Gewaltverbrecher
gewalttätig: *6* brutal, rabiat; *7* radikal
Gewaltverbrechen: *4* Mord, Raub; *8* Attentat, Bankraub, Raubmord; *9* Blutrache, Noetigung, Piraterie, Rebellion, Totschlag, Ueberfall; *10* Kindesraub, Raufhandel; *11* Entfuehrung, Meuchelmord, Pluenderung; *12* Menschenraub; *13* Brandstiftung
Gewaltverbrecher: *5* Pirat; *7* Moerder, Raeuber; *10* Seeraeuber; *11* Bankraeuber, Raubmoerder
gewalztes Eisen: *5* Blech
Gewand: *4* Robe; *5* Anzug, Dress, Kleid, Kluft; *6* Tracht; *7* Kostuem, Uniform
Gewand → Kleidungsstück
Gewand der
- **alten Griechen:** *6* Chiton, Peplos; *7* Chlamys
- **alten Römer:** *4* Toga; *5* Palla, Sagum; *6* Tunika
- **Araber:** *3* Aba; *6* Burnus
- **Artisten:** *6* Trikot
- **Beduinen:** *3* Aba; *6* Burnus
- **Diener:** *6* Livree
- **Geistlichen** → geistliches Gewand
- **Husaren:** *6* Dolman, Kalpak
- **Inderinnen:** *4* Sari
- **Indios:** *6* Poncho
- **Indonesierinnen:** *6* Sarong
- **Japaner:** *6* Kimono
- **Juden:** *6* Kaftan
- **katholischen Geistlichen:** *7* Soutane
- **Landsknechte:** *4* Wams; *10* Pluderhose; *11* Schlitzwams
- **Malaien:** *6* Sarong
- **Naturvölker:** *6* Schurz; *12* Lendenschurz
- **Russinnen:** *7* Sarafan
- **Schotten:** *4* Kilt
- **Soldaten:** *6* Montur; *7* Uniform; *8* Drillich; *10* Waffenrock
- **Ulanen:** *6* Ulanka; *8* Tschapka

Gewandschleppe hoher Geistlicher: *5* Cauda
Gewandspange: *5* Fibel; *6* Fibula; *7* Agraffe, Brosche
Gewandstück katholischer Geistlicher: *5* Stola
gewandt: *3* fix; *4* agil; *5* alert, flink, smart; *6* wendig; *7* behende; *8* gelenkig; *10* routiniert
Gewandteil: *5* Knopf; *6* Aermel, Kragen, Spange, Tasche; *8* Schnalle
gewandtes Benehmen: *3* Pli
Gewandtheit: *3* Pli; *6* Uebung; *7* Routine; *8* Geschick; *9* Fixigkeit
Gewäsch: *6* Gerede; *7* Rederei, Tratsch
Gewässer → Fluß → See
Gewässer: *3* See; *4* Bach, Maar, Meer; *5* Fluss,

Kanal, Ozean, Strom, Teich; *6* Weiher; *7* Stausee, Tuempel; *8* Wildbach; *9* Binnensee, Kratersee, Talsperre
Gewässerbeschreibung: *12* Hydrographie
Gewässerkunde: *10* Krenologie
Gewässerrand: *4* Ufer; *6* Kueste, Strand; *7* Gestade
Gewässersediment: *7* Schlamm
Gewebeart: *4* Cord, Filz, Flor, Gaze, Jute, Kord, Lama, Lamé, Mako, Mull, Opal, Rayé, Rips, Samt, Taft, Tuch; *5* Atlas, Crêpe, Drapé, Drell, Flaus, Foulé, Fries, Glacé, Khaki, Koton, Krepp, Linon, Loden, Moiré, Mungo, Natté, Nylon, Pikee, Rasch, Satin, Seide, Serge, Tibet, Tuell, Tweed, Twill, Voile, Wolle, Zefir; *6* Batist, Bouclé, Brokat, Chintz, Cotton, Damast, Dralon, Etamin, Felbel, Frotté, Gingan, Jersey, Kaliko, Kattun, Koeper, Kreton, Lampas, Lastex, Leinen, Linnen, Madras, Mohair, Molton, Nessel, Pepita, Perkal, Perlon, Ratiné, Rupfen, Sammet, Struck, Textur, Trikot, Velvet, Zephir; *7* Bobinet, Cheviot, Chiffon, Dueffel, Elastik, Etamine, Filuere, Flanell, Flausch, Foulard, Frottee, Gingham, Kalmuck, Kambrik, Kanevas, Krimmer, Lasting, Lavable, Luester, Marengo, Mokette, Mollino, Mouliné, Nanking, Organdy, Organza, Orleans, Ottoman, Pluesch, Popelin, Schappe, Stramin, Swanboy, Trevira, Velours, Vigogne, Welliné, Zanella; *8* Barchent, Buckskin, Cretonne, Drillich, Duchesse, Duvetine, Gabardin, Homespun, Jacquard, Kamelott, Kammgarn, Kaschmir, Kretonne, Leinwand, Marocain, Moleskin, Musselin, Organsin, Popeline, Renforcé, Rohseide, Schotten, Tarlatan, Velveton, Zibeline, Zwillich; *9* Baumwolle, Bourrette, Covercoat, Georgette, Glencheck, Gregseide, Halbseide, Kamelhaar, Krepeline, Levantine, Madapolam, Schirting, Textilien, Trikoline, Vigoureux, Wachstuch; *10* Beiderwand, Crêpe Satin, Ekrueseide, Kreppsatin, Kunstseide, Manchester, Mousseline, Rippensamt, Zindeltaft; *11* Marquisette, Napolitaine, Streichgarn; *12* Crêpe de Chine; *13* Kraeuselkrepp; *14* Crêpe Georgette
Gewebebindung: *4* Tuch; *5* Atlas; *6* Koeper, Leinen; *8* Jacquard
Gewebeflüssigkeit: *6* Lymphe
Gewebeimprägnierung: *8* Appretur
Gewebekante: *4* Egge; *7* Salband; *9* Salleiste
Gewebekette: *5* Werft
Gewebsknoten: *5* Noppe
Gewebekrumpfung: *7* Dekatur
Gewebelehre: *10* Histologie
Geweberand: *8* Borduere
Gewebeschrumpfung: *8* Atrophie
Gewebestreifen: *4* Band
Gewebeteil: *5* Faden, Faser
Gewebeveredlung: *8* Appretur
Gewebeverpflanzung: *15* Transplantation
Gewebewassersucht: *5* Oedem
Gewebsentfernung: *9* Resektion
Gewehr: *6* Flinte; *7* Buechse, Stutzen; *8* Arkebuse, Drilling, Tesching; *9* Karabiner; *12* Hakenbuechse
Gewehr in der Soldatensprache: *6* Knarre
Gewehrteil: *4* Hahn, Korn, Lauf; *5* Abzug, Kimme; *6* Kolben, Visier; *7* Schloss
Geweih: *7* Gehoern; *8* Schaufel
Geweihast: *5* Zacke; *6* Spiess, Stange, Zacken; *7* Sprosse
Geweiherneuerung: *9* Aufsetzen
Geweihhaut: *4* Bast
geweihloser Hirsch: *10* Kahlhirsch
geweiht: *6* sakral
geweihte Hostie: *12* Sanktissimum
Geweihteil: *4* Ende, Rose; *5* Krone, Perle; *6* Spross, Stange; *7* Sprosse
gewellt: *5* kraus
gewellte Haare: *6* Locken
Gewerbe: *5* Beruf; *6* Arbeit, Metier; *8* Handwerk; *10* Profession
Gewerbetreibender: *8* Kaufmann; *10* Handwerker; *11* Unternehmer
Gewerbezweig: *6* Handel; *8* Handwerk; *9* Industrie
gewerbsmäßige Unzucht: *12* Prostitution
Gewerk: *5* Zunft; *6* Innung; *8* Handwerk
Gewicht: *4* Last; *5* Druck, Kraft, Masse, Wucht; *6* Buerde, Ladung; *7* Ballast, Schwere; *9* Bedeutung, Nachdruck
Gewicht für Edelsteine: *5* Karat
– der Verpackung: *4* Tara
Gewichtsausgleich: *8* Ballast
Gewichtseinheit: *3* Lot; *4* Gran, Unze; *5* Gramm, Pfund, Tonne; *7* Zentner; *9* Kilogramm; *10* Milligramm; *13* Doppelzentner
Gewichtshebeübung: *7* Reissen, Stossen; *8* Druecken
Gewichtsklasse in der Schwerathletik: *5* Feder; *6* Bantam, Leicht, Welter; *7* Fliegen; *10* Halbschwer; *12* Mittelschwer
Gewichtsmesser: *5* Waage
Gewichtsverlust: *7* Schwund
gewieft: *5* smart; *6* clever, schlau; *8* gerissen; *10* raffiniert
Gewieftheit: *10* Raffinesse, Schlauheit; *12* Gerissenheit
Gewiegtheit: *10* Raffinesse
Gewinde: *5* Kranz; *7* Spirale, Strauss; *8* Girlande
Gewindebolzen: *8* Schraube
Gewinn: *4* Lohn, Plus, Sieg; *5* Preis; *6* Ertrag, Frucht, Nutzen, Profit; *7* Praemie, Vorteil; *8* Ausbeute; *9* Verdienst
Gewinnanteil: *5* Bonus; *7* Praemie; *8* Tantieme; *9* Dividende
Gewinnanteilschein: *3* Los
gewinnbringend: *8* lukrativ, rentabel
Gewinner: *6* Sieger
Gewinnsucht: *7* Habgier
gewinnsüchtig: *9* habgierig, materiell
Gewinnung von Erzen oder Kohle: *7* Bergbau
Gewinnverteilungskartell: *4* Pool
gewirkter Stoff: *6* Trikot

Gewirr: *5* Chaos; *8* Wirrwarr; *9* Charivari, Unordnung; *10* Mischmasch, Tohuvabohu; *11* Verwicklung; *13* Durcheinander
gewiß: *7* positiv
Gewissen: *13* Verantwortung
gewissenhaft: *5* exakt; *7* akkurat, praezis; *8* praezise; *11* sorgfaeltig
gewissenlos: *5* infam; *7* perfide
Gewissenlosigkeit: *7* Infamie; *16* Skrupellosigkeit
Gewissensbiß: *4* Reue; *5* Scham; *7* Skrupel
gewissermaßen: *5* quasi; *9* gleichsam, sozusagen
Gewißheit: *6* Wissen; *10* Sicherheit; *12* Bestimmtheit, Ueberzeugung
Gewittererscheinung: *5* Blitz, Hagel; *6* Donner; *7* Graupel; *9* Regenguss; *10* Platzregen
Gewitterschutz: *13* Blitzableiter
Gewitterwolke: *12* Kumulonimbus
gewitzt: *6* schlau
Gewogenheit: *4* Huld; *5* Gnade, Gunst; *7* Neigung; *9* Sympathie; *10* Wohlwollen; *11* Geneigtheit
Gewohnheit: *3* Uso; *4* Usus; *5* Sitte; *6* Brauch, Manier, Uebung; *9* Tradition; *13* Gepflogenheit
gewohnheitsmäßig: *9* habituell; *10* mechanisch
Gewohnheitsrecht: *9* Observanz
Gewohnheitstrinker: *11* Alkoholiker
gewöhnlich: *5* banal, vulgo; *6* gemein, normal; *7* vulgaer; *8* ordinaer; *9* allgemein
Gewöhnung: *5* Sucht; *7* Routine; *9* Anpassung
Gewöhnung an ein fremdes Klima: *15* Akklimatisation
Gewölbe: *6* Fornix, Kuppel; *7* Rotunde
gewölbeartige Decke: *3* Dom
Gewölbebogen: *6* Arkade
gewölbtes Tragwerk: *5* Bogen
gewonnener Wettstreit: *4* Sieg
gewundene Straße: *10* Serpentine
gewundener Fluß: *8* Maeander
Gewühl: *6* Trubel; *8* Gewimmel; *9* Gedraenge
gewürfelt: *7* kariert
Gewürz, Gewürzpflanze: *4* Anis, Dill, Dost, Salz, Senf, Ysop, Zimt; *5* Asant, Essig, Kaper, Lauch, Mazis, Minze, Nelke, Raute, Sesam; *6* Dragon, Dragun, Ingwer, Kaneel, Kassia, Kassie, Kerbel, Kresse, Kubebe, Meiran, Muskat, Piment, Safran, Salbei, Wermut; *7* Cayenne, Fenchel, Kuemmel, Kurkuma, Lorbeer, Majoran, Melisse, Paprika, Pfeffer, Sukkade, Thymian, Vanille, Zwiebel; *8* Estragon, Kapsikum, Kardamom, Lavendel, Mostrich, Rosenoel, Rosmarin, Sellerie, Zichorie, Zitronat; *9* Basilikum, Knoblauch, Koriander, Tripmadam; *10* Muskatnuss, Petersilie; *11* Bohnenkraut, Gurkenkraut, Krauseminze, Meerrettich, Waldmeister; *12* Gewuerznelke, Liebstoeckel, Lorbeerblatt, Pfefferminze, Schnittlauch
Gewürzinseln: *8* Molukken
Gewürzknospe: *5* Kaper, Nelke
Gewürzkraut → Gewürz → Küchenkraut
Gewürzlikör: *8* Anisette; *11* Pfefferminz
gewürzlos: *3* fad; *4* fade
Gewürzpulver: *5* Curry; *7* Pfeffer
Gewürzständer: *6* Menage
gewürzt: *6* pikant
Gewürzwaren: *10* Spezereien
Gewürzwein: *5* Bowle; *6* Punsch; *9* Gluehwein, Kalte Ente
gezackte Gebirgskette: *6* Sierra
gezahntes Schneidewerkzeug: *5* Saege; *6* Messer
Gezeiten: *4* Tide
gezielter Effekt: *6* Pointe
geziert: *8* prezioes; *9* etepetete; *10* affektiert
gezierte Haltung: *4* Pose
geziertes Benehmen: *6* Gehabe
gezogener Wechsel: *6* Tratte; *7* Rimesse
gezogenes Metall: *5* Draht
gezuckert: *8* kandiert
gezwungen: *7* geniert; *8* forciert
Gibbonaffe: *3* Lar; *6* Hulock, Wau-Wau; *7* Siamang
Gicht: *9* Arthritis
Gichtbeere: *8* Ahlbeere
Gichtrose: *7* Paeonie
Giebel: *5* First; *9* Dachstuhl
Giebelfeld der Antike: *8* Tympanon, Tympanum
Giebelverzierung: *10* Akroterium
Giebelwand: *5* Gehre
Gier: *5* Drang, Sucht; *7* Geluest, Habgier; *8* Begehren, Begierde; *9* Verlangen
gierig: *7* erpicht
Gießgefäß: *5* Kanne
Gießprodukt: *4* Guss
Gift: *5* Toxin; *7* Toxikum; *9* Pharmakon
Gift → Giftpflanze, Giftstoff
Gift der/des
- **Alpenveilchens:** *8* Cyclamin
- **Besenginsters:** *8* Spartein
- **Bohne:** *6* Phasin
- **Brechnuß:** *9* Strychnin
- **Chinarinde:** *6* Chinin
- **Eibe:** *5* Taxin
- **Eisenhutes:** *8* Akonitin
- **Fieberrinde:** *6* Chinin
- **Fliegenpilzes:** *8* Muskarin
- **Goldregens:** *7* Cytisin
- **Herbstzeitlose:** *9* Colchicin
- **Ignatiusbohne:** *9* Strychnin
- **Kaffeebohne:** *7* Koffein
- **Kartoffel:** *7* Solanin
- **Kokastrauches:** *6* Kokain
- **Maiglöckchens:** *11* Convallarin
- **Mohnpflanze:** *5* Opium; *7* Morphin; *8* Morphium
- **Primel:** *6* Primin
- **Rizinussamens:** *5* Rizin
- **Seidelbastes:** *8* Mezerein
- **Tabaks:** *7* Nikotin
- **Teepflanze:** *4* Tein; *5* Thein
- **Tollkirsche:** *7* Atropin
- **Waldstaude:** *4* Aron
- **Zwergholunder:** *6* Attich

giftfest: *5* immun
Giftgas: *4* Lost, Zyan; *5* Chlor; *6* Pikrin; *7* Adamsit, Lewisit, Phosgen; *9* Blaukreuz, Gelbkreuz; *10* Blausaeure, Gruenkreuz, Kohlenoxyd
giftig: *7* toxisch; *11* miasmatisch
giftige
- Ausdünstung: *6* Miasma
- Pflanze → Giftpflanze
- Schlange → Giftschlange
- Spinne: *8* Tarantel; *11* Kreuzspinne
Giftpflanze, Giftstoff: *4* Aron, Arum, Blei, Mohn, Zink; *5* Arsen, Chrom, Opiat, Opium, Porst, Tabak, Taxin, Virus; *6* Akonit, Barium, Chinin, Codein, Curare, Dioxin, Germer, Heroin, Kodein, Kokain, Kupfer, Phasin, Primin, Sumach; *7* Alkohol, Arsenik, Atropin, Cytisin, Gleisse, Koffein, Nikotin, Solanin, Vitriol; *8* Aconitum, Akonitin, Alkaloid, Aronstab, Cyclamin, Einbeere, Eisenhut, Kornrade, Mezerein, Morphium, Muskarin, Nieswurz, Phosphor, Sadebaum, Spartein, Sturmhut, Thallium, Zyankali; *9* Brechnuss, Colchicin, Digitalis, Fingerhut, Giftbeere, Haschisch, Marihuana, Strychnin, Tollbeere, Tollkraut; *10* Belladonna, Blausaeure, Schierling; *11* Bilsenkraut, Convallarin, Tollkirsche
Giftpilz: *7* Lorchel; *8* Erdstern, Risspilz; *9* Faelbling; *10* Satanspilz, Schirmling, Speiteufel; *11* Fliegenpilz, Pantherpilz; *12* Giftegerling; *14* Riesenroetling; *15* Tigerritterling; *19* Knollenblaetterpilz
Giftschlange: *3* Ara; *4* Haie, Naja; *5* Aspis, Kobra, Mamba, Otter, Viper; *8* Lachesis, Surukuku; *9* Hornviper, Puffotter, Sandviper; *10* Kreuzotter; *11* Grubenotter; *12* Buschmeister; *15* Brillenschlange, Klapperschlange
Giftstoff → Giftpflanze
Giftwarnungszeichen: *9* Totenkopf
Gigant: *5* Riese
Gilbertsinseln: *8* Kiribati
Gilde: *5* Zunft; *6* Innung, Verein; *12* Gesellschaft
Gimpel: *3* Tor; *8* Dompfaff, Dummkopf; *14* Einfaltspinsel
Ginsterkatze: *7* Genette
Gipfel: *5* Krise, Kuppe, Zenit; *6* Spitze, Wipfel; *8* Scheitel; *10* Hoehepunkt
Gipfel → Berg
Gipfel des Kilimandscharo: *4* Kibo; *7* Mawensi
gipfeln: *11* kulminieren
Gipsarbeit: *5* Stuck; *9* Stukkatur
Gipsart: *9* Alabaster
Gipser: *10* Stukkateur
Gipsmischung: *12* Marmorzement
Gipsornamentik: *5* Stuck; *9* Stukkatur
Giraffenart: *5* Okapi
Giraffengazelle: *7* Gerenuk
Gischt: *6* Schaum; *8* Brandung; *12* Spruehwasser, Wellenschaum
Gitarre: *6* Bordun; *7* Klampfe, Ukelele; *9* Balalaika
Gitter: *4* Netz, Rost, Zaun; *6* Gatter
Gittergewebe: *6* Etamin; *7* Kanevas, Stramin
Gitterschlange: *6* Python
Gitterstab: *6* Tralje
Gittersystem: *6* Raster
Gitterwand: *7* Spalier
Gladiole: *8* Siegwurz; *9* Schwertel; *12* Schwertlilie
Glanz: *4* Pomp, Ruhm; *5* Eklat, Glast; *6* Glorie, Pracht, Schein, Strahl; *7* Flitter; *8* Brillanz, Schimmer
glänzen: *7* funkeln; *8* gleissen; *9* schillern
glänzend: *5* blank; *8* brillant, illuster; *9* fulminant
glänzende Kohle: *9* Anthrazit
- Laufbahn: *8* Karriere
glänzender Überzug → Glanzüberzug
glänzendes Gewebe: *4* Silk, Taft; *5* Satin, Seide
- Metall: *4* Gold; *5* Chrom; *6* Platin, Silber
Glanzkattun: *6* Chintz
glanzlos: *4* matt
glanzlos machen: *9* mattieren
Glanznummer: *10* Attraktion
Glanzpunkt: *4* Clou; *10* Attraktion
Glanzschicht der Muscheln: *8* Perlmutt; *10* Perlmutter
Glanzüberzug: *4* Lack; *5* Email, Lasur; *7* Emaille
glanzvoll: *8* splendid
glasartig: *6* hyalin
glasartige Schmelzmasse: *6* Fritte
glasartiger Überzug: *6* Glasur
Glasbehälter
- zur Haltung von Kleintieren: *9* Terrarium
- zur Haltung von Wassertieren: *8* Aquarium
Glasermaterial: *4* Blei, Glas, Kitt
Glasflasche: *6* Phiole; *7* Karaffe
glasglänzendes Mineral: *6* Orthit, Pennin
glasierte Tonware: *6* Kachel; *7* Fayence; *8* Majolika
Glaskolben: *6* Ballon; *7* Retorte
Glaslichtbild: *3* Dia; *10* Diapositiv
Glasmacherwerkzeug: *10* Nabeleisen
Glasröhrchen mit Arznei: *7* Ampulle
Glasschmelzfluß: *5* Email
Glasschneider: *7* Diamant; *8* Stahlrad
Glasschrank: *7* Etagere, Vitrine
Glasur: *7* Schmelz; *8* Ueberzug; *10* Zuckerguss
glatt: *4* eben; *5* flach
Glätte: *7* Politur
glätten: *8* polieren; *9* planieren
Glättgerät: *5* Astik
Glättmaschine: *8* Kalander
Glattrochen: *6* Fleten
Glättwerkzeug: *5* Feile
Glatze: *6* Platte; *8* Kahlkopf
Glaube: *7* Meinung; *8* Religion, Zutrauen; *9* Vertrauen; *10* Bekenntnis
Glaube an einen Gott: *12* Monotheismus
Glauben schenken: *6* trauen
Glaubensabtrünniger: *7* Renegat
Glaubensbekenntnis: *5* Credo, Kredo; *10* Konfession
Glaubensbewegung: *11* Reformation
Glaubensbuch: *5* Bibel, Koran; *6* Talmud
Glaubenseiferer: *5* Zelot

Glaubensgemeinschaft: *5* Sekte
Glaubensheld: *9* Maertyrer
Glaubenslehre: *8* Dogmatik
Glaubensloser: *7* Atheist
Glaubensregel: *5* Kanon
Glaubenssatz: *5* Dogma
Glaubenswechsel: *10* Konversion
Glaubersalz: *13* Natriumsulfat
gläubig: *5* fromm; *9* religioes
Gläubiger: *8* Kreditor
glaubwürdig: *8* probabel; *11* authentisch
Glaubwürdigkeit: *6* Kredit
Glazialperiode: *7* Eiszeit; *8* Diluvium
gleich: *4* egal, pari; *6* analog, direkt, ebenso; *7* homogen, synonym; *9* identisch, kongruent
gleichartig: *7* homogen
gleichbedeutend: *7* synonym; *9* identisch
Gleichberechtigung: *8* Paritaet; *12* Emanzipation
gleichbleibend: *6* stetig
gleiche Ansicht: *9* Einigkeit
– Höhe: *6* Niveau
gleichen Druck habend: *6* isobar
gleicher Wert: *11* Aequivalent
gleicherweise: *2* so; *4* item; *6* ebenso
gleichfalls: *4* auch, item; *6* ferner
gleichförmig: *7* monoton, uniform
Gleichförmigkeit: *8* Einerlei
gleichgerichtet: *8* parallel
gleichgeschlechtlich: *8* homophil; *11* homosexuell; *12* homoerotisch
gleichgestaltig: *8* isomorph
gleichgestimmt: *11* sympathisch
Gleichgewicht: *5* Waage; *6* Bilanz; *7* Balance; *8* Harmonie
Gleichgewichtskünstler: *12* Aequilibrist
Gleichgewichtslehre: *6* Statik
gleichgültig: *3* lau; *4* egal; *7* pomadig, achtlos; *8* indolent; *9* apathisch; *11* indifferent; *12* phlegmatisch, teilnahmslos; *15* desinteressiert
Gleichgültigkeit: *7* Phlegma; *12* Desinteresse
Gleichheit: *7* Egalité; *10* Identitaet
Gleichklang: *4* Reim
gleichlaufend: *8* parallel, synchron
gleichlaufende Linie: *9* Parallele
gleichlautend: *7* homolog, homonym
gleichliegend: *7* homolog
gleichmachen: *10* angleichen; *11* nivellieren; *12* emanzipieren
Gleichmaß: *4* Takt; *8* Harmonie, Rhythmus; *9* Symmetrie; *10* Proportion
gleichmäßig: *4* eben; *7* uniform; *10* rhythmisch; *11* symmetrisch
gleichmäßig wehender Tropenwind: *6* Passat
Gleichmäßigkeit: *12* Uniformitaet
Gleichmut: *10* Stoizismus
gleichmütig: *7* stoisch
Gleichmütiger: *7* Stoiker
gleichnamig: *7* homolog, homonym
Gleichnis: *6* Symbol; *7* Parabel; *8* Sinnbild; *9* Allegorie
gleichnishafte Redewendung: *8* Metapher
Gleichrichterröhre: *5* Diode
gleichsam: *5* quasi
gleichseitiges Parallelogramm: *5* Raute; *7* Rhombus
gleichsetzen: *14* identifizieren
Gleichstellung: *8* Paritaet; *12* Emanzipation
gleichstoffig: *7* homogen
Gleichwert: *4* Pari
gleichwertig: *11* aequivalent
Gleichwertigkeit: *8* Paritaet; *11* Aequivalenz; *14* Kongenialitaet; *15* Ebenbuertigkeit
gleichzeitig: *8* simultan, synchron
gleichzeitiges Abfeuern mehrerer Schußwaffen: *5* Salve
Gleisabschnitt: *7* Strecke
Gleisanlage: *6* Weiche; *7* Schiene; *8* Bahndamm, Kreuzung, Schranke, Schwelle; *9* Prellbock, Stellwerk, Vorsignal, Warnkreuz; *10* Signalmast; *11* Blocksignal, Blockstelle, Drehscheibe, Hauptsignal
Gleisbautrupp: *5* Rotte
Gleisner: *8* Heuchler, Simulant
gleißend: *5* grell
Gleitbahn: *7* Rutsche
gleiten: *8* rutschen
gleitend: *9* glissando
Gleitschiene: *4* Kufe
Gleitschritt beim Tanzen: *8* Glissade
Gletscher: *4* Kees; *6* Ferner, Firner; *7* Eisfeld; *8* Eisstrom
Gletscher der Hohen Tauern: *8* Pasterze
– der Ortlergruppe: *5* Forno
Gletscherbrocken im Meer: *7* Eisberg
Gletschereinschnitt: *4* Riss; *5* Bruch; *6* Spalte
Gletscherfloh: *13* Springschwanz
Gletschergeröll: *7* Moraene
Gletscherschlucht: *3* Kar
Gletscherschnee: *4* Firn
Glibber: *4* Seim; *5* Gelee; *7* Gallert, Pudding, Schleim; *8* Gallerte, Schmiere
Glied: *4* Teil; *7* Segment
– des Fußes: *3* Zeh; *4* Zehe
– der Hand: *6* Daumen, Finger; *10* Ringfinger; *11* Zeigefinger; *13* Mittelfinger
– einer Summe: *4* Term
Gliederband: *5* Kette
Gliederfüßer: *4* Kerf; *5* Assel, Krebs; *6* Insekt, Spinne; *7* Kruster; *8* Kerbtier; *9* Krebstier; *11* Krustentier; *14* Tausendfuesser
Gliederfüßerklasse: *6* Krebse; *7* Spinnen; *8* Insekten; *14* Tausendfuesser
Gliedermaßstab: *9* Zollstock
gliedern: *6* ordnen, reihen; *10* gruppieren
Gliederpuppe: *9* Mannequin; *10* Hampelmann, Marionette
Gliederschmerz: *6* Rheuma; *7* Reissen; *12* Rheumatismus
Gliedersteife: *6* Starre
Gliederung: *5* Kette, Reihe; *6* Aufbau, System; *7* Ordnung; *8* Struktur; *9* Formation; *11* Disposition, Gruppierung; *12* Organisation
Gliederungseinheit: *7* Kolonne

Gliederzittern: *6* Tremor
Gliedmaßen: *13* Extremitaeten
Gliedstaat Australiens: *9* Tasmanien
- der Schweiz: *6* Kanton
glimmen: *8* schwelen
glimmendes Feuer: *4* Glut
glimmerartiges Tonmineral: *5* Illit
Glimmstengel: *7* Zigarre; *9* Zigarette
glitzern: *8* gleissen
global: *6* gesamt; *9* allgemein, umfassend
Globetrotter: *13* Weltenbummler, Weltreisender
Glöckchen: *7* Schelle
Glockenblume: *7* Lobelie; *9* Kampanula
Glockenklang: *8* Gelaeute
Glockenschläger: *6* Rapier
Glockenteil: *8* Kloeppel
Glockenton: *3* bam, bim
Glockenturm: *9* Kampanile
Glockenturm
- des Londoner Parlamentsgebäudes: *6* Big Ben
- in Sevilla: *7* Giralda
Glockenwalzenspiel: *11* Leierkasten
Glockenzeichen: *7* Angelus
glorifizieren: *13* verherrlichen
Glosse: *9* Anmerkung, Bemerkung, Kommentar; *10* Definition, Erklaerung; *13* Randbemerkung
Glück: *4* Heil; *5* Dusel, Segen, Tyche; *6* Erfolg, Freude, Massel; *9* Seligkeit
Glück wünschen: *11* gratulieren
glückbringender Gegenstand: *8* Talisman
Glucke: *4* Huhn; *5* Henne
glückliche Gegend: *6* Dorado
glücklicher Zustand: *6* Rausch, *13* Zufriedenheit
Glücksaussicht: *6* Avance, Chance
Glücksbringer: *7* Amulett; *8* Maskotte, Talisman; *9* Kleeblatt; *11* Maskottchen
Glückseligkeit: *5* Wonne; *10* Eudaemonie, Verzuecken
Glücksfall: *6* Chance
Glücksgöttin: *5* Tyche; *7* Fortuna
Glückspflanze: *4* Klee
Glücksritter: *10* Abenteurer
Glücksspiel: *4* Poch; *5* Boule, Lotto, Makao, Poker; *6* Hasard, Pokern; *7* Knobeln, Roulett; *8* Baccarat, Bakkarat, Lotterie, Roulette, Würfeln; *9* Vingt-et-un
Glücksspieler: *9* Hasardeur
Glücksspielmarke: *4* Chip; *5* Jeton; *6* Plaque
Glückssymbol: *9* Kleeblatt
Glücksvertrag: *5* Wette
Glückwunsch: *11* Gratulation
Glückwünschender: *9* Gratulant
glühender Vulkanausfluß: *4* Lava
- Wüstensturm: *5* Gibli, Samum
Glühkörper: *5* Birne; *10* Gluehbirne, Neonroehre; *11* Heizspirale
Glut: *4* Lohe; *5* Feuer, Hitze
Glutin: *6* Kleber
Gnade: *5* Guete, Segen; *8* Charisma, Schonung; *9* Nachsicht, Verzeihen
Gnadenbrief: *6* Brevet
Gnadenmittel: *9* Sakrament
Gnom: *5* Troll, Zwerg; *6* Kobold
Gnosis: *8* Einsicht; *10* Erkenntnis; *14* Gotterkenntnis
Gnu: *11* Kuhantilope
Goethes
- Freund: *9* Tischbein
- Freundin: *5* Brion, Stein; *10* Friederike
- Jugendliebe: *5* Brion
- Mutter: *3* Aja
- Sekretär: *9* Eckermann
Gold der Ostsee: *9* Bernstein
Goldamsel: *5* Pirol
Goldauflage: *6* Dublee
Goldbrasse: *5* Orade; *6* Dorade
Golddistel: *8* Eberwurz
Golddukaten: *5* Taler
Goldene Stadt: *4* Prag
goldgelb: *6* orange
Goldgräberanteil: *5* Claim
Goldhase Südamerikas: *5* Aguti
Goldland: *5* Ophir; *8* Eldorado
Goldmacher: *5* Adept; *9* Alchimist
Goldmünze: *4* Onza; *5* Agnel, Altin, Altyn, Dobra, Eagle, Krone, Toman; *6* Aureus, Condor, Doblon, Escudo, Florin, Fonduk, Guinee, Gulden, Rijder; *7* Dublone, Dukaten, Fiorino, Florino, Guelden, Hidalgo, Pistole, Solidus, Zechine; *8* Caroldor, Dareikos, Florenus, Louisdor, Napoleon; *9* Augustdor, Rosenoble, Sovereign; *11* Napoleondor; *12* Christiandor; *13* Friedrichsdor
Goldorfe: *5* Aland
Goldparmäne: *7* Renette
Goldschmied: *8* Juwelier
Goldwurz: *6* Akelei
Golf: *3* Bai; *5* Bucht
Golfschlägerträger: *5* Caddy; *6* Caddie
Golfschlägertyp: *5* Spoon; *6* Driver, Mashie, Putter; *7* Brassie, Loeffel, Niblick, Treiber
Gondel: *4* Boot, Kahn; *6* Nachen
Gondelführer: *10* Gondoliere
Gondellied: *8* Barkarole
Gondelstadt: *7* Venedig
Gong: *6* Tamtam
Gönner: *6* Maezen; *9* Foerderer, Protektor
gönnerhaft: *6* jovial
Gönnerschaft: *10* Protektion
Gorgo: *6* Medusa, Stheno; *7* Euryale
Göre: *5* Range
Gose: *9* Weissbier
Gosse: *5* Rinne; *9* Rinnstein
gotische(r, s)
- Bibelübersetzer: *7* Ulfilas; *8* Wulfilas
- Königsgeschlecht: *6* Amaler
- Ornament: *7* Rosette; *8* Vierpass; *10* Kreuzblume, Spitzbogen
- Schrift: *7* Fraktur
- Spitzgiebel: *7* Wimperg
- Spitztürmchen: *5* Fiale
Gott: *7* Demiurg
Gott → germanischer Gott → griechischer Gott → römischer Gott

Gott des Ackerbaus: *4* Faun; *6* Faunus, Kronos, Saturn; *8* Saturnus
- **der Azteken:** *12* Quetzalcoatl
- **der Dichtkunst:** *5* Apoll, Braga, Bragi; *6* Apollo; *7* Apollon
- **des Donners:** *4* Thor; *5* Donar
- **der Dürre:** *4* Seth
- **der Ehe:** *5* Hymen
- **des Feuers:** *4* Agni, Loki; *6* Vulkan; *8* Hephaest, Vulcanus, Vulkanus; *10* Hephaestus, Hephaistos
- **des Friedens:** *7* Forseti
- **der Fruchtbarkeit:** *4* Fro; *4* Faun, Frey; *5* Freyr; *6* Faunus, Hermes; *7* Priapos; *8* Dionysos
- **der Gesundheit:** *8* Aeskulap; *9* Asklepios
- **der Güte:** *6* Balder, Baldur
- **in Haiti:** *5* Agoue; *9* Damballah
- **des Handels:** *6* Hermes, Merkur
- **der Heilkunde:** *8* Aeskulap; *9* Asklepios
- **der Juden:** *5* Jahwe; *6* Jehova
- **der Kanaanäer:** *4* Baal
- **der Kraft:** *6* Kratos
- **des Krieges:** *3* Tiu, Tyr, Ziu; *4* Ares, Mars; *5* Month
- **des Lichtes:** *5* Apoll, Baldur; *6* Apollo, Balder, Baldur; *7* Apollon
- **der Liebe:** *4* Amor, Eros; *6* Cupido
- **des Meeres:** *5* Aegir; *6* Neptun, Nereus, Triton; *7* Okeanos, Proteus; *8* Poseidon
- **der Mohammedaner:** *5* Allah
- **des Mondes:** *3* Men; *5* Chons, Thoth; *6* Chonsu
- **der Natur:** *3* Pan
- **der Quellen:** *5* Silen; *7* Silenos
- **des Reichtums:** *6* Plutos
- **des Scherzes:** *5* Jocus, Jokus
- **des Schlafes:** *6* Hypnos, Somnus; *8* Morpheus
- **der Sonne:** *2* Ra, Re; *3* Hor, Sol, Tum; *4* Aton, Atum, Schu; *5* Horos, Horus, Indra, Month, Surja; *6* Helios, Osiris; *7* Serapis
- **des Todes:** *5* Soker; *6* Anubis, Osiris
- **des Totenreiches:** *5* Hades, Pluto; *6* Erebus, Pluton
- **der Träume:** *8* Morpheus
- **der Unterwelt:** *5* Hades, Orkus, Pluto; *6* Anubis, Erebus, Pluton; *7* Serapis
- **des Waldes:** *3* Pan; *4* Faun; *5* Satyr; *6* Faunus
- **des Weines:** *7* Bacchus; *8* Dionysos
- **der Winde:** *6* Aeolus, Boreas, Zephyr; *8* Zephyros
- **der Zeit:** *5* Janus; *6* Kronos

Götterberg: *5* Olymp
Götterbote: *6* Merkur
Götterdämmerung: *9* Ragnaroek
gottergeben: *5* devot
göttergleicher Held: *5* Heros
Gotterkenntnis: *6* Gnosis
Gotterlebnis: *11* Offenbarung
Götterlehre: *10* Mythologie
Göttersage: *5* Mythe; *6* Mythos, Mythus; *10* Mythologie
Göttersitz der Asen: *6* Asgard
Götterspeise: *8* Ambrosia
Götterspruch: *6* Orakel
Göttertrank: *6* Nektar
Gottesacker: *8* Friedhof, Kirchhof
Gottesbote: *5* Engel
Gottesdienst: *4* Kult; *5* Messe, Mette; *7* Andacht; *9* Verehrung
gottesdienstliche Handlung: *5* Opfer, Segen; *7* Andacht, Beichte; *8* Anbetung; *9* Abendmahl, Fuerbitte, Kommunion; *10* Absolution, Einsegnung, Prozession; *12* Konfirmation
gottesdienstliches Brauchtum: *5* Ritus; *6* Ritual
Gottesdienstordnung: *6* Agende; *8* Liturgie
Gotteserkenntnis: *6* Gnosis
Gotteserscheinung: *10* Theophanie
Gottesfurcht: *7* Eusebie
gottesfürchtig: *5* fromm; *8* glaeubig; *9* religioes
Gottesgabe: *9* Begnadung
Gottesgelehrter: *8* Theologe
Gottesgelehrtheit: *9* Theologie
Gottesglaube: *7* Deismus
Gotteshaus: *3* Dom; *6* Kirche, Tempel; *7* Kapelle, Moschee; *8* Muenster, Synagoge; *10* Kathedrale
Gotteslästerung: *6* Frevel; *8* Sakrileg; *10* Blasphemie
Gottesleugner: *7* Atheist
Gottesleugnung: *9* Atheismus
Gottesmutter: *7* Madonna
Gottesname
- **im Alten Testament:** *5* Eloah; *6* Elohim
- **im Islam:** *5* Allah

Gottesraub: *8* Sakrileg
Gottessohn: *5* Jesus; *7* Heiland; *8* Christus, Erloeser
Gottesurteil: *5* Ordal
Gottesverehrung: *8* Religion
Göttin → germanische Göttin → griechische Göttin → römische Göttin
Göttin
- **des Ackerbaus:** *5* Ceres; *7* Demeter
- **der Anmut:** *6* Aglaia, Charis, Thalia; *8* Charitin; *10* Euphrosyne
- **der Armut:** *5* Penia
- **der Blumen:** *5* Flora
- **der Ehe:** *4* Hera, Here, Juno
- **der Eintracht:** *8* Harmonia; *9* Concordia
- **der Erde:** *4* Gaea
- **des Erdwachstums:** *4* Maja
- **des Erntesegens:** *3* Ops
- **der ewigen Jugend:** *4* Hebe, Idun; *5* Iduna; *8* Juventas
- **der Familie:** *4* Hera, Juno
- **der Freiheit:** *8* Libertas
- **des Friedens:** *3* Pax; *6* Eirene
- **der Fruchtbarkeit:** *3* Deo; *5* Ceres, Freia, Freya; *6* Freyja; *7* Artemis, Demeter
- **des Frühlings:** *6* Ostara
- **der Gartenfrüchte:** *6* Pomona
- **des Gedächtnisses:** *9* Mnemosyne

- **der Gerechtigkeit:** *3* Mat, Syn; *4* Dike; *6* Themis; *7* Astraea, Nemesis; *8* Justitia
- **der Gesetzlichkeit:** *7* Eunomia
- **der Gesundheit:** *7* Hygieia
- **des Glücks:** *5* Tyche; *7* Fortuna
- **des Herdes:** *4* Frea; *5* Frigg, Frija, Vesta; *6* Hestia
- **der Hoffnung:** *5* Elpis
- **der Jagd:** *5* Diana; *7* Artemis
- **der Jahreszeiten:** *4* Dike, Hore
- **der Jugend:** *4* Hebe, Idun; *5* Iduna; *8* Juventas
- **des Krieges:** *5* Neith; *7* Bellona, Sachmet, Sechmet
- **der Künste:** *4* Muse; *6* Athene
- **der Liebe:** *4* Lada; *5* Freia, Freya, Venus; *6* Bastet, Freyja; *7* Astarte; *9* Aphrodite
- **des Meeres:** *3* Ino, Ran; *6* Thetis; *7* Nereide; *10* Amphitrite
- **der milden Lüfte:** *4* Aura
- **des Mondes:** *4* Luna; *6* Selene; *8* Bubastis
- **der Morgenröte:** *3* Eos; *6* Aurora
- **der Nacht:** *3* Nyx; *6* Hekate
- **der Ordnung:** *7* Eunomia
- **der Quellen:** *6* Egeria, Najade
- **der Rache:** *5* Furie; *6* Alekto; *7* Erinnye, Megaere, Megaira; *8* Eumenide; *9* Tisiphone
- **des Rechts:** *6* Themis; *8* Justitia
- **des Regenbogens:** *4* Iris
- **des Regens:** *7* Plejade
- **des Schicksals:** *3* Ate, Urd; *5* Moira, Norne, Skuld; *6* Ananke, Hather, Hathor, Klotho; *7* Atropos; *8* Lachesis, Werdandi
- **der Schönheit:** *5* Venus; *9* Aphrodite
- **des Sieges:** *4* Nike; *8* Victoria, Viktoria
- **der Sonne:** *3* Sol; *5* Neith
- **der strafenden Gerechtigkeit:** *7* Nemesis
- **des Todes:** *3* Hel; *5* Keren; *6* Hather, Hathor
- **der Treue:** *5* Fides
- **des Unheils:** *3* Ate
- **der Unterwelt:** *3* Hel; *6* Hekate; *10* Persephone, Proserpina
- **der Verblendung:** *3* Ate
- **der Vergeltung:** *7* Nemesis
- **des Weinstocks:** *6* Libera
- **der Weisheit:** *6* Athena, Athene; *7* Minerva
- **der Zeit:** *4* Dike, Hore; *6* Eirene; *7* Eunomia
- **des Zufalls:** *5* Tyche
- **der Zwietracht:** *4* Eris; *9* Discordia

Göttinger Dichterbund: *8* Hainbund
Göttinnen der Jahreszeiten: *5* Horen
Gottkönig von Tibet: *9* Dalai Lama
göttliche Tugend: *5* Liebe; *6* Glaube; *8* Hoffnung
göttliches Walten: *9* Vorsehung
Gottloser: *7* Atheist
Gottlosigkeit: *6* Asebie; *9* Atheismus
Gottmensch: *8* Christus
Gottseibeiuns: *5* Satan; *6* Teufel
Gottvertrauen: *6* Glaube
Götzenbild: *3* Bel; *4* Baal, Idol; *6* Abgott; *7* Fetisch
Gourmet: *9* Geniesser; *10* Leckermaul, Weinkenner; *13* Feinschmecker
Gouvernante: *10* Erzieherin
Gouvernement: *6* Bezirk; *7* Provinz; *8* Distrikt; *9* Regierung; *10* Verwaltung
Gouverneur: *11* Statthalter
Grab: *5* Gruft
Grabbau: *8* Pyramide; *9* Mausoleum
Graben: *4* Dole, Siel; *5* Draen, Fleet, Gosse, Kanal, Rinne; *6* Gracht
Grabensenke in Kalifornien: *11* Death Valley
Gräberfeld des Altertums: *9* Nekropole; *10* Nekropolis
Grabgefäß: *4* Urne
Grabgerät: *6* Spaten
Grabgewölbe: *5* Gruft
Grabinschrift: *3* R.I.P.
Grabmal: *5* Stele, Tumba; *7* Epitaph, Marterl, Mastaba, Tumulus; *8* Pyramide; *9* Grabstein, Mausoleum
Grabmal ägyptischer Könige: *8* Pyramide
Grabplatte: *5* Stele; *7* Epitaph
Grabsäule: *5* Stele
Grabscheit: *6* Spaten
Grabschrift: *7* Epitaph
Grabstätte des Westgotenkönigs Alarich: *7* Busento
Grad: *4* Rang; *7* Ausmass
Gradeinteilung: *5* Skala
- **beim Thermometer:** *6* Kelvin; *7* Celsius, Réaumur; *10* Fahrenheit

Gradierwerk: *6* Saline
Grafentitel in England: *4* Earl, Lord; *8* Viscount
- **in Frankreich:** *5* Comte; *7* Marquis
- **in Italien:** *5* Conte; *8* Marchese

Grafschaft
- **in den Ardennen:** *4* Salm
- **in England:** *4* Kent, York; *5* Berks, Derby, Devon, Essex, Wilts; *6* Dorset, Durham, Oxford, Radnor, Surrey, Sussex; *7* Bedford, Denbigh, Heshire, Lincoln, Norfolk, Suffolk, Warwick; *8* Anglesey, Cardigan, Cheshire, Cornwall, Hereford, Monmouth, Pembroke, Somerset, Stafford; *9* Berkshire, Carnarvon, Glamorgan, Hampshire, Lancaster, Leicester, Middlesex, Worcester; *10* Carmarthen, Cumberland, Gloucester, Huntingdon, Montgomery; *11* Northampton; *14* Northumberland, Worcestershire
- **in Schottland:** *4* Ross; *5* Angus, Banff, Moray, Nairn, Perth; *6* Argyll, Lanark; *7* Berwick, Lothian, Tibling, Wigtown; *8* Aberdeen, Cromarty, Dumfries, Roxburgh, Stirling; *9* Dunbarton, Inverness; *10* Sutherland; *13* Kirkcudbright
- **in den Vogesen:** *4* Salm

Gralsburg: *12* Monsalvatsch; *13* Montsalwatsch
Gralskönig: *8* Amfortas
Gralsritter: *7* Titurel; *8* Amfortas, Lanzelot, Parzival; *9* Lohengrin
Gram: *4* Leid; *5* Sorge; *6* Kummer
Grammatik: *11* Sprachlehre
Grammolekül: *3* Mol
Granatapfelsaft: *7* Sorbett; *9* Scherbett

Grandezza: *6* Hoheit, Wuerde
Grapefruit: *10* Pampelmuse
Graphik: *6* Plakat; *8* Diagramm, Gravuere, Vignette; *9* Radierung; *10* Stahlstich; *11* Holzschnitt, Kupferstich, Xylographie; *12* Lithographie
graphische(r, s)
- **Beruf:** *6* Aetzer, Faktor, Setzer; *7* Drucker, Graveur, Metteur; *8* Kolorist, Ziseleur; *9* Korrektor, Typograph; *10* Handsetzer, Lithograph; *11* Buchdrucker; *12* Stereotypeur; *13* Kupferstecher
- **Betrieb:** *6* Verlag; *7* Offizin; *8* Setzerei; *9* Drukkerei; *12* Buchbinderei; *13* Buchdruckerei
- **Erzeugnis:** *4* Band, Buch, Heft; *5* Druck; *6* Plakat; *7* Affiche, Foliant, Journal, Katalog, Traktat, Zeitung; *8* Exlibris, Kalender, Vignette; *9* Faksimile, Flugblatt; *10* Broschuere; *11* Zeitschrift; *12* Illustrierte, Reproduktion
- **Verfahren:** *9* Radierung; *11* Kupferstich; *12* Lithographie

Graphologie: *18* Handschriftenkunde; *20* Handschriftendeutung
Grasart: *4* Aira; *5* Halfa, Lolch; *6* Liesch, Schilf
Grasdecke: *5* Rasen
Grasebene
- **in Nordamerika:** *7* Praerie
- **in Südamerika:** *5* Pampa; *6* Pampas

Gräserblüte: *5* Aehre
Grasfläche: *5* Rasen, Wiese
Grasflur mit Bäumen: *7* Savanne
Grashüpfer: *11* Heuschrecke
Grasland: *5* Egart, Weide, Wiese
Graslandschaft: *5* Pampa; *6* Pampas, Puszta, Steppe; *7* Praerie, Savanne
Graslilie: *10* Kreuzkraut, Sternblume; *12* Spinnenkraut
Grasplatz im Dorf: *5* Anger
Grasschnitt: *4* Mahd; *5* Grumt; *7* Grummet
grassieren: *6* wueten
Grasstengel: *4* Halm
Grassteppe
- **in Afrika:** *7* Savanne
- **in Nordamerika:** *7* Praerie
- **in Südamerika:** *5* Pampa; *6* Pampas
- **in Ungarn:** *6* Puszta

Grat: *4* Kamm; *5* Kante; *8* Schneide
Gratifikation: *6* Zulage; *7* Praemie; *9* Zuwendung; *10* Verguetung; *12* Sonderzulage
gratis: *4* frei; *7* umsonst; *9* kostenlos; *13* unentgeltlich
Gratulation: *12* Glueckwunsch
grau: *4* gris; *5* gries
Graubär Nordamerikas: *6* Grisly; *7* Grizzly
Grauen: *5* Graus; *6* Furcht, Greuel; *8* Schauder; *9* Entsetzen, Schrecken
grauenerregend: *8* horribel
graugelb: *4* falb
graugelbes Pferd: *5* Falbe; *8* Isabelle
Grau-in-Grau-Malerei: *9* Grisaille
Graukehlchen: *9* Braunelle
Graupapagei: *4* Jaco, Jako
grausam: *3* roh; *4* wild; *6* brutal; *7* herzlos; *8* viehisch; *10* barbarisch; *12* unbarmherzig
grausamer altrömischer Kaiser: *4* Nero
- **Mensch:** *6* Barbar, Sadist

Grausamkeit: *6* Terror; *8* Sadismus
Grausen: *4* Ekel; *5* Graus; *6* Furcht, Greuel; *7* Abscheu; *8* Schauder; *9* Entsetzen
Grautier: *4* Esel
Gravität: *6* Wuerde
Gravitation: *11* Schwerkraft; *18* Erdanziehungskraft
Grazie: *5* Anmut; *8* Liebreiz
Grazie: *6* Aglaia, Thalia; *10* Euphrosyne
graziös: *4* zart; *7* anmutig; *8* lieblich
greifbar: *4* real; *7* konkret; *8* effektiv, palpabel; *9* materiell
Greifer: *6* Bagger
Greiforgan
- **des Elefanten:** *7* Ruessel
- **der Kraken und Polypen:** *8* Tentakel
- **des Menschen:** *4* Hand

Greifvogel → Raubvogel
Greifvogelnest: *5* Horst
Greifwerkzeug: *5* Zange
Greifzange: *8* Pinzette
greisenhaft: *5* senil
Greisenhaftigkeit: *10* Senilitaet
greiser König der griechischen Sage: *6* Nestor
grell: *9* gleissend
Gremium: *9* Ausschuss
Grenzabgabe: *4* Zoll
Grenzbarriere: *8* Schranke; *10* Schlagbaum
Grenze: *4* Ende, Rand; *5* Limit; *6* Extrem; *7* Scheide; *9* Gemarkung
Grenze eines Grubenfeldes: *11* Markscheide
Grenzfall: *6* Extrem
Grenzfläche in der Wetterkunde: *5* Front
Grenzfluß zwischen
- **Armenien und Persien:** *4* Aras
- **Norwegen und Finnland:** *4* Tana
- **Serbien und Bosnien:** *5* Drina
- **Sowjetunion und China:** *4* Amur; *6* Ussuri

Grenzgebiet: *4* Mark
Grenzgebirge zweier Erdteile: *4* Ural
Grenzland: *4* Mark
Grenzlinie: *11* Demarkation
Grenzpassierschein: *6* Carnet; *7* Triptyk
Grenzstein: *3* Mal; *5* Herme
Grenzwall
- **in Asien:** *11* Grosse Mauer; *16* Chinesische Mauer
- **des römischen Reiches:** *5* Limes
- **in Schleswig:** *8* Danewerk

Grenzwert: *5* Limit
Grenzziehung: *11* Demarkation
Grieche: *6* Danaer; *7* Hellene
Griechenland: *6* Hellas
griechisch (Sprache)
- **allein:** *4* mono
- **auf:** *2* ep; *3* epi
- **Erde:** *3* geo
- **fern:** *4* tele

- **gegen:** *4* anti
- **gleich:** *3* iso
- **groß:** *4* mega
- **Leben:** *3* bio
- **Luft:** *4* aero
- **neu:** *3* neo
- **reich:** *5* pluto
- **Seele:** *5* psych; *6* psycho

griechisch → altgriechisch

griechische(r, s)

- **Anisschnaps:** *4* Ouzo
- **Aperitif:** *4* Ouzo
- **Arzt:** *5* Galen; *11* Hippokrates
- **Astronom:** *5* Meton; *7* Eudoxus; *8* Hipparch; *9* Aristarch
- **Baumeister:** *9* Sostratos
- **Baumeister (in der Sage):** *8* Daedalus
- **Baumgottheit:** *6* Dryade
- **Bauwerk:** *8* Theseion; *9* Parthenon; *11* Erechtheion
- **Begriff für Tugend:** *5* Arete
- **Berg** → Berg in Griechenland
- **Bergnymphe:** *6* Oreade
- **Bibelübersetzung:** *11* Septuaginta
- **Bildhauer:** *5* Myron; *6* Skopas; *7* Antenor, Phidias; *8* Lysippos, Paionios, Pheidias, Polyklet; *9* Alkamenes, Anthemios; *10* Praxiteles
- **Buchstabe:** *2* My, Ny, Pi, Xi; *3* Chi, Eta, Phi, Psi, Rho, Tau; *4* Beta, Iota, Jota, Zeta; *5* Alpha, Delta, Gamma, Kappa, Omega, Sigma, Theta; *6* Lambda; *7* Epsilon, Omikron, Ypsilon
- **Buhlerin:** *7* Hetaere
- **Dessertwein:** *5* Samos; *8* Jenerodi
- **Dichter:** *5* Aesop, Arion, Homer; *6* Hesiod, Ibykos, Ibykus, Pindar; *7* Alkaeus, Alkaios, Musaeus; *8* Anakreon, Menander, Pindaros, Plutarch, Theokrit; *9* Aeschylus, Aischylos, Euripides, Simonides, Sophokles; *10* Apollonius; *11* Kallimachos; *12* Aristophanes
- **Dichterin:** *6* Sappho; *7* Corinna, Korinna
- **Dichterroß:** *7* Pegasus
- **Dramatiker:** *8* Menander; *9* Aeschylus, Aischylos, Euripides, Sophokles; *12* Aristophanes
- **Erfinder:** *5* Heron; *9* Ktesibios; *10* Archimedes
- **Erntegott:** *6* Kronos
- **Fabeldichter:** *5* Aesop
- **Fabelwesen:** *7* Kentaur, Zentaur; *9* Tragelaph
- **Fährmann der Unterwelt:** *6* Charon
- **Fechtschule:** *9* Palaestra
- **Feldherr:** *4* Aias, Ajax; *5* Kimon; *6* Nikias; *8* Leonidas, Timoleon; *9* Agamemnon, Miltiades, Pelopidas; *10* Lysimachos; *11* Epaminondas
- **Flieger der Sage:** *6* Ikaros, Ikarus; *8* Daedalos, Daedalus
- **Flötenspieler:** *7* Marsyas
- **Fluß** → Fluß in Griechenland
- **Fluß der Unterwelt:** *4* Styx; *5* Lethe; *7* Acheron
- **Flußgott:** *7* Inachos, Xanthos
- **Frauengewand:** *6* Peplos
- **Freiheitsbewegung:** *4* EOKA
- **Freiheitsdichter:** *5* Rigas
- **Friedensgöttin:** *6* Eirene
- **Fruchtbarkeitsgott:** *7* Priapos; *8* Dionysos
- **Fußsoldat:** *6* Hoplit
- **Gebirge:** *4* Oeta, Ossa; *5* Olymp; *6* Othrys, Pindos, Pindus; *7* Parnass; *8* Taygetos
- **Geistlicher:** *4* Pope
- **Geograph:** *6* Strabo; *7* Strabon
- **Gerichtshof:** *7* Areopag
- **Geschichtsschreiber:** *7* Herodot, Zosimus; *8* Polybios, Xenophon; *10* Theopompos, Thukydides
- **Geschichtswerk:** *8* Anabasis
- **Gesetzgeber:** *5* Solon; *6* Drakon
- **Gewand:** *6* Chiton, Peplos
- **Gewicht:** *6* Lepton, Talent
- **Glücksgöttin:** *5* Tyche
- **Gott:** *3* Pan; *4* Ares, Eros, Zeus; *5* Apoll, Hades, Hymen, Pluto, Titan; *6* Aeolus, Apollo, Boreas, Erebus, Helios, Hermes, Hypnos, Kronos, Nereus, Pluton, Triton, Uranos, Zephyr; *7* Apollon, Ganymed, Okeanos, Phoebus, Priapos, Proteus; *8* Aeskulap, Dionysos, Hephaest, Hyperion, Morpheus, Palaemon, Poseidon, Zephyros; *10* Hephaestus, Hephaistos
- **Gott des Ackerbaus:** *6* Kronos
- **Gott der Dichtkunst:** *5* Apoll; *6* Apollo; *7* Apollon
- **Gott des Feuers:** *8* Hephaest; *10* Hephaestus, Hephaistos
- **Gott der Fruchtbarkeit:** *7* Priapos; *8* Dionysos
- **Gott des Handels:** *6* Hermes
- **Gott der Heilkunde:** *8* Aeskulap
- **Gott des Krieges:** *4* Ares
- **Gott der Liebe:** *4* Eros
- **Gott des Meeres:** *6* Nereus, Triton; *7* Okeanos, Proteus; *8* Poseidon
- **Gott des Nordwindes:** *6* Boreas
- **Gott des Schlafes:** *6* Hypnos; *8* Morpheus
- **Gott des Theaters:** *8* Dionysos
- **Gott des Totenreiches:** *5* Hades, Pluto; *6* Erebus, Pluton
- **Gott des Traumes:** *8* Morpheus
- **Gott der Unterwelt:** *5* Hades, Pluto; *6* Erebus, Pluton
- **Gott des Weines:** *8* Dionysos
- **Gott des Weltstromes:** *7* Okeanos
- **Gott der Winde:** *6* Aeolus, Zephyr; *8* Zephyros
- **Gott der Zeit:** *6* Kronos
- **Götterberg:** *5* Olymp
- **Götterbote:** *6* Hermes
- **Götterbotin:** *4* Iris
- **Göttergeschlecht:** *7* Titanen
- **Göttermutter:** *4* Hera; *6* Kybele
- **Götterspruch:** *6* Orakel
- **Göttervater:** *4* Zeus
- **Göttin:** *3* Ate, Eos, Nyx; *4* Aura, Dike, Eris, Gaea, Gaia, Hebe, Hera, Here, Hore, Klio, Leto, Maia, Muse, Nike, Rhea; *5* Erato, Moira, Penia, Tyche; *6* Aglaia, Athene, Charis,

Eirene, Hekate, Hestia, Klotho, Phoebe, Psyche, Selene, Tethys, Thalia, Themis, Thetis, Urania; *7* Artemis, Atropos, Demeter, Erinnye, Eunomia, Euterpe, Hygieia, Nemesis, Nereide, Plejade; *8* Charitin, Kalliope, Lachesis; *9* Aphrodite, Mnemosyne; *10* Amphitrite, Euphrosyne, Persephone, Proserpina
- **Göttin des Ackerbaus:** *7* Demeter
- **Göttin der Anmut:** *5* Penia; *6* Aglaia, Charis, Thalia; *8* Charitin; *10* Euphrosyne
- **Göttin der Ehe:** *4* Hera, Here
- **Göttin der Erde:** *4* Gaea
- **Göttin des Friedens:** *6* Eirene
- **Göttin des Gedächtnisses:** *9* Mnemosyne
- **Göttin der Gerechtigkeit:** *4* Dike; *6* Themis; *7* Nemesis
- **Göttin der Gesetzlichkeit:** *7* Eunomia
- **Göttin der Gesundheit:** *7* Hygieia
- **Göttin des Glücks:** *5* Tyche
- **Göttin des Herdes:** *6* Hestia
- **Göttin der Jagd:** *7* Artemis
- **Göttin der Jahreszeiten:** *4* Dike, Hore
- **Göttin der Jugend:** *4* Hebe
- **Göttin der Kunst:** *4* Muse; *6* Athene
- **Göttin der Liebe:** *9* Aphrodite
- **Göttin des Meeres:** *6* Thetis; *7* Nereide; *10* Amphitrite
- **Göttin der milden Lüfte:** *4* Aura
- **Göttin der Morgenröte:** *3* Eos
- **Göttin der Nacht:** *3* Nys; *6* Hekate
- **Göttin der Rache:** *7* Erinnye
- **Göttin des Rechts:** *6* Themis
- **Göttin des Regenbogens:** *4* Iris
- **Göttin des Regens:** *7* Plejade
- **Göttin des Schicksals:** *5* Moira; *6* Klotho; *7* Atropos; *8* Lachesis
- **Göttin der Schönheit:** *9* Aphrodite
- **Göttin des Sieges:** *4* Nike
- **Göttin der strafenden Gerechtigkeit:** *7* Nemesis
- **Göttin des Unheils:** *3* Ate
- **Göttin der Unterwelt:** *6* Hekate; *10* Persephone, Proserpina
- **Göttin der Verblendung:** *3* Ate
- **Göttin der Vergeltung:** *7* Nemesis
- **Göttin der Weisheit:** *6* Athene
- **Göttin der Zeit:** *4* Dike, Hore; *6* Eirene; *7* Eunomia
- **Göttin des Zufalls:** *5* Tyche
- **Göttin der Zwietracht:** *4* Eris
- **Göttinnen der Künste und Wissenschaften:** *5* Musen
- **Göttinnen der Zeit:** *5* Horen
- **Grabsäule:** *5* Stele
- **Hafengott:** *8* Palaemon
- **Hafenstadt** → Hafenstadt in Griechenland
- **Halbgott:** *5* Heros
- **Halbinsel:** *5* Athos, Morea; *6* Attika; *7* Argolis; *10* Chalkidike, Peloponnes
- **Hauptstadt:** *5* Athen
- **Heerführer** → griechischer Feldherr
- **Heiligtum:** *7* Olympia
- **Held:** *5* Aias, Ajax; *6* Nestor; *8* Achilles, Diomedes, Odysseus; *9* Achilleus, Agamemnon, Idomeneus, Patroklus
- **Helden:** *10* Argonauten
- **Heldengedicht:** *5* Ilias, Iliade; *7* Odyssee
- **Hetäre:** *5* Thais
- **Hirtengott:** *3* Pan
- **Historiker** → griechischer Geschichtsschreiber
- **Hochverräter:** *9* Ephialtes
- **Hochzeitsgott:** *5* Hymen
- **Hochzeitslied:** *5* Hymen
- **Insel:** *3* Ios, Kea, Kos; *4* Milo; *5* Chios, Delos, Korfu, Kreta, Leros, Milos, Naxos, Paros, Poros, Psara, Samos, Syros, Telos, Thera, Thira, Tinos; *6* Aegina, Andros, Euboea, Gaudos, Ikaria, Ithaka, Kandia, Lemnos, Lesbos, Leukas, Lipsos, Patmos, Rhodos, Skyros, Thasos; *7* Amorgos, Kefalos, Kerkyra, Kythera, Mykonos, Nikaria, Pelagos, Salamis; *8* Mytilene, Santorin, Skiathos, Skopelos, Skorpios; *9* Alonnesos, Karpathos; *10* Samothrake; *11* Kephallenia, Samothrakei
- **Insel der Seligen:** *7* Elysium
- **Inselgruppe:** *8* Kykladen, Sporaden, Dodekanes
- **Jagdgöttin:** *7* Artemis
- **Jubelruf:** *4* evoe
- **Jüngling:** *6* Adonis, Ephebe; *7* Narziss
- **Kap:** *6* Sunion
- **Klosterberg:** *5* Athos
- **Kolonie in Unteritalien:** *4* Elea, Kyme; *5* Cunae; *7* Paestum
- **Königsname:** *4* Otto, Paul; *5* Georg; *9* Alexander; *10* Konstanze
- **Kriegerin:** *7* Amazone
- **Kriegsgott:** *4* Ares
- **Krug:** *6* Krater
- **Kultort:** *7* Eleusis
- **Küstenlandschaft:** *6* Epirus
- **Landschaft** → Landschaft in Griechenland
- **Liebesgott:** *4* Eros
- **Liebesgöttin:** *9* Aphrodite
- **Liebesmahl:** *5* Agape
- **Lustspieldichter:** *12* Aristophanes
- **Maler:** *6* Zeuxis; *7* Apelles, El Greco
- **Mantel:** *7* Chlamys
- **Märchenland:** *3* Aea
- **Markt:** *5* Agora
- **Mathematiker:** *5* Heron, Meton; *6* Euklid, Thales; *10* Apollonius, Archimedes, Diophantos, Pythagoras
- **Meeresgott:** *6* Nereus, Triton; *7* Okeanos, Proteus; *8* Poseidon
- **Meeresgöttin:** *3* Ino; *6* Thetis; *7* Galatea, Nereide; *9* Leukothea; *10* Amphitrite
- **Meergeist:** *6* Nereus
- **Meernymphe:** *6* Thetis; *7* Galatea, Nereide; *8* Okeanide
- **Meerschlange:** *5* Hydra
- **Meerwesen:** *6* Sirene
- **Mönch:** *7* Barlaam

- **Mönchsrepublik:** *5* Athos
- **Mondgöttin:** *6* Phoebe, Selene
- **Münze:** *5* Obole; *6* Lepton, Obolus, Talent; *7* Drachme
- **Muse** → Muse
- **Musikhalle:** *5* Odeon, Odeum
- **Musikinstrument:** *4* Lyra; *7* Kithara; *8* Barbiton
- **Nationalfest:** *9* Olympiade
- **Nationaltracht:** *10* Fustanella
- **Naturgottheit:** *3* Pan; *6* Nymphe
- **Nobelpreisträger für Literatur:** *7* Seferis
- **Nymphe:** *4* Echo; *6* Daphne, Dryade, Najade, Oreade, Syrinx; *7* Kalypso, Nereide; *8* Arethusa, Kastalia, Okeanide
- **Orakelstätte:** *6* Delphi
- **Ornament:** *8* Akanthus
- **Paradies:** *7* Elysium
- **Philosoph:** *4* Bias, Zeno; *5* Plato, Solon, Zenon; *6* Chilon, Epikur, Euklid, Pappus, Platon, Plotin, Thales; *7* Epiktet, Eudoxus, Gorgias, Hippias, Phaedon, Phaidon, Proklos; *8* Aristipp, Demokrit, Diogenes, Heraklit, Menippos, Plutarch, Sokrates; *9* Euhemeros, Leukippos, Periander; *10* Anaxagoras, Aristippos, Chrysippos, Demokritos, Empedokles, Parmenides, Protagoras, Pythagoras, Theophrast, Xenophanes; *11* Anaximander, Aristoteles, Poseidonios
- **Philosophenschule:** *4* Elea, Stoa; *6* Eleate
- **Philosophenschüler:** *5* Eleat; *7* Stoiker
- **Physiker:** *5* Heron
- **Preislied:** *5* Paean
- **Priester:** *7* Kalchas
- **Priesterin in Delphi:** *6* Pythia
- **Quellennymphe:** *6* Najade; *8* Arethusa
- **Rachegöttin:** *7* Erinnye, Erinnys; *8* Eumenide
- **Redner:** *11* Demosthenes
- **Regengöttin:** *7* Plejade
- **Reiseschriftsteller:** *9* Pausanias
- **Rennbahn:** *9* Hippodrom
- **Riese:** *5* Argus, Atlas, Titan
- **Ringschule:** *9* Palaestra
- **Rosinenbranntwein:** *4* Ouzo
- **Rundbau:** *6* Tholos
- **Sagengestalt:** *3* Ino; *4* Ajax; *5* Argus, Danae, Gorgo, Jason, Medea, Niobe, Orest, Orion, Paris; *6* Achill, Aeneas, Atreus, Augias, Baucis, Charon, Chiron, Europa, Hektor, Helena, Ikaros, Ikarus, Kadmos, Nessos, Pollux, Semele, Sirene, Sphinx, Tethys, Zyklop; *7* Aktaeon, Alkmene, Alkyone, Antaeus, Ariadne, Daphnis, Elektra, Jokaste, Kekrops, Kerkops, Lynkeus, Oedipus, Omphale, Orestes, Orpheus, Perseus, Priamos, Priamus, Stentor, Theseus; *8* Achilles, Alkestis, Amalthea, Antigone, Daedalos, Daedalus, Diomedes, Eurydike, Herakles, Herkules, Odysseus, Penelope, Philemon, Polyphem, Sisyphus, Tantalus; *9* Achilleus, Agamemnon, Andromeda, Deukalion, Iphigenie, Philoktet, Philomele, Pygmalion; *10* Amphitryon, Epimetheus, Kassiopeia, Prokrustes, Prometheus; *14* Bellerophontes
- **Sagengestalten:** *8* Danaiden
- **Sagenheld:** *4* Aias, Ajax; *5* Jason, Orest, Orion; *6* Achill, Aeneas, Hektor, Kadmos, Nestor, Pollux; *7* Aktaeon, Lynkeus, Orestes, Perseus, Stentor, Theseus; *8* Achilles, Diomedes, Herakles, Herkules, Odysseus, Tantalus; *9* Achilleus, Agamemnon, Idomeneus, Patroklus, Philoktet; *10* Prometheus; *14* Bellerophontes
- **Sagenkönig** → König der griechischen Sage
- **Sagenschiff:** *4* Argo
- **Sagenungeheuer:** *5* Gorgo, Hydra; *6* Medusa, Meduse, Python, Skylla; *9* Charybdis; *10* Minotaurus
- **Sagenwesen:** *7* Zentaur; *9* Buzentaur
- **Saiteninstrument:** *4* Lyra; *8* Barbiton
- **Salbengefäß:** *8* Lekythos
- **Sänger:** *5* Arion, Homer; *6* Ibykus; *7* Orpheus; *8* Rhapsode
- **Sängerin:** *6* Callas; *9* Mouskouri
- **Satiriker:** *6* Lukian
- **Säulenhalle:** *4* Stoa
- **Schäferin:** *7* Phyllis
- **Schale:** *6* Phiale
- **Schicksalsgöttin:** *4* Kere; *5* Moira; *6* Klotho; *7* Atropos; *8* Lachesis
- **Schicksalsgöttinnen:** *5* Keren
- **Schmuckfries:** *9* Anthemion
- **Schönheitsgöttin:** *9* Aphrodite
- **Schriftsteller:** *6* Appian, Arrian; *7* Helidor; *8* Lukianos, Plutarch, Xenophon; *9* Alkiphron, Pausanias; *12* Aristainetos
- **Schwerbewaffneter:** *6* Hoplit
- **Seher:** *9* Teiresias
- **Seherin:** *7* Sybille
- **Siegesgöttin:** *4* Nike
- **Sonnengott:** *5* Titan; *6* Helios; *8* Hyperion
- **Sopranistin:** *6* Callas
- **Staatschef:** *10* Papandreou; *12* Papadopoulos
- **Staatsmann:** *5* Kimon, Timon; *6* Kineas, Lykurg; *8* Perikles; *9* Aristides; *10* Alkibiades; *11* Kleisthenes; *12* Themistokles
- **Stadt** → Stadt in Griechenland
- **Stadtburg:** *9* Akropolis
- **Stirnbinde:** *5* Mitra
- **Süßwein:** *5* Samos
- **Tempelsklave:** *9* Hierodule
- **Tempelstadt:** *6* Delphi
- **Tonhalle:** *5* Odeon, Odeum
- **Totenreich:** *5* Hades; *6* Erebus; *8* Tartarus
- **Tragödiendichter:** *9* Euripides
- **Trinkgelage:** *9* Symposion, Symposium
- **Tyrann:** *6* Hieron
- **Übersetzung des Alten Testaments:** *11* Septuaginta
- **Ungeheuer:** *5* Gorog, Hydra; *6* Skylla; *9* Charybdis; *10* Minotaurus
- **Unterwelt:** *5* Hades; *6* Erebus; *8* Tartarus
- **Vasenmaler:** *9* Andokides
- **Verwaltungsbezirk:** *5* Nomos

- **Volksstamm:** *5* Dorer; *6* Dorier, Ionier; *7* Achaeer, Aeolier
- **Volksversammlung:** *5* Agora
- **Vorsilbe** → griechisch (Sprache)
- **Wächter:** *5* Argus
- **Währung** → griechische Münze
- **Waldgott:** *3* Pan; *5* Satyr
- **Waldnymphe:** *6* Dryade
- **Wasserkrug mit drei Henkeln:** *6* Hydria
- **Wassernymphe:** *6* Najade
- **Wegmaß:** *7* Stadion
- **Weiser:** *4* Bias; *5* Solon; *6* Chilon, Nestor, Thales; *8* Sokrates
- **Weisheitsgöttin:** *6* Athene
- **Weissagerin:** *6* Pythia
- **Weissagung:** *6* Orakel
- **Wettkampf:** *4* Agon
- **Windgott:** *6* Aeolus, Zephyr; *8* Zephyros
- **Zaubergöttin:** *6* Hekate
- **Zauberin:** *5* Circe, Kirke

Griesgram: *8* Murrkopf; *14* Spielverderber
Griff: *4* Heft; *5* Knauf, Stiel; *6* Halter, Henkel, Klinke
Griffbrett: *8* Tastatur
Griffhebel: *5* Taste
Griffstange: *4* Holm
Grill: *4* Rost
Grille: *5* Laune; *6* Spleen, Zikade; *7* Marotte; *8* Heimchen, Schrulle
grillenhaft: *7* grotesk
Grimasse: *6* Fratze
Grimbart: *5* Dachs
Grimm: *3* Wut; *4* Zorn; *5* Groll; *6* Aerger; *7* Unwille
grimmig: *11* baerbeissig
grimmiger Wächter: *8* Zerberus
Grind: *4* Kopf; *5* Dreck; *7* Flechte, Schmutz; *9* Ausschlag
Grippe: *9* Influenza
Grips: *8* Klugheit, Verstand; *9* Koepfchen; *11* Intelligenz
Grizzly: *8* Graubaer
grob: *4* derb, rauh; *5* ruede; *6* barsch, massiv, rabiat, ruppig; *11* hanebuechen
grob gemahlenes Getreide: *6* Schrot
grobe(r, s)

- **Beleidigung:** *7* Affront
- **Feile:** *6* Raspel
- **Filter:** *4* Sieb
- **Geröll für Straßenbau:** *8* Schotter
- **Pferdedecke:** *7* Woilach
- **Sand:** *4* Kies; *6* Griess
- **Stoff:** *5* Drell; *6* Nessel, Rupfen; *10* Beiderwand
- **Wollstoff:** *3* Aba

Grobheit: *9* Frechheit
Grobian: *6* Flegel
grobkörniger Sand: *4* Kies; *6* Griess
grobschlächtig: *4* derb, rauh
Groll: *4* Hass, Zorn; *5* Grimm, Hader
Grönlandapostel: *5* Egede
Grönlandbewohner: *6* Eskimo
grönländische Schneehütte: *4* Iglu
grönländisches Boot: *5* Kajak, Umiak
Grönlandkap: *8* Farewell
Grönlandwal: *6* Eishai; *8* Glattwal
groß: *9* stattlich
großartig: *5* famos, feudal, patent; *8* grandios, imposant; *9* praechtig; *10* monumental; *12* phantastisch
Großartigkeit: *15* Monumentalitaet
Großbauer im zaristischen Rußland: *5* Kulak
Großbauernhof: *3* Gut
Großbehälter: *9* Container
Großbuchstabe: *6* Versal; *7* Initial, Unziale; *8* Majuskel
große(r, s)

- **Abendgesellschaft:** *6* Soiree
- **Abstand:** *5* Ferne, Weite
- **Algenart:** *7* Seetang
- **Anfangsbuchstabe:** *7* Initial
- **Ansiedlung:** *5* Stadt
- **Anstrengung:** *8* Strapaze
- **Antilleninsel:** *4* Kuba; *5* Haiti; *7* Jamaika; *10* Puerto Rico
- **Auswahl an Waren:** *9* Sortiment
- **Bauernhof:** *3* Gut
- **Baumbestand:** *4* Wald
- **Behälter:** *4* Tank; *6* Becken, Kessel
- **behauener Stein:** *6* Quader
- **Beil:** *3* Axt
- **Druckbuchstabe:** *6* Versal
- **Dummheit:** *6* Eselei
- **Eile:** *4* Hast
- **Einfahrt:** *3* Tor
- **Eingang:** *6* Portal
- **Einkaufsstätte:** *8* Kaufhaus; *9* Warenhaus; *10* Supermarkt
- **Erderhebung:** *4* Berg
- **Eulenart:** *3* Uhu
- **Faß:** *5* Tonne
- **Fluß:** *5* Strom
- **Flüssigkeitsbehälter:** *4* Fass, Tank; *5* Tonne; *6* Becken, Kessel
- **Freude:** *5* Jubel
- **Futterschüssel:** *4* Trog
- **Gartenanlage:** *4* Park
- **Gewässer:** *4* Meer; *5* Ozean
- **Gewichtseinheit:** *5* Tonne
- **Grabmal:** *9* Mausoleum
- **Grasfläche:** *6* Steppe
- **Grünanlage:** *4* Park
- **Grundbesitzungen:** *11* Latifundien
- **helleuchtender Meteor:** *5* Bolid
- **Hitze:** *4* Glut
- **Kälte:** *5* Frost
- **Kirche:** *3* Dom; *8* Muenster; *10* Kathedrale
- **Krug:** *5* Kruke
- **Leid:** *6* Tragik
- **Meeresbucht:** *3* Bai, Bay
- **Mensch:** *5* Huene, Riese
- **Not:** *5* Elend
- **Ozean:** *7* Pazifik
- **Pforte:** *6* Portal

- **Raum:** *4* Saal; *5* Halle
- **Robbe:** *8* Seeloewe
- **Rosine:** *6* Zibebe
- **Schüssel:** *6* Becken
- **Sportarena:** *7* Stadion
- **Sundainsel:** *4* Java; *6* Borneo; *7* Celebes, Sumatra
- **Trockenheit:** *6* Duerre
- **Wärme:** *5* Hitze
- **Wespenart:** *8* Hornisse

Größe: *6* Format; *10* Quantitaet
Größenfestsetzung: *7* Normung
Größenlehre: *10* Mathematik
Größenordnung: *9* Dimension
Größenverhältnis: *6* Format; *10* Proportion
Größenvorschrift: *4* Norm
Größenwahn: *11* Megalomanie
größere Fahrt: *5* Reise
größeres Beet: *7* Rabatte
- **Dorf:** *7* Flecken

Großflosser: *6* Gurami; *9* Makropode
großformatiges Buch: *7* Foliant
Großgräser: *4* Rohr; *6* Bambus
Großgrundbesitzer: *6* Magnat; *8* Agrarier
Großhandel: *6* Engros
Großhändler: *8* Grossist
Großherzigkeit: *5* Guete
Großherzog von Luxemburg: *4* Jean
Großherzogin von Luxemburg: *9* Charlotte
Großherzogtum in Mitteleuropa: *9* Luxemburg
Großindustrieller: *6* Magnat
Großjährigkeit: *11* Muendigkeit
Großkatze: *4* Puma; *5* Irbis, Loewe, Tiger; *6* Jaguar; *7* Leopard, Panther
Großkraftwerk in den Hohen Tauern: *6* Kaprun
Großkreis der Kugel: *8* Aequator
Großmacht: *2* SU; *3* USA; *5* UdSSR; *8* Imperium
Großmachtbestrebungen: *13* Imperialismus
Großmannssucht: *9* Eitelkeit
Großmarkt: *5* Messe
Großmaul: *7* Prahler; *9* Bramarbas
Großmogul von Indien: *5* Akbar
Großmut: *4* Adel; *5* Guete; *7* Edelmut
großmütig: *4* edel; *7* gnaedig; *8* generoes, tolerant
Großmutter: *3* Oma
Großpflanzung: *8* Plantage
Großraumdüsenflugzeug: *5* Jumbo; *8* Jumbo Jet
Großreinemachen an Bord: *10* Reinschiff
Großsortiment: *6* Grosso
Großspeicher: *4* Silo
Großspiel beim Skat: *5* Grand
Großstadt → Stadt
Großstadtschnellbahn: *5* S-Bahn, U-Bahn; *8* Hochbahn; *14* Untergrundbahn
größte(r, s)
- **Alpengletscher:** *7* Aletsch
- **anzunehmender Unfall (im Kernkraftwerk):** *3* GAU
- **Barockbühne Europas:** *8* Bayreuth
- **Barockmusiker:** *4* Bach
- **Baumwollhafen der USA:** *7* Houston
- **Binnenhafen Europas:** *8* Duisburg
- **Breitenkreis:** *8* Aequator
- **Burg Europas:** *10* Marienburg
- **deutscher Binnensee:** *8* Bodensee
- **Diamant:** *8* Cullinan
- **Energiespender der Welt:** *5* Kohle
- **englischer Dramatiker:** *11* Shakespeare
- **Erdteil:** *5* Asien
- **europäischer Ölhafen:** *13* Wilhelmshaven
- **europäischer Raubvogel:** *9* Bartgeier
- **Flußdelta der Erde:** *11* Brahmaputra
- **Gebirge Europas:** *5* Alpen
- **Geigenvirtuose:** *8* Paganini
- **Genauigkeit:** *7* Akribie
- **Getreidehafen der USA:** *7* Houston
- **Goldraffinerie der Welt:** *9* Germiston
- **Hafen Europas:** *9* Rotterdam
- **Hafen des Mittelmeeres:** *9* Marseille
- **Halbinsel Asiens:** *7* Arabien
- **Hochland der Erde:** *5* Tibet
- **Industriegebiet Europas:** *10* Ruhrgebiet
- **Insel Dänemarks:** *7* Seeland
- **Insel Deutschlands:** *6* Ruegen
- **Insel der Erde:** *9* Groenland
- **italienischer Bildhauer:** *12* Michelangelo
- **italienischer Dichter:** *5* Dante
- **Kirche der Welt:** *12* Peterskirche
- **nordamerikanischer Strom:** *11* Mississippi
- **Ölhafen Europas:** *13* Wilhelmshaven
- **Palmenwald Europas:** *8* Alicante
- **Planet unseres Sonnensystems:** *7* Jupiter
- **Radioteleskop der Welt:** *10* Effelsberg
- **Rebgemeinde Deutschlands:** *9* Duerkheim
- **Robbe:** *10* See-Elefant
- **Säugetier:** *3* Wal
- **Schlange:** *8* Anakonda
- **Schwefelhafen der Welt:** *9* Galveston
- **See Afrikas:** *11* Victoriasee
- **See Bayerns:** *8* Chiemsee
- **See der Erde:** *8* Kaspisee
- **See Europas:** *9* Ladogasee
- **Sonnenferne eines Planeten:** *5* Aphel
- **Stadt Afrikas:** *5* Kairo
- **Stadt Amerikas:** *7* New York
- **Stadt Asiens:** *5* Tokio
- **Stadt Australiens:** *6* Sidney
- **Stadt Chinas:** *8* Shanghai; *9* Schanghai
- **Stadt der Erde:** *7* New York
- **Stadt der Erde (flächenmäßig):** *6* Kiruna
- **Stadt Europas:** *6* London
- **Stadt Kanadas:** *8* Montreal
- **Stadt der Niederlande:** *9* Amsterdam
- **Strom Afrikas:** *3* Nil
- **Strom Amerikas:** *8* Amazonas
- **Strom Asiens:** *12* Jangtsekiang
- **Strom Australiens:** *6* Murray
- **Strom Europas:** *5* Wolga
- **Strom Nordamerikas:** *11* Mississippi
- **Strom Südamerikas:** *8* Amazonas
- **Süßwasserfisch:** *8* Arapaima
- **Süßwassersee Europas:** *9* Ladogasee
- **Verschiebebahnhof Europas:** *4* Hamm

- **Vogel:** *7* Strauss
- **Vulkan Europas:** *5* Aetna
- **Wüste der Erde:** *6* Sahara

Großvater: *3* Opa
Großwildpark in Afrika: *9* Serengeti
großzügig: *5* nobel; *6* kulant
grotesk: *6* bizarr; *7* komisch; *10* wunderlich; *11* exzentrisch, verschroben; *12* phantastisch
Grotte: *6* Hoehle
Grottenmolch: *3* Olm
Grube: *4* Grab, Loch, Mine; *5* Gruft, Kuhle, Mulde, Zeche
grübeln: *10* simulieren
Grubengas: *6* Methan
Gruft: *4* Grab; *6* Krypta
Grünanlage: *4* Park; *5* Rasen; *6* Garten
grünblau: *4* bleu
Grund: *4* Fond, Sinn; *5* Boden, Motiv, Ratio; *6* Anlass, Faktor; *7* Anstoss, Ursache, Vorwand; *8* Argument; *11* Territorium
Grundbalken der Wasserfahrzeuge: *4* Kiel
Grundbegriff: *9* Fundament, Kategorie
- **der Christenlehre:** *5* Gnade

Grundbesitz: *10* Immobilien; *11* Laendereien
Grundbesitzer: *4* Sass; *5* Sasse; *6* Magnat
Grundbestandteil: *7* Element
Grundbuch: *8* Kataster
gründen: *10* etablieren; *13* konstituieren
Gründer: *7* Ahnherr, Stifter
Gründer
- **des ägyptischen Reiches:** *5* Menes
- **des assyrischen Reiches:** *5* Ninus
- **des Deutschen Reiches:** *8* Bismarck
- **der Heilsarmee:** *5* Booth
- **des Hethiterreiches:** *8* Labarnas
- **des Jesuitenordens:** *6* Loyola
- **des Jugendherbergswerks:** *10* Schirrmann
- **der Kinderheime:** *7* Oberlin
- **der Kolonie Virginia:** *7* Raleigh
- **der neuzeitlichen Olympischen Spiele:** *9* Coubertin
- **Ninives:** *6* Nimrod
- **des Perserreiches:** *5* Cyrus
- **der Pfadfinderbewegung:** *11* Baden-Powell
- **des Protestantismus:** *6* Luther
- **der Quäker:** *3* Fox
- **Roms:** *5* Remus; *7* Romulus
- **des Roten Kreuzes:** *6* Dunant
- **des russischen Reiches:** *5* Rurik
- **der Sowjetunion:** *5* Lenin
- **der SPD:** *5* Bebel; *10* Liebknecht
- **des türkischen Reiches:** *5* Osman

Gründerin
- **Karthagos:** *4* Dido
- **Prags:** *7* Libussa

Grundfarbe: *3* Rot; *4* Blau, Gelb
Grundfläche: *5* Areal, Basis
Grundform: *6* Schema; *7* Prinzip; *9* Infinitiv
Grundformen: *9* Normalien
Grundgedanke: *4* Idee; *5* Thema
Grundgehalt: *5* Fixum
Grundgesetz: *6* Charta, Statut; *10* Verfassung
Grundkapital: *5* Stock
Grundlage: *4* Fond; *5* Basis; *6* Fundus, Sockel; *7* Prinzip; *8* Substrat, Unterbau, Ursprung; *9* Fundament
Grundlage allen Lebens: *4* Same
- **der Familie:** *3* Ehe
- **des Rechnens:** *10* Einmaleins
- **für Salben:** *7* Lanolin

Grundlast: *8* Servitut
grundlegend: *9* elementar; *11* fundamental
grundlegende Änderung: *7* Umbruch
gründlich: *7* profund, radikal; *8* intensiv
Grundlinie: *5* Basis
grundlos: *10* unfundiert; *11* unmotiviert; *12* unbegruendet
Grundmauer: *6* Sockel; *8* Unterbau; *9* Fundament
Grundpfandrecht: *8* Hypothek
Grundrechnungsart: *6* Teilen; *8* Abziehen, Addition, Division; *9* Malnehmen, Zuzaehlen; *11* Subtraktion; *14* Multiplikation
Grundrecht für Dozenten: *12* Lehrfreiheit
Grundrichtung: *5* Trend
Grundriß: *4* Plan
Grundsatz: *5* Axiom, Regel; *6* Gesetz, Maxime; *7* Prinzip
Grundsatzerklärung: *8* Manifest, Programm
grundsätzlich: *11* fundamental, prinzipiell
Grundschleppnetz: *5* Trawl
Grundschuld: *8* Hypothek
Grundstein: *9* Fundament
Grundstoff: *7* Element
Grundstoff → chemisches Element
Grundstoff
- **für Arzneien:** *5* Droge; *6* Anilin
- **für Farben:** *6* Anilin
- **für Kerzen:** *7* Stearin
- **für Puder:** *4* Talk
- **für Salben:** *7* Lanolin; *8* Vaseline

Grundstück(e): *5* Areal; *6* Fundus; *7* Terrain; *8* Parzelle; *10* Immobilien
Grundstückseinfriedung: *4* Zaun; *6* Gatter
Grundstücksmiete: *5* Pacht
Grundstücksvermittler: *6* Makler
Grundstücksverzeichnis: *8* Kataster
Grundton: *6* Tonika
Gründünger: *6* Lupine
Grundwissenschaft: *11* Philosophie
Grundzahl: *5* Basis
- **einer Potenz:** *6* Wurzel

Grundzug: *3* Art; *5* Regel, Wesen; *7* Merkmal, Prinzip; *9* Charakter; *13* Wesensmerkmal
Grüne Insel: *4* Irland
Grünes Herz Deutschlands: *10* Thueringen
Grünfläche: *5* Rasen, Wiese
Grünfutter: *4* Gras, Klee
Grünland: *5* Egart, Weide, Wiese; *6* Koppel
grünliche Farbe: *4* oliv
grünlicher Schmuckstein: *4* Jade
Grunzochse: *3* Jak, Yak
Gruppe: *4* Chor; *5* Block, Herde, Rotte, Rudel, Schar, Serie, Sippe, Zweig; *6* Klasse, Partei;

7 Familie, Gattung, Komplex, Sektion; *8* Fraktion; *9* Abteilung, Kategorie, Kollektiv; *12* Organisation
Gruppe eines Gebirges → Gebirge, Gebirgsgruppe
Gruppenakkord: *7* Gedinge
Gruppengesangswerk: *4* Chor; *7* Motette
Gruppentanz: *6* Reigen; *9* Polonaese, Quadrille
gruppenweise: *9* kollektiv
Gruppierung: *13* Konstellation
Gruß: *3* Ave; *5* Kotau, Salut, Salve; *6* Servus; *8* Honneurs, Reverenz; *10* Kompliment
Gruß der Bergleute: *9* Glueck auf
- der Flieger: *8* Glueck ab
grüßen: *10* salutieren
Grußform: *6* Diener, Knicks; *8* Handkuss, Umarmung; *9* Bueckling; *10* Handschlag, Verbeugung, Verneigung; *11* Hutabnehmen
Grußwort: *3* Ade, Ave; *5* Hallo, Salem, Salve, Selam, Valet; *6* Servus; *7* Bonjour
guatemaltekische(r)
- Berg → Berg in Guatemala
- Hauptstadt: *9* Guatemala
- Münze: *7* Quetzal
- Indio: *6* Ladino
- Nobelpreisträger für Literatur: *8* Asturias
- Vulkan: *5* Fuego
Guckkasten: *7* Diarama
- mit bunten Glassteinchen: *11* Kaleidoskop
Guerilla: *8* Partisan; *11* Franktireur; *14* Heckenschuetze
Gullivers Zwergenland: *7* Liliput
gültig: *7* perfekt, wirksam; *9* offiziell; *11* verbindlich
gummiartiger Pflanzensaft: *11* Guttapercha
Gummibaum Australiens: *10* Eukalyptus
Gummigewebe: *7* Elastik
Gummiharz: *5* Asant
Gummilack: *9* Schellack
Gummireifen: *4* Pneu
Gummirohstoff: *9* Kautschuk
Gummisiegel: *7* Stempel
Gunst: *4* Huld; *5* Gnade, Guete, Hilfe; *9* Zuneigung; *10* Protektion
Gunst Gottes: *5* Segen
günstig: *8* opportun
günstige Gelegenheit: *6* Chance
günstiges Ereignis: *6* Erfolg
Günstling: *7* Favorit, Protegé
- des Dionys von Syrakus: *8* Damokles
- der Zarin Anna Iwanowna: *5* Biron
- der Zarin Katharina II.: *5* Orlow; *8* Potemkin
Günstlingspartei: *9* Kamarilla
Gurgel: *4* Hals; *5* Kehle; *7* Schlund
Gurkenkraut: *4* Dill; *9* Borretsch
Gurt: *4* Band; *6* Riemen; *7* Guertel
Gürtel: *6* Koppel, Riemen; *10* Leibriemen
Gürtel des Kimonos: *3* Obi
Gürtellinie: *6* Taille
Gürtelschnalle: *6* Spange
Gürtelweite: *6* Taille
Gurtförderer: *10* Fliessband
Gußbarren: *6* Massel
Gußform: *7* Kokille; *8* Coquille
- in Druckereien: *5* Mater
gut: *4* edel, fein, lieb, wohl
gut erzogen: *5* artig
gut gekleidet: *7* elegant
gut gekocht: *3* gar
gut schneidend: *6* scharf
Gut: *4* Habe; *6* Besitz; *7* Anwesen, Domaene; *9* Besitztum
Gut in Frankreich: *5* Ferme
Gutachten: *5* Votum; *6* Attest; *7* Zeugnis; *9* Expertise, Konsilium; *10* Zertifikat; *11* Beurteilung
Gutachter: *7* Experte
gutartig: *4* brav
gutartige Geschwulst: *4* Myom; *6* Adenom
gutartige Hauterhebung: *5* Warze
Gutdünken: *4* Wahl; *6* Wunsch; *7* Meinung; *8* Belieben, Erachten
Güte: *4* Wert; *5* Gnade, Gunst, Milde; *8* Bonitaet; *9* Qualitaet
gute(r, s)
- Bekannter: *6* Freund; *7* Kamerad
- Benehmen: *3* Pli; *7* Anstand, Schliff
- Bodenzustand: *4* Gare
- Eigenschaft: *5* Demut, Guete, Milde; *6* Treue, Tugend; *7* Edelmut, Langmut; *8* Grossmut, Sanftmut; *9* Offenheit; *10* Tapferkeit; *11* Ehrlichkeit, Sparsamkeit
- Entwicklung: *8* Gedeihen
- Ergebnis: *6* Erfolg
- Geist: *6* Genius
- Laune: *5* Humor
- Ruf: *7* Renommé
- Schliff: *8* Schaerfe
gütemäßig: *10* qualitativ
Güteraustausch: *6* Handel
Güterbeförderung: *9* Transport
gutgesinnt: *5* loyal; *7* gewogen
Guthaben: *6* Kredit
gutheißen: *8* billigen; *13* sanktionieren
gütig: *4* mild; *5* human, milde, sanft; *7* gnaedig, liberal; *8* herzlich; *9* gefaellig
gutmütige Hunderasse: *12* Bernhardiner
Gutmütigkeit: *8* Bonhomie
gutsagen: *7* buergen; *9* einstehen; *11* garantieren
Gutsarbeiter: *5* Inste
Gutsbesitzer: *8* Agrarier
Gutschein: *3* Bon; *5* Kupon, Scrip
Gutschrift: *5* Bonus; *8* Guthaben; *12* Bonifikation
Gutshof: *7* Gehoeft
Gutspersonal: *7* Gesinde
Gutsverwalter (im Mittelalter): *5* Meier
Guttural: *8* Kehllaut
Gymnasialklasse: *5* Prima, Sexta; *6* Quarta, Quinta, Tertia; *7* Sekunda
gymnastischer Künstler: *7* Akrobat

H

Haar am Lidrand: *6* Wimper
Haaraufsatz: *6* Toupet; *8* Peruecke
Haarausfall: *6* Pelade
Haarausschnitt bei katholischen Geistlichen: *6* Tonsur
Haarbogen im Gesicht: *5* Braue; *6* Brauen; *11* Augenbrauen
Haarbündel: *6* Stapel
Haarbusch: *7* Panasch
Haarbüschel: *6* Schopf, Zottel; *8* Straehne
Haare wellen: *10* ondulieren
Haareinlage: *6* Toupet
Haarersatz: *6* Toupet; *8* Peruecke
Haarfärbemittel: *5* Henna
haarfein: *8* kapillar
Haarfett: *6* Pomade; *11* Brillantine
Haargarnteppich: *6* Boucle
Haargefäß: *9* Kapillare
Haarkleid: *4* Balg, Fell, Pelz; *5* Vlies, Wolle; *6* Zotten
haarklein: *5* genau
Haarklemmen: *5* Clips, Klips
Haarknoten: *4* Dutt; *7* Chignon
Haarkringel: *5* Locke
Haarkünstler → Haarpfleger
Haarlocke: *5* Tolle, Welle
haarlose Kopfstelle: *6* Glatze
Haarmähne: *5* Tolle
Haarpflegemittel: *4* Kamm; *6* Pomade; *7* Buerste, Shampoo; *8* Haarnetz; *9* Haarnadel; *10* Haarklemme, Haarspange, Haarwasser, Kopfwasser; *11* Brennschere, Brillantine, Haarbuerste, Kopfbuerste
Haarpfleger: *5* Bader; *6* Figaro; *7* Balbier, Barbier, Friseur; *8* Coiffeur
Haarreihe am Auge: *5* Braue; *7* Wimpern
Haarröhrchen: *9* Kapillare
Haarschmuck: *6* Diadem; *9* Haarklipp
Haarschopf: *5* Tolle
Haarspalter: *6* Pedant; *7* Kasuist; *8* Rabulist; *11* Dialektiker, Wortklauber
Haarspalterei: *9* Kasuistik; *10* Rabulistik; *13* Wortklauberei
Haarspange: *7* Agraffe
Haarstoff: *4* Filz
Haartracht: *4* Dutt; *6* Frisur, Knoten, Tonsur; *7* Chignon, Fontage; *8* Bubikopf, Igelkopf, Scheitel; *9* Pagenkopf, Tituskopf; *10* Mozartzopf, Ponyfrisur
Haarwaschmittel: *7* Shampoo; *8* Schampon
Haarwellen: *6* Locken
Haarwickel: *9* Papillote
Haarwild: *3* Reh; *4* Elch, Hase; *5* Dachs, Fuchs, Gemse, Iltis; *6* Hirsch, Marder; *9* Damhirsch, Kaninchen, Rothirsch; *11* Schwarzwild, Wildschwein
Haarwuchs: *4* Bart; *6* Maehne
Haarwuchs über dem Auge: *5* Braue
Habe: *6* Besitz; *7* Fahrnis; *8* Eigentum, Mobilien; *10* Immobilien
Haben: *6* Kredit
Habgier: *4* Geiz
habgieriger Mensch: *4* Filz; *7* Knauser; *8* Geizhals; *10* Geizkragen
Habit: *5* Anzug, Kleid; *6* Gewand, Tracht; *8* Kleidung; *9* Garderobe
Habitus: *5* Kraft; *6* Tugend; *7* Gebaren, Gestalt, Haltung; *9* Auftreten, Verhalten; *10* Gewohnheit, Verfassung; *11* Erscheinung; *12* Konstitution
Habsucht: *4* Geiz; *6* Wucher; *7* Habgier; *8* Geldgier, Raffgier
Hackbrett: *6* Zimbal
Hacke: *4* Haue; *5* Karst
Hacken: *5* Ferse; *6* Absatz
Hackfleisch: *4* Mett; *7* Haschee
Hackfleischklößchen: *10* Frikadelle
Hackfrucht: *5* Ruebe; *6* Moehre, Wrucke; *7* Karotte; *8* Erdapfel; *9* Kartoffel, Kohlruebe, Mohrruebe; *10* Steckruebe; *11* Wasserruebe, Zuckerruebe
Hackwerkzeug: *4* Haue; *5* Karst
Hader: *4* Zank; *5* Fehde, Groll, Zwist; *6* Streit; *7* Gezaenk
Hades: *5* Orkus
Hafen: *4* Port
Hafen
- **des alten Roms:** *5* Ostia
- **von Athen:** *7* Piraeus
- **von Edinburgh:** *5* Leith
- **von Rostock:** *11* Warnemuende

Hafenanlage: *3* Kai; *4* Dock, Kran, Mole, Pier; *5* Dalbe, Reede; *6* Poller; *10* Anlegesteg, Duckdalben; *11* Schwimmdock, Schwimmkran, Trockendock
Hafenarbeiter: *6* Stauer; *11* Schauermann
Hafenboot: *4* Kahn; *5* Prahm; *6* Kutter, Schute; *7* Pinasse; *8* Barkasse, Leichter; *9* Schlepper; *10* Frachtkahn
Hafenbrücke: *4* Pier
Hafendamm: *3* Kai; *4* Mole, Pier
Hafenpfahl: *5* Dalbe; *9* Duckdalbe
Hafenpfahlgruppe: *5* Dalbe
Hafenstadt
- **in Abessinien:** *7* Massaua
- **an der Adria:** *4* Bari, Pola, Pula; *5* Fiume, Kotor, Split, Trani, Zadar; *6* Ancona, Durres, Pesaro, Ragusa, Rijeka, Triest, Trogir; *7* Durazzo, Pescara, Venedig, Venezia; *8* Barletta, Brindisi, Molfetta; *9* Dubrovnik
- **in Afrika:** *3* Eil; *4* Bata, Bone, Lome, Oran, Sues, Suez; *5* Accra, Assab, Beira, Ceuta, Dakar, Derna, Duala, Lagos, Rabat, Sirte, Tunis; *6* Agadir, Algier, Bissau, Durban, Lobito, Luanda, Skikda, Sollum, Tanger, Tetuan, Tobruk; *7* Abidjan, Bengasi, Berbera,

Cabinda,Conakry, Malindi, Massaua, Mombasa, Schinde; *8* Bathurst, Freetown, Kapstadt, Kilimane, Kisimaju, Monrovia, Mosambik, Port Said, Tripolis; *9* Dschibuti, Inhambane, Luederitz, Port Sudan; *10* Alexandria, Casablanca, Daressalam, Libreville, Mogadischu, Mossamedes, Swakopmund; *13* Port Elizabeth
- **an der Ägäis:** *5* Athen, Izmir; *8* Saloniki
- **in Ägypten:** *4* Daba, Sues, Suez; *6* Abukir, el Daba, Kosser; *7* Kosseir, Rosetta; *8* Damiette, Ismailia, Port Said; *10* Alexandria
- **in Alaska:** *4* Nome; *5* Sitka; *6* Juneau, Seward
- **in Albanien:** *5* Vlore; *6* Durres, Valona; *7* Durazzo, Sarande
- **in Algerien:** *4* Bone, Oran; *6* Algier, Bejaia, Skikda; *13* Philippeville
- **des alten Roms:** *5* Ostia
- **in Angola:** *6* Lobito, Luanda; *8* Benguela; *10* Mossamedes
- **in Argentinien:** *7* Rosario
- **am Asowschen Meer:** *6* Rostow; *8* Schdanow, Taganrog
- **in Äthiopien:** *7* Massaua
- **in Australien:** *5* Eucla, Derby, Perth; *6* Albany, Cairns, Darwin, Sidney; *7* Bunbury, Wyndham; *8* Adelaide, Brisbane; *9* Carnarvon, Esperance, Geraldton, Melbourne, Newcastle; *10* Townsville; *11* Rockhampton
- **auf den Azoren:** *5* Horta
- **im Baltikum:** *4* Riga; *5* Reval
- **in Belgien:** *4* Gent; *7* Bruegge, Ostende; *9* Antwerpen
- **auf Borneo:** *9* Pontianak; *12* Bandjarmasin
- **auf Bornholm:** *6* Roenne
- **in Brasilien:** *3* Rio; *5* Bahia, Belem, Natal; *6* Campos, Maceio, Recife, Santos; *7* Sao Luiz, Vitoria; *8* Blumenau, Salvador; *9* Fortaleza, Rio Grande; *11* Porto Alegre; *12* Rio de Janeiro
- **in der Bretagne:** *5* Brest; *6* St. Malo; *7* Lorient; *8* St. Brieuc
- **in Bulgarien:** *5* Varna, Warna; *6* Burgas, Burgos
- **in Chile:** *5* Arica; *7* Iquique; *8* Valdivia; *10* Concepcion, Valparaiso
- **in China:** *4* Amoy, Wusi; *5* Lueta, Macao; *7* Anschan, Nanking; *8* Futschou, Hongkong, Shanghai, Tientsin, Tsingtau; *9* Schanghai, Tangschan, Wentschou; *10* Hangtschou; *11* Tschankiang
- **auf Cypern:** *7* Kyrenia, Larnaka; *8* Limassol
- **in Dänemark:** *4* Hals; *5* Arhus; *6* Aarhus, Gedser, Nyborg, Roedby, Roenne; *7* Esbjerg, Korsoer; *8* Roskilde; *9* Hirtshals; *10* Helsingoer, Kopenhagen, Sonderburg; *13* Frederikshavn
- **in Deutschland** → deutsche Hafenstadt
- **am Don:** *6* Rostow
- **an der Elbmündung:** *8* Cuxhaven
- **in El Salvador:** *5* Unión; *8* Acajutla, Libertad
- **an der Emsmündung:** *5* Emden
- **in England** → Hafenstadt in Großbritannien
- **in Eritrea:** *7* Massaua
- **am Finnischen Meerbusen:** *5* Narwa, Reval; *6* Wiborg; *8* Helsinki; *9* Kronstadt
- **in Finnland:** *3* Abo; *4* Nemi, Oulu, Vasa; *5* Hanko, Kotka, Turku, Vaasa; *7* Kokkola; *8* Helsinki
- **in Frankreich:** *4* Caën, Nice, Sète; *5* Brest, Nizza; *6* Calais, Cannes, Dieppe, St. Malo, Toulon; *7* Le Havre, Lorient; *8* Bordeaux, Boulogne, Rochelle; *9* Abbéville, Cherbourg, Dunkerque, Marseille, Martigues, St. Nazaire; *10* Concarneau, Douarnenez, La Rochelle; *11* Duenkirchen
- **am Frischen Haff:** *6* Elbing
- **auf Fünen:** *6* Nyborg
- **am Gelben Meer:** *6* Dairen; *8* Tsingtau
- **am Golf von Ägina:** *7* Piraeus
- **am Golf von Akaba:** *6* Eilath
- **am Golf von Salerno:** *6* Amalfi
- **in Griechenland:** *5* Aulis, Bolos; *6* Kabala, Patras, Pyrgos; *7* Kalamai, Kavalla, Korinth, Piraeus; *8* Nauplion, Saloniki; *9* Epidauros; *12* Thessalonike; *15* Alexandroupolis
- **in Großbritannien:** *4* Hull; *5* Dover, Hythe, Leith, Poole; *6* Dundee, London; *7* Belfast, Bristol, Glasgow, Grimsby, Harwich, Newport; *8* Aberdeen, Carlisle, Newhaven, Plymouth, Ramsgate, Yarmouth; *9* Edinburgh, Fishguard, Liverpool, Newcastle; *10* Birkenhead; *11* Southampton; *12* South Shields; *13* Middlesbrough
- **des Hedschas:** *8* Dschidda
- **auf Hondo:** *4* Kure
- **bei Hongkong:** *6* Kaulun
- **in Indien:** *6* Bombay, Madras; *7* Kalikat; *8* Kalkutta; *9* Bhaunagar
- **im Irak:** *5* Basra
- **im Iran:** *6* Abadan
- **in Irland:** *4* Cork; *5* Sligo; *6* Dublin; *8* Limerick; *9* Waterford
- **in Israel:** *4* Akka; *5* Elath, Haifa, Jaffa; *6* Ashdod, Eilath; *7* Aschdod
- **auf Istrien:** *4* Pola, Pula
- **in Italien:** *4* Bari; *5* Gaeta, Genua; *6* Ancona, Ankona, Neapel, Reggio, Rimini, Tarent, Triest; *7* Catania, Livorno, Messina, Otranto, Palermo, Salerno, Syrakus, Venedig; *8* Brindisi, La Spezia, Molfetta
- **in Japan:** *4* Kobe, Moje; *5* Akita, Osaka, Sakaj, Tokio; *6* Nagoja; *8* Hakodate, Jokohama, Kanasawa, Nagasaki, Schimizu
- **auf Java:** *7* Batavia
- **im Jemen:** *4* Aden; *5* Mokka
- **in Jugoslawien:** *4* Omis, Pola, Pula, Senj; *5* Fiume, Kotor, Split, Zadar; *6* Ragusa, Rijeka, Trogir; *7* Abbazia, Opatija, Sibenik; *9* Dubrovnik
- **in Kamerun:** *5* Duala
- **in Kanada:** *6* Quebec; *7* Halifax; *9* Vancouver
- **an der Kanalküste:** *5* Dover; *6* Calais, Dieppe; *7* Le Havre; *8* Plymouth; *9* Cherbourg; *11* Southampton

- **am Kaspischen Meer:** *4* Baku; *7* Derbent, Pahlewi
- **in Kenia:** *7* Mombasa
- **in Kolumbien:** *12* Barranquilla, Buenaventura
- **im Kongo:** *6* Matadi
- **in Korea:** *5* Pusan; *10* Tschemulpo
- **auf Korsika:** *6* Bastia
- **auf Kreta:** *5* Kanea; *6* Kandia; *9* Heraklion
- **auf der Krim:** *5* Jalta; *7* Kertsch; *10* Sewastopol
- **auf Kuba:** *6* Habana; *8* Matanzas, Santiago; *10* Cienfuegos
- **in Kurland:** *6* Windau
- **in Lettland:** *4* Riga; *5* Libau; *6* Windau
- **im Libanon:** *5* Saida, Sidon; *6* Beirut; *8* Tripolis
- **in Libyen:** *5* Derna, Sirte; *6* Tobruk; *7* Bengasi; *8* Misurata, Tripolis
- **an der Malabarküste:** *7* Kalikat
- **in Marokko:** *5* Ceuta, Rabat; *6* Agadir, Tanger, Tetuan; *10* Casablanca
- **in Mecklenburg:** *6* Wismar; *7* Rostock
- **in Mexiko:** *7* Tampico; *8* Acapulco, Mazatlan, Veracruz
- **am Mittelmeer:** *4* Akka, Bari, Bone, Oran, Pola, Pula, Sète, Sfax, Suez, Susa; *5* Adana, Ceuta, Derna, Fiume, Genua, Haifa, Izmir, Jaffa, Kotor, Nizza, Palma, Saida, Siton, Sirte, Split, Tunis, Zadar; *6* Algier, Ancona, Ankona, Bastia, Beirut, Durres, Malaga, Neapel, Patras, Ragusa, Rijeka, Rimini, Skikda, Tarent, Tirana, Tobruk, Toulon, Triest, Trogir; *7* Almeria, Antalya, Bengasi, Biserta, Catania, Durazzo, Korinth, Latakia, Livorno, Messina, Palermo, Piraeus, Salerno, Syrakus, Venedig; *8* Alicante, Brindisi, Damiette, La Spezia, Molfetta, Port Said, Saloniki, Tripolis, Valencia; *9* Barcelona, Cartagena, Dubrovnik, Marseille, Tarragona; *10* Alexandria; *13* Philippeville
- **in Mosambik:** *5* Beira
- **in Neuseeland:** *6* Nelson; *7* Dunedin; *8* Auckland; *10* Wellington
- **in den Niederlanden:** *6* Helder; *9* Amsterdam, Den Helder, Rotterdam; *10* Vlissingen
- **in Nordafrika:** *4* Bone, Oran, Sfax, Suez, Susa; *5* Ceuta, Derna, Rabat, Sirte; *6* Agadir, Algier, Skikda, Tanger, Tetuan, Tobruk; *7* Bengasi; *8* Port Said, Tripolis; *10* Alexandria, Casablanca
- **in Nordamerika:** *6* Boston; *7* Astoria, New York, Norfolk, Oakland, Seattle; *8* Freeport, New Haven, Portland, San Diego, Savannah; *9* Baltimore, Brunswick, Galveston, Matagorda; *10* Charleston, Los Angeles, New Orleans, Wilmington; *12* San Francisco
- **in Nordfrankreich:** *5* Brest; *6* Calais, Dieppe; *7* Le Havre; *9* Cherbourg
- **in Norditalien:** *5* Genua; *6* Triest; *7* Venedig
- **in Nordrußland:** *8* Murmansk; *11* Archangelsk
- **an der Nordsee:** *4* Hull; *5* Emden; *6* Bergen, Bremen, Dundee; *7* Esbjerg, Hamburg; *8* Aberdeen; *9* Stavanger; *11* Bremerhaven; *13* Wilhelmshaven
- **in Nordvietnam:** *8* Haiphong
- **in Norwegen:** *4* Oslo; *6* Bergen, Horten, Narvik; *7* Alesund, Arendal, Drammen; *8* Kirkenes; *9* Drontheim, Haugesund, Stavanger; *10* Hammerfest; *12* Kristiansand, Kristiansund
- **am Ontariosee:** *8* Hamilton
- **am Öresund:** *12* Haelsingborg
- **am Oslofjord:** *6* Horten; *7* Drammen
- **in Ostfriesland:** *5* Emden
- **in Ostpakistan:** *10* Chittagong
- **in Ostpreußen:** *6* Elbing, Pillau; *11* Koenigsberg
- **an der Ostsee:** *3* Abo; *4* Kiel, Oulu, Riga, Umea; *5* Libau, Lulea, Memel, Pitea, Turku, Narwa, Reval, Wisby, Ystad; *6* Danzig, Elbing, Gedser, Pillau, Roenne, Wiborg, Wismar; *7* Gdingen, Kolberg, Korsoer, Luebeck, Rostock, Stettin; *8* Helsinki; *9* Flensburg, Kronstadt, Stockholm, Stralsund
- **am Persischen Golf:** *6* Abadan
- **in Peru:** *3* Ilo; *5* Chala, Pisco; *6* Callao; *7* San Juan
- **in Pommern:** *7* Kolberg, Stettin; *9* Stralsund
- **in Portugal:** *4* Faro; *5* Porto; *7* Setubal; *8* Lissabon
- **am Roten Meer:** *4* Sues, Suez; *5* Assab; *7* Massaua; *8* Dschidda
- **in Rumänien:** *6* Galati, Galatz; *9* Constanta, Konstanza
- **auf Samoa:** *4* Apia
- **in Schottland:** *6* Dunbar, Dundee; *7* Glasgow; *8* Aberdeen, Greenock; *9* Edinburgh
- **am Schwarzen Meer** → Schwarzmeerhafen
- **in Schweden:** *4* Umea; *5* Lulea, Ystad; *6* Gaevle, Kalmar, Malmoe; *7* Varberg; *8* Halmstad; *9* Goeteborg, Nykoeping, Stockholm, Sundsvall; *10* Karlskrona, Nynaeshamn, Oskarshamn, Trelleborg; *12* Haelsingborg
- **in Senegal:** *5* Dakar
- **auf Sizilien:** *7* Catania, Marsala, Messina, Palermo, Syrakus, Trapani
- **am Skagerrak:** *12* Kristiansand
- **in Somalia:** *3* Eil; *7* Berbera
- **der Sowjetunion:** *6* Odessa, Rostow; *8* Murmansk; *11* Archangelsk, Wladiwostok
- **in Spanien:** *4* Adra, Vigo; *5* Cadiz, Gijon; *6* Bilbao, Malaga, Tarifa; *7* Almeria; *8* Alicante, La Coruna, Valencia; *9* Algeciras, Barcelona, Cartagena, Santander; *12* San Sebastian
- **in Spanisch-Marokko:** *5* Ceuta
- **in Südafrika:** *6* Durban; *8* Kapstadt; *13* Port Elizabeth
- **in Südamerika:** *3* Rio; *5* Bahia, Belem; *6* Callao, Campos, Rawson, Recife, Santos; *7* La Plata; *8* Salvador; *9* Fortaleza, Maracaibo; *10* Concepcion, Montevideo, Paramaribo, Valparaiso
- **in Südarabien:** *4* Aden
- **in Südkorea:** *5* Pusan
- **auf Sumatra:** *5* Medan; *6* Djambi, Padang

- **in Syrien:** *3* Sur; *6* Banias; *7* Latakia; *8* Lattaqie
- **in Tansania:** *5* Tanga
- **in Texas:** *9* Galveston
- **in Tunesien:** *4* Sfax; *5* Tunis; *7* Biserta
- **in der Türkei:** *5* Adana, Izmir, Sinop; *6* Mersin, Samsun; *7* Antalya, Trabzon; *8* Istanbul; *9* Zonguldak; *10* Iskenderun
- **in der Ukraine:** *6* Odessa; *7* Cherson; *8* Schdanow, Taganrog; *9* Nikolajew
- **an der Weser:** *6* Bremen; *11* Bremerhaven
- **an der Wesermündung:** *11* Bremerhaven

Haferbrei: *8* Porridge
Haff: *5* Bucht; *6* Lagune
Hafner: *7* Toepfer; *9* Keramiker
Haft: *6* Arrest; *9* Gewahrsam
Haftanstalt: *6* Kerker; *7* Verlies; *9* Zuchthaus; *10* Gefaengnis
Haftbarmachung: *7* Regress
haften: *7* buergen; *11* garantieren
Haftfäden der Muschel: *6* Byssus
Häftling: *9* Arrestant; *10* Gefangener, Straefling
Haftraum: *5* Zelle
Haftsumme: *7* Kaution
Haftung: *6* Obligo; *7* Gewaehr; *8* Garantie
Haftzeher: *5* Gecko; *6* Tockee
Hagelkorn: *7* Graupel; *8* Schlosse
Hagens Beiname: *6* Tronje
hager: *5* duenn, duerr
Hagestolz: *11* Junggeselle; *13* Einzelgaenger
Hahn: *6* Gockel
Hahn in der Tierfabel: *7* Henning
Hahnenfußgewächs: *6* Akelei; *7* Anemone; *8* Eisenhut, Feigwurz, Nieswurz, Ranunkel, Waldrebe; *10* Trollblume; *11* Dotterblume, Rittersporn, Teufelsbart; *14* Adonisroeschen, Kuechenschelle, Schwarzkuemmel; *16* Sumpfdotterblume
Haifischart: *7* Blauhai, Dornhai, Rauhhai; *9* Hammerhai, Katzenhai; *10* Heringshai; *11* Hammerfisch, Menschenhai
haifischartiges Tier: *6* Rochen; *10* Seedrachen
Haifischflosse: *5* Finne
Hain: *3* Loh
Haken: *6* Krampe
Hakenbüchse: *8* Arkebuse
Hakenschlinge: *4* Oese
halb (in der Musik): *5* mezzo
Halbaffe: *4* Lori, Maki, Vari; *5* Indri, Katta, Lemur, Potto; *6* Lemure, Mongoz; *8* Faulaffe; *9* Fuchsaffe; *10* Fingertier
halbamtlich: *9* offizioes
Halbblut: *5* Zambo; *7* Bastard, Mestize, Mulatte; *9* Mischling
Halbbogen: *5* Folio
Halbdunkel: *7* Daemmer; *9* Zwielicht; *10* Daemmerung; *12* Daemmerlicht
Halbedelstein: *4* Jade, Onyx, Opal; *5* Achat, Gagat, Topas; *6* Adular, Granat, Jaspis, Korund, Plasma; *7* Karneol, Spinell; *8* Almandin, Amethyst, Haematit, Heliodor, Malachit, Sardonyx; *9* Blutstein, Chalzedon, Demantoid, Heliotrop; *10* Chrysopras, Kascholong, Katzenauge, Rauchtopas; *11* Lapislazuli; *12* Bergkristall
Halbesel: *6* Onager; *8* Maulesel, Maultier
Halbfreier: *4* Lite; *8* Hoeriger
Halbgott: *5* Heros, Titan
Halbinsel

- **in der Adria:** *7* Istrien
- **in Afrika:** *5* Sinai
- **in der Ägäis:** *5* Athos
- **in Ägypten:** *5* Sinai
- **in Alaska:** *6* Seward
- **in Amerika:** *6* Alaska, Avalon, Seward; *7* Florida; *8* Labrador; *11* Kalifornien
- **in Asien:** *5* Korea; *6* Taimyr; *7* Arabien, Malakka; *10* Kleinasien; *11* Kamtschatka
- **von Chile:** *6* Taitao
- **in China:** *8* Liaotung, Liautung; *9* Schantung
- **von Costa Rica:** *3* Osa
- **in Dänemark:** *8* Juetland
- **bei Danzig:** *4* Hela
- **an den Dardanellen:** *9* Gallipoli
- **in Deutschland** → deutsche Halbinsel
- **von England:** *5* Wales; *8* Cornwall, Portland
- **in Europa:** *4* Hela, Kola, Krim; *5* Athos, Kanin, Morea, Wales; *6* Attika; *7* Istrien, Kintyre, Porkula, Samland; *8* Bretagne, Cornwall, Cotentin, Juetland, Porkkala; *9* Chersones, Gallipoli; *10* Chalkidike, Peloponnes; *12* Skandinavien
- **in Finnland:** *7* Porkula; *8* Porkkala
- **in Frankreich:** *8* Bretagne, Cotentin
- **zwischen Gelbem und Japanischem Meer:** *5* Korea
- **in Griechenland:** *5* Athos, Morea; *6* Attika; *8* Sithonia; *9* Kassandra; *10* Chalkidike, Peloponnes
- **in Großbritannien:** *5* Wales; *8* Cornwall
- **in Hinterindien:** *7* Malakka
- **in Jugoslawien:** *7* Istrien
- **in Kanada:** *8* Labrador
- **in Kolumbien:** *7* Goajira
- **in Mexiko:** *7* Yukatan; *11* Kalifornien
- **in Mittelamerika:** *7* Yukatan
- **in Nahost:** *5* Sinai; *7* Arabien; *10* Kleinasien
- **in Neufundland:** *6* Avalon
- **in Nordamerika:** *6* Alaska; *7* Florida; *8* Labrador; *11* Kalifornien
- **in Nordeuropa:** *12* Skandinavien
- **in Nordostasien:** *11* Kamtschatka
- **in Nordrußland:** *4* Kola
- **zwischen Nordsee und Kattegatt:** *8* Juetland
- **in Ostasien:** *5* Korea; *11* Kamtschatka
- **in Ostpreußen:** *7* Samland
- **an der Ostsee:** *5* Darss
- **in Pommern:** *5* Darss
- **von Rügen:** *7* Jasmund
- **in Rußland:** *4* Kola, Krim
- **im Schwarzen Meer:** *4* Krim
- **in Schweden:** *7* Schonen
- **in Sibirien:** *6* Taimyr; *11* Kamtschatka
- **in der Sowjetunion:** *4* Kola, Krim; *5* Kanin; *6* Taimyr; *11* Kamtschatka

- **in Süditalien:** *7* Apulien
- **in Südostasien:** *7* Malakka
- **in Südrußland:** *4* Krim
- **an der Südspitze Spaniens:** *9* Gibraltar
- **in Südwestengland:** *8* Cornwall
- **in der Türkei:** *9* Gallipoli
- **in den USA:** *6* Alaska; *7* Florida; *11* Kalifornien
- **am Vierwaldstätter See:** *12* Buergenstock
- **zwischen Weißem Meer und Barentssee:** *4* Kola
- **an der Westküste Schleswig-Holsteins:** *10* Eiderstedt

Halbjahr: *8* Semester
Halbkugel: *11* Hemisphaere
halblanger Regenumhang: *8* Pelerine
Halbmesser: *6* Radius
Halbmetall: *5* Arsen, Selen; *6* Tellur; *7* Antimon; *8* Silicium, Silizium; *9* Germanium
Halbmond: *6* Sichel
Halbmond der Nagelwurzel: *6* Lunula
halboffener Raum: *6* Loggia
halbpart: *10* fifty-fifty, halbe-halbe
Halbperücke: *6* Toupet
halbplastisches Bildwerk: *6* Relief
Halbporzellan: *7* Fayence; *8* Majolika
Halbrund: *6* Exedra
halbrunde Altarnische: *5* Apsis
halbrunder Griff: *6* Buegel
Halbschaf: *5* Nahur
Halbschlaf: *6* Doesen
Halbschmarotzerstrauch: *6* Mistel
Halbschuh: *5* Pumps; *6* Opanke; *7* Slipper; *8* Mokassin
halbseitiger Kopfschmerz: *8* Migraene
halbsteife Masse: *7* Gallert
Halbstiefel: *11* Stiefelette
Halbteil: *7* Haelfte
Halbton → Tonbezeichnung
halbwarm: *3* lau
Halbwelt: *9* Demimonde
Halbweltdame: *7* Kokotte; *9* Kurtisane
Halbwisser: *9* Dilettant
Halbwüchsige: *8* Teenager; *9* Backfisch
Halbwüchsiger: *4* Twen; *8* Teenager
Halbziege: *4* Thar
Halfagras: *4* Alfa; *7* Esparto
Hälfte eines Papierblattes: *5* Seite
Halfter des Pferdes: *4* Zaum
halftern: *7* zaeumen
Hall: *3* Ton; *6* Schall
Halle: *4* Saal; *8* Basilika, Peristyl
Halle Odins: *7* Walhall; *8* Walhalla
Hallenkirche: *8* Basilika
Hallig: *5* Habel, Hooge, Oland; *6* Groede; *8* Suedfall; *9* Langeness, Norderoog, Suederoog; *10* Nordstrand
Hallighügel: *5* Warft, Wurte
Halmgewächs: *4* Gras
Halogen: *3* Jod; *4* Brom; *5* Chlor, Fluor
Halsabschneider: *8* Wucherer
Halsausschnitt: *9* Dekolleté
Halsbekleidung: *5* Schal; *6* Kragen
Halsbinde: *7* Schlips; *8* Krawatte
- **katholischer Priester:** *6* Kollar

Halseisen: *7* Garotte, Pranger; *8* Garrotte
Halsentzündung: *6* Angina
Halsfalte des Rindes: *5* Wamme
Halsgeschmeide: *7* Kollier
Halskrankheit: *6* Angina; *10* Diphtherie
Halskrause: *6* Fraese, Kroese, Krulle
Halsschlagader: *7* Karotis
Halsschmuck: *5* Kette; *7* Kollier
- **der Bronzezeit:** *6* Lunula

halsstarrig: *4* stur; *7* trotzig; *8* obstinat
Halsteil: *5* Kehle, Kropf; *6* Genick, Gurgel, Nakken; *7* Schlund; *8* Kehlkopf; *10* Adamsapfel, Luftroehre, Zungenbein; *12* Schilddruese, Speiseroehre
Halsteil von Kleidungsstücken: *6* Kragen
Halstuch: *5* Schal; *8* Cachenez
Halswirbel: *5* Atlas
halt: *4* stop; *5* stopp
Halt: *4* Rast, Stop; *5* Pause; *10* Stillstand
haltbar: *5* solid; *6* solide, stabil; *7* durabel; *9* dauerhaft; *10* bestaendig, konsistent
haltbar machen: *12* konservieren
Haltbarkeit: *10* Soliditaet
Haltbarmachung: *13* Konservierung, Sterilisation
Halteband: *4* Gurt
Haltebolzen: *4* Niet
Halteeinrichtung: *6* Bremse
Haltegestell: *8* Staender
Halteklotz für Taue: *6* Poller
Haltepflock: *5* Pilar
Haltepunkt: *7* Station
Halter: *5* Griff
Haltestelle: *7* Station
Haltetau: *4* Stag
- **der Gaffel:** *4* Geer

Haltezeichen in der Musik: *7* Fermate
haltlos: *5* labil
Haltung: *3* Air; *4* Pose, Stil; *5* Tenor; *7* Gebaren, Habitus, Positur; *9* Attituede, Auftreten; *10* Kontenance
Halunke: *4* Lump; *6* Schuft; *7* Schurke
Hamburger
- **Original:** *6* Hummel
- **Promenade:** *13* Jungfernstieg
- **Reeder:** *6* Ballin; *8* Woermann
- **Schauspielerin:** *5* Kabel
- **Schriftsteller:** *4* Leip
- **Sehenswürdigkeit:** *5* Hafen; *6* Michel; *7* Rathaus; *10* Wasserturm; *11* Sprinkenhof; *12* Zoo Hagenbeck; *14* Planten un Blomen; *15* Michaeliskirche
- **Stadtkanal:** *5* Fleet
- **Vergnügungsviertel:** *7* St. Pauli; *10* Reeperbahn
- **Wahrzeichen:** *6* Michel
- **Weihnachtsmarkt:** *3* Dom
- **Witzfigur:** *4* Erna

hämisch: *9* malizioes
Hamitenvolk: *3* Pul; *4* Gogo, Hima, Nama;

5 Fulbe, Galla, Nandi, Omoro, Tussi; 6 Korana, Massai, Somali, Tuareg, Wahuma; 7 Watussi
Hammelfett: 4 Talg
Hammelkeulenärmel des 19. Jahrhunderts: 6 Gigots
Hammer der Bergleute: 8 Faeustel
– des Thor: 8 Mjoelnir
Hammerklavier: 5 Piano
hamstern: 6 horten
Hand beim Tier: 5 Pfote, Tatze; 6 Pranke
Handarbeit: 6 Naehen; 7 Haekeln, Sticken, Stopfen; 8 Stricken
Handarbeitsstoff: 7 Stramin
Handbeutel: 9 Pompadour
Handbewegung: 4 Wink; 5 Geste
Handbuch: 6 Manual; 10 Kompendium
Handdreschgerät: 6 Flegel; 12 Dreschflegel
Händeklatschen: 7 Applaus, Beifall
Handel: 4 Kauf; 7 Einkauf, Kommerz; 9 Geschaeft
– für fremde Rechnung: 20 Kommissionsgeschaeft
Händel: 4 Zank; 6 Streit
handeln: 3 tun; 7 agieren
handelnd: 5 aktiv; 6 taetig
Handelnder: 6 Akteur
Handelsbrauch: 3 Uso; 4 Usus; 6 Usance
Handelsgott: 6 Hermes, Merkur
Handelsgut: 4 Ware; 7 Artikel
Handelsmann: 6 Hoeker; 7 Butiker, Kraemer; 8 Kaufherr, Kaufmann, Troedler; 9 Hausierer
Handelsmarke: 9 Trademark
– für Dornhai: 6 Seeaal
Handelsname: 5 Firma
Handelsniederlassung: 5 Depot; 7 Filiale; 8 Faktorei
Handelsplatz: 5 Markt; 6 Boerse
Handelsschiff: 6 Tanker; 8 Frachter; 10 Kauffahrer; 11 Kuehlschiff; 13 Frachtdampfer; 15 Containerschiff
Handels- und Entwicklungsrat der UN: 6 UNCTAD
Handelsvertreter: 5 Agent; 6 Makler; 9 Reisender
Handelsvertretung: 7 Agentur
Handelszeichen: 5 Marke
Handfertigkeit: 7 Technik
handfester Mann: 4 Kerl
Handfeuerwaffe: 4 Colt; 6 Flinte, Gewehr, Mauser; 7 Buechse, Muskete, Pistole, Stutzen; 8 Browning, Drilling, Revolver, Terzerol, Tesching; 9 Karabiner; 10 Jagdgewehr, Parabellum
Handfischnetz: 5 Hamen
Handflatterer: 8 Flughund; 10 Fledermaus
Handgelenk: 4 Rist
Handflügler: 10 Fledermaus
handgedrehtes Glockenwalzenspiel: 11 Leierkasten
Handgelenk: 4 Rist
Handgepäck: 5 Mappe; 6 Koffer, Ranzen, Tasche; 7 Seesack; 8 Rucksack, Tragkorb; 9 Tornister; 11 Aktentasche
handgeschriebene Druckvorlage: 10 Manuskript
handgezogener Wagen: 6 Karren
Handglied: 6 Daumen, Finger
handgreiflich: 8 manifest; 9 drastisch, materiell
Handgriff: 5 Stiel; 6 Henkel; 12 Manipulation
Handhabe: 5 Griff, Stiel; 6 Mittel
handhaben: 9 hantieren; 12 manifestieren
Handhabung: 4 Dreh; 6 Umgang; 7 Praktik, Technik; 8 Gebrauch; 10 Hantierung; 12 Manipulation
Handharmonika: 9 Akkordeon
Handicap: 7 Vorgabe; 8 Nachteil; 11 Behinderung
Handklapper: 11 Kastagnette
Handklaviatur der Orgel: 6 Manual
Handknöchel: 6 Knobel
Händler → Handelsmann
Händler von Altertümern: 8 Antiquar
– bei der Feldtruppe: 11 Marketender
Handlesekunst: 10 Chirologie; 11 Chiromantie
Handleser: 9 Chirologe, Chiromant
handlich: 5 habil; 9 praktisch
Handliniendeuter: 9 Chiromant
Handlung: 3 Akt, Tat; 6 Aktion, Inhalt; 8 Leistung
Handlungsbevollmächtigter: 9 Prokurist
Handlungsgehilfe: 6 Commis, Kommis
Handlungsvollmacht: 3 PPA; 7 Prokura
Handlungsweise: 3 Tun
Handmähgerät: 5 Sense; 6 Sichel
Handpflege: 9 Manikuere
Handpflegemittel: 4 Krem; 5 Creme, Seife; 8 Glyzerin; 9 Nagellack; 10 Nagelfeile; 11 Nagelschere
Handpflegerin: 9 Manikuere
Handramme: 5 Hoyer
Handreichung: 5 Hilfe
Handsäge: 12 Fuchsschwanz
Handschelle: 6 Fessel
Handschrift: 5 Codex, Kodex; 7 Papyrus; 9 Pergament; 10 Manuskript, Palimpsest
Handschriftendeuter: 10 Graphologe
Handschriftendeutung: 11 Graphologie
Handschuh: 10 Faeustling
Handschuhleder: 3 Kid; 5 Glacé, Nappa
Handstandüberschlag: 10 Flickflack
Handstempel: 9 Petschaft
Handstreich: 6 Putsch
Handsymbol (buddh.): 5 Inkai
Handtäschchen: 8 Ridikuel
Handteil: 4 Rist; 6 Ballen, Daumen, Finger; 8 Knoechel; 10 Ringfinger; 11 Fingernagel, Kleinfinger, Zeigefinger; 12 Mittelfinger
Handtrommel: 8 Tamburin
Handtuchgewebe: 7 Frottee
Handturngerät: 4 Stab; 5 Keule; 6 Hantel, Reifen; 8 Expander
Handwagen: 5 Karre; 6 Karren
handwarm: 3 lau
Handwärmer: 4 Muff

Handwaschung des Priesters in der Messe: *6* Lavato
Handwerk: *6* Gewerk, Metier; *7* Gewerbe
Handwerker: *5* Maler, Weber; *6* Dreher, Former, Gerber, Gipser, Glaser, Maurer, Nieter, Setzer, Wirker; *7* Baecker, Drucker, Faerber, Fraeser, Friseur, Giesser, Graveur, Metteur, Metzger, Mueller, Optiker, Sattler, Schmied, Selcher, Spinner, Toepfer; *8* Fotograf, Gaertner, Klempner, Konditor, Schuster, Spengler, Tischler, Zimmerer, Ziseleur; *9* Boettcher, Drechsler, Emailleur, Fleischer, Hutmacher, Kloeppler, Lackierer, Leinweber, Lohgerber, Polsterer, Schleifer, Schlosser, Schneider, Schreiner, Schweizer, Steinmetz, Taeschner, Uhrmacher; *10* Buchbinder, Dachdecker, Elektriker, Fassbinder, Kuerschner, Mechaniker, Ofensetzer, Schlachter, Schweisser, Stukkateur, Tapezierer, Zimmermann; *11* Buchdrukker, Feilenhauer, Galvaniseur, Goldschmied, Knopfmacher, Schuhmacher, Stellmacher; *12* Bauschlosser, Fleischhauer, Fliesenleger, Installateur, Parkettleger; *13* Autoschlosser, Kesselschmied, Kupferschmied, Metallstecher; *14* Buechsenmacher, Feinmechaniker, Werkzeugmacher; *16* Schornsteinfeger
Handwerker außerhalb der Zunft (im MA): *8* Boenhase
Handwerkerbund: *5* Gilde, Zunft; *6* Innung
Handwerkertitel: *7* Meister; *11* Obermeister
Handwerkervereinigung: *5* Gilde, Zunft; *6* Innung
handwerkliche Arbeit: *6* Faktur
Handwerksgehilfe: *7* Geselle
Handwerkszeug: *3* Axt; *4* Beil; *5* Feile, Hobel, Kelle, Saege, Zange; *6* Bohrer, Hammer, Messer, Pinsel, Raspel, Schere, Spaten; *7* Meissel; *8* Requisit, Schaufel, Spachtel; *10* Brecheisen, Stemmeisen; *15* Schraubendreher, Schraubenzieher, Schweissbrenner
Hanfabfall: *4* Werg
Hanfbindfaden: *6* Kordel
Hanffaser: *5* Sisal
Hanfpflanze: *4* Aloe
Hang: *5* Halde; *7* Neigung, Tendenz
Hängelampe: *5* Ampel
Hannibals Bruder: *9* Hasdrubal
- Vater: *8* Hamilkar; *14* Hamilkar Barkas
Hanseschiff: *5* Kogge
Hansestadt: *4* Riga; *5* Emden, Halle, Koeln, Lemgo, Memel, Reval, Soest, Thorn; *6* Bergen, Berlin, Bremen, Danzig, Dorpat, Elbing, Goslar, Krakau, Wismar, Zwolle; *7* Arnheim, Breslau, Bruegge, Einbeck, Hamburg, Kolberg, Luebeck, Pleskau, Rostock, Stettin, Utrecht; *8* Deventer, Duisburg, Hannover, Muenster, Nowgorod; *9* Amsterdam, Falsterbo, Frankfurt (Oder), Lippstadt, Lueneburg, Magdeburg, Salzwedel, Stralsund; *10* Osnabrueck; *11* Koenigsberg; *12* Braunschweig
Hanswurst: *4* Narr; *6* Kasper; *8* Harlekin
Hanswurst
- des englischen Puppenspiels: *5* Punch
- des italienischen Volkstheaters: *10* Pulcinella
Happen: *6* Bissen, Imbiss, Stueck
Happening: *7* Meeting, Treffen; *8* Ereignis; *10* Geschehnis; *13* Veranstaltung
Harakiri: *7* Freitod; *10* Selbstmord
Haremssklavin: *8* Odaliske
Haremswächter: *6* Eunuch
harfenartiges Instrument: *4* Lyra; *5* Leier
Harke: *6* Rechen
Harlekin: *4* Narr; *10* Arlecchino
Harm: *4* Gram, Leid; *6* Kummer; *7* Schmerz
harmlose Schlange: *12* Ringelnatter
harmloses Tanzvergnügen: *10* Ringelpiez
Harmonielehre: *8* Harmonik
harmonieren: *14* sympathisieren, zusammenpassen; *15* uebereinstimmen
Harmonika: *9* Akkordeon, Bandoneon, Euphonium; *10* Konzertina
harmonischer Ton: *5* Klang
Harn: *4* Urin
Harnisch: *6* Panzer; *7* Kuerass
Harnstoff: *4* Antu
Harnverhaltung: *8* Ischurie
Harpune: *5* Speer; *6* Spiess; *9* Wurfspeer; *10* Wurfspiess
Harpunenwerfer: *9* Harpunier; *11* Harpunierer
harren: *6* warten
hart: *6* streng; *7* rigoros
hart behandeln: *9* striegeln
Härte: *7* Strenge
harte(r, s)
- Innenteil: *4* Kern
- Metall → Metall
- Mineral: *5* Stein
- Platinmetall: *7* Iridium
- Tonart: *3* Dur
- Tonschiefer: *6* Adinol
hartgebrannter Ziegelstein: *7* Klinker
hartgefrorener Schnee: *6* Harsch
hartgekochtes Salzei: *5* Solei
Hartgeld: *6* Muenze
Hartgummi: *6* Ebonit
Hartgummischeibe beim Eishockey: *4* Puck
Hartgußform: *7* Kokille
Hartholz: *9* Eisenholz, Kasuarine
Hartkäse: *5* Gouda; *6* Sbrinz; *7* Cheddar, Chester, Gruyere; *10* Emmentaler
Hartmetall: *5* Titan, Widia
hartnäckig: *4* stur; *9* verbissen; *10* beharrlich
Hartnäckigkeit: *10* Persistenz; *11* Obstination; *15* Halsstarrigkeit
Hartriegelgewächs: *6* Cornus; *8* Liguster
hartschalige Frucht: *4* Nuss; *6* Mandel; *7* Walnuss; *8* Paranuss; *9* Haselnuss
Hartung: *6* Januar; *7* Jaenner
Hartwurst: *6* Salami
Hartziegel: *7* Klinker
Harzart: *5* Elemi, Kopal; *6* Benzoe, Dammar, Guajak, Mastix, Myrrhe, Storax, Styrax; *7* Galipot, Ladanum; *8* Sandarak; *9* Bernstein,

Gummigutt, Kautschuk, Schellack, Terpentin, Weihrauch
Harzgemisch für den Gottesdienst: *9* Weihrauch
Harzöl: *9* Terpentin
Harzprodukt: *11* Kolophonium
harzreiches Kiefernholz: *4* Kien
Häscher: *7* Buettel, Scherge
Haschisch: *9* Marihuana
Haschisch rauchen: *6* kiffen
Hase in der Tierfabel: *5* Lampe
Haselmaus: *5* Bilch, Relle; *9* Schlaefer
Haselschwamm: *7* Porling
Hasenampfer: *9* Sauerklee
Hasenart: *5* Aguti; *9* Kaninchen; *10* Chinchilla, Pampashase
Hasenbein: *4* Lauf
Hasenbock: *7* Rammler
Hasenfell: *5* Kanin
Hasenfuß, Hasenherz: *5* Memme; *8* Feigling
Hasenlager: *5* Sasse
Hasenmännchen: *7* Rammler
Hasenmaus: *10* Chinchilla
Hasenpanier: *6* Flucht
Hasenschwanz: *5* Blume
Häsin: *5* Zibbe, Zippe
Haß: *5* Groll, Odium
häßlich: *4* mies
Hast: *4* Eile; *6* Unrast; *8* Ungeduld
hasten: *5* eilen
hastig: *5* eilig, rasch; *7* schnell
Hatz: *5* Hetze
Haube: *4* Helm; *5* Kappe; *6* Hennin; *7* Kalotte
Haubitze: *9* Geschuetz
Hauch: *4* Atem, Duft, Odem; *5* Puste; *6* Pneuma; *8* Spiritus
hauchen: *5* atmen
Hauchlaut: *8* Aspirata
Haue: *5* Hiebe, Keile; *7* Dresche, Pruegel; *8* Schlaege
Haufen: *4* Wust; *5* Masse, Menge, Schar, Stoss; *6* Anzahl, Stapel
Haufenwolke: *7* Kumulus
häufig: *3* oft; *8* staendig
häufig besuchen: *13* frequentieren
Häufigkeit: *8* Frequenz
Haumesser: *7* Machete
Haupt: *4* Kopf; *6* Leiter, Spitze; *7* Fuehrer; *8* Scheitel
Hauptbegriff: *6* Essenz
Hauptbestandteil der Terpentinöle: *5* Pinen
Hauptbetriebszeit: *8* Kampagne
Hauptbrücke in Venedig: *6* Rialto
Hauptbuch: *7* Journal
Hauptdarsteller: *11* Protagonist
Haupteingang: *6* Portal
Hauptfach: *12* Spezialitaet
Hauptfechter im Stierkampf: *6* Espada
Hauptfigur: *11* Protagonist; *12* Titelgestalt
Hauptfluß: *5* Strom
Hauptgebäude der Ritterburg: *5* Palas
Hauptgedanke: *5* Thema; *11* Quintessenz
Hauptgeschäftszeit: *6* Saison
Hauptgeschoß: *8* Beletage
Hauptgott der Amoriter: *6* Amurru
- **der Germanen:** *4* Odin; *5* Wotan
- **der Griechen:** *4* Zeus
- **des japanischen Buddhismus:** *5* Amida
- **der Philister:** *5* Dagon
- **der Römer:** *7* Jupiter
- **der Urartäer:** *5* Haldi; *6* Chaldi
- **des Hinduismus:** *6* Schiwa

Hauptgrundsatz: *6* Maxime
Hauptheiligtum des Islam: *5* Kaaba
Hauptinhalt: *7* Extrakt; *11* Quintessenz
Hauptinsel
- **Japans:** *5* Hondo; *8* Hokkaido, Kiuschiu, Schikoku
- **der Marianen:** *4* Guam
- **der Riukiu-Inseln:** *7* Okinawa

Hauptkirche: *3* Dom; *8* Muenster; *10* Kathedrale
Häuptling eines Beduinenstammes: *7* Scheich
Häuptling der südamerikanischen Indianer: *6* Kazike
Hauptmahlzeit: *5* Diner; *6* Dinner
Hauptmasse: *4* Gros
Hauptnische der Kirche: *5* Apsis
Hauptort der amerikanischen Filmproduktion: *9* Hollywood
Hauptperson einer Feier: *7* Jubilar; *9* Jubilarin
Hauptpreis: *9* Grand Prix
Hauptpunkt: *6* Pointe
Hauptquartier der NATO: *5* Shape
Hauptraum des altrömischen Hauses: *6* Atrium
- **im antiken Tempel:** *5* Cella

Hauptreisezeit: *6* Saison
Hauptsache: *4* Clou, Kern; *6* Pointe; *7* Extrakt, Zentrum; *8* Substanz; *9* Kernpunkt
hauptsächlich: *7* kapital
Hauptschlagader: *5* Aorta
Hauptspeise der Tibeter: *6* Dsamba
Hauptstadt: *8* Kapitale, Residenz; *9* Metropole
Hauptstadt
- **des Aargaus:** *5* Aarau
- **von Abchasien (SU):** *7* Suchumi
- **von Abessinien:** *10* Addis Abeba
- **Adscharien(SU):** *5* Batum
- **von Afghanistan:** *5* Kabul
- **in Afrika:** *3* Boe; *4* Lome; *5* Accra, Akkra, Dakar, Kairo, Lagos, Niamy, Rabat, Tunis, Zomba, Zombo; *6* Algier, Bamako, Bangui, Banjul, Bissau, Harare, Jaunde, Kigali, Luanda, Lusaka, Maputo, Maseru, Niamey; *7* Abidjan, Conakry, Djibuti, Entebbe, Kampala, Khartum, Mbabane, Nairobi, St. Denis, Windhuk; *8* Bathurst, Fort Lamy, Freetown, Khartoum, Kinshana, Kinshasa, Lilongwe, Mafeking, Monrovia, N'Djamena, Pretoria, Rijamena, Tripolis, Usumbura, Wagadugu; *9* Bujumbura, Dschibuti, Nuakchott, Porta Nova, Porto Novo, Salisbury; *10* Addis Abeba, Daressalam, Libreville, Mogadischu, Nouakchott, Tananarive, Tananarivo; *11* Brazzaville, Daressalaam, Ouagodougou, Santa Isabel;

12 Antananarivo, Léopoldville; *15* Lourenco Marques
- **von Ägypten:** *5* Kairo
- **des aksumitischen Reiches:** *5* Aksum
- **von Alabama (USA):** *10* Montgomery
- **von Alaska (USA):** *6* Juneau
- **von Albanien:** *6* Tirana
- **der Algarve:** *4* Faro
- **von Algerien:** *6* Algier
- **des Allgäus:** *7* Kempten
- **des alten Ägyptens:** *6* Theben; *7* Memphis
- **des alten Israel:** *7* Samaria
- **des alten Lydien:** *6* Sardes
- **des alten Medien:** *8* Ekbatana
- **des alten Persien:** *10* Persepolis
- **in Amerika:** *4* Lima; *5* La Paz, Quito; *6* Belize, Bogota, Habana, Mexiko, Ottawa, Panama; *7* Caracas, Managua, San José, San Juan; *8* Asuncion, Brasilia, Kingston, La Habana, Santiago; *9* Guatemala; *10* Mexiko City, Montevideo, Washington; *11* Buenos Aires, San Salvador, Tegucigalpa; *12* Port au Prince; *14* Ciudad Trujillo
- **von Andalusien:** *4* Jaén
- **von Andorra:** *7* La Vieja; *14* Andorra la Vieja
- **von Angola:** *6* Loanda, Luanda
- **von Annam:** *3* Hue
- **von Apulien:** *4* Bari
- **von Argentinien:** *11* Buenos Aires
- **von Argolis:** *7* Nauplia; *8* Nafplion
- **von Arizona (USA):** *7* Phoenix
- **von Arkansas (USA):** *10* Little Rock
- **von Armenien (SU):** *6* Eriwan; *7* Jerewan
- **von Aserbeidschan (US):** *4* Baku
- **in Asien:** *4* Aden, Riad, Sana; *5* Amman, Dacca, Dakka, Delhi, Hanoi, Kabul, Seoul, Tokio, Tokyo; *6* Ankara, Bagdad, Beirut, Er-Riad, Kuwait, Kuweit, Manila, Peking, Puezon, Rangun, Saigon, Taipeh, Thimbu; *7* Bangkok, Colombo, Nikosia, Punakha, Teheran, Tel Aviv; *8* Damaskus, Djakarta, Katmandu, Pnom Penh; *9* Islamabad, Jerusalem, Phnom Penh, Ulan-Bator, Vientiane; *10* Pjeongjang, Pyeongyang, Rawalpindi; *11* Jakarta Raya, Kuala Lumpur
- **von Assam:** *8* Shillong
- **des Assyrerreiches:** *5* Assur; *6* Ninive
- **von Äthiopien:** *10* Addis Abeba
- **in Australien:** *8* Canberra; *10* Wellington
- **der Azoren:** *15* Angrado Heroismo
- **des babylonischen Reiches:** *7* Babylon
- **von Baden-Württemberg:** *9* Stuttgart
- **der Bahamas:** *6* Nassau
- **der Bahrein-Inseln:** *6* Manama
- **der Balearen:** *5* Palma; *15* Palma de Mallorca
- **im Baltikum:** *4* Riga; *5* Reval, Wilna; *6* Tallin; *7* Tallinn, Vilnius
- **des Banats:** *9* Timisoara
- **von Bangla Desh:** *5* Dakka
- **von Barbados:** *10* Bridgetown
- **von Baschkirien (SU):** *3* Ufa
- **von Basutoland:** *6* Maseru
- **von Bayern:** *8* Muenchen
- **von Belgien:** *8* Bruessel; *9* Bruxelles
- **der Belorussischen Sowjetrepublik:** *5* Minsk
- **von Benin:** *9* Porta Nova
- **der Bermudainseln:** *8* Hamilton
- **von Bessarabien:** *9* Kischinew
- **von Betschuanaland:** *8* Mafeking
- **von Bhutan:** *6* Thimbu
- **von Birma:** *6* Rangun
- **von Bolivien:** *3* Paz; *5* La Paz
- **von Böotien:** *6* Theben
- **von Bornholm:** *6* Roenne
- **von Bosnien:** *8* Sarajewo
- **von Botswana:** *9* Gaberones
- **von Brandenburg:** *7* Potsdam
- **von Brasilien:** *8* Brasilia
- **von Britisch-Guayana:** *10* Georgetown
- **von Britisch-Honduras:** *6* Belize
- **von Britisch-Somaliland:** *8* Hargeisa
- **von Bulgarien:** *5* Sofia
- **der Bundesrepublik Deutschland:** *4* Bonn
- **des Burgenlandes:** *10* Eisenstadt
- **von Burjatien (SU):** *7* Ulan Ude
- **von Burundi:** *8* Usumbura; *9* Bujumbura
- **von California (USA):** *10* Sacramento
- **von Celebes:** *8* Makassar
- **von Ceylon:** *7* Colombo
- **von Chile:** *8* Santiago; *15* Santiago de Chile
- **von China:** *6* Peking
- **der Insel Chios:** *7* Kastron
- **von Colorado (USA):** *6* Denver
- **von Connecticut (USA):** *8* Hartford
- **von Costa Rica:** *7* San José
- **der CSSR:** *4* Prag
- **von Cuba:** *6* Habana; *7* Havanna
- **von Cypern:** *7* Nicosia, Nikosia
- **der Cyrenaika:** *7* Bengasi
- **von Dagestan (SU):** *13* Machatsch Kala
- **von Dahome:** *7* Cotonou; *9* Porto Novo
- **von Dänemark:** *10* Kopenhagen
- **von Delaware (USA):** *5* Dover
- **von Deutschland:** *4* Bonn; *6* Berlin
- **eines deutschen Bundeslandes:** *4* Kiel; *5* Mainz; *6* Berlin, Bremen; *7* Hamburg; *8* Hannover, Muenchen; *9* Stuttgart, Wiesbaden; *11* Duesseldorf; *12* Saarbruecken
- **der Dominikanischen Republik:** *12* Santo Domingo
- **von Ecuador:** *5* Quito
- **der Insel Elba:** *12* Portoferrajo
- **der Elfenbeinküste:** *7* Abidjan
- **von El Salvador:** *11* San Salvador
- **der englischen Grafschaft Berkshire:** *7* Reading
- **der englischen Grafschaft Cheshire:** *7* Chester
- **der englischen Grafschaft Devon:** *6* Exeter
- **der englischen Grafschaft Norfolk:** *7* Norwich
- **der englischen Grafschaft Northumberland:** *9* Newcastle
- **von Eritrea:** *6* Asmara
- **des Ermlandes:** *10* Braunsberg
- **von Estland:** *5* Reval; *6* Tallin; *7* Tallinn

- **in Europa** → europäische Hauptstadt
- **der Färöer-Inseln:** *9* Thorshavn
- **der Fidschi-Inseln:** *4* Suva- **von Finnland:** *8* Helsinki; *11* Helsingfors
- **von Florida (USA):** *11* Tallahassee
- **von Formosa:** *6* Taipeh
- **von Frankreich:** *5* Paris
- **von Französisch-Guayana:** *7* Cayenne
- **von Französisch-Ozeanien:** *7* Papéete
- **von Französisch-Polynesien:** *7* Papéete
- **von Französisch-Somaliland:** *7* Djibuti; *9* Dschibuti
- **der Insel Föhr:** *3* Wyk
- **der Insel Fünen:** *6* Odense
- **von Gabun:** *10* Libreville
- **von Gambia:** *6* Banjul; *8* Bathurst
- **von Gelderland:** *7* Arnheim
- **von Georgia (USA):** *7* Atlanta
- **von Georgien (SU):** *6* Tiflis; *8* Tbilissi
- **der Gesellschaftsinseln:** *7* Papéete
- **von Ghana:** *5* Accra, Akkra
- **der Insel Gotland:** *5* Visby
- **von Graubünden:** *4* Chur
- **von Griechenland:** *5* Athen
- **von Grönland:** *7* Godthab
- **von Großbritannien:** *6* London
- **von Grusien (Grusinien):** *6* Tiflis; *8* Tbilissi
- **von Guadelupe:** *10* Basse-Terre
- **von Guam:** *5* Agana
- **von Guatemala:** *9* Guatemala
- **von Guinea:** *7* Conakry, Konakry
- **des Haiduckenkomitats (Ungarn):** *8* Debrecen, Debrezin
- **von Haiti:** *12* Port au Prince
- **von Hawaii (USA):** *8* Honolulu
- **der Hebriden:** *9* Stornoway
- **des Hedschas:** *5* Mekka
- **der Herzegowina:** *6* Mostar
- **von Hessen:** *9* Wiesbaden
- **des Hethiterreiches:** *7* Hattusa
- **von Holland:** *7* Den Haag; *9* Amsterdam
- **von Honduras:** *11* Tegucigalpa
- **von Idaho (USA):** *5* Boise
- **von Illinois (USA):** *11* Springfield
- **von Indiana (USA):** *12* Indianapolis
- **von Indien:** *5* Delhi; *8* Neu-Delhi
- **von Indonesien:** *7* Batavia; *8* Djakarta; *11* Jakarta Raya
- **des Inkareiches:** *5* Cuzco
- **von Iowa (USA):** *9* Des Moines
- **von Irak:** *6* Bagdad
- **von Iran:** *7* Teheran
- **von Irian (Neuguinea):** *9* Hollandia
- **von Irland:** *6* Dublin
- **von Island:** *9* Reykjavik
- **von Israel:** *7* Tel Aviv; *9* Jerusalem
- **von Italien:** *3* Rom
- **von Jakutien (SU):** *7* Jakutsk
- **von Jamaica:** *8* Kingston
- **von Japan:** *5* Tokio
- **von Java:** *8* Djakarta
- **von Jemen:** *4* Sana; *10* Esch Schaab
- **von Jemen (Volksrepublik):** *4* Aden
- **von Jordanien:** *5* Amman
- **von Jugoslawien:** *7* Belgrad, Beograd
- **von Kalifornien (USA):** *10* Sacramento
- **von Kambodscha:** *8* Pnompenh; *9* Phnom Penh
- **von Kamerun:** *6* Jaunde; *7* Yaounde
- **von Kanada:** *6* Ottawa
- **von Kansas (USA):** *6* Topeka
- **der Kapverdischen Inseln:** *5* Praia
- **von Karelien (SU):** *12* Petrosawodsk
- **von Kärnten:** *10* Klagenfurt
- **von Kasakstan (SU):** *7* Alma Ata
- **von Kaschmir:** *8* Srinagar
- **von Kenia:** *7* Nairobi
- **von Kentucky (USA):** *9* Frankfort
- **von Kirgisistan (SU):** *6* Frunse
- **von Kolumbien:** *6* Bogota
- **von Komi (SU):** *9* Syktywkar
- **von Kongo (Brazzaville):** *11* Brazzaville
- **von Kongo (Demokratische Republik)** → Zaire
- **von Korea:** *5* Seoul; *10* Pjoengjang
- **von Korsika:** *7* Ajaccio
- **von Kostarika:** *7* San José
- **von Kreta:** *6* Kandia; *9* Heraklion
- **der Krim:** *10* Simferopol
- **von Kroatien:** *5* Agram; *6* Zagreb
- **von Kuba:** *6* Habana; *7* Havanna
- **von Kuwait:** *6* Kuwait
- **von Laos:** *9* Vientiane
- **der Insel Lesbos:** *8* Mytilene
- **von Lesotho:** *6* Maseru
- **von Lettland:** *4* Riga
- **von Libanon:** *6* Beirut
- **von Liberia:** *8* Monrovia
- **von Libyen:** *5* Beida; *7* Bengasi; *8* Tripolis
- **von Liechtenstein:** *5* Vaduz
- **von Litauen:** *5* Wilna; *7* Vilnius
- **von Louisiana (USA):** *10* Baton Rouge
- **von Luxemburg:** *9* Luxemburg; *10* Luxembourg
- **von Lydien:** *6* Sardes
- **von Madagaskar:** *10* Tananarive, Tananarivo; *12* Antananarivo
- **von Madeira:** *7* Funchal
- **von Mähren:** *6* Bruenn
- **von Maine (USA):** *7* Augusta
- **von Malagasy:** *10* Tananarive, Tananarivo
- **von Malawi:** *5* Zomba; *8* Lilongwe
- **von Malaysia:** *11* Kuala Lumpur
- **der Malediven:** *4* Male
- **von Mali:** *6* Bamako
- **von Mallorca:** *5* Palma; *15* Palma de Mallorca
- **der Insel Malta:** *7* Valetta; *9* La Valetta
- **der Insel Man:** *7* Douglas
- **von Mari (SU):** *11* Joschkar Ola
- **von Marokko:** *5* Rabat
- **von Martinique:** *12* Fort de France
- **von Maryland (USA):** *9* Annapolis
- **von Massachusetts (USA):** *6* Boston
- **von Mauretanien:** *10* Nuakschott, Nouakchott

- **von Mauritius:** *9* Port Louis
- **von Mecklenburg-Vorpommern:** *8* Schwerin
- **von Menorca:** *5* Mahon
- **von Mexiko:** *10* Mexiko City
- **von Michigan (USA):** *7* Lansing
- **von Minnesota (USA):** *6* St. Paul
- **von Mississippi (USA):** *7* Jackson
- **von Missouri (USA):** *13* Jefferson City
- **in Mittelamerika:** *6* Belize, Habana, Mexiko, Panama; *7* Managua, San José, San Juan; *8* Kingston; *9* Guatemala; *11* San Salvador, Tegucigalpa; *12* Port au Prince; *14* Ciudad Trujillo
- **von Mittelfranken:** *7* Ansbach
- **der Moldauischen Sowjetrepublik:** *8* Chisinau; *9* Kischinew; *10* Kischinjow
- **der Mongolei:** *9* Ulan Bator
- **von Montana (USA):** *6* Helena
- **von Montenegro:** *8* Titograd
- **von Mosambique:** *6* Maputo
- **in Nahost:** *4* Riad, Sana; *5* Amman, Kairo; *6* Ankara, Bagdad, Beirut; *7* Teheran; *8* Damaskus
- **von Nationalchina:** *6* Taipeh
- **von Nebraska (USA):** *7* Lincoln
- **von Nepal:** *8* Katmandu
- **von Neubritannien (Südsee):** *6* Rabaul
- **von Neufundland:** *7* St. John's; *10* Saint John's
- **von Neukaledonien (Südsee):** *5* Numea; *6* Noumea
- **von Neuschottland:** *7* Halifax
- **von Neuseeland:** *10* Wellington
- **von Neusüdwales:** *6* Sidney
- **von Nevada (USA):** *6* Carson; *10* Carson City
- **von New Hampshire (USA):** *7* Concord
- **von New Jersey (USA):** *7* Trenton
- **von New Mexiko (USA):** *7* Santa Fé
- **von New York (Staat der USA):** *6* Albany
- **von Nicaragua:** *7* Managua
- **von Niederbayern:** *8* Landshut
- **der Niederlande:** *7* Den Haag; *9* Amsterdam
- **von Niederländisch-Guayana:** *10* Paramaribo
- **von Niederösterreich:** *4* Wien
- **von Niedersachsen:** *8* Hannover
- **von Niger:** *6* Niamey
- **von Nigeria:** *5* Lagos
- **von Njassaland:** *5* Zomba
- **von Nord-Australien:** *6* Darwin
- **von Nordirland:** *7* Belfast
- **von Nordirland (Südsee):** *7* Kavieng
- **von Nordkorea:** *10* Pjoengjang, Pyeongyang
- **von Nordrhein-Westfalen:** *11* Duesseldorf
- **von Nord-Rhodesien:** *6* Lusaka
- **von Nordvietnam:** *5* Hanoi
- **der Normandie:** *5* Rouen
- **von North-Carolina (USA):** *7* Raleigh
- **von North-Dakota (USA):** *8* Bismarck
- **von Norwegen:** *4* Oslo
- **von Oberfranken:** *8* Bayreuth
- **von Oberösterreich:** *4* Linz
- **von Obervolta:** *8* Wagadugu
- **von Ohio (USA):** *8* Columbus
- **von Okinawa:** *4* Naha
- **von Oklahoma (USA):** *12* Oklahoma City
- **von Oman:** *6* Maskat
- **von Oregon (USA):** *5* Salem
- **der Orkneyinseln:** *8* Kirkwall
- **von Österreich:** *4* Wien
- **eines österreichischen Bundeslandes:** *4* Graz, Linz, Wien; *7* Bregenz; *8* Salzburg; *9* Innsbruck; *10* Eisenstadt, Klagenfurt
- **von Ostflandern:** *4* Gent
- **von Ost-Pakistan:** *5* Dakka
- **von Ostpreußen:** *11* Koenigsberg
- **des oströmischen Reiches:** *6* Byzanz
- **von Pakistan:** *5* Dakka; *9* Islamabad, Karatschi; *10* Rawalpindi
- **von Panama:** *6* Panama
- **von Paraguay:** *8* Asuncion
- **von Pennsylvania (USA):** *10* Harrisburg
- **von Persien:** *7* Teheran
- **von Peru:** *4* Lima
- **der Philippinen:** *6* Manila; *10* Quezon City
- **von Polen:** *8* Warschau
- **von Porto Rico:** *7* San Juan
- **von Portugal:** *6* Lisboa; *8* Lissabon
- **von Portugiesisch-Guinea:** *6* Bissao
- **von Portugiesisch-Ostafrika:** *15* Lourenco Marques
- **von Portugiesisch-Timor:** *4* Dili
- **von Portugiesisch-Westafrika:** *6* Luanda
- **von Puerto Rico:** *7* San Juan
- **von Qatar:** *4* Doha
- **von Queensland:** *8* Brisbane
- **von Réunion:** *7* St. Denis
- **von Rheinland-Pfalz:** *5* Mainz
- **von Rhode Island (USA):** *10* Providence
- **von Rhodesien:** *9* Salisbury
- **der Riukiuinseln:** *4* Naha
- **von Ruanda:** *6* Kigali
- **von Rumänien:** *8* Bukarest; *9* Bucuresti
- **des Saarlandes:** *12* Saarbruecken
- **von Sachsen:** *7* Dresden
- **von Sachsen-Anhalt:** *9* Magdeburg
- **von Salvador:** *11* San Salvador
- **von Sambia:** *6* Lusaka
- **von San Marino:** *9* San Marino
- **der Sandwich-Inseln:** *8* Honolulu
- **von Sankt Helena:** *9* Jamestown
- **von Sardinien:** *8* Cagliari
- **von Saudi-Arabien:** *4* Riad; *6* Er Riad
- **der Schafinseln:** *9* Thorshavn
- **von Schlesien:** *7* Breslau
- **von Schleswig-Holstein:** *4* Kiel
- **von Schottland:** *9* Edinburgh
- **von Schwaben:** *8* Augsburg
- **von Schweden:** *9* Stockholm
- **der Schweiz:** *4* Bern
- **eines Schweizer Kantons:** *3* Zug; *4* Bern, Chur, Genf, Sion; *5* Aarau, Basel, Stans; *6* Geneve, Glarus, Luzern, Sarnen, Schwyz, Sitten; *7* Altdorf, Herisau, Liestal, Zuerich; *8* Freiburg, Fribourg, Lausanne, St. Gallen;

9 Appenzell, Neuenburg, Solothurn; *10* Bellinzona, Frauenfeld; *12* Schaffhausen
- **des Schweizer Kantons Aargau:** *5* Aarau
- **des Schweizer Kantons Appenzell-Außerrhoden:** *7* Herisau
- **des Schweizer Kantons Appenzell-Innerrhoden:** *9* Appenzell
- **des Schweizer Kantons Graubünden:** *4* Chur
- **des Schweizer Kantons Nidwalden:** *5* Stans
- **des Schweizer Kantons Obwalden:** *6* Sarnen
- **des Schweizer Kantons Tessin:** *10* Bellinzona
- **des Schweizer Kantons Thurgau:** *10* Frauenfeld
- **des Schweizer Kantons Uri:** *7* Altdorf
- **des Schweizer Kantons Waadt:** *8* Lausanne
- **des Schweizer Kantons Wallis:** *4* Sion; *6* Sitten
- **von Senegal:** *5* Dakar
- **von Serbien:** *7* Belgrad, Beograd
- **der Seychellen:** *8* Victoria
- **der Shetlandinseln:** *7* Lerwick
- **von Siebenbürgen:** *4* Cluj; *11* Klausenburg
- **von Sierra Leone:** *8* Freetown
- **von Sikkim:** *7* Gangtok
- **von Sizilien:** *7* Palermo
- **der Slowakei:** *9* Pressburg; *10* Bratislava
- **von Slowenien:** *7* Laibach; *9* Ljubljana
- **von Somalia:** *10* Mogadischu
- **von South-Carolina (USA):** *8* Columbia
- **von South-Dakota (USA):** *6* Pierre
- **der Sowjetunion:** *6* Moskau
- **in der Sowjetunion:** *3* Ufa; *4* Baku, Kiew; *5* Batum, Kasan, Minsk, Reval; *6* Eriwan, Frunse, Tiflis; *7* Alma Ata, Jakutsk, Suchumi, Ulan Ude; *9* Kischinew, Syktywkar, Taschkent; *10* Aschchabad, Dueschambe; *11* Joschkar Ola; *12* Petrosawodsk; *13* Machatsch Kala
- **von Spanien:** *6* Madrid
- **des ehemaligen Spanisch-Marokko:** *6* Tetuan
- **von Spanisch-Sahara:** *13* Villa Cisneros
- **von Spitzbergen:** *12* Longyearbyen
- **der Steiermark:** *4* Graz
- **der Südafrikanischen Republik:** *8* Kapstadt, Pretoria
- **in Südamerika:** *4* Lima; *5* La Paz, Quito; *6* Bogota; *7* Caracas; *8* Asuncion, Brasilia, Santiago; *10* Montevideo; *11* Buenos Aires
- **des Sudan:** *7* Khartum
- **von Süd-Australien:** *8* Adelaide
- **von Südjemen:** *4* Aden
- **von Südkorea:** *5* Seoul
- **von Südrhodesien:** *9* Salisbury
- **von Südtirol:** *5* Bozen; *7* Bolzano
- **von Südvietnam:** *6* Saigon
- **von Südwestafrika:** *7* Windhuk
- **des sumerischen Reiches:** *2* Ur; *3* Uru; *4* Urim
- **von Surinam:** *10* Paramaribo
- **von Swaziland:** *7* Mbabane
- **von Syrien:** *8* Damaskus
- **von Tadschikistan (SU):** *10* Dueschambe, Stalinabad
- **von Tahiti:** *7* Papéete
- **von Taiwan:** *6* Taipeh
- **von Tanganjika:** *10* Daressalam
- **von Tansania:** *10* Daressalam
- **von Tasmanien:** *6* Hobart
- **von Tatarien (SU):** *5* Kasan
- **von Tennessee (USA):** *9* Nashville
- **des Tessin:** *20* Bellinzona
- **von Texas (USA):** *6* Austin
- **von Thailand:** *7* Bangkok
- **des Thurgaus:** *10* Frauenfeld
- **von Thüringen:** *6* Erfurt
- **von Tibet:** *5* Lhasa
- **von Timor:** *4* Dili
- **von Tirol:** *9* Innsbruck
- **von Togo:** *4* Lome
- **der Toskana:** *7* Florenz
- **der Touraine:** *5* Tours
- **von Transvaal:** *8* Pretoria
- **von Trinidad:** *11* Port of Spain
- **des Tschad:** *8* Fort Lamy, N'Djamena
- **der Tschechoslowakei:** *4* Prag
- **von Tunesien:** *5* Tunis
- **der Türkei:** *6* Ankara
- **von Turkmenien (SU):** *10* Aschchabad
- **der UdSSR:** *6* Moskau
- **von Uganda:** *7* Kampala
- **der Ukraine:** *4* Kiew
- **von Ungarn:** *8* Budapest
- **von Unterfranken:** *9* Wuerzburg
- **von Uruguay:** *10* Montevideo
- **der USA:** *10* Washington
- **eines US-Bundesstaates:** *5* Boise, Dover, Salem; *6* Albany, Austin, Boston, Carson, Denver, Helena, Juneau, Pierre, St. Paul, Topeka; *7* Atlanta, Augusta, Concord, Jackson, Lansing, Lincoln, Madison, Olympia, Phoenix, Raleigh, Santa Fé, Trenton; *8* Bismarck, Cheyenne, Columbia, Columbus, Hartford, Honolulu, Richmond; *9* Annapolis, Des Moines, Frankfort, Nashville; *10* Baton Rouge, Carson City, Charleston, Harrisburg, Little Rock, Montgomery, Montpelier, Providence, Sacramento, Washington; *11* Springfield, Tallahassee; *12* Indianapolis, Oklahoma City, Salt Lake City; *13* Jefferson City
- **von Usbekistan (SU):** *9* Taschkent
- **von Utah (USA):** *12* Salt Lake City
- **der VAR:** *5* Kairo
- **von Venezuela:** *7* Caracas
- **der Vereinigten Staaten von Nordamerika:** *10* Washington
- **von Vermont (USA):** *10* Montpelier
- **von Victoria (Australien):** *9* Melbourne
- **von Vietnam:** *5* Hanoi
- **von Virginia (USA):** *8* Richmond
- **der Volksrepublik China:** *6* Peking
- **von Vorarlberg:** *7* Bregenz
- **von Wales:** *7* Cardiff
- **von Wallis:** *4* Sion; *6* Sitten
- **von Washington (USA):** *7* Olympia
- **von Weißrußland:** *5* Minsk
- **von Westaustralien:** *5* Perth
- **von Westflandern:** *7* Bruegge

- **von Westpakistan:** *10* Rawalpindi
- **von West-Samoa:** *4* Apia
- **von West-Virginia (USA):** *10* Charleston
- **von Wisconsin (USA):** *7* Madison
- **von Württemberg:** *9* Stuttgart
- **von Wyoming (USA):** *8* Cheyenne
- **von Yemen:** *4* Sana; *10* Esch Schaab
- **von Yemen (Volksrepublik):** *4* Aden
- **von Zaïre:** *8* Kinshasa
- **der Zentralafrikanischen Republik:** *6* Bangui
- **von Zimbabwe:** *6* Harare
- **von Zypern:** *7* Nicosia, Nikosia

Hauptstern → Stern
Hauptstraße
- **in Berlin:** *15* Kurfuerstendamm
- **in Düsseldorf:** *12* Koenigsallee
- **in London:** *10* Piccadilly
- **in New York:** *8* Broadway
- **in Paris:** *13* Champs-Elysées

Hauptteil der katholischen Messe: *5* Kanon; *11* Offertorium
- **des Nervensystems:** *4* Hirn

Haupttür: *6* Pforte; *7* Eingang
Hauptturm einer Burg: *9* Bergfried
Hauptverkehr: *9* Stosszeit
Hauptversammlung: *18* Generalversammlung
Hauptvolk der Kelten: *7* Gallier
Hauptwerk Humboldts: *6* Kosmos
- **der Kabbala:** *5* Sohar

Hauptwort: *5* Nomen; *8* Dingwort; *10* Substantiv
Hauptzeit: *6* Saison
Hauptzeuge: *9* Kronzeuge
Haus eines Feldarbeiters: *4* Kate
- **für Geisteskranke:** *12* Irrenanstalt; *17* Nervenheilanstalt
- **für Geselligkeiten:** *6* Casino, Kasino
- **für Kunstausstellungen:** *6* Museum; *7* Galerie

Hausabschluß: *4* Dach
Hausanbau: *5* Erker
Hausangestellter: *5* Lakai; *6* Butler, Diener; *7* Bursche
Hausarbeit: *10* Exerzitium
Hausbeschreibung: *11* Oekographie
Hausbewohner: *6* Mieter; *7* Insasse
Hausboot: *6* Sampan
Häuschen: *7* Cottage
Hauseingang: *3* Tor; *4* Tuer
Hausflur: *3* Ern; *4* Eren, Gang; *5* Diele, Flett, Fletz; *8* Korridor
Hausgeist: *6* Kobold
Hausgeräte: *6* Moebel
Hausglocke: *4* Gong
Hausgötter der Römer: *5* Laren, Manen; *7* Penaten
Hausgrille: *8* Heimchen
Haushalt: *4* Etat; *6* Budget
haushälterisch: *9* rationell
Haushaltsgerät: *3* Mop; *4* Herd, Sieb, Topf; *5* Besen, Eimer, Kanne, Kelle, Mixer, Reibe, Tasse; *6* Ascher, Pfanne, Teller, Tiegel; *7* Flasche, Terrine; *8* Kochtopf; *9* Staubtuch; *10* Kasserolle, Muelleimer; *11* Abfalleimer, Kohleneimer, Salzstreuer, Scheuertuch, Staubsauger; *12* Dosenoeffner; *13* Waschmaschine
Haushaltsplan: *4* Etat; *6* Budget
Hausherr: *4* Wirt
Haushofmeister: *6* Butler; *9* Marschall
- **im Mittelalter:** *5* Meier; *10* Majordomus

Hausierhandel: *10* Kolportage
Hauskleid: *7* Negligé
Hausknecht: *3* Enk
Häuslerwohnung: *4* Kate
häuslich: *6* privat
Hausmeister im Frankenreich: *10* Majordomus
Hausmeister: *6* Pedell; *9* Kalfaktor, Kastellan
Hausmeisterin in Frankreich: *9* Concierge
Hausrat: *8* Mobiliar
Hausrock: *6* Janker
Hausschuh: *6* Latsch; *7* Latsche; *8* Latschen; *9* Pantoffel, Schlappen
Hausse: *4* Boom
Haussier: *9* Spekulant
Haustier: *3* Kuh, Ren, Sau; *4* Bock, Eber, Ente, Esel, Gans, Hahn, Huhn, Hund, Kalb, Lama, Lamm, Pfau, Pute, Zebu; *5* Bulle, Erpel, Geiss, Henne, Kamel, Kater, Katze, Ochse, Pferd, Puter, Ruede, Schaf, Stier, Stute, Taube, Welpe, Zicke, Ziege; *6* Eselin, Faerse, Ferkel, Fohlen, Ganter, Glucke, Gockel, Hammel, Hengst, Kapaun, Kueken, Tauber, Widder, Zickel; *7* Bueffel, Fuellen, Goessel, Huendin, Kuecken, Rammler, Rentier, Schoeps, Schwein, Wallach; *8* Dromedar, Enterich, Maulesel, Perlhuhn, Poularde, Truthahn; *9* Kaninchen, Karnickel, Schafbock
Haustier
- **der Indios:** *4* Lama
- **der Lappen:** *3* Ren; *7* Rentier
- **des Orients:** *5* Kamel; *8* Dromedar

Haustiere: *4* Vieh
Haustürklingel: *7* Schelle
Hausvorbau: *5* Erker
Hauswart: *7* Portier
Hauswirt: *9* Vermieter
Hauswurz: *11* Sempervivum
Haut: *4* Balg, Fell; *5* Leder, Pelle, Derma; *6* Huelle, Schale; *9* Epidermis
Haut am Geweih: *4* Bast
- **des Schwarzwildes:** *8* Schwarte

Hautabschürfung: *8* Schrunde
Hautabsonderung: *8* Schweiss
Hautarzt: *11* Dermatologe
Hautatmung: *12* Perspiration
Hautausschlag: *4* Akne; *5* Ekzem, Grind; *6* Schorf; *7* Flechte, Roseola, Roseole
Hautauswuchs: *5* Warze
Hautbemalung: *12* Taetowierung
Hautbewuchs: *4* Bart, Haar
Häutchen: *4* Film
Haute Couture: *4* Mode
Hautentzündung: *5* Ekzem
Hauterhebung: *5* Warze
Hauterkrankung: *9* Ausschlag
- **bei Haustieren:** *6* Raeude

Hautfalte: *6* Runzel
Hautfarbe: *5* Teint
Hautfärbemittel: *8* Schminke
Hautfarbstoff: *7* Pigment
Hautfarbstoffmangel: *10* Albinismus
Hautfinne: *4* Akne
Hautfleck: *7* Sprosse; *9* Muttermal; *10* Leberfleck
Hautflügler: *4* Emse, Imme; *5* Biene, Wespe; *7* Ameise, Drohne, Hummel, Weisel; *8* Hornisse; *9* Gallwespe
Hautjucken: *8* Pruritus
Hautknötchen: *5* Papel
Hautkrankheit: *4* Akne; *5* Ekzem, Finne; *7* Flechte, Kraetze
Hautoberschicht: *9* Epidermis
Hautöffnung: *4* Pore
Hautplättchen: *7* Schuppe
Hautpustel: *6* Pickel
Hautrötung im Sommer: *11* Sonnenbrand
Hautsalbe: *5* Creme
Hautverdickung: *8* Hornhaut, Schwiele
Hautverfärbung: *5* Roete
Hautverzierung: *12* Taetowierung
Hautwucherung: *5* Warze
Hautwulst: *6* Keloid
Hauwerkzeug: *3* Axt; *4* Beil; *6* Hammer
Havarie: *11* Schiffbruch
Havelzufluß → Nebenfluß der Havel
Hawaiian-Gitarre: *7* Ukulele
Hawaii-Insel: *4* Maui, Oahu; *5* Kauai, Kaula, Lanai; *6* Hawaii, Niihau; *7* Molokai; *8* Kahulaui
Hebebewegung: *3* Hub
Hebegerät: *4* Gien, Kran, Lift; *5* Spill, Talje, Takel, Winde; *6* Aufzug, Haspel; *8* Elevator; *9* Fahrstuhl, Gangspill; *11* Flaschenzug, Paternoster
Hebel: *5* Griff; *6* Klinke; *8* Schalter
Hebelarm am Steuerruder: *5* Pinne
Hebemaschine → Hebegerät
heben: *6* hieven; *7* stemmen, trinken, wuchten; *8* foerdern, steigern
Heber für Flüssigkeiten: *7* Pipette; *8* Saugrohr; *9* Saugheber; *10* Stechheber
Hebestrecke: *3* Hub
Hebewerk für Schiffe: *4* Dock; *8* Schleuse
hebräisch(Sprache)
- **Gott:** *5* Eloah; *6* Adonai
- **Nichtjude:** *3* Goi
- **Sohn:** *3* Ben

hebräische(r)
- **Buchstabe:** *3* Mem; *5* Aleph
- **Dichter:** *5* Perez; *12* Jehuda Halevi
- **Gewichtseinheit:** *5* Sekel
- **Münzeinheit:** *5* Sekel

Hebrideninsel: *3* Rum; *4* Coll, Eigg, Muck, Mull, Nist, Skye; *5* Barra, Canna, Lewis, Tiree; *6* Harris, Staffa; *7* St. Kilda
Hebung des Wasserspiegels: *4* Stau
Hechtbarsch: *6* Zander
Hecke: *3* Hag; *5* Busch
Heckenrose: *8* Hagedorn
Heckenschütze: *8* Guerilla, Partisan; *11* Franktireur
Heckenstrauch: *5* Buchs; *8* Liguster; *9* Feldahorn, Hagebuche, Hainbuche, Sauerdorn, Weissdorn
Hede: *4* Werg
Heer: *5* Armee
Heeresabteilung: *5* Armee, Korps; *8* Division, Kompanie, Regiment; *9* Bataillon
Heeresangehöriger: *6* Soldat; *8* Offizier
Heeresfuhrwesen: *5* Train, Tross
Heeresspitze: *4* Tete
Heerfahne: *6* Panier
Heerführer → Feldherr
Heerführer: *8* Stratege
Heerkönig der Germanen: *7* Odoaker
Heerschar: *6* Truppe
Heerschau: *6* Parade
Heerwesen: *8* Militaer
Hefe: *4* Germ; *6* Baerme
hefeähnliche Bakterien: *4* Kahm; *8* Schimmel
Heft: *6* Kladde
Heft für laufende Aufzeichnungen: *8* Tagebuch
heftig: *4* akut, jaeh; *6* hitzig; *8* impulsiv, vehement; *9* ungestuem
heftige(r, s)
- **Abneigung:** *4* Hass
- **Anprall:** *5* Stoss
- **Fall:** *5* Sturz
- **Gefühlsregung:** *6* Affekt
- **Leibschmerz:** *5* Kolik
- **Verlangen:** *4* Gier; *5* Manie; *8* Begierde
- **Wind:** *3* Boe; *5* Sturm
- **Wut:** *4* Rage

Heftigkeit: *6* Gewalt; *7* Violenz; *8* Schaerfe, Vehemenz; *9* Ungestuem
Heftzwecke: *10* Reissnagel, Reissstift
hegen: *6* hueten; *7* pflegen, schonen
Hegezeit: *9* Schonzeit
Hehler: *8* Komplice, Komplize; *9* Mittaeter, Mitwisser; *10* Hintermann; *13* Helfershelfer
Hehlerware: *9* Diebesgut
hehr: *6* sublim
Heidedichter: *5* Loens
Heidekraut: *5* Erika
Heidelandschaft in Westfalen: *5* Senne
Heidelbeere: *9* Bickbeere, Blaubeere, Waldbeere
Heidelberger Bücherei: *8* Palatina
Heidelberger Hofnarr: *6* Perkeo
Heidelberger Sehenswürdigkeit: *7* Schloss; *8* Karlstor; *11* Alte Bruecke, Brueckentor, Grosses Fass; *17* Heiliggeistkirche
Heidenapostel: *6* Paulus
Heidenbekehrer: *7* Apostel; *9* Missionar
Heidenbekehrung: *7* Mission
Heidentum: *10* Paganismus
Heidepflanze: *5* Erika, Gagel; *7* Ginster; *9* Machandel, Wacholder; *10* Krahnewitt
Heideschaf: *12* Heidschnucke
heidnische(r, s)
- **Brandopferstätte:** *5* Altar
- **Brauchtum:** *5* Magie; *8* Zauberei; *9* Tieropfer;

10 Rauchopfer, Totenopfer, Trankopfer; *13* Menschenopfer
- **Glaubensform:** *9* Idolatrie; *11* Abgoetterei; *12* Fetischismus, Polytheismus; *13* Goetzendienst
- **Zauberer:** *6* Theurg

Heiduck: *5* Lakai; *7* Laeufer; *8* Soeldner
heikel: *7* delikat; *8* diffizil
heil: *4* ganz; *6* gesund, intakt; *10* unversehrt
Heil: *4* Wohl; *6* Gloria; *8* Gedeihen
Heiland: *5* Jesus; *8* Christus, Erloeser
Heilanstalt: *10* Sanatorium
Heilanzeige: *10* Indikation
Heilbad → Kurort
Heilbäderkunde: *11* Balneologie
Heilbehandlung: *3* Kur; *8* Therapie
Heilbehandlung durch Fußsohlenmassage: *18* Reflexzonenmassage
- **durch Nadelstiche:** *10* Akupunktur
- **durch Punktmassage:** *10* Akupressur

Heilbutt: *7* Scholle; *10* Plattfisch; *11* Pferdezunge
heilen: *7* genesen; *8* gesunden, kurieren, sanieren
Heilerde: *3* Bol; *5* Bolus
heilfroh: *5* selig
Heilgehilfe: *4* Sani; *5* Bader; *7* Masseur, Pfleger; *10* Sanitaeter
heilig: *4* hehr; *5* sankt; *6* sakral; *10* sakrosankt
heilig (Sprache): *3* san, sao; *5* saint, sankt, santa
Heilige: *4* Afra; *5* Lucia; *6* Hedwig; *7* Cabrini; *8* Mathilde, Perpetua, Theresia, Walpurga; *9* Elisabeth, Hildegard, Walpurgis; *10* Bernadette
Heilige der USA: *7* Cabrini
heilige(r, s)
- **Berg in Japan:** *6* Ontake
- **Bischof von Sitten:** *6* Amatus
- **Brunnen in Mekka:** *6* Semsem
- **Buch der Chinesen:** *8* Schuking
- **Buch der Christen:** *5* Bibel
- **Buch des Islam:** *5* Koran
- **Buch der Parsen:** *6* Avesta, Awesta
- **Handlung:** *5* Gebet, Opfer, Segen, Taufe, Weihe; *9* Sakrament
- **Käfer der Ägypter:** *10* Skarabaeus
- **Kirchenvater:** *10* Hieronymus
- **Land:** *10* Palaestina
- **Märtyrer:** *7* Erasmus
- **Nacht:** *11* Christnacht
- **Patron der Jäger:** *8* Hubertus
- **Schale:** *4* Gral
- **Schrein:** *9* Reliquiar
- **Schrift der Christen:** *5* Bibel
- **Schrift der Inder:** *4* Weda
- **Schrift des Islam:** *5* Koran
- **Schrift der Juden:** *6* Talmud
- **Schrift der Parsen:** *6* Avesta, Awesta
- **Sprache der Buddhisten:** *4* Pali
- **Sprache der Inder:** *8* Sanskrit
- **Stadt in Ägypten:** *6* Abydos
- **Stadt in Äthiopien:** *5* Aksum
- **Stadt der Christen:** *9* Jerusalem
- **Stadt der Hindus:** *7* Benares
- **Stadt in Indien:** *7* Benares
- **Stadt der Mohammedaner:** *5* Mekka; *6* Medina
- **Stätte:** *6* Orakel, Tempel; *7* Kultort
- **Stier der Ägypter:** *4* Apis
- **Strom in Indien:** *6* Ganges
- **Vogel der Ägypter:** *4* Ibis
- **Vogel der Germanen:** *4* Rabe
- **Vogel der Hindus:** *4* Pfau
- **Woche:** *8* Karwoche
- **Wort der Hindus:** *2* Om

Heiligenbild: *5* Ikone
Heiligenerzählung: *7* Legende
Heiligenlehre: *10* Hagiologie
Heiligenschein: *6* Glorie, Korona, Nimbus; *7* Aureole; *8* Mandorla
Heiligenschrein: *9* Reliquiar
Heiliger: *4* Anno, Neri, Pius, Veit; *5* Benno, Bruno, Hanno, Morus, Sales; *6* Arnulf, Damian, Kosmas, Martin, Medard, Rochus, Servaz; *7* Emmeram, Norbert, Zyprian; *8* Antonius, Basilius, Benedikt, Canisius, Cyrillus, Hubertus, Ignatius, Leonhard, Mamertus, Nikolaus, Polykarp, Quirinus, Sebaldus, Willigis, Zyriakus; *9* Bellarmin, Dominikus, Gervasius, Januarius, Korbinian, Mauritius, Pantaleon, Sebastian, Servatius; *10* Athanasius, Augustinus, Borromaeus, Franziskus, Hieronymus, Laurentius, Pankratius; *11* Apollinaris; *12* Chrysostomus
Heiliger Geist: *15* Spiritussanctus
heiligsprechen: *12* kanonisieren
Heiligsprechung: *12* Kanonisation
Heiligtum: *6* Tempel
Heiligtum im alten Griechenland: *6* Delphi; *7* Eleusis, Olympia
- **des Islam in Mekka:** *5* Kaaba

heilkräftig: *6* gesund; *8* lindernd, nahrhaft; *9* staerkend, wohltuend; *11* bekoemmlich
heilkräftiger vulkanischer Schlamm: *5* Fango
Heilkraut → Heilpflanze
Heilkunde: *7* Medizin
Heilkundiger: *4* Arzt; *9* Mediziner, Therapeut
heilkundiger Kentaur: *6* Chiron
Heilmaßnahme: *3* Kur
Heilmittel: *3* Bor, Jod, Tee; *4* Brom, Moor; *5* Droge, Mazis, Pille, Salbe, Salep, Serum; *6* Arznei, Balsam, Chinin, Dragee, Essenz, Galban, Natron, Pepsin; *7* Alkohol, Aspirin, Elixier, Impfung, Insulin, Kampfer, Medizin, Menthol, Rizinus, Salizin, Veronal, Vitamin; *8* Borsalbe, Germanin, Klistier, Pflaster, Remedium; *9* Antitoxin, Impfstoff, Kotorinde, Salvarsan, Strychnin; *10* Aureomyzin, Medikament, Penicillin; *11* Sulfonamide; *12* Bullrichsalz, Streptomyzin; *13* Therapeutikum
Heilmittelhersteller: *9* Apotheker; *10* Pharmazeut
Heilmittelherstellung: *9* Pharmazie
Heilmittelkunde: *13* Pharmakologie
Heilmittelrohstoff: *5* Droge

Heilmittelverschreibung: *6* Rezept
Heilnahrung: *5* Diaet; *9* Schonkost
Heilpaste: *5* Salbe
Heilpflanze: *4* Aloe, Anis, Lein, Ysop; *5* Alant, Asant, Malve, Minze, Raute, Sesel, Ziest; *6* Akonit, Arnika, Dorant, Enzian, Germer, Ingwer, Kalmus, Kassia, Kassie, Mistel, Salbei, Storax, Styrax, Szilla, Wermut; *7* Betonie, Bryonie, Eibisch, Fenchel, Ginseng, Gleisse, Guensel, Kamille, Kuemmel, Kurkuma, Majoran, Melisse, Quendel, Rettich, Rizinus, Theriak, Thymian; *8* Angelika, Baldrian, Beinwell, Blutwurz, Eberwurz, Eisenhut, Faulbaum, Holunder, Labkraut, Lavendel, Nieswurz, Rosmarin, Sturmhut, Wallwurz, Wegerich, Wundklee, Zichorie; *9* Aberraute, Blutkraut, Digitalis, Engelwurz, Fetthenne, Fingerhut, Gichtrose, Hauhechel, Knoblauch, Kreuzdorn, Leinkraut, Sabadille, Steinwurz; *10* Augentrost, Baerenwurz, Belladonna, Bibernelle, Bitterwurz, Brennessel, Christwurz, Eukalyptus, Gundermann, Huflattich, Kellerhals, Koloquinte, Pimpernell, Pimpinelle, Schafgarbe, Taubnessel, Tormentill; *11* Krauseminze, Meerettich, Schwarzwurz; *12* Baerentraube, Koenigskerze, Liebstoeckel, Pfefferminze, Strophanthus; *15* Benediktenkraut
Heilpraktiker: *9* Naturarzt; *11* Biochemiker, Magnetiseur
Heilquelle: *13* Thermalquelle
Heilsbotschaft: *10* Evangelium
Heilschlamm: *5* Fango
Heilstätte: *6* Klinik, Spital; *7* Spittel; *8* Hospital, Lazarett; *10* Poliklinik, Sanatorium
Heiltrank: *7* Elixier
Heilverfahren: *3* Kur; *10* Allopathie, Diathermie; *11* Magnetismus
heilvoll: *8* tragisch
Heilwurzel: *5* Alant; *7* Galgant, Ginseng
Heim: *4* Asyl, Hort; *6* Krippe; *8* Herberge
Heimarbeiter: *6* Faktor
Heimat: *6* Daheim; *7* Zuhause; *9* Vaterhaus, Vaterland; *10* Elternhaus
Heimat
- **des Abraham:** *2* Ur
- **der Apfelsine:** *5* China
- **der Aprikose:** *5* China
- **der Banane:** *9* Ostindien
- **der Baumwolle:** *4* Peru; *6* Indien, Mexiko
- **der Bohne:** *6* Mexiko
- **der Gurke:** *5* China
- **der Hanfpflanze:** *5* China
- **des heiligen Franziskus:** *6* Assisi
- **der Hirse:** *6* Indien
- **Jesu:** *8* Nazareth
- **des Kaffees:** *10* Abessinien
- **der Kartoffel:** *4* Peru; *5* Chile; *8* Bolivien
- **des Kautschuks:** *9* Brasilien
- **der Kirsche:** *8* Kaukasus
- **des Mais:** *4* Peru
- **des Mohns:** *5* China
- **des Odysseus:** *6* Ithaka
- **des Pfirsichs:** *5* China
- **des Rhabarbers:** *5* China
- **der Sonnenblume:** *4* Peru; *8* Bolivien
- **des Spinats:** *9* Turkestan
- **des Teestrauches:** *5* Assam
- **des Weizens:** *10* Abessinien
- **des Zimts:** *6* Ceylon
- **der Zitrone:** *5* China; *6* Indien

Heimatboden: *7* Scholle
Heimatloser: *7* Apolide
Heimatort: *7* Domizil
Heimatvertriebener: *9* Umsiedler; *11* Fluechtling
heimelig: *8* traulich; *9* idyllisch
heimischer Straßenvogel: *5* Spatz, Taube; *8* Schwalbe, Sperling
heimisches Raubtier: *5* Fuchs, Iltis, Otter; *6* Marder, Wiesel
heimlich: *6* mental, okkult
heimlich beobachten: *10* bespitzeln
heimliche Botschaft in Gefängnissen: *8* Kassiber
heimlicher Beobachter: *5* Luxer, Spion; *7* Kiebitz, Spanner, Spitzel; *8* Lauscher, Naseweis; *9* Zutraeger; *10* Schleicher; *11* Drahtzieher, Leisetreter, Schnueffler; *16* Geheimniskraemer
heimlicher Groll: *3* Pik
heimliches Gericht: *4* Feme
- **Schreiben:** *8* Kassiber

Heimlichkeit: *9* Geheimnis, Getuschel; *10* Diskretion, Gefluester; *13* Leisetreterei
Heimlichtuerei: *18* Geheimniskraemerei
Heimschule: *8* Internat
Heimstätte für Behinderte bei Bielefeld: *6* Bethel
Heimtücke: *7* Arglist; *10* Falschheit, Hinterlist
heimtückisch: *6* perfid
heimtückischer Anschlag: *8* Attentat
Heimweh: *9* Nostalgie
Heimwerker: *7* Bastler
Heimzahlung: *5* Rache; *8* Revanche; *10* Vergeltung
Heimzögling: *7* Interne; *8* Interner
Heinzelmännchen: *4* Gnom; *5* Troll, Wicht, Zwerg
Heirat: *7* Trauung; *8* Hochzeit
Heiratsantrag: *6* Freite
Heiratsgut: *7* Mitgift; *8* Dotation
heiratslustiger Mann: *6* Freier
Heiratssymbol: *7* Ehering; *8* Trauring; *10* Brautkranz; *11* Myrtenkranz; *13* Myrtenstrauss
heiße Quelle: *6* Geiser, Geysir
- **Zone:** *6* Tropen

heißer Wüstenwind: *5* Samum
heißes alkoholisches Getränk: *4* Grog; *6* Punsch
Heißhunger: *7* Limosis; *9* Kohldampf
Heißluftbad: *5* Sauna
Heißluftdusche: *4* Foen
Heißsporn: *8* Hitzkopf; *9* Desperado, Fanatiker; *10* Choleriker
Heißwasserbereiter: *6* Boiler
Heißwelle: *10* Ondulation

heiter: *4* froh; *5* fidel; *6* jovial, jowial, lustig, munter, sonnig; *8* amuesant; *9* froehlich, humorvoll, vergnuegt; *12* plaesierlich
heitere Erzählung: *8* Anekdote
- Sinnesart: *5* Humor
- Spielart des Dramas: *9* Lustspiel
- Stimmung: *13* Froehlichkeit
heiterer Zwischenfall: *10* Intermezzo
heiteres Bühnenstück: *5* Posse; *7* Schwank; *8* Komoedie; *9* Lustspiel
- Tonstück: *7* Scherzo
Heiterkeit: *5* Humor; *8* Frohsinn; *9* Fidelitas
Heiterkeitserfolg: *6* Lacher
Heizgas: *5* Butan; *6* Propan
Heizgerät → Heizungsanlage
Heizgitter: *4* Rost
Heizkörper: *4* Ofen; *8* Radiator
Heizmaterial: *3* Gas, Oel; *4* Holz, Koks, Torf; *5* Grude, Kohle, Masut; *6* Erdgas, Rohoel; *7* Brikett, Heizoel, Naphtha; *9* Anthrazit, Holzkohle; *10* Braunkohle, Steinkohle; *11* Eierbrikett
Heizungsanlage: *4* Ofen; *5* Kamin; *7* Gasofen; *9* Heizsonne; *10* Kachelofen, Oelheizung; *11* Elektroofen; *14* Zentralheizung
Hekatombe: *5* Opfer; *8* Opferung; *11* Massenopfer
Held: *5* Degen, Heroe, Heros, Recke
Held
- der Artusrunde: *4* Erek
- der deutschen Sage: *5* Iwein
- eines deutschen Volksbuches: *5* Faust; *10* Fortunatus
- der Edda: *3* Dan
- der germanischen Sage → germanischer Sagenheld
- der griechischen Sage → griechischer Sagenheld
- der indischen Sage: *3* Nal; *4* Manu
- der keltischen Sage: *6* Ossian
- mittelalterlicher Ritterromane: *6* Amadis
- der mittelalterlichen Sage: *8* Parsifal, Parzival
- eines Räuberromans: *9* Rinaldini
- von Troja: *4* Aias, Ajax; *6* Achill, Aeneas, Hektor, Nestor; *8* Achilles
- in Walhall: *9* Einherier
Helden: *6* Heroen
Heldendarsteller: *8* Tragoede
Heldendarstellerin: *7* Heroine
Heldenepos: *3* Cid
Heldenerzählung: *4* Sage
Heldengedicht: *4* Epos
Heldengedicht Homers: *5* Ilias; *6* Iliade; *7* Odyssee
- Vergils: *6* Aeneis; *7* Aeneide
heldenhaft: *8* heroisch
heldenhaft in der Musik: *6* eroico
Heldenlied: *9* Rhapsodie
Heldenmut: *9* Heroismus
Heldensage: *6* Mythos, Mythus
Heldentempel: *6* Heroon
Heldin: *6* Heroin; *7* Heroine
Heldin eines deutschen Volksbuches: *8* Magelone
helfend: *10* subsidiaer
Helfer: *6* Maezen; *7* Adlatus, Famulus; *9* Assistent, Sekundant
Helfer in Finanzangelegenheiten: *13* Steuerberater
- der Inneren Mission: *6* Diakon
- bei der katholischen Messe: *12* Ministranten
- in der Not: *6* Retter
Helferin im Märchen: *3* Fee
Helfershelfer: *8* Komplice, Komplize
Helikon: *14* Kontrabasstuba
Helikopter: *12* Hubschrauber
Helikopterdrehflügel: *5* Rotor
Heliodor: *6* Beryll
Helldunkelmalerei: *11* Clairobscur
helle durchsichtige Farbschicht: *5* Lasur
- Flamme: *4* Lohe
- Freude: *5* Jubel
hellenistische Umgangssprache: *5* Koine
helles englisches Bier: *3* Ale
- poröses Vulkangestein: *4* Bims
Hellespont: *11* Dardanellen
hellgelbfarbenes Pferd: *5* Falbe
hellgelbgrau: *5* beige
hellhaariges Mädchen: *8* Blondine
hellhäutig: *9* leukoderm
Helligkeit: *5* Glanz, Licht
Hellsehen: *9* Prophetie
hellster Stern am Himmel: *5* Venus; *10* Abendstern
helltönend: *4* gell
Helm im Mittelalter: *10* Sturmhaube
Helmbusch: *7* Panasch
Helmschmuck: *6* Zimier
Helsingfors: *8* Helsinki
Hemd: *6* Chiton, Kittel, Tunika; *11* Leibwaesche
hemdsärmelig: *5* leger; *11* ungezwungen
Hemdteil: *6* Kragen
Hemlocktanne: *5* Tsuga
hemmen: *7* bremsen, hindern; *9* sistieren; *11* okkludieren
hemmend: *9* repressiv
Hemmnis: *8* Stoerung; *9* Hindernis
Hemmung: *7* Skrupel
hemmungslos: *10* skrupellos
Hemmvorrichtung: *6* Bremse
Hengst Odins: *8* Sleipnir
- Siegfrieds: *5* Grane
Henkel: *5* Griff
Henkelgefäß: *4* Krug, Topf; *5* Kanne
Henkergerüst: *6* Galgen; *8* Schafott
Henkersbeil: *8* Richtaxt
Henne: *4* Huhn; *6* Glucke
herab: *6* nieder; *8* abwaerts, herunter
herabsetzen: *6* senken; *10* reduzieren; *14* diskriminieren
Herabsetzung: *9* Reduktion; *15* Diskriminierung
herabstürzende Schneemassen: *6* Lawine
herabwürdigen: *11* degradieren, erniedrigen; *12* deklassieren

herausfinden: *7* erraten; *8* eruieren; *9* entdecken, ermitteln; *11* entraetseln
Herausforderer: *11* Provokateur
herausfordern: *6* reizen; *7* trotzen; *11* provozieren
herausfordernd: *10* ostentativ
Herausforderung: *7* Reizung; *11* Provokation
Herausgabe: *7* Edition; *11* Publikation
herausgeben: *7* edieren; *11* publizieren
Herausgeber: *6* Editor; *9* Publizist
Herausschneiden eines Körperteils: *9* Resektion
herausziehen: *11* extrahieren
herb: *5* sauer; *6* bitter, streng; *7* sproede
herbeibringen: *11* apportieren
Herberge: *5* Hotel, Motel; *6* Hospiz
Herberge für Karawanen: *12* Karawanserei
Herbergswirt: *6* Balbos
Herbstblume: *5* Aster, Malve; *6* Dahlie; *8* Eisenhut, Georgine, Zeitlose; *9* Goldraute, Stockrose; *10* Herbstrose, Stockmalve; *12* Chrysantheme; *14* Herbstzeitlose
Herbstmond: *9* September
Herbstrose: *5* Malve
Herd: *4* Sitz; *5* Grill, Grude, Mitte; *6* Kocher; *8* Ursprung; *9* Gaskocher; *10* Kochplatte
Herde: *3* Zug; *5* Horde, Kette, Rotte, Rudel; *7* Schwarm
Herdentier der Lappen: *3* Ren
– als Symbol: *5* Schaf; *10* Leithammel
Hergang: *7* Prozess, Verlauf
Hering: *4* Ihle; *6* Matjes; *8* Buekking; *9* Bueckling
Heringsart: *6* Tarpon; *7* Sardine, Sprotte; *8* Anchovis, Sardelle; *9* Anschovis
Heringsbrühe: *4* Lake
Herkommen: *7* Abkunft; *8* Ursprung; *9* Observanz, Tradition; *10* Deszendenz, Herleitung, Konvenienz
herkömmlich: *12* traditionell; *13* konventionell
Herkunft: *6* Quelle, Wurzel; *8* Ursprung; *9* Herkommen; *10* Abstammung, Deszendenz, Provenienz
Herkunft edler Weine: *8* Kreszenz
Herleitung: *9* Deduktion, Induktion
Hermann der Cherusker: *5* Armin; *8* Arminius
Hermelin: *6* Wiesel
Herr
– in Afrika: *5* Bwana
– der bösen Geister: *9* Beelzebub
– in England: *3* Sir; *6* Mister
– in Frankreich: *8* Monsieur
– in der Hölle: *5* Satan
– in Indien: *5* Sahib
– in Italien: *6* Signor; *7* Signore
– in Malaia: *4* Tuan
– in Portugal: *6* Senhor
– in Spanien: *3* Don; *5* Senor
– in Südamerika: *5* Senor; *6* Senhor
– in der Türkei: *6* Efendi
Herrenbekleidungsstück: *3* Cut; *4* Hemd, Hose; *5* Anzug, Frack, Sakko, Weste; *6* Ulster; *7* Paletot, Smoking; *8* Havelock
Herrendienst: *4* Fron
Herrenhaus in der Ritterburg: *5* Palas
Herrenhut: *6* Melone; *7* Homburg
Herrenhut bei Friedrich dem Großen: *9* Dreispitz
Herrenjackett: *5* Sakko
Herrenklubjacke: *6* Blazer
herrenloses Gebiet: *12* Niemandsland
Herrenmantel: *6* Ulster; *7* Paletot; *8* Havelock
Herrenreiterin: *7* Amazone
Herrenschicht im alten Peru: *4* Inka
Herrenschoßrock: *3* Cut
Herrentiere: *8* Primaten
herrichten: *9* frisieren
Herrin: *6* Domina
herrisch: *6* barsch, bruesk; *9* anmassend; *10* despotisch, tyrannisch
herrlich: *5* prima; *9* koestlich, praechtig, triumphal; *10* grossartig
Herrlichkeit: *5* Macht; *6* Gloria; *9* Majestaet
Herrschaft: *5* Macht; *6* Regime; *8* Regiment; *9* Regierung
Herrschaft der Minderheit: *10* Oligarchie
– der Reichen: *11* Plutokratie
– des Volkes: *10* Demokratie
herrschaftlich: *6* feudal
herrschaftliche Kutsche: *8* Equipage
herrschaftlicher Diener: *5* Lakai; *6* Butler; *7* Heiduck
Herrschaftsaneignung: *10* Usurpation
Herrschaftsbereich: *7* Domaene
Herrschaftsgebiet: *11* Territorium
herrschen: *7* fuehren; *8* gebieten, regieren
herrschende Geschlechter im alten Rom: *9* Optimaten
Herrscher: *3* Zar; *6* Despot, Dynast, Kaiser, Koenig, Regent, Tyrann; *7* Monarch; *8* Diktator, Verweser; *9* Oberhaupt, Souveraen; *10* Gouverneur, Landesherr, Praesident, Vizekoenig
Herrscher
– des Aztekenreiches: *9* Montezuma
– von Babylon: *6* Nimrod
– des Islam: *5* Kalif
– von Korinth: *9* Periander
Herrschergeschlecht: *8* Dynastie
Herrschergeschlecht in Syrien: *10* Seleukiden
Herrscherkaste im alten Peru: *4* Inka
Herrschersitz: *5* Thron
Herrscherstab: *6* Zepter
Herrschertitel: *3* Zar; *5* Mogul, Negus, Schah, Tenno; *6* Kaiser, Koenig
herrschsüchtiger Mensch: *6* Tyrann
hersagen: *10* memorieren, rezitieren; *11* deklamieren
herstellen: *11* fabrizieren, produzieren
Hersteller: *9* Produzent
Herstellung: *10* Produktion; *11* Fabrikation
Herstellungsverfahren: *7* Technik
herumgehen: *11* zirkulieren
herumraten: *8* raetseln
herumstrolchen: *13* vagabundieren
herumtollen: *5* toben
Herumtreiber: *7* Stromer; *8* Vagabund

heruntergekommener Mensch: *5* Wrack
hervorbringen: *6* zeugen; *8* erzeugen; *10* erschaffen; *11* produzieren
hervorgehen: *11* resultieren
hervorheben: *7* betonen; *10* exponieren; *12* akzentuieren; *14* unterstreichen
hervorragen: *10* dominieren
hervorragend: *7* eminent; *9* exzellent, prominent, trefflich; *10* grossartig; *11* vorzueglich; *12* vortrefflich; *13* ausgezeichnet
hervorragende Persönlichkeiten: *9* Prominenz
hervorstechende Eigenschaft: *16* Charakteristikum
hervorwachsen: *9* spriessen
Herz im Kartenspiel: *5* Coeur
Herzbeutel: *8* Perikard
Herzeleid: *6* Kummer; *7* Schmerz, Trauer
Herzerkrankung: *12* Kardiopathie
Herzkrampf: *14* Angina pectoris
herzlich: *5* innig, intim; *7* kordial
herzlos: *3* roh; *4* hart; *5* boese; *7* inhuman; *10* gefuehllos
Herzlosigkeit: *11* Frigiditaet
Herzmittel: *7* Koffein; *9* Digitalis; *11* Strophantin
Herzmuskel: *7* Myokard
Herzog: *3* Duc; *4* Duca, Duke
Herzog
– von Bayern: *7* Tassilo
– der Gallier: *13* Vercingetorix
– der Normannen: *5* Rollo; *7* Tankred
Herzogin: *8* Duchesse
Herzogin von Brabant: *8* Genoveva
Herzschlag: *4* Puls; *7* Systole; *8* Diastole
Herzstromkurve: *3* EKG
Herzvorkammer: *6* Atrium
hessische(r)
– Apfelweinkrug: *6* Bembel
– Ebene: *8* Wetterau
– Landeshauptstadt: *9* Wiesbaden
– Stausee: *7* Edersee
Hetäre in Athen: *5* Thais; *6* Phryne
– des griechischen Altertums: *7* Aspasia
hethitische Hauptstadt: *7* Hattusa
hethitischer Herrscher: *8* Labarnas, Mursilis, Telepinu; *10* Hattusilis; *12* Suppiluliuma
Hetze: *4* Hatz; *6* Unrast
hetzen: *5* jagen; *6* hasten
Hetzer: *8* Agitator, Demagoge
Hetzhund: *5* Ruede
Hetzjagd: *4* Hatz; *8* Parforce
Heuchelei: *5* Getue, Mache; *10* Bigotterie, Falschheit, Gleisnerei, Lobhudelei, Simulation
Heuchler: *8* Gleisner, Hypokrit, Simulant, Tartueff, Tartuffe; *9* Froemmler; *10* Pharisaeer
heuchlerisch: *12* pharisaeisch
Heugabel: *5* Forke
Heumond: *5* Heuet; *6* Heuert
Heuschnitt: *4* Mahd
Heuschober: *6* Stadel
Heuschreckenart: *6* Grille; *8* Heupferd; *10* Heuhuepfer; *11* Grashuepfer; *15* Gottesanbeterin
Heutrockengestell: *6* Reuter
Hexe: *5* Drude; *8* Daemonin, Zauberin
hexen: *7* zaubern
Hexenbesen: *6* Mistel
Hexenfest: *14* Walpurgisnacht
Hexenmeister: *6* Magier; *8* Zauberer; *15* Zauberkuenstler
Hexenring: *8* Feenring, Pilzring; *9* Elfenring, Pilzkreis; *14* Elfentanzplatz
Hexenschuß: *7* Lumgabo
Hexer: *6* Magier; *8* Zauberer
Hexerei: *5* Magie; *6* Zauber; *8* Zauberei
Hexode: *8* Sechspol; *14* Sechspolroehre; *16* Elektronenroehre
Hieb: *3* Hau; *5* Treff; *6* Schlag; *7* Streich
Hiebe: *4* Haue; *7* Dresche, Pruegel; *8* Schlaege
Hiebwaffe: *6* Saebel; *7* Schwert; *9* Streitaxt; *10* Hellebarde, Schlagring
Hiebwunde: *8* Schmarre
Hifthorn: *8* Jagdhorn; *10* Signalhorn
Hifthorn des Roland: *7* Olifant
Hilfe: *6* Schirm, Schutz; *7* Rettung, Stuetze, Sukkurs; *8* Beistand; *9* Assistenz, Errettung
Hilferuf: *3* CQD, SOS
hilflos: *6* ratlos
hilfreiche Hausgeister: *16* Heinzelmaennchen
hilfreicher Vorschlag: *3* Rat
hilfsbereit: *9* kollegial
Hilfsgeistlicher: *5* Vikar; *6* Kaplan
Hilfsgelder: *9* Subsidien
Hilfskraft: *8* Adjutant; *9* Assistent; *11* Mitarbeiter
Hilfsleine am Rahsegel: *5* Bulin; *6* Buline
– der Springkünstler: *5* Longe
Hilfsmaßstab: *6* Nonius
Hilfsmittel: *8* Material, Requisit; *10* Utensilien
Hilfszeitwort: *4* sein; *5* haben; *6* moegen, sollen, werden; *7* koennen, muessen
Himalajabewohner: *7* Tibeter; *8* Nepalese
Himalajagipfel: *11* Gaurisankar, Nanga Parbat; *12* Mount Everest
Himalajastaat: *5* Nepal; *6* Bhutan
himbeerfarben: *6* fraise
Himmel: *5* Feste; *6* Aether; *8* Paradies; *9* Firmament; *11* Sternenzelt
himmelblau: *5* azurn
Himmelfahrtsinsel: *9* Ascension
Himmelsbeschreibung: *12* Uranographie
Himmelsblau: *4* Azur
Himmelsbote: *5* Engel
Himmelsbrot: *5* Manna
Himmelserscheinung: *9* Nordlicht; *10* Polarlicht
Himmelsfärbung: *8* Abendrot; *9* Morgenrot
Himmelsforscher: *8* Astronom
Himmelsgerste: *6* Dinkel
Himmelsgewölbe: *7* Sphaere; *9* Firmament
Himmelsgöttin: *4* Juno
Himmelskönigin: *5* Maria; *7* Madonna
Himmelskörper: *4* Mond, Nova; *5* Komet, Sonne, Stern; *6* Meteor, Planet; *7* Gestirn, Trabant; *8* Fixstern, Meteorit; *9* Planetoid; *11* Wandelstern
Himmelskugel: *7* Sphaere

Himmelskunde: *10* Astronomie
Himmelsleiter: *10* Sperrkraut
Himmelspförtner: *6* Petrus
Himmelsrichtung: *3* Ost; *4* Nord, Sued, West; *5* Osten; *6* Norden, Sueden, Westen; *7* Nordost, Suedost; *8* Nordwest, Suedwest; *9* Nordosten, Suedosten; *10* Nordwesten, Suedwesten
Himmelsschlüsselblume: *6* Primel
Himmelsstürmer: *10* Prometheus
Himmelswächter der nordischen Mythologie: *7* Heimdal
Himmelszelt: *9* Firmament
himmlisch: *10* aetherisch, ambrosisch; *12* paradiesisch
himmlisches Wesen: *5* Engel
hindern: *7* stoeren
Hindernis: *6* Huerde, Sperre; *7* Hemmnis, Hemmung; *8* Barriere; *9* Barrikade
Hindernis
- **beim Pferderennen:** *4* Oxer, Wall; *5* Knick, Mauer; *6* Graben, Huerde
- **in der Schiffahrt:** *4* Riff, Wehr; *5* Barre, Nebel; *7* Eisberg, Untiefe; *8* Katarakt, Sandbank, Schleuse, Treibeis
- **als Symbol:** *6* Fessel; *9* Hemmschuh

Hindernisbahn: *8* Parcours
Hindernislauf: *11* Huerdenlauf
Hindernispfahl: *8* Palisade
Hinderung: *7* Hemmnis, Hemmung
Hindi-Name für Indien: *6* Bharat
Hindufest: *3* Hul
Hindugöttin: *8* Lakschmi
Hinduheiliger: *6* Saddhu
hinduistische(r)
- **Gottheit:** *4* Agni, Diti, Jama, Kali, Maja, Rama; *5* Adti, Durga, Indra, Shiva, Surja; *6* Brahma, Schiwa, Skanda, Karuna, Vishnu; *7* Ganesha, Kasjapa, Krishna, Lakshmi, Parvati, Parwati, Wischnu; *8* Ganescha, Karikeja, Krischna, Lakschmi
- **göttliche Dreifaltigkeit:** *8* Trimurti
- **heilige Schrift:** *4* Veda, Weda
- **Lehrer:** *4* Guru

Hindukusch-Stamm: *6* Pathan
Hindusekte: *4* Sikh
Hindu-Wallfahrtsort: *7* Benares
Hinfahrt: *7* Anreise
hinfällig: *5* siech
Hingabe: *4* Kult; *5* Eifer, Liebe, Opfer; *11* Aufopferung; *12* Begeisterung
Hingang: *3* Tod
hinhaltend: *11* dilatorisch
hinlänglich: *5* genug; *7* sattsam; *10* suffizient; *11* zulaenglich
hinreißend: *10* oratorisch
Hinrichtung: *9* Exekution
- **ohne Gerichtsverfahren:** *7* lynchen; *11* Lynchjustiz

Hinrichtungsgerät: *3* Rad; *5* Kreuz; *6* Galgen, Strang, Strick; *7* Garotte; *8* Fallbeil, Richtaxt, Schafott; *9* Gaskammer, Halseisen, Richtbock; *10* Guillotine, Richtstuhl
Hinrichtungskommando: *7* Peloton
Hinrichtungsmaschine: *10* Guillotine
Hinrichtungsstätte: *7* Schafott
Hinsicht: *5* Bezug; *8* Einblick; *9* Beziehung
Hinterbliebene: *5* Waise, Witwe
Hinterbliebener: *5* Waise; *6* Witwer
hinterbringen: *8* verraten, zutragen
hinterer Backenzahn: *5* Molar
- **Fußteil:** *5* Ferse
- **Schiffsmast:** *9* Besanmast
- **Sitz im Wagen:** *4* Fond

hinteres Schiffsdeck: *4* Back
Hintergedanke: *4* List; *6* Tuecke; *7* Arglist; *10* Hinterlist
hintergehen: *9* betruegen
Hintergrund: *4* Fond; *5* Folie, Tiefe; *8* Prospekt
Hinterhalt: *5* Falle, Lauer; *8* Versteck
hinterhältig: *6* falsch, gemein, perfid; *8* verlogen; *9* arglistig, intrigant, tueckisch; *10* raenkevoll; *13* heimtueckisch; *15* niedertraechtig
hinterhältige Machenschaft: *6* Raenke; *7* Arglist, Intrige; *8* Rankuene
hinterindische(r, s)
- **Halbinsel:** *7* Malakka
- **Königreich:** *4* Laos; *10* Kambodscha
- **Strom:** *5* Menam; *6* Mekong; *7* Irawadi
- **Volk:** *5* Karen; *10* Annamjeten
- **Völkergruppe:** *4* Thai
- **Wildrind:** *5* Gayal

Hinterlader: *6* Gewehr; *9* Geschuetz
Hinterlassenschaft: *4* Erbe; *7* Erbteil; *8* Nachlass
hinterlegen: *10* deponieren
Hinterlegtes: *5* Depot, Pfand; *7* Kaution
Hinterleib der Insekten: *7* Abdomen
Hinterlist: *6* Kabale, Raenke, Tuecke; *7* Arglist, Intrige; *8* Rankuene; *10* Heimtuecke, Taeuschung
hinterlistig → hinterhältig
hinterlistiger Ränkespieler: *9* Intrigant
Hinterseite: *6* Revers; *7* Ruecken; *9* Kehrseite; *10* Rueckseite
Hinterteil des Schiffes: *4* Back, Heck; *5* Stern; *12* Achterschiff
Hintertreffen: *6* Verzug; *8* Nachteil; *10* Rueckstand
hintertreiben: *10* sabotieren; *14* konterkarieren
Hintertreppenliteratur: *10* Kolportage
Hinterziehung: *12* Defraudation; *14* Unterschlagung
hinweg: *4* fort; *5* davon
Hinweis: *3* Rat, Tip; *4* Wink; *8* Auskunft; *9* Andeutung, Ratschlag; *10* Fingerzeig
hinweisend: *9* deiktisch
hinweisendes Fürwort: *2* da; *4* dies, dort, jene; *5* diese, jener, jenes; *6* dieser, dieses, solche; *7* solcher, solches
Hinweiser: *6* Zeiger
Hinweiszeichen: *5* Pfeil
hinzufügen: *8* addieren
Hinzufügung: *6* Anlage; *8* Addition; *10* Ergaenzung
hinzuzählen: *8* addieren

hinzuzuzählende Zahl: *7* Summand
Hiobsbotschaft: *16* Ungluecksmeldung
Hippi: *7* Gammler; *10* Blumenkind
Hirn: *6* Bregen; *7* Braegen; *8* Verstand
Hirnanhang: *9* Hypophyse
Hirngespinst: *4* Trug; *6* Utopie; *7* Phantom; *8* Tagtraum, Trugbild; *9* Schimaere; *10* Einbildung; *11* Luftschloss
Hirnhautentzündung: *10* Meningitis
Hirschart: *3* Dam, Elk, Reh, Ren; *4* Axis, Elch, Elen, Sika; *6* Wapiti; *7* Rentier; *8* Elentier, Renntier
Hirschgeschrei: *7* Roehren
Hirschkuh: *5* Hinde; *6* Hindin; *7* Rottier
Hirschling: *7* Reizker
Hirseart: *5* Fench; *7* Fennich
Hirtenbrief: *13* Sendschreiben
Hirtenflöte: *5* Frula; *6* Syrinx; *8* Schalmei; *10* Pansfloete
Hirtengott: *3* Pan
Hirtenlied: *6* Ekloge, Idylle; *9* Pastorale
Hirtenlieddichter: *9* Bukoliker
Hirtenpoesie: *9* Pastorale
Hirtenvolk: *4* Afar; *5* Tussi; *6* Lappen, Massai; *7* Jakuten, Nomaden; *8* Beduinen, Tungusen
Hirtenwaffe: *14* Steinschleuder
Histörchen: *8* Anekdote
Hitze: *4* Glut; *6* Waerme
Hitzebläschen: *6* Pustel
Hitzemesser: *9* Pyrometer
hitzig: *6* furios
Hitzkopf: *9* Desperado, Fanatiker; *10* Choleriker, Heisssporn
Hobelabfall: *4* Span
Hobby: *11* Liebhaberei; *12* Steckenpferd
Hobelmaschine: *6* Fraese
hoch im Preis: *5* teuer
hoch loben: *7* ruehmen
hochachten: *11* aestimieren
Hochachtung: *6* Tribut; *7* Respekt; *8* Reverenz; *9* Verehrung
Hochadel → Adelstitel
Hochamt: *5* Messe
hochangesehen: *8* beruehmt
hochbedeutsam: *7* epochal
hochbegabt: *6* genial
Hochbehälter für Wasser: *10* Wasserturm
hochbetagt: *3* alt; *5* uralt; *8* steinalt
Hochbetrieb: *6* Trubel; *8* Kampagne
Hochbild: *6* Relief
hochbringen: *7* erheben
Hochburg: *7* Zentrum; *9* Keimzelle
Hochdruckgebiet: *11* Antizyklone
Hochdruckkrankheit: *10* Hypertonie
Hochebene: *7* Plateau
Hochebene
- **in Asien:** *5* Pamir, Tibet
- **in Peru und Bolivien:** *5* Punas
- **in Spanien:** *6* Meseta
- **im Sudan:** *6* Darfur

Hochehrwürden: *10* Monsignore
hochempfindlich: *8* explosiv, sensibel, sensitiv; *10* explosibel, feinnervig; *11* feinfuehlig; *12* feinfuehlend
hochempfindliches Kontrollgerät: *6* Sensor
hochexplosiv: *7* brisant
hochfahrend: *10* cholerisch; *11* aufbrausend
Hochfläche: *7* Plateau
- **im oberen Leinetal:** *9* Eichsfeld
- **im Rheinischen Schiefergebirge:** *9* Hohes Venn
- **in Schweden:** *6* Fjaell
- **in Skandinavien:** *5* Fjeld, Fjell

Hochfrequenzgleichrichter: *8* Detektor
hochgebildet: *10* kultiviert
Hochgebirge
- **in Amerika:** *5* Anden; *11* Kordilleren
- **in Asien:** *8* Himalaja, Nanschan; *9* Karakorum
- **in Europa:** *5* Alpen
- **in Südamerika:** *5* Anden
- **in Tibet:** *6* Dangla
- **in Zentralasien:** *8* Nanschan

Hochgebirgsblume: *6* Enzian; *9* Edelweiss
Hochgebirgsnische: *3* Kar
Hochgebirgsrind: *3* Yak
Hochgebirgsschnee: *4* Firn
Hochgebirgsweide: *3* Alm, Alp
Hochgebirgsziege: *9* Steinbock
hochgeboren: *5* adlig; *6* adelig
Hochgefühl: *5* Stolz
hochgemut: *5* stolz; *12* selbstsicher
Hochgericht: *6* Galgen; *8* Schafott
hochgestimmt: *5* selig; *10* euphorisch
hochgewachsen: *4* rank; *7* schlank
Hochglanz: *5* Wachs; *7* Politur
hochgradig Begeisterter: *3* Fan
hochgradiger Schwachsinn: *7* Idiotie
Hochgrasebene in Südamerika: *6* Llanos
Hochhaus: *13* Wolkenkratzer
hochheben: *7* stemmen
hochheilig: *10* sakrosankt
hochherzig: *4* edel; *7* liberal; *9* selbstlos; *10* edelmuetig
Hochherzigkeit: *7* Edelmut
hochkant: *8* aufrecht
Hochkonjunktur: *4* Boom; *6* Hausse
Hochland
- **in Asien:** *4* Iran; *5* Dekan, Pamir, Tibet; *6* Dekhan; *8* Armenien, Mongolei; *9* Kurdistan
- **in Äthiopien:** *6* Amhara, Ogaden
- **in Brasilien:** *5* Goiás
- **in China:** *7* Juennan
- **zwischen Schwarzem Meer und Kaspisee:** *9* Kaukasien
- **in Südfrankreich:** *8* Auvergne
- **am Toten Meer:** *4* Edom
- **in Vorderasien:** *8* Armenien; *9* Kurdistan
- **in Vorderindien:** *5* Dekan; *6* Dekhan

Hochländer: *7* Schotte
Hochmeister des deutschen Ritterordens: *8* Albrecht
Hochmut: *7* Duenkel, Hoffart; *8* Arroganz; *9* Anmassung, Eitelkeit
hochmütig: *5* eitel; *8* arrogant, blasiert, herrisch;

9 anmassend; *10* dummdreist, hoffaertig; *11* aufgeblasen, duenkelhaft, eingebildet, impertinent
Hochofenwerk: *11* Eisenhuette, Stahlhuette
Hochruf: *5* Hurra, Vivat; *8* Hosianna; *9* Halleluja
Hochschätzung: *7* Achtung
Hochschaukel für Artisten: *6* Trapez
Hochschulabsolvent: *10* Akademiker
Hochschulbesuch: *7* Studium
Hochschule: *7* College; *8* Akademie; *9* Alma mater; *12* Universitaet
Hochschüler: *7* Student
Hochschulfestsaal: *4* Aula
Hochschulhalbjahr: *8* Semester
Hochschulinstitut: *7* Seminar
Hochschullehrer: *6* Dozent, Lektor; *9* Professor; *10* Ordinarius
Hochschulleiter: *6* Rektor; *10* Praesident
Hochschul-Organisation: *4* ASTA
Hochschulsaal: *10* Auditorium
Hochseefisch → Seefisch
Hochseefischereifahrzeug: *6* Kutter, Logger; *7* Trawler
Hochsitz: *6* Kanzel
höchst: *4* sehr; *6* extrem; *7* maximal; *8* ueberaus; *9* aeusserst
Hochstapler: *6* Gauner; *9* Betrueger; *10* Schwindler
höchste(r, s)
- **Beamter im alten Athen:** *6* Archon; *7* Archont
- **Begeisterung:** *7* Ekstase
- **Berg in Afrika:** *14* Kilimandscharo
- **Berg Amerikas:** *9* Aconcagua
- **Berg Asiens:** *7* Everest; *12* Mount Everest
- **Berg Australiens:** *15* Mount Kosciuszko
- **Berg Deutschlands:** *9* Zugspitze
- **Berg der Erde:** *7* Everest; *12* Mount Everest
- **Berg Europas:** *9* Montblanc
- **Berg Großbritanniens:** *8* Ben Nevis
- **Berg im Harz:** *7* Brocken
- **Berg Japans:** *11* Fudschijama
- **Berg Kanadas:** *10* Mount Logan
- **Berg des Kaukasus:** *6* Elbrus
- **Berg Mittelamerikas:** *9* Tajumulco
- **Berg Nordamerikas:** *13* Mount McKinley
- **Berg der Ostalpen:** *7* Bernina
- **Berg Österreichs:** *13* Grossglockner
- **Berg der Pyrenäen:** *5* Aneto
- **Berg des Riesengebirges:** *11* Schneekoppe
- **Berg Sachsens:** *11* Fichtelberg
- **Berg des Schwarzwaldes:** *8* Feldberg
- **Berg Schwedens:** *10* Kebnekajse
- **Berg Spaniens:** *8* Mulhacén
- **Berg der Türkei:** *6* Ararat
- **englischer Orden:** *14* Hosenbandorden
- **Erregung:** *7* Ekstase
- **Gebäude der Welt:** *10* Sear Tower
- **Gebirge der Erde:** *8* Himalaja
- **Gebirge Europas:** *5* Alpen
- **Gebirge Griechenlands:** *5* Olymp
- **Gerichtshof im alten Athen:** *7* Areopag
- **Glückseligkeit im Buddhismus:** *7* Nirwana
- **Gott der Germanen:** *5* Wodan
- **griechischer Gott:** *4* Zeus
- **islamischer Würdenträger:** *5* Wesir
- **jüdischer Feiertag:** *9* Jom Kippur
- **jüdischer Gerichtshof in der Römerzeit:** *9* Sanhedrin
- **militärischer Rang:** *13* Feldmarschall
- **päpstliches Gericht:** *4* Rota
- **Punkt des Himmelsgewölbes:** *5* Zenit
- **römischer Gott:** *7* Jupiter
- **schöpferische Begabung:** *5* Genie
- **Sorgsamkeit:** *7* Akribie
- **Spielkarte:** *2* As
- **Stadt der Erde:** *12* Cerro des Pasco
- **Wesen:** *4* Gott

höchstbegabt: *6* genial
Höchstbegabung: *5* Genie
höchstentwickelte Säugetiere: *8* Primaten
Höchstleistung: *6* Rekord; *7* Maximum; *10* Superlativ
Höchstmaß: *7* Optimum
Höchststufe: *10* Superlativ
Höchstwert: *5* Atout; *6* Trumpf; *7* Maximum
Hochtal
- **im Berner Oberland:** *11* Grindelwald
- **in Graubünden:** *7* Engadin
- **in Tirol:** *9* Stubaital

Hochtourist: *8* Alpinist; *11* Bergsteiger
hochtrabend: *11* bombastisch
Hochverräter: *9* Putschist; *11* Attentaeter
Hochwasser an der Küste: *4* Flut; *9* Sturmflut; *10* Springflut
Hochwasserschutz: *4* Damm; *5* Deich; *8* Stauwehr; *9* Talsperre
Hochweide: *3* Alm
hochwertig: *5* prima; *9* exzellent; *11* meisterhaft, vorzueglich; *12* hervorragend, vortrefflich; *13* ausgezeichnet
Hochwild: *3* Reh; *4* Elch; *5* Gemse; *6* Hirsch; *8* Auerhahn; *9* Damhirsch, Rothirsch; *10* Murmeltier; *11* Schwarzwild, Wildschwein
hochwuchten: *7* stemmen
Hochwürden: *8* Reverend
Hochzahl: *8* Exponent
Hochzeit: *6* Heirat; *7* Trauung
Hochzeiter: *10* Braeutigam
Hochzeiterin: *5* Braut
Hochziel: *5* Ideal; *7* Vorbild
hocken: *6* kauern
Hocker: *7* Schemel
Höcker: *6* Buckel
höckerloses Kamel: *4* Lama
Höckertier: *5* Kamel; *8* Dromedar
Hof um eine Lichtquelle: *4* Halo; *7* Aureole
- **für Tierzucht:** *4* Farm

Hofbeamter: *6* Schenk; *9* Kaemmerer, Marschall, Truchsess; *10* Hofmeister, Kammerherr, Mundschenk, Seneschall
Hoferbe: *6* Anerbe
Hoffnung: *5* Trost; *6* Ausweg; *8* Aussicht; *9* Erwartung; *10* Optimismus, Zuversicht

hoffnungslos: *8* desperat; *11* enttaeuscht, verzweifelt
hofieren: *7* flirten; *8* taendeln, umwerben; *9* schoentun
höfische Dichtung: *9* Minnelied
höfischer Tanz: *6* Pavane; *7* Menuett
höfisches Brauchtum: *8* Etikette; *9* Protokoll; *11* Zeremoniell
höflich: *5* artig, urban; *6* galant; *10* kultiviert, manierlich, ritterlich
höflicher Mann: *8* Kavalier
höfliches Benehmen: *3* Pli; *7* Anstand, Schliff
- Ersuchen: *5* Bitte
Höflichkeit: *9* Artigkeit; *10* Courtoisie, Galanterie, Kompliment, Urbanitaet
Höfling: *8* Kavalier, Schranze
Höflingspartei: *9* Kamarilla
Hofmacherei: *5* Flirt; *8* Poussage; *9* Taendelei
Hofmaler Napoleons I.: *6* Gerard
Hofnarr in Heidelberg: *6* Perkeo
Hoforganist in Wien: *6* Muffat
Hofritter: *7* Paladin
Hofsitte: *8* Etikette
Hoftracht: *4* Gala
Höhe: *6* Gipfel, Niveau
hohe(r, s)
- Adliger im zaristischen Rußland: *5* Bojar
- Ansehen: *4* Ruhm
- Beamter im alten China: *8* Mandarin
- Beamter im alten Rom: *7* Praetor
- Begabung: *6* Talent
- Behörde: *11* Ministerium
- englischer Geistlicher: *4* Dean
- Fabrikschornstein: *4* Esse
- Gebäude: *4* Turm
- Gesinnung: *7* Edelmut
- Gesittung: *10* Humanitaet
- Gräser an Seen: *6* Schilf
- Herrenhut: *8* Zylinder
- Holzwand für Kletterübungen: *14* Eskaladierwand
- Krautpflanzen: *7* Stauden
- Offizier: *7* Admiral, General; *9* Marschall
- Orgelstimme: *10* Frageolett
- Schneiderkunst: *12* Haute Couture
- Spielkarte: *2* As; *6* Trumpf
- Staatsbeamter: *8* Minister
- Stangen mit Trittklötzen: *7* Stelzen
- Streben: *10* Idealismus
- Temperatur: *5* Hitze
Hohe Schule: *6* Levade, Pesade; *7* Lancade; *8* Kapriole; *9* Ballotade, Courbette, Pirouette
Hoheit: *9* Grandezza, Majestaet
Hoheit in der Faschingszeit: *14* Karnevalsprinz
Hoheitsgebiet: *11* Territorium
Hoheitsrecht: *5* Regal
Hoheitszeichen: *6* Emblem, Flagge, Wappen; *7* Kokarde
Höhenkrankheit: *7* Soroche
Höhenlage: *6* Niveau
Höhenmesser: *7* Echolot, Sextant
Höhenzug → Gebirge, Gebirgsgruppe, Gebirgsstock, Gebirgszug
Höhenzug
- bei Alfeld: *4* Hils
- bei Braunschweig: *3* Elm
- im Eichsfeld: *4* Duen
- der Eifel: *9* Schneifel
- bei Einbeck: *4* Hils
- zwischen Fichtelgebirge und Schwarzatal: *11* Frankenwald
- in Franken: *11* Steigerwald
- bei Hannover: *3* Ith; *7* Deister
- im Harzvorland: *3* Elm
- zwischen Leine und Weser: *3* Ith; *7* Solling
- in der Mark Brandenburg: *8* Flaeming
- in Niedersachsen: *3* Elm, Ith; *4* Hils; *7* Deister, Solling
- in Nordostfrankreich: *8* Argonnen
- bei Oschersleben: *3* Huy
- bei Paderborn: *4* Egge
- in der Pfalz: *5* Hardt; *6* Haardt
- im Sauerland: *4* Ebbe, Haar
- in Schwaben: *3* Alb; *4* Jura
- in der Schweiz: *9* Morgarten
- südlich des Teutoburger Waldes: *4* Egge
- in Thüringen: *5* Finne; *9* Hainleite; *11* Kyffhaeuser
- zwischen Weser und Leine: *3* Ith; *7* Solling
- im Weserbergland: *3* Ith; *4* Hils; *7* Solling, Suentel; *11* Bueckeberge
- in Westfalen: *4* Haar
Hohepriester: *3* Eli; *5* Aaron
Höhepunkt: *4* Akme, Clou; *5* Krise, Zenit; *6* Gipfel, Klimax, Krisis
Höhepunkt einer Krankheit: *4* Akme
höhere(r)
- Beamter: *3* Rat; *8* Assessor, Direktor
- Kochkunst: *11* Gastronomie
- Kriegskunst: *9* Strategie
- Lehranstalt für Jungen: *9* Gymnasium
- Lehranstalt für Mädchen: *6* Lyzeum
- Mathematik: *8* Analysis
- Schule: *5* Penne; *6* Lyzeum, Pennal; *9* Gymnasium; *10* Oberschule
- Schule für Musik: *14* Konservatorium
- Schüler: *8* Primaner, Sextaner; *9* Pennaeler, Quartaner, Quintaner, Tertianer; *10* Gymnasiast, Sekundaner; *12* Oberprimaner, Oberschueler; *13* Obertertianer, Unterprimaner; *14* Obersekundaner, Untertertianer; *15* Untersekundaner
- türkischer Titel: *3* Beg, Bei, Bey
- türkischer Verwaltungsbeamter: *4* Wali
Hoherpriester: *3* Eli; *5* Aaron
hohl: *6* konkav
Hohlbauwerk: *6* Tunnel
Höhle: *3* Bau; *4* Loch; *5* Druse; *6* Grotte, Roehre, Tunnel; *7* Kaverne, Schacht, Stollen
Höhle
- auf Capri: *11* Blaue Grotte
- des Fuchses: *10* Malepartus
- in Spanien: *8* Altamira

Hohleisen: *10* Stemmeisen
Höhlenbewohner: *5* Dachs
Höhlengans: *7* Casarca, Tadorna
Höhlenkunde: *12* Spelaeologie
Höhlen-Schwanzlurch: *3* Olm
hohler Ball: *6* Ballon
Hohlhering: *4* Alse
Hohlkopf: *4* Fant; *5* Laffe; *6* Fatzke
Hohlkörper: *4* Ball, Rohr; *5* Blase, Kugel; *6* Roehre
Hohlmaß: *4* Ster; *5* Eimer, Fuder, Liter, Metze; *6* Malter; *7* Gallone; *8* Scheffel
Hohlmaß im Alten Testament: *5* Gomer, Homer
Hohlnadel: *7* Kanuele
Hohlorgan: *5* Blase
Hohlspiegel: *6* Hourdi; *9* Reflektor
Hohltier: *5* Hydra, Polyp; *6* Meduse, Qualle; *7* Koralle, Schwamm, Seemoos, Seerose; *8* Seefeder; *9* Wachsrose; *10* Blumentier, Nesseltier, Seeanemone; *11* Ohrenqualle; *12* Leuchtqualle
Hohlweg: *7* Defilee, Engpass
Hohn: *5* Spott; *6* Ironie; *8* Zynismus; *9* Sarkasmus
höhnisch: *7* zynisch; *8* ironisch; *10* spoettisch; *11* sarkastisch
Holdseligkeit: *5* Anmut; *6* Charme, Scharm; *8* Liebreiz
holländisch → niederländisch
Hölle: *7* Inferno
Höllenfürst: *5* Pluto, Satan; *6* Teufel; *9* Beelzebub
Höllenhund: *8* Kerberos, Zerberus
Höllenstein: *5* Lapis
höllisch: *8* infernal; *12* infernalisch
Holsteiner Dichter: *3* Lau; *5* Groth
Holunder: *6* Holder, Holler; *7* Flieder
Holzader: *6* Flader
Holzart → Holzgewächs
Holzart: *4* Teak; *5* Ahorn, Birke, Buche, Eiche, Esche, Limba, Okumé; *6* Fichte, Macoré, Makoré; *7* Hickory, Kirsche, Ruester; *8* Ebenholz, Mahagoni, Nussbaum; *9* Quebracho; *10* Palisander, Sandelholz
Holzbehälter: *5* Kiste; *6* Kasten
Holzbestandteil: *6* Lignin; *9* Zellulose
Holzblasinstrument: *4* Oboe; *6* Fagott, Floete; *7* Alphorn; *8* Hautbois, Schalmei; *10* Klarinette; *11* Blockfloete; *12* Englischhorn
Holzblatt: *7* Furnier
Holzbottich: *5* Zuber
Holzeinlegearbeit: *8* Intarsia; *9* Intarsien
hölzerne(r)
- **Fußform:** *7* Leisten
- **Lagerstätte:** *8* Pritsche
- **Spleißnagel:** *3* Fid

Holzfaß: *4* Kufe
Holzflößung: *5* Trift
Holzfußboden: *7* Parkett
Holzgeist: *8* Methanol
Holzgewächs: *4* Arbe, Arve, Baum, Eibe, Erle, Espe, Ilex, Iper, Ulme; *5* Ahorn, Birke, Buche, Eiche, Eller, Esche, Forle, Linde, Myrte, Palme, Pinie, Tanne, Taxus, Weide, Zeder; *6* Akazie, Fichte, Foehre, Forche, Jasmin, Kiefer, Mispel, Pappel, Pisang, Quitte; *7* Eibisch, Flieder, Ginster, Heister, Laerche, Latsche, Lorbeer, Oelbaum, Platane, Robinie, Rotdorn, Ruester, Schlehe, Syringe; *8* Birnbaum, Faulbaum, Hibiskus, Holunder, Kastanie, Liguster, Magnolie, Nussbaum, Oleander, Rotbuche, Rottanne, Sykomore, Weichsel, Zypresse; *9* Apfelbaum, Bergahorn, Blutbuche, Buchsbaum, Eberesche, Edeltanne, Forsythie, Goldregen, Gummibaum, Hagebuche, Hainbuche, Korkeiche, Machandel, Mangobaum, Haselnuss, Sauerdorn, Tamariske, Wacholder, Weissdorn; *10* Berberitze, Bergkiefer, Eukalyptus, Feigenbaum, Heckenrose, Kirschbaum, Kokospalme, Lebensbaum, Mammutbaum, Mandelbaum, Schlehdorn, Schneeball, Stechpalme; *11* Dattelpalme, Trauerweide, Walnussbaum, Weisspappel; *12* Faecherpalme, Haselstrauch, Maulbeerbaum, Pfirsichbaum, Pflaumenbaum, Rhododendron, Rosenstrauch, Rosskastanie, Silberpappel, Zirbelkiefer, Zitterpappel; *13* Affenbrotbaum, Aprikosenbaum, Vogelbeerbaum, Zwetschenbaum; *14* Zwetschgenbaum
Holzgummi: *5* Xylan
Holzhaufen des Köhlers: *6* Meiler
Holzkeil: *6* Duebel
Holzkohlenhersteller: *7* Koehler
Holzkonservierungsmittel: *11* Karbolineum
Holzkugelspiel: *6* Boccia
Holzmeßgerät: *6* Kluppe
Holzpantoffel: *7* Pantine
Holzpflanze → Holzgewächs
Holzplanke: *5* Brett
Holzraummaß: *4* Ster; *7* Klafter; *9* Festmeter
Holzrohrpflanze: *6* Bambus
Holzschädling: *5* Nonne; *7* Spanner, Spinner; *8* Holzwurm, Totenuhr; *12* Borkenkaefer
Holzschalenfrucht: *4* Nuss
Holzschlag: *5* Maiss
Holzschneidekunst: *11* Xylographie
Holzschnittkünstler: *9* Xylograph
Holzschuh: *7* Pantine
Holzspan: *8* Splitter
Holzsplitter: *4* Span; *8* Schiefer
Holzstäbchen: *5* Speil
Holzstange: *5* Latte
Holzstoff: *6* Lignin
Holzstoß: *6* Meiler
Holzstreifen: *6* Leiste
Holzstück: *4* Span; *5* Brett, Latte, Speil; *6* Leiste
Holztäfelung: *6* Paneel
Holztransport auf Flüssen: *10* Floesserei
Holzung: *3* Hau; *4* Hieb; *9* Einschlag
Holzverpackung: *5* Kiste; *6* Kasten
Holzweg: *4* Irre; *6* Irrweg
Holzwurm: *8* Totenuhr
Holzzaun: *6* Gatter
Holzzeichnung: *5* Maser; *8* Maserung

Holzzucker: *6* Xylose
homerische Versform: *9* Hexameter
Homers Dichtung: *5* Ilias; *6* Iliade; *7* Odyssee
Homer-Übersetzer: *4* Voss
homogene Körper: *9* Kristalle
Homosexueller: *9* Paederast
Honigbiene: *4* Imme
Honigbier: *3* Met
Honigbranntwein: *3* Met
Honigdachs: *5* Ratel
Honiginsekt: *5* Biene
Honiglikör: *8* Drambuie; *10* Baerenfang; *11* Meschkinnis
Honigsaft: *4* Seim; *6* Nektar
Hopfenanbaugebiet in Bayern: *9* Hallertau
Hopfensteckling: *7* Fechser
hörbare Wellenbewegung der Luft: *3* Ton
Hörbild: *7* Feature
horchen: *8* lauschen
Horcher: *5* Spion
Horde: *5* Bande, Schar; *6* Haufen
Hore: *4* Dike; *6* Eirene; *7* Eunomia
Hörerschaft: *8* Publikum; *10* Auditorium
Horizont: *4* Kimm; *6* Niveau; *7* Kimmung
Hormon: *6* Cholin; *7* Insulin; *8* Androgen, Cortison, Glukagon, Histamin; *9* Adrenalin; *10* Aldosteron, Angiotonin
Hormonpräparat: *10* Anabolikum
Horn: *7* Kornett
Hornbläser: *7* Hornist
Hörnchen: *6* Kipfel
Hornhaut des Auges: *6* Cornea, Kornea
Hornhautübertragung: *13* Keratoplastik
Hornhautverdickung: *5* Warze
Hornplättchen: *7* Schuppe
Hornplatte der Seeschildkröte: *7* Karette; *10* Schildpatt
Hornschuh mancher Tiere: *3* Huf
Hornstoff: *7* Keratin
Horntier: *3* Ren; *4* Elch, Rind; *5* Gemse, Schaf, Ziege; *6* Hirsch; *7* Rentier; *8* Antilope
Hörorgan: *3* Ohr
Hörrohr: *7* Otophon; *10* Stethoskop
Hörsaal: *10* Auditorium
Horst: *4* Nest
hörunfähig: *4* taub
Hose: *4* Buex, Buxe; *5* Buxen; *6* Buexen, Shorts; *8* Breeches; *9* Blue jeans, Pantalons
Hostie: *6* Oblate
Hostienbehälter: *5* Pyxis; *9* Monstranz; *10* Tabernakel
Hostienteller: *6* Patene
Hotel für Autofahrer: *5* Motel
Hotelbesitzer: *8* Hotelier
Hotelboy: *4* Page
Hotelgewerbe: *10* Hotellerie
Hotelhalle: *6* Lounge
Hotelwohnung: *11* Appartement
Hottentottendorf: *4* Kral
Hottentottenführer: *7* Witbooi
Hottentottenhütte: *6* Pontok
Hottentottenstamm: *4* Nama; *6* Korana
hübsch: *4* nett; *5* fesch; *6* adrett, schoen
Hubschrauber: *8* Autogiro; *10* Helikopter
Hubschrauberlandeplatz: *8* Heliport
Hüfte: *5* Lende
Hüftgelenksverrenkung: *8* Luxation
Hüftgicht: *7* Ischias; *9* Ischiagra; *10* Ischialgie
Hüfthalter: *6* Mieder; *7* Korsett; *9* Korselett
Hüfthorn des Roland: *7* Olifant
Huftier: *3* Ren; *5* Kamel, Pferd, Tapir; *6* Hirsch; *7* Giraffe, Nashorn, Schwein; *8* Antilope; *10* Flusspferd
Hüftumfang: *6* Taille
Hüftweh: *7* Ischias
Hügel
– in Athen: *7* Areopag
– der Grundmoräne: *7* Drumlin
– in Jerusalem: *4* Zion
– vor Jerusalem: *8* Golgatha
– in den Marschen: *4* Warf; *5* Warft, Wurte
– bei Rom: *9* Janiculus
– in Rom: *7* Aventin, Caelius, Kapitol, Palatin, Viminal; *8* Esquilin, Quirinal
– über Troja: *9* Hissarlik
Hügelgelände eiszeitlicher Herkunft: *5* Kames
Hügelland zwischen Odenwald und Schwarzwald: *9* Kraichgau
Hugenottenführer: *5* Rohan; *7* Coligny
Hühnerhund: *6* Setter
Hühnerprodukt: *2* Ei
Hühnerrasse: *6* Cochin; *7* Leghorn, Minorka; *9* Faverolle, Italiener, Orpington, Wyandotte; *10* Andalusier, Brahmahuhn, Wyandotten; *11* Australorps, Blausperber; *12* New Hampshire, Plymouth Rock, Rhodelaender
Hühnervogel: *4* Guan, Mitu, Pfau, Pute; *5* Fasan, Hokko; *6* Cochin, Inambu; *7* Rebhuhn, Wachtel; *8* Auerhahn, Auerhuhn, Birkhuhn, Feldhuhn, Perlhuhn, Truthahn; *9* Edelfasan, Goldfasan, Haselhuhn, Jagdfasan, Langschan, Steinhuhn; *10* Schneehuhn; *11* Bankivahuhn
Huld: *5* Gnade, Gunst
huldigen: *5* ehren; *7* froenen
Huldigung: *7* Ovation
huldvoll: *7* gnaedig; *11* wohlwollend
Hülle: *4* Etui, Haut; *5* Decke, Pelle; *6* Huelse, Kapsel, Kuvert, Mantel, Schale; *8* Futteral, Konvolut, Ueberzug, Umschlag; *9* Kartusche
Hülle der Chromosomen: *6* Matrix
– der Insektenpuppen: *5* Kokon
hüllenlos: *5* nackt
Hülsenfrucht: *4* Arve, Erve, Soja; *5* Bohne, Erbse, Linse, Wicke; *6* Lupine; *7* Erdnuss; *8* Saubohne
Humanist: *6* Hutten; *7* Erasmus, Grotius; *8* Petrarca, Reuchlin; *11* Melanchthon
Humbug: *6* Unsinn; *7* Nonsens; *9* Flunkerei, Schwindel
Humor: *4* Witz; *5* Laune, Spass
humoristisch: *6* heiter; *7* burlesk, drollig, grotesk, komisch; *8* ironisch; *9* humorvoll, satirisch
humoristischer Maler und Dichter: *5* Busch

Humuserde: *11* Mutterboden
Hund: *6* Koeter
hundeartiges Raubtier: *4* Wolf; *5* Dingo, Fenek, Fuchs; *6* Fennek, Hyaene, Kojote; *7* Schakal; *10* Polarfuchs
Hundegebell: *8* Geklaeff
Hundegras: *6* Quecke
Hundehütte: *4* Kaue
Hundejunges: *5* Welpe
Hundekrankheit: *6* Staupe; *7* Tollwut
Hundename: *4* Ajax, Axel, Karo; *5* Bello, Tyras; *6* Phylax
Hundepack: *8* Kanaille
Hunderasse: *3* Fox; *4* Chin, Mops; *5* Boxer, Dogge, Pudel, Spitz; *6* Barsoi, Bracke, Collie, Dackel, Hunter, Saluki, Scotch, Setter, Teckel; *7* Afghane, Griffon, Hofhund, Mastiff, Pointer, Rattler, Sheltie, Spaniel, Terrier, Whippet; *8* Airedale, Bluthund, Chow-Chow, Chihuana, Elchhund, Hovawart, Jagdhund, Komondor, Malteser, Papillon, Pekinese, Pinscher, Windhund; *9* Bulldogge, Dachshund, Dobermann, Greyhound, Schnauzer, Tibethund, Tigerhund, Windspiel, Wolfshund, Wolfspitz, Zwerghund; *10* Baerenhund, Bologneser, Dalmatiner, Eskimohund, Foxterrier, Hirtenhund, Kettenhund, Leonberger, Rottweiler, Schosshund, Sennerhund, Wolfsspitz, Zwergpudel, Zwergspitz; *11* Bullterrier, Huehnerhund, Rehpinscher, Seidenspitz, Skyeterrier, Vorstehhund, Wachtelhund, Zwergdackel; *12* Bernhardiner, Schaeferhund, Schweisshund, Salky-Terrier, Welshterrier, Zwergspaniel; *13* Affenpinscher, Boston-Terrier, Bullenbeisser, Cockerspaniel, Fleischerhund, Irischterrier, Rattenfaenger, Scotchterrier, Zwergpinscher; *14* Neufundlaender, Rauhhaardackel, Samojedenspitz; *15* Airedaleterrier
hundertäugiger Riese: *5* Argus
Hundertjahrfeier: *11* Zentenarium
Hundertjähriger: *8* Zentenar
Hundertsatz: *7* Prozent; *11* Prozentsatz
Hundertschaft des römischen Heeres: *8* Centurie, Zenturie
Hundertschaftsführer: *8* Zenturio
Hunderudel: *5* Meute
Hundeschwanz: *4* Rute
Hundezecke: *8* Holzbock
Hundezwinger: *6* Kennel
Hündin: *5* Faehe, Petze
Hundsaffe: *5* Magot, Makak; *6* Babuin, Pavian, Rhesus; *8* Mandrill; *9* Gruenaffe, Meerkatze; *10* Rhesusaffe; *12* Mantelpavian
Hundsgras: *6* Quecke
Hundsstern: *6* Sirius
Hundswut: *7* Tollwut
Hüne: *5* Riese
Hünenstein: *6* Menhir
Hunger: *4* Gier; *7* Appetit
Hungerblümchen: *5* Wesel
Hungerkur: *6* Fasten
Hungerleider: *5* Armer; *7* Bettler; *9* Schlucker; *10* Habenichts
Hungertyphus: *11* Fleckfieber
Hunnenkönig: *5* Etzel; *6* Attila
Hürde: *9* Hindernis
Hürdenläufer: *8* Steepler
Husar: *6* Reiter; *11* Kavallerist
Husarenaffe: *5* Patas
Husarenjacke: *6* Dolman
Husarenmütze: *6* Kalpak, Kolpak; *7* Tschako
Husarenrock: *6* Attila
Hussitenführer: *5* Ziska; *6* Prokop
Hustenmittel: *4* Anis; *6* Kodein, Salbei; *7* Salmiak; *8* Guajakol; *10* Eukalyptus
Hut der Cowboys: *7* Stetson
Hutaffe: *5* Makak; *6* Mahadu, Makadu
hüten: *7* sichern; *8* bewachen; *9* schuetzen
Hüter: *4* Hirt; *5* Hirte; *6* Patron
Hüter
– des heiligen Grals: *7* Titurel
– des Nibelungenhorts: *8* Alberich
Hüterin der Ehe: *4* Hera, Here
Hutform: *6* Melone; *7* Homburg; *8* Zylinder
Hutmacherin: *12* Putzmacherin
Hutmaterial: *4* Filz; *5* Stroh
Hutrand: *6* Krempe
Hutstroh: *5* Tagal
Hütte: *4* Bude, Kate, Kote; *5* Baude, Gaden
Hütte asiatischer Nomaden: *5* Jurte
Hüttenkunde: *11* Metallurgie
hutzelig: *6* faltig
hygienisch: *8* sanitaer
Hyksos-König: *5* Assis, Chian
Hymne: *3* Ode
Hymnendichter: *6* Hymnik
Hymnensammlung: *6* Hymnar
hypnotischer Zustand: *6* Trance
Hysterie: *7* Neurose

I

Iason und seine Gefährten: *10* Argonauten
iberische Halbinsel: *7* Spanien
iberischer Staat: *7* Spanien; *8* Portugal
- Volksstamm: *10* Karpetaner
Ibis: *11* Storchvogel
Ichmensch: *6* Egoist
Ichsucht: *8* Egoismus; *11* Selbstsucht
Ideal: *7* Vorbild; *8* Hochziel; *9* Leitstern; *10* Wunschbild
Idealismus: *8* Opfermut; *9* Opfersinn
Idealität in der Philosophie: *12* Transzendenz
Idee: *4* Bild, Plan, Sinn; *7* Einfall, Gedanke
ideenarm: *11* einfallslos; *12* phantasielos
Ideenlehre: *9* Ideologie
Identifizierungsmittel: *13* Fingerabdruck
identisch: *12* wesensgleich
Identität: *10* Gleichheit; *16* Uebereinstimmung
Idiot: *4* Depp, Narr; *6* Kretin
Idol: *6* Abgott, Goetze; *7* Fetisch
Idyll: *13* Stimmungsbild
idyllisch: *9* arkadisch
illegal: *9* illegitim; *10* irregulaer
illoyal: *6* untreu; *9* unredlich
Illusion: *4* Trug, Wahn; *6* Schein, Utopie; *9* Phantasie; *10* Wunschbild; *11* Imagination, Luftschloss
Illusionist: *8* Phantast, Traeumer, Zauberer
Iltisart: *9* Frettchen
im Ganzen ohne Abzug: *6* brutto
im großen: *6* engros
im Jahre: *4* anno
im kleinen: *8* en detail
im Mittelpunkt befindlich: *9* zentrisch
im Zeitgeschmack: *6* modern
imaginär: *6* irreal; *10* unwirklich; *11* eingebildet
Imbiß: *6* Bissen, Happen
Imbißstube: *8* Snackbar
Imitation: *10* Faelschung, Falsifikat, Nachahmung
Imitator: *7* Epigone; *9* Nachahmer
Immatrikulationsliste: *8* Matrikel
immer: *5* stets
immergrüne Kletterpflanze: *4* Efeu
immergrüner Strauch: *4* Ilex; *5* Buchs, Myrte; *7* Lorbeer; *8* Oleander; *9* Buchsbaum
immerwährend: *4* ewig; *6* stetig; *8* staendig
Immigrant: *11* Einwanderer
immobil: *11* unbeweglich
immun: *4* tabu; *6* gefeit; *9* straffrei
Immunisierung: *7* Impfung
Immunschwächekrankheit: *4* AIDS
impertinent: *5* frech; *6* dreist; *10* ungehoerig
Impfpustel: *5* Pocke
Impfstoff: *5* Serum; *7* Vakzine
Imprägnierungsmittel: *11* Karbolineum
improvisieren: *13* extemporieren
Impuls: *7* Anstoss, Antrieb; *8* Anregung, Erregung
imstande: *5* habil; *6* faehig; *8* tauglich
in Abrede stellen: *12* desavouieren
in alten Zeiten: *5* einst
in das: *3* ins
in dem: *3* im
in der Gaunersprache → Gaunersprache
in der Mitte: *7* zentral
in der Musik (Fachausdrücke)
- abnehmend: *7* calando
- alle: *5* tutti
- anmutig: *8* grazioso
- anschwellend: *9* crescendo
- ausgehalten: *6* tenuto
- bebend: *7* vibrato; *10* tremolando
- belebt: *7* animato
- beschleunigt: *9* alla breve
- deutlich: *7* marcato
- etwas langsam: *9* larghetto
- etwas schneller: *9* andantino
- feurig: *6* brioso, focoso
- gebunden: *6* legato
- gedehnt: *5* lento
- gehalten: *9* sostenuto
- gezupft: *9* pizzicato
- gleitend: *9* glissando
- halbleise: *10* mezzopiano
- halbstark: *10* mezzoforte
- heiter: *6* sereno
- langsam: *5* largo, lento; *6* adagio
- laut: *5* forte
- lebhaft: *6* brioso, vivace
- leidenschaftlich: *7* furioso; *10* passionato
- leise: *5* piano
- lieblich: *7* amabile
- mäßig langsam: *7* andante
- munter: *10* allegretto
- sanft: *6* adagio
- schnell: *6* presto; *7* allegro
- schneller werdend: *11* accelerando
- sehr: *5* molto
- sehr laut: *10* fortissimo
- sehr leise: *10* pianissimo
- sehr schnell: *11* prestissimo
- ständig wiederholt: *8* ostinato
- stürmisch: *9* impetuoso
- verlöschend: *7* morendo
- verstärkt: *7* forzato; *8* sforzato; *9* sforzando
- wenig: *4* poco
- würdevoll: *8* maestoso
- zurückhaltend: *8* ritenuto; *10* ritardando
in diesem Jahr: *5* heuer
in einer Richtung: *7* Einbahn
in Falten legen: *9* drapieren
in ferner Zukunft: *5* einst
in Gang bringen: *7* starten
in Gedanken: *6* mental
in Ordnung: *3* o. k.
in Teig gehülltes Gericht: *7* Pastete

in Wirklichkeit: *8* realiter
Inbegriff: *4* Kern; *5* Ideal, Summe, Wesen; *6* Ganzes, Inhalt; *7* Ausbund, Komplex, Vorbild; *8* Prototyp; *9* Innerstes; *10* Gesamtheit, Wesenskern
Inbegriff
- **des Bösen:** *5* Satan
- **der Persönlichkeit:** *9* Charakter
- **seelischer Gefühle:** *6* Gemuet

inbegriffen: *9* inklusive
Inbild: *5* Ideal
Inbrunst: *4* Glut; *5* Hitze; *7* Passion; *12* Enthusiasmus, Leidenschaft
indem: *2* da
Inder: *5* Hindu
Inder der niederen Kaste: *5* Paria
Index: *11* Verzeichnis
Indianer: *7* Rothaut
Indianerboot: *6* Piroge
Indianerfrau: *5* Squaw
Indianergestalt bei Karl May: *8* Winnetou
Indianerhäuptling in Südamerika: *6* Kazike
Indianerhütte: *6* Wigwam
Indianerkleidungsstück: *7* Leggins
Indianerpfeife: *7* Kalumet
Indianerpferd: *7* Mustang
Indianerschlitten: *8* Toboggan
Indianerschuh: *8* Mokassin
Indianerschutzgebiet: *8* Reservat; *11* Reservation
Indianerstamm
- **Altmexikos:** *7* Azteken
- **der Anden:** *5* Kolla; *6* Aimara
- **in Argentinien:** *7* Puelche
- **in Brasilien:** *9* Botokuden
- **auf Feuerland:** *3* Ona
- **in Guatemala:** *3* Mam
- **in Mittelamerika:** *3* Mam; *4* Maya, Tano; *7* Azteken; *8* Tolteken; *9* Zapoteken
- **in Nordamerika:** *4* Dene, Hoka, Pani; *5* Omaha, Sioux; *6* Dakota, Navajo, Oneida, Ottawa, Hurone; *7* Apachen, Huronen; *8* Delaware, Irokesen; *9* Apatschen; *10* Kommanchen; *11* Nadowessier, Schoschonen; *12* Kommantschen, Tscherokesen
- **in Peru:** *8* Ketschua
- **in Südamerika:** *3* Kri, Ona; *4* Auca, Pano, Tupi; *5* Arnak, Kolla; *6* Aimara, Jivaro; *7* Apurina, Guarani, Kariben, Puelche; *8* Karaiben, Ketschua; *9* Araukaner, Botokuden

Indianertrophäe: *5* Skalp
Indianerwaffe: *8* Tomahawk
Indianerzelt: *4* Tipi; *6* Wigwam
indianische(r, s)
- **Friedenspfeife:** *7* Calumet
- **Gottheit:** *6* Manitu
- **Herrscherschicht im alten Peru:** *4* Inka
- **Kulturvolk in Kolumbien:** *7* Chibcha
- **Kulturvolk in Mexiko:** *4* Maya
- **Lederschuh:** *8* Mokassin
- **Pfeilgift:** *6* Kurare
- **Stammeszeichen:** *5* Totem
- **Steppenpferd:** *7* Mustang
- **Streitaxt:** *8* Tomahawk
- **Trophäe:** *5* Skalp

indifferent: *7* neutral; *8* tolerant; *10* unbestimmt
Indignation: *11* Entruestung
Indigofarbe: *6* Anilin
Indigopflanze: *4* Anil
indirekt: *9* abhaengig, mittelbar
indisch → altindisch
indische(r, s)
- **Ameisenbär:** *8* Pangolin
- **Amtssprache:** *5* Hindi
- **Anrede für Europäer:** *5* Sahib
- **Antilope:** *6* Nilgau
- **Asket:** *4* Jogi; *5* Fakir, Sadhu
- **Bauernkaste:** *5* Sudra
- **Berg** → Berg in Indien
- **Bettelmönch:** *5* Fakir
- **Brillenschlange:** *5* Kobra
- **Buckelrind:** *4* Zebu
- **Büßer:** *5* Fakir
- **Dämon:** *3* Ahi
- **Dichter:** *5* Amaru, Iqbal; *6* Tagore; *7* Bilhana; *8* Jayadeva, Kalidasa
- **Dichtung:** *7* Rigweda
- **Dynastie:** *6* Maurya
- **Ehrentitel:** *7* Mahatma
- **Elefantenjäger:** *5* Fadni
- **Elefantentreiber:** *5* Mahut
- **Feigenbaum:** *6* Banian
- **Feuergott:** *4* Agni
- **Flächenmaß:** *5* Bigha
- **Fluß** → Fluß in Indien
- **Frauengewand:** *4* Sari
- **Fürstentitel:** *4* Raja; *5* Nisam, Nizam, Radja; *7* Radscha
- **Fürstinnentitel:** *4* Rani; *5* Begum; *8* Maharani
- **Gaukler:** *5* Fakir
- **Gebirge** → Gebirge in Indien
- **Geldfürst:** *5* Nabob
- **Gelehrtentitel:** *6* Pandit
- **Gesellschaftsschicht:** *5* Kaste
- **Gewicht:** *3* Guz, Ser; *4* Seer, Sihr, Tola; *7* Chittak
- **Glaubensgemeinschaft:** *4* Sikh
- **Glückszeichen:** *5* Tilak
- **Götterepos:** *11* Mahabharata
- **Gottheit:** *4* Agni, Deva, Jama, Jami, Kali, Kama, Rama, Rati, Siwa, Soma, Yama; *5* Aditi, Indra; *6* Brahma, Kubera, Schiwa; *7* Ganesha, Wischnu; *8* Krischna
- **Göttin:** *9* Saraswati
- **Grabmal in Agra:** *11* Tadsch Mahal
- **Großbüffel:** *4* Arni
- **Großfürst:** *11* Maharadscha
- **Hafenstadt** → Hafenstadt in Indien
- **Hauptgott:** *5* Indra
- **Hauptstadt:** *5* Delhi; *8* Neu-Delhi
- **Heiliger:** *4* Guru, Jogi
- **Held:** *8* Krischna
- **Heldengedicht:** *11* Mahabharata
- **Herrscher:** *5* Akbar
- **Höllenfürst:** *11* Mahischasur

- **Holzart:** *10* Sandelholz
- **Inselgruppe:** *9* Andamanen, Lakediven, Nikobaren; *10* Lakkadiven
- **Kaste:** *5* Paria, Sudra; *6* Parias; *8* Vaischya; *9* Brahmanen; *10* Kschatriya; *11* Radschputen
- **Kleidungsstück:** *4* Sari
- **König:** *7* Aschoka
- **Kopfjäger:** *5* Nagas
- **Krähenvogel:** *3* Ani
- **Kriegerkaste:** *11* Radschputen
- **Krokodil:** *6* Gavial
- **Langarmaffe:** *3* Lar
- **Längenmaß:** *3* Guz
- **Lebenslehrbücher:** *5* Sutra
- **Lehrer:** *4* Guru
- **Lendenschurz:** *5* Dothi
- **Liebesgott:** *4* Kama
- **Liebeslehrbuch:** *9* Kamasutra
- **Münze:** *3* Pie; *4* Anna, Lakh; *5* Rupie
- **Nachrichtenagentur:** *3* PTI
- **Nashornvogel:** *6* Homrai
- **Nationalepos:** *8* Ramajana, Ramayana
- **Nationalspiel:** *6* Carrom
- **Nobelpreisträger für Literatur:** *6* Tagore
- **Nobelpreisträger für Physik:** *5* Raman
- **Panzerechse:** *6* Gavial
- **Paradiesgarten:** *7* Nandana
- **Philosoph:** *6* Tagore
- **philosophisches System:** *4* Joga, Yoga
- **Physiker:** *5* Raman
- **Pilgerort:** *4* Puri
- **Politiker:** *5* Nehru; *6* Gandhi
- **Priesterkaste:** *9* Brahmanen
- **Provinz:** *3* Goa; *5* Assam; *6* Orissa; *7* Manipur; *8* Bengalen; *10* Haidarabad
- **Religion:** *10* Buddhismus, Hinduismus; *12* Dschainismus
- **Religionsstifter:** *6* Buddha
- **Rind:** *4* Zebu
- **Sagengestalt:** *3* Nal; *4* Manu, Rama
- **Schleichkatze:** *5* Mungo
- **Schrift:** *4* Weda; *5* Weden; *6* Purana
- **Schriftsprache:** *8* Sanskrit
- **Seerose:** *5* Lotos
- **Sekte:** *5* Sikhs
- **Sektenführer:** *7* Bhagwan
- **Singvogel:** *8* Buelbuel
- **Sprache:** *4* Gond, Urdu; *5* Hindi, Munda; *8* Sanskrit
- **Staatsmann:** *5* Nehru; *6* Gandhi; *7* Shastri
- **Stadt** → Stadt in Indien
- **Stand:** *5* Kaste
- **Stoffärbeverfahren:** *4* Ikat
- **Tagelöhner:** *4* Kuli
- **Tempel:** *6* Pagode
- **Tempeltänzerin:** *8* Bajadere
- **Universitätsstadt** → Universitätsstadt in Indien
- **Volk:** *5* Tamil; *6* Brahul; *11* Radschputen
- **Volksführer:** *6* Gandhi
- **Volksstamm:** *8* Marathen
- **Vorkämpfer der Unabhängigkeit:** *6* Gandhi
- **Waldbock:** *6* Nilgau
- **Wallfahrtsort:** *4* Puri; *7* Benares
- **Wandermönch:** *5* Sadhu
- **Wasserbüffel:** *7* Kerabau
- **Wasserpfeife:** *4* Huka
- **Wasserrose:** *5* Lotos
- **Wickelgewand:** *4* Sari
- **Wildrind:** *4* Gaur
- **Witwe:** *4* Sati
- **Wüste:** *5* Tharr

indiskret: *7* taktlos; *12* geschwaetzig

Individualist: *13* Einzelgaenger

Indiz: *7* Hinweis; *8* Anzeichen; *15* Verdachtsmoment

indogermanische Völkergruppe: *5* Arier, Daker; *6* Balten, Italer, Kelten, Slawen; *7* Albaner, Illyrer, Iranier, Phryger, Romanen, Thraker; *8* Albanier, Armenier, Germanen, Griechen, Hethiter, Italiker; *9* Indoarier

indolent: *6* traege; *13* unempfindlich

indonesische(r, s)

- **Berg** → Berg in Indonesien
- **Fluß** → Fluß in Indonesien
- **Frauengewand:** *6* Sarong
- **Gewicht:** *4* Tale; *5* Picul, Thail
- **Hafenstadt:** *6* Padang; *8* Semarang, Surabaja; *14* Tandjungperiuk
- **Haupstadt:** *8* Djakarta
- **Insel:** *4* Bali, Buru, Cebu, Java, Nias; *5* Ambon, Banka, Ceres, Sumba, Timor; *6* Borneo, Butung, Flores, Lombok, Madura; *7* Celebes, Sumatra; *8* Billiton
- **Inselgruppe:** *8* Molukken; *11* Sundainseln
- **Kleidungsstück:** *6* Sarong
- **Landessprache:** *6* Bahasa; *9* Indonesia
- **Münze:** *3* Sen; *6* Rupiah
- **Pfeilgift:** *4* Upas
- **Politiker:** *5* Hatta; *7* Sukarno
- **Reisgewürz:** *7* Sambals
- **Singvogel:** *6* Drongo; *8* Reisfink
- **Staatsmann:** *7* Sukarno
- **Stadt** → Stadt in Indonesien
- **Universitätsstadt:** *7* Bandung; *8* Djakarta, Surabaja
- **Volksstamm:** *4* Bugi; *5* Batak, Dajak, Moken; *7* Lampong, Malaien
- **Vulkan:** *4* Gede; *6* Semeru; *8* Krakatau
- **Wildrind:** *4* Anoa

Induktionsapparat: *8* Induktor; *13* Transformator

Industriediamant: *4* Bort

Industriekonzern: *4* Pool

industrielle Betriebsstätte: *6* Fabrik

Industrienebel: *4* Smog

Industrienorm: *3* DIN

Industriestadt → Stadt

Industriewerk: *6* Fabrik; *7* Betrieb

inexakt: *7* ungenau

Infamie: *15* Schaendlichkeit; *19* Niedertraechtigkeit

Infant von Spanien: *6* Carlos

Infanteriewaffe: *2* MG, MP; *6* Gewehr; *7* Pistole; *8* Bajonett, Revolver; *9* Karabiner; *11* Handgra-

nate, Panzerfaust; *12* Granatwerfer, Seitengewehr; *15* Maschinengewehr; *16* Maschinenpistole; *18* Schnellfeuergewehr
Infanterist: *6* Jaeger; *7* Landser; *8* Schuetze; *9* Fuesilier, Grenadier, Musketier
infantil: *8* kindisch, kindlich
Infektionsausbreitung: *6* Seuche; *7* Endemie; *8* Epidemie
Infektionskrankheit: *2* Tb; *3* Tbc; *4* Pest, Ruhr; *5* Lepra, Mumps, Polio; *6* Grippe, Masern, Pocken, Seuche, Typhus; *7* Aussatz, Cholera, Malaria, Roeteln, Tetanus, Tollwut, Trachom, Tripper; *8* Blattern, Schanker, Syphilis, Wundrose; *9* Influenza, Milzbrand, Scharlach; *10* Diphtherie, Gelbfieber, Paratyphus, Windpocken; *11* Fleckfieber, Flecktyphus, Keuchhusten, Starrkrampf, Tuberkulose, Ziegenpeter; *12* Denguefieber, Genickstarre; *14* Kinderlaehmung; *15* Schlafkrankheit, Wundstarrkrampf; *17* Lungenentzuendung
Inferno: *5* Chaos; *6* Hoelle; *9* Unterwelt
infizieren: *9* anstecken; *11* uebertragen
Inflation: *14* Geldentwertung
infolgedessen: *4* ergo
Information: *7* Meldung; *8* Auskunft, Einblick; *9* Belehrung, Nachricht; *10* Mitteilung; *12* Orientierung
Ingenieurfachschule: *9* Technikum; *13* Polytechnikum
Ingenieurwissenschaft: *7* Technik
Ingwergetränk: *9* Gingerale
Ingwergewürz: *8* Kardamon
Inhaber: *8* Besitzer; *11* Eigentuemer
Inhaber
- **eines Bankhauses:** *7* Bankier
- **einer Bar:** *9* Barkeeper
- **eines Lokals:** *4* Wirt; *8* Gastwirt; *9* Gastronom
- **von Wertpapieren:** *9* Aktionaer

Inhaberpapier: *5* Aktie; *10* Obligation, Pfandbrief
inhalieren: *8* einatmen
Inhalt: *4* Kern, Sinn; *5* Masse, Tenor, Thema; *6* Gehalt, Ladung; *7* Inneres, Materie; *8* Fuellung, Substanz, Wortlaut; *9* Bedeutung
Inhaltsangabe: *6* Rubrum; *11* Deklaration
inhaltsarme Redewendung: *7* Floskel
inhaltslos: *4* leer
Inhaltslosigkeit: *5* Leere; *6* Vakuum
Inhaltsübersicht: *8* Resuemee
Inhaltsverzeichnis: *5* Index; *8* Register
Initialen
- **der Duse:** *2* ED
- **Albrecht Dürers:** *2* AD
- **der Französischen Republik:** *2* RF

Initiative: *7* Anstoss; *8* Anregung; *10* Ausloesung
Initiator: *7* Anreger, Urheber; *9* Anstifter; *10* Inspirator
Injektion: *12* Einspritzung
Injektionsnadel: *7* Kanuele
Inkakaiser: *9* Atahualpa
Inkasso: *6* Einzug
inkognito: *6* geheim; *8* heimlich; *9* unerkannt
Inkret: *6* Hormon
Inkrimination: *7* Anklage; *13* Anschuldigung, Beschuldigung
Inkunabel: *10* Fruehdruck; *11* Wiegendruck
inmitten: *8* zwischen
innehalten: *9* pausieren
innen: *5* darin, intus
Innendurchmesser von Rohren: *7* Kaliber
Inneneinrichtung: *9* Interieur
Innenhof: *6* Atrium
Innenleben: *5* Seele
Innenohr: *9* Labyrinth
Innenorgan → Körperorgan
Innenraum: *9* Interieur
Innenstadt: *4* City; *7* Zentrum
Innerasiat: *5* Tatar
innerasiatische(r, s)
- **Fluß:** *3* Ili; *5* Tarim
- **Gebirge:** *4* Alai; *5* Altai
- **Wüste:** *4* Gobi

innere(r, s)
- **Einstellung:** *9* Attituede
- **Erregung:** *6* Unruhe
- **Gefüge:** *8* Struktur
- **Harmonie:** *7* Frieden
- **Organ** → Körperorgan
- **Trieb:** *4* Gier; *5* Drang; *8* Instinkt

Innereien: *10* Eingeweide
Inneres der Knochen: *4* Mark
innerhalb: *5* darin, innen; *6* binnen
innerlich: *5* innen; *6* intern
Innewohnen: *8* Immanenz
innewohnend: *8* immanent; *9* inhaerent
innewohnende Kraft: *7* Energie
innig: *4* lieb; *5* intim
innige Zuneigung: *5* Liebe
Innung: *5* Gilde, Zunft; *6* Gewerk; *11* Korporation
Innzufluß → Nebenfluß des Inn
ins Eis gehauenes Loch: *4* Wune
Inschrift: *7* Legende; *8* Epigraph; *11* Inskription
Insekt: *4* Floh, Imme, Kerf, Laus; *5* Biene, Motte, Nonne, Wanze, Wespe, Zirpe; *6* Ameise, Bremse, Dassel, Falter, Fliege, Grille, Hummel, Kaefer, Muecke, Schabe, Spinne, Zikade; *7* Libelle, Moskito, Ohrwurm, Reblaus, Schnake, Termite; *8* Heimchen, Hornisse; *9* Blattlaus, Gallwespe, Maikaefer; *10* Blattwespe, Schwaermer, Zuckergast; *11* Heuschrecke; *12* Ameisenloewe, Hirschkaefer; *13* Eintagsfliege, Schmetterling, Springschwanz, Wasserjungfer; *15* Gottesanbeterin, Silberfischchen
Insektenbauwerk: *4* Wabe
Insektenbekämpfungsmittel: *3* DDT
Insektenforscher: *10* Entomologe
insektenfressende Pflanze: *8* Taublatt; *9* Fettkraut, Sonnentau
Insektenfresser: *4* Igel; *8* Maulwurf; *9* Spitzmaus
Insektenkunde: *11* Entomologie
Insektenlarve: *4* Made; *5* Puppe, Raupe; *9* Engerling

Insektenpuppe: *5* Kokon
Insektenwaffe: *7* Stachel
Insel: *3* Oie; *5* Atoll; *6* Eiland, Hallig; *7* Schaere
Insel
- **in der Adria** → Insel vor Jugoslawien
- **bei Afrika:** *10* Madagaskar
- **in der Ägäis:** *5* Chios, Delos; *6* Aegina, Lemnos, Lesbos; *10* Samothrake
- **vor Albanien:** *5* Sasan
- **der Alëuten:** *4* Atka; *6* Unimak; *8* Unalaska
- **bei Alexandria:** *6* Pharos
- **der Antillen** → Antilleninsel
- **in der Arktis:** *9* Groenland
- **im Ärmelkanal:** *4* Sark; *6* Jersey, Wright; *7* Aurigny; *8* Guernsey
- **in Asien** → asiatische Insel
- **bei Athen:** *7* Salamis
- **im Atlantik:** *3* Aix, Yen; *4* Fogo; *5* Fayal, Palma; *6* Irland, Island, St. Paul; *7* Madeira; *8* Bissagos, Kap Verde, St. Helena, Trinidad; *9* Ascension, Teneriffa
- **bei Australien:** *5* Timor; *9* Neuguinea, Tasmanien; *10* Neuseeland
- **der Azoren:** *4* Pico; *5* Fayal; *8* Graciosa, Sao Jorge, Terceira; *9* Sao Miguel
- **der Bahamas:** *3* Cat, Lee; *5* Abaco, Exuma; *6* Acklin, Caicos, Inagua; *9* Eleuthera, Mariguana; *13* Watlingsinsel
- **der Balearen:** *5* Ibiza; *7* Menorca; *8* Mallorca; *10* Formentera
- **des Bismarck-Archipels:** *8* Lavongai
- **im Bodensee:** *6* Lindau, Mainau; *9* Reichenau
- **vor Borneo:** *6* Labuan
- **vor Brasilien:** *3* Mel
- **vor Chile:** *5* Mocha; *6* Chiloe, Chonos; *7* Campana, Rapanui; *8* San Felix; *9* Santalnes; *10* Osterinsel, Sala y Gomez, Wellington; *13* Juan Fernandez; *14* Desaventuradas
- **vor China:** *6* Hainan, Taiwan; *7* Formosa
- **bei Cuxhaven:** *10* Scharhoern
- **Dänemarks** → dänische Insel
- **vor Daressalam:** *8* Sansibar
- **vor der deutschen Nordseeküste** → deutsche Nordseeinsel
- **des Dodekanes:** *3* Kos; *5* Samos; *6* Ikaria, Patmos, Rhodos
- **vor der Elbemündung:** *7* Neuwerk
- **vor Estland:** *5* Dagoe, Oesel; *6* Vormsi
- **der Färöer:** *5* Vagoe; *6* Sandoe; *7* Syderoe; *8* Osteroe, Stroemoe; *10* Norderoeer
- **im Finnischen Meerbusen:** *8* Bjoerkoe
- **in der Formosastraße:** *6* Quemoy
- **vor Frankreich** → französische Insel
- **vor der französischen Westküste:** *2* Ré
- **im Golf von Neapel:** *5* Capri; *6* Ischia; *7* Procida
- **bei Greifswald:** *3* Oie
- **Griechenlands** → griechische Insel
- **Großbritanniens:** *3* Man; *4* Aran, Sark; *5* Sercq, Wight; *6* Jersey; *8* Alderney, Guernsey
- **der Großen Antillen:** *4* Cuba, Kuba; *5* Haiti; *7* Jamaica; *10* Puerto Rico
- **zwischen Großem und Kleinem Belt:** *7* Fuenen
- **im Großen Ozean** → Insel im Stillen Ozean
- **vor Guadeloupe:** *8* Désirade, St. Martin; *10* Guadeloupe, Les Saintes; *12* Marie-Galante, St. Barthélémy
- **vor Haiti:** *6* Gonave; *7* Tortuga
- **der Hebriden** → Hebrideninsel
- **in Hinterindien:** *8* Singapur; *9* Singapore
- **im Indischen Ozean:** *6* Ceylon; *7* Réunion; *9* Mauritius, Rodriguez; *10* Madagaskar
- **in Indonesien** → indonesische Insel
- **in der Irischen See:** *3* Man
- **zwischen Irland und Schottland:** *5* Arran, Islay
- **bei Italien:** *7* Korsika; *8* Sizilien; *9* Sardinien
- **Japans:** *3* Oki; *4* Sado; *5* Hondo, Jesso, Osumi; *7* Kiuschu; *8* Hokkaido, Schikoku
- **bei Japan:** *8* Sachalin
- **vor Jugoslawien:** *3* Krk, Pag, Rab, Vis; *4* Brac, Cres, Hvar, Olib; *5* Lissa, Mljet, Molat, Susak, Unije; *6* Brazza, Brioni, Kornat, Losinj; *7* Korcula, Lastovo; *8* Dugi Otok
- **vor Kanada:** *8* Bathurst, Melville, Sommerset; *9* Anticosti, Vancouver; *10* Baffinland, Parryinsel; *11* Neufundland, Parryinseln; *13* Viktoriainsel
- **im Kanal** → Insel im Ärmelkanal
- **der Kanaren** → Kanarische Insel
- **im Karibischen Meer:** *5* Pinos, Utila; *6* Roatan; *7* Bonacca, Cozumel, Curaçao, Jamaica; *8* Turneffe; *11* Providencia
- **der Karolinen:** *3* Jap, Ruk, Yab; *6* Ponape
- **im Kattegat:** *6* Anholt, Laesoe
- **von Kiribati:** *5* Ocean; *6* Canton; *7* Fanning; *9* Christmas, Enderbury; *13* Phoenixinseln
- **vor Kleinasien:** *5* Samos; *6* Rhodos
- **der Kleinen Antillen:** *4* Saba; *5* Aruba; *6* Tobago; *7* Anegada, Antigua, Barbuda, Bonaire, Curaçao, Grenada, Tortuga; *8* Anguilla, Barbados, Dominica, Orchilla, Sombrero, St. Martin, Trinidad; *9* Los Roques, Margarita, St. Vincent; *10* Blanquilla, Guadeloupe, Martinique, Santa Lucia
- **im Kleinen Belt:** *5* Alsen
- **bei Kreta:** *3* Dia; *5* Elasa
- **der Kurilen:** *6* Iturup
- **der Kykladen:** *3* Ios, Kea; *5* Milos, Naxos, Paros, Syros, Thera, Thira, Tinos; *6* Andros; *7* Amorgos, Kythnos, Mykonos; *8* Santorin
- **vor Madagaskar:** *7* Réunion; *9* Mauritius
- **vor Malakka:** *6* Penang
- **bei Malta:** *4* Gozo; *6* Comino
- **der Marianen:** *4* Guam, Rota; *5* Pagan; *6* Saipan, Tinian
- **bei Marseille:** *2* If
- **der Maskarenen:** *7* Réunion; *9* Mauritius, Rodriguez
- **bei Mauritius:** *9* Rodriguez
- **vor der mecklenburgischen Küste:** *6* Ruegen
- **vor Mexiko** → mexikanische Insel
- **im Mittelmeer** → Mittelmeerinsel

- **der Molukken:** *3* Obi; *4* Buru; *5* Ambon, Ceram, Seram; *9* Halmahera
- **vor Neapel:** *5* Capri; *6* Ischia; *7* Procida
- **der Neuen Hebriden:** *3* Api, Epi, Mai, Mau; *4* Aoba; *5* Efate, Tanna; *8* Eromanga, Malekula; *13* Espiritu Santo
- **bei Neuguinea:** *3* Kei
- **bei Neuseeland:** *3* Ata
- **in New York:** *9* Manhattan
- **vor New York:** *5* Ellis
- **der Niederlande:** *9* Walcheren
- **der Niederländischen Antillen:** *4* Saba; *5* Aruba; *7* Bonaire, Curaçao; *8* St. Martin; *9* St. Maarten; *11* St. Eustatius
- **im Nil:** *11* Elephantine
- **im Nordatlantik:** *6* Island
- **im Nordkanal:** *5* Arran, Islay
- **im Nordmeer:** *9* Groenland
- **in der Nordsee** → Nordseeinsel
- **in Nordwesteuropa:** *6* Irland
- **der Orkneys** → Orkneyinsel
- **vor Ostafrika:** *5* Pemba; *8* Sansibar; *10* Madagaskar
- **im Ostchinesischen Meer:** *6* Taiwan; *7* Formosa
- **vor der Ostküste Sibiriens:** *8* Sachalin
- **in der Ostsee** → Ostseeinsel
- **im Pazifik** → Insel im Stillen Ozean
- **der Philippinen** → Philippineninsel
- **der Pityusen:** *5* Ibiza; *10* Formentera
- **im Polarmeer:** *11* Baereninsel
- **vor Pommern:** *3* Oie; *6* Ruegen, Usedom, Wollin
- **im Rhône-Delta:** *8* Camargue
- **in der Rigaer Bucht:** *5* Oesel
- **im Roten Meer:** *3* Eri
- **bei Rügen:** *3* Oie; *4* Vilm
- **der Salomonen** → Salomoneninsel
- **bei Sardinien:** *7* Asinare
- **Schottlands:** *3* Rum; *4* Coll, Mull, Skye; *5* Arran, Islay, Lewis; *7* Kintyre
- **zwischen Schottland und Irland:** *5* Arran, Islay
- **der Shetlands:** *4* Unst, Yell; *6* Walsey; *7* Bressay; *8* Mainland
- **Spaniens:** *5* Ibiza; *7* Menorca; *8* Mallorca; *10* Formentera
- **der Sporaden** → Sporadeninsel
- **vor Stettin:** *6* Usedom, Wollin
- **bei St. Helena:** *9* Ascension
- **im Stillen Ozean:** *4* Guam, Wake; *5* Nauru, Timor; *6* Hawaii, Taiwan; *7* Kiuschu; *8* Eniwetok; *10* Osterinsel
- **am St.-Lorenz-Golf:** *11* Neufundland
- **vor Stockholm:** *7* Schaere
- **im Südatlantik:** *6* Helena
- **im Südchinesischen Meer:** *3* Obi
- **südlich von Sizilien:** *5* Malta
- **in der Südsee** → Südseeinsel
- **bei Sumatra:** *4* Nias; *5* Banka
- **von Taiwan:** *5* Matsu; *6* Penghu, Quemoy
- **des Tuamotu-Archipels:** *3* Hao; *4* Toau; *6* Arutua, Makemo; *7* Apataki; *8* Fakarava
- **vor Tunesien:** *6* Djerba; *8* Kerkenna
- **im Tyrrhenischen Meer** → italienische Insel → Liparische Insel
- **in Westindien:** *4* Kuba; *5* Haiti; *7* Jamaika; *8* Trinidad
- **über dem Winde:** *7* Anegada, Antigua, Barbuda; *8* Anguilla, Dominica, Sombrero, St. Martin; *10* Guadeloupe; *11* Grande Terre; *12* St. Barthélémy
- **unter dem Winde:** *6* Tobago; *7* Grenada; *8* Barbados, Trinidad; *10* Martinique, Santa Lucia
- **bei Venedig:** *6* Murano
- **im Victoriasee:** *7* Ukerewe
- **in Westindien:** *4* Kuba; *5* Haiti; *6* Andros; *7* Jamaica; *8* Barbados, Dominica, Trinidad; *10* Guadeloupe, Martinique, Puerto Rico
- **vor Wismar:** *4* Poel
- **in der Zuidersee:** *3* Urk
- **im Zürichsee:** *6* Ufenau

Inselbewohner: *3* Ire; *5* Brite; *7* Japaner; *9* Insulaner

Inseleuropäer: *3* Ire; *5* Brite, Korse, Sarde; *6* Kreter; *7* Schotte; *8* Malteser, Zypriote; *9* Islaender; *10* Englaender, Sizilianer; *12* Groenlaender

Inselgruppe: *8* Archipel

Inselgruppe

- **im Ägäischen Meer:** *8* Kykladen, Sporaden, Zykladen
- **zwischen Alaska und Kamtschatka:** *7* Alëuten
- **zwischen Alaska und Sibirien:** *7* Alëuten
- **der Antarktis:** *9* Kerguelen
- **im Arabischen Meer:** *9* Lakediven; *10* Lakkadiven
- **vor Argentinien:** *8* Malwinen; *14* Falklandinseln
- **im Atlantik:** *6* Azoren; *7* Kanaren, Madeira; *8* Bermudas, Malwinen; *14* Falklandinseln
- **der Balearen:** *8* Pityusen
- **im Bengalischen Meerbusen:** *9* Andamanen, Nikobaren
- **im Beringmeer:** *7* Alëuten
- **zwischen Beringmeer und Stillem Ozean:** *7* Alëuten
- **zwischen Celebes und Neuguinea:** *8* Molukken
- **vor Cornwall:** *12* Scillyinseln
- **vor Ecuador:** *9* Galapagos
- **in der Formosastraße:** *10* Pescadores
- **im Großen Ozean** → Inselgruppe im Stillen Ozean
- **Indiens:** *9* Andamanen, Nikobaren; *10* Lakkadiven
- **im Indischen Ozean:** *7* Komoren; *9* Amiranten, Andamanen, Kerguelen, Malediven, Nikobaren; *10* Lakkadiven, Maskarenen, Seychellen; *14* Tschagosinseln
- **bei Irland:** *4* Aran
- **bei Japan:** *7* Kurilen
- **zwischen Japan und Formosa:** *6* Riukiu

- **an der Magellanstraße:** *9* Feuerland
- **vor der Malabarküste:** *9* Lakediven; *10* Lakkadiven
- **des Malaiischen Archipels:** *11* Philippinen
- **im Marmarameer:** *13* Prinzeninseln
- **im Mittelmeer:** *8* Balearen, Kykladen, Pityusen, Sporaden
- **bei Neuguinea:** *3* Aru, Kei
- **im Nördlichen Eismeer:** *8* Nordland; *11* Spitzbergen
- **im Nordpolarmeer:** *12* Nowaja Semlja
- **vor Norwegen:** *6* Ofoten; *7* Lofoten; *10* Vesteralen
- **vor Ostafrika:** *7* Komoren; *9* Amiranten; *10* Kosmoledos, Maskarenen, Seychellen
- **in der Ostsee:** *5* Aland
- **im Pazifik** → Inselgruppe im Stillen Ozean
- **bei Schottland:** *7* Orkneys; *8* Faeroeer, Hebriden, Shetland; *12* Orkneyinseln; *14* Shetlandinseln
- **zwischen Sibirien und Alaska:** *7* Alëuten
- **Spaniens:** *8* Balearen, Pityusen; *16* Kanarische Inseln
- **im Stillen Ozean:** *6* Hawaii; *7* Alëuten, Fidschi, Kurilen; *8* Marianen; *9* Galapagos, Karolinen, Salomonen; *10* Melanesien, Neuseeland, Polynesien; *11* Mikronesien, Tongainseln; *13* Neukaledonien; *14* Marshallinseln
- **im Südatlantik:** *8* Malwinen; *14* Falklandinseln
- **in Südostasien:** *11* Sundainseln

Inselstaat: *4* Cuba, Eire, Kuba; *5* Haiti, Japan, Malta, Nauru, Samoa, Tonga; *6* Ceylon, Cypern, Irland, Island, Tuvalu, Zypern; *7* Fidschi, Jamaica, Jamaika; *8* Kiribati, Malaysia, Sri Lanka; *9* Mauritius; *10* Indonesien, Madagaskar, Neuseeland; *11* Philippinen; *15* Grossbritannien; *17* Trinidad und Tobago

Inselwelt: *9* Insulinde

Inselwelt
- **der Ägäis:** *9* Dodekanes
- **im Stillen Ozean:** *8* Ozeanien; *10* Polynesien; *11* Mikronesien

Inserat: *7* Annonce, Anzeige

insgesamt: *4* ganz; *5* alles, total

Insichgehen: *4* Reue; *5* Busse; *7* Einkehr

Insignien: *7* Embleme, Symbole; *9* Abzeichen; *11* Amtszeichen; *12* Ehrenzeichen

Insignien von Dürer: *2* AD
- **von Shaw:** *3* GBS

Inspektionsamt: *11* Inspektorat

Inspiration: *8* Anregung; *9* Eingebung

Installateur: *7* Monteur; *10* Handwerker

Instandhaltung: *6* Pflege; *7* Wartung

inständiges Bitten: *6* Flehen

instand setzen: *10* renovieren

Instandsetzung: *9* Reparatur; *11* Renovierung; *12* Restauration; *13* Restaurierung

Instinkt: *6* Ahnung

Institut: *7* Anstalt

Institution: *8* Stiftung; *11* Einrichtung

Instruktion: *9* Anleitung, Anweisung, Belehrung; *10* Vorschrift; *11* Richtschnur; *13* Unterrichtung

Instrument: *6* Geraet, Mittel; *7* Apparat; *8* Werkzeug; *11* Vorrichtung

Instrument
- **des Arztes:** *5* Nadel, Sonde; *6* Klemme; *7* Kanuele, Spritze; *8* Hoerrohr, Lanzette, Pinzette, Skalpell; *10* Stethoskop
- **der Militärkapelle:** *4* Tuba; *5* Pauke; *7* Posaune; *8* Trompete; *10* Querpfeife; *11* Kesselpauke; *12* Schellenbaum
- **der Optik:** *4* Lupe; *6* Brille, Kamera; *7* Episkop; *8* Fernglas, Fernrohr; *9* Projektor, Reflektor, Theodolit

Instrumentalkomposition: *9* Symphonie

Instrumentalorchester: *7* Kapelle

intakt: *4* heil

Intellekt: *3* Nus; *8* Verstand

intellektuell: *7* geistig

intelligent: *4* klug; *6* begabt; *8* gescheit; *10* aufgeweckt

Intelligenz: *8* Klugheit; *12* Gescheitheit

intensiv lernen: *6* pauken; *8* bueffeln

intensivieren: *8* steigern; *9* vermehren; *11* verstaerken

Intention: *4* Plan; *7* Absicht, Vorsatz; *8* Vorhaben

Interesse: *4* Lust, Sinn; *6* Anteil, Belang; *7* Neigung; *9* Teilnahme; *11* Anteilnahme

Interesselosigkeit: *9* Lethargie

Interessengemeinschaft: *2* IG; *12* Zweckverband

Interessent: *8* Bewerber; *10* Teilnehmer; *12* Parteifreund

Interessenvereinigung: *7* Kartell

Interessenvertreter: *5* Agent; *7* Manager

international: *17* zwischenstaatlich

internationale(r, s)
- **Arbeitsorganisation:** *3* ILO
- **Automobilverband:** *3* FIA
- **Bündnis:** *4* Liga, Pakt; *7* Allianz
- **Fernmeldeunion:** *3* ITU
- **Flüchtlingsorganisation:** *3* IRO
- **Fußballverband:** *4* FIFA
- **Genossenschaftsverband:** *3* ICA
- **Grenzpassierschein für Kraftfahrzeuge:** *6* Carnet
- **Handelsorganisation:** *3* ITO
- **Hilferuf:** *3* CQD, SOS
- **Hilfssprache:** *9* Esperanto
- **Kfz-Kennzeichen** → Kfz-Kennzeichen
- **Kriminalpolizei:** *8* Interpol
- **Kulturorganisation:** *6* Unesco
- **Luftverkehrsverband:** *4* IATA
- **Motorradsportverband:** *3* FIM
- **Olympisches Komitee:** *3* IOC
- **Organisation für Atom-Energie:** *4* IAEO
- **Philatelistenbund:** *3* FIP
- **Polizeiorganisation:** *8* Interpol
- **Satellitenorganisation:** *8* Inmarsat
- **Schriftstellervereinigung:** *3* PEN
- **Schwimmverband:** *4* FINA
- **Seenotzeichen:** *3* CQD, SOS
- **Staatengemeinschaft:** *2* EG

- **Staatenorganisation:** *2* UN; *3* UNO
- **Verrechnungsverfahren:** *8* Clearing
- **Verteidigungsgemeinschaft:** *4* NATO; *5* SEATO
- **Wirtschaftsgemeinschaft:** *3* EWG

Internatszögling: *6* Alumne
internieren: *9* isolieren; *11* inhaftieren
Interpretation: *7* Deutung
Interpunktion: *14* Zeichensetzung
interstellares Medium: *6* Plasma
Intervall: *4* None, Prim, Sext, Terz; *5* Quart, Quint; *6* Dezime, Oktave; *7* Sekunde, Septime
Interview: *9* Befragung
intimes Lokal: *3* Bar
intolerant: *9* unduldsam
Intrige: *6* Kabale, Raenke
Investition: *13* Kapitalanlage
inwendig: *5* innen, intus; *6* intern
Inzest: *11* Blutschande
ionische Insel: *5* Korfu; *6* Ithaka, Leukas, Zantes; *7* Kythira; *9* Zakynthos; *11* Kephallenia
ionischer Philosoph: *11* Anaximander
- **Tempel:** *11* Erechtheion

irakische(r, s)
- **Hafenstadt:** *3* Fao; *5* Basra
- **Hauptstadt:** *6* Bagdad
- **König:** *6* Faisal
- **Münze:** *3* Fil; *4* Rial; *5* Dinar; *6* Dirham
- **Ölfeld:** *5* Mosul; *6* Kirkuk
- **Ölhafen:** *3* Fao
- **Staatsreligion:** *5* Islam
- **Stadt** → Stadt im Irak
- **Strom:** *6* Tigris; *7* Euphrat
- **Zentralgebiet:** *12* Mesopotamien

Iran: *7* Persien
Iraner: *6* Perser
iranisch → persisch
iranische(r, s)
- **Berg** → Berg im Iran
- **Dichter** → persischer Dichter
- **Fluß:** *3* Kor; *4* Aras, Mand; *5* Tilar
- **Gebirge:** *6* Elburs, Elwend, Zagros
- **Geistlicher:** *6* Mullah; *9* Ayatollah
- **Gewicht:** *3* Man
- **Gottheit:** *7* Mithras
- **Hafenstadt:** *5* Abbas; *6* Abadan
- **Hauptstadt:** *7* Teheran
- **Heilige Schrift:** *6* Avesta, Awesta
- **Herrschertitel:** *5* Schah
- **König** → persischer König
- **Längenmaß:** *3* Gam
- **Lichtgott:** *6* Ormuzd
- **Münze:** *4* Rial; *5* Dinar
- **Ölhafen:** *6* Abadan
- **Perlengewicht:** *4* Abas
- **Politiker:** *8* Mossadeq
- **Religion:** *9* Parsismus
- **Religionsstifter:** *4* Mani; *5* Manes; *9* Zoroaster; *11* Zarathustra
- **Revolutionsführer:** *8* Khomeini
- **Rohrflöte:** *3* Nei
- **Saiteninstrument:** *3* Tar
- **See:** *5* Niris, Urmia
- **Stadt** → Stadt im Iran
- **Volksstamm:** *6* Kurden, Sarten
- **Volksstamm im Altertum:** *5* Meder, Saken; *6* Alanen, Perser; *7* Baktrer, Iranier, Osseten, Parther, Skythen; *8* Sarmaten
- **Wasserpfeife:** *6* Kalian, Kaliun
- **Wüste:** *3* Lut; *5* Kewir

irdenes Geschirr: *8* Steingut
Irenik: *13* Friedenslehre
irische(r, s)
- **Berg** → Berg in Irland
- **Branntwein:** *3* Gin
- **Bucht:** *9* Dingle Bay, Galway Bay; *10* Donegal Bay
- **Dichter:** *4* Shaw; *5* Joyce, Synge, Yeats; *6* Steele; *7* Beckett, Durrell
- **Dorf:** *5* Adare
- **Dramatiker:** *4* Shaw; *6* Steele; *7* Beckett
- **Erzählerin:** *5* Bowen
- **Exportartikel:** *6* Leinen
- **Flughafen:** *7* Shannon
- **Fluß** → Fluß in Irland
- **Geheimbund:** *6* Fenier
- **Hafenstadt** → Hafenstadt in Irland
- **Hauptstadt:** *6* Dublin
- **Inselgruppe:** *4* Aran; *6* Achill, Mullet; *8* Valentia
- **Kloster:** *6* Cashel
- **Komponist:** *6* Coffrey
- **Luftverkehrszentrum:** *7* Shannon
- **Missionar:** *6* Gallus; *8* Columban
- **Name für Irland:** *4* Eire
- **Nationalheiliger:** *7* Patrick
- **Nobelpreisträger für Frieden:** *8* Corrigan, Mac Bride, Williams
- **Nobelpreisträger für Literatur:** *5* Yeats; *7* Beckett
- **Nobelpreisträger für Physik:** *6* Walton
- **Parlament:** *11* Dail Eireann
- **Philosoph:** *7* Erigena
- **Physiker:** *6* Walton; *7* Tyndall
- **Sagenheld:** *6* Fingal
- **Schriftsteller:** *5* Joyce; *7* Beckett, Durrell; *9* Goldsmith, O'Flaherty
- **Schriftstellerin:** *5* Bowen
- **Schutzheiliger:** *9* St. Patrick
- **See:** *3* Eri, Ree; *4* Derg; *6* Erisee
- **Staatsmann:** *6* Valera
- **Stadt** → Stadt in Irland
- **Volksstamm in Schottland:** *6* Skoten
- **Wacholderbranntwein:** *3* Gin

Irisgewächs: *12* Schwertlilie
Irland: *4* Eire
Ironie: *5* Spott
ironisch: *6* mokant
ironische Dichtung: *6* Satire
irreal: *10* unwirklich
irreführen: *8* vexieren
Irreführung: *5* Bluff
irregulär: *7* illegal; *12* ungesetzlich; *14* unregelmaessig; *15* ungesetzmaessig

irremachen: *9* verwirren; *10* irritieren
Irrenarzt: *10* Psychiater
Irrenheilkunde: *11* Psychiatrie
irrereden: *10* delirieren; *12* phantasieren
Irrfahrt: *7* Odyssee
Irrgang: *5* Abweg; *9* Labyrinth
Irrgarten: *9* Labyrinth
Irrglaube: *10* Aberglaube
irrgläubig: *9* heterodox
Irrgläubiger: *6* Ketzer; *10* Haeretiker
Irrlehre: *8* Haeresie, Ketzerei
Irrsinn: *5* Manie; *8* Wahnsinn
Irrtum: *6* Errata, Fehler; *7* Erratum; *8* Versehen
Isaaks Frau: *3* Lea; *5* Rahel
- **Sohn:** *4* Esau; *5* Jakob
- **Vater:** *7* Abraham

Isarzufluß → Nebenfluß der Isar
Isèrezufluß → Nebenfluß der Isère
islamische(r, s)
- **Asket:** *4* Sufi; *8* Derwisch
- **Bettelmönch:** *5* Fakir; *8* Derwisch
- **Fastenmonat:** *7* Ramadan
- **Fest:** *6* Bairam
- **Frauengemach:** *5* Harem
- **Gebetbuch:** *5* Koran
- **Gebetsrufer:** *7* Muezzin
- **Geistlichkeit:** *5* Ulema
- **Glaubenskämpfer:** *10* Mudjahedin
- **Gott:** *5* Allah
- **Gotteshaus:** *7* Moschee
- **heiliges Buch:** *5* Koran
- **heilige Stadt:** *5* Mekka
- **Heiligtum:** *5* Kaaba
- **Herrschertitel:** *4* Emir; *5* Kalif; *6* Sultan; *9* Padischah
- **Hochschule:** *7* Medrese
- **Konfession** → islamische Sekte
- **Lehrbuch:** *5* Sunna
- **Mekkapilger:** *7* Hadschi
- **Mystiker:** *7* Algazel
- **Name für Jesus:** *2* Isa
- **Opferfest:** *6* Bairam
- **Paradiesjungfrau:** *4* Huri
- **Prophet:** *5* Rasul; *8* Mohammed
- **Rechtsgelehrter:** *5* Mufti, Ulema
- **Religionsbuch:** *5* Koran
- **Richter:** *4* Kadi
- **Sagengestalt:** *5* Chidr
- **Schicksal:** *6* Kismet
- **Sekte:** *6* Drusen; *8* Imamiten, Schiiten, Sunniten; *9* Wahabiten; *10* Ismaeliten, Ismailiten, Wahhabiten
- **Staatsform:** *6* Emirat
- **Symbol:** *8* Halbmond
- **Titel:** *4* Imam, Kadi; *5* Kalif, Mufti, Wesir; *6* Sultan; *7* Hadschi
- **Vorbeter:** *4* Imam
- **Wallfahrtsort:** *5* Mekka

Islamit: *6* Moslem, Muslim; *8* Muselman; *12* Mohammedaner
isländische(r, s)
- **Archäologe:** *9* Magnusson
- **Dichter:** *7* Laxness; *11* Gudmundsson
- **Dichtung:** *4* Edda, Saga
- **Fluß:** *8* Joekulsa
- **Hauptstadt:** *9* Reykjavik
- **heiße Quelle:** *6* Geysir
- **Heldengedicht:** *12* Frithjofsage
- **Münze:** *5* Aurar, Eyrir, Krone
- **Nobelpreisträger für Literatur:** *7* Laxness
- **Ringkampf:** *5* Glima
- **Schriftsteller:** *6* Kiljan; *7* Halldor, Laxness; *10* Gunnarsson
- **Vulkan:** *5* Askia, Hekla
- **Wasserfall:** *9* Dittifoss

Isolierstoff: *4* Filz, Glas, Kork, Lack, Teer; *5* Gummi, Seide; *6* Asbest; *7* Bitumen; *9* Glaswolle
isolierter Draht: *5* Kabel
Isolierung als Schutz: *11* Quarantaene
Isotop
- **des Thoriums:** *6* Ionium
- **des Wasserstoffs:** *9* Triterium

israelisch → juedisch
israelische(r, s)
- **Amtssprache:** *6* Iwrith; *10* Hebraeisch
- **Dirigent:** *9* Barenboim
- **Flughafen:** *3* Lod; *5* Lydda
- **Fluß:** *5* Faria; *6* Jordan
- **General:** *5* Dayan
- **Hafenstadt:** *4* Akka; *5* Elath, Haifa, Jaffa; *6* Ashdod, Eilath; *7* Aschdod
- **Hafenstadt am Roten Meer:** *5* Elath; *6* Eilath
- **Hauptstadt:** *7* Tel Aviv; *9* Jerusalem
- **Kollektiv:** *6* Kibbuz
- **Münze:** *5* Pfund; *6* Agorot
- **Nationalarmee:** *6* Hagana; *7* Haganah
- **Nobelpreisträger für Literatur:** *5* Agnon
- **Ostermonat:** *5* Nisam
- **Parlament:** *7* Knesset
- **Partei:** *5* Mapai
- **Politiker:** *4* Eban; *5* Dayan, Peres; *7* Eschkol, Schasar
- **See:** *10* Genezareth
- **Staatsmann:** *5* Begin, Dayan, Peres, Rabin; *6* Herzog, Schamir; *7* Eschkol; *8* Goldmann
- **Staatsmännin:** *4* Meir
- **Stadt** → Stadt in Israel
- **Wüste:** *5* Negeb, Negev
- **Wüstenstadt:** *6* Dimona
- **Wüstenwind:** *8* Scharaff

Israelit: *4* Jude; *8* Hebraeer
israelitischer
- **Gesetzgeber:** *5* Moses
- **Gott der Heerscharen:** *7* Zebaoth
- **König:** *3* Asa; *4* Abia, Ahab; *5* David; *6* Salomo; *7* Herodes, Salomon
- **Stamm:** *3* Dan, Gad; *4* Juda, Levi; *5* Asser, Ruben; *6* Joseph, Simeon; *7* Sebulon; *8* Benjamin, Isaschar, Naphtali
- **Stammvater:** *3* Ham, Sem; *4* Noah; *5* Jakob; *6* Japhet

Istanbul: *6* Byzanz; *7* Stambul; *14* Konstantinopel

Istanbuls Altstadt: *7* Stambul
italienisch (Sprache)
- **Abend:** *4* sera
- **acht:** *4* otto
- **Apotheke:** *8* farmacia
- **Arzt:** *6* medico; *7* dottore; *8* condotto
- **Bad:** *5* bagno
- **Badestrand:** *4* lido
- **Bahnhof:** *8* stazione
- **Bart:** *5* barba
- **Berg:** *5* monte
- **Bier:** *5* birra
- **bitte:** *5* prego
- **Bozen:** *7* Bolzano
- **Brot:** *4* pane
- **Brücke:** *5* ponte
- **Buch:** *5* libro
- **danke:** *6* grazie
- **Doktor:** *7* dottore
- **drei:** *3* tre
- **eins:** *3* uno
- **Eis:** *6* gelato
- **Familie:** *8* famiglia
- **Feuer:** *5* fuoco
- **Frau:** *7* signora
- **Fräulein:** *9* signorina
- **fünf:** *6* cinque
- **Geld:** *5* soldi
- **gestern:** *4* ieri
- **Gold:** *3* oro
- **Graf:** *5* conte
- **Hand:** *4* mano
- **Haus:** *4* casa
- **heilig:** *3* san; *5* santa, santo
- **Herr:** *6* signor; *7* signore
- **heute:** *4* oggi
- **hundert:** *5* cento
- **ich:** *2* io
- **Insel:** *5* isola
- **Italien:** *6* Italia
- **ja:** *2* si
- **Jahr:** *4* anno
- **klein:** *7* piccolo
- **krank:** *6* malato
- **Kunst:** *4* arte
- **Land:** *8* campagna
- **lebewohl:** *5* addio
- **Liebe:** *5* amore
- **Lied:** *7* canzone
- **Mailand:** *6* Milano
- **Meer:** *4* mare
- **Milch:** *5* latte
- **Mittagsruhe:** *6* siesta
- **Mutter:** *5* madre
- **Neapel:** *6* Napoli
- **nein:** *2* no
- **neun:** *4* nove
- **Onkel:** *3* zio
- **Palast:** *7* palazzo
- **sechs:** *3* sei
- **See:** *4* lago
- **sieben:** *5* sette
- **Sohn:** *6* figlio
- **Sonne:** *4* sole
- **Stadt:** *5* città
- **Straße:** *3* via; *6* strada
- **Stunde:** *3* ora
- **Tag:** *6* giorno
- **Theater:** *6* teatro
- **Tochter:** *6* figlia
- **Tür:** *5* porta
- **Turm:** *5* torre
- **Vater:** *5* padre
- **vier:** *7* quattro
- **Wein:** *4* vino
- **Zahn:** *5* dente
- **zehn:** *5* dieci
- **Zeit:** *5* tempo
- **zwei:** *3* due

italienische(r, s)
- **Abenteurer:** *8* Casanova; *10* Cagliostro
- **Abschiedsgruß:** *4* Adio
- **Adelsgeschlecht:** *4* Este; *6* Borgia, Medici, Orsini; *7* Farnese; *9* Malatesta
- **Adelsprädikat:** *2* di
- **Adelstitel:** *4* Duca; *5* Conte; *8* Contessa, Marchesa, Marchese, Principe, Visconte; *11* Principessa
- **Adriahafen:** *4* Bari; *6* Ancona, Pesaro, Rimini, Triest; *7* Pescara, Venedig, Venezia; *8* Barletta, Brindisi, Molfetta
- **Alpental:** *7* Veltlin
- **Anatom:** *7* Galvani
- **Anrede:** *6* Signor; *7* Signora; *9* Signorina
- **Artikel:** *2* il, la, lo
- **Arzt:** *8* Morgagni
- **Astronom:** *7* Galilei; *12* Schiaparelli
- **Atomphysiker:** *5* Fermi
- **Autobahn:** *10* Autostrada
- **Automarke:** *3* ISO; *4* Fiat; *6* Abarth, Lancia; *7* Ferrari; *8* Maserati; *9* Alfa Romeo; *11* Autobianchi
- **autonomes Gebiet:** *5* Aosta
- **Autorennstrecke:** *5* Monza
- **Bannerträger:** *12* Gonfaloniere
- **Barockbaumeister:** *7* Carlone
- **Barockmaler:** *4* Reni
- **Baumeister:** *6* Solari; *7* Bernini, Carlone, Solario; *8* Bramante; *9* Borromini
- **Berg** → Berg in Italien
- **Bildhauer:** *5* Manzú; *6* Canova, Majano, Pisano, Riccio; *7* Cellini, Fiesole, Quercia, Sartori, Solario; *9* Donatella, Sansovino; *10* Verrocchio; *12* Michelangelo
- **Bischofsstadt:** *6* Aquino; *7* Orvieto
- **Blutrache:** *8* Vendetta
- **Buchdrucker:** *6* Bodoni
- **Bürgermeister:** *7* Podesta
- **Bußprediger:** *10* Savonarola
- **Chemiker:** *5* Natta
- **Dichter:** *5* Dante, Gozzi, Tasso; *6* Ariost, Silone, Vasari; *7* Alfieri, Aretino, Goldoni, Manzoni; *8* Annunzio, Carducci, Petrarca;

9 Boccaccio, Malaparte, Quasimodo, Sannazaro; *10* Pirandello
- **Diktator:** *9* Mussolini
- **Dirigent:** *3* Gui; *6* Abbado; *9* Toscanini
- **Dramatiker:** *2* Fo
- **Elitetruppe:** *11* Bersaglieri
- **Erfinder:** *5* Volta; *7* Marconi; *10* Torricelli
- **Exkönig:** *7* Umberto
- **Exkönigin:** *5* Elena
- **Filmregisseur:** *6* de Sica; *7* Fellini, Visconti; *8* Pasolini; *9* Antonioni; *10* Bertolucci, Rossellini
- **Filmschauspieler:** *4* Sica, Toto; *6* de Sica; *11* Mastroianni
- **Filmschauspielerin:** *5* Loren; *6* Masina; *7* Mangano; *9* Cardinale; *11* Lollobrigida
- **Filmstadt bei Rom:** *9* Cinecittà
- **Fingerspiel:** *4* Mora
- **Fluß** → Fluß in Italien
- **Forschungsreisender:** *9* Marco Polo
- **Frauenname:** *3* Pia; *4* Gina, Mona, Rita, Tina; *5* Bella, Elena, Lucia, Maria, Norma, Paola, Viola; *6* Angela, Bianca, Editta, Elvira, Giulia, Marina, Porzia, Renata, Teresa; *7* Antonia, Claudia, Mirella, Valeria; *8* Beatrice, Carlotta, Eleonora, Fiametta, Lucretia, Lucrezia, Teresina, Vittoria; *9* Maddalena, Margarita
- **Frauenverführer:** *8* Casanova
- **Freiheitskämpfer:** *9* Garibaldi
- **Fremdenführer:** *8* Cicerone
- **Fürstengeschlecht:** *4* Este; *6* Borgia, Medici, Orsini; *7* Farnese; *9* Malatesta
- **Gasthaus, Gaststätte:** *7* Albergo, Osteria, Taverne; *9* Trattoria
- **Gebirge:** *7* Apennin; *8* Abruzzen; *9* Dolomiten
- **Gebirgstruppe:** *6* Alpini
- **Gedichtform:** *7* Canzone
- **Geheimbund:** *5* Mafia; *6* Maffia; *7* Camorra, Kamorra
- **Geigenbauer:** *5* Amati, Santo; *6* de Salo; *7* Maggini, Ruggeri; *8* Bergonzi, Guarneri, Storioni; *10* Stradivari
- **Geigenvirtuose:** *6* Viotti; *7* Tartini, Vivaldi; *8* Paganini
- **Gendarm:** *11* Karabiniere
- **Gesangsstil:** *8* Belcanto
- **Geschlecht:** *11* Piccolomini
- **Gondelführer:** *10* Gondoliere
- **Gondellied:** *9* Barcarole
- **Hafenstadt** → Hafenstadt in Italien
- **Hartkäse:** *8* Parmesan
- **Hauptstadt:** *3* Rom; *4* Roma
- **Heiliger:** *4* Neri
- **Humanist:** *4* Pico
- **Ingenieur:** *8* Bramante
- **Insel:** *4* Elba; *5* Capri, Ponza; *6* Giglio, Ischia, Linosa, Lipari, Salina, Ustica; *7* Asinara, Capraia, Caprera, Panaria, Pianosa, Procida, Tremiti, Vulcano; *8* Sizilien; *9* Favignana, Giannutri, Lampedusa, Sardinien, Stromboli, Ventotene; *11* Monte Cristo, Pantelleria
- **Instrumentenbauer:** *10* Cristofori
- **Jägertruppe:** *11* Bersaglieri
- **Jahrmarkt:** *5* Fiera
- **Jongleur:** *8* Rastelli
- **Käse:** *5* Grana; *6* Asagio, Romano; *7* Casiddi, Fontina, Robiola; *8* Bel Paese, Parmesan; *10* Gorgonzola, Mozzarella, Stracchino
- **Kirchenkomponist:** *10* Palestrina
- **Klosterbruder:** *3* Fra
- **Komiker:** *4* Toto
- **Komödiendichter:** *5* Gozzi; *7* Goldoni
- **Komponist:** *4* Nono, Peri; *5* Boito, Verdi; *6* Busoni; *7* Bellini, Casella, Corelli, Menotti, Piccini, Puccini, Rossini, Salieri, Tartini, Torelli, Toselli, Vivaldi, Zarlino; *8* Cimarosa, Clementi, Gabrieli, Giordano, Mascagni, Marenzio, Respighi, Spontini, Steffani; *9* Cherubini, Donizetti, Malipiero, Paisiello, Pergolese, Pergolesi, Scarlatti, Stradella; *10* Boccherini, Monteverdi, Palestrina, Zingarelli; *11* Frescobaldi, Leoncavallo
- **Kriegshafen:** *6* Ancona; *8* Brindisi, La Spezia
- **Kugelspiel:** *6* Boccia
- **Künstler:** *5* Vinci; *7* da Vinzi; *12* Michelangelo
- **Küstenfluß:** *4* Sele
- **Landschaft** → Landschaft in Italien
- **Likör:** *8* Rosoglio
- **Luftverkehrsgesellschaft:** *3* LAI; *8* Alitalia
- **Maisgericht:** *7* Polenta
- **Maler:** *4* Afro, Cima, Reni, Rosa; *5* Carra, Credi, Dolci, Lippi, Lotto, Luini, Palma, Preti, Sarto, Vinci; *6* Giotto, Guardi, Piombo, Sodoma, Tizian; *7* Bellini, Bernini, Cimabue, Cortono, da Vinci, Francia, Gozzoli, Martini, Raffael, Solario, Tiepolo, Uccello; *8* Angelico, Boccioni, Carracci, Crivelli, Mantegna, Masaccio, Perugino, Pontormo, Veronese; *9* Canaletto, Carpaccio, Correggio, Giorgione, Pisanello, Segantini; *10* Botticelli, Modigliani, Signorelli, Tintoretto; *12* Michelangelo; *15* Leonardo da Vinci
- **Männername:** *4* Gian, Luca, Tino, Tito, Vico; *5* Aldus, Beppo, Carlo, Guido, Mario, Paolo, Peppo; *6* Amedeo, Arturo, Benito, Cesare, Cosimo, Curzio, Emilio, Enrico, Ermano, Gianni, Giulio, Jacopo, Mattia, Nicola, Pietro; *7* Antonio, Claudio, Ermanno, Eugenio, Gasparo, Giacomo, Ignazio, Lorenzo, Niccolo, Odoardo, Omobono, Santino, Umberto; *8* Agostino, Giovanni, Giuliano, Giuseppe, Marcello, Ottorino; *9* Benedetto, Francesco; *10* Alessandro, Bartolomeo, Bernardino, Cristoforo, Gioacchino, Sebastiano
- **Märchenfigur:** *6* Befana; *9* Pinocchio
- **Marschall:** *8* Badoglio
- **Münze:** *4* Lira, Lire; *9* Centesimo
- **Musiknote:** *2* do, fa, la, mi, re, si, so
- **Mystiker:** *11* Bonaventura
- **Nachrichtenagentur:** *4* ANSA
- **Naturforscher:** *7* Galvani
- **Nobelpreisträger** → Nobelpreisträger
- **Nudelart:** *9* Maccaroni, Spaghetti
- **Nudelteigpastetchen:** *7* Ravioli

- **Opernkomponist:** *5* Boito, Verdi; *7* Bellini, Puccini, Rossini; *8* Cimarosa, Mascagni; *9* Donizetti; *11* Leoncavallo
- **Ordensbruder:** *3* Fra
- **Ordensgründer:** *4* Neri; *8* Benedikt; *10* Franziskus; *14* Franz von Assisi
- **Pflaumenart:** *6* Susine
- **Philosoph:** *4* Pico; *5* Bruno, Croce; *6* Ficino; *8* Guardini; *10* Camparella; *13* Giordano Bruno
- **Physiker:** *5* Fermi, Segre, Volta; *7* Galilei, Marconi; *8* Avogadro; *10* Torricelli
- **Polarforscher:** *6* Nobile
- **Politiker:** *4* Moro; *5* Nenni; *6* Cavour, Scelba; *7* Einaudi, Gasperi; *9* Togliatti; *11* Machiavelli
- **Polizist:** *11* Carabiniere
- **Porzellanmanufaktur:** *11* Capo di Monte
- **Prediger:** *10* Savonarola
- **Prinzenhofmeister:** *3* Ajo
- **Räuberhauptmann:** *9* Rinaldini; *10* Fra Diavolo
- **Reformator:** *7* Damiani, Flacius
- **Reisgericht:** *7* Risotto
- **Religionsphilosoph:** *8* Guardini
- **Revolutionär:** *7* Mazzini; *9* Garibaldi
- **Rotwein:** *7* Chianti
- **Rundfunkgesellschaft:** *3* RAI
- **Sänger:** *5* Gigli, Lanza; *6* Caruso; *7* Domingo; *9* del Monaco, Pavarotti
- **Sängerin:** *5* Moffo; *7* Tebaldi
- **Scharfschütze:** *11* Bersagliere
- **Schaumwein:** *8* Spumante
- **Schauspielerin:** *4* Duse
- **Schenke:** *7* Osteria, Taverne
- **Schriftsteller:** *3* Eco; *5* Verga; *6* Tomasi; *7* Aretino, Giraldi, Moravia; *9* Malaparte; *10* Pirandello; *11* Castiglione
- **Schriftstellerin:** *7* Deledda
- **See:** *4* Como, Nemi; *5* Garda; *7* Nemisee; *8* Comersee, Gardasee
- **Seefahrer:** *8* Kolumbus, Vespucci; *9* Verrazano
- **Söldnerführer:** *8* Colleoni; *11* Condottiere, Kondottiere
- **Staatskonzern:** *3* ENI
- **Staatsmann:** *6* Cavour, Sforza; *9* Mussolini
- **Stadt** → Stadt in Italien
- **Strom:** *2* Po
- **Tanz:** *10* Saltarello, Tarantella
- **Tenor:** *5* Gigli, Lanza; *6* Caruso
- **Tonsilbe:** *2* do, fa, la, mi, re, si, so
- **Überseehafen:** *5* Genua
- **Universalgenie:** *12* Michelangelo
- **Universitätsstadt** → Universitätsstadt in Italień
- **Verschwörer:** *6* Fiesco
- **Volkstanz:** *10* Tarantella
- **Vulkan:** *5* Aetna, Vesuv; *9* Stromboli
- **Wallfahrtsort:** *6* Loreto
- **Weinort:** *4* Asti; *6* Tramin; *7* Termeno
- **Weinschenke:** *7* Taverne
- **Weinsorte:** *4* Asti, Fara, Faro, Gavi, Giro; *5* Eloro, Soave, Zucco; *6* Barolo, Epomeo; *7* Barbera, Chianti, Lacrima, Marsala, Moscato, Vesuvio; *8* Falerner, Malvasia, Nebbiolo, Prosecco; *9* Bardolino, Est Est Est; *14* Lacrima Christi
- **Wirtshaus:** *7* Albergo, Osteria, Taverne; *9* Trattoria
- **Wurstsorte:** *6* Salami; *10* Mortadella
- **Zahlwort:** *3* due, sei, tre, una, uno; *4* nove, otto, zero; *5* cento, dieci, sette, venti; *6* cinque; *7* quattro

italienisches Volk: *5* Osker; *7* Volsker; *8* Etrusker

J

Jabot: *6* Krause
jachtähnlicher Ostseesegler: *6* Esping
Jachtvorsegel: *9* Spinnaker
Jäckchen: *7* Spenzer
Jacke: *4* Rock, Wams; *5* Joppe, Sakko; *6* Janker; *7* Jackett
Jackenkleid: *7* Kostuem
Jagd mit Falken: *9* Falknerei
- auf Vögel: *5* Beize; *8* Beizjagd
Jagdart: *4* Hatz; *5* Beize; *6* Ansitz, Pirsch; *7* Anstand; *8* Beizjagd; *9* Falknerei, Treibjagd; *12* Parforcejagd
Jagdausdruck → weidmännisch
jagdbare Tiere: *4* Wild
jagdbarer Vogel: *5* Fasan; *7* Rebhuhn; *8* Auerhahn, Schnepfe
Jagdbeute: *4* Fang; *8* Trophaee
Jagdbezirk: *5* Forst, Jagen; *6* Revier
Jagdergebnis: *5* Beute
Jagdflugzeug: *6* Jaeger; *11* Nachtjaeger; *12* Abfangjaeger, Duesenjaeger
Jagdfrevel: *12* Wilddieberei
Jagdgebiet: *6* Revier
Jagdgehilfe: *7* Treiber
Jagdgewehr: *6* Flinte; *7* Buechse, Stutzen; *8* Drilling, Tesching
Jagdgöttin: *5* Diana; *7* Artemis
Jagdhorn: *6* Piston
Jagdhund: *6* Bracke, Setter, Teckel; *7* Spaniel, Terrier; *11* Huehnerhund, Vorstehhund
Jagdhunde als Schar: *5* Meute; *6* Koppel
Jagdkanzel: *8* Hochsitz
Jagdleopard: *6* Gepard
Jagdmesser: *7* Knicker, Weidner
Jagdmunition: *5* Kugel; *6* Schrot; *9* Rehposten; *10* Vogeldunst
Jagdpferd: *6* Hunter
Jagdreise: *6* Safari
Jagdreiter: *6* Pikoer
Jagdruf: *6* Halali; *7* Horrido
Jagdschloß → Schloß
Jagdsitz: *7* Anstand; *8* Hochsitz
Jagdtasche: *8* Weidsack
Jagdtrophäe: *6* Geweih
Jagdvergehen: *7* Wildern; *10* Wildfrevel; *12* Wilddieberei
Jagdwaffe: *3* Ger; *5* Bogen, Keule, Lanze, Pfeil, Speer; *6* Flinte, Gewehr, Spiess; *7* Harpune; *8* Armbrust, Blasrohr, Bumerang, Drilling, Saufeder, Wurfholz; *9* Schleuder; *10* Weidmesser, Wurfspiess
Jagdwagen: *5* Break; *7* Dogcart
jagen: *6* hetzen; *8* pirschen
jagende Eile: *4* Hast; *5* Hetze
Jäger: *6* Nimrod; *8* Weidmann; *9* Gruenrock
Jäger der griechischen Sage: *5* Orion; *7* Aktaeon
Jägeranstand: *8* Hochsitz
Jägerei: *4* Jagd; *8* Weidwerk
Jägerrucksack: *4* Aser
Jägerwarte: *6* Ansitz
Jaguar: *4* Onze, Unze
jäh: *6* heftig; *8* impulsiv; *10* ploetzlich
jäh abstürzende Felswand: *4* Fluh
jäh ansteigend: *5* steil
jähe Wut: *5* Furor
jäher Fall: *5* Sturz
- Windstoß: *3* Boe
Jahrbuch: *8* Almanach, Kalender
Jahrbücher: *7* Annalen
Jahresabschluß: *6* Bilanz; *9* Silvester
Jahreswende: *7* Neujahr
Jahreszeit: *4* Lenz; *6* Herbst, Saison, Sommer, Winter; *9* Fruehjahr, Fruehling
Jahrgeld: *7* Apanage
Jahrhundert: *8* Saekulum
Jährling: *5* Enter
Jahrmarkt: *3* Dom; *4* Dult; *5* Messe; *6* Kirmes, Rummel
Jahrmarktsvergnügen: *8* Schaukel; *9* Karussell, Riesenrad; *10* Achterbahn; *11* Autoscooter, Geisterbahn, Schiessbude; *12* Luftschaukel; *14* Berg- und Talbahn; *15* Kettenkarussell
Jahrtausend: *10* Millennium
Jahrweiser: *8* Kalender
Jahrzehnt: *9* Dezennium
jähzornig: *6* rabiat; *10* cholerisch; *11* aufbrausend
jähzorniger Mensch: *10* Choleriker
Jakobs Bruder: *4* Esau
- Frau: *3* Lea; *5* Rahel; *6* Rachel
- Vater: *5* Isaak
Jalousie: *8* Rolladen; *12* Sonnenschutz
Jamaika-Inselgruppe: *6* Cayman
Jammer: *3* Not; *4* Leid; *5* Elend, Klage; *6* Misere; *7* Lamento
jammern: *6* heulen, klagen, weinen; *7* greinen
Janker: *5* Jacke; *9* Hausjacke
Januar: *7* Eismond, Hartung, Jaenner; *10* Schneemond
Japan: *6* Nippon
japanische(r, s)
- Adelsstand: *7* Samurai
- Admiral: *4* Togo
- Anstandsregeln: *8* Buschido
- Arzt: *4* Hata
- Automarke: *5* Honda, Mazda; *6* Datsun, Subaru; *10* Mitsubishi
- Bakteriologe: *4* Hata
- Berg → Berg in Japan
- Blumenkunst: *7* Ikebana
- Brettspiel: *2* Go
- Buddhastatue: *8* Daibutsu
- Dämonen: *3* Oni
- Dichterin: *8* Murasaki
- Dirigent: *5* Ozawa
- Ehrenregel: *8* Buschido
- Fabelwesen: *5* Tengu

- **Feldherrentitel:** *6* Shogun
- **Feuergott:** *5* Atago
- **Flächenmaß:** *3* Tan; *5* Tsubo
- **Fluß:** *8* Schinano
- **Gemälde auf Seide:** *8* Kakemono
- **General:** *3* Oku
- **Gewand:** *6* Kimono
- **Gewicht:** *3* Fun, Kin, Rin; *4* Kwan
- **Gitarre:** *7* Samisen
- **Hafenstadt** → Hafenstadt in Japan
- **Hauptinsel:** *5* Hondo; *7* Kiuschu; *8* Hokkaido, Schikoku
- **Hauptstadt:** *5* Tokio
- **Herrschertitel:** *5* Tenno; *6* Mikado
- **Hirschart:** *4* Sika
- **Hochadel:** *6* Daimio
- **Hohlmaß:** *2* To; *3* Sal, Sho
- **Holzschnittkünstler:** *7* Sharaku; *8* Harunobu, Toyokuni
- **Hosenrock:** *6* Hakama
- **Insel:** *3* Oki; *4* Sado; *5* Hondo, Jesso, Osumi; *7* Kiuschu; *8* Hokkaido, Schikoku
- **Jacke über dem Kimono:** *5* Haori
- **Kaiser:** *7* Akihito; *8* Hirohito; *9* Mutsuhito
- **Kaisertitel:** *5* Tenno
- **Kampfsport:** *4* Judo, Sumo; *6* Aikido, Karate; *8* Jiu-Jitsu
- **Karren:** *7* Rikscha
- **Kimonogürtel:** *3* Obi
- **Kleidungsstück:** *3* Obi; *6* Kimono
- **Kleinschnitzerei:** *7* Netsuke
- **Kriegerstand:** *7* Samurai
- **Kultspiegel:** *6* Kagami
- **Kunst des Blumensteckens:** *7* Ikebana
- **Kunst des Bogenschießens:** *5* Kyudo
- **Kunst der Selbstverteidigung:** *4* Judo; *6* Aikido; *8* Jiu-Jitsu
- **Kunst der Wiederbelebung:** *6* Kuatsu
- **Längenmaß:** *2* Ri; *3* Sun; *6* Schaku
- **Maler:** *5* Korin; *6* Koëtsu; *7* Hokusai, Utamaro; *9* Mitsunaga
- **Männername:** *4* Jiro, Toyo; *6* Hideki, Kiichi
- **Münze:** *3* Jen, Rin, Sen, Yen
- **Nachrichtenagentur:** *5* Kyodo
- **Name von Japan:** *6* Nippon
- **Nationalgetränk:** *3* Tee; *4* Sake
- **Nationalreligion:** *12* Schintoismus
- **Nationalsport:** *4* Judo, Sumo
- **Nationaltracht:** *3* Obi; *6* Kimono
- **Nobelpreisträger für Literatur:** *8* Kawabata
- **Nobelpreisträger für Physik:** *6* Yukawa
- **Perlenzüchter:** *8* Mikimoto
- **Physiker:** *6* Yukawa
- **Politiker:** *3* Ito; *4* Sato; *5* Ikeda
- **Präfektur:** *3* Ken
- **Puppenspiel:** *7* Bunraku
- **Raumsonde:** *8* Sakigake
- **Reichstag:** *5* Kokai
- **Reisgott:** *5* Inari
- **Reiswein:** *4* Sake
- **Religion:** *8* Tenrikyo; *10* Buddhismus; *12* Schintoismus
- **Ringkampf:** *4* Sumo
- **Rollbild:** *8* Kakemono
- **Saiteninstrument:** *4* Koto
- **Schrift:** *8* Hiragana
- **Schriftsteller:** *8* Kawabata
- **Schwertfechten:** *5* Kendo
- **Seidengewicht:** *5* Momme
- **Selbstmord:** *8* Harakiri
- **Selbstverteidigung:** *4* Judo; *6* Aikido; *8* Jiu-Jitsu
- **Silbenschrift:** *8* Hiragana, Katakana
- **Sonnengöttin:** *9* Amaterasu
- **Staatsmann:** *3* Ito; *4* Sato; *5* Ikeda, Ohira
- **Stadt** → Stadt in Japan
- **Strom:** *8* Schinano
- **Tänzerin:** *6* Geisha
- **Tempelbau:** *6* Pagode
- **Theaterspiel:** *2* No
- **Todesflieger:** *8* Kamikaze
- **Universität:** *5* Todai
- **Universitätsstadt:** *4* Kobe; *5* Kioto, Kyoto, Tokio; *6* Nagoja, Sendai
- **Ureinwohner:** *4* Aino, Ainu
- **Verwaltungsbezirk:** *3* Ken
- **Vorhafen von Tokio:** *8* Yokohama
- **Vulkan:** *3* Aso; *5* Asama; *6* Asosan, Mihara; *11* Fudschijama
- **Währungseinheit** → japanische Münze
- **Wallfahrtsort:** *3* Ise; *4* Nara; *5* Kioto, Kyoto, Tenri; *8* Kotohira, Miyajimi
- **Wandschirm:** *5* Biobu, Byobu
- **Wegmaß:** *2* Ri
- **Wintersportort:** *7* Sapporo
- **Wohlstandsgott:** *6* Hiruko
- **Zwergbaum:** *6* Bonsai

Jargon: *5* Idiom, Slang
javanische(r, s)
- **Orchestertyp:** *7* Gamelan
- **Tanz:** *6* Scrimpi
- **Schattenspiel:** *6* Wajang

Jazzanhänger: *3* Fan
Jazzinstrument: *4* Bass; *5* Banjo; *6* Becken, Timbal, Zymbal; *7* Gitarre; *8* Saxophon, Trompete; *9* Vibraphon; *10* Schlagbass, Schlagzeug
Jazzmusiker: *6* Jazzer
Jazzorchester: *4* Band; *5* Combo
Jazzschlagzeuger: *7* Drummer
Jazzstil: *3* Rag, Hot; *4* Beat, Cool; *5* Bebop, Blues, Swing; *6* Gospel; *9* Dixieland, Spiritual; *12* Boogiewoogie
Jazztanz: *9* Jitterbug
je: *3* pro
jeder: *4* alle
jederzeit: *5* immer, stets
jedoch: *4* aber; *5* indes
jenseits: *6* irreal; *7* drueben; *9* himmlisch; *12* transzendent; *14* transzendental
jenseits der Alpen: *10* transalpin
Jenseits: *6* Himmel, Hoelle
Jerusalem: *4* Zion
Jesus im Islam: *3* Isa
Jet: *14* Duesenflugzeug, Duesenmaschine

Jeton: *4* Chip; *10* Spielmarke
jetzt: *3* nun; *6* sofort; *8* momentan
jiddischer Dramatiker: *5* Anski
Jobber: *6* Makler; *9* Spekulant; *10* Boersianer
Jobbertum: *8* Agiotage
Jodverbindung: *5* Jodat, Jodit
Jogaanhänger: *5* Jogin, Yogin
Jogaform: *10* Meditation
Johannisbeere: *7* Ribisel
Johannisbrot: *6* Karobe, Karube
Johannisnacht: *8* Sonnwend; *10* Mittsommer; *11* Sonnenwende
Johannistag: *7* Johanni
Johanniter: *8* Malteser
Jokus: *3* Jux, Ulk; *5* Spass; *6* Scherz
Jollenkreuzer: *5* Jacht, Yacht
Jongleur: *12* Aequilibrist
jonglieren: *11* balancieren
Joppe: *4* Rock, Wams; *5* Jacke, Sakko; *6* Janker
Jordanfurche zum Roten Meer: *5* Araba
jordanische(r)
- **Exkönig:** *5* Talal
- **Hafenstadt:** *5* Akaba
- **Hauptstadt:** *5* Amman
- **König:** *7* Hussein
- **Münze:** *3* Fil; *5* Dinar
- **Stadt** → Stadt in Jordanien

Jordanzufluß: *6* Jabbok, Jarmuk
journalistischer Schlager: *8* Knueller
jovial: *9* leutselig; *11* goennerhaft, wohlgesinnt, wohlwollend
Jubel: *6* Freude
Jubelfeier: *9* Jubilaeum
jubeln: *8* jauchzen; *10* frohlocken, jubilieren
Jubelruf: *6* juchhe; *7* juchhei; *8* Hosianna
Jubelruf der Bacchanten: *4* Evoë
jucken: *8* kribbeln
juckende Anschwellung: *7* Quaddel
Judas' Beiname: *9* Ischariot
Jude: *7* Israeli; *8* Hebraeer, Israelit
Judengegner: *9* Antisemit
Judenkirsche: *10* Belladonna
Judentum: *9* Judaismus
Judenviertel: *5* Getto; *6* Ghetto
jüdisch: *8* mosaisch
jüdisch → israelisch
jüdische(r, s)
- **Bewegung:** *9* Zionismus
- **Bibelauslegungen:** *8* Midrasch
- **Brautzelt:** *6* Chuppa
- **Brot:** *5* Matze
- **Ehrentitel:** *5* Rabbi
- **Erntedankfest:** *7* Zukkoth; *15* Laubhuettenfest
- **Fest:** *5* Purim; *6* Passah; *7* Zukkoth; *8* Chanukka; *9* Jom-Kippur; *15* Laubhuettenfest; *16* Versoehnungsfest
- **Frauenname:** *5* Rahel, Tikva; *6* Avital, Judith, Rachel; *7* Menahem, Rebekka
- **Frühlingsmonat:** *5* Nisan
- **Fürst der bösen Geister:** *6* Asmodi
- **Gebet am Sabbat:** *6* Mincha
- **Gebetbuch:** *7* Tefilla
- **Gebetsmantel:** *6* Tallit; *7* Tallith
- **Gebetsriemen:** *8* Tefillin; *9* Tephillim
- **Geistlicher:** *8* Rabbiner
- **Gelehrter:** *5* Rabbi; *8* Rabbiner
- **Gemeindevorsteher:** *6* Parnes
- **Gesetzbuch:** *5* Thora; *6* Talmud
- **Gesetzlehrer:** *8* Rabbiner
- **Gesetzgeber:** *5* Moses
- **gottesdienstlicher Ritus:** *6* Minhag
- **Gotteshaus:** *8* Synagoge
- **heiliger Berg:** *5* Horeb, Sinai
- **Heiligtum:** *10* Bundeslade
- **Hoherpriester:** *3* Eli; *5* Aaron; *7* Kaiphas
- **König** → König von Israel
- **Kultleuchter:** *6* Menora
- **Lichterfest:** *8* Chanukka
- **Männername:** *5* Moshe; *6* Baruch, Isidor, Nathan, Salman, Shmuel; *7* Amschel
- **Monatsname:** *3* Mem; *4* Adar; *5* Nisan
- **Mystik:** *7* Kabbala
- **Neujahrsfest:** *13* Rosch Ha Schana
- **Obergewand:** *6* Kaftan
- **Osterbrot:** *5* Matze
- **Ostermonat:** *5* Nisan
- **Philosoph:** *5* Buber, Philo; *6* Maimon, Philon; *7* Gabirol; *10* Maimonides
- **Prediger:** *8* Rabbiner
- **Priestergeschlecht:** *10* Makkabaeer
- **Religion:** *9* Mosaismus
- **Religionsbuch:** *6* Talmud
- **Religionslehrer:** *8* Rabbiner
- **Religionsphilosoph:** *5* Buber
- **Religionsstifter:** *5* Moses
- **Ruhetag:** *6* Sabbat; *7* Sabbath
- **Sagengestalt:** *5* Golem
- **Schriftgelehrter:** *4* Esra
- **Schriftrolle:** *5* Thora
- **Schriftsteller:** *4* Asch
- **Sekte:** *7* Karaeer
- **Sonntag:** *6* Sabbat; *7* Sabbath
- **Staat:** *6* Israel
- **Überrock:** *6* Kaftan
- **Unterwelt:** *6* Scheol
- **Versöhnungsfest:** *9* Jom Kippur

Jugendfreund Goethes: *5* Merck
jugendlich: *7* juvenil
Jugendlicher: *4* Twen; *8* Teenager
jugendliches Mädchen: *8* Teenager; *9* Backfisch
Jugendlokal: *9* Diskothek
Jugendorganisation: *10* Pfadfinder
Jugendschriftsteller: *3* May
Jugendstadium bestimmter Tiere: *5* Larve
Jugoslawe: *5* Serbe; *6* Kroate; *7* Bosniak, Bosnier, Slowene; *10* Dalmatiner, Makedonier; *13* Montenegriner
jugoslawische(r)
- **Adriahafen** → Hafenstadt in Jugoslawien
- **Berg:** *6* Komovi; *7* Triglav; *8* Durmitor
- **Bundesrepublik:** *7* Bosnien, Serbien; *8* Kroatien; *9* Slowenien; *10* Mazedonien, Montenegro; *11* Herzegowina
- **Fluß** → Fluß in Jugoslawien

– **Hafenstadt** → Hafenstadt in Jugoslawien
– **Halbinsel:** *7* Istrien
– **Hauptstadt:** *7* Belgrad, Beograd
– **Hirtenflöte:** *5* Frula
– **Insel** → Insel vor Jugoslawien
– **Kalklandschaft:** *5* Karst
– **König:** *5* Peter
– **Kurort:** *4* Bled; *7* Opatija
– **Küstenlandschaft:** *9* Dalmatien
– **Münze:** *4* Para; *5* Dinar
– **Nachrichtenagentur:** *6* Tanjug
– **Nobelpreisträger für Literatur:** *6* Andric
– **Physiker:** *4* Tela
– **Schriftsteller:** *6* Andric
– **Staatsmann:** *4* Tito; *7* Mikulic; *8* Markovic
– **Stadt** → Stadt in Jugoslawien
– **Zwetschgenbranntwein:** *9* Slibowitz, Sliwowitz
Juli: *5* Heuet; *6* Heuert; *7* Heumond
Julmond: *8* Dezember
Junge: *3* Boy, Bub; *4* Bube; *5* Knabe; *6* Knirps
junge(r, s)
– **Diener:** *4* Page
– **Fuchs:** *5* Welpe
– **Gans:** *7* Goessel
– **Haustier:** *4* Kalb, Kitz, Lamm; *5* Enter, Farre, Fasel, Kalbe, Welpe; *6* Faerse, Ferkel, Fohlen, Kueken; *7* Fuellen, Goessel
– **Hering:** *6* Matjes
– **Huhn:** *6* Kueken
– **Hund:** *5* Welpe
– **Kerl:** *5* Spund
– **Knecht:** *3* Enk
– **Kuh:** *5* Kalbe; *6* Faerse
– **Mädchen:** *4* Girl; *8* Teenager; *9* Backfisch
– **Mann:** *4* Twen; *6* Bursch; *7* Bursche
– **Masthahn:** *6* Kapaun; *7* Poulard
– **Mensch:** *4* Baby, Kind
– **Militärpferd:** *7* Remonte
– **Pferd:** *5* Enter; *6* Fohlen; *7* Fuellen
– **Pflanzensproß:** *5* Trieb; *7* Ableger
– **Reh:** *4* Kitz; *7* Rehling
– **Rind:** *4* Kalb
– **Schaf:** *4* Lamm
– **Schwein:** *6* Ferkel; *7* Laeufer
– **Seehund:** *6* Heuler
– **Stier:** *5* Farre
– **Trieb:** *6* Schoss, Spross; *7* Ableger; *11* Schoessling
– **Waldanpflanzung:** *8* Schonung
– **Wein:** *4* Most
– **Wildschwein:** *10* Frischling
– **Wolf:** *5* Welpe
– **Ziege:** *4* Kitz; *8* Zicklein
– **Zuchtstier:** *5* Fasel
Jünger Jesu: *5* Judas, Lukas, Simon; *6* Paulus, Petrus, Thomas; *7* Andreas, Apostel, Jakobus; *8* Johannes, Matthias; *9* Matthaeus, Nathanael, Philippus; *13* Bartholomaeus
Jüngerin Jesu: *9* Magdalena
Jungfer: *9* Maedchen; *10* Demoiselle
Jungfernhäutchen: *5* Hymen
Jungfernzeugung: *14* Parthenogenese
Jungfrau Maria: *7* Madonna
Jungfrau von Orléans: *10* Jeanne d'Arc
jungfräulich: *6* keusch
Jungfräulichkeit: *11* Virginitaet
Junggeselle: *6* Garçon; *9* Hagestolz
Jungherr: *6* Junker
Jüngling: *4* Twen; *5* Knabe; *6* Bursch; *7* Bursche
Jüngling der griechischen Sage: *6* Adonis; *7* Ganymed
– **im alten Griechenland:** *6* Ephebe
Jungpferd: *6* Fohlen; *7* Fuellen, Remonte
Jungreh: *4* Kitz; *7* Rehling
Jungrind: *4* Kalb; *5* Farre, Kalbe; *6* Faerse
Jungschaf: *4* Lamm
Jungschwein: *6* Ferkel; *7* Laeufer
jüngst: *7* neulich; *9* kuerzlich
Jungsteinzeit: *11* Neolithikum
Jungsteinzeitsiedlung (am Neuenburger See): *10* Cortaillod
Jüngstenrecht: *7* Minorat
jüngster Lehrling: *5* Stift
Jungstier: *5* Farre
Jungtertiär: *6* Neogen
Jungtiere: *4* Brut
Jungwald: *5* Maiss
Juni: *7* Brachet; *9* Brachmond
Junker: *8* Agrarier; *9* Ostelbier
Jupitermond: *2* Io; *6* Europa; *7* Ganymed; *8* Kallisto
Juraformation: *4* Lias
Jurist: *5* Notar; *6* Anwalt; *7* Advokat, Richter; *8* Syndikus; *9* Anklaeger, Justitiar; *11* Verteidiger; *12* Staatsanwalt
Juristenmantel: *5* Talar
juristische Sache: *3* Res
juristischer Berater einer Vereinigung: *8* Syndikus
juristisches Beweismittel: *3* Eid; *5* Indiz
– **Handbuch:** *5* Kodex; *9* Pandekten
just: *4* eben; *6* gerade
justieren: *6* eichen; *10* einrichten, einstellen
Justizbehörde: *7* Gericht
Jutegewebe: *6* Rupfen
Juwel: *6* Schatz; *7* Kleinod
Juwel des Meeres: *5* Perle
Juwelengewicht: *5* Karat
Juweliergewicht: *4* Gran
Jux: *3* Ulk; *5* Jokus, Spass; *6* Scherz

K

Kabale: *6* Raenke; *7* Intrige
Kabarett: *6* Brettl; *10* Drehplatte, Drehteller, Kleinkunst; *16* Kleinkunstbuehne
Kabarettlied: *4* Song; *7* Chanson, Couplet
Kabarettsänger: *11* Chansonnier
Kabarettsängerin: *11* Chansonette
Kabarettszene: *6* Sketch; *7* Parodie; *8* Blackout
Kabause: *6* Kammer; *7* Alkoven; *8* Kombuese
kabbalistisches Hauptwerk: *5* Sohar
Kabbelei: *4* Zank; *6* Streit
Kabel: *3* Tau; *4* Seil; *5* Draht; *6* Trosse; *7* Leitung
Kabeljau: *5* Bolch; *6* Dorsch; *8* Laberdan; *10* Klippfisch, Stockfisch; *11* Schellfisch
Kabine: *5* Zelle; *6* Abteil
Kabine am Luftschiff: *6* Gondel
Kabinett: *4* Raum; *6* Gemach, Zimmer; *9* Nebenraum, Regierung; *11* Nebenzimmer; *13* Beratungsraum
Kabinettchef: *7* Kanzler
Kabylenstamm: *3* Rif
Kachel: *6* Fliese, Platte
Kadaver: *3* Aas
Kader: *5* Stamm; *13* Stammpersonal
Kadett: *8* Zoegling; *9* Faehnrich
Käfer: *6* Gerber; *7* Brenner, Erdfloh, Maiwurm; *8* Gelbrand, Hausbock, Heldbock, Totenuhr; *9* Aaskaefer, Gluehwurm, Maikaefer, Oelkaefer, Saegebock, Schreiner, Totenwurm, Trotzkopf; *10* Bockkaefer, Bohrkaefer, Drehkaefer, Eichenbock, Junikaefer, Kornkaefer, Laufkaefer, Mehlkaefer, Mistkaefer, Pappelbock, Rosskaefer, Skarabaeus, Spiessbock, Zimmerbock; *11* Blattroller, Brachkaefer, Buchdrucker, Goldschmied, Moschusbock, Rosenkaefer, Siebenpunkt, Speckkaefer; *12* Borkenkaefer, Erbsenkaefer, Hirschkaefer, Leuchtkaefer, Marienkaefer, Pillendreher, Rebenstecher, Taumelkaefer, Totengraeber; *13* Nashornkaefer, Puppenraeuber; *14* Feldsandkaefer, Gluehwuermchen, Johanniskaefer; *15* Kartoffelkaefer; *16* Sonnenwendkaefer
Käferlarve: *9* Engerling
Kaff: *4* Nest
Kaffee: *5* Mokka; *8* Espresso; *10* Cappuccino
Kaffeehaus: *4* Café; *9* Cafeteria; *10* Konditorei
Kaffeerückstand: *4* Satz
Kaffeewirkstoff: *7* Koffein
Kaffeezusatz: *8* Zichorie
Kaffernhirse: *4* Dari; *6* Sorgho; *7* Sorghum
Kaffernhütte: *6* Pontok
Kaffernspeer: *7* Assagai
Kaffernstamm: *4* Kosa, Zulu; *5* Pondo, Tonga; *7* Amakosa; *11* Betschuanen
Käfig: *4* Kaue; *5* Bauer, Koben; *6* Pferch; *7* Voliere, Zwinger; *9* Terrarium, Verschlag
kahlgeschorene Kopfstelle katholischer Mönche: *6* Tonsur
Kahlkopf: *6* Glatze
Kahn: *6* Gondel, Nachen
Kains Bruder: *4* Abel
Kaiseite: *4* Kaje
Kaiser
- **von Abessinien:** *7* Menelik; *13* Haile Selassie
- **von Annam:** *6* Bao Dai
- **von Äthiopien:** *7* Menelik; *13* Haile Selassie
- **von Brasilien:** *5* Pedro
- **von Byzanz:** *3* Leo
- **von China:** *8* Kien-lung
- **von Deutschland:** *5* Franz; *7* Wilhelm; *9* Friedrich
- **der Franzosen:** *8* Napoleon
- **von Japan:** *7* Akihito; *8* Hirohito; *9* Mutsuhito
- **von Mexiko:** *10* Maximilian
- **von Österreich:** *4* Karl; *5* Franz; *9* Ferdinand
- **von Ostrom:** *8* Arcadius
- **von Rußland:** *9* Alexander
- **von Westrom:** *8* Honorius

Kaiserin von Österreich: *4* Zita
- **von Rußland:** *9* Elisabeth, Katharina

kaiserlich: *10* caesarisch
kaiserlicher Palast: *5* Pfalz
Kaiserpfalz am Harz: *6* Goslar
Kaiserreich: *8* Imperium
Kaiserreich
- **in Afrika:** *10* Abessinien, Aethiopien
- **in Ostasien:** *5* Japan
- **in Vorderasien:** *4* Iran; *7* Persien

Kaiserstadt: *6* Aachen
Kaisertitel: *3* Zar; *5* Negus, Schah, Tenno; *6* Mikado; *8* Empereur; *9* Imperator
Kajüte: *6* Kabine
Kakaoprodukt: *10* Schokolade
Kaktusart: *6* Cereus; *7* Opuntia, Opuntie; *10* Igelkaktus; *11* Blattkaktus, Kugelkaktus; *12* Fackeldistel, Feigenkaktus, Greisenhaupt, Warzenkaktus; *13* Fluegelkaktus, Melonenkaktus, Saeulenkaktus, Seeigelkaktus; *14* Bischofsmuetze, Korallenkaktus; *15* Schlangenkaktus
Kalamität: *3* Not; *4* Pech; *6* Klemme; *7* Notlage; *9* Missstand; *10* Uebelstand; *12* Verlegenheit
Kalauer: *4* Witz
Kalbleder: *3* Kid; *7* Boxcalf, Boxkalf
Kalbsbrustdrüse: *5* Bries
Kalbsmilch: *5* Bries; *6* Thymus
Kalbsnuß: *10* Frikandeau
Kaldaunen: *6* Flecke; *9* Innereien; *10* Eingeweide
Kaldaunengericht: *5* Fleck; *6* Tripes
Kalender: *8* Almanach
Kalendertage im alten Rom: *4* Iden; *5* Nonen; *8* Kalenden
Kalifengeschlecht: *9* Abbasiden, Omaijaden
Kalifenhauptstadt am Tigris: *6* Bagdad
Kalifenname: *3* Ali; *4* Omar; *6* Merwan, Othman; *7* Abu Bekr, Ibrahim, Soliman; *8* Almansor, Suleiman; *14* Harun al Raschid
Kalisalz: *6* Kainit

Kaliumkarbonat: *9* Pottasche
Kalkablagerung: *6* Sinter
Kalkart: *3* Gur
Kalkeinschlüsse in Urgesteinen: *6* Eozoon
Kalkgebirge in Griechenland: *7* Parnass
– in Jugoslawien: *5* Karst
Kalksteinrinnen: *6* Karren
kalkhaltiger Lehm: *5* Loess
Kalkhochfläche: *5* Karst
kalkreicher Ton: *5* Tegel
Kalkspat: *6* Kalzit; *7* Siderit; *8* Magnesit
Kalkstein: *6* Donith, Kreide, Marmor; *9* Travertin
Kalkulator: *7* Rechner; *9* Berechner
Kalmückenhütte: *5* Jurte
kalt: *5* kuehl; *6* frigid; *7* frostig
Kälte: *5* Frost; *6* Kuehle
Kälte empfinden: *7* frieren; *9* froesteln
kalte(r)
– Adriawind: *4* Bora
– Frauenschönheit: *4* Vamp
– Tage im Mai: *10* Eisheilige
– Wind in Südfrankreich: *7* Mistral
Kälteprodukt: *3* Eis
Kältesteppe: *6* Tundra
Kaltspeise: *5* Salat
Kaltwasserheilverfahren: *9* Kneippkur
Kalvarienberg: *8* Golgatha
Kalvinist: *9* Hugenotte
Kalziumsilikat: *5* Augit
Kalziumverbindung: *4* Kalk; *6* Karbid
Kambodscha: *11* Kamputschea
Kambodschaner: *3* Moi; *5* Khmer
Kamee: *5* Gemme
Kamel: *4* Lama, Pako; *6* Alpaka, Vicuna; *7* Guanako, Vikunja; *8* Dromedar; *11* Trampeltier
Kamerad: *6* Freund, Kumpan; *9* Gefaehrte
Kameradschaft: *5* Treue
kameradschaftlich: *4* treu
Kameramann: *9* Operateur
Kamin: *4* Esse; *6* Schlot; *11* Schornstein
Kamisol: *4* Wams; *5* Weste; *10* Unterjacke
Kamm: *4* Grat; *5* Hoehe; *7* Ruecken; *8* Scheitel
Kammacherwerkzeug: *4* Iler
Kammeidechse: *6* Leguan
Kammer: *4* Raum; *5* Gaden, Stube; *6* Gemach, Zimmer; *8* Kabinett, Kemenate
Kammer des englischen Parlaments: *8* Oberhaus; *9* Unterhaus
Kammerdiener: *5* Lakai
Kammerfrau: *4* Zofe
Kammerherr: *9* Kaemmerer
Kammerjungfer: *4* Zofe
Kämmerlein: *8* Kemenate
Kammerton: *8* Diapason
Kammertuch: *7* Kambrik
Kammgarnstoff: *6* Melton
Kammzähner: *3* Hai
Kampagne: *6* Saison; *7* Feldzug
Kampf: *5* Fehde, Krieg; *6* Ringen, Streit; *7* Gefecht, Strauss; *8* Schlacht; *10* Wettbewerb
Kampfabschnitt: *5* Front
Kampfaxt: *5* Barte
Kampfbahn: *5* Arena; *7* Stadion
Kampfbeginn: *7* Angriff
kämpfen: *6* ringen; *7* fechten; *8* streiten
Kämpfer: *4* Held; *5* Recke; *6* Kaempe, Soldat; *7* Fighter, Krieger; *8* Haudegen, Streiter
Kampferfolg: *4* Sieg
kämpferisch: *8* militant
Kampfesweise: *6* Taktik; *9* Strategie
Kampffahrzeug: *6* Panzer
Kampfgas: *4* Lost; *7* Phosgen
Kampfgefährte: *7* Genosse, Kamerad
Kampfgerät: *5* Waffe
Kampfgericht: *4* Jury
Kampfhandlung: *4* Raid; *7* Angriff, Attacke, Gefecht, Treffen; *8* Invasion, Kanonade, Schlacht; *9* Defensive, Offensive; *10* Belagerung, Kleinkrieg
Kampfjungfrau: *7* Amazone; *8* Walkuere
Kampflinie: *5* Front
Kampfmittel der Arbeitgeber: *11* Aussperrung
Kampfmittel der Arbeitnehmer: *6* Streik
Kampfplatz: *4* Turf; *5* Arena; *7* Stadion; *8* Walstatt
Kampfplatz im Altertum: *6* Zirkus; *7* Stadion; *9* Colosseum, Hippodrom, Kolosseum
Kampfreihe: *7* Phalanx
Kampfspiel: *7* Turnier
Kampfspiel der Ritter: *6* Buhurt
Kampfsport: *4* Judo; *5* Boxen; *6* Karate, Ringen; *7* Fechten
Kampfstoff: *4* Lost; *6* Arsine; *7* Senfgas; *9* Blaukreuz
kampfunfähig: *2* k.o.; *8* invalide, knockout
Kampfwagen: *4* Tank; *6* Panzer
Kampfwagen der Antike: *9* Quadriga; *11* Streitwagen, Viergespann
Kampfzeuge: *9* Sekundant
Kampfzone: *5* Front
kampieren: *6* lagern, zelten; *10* biwakieren
kanaanitische Göttin: *5* Belit
– Königsstadt: *3* Dor
kanaanitisches Götterbild: *6* Baalim
kanadische(r, s)
– Arzt: *7* Banting
– Ballspiel: *8* Lacrosse
– Berg → Berg in Kanada
– Bewohner: *8* Kanadier
– Dirigent: *5* Faith
– Elch: *5* Moose
– Fluß → Fluß in Kanada
– Friedensnobelpreisträger: *7* Pearson
– Hafenstadt → Hafenstadt in Kanada
– Halbinsel: *8* Labrador
– Hauptstadt: *6* Ottawa
– Insel → Insel vor Kanada
– Nobelpreisträger für Medizin: *7* Banting, Macleod
– Politiker: *7* Pearson
– Provinz → Provinz in Kanada
– Schlitten: *8* Toboggan
– See → See in Kanada

– Stadt → Stadt in Kanada
Kanal: *5* Fleet; *6* Gracht
Kanal in Bangkok: *5* Klong
Kanalhafen: *5* Dover; *6* Calais, Dieppe, St. Malo; *7* Le Havre, Ostende; *8* Boulogne, Plymouth; *9* Cherbourg, Saint Malo; *10* Portsmouth; *11* Bournemouth, Southampton
Kanalinsel: *4* Herm, Sark; *5* Lihou, Wight; *6* Jersey, Jethou; *7* Aurigny, Brechou; *8* Alderney, Guernsey; *9* Eddystone, Great Sark; *10* Little Sark
Kanalschacht: *5* Gully
Kanalstraße in Holland: *6* Gracht
Kanalstufe: *4* Wehr; *8* Schleuse, Stauwehr
Kanalwähler am Fernseher: *5* Tuner
Kanapee: *4* Sofa; *5* Divan, Liege; *8* Ruhebett
Kanarienvogel: *12* Harzer Roller
Kanarische Insel: *5* Ferro, Palma; *6* Gomera, Hierro; *7* La Palma; *8* La Gomera; *9* Lanzarote, Teneriffa; *11* Gran Canaria; *13* Fuerteventura
Kandelaber: *8* Leuchter; *11* Armleuchter, Lichthalter; *12* Kerzenhalter
Kandidat: *8* Aspirant, Bewerber; *9* Anwaerter, Pruefling
kandierte Fruchtschale: *7* Sukkade; *8* Zitronat
Kaneel: *4* Zimt
Kaninchenbock: *7* Rammler
Kaninchenfell: *5* Kanin; *9* Biberette
Kaninchenkrankheit: *10* Myxomatose
Kaninchenrasse: *3* Loh, Rex; *6* Angora, Riesen, Widder; *8* Schecken
kannenartiges Gefäß: *4* Krug
Kannenkraut: *13* Schachtelhalm
Kannenschnabel: *6* Tuelle
Kannibalismus: *14* Anthropophagie; *17* Menschenfresserei
Kanonade: *12* Beschiessung, Trommelfeuer
Kanonenboot: *7* Monitor
kanonisieren: *14* heiligsprechen
Kante: *4* Ecke, Grat, Rand; *5* Kippe
Kantenstreifen: *4* Rand
kantig: *5* eckig
Kantine: *5* Messe; *6* Kasino
Kanton der Schweiz: *3* Uri, Zug; *4* Bern, Genf; *5* Basel, Waadt; *6* Aargau, Glarus, Luzern, Schwyz, Tessin, Wallis; *7* Thurgau, Zuerich; *8* Freiburg, Obwalden, St. Gallen; *9* Appenzell, Neuenburg, Nidwalden, Solothurn; *11* Graubuenden, Innerrhoden, Sankt Gallen, Unterwalden; *12* Ausserrhoden, Schaffhausen
Kanu-Bootstyp: *5* Kajak; *8* Canadier, Kanadier
Kanufahrer: *6* Kanute
Kanüle: *9* Hohlnadel
Kanzel: *8* Katheder
Kanzelrede: *7* Predigt
Kanzlei: *11* Sekretariat
Kanzleiformat: *5* Folio
Kanzler: *7* Premier
Kanzler der Kaiserzeit: *8* Bismarck; *15* Bethmann-Hollweg
Kap
– in Afrika: *3* Bon; *5* Verde; *6* Blanco; *19* Kap der guten Hoffnung
– in Alaska: *12* Barrowspitze
– in Algerien: *3* Fer, Ivi
– in Australien: *4* York; *7* Kap York
– in Kanada: *6* Breton; *9* Kap Breton
– am Ligurischen Meer: *3* Ail
– in Nordwestspanien: *10* Finisterre
– auf Rügen: *6* Arkona
– in Sibirien: *12* Tscheljuskin
– in Südspanien: *3* Nao; *4* Gata
– Südamerikas: *5* Hoorn
– auf Teneriffa: *5* Anaga
– in Tunesien: *3* Bon
– bei Valencia: *3* Nao
Kapelle: *4* Band; *5* Combo; *9* Orchester
Kapellmeister: *8* Dirigent
Kapellmeisterstab: *9* Taktstock
Kapergut: *5* Prise
kapern: *10* aufbringen
Kaphase: *5* Tolai
Kapholländer: *4* Bure
Kapital: *4* Geld; *6* Gelder; *9* Vermoegen
Kapitalanlage: *11* Investition
Kapitalanteil: *5* Aktie
Kapitalertrag: *6* Zinsen; *7* Rendite
Kapitalgesellschaft: *2* AG, KG; *3* OHG; *4* GmbH
Kapitalmarkt: *6* Boerse
Kapitalrückgewinnung: *6* Payout
Kapitalverbrechen: *4* Mord, Raub; *8* Attentat, Raubmord; *9* Piraterie; *10* Hochverrat, Kidnapping, Kindesraub; *12* Landesverrat
Kapitel: *9* Abschnitt, Kollegium
Kapitel des Korans: *4* Sure
Kapitelherr: *7* Domherr; *8* Chorherr; *9* Kapitular; *10* Stiftsherr
Kapitell: *11* Pfeilerkopf, Saeulenkopf
Kapitulation: *8* Ergebung; *9* Uebergabe; *13* Verpflichtung
Kaplan: *5* Vikar; *9* Expositus
Käppchen
– der katholischen Geistlichen: *7* Kalotte
– der Richter: *6* Barett
– der Verbindungsstudenten: *7* Zerevis
Kappe: *5* Haube; *6* Kaeppi, Muetze
Kapriole: *6* Sprung; *10* Luftsprung
Kaprubin: *5* Pyrop
Kapsel: *4* Etui; *6* Huelle, Huelse; *8* Futteral
kaputt: *6* defekt; *8* ruiniert; *9* zerstoert
kaputtgehen: *8* verenden; *9* krepieren; *10* zerbrechen, zerreissen
Kapuze: *8* Baschlik
Kapuze im Mittelalter: *5* Gugel, Kogel
Kapuzineraffe: *3* Sai; *7* Saimiri
Kapuzinerkresse: *12* Kletterkraut
Kapuzinerpilz: *9* Roehrling; *15* Birkenroehrling
Kapverdische Insel: *3* Sal; *4* Fogo, Maio; *5* Brava, Praia
Karacho: *5* Tempo; *6* Rasanz; *8* Karriere
Karaibenboot: *6* Piroge; *7* Piragua
Karaibenfisch: *7* Piranha
Karaibenpflanze: *6* Igname

Karakulschafpelz: *9* Persianer
karambolieren: *15* zusammenprallen, zusammenstossen
Karawanentier: *5* Kamel; *8* Dromedar; *11* Trampeltier
Karawanserei: *3* Han
Karbolsäure: *6* Phenol
Kardinalstitel: *7* Eminenz
Kardinaltugend: *5* Liebe; *6* Glaube; *8* Hoffnung, Weisheit
Kardinalversammlung zur Papstwahl: *8* Konklave
Karibenboot: *6* Piroge
karibische See: *7* Karibik
karierter Schottenrock: *4* Kilt
kariertes Gewebe: *6* Pepita
Karikaturenzeichner: *12* Karikaturist
Karikaturist: *3* Low; *4* Doré, Goya; *5* Busch, Price, Weber, Zille; *6* Simmel; *7* Daumier, Gavarni, Hogarth, Matejko; *9* Steinberg; *11* Gulbransson
karikative Anstalt: *4* Heim; *5* Stift; *7* Caritas; *9* Altenheim, Wohlfahrt; *10* Rotes Kreuz
karitativer Warenverkauf: *5* Basar
Karneval: *8* Fasching; *9* Fastnacht
Karnevalsausschuß: *8* Elferrat
Karnevalsrednerpult: *5* Buett; *6* Buette
Karnevalsruf: *4* Ahaa; *5* Alaaf, Helau
Karolineninsel: *3* Jap, Ruk, Yab; *6* Ponape
karolingische Silbermünze: *5* Denar
Karpatenlandschaft: *8* Bukowina; *10* Buchenland
Karpatenteil: *5* Tatra; *8* Beskiden
Karpfenfisch: *4* Albe, Blei, Nase, Orfe; *5* Aitel, Aland, Barbe, Laube; *6* Blicke, Brasse, Doebel, Schlei, Ukelei; *7* Brachse, Elritze, Pfrelle, Ploetze, Rotauge, Schleie; *8* Blaunase, Goldorfe, Nerfling, Peitzger, Rotfeder, Schmerle, Schupper, Schuster; *9* Goldfisch, Karausche; *10* Bitterling, Gruendling, Weissfisch; *11* Bartgrundel; *14* Schlammbeisser; *15* Schlammpeitzger
Kartäuserkloster
– bei Grenoble: *10* Chartreuse
– in Italien: *7* Certosa
Karte: *4* Plan; *5* Blatt; *7* Billett
Karte im Tarockspiel: *5* Pagat
Kartei: *9* Kartothek
Karteireiter: *3* Tab
Kartenfolge: *7* Sequenz
Kartengeduldspiel: *8* Patience
Kartenglücksspiel: *3* Jeu; *4* Poch; *5* Pharo, Poker; *6* Ekarté, Hasard, Pharao; *7* Vingtun; *8* Baccarat, Bakkarat; *9* Mauscheln; *15* Siebzehnundvier
Kartenlegekunst: *11* Kartomanie
Kartenmischgriff: *5* Volte
Kartenreiter: *3* Tab
Kartenrest: *5* Talon
Kartenskizze: *5* Kroki
Kartenspiel: *3* Jeu; *4* Jass, Poch, Skat, Tapp, Zego; *5* Pharo, Poker, Rommé, Whist; *6* Boston, Bridge, Ekarté, Gaigel, Hasard, Lomber, Pharao, Pikett, Ramsch, Rapuse, Tarock, Watten; *7* Besigue, Binokel, Canasta, L'hombre, Vingtun; *8* Baccarat, Bakkarat, Patience, Quartett; *9* Mauscheln, Quodlibet, Schafkopf, Vingt-et-un; *10* Doppelkopf, Karnoeffel; *14* Schwarzer Peter; *15* Sechsundsechzig, Siebzehnundvier
Kartenspielausdruck: *2* As, re; *3* Pik, Rot; *4* Auge, Bube, Dame, Daus, Hand, Herz, Karo, Null, Ober, Satz; *5* Atout, Blatt, Coeur, Ecker, Farbe, geben, Grand, Gruen, Joker, Jolly, Junge, Kreuz, Pique, Point, Stich, Talon, Treff, Unter, Volte; *6* Eckern, Eichel, Herzen, kontra, passen, Trumpf, Wenzel; *7* Couleur, Einsatz, Kiebitz, mischen, Schelle, schwarz, Sequenz, Spieler, Vorhand; *8* bedienen, bekennen, Eckstein, Schellen, Schippen; *9* Grandhand, Schneider; *10* Hinterhand, Mittelhand, Nullouvert
Kartenstamm: *5* Talon
Kartenwerk: *5* Atlas
Kartenwissenschaft: *12* Kartographie
Kartenzeichen: *8* Signatur
Karthager: *6* Punier
karthagische Gottheit: *6* Tanith; *9* Baal-Haman
karthagischer Feldherr: *8* Hamilkar, Hannibal; *9* Hasdrubal
– Seefahrer: *5* Hanno
Karthagos sagenhafte Gründerin: *4* Dido
Kartoffel: *6* Batate; *8* Erdapfel
Kartoffelbrei: *6* Pueree
Kartoffelgift: *7* Solanin
Kartoffelkrankheit: *10* Nassfaeule; *11* Braunfaeule, Krautfaeule
Kartoffelmehl: *7* Staerke
Kartoffelpuffer: *6* Plinse; *11* Reibekuchen
kartographische Verbindungslinie: *6* Akline
Karton: *5* Pappe; *9* Schachtel
kartoniertes Buch: *9* Paperback
Kartothek: *6* Kartei
Kartusche: *6* Huelse, Ladung, Rahmen; *8* Ornament; *10* Zierstueck
Kaschemme: *6* Kneipe; *8* Spelunke
Kaschmirhirsch: *6* Hangul
Käsegericht: *6* Fondue
Kaseinkunststoff: *6* Akalit
Käsesorte: *4* Brie; *5* Gouda, Quark; *6* Edamer, Harzer, Zieger; *7* Chester, Gervais, Mainzer, Romadur, Stilton; *8* Liptauer, Parmesan, Tilsiter; *9* Allgaeuer, Camembert, Greyerzer, Limburger, Roquefort, Schweizer; *10* Emmentaler, Gorgonzola, Hollaender, Schabziger
Käsespeise: *6* Fondue
Käsestadt in Belgien: *7* Limburg
– in Holland: *4* Edam
Käsestoff: *6* Kasein
Käsewasser: *5* Molke
Kaskade: *10* Wasserfall; *11* Wasserspiel
Kassenansturm: *3* Run
Kassenführer: *9* Kassierer
Kassenprüfer: *7* Revisor
Kassenschrank: *4* Safe; *6* Tresor

Kassensturz: *8* Revision
Kassenverwalter: *7* Rendant
Kassenzettel: *3* Bon; *5* Beleg; *8* Quittung
Kastanie: *6* Marone
Kästchen für Wertsachen: *8* Kassette
Kaste: *5* Stand
Kaste in Ostindien: *5* Cudra
Kastell: *4* Burg, Fort; *7* Festung, Schloss; *9* Zitadelle
Kasten: *3* Box; *4* Lade; *5* Kiste, Truhe; *7* Schrank, Schrein
Kastenfassung von Schmucksteinen: *6* Chaton
kastenloser Inder: *5* Paria
Kastenmöbel: *5* Truhe
Kastor und Pollux: *9* Dioskuren
Kastrat: *6* Eunuch
kastrierter Bulle: *5* Ochse
kastrierter Hahn: *6* Kapaun
kastriertes Pferd: *7* Wallach
katalogisieren: *6* ordnen
Katarakt: *10* Wasserfall
Kataster: *8* Flurbuch; *9* Grundbuch
Kate: *6* Huette
Kater in der Tierfabel: *4* Murr; *6* Murner
Katheder: *4* Pult; *6* Kanzel
Kathedrale: *3* Dom; *8* Muenster
katholische(r, s)
- **Aktion:** *14* Laienapostolat
- **Altardiener:** *7* Akoluth
- **Andacht:** *6* Novene
- **Bettelorden:** *9* Kapuziner; *10* Augustiner, Karmeliter; *11* Dominikaner; *12* Franziskaner
- **Bischofsversammlung:** *6* Konzil
- **Bittgebet:** *7* Litanei
- **Bruderschaft:** *10* Sodalitaet
- **Fest:** *11* Allerseelen; *13* Allerheiligen
- **Frauenorden:** *12* Klarissinnen; *15* Karmeliterinnen, Salesianerinnen
- **Frühmesse:** *8* Matutina
- **Gebet:** *7* Angelus; *8* Ave Maria
- **Gedenkfest für die Verstorbenen:** *11* Allerseelen
- **Geistlicher:** *5* Vikar; *6* Diakon, Kaplan; *7* Bischof, Praelat; *8* Kardinal, Kleriker; *10* Erzbischof
- **Geistlichkeit:** *6* Klerus
- **Gnadenmittel:** *6* Ablass; *8* Nachlass; *10* Absolution; *12* Lossprechung
- **Gottesdienst:** *5* Messe
- **Heilige** → Heilige
- **Heiliger** → Heiliger
- **Hilfsgeistlicher:** *5* Vikar
- **Hilfspriester:** *5* Kurat
- **höchster Gerichtshof:** *4* Rota
- **Kirchenfürst:** *10* Erzbischof
- **Kirchenlehrer:** *8* Augustin; *10* Augustinus
- **Kirchenvater:** *10* Athanasius
- **Kurienkardinal:** *3* Bea
- **Küster:** *6* Mesner
- **Leichenfeier:** *8* Exequien
- **Meßbuch:** *6* Missal; *7* Missale
- **Meßdiener:** *6* Levite; *10* Ministrant
- **Meßgesang:** *8* Graduale
- **Orden:** *8* Jesuiten, Mauriner; *9* Kapuziner, Minoriten; *10* Augustiner, Karmeliter, Kartaeuser, Trappisten; *11* Dominikaner; *12* Benediktiner; *12* Franziskaner, Kluniazenser; *13* Zisterzienser
- **Pfarramtsverweser:** *5* Kurat
- **Priestergewand:** *4* Albe; *5* Stola
- **Priesterschaft:** *6* Klerus
- **Sakrament:** *7* Firmung
- **Seelenmesse:** *7* Requiem
- **Stundengebet:** *4* None
- **Würdenträger:** *7* Praelat; *8* Kardinal
- **Zentralverwaltung:** *5* Kurie

Kattun: *4* Mako; *5* Zietz; *6* Chintz, Kaliko; *8* Indienne; *9* Schirting
Katzenart: *4* Eyra, Onze, Puma; *5* Fossa, Irbis, Loewe, Luchs, Mungo, Tiger; *6* Gepard, Jaguar, Kuguar, Ozelot, Pardel, Serval; *7* Leopard, Panther; *9* Bergloewe, Ichneumon, Siamkatze, Wildkatze; *10* Zibetkatze; *11* Angorakatze, Pharaoratte, Silberloewe; *12* Koenigstiger
Katzenauge: *5* Quarz; *9* Edelstein; *13* Rueckstrahler
Katzenbär: *5* Panda
Katzendarm: *6* Katgut
Katzenfisch: *4* Wels
Katzenjammer: *5* Kater
Katzenmusik: *9* Charivari
Katzensilber: *7* Glimmer; *8* Muskovit; *11* Kaliglimmer
Kauf: *5* Bezug; *6* Erwerb
Kauf geistlicher Ämter: *7* Simonie
Käufer: *5* Kunde; *8* Abnehmer; *9* Konsument; *11* Verbraucher
Kaufgeschäft: *6* Handel
Kaufhaus: *5* Basar; *10* Supermarkt
Kaufherrengeschlecht in Augsburg: *6* Fugger
käuflich: *4* feil; *9* unredlich; *11* bestechlich
Kauflustiger: *10* Reflektant
Kaufmann: *7* Kraemer; *8* Haendler
kaufmännisch: *9* merkantil
kaufmännischer Brauch: *3* Uso; *4* Usus
kaufmännisches Angebot: *7* Offerte
Kaufmannsgehilfe: *6* Kommis
Kaufsumme: *5* Preis
Kaugummi: *9* Bubble Gum
Kaukasier: *5* Aware
kaukasische Hirschart: *5* Maral
- **Wollkapuze:** *8* Baschlik

kaukasischer Mantel: *5* Burka
- **Volksstamm:** *6* Alanen; *12* Tscherkessen; *13* Tschetschenen

Kaukasusgipfel: *6* Elbrus, Kasbek
Kaulbarsch: *7* Schroll; *11* Pfaffenlaus
Kaunuß: *5* Betel
Kautabak: *5* Priem
kautschukähnliche Masse: *11* Guttapercha
Kautschukmilch: *5* Latex
Kauwerkzeug: *4* Zahn; *6* Gebiss
Kauz: *4* Eule; *10* Sonderling

Kavallerist: *4* Ulan; *5* Husar; *8* Dragoner; *10* Kuerassier
Kaviarlieferant: *5* Stoer
Kaviarsorte: *6* Beluga; *8* Malossol
keck: *5* frech; *6* munter; *9* schneidig
Keckheit: *7* Schneid
Kegel: *5* Konus
kegelförmig: *7* konisch
Kegelkugel: *6* Bossel
Kegelschnitt: *5* Kreis; *7* Ellipse, Parabel; *8* Hyperbel
Kegelwurf: *5* Schub
Keglergruß: *7* Gut Holz
Kehllaut: *8* Guttural
Kehrbild: *7* Negativ
Kehre: *5* Kurve, Wende
– im Kunstflug: *4* Turn
kehren: *5* fegen; *6* wenden; *8* saeubern
Kehrgerät: *5* Besen, Feger; *8* Schaufel
Kehricht: *5* Dreck, Muell; *6* Abfall, Schutt; *7* Schmutz
Kehrreim: *7* Refrain
Kehrschleife: *10* Serpentine
Kehrseite: *6* Envers, Revers; *7* Ruecken; *9* Gegenteil; *10* Rueckseite; *11* Hinterseite; *13* Schattenseite
Kehrwiederkeule: *8* Bumerang
Keil in der Schneiderei: *7* Zwickel
Keilschwanzsittich: *3* Ara
Keim: *4* Same; *5* Samen; *6* Ansatz; *8* Ursprung
Keimdrüse: *6* Gonade; *10* Germinalie
keimfrei: *6* steril
Keimfreiheit: *7* Asepsis; *11* Sterilitaet
Keimträger: *2* Ei; *4* Same
keimtötend: *12* antiseptisch
keimtötendes Mittel: *12* Antiseptikum
Keimzelle: *2* Ei; *5* Gamet
keiner: *7* niemand
keinerlei: *6* nichts
keinesfalls: *3* nie; *7* niemals
Kelch: *4* Glas; *5* Pokal; *6* Becher
– zur Aufbewahrung der Hostien: *8* Ciborium
Kellergeschoß: *10* Souterrain
Kellergewölbe: *9* Kasematte
Kellermeister: *6* Kuefer
Kellertier: *5* Assel
Kellner: *4* Ober; *6* Garçon; *7* Ganymed, Steward
Kellnerin: *10* Stewardess; *11* Serviererin
Kellnerlehrling: *7* Pikkolo
Kelterrückstand: *6* Treber; *7* Trester
keltische(r)
– Barde: *6* Ossian
– Dichter: *5* Barde
– Erzählung: *10* Mabinogion
– Feenkönigin: *3* Mab
– Gottheit: *3* Lus; *4* Donn, Esus; *5* Dagda; *6* Ogmios; *7* Taranis; *8* Teutalus
– Name für Bretagne: *8* Armorika
– Name für England: *6* Albion
– Name für Irland: *4* Eire, Erin
– Priester: *6* Druide
– Sagengestalt: *4* Erek; *5* Artus; *6* Isolde, Merlin, Ossian; *7* Tristan; *8* Parsifal, Parzifal
– Sänger: *5* Barde; *6* Ossian
– Volksstamm: *5* Bojer; *6* Skoten; *7* Galater, Noriker, Senonen; *8* Bretonen, Sequaner; *9* Helvetier, Tiguriner
Kenner: *7* Experte; *8* Fachmann; *10* Kapazitaet
Kennkarte: *4* Pass; *7* Ausweis
Kenntnis: *5* Kunde; *6* Wissen; *9* Erfahrung
Kennwort: *5* Motto; *6* Losung, Parole; *7* Chiffre
Kennzahl: *6* Nummer; *7* Chiffre
Kennzeichen: *3* Mal; *4* Note; *6* Emblem, Signal; *7* Merkmal, Symptom; *8* Signatur; *9* Charakter, Kriterium
Kennzeichen
– von Macht und Würde: *9* Insignien
– für Normteile: *3* DIN
kennzeichnen: *9* markieren
kennzeichnend: *7* typisch; *16* charakteristisch
Kennzeichnung: *10* Markierung; *11* Signalement; *14* Charakteristik
Kennzeichnungszahl: *5* Index
Kentaur: *6* Chiron
kentern: *6* kippen; *10* umschlagen
keramische Gußmasse: *6* Engobe
keramischer Isolierstoff: *5* Calit
keramisches Erzeugnis: *6* Fliese, Kachel, Ziegel; *7* Klinker, Tonware; *8* Geschirr, Steingut; *9* Porzellan, Schamotte, Steinzeug; *10* Terrakotta
Kerbe: *5* Kimme; *6* Furche; *10* Einschnitt
Kerbtier: *4* Kerf; *6* Insekt
Kerbtierkunde: *11* Entomologie
Kerker: *5* Bagno; *7* Verlies; *10* Gefaengnis
Kerker in Italien und Frankreich: *5* Bagno
Kerl: *4* Held, Lump; *6* Flegel; *7* Bursche
Kern: *7* Extrakt
Kernenergie: *9* Atomkraft
Kernforschung: *13* Nuklearphysik
Kernkraftwerk bei Landshut: *3* Ohu
Kerngehäuse des Obstes: *6* Griebs
kernig: *4* urig
Kernland von Vietnam: *5* Annam
kernlose Rosine: *9* Sultanine
Kernobst: *5* Apfel, Birne; *6* Quitte; *7* Kirsche, Pflaume; *8* Zwetsche; *9* Mirabelle, Zwetschge
Kernpunkt: *4* Clou; *11* Quintessenz
Kernreaktor: *4* Pile; *10* Atommeiler; *11* Uranbrenner; *16* Schneller Brueter
Kernschleife: *9* Chromosom
Kernspruch: *10* Aphorismus
Kernteilchen: *5* Meson, Quant; *6* Photon, Proton; *7* Neutron, Nukleon; *8* Elektron, Negatron, Positron
Kerntruppe: *5* Garde; *7* Phalanx
Kernwaffe: *9* Atombombe; *11* Heliumbombe; *14* Neutronenbombe; *16* Wasserstoffbombe
Kerze: *5* Licht
Kerzenfaden: *5* Docht
Kerzenmaterial: *4* Talg; *5* Wachs; *7* Stearin; *8* Paraffin
Kerzenständer: *8* Flambeau

keß: *5* fesch, flott; *6* dreist, schick
Kessel: *4* Tank; *6* Becken; *7* Kapelle
Kesseltreiben: *5* Hetze
Kette: *5* Folge, Reihe, Serie
Kette beim Tanz: *6* Chaine
– von Wildenten und -gänsen: *5* Schof
Kettenfahrzeug: *4* Tank; *6* Panzer; *7* Traktor
Kettengarn: *4* Warp
Kettengeräusch: *8* Gerassel
Kettengesang: *5* Kanon
Kettenglied: *6* Schake
Kettenpanzer: *8* Harnisch
Kettenschleppschiff: *5* Tauer
Kettenteil: *5* Glied
Ketzer: *7* Renegat; *10* Haeretiker
Ketzerei: *8* Haeresie, Irrlehre
Ketzergericht: *8* Autodafé; *11* Inquisition
Keule: *7* Pistill; *8* Schinken, Schlegel
Keulenstück des Rindes: *4* Ziem
Keuschheit: *8* Reinheit, Unschuld
Kfz-Kennzeichen für (alte und neue Bezeichnungen)
– Aachen: *2* AC
– Aalen: *2* AA
– Aden: *3* ADN
– Afghanistan: *3* AFG
– Ägypten: *2* ET
– Ahaus: *2* AH, *3* BOR
– Ahlen/Westf.: *2* BE
– Ahrweiler-Bad Neuenahr: *2* AW
– Aibling Bad: *3* AIB
– Aichach-Friedberg: *3* AIC
– Albanien: *2* AL
– Alb-Donau-Kreis: *2* UL
– Alderney: *3* GBA
– Alfeld/Leine: *2* Hi, *3* ALF
– Algerien: *2* DZ
– Alsdorf: *2* AC
– Alsfeld: *3* ALS
– Altena: *2* (AL); *3* LÜD; *4* LUED
– Altenburg: *3* ABG
– Altenkirchen-Westerwald: *2* AK
– Altentreptow: *2* AT, DM
– Altötting: *2* AÖ; *3* AOE
– Alzenau i. Ufr.: *3* ALZ
– Alzey-Worms: *2* AZ
– Amberg: *2* AM
– Amberg-Sulzbach: *2* AS
– Andorra: *3* AND
– Angermünde: *2* UM, *3* ANG
– Angola: *3* ANG
– Anhalt-Zerbst: *3* AZE
– Anklam: *3* ANK
– Annaberg: *3* ANA
– Ansbach: *2* AN
– Antigua und Barbuda: *2* AG
– Antillen: *2* NA
– Apolda: *2* AP; *3* APD
– Äquatorialguinea: *2* GQ
– Argentinien: *2* RA
– Armenien: *3* ARM
– Arnsberg: *2* AR, *3* HSK
– Arnstadt: *2* IK, *3* ARN
– Artern: *3* ART, KYF
– Aschaffenburg: *2* AB
– Aschendorf-Hümmling: *3* ASD
– Aschersleben-Staßfurt: *3* ASL
– Aserbaidschan: *2* AZ
– Äthiopien: *3* ETH
– Aue: *2* AU
– Aue-Schwarzenberg: *3* ASZ
– Auerbach: *2* AE
– Augsburg: *1* A
– Aurich: *3* AUR
– Australien: *3* AUS
– Backnang: *2* BK, WN
– Bad Aibling: *3* AIB
– Bad Brückenau: *3* BRK
– Bad Doberan: *3* DBR
– Bad Dürkheim: *3* DÜW; *4* DUEW
– Bad Ems: *3* EMS
– Bad Freienwalde: *3* FRW
– Bad Gandersheim: *3* GAN
– Bad Hersfeld v. d. H.: *3* HEF
– Bad Homburg: *2* HG
– Bad Kissingen: *2* KG
– Bad Kreuznach: *2* KH
– Bad Langensalza: *3* LSZ
– Bad Liebenwerda: *3* LIB
– Bad Mergentheim: *3* MGH, TBB
– Bad Neuenahr-Ahrweiler: *2* AW
– Bad Neustadt: *3* NES
– Bad Oldesloe: *2* OD
– Bad Reichenhall: *3* REI
– Bad Salzungen: *3* SLZ
– Bad Schwalbach: *3* SWA
– Bad Segeberg: *2* SE
– Bad Tölz: *3* TÖL; *4* TOEL
– Baden-Baden: *3* BAD
– Baden-Württemberg: *2* BW; *3* BWL
– Bahamas: *2* BS
– Bahrain: *3* BRN
– Balingen: *2* BL
– Bamberg: *2* BA
– Bangladesch: *2* BD
– Barbados: *3* BDS
– Barnim: *3* BAR
– Basutoland: *2* BL
– Bautzen: *2* BZ
– Bayern: *2* BY; *3* BYL
– Bayreuth: *2* BT
– Beckum: *2* BE
– Beeskow: *3* BSK
– Beilngries: *3* BEI
– Belarus: *2* BY
– Belgien: *1* B
– Belize: *2* BH
– Belzig: *3* BEL
– Benin: *2* DY
– Berchtesgaden: *3* BGD
– Berchtesgadener Land: *3* BGL
– Bergheim: *2* BM
– Bergisch-Gladbach: *2* GL
– Bergstraße: *2* HP

- **Bergzabern:** *3*BZA
- **Berleburg:** *3*BLB
- **Berlin:** *1*B
- **Bernau:** *3*BER
- **Bernburg:** *3*BBG
- **Bernkastel:** *3*BKS, WIL
- **Bersenbrück:** *2*OS; *3*BSB
- **Betschuanaland:** *2*BP
- **Bhutan:** *3*BHT
- **Biberach/Riß:** *2*BC
- **Biedenkopf:** *3*BID
- **Bielefeld:** *2*BI
- **Bingen:** *2*MZ; *3*BIN
- **Birkenfeld:** *3*BIR
- **Birma:** *3*BUR, MYA
- **Bischofswerda:** *3*BIW
- **Bitburg:** *3*BIT
- **Bitterfeld:** *3*BTF
- **Böblingen:** *2*BB
- **Bocholt:** *3*BOH
- **Bochum:** *2*BO
- **Bodenseekreis:** *2*FN
- **Bogen:** *3*BOG
- **Bolivien:** *3*BOL
- **Bonn:** *2*BN
- **Borken:** *2*FZ; *3*BOR
- **Borna:** *3*BNA
- **Bosnien-Herzegowina:** *3*BIH
- **Botswana:** *2*RB
- **Bottrop:** *3*BOT
- **Brake:** *3*BRA
- **Brand-Erbisdorf:** *3*BED
- **Brandenburg:** *3*BRB
- **Brandenburg (Land):** *2*BB; *3*BBL
- **Brasilien:** *2*BR
- **Braunlage:** *2*GS; *3*BRL
- **Braunschweig:** *2*BS
- **Breisgau-Hochschwarzwald:** *2*FR
- **Bremen:** *2*HB
- **Bremerhaven:** *2*HB; *3*WEM
- **Bremervörde:** *3*BRV
- **Brilon:** *3*BRI
- **Britisch-Honduras:** *2*BH
- **Bruchsal:** *2*BR, KA
- **Brückenau:** *3*BRK
- **Brunei:** *3*BRU
- **Buchen/Odenwald:** *3*BCH, MOS
- **Büdingen:** *2*FB; *3*BÜD; *4*BUED
- **Bühl/Baden:** *2*BH, RA
- **Bulgarien:** *2*BG
- **Bundesbahn:** *2*DB
- **Bundesgrenzschutz:** *2*BG
- **Bundespost:** *2*BP
- **Bundesrat:** *2*BD
- **Bundesregierung:** *2*BD
- **Bundestag:** *2*BD
- **Bundes-Wasser- und Schiffahrtsverwaltung:** *2*BW
- **Bundeswehr:** *1*Y
- **Bundeswehr (NATO):** *1*X
- **Büren:** *3*BÜR; *4*BUER
- **Burg:** *3*BRG
- **Burgdorf:** *1*H; *2*BU
- **Burgenland (Österr.):** *1*B
- **Burgenlandkreis:** *3*BLK
- **Burglengenfeld:** *3*BUL
- **Burgsteinfurt:** *2*BF
- **Burkina Faso:** *2*BF
- **Burma:** *3*BUR
- **Burundi:** *2*RU
- **Büsingen:** *3*BÜS; *4*BUES
- **Bützow:** *3*BÜZ; *4*BUEZ
- **Calau:** *2*CA
- **Calw:** *2*CW
- **Castrop-Rauxel:** *3*CAS
- **Celle:** *2*CE
- **Ceylon:** *2*CL
- **Cham:** *3*CHA
- **Chemnitz:** *1*C
- **Chile:** *3*RCH
- **China (Republik):** *2*RC
- **China (Volksrepublik):** *3*VRC
- **Clausthal-Zellerfeld:** *2*GS; *3*CLZ
- **Cloppenburg:** *3*CLP
- **Coburg:** *2*CO
- **Cochem:** *3*COC
- **Coesfeld:** *3*COE
- **Columbien:** *2*CO
- **Costa-Rica:** *2*CR
- **Côte d'Ivoire:** *2*CI
- **Cottbus:** *2*CB
- **Crailsheim:** *2*CR; *3*SHA
- **Cuba:** *1*C
- **Curaçao:** *2*CV
- **Cuxhaven:** *3*CUX
- **Cypern:** *2*CY
- **Dachau:** *3*DAH
- **Dahme-Spreewald-Kreis:** *3*LDS
- **Dahomey:** *2*DY
- **Dänemark:** *2*DK
- **Dannenberg:** *3*DAN
- **Darmstadt:** *2*DA
- **Daun:** *3*DAU
- **Deggendorf:** *3*DEG
- **Delitzsch:** *2*DZ
- **Delmenhorst:** *3*DEL
- **Demmin:** *2*DM
- **Dessau:** *2*DE
- **Detmold:** *2*DT
- **Deutsche Bundesbahn:** *2*DB
- **Deutsche Post AG:** *2*BP
- **Deutschland:** *1*D
- **Dieburg:** *2*DI
- **Diepholz:** *2*DH
- **Diez:** *3*DIZ, EMS
- **Dillenburg:** *3*DIL
- **Dillingen:** *3*DLG
- **Dillkreis:** *3*DIL
- **Dingolfing:** *3*DGF
- **Dinkelsbühl:** *3*DKB
- **Dinslaken:** *3*DIN
- **Diplomatisches Corps:** *1*O, *2*CD
- **Dippoldiswalde:** *2*DW
- **Döbeln:** *2*DL

- **Doberan:** *3* DBR
- **Dominica:** *2* WD
- **Dominikanische Republik:** *3* DOM
- **Donaueschingen:** *2* DS, VS
- **Donauwörth:** *3* DON
- **Dortmund:** *2* DO
- **Dresden:** *2* DD
- **Dschibuti:** *3* DJI
- **Dortmund:** *2* DO
- **Duderstadt:** *2* GÖ; *3* DUD, GOE
- **Duisburg:** *2* DU
- **Düren:** *2* DN
- **Dürkheim:** *3* DÜW, *4* DUEW
- **Düsseldorf:** *1* D
- **Ebermannstadt:** *3* EBS
- **Ebern:** *3* EBN
- **Ebersberg:** *3* EBE
- **Eberswalde:** *2* EW
- **Eckernförde:** *2* RD; *3* ECK
- **Ecuador:** *2* EC
- **Eggenfelden:** *2* EG
- **Ehingen:** *2* UL; *3* EHI
- **Eichsfeld:** *3* EIC
- **Eichstätt:** *2* EI; *3* EIH
- **Eilenburg:** *2* EB
- **Einbeck:** *3* EIN, NOM
- **Eisenach:** *3* ESA
- **Eisenberg:** *3* EIS
- **Eisenhüttenstadt:** *2* EH
- **Eisleben:** *3* EIL
- **Ekuador:** *2* EC
- **Elbe-Elster:** *2* EE
- **Elfenbeinküste:** *2* CI
- **El Salvador:** *2* ES
- **Emden:** *3* EMD
- **Emmendingen:** *2* EM
- **Ems:** *3* EMS
- **Emsland:** *2* EL
- **Ennepe-Ruhrkreis:** *2* EN
- **Enzkreis:** *2* PF
- **Erbach:** *3* ERB
- **Erding:** *2* ED
- **Erfurt:** *2* EF
- **Eritrea:** *2* ER
- **Erkelenz:** *2* HS; *3* ERK
- **Erlangen:** *2* ER
- **Erlangen-Höchstadt:** *3* ERH
- **Eschenbach:** *3* ESB
- **Eschwege:** *3* ESW
- **Essen:** *1* E
- **Esslingen:** *2* ES
- **Estland:** *3* EST
- **Euskirchen:** *2* EU
- **Eutin:** *2* OH; *3* EUT
- **Fallingbostel:** *3* FAL
- **Feuchtwangen:** *3* FEU
- **Fidschi:** *3* FJI
- **Finnland:** *2* SF; *3* FIN
- **Finsterwalde:** *2* FI
- **Flensburg:** *2* FL
- **Flöha:** *3* FLÖ; *4* FLOE
- **Forchheim:** *2* FO
- **Forst:** *3* FOR
- **Frankenberg/Eder:** *2* KB; *3* FKB
- **Frankenthal:** *2* FT
- **Frankfurt:** *1* F
- **Frankfurt-Hoechst:** *2* FH
- **Frankfurt/Oder:** *2* FF
- **Frankreich:** *1* F
- **Freiberg:** *2* FG
- **Freiburg:** *2* FR
- **Freienwalde:** *3* FRW
- **Freising:** *2* FS
- **Freital:** *3* FTL
- **Freudenstadt:** *3* FDS
- **Freyung:** *3* FRG
- **Friedberg/Bayern:** *3* FDB
- **Friedberg/Hessen:** *2* FB
- **Friedrichshafen:** *2* FN, TT
- **Friesland:** *3* FRI
- **Fritzlar:** *2* FZ, HR
- **Fulda:** *2* FD
- **Fürstenfeldbruck:** *3* FFB
- **Fürstenwalde:** *2* FW
- **Fürth:** *2* FÜ; *3* FUE
- **Füssen:** *3* FÜS; *4* FUES
- **Gabun:** *1* G
- **Gadebusch:** *3* GDB
- **Gambia:** *3* WAG
- **Gandersheim:** *3* GAN
- **Gardelegen:** *2* GA
- **Garmisch-Partenkirchen:** *3* GAP
- **Geilenkirchen-Heinsberg:** *2* GK, HS
- **Geithain:** *3* GHA
- **Geldern:** *3* GEL
- **Gelnhausen:** *2* GN
- **Gelsenkirchen:** *2* GE
- **Gemünden:** *3* GEM
- **Genthin:** *3* GNT
- **Georgien:** *2* GE
- **Gera:** *1* G
- **Germersheim:** *3* GER
- **Gerolzhofen:** *3* GEO
- **Ghana:** *2* GH
- **Gibraltar:** *3* GBZ
- **Gießen:** *2* GI
- **Gifhorn:** *2* GF
- **Gladbeck:** *3* GLA
- **Glauchau:** *2* GC
- **Göppingen:** *2* GP
- **Görlitz:** *2* GR
- **Goslar:** *2* GS
- **Gotha:** *3* GTH
- **Göttingen:** *2* GÖ; *3* GOE
- **Grafenau:** *3* GRA
- **Gräfenhainichen:** *3* GHC
- **Grafschaft Bentheim:** *3* NOH
- **Grafschaft Hoya:** *2* SY
- **Grafschaft Schaumburg:** *2* RI
- **Gransee:** *3* GRS
- **Graz:** *1* G
- **Greifswald:** *2* GW; *3* HGW
- **Greiz:** *3* GRZ
- **Grenada (Antillen):** *2* WG

- **Grevenbroich:** *2* GV
- **Grevesmühlen:** *3* GVM
- **Griechenland:** *2* GR
- **Griesbach:** *3* GRI
- **Grimma:** *3* GRM, MTL
- **Grimmen:** *3* GMN
- **Großbritannien:** *2* GB
- **Großenhain:** *3* GRH
- **Groß-Gerau:** *2* GG
- **Guatemala:** *3* GCA
- **Guben:** *3* GUB
- **Guernsey:** *3* GBG
- **Guinea:** *2* RG
- **Guinea-Bissau:** *3* GNB
- **Gummersbach:** *2* GM
- **Günzburg:** *2* GZ
- **Gunzenhausen:** *3* GUN
- **Güstrow:** *2* GÜ; *3* GUE
- **Gütersloh:** *2* GT, WD
- **Guyana:** *3* BRG
- **Hagen:** *2* HA
- **Hagenow:** *3* HGN
- **Hainichen:** *2* HC
- **Haiti:** *2* RH
- **Halberstadt:** *3* HBS
- **Haldensleben:** *3* HDL
- **Halle:** *3* HAL
- **Halle/West.:** *2* GT, HW
- **Halle/Westfalen:** *2* GT, (HW)
- **Hamburg:** *2* HH
- **Hameln:** *2* HM
- **Hamm:** *3* HAM
- **Hammelburg:** *3* HAB
- **Hanau:** *2* HU
- **Hann.-Münden:** *2* GÖ; *3* GOE, HMÜ; *4* HMUE
- **Hannover:** *1* H
- **Hansestadt Bremen:** *2* HB
- **Hansestadt Greifswald:** *3* HGW
- **Hansestadt Hamburg:** *2* HH
- **Hansestadt Lübeck:** *2* HL
- **Hansestadt Rostock:** *3* HRO
- **Hansestadt Stralsund:** *3* HST
- **Hansestadt Wismar:** *3* HWI
- **Haßfurt:** *3* HAS
- **Havelland:** *3* HVL
- **Hechingen:** *2* BL; *3* HCH
- **Heide/Holstein:** *3* HEI
- **Heidelberg:** *2* HD
- **Heidenheim/Brenz:** *3* HDH
- **Heilbronn:** *2* HN
- **Heiligenstadt:** *3* HIG
- **Heinsberg:** *2* HS
- **Helmstedt:** *2* HE
- **Heppenheim:** *2* HP
- **Herford:** *2* HF
- **Herne:** *3* HER
- **Hersbruck:** *3* HEB
- **Hersfeld:** *3* HEF
- **Herzberg:** *2* HZ
- **Herzogtum Lauenburg:** *2* RZ
- **Hessen (Land):** *2* HE; *3* HEL
- **Hettstedt:** *3* HET
- **Hildburghausen:** *3* HBN
- **Hildesheim:** *2* HI
- **Hiltpoltstein:** *3* HIP
- **Hochsauerlandkreis:** *3* HSK
- **Höchstadt a.d. Aisch:** *3* HÖS; *4* HOES
- **Hochtaunuskreis:** *2* HG
- **Hof:** *2* HO
- **Hofgeismar:** *2* KS; *3* HOG
- **Hofheim:** *2* FH; *3* HOH
- **Hohenlohekreis:** *3* KÜN; *4* KUEN
- **Höhenmölsen:** *3* HHM
- **Hohenstein-Ernstthal:** *3* HOT
- **Holland:** *2* NL
- **Holzminden:** *3* HOL
- **Homberg:** *2* HR
- **Homburg:** *3* HOM
- **Honduras:** *2* HN
- **Hongkong:** *2* HK
- **Horb/Neckar:** *3* FDS, HOR
- **Höxter:** *2* HX
- **Hoyerswerda:** *2* HY
- **Hünfeld:** *3* HÜN; *4* HUEN
- **Husum:** *2* NF; *3* HUS
- **Illertissen:** *3* ILL
- **Ilmenau:** *2* IL
- **Ilm-Kreis:** *2* IK
- **Indien:** *3* IND
- **Indonesien:** *2* RI
- **Ingolstadt:** *2* IN
- **Insel Alderney:** *3* GBA
- **Insel Guernsey:** *3* GBG
- **Insel Jersey:** *3* GBJ
- **Insel Malta:** *1* M
- **Insel Man:** *3* GBM
- **Irak:** *3* IRQ
- **Iran:** *2* IR
- **Irland:** *3* IRL
- **Iserlohn:** *2* IS
- **Island:** *2* IS
- **Israel:** *2* IL
- **Italien:** *1* I
- **Itzehoe:** *2* IZ
- **Jamaika:** *2* JA
- **Japan:** *1* J
- **Jemen:** *2* YE
- **Jena:** *1* J
- **Jerichower Land:** *2* JL
- **Jersey (Insel):** *3* GBJ
- **Jessen:** *2* JE
- **Jever:** *3* JEV
- **Jordanien:** *3* JOR
- **Jugoslawien:** *2* YU
- **Jülich:** *3* JÜL; *4* JUEL
- **Jüterbog:** *2* JB
- **Kaiserslautern:** *2* KL
- **Kambodscha:** *1* K
- **Kamenz:** *2* KM
- **Kamerun:** *3* CAM
- **Kanada:** *3* CDN
- **Kap Verde:** *2* CV
- **Karlsruhe:** *2* KA

- **Karlstadt:** *3* KAR
- **Kärnten:** *1* K
- **Kasachstan:** *2* KZ
- **Kassel:** *2* KS
- **Katar:** *1* Q
- **Kaufbeuren:** *2* KF
- **Kehl:** *2* OG; *3* KEL
- **Kelheim:** *3* KEH
- **Kemnath:** *3* KEM
- **Kempen-Krefeld:** *2* KK
- **Kempten:** *2* KE
- **Kenia:** *3* EAK
- **Kiel:** *2* KI
- **Kirchheimbolanden:** *3* KIB
- **Kirgisistan:** *2* KS
- **Kiribati:** *3* KIR
- **Kissingen:** *2* KG
- **Kitzingen:** *2* KT
- **Kleve:** *3* KLE
- **Klötze:** *3* KLZ
- **Koblenz:** *2* KO
- **Köln:** *1* K
- **Kolumbien:** *2* CO
- **Komoren:** *3* COM
- **Kongo:** *3* RCB
- **Kongo (Kinshasa):** *3* CGO
- **Königshofen:** *3* KÖN; *4* KOEN
- **Königs Wusterhausen:** *2* KW
- **Konstanz:** *2* KN
- **Konsularisches Corps:** *2* CC
- **Korbach:** *2* KB
- **Korea (Republik):** *3* ROK
- **Korea (Volksrepublik):** *4* DVRK
- **Köthen:** *3* KÖT; *4* KOET
- **Kötzting:** *3* KÖZ; *4* KOEZ
- **Krefeld:** *2* KR
- **Kreis Dahme-Spreewald:** *3* LDS
- **Kreis Lippe:** *3* LIP
- **Kreis Müritz:** *3* MÜR; *4* MUER
- **Kreis Oder-Spree:** *3* LOS
- **Kreis Südliche Weinstraße:** *3* SÜW; *4* SUEW
- **Kreuznach:** *2* KH
- **Kronach:** *2* KC
- **Krumbach:** *3* KRU
- **Kuba:** *1* C
- **Kulmbach:** *2* KU
- **Künzelsau:** *3* KÜN; *4* KUEN
- **Kusel:** *3* KUS
- **Kuwait:** *3* KWT
- **Kyffhäuserkreis:** *3* KYF
- **Kyritz:** *2* KY
- **Lahn-Dill-Kreis:** *1* L, *3* LDK
- **Lahr/Schwarzwald:** *2* LR, OG
- **Landau/Isar:** *3* LAN
- **Landau/Pfalz:** *2* LD
- **Land Hadeln:** *3* OTT
- **Landsberg a. Lech:** *2* LL
- **Landshut:** *2* LA
- **Langensalza:** *3* LSZ
- **Laos:** *3* LAO
- **Lauf a. d. Pegnitz:** *3* LAU
- **Laufen:** *2* LF
- **Lauterbach/Hessen:** *3* LAT
- **Leer:** *3* LER
- **Leipzig:** *1* L
- **Lemgo:** *2* DT, LE
- **Leonberg/Württ.:** *2* BB; *3* LEO
- **Lesotho:** *2* LS
- **Lettland:** *2* LV
- **Leverkusen:** *3* LEV
- **Libanon:** *2* RL
- **Liberia:** *2* LB
- **Libyen:** *3* LAR
- **Lichtenfels:** *3* LIF
- **Liebenwerda:** *3* LIB
- **Liechtenstein:** *2* FL
- **Limburg-Weilburg:** *2* LM
- **Lindau/Bodensee:** *2* LI
- **Lingen:** *3* LIN
- **Linz (Österr.):** *1* L
- **Lippe-Kreis:** *3* LIP
- **Lippstadt:** *2* LP
- **Litauen:** *2* LT
- **Löbau:** *3* LÖB; *4* LOEB
- **Lobenstein:** *3* LBS
- **Lohr:** *3* LOH
- **Lörrach:** *2* LÖ; *3* LOE
- **Lübbecke:** *2* LK, MI
- **Lübben:** *2* LN
- **Lübeck:** *2* HL
- **Lübz:** *3* LBZ
- **Lüchow-Dannenberg:** *3* DAN
- **Luckau:** *2* LC
- **Luckenwalde:** *3* LUK
- **Lüdenscheid:** *2* LS; *3* LÜD; *4* LUED
- **Lüdinghausen:** *2* LH
- **Ludwigsburg:** *2* LB
- **Ludwigshafen:** *2* LU
- **Ludwigslust:** *3* LWL
- **Lüneburg:** *2* LG
- **Lünen:** *3* LÜN; *4* LUEN
- **Luxemburg:** *1* L
- **Madagaskar:** *2* RM
- **Magdeburg:** *2* MD
- **Mainburg:** *3* MAI
- **Main-Spessart-Kreis:** *3* MSP
- **Main-Taunus-Kreis:** *3* MTK
- **Mainz:** *2* MZ
- **Malawi:** *2* MW
- **Malaysia:** *3* MAL
- **Malchin:** *2* MC
- **Malediven:** *2* MV
- **Mali:** *3* RMM
- **Mallersdorf:** *3* MAL
- **Malta:** *1* M
- **Insel Man:** *3* GBM
- **Mannheim:** *2* MA
- **Mansfelder Land:** *2* ML
- **Marburg:** *2* MR
- **Marienberg:** *3* MAB
- **Märkischer Kreis:** *2* MK
- **Märkisch-Oderland-Kreis:** *3* MOL
- **Marktheidenfeld:** *3* MAR
- **Marktoberdorf:** *3* MOD

- **Marktredwitz:** *3* MAK
- **Marokko:** *2* MA
- **Marshallinseln:** *2* MH
- **Mauretanien:** *3* RIM
- **Mauritius:** *2* MS
- **Mayen-Koblenz:** *3* MYK
- **Mazedonien:** *2* MK
- **Mecklenburg-Strelitz:** *3* MST
- **Mecklenburg-Vorpommern (Land):** *2* MV; *3* MVL
- **Meiningen:** *3* MGN
- **Meißen:** *3* MEI
- **Meldorf:** *3* HEI, MED
- **Melle:** *2* OS; *3* MEL
- **Mellrichstadt:** *3* MET
- **Melsungen:** *2* HR; *3* MEG
- **Memmingen:** *2* MM
- **Meppen:** *3* MEP
- **Mergentheim:** *3* MGH
- **Merseburg:** *3* MER
- **Merseburg-Querfurt:** *2* MQ
- **Merzig/Saar:** *3* MZG
- **Meschede:** *3* MES
- **Mettmann:** *2* ME
- **Mexiko:** *3* MEX
- **Miesbach:** *2* MB
- **Mikronesien:** *3* FSM
- **Miltenberg:** *3* MIL
- **Mindelheim:** *2* MN
- **Minden:** *2* MI
- **Mittlerer Erzgebirgskreis:** *3* MEK
- **Mittweida:** *2* MW
- **Moçambique:** *3* MOC
- **Moers:** *2* MO
- **Moldau, Moldawien:** *2* MD
- **Monaco:** *2* MC
- **Mönchengladbach:** *2* MG
- **Mongolei:** *3* MNG
- **Monschau:** *3* MON
- **Montabaur:** *2* MT
- **Mosambik:** *3* MOC
- **Mosbach:** *3* MOS
- **Mühldorf a. Inn:** *2* MÜ; *3* MUE
- **Mühlhausen:** *3* MHL
- **Mülheim a.d. Ruhr:** *2* MH
- **Müllheim/Baden:** *2* FR; *3* MÜL; *4* MUEL
- **Münchberg:** *3* MÜB; *4* MUEB
- **München:** *1* M
- **Münden:** *2* GÖ; *3* GOE, HMÜ; *4* HMUE
- **Münsingen:** *2* RT; *3* MÜN; *4* MUEN
- **Münster:** *2* MS
- **Müritz-Kreis:** *3* MÜR; *4* MUER
- **Myanmar (Birma, Burma):** *3* BUR, MYA
- **Nabburg:** *3* NAB
- **Naila:** *3* NAI
- **Namibia:** *3* NAM
- **Nauen:** *3* NAU
- **Naumburg:** *3* NMB
- **Nauru:** *3* NAU
- **Nebra:** *3* NEB
- **Nepal:** *3* NEP
- **Neubrandenburg:** *2* NB
- **Neuburg:** *2* ND
- **Neuguinea:** *3* NGN
- **Neuhaus:** *2* NH
- **Neumarkt:** *2* NM
- **Neumünster:** *3* NMS
- **Neunburg vorm Wald:** *3* NEN
- **Neunkirchen/Saar:** *2* NK
- **Neuruppin:** *2* NP
- **Neuseeland:** *2* NZ
- **Neuß:** *2* NE
- **Neustadt a.d. Aisch:** *3* NEA
- **Neustadt bei Coburg:** *3* NEC
- **Neustadt am Rübenberg:** *1* H; *3* NRÜ; *4* NRUE
- **Neustadt/Saale:** *3* NES
- **Neustadt/Schwarzwald:** *2* FR; *3* NEU
- **Neustadt a. d. Waldnaab:** *3* NEW
- **Neustadt/Weinstraße:** *2* NW
- **Neustrelitz:** *2* NZ
- **Neu-Ulm:** *2* NU
- **Neuwied/Rhein:** *2* NR
- **Nicaragua:** *3* NIC
- **Niebüll:** *2* NF; *3* NIB
- **Niederlande:** *2* NL
- **Niederl. Antillen:** *2* NA
- **Niederl. Guayana:** *3* SME
- **Niederösterreich:** *1* N
- **Niedersachsen (Land):** *1* N; *2* NL
- **Niederschles. Oberlausitz:** *3* NOL
- **Nienburg/Weser:** *2* NI
- **Niesky:** *2* NY
- **Niger:** *2* RN
- **Nigeria:** *3* WAN
- **Njassaland:** *2* NP
- **Norden:** *3* NOR
- **Norderdithmarschen:** *3* HEI
- **Nordfriesland-Kreis:** *2* NF
- **Nordhausen:** *3* NDH
- **Nordhorn:** *3* NOH
- **Nördlingen:** *2* NÖ; *3* NOE
- **Nordrhein-Westfalen (Land):** *3* NRW, RWL
- **Nordvorpommern-Kreis:** *3* NVP
- **Nordwestmecklenburg-Kreis:** *3* NWM
- **Northeim:** *3* NOM
- **Norwegen:** *1* N
- **Nürnberg:** *1* N
- **Nürtingen:** *2* ES, NT
- **Oberallgäu-Kreis:** *2* OA
- **Oberbergischer Kreis:** *2* GM
- **Oberhausen:** *2* OB
- **Oberhavel-Kreis:** *3* OHV
- **Oberlahnkreis:** *3* WEL
- **Obernburg a. Main:** *3* OBB
- **Oberösterreich:** *1* O
- **Oberspreewald-Lausitz-Kreis:** *3* OSL
- **Oberviechtach:** *3* OVI
- **Obervogtland:** *3* OVL
- **Oberwesterwaldkreis:** *3* WEB
- **Ochsenfurt:** *3* OCH
- **Odenwaldkreis/Erbach:** *3* ERB
- **Odenwaldkreis/Mosbach:** *3* MOS

- **Oder-Spree-Kreis:** *3* LOS
- **Offenbach:** *2* OF
- **Offenburg:** *2* OG
- **Ohre-Kreis:** *2* OK
- **Öhringen:** *3* KÜN, ÖHR; *4* KUEN, OEHR
- **Oldenburg/Holstein:** *2* OH; *3* OLD
- **Oldenburg/Oldenburg:** *2* OL
- **Oldesloe:** *2* OD
- **Olpe:** *2* OE
- **Oman:** *2* OM
- **Opladen:** *2* OP
- **Oranienburg:** *2* OR
- **Ortenaukreis:** *2* OG
- **Oschatz:** *2* OZ
- **Oschersleben:** *2* OC
- **Osnabrück:** *2* OS
- **Ostalbkreis:** *2* AA
- **Ostallgäu-Kreis:** *3* OAL
- **Osterburg:** *3* OBG
- **Osterholz-Scharmbeck:** *3* OHZ
- **Osterode/Harz:** *3* OHA
- **Österreich:** *1* A
- **Ostholstein-Kreis:** *2* OH
- **Ostprignitz-Kreis:** *3* OPR
- **Ostvorpommern-Kreis:** *3* OVP
- **Otterndorf:** *3* OTT
- **Ottweiler:** *3* OTW
- **Paderborn:** *2* PB
- **Pakistan:** *2* PK
- **Palau (Ozeanien):** *3* PAL
- **Panama:** *2* PA
- **Papua-Neuguinea:** *3* PNG
- **Paraguay:** *2* PY
- **Parchim:** *3* PCH
- **Parsberg:** *3* PAR
- **Passau:** *2* PA
- **Pegnitz:** *3* PEG
- **Peine:** *2* PE
- **Perleberg:** *2* PR; *3* PER
- **Persien:** *2* IR
- **Peru:** *2* PE
- **Pfaffenhofen:** *3* PAF
- **Pfarrkirchen:** *3* PAN
- **Pforzheim:** *2* PF
- **Philippinen:** *2* RP
- **Pinneberg:** *2* PI
- **Pirmasens:** *2* PS
- **Pirna:** *3* PIR
- **Plauen:** *2* PL
- **Plön:** *3* PLÖ; *4* PLOE
- **Polen:** *2* PL
- **Portugal:** *1* P
- **Pößneck:** *2* PN
- **Potsdam:** *1* P
- **Potsdam-Mittelmark-Kreis:** *2* PM
- **Prenzlau:** *2* PZ
- **Pritzwalk:** *2* PK
- **Prüm:** *3* BIT, PRÜ; *4* PRUE
- **Qatar:** *1* Q
- **Quedlinburg:** *3* QLB
- **Querfurt:** *3* QFT
- **Rastatt:** *2* RA
- **Rathenow:** *2* RN
- **Ratzeburg:** *2* RZ
- **Ravensburg:** *2* RV
- **Recklinghausen:** *2* RE
- **Regen:** *3* REG
- **Regensburg:** *1* R
- **Rehau:** *3* REH
- **Reichenbach:** *2* RC
- **Reichenhall:** *3* REI
- **Remscheid:** *2* RS
- **Rems-Murr-Kreis:** *2* WN
- **Rendsburg:** *2* RD
- **Reutlingen:** *2* RT
- **Rhein-Lahn-Kreis:** *3* EMS
- **Rheingau-Taunus-Kreis:** *3* RÜD; *4* RUED
- **Rheinland-Pfalz (Land):** *2* RP; *3* RPL
- **Rhein-Neckar-Kreis:** *2* HD
- **Rheydt:** *2* RY
- **Rhodesien:** *2* SR
- **Ribnitz-Damgarten:** *3* RDG
- **Riedenburg:** *3* RID
- **Riesa:** *3* RIE
- **Riesa-Großenhain:** *2* RG
- **Rinteln:** *2* RI
- **Röbel/Müritz:** *2* RM
- **Rochlitz:** *2* RL
- **Rockenhausen:** *3* ROK
- **Roding:** *3* ROD
- **Rosenheim:** *2* RO
- **Roßlau:** *3* RSL
- **Rostock:** *3* HRO, ROS
- **Rotenburg/Fulda:** *3* HEF, ROF
- **Rotenburg/Wümme:** *3* ROW
- **Roth:** *2* RH
- **Rothenburg/Tauber:** *3* ROT
- **Rottenburg a.d. Laaber:** *2* TÜ; *3* ROL, TUE
- **Rottweil:** *2* RW
- **Ruanda:** *3* RWA
- **Rüdesheim:** *3* RÜD; *4* RUED
- **Rudolstadt:** *2* RU
- **Rügen:** *3* RÜG; *4* RUEG
- **Rumänien:** *2* RO
- **Russische Föderation:** *3* RUS
- **Saale-Holzland-Kreis:** *3* SHK
- **Saale-Orla-Kreis:** *3* SOK
- **Saalfeld:** *3* SLF
- **Saalkreis:** *2* SK
- **Saarbrücken:** *2* SB
- **Saarburg:** *2* TR; *3* SAB
- **Saarland (Land):** *1* S; *3* SAL
- **Saarlouis:** *3* SLS
- **Saar-Pfalz-Kreis:** *3* HOM
- **Sachsen (Land):** *2* SN; *3* LSN
- **Sachsen-Anhalt (Land):** *2* SA; *3* LSA
- **Säckingen:** *2* WT; *3* SÄK; *4* SAEK
- **Sahara (Westsahara):** *4* DARS
- **Salomonen:** *3* SOL
- **Salzburg:** *1* S
- **Salzgitter:** *2* SZ
- **Salzungen:** *3* SLZ
- **Salzwedel:** *3* SAW
- **Sambia:** *1* Z

- **Samoa:** *2* WS
- **Sangerhausen:** *3* SGH
- **San Marino:** *3* RSM
- **Sankt Goar:** *3* GOA
- **Sankt Goarshausen:** *3* GOH
- **Sankt Wendel:** *3* WND
- **Santa Lucia:** *2* WL
- **Sao Tomé und Principe:** *3* STP
- **Saudiarabien:** *3* KSA
- **Saulgau:** *3* SIG, SLG
- **Schaumburg/Lippe:** *3* STH
- **Scheinfeld:** *3* SEF
- **Schleiden:** *3* SLE
- **Schleiz:** *3* SCZ
- **Schleswig:** *2* SL
- **Schleswig-Holstein (Land):** *2* SH
- **Schlüchtern:** *3* SLÜ; *4* SLUE
- **Schmalkalden-Meiningen:** *2* SM
- **Schmölln:** *3* SLN
- **Schönebeck:** *3* SBK
- **Schongau:** *3* SOG
- **Schrobenhausen:** *3* SOB
- **Schwabach:** *2* SC
- **Schwäbisch Gmünd:** *2* AA, GD
- **Schwäbisch Hall:** *3* SHA
- **Schwabmünchen:** *3* SMÜ; *4* SMUE
- **Schwalbach/Taunus:** *2* FH
- **Schwalbach (Bad):** *3* SWA
- **Schwalm-Eder-Kreis:** *2* HR
- **Schwandorf:** *3* SAD
- **Schwarzenberg:** *3* SZB
- **Schwarzwald-Baar-Kreis:** *2* VS
- **Schweden:** *1* S
- **Schwedt/Oder:** *3* SDT
- **Schweinfurt:** *2* SW
- **Schweiz:** *2* CH
- **Schwerin:** *2* SN
- **Sebnitz:** *3* SEB
- **Seelow:** *3* SEE
- **Segeberg:** *2* SE
- **Selb:** *3* SEL
- **Senegal:** *2* SN
- **Senftenberg:** *3* SFB
- **Seychellen:** *2* SY
- **Siegburg:** *2* SU
- **Siegen:** *2* SI
- **Siegkreis:** *2* SU
- **Sierra Leone:** *3* WAL
- **Sigmaringen:** *3* SIG
- **Simbabwe:** *2* ZW
- **Simmern:** *3* SIM
- **Singapur:** *3* SGP
- **Sinsheim/Elsenz:** *2* HD; *3* SNH
- **Slowakei:** *2* SK
- **Slowenien:** *3* SLO
- **Soest:** *2* SO
- **Solingen:** *2* SG
- **Soltau:** *3* SOL
- **Soltau-Fallingbostel:** *3* SFA
- **Somalia:** *2* SP
- **Sömmerda:** *3* SÖM; *4* SOEM
- **Sondershausen:** *3* SDH
- **Sonneberg:** *3* SON
- **Sonthofen:** *2* SF
- **Sowjetunion:** *2* SU
- **Spanien:** *1* E
- **Speyer:** *2* SP
- **Spree-Neiße-Kreis:** *3* SPN
- **Spremberg:** *3* SPB
- **Springe:** *1* H; *3* SPR
- **Sri Lanka:** *2* CL
- **Stade:** *3* STD
- **Stadthagen:** *3* SHG
- **Stadtroda:** *3* SRO
- **Stadtsteinach:** *3* SAN
- **Staffelstein:** *3* STE
- **Starnberg:** *3* STA
- **Staßfurt:** *3* SFT
- **Steiermark:** *2* ST
- **Steinburg:** *2* IZ
- **Steinfurt:** *2* ST
- **Stendal:** *3* SDL
- **Sternberg:** *3* STB
- **St. Goar:** *3* GOA
- **St. Goarshausen:** *3* GOH
- **St. Ingbert:** *3* IGB
- **St. Kitts und Nevis:** *2* KN
- **St. Lucia:** *2* WL
- **Stockach:** *2* KN; *3* STO
- **Stollberg:** *3* STL
- **Stormarn:** *2* OD
- **Strasburg:** *3* SBG
- **Straubing:** *2* SR
- **Strausberg:** *3* SRB
- **Stuttgart:** *1* S
- **St. Vincent und die Grenadinen:** *2* WV
- **St. Wendel:** *3* WND
- **Südafrikanische Republik:** *2* ZA; *3* RSA
- **Sudan:** *3* SUD
- **Südliche Weinstraße:** *3* SÜW; *4* SUEW
- **Südwestafrika:** *3* SWA
- **Suhl:** *3* SHL
- **Sulzbach-Rosenberg:** *3* SUL
- **Surinam:** *3* SME
- **Swasiland:** *2* SD
- **Syke:** *2* SY
- **Syrien:** *3* SYR
- **Tadschikistan:** *2* TJ
- **Tansania:** *3* EAT
- **Tauberbischofsheim:** *3* TBB
- **Tauberkreis:** *3* TBB
- **Tecklenburg:** *2* TE
- **Teltow-Fläming-Kreis:** *2* TF
- **Templin:** *2* TP
- **Teterow:** *3* TET
- **Tettnang:** *2* FN, TT
- **Thailand:** *3* THA
- **Thüringen (Land):** *2* TH; *3* THL
- **Tirol:** *1* T
- **Tirschenreuth:** *3* TIR
- **Titisee-Neustadt:** *3* NEU
- **Togo:** *2* RT
- **Tölz:** *3* TÖL; *4* TOEL
- **Tonga:** *2* TO

- **Tönning:** *3* TÖN; *4* TOEN
- **Torgau:** *2* TG, TO
- **Traunstein:** *2* TS
- **Trier:** *2* TR
- **Trinidad und Tobago:** *2* TT
- **Tschad:** *3* TCH
- **Tschechische Republik:** *2* CZ
- **Tschechoslowakei:** *2* CS
- **Tübingen:** *2* TÜ; *3* TUE
- **Tunesien:** *2* TN
- **Türkei:** *2* TR
- **Turkmenistan:** *2* TM
- **Tuttlingen:** *3* TUT
- **Tuvalu:** *3* TUV
- **Überlingen/Bodensee:** *2* FN, ÜB; *3* UEB
- **Uckermark:** *2* UM
- **Uecker-Randow:** *3* UER
- **Ueckermünde:** *3* UEM
- **Uelzen:** *2* UE
- **Uffenheim:** *3* UFF
- **Uganda:** *3* EAU
- **Ukraine:** *2* UA
- **Ulm/Donau:** *2* UL
- **Ungarn:** *1* H
- **Unna:** *2* UN
- **Unstrut-Hainich-Kreis:** *2* UH
- **Untertaunuskreis:** *3* SWA
- **Unterwesterwaldkreis:** *2* MT
- **Uruguay:** *3* ROU
- **USA:** *3* USA
- **Usbekistan:** *3* UZB
- **Usingen:** *2* HG; *3* USI
- **Vaihingen:** *2* LB; *3* VAI
- **Vanuatu:** *2* VU
- **VAR:** *2* ET
- **Vatikanstadt:** *1* V
- **Vechta:** *3* VEC
- **Venezuela:** *2* YV
- **Verden/Aller:** *3* VER
- **Vereinigte Arabische Emirate:** *3* UAE
- **Vereinigte Staaten von Amerika:** *3* USA
- **Viechtach:** *3* VIT
- **Viersen:** *3* VIE
- **Vietnam:** *2* VN
- **Villingen/Schwarzwald:** *2* VL
- **Villingen-Schwenningen:** *2* VS
- **Vilsbiburg:** *3* VIB
- **Vilshofen:** *3* VOF
- **Vogelsbergkreis:** *2* VB
- **Vohenstrauß:** *3* VOH
- **Völklingen:** *2* VK
- **Vorarlberg:** *1* V
- **Waiblingen:** *2* WN
- **Waldeck:** *2* WA
- **Waldeck-Frankenberg:** *2* KB
- **Waldmünchen:** *3* WÜM; *4* WUEM
- **Waldshut-Tiengen:** *2* WT
- **Wangen:** *2* RV, WG
- **Wanne-Eickel:** *3* WAN
- **Wanzleben:** *3* WZL
- **Warburg:** *3* WAR
- **Waren:** *3* WRN
- **Warendorf:** *3* WAF
- **Wartburgkreis:** *3* WAK
- **Wasserburg/Inn:** *2* WS
- **Wattenscheid:** *3* WAT
- **Wegscheid:** *3* WEG
- **Weiden:** *3* WEN
- **Weilburg:** *3* WEL
- **Weilheim i.Ob.:** *2* WM
- **Weimar:** *2* WE
- **Weimarer-Land:** *2* AP
- **Weißenburg i. Bay.:** *3* WUG
- **Weißenfels:** *3* WSF
- **Weißrußland:** *2* BY
- **Weißwasser:** *3* WSW
- **Werdau:** *3* WDA
- **Wernigerode:** *2* WR
- **Werra-Meißner-Kreis:** *3* ESW
- **Wertingen:** *3* WER
- **Wesel:** *3* WES
- **Wesermünde:** *3* WEM
- **Westerburg/Westerwald:** *3* WEB
- **Westerstede:** *3* WST
- **Westerwald-Kreis:** *2* WW
- **Westsamoa:** *2* WS
- **Wetteraukreis:** *2* FB
- **Wetzlar:** *2* WZ
- **Wiedenbrück:** *2* GT, WD
- **Wien:** *1* W
- **Wiesbaden:** *2* WI
- **Wilhelmshaven:** *3* WHV
- **Winsen/Luhe:** *2* WL
- **Wismar:** *3* HWI, WIS
- **Witten:** *3* WIT
- **Wittenberg:** *2* WB
- **Wittlage:** *2* OS; *3* WTL
- **Wittlich:** *3* WIL
- **Wittmund:** *3* WTM
- **Wittstock:** *2* WK
- **Witzenhausen:** *3* ESW, WIZ
- **Wolfach:** *2* OG; *3* WOL
- **Wolfenbüttel:** *2* WF
- **Wolfhagen:** *2* KS; *3* WOH
- **Wolfratshausen:** *3* WOR
- **Wolfsburg:** *3* WOB
- **Wolfstein:** *3* WOS
- **Wolgast:** *3* WLG
- **Wolmirstedt:** *3* WMS
- **Worbis:** *3* WBS
- **Worms:** *2* WO
- **Wunsiedel:** *3* WUN
- **Wuppertal:** *1* W
- **Würzburg:** *2* WÜ; *3* WUE
- **Wurzen:** *3* WUR
- **Zaire:** *3* ZRE
- **Zambia:** *1* Z
- **Zeitz:** *2* ZZ
- **Zell/Mosel:** *3* ZEL
- **Zentralafrikanische Republik:** *3* RCA
- **Zerbst:** *2* ZE
- **Zeulenroda:** *2* ZR
- **Ziegenhain:** *2* HR; *3* ZIG
- **Zittau:** *2* ZI

- **Zoll:** *1* Z
- **Zollernalbkreis:** *2* BL
- **Zossen:** *2* ZS
- **Zschopau:** *2* ZP
- **Zweibrücken:** *2* PS, ZW
- **Zwickau:** *1* Z
- **Zypern:** *2* CY

Kfz-Unterstellraum: *6* Garage
Khmer-Republik: *11* Kamputschea
Kieferkrampf: *10* Maulsperre
Kiefernart: *4* Arve; *5* Pinie, Zirbe; *6* Foehre, Forche, Zirbel; *7* Latsche
Kiefernforst bei Berlin: *9* Grunewald
Kiefernharz: *9* Terpentin
Kiefernholz: *4* Kien
Kiefernzapfen: *9* Kienapfel
Kieferteil: *8* Kinnlade; *9* Kinnbacke
Kielraum des Schiffes: *5* Bilge
Kielwasser: *3* Sog
Kiemen: *9* Branchien
Kiemenschlitzaal: *6* Cuchia
Kies: *7* Geroell
Kieselalge: *8* Diatomee
Kieselsäure: *7* Aerosil
Kieswüste: *5* Serir
Kimme: *5* Kerbe
Kimmung: *8* Horizont
Kimonogürtel: *3* Obi
Kind: *4* Baby; *5* Knabe; *8* Maedchen; *9* Saeugling
Kinder des Agamemnon: *7* Elektra, Orestes; *9* Iphigenie
Kinderbett: *5* Wiege
Kinderbuch: *12* Struwelpeter; *13* Struwwelpeter
Kinderei: *6* Unsinn
Kinderfahrzeug: *6* Roller; *7* Dreirad
Kinderfrau: *5* Bonne, Nurse; *11* Gouvernante
kinderfressendes Nachtweib: *5* Lamia
Kindergarten: *4* Heim, Hort
Kindergärtnerin: *9* Hortnerin
Kindergestalt in der Kunst: *5* Putte, Putto
Kinderheilkunde: *10* Paediatrie
Kinderkrankheit: *5* Mumps, Polio; *6* Masern; *7* Braeune, Roeteln; *8* Rachitis; *9* Scharlach; *10* Diphterie, Skrofulose, Windpocken; *11* Keuchhusten, Ziegenpeter; *14* Kinderlaehmung
Kinderlähmung: *5* Polio
Kindermundtuch: *4* Latz
Kinderpflegerin: *5* Bonne, Nurse
Kinderspeise: *3* Mus; *4* Brei
Kinderspiel: *6* Fangen; *7* Haschen, Kriegen; *10* Verstecken
Kinderspielzeug: *4* Ball; *5* Puppe, Teddy; *6* Knarre, Rassel, Roller; *7* Kreisel; *8* Schaukel; *11* Puppenstube
Kindertagesstätte: *4* Hort
Kindertanz: *12* Ringelreihen
Kindertrompete: *4* Tute
Kinderwärterin: *5* Bonne, Nurse
Kindesentführer: *9* Kidnapper
Kindesentführung: *10* Kidnapping
Kindeskind: *5* Enkel; *7* Enkelin
Kindheit: *6* Jugend
kindisch: *6* albern, pueril; *8* infantil; *9* laeppisch
kindlich: *4* naiv; *6* pueril; *8* infantil; *10* unbefangen
kindliches Benehmen Erwachsener: *9* Naivitaet
Kinostück: *4* Film; *7* Tonfilm; *8* Farbfilm
Kippwagen: *4* Lore
Kirche: *3* Dom; *7* Kapelle; *8* Basilika, Muenster; *10* Kathedrale
Kirche

- **in Brückenberg (Riesengebirge):** *4* Wang
- **in Istanbul:** *11* Hagia Sophia
- **in Paris:** *9* Notre-Dame; *10* Sacré-Coeur
- **in Reval:** *4* Olai

Kirchenältester: *9* Presbyter
Kirchenanbau: *9* Sakristei
Kirchenausschluß: *4* Bann; *15* Exkommunikation
Kirchenbann: *8* Anathema
Kirchenbauform: *8* Basilika
Kirchendiener: *6* Mesner; *7* Kuester; *8* Kirchner; *9* Gloeckner
Kirchenerneuerung: *11* Reformation
Kirchenfürst: *7* Bischof; *8* Kardinal
Kirchengalerie: *6* Empore
Kirchengemeinde: *6* Pfarre; *7* Pfarrei; *8* Ecclesia
Kirchengemeinschaft: *8* Oekumene
Kirchengesang: *5* Psalm; *6* Choral; *7* Eleison, Motette
Kirchengesetz: *5* Kanon
Kirchenhistoriker: *8* Eusebius
Kirchenlehre: *5* Dogma
Kirchenlehrer: *8* Basilius; *9* Bellarmin; *11* Bonaventura
Kirchenlied, Kirchenmusik: *5* Hymne, Kredo, Kyrie, Messe, Missa, Psalm; *6* Choral, Gloria, Tedeum; *7* Motette; *9* Oratorium
Kirchenmusiker: *6* Kantor; *8* Organist
Kirchenmusikinstrument: *5* Orgel
Kirchenprovinz: *8* Dioezese
Kirchenraub: *8* Sakrileg
Kirchenraum: *4* Chor; *7* Kapelle; *9* Sakristei
Kirchenrede: *7* Predigt
Kirchenrequisit zur Heiligenverehrung: *11* Seitenaltar
Kirchensonntag: *5* Okuli; *6* Exaudi, Judika, Rogate; *7* Kantate, Laetare; *8* Estomihi, Jubilate, Palmarum; *9* Invokavit; *10* Trinitatis; *11* Palmsonntag, Reminiszere, Sexagesimae; *13* Septuagesimae
Kirchenspaltung: *7* Schisma
Kirchenstaat: *7* Vatikan
Kirchenstrafe: *4* Bann
Kirchenvater: *8* Cyrillus, Justinus; *9* Ambrosius, Cyprianus; *10* Augustinus, Hieronymus; *12* Chrysostomus
Kirchenversammlung: *6* Konzil, Synode
Kirchenvorstand: *12* Presbyterium
Kirchenvorsteher: *5* Dekan; *7* Dechant
Kirchgang: *12* Gottesdienst
Kirchhof: *8* Friedhof; *10* Totenacker; *11* Gottesacker

kirchlich: *6* sakral; *8* klerikal
kirchlich → christlich
kirchliche(r, s)
- **Bauwerk:** *3* Dom; *6* Kirche, Tempel; *7* Kapelle; *8* Basilika, Muenster; *10* Kathedrale
- **Bezirk:** *6* Bistum; *8* Dioezese
- **Bittgesang:** *7* Litanei
- **Brauch:** *5* Ritus
- **Chorlied:** *7* Sequenz
- **Einkommen:** *8* Kommende, Pfruende
- **Fest** → christliches Fest
- **Gnadenmittel:** *9* Sakrament
- **Handlung:** *5* Gebet, Segen
- **Lobgesang:** *6* Tedeum
- **Pfründe:** *8* Kommende
- **Streitaussöhnung:** *6* Irenik
- **Sündenvergebung:** *10* Absolution
- **Umzug:** *10* Prozession
- **Wechselgesang:** *12* Responsorium
- **Weihe:** *11* Benediktion
- **Würdenträger:** *7* Bischof, Praelat; *8* Kardinal; *10* Erzbischof

Kirchspiel: *6* Pfarre; *7* Pfarrei; *8* Parochie, Pastorat
Kirchturm in Italien: *9* Campanile, Kampanile
Kirchweih: *6* Kirmes
Kirgisendorf: *3* Aul
Kirgisenhütte: *5* Jurte
Kirmes: *9* Jahrmarkt
Kirschenart: *7* Morelle; *8* Amarelle, Weichsel; *12* Sauerkirsche
Kirschlikör: *6* Cherry; *10* Maraschino
Kissenbezugsstoff: *6* Inlett
Kitsch: *6* Schund
Kitt im Seewesen: *6* Mastik
Kittchen: *5* Knast
Kitzler: *8* Klitoris
Kladde: *4* Heft; *7* Diarium
kläffen: *6* bellen
Klage: *6* Jammer; *7* Querele, Seufzer; *8* Gestoehn, Gewimmer; *10* Beschwerde
Klagegesang: *6* Naenie
Klagegeschrei: *7* Lamento
Klagelaut: *6* Geheul
Klagelied: *6* Elegie; *9* Jeremiade
- **in der griechischen Tragödie:** *6* Kommos

klagen: *7* jammern
klagend: *8* elegisch
Klamauk: *3* Fez, Ulk; *5* Laerm, Krach, Radau, Spass; *6* Scherz, Unsinn; *9* Spektakel
Klammer: *5* Klipp
Klammeraffe: *9* Kapuziner
Klamotten: *6* Lumpen; *8* Truemmer
Klang: *3* Ton; *4* Laut; *6* Schall
Klangerreger: *5* Saite
Klangfarbe: *6* Timber, Timbre
Klangfülle: *5* Sound
klanglich: *9* akustisch
klanglos: *5* still, stumm
Klangschönheit: *8* Harmonie
klangvoll: *5* sonor
Klangwirkung: *7* Akustik
Klappe: *6* Deckel
Klapper: *6* Rassel
Klapperinstrument: *11* Kastagnette
Klapperschlange: *5* Otter
Klappertopf: *10* Hahnenkamm
Klappsitz im Chorgestühl: *6* Sedile
Klaps: *6* Schlag
klar: *4* hell, rein; *6* lauter, sauber; *7* praezis; *8* deutlich, praezise
klare Wahl: *12* Entscheidung
klarer Schnaps: *4* Korn
Klarheit: *7* Evidenz
Klärung: *11* Defaekation
Klasse: *4* Rang; *5* Kaste, Stand; *6* Gruppe, Rubrik; *7* Gattung, Schicht; *9* Abteilung, Kategorie
Klasse einer höheren Schule: *5* Prima, Sexta; *6* Quarta, Quinta, Tertia; *7* Sekunda
Klassenerster: *6* Primus
Klassenlehramt in höheren Schulen: *10* Ordinariat
Klassenleiter: *10* Ordinarius
klassischer Philologe: *5* Snell
klassisches Altertum: *6* Antike
Klatsch: *6* Gerede; *7* Rederei; *10* Geschwaetz
Klaue: *4* Fang; *5* Pfote, Tatze; *6* Kralle, Pranke
Klause: *9* Eremitage
Klausner: *6* Eremit; *10* Einsiedler
Klaviatur: *8* Tastatur
Klavier: *5* Piano; *10* Pianoforte
Klavierart: *5* Piano; *7* Celesta, Fluegel, Pianino, Spinett; *10* Fortepiano, Pianoforte; *11* Kielfluegel, Klavizimbel
Klavierspieler: *7* Pianist
Klaviersonate von Beethoven: *10* Pathétique; *12* Appassionata
Klavierteil: *5* Pedal, Taste
Klavierwerk von Robert Schumann: *8* Carneval; *9* Papillons; *10* Noveletten; *12* Kinderszenen, Kreisleriana; *16* Faschingsschwank
Klebeetikett: *5* Label
kleben: *6* haften, kitten, leimen, pappen; *9* kleistern
klebendes Verbandsmaterial: *8* Pflaster
klebrig: *4* zaeh; *6* viskos
Klebstoff: *3* Ago; *4* Kitt, Leim; *5* Gummi, Klebe; *6* Gluten, Kleber; *7* Dextrin, Kleiber, Staerke; *8* Kleister
Klecks: *5* Fleck
Kleeblatt: *9* Trifolium
Kleefalter: *8* Gelbling
Kleid: *4* Robe; *5* Anzug, Dress; *6* Gewand, Tracht; *7* Kostuem
Kleid der Vögel: *6* Federn
Kleidausschnitt: *9* Dekolleté
Kleiderablage: *9* Garderobe
Kleideraufhänger: *6* Buegel
Kleiderbesatz: *5* Borte, Litze; *6* Braeme, Falbel, Tresse; *7* Ruesche
Kleiderbestand: *9* Garderobe
Kleiderpracht: *4* Gala
Kleiderrand: *4* Saum

Kleidersäumchen: *5* Biese
Kleiderschädling: *5* Motte
Kleiderschnitt: *5* Façon; *6* Fasson
Kleiderschrank: *5* Spind
Kleidersitte: *4* Mode
Kleiderstoff: *4* Samt, Taft, Tuch; *5* Satin, Seide, Serge; *7* Trevira; *8* Musselin
Kleiderumschlag: *4* Saum
Kleiderverschluß: *4* Oese; *5* Knopf; *15* Reissverschluss
Kleiderverwahrerin: *12* Garderobiere
Kleiderverzierung: *7* Ruesche
Kleidung: *4* Mode; *5* Dress, Habit; *6* Tracht; *7* Uniform; *8* Toilette; *9* Garderobe
Kleidungsstück: *3* Cut; *4* Cape, Hemd, Hose, Kilt, Pelz, Robe, Rock, Slip, Toga, Wams; *5* Anzug, Bluse, Dress, Frack, Jabot, Jacke, Joppe, Kleid, Kutte, Pulli, Sakko, Schal, Schuh, Stola, Talar, Weste; *6* Anorak, Bikini, Bolero, Burnus, Dessou, Fliege, Gewand, Janker, Jumper, Kaftan, Kasack, Kimono, Kittel, Mantel, Mieder, Pyjama, Sarong, Schurz, Trikot, Ulster, Umhang; *7* Cutaway, Gehrock, Haenger, Jackett, Kamisol, Komplet, Korsett, Kostuem, Litewka, Negligé, Overall, Paletot, Schlips, Smoking, Soutane, Spenzer, Strumpf, Sweater, Uniform; *8* Badehose, Breeches, Gamasche, Garnitur, Halstuch, Hemdhose, Kniehose, Krawatte, Leibchen, Mantille, Netzhemd, Oberhemd, Pelerine, Polohemd, Puffhose, Pullover, Pumphose, Reifrock, Reithose, Schihemd, Schleier, Schleppe, Schuerze, Westover; *9* Badeanzug, Ballkleid, Beinkleid, Chemisett, Covercoat, Einreiher, Halsbinde, Hausanzug, Hausjacke, Hemdbluse, Hosenrock, Klubweste, Lederhose, Nachthemd, Pelzjacke, Regenhaut, Sporthemd, Texashemd, Ueberrock, Unterhemd, Unterhose, Unterrock, Windjacke; *10* Bademantel, Bratenrock, Brautkleid, Faltenrock, Lederjacke, Lederweste, Lumberjack, Morgenrock, Nietenhose, Pelzmantel, Pluderhose, Schlafrock, Schluepfer, Trenchcoat, Zweireiher; *11* Dirndlbluse, Dirndlkleid, Glockenrock, Jumperbluse, Kasackkleid, Kniestrumpf, Kombination, Ledermantel, Lodenmantel, Nachtgewand, Plisseerock, Regenmantel, Reisemantel, Schlafanzug, Sommerkleid, Sportmantel, Strickjacke, Strickkleid, Strumpfhose, Traegerrock, Ueberzieher; *12* Hosentraeger, Kostuemjacke, Selbstbinder, Sockenhalter; *13* Buestenhalter, Knickerbocker, Matrosenanzug, Strumpfhalter, Umstandskleid; *14* Manchesterhose, Wickelgamasche
Kleidungsstück
- **der Inderin:** *4* Sari
- **der Indonesierin:** *6* Sarong
- **der Japanerin:** *6* Kimono
- **primitiver Völker:** *12* Lendenschurz
- **der Schotten:** *4* Kilt

Kleidungsweise eines Volkes: *6* Tracht
klein: *6* fipsig, gering, winzig
kleinasiatische Sauermilch: *5* Mazun
Kleinasien: *7* Tuerkei; *9* Anatolien
Kleinbär: *5* Koala, Panda
Kleinbauernhaus: *4* Kate
Kleinbild: *8* Miniatur
Kleinbuchstabe: *8* Minuskel
Kleinbürger: *6* Piefke
kleinbürgerlich: *8* spiessig
Kleindarsteller: *7* Statist; *8* Komparse
kleine(r, s)
- **abgetrennter Raum:** *4* Koje; *5* Zelle
- **Abhandlung:** *5* Essay
- **Abteilung:** *5* Schar, Trupp; *6* Gruppe
- **Anhöhe:** *6* Huegel
- **Ansiedlung:** *3* Ort; *4* Dorf; *6* Weiher; *7* Flecken
- **antike Statue:** *8* Figurine
- **Antilleninsel:** *5* Aruba; *6* Tobago; *8* Dominica, Trinidad; *10* Martinique
- **Arzneibehälter:** *7* Ampulle
- **Ast:** *5* Zweig
- **Aufklärungsschrift:** *5* Aviso
- **Axt:** *4* Beil
- **Bach:** *7* Rinnsal
- **Bahnhof:** *7* Station
- **Banktresor:** *4* Safe
- **Bauernhaus:** *4* Kate
- **Behälter:** *4* Dose, Etui
- **Beiboot:** *5* Dingi
- **Beitrag:** *6* Obolus
- **Beule:** *5* Delle
- **Blutgefäße:** *9* Kapillare
- **Brücke:** *4* Steg
- **Büchse:** *4* Dose
- **chirurgisches Messer:** *8* Skalpell
- **Deichschleuse:** *4* Siel
- **Dolch:** *7* Stilett
- **Engelsfigur:** *5* Putte
- **Erdgeist:** *4* Gnom; *5* Zwerg
- **Fahne:** *6* Wimpel; *7* Stander
- **Fahrzeugschaden:** *5* Panne
- **Filmstar:** *7* Starlet
- **Fluß:** *2* Au; *4* Ache, Bach
- **Furche:** *3* Nut; *4* Nute; *5* Rille
- **Gartenhaus:** *5* Laube; *8* Pavillon
- **Gefährt:** *5* Karre; *6* Karren
- **Gefecht:** *12* Scharmuetzel
- **Gehölz:** *3* Hag; *4* Hain
- **Geige im Mittelalter:** *5* Rebec
- **Geldspende:** *7* Almosen; *10* Scherflein
- **Gewässer:** *4* Bach; *5* Teich; *7* Tuempel
- **Gewicht:** *4* Gran, Unze; *5* Gramm
- **Grundstück:** *8* Parzelle
- **Hakenschlinge:** *4* Oese
- **Handfeuerwaffe:** *8* Tesching
- **Heringsfisch:** *7* Sardine, Sprotte; *9* Anschovis
- **Hocker:** *7* Schemel
- **Hütte:** *4* Bude, Kate
- **Insel:** *6* Eiland
- **Insel bei Greifswald:** *3* Oie
- **Insel im Wattenmeer:** *6* Hallig
- **Kanal:** *5* Fleet; *6* Gracht
- **Kirche:** *7* Kapelle

- **Kraftrad:** *5* Moped
- **Krebstier:** *5* Assel
- **Kriegsschiff:** *5* Aviso
- **Lachsfisch:** *5* Stint
- **Laden:** *6* Butike; *8* Boutique
- **Laster:** *5* Unart
- **Leiter:** *5* Tritt
- **Lied:** *7* Chanson
- **Mahlzeit:** *6* Imbiss
- **Menge:** *5* Dosis, Prise
- **Mensch:** *4* Kind
- **Metallplatte mit Reliefdarstellung:** *8* Plakette
- **Metallring:** *4* Oese
- **Mörser für Freudenschüsse:** *7* Boeller
- **Münze:** *3* Bit, Sou; *4* Cent, Deut; *7* Pfennig
- **Musikinstrument:** *13* Mundharmonika
- **Nagel:** *5* Stift
- **Nagetier:** *4* Maus; *5* Ratte; *12* Eichhoernchen
- **Orientteppich:** *6* Jastik
- **Ostseeinsel:** *3* Oie; *7* Schaere
- **Papageienvogel:** *7* Sittich
- **Piano:** *7* Pianino
- **Pistole:** *8* Terzerol
- **Planet:** *4* Eros, Juno; *5* Ceres, Vesta; *6* Pallas; *9* Planetoid
- **Platzdecke:** *3* Set
- **Quantum:** *5* Prise
- **Raubtier:** *5* Iltis; *6* Marder
- **Raum:** *5* Zelle
- **Rechnung:** *4* Nota
- **Rennwagen:** *6* Go-Kart
- **Reptil:** *8* Eidechse
- **Robbe:** *6* Heuler
- **Sack:** *6* Beutel
- **Schlinge:** *4* Oese
- **Schriftgrad:** *4* Perl; *5* Petit; *11* Nonpareille
- **Seehund:** *6* Heuler
- **Speisefisch:** *5* Stint
- **Sportsegelboot:** *5* Dingi
- **Staudamm:** *4* Wehr
- **Stein:** *6* Kiesel
- **Straße:** *3* Weg; *5* Gasse
- **Sundainsel:** *4* Bali; *5* Sumba, Timor; *6* Flores, Lombok; *7* Sumbawa
- **Teilchen in der Physik:** *4* Atom
- **Tischdecke:** *3* Set
- **Tropenvogel:** *7* Kolibri
- **Verletzung:** *4* Riss
- **Wald:** *3* Hag; *4* Hain
- **Warenschild:** *7* Etikett
- **Wasserfahrzeug:** *4* Boot, Kahn, Kanu; *5* Dingi; *6* Gondel, Nachen
- **Wasserlauf:** *2* Au; *4* Ache, Bach; *7* Rinnsal
- **Wesen:** *5* Zwerg
- **Zahnrad:** *6* Ritzel
- **Ziergegenstände:** *6* Nippes
- **Zigarre:** *9* Zigarillo
- **Zimmer:** *8* Kabinett
- **Zweig:** *4* Reis

kleiner als Null: *7* negativ
Kleinformat bei Büchern: *6* Duodez
Kleingarten: *14* Schrebergarten
Kleingartenanlage: *13* Laubenkolonie
Kleingebäck: *4* Keks; *7* Krokant
kleingemustertes Seidengewebe: *6* Armure
kleingewichtig: *6* leicht
Kleingolf: *8* Minigolf
Kleinhändler: *7* Kraemer; *10* Detaillist
Kleinholz: *5* Bruch
Kleinigkeit: *4* Deut; *6* Nuance; *8* Bisschen, Fitzchen, Lappalie; *9* Bagatelle
Kleinigkeiten: *11* Quisquilien
Kleinigkeitskrämer: *6* Pedant; *8* Rabulist; *11* Haarspalter
kleinkalibrige Handfeuerwaffe: *8* Tesching
kleinkariert: *8* borniert; *10* pedantisch
kleinkariertes Gewebe: *6* Pepita
Kleinkind: *4* Baby
Kleinkraftrad: *5* Moped; *6* Mokick
Kleinkram: *7* Plunder
Kleinkrieg: *8* Guerilla
Kleinkunstbühne: *6* Brettl; *8* Kabarett; *11* Ueberbrettl
kleinlaut: *5* scheu; *9* bedrueckt, verstimmt; *10* deprimiert
kleinlich: *8* pingelig; *10* pedantisch
kleinlicher Mensch: *6* Pedant; *7* Banause; *8* Spiesser
Kleinmalerei: *8* Miniatur
Kleinod: *5* Bijou, Juwel, Perle; *6* Schatz; *8* Brillant; *9* Edelstein
Kleinodien: *7* Juwelen
Kleinschmetterling: *5* Motte
Kleinsiedlung: *6* Weiler
Kleinstaat in Europa: *6* Monaco; *7* Andorra, Vatikan; *9* San Marino; *12* Vatikanstaat, Vatikanstadt; *13* Liechtenstein
Kleinstadt → Stadt
Kleinstädter: *13* Schildbuerger
kleinste(r, s)

- **Einheit einer chemischen Verbindung:** *7* Molekel; *8* Molekuel
- **Energiemenge:** *5* Quant
- **Erbgutträger:** *2* Id
- **Erdteil:** *10* Australien
- **haarfeine Blutgefäße:** *10* Kapillaren
- **Lebewesen:** *7* Mikrobe
- **Längenmaß:** *2* My; *6* Mikron
- **Menschen der Erde:** *8* Pygmaeen
- **Republik der Erde:** *9* San Marino
- **Stadt Deutschlands:** *10* Hauenstein
- **Teilchen eines chemischen Grundstoffes:** *4* Atom

Kleinstlebewesen: *7* Mikrobe
- **im Wasser:** *8* Plankton

Kleinstmaß: *7* Minimum
Kleinstrennwagen: *6* Go-Kart
Kleinwohnung: *11* Appartement
kleinwüchsiges Pferd: *4* Pony
Kleinzeug: *4* Kram
Klemme: *4* Enge; *5* Klipp, Krise; *6* Krisis; *7* Dilemma
Klemmer: *7* Kneifer; *8* Pincenez
Klempner: *8* Blechner, Spengler; *9* Flaschner

Klepper: *4* Gaul, Ross; *6* Maehre
Kletterausrüstung: *4* Seil; *5* Haken; *6* Pickel
Klettereidechse: *5* Gecko
Kletterkraut: *6* Cobaea
klettern: *7* klimmen, steigen
Kletterpflanze: *4* Efeu; *5* Bohne, Liane; *6* Hopfen, Klimme; *7* Bryonie, Glyzine; *8* Klematis, Wistaria
Klettertier: *4* Affe; *6* Leguan; *13* Eichhoernchen
Klettertrieb: *5* Ranke
Klettervogel: *6* Specht; *7* Kleiber; *9* Wendehals
Klimaanpassung: *15* Akklimatisation
Klimakunde: *12* Klimatologie
Klingel: *6* Bimmel, Glocke; *7* Schelle
klingen: *6* toenen
Klippe: *4* Fels, Riff; *7* Schaere
Klippfisch: *8* Kabeljau
Klischee: *9* Abklatsch; *10* Druckstock
Kloben: *5* Block, Klotz
klopfen: *6* pulsen; *9* pulsieren
Klopfkäfer: *8* Totenuhr; *9* Totenwurm, Trotzkopf
Klops: *5* Kloss; *12* Fleischkloss
Klosett: *5* Abort; *8* Toilette
Kloß: *7* Knoedel
Kloster: *5* Abtei, Stift; *7* Konvent, Priorei; *9* Zoenobium
Kloster
- **am Bodensee:** *5* Hegne; *6* Birnau; *9* Reichenau
- **in Bulgarien:** *4* Rila
- **an der Donau:** *4* Melk; *10* Weltenburg
- **in Frankreich:** *5* Cluny; *6* Corbie, Fleury; *10* Chartreuse
- **bei Garmisch:** *5* Ettal
- **bei Hannover:** *6* Loccum
- **bei Höxter:** *6* Corvey
- **in Irland:** *6* Cashel
- **in Italien:** *6* Bobbio; *12* Monte Cassino
- **bei Lhasa:** *4* Sera
- **am Main:** *4* Banz
- **in Niederösterreich:** *4* Melk
- **in Oberbayern:** *5* Ettal; *10* Wessobrunn
- **in Oberfranken:** *4* Banz
- **in Portugal:** *5* Belem
- **in Prüm:** *6* Regino
- **in Schlesien:** *8* Gruessau
- **im Schwarzwald:** *9* St. Blasien
- **in der Schweiz:** *8* St. Gallen; *10* Einsiedeln
- **in Tibet:** *4* Sera
- **an der Weser:** *6* Corvey

Klosteranwärter: *6* Novize
Klosterberg in Griechenland: *5* Athos
Klosterbier: *6* Kofent
Klosterbruder: *3* Fra; *5* Pater; *6* Frater
Klosterdorf bei Garmisch: *5* Ettal
Klosterfrau: *5* Nonne
Klostergemeinschaft: *7* Konvent
Klosterinsasse: *5* Nonne, Pater; *6* Moench
Klosterstadt im Schwarzwald: *10* Alpirsbach
Klosterteil: *5* Zelle; *6* Remter; *7* Klausur; *11* Dormitorium, Refektorium
Klostervorsteher: *3* Abt; *5* Prior; *6* Oberer, Propst
- **der orientalischen Kirche:** *12* Archimandrit

Klostervorsteherin: *5* Oberin; *9* Aebtissin
Klosterzelle: *6* Klause
Klotz: *5* Block; *6* Kloben
Klubjacke: *6* Blazer
Kluft: *5* Klamm; *6* Spalte; *7* Abgrund; *8* Schlucht
klug: *5* weise; *6* clever; *8* vigilant; *10* aufgeweckt; *11* intelligent
kluge Berechnung: *10* Diplomatie
kluges Beachten aller Umstände: *7* Umsicht
kluges Verhalten: *6* Taktik
Klugheit: *5* Ratio; *8* Verstand, Weisheit; *10* Scharfsinn; *11* Intelligenz
Klugredner: *9* Raesoneur
Klümpchen gediegenen Goldes: *6* Nugget
Klumpen: *6* Batzen; *7* Brocken, Scholle
Klüngel: *6* Clique; *7* Koterie
Klytämnestras Mann: *9* Agamemnon
Knabbergebäck: *5* Stick
knabbern: *5* nagen
Knabenchor: *8* Kurrende
knabenhaft: *6* pueril
Knabenkraut: *6* Orchis
Knall: *9* Explosion; *10* Detonation
knapp: *3* eng; *4* kaum, kurz; *5* klamm; *6* gering, schmal, stramm; *12* aphoristisch
Knappe des Don Quichotte: *11* Sancho Pansa
Knarre: *6* Rassel
Knauf: *5* Griff, Knopf
Knauser: *8* Geizhals; *10* Geizkragen
Knauserigkeit: *4* Geiz
Knecht: *3* Enk; *6* Diener
Knecht des Abraham: *7* Elieser
knechten: *6* knuten
knechtisch: *6* servil
Kneifer: *8* Pincenez
Kneifwerkzeug: *5* Zange
Kneipe: *5* Pinte; *7* Schenke; *8* Spelunke; *9* Kaschemme
knetbar: *9* plastisch
Knetkur: *7* Massage
Knetmasse: *3* Ton; *4* Teig; *10* Plastillin; *11* Plastillina
Knick: *5* Falte, Hecke, Kniff
kniefreie Hose: *6* Shorts
Kniegeige: *5* Cello, Gambe, Viola; *11* Violoncello
Knieholz: *6* Kiefer; *7* Latsche; *9* Legfoehre
knielanger Anorak: *5* Parka
Knierock der Schotten: *4* Kilt
Kniff: *5* Trick; *7* Finesse
knifflig: *7* spinoes
Knobel: *7* Wuerfel
Knoblauchbestandteil: *6* Alliin
Knoblauchpilz: *9* Mousseron
Knöchel: *5* Enkel
Knochen: *7* Gebeine
Knochen betreffend: *5* ossal; *6* ossaer
Knochen des Brustkorbs: *5* Rippe
Knochenbestand: *4* Kalk, Mark
Knochenbruch: *7* Fraktur
Knochenerkrankung: *10* Leontiasis

Knochenerweichung: *8* Rachitis; *18* englische Krankheit
Knochenfraß: *6* Karies
Knochengelenk: *4* Knie; *10* Ellenbogen
Knochengerüst: *7* Gerippe, Skelett
Knochenhauer: *7* Metzger; *9* Fleischer; *10* Schlachter
Knochenhaut: *7* Periost
Knocheninneres: *4* Mark
Knochenkunde: *9* Ostologie; *10* Osteologie
Knochenleim: *6* Glutin
Knochenlücke am kindlichen Schädel: *10* Fontanelle
Knochennaht: *5* Sutur
Knochennarbe: *6* Kallus
Knochenriß: *6* Fissur
Knochenverbindung: *6* Gelenk
Knochenweiche: *8* Rachitis
Knollenfrucht der Tropen: *6* Batate, Maniok
Knollengemüse: *5* Ruebe; *8* Sellerie
Knollengewächs: *6* Krokus
Knopf für die Vergaserklappe: *6* Choker
knopfartiger Griff: *5* Knauf
Knorpelfisch: *3* Hai; *5* Stoer; *6* Rochen
Knorpelscheibe im Kniegelenk: *8* Meniskus
Knospe: *4* Keim; *6* Spross
Knoten: *7* Knorren
Knoten im Gewebe: *5* Noppe
Knotenschrift der Inkas: *5* Quipu
Knöterichgewächs: *6* Ampfer; *9* Rhabarber
knotige Hauterhebung: *5* Warze
Knüller: *3* Hit; *7* Reisser; *8* Schlager
Knüpfarbeit: *7* Teppich; *8* Makramee
Knüppel: *7* Knittel, Pruegel
knusperig: *5* kross
Knute: *8* Peitsche
Kobold: *4* Butz, Gnom, Puck; *5* Butze, Troll, Wicht; *6* Schrat; *7* Bilwiss, Kerkops; *13* Klabautermann
Kobolz: *10* Purzelbaum
Kobra: *15* Brillenschlange
Kochbrühe: *3* Sud
Kochdunst: *6* Wrasen
kochen: *6* sieden
Kocher: *7* Rechaud
Kochgefäß: *4* Topf; *6* Kessel, Pfanne, Tiegel; *7* Retorte, Samowar; *10* Kasserolle
Kochkunst: *11* Gastronomie
Kochsalzlösung: *4* Lake, Sole
Kochstelle: *4* Herd
Kochtopf: *10* Kasserolle
Kochvorschrift: *6* Rezept
Köder: *3* Aas; *5* Luder
– beim Hochseeangeln: *5* Pilke
Kogge: *6* Galion; *7* Galeone, Galione; *9* Karavelle
Kognakglas: *9* Schwenker
Kohl: *5* Kabis, Kraut; *6* Kappes
Kohlart: *7* Rotkohl, Wirsing; *9* Weisskohl, Rosenkohl; *10* Blumenkohl
Kohldampf: *6* Hunger
Kohlehydrat: *7* Staerke
Kohlenabbaufront: *5* Streb
Kohlenabfall: *4* Grus
Kohlenberg: *5* Halde
Kohlenbergwerk: *5* Zeche
Kohlenraum: *6* Bunker
kohlensaures
– Natrium: *4* Soda
– Salz: *4* Soda; *8* Karbonat
Kohlenschicht: *5* Floez
Kohlenstaub: *4* Russ
Kohlenstoffverbindung: *6* Karbid
Kohlenwagen der Lok: *6* Tender
Kohlenwasserstoff: *6* Olefin, Pentan; *8* Aethylen; *10* Naphthalin
– aus Steinkohlenteer: *5* Inden
Kohleprodukt: *4* Pech, Teer; *6* Anilin
Köhlerhaufen: *6* Meiler
Kohlpflanzenkrankheit: *6* Hernie
Kohlrübe: *5* Wruke; *10* Steckruebe
Kokainersatz: *8* Nirokain
Kokainsüchtiger: *6* Kokser
kokettieren: *7* flirten
Kokosinseln: *13* Keelinginseln
Kokosnußfleisch: *5* Kopra
Koks: *5* Grude
Koksschlacke: *6* Zinder
Kokswerk: *7* Kokerei
Kolbenfrucht: *4* Mais
Kolbenweg beim Motor: *3* Hub
kolchische Königstochter: *5* Medea
Kolchose: *9* Kollektiv
Kollektion: *7* Auswahl; *9* Sortiment
Kollektiv in der Sowjetunion: *8* Kolchose, Kombinat
Kollektivwirtschaft: *5* Artel
Kollision: *5* Zwist; *6* Streit; *10* Widerstreit; *13* Zusammenprall, Zusammenstoss
Kolloid: *3* Gel
kolloide Lösung: *3* Sol
Kolmarer Maler: *10* Schongauer
Kolonist: *7* Siedler
Kolonnade: *11* Saeulengang
Kolonne: *5* Reihe
Kolonnenspitze: *4* Tête
Koloratur: *7* Triller
Koloß: *5* Huene, Riese; *6* Gigant; *8* Ungetuem; *13* Riesengebilde; *15* Riesenstandbild
kolumbianische(r)
– Berg: *5* Huila; *6* Purace, Tolima
– Fluß → Fluß in Kolumbien
– Hafenstadt → Hafenstadt in Kolumbien
– Halbinsel: *7* Goajira
– Hauptstadt: *6* Bogotà
– Münze: *4* Peso; *7* Centavo
– Stadt → Stadt in Kolumbien
Kombination: *8* Garnitur
Komet: *4* Wolf; *5* Biela, Encke, Kopff; *6* Brooks, Halley, Olbers, Tempel; *8* Kohoutek, Winnecke; *9* Bradfield
komfortabel: *6* bequem; *8* wohnlich
komfortable Kleinwohnung: *9* Apartment; *11* Appartement

Komiker: *8* Humorist
komisch: *4* urig; *7* grotesk, skurril; *9* originell
komische(r, s)
- **Bühnenwerk:** *5* Posse
- **Dichtung:** *8* Burleske
- **komischer Einfall:** *3* Gag, Ulk; *4* Witz; *6* Scherz
- **Figur:** *4* Type; *7* Pierrot; *9* Pierrette
- **Figur in der Oper:** *5* Buffo
- **Prosadichtung:** *8* Groteske

Komitat in Ungarn: *3* Vas; *9* Eisenburg
Komitee: *9* Ausschuss
Kommandant der Schutztruppen in Ostafrika: *13* Lettow-Vorbeck
Kommandeurflagge: *7* Stander
kommandieren: *9* anfuehren; *10* befehligen
Kommanditist: *9* Teilhaber; *14* Gesellschafter
Kommando: *6* Befehl
Kommandoflagge: *7* Stander
Kommis: *16* Handlungsgehilfe
Kommiß: *6* Barras; *8* Militaer
Kommunalverband: *5* Kreis
Kommune: *8* Gemeinde
Kommunikationsmittel: *6* Medium
Kommunion: *9* Abendmahl; *11* Eucharistie
kommunistisches Symbol: *6* Hammer, Sichel
Komödiant: *4* Mime
Komödie: *3* Ulk; *5* Posse; *8* Burleske, Schnurre; *9* Lustspiel
Komödie → Schauspiel
Kompagnon: *6* Sozius; *7* Associé, Partner; *9* Teilhaber
kompakt: *4* fest, hart; *5* dicht; *6* massiv; *9* gedrungen
Komparse: *7* Statist
Kompaß: *7* Bussole
Kompaßscheibe: *8* Windrose
Kompaßstift: *5* Pinne
kompetent: *6* befugt; *10* zustaendig
Kompetenz: *7* Instanz; *8* Befugnis
Komplement: *10* Ergaenzung
komplett: *7* perfekt; *9* vollendet; *12* vollstaendig
komplex: *9* verzweigt; *10* verwickelt
Komplex: *6* Gebiet, Gruppe; *7* Bereich; *8* Psychose; *12* Verschnupfung
Komplice: *5* Spezi; *6* Helfer; *7* Gehilfe, Genosse; *8* Konsorte; *9* Mittaeter
Komplott: *7* Intrige
Komponist: *10* Tondichter
Komponist des Balletts (ohne Artikel)
- **Abraxas:** *3* Egk
- **Antiquar:** *9* Hindemith
- **Apollon Musagète:** *10* Strawinsky
- **Bauernhochzeit:** *10* Strawinsky
- **Bolero:** *5* Ravel
- **Chiarina:** *7* Blacher
- **Cinderella:** *10* Prokofieff
- **Coppelia:** *7* Delibes
- **Dämon:** *9* Hindemith
- **Dornröschen:** *12* Tschaikowsky
- **Dreispitz:** *7* de Falla
- **Feuervogel:** *10* Strawinsky
- **Frühlingsopfer:** *10* Strawinsky
- **Gayane:** *14* Chatschaturian
- **Georgica:** *3* Egk
- **Geschöpfe des Prometheus:** *9* Beethoven
- **Giselle:** *4* Adam
- **Hamlet:** *7* Blacher
- **Harlekinade:** *7* Blacher
- **Herodiade:** *9* Hindemith
- **Joan von Zarissa:** *3* Egk
- **Job:** *8* Williams
- **Josephslegende:** *7* Strauss
- **Kartenspiel:** *10* Strawinsky
- **Kuß der Fee:** *10* Strawinsky
- **La Péri:** *5* Dukas
- **La Valse:** *5* Ravel
- **Liebeszauber:** *7* de Falla
- **Lysistrata:** *7* Blacher
- **Mammon:** *6* Křenek
- **Nachmittag eines Fauns:** *7* Debussy
- **Nußknacker:** *12* Tschaikowsky
- **Orpheus:** *10* Strawinsky
- **Parade:** *5* Satie
- **Petruschka:** *10* Strawinsky
- **Pulcinella:** *10* Strawinsky
- **Puppenfee:** *5* Bayer
- **Quadrille:** *7* Blacher
- **Reineke Fuchs:** *10* Strawinsky
- **Romeo und Julia:** *10* Prokofieff
- **Salade:** *7* Milhaud
- **Schéhérazade:** *15* Rimsky-Korssakow
- **Schlagobers:** *7* Strauss
- **Schwanensee:** *12* Tschaikowsky
- **Semiramis:** *8* Honegger
- **Sylvia:** *7* Delibes
- **Undine:** *5* Henze

Komponist im Lateran: *6* Anerio
Komponist des Musicals
- **Anatevka:** *4* Bock
- **Annie Get Your Gun:** *6* Berlin
- **Cats:** *6* Webber
- **Funny Girl:** *5* Styne
- **Hair:** *9* Mac Dermot
- **Jesus Christ Superstar:** *6* Webber
- **Kiss Me Kate:** *6* Porter
- **My Fair Lady:** *5* Loewe
- **Oklahoma:** *7* Rodgers
- **Oliver:** *4* Bart
- **Show Boat:** *4* Kern
- **South Pacific:** *7* Rodgers
- **The King And I:** *7* Rodgers
- **West Side Story:** *9* Bernstein

Komponist der Oper (ohne Artikel)
- **Abu Hassan:** *5* Weber
- **Acis und Galatea:** *7* Haendel
- **Afrikanerin:** *9* Meyerbeer
- **Ägyptische Helena:** *7* Strauss
- **Aida:** *5* Verdi
- **Albert Herring:** *7* Britten
- **Alceste:** *5* Gluck
- **Alessandro Stradella:** *6* Flotow
- **Alte Jungfer und der Dieb:** *7* Menotti

- **Amelia geht zum Ball:** *7*Menotti
- **André Chénier:** *8*Giordano
- **Antigone:** *4*Orff
- **Apotheker:** *5*Haydn
- **Arabella:** *7*Strauss
- **Ariadne auf Naxos:** *7*Strauss
- **Arme Heinrich:** *8*Pfitzner
- **Arme Matrose:** *7*Milhaud
- **Armida:** *5*Gluck
- **Aufstieg und Fall der Stadt Mahagonny:** *5*Weill
- **Bajazzo:** *11*Leoncavallo
- **Barbier von Bagdad:** *9*Cornelius
- **Barbier von Sevilla:** *7*Rossini
- **Bastien und Bastienne:** *6*Mozart
- **Bekehrte Trunkenbold:** *5*Gluck
- **Bernauerin:** *4*Orff
- **Betrogene Kadi:** *5*Gluck
- **Bluthochzeit:** *7*Fortner
- **Bohème:** *7*Puccini
- **Boris Godunow:** *11*Mussorgskij
- **Campiello:** *11*Wolf-Ferrari
- **Capriccio:** *7*Strauss
- **Cardillac:** *9*Hindemith
- **Carmen:** *5*Bizet
- **Carmina Burana:** *4*Orff
- **Catulli Carmina:** *4*Orff
- **Cavalleria rusticana:** *8*Mascagni
- **Christ-Elflein:** *8*Pfitzner
- **Circe:** *3*Egk
- **Columbus:** *3*Egk
- **Corregidor:** *4*Wolf
- **Cosi fan tutte:** *6*Mozart
- **Dalibor:** *7*Smetana
- **Dantons Tod:** *5*Einem
- **Daphne:** *7*Strauss
- **Deidamia:** *7*Haendel
- **Doktor Faust:** *6*Busoni
- **Doktor und Apotheker:** *11*Dittersdorf
- **Don Carlos:** *5*Verdi
- **Don Giovanni:** *6*Mozart
- **Don Juan:** *6*Mozart
- **Don Pasquale:** *9*Donizetti
- **Dreigroschenoper:** *5*Weill
- **Elegie für junge Liebende:** *5*Henze
- **Elektra:** *7*Strauss
- **Entführung aus dem Serail:** *6*Mozart
- **Eugen Onegin:** *12*Tschaikowsky
- **Euryanthe:** *5*Weber
- **Evangelimann:** *6*Kienzl
- **Falstaff:** *5*Verdi
- **Feuersnot:** *7*Strauss
- **Fidelio:** *9*Beethoven
- **Figaros Hochzeit:** *6*Mozart
- **Fliegende Holländer:** *6*Wagner
- **Flut:** *7*Blacher
- **Fra Diavolo:** *5*Auber
- **Frau ohne Schatten:** *7*Strauss
- **Freischütz:** *5*Weber
- **Friedenstag:** *7*Strauss
- **Fürst Igor:** *7*Borodin
- **Fürsten Chowansky:** *11*Mussorgskij
- **Gärtnerin aus Liebe:** *6*Mozart
- **Geschichte vom Soldaten:** *10*Strawinsky
- **Gianni Schicchi:** *7*Puccini
- **Götterdämmerung:** *6*Wagner
- **Graf Ory:** *7*Rossini
- **Hans Heiling:** *9*Marschner
- **Hänsel und Gretel:** *11*Humperdinck
- **Harmonie der Welt:** *9*Hindemith
- **Heimliche Ehe:** *8*Cimarosa
- **Herz:** *8*Pfitzner
- **Herzog Blaubarts Burg:** *6*Bartók
- **Hochzeit des Figaro:** *6*Mozart
- **Hoffmanns Erzählungen:** *9*Offenbach
- **Hugenotten:** *9*Meyerbeer
- **Idomeneo:** *6*Mozart
- **Il Re Cervo:** *5*Henze
- **Intermezzo:** *7*Strauss
- **Iphigenie auf Tauris:** *5*Gluck
- **Iphigenie in Aulis:** *5*Gluck
- **Irische Legende:** *3*Egk
- **Italienerin in Algier:** *7*Rossini
- **Jahrmarkt von Sorotschintzi:** *11*Mussorgskij
- **Jenufa:** *7*Janaček
- **Johanna auf dem Scheiterhaufen:** *8*Honegger
- **Jonny spielt auf:** *6*Křenek
- **Julius Caesar:** *7*Haendel
- **Katja Kabanowa:** *7*Janaček
- **Kluge:** *4*Orff
- **König Hirsch:** *5*Henze
- **Königskinder:** *11*Humperdinck
- **Konsul:** *7*Menotti
- **Kuß:** *7*Smetana
- **Lange Weihnachtsmahl:** *9*Hindemith
- **Leben des Orest:** *6*Křenek
- **Leonore 40/45:** *10*Liebermann
- **Liebe der Danae:** *7*Strauss
- **Liebe zu den drei Orangen:** *10*Prokofieff
- **Liebestrank:** *9*Donizetti
- **Lohengrin:** *6*Wagner
- **Lucia di Lammermoor:** *9*Donizetti
- **Luise Miller:** *5*Verdi
- **Lulu:** *4*Berg
- **Lustigen Weiber von Windsor:** *7*Nicolai
- **Macbeth:** *5*Verdi
- **Macht des Schicksals:** *5*Verdi
- **Madame Butterfly:** *7*Puccini
- **Mädchen aus dem goldenen Westen:** *7*Puccini
- **Magd als Herrin:** *9*Pergolesi
- **Manon:** *8*Massenet
- **Manon Lescaut:** *7*Puccini
- **Mantel:** *7*Puccini
- **Margarethe:** *6*Gounod
- **Martha:** *6*Flotow
- **Maskenball:** *5*Verdi
- **Mathis der Maler:** *9*Hindemith
- **Medium:** *7*Menotti
- **Meister Pedros Puppenspiel:** *5*Falla; *7*de Falla
- **Meistersinger von Nürnberg:** *6*Wagner
- **Mignon:** *6*Thomas
- **Mond:** *4*Orff
- **Moses und Aron:** *10*Schoenberg

- **Nabucco:** *5* Verdi
- **Nachtlager von Granada:** *8* Kreutzer
- **Nachtwandlerin:** *7* Bellini
- **Neues vom Tage:** *9* Hindemith
- **Neugierige Frauen:** *11* Wolf-Ferrari
- **Norma:** *7* Bellini
- **Oberon:** *5* Weber
- **Oedipus Rex:** *10* Strawinsky
- **Oedipus der Tyrann:** *4* Orff
- **Orpheus:** *10* Monteverdi
- **Orpheus und Eurydike:** *5* Gluck
- **Othello:** *5* Verdi
- **Palestrina:** *8* Pfitzner
- **Parsifal:** *6* Wagner
- **Peer Gynt:** *3* Egk
- **Pelleas und Melisande:** *7* Debussy
- **Penelope:** *10* Liebermann
- **Perlenfischer:** *5* Bizet
- **Peter Grimes:** *7* Britten
- **Pique Dame:** *12* Tschaikowsky
- **Porgy and Bess:** *8* Gershwin
- **Postillon von Lonjumeau:** *4* Adam
- **Prinz von Homburg:** *5* Henze
- **Prozeß:** *5* Einem
- **Raskolnikoff:** *12* Sutermeister
- **Raub der Lukretia:** *7* Britten
- **Re Cervo:** *5* Henze
- **Regimentstochter:** *9* Donizetti
- **Revisor:** *3* Egk
- **Rheingold:** *6* Wagner
- **Rienzi:** *6* Wagner
- **Rigoletto:** *5* Verdi
- **Rodelinde:** *7* Haendel
- **Romeo und Julia:** *12* Sutermeister
- **Rose vom Liebesgarten:** *8* Pfitzner
- **Rosenkavalier:** *7* Strauss
- **Rusalka:** *6* Dvorak
- **Salome:** *7* Strauss
- **Samson und Dalila:** *10* Saint-Saëns
- **Schalkhafte Witwe:** *11* Wolf-Ferrari
- **Schauspieldirektor:** *6* Mozart
- **Schlaue Füchslein:** *7* Janaček
- **Schneider Wibbel:** *6* Lothar
- **Schuld der Frauen:** *10* Liebermann
- **Schwanda:** *10* Weinberger
- **Schwarze Spinne:** *12* Sutermeister
- **Schweigsame Frau:** *7* Strauss
- **Schwester Angelica:** *7* Puccini
- **Siegfried:** *6* Wagner
- **Simone Boccanegra:** *5* Verdi
- **Sizilianische Vesper:** *5* Verdi
- **Sommernachtstraum:** *7* Britten
- **Stumme von Portici:** *5* Auber
- **Susannens Geheimnis:** *11* Wolf-Ferrari
- **Tannhäuser:** *6* Wagner
- **Telefon:** *7* Menotti
- **Tiefland:** *6* Albert; *7* d'Albert
- **Titus:** *6* Mozart
- **Tosca:** *7* Puccini
- **Toten Augen:** *6* Albert; *7* d'Albert
- **Traviata:** *5* Verdi
- **Trionfo di Afrodite:** *4* Orff
- **Tristan und Isolde:** *6* Wagner
- **Troubadour:** *5* Verdi
- **Turandot:** *7* Puccini
- **Undine:** *8* Lortzing
- **Vampyr:** *9* Marschner
- **Verkaufte Braut:** *7* Smetana
- **Verlobung in San Domingo:** *3* Egk
- **Vier Grobiane:** *11* Wolf-Ferrari
- **Waffenschmied:** *8* Lortzing
- **Walküre:** *6* Wagner
- **Weiße Dame:** *9* Boieldieu
- **Welt auf dem Monde:** *5* Haydn
- **Wenn ich König wär:** *4* Adam
- **Widerspenstigen Zähmung:** *5* Goetz
- **Wildschütz:** *8* Lortzing
- **Wilhelm Tell:** *7* Rossini
- **Wozzeck:** *4* Berg
- **Xerxes:** *7* Haendel
- **Zar und Zimmermann:** *8* Lortzing
- **Zauberflöte:** *6* Mozart
- **Zaubergeige:** *3* Egk
- **Zwei Witwen:** *7* Smetana

Komponist der Operette (ohne Artikel)

- **Abschiedswalzer:** *11* Schmidseder
- **Alt-Wien:** *6* Lanner
- **Ännchen von Tharau:** *8* Strecker
- **Arme Jonathan:** *10* Milloecker
- **Balkanliebe:** *8* Kattnigg
- **Banditen:** *9* Offenbach
- **Banditenstreiche:** *5* Suppé
- **Bettelstudent:** *10* Milloecker
- **Bezauberndes Fräulein:** *8* Benatzky
- **Blume von Hawaii:** *7* Abraham
- **Boccaccio:** *5* Suppé
- **Bozena:** *6* Straus
- **Brüderlein fein:** *4* Fall
- **Bruder Straubinger:** *6* Eysler
- **Cagliostro in Wien:** *7* Strauss
- **Casanova:** *6* Lincke
- **Clivia:** *6* Dostal
- **Csárdásfürstin:** *6* Kálmán
- **Dollarprinzessin:** *4* Fall
- **Dorf ohne Glocke:** *8* Kuenneke
- **Drei alte Schachteln:** *5* Kollo
- **Dreimäderlhaus:** *5* Berté
- **Drei Walzer:** *6* Straus
- **Dubarry:** *10* Milloecker
- **Eva:** *5* Lehár
- **Fatinitza:** *5* Suppé
- **Feuerwerk:** *8* Burkhard
- **Fidele Bauer:** *4* Fall
- **Fledermaus:** *7* Strauss
- **Försterchristl:** *5* Jarno
- **Frasquita:** *5* Lehár
- **Frau Luna:** *6* Lincke
- **Frau ohne Kuß:** *5* Kollo
- **Friederike:** *5* Lehár
- **Gasparone:** *10* Milloecker
- **Geisha:** *5* Jones
- **Geliebte Manuela:** *7* Raymond
- **Giuditta:** *5* Lehár
- **Glückliche Reise:** *8* Kuenneke

- **Goldene Pierrot:** *6* Goetze
- **Goldne Meisterin:** *6* Eysler
- **Gräfin Mariza:** *6* Kálmán
- **Graf von Luxemburg:** *5* Lehár
- **Hochzeitsnacht im Paradies:** *9* Schroeder
- **Hofball in Schönbrunn:** *7* Pepoeck
- **Hoheit tanzt Walzer:** *6* Ascher
- **Hopsa:** *8* Burkhard
- **Ihre Hoheit, die Tänzerin:** *6* Goetze
- **Im weißen Rößl:** *8* Benatzky
- **Keusche Susanne:** *7* Gilbert
- **Kleine Hofkonzert:** *4* Nick
- **Kreolin:** *9* Offenbach
- **Land des Lächelns:** *5* Lehár
- **Landstreicher:** *7* Ziehrer
- **Leichte Kavallerie:** *5* Suppé
- **Letzte Walzer:** *6* Straus
- **Liebe Augustin:** *4* Fall
- **Liebe in der Lerchengasse:** *10* Vetterling
- **Liselott:** *8* Kuenneke
- **Lustige Witwe:** *5* Lehár
- **Madame Favart:** *9* Offenbach
- **Madame Pompadour:** *4* Fall
- **Manina:** *6* Dostal
- **Maske in Blau:** *7* Raymond
- **Mikado:** *8* Sullivan
- **Monika:** *6* Dostal
- **Nachtigall:** *9* Schanzara
- **Nacht in Venedig:** *7* Strauss
- **Nanon:** *5* Genée
- **No, no, Nanette:** *7* Youmans
- **Obersteiger:** *6* Zeller
- **Opernball:** *9* Heuberger
- **Orpheus in der Unterwelt:** *9* Offenbach
- **Paganini:** *5* Lehár
- **Pariser Leben:** *9* Offenbach
- **Polenblut:** *6* Nedbal
- **Puppe:** *6* Audran
- **Rose von Stambul:** *4* Fall
- **Saison in Salzburg:** *7* Raymond
- **Schöne Galathee:** *5* Suppé
- **Schöne Helena:** *9* Offenbach
- **Schön ist die Welt:** *5* Lehár
- **Schwarzwaldmädel:** *6* Jessel
- **Sissy:** *8* Kreisler
- **Tanz ins Glück:** *5* Stolz
- **Ungarische Hochzeit:** *6* Dostal
- **Vetter aus Dingsda:** *8* Kuenneke
- **Victoria und ihr Husar:** *7* Abraham
- **Vogelhändler:** *6* Zeller
- **Walzertraum:** *6* Straus
- **Wiener Blut:** *7* Strauss
- **Zarewitsch:** *5* Lehár
- **Zigeunerbaron:** *7* Strauss
- **Zigeunerliebe:** *5* Lehár
- **Zirkusprinzessin:** *6* Kálmán
- **Zwei Herzen im Dreivierteltakt:** *5* Stolz

Kompositionsabschnitt: *4* Satz
Kompositionsstil: *10* Polyphonie
Kompresse: *7* Auflage, Verband; *8* Umschlag
Kompression: *11* Verdichtung
Kompromiß: *9* Ausgleich, Vergleich
kompromittieren: *9* blamieren; *12* blossstellen
Kondition: *7* Zustand; *9* Bedingung; *10* Verfassung
Konditorei: *4* Café
Konditorware: *5* Torte
Konfekt: *7* Praline
Konferenz: *6* Tagung; *7* Sitzung; *8* Beratung
Konfession: *10* Bekenntnis
Konfessionskunde: *8* Symbolik
Konfessionsloser: *9* Dissident
Konfirmation: *10* Einsegnung
Konfiskation: *10* Einziehung; *13* Beschlagnahme
Konfitüre: *9* Marmelade
Konflikt: *6* Streit
Konfliktforschung: *11* Polemologie
Konfrontation: *18* Gegenueberstellung
konfus: *3* irr
Konfusion: *10* Verwirrung
Kongo (Demokratische Republik): *5* Zaïre
Kongo-Hauptstadt: *11* Brazzaville
Kongozufluß → Nebenfluß des Kongo
Kongreßpalast in Washington: *7* Kapitol
König (sprachlich): *2* re; *3* rex, roi; *4* king
König

- **von Abessinien:** *7* Menelik; *9* Theodorus
- **von Afghanistan:** *4* Aman
- **von Ägypten:** *4* Fuad; *5* Furak, Menes, Necho, Zoser; *6* Amasis, Apries, Cheops, Hophra, Ramses; *8* Chephren, Echnaton, Tutmosis; *9* Amenophis, Sesostris, Thutmosis; *10* Psammetich; *11* Tutanchamon, Tutenchamon
- **von Akkad:** *6* Sargon
- **von Albanien:** *4* Zogu
- **von Argos:** *4* Abas; *8* Diomedes
- **von Assyrien:** *6* Sargon; *8* Sanherib; *10* Sardanapal; *11* Salmanassar; *12* Assurbanipal
- **der Azteken:** *9* Montezuma; *10* Cuauhtemoc
- **von Babylon:** *8* Belsazar; *9* Hammurapi; *12* Nebukadnezar
- **von Bayern:** *6* Ludwig; *10* Maximilian
- **von Belgien:** *7* Leopold; *8* Baudouin
- **von Böhmen:** *6* Rudolf, Wenzel; *7* Ottokar; *8* Corvinus; *9* Ferdinand, Podiebrad
- **von Bulgarien:** *5* Boris; *6* Simeon; *9* Ferdinand
- **von Burgund:** *7* Gunther; *8* Gundahar
- **der Burgunder:** *6* Gernot; *7* Gunthar; *8* Giselher
- **von Dänemark:** *4* Gorm, Knut; *8* Waldemar, Frederik; *9* Christian
- **von Deutschland:** *9* Friedrich
- **der Elfen:** *6* Oberon
- **von Elis:** *6* Augias
- **von England:** *4* Karl; *5* Georg, Jakob; *6* Alfred, Eduard, Johann; *7* Wilhelm; *8* Heinrich
- **der englischen Sage:** *4* Lear; *5* Artus
- **von Epirus:** *7* Pyrrhus
- **der Etrusker:** *7* Porsena
- **der Franken:** *4* Karl; *6* Pippin
- **von Frankreich:** *4* Karl; *5* Capet, Franz; *6* Ludwig; *7* Philipp; *8* Heinrich
- **der Gemüse:** *7* Spargel
- **des Grals:** *8* Amfortas

- **von Griechenland:** *4* Otto, Paul; *5* Georg; *9* Alexander; *10* Konstantin
- **der griechischen Sage:** *5* Kreon, Midas, Minos, Thoas; *6* Augias, Nestor; *8* Menelaos; *9* Agamemnon
- **von Großbritannien** → König von England
- **von Hannover:** *5* Georg; *10* Cumberland
- **der Hunnen:** *5* Etzel; *6* Attila
- **von Irak:** *6* Faisal
- **von Israel:** *3* Asa, Ela; *4* Abia, Ahab, Ahas, Saul; *5* David, Hosea; *6* Hiskia, Salomo; *7* Herodes, Hiskias, Manasse, Salomon, Zedekia; *8* Rehabeam
- **von Italien:** *4* Hugo; *6* Viktor; *7* Umberto; *8* Berengar
- **von Ithaka:** *8* Odysseus
- **von Jerusalem:** *7* Balduin
- **von Jordanien:** *7* Hussein
- **von Juda** → König von Israel
- **von Jugoslawien:** *5* Peter
- **von Kastilien:** *6* Alfons, Sancho
- **der keltischen Sage:** *5* Artus
- **von Kreta:** *5* Minos
- **der Langobarden** → Langobardenkönig
- **von Libyen:** *5* Idris
- **von Lokris:** *4* Aias, Ajas, Ajax
- **der Lüfte:** *5* Adler
- **von Lydien:** *4* Atys; *5* Gyges; *7* Kroesus, Kroisos
- **der Markomannen:** *6* Marbod
- **von Marokko:** *6* Hassan; *8* Mohammed
- **von Mazedonien:** *7* Philipp; *9* Alexander, Demetrios
- **aus dem Morgenland:** *6* Kaspar; *8* Melchior; *9* Balthasar
- **von Mykene:** *6* Atreus; *9* Agamemnon
- **von Navarra:** *6* Sancho
- **von Neapel:** *5* Murat, Roger; *6* Robert
- **im Nibelungenlied:** *5* Etzel; *7* Gunther; *8* Siegmund; *9* Siegfried
- **der Niederlande:** *7* Wilhelm
- **von Norwegen:** *4* Olaf; *5* Hakon, Oskar
- **von Numidien:** *8* Jugurtha; *9* Masinissa
- **der Ostgoten:** *4* Teja; *6* Totila; *7* Witigis; *8* Dietrich; *9* Ermanrich; *10* Theoderich
- **von Pergamon:** *7* Attalos, Attalus, Eumenes
- **von Persien:** *5* Kyros; *6* Darius, Xerxes; *7* Dareios; *8* Kambyses
- **von Phrygien:** *5* Midas
- **von Polen:** *6* Johann, Ludwig; *7* Kasimir; *8* Boleslaw, Sobieski; *9* Wladislaw; *10* Stanislaus
- **von Pontus:** *11* Mithridates
- **von Portugal:** *5* Pedro; *6* Manuel, Sancho; *7* Emanuel
- **von Preußen:** *7* Wilhelm; *9* Friedrich
- **von Rumänien:** *5* Carol; *7* Michael
- **von Sachsen:** *6* Albert
- **von Salamis:** *4* Aias, Ajas, Ajax
- **von Sardinien:** *5* Enzio
- **von Saudiarabien:** *7* Ibn Saud
- **von Schottland:** *5* Jakob; *6* Duncan, Robert
- **von Schweden:** *4* Karl; *5* Erich, Oskar; *6* Gustaf; *9* Christian; *10* Carl Gustav
- **von Serbien:** *5* Milan; *9* Alexander
- **von Sizilien:** *4* Karl; *7* Tankred
- **von Spanien:** *4* Karl; *6* Alfons; *7* Philipp; *9* Ferdinand; *10* Juan Carlos
- **von Sparta:** *4* Agis; *8* Leonidas, Menelaos; *9* Agesilaus
- **der Steppe:** *5* Loewe
- **der Sueben:** *8* Ariovist
- **von Syrakus:** *6* Hieron
- **von Taurien:** *5* Thoas
- **von Thailand:** *4* Rama
- **von Theben:** *5* Kreon; *7* Oedipus; *10* Amphitryon
- **in der Tristansage:** *5* Marke
- **von Tyrus:** *5* Hiram
- **von Ungarn:** *6* Ludwig, Rudolf; *7* Andreas, Stephan; *8* Corvinus; *9* Ferdinand, Sigismund, Wladislaw
- **der Wandalen:** *7* Gelimer; *9* Geiserich
- **der Westgoten:** *6* Eurich; *7* Alarich, Athaulf; *8* Roderich; *9* Amalarich
- **der Wüste:** *5* Loewe

Königin (sprachlich): *5* queen, reine; *6* regina

Königin

- **von Ägypten:** *4* Teje; *9* Nofretete, Kleopatra; *11* Hatschepsut
- **der Amazonen:** *11* Penthesilea
- **von Assyrien:** *9* Semiramis
- **von Belgien:** *6* Astrid; *7* Fabiola
- **von Dänemark:** *6* Ingrid; *9* Margarete, Margrethe
- **von England:** *5* Maria; *8* Viktoria; *9* Elisabeth
- **von Frankreich:** *9* Katharina
- **von Georgien:** *6* Tamara, Thamar
- **von Großbritannien** → Königin von England
- **von Juda:** *7* Athalia
- **der Niederlande:** *7* Beatrix, Juliana; *8* Hortense; *10* Wilhelmina
- **von Ostfranken:** *9* Brunhilde
- **der Ostgoten:** *11* Amalasuntha
- **von Palmyra:** *7* Zenobia
- **von Polen:** *6* Hedwig
- **von Preußen:** *5* Luise
- **von Schottland:** *11* Maria Stuart
- **von Schweden:** *6* Silvia; *9* Christine
- **von Spanien:** *8* Isabella; *9* Elisabeth
- **von Thailand:** *7* Sirikit
- **von Theben:** *5* Niobe
- **von Ungarn:** *4* Zita

Königin der Blumen: *4* Rose

königlich: *5* royal

königliches Brettspiel: *6* Schach

Königreich: *9* Monarchie

Königreich

- **in Afrika:** *6* Libyen; *7* Burundi, Marokko
- **in Asien:** *4* Laos, Siam; *5* Nepal; *8* Thailand; *9* Jordanien; *10* Kambodscha; *12* Saudiarabien
- **in Europa:** *7* Belgien, Spanien; *8* Norwegen, Schweden; *9* Daenemark; *11* Niederlande; *15* Grossbritannien

– der Gurkha: *5* Nepal
Königsberger Komponist: *6* Albert
– Philosoph: *4* Kant
Königsburg in London: *5* Tower
Königsgeschlecht der Ostgoten: *6* Amaler
Königskobra: *5* Dyras; *6* Hannah
Königsschloß bei Brüssel: *6* Laeken
– in Spanien: *8* Escorial
Königssohn: *5* Prinz
königstreu: *5* royal
Königstreue: *10* Royalismus
Königswahl im Mittelalter: *3* Kur
konjugieren: *6* beugen
konkret: *4* real; *8* wirklich
Konkurrent: *6* Rivale
Konkurrenz: *10* Rivalitaet
Konkurs: *4* Gant, Ruin; *6* Pleite; *8* Bankrott; *9* Bankerott; *12* Fallissement
Konsequenz: *5* Folge; *7* Schluss; *9* Folgerung
konserviertes Ei: *5* Solei
Konsole: *5* Krage
Konsonant: *7* Mitlaut
Konspiration: *12* Verschwoerung
konstant: *4* stet; *6* stetig; *10* bestaendig
Konstrukteur des Volkswagens: *7* Porsche
Konstruktion: *6* Aufbau, Bauart; *10* Gestaltung
konsumieren: *9* verzehren; *11* verbrauchen
Kontaktblättchen: *7* Lamelle
Kontenseite: *4* Soll; *5* Haben
Konterfei: *8* Portrait
Kontinent: *5* Asien; *6* Afrika, Europa; *7* Amerika, Erdteil; *9* Antarktis; *10* Australien
Kontodifferenz: *5* Saldo
Kontoseite: *4* Soll; *5* Haben
Kontrabaßtuba: *8* Helikon
Kontrakt: *4* Pakt; *7* Vertrag; *8* Abkommen; *10* Konvention; *12* Vereinbarung
Kontrolle: *5* Probe; *8* Pruefung; *10* Inspektion
Konzentrationsausgleich: *6* Osmose
konzentrierte Lösung: *6* Essenz
Konzept: *6* Skizze; *7* Entwurf
Konzern: *5* Trust
Konzerthaus in Köln: *10* Guerzenich
Konzertunternehmer: *10* Impresario
Konzession: *6* Lizenz; *9* Zulassung
Kopenhagens Prachtstraße: *7* Stroget
Kopf: *5* Haupt; *8* Schaedel
Kopf der Säule oder des Pfeilers: *8* Kapitell
Kopfbedeckung: *3* Fez, Hut, Ros; *4* Helm; *5* Haube, Inful, Kappe, Mitra, Tiara, Toque; *6* Barett, Birett, Kaeppi, Kalpak, Kapuze, Kolpak, Melone, Muetze, Panama, Turban; *7* Homburg, Kalotte, Kapotte, Tschako; *8* Peruecke, Sombrero, Strohhut, Tschapka, Zylinder; *9* Dreispitz, Kaeppchen, Kapotthut, Zweispitz; *10* Kalabreser
Kopfbedeckung
– aus Haaren: *8* Peruecke
– der katholischen Bischöfe: *5* Inful, Mitra
– der katholischen Geistlichen: *6* Birett
– des Papstes: *5* Tiara
– der persischen Könige: *5* Tiara
– der Polizisten: *7* Tschako
– der spanischen Infanterie: *3* Ros
– der Ulanen: *8* Tschapka
Kopffüßer: *5* Krake, Polyp, Sepia; *6* Kalmar; *7* Octopus; *8* Seepolyp; *11* Schiffsboot, Tintenfisch
Kopfhaut mit Schopf: *5* Skalp
Kopfjäger
– in Assam: *4* Naga
– auf Borneo: *5* Dajak
Kopflederzeug für Zug- und Reittiere: *4* Zaum
Kopflosigkeit: *5* Panik; *10* Verwirrung; *13* Durcheinander
Kopfputz aus Federn: *8* Aigrette
Kopfschlagader: *7* Carotis
Kopfschmerz: *8* Migraene
Kopfschmuck: *4* Haar; *5* Haube, Krone, Mitra, Tiara; *6* Diadem, Geweih, Maehne; *7* Gehoern; *8* Aigrette; *9* Stirnreif
Kopfschutz: *4* Helm
Kopfstimme: *7* Falsett
Kopfteil: *3* Ohr; *4* Auge, Kinn, Mund, Nase; *5* Backe, Braue, Lippe, Stirn, Wange; *6* Kiefer; *7* Antlitz, Gesicht; *8* Kinnlade, Schaedel, Schlaefe; *9* Kinnbacke; *10* Oberkiefer, Ohrmuschel; *11* Unterkiefer
Kopftracht der Schwestern: *5* Haube
Kopftuch des Papstes: *5* Orale
koptisches Geheimwort: *7* Abraxas
Koralleninsel: *5* Atoll
Koralleninsel
– vor Ostafrika: *5* Pemba
– im Stillen Ozean: *5* Nauru
Korallentier: *7* Koralle, Seerose; *8* Seefeder; *9* Madrepore; *10* Seeanemone; *12* Steinkoralle, Sternkoralle
Koranabschnitt: *4* Sure
Koranschule: *7* Medrese
Koranteil: *5* Sunna
Korb: *5* Kiepe, Zaine
Korb zum Fischfang: *5* Reuse
– am Luftballon: *6* Gondel
Korbballspiel: *10* Basketball
Korbblütler: *5* Aster, Inula; *6* Arnika, Dahlie, Distel, Klette, Saflor, Wermut, Zinnie; *7* Beifuss, Endivie, Kamille, Lattich; *8* Eberwurz, Estragon, Georgine, Goldrute, Masslieb, Zichorie; *9* Artemisia, Bocksbart, Edelweiss, Kornblume, Margerite; *10* Huflattich, Knopfkraut, Loewenzahn, Schafgarbe; *11* Berufskraut, Gaenseblume, Kugeldistel, Ringelblume, Sonnenblume, Wucherblume; *12* Chrysantheme, Flockenblume, Maßliebchen; *13* Habichtskraut; *14* Studentenblume
Korbflasche: *6* Ballon; *8* Demijohn
Kordart: *10* Manchester
Kordel: *6* Schnur
Kordilleren in Südamerika: *5* Anden
Kordon: *5* Kette; *6* Sperre; *7* Spalier; *10* Absperrung; *11* Postenkette
koreanische Selbstverteidigung: *6* Karate
koreanischer Staatsmann: *4* Rhee

Kork: *7* Stopfen; *8* Pfropfen, Stoepsel
Kormoran: *7* Scharbe, Seerabe
Korn des Jagdgewehrs: *6* Fliege
Kornblume: *4* Rade; *5* Zyane
kornblumenblau: *10* ultramarin
Körnerfrucht: *4* Mais, Reis; *5* Hafer, Hirse; *6* Gerste, Roggen, Weizen; *8* Getreide
Kornett: *6* Piston
körnig: *9* granuloes
Kornkäfer: *6* Wiebel
Kornmahlbetrieb: *6* Muehle
Körper: *4* Leib; *6* Korpus
Körperabsonderung: *4* Harn, Urin; *6* Sekret; *8* Schweiss
Körperausstrahlung: *2* Od
Körperbau: *7* Habitus
Körperbaulehre: *8* Anatomie
Körperbautyp: *8* Pykniker; *9* Leptosome; *10* Astheniker, Athletiker
Körperbedeckung: *4* Haut
Körperbewuchs: *5* Haare
Körpererfrischung: *3* Bad; *6* Dusche
Körperertüchtigung: *5* Spiel, Sport; *6* Turnen; *9* Gymnastik
Körperfleck: *3* Mal
Körperflüssigkeit: *4* Blut; *6* Lymphe, Sekret
Körpergewebe: *6* Chalon
Körperglied: *3* Arm; *4* Bein, Hand, Fuss
Körperhülle: *4* Haut
Körperkraft: *14* Brachialgewalt
körperlich: *7* konkret, kubisch; *8* physisch; *9* materiell, somatisch
körperlich auf der Höhe: *3* fit
körperliche Masse: *8* Substanz
Körperlichkeit: *7* Plastik; *12* Plastizitaet
Körpermitte: *5* Nabel
Körperorgan: *4* Darm, Herz, Milz, Nerv; *5* Blase, Galle, Leber, Lunge, Magen, Niere; *6* Druese, Gehirn, Muskel; *8* Dickdarm, Mastdarm; *9* Blinddarm, Duenndarm, Harnblase; *11* Gallenblase; *12* Gebaermutter, Wurmfortsatz
Körperpartie: *5* Lende
Körperpflege: *3* Bad; *7* Hygiene; *9* Manikuere, Pedikuere
Körperreinigung: *3* Bad
Körperschaft: *7* Gremium; *11* Korporation, Vereinigung
Körperschwäche: *8* Asthenie
Körperteil: *3* Arm, Ohr; *4* Bein, Fuss, Hals, Hand, Knie, Kopf, Leib, Nase, Wade; *5* Bauch, Brust, Haupt, Kreuz, Lende, Organ, Rumpf; *6* Becken, Genick, Huefte, Leiste, Taille, Weiche; *7* Gesaess, Ruecken; *8* Schenkel, Schulter; *9* Unterleib
Körperverfassung: *12* Konstitution
Körperwuchs: *5* Figur; *6* Statur
Körperzuckungen: *3* Tic
korrekt: *5* exakt, genau; *7* richtig; *8* tadellos; *10* fehlerfrei
Korrektur: *8* Revision; *12* Berichtigung, Verbesserung
Korridor: *4* Flur, Gang; *5* Diele; *8* Hausflur
korrigieren: *10* revidieren, verbessern; *11* berichtigen
korrupt: *11* bestechlich
Korsar: *5* Pirat; *8* Bukanier; *10* Freibeuter, Seeraeuber
Korsett: *6* Mieder
korsische Familie: *9* Bonaparte
korsischer Freiheitskämpfer: *5* Paoli
– Sänger: *5* Rossi
Kosakenabteilung: *6* Sotnie
Kosakenbluse: *6* Kasack
Kosakenführer: *6* Ataman, Hetman, Otaman
Kosakenpeitsche: *7* Nagaika
Kosename für Goethes Mutter: *3* Aja
kosmische Strahleneinheit: *6* Jansky
kosmischer Kleinkörper: *6* Meteor
Kosmonaut: *9* Astronaut; *14* Weltraumfahrer
Kosmos: *3* All; *4* Welt; *7* Weltall; *9* Universum
Kost: *5* Essen; *6* Speise; *7* Nahrung; *10* Ernaehrung; *11* Verpflegung
Kost und Wohnung: *7* Pension
kostbar: *4* edel; *7* erlesen; *8* prezioes, splendid, wertvoll
kostbares
– Andenken: *8* Reliquie
– Gewebe: *4* Samt; *5* Seide; *6* Brokat
Kostbarkeit: *5* Juwel; *7* Kleinod
Kostbarkeiten: *6* Schatz; *7* Juwelen, Schmuck; *9* Pretiosen, Preziosen; *10* Geschmeide
kosten: *9* probieren; *11* degustieren
Kosten: *5* Preis; *6* Spesen; *7* Aufwand; *8* Ausgaben, Auslagen; *9* Gebuehren
Kostenanschlag: *4* Etat; *11* Kalkulation
kostenlos: *6* franko, gratis; *7* umsonst
Kostenrechnung: *11* Liquidation
köstlich: *4* fein; *6* lecker; *7* delikat; *9* delizioes; *11* schmackhaft
Kostschüler im Heim: *6* Alumne
kostspielig: *5* teuer
kostspielige Lebensführung: *5* Luxus
Kostümfest: *9* Maskerade
kostümierte Person: *5* Maske
Kostümzeichnung: *8* Figurine
Kot: *8* Faekalie; *9* Exkrement
Kot des Wildes: *6* Losung
Kotelett: *9* Karbonade; *12* Rippenstueck
Krabbe: *6* Granat; *7* Garnele; *8* Krevette
Krach: *5* Laerm, Radau; *6* Rabatz, Randal, Unruhe; *7* Krakeel, Krawall; *9* Spektakel; *14* Kladderadatsch
krachen: *7* bersten, platzen; *9* krepieren
Kraft: *6* Gewalt; *7* Dynamik, Energie, Staerke; *11* Intensitaet
Kraftbrühe: *8* Bouillon, Consommé; *9* Konsommee
Kraftdroschke: *4* Taxe, Taxi
Krafteinheit: *4* Pond
Kraftfahrer: *9* Chauffeur
Kraftfahrzeug: *3* Bus, Lkw, Pkw; *4* Auto, Krad, Taxe, Taxi; *5* Moped; *6* Kabrio, Laster; *7* Omnibus, Traktor, Trecker; *8* Kraftrad, Motorrad, Roadster; *9* Automobil, Lastwagen, Limou-

sine; *10* Kabriolett, Kraftwagen, Lieferauto, Sportwagen; *11* Lieferwagen, Motorroller
Kraftfahrzeug-Kennzeichen → Kfz-Kennzeichen
Kraftfahrzeugraum: *6* Garage
kraftgespannt: *9* dynamisch
kräftig: *5* prall, stark; *6* deftig, stabil; *8* intensiv
kräftiges Reitpferd: *3* Kob
Kräftigungsmittel: *7* Tonikum
kraftlos: *3* fad; *4* fade, matt
Kraftlosigkeit: *8* Asthenie
Kraftmaschine: *5* Motor; *7* Turbine
Kraftmaß: *3* Vis
Kraftmensch: *6* Athlet
Kraftstoff: *6* Benzin, Benzol
Kraftstoffbehälter: *4* Tank; *8* Kanister
Kraftübertragung: *12* Transmission
Kraftverteilung: *12* Transmission
kraftvoll: *7* lapidar
Kraftwagen → Kraftfahrzeug
Kraftwagenaufbau: *10* Karosserie
Kraftwagenführer: *6* Fahrer; *9* Chauffeur
Kraftwagengestell: *7* Chassis
Kraftwagen mit zurückklappbarem Verdeck: *6* Kabrio; *10* Kabriolett
Kragstein: *7* Konsole
Krähenvogel: *3* Ani
Krake: *11* Tintenfisch
Krakeel: *6* Streit, Unruhe
Kralle des Raubvogels: *4* Fang
Kram: *4* Tand; *7* Krempel, Plunder, Troedel; *8* Schamott
Kramladen: *6* Butike
Krampe: *5* Haken; *6* Kettel; *7* Klammer
Krampf: *7* Spasmus; *10* Konvulsion
Krampfadern: *7* Varizen
krampfartig: *9* spasmisch
krampfartige Schmerzanfälle: *5* Kolik
krampfhaftes Zusammenziehen der Muskeln: *3* Tic
Krampfzustand: *6* Starre
krank: *6* malade
kränkelnd: *5* siech
Krankenbehandlung: *8* Therapie
Krankenbericht: *8* Bulletin
Krankenbahre: *5* Trage
Krankenbesuch: *6* Visite
Krankenfahrzeug: *9* Rollstuhl
Krankentransportwagen: *8* Ambulanz
Krankenhaus: *6* Klinik, Spital; *7* Spittel; *8* Hospital, Lazarett; *10* Sanatorium
Krankenhaus in Berlin: *7* Charité
Krankenhausabteilung: *7* Station
Krankenkost: *5* Diaet
Krankenpfleger: *9* Samariter; *10* Sanitaeter
Krankenpflegerin: *9* Schwester; *10* Diakonisse
Krankentrage: *5* Bahre
Kranker: *7* Patient
krankhaft: *6* abnorm, morbid; *7* anormal; *12* pathologisch
krankhafte Überempfindlichkeit: *8* Allergie
krankhaftes Verlangen: *5* Manie, Sucht
Krankheit: *2* Tb; *3* Tbc; *4* Lues, Pest, Rose, Ruhr, Star; *5* Brand, Ekzem, Gicht, Krebs, Kropf, Lepra, Mumps, Polio; *6* Angina, Asthma, Grippe, Leiden, Masern, Pocken, Raeude, Rheuma, Typhus; *7* Anaemie, Aussatz, Basedow, Cholera, Flechte, Katarrh, Malaria, Neurose, Roeteln, Skorbut, Tetanus; *8* Beriberi, Blattern, Karzinom, Migraene, Neuritis, Paralyse, Pellagra, Rachitis, Sklerose; *9* Epilepsie, Gelbsucht, Geschwuer, Leukaemie, Milzbrand, Neuralgie, Scharlach, Schnupfen, Veitstanz; *10* Bronchitis, Diphtherie, Gelbfieber, Geschwulst, Paratyphus, Skrofulose; *11* Fleckfieber, Guertelrose, Keuchhusten, Paradontose, Tuberkulose, Ziegenpeter; *12* Rheumatismus, Schlaganfall; *13* Muskelschwund; *14* Angina pectoris, Kinderlaehmung; *15* Arteriosklerose, Schlafkrankheit, Zuckerkrankheit
Krankheitsanzeichen: *7* Symptom
Krankheitsbehandlung: *8* Therapie
Krankheitsbericht: *8* Bulletin
Krankheitsbeschreibung: *11* Nosographie
Krankheitserkennung: *8* Diagnose
krankheitserregend: *8* pathogen, virulent
Krankheitserreger: *4* Keim; *5* Virus; *6* Kokkus, Vibrio; *7* Mikrobe, Parasit; *8* Bakterie, Bazillus, Trichine, Tuberkel; *11* Spirochaete
Krankheitserscheinung: *6* Anfall, Fieber, Husten, Niesen
Krankheitsherd: *5* Fokus
Krankheitsheuchler: *8* Simulant
Krankheitshöhepunkt: *4* Akme
Krankheitslehre: *10* Pathologie
Krankheitsursache: *4* Noxe
Krankheitsvorgeschichte: *8* Anamnese
Krankheitszeichen: *7* Symptom
Kränklichkeit: *11* Morbositaet
Kränkung: *4* Tort; *6* Insult; *7* Affront, Injurie; *9* Invektive; *10* Schmaehung; *11* Beleidigung
Kranzgesims antiker Tempel: *6* Geison
Kranzleiste: *7* Karnies
Krapfen: *7* Beignet
kraß: *6* extrem
kraterförmige Senke: *4* Maar
Kratersee: *4* Maar
Kratersee bei Rom: *4* Nemi
Kratzer: *4* Riss
Kräuselung: *6* Falbel
krauses Gewebe: *5* Krepp
kraushaariger Mensch: *5* Neger; *7* Negride
Kräuterkäse: *6* Zieger; *7* Gervais
Kräuterlikör: *11* Krambambuli
Kräutersoße: *9* Remoulade; *11* Vinaigrette
Krawall: *5* Krach, Laerm; *6* Streit, Unruhe; *7* Aufruhr
Krawatte: *6* Binder, Fliege; *7* Schlips; *8* Plastron
kraxeln: *8* klettern
Kreatur: *4* Tier; *6* Mensch; *9* Lebewesen
Krebsgeschwulst: *8* Karzinom
Krebstier: *5* Assel; *6* Granat, Hummer, Krabbe; *7* Daphnie, Garnele; *8* Krevette, Languste, Seepocke; *9* Rollassel, Seespinne; *10* Fluss-

krebs, Mauerassel, Strandfloh, Wasserfloh, Wollkrabbe; *11* Wasserassel, Zehnfuesser; *12* Muschelkrebs, Strandkrabbe, Taschenkrebs; *14* Wollhandkrabbe; *15* Einsiedlerkrebs
Krebstierlarve: *8* Nauplius
Kreditanstalt: *4* Bank
Kreditbrief: *10* Akkreditiv
Kreditwürdigkeit: *8* Bonitaet
Kreidefelsen auf Rügen: *13* Stubbenkammer
Kreidegebirge auf Kreta: *3* Ida
Kreidezeichnung: *7* Pastell
Kreis: *4* Ring; *5* Runde; *6* Bezirk, Cercle, Gruppe, Korona, Zirkel, Zyklus; *7* Bereich; *8* Distrikt
Kreisabschnitt: *7* Segment
Kreisachtel: *6* Oktant
kreisartig: *4* rund
Kreisausschnitt: *6* Sektor
Kreisberührungslinie: *8* Tangente
Kreisel: *5* Rotor
Kreiselbewegung der Erdachse: *11* Praezession
kreisförmig: *8* zirkular, zyklisch; *9* zirkulaer
kreisförmiger Streifen: *4* Ring
Kreishalbmesser: *6* Radius
Kreislauf: *6* Zyklus; *11* Zirkulation
kreisläufig: *8* zyklisch
kreisrunder Haarausschnitt: *6* Tonsur
kreisrundes Gemälde: *5* Tondo
Kreisschnittlinie: *7* Sekante
Kreisstadt → Stadt
Kreisumfang: *10* Peripherie
Kreuzbild: *8* Kruzifix
Kreuzblütler: *4* Raps; *6* Kresse; *7* Levkoje, Rettich, Ruebsen; *8* Goldlack; *10* Kruziferen, Nachtviole; *11* Schaumkraut; *13* Brunnenkresse
Kreuzbruder: *8* Geissler; *10* Flagellant
Kreuzesinschrift: *4* INRI
Kreuzgeflecht: *6* Gitter
Kreuzigungsstätte Jesu: *8* Golgatha
Kreuzstab des Papstes: *6* Ferula
Kreuzstellung von Satzgliedern: *8* Chiasmus
Kreuzträger Jesu: *5* Simon
Kreuzung aus Mandarine und Orange: *10* Clementine
– aus Zebra und Pferd: *7* Zebroid
Kreuzzugsprediger: *8* Bernhard
Kricketkeule: *3* Bat
kriechen: *6* ducken; *8* krabbeln, krauchen, rutschen
kriechend: *6* servil
Kriecher: *5* Lakai
Kriechtier: *4* Teju; *5* Agame, Echse, Gecko, Skink, Waran; *6* Gavial, Kaiman, Leguan, Reptil; *7* Karette, Saurier; *8* Eidechse, Krokodil, Schlange; *9* Alligator, Schleiche; *10* Chamaeleon, Flugdrache, Mauergecko; *12* Schildkroete; *14* Blindschleiche
Kriechtierordnung: *9* Eidechsen, Krokodile, Schlangen; *13* Schildkroeten
Krieg: *5* Orlog
Krieger: *5* Degen, Recke; *6* Kaempe, Soldat; *8* Kaempfer, Streiter
Kriegerin der griechischen Sage: *7* Amazone
kriegerisch: *11* martialisch
Kriegerstand im Mittelalter: *6* Ritter
Kriegsauszeichnung: *2* EK; *5* Orden
kriegsbereit: *5* mobil
Kriegsbericht des Xenophon: *8* Anabasis
Kriegsentschädigung: *10* Reparation
Kriegsfahrzeug: *4* Tank; *6* Panzer
Kriegsflotte Philipps II.: *6* Armada
Kriegsflugzeug: *6* Bomber, Jaeger; *10* Aufklaerer, Jagdbomber
Kriegsflugzeugverband: *5* Kette; *6* Gruppe; *7* Staffel; *10* Luftflotte, Geschwader
Kriegsgebiet: *5* Front
Kriegsgerät im alten Rom: *6* Falces
Kriegsgott: *3* Tiu, Tyr, Ziu; *4* Ares, Mars; *5* Month
Kriegsgöttin: *5* Neith; *7* Bellona, Sachmet, Sechmet
Kriegskunst: *6* Taktik; *9* Strategie
Kriegsmaschine: *6* Widder; *8* Katapult; *9* Rammklotz, Schleuder; *10* Schutzdach, Sturmhaken
kriegsmäßige Truppenübung: *8* Manoever
Kriegsministerium der USA: *8* Pentagon
Kriegsschiff: *4* Hulk; *5* Aviso, Kogge, U-Boot; *6* Bireme, Galion, Triere; *7* Galeere, Galeone, Kreuzer, Liburne, Monitor, Pentere, Trireme; *8* Fregatte, Galeasse, Korvette; *9* Karavelle; *10* Minenleger; *11* Minensucher, Schnellboot; *12* Linienschiff, Unterseeboot; *13* Panzerkreuzer; *14* Schlachtschiff; *15* Flugzeugtraeger
Kriegsschiffsverband: *6* Flotte; *8* Division; *9* Flottille; *10* Geschwader
Kriegsschule der USA: *9* Westpoint
Kriegsvolk: *10* Soldateska
Kriemhilds Gatte: *9* Siegfried
Kriminalpolizei: *5* Kripo
Kringel: *6* Brezel
Kristallbildung: *15* Kristallisation
Kristallform: *8* Pinakoid, Sphenoid
Kristallgestein: *5* Druse
kristalliner Kalkstein: *6* Marmor
– Schiefer: *5* Gneis
Kristallzucker: *6* Kandis
Kritik: *6* Urteil; *8* Pruefung; *9* Rezension
Kritik der Kritik: *10* Metakritik
Kritikaster: *8* Meckerer, Noergler
Kritiker: *9* Rezensent
kroatische(r)
– Erzähler: *6* Andric
– Hafenstadt: *5* Fiume; *6* Rijeka
– Hauptstadt: *5* Agram; *6* Zagreb
– Landeshauptmann: *3* Ban
– Physiker: *5* Tesla
Krokodil: *6* Gavial, Kaiman; *9* Alligator
Krokusart: *6* Safran
Krone des Papstes: *5* Tiara
Kronfeldherr: *10* Konnetabel
Kronleuchter: *7* Luester
Kronprinz: *6* Infant; *7* Dauphin; *10* Zarewitsch

Kronprinz in Großbritannien: *13* Prince of Wales
- von Japan: *7* Akihito
Krönungsmantel: *8* Pluviale
Krönungsstadt
- der deutschen Kaiser: *9* Frankfurt
- der deutschen Könige: *6* Aachen
Kröte: *4* Unke
Krötengift: *9* Bufotalin
Krug: *5* Kruke
Krume: *6* Brosam; *7* Broesel, Brosame, Kruemel
krumme Linie: *7* Spirale
Krummholzkiefer: *7* Latsche; *9* Legfoehre
Krummschwert: *7* Jatagan
- im Mittelalter: *11* Kordelatsch
Krummstab des Bischofs im Mittelalter: *6* Ferula
Krümmung: *5* Kurve
Kruste: *5* Borke
Krustentier: *5* Krebs; *6* Hummer; *7* Garnele; *8* Krevette, Languste; *10* Flusskrebs
kubanische(r)
- Berg: *8* Turquino
- Hauptstadt: *6* Habana; *7* Havanna
- Maler: *3* Lam
- Modetanz: *5* Rumba
- Mulatte: *5* Pardo; *6* Moreno
- Münze: *4* Peso; *7* Centavo
- Rackenvogel: *8* Tokororo
- Staatsmann: *6* Castro
- Stadt → Stadt auf Kuba
- Tanz: *8* Habanera
Kübel: *5* Eimer
Kübelpflanze → Zierpflanze
Kübelwagen: *4* Jeep
kubischer Spielstein: *7* Wuerfel
Kuchenauflage: *8* Streusel
Küchenbecken: *7* Ausguss; *10* Spuelstein
Kücheneinrichtung: *4* Herd; *5* Grill; *6* Boiler, Spuele; *7* Ausguss; *8* Anrichte, Backofen, Bratofen; *11* Wrasenabzug; *12* Kuehlschrank
Küchengerät: *4* Sieb, Topf; *5* Kelle, Quirl, Reibe; *6* Pfanne; *8* Trichter; *9* Entsafter; *10* Bratpfanne, Kasserolle; *11* Kochloeffel, Schneebesen
Kuchengewürz: *4* Anis; *8* Orangeat, Zitronat
Küchengewürz: *4* Salz, Zimt; *5* Essig, Nelke; *6* Muskat, Piment; *7* Pfeffer, Vanille; *9* Knoblauch; *10* Muskatnuss; *12* Gewuerznelke, Muskatbluete
Küchenkraut: *4* Anis, Dill; *6* Kerbel, Kresse; *7* Borrago, Majoran, Melisse, Thymian; *8* Estragon; *9* Basilikum, Borretsch, Liebstock; *10* Petersilie, Pimpernell, Pimpinelle; *11* Bohnenkraut, Gurkenkraut; *12* Pfefferkraut, Schnittlauch
Kuchenmasse: *4* Teig
Küchenungeziefer: *6* Schabe
Kuckucksvogel: *3* Ani; *6* Didrik
Kufenfahrzeug: *9* Schlitten
Küfer: *8* Boettner; *9* Boettcher; *10* Schaeffler
Kugel: *4* Ball
Kugelabschnitt: *7* Segment
Kugelarmbrust: *8* Balester
Kugelausschnitt: *6* Sektor
Kugelbakterie: *5* Kokke
Kügelchen: *5* Pille; *8* Pastille
kugelförmiger Glasbehälter: *6* Ballon
Kugelkappe: *7* Kalotte
Kugelspiel: *6* Boccia; *7* Billard; *8* Roulette
Kuh, die noch nicht gekalbt hat: *6* Sterke
Kuhantilope: *3* Gnu; *10* Hartebeest
Kuhblume: *10* Hahnenfuss, Loewenzahn; *16* Sumpfdotterblume
Kuhhandel: *10* Kompromiss
Kuhknecht: *9* Schweizer
kühl: *4* herb, kalt; *6* frigid, frisch
Kuhle: *4* Loch; *5* Grube, Mulde
Kühlmasse: *3* Eis
Kühlmittel der Medizin: *9* Eisbeutel
kühn: *5* mutig; *6* forsch, tapfer; *8* verwegen; *9* wagemutig
kujonieren: *12* schikanieren; *13* unterdruecken
Kult: *5* Ritus
Kultbild der Ostkirchen: *5* Ikone
Kulthandlung: *5* Gebet, Opfer; *7* Predigt
kultische Bräuche: *5* Riten
kultiviert: *8* gebildet
Kultplatz der Mongolen: *3* Obo
Kultstätte: *6* Tempel
Kultstätte bei Jerusalem: *3* Lus
Kultur: *5* Anbau, Zucht; *6* Pflege; *7* Bildung
Kulturboden: *4* Gare
kultureller Teil der Zeitung: *10* Feuilleton
Kulturepoche: *5* Gotik; *6* Antike, Barock, Empire, Rokoko; *7* Klassik, Moderne, Neuzeit, Romanik; *8* Altertum, Dekadenz, Romantik, Seicento; *9* Steinzeit; *10* Bronzezeit, Humanismus, Idealismus; *11* Biedermeier, Mittelalter, Renaissance; *12* Klassizismus
Kulturerscheinung: *5* Kunst; *9* Literatur
kulturlose Volksangehörige: *5* Wilde
Kulturpflanzen: *8* Getreide
Kultursprache Indiens: *8* Sanskrit
Kulturstätte: *4* Oper; *6* Museum; *7* Theater; *12* Konzerthalle
Kümmelbranntwein: *7* Aquavit
Kümmellikör: *7* Allasch
Kummer: *4* Crux, Gram, Harm, Leid; *5* Sorge
kümmerlich dahinleben: *10* vegetieren
Kundendienst: *7* Service
Kundenwerber: *11* Akquisiteur
Künder: *5* Seher; *6* Mahner; *7* Prophet; *9* Weissager
Kundgebung: *8* Manifest; *13* Demonstration
Kundgebung in schriftlicher Form: *7* Adresse
kundiger Schiffsführer: *5* Lotse
Kundschaft: *8* Klientel
Kundschafter: *5* Spion; *7* Spaeher, Spitzel; *8* Emissaer
künftig: *5* in spe
Kunst: *4* Epik, Tanz; *5* Musik; *6* Grafik, Tragik; *7* Graphik, Malerei, Plastik; *8* Dichtung, Dramatik; *9* Bildnerei; *11* Architektur, Bildhauerei

Kunst
- **der Kriegführung:** *9* Strategie
- **der Metallbildnerei:** *8* Toreutik
- **des Scherenschnitts:** *12* Psaligraphie
- **der Selbstverteidigung:** *4* Judo; *6* Karate; *8* Jiu-Jitsu
- **der Verhandlung:** *10* Diplomatie

Kunstausstellung: *5* Salon
Kunstbutter: *9* Margarine
Kunstdünger: *4* Kali
Künstelei: *6* Manier
Kunstepoche → Kulturepoche
Kunstfälschung: *5* Kopie; *9* Imitation; *10* Falsifikat
Kunstfaser: *4* Rhoa; *5* Acryl, Arnel, Dolan, Fiber, Lycra, Nylon, Orlon, Rayon, Redon, Reyon, Saran; *6* Acetat, Antron, Dacron, Diolen, Dralon, Grilon, Perlon, Rlovyl, Tergal, Tricel, Vestan; *7* Acrilan, Cupresa, Helanca, Leacril, Nyltest, Trevira; *8* Meraklon, Terylene; *9* Courtelle, Crimplene, Zellwolle; *10* Customagic, Kunstseide
kunstfertig: *7* virtuos; *8* versiert; *10* routiniert
Kunstfertigkeit: *7* Routine, Technik; *12* Virtuositaet
Kunstflugfigur: *4* Turn; *5* Rolle; *7* Looping
Kunstförderer: *6* Maezen
Kunstfreund: *6* Maezen
Kunstgattung: *4* Epik, Tanz; *5* Lyrik, Musik, Prosa; *6* Mosaik, Poesie; *7* Graphik, Keramik, Malerei, Plastik; *8* Baukunst, Dichtung; *9* Literatur; *10* Schauspiel; *11* Architektur, Bildhauerei, Schnitzerei; *15* Kupferstecherei
kunstgerecht: *9* technisch
kunstgerechter Vortrag: *11* Deklamation
Kunstgesang in italienischer Art: *8* Belcanto, Belkanto
Kunstglied: *8* Prothese
Kunstgöttin: *4* Muse
Kunstgriff: *4* Dreh; *5* Finte, Trick; *7* Praktik; *8* Manoever; *12* Manipulation
Kunstgriff beim Kartenmischen: *5* Volte
Kunstgummi: *4* Buna
Kunsthandlung: *7* Galerie
Kunstharz → Kunststoff
Kunstharzbeschichtung für Bratgeschirr: *6* Teflon; *9* Hostaflon
Kunstharzkitt: *6* Asplit
Kunstkautschuk: *4* Buna
Kunstleder: *4* Skai
Künstler: *4* Mime, Poet; *5* Clown, Maler; *6* Geiger; *7* Akrobat, Dichter, Komiker, Pianist, Saenger, Taenzer; *8* Dirigent, Dompteur, Fotograf, Grafiker, Jongleur, Virtuose, Zauberer, Zeichner; *9* Architekt, Bildhauer, Graphiker, Komponist, Regisseur, Rezitator; *10* Komoediant, Kunstmaler, Photograph; *11* Illustrator, Kabarettist; *12* Opernsaenger, Schauspieler
Künstlerentgelt: *4* Gage
Künstlerfamilie des Barock: *4* Asam
Künstlergruppe: *8* Ensemble
Künstlergruppe der Romantik: *9* Nazarener
künstlerisch: *7* musisch
künstlerische Morgenveranstaltung: *7* Matinee
künstlerischer Leiter einer Bühne: *9* Intendant
Künstlerkolonie bei Bremen: *9* Worpswede
Künstlername: *9* Pseudonym
Künstlertruppe: *8* Ensemble
Künstlerunterschrift: *9* Autogramm

Künstlerviertel
- **von München:** *9* Schwabing
- **von Paris:** *10* Montmartre; *12* Montparnasse

Künstlerwerkstatt: *6* Studio; *7* Atelier
Künstlerzeichen: *8* Signatur
künstlich: *8* imitiert

künstliche(r, s)
- **Atmung:** *14* Wiederbelebung
- **Damm:** *4* Wall; *5* Buhne, Deich
- **Erdmond:** *6* Satellit
- **Gummi:** *4* Buna
- **Hügel im Marschland:** *5* Warft, Wurte
- **Mensch:** *7* Android; *10* Homunkulus
- **Saphir:** *6* Amaryl
- **Sprache:** *3* Ido; *8* Volapuek; *9* Esperanto
- **Wasserbecken:** *6* Bassin
- **Wasserlauf:** *5* Kanal
- **Weltsprache:** *3* Ido; *9* Esperanto

Kunstliebhaber: *9* Dilettant
Kunstrichter: *8* Kritiker
Kunstrichtung → Kulturepoche
Kunstrichtung: *4* Stil; *6* Popart; *8* Verismus; *9* Dadaismus, Tachismus; *10* Jugendstil; *11* Manierismus, Symbolismus; *12* Naturalismus, Surrealismus; *13* Primitivismus; *15* Expressionismus, Impressionismus
Kunstsammlung: *6* Museum; *7* Galerie; *8* Kabinett

Kunstsammlung
- **in Amsterdam:** *11* Rijksmuseum
- **in Essen:** *8* Folkwang
- **in Florenz:** *5* Pitti; *8* Bargello, Uffizien
- **in Frankfurt am Main:** *7* Staedel
- **in Leningrad:** *9* Eremitage
- **in Madrid:** *5* Prado
- **in München:** *10* Pinakothek
- **in Paris:** *6* Louvre
- **in Wien:** *9* Albertina

Kunstseide: *5* Reyon
Kunstsprung: *5* Salto
Kunststil → Kulturepoche → Kunstrichtung
Kunststoff: *4* Buna, Skai; *5* Plast; *6* Igelit, Plaste; *7* Bakelit, Eternit, Plastik, Resopal, Silikon, Vinidur; *8* Astralon, Galalith, Hostalen, Perbunan, Plastics; *9* Duroplast, Plexiglas, Zelluloid, Zellulose; *10* Polystyrol
Kunsttanz: *7* Ballett
Kunsttischler: *7* Ebenist
Kunstveranstaltung besonderer Art: *9* Happening
kunstvolle altarabische Stegreifdichtung: *6* Makame
Kunstwerk: *4* Bild, Oper, Opus; *5* Drama, Posse; *6* Grafik, Statue; *7* Ballett, Graphik, Musical, Plastik; *8* Dichtung, Gemaelde, Komoedie,

Operette; *9* Tragoedie, Zeichnung; *11* Holzschnitt, Kupferstich
Kunstzeitalter → Kunstepoche
Kunterbunt: *9* Potpourri
Kupfererz: *3* Aes
Kupferlegierung: *6* Bronze; *7* Messing; *9* Neusilber
Kupferoxyd: *6* Patina
kupferplattiertes Aluminium: *5* Cupal, Kupal
Kupferschaum: *7* Tirolit
Kupferstecher: *7* Graveur; *9* Gravierer
Kupferstechkunst: *13* Chalkographie
Kupferstich: *8* Gravuere
Kupferstichverfahren: *9* Aquatinta
Kupfer-Zink-Legierung: *7* Messing
Kupfer-Zinn-Legierung: *6* Bronze
Kuppelaufsatz: *7* Laterne
Kuppelbau: *7* Rotunde
Kuppelgewölbe islamischer Bauart: *5* Kubba
Kuranstalt: *10* Sanatorium
Kürbisgewächs: *5* Gurke; *6* Melone
Kurfürst von Sachsen: *5* Ernst; *6* August, Johann; *9* Friedrich
Kurfürstentum: *9* Elektorat
kurfürstliche Stellung: *6* Erzamt
Kurier: *4* Bote
kurieren: *6* heilen; *9* behandeln
Kurileninsel: *6* Iturup
Kuriosum: *15* Merkwuerdigkeit
Kurort: *3* Bad; *6* Seebad; *7* Heilbad
Kurort
- **in Ägypten:** *5* Luxor; *6* Heluan
- **an der Ahr:** *8* Neuenahr
- **im Allgäu:** *7* Fuessen; *9* Sonthofen; *10* Nesselwang, Oberstdorf
- **in Baden:** *10* Baden-Baden; *11* Badenweiler
- **im Bayrischen Wald:** *3* Lam; *7* Zwiesel
- **in Belgien:** *3* Spa; *6* Knokke; *7* Ostende
- **an der Bergstraße:** *10* Heppenheim
- **im Berner Oberland:** *6* Gstaad, Saanen, Wengen; *7* Muerren; *9* Adelboden; *10* Interlaken, Kandersteg; *11* Grindelwald
- **am Bodensee:** *10* Radolfzell; *11* Ueberlingen
- **in Böhmen:** *8* Karlsbad; *9* Marienbad
- **bei Bonn:** *13* Niederbreisig
- **am Brenner:** *8* Steinach
- **bei Cannes:** *6* Grasse
- **am Chiemsee:** *5* Prien
- **am Deister:** *7* Muender; *8* Nenndorf
- **bei Detmold:** *10* Oeynhausen
- **in Deutschland:** *3* Ems, Orb; *4* Boll; *5* Berka, Bibra, Essen, Grund, Imnau, Soden, Stuer, Sulza, Toelz; *6* Abbach, Buchau, Dueben, Eilsen, Elster, Honnef, Koenig, Koesen, Muskau, Sachsa, Salzig, Steben, Suelze, Vilbel; *7* Aibling, Berneck, Bocklet, Colberg, Doberan, Driburg, Homburg, Kleinen, Lausick, Muender, Nauheim, Pyrmont, Rehburg, Teinach, Waldsee, Wiessee, Wimpfen, Wurzach; *8* Bertrich, Brambach, Goegging, Harzburg, Hersfeld, Kohlgrub, Meinberg, Muenster, Nenndorf, Neuenahr, Neustadt, Oberdorf, Oldesloe, Rappenau, Schandau, Segeberg, Suderode, Wilsnack; *9* Bramstedt, Cannstatt, Duerkheim, Duerrheim, Godesberg, Gottleuba, Griesbach, Heilbrunn, Helmstedt, Kissingen, Koestritz, Kreuznach, Krozingen, Niedernau, Salzuflen, Salzungen, Schwartau, Tennstedt, Wildungen, Windsheim; *10* Baden-Baden, Bergzabern, Brueckenau, Ditzenbach, Hoenningen, Lauterberg, Liebenzell, Oeynhausen, Petersthal, Rippoldsau, Salzgitter, Salzhausen, Sassendorf, Schwalbach; *11* Blankenburg, Duerrenberg, Freienwalde, Gandersheim, Hoehenstadt, Langensalza, Lauchstaedt, Liebenstein, Liebenwerda, Lippspringe, Mergentheim, Mingolsheim, Reichenhall, Rothenfelde, Salzschlirf, Ueberkingen, Woerishofen, Zwischenahn; *12* Hermannsborn, Salzdetfurth, Schmiedeberg, Waldliesborn; *13* Frankenhausen, Muenstereifel, Niederbreisig, Westernkotten; *14* Friedrichshall; *15* Klosterlausnitz
- **in den Dolomiten:** *7* Cortina, Ortisei; *8* St. Ulrich; *10* San Martino
- **am Eggegebirge:** *7* Driburg
- **in der Eifel:** *4* Daun; *8* Bertrich; *10* Gerolstein; *13* Muenstereifel
- **im Elbsandsteingebirge:** *8* Schandau
- **im Engadin:** *4* Sils, Zuoz; *5* Davos; *7* Samaden, Samedan; *8* St. Moritz; *10* Pontresina, Silvaplana
- **in der englischen Grafschaft Gloucester:** *10* Cheltenham
- **im Erzgebirge:** *14* Oberwiesenthal
- **an der Etsch:** *5* Meran
- **am Fernpaß:** *7* Lermoos
- **in Florida:** *5* Miami
- **im Frankenwald:** *6* Steben
- **an der Fränkischen Saale:** *8* Neustadt; *9* Kissingen
- **in Frankreich:** *3* Aix, Pau; *4* Nice; *5* Evian, Nizza, Vichy; *6* Annecy, Cannes, Menton; *7* Mentone; *8* Biarritz, St. Tropez
- **an der Fulda:** *8* Hersfeld
- **am Fuße der Jungfrau:** *13* Lauterbrunnen
- **am Fuße des Matterhorns:** *7* Zermatt
- **am Fuße des Rigi:** *7* Vitznau
- **am Gardasee:** *4* Arco, Riva, Salo; *6* Limone; *7* Gardone, Torbole
- **am Genfer See:** *5* Evian, Ouchy, Vevey; *6* Thonon; *8* Montreux
- **bei Genua:** *7* Rapallo
- **im Glatzer Bergland:** *6* Kudowa; *7* Landeck, Reinerz; *8* Langenau
- **an der Gotthardbahn:** *6* Schwyz
- **in Graubünden:** *4* Sils, Zuoz; *5* Arosa, Davos, Flims; *6* Maloja; *7* Samaden, Samedan; *8* Klosters, St. Moritz; *10* Churwalden, Pontresina, Silvaplana; *11* Sankt Moritz
- **bei Hannover:** *6* Eilsen; *8* Nenndorf
- **im Harz:** *5* Elend, Grund, Lonau, Thale; *6* Sachsa; *7* Altenau; *8* Harzburg, Herzberg, Osterode, Schierke, Suderode; *9* Braunlage,

Wildemann; *10* Hahnenklee, Lauterberg; *11* Andreasberg, Blankenburg, Wernigerode
- **in Hessen:** *6* Vilbel; *7* Homburg, Nauheim; *9* Wildungen; *11* Lampertheim
- **bei Hildesheim:** *12* Salzdetfurth
- **in der Hohen Tatra:** *8* Zakopane
- **in den Hohen Tauern:** *10* Badgastein
- **am Hohen Venn:** *3* Spa
- **in der Holsteinischen Schweiz:** *5* Eutin; *7* Malente
- **in Italien:** *4* Como, Iseo, Riva; *5* Acqui, Nervi, Ostia; *6* Rimini; *10* Bordighera
- **an der italienischen Riviera:** *5* Nervi; *10* Bordighera
- **in Jugoslawien:** *4* Bled; *7* Abbazia, Opatija
- **im Kanton Aargau:** *11* Rheinfelden
- **im Kanton Bern:** *4* Thun
- **im Kanton Luzern:** *7* Vitznau
- **im Kanton Obwalden:** *6* Sarnen; *9* Engelberg
- **im Kanton Wallis:** *7* Zermatt
- **in Kärnten:** *6* Gmuend, Velden; *7* Ossiach, Villach; *11* Poertschach
- **in den Karpaten:** *6* Sinaia
- **auf der Krim:** *5* Jalta
- **am Lago Maggiore:** *6* Ascona, Stresa; *7* Locarno
- **an der Lahn:** *3* Ems
- **in Lauenburg:** *6* Moelln
- **am Lech:** *7* Fuessen
- **bei Lübeck:** *9* Schwartau
- **am Luganer See:** *6* Lugano
- **in Mecklenburg:** *7* Doberan
- **in Mittelfranken:** *8* Zirndorf
- **in Monaco:** *10* Monte Carlo
- **am Montblanc:** *8* Chamonix
- **bei Montreux:** *4* Caux
- **an der Nahe:** *8* Muenster; *9* Kreuznach
- **am Neckar:** *7* Wimpfen
- **an der Neiße:** *6* Muskau
- **am Neuenburger See:** *7* Yverdon
- **in Niederbayern:** *7* Zwiesel
- **in Niederösterreich:** *9* Gloggnitz, Reichenau
- **in Niedersachsen:** *6* Eilsen; *7* Pyrmont; *8* Nenndorf; *11* Gandersheim
- **in Niederschlesien:** *9* Salzbrunn, Warmbrunn; *12* Schreiberhau
- **in Oberbayern:** *5* Egern, Ettal, Toelz; *6* Kochel, Kreuth; *7* Wiessee; *8* Garmisch; *9* Tegernsee; *10* Ruhpolding, Schliersee; *11* Reichenhall; *12* Oberammergau
- **im Oberengadin** → Kurort im Engadin
- **im Oberharz** → Kurort im Harz
- **in Oberösterreich:** *4* Hall; *5* Ischl; *10* St. Wolfgang
- **im Odenwald:** *6* Erbach
- **in Österreich:** *4* Hall, Lech, Zell; *5* Baden, Ischl, Zuers; *6* Aussee, Fuschl, Ramsau, Reutte, Velden; *7* Bad Hall, Gmunden, Seefeld, St. Anton, Villach; *8* Bad Ischl, St. Gilgen; *9* Bad Aussee, Zell am See; *10* Badgastein, Kitzbuehel, St. Wolfgang
- **an der Ostsee:** *4* Binz; *5* Dahme; *6* Sellin, Zoppot; *8* Groemitz; *10* Scharbeutz; *11* Travemuende
- **im Pinzgau:** *4* Zell
- **in Pommern:** *6* Polzin
- **am Rhein:** *6* Honnef; *8* Waldshut; *9* Godesberg; *10* Rolandseck; *14* Assmannshausen
- **im Rheingau:** *14* Assmannshausen
- **in der Rhön:** *8* Gersfeld; *10* Brueckenau
- **zwischen Rhön und Vogelsberg:** *11* Salzschlirf
- **im Riesengebirge:** *9* Warmbrunn; *11* Krummhuebel; *12* Brueckenberg, Schmiedeberg
- **an der Riviera:** *4* Nice; *5* Nervi, Nizza; *6* Cannes, Menton; *7* Mentone, Rapallo; *8* St. Tropez
- **bei Rostock:** *7* Doberan
- **in Rumänien:** *6* Sinaia
- **an der Saalach:** *11* Reichenhall
- **an der Saale:** *6* Koesen; *11* Duerrenberg
- **in den Salzburger Kalkalpen:** *13* Berchtesgarden
- **im Salzkammergut:** *5* Ischl; *6* Aussee, Fuschl
- **am Scharmützelsee:** *6* Saarow
- **in Schleswig-Holstein:** *8* Oldesloe, Segeberg; *9* Bramstedt; *10* Geesthacht
- **am Schliersee:** *12* Bayrisch-Zell
- **in Schwaben:** *11* Woerishofen
- **in der Schwäbischen Alb:** *5* Urach
- **an der Schwarzen Elster:** *11* Liebenwerda
- **im Schwarzwald:** *6* Hirsau; *7* St. Peter, Triberg, Wildbad; *8* Hornberg, Neustadt, Todtmoos; *9* Duerrheim, Herrenalb, St. Blasien, St. Maergen, Villingen; *10* Alpirsbach, Baden-Baden, Rippoldsau; *11* Badenweiler; *12* Freudenstadt
- **in Schweden:** *3* Are
- **in der Schweiz:** *4* Lenk, Rigi, Sils, Thun, Zuoz; *5* Arosa, Baden, Davos, Flims, Ragaz, Zinal; *6* Airolo, Arolla, Ascona, Gstaad, Leysin, Lugano, Maloja, Sarnen, Wengen; *7* Champex, Evolena, Locarno, Montana, Muerren, Saas-Fee, Samaden, Samedan, Vitznau, Zermatt; *8* Brissago, Celerina, Champéry, Disentis, Klosters, St. Moritz; *9* Andermatt, Engelberg; *10* Churwalden, Interlaken, Pontresina, Silvaplana; *11* Grindelwald, Lenzerheide, Rheinfelden
- **auf Sizilien:** *8* Acireale, Taormina
- **in der Slowakei:** *7* Pistyan
- **in Slowenien:** *4* Bled
- **im Spessart:** *3* Orb
- **an der Spree:** *12* Fuerstenberg
- **am Starnberger See:** *5* Leoni
- **in der Steiermark:** *6* Admont; *9* Mariazell; *10* Schladming; *12* Gleichenberg
- **in St. Gallen:** *5* Ragaz; *8* Pfaefers
- **in Südengland:** *4* Bath
- **in Südfrankreich:** *3* Dax
- **in Südtirol:** *3* Ala; *5* Meran
- **an der Tauber:** *11* Mergentheim
- **am Taunus:** *5* Soden; *7* Homburg, Nauheim; *10* Schwalbach; *11* Koenigstein; *12* Schlangenbad
- **am Tegernsee:** *5* Egern, Gmund; *7* Wiessee

- **im Tessin:** *6* Ascona, Lugano; *7* Locarno
- **im Teutoburger Wald:** *8* Meinberg; *11* Lippspringe, Rothenfelde
- **in Thüringen:** *7* Ilmenau, Oberhof; *8* Lehesten; *9* Koestritz, Salzungen; *11* Langensalza; *13* Frankenhausen
- **im Thüringer Wald:** *5* Ruhla; *7* Oberhof; *8* Steinach; *11* Blankenburg, Liebenstein, Probstzella, Schwarzburg
- **in Tirol:** *4* Hall; *5* Lienz; *7* Lermoos, Seefeld; *10* Kitzbuehel
- **am Traunsee:** *7* Gmunden
- **in Unterfranken:** *8* Amorbach
- **am Vierwaldstätter See:** *6* Weggis; *7* Brunnen; *12* Buergenstock
- **im Vogtland:** *6* Elster; *8* Brambach
- **in Vorarlberg:** *7* Schruns
- **bei Weimar:** *5* Berka
- **an der Weinstraße:** *9* Duerkheim
- **an der Werra:** *15* Sooden-Allendorf
- **im Weserbergland:** *7* Pyrmont; *8* Meinberg; *9* Salzuflen; *10* Oeynhausen
- **bei Wien:** *5* Baden
- **im Wienerwald:** *5* Baden; *8* Moedling; *9* Mayerling
- **am Wörthersee:** *6* Velden; *11* Poertschach
- **an der Zugspitze:** *7* Grainau

Kurpfuscher: *10* Scharlatan; *11* Quacksalber
Kursabfall: *6* Baisse
Kursabschlag: *6* Deport; *7* Disagio
Kursabweichung durch Strömung: *7* Abtrift
Kursanstieg: *6* Hausse
Kursbestimmung: *10* Navigation
Kurserholung von Effekten: *7* Reprise
kursieren: *11* zirkulieren
Kursunterschied: *4* Agio
Kurve: *5* Bogen, Kehre, Wende; *7* Biegung, Parabel; *9* Kruemmung
Kurvenberührungslinie: *8* Tangente
kurvenloser Strich: *6* Gerade
Kurvenmesser: *10* Kartometer, Kurvimeter
kurvenreiche Bergstraße: *10* Serpentine
kurzgebratene Fleischschnitte: *5* Steak
kurz und bündig: *7* lapidar
kurz und treffend: *9* lakonisch
kurz zusammengefaßt: *10* summarisch
Kurzatmigkeit: *6* Asthma
Kurzdrama: *6* Sketch
kurze(r, s)

- **Abhandlung:** *5* Essay
- **Aufzeichnung:** *5* Notiz
- **Ausflug:** *4* Trip
- **Bericht:** *6* Exposé
- **Besuch:** *11* Stippvisite
- **Dolch:** *7* Stilett
- **Entfernung:** *5* Naehe
- **Entspannung:** *5* Pause
- **Erklärung der Heiligen Schrift:** *6* Katene
- **Erlebnis:** *7* Episode
- **Erzählung:** *7* Novelle
- **Gefecht:** *12* Scharmuetzel
- **heitere Geschichte:** *8* Anekdote
- **Gewehr:** *7* Stutzen
- **Hose:** *6* Shorts
- **Jacke:** *4* Wams; *6* Bolero
- **Kabarettszene:** *6* Sketch; *7* Sketsch
- **Regenfall:** *7* Schauer
- **Ruhepause:** *4* Rast
- **Sinngedicht:** *8* Epigramm
- **Übersicht:** *6* Abriss, Skizze
- **Zeitspanne:** *2* Nu; *6* Moment; *7* Sekunde

Kürzel: *5* Sigel
Kurzform → Kurzwort
Kurzgeschichte: *5* Story; *7* Novelle; *8* Anekdote
Kurzhalsgiraffe: *5* Okapi
kurzlebiges Insekt: *10* Ephemeride; *13* Eintagsfliege
Kurzrockmode: *4* Mini
Kurzschrift: *5* Steno; *12* Stenographie
Kurzschriftschreiber: *10* Stenograph
Kurzschriftsystem: *12* Stolze-Schrey
Kurzschrifttext: *5* Steno; *10* Stenogramm
Kurzschwanzaal: *6* Kuchia
Kurzsichtiger: *4* Myop
Kurzstreckenläufer: *8* Sprinter
Kurzübersicht: *6* Abriss, Skizze
Kürzung: *5* Abzug; *6* Rabatt, Skonto; *8* Nachlass
Kurzwort → Abkürzung
Kurzwort für

- **Abitur:** *3* Abi
- **Akkumulator:** *4* Akku
- **Alphabet:** *3* Abc
- **Aluminium:** *3* Alu
- **Amerikaner:** *3* Ami
- **Artillerie:** *3* Ari
- **Autobus:** *3* Buś
- **Automobil:** *4* Auto
- **Autoreifen:** *4* Pneu
- **bayrischer Rettich:** *4* Radi
- **Berliner Hauptstraße:** *6* Kudamm
- **Diapositiv:** *3* Dia
- **Durchgangszug:** *4* D-Zug
- **Düsenflugzeug:** *3* Jet
- **Düsseldorfer Hauptstraße:** *3* Koe
- **Elektrizität:** *3* Elt
- **Fernschreiben:** *5* Telex
- **Fernsehen:** *2* TV
- **Festlichkeit:** *4* Fete
- **Flugzeugabwehrkanone:** *4* Flak
- **Gangsterbande:** *4* Gang
- **Gefängnis:** *4* Loch; *5* Knast
- **Geschwindigkeitsmesser:** *5* Tacho
- **Hauptfeldwebel:** *6* Spiess
- **internationale Kriminalpolizei:** *8* Interpol
- **Jagdbomber:** *4* Jabo
- **Japaner:** *4* Japs
- **Kapitänleutnant:** *5* Kaleu
- **Königsallee:** *3* Koe
- **Kraftrad:** *4* Krad
- **Kriminalpolizei:** *5* Kripo
- **Kriminalroman:** *5* Krimi
- **Kurfürstendamm:** *6* Kudamm
- **Kurzschrift:** *5* Steno
- **Laboratorium:** *5* Labor

- **Lastkraftwagen:** *3* Lkw
- **Lokomotive:** *3* Lok
- **Luftreifen:** *4* Pneu
- **Mietauto:** *4* Taxe, Taxi
- **Mikron:** *2* My
- **Oberleitungsomnibus:** *4* O-Bus
- **Omnibus:** *3* Bus
- **Panzerabwehrkanone:** *3* Pak
- **Pariser U-Bahn:** *5* Metro
- **Personenwagen:** *3* Pkw
- **Pullover:** *5* Pulli
- **Rio de Janeiro:** *3* Rio
- **Rundfunkempfänger:** *5* Radio
- **San Francisco:** *6* Frisco
- **Sanitäter:** *4* Sani
- **Schnellbahn:** *5* S-Bahn
- **Schutzpolizist:** *6* Schupo
- **Stabsfeldwebel:** *6* Spiess
- **Stadtbahn:** *5* S-Bahn
- **Stenographie:** *5* Steno
- **Tiergarten:** *3* Zoo
- **Transformator:** *5* Trafo
- **Universität:** *3* Uni
- **Untergrundbahn:** *5* U-Bahn
- **Unterseeboot:** *5* U-Boot
- **Volkswagen:** *2* VW

Kusine: *4* Base; *8* Vetterin
Kuß: *7* Busserl
Küste: *4* Ufer; *7* Gestade
Küstenbucht: *4* Haff
Küstenfahrzeug: *4* Ewer; *5* Sloop, Tjalk; *6* Feluke, Kutter, Logger; *9* Schaluppe
Küstenfahrzeug des Mittelmeers: *6* Feluke
Küstenfluß

- **in Flandern:** *4* Yser
- **in Pommern:** *4* Ihna, Leba, Rega
- **in Spanien:** *3* Ter
- **in Südfrankreich:** *3* Tet
- **in Unteritalien:** *4* Sele

Küstengebiet am Mittelmeer: *7* Riviera
Küstengebirge in West-Australien: *7* Darling
Küstenlandschaft

- **an der Adria:** *9* Dalmatien
- **in Arabien:** *9* Hadramaut
- **in Südfrankreich:** *7* Riviera; *8* Camargue
- **in Vorderindien:** *7* Malabar; *10* Koromandel

Küstenschiffahrt: *8* Kabotage
Küstensegelschiff: *6* Logger
Küstenstaat in Brasilien: *5* Ceara; *7* Alagoas
Küstenvogel: *5* Moewe
Küster: *6* Mesner; *8* Kirchner; *9* Gloeckner, Sakristan
Kutsche: *7* Karosse; *8* Droschke, Kalesche
Kutte: *9* Ueberrock; *11* Moenchsrock
Kuvert: *6* Gedeck, Huelle; *8* Konvolut, Umschlag; *9* Enveloppe; *13* Briefumschlag
Kykladeninsel → Insel der Kykladen
Kyklop in Homers Odyssee: *8* Polyphem
kyrillisches Alphabet: *6* Asbuka

L

Lab: *7* Ferment
Labans Tochter: *3* Lea; *5* Rahel
Laberdan: *6* Dorsch
Laboratoriumsgefäß: *7* Retorte
Laborgehilfe: *8* Laborant
Laborgerät: *5* Tubus; *6* Ballon, Filter, Mensur; *7* Pipette, Retorte; *8* Dreifuss, Messglas; *9* Exhaustor, Konverter; *10* Becherglas; *11* Reagenzglas; *12* Messzylinder
Labsal: *5* Trost; *6* Balsam; *7* Wohltat; *9* Staerkung
Labung: *5* Trank
Labyrinthfisch: *6* Gurami; *9* Makropode
Lache: *7* Pfuetze
lächerlich: *6* albern; *8* ridikuel
Lächerlichkeit: *5* Komik
Lachsfisch: *4* Anke, Asch, Salm; *5* Lodde, Renke, Stint; *6* Aesche, Huchen; *7* Felchen, Forelle, Kapelan, Kapelin; *8* Saibling; *9* Rheinsalm, Schnaepel; *11* Blaufelchen
Lackaffe: *4* Beau, Geck; *5* Dandy; *7* Stutzer
Lacküberzug: *5* Lasur; *6* Firnis
Ladebaum: *4* Kran, Mast; *8* Ausleger
Ladebühne: *5* Rampe
Laden: *5* Store; *6* Butike; *7* Magazin
Ladendiener: *6* Kommis
Ladentisch: *5* Theke; *6* Tresen
Ladeöffnung: *3* Luk; *4* Luke
lädieren: *11* ramponieren; *12* beschaedigen
Ladung: *4* Last; *5* Fuhre, Kargo; *6* Buerde, Fracht; *7* Ballast
Laffe: *4* Fant, Geck; *5* Dandy; *6* Fatzke; *7* Stutzer
Lage: *3* Ort; *5* Platz; *6* Stelle; *7* Schicht, Zustand; *8* Position, Stellung; *9* Situation; *11* Sachverhalt; *13* Konstellation
Lagebegriff: *4* oben; *5* unten
Lager: *5* Depot, Store; *6* Vorrat; *7* Magazin; *8* Speicher
Lager
- **des Bären:** *3* Lug
- **im Freien:** *5* Biwak
- **des Hasen:** *6* Kessel
- **für das Ruder eines Ruderbootes:** *5* Dolle

Lagerhaufen: *5* Halde, Miete
Lagerhaus: *4* Silo; *5* Depot; *7* Magazin; *8* Speicher
lagern: *5* ruhen; *6* liegen, rasten; *9* kampieren, speichern
Lagerverwalter: *8* Lagerist
Lagune: *4* Haff; *5* Liman
Laguneninsel bei Venedig: *6* Murano
Laguneninseln: *6* Tuwalu
Lagunenstadt: *7* Venedig
lähmend: *7* panisch
Lähmung: *8* Paralyse
Laie: *7* Amateur; *9* Dilettant; *11* Ungelernter
Laienbruderschaft: *9* Alexianer
Laienrichter: *8* Schoeffe; *12* Geschworener
Lakai: *6* Diener
lakonisch: *4* kurz; *5* knapp
Lamaart: *4* Pako; *6* Alpaka, Vicuna; *7* Guanako, Vikunja
Lamakloster in China: *6* Kumbum
Lamento: *5* Klage; *6* Jammer
Lammfell: *7* Karakul, Krimmer; *9* Persianer; *12* Breitschwanz
Lammfellmütze: *6* Kalpak, Kolpak
Lammleder: *5* Glacé
Lampe: *5* Ampel; *7* Laterne, Leuchte, Luester; *8* Leuchter
Lampe am Kraftfahrzeug: *12* Scheinwerfer
Lampengestell: *10* Kandelaber
Lampion: *5* Ampel; *7* Laterne
Land: *4* Erde; *5* Acker, Boden, Grund, Staat; *7* Gefilde; *9* Kontinent
Land → Staat
Land
- **der Bundesrepublik:** *6* Bayern, Bremen, Hessen; *7* Hamburg, Sachsen; *8* Saarland; *10* Thueringen; *11* Brandenburg; *13* Niedersachsen, Sachsen-Anhalt; *14* Rheinland-Pfalz; *17* Baden-Wuerttemberg, Schleswig-Holstein; *18* Nordrhein-Westfalen, *21* Mecklenburg-Vorpommern
- **der Däumlinge:** *7* Liliput
- **am Jordan:** *4* Moab
- **der Kelten:** *7* Gallien
- **des Lächelns:** *5* China
- **am mittleren Nil:** *6* Nubien
- **der Puszta:** *6* Ungarn
- **des Sonnenaufgangs:** *5* Japan
- **der tausend Seen:** *8* Finnalnd
- **am Tigris:** *4* Elam

Landarbeiter: *6* Knecht
Landarbeiterin: *4* Magd
Landbesitz: *3* Gut, Hof; *4* Farm; *7* Anwesen; *8* Plantage
Landedelmann: *6* Junker
Landenge: *7* Isthmus
Landenge der Krim: *7* Perekop
- **auf Malakka:** *3* Kra

Landeplatz: *5* Hafen; *9* Flugplatz
Landeplatz der Arche Noah: *6* Ararat
- **für Flugzeuge:** *5* Piste
- **für Schiffe:** *3* Kai; *4* Mole, Pier; *5* Hafen

Länderjenseits der Ozeane: *8* Uebersee
Länderei: *10* Latifundie; *11* Grundbesitz; *16* Grossgrundbesitz
Ländereien: *11* Latifundien
landesfremd: *6* extern
Landeshauptmann im früheren Polen: *7* Starost
Landeshauptstadt → Hauptstadt
Landesherr: *7* Monarch; *8* Potentat; *9* Souveraen
Landesherr Jesu: *7* Herodes
Landessprache in Israel: *6* Iwrith
- **in Togo:** *3* Ewe

Landesteil: *3* Gau; *5* Kreis; *6* Bezirk; *7* Provinz

Landesteil
- **von Dänemark:** *8* Juetland
- **der Tschechoslowakei:** *7* Boehmen, Maehren; *8* Slowakei
- **von Vietnam:** *5* Annam; *6* Tonkin; *7* Tonking

Landesverrat: *8* Spionage
Landesverweser: *6* Regent
Landfläche: *4* Flur
Landfremdling in Südamerika: *6* Gringo
Landgut: *3* Hof; *4* Farm; *5* Ranch; *8* Estanzia, Hazienda
Landhaus: *5* Villa; *6* Chalet; *7* Château, Cottage; *8* Bungalow
Landkartenwerk: *5* Atlas
Landkartenzeichner: *10* Kartoghraph
Landkreis: *6* Bezirk
Landkultur: *8* Ackerbau
landläufig: *7* ueblich
ländlich: *8* pastoral, rustikal; *9* arkadisch, idyllisch
ländliches Dasein: *5* Idyll; *6* Idylle
Landmacht eines Staates: *4* Heer; *5* Armee
Landmann: *5* Bauer
Landmesser: *8* Geometer
Landnase: *3* Kap
Landpolizist: *7* Gendarm
Landrücken → Hohenzug
Landschaft: *5* Gau; *6* Bezirk, Gegend; *7* Gefilde

Landschaft
- **im alten Ägypen:** *5* Gosen
- **im Alten Testament:** *7* Aramaea
- **in den Apenninen:** *6* Molise
- **in Arabien:** *4* Asir; *6* Midian; *7* Nedschd; *8* Hedschas
- **in Argentinien:** *5* Pampa
- **in Äthiopien:** *4* Adal; *5* Kaffa
- **in Baden:** *5* Hegau; *7* Linzgau, Ortenau; *8* Breisgau
- **im Balkan:** *8* Thrakien, Thrazien; *10* Mazedonien
- **im Baltikum:** *7* Kurland, Livland; *9* Semgallen; *10* Lettgallen
- **in Bayern:** *9* dHallertau
- **in Belgien:** *7* Brabant, Limburg; *8* Borinage, Flandern, Hennegau
- **im Berner Oberland:** *8* Emmental
- **in Birma:** *6* Arakan
- **am Bodensee:** *5* Hegau
- **in Böhmen:** *8* Egerland
- **in Brandenburg:** *6* Barnim, Zauche; *7* Altmark, Kurmark; *8* Prignitz; *9* Uckermark
- **in Deutschland:** *4* Baar, Ries; *5* Hegau, Pfalz, Senne; *7* Altmark, Ermland, Kurmark, Lausitz, Masuren, Neumark, Pommern, Samland, Schwalm; *8* Breisgau, Prignitz, Rheingau, Schwaben, Stormarn, Vogtland, Wetterau; *9* Ammerland, Friesland, Oberpfalz, Rheinland, Sauerland, Schlesien, Uckermark; *10* Thueringen; *11* Mainfranken, Mecklenburg, Oberfranken, Oberlausitz, Ostpreussen; *12* Dithmarschen, Muensterland, Ostfriesland, Unterfranken; *13* Mittelfranken, Niederlausitz, Nordfriesland, Westfriesland; *16* Lueneburger Heide
- **an der mittleren Donau:** *5* Banat
- **zwischen Donau und Schwarzem Meer:** *10* Dobrudscha
- **bei Düsseldorf:** *10* Neandertal
- **zwischen Elbe und Oder:** *7* Lausitz
- **der Elbmarschen:** *9* Altes Land
- **im Elsaß:** *7* Sundgau
- **an der Elster:** *8* Vogtland
- **in England:** *3* Fen; *8* Cornwall
- **in Frankreich:** *4* Brie, Foix; *5* Anjou, Aunis, Béarn, Berry, Maine, Médoc; *6* Artois, Elsass, Landes, Poitou, Quercy, Vendée; *7* Burgund, Guyenne, Savoyen; *8* Auvergne, Bretagne, Dauphiné, Flandern, Gascogne, Limousin, Périgord, Picardie, Pikardie, Provence, Touraine; *9* Bordelais, Bourgogne, Champagne, Charentes, Languedoc, Normandie, Saintonge; *10* Baskenland, Roussillon
- **am Golf von Neapel:** *9* Kampanien
- **in Graubünden:** *5* Davos; *7* Engadin
- **in Griechenland:** *4* Elis; *6* Achaia, Attika, Epirus, Phokis; *7* Argolis, Laurion; *8* Arkadien, Boeotien, Lakonien, Magnesia, Thrakien, Thrazien; *9* Messenien; *10* Makedonien, Mazedonien, Thessalien
- **in Hessen:** *7* Schwalm
- **in Holstein:** *8* Stormarn; *12* Dithmarschen
- **in Indien:** *5* Berar, Malwa; *8* Bengalen, Gondwana
- **des Irak:** *12* Mesopotamien
- **in Italien:** *6* Emilia, Friaul, Friuli, Latium, Marche, Marken, Molise; *7* Apulien, Chianti, Piemont, Romagna, Toscana, Toskana, Umbrien; *8* Abruzzen, Benevent, Campagna, Ligurien, Venetien; *9* Kalabrien, Kampanien, Lombardei; *10* Basilikata, Monferrato
- **zwischen Jade und Weser:** *11* Butjadingen
- **in Jugoslawien:** *4* Srem; *6* Wardar; *7* Bosnien; *8* Kroatien; *9* Dalmatien, Slawonien; *10* Montenegro; *11* Herzegowina
- **im Kanton Bern:** *8* Emmental
- **in den Karpaten:** *8* Bukowina; *10* Buchenland
- **nördlich der Karpaten:** *8* Galizien
- **in Kaschmir:** *5* Hunsa
- **im Kaukasus:** *8* Ossetien
- **in Kleinasien:** *6* Ionien, Karien, Lykien; *8* Kilikien; *11* Kappadokien, Kappadozien
- **zwischen Lagune und Meer:** *7* Nehrung
- **in Lettland:** *7* Kurland; *9* Semgallen
- **in Libyen:** *6* Fessan
- **in der Mark Brandenburg:** *6* Barnim; *7* Neumark
- **in Mitteldeutschland:** *5* Pfalz; *7* Lausitz, Pommern; *9* Oderbruch; *10* Thueringen
- **in den Niederlanden:** *7* Limburg; *8* Flandern
- **in der Niederlausitz:** *9* Spreewald
- **in Niederösterreich:** *6* Wachau
- **in Niedersachsen:** *6* Hadeln; *7* Emsland; *9* Stedingen
- **in Nigeria:** *5* Benin

- **am Nil:** *6* Nubien
- **in Nordafrika:** *9* Cyrenaika
- **in Nordeuropa:** *8* Lappland
- **in Nordostafrika:** *6* Nubien
- **in Nordostdeutschland:** *11* Ostpreussen
- **in Nordosteuropa:** *8* Karelien
- **in Norwegen:** *8* Telemark; *9* Hardanger, Jotunheim; *12* Hallingdalen
- **im oberen Leinetal:** *9* Eichsfeld
- **im Odenwald:** *11* Bergstrasse
- **in Oldenburg:** *9* Ammerland, Saterland; *11* Butjadingen
- **in Ostafrika:** *8* Usambara
- **in Ostdeutschland:** *7* Lausitz; *9* Schlesien
- **in Österreich:** *7* Pinzgau
- **östlich des Jordans:** *4* Moab
- **in Ostpreußen:** *7* Ermland, Masuren, Samland; *8* Natangen
- **in Palästina:** *4* Edom; *5* Negev; *6* Judaea; *7* Samaria; *8* Galilaea
- **bei Paris:** *4* Brie
- **des Peloponnes:** *4* Elis; *6* Achaia, Argolis; *8* Arkadien, Lakonien; *9* Messenien
- **in Polen:** *5* Posen; *8* Masowien, Podolien
- **in Portugal:** *5* Beira; *11* Estremadura
- **im Rhônedelta:** *8* Camargue
- **um Rom:** *6* Latium; *8* Campagna
- **am Roten Meer:** *4* Asir
- **zwischen Ruhr und Sieg:** *9* Sauerland
- **in Rumänien:** *6* Moldau; *8* Walachei; *9* Gheorghiu; *10* Dobrudscha; *13* Siebenbuergen
- **auf Sachalin:** *4* Aino
- **bei Salzburg:** *6* Pongau
- **in Schleswig-Holstein:** *6* Angeln; *7* Wagrien; *8* Probstei; *12* Dithmarschen
- **in Schottland:** *9* Grampians
- **in Schwaben:** *4* Ries
- **des Schwarzwaldes:** *10* Hotzenwald
- **zwischen Schwarzwald und Schwäbischer Alb:** *4* Baar
- **in Schweden:** *3* Dal; *7* Dalarna, Smaland
- **in der Schweiz:** *7* Engadin; *8* Emmental; *9* Appenzell, Entlebuch, Simmental, Uechtland
- **in Serbien:** *9* Amselfeld
- **in der Slowakei:** *4* Zips
- **in Slowenien:** *5* Krain
- **in Spanien:** *4* Léon; *6* Aragon, Mancha, Murcia; *8* Asturien, Galicien; *9* Aragonien, Kastilien; *10* Andalusien, Kantabrien, Katalonien; *11* Estremadura
- **an der Spree:** *7* Lausitz
- **bei Stuttgart:** *6* Filder
- **in Südafrika:** *8* Kalahari
- **in Südamerika:** *7* Guayana; *9* Gran Chaco; *10* Patagonien
- **im Sudan:** *5* Bornu; *7* Bagirmi
- **in Südbaden:** *8* Breisgau
- **in Südfrankreich:** *8* Camargue, Provence; *9* Languedoc
- **in Südosteuropa:** *5* Banat; *8* Batschka; *10* Mazedonien
- **in Südtirol:** *8* Trentino
- **in Südwestafrika:** *5* Namib
- **in Tansania:** *8* Usambara
- **zwischen Taunus und Rhein:** *8* Rheingau
- **zwischen Theiß, Donau und Südkarpaten:** *5* Banat
- **in Tirol:** *7* Pinzgau
- **in der Toscana:** *7* Chianti
- **in der Tschechoslowakei:** *6* Liptau
- **in der Ukraine:** *8* Galizien, Podolien, Wolynien; *9* Wolhynien
- **in Ungarn:** *5* Banat; *6* Puszta, Pussta
- **in Usbekistan:** *7* Fergana; *8* Ferghana
- **zwischen Vogelsberg und Taunus:** *8* Wetterau
- **zwischen Vogesen und Ardennen:** *10* Lothringen
- **in Vorderindien:** *9* Hindustan, Pandschab
- **an der Weichsel:** *7* Pomorze; *10* Pomesanien; *11* Pommerellen
- **zwischen Weißem und Blauem Nil:** *6* Gesira
- **zwischen Weser und Rhein:** *9* Westfalen
- **in Westafrika:** *6* Guinea
- **im Westerwald:** *10* Siegerland
- **in Westfalen:** *5* Senne; *9* Sauerland
- **bei Wien:** *5* Lobau
- **in Zentralasien:** *7* Buchara; *9* Dsungarei, Turkestan

Landschaftsbeschreibung: *11* Topographie
Landschaftsbild: *8* Szenerie
Landschaftsform: *5* Ebene, Heide; *6* Kueste, Steppe, Wueste; *7* Gebirge; *8* Bergland
Landschaftsform
- **in der Arktis:** *6* Tundra
- **in Nordamerika:** *6* Tundra; *7* Praerie
- **in Norddeutschland:** *5* Heide, Geest; *6* Marsch
- **in Sibirien:** *5* Taiga; *6* Tundra
- **in Südamerika:** *5* Pampa
- **in Ungarn:** *6* Puszta, Pussta

Landschaftsgarten: *4* Park
Landser: *6* Soldat; *9* Muschkote
Landsknechtsspieß: *4* Pike
Landsknechtswaffe: *10* Hellebarde
Landspitze: *3* Kap; *4* Riff; *5* Hoeft, Zunge; *6* Klippe; *9* Halbinsel, Vorsprung
Landstraße: *8* Chaussee
Landstreicher: *5* Tramp; *6* Penner; *7* Bettler, Strolch, Stromer; *8* Streuner, Vagabund; *9* Schnorrer; *10* Pennbruder
Landstreitmacht: *4* Heer; *5* Armee; *6* Truppe
Landstrich: *5* Trakt
Landungsbrücke: *4* Pier
Landvermesser: *7* Geodaet; *8* Geometer
Landvogt von Uri: *7* Gessler
Landvogt bei Wilhelm Tell: *7* Gessler
Landvorsprung: *3* Kap; *5* Hoeft
Landwirt: *5* Bauer; *6* Farmer; *7* Agronom, Oekonom; *8* Agrarier, Pflanzer
Landwirtschaft: *9* Oekonomie; *10* Agrikultur
landwirtschaftlich: *5* agrar
landwirtschaftliche(r, s)
- **Abwehrstoff:** *8* Fungizid, Herbizid; *10* Insektizid; *20* Pflanzenschutzmittel

- **Anbaufläche:** *4* Beet, Feld; *5* Acker
- **Betrieb:** *3* Gut, Hof; *4* Farm; *8* Plantage; *10* Gaertnerei
- **Ertrag:** *5* Ernte
- **Gebäude:** *5* Stall, Tenne; *7* Scheune
- **Gerät:** *4* Egge; *5* Forke, Hacke, Pflug, Sense; *6* Fraese, Rechen, Sichel, Spaten; *7* Grubber; *8* Heugabel; *9* Heuwender; *12* Maehdrescher
- **Großbetrieb in den Tropen:** *8* Plantage
- **Nutzfläche:** *4* Feld; *5* Acker
- **Personal:** *7* Gesinde
- **Produktionsgenossenschaft:** *8* Kolchose
- **Speicher:** *4* Silo; *7* Scheune
- **Vorschriften im Talmud:** *6* Seraim
- **Zugmaschine:** *7* Traktor

Landwirtschaftsorganisation der UN: *3* FAO
Landzunge: *7* Nehrung
Langarmaffe: *3* Lar
langbeiniger Wasservogel: *4* Ibis; *6* Storch; *8* Flamingo
Längenkreis: *8* Meridian
Längenmaß: *2* My; *4* Elle, Fuss, Zoll; *5* Meile, Meter; *6* Mikron; *8* Seemeile; *9* Dezimeter, Kilometer; *10* Millimeter, Zentimenter
langer, schmaler Pelz: *3* Boa
lange(r, s)
- **Festkleid:** *4* Robe
- **Mönchsgewand:** *5* Kutte
- **Obergewand:** *5* Talar; *6* Kaftan
- **Pfahl:** *4* Mast
- **Ruder:** *5* Skull
- **schmaler Umhang:** *5* Stola
- **Schulterkragen der katholischen Geistlichen:** *7* Mozetta
- **Stock:** *4* Stab
- **türkische Tabakspfeife:** *8* Tschibuk
- **überflüssiges Gerede:** *7* Palaver
- **verzweigte Meeresbucht:** *5* Fjord; *6* Foerde
- **wallendes Haar:** *6* Maehne
- **Zug von Auswanderern:** *5* Treck

längere Fahrt: *5* Reise
- **Prosadichtung:** *5* Roman

Langeweile: *8* Einerlei
Langfinger: *4* Dieb; *7* Stehler
Langfisch: *4* Leng
langhalsige Gitarre: *5* Banjo
- **Glasflasche:** *6* Phiole

langhalsiges Steppentier: *7* Giraffe
längliche(r, s)
- **Bernsteinperle:** *5* Olive
- **Gefäß:** *4* Trog
- **Hohlkörper:** *4* Rohr
- **Koralle:** *8* Olivette
- **Rückenkorb:** *5* Kober
- **Sitzbecken:** *5* Bidet
- **Vertiefung:** *3* Nut; *5* Riefe, Rille; *6* Furche

länglichrund: *4* oval
Langmut: *6* Geduld
Langobardenkönig: *4* Tato; *6* Alboin, Audoin, Klaffo; *7* Agilulf, Aripert, Aistulf, Authari, Rothari; *8* Walthari; *10* Desiderius
Langohr: *4* Esel
langsam: *6* traege; *7* pomadig
langsamer Tanz: *5* Blues; *6* Boston
langsames Musikstück: *5* Largo; *6* Adagio
Längsfaden eines Gewebes: *5* Kette
längsgerippter Stoff: *4* Cord
Längsrinne: *5* Riefe
Längsschnitt: *6* Profil
längste Geschäftsstraße der Welt: *8* Broadway
längster Strom der Erde: *3* Nil
längstes Gebirge der Erde: *11* Kordilleren
Languste: *5* Krebs; *11* Panzerkrebs, Ritterkrebs
langweilig: *3* fad, oed; *4* fade; *6* mopsig; *7* monoton
Lanze: *5* Speer; *6* Spiess; *10* Hellebarde
Lanzenreiter: *4* Ulan; *5* Husar; *7* Lancier; *8* Dragoner
Lanzettfisch: *9* Amphioxus
laotische Hauptstadt: *9* Vientiane
- **Münze:** *2* At; *3* Kip

laotischer Grenzfluß: *6* Mekong
lapidar: *4* kurz; *5* knapp
Lappenzelt: *4* Kote
läppisch: *3* fad; *4* fade
Lärm: *5* Krach, Radau, Rumor; *6* Rabatz, Randal, Trubel, Tumult; *7* Getoese, Klamauk, Krakeel, Krawall, Skandal; *9* Spektakel
lärmen: *5* toben, tosen; *7* poltern, rumoren; *8* schreien; *9* krakeelen, kreischen; *11* randalieren
lärmend: *4* laut
Lärminstrument: *6* Rassel; *7* Klapper
Larve: *4* Made; *5* Puppe, Raupe
Larve des Maikäfers: *9* Engerling
- **des Schmetterlings:** *5* Raupe

lasch: *3* lax; *5* leger; *6* salopp; *7* laessig
Laschenkragen der Geistlichen und Richter: *8* Beffchen
lässig: *3* lax; *5* lasch, leger; *6* salopp
lässige Umgangssprache: *5* Slang
Lässigkeit: *11* Nonchalance
Last: *4* Joch; *5* Muehe; *6* Buerde, Ladung; *7* Gewicht
Lastenheber: *4* Kran; *6* Bagger
Lastensegler: *6* Glider
Laster: *5* Sucht; *6* Suende; *7* Unsitte
Lästerung: *5* Fluch; *6* Frevel; *10* Schmaehung
lästig: *10* genierlich
Lastkahn: *5* Prahm; *6* Schute; *8* Leichter
Lastkraftwagen: *5* Truck; *6* Laster
Lastschiff: *6* Tanker; *8* Frachter; *11* Transporter; *15* Containerschiff
Lasttier: *4* Esel, Lama, Muli; *5* Kamel; *8* Dromedar, Maulesel, Maultier; *11* Trampeltier
Lasurstein: *11* Lapislazuli
lateinamerikanisch → südamerikanisch
lateinamerikanische Hauptstadt → Hauptstadt in Mittelamerika → Hauptstadt in Südamerika
lateinamerikanischer Staat → Staat in Mittelamerika → Staat in Südamerika
lateinisch (Sprache)
- **Abend:** *6* vesper
- **aber:** *3* sed

- **Abgabe:** *8* tributum
- **Abscheu:** *6* horror
- **acht:** *4* octo
- **Acker:** *4* ager
- **also:** *4* ergo
- **anders:** *5* alias
- **arm:** *5* miser; *6* pauper
- **Arzt:** *7* medicus
- **auch:** *5* alias
- **auf diese Weise:** *3* ita
- **auf Rechnung:** *6* a conto
- **aus:** *2* ex
- **bete:** *3* ora
- **Bruder:** *6* frater
- **Buch:** *5* liber
- **Buchstabe:** *6* litera
- **Bürger:** *5* civis
- **Ding:** *3* res
- **drei:** *4* tres
- **durch:** *3* per
- **ebenso:** *4* item
- **Ehe:** *11* matrimonium
- **Ehre:** *5* honor
- **eins:** *4* unus
- **Ende:** *5* finis
- **Erde:** *5* terra
- **Erinnerung:** *7* memoria
- **Erzählung:** *6* fabula
- **es ist erlaubt:** *5* licet
- **Fall:** *5* casus
- **feindlich:** *6* hostil
- **Feldherr:** *9* imperator
- **Fläche:** *4* area
- **folglich:** *4* ergo
- **Frau:** *6* femina
- **Freund:** *6* amicus
- **Freundin:** *5* amica
- **Frieden:** *3* pax
- **früher:** *4* olim
- **fünf:** *7* quinque
- **für:** *3* pro
- **Gattung:** *5* genus
- **gegen:** *6* contra
- **Gegenwart:** *8* praesens
- **gelehrig:** *5* dozil
- **Geschlecht:** *5* sexus
- **Gesetz:** *3* lex
- **gewissermaßen:** *5* quasi
- **Glaube:** *5* fides
- **gleich:** *6* aequal
- **Glück:** *7* fortuna
- **Gold:** *5* aurum
- **Gott:** *4* deus
- **göttlich:** *5* divin
- **groß:** *6* magnus
- **Grund:** *5* causa
- **gut:** *5* bonus
- **Hafen:** *6* portus
- **Hand:** *5* manus
- **handeln:** *7* agieren
- **Haus:** *5* domus
- **heilig:** *7* sanktus
- **ich:** *3* ego
- **im Jahre:** *4* anno
- **innen:** *5* intus
- **inwendig:** *5* intus
- **ist:** *3* est
- **König:** *3* rex
- **Königin:** *6* regina
- **Kreis:** *5* orbis
- **Kreuz:** *4* crux
- **Krone:** *6* corona
- **Kunst:** *3* ars
- **Leben:** *4* vita
- **Liebe:** *4* amor
- **Löwe:** *3* leo
- **Luft:** *3* aer
- **Meer:** *4* mare
- **Mond:** *4* luna
- **Mutter:** *5* mater
- **nach Belieben:** *9* ad libitum
- **Nacht:** *3* nox
- **Name:** *5* nomen
- **nein:** *3* non
- **neun:** *5* novem
- **nicht:** *2* ne
- **nichts:** *5* nihil
- **ohne Ende:** *11* ad infinitum
- **Rad:** *4* rota
- **Recht:** *3* ius
- **Sache:** *3* res
- **Schiff:** *5* navis
- **sechs:** *3* sex
- **sieben:** *6* septem
- **Sieg:** *8* victoria
- **so:** *3* ita, sic
- **Sohn:** *6* filius
- **sondern:** *3* sed
- **Sonne:** *3* sol
- **Straße:** *3* via
- **Stunde:** *4* hora
- **Tag:** *4* dies
- **Teil:** *4* pars
- **Tor:** *5* porta
- **über:** *5* super
- **und:** *2* et
- **unter:** *3* sub
- **Vater:** *5* pater
- **Vaterland:** *6* patria
- **Vernunft:** *5* ratio
- **Verstand:** *5* ratio
- **vier:** *8* quattuor
- **Volk:** *7* populus
- **von Anfang an:** *5* ab ovo
- **vor:** *4* ante
- **Vorzeichen:** *4* omen
- **Wasser:** *4* aqua
- **Weg:** *4* iter
- **Werk:** *4* opus
- **Wort:** *6* verbum
- **Zahl:** *7* numerus
- **zehn:** *5* decem
- **Zeichen:** *6* signum
- **Zeit:** *6* tempus

- **Zorn:** *3* ira
- **zu den Akten:** *6* ad acta
- **zu diesem Zweck:** *5* ad hoc
- **zur Sache:** *5* ad rem
- **Zustand:** *6* status
- **zwei:** *3* duo
- **zweimal:** *3* bis
- **zwischen:** *5* inter

lateinische(r,s)
- **Bibelübersetzung:** *5* Itala; *7* Vulgata
- **Grußwort:** *3* ave; *5* salve
- **Name für Irland:** *8* Hibernia
- **Schrift:** *7* Antiqua

Lateinschrift: *7* Antiqua
Laterne: *5* Lampe; *7* Lampion, Leuchte
Laternenträger: *10* Kandelaber
Latrine: *5* Abort, Lokus; *7* Abtritt; *12* Donnerbalken
Latte: *5* Brett; *6* Leiste, Stange
Lattengestell: *5* Horde
Lattenkiste: *6* Harass
Lattenzaun: *6* Staket
Laubbaum: *4* Aspe, Erle, Espe, Iper, Ulme; *5* Ahorn, Birke, Buche, Eiche, Eller, Esche, Linde, Weide; *6* Akazie, Felber, Pappel; *7* Hikkory, Platane, Robinie, Ruester, Walnuss; *8* Holunder, Kastanie, Nussbaum; *9* Buchsbaum, Eberesche, Feldahorn, Hagebuche, Hainbuche, Korkeiche, Tamariske; *10* Massholder, Weissbuche
Laubbaumfrucht: *5* Ecker; *6* Eichel, Marone; *8* Kastanie; *9* Buchecker
Laubengang: *7* Pergola
Laubgehölz: *5* Hasel; *10* Hartriegel
Laubgewinde: *5* Kranz; *6* Feston; *8* Girlande
Laubgirlande: *6* Feston
Laubsänger: *5* Fitis; *8* Zilpzalp; *12* Schwirrvogel
Laubwerk in der bildenden Kunst: *9* Feuillage
Lauchart: *5* Bolle; *6* Porree; *7* Zipolle, Zwiebel; *9* Knoblauch, Schalotte
lauchgrüner Bergkristall: *6* Prasem
Lauf: *4* Bahn, Gang, Kurs
Laufbahn: *8* Karriere
Laufbrett: *4* Steg
Laufbrücke zwischen Schiff und Ufer: *7* Gangway
Laufbursche: *4* Bote
laufende Folgen: *6* Serien
- **Rechnung:** *12* Kontokorrent

Läufer: *8* Sprinter
Lauffläche des Schuhs: *5* Sohle
Laufgarten für Pferde: *7* Paddock
Laufgehege des Viehs: *6* Koppel
Laufgraben: *5* Sappe
Laufjunge: *3* Boy
Laufkäfer: *11* Goldschmied; *13* Puppenraeuber; *14* Feldsandkaefer, Goldlaufkaefer
Laufleine für Pferde: *5* Longe
Laufplanke: *4* Steg
Laufschiene: *4* Kufe
Laufschuhe: *6* Spikes
Laufvogel: *3* Emu, Moa; *4* Kiwi; *5* Nandu; *6* Kasuar; *7* Strauss
Lauge: *4* Base
Lauge zum Bleichen: *6* Beuche
Laune: *4* Lust; *5* Mucke; *6* Grille, Mucken; *7* Kaprice, Marotte; *8* Schrulle
launenhaft: *6* bizarr; *10* kaprizioes
launig: *7* humorig
Lausbub: *5* Range; *6* Bengel
Lausbub bei Wilhelm Busch: *3* Max; *6* Moritz
lauschen: *7* horchen
Läuse-Ei: *5* Nisse
Laut: *3* Ton; *4* Hall; *5* Klang; *6* Schall; *9* Geraeusch
laut rufen: *8* bruellen, schreien
laute Warnung vor Gefahr: *5* Alarm
lauter: *3* pur; *4* rein; *6* schier; *8* gediegen
lauter Beifall: *7* Ovation
- **Ruf:** *6* Schrei

Lauterkeit: *11* Integritaet
läutern: *11* sublimieren
lautgemäß: *10* phonetisch
Lautlehre: *8* Phonetik
lautlos: *5* still
Lautstärkeneinheit: *4* Phon
Lautstärkenmesser: *10* Phonometer
lax: *6* locker; *7* schlaff; *11* nachlaessig
Layout: *6* Skizze; *7* Entwurf
Leanders Geliebte: *4* Hero
Lebemann: *4* Roué; *9* Bonvivant
Leben: *4* Sein, Vita; *6* Dasein; *8* Existenz
lebendig: *4* rege; *5* quick, vital; *7* beseelt, lebhaft; *9* organisch; *11* anschaulich
Lebendigkeit: *10* Vitalitaet
Lebensabend: *5* Alter
Lebensabriß eines Verstorbenen: *7* Nachruf
Lebensabschnitt: *5* Alter; *6* Jugend; *8* Kindheit
Lebensart: *4* Stil, Takt; *7* Politur; *8* Manieren
Lebensbaum: *5* Thuja
lebensbejahender Mensch: *8* Optimist
Lebensbejahung: *10* Optimismus
Lebensbeschreibung: *10* Biographie
Lebensbund: *3* Ehe
Lebensdauer: *5* Alter
Lebensende: *3* Tod; *6* Exitus
Lebenserinnerungen: *8* Memoiren
Lebenserwerb: *9* Unterhalt
lebensfähig machen: *8* sanieren
lebensgefährlich: *8* toedlich
lebensgefährlicher Stoff: *4* Gift
Lebensgefährte: *5* Gatte; *6* Gattin, Gemahl; *7* Ehefrau, Ehemann; *8* Gemahlin
Lebensgeist: *8* Spiritus
Lebensgemeinschaft: *3* Ehe
lebensgroße Puppe für Autotests: *5* Dummy
Lebensgrundsatz: *5* Ethos; *6* Maxime
Lebenserhaltung: *8* Standard
Lebenshauch: *4* Atem, Odem
Lebenskraft: *10* Vitalitaet
lebenskräftig: *5* vital
Lebenskreis: *7* Sphaere
Lebenskunde: *8* Biologie

Lebenslage: *9* Situation
Lebensmittel: *2* Ei; *4* Brot, Mehl, Obst, Reis; *5* Fisch, Kaese, Milch, Wurst; *6* Butter, Furage, Zucker; *7* Fleisch, Gemuese; *8* Proviant; *10* Viktualien
lebensnotwendig: *10* essentiell
Lebensprinzip: *6* Maxime
Lebenssaft: *4* Blut; *7* Elixier
Lebensstil: *12* modusvivendi
Lebenssubstanz: *11* Protoplasma
Lebensumstände: *6* Milieu
Lebensunfähigkeit: *6* Abiose
Lebensunterhalt: *8* Alimente
Lebensverband wilder Tiere: *5* Rudel
lebensverneinender Mensch: *9* Pessimist
lebensvoll: *4* rege
lebenswichtige Stoffe für den Körper: *8* Vitamine
lebenswichtiges Gewürz: *4* Salz
Leberentzündung: *9* Hepatitis
Leberfleck: *9* Muttermal
Leberkraut: *9* Haselwurz
Lebersekret: *5* Galle
Lebertran vom Kabeljau: *6* Kodoel
Lebewesen: *4* Tier; *6* Mensch; *7* Kreatur, Pflanze; *9* Geschoepf; *10* Organismus
Lebewohl: *3* Ade; *5* Adieu, Valet
lebhaft: *4* rege; *5* alert, quick, vital; *6* munter; *8* impulsiv; *10* aufgeweckt; *15* temperamentvoll
lebhafter Mensch: *11* Sanguiniker
lebhaftes Musikstück: *5* Rondo; *7* Allegro
Lebhaftigkeit: *11* Temperament
Lebkuchenstadt: *9* Nuernburg
Lebkuchenunterlage: *6* Oblate
leblos: *3* tot; *5* starr
lecker: *7* delikat; *9* koestlich
Leckerbissen: *8* Leckerei; *11* Delikatesse
Leckermaul: *7* Gourmet; *8* Gourmand; *9* Geniesser
Ledas Sohn: *6* Castor, Kastor, Pollux
Ledas Tochter: *6* Helena
Lederarbeiter: *6* Gerber; *7* Sattler; *8* Schuster; *11* Schuhmacher
Lederart: *3* Kid; *4* Afer; *5* Glacé, Nappa; *7* Boxcalf, Chagrin, Chamois, Juchten, Korduan, Rindbox, Saffian; *8* Chevreau, Krokodil
Lederfleck: *7* Riester
Ledergeschirr: *5* Siele
Ledergurt: *6* Riemen
Lederhaut der Wirbeltiere: *5* Kutis
Ledermesser: *5* Kneif
ledern: *4* zaeh
Lederpeitsche: *5* Knute; *7* Nagaika
Lederriemen: *4* Gurt
Lederschuh der Indianer: *8* Mokassin
Lederstreifen: *6* Riemen
Lederwams: *6* Koller
Lederwarenstadt: *9* Offenbach
ledig: *3* bar; *4* frei; *5* bloss; *6* allein; *10* ungebunden
lediglich: *3* nur
leer: *3* fad; *4* fade, hohl, inan; *6* blanko, vakant; *7* nichtig; *9* inhaltlos
Leere: *4* Oede; *6* Vakuum
leere Redensart: *6* Phrase
leeres Gerede: *6* Schmus; *7* Schnack
– Geschwaetz: *8* Larifari
Leergewicht: *4* Tara
Leergut: *7* Fastage, Fustage
leerpumpen: *6* lenzen
Leerseite: *5* Vakat
Legation: *13* Gesandtschaft
Legehuhn: *5* Henne
Legende: *4* Sage
Legende von Molnár: *6* Liliom
Legendenspiel: *7* Mirakel
leger: *3* lax; *6* salopp; *7* laessig
Legföhre: *7* Latsche
Legierung: *5* Dural, Talmi; *6* Bronze, Tombak; *7* Messing; *10* Konstantan
Legierung aus Kupfer und Zink: *7* Messing
– aus Kupfer und Zinn: *6* Bronze
Legitimation: *7* Ausweis
Leguan: *8* Basilisk
Lehen: *7* Benefiz
Lehmart: *3* Ton
Lehnsessel: *8* Fauteuil
lehnsfreies Land: *5* Allod
Lehnsmann: *6* Vasall
lehnsrechtlich: *6* feudal
Lehnstuhl: *8* Fauteuil
Lehnsverband: *4* Clan
Lehnsverrat: *7* Felonie
Lehnswesen: *11* Feudalismus
Lehramt: *8* Dozentur, Lektorat; *9* Professur
Lehranstalt: *3* Uni; *6* Lyzeum, Schule; *7* Seminar; *8* Akademie, Internat; *9* Gymnasium, Technikum; *12* Universitaet
Lehraufgabe: *6* Pensum
Lehrauftrag: *8* Dozentur, Lektorat; *9* Professur
Lehrausflug: *9* Exkursion
Lehrbefähigung: *8* Fakultas
Lehrbuch: *5* Fibel; *10* Kompendium
Lehre: *5* Dogma, Kunde; *7* Doktrin, Lektion, Theorie; *8* Schulung; *9* Erziehung; *10* Ausbildung; *11* Instruktion
Lehre → Wissenschaft
Lehre
– vom Ackerbau: *9* Agronomie
– von der Arzneimittelzubereitung: *9* Pharmazie
– vom Auge: *14* Ophthalmologie
– von den ausgestorbenen Lebewesen: *14* Palaeontologie
– von den Bakterien: *13* Bakteriologie
– von Bau und Geschichte der Erde: *8* Geologie
– von der belebten Natur: *8* Biologie
– von der Beseelung: *9* Animismus
– vom Blut: *9* Serologie
– vom Boden: *9* Pedologie
– von der Chemie in lebenden Organismen: *9* Biochemie
– vom Denken: *5* Logik
– von der Dichtkunst: *6* Poetik

- **vom Drama:** *11* Dramaturgie
- **von den Duftstoffen:** *9* Osmologie
- **der Eigenschaften der Stoffe:** *6* Chemie
- **vom Endschicksal:** *12* Eschatologie
- **von der Energie:** *9* Energetik
- **von der Entstehung des Menschen:** *13* Anthropogenie
- **von der Erbgesundheit:** *7* Eugenik
- **von der Erzverarbeitung:** *11* Metallurgie
- **von den Fischen:** *12* Ichthyologie
- **vom Flugwesen:** *7* Aviatik
- **der Frauenkrankheiten:** *12* Gynaekologie
- **von den Geisteskrankheiten:** *11* Psychiatrie
- **von den Gesetzen des Lebens:** *8* Bionomie
- **von den Gesetzen menschlichen Lebens:** *13* Anthroponomie
- **von den Giften:** *11* Toxikologie
- **vom Gleichgewicht der Körper:** *6* Statik
- **von den Gleichungen:** *7* Algebra
- **vom Hund:** *9* Kynologie
- **vom Klima:** *12* Klimatologie
- **vom Körperbau der Lebewesen:** *8* Anatomie
- **von den Krankheiten:** *10* Pathologie
- **vom Leben:** *8* Biologie
- **von den Lebensvorgängen:** *11* Physiologie
- **von der Lebensweise der Tiere:** *9* Ethologie
- **vom Licht:** *5* Optik
- **von der Liebe:** *6* Erotik
- **vom Magnetismus:** *12* Magnetologie
- **von mathematischen Gleichungen:** *7* Algebra
- **vom Menschen:** *13* Anthropologie
- **vom menschlichen Körper:** *11* Somatologie
- **von den Mißbildungen:** *11* Teratologie
- **Mohammeds:** *5* Islam
- **von den Nerven:** *10* Neurologie
- **von den räumlichen Größen:** *12* Stereometrie
- **von der Redekunst:** *8* Rhetorik
- **von den Riechstoffen:** *9* Osmologie
- **vom Satzbau:** *6* Syntax
- **vom Schall:** *7* Akustik
- **vom Schießen:** *9* Ballistik
- **vom Schönen:** *9* Aesthetik
- **vom Sein:** *9* Ontologie
- **vom Sittlichen:** *5* Ethik
- **vom Übersinnlichen:** *11* Okkultismus
- **der Umweltbeziehungen:** *9* Oekologie
- **von den unbelebten Dingen der Natur:** *6* Physik
- **von den Ursachen des Seins:** *10* Metaphysik
- **vom Verbrechen:** *12* Kriminologie
- **vom Verhalten der Tiere:** *9* Ethologie
- **von den Versmaßen:** *6* Metrik
- **von den Wappen:** *8* Heraldik
- **vom Wasser:** *10* Hydrologie
- **vom Wetter:** *12* Meteorologie
- **vom Widerhall:** *10* Katakustik

Lehrer: *6* Dozent, Lektor, Mentor, Pauker; *7* Trainer; *8* Erzieher, Magister; *9* Paedagoge, Professor; *10* Praezeptor

Lehrer
- **des Achill:** *6* Chiron
- **Alexanders des Großen:** *11* Aristoteles
- **der Anatomie:** *6* Anatom
- **des Aristoteles:** *5* Plato; *6* Platon
- **Dürers:** *8* Wolgemut
- **Karls des Großen:** *6* Alkuin
- **Platons:** *8* Sokrates
- **des Telemach:** *6* Mentor

Lehrertisch: *4* Pult; *8* Katheder
Lehrfabel: *6* Apolog
Lehrfahrt: *9* Exkursion
Lehrgang: *4* Kurs; *6* Kursus
lehrhaft: *10* didaktisch
lehrhafte Erzählung: *5* Fabel
Lehrherr: *7* Meister
Lehrling: *5* Eleve, Stift; *7* Pikkolo
Lehrmeinung: *5* Dogma, These; *7* Doktrin, Theorie
Lehrplan: *8* Programm
lehrreich: *10* instruktiv; *11* interessant
Lehrsatz: *5* Dogma, These; *7* Doktrin, Theorem
Lehrstoff: *6* Pensum
Lehrstück: *7* Parabel
Lehrstuhl: *8* Katheder; *9* Professur
Lehrstunde: *7* Lektion
Leib: *5* Bauch
Leibbinde: *8* Schaerpe
Leibbürge: *6* Geisel
Leibchen: *6* Mieder; *7* Korsett
Leibeigener: *6* Sklave
Leibesertüchtigung: *5* Sport; *6* Turnen; *9* Gymnastik
Leibesfrucht: *5* Fetus; *6* Embryo
Leibesfülle: *10* Embonpoint
Leibesübungen: *5* Sport; *6* Turnen; *9* Gymnastik
Leibgurt der Krieger bei Homer: *5* Mitra
leibhaftig: *4* real; *7* konkret; *8* dinghaft, wirklich
leiblich: *9* somatisch
leibliche Erzieher: *6* Eltern
Leibrente: *7* Apanage
Leibriemen: *4* Gurt; *6* Koppel; *7* Guertel
Leibschmerz: *5* Kolik
Leibwache: *5* Garde
- **des Papstes:** *10* Nobelgarde
- **der russischen Zaren:** *10* Strelitzen

Leibwächter: *7* Trabant; *8* Satellit
- **bayerischer Könige:** *10* Hartschier
- **orientalischer Herrscher:** *8* Mameluck

Leichenausgrabung: *11* Exhumierung
Leichenbegängnis: *10* Bestattung
Leichenfeierlichkeiten: *10* Funeralien
Leichenöffnung: *7* Sektion; *8* Autopsie; *9* Obduktion
Leichenschauhaus in Paris: *6* Morgue
Leichenverbrennungsanlage: *11* Krematorium
Leichenzug: *7* Kondukt
Leichnam: *6* Leiche; *7* Kadaver
leicht: *5* flott; *7* einfach; *8* muehelos, unschwer; *10* gewichtlos

leicht
- **regnen:** *7* nieseln
- **reizbar:** *8* sensitiv
- **veränderlich:** *5* labil

leichtathletische Übung: *5* Gehen; *6* Laufen,

Werfen; *8* Springen, Waldlauf; *9* Schwimmen, Zehnkampf; *10* Dreisprung, Fuenfkampf, Hochsprung, Weitsprung; *11* Huerdenlauf, Kugelwerfen, Speerwerfen, Staffellauf; *12* Diskuswerfen, Hammerwerfen, Kugelstossen, Marathonlauf, Steinstossen; *13* Hindernislauf, Stafettenlauf; *14* Stabhochsprung
leichtathletisches Gerät: *4* Stab; *5* Kugel, Speer; *6* Diskus, Hammer
leichter
- **Betrug:** *5* Schmu; *7* Mogelei
- **Einspänner:** *3* Gig
- **Jagdwagen:** *7* Dogcart
- **Luftzug:** *5* Hauch
- **offener Wagen:** *5* Break; *9* Britschka
- **Rausch:** *7* Schwips
- **Spott:** *6* Ironie

leichtfertig: *6* frivol
leichtfertiges Mädchen: *8* Grisette
leichtflüchtige Flüssigkeit: *6* Aether, Azeton, Benzin
Leichtfuß: *13* Schwerenoeter
leichtgläubig: *6* arglos
leichtlebig: *3* flott; *10* liederlich
Leichtmetall: *3* Alu; *6* Kalium; *7* Caesium, Natrium; *9* Aluminium, Beryllium, Magnesium
Leichtöl: *5* Sprit; *6* Benzin, Benzol
leichtsinnig: *7* achtlos, sorglos; *10* unbesonnen; *11* fahrlaessig
leichtsinniger Mensch: *7* Holdrio; *8* Hallodri
Leid: *3* Weh; *4* Crux, Gram, Harm; *5* Uebel; *6* Kummer, Trauer; *7* Schmerz; *8* Truebsal
leid tun: *5* reuen
Leideform: *6* Passiv
Leiden: *9* Gebrechen, Gebresten, Martyrium
Leiden Christi: *7* Passion
leidend: *6* passiv
Leidenschaft: *6* Affekt, Pathos; *7* Passion; *8* Inbrunst
leidenschaftlich: *9* enragiert
leidenschaftlicher Jäger: *6* Nimrod
Leidenschaftlichkeit: *6* Furore; *12* Enthusiasmus
Leidensgeschichte Christi: *7* Passion
Leidensweg Christi: *8* Kreuzweg
leidlich: *8* passabel
Leier: *4* Lyra
Leierkasten: *9* Drehorgel
leihen: *6* borgen, pumpen
Leim: *6* Kleber; *8* Gelatine, Kleister; *9* Klebstoff
leimartig: *6* viskos
leimartiges Eiweiß: *8* Kollagen
leimen: *6* kleben
Lein: *6* Flachs
Leine: *4* Seil; *6* Schnur, Strick, Zuegel; *7* Strippe
Leine zum Segelschnüren: *6* Geitau
Leinengewebe: *5* Drell; *6* Inlett, Linnen; *9* Weisszeug
Leinentuch: *5* Laken
Leinöl: *6* Firnis
leise: *5* piano, sacht
leise sprechen: *6* raunen; *9* fluestern
Leistung: *3* Tat; *6* Arbeit, Dienst, Effekt, Ertrag; *8* Funktion
leistungsfähig: *3* fit
leistungsfähig machen: *8* sanieren
Leistungsfähigkeit: *6* Potenz; *9* Kondition, Potential
Leistungslohn: *6* Akkord
Leistungssportler: *6* Athlet
Leitbild: *5* Ideal
leiten: *6* lenken; *7* managen; *8* regieren; *9* bugsieren, vorstehen; *10* dirigieren
leitende Angestellte: *10* Direktrice
leitender Angestellter: *8* Direktor; *9* Prokurist
leitender Ausschuß: *7* Komitee
Leiter: *4* Boss, Chef; *6* Lenker, Regens; *7* Manager; *8* Direktor
Leiter
- **eines Bankgeschäftes:** *7* Bankier
- **einer Bühne:** *9* Intendant
- **des Don-Kosaken-Chors:** *6* Jaroff
- **einer Hochschulfakultät:** *5* Dekan
- **der Kirchenmusik:** *6* Kantor
- **eines Klosters:** *3* Abt; *5* Prior
- **einer Meuterei:** *14* Raedelsfuehrer
- **eines Ministeriums:** *8* Minister
- **eines Orchesters:** *8* Dirigent
- **der Politik eines Staates:** *7* Kanzler
- **einer Redaktion:** *13* Chefredakteur
- **einer Rundfunkanstalt:** *9* Intendant
- **einer Schule:** *6* Rektor; *8* Direktor
- **des Spielmannszuges:** *12* Tambourmajor
- **einer Sportmannschaft:** *8* Kapitaen, Teamchef; *11* Equipenchef
- **eines Theaters:** *9* Intendant
- **einer Wanderbühne in der Antike:** *7* Thespis

Leiterin: *6* Chefin; *10* Direktrice
Leiterstufe: *7* Sprosse
Leiterteil: *4* Holm; *7* Sprosse
Leitfaden: *6* Abriss; *8* Handbuch; *9* Vademekum; *10* Kompendium
Leitgedanke: *5* Ideal, Motiv, Thema
Leitsatz: *5* These
Leitseil für Pferde: *5* Longe
Leitspruch: *5* Motto; *6* Devise
Leitstelle: *8* Zentrale
Leitung: *4* Rohr; *5* Kabel, Kanal, Regie; *8* Aufsicht, Fuehrung; *9* Direktion
Leitungsdraht: *5* Kabel, Litze
Lektüre: *4* Buch; *7* Zeitung; *9* Lesestoff, Literatur; *11* Zeitschrift
Lemur: *4* Maki
Lendenstück: *5* Filet
Lendentuch der Inder: *5* Dhoti
lenken: *7* steuern; *8* regieren; *10* dirigieren
Lenkrad: *6* Steuer, Volant
lenksam: *8* flexibel
Lenzing: *5* Maerz
Leopard: *7* Panther
Lepraknoten: *6* Leprom
Leprastation in Nigeria: *3* Itu
Lernabschnitt: *7* Lektion
lernen: *5* ueben; *9* studieren

Lernzeit: *5* Lehre
Lesart: *7* Fassung, Version
Lesbierin: *7* Tribade
Lese: *5* Ernte
Lesebuch: *5* Fibel
Lesebühne: *4* Ambo
Leseglas: *4* Lupe; *6* Brille
Lesepult in mittelalterlichen Kirchen: *4* Ambo
Leseschwäche: *11* Legasthenie
Lesestoff: *8* Lektuere; *9* Literatur
Lesestörung: *9* Paralexie
lethargisch: *5* muede; *6* passiv; *12* teilnahmslos
Letos Sohn: *5* Apoll; *6* Apollo; *7* Apollon
- **Tochter:** *7* Artemis

Letterngießform: *5* Mater
lettische(r)
- **Fluß:** *5* Duena
- **Hauptstadt:** *4* Riga
- **Landschaft:** *7* Kurland, Livland; *9* Semgallen; *10* Lettgallen
- **Münze:** *3* Lat
- **Stadt:** *4* Riga; *5* Libau, Mitau
- **Volksstamm:** *5* Kuren

Lettland: *7* Latvija
letzte(r, s)
- **ägyptische Königin:** *8* Narriman
- **Anstrengung:** *8* Endspurt
- **Aufforderung:** *9* Ultimatum
- **Aztekenherrscher:** *9* Montezuma
- **bulgarische Königin:** *8* Giovanna
- **Forderung:** *9* Ultimatum
- **Frau Attilas:** *6* Ildico, Ildiko
- **Großmogul von Indien:** *9* Aurangzeb
- **italienische Königin:** *9* Marie José
- **Kaiser von Annam:** *6* Bao Dai
- **Kaiser von Äthiopien:** *13* Haile Selassie
- **Kaiser von China:** *4* Pu Yi
- **Kaiserin von Österreich:** *4* Zita
- **König von Ägypten:** *5* Faruk
- **König von Albanien:** *4* Zogu
- **König von Bulgarien:** *6* Simeon
- **König von Irak:** *6* Faisal, Feisal
- **König von Italien:** *7* Humbert, Umberto
- **König von Jugoslawien:** *5* Peter
- **König der Langobarden:** *10* Pesiderius
- **König von Libyen:** *5* Idris
- **König der Meder:** *8* Astyages
- **König von Montenegro:** *6* Nikita, Nikola
- **König der Ostgoten:** *4* Teja
- **König von Portugal:** *6* Manuel
- **König des Reiches Israel:** *5* Hosea
- **König von Spanien:** *6* Alfons; *7* Alfonso
- **Königin von Ägypten:** *8* Narriman
- **Königin von Bulgarien:** *8* Giovanna
- **Königin von Italien:** *9* Marie-José
- **Königin von Spanien:** *3* Ena
- **Königin von Ungarn:** *4* Zita
- **Kronprinz von Montenegro:** *6* Danilo
- **Mahnung:** *9* Ultimatum
- **Minnesänger aus Tirol:** *20* Oswald von Wolkenstein
- **Mittel:** *11* Ultima ratio
- **Mohikaner bei Cooper:** *5* Unkas
- **Nacht im Fasching:** *9* Fastnacht
- **österreichische Kaiserin:** *4* Zita
- **Ostgotenkönig:** *4* Teja
- **Ruhestätte:** *4* Grab
- **Schah von Persien:** *11* Reza Pahlevi
- **spanische Königin:** *3* Ena
- **Tag im Jahr:** *9* Silvester
- **Tag des Monats:** *6* Ultimo
- **Wandalenkönig:** *7* Gelimer
- **Westgotenkönig:** *8* Roderich
- **Wille:** *9* Testament
- **Zar von Rußland:** *7* Nikolaj; *8* Nikolaus

letztwillige Verfügung: *9* Testament
Leuchte: *5* Kerze, Lampe; *7* Laterne
leuchten: *9* irisieren
leuchtender Schein: *5* Glanz
Leuchter: *8* Flambeau; *10* Kandelaber
Leuchterscheinung im Sumpf: *8* Irrlicht
Leuchtkäfer: *9* Gluehwurm
Leuchtkörper: *5* Ampel, Lampe; *6* Fackel; *7* Laterne, Luester
Leuchtöl: *9* Petroleum
Leuchtsardinen: *6* Iniomi
Leuchtstab: *10* Neonroehre; *12* Taschenlampe
Leuchtstärke: *4* Phot
Leuchtstoff: *8* Phosphor
Leuchtturm: *4* Faro; *6* Pharos
Leuchtzeichen: *5* Fanal
Leugner der Dreifaltigkeit: *9* Unitarier
Leugnung der Erkenntnisfähigkeit: *13* Agnostizismus
- **der Existenz Gottes:** *9* Atheismus

Leumund: *3* Ruf; *7* Ansehen; *8* Renommee
leutselig: *6* jovial
Levitenamt der katholischen Kirche: *7* Hochamt
lexikale Wortschatzeinheit: *5* Lexem
Lexikon zur Erklärung alter Schriften: *6* Clavis
Lianen tropischer Regenwälder: *6* Gnetum
libanesische
- **Hauptstadt:** *6* Beirut
- **Münze:** *7* Piaster
- **Stadt** → Stadt im Libanon

Libelle: *6* Agrion; *13* Wasserjungfer; *14* Schlankjungfer
liberianische Hauptstadt: *8* Monrovia
libysche(r)
- **Bucht:** *5* Syrte; *11* Grosse Syrte
- **Geröllwüste:** *5* Serir
- **Hafenstadt:** *5* Derna; *6* Tobruk; *7* Bengasi; *8* Tripolis
- **Hauptstadt:** *7* El Beida; *8* Tripolis
- **König:** *5* Idris
- **Nachrichtenagentur:** *4* Jana
- **Oase:** *3* Gat; *5* Kufra; *6* Mursuk; *7* Gadames
- **Politiker:** *7* Gaddafi, Kadhafi
- **Provinz:** *6* Fessan
- **Residenzstadt:** *7* Bengasi
- **Stadt** → Stadt in Libyen

licht: *4* hell
Lichtband: *8* Spektrum
Lichtbild: *4* Foto; *5* Photo

Lichtbildgerät: *6* Kamera
Lichtbildner: *8* Fotograf; *10* Photograph
Lichtbildsammlung: *9* Photothek
Lichtbildstreifen: *4* Film
Lichtbildwerfer: *9* Projektor
Lichtblick: *8* Hoffnung
Lichtbrecher: *6* Prisma
Lichtbrechung: *10* Refraktion
lichte Weite: *7* Kaliber
Lichtengel: *6* Cherub, Seraph
Lichterfest der Juden: *8* Chanukka
Lichterscheinung bei elektrischer Entladung: *5* Blitz; *9* Elmsfeuer, Nordlicht; *10* Polarlicht
Lichtfülle: *5* Helle
Lichtgehäuse: *7* Laterne
Lichtgott: *5* Apoll, Baldr; *6* Apollo, Balder, Baldur; *7* Apollon
- der Perser: *7* Mithras
Lichthof um Sonne und Mond: *4* Halo; *7* Aureole
Lichtlehre: *5* Optik
lichtlos: *6* dunkel, duster; *7* duester, finster
lichtloser Raum: *6* Kabuff, Kabuse
Lichtmessung: *10* Fotometrie; *11* Photometrie
Lichtöffnung: *7* Fenster
Lichtquant: *6* Photon
Lichtquelle: *5* Birne, Feuer, Kerze, Lampe
Lichtschaden der Haut: *11* Sonnenbrand
Lichtschaden der Haut im Gebirge: *14* Gletscherbrand
Lichtschein um Sonne und Mond: *3* Hof; *4* Halo; *7* Aureole
Lichtschimmer: *6* Schein
Lichtspiegelung: *5* Glanz
Lichtspiel: *4* Film
Lichtspielhaus: *4* Kino
Lichtstärkeeinheit: *7* Candela
Lichtstärkemesser: *10* Photometer
Lichtstromeinheit: *5* Lumen
Lichttaste: *8* Schalter
Lichtverstärker: *5* Laser
lieb: *4* nett
liebäugeln: *11* kokettieren
Liebe: *5* Minne; *7* Hingabe, Neigung
Liebe auf französisch: *5* Amour
Liebe auf italienisch: *5* Amore
Liebelei: *5* Flirt
liebenswert, liebenswürdig: *4* nett; *6* galant; *8* charmant
Liebesbeweis: *4* Kuss
Liebesgabe: *6* Spende; *7* Almosen
Liebesgott: *4* Amor, Eros; *5* Putte; *6* Cupido; *8* Amorette
Liebesgötter: *6* Eroten
Liebesgöttin: *4* Lada; *5* Freia, Freya, Venus; *6* Bastet, Freyja; *7* Astarte; *9* Aphrodite
Liebeskraft: *6* Potenz
Liebeskunst: *6* Erotik
Liebesleben: *11* Sexualitaet
Liebesmahl: *5* Agape
Liebesspiel der Vögel: *4* Balz
Liebestrieb: *4* Eros
Liebesverhältnis: *7* Liaison
Liebhaber: *5* Buhle, Galan; *7* Seladon
Liebhaber einer Beschäftigung: *7* Amateur; *9* Dilettant
Liebhaberei: *5* Hobby, Sport; *12* Spezialitaet
Liebling: *6* Schatz; *7* Darling, Favorit
Liebling
- des Apollo: *8* Hyazinth; *10* Hyakinthos
- des Kaisers Hadrian: *8* Antinoos
- des Zeus: *7* Ganymed
Liebreiz: *5* Anmut; *6* Charme, Grazie, Scharm
Liebschaft: *7* Liaison
Liebschaften: *7* Amouren
Lied: *4* Arie, Song; *5* Melos; *7* Chanson, Couplet
Lied der französischen Revolution: *5* Ça ira
liedartig: *7* lyrisch
Liederjahn: *4* Lump; *5* Luder; *7* Saeufer, Trinker; *8* Saufbold, Tagedieb; *10* Nichtsnutz, Tunichtgut; *11* Taugenichts
Liedform: *7* Sestine
liedmäßige Dichtung: *5* Lyrik
liedmäßiges Tonstück: *6* Arioso
Liedteil: *7* Strophe
Liedvortrag: *6* Gesang
Lieferung: *5* Fuhre; *6* Anfuhr, Ladung; *7* Sendung, Versand; *9* Transport; *10* Zustellung
Liegemöbel: *4* Bett, Sofa; *5* Couch, Diwan; *7* Kanapee; *8* Pritsche, Ottomane; *12* Chaiselongue
Liegenschaften: *10* Immobilien
Liegesofa: *5* Diwan; *8* Ottomane
Lift: *6* Aufzug; *9* Fahrstuhl; *11* Paternoster
Liga: *4* Bund, Pakt; *7* Allianz, Verband; *8* Buendnis; *9* Koalition; *11* Foederation, Vereinigung; *15* Zusammenschluss
Ligaangehöriger: *6* Ligist
Ligatur: *7* Bindung; *9* Koppelung
Liierter: *10* Vertrauter; *12* Verbuendeter
Likör: *7* Advokat, Allasch, Curaçao, Rosolio; *8* Advocaat, Anisette, Drambuie, Rosoglio; *9* Cointreau; *10* Baerenfang, Chartreuse, Eierlikoer, Maraschino; *11* Meschkinnis, Vieille Cure; *12* Benediktiner, Cherry-Brandy, Cordial Médoc; *13* Apricot-Brandy
Liliengewächs: *4* Aloe; *5* Agave, Binse, Lilie, Tulpe, Yucca; *6* Scilla; *7* Spargel; *8* Affodill, Einbeere, Grasbaum, Maiblume; *9* Baerlauch, Blaustern, Goldstern, Hyazinthe, Weisswurz; *10* Agapanthus, Feuerlilie, Maeusedorn; *11* Baerenlauch, Drachenbaum, Kaiserkrone, Meerzwiebel, Tuerkenbund; *13* Madonnenlilie, Maigloeckchen, Schattenblume; *14* Herbstzeitlose
Liliputaner: *5* Zwerg
Limes: *4* Wall; *9* Grenzwall
Limitation: *10* Begrenzung
lind: *4* mild
lindern: *7* mildern; *12* abschwaechen
Linderungsmittel: *6* Balsam
Lineal mit Querleiste: *12* Reissschiene
linear: *10* geradlinig; *13* linienfoermig
Linie: *6* Kontur, Strich; *7* Strecke

Linie in der Geometrie: *5* Kreis, Kurve, Sehne; *6* Gerade; *7* Sekante, Spirale; *8* Tangente; *9* Diagonale
linienförmig: *6* linear
Linienführung: *6* Duktus, Trasse
Liniengitter: *6* Raster
Linienzeichnung: *9* Guilloche
linke Kontoseite: *4* Soll; *5* Debet
- Schiffsseite: *8* Backbord
linker Zufluß → Nebenfluß
linkes Wagenpferd: *11* Sattelpferd
links: *8* backbord
Linse: *4* Lupe
Linse an optischen Instrumenten: *6* Okular
Liparische Insel: *6* Lipari, Salina; *7* Alicudi, Panaria, Vulcano; *8* Filicudi; *9* Stromboli
Lippe vom Tier: *5* Lefze
Lippenblütler: *4* Ysop; *5* Minze, Polei, Ziest; *6* Salbei; *7* Guensel, Majoran, Melisse, Quendel, Thymian; *8* Brunelle, Gamander, Hohlzahn, Lavendel; *10* Floehkraut, Goldnessel, Gundermann, Taubnessel, Wolfstrapp; *11* Bohnenkraut, Wasserminze; *12* Pfefferkraut, Pfefferminze; *13* Basilienkraut, Schwarznessel
Lippenlaut: *6* Labial
Lippenverwachsung: *12* Hasenscharte
liquid: *8* fluessig; *14* zahlungsfaehig
liquidieren: *6* toeten; *9* aufloesen, umbringen
Lissaboner Kloster: *5* Belem
List: *5* Dolus, Falle, Finte, Kniff, Trick; *7* Tarnung
Liste: *7* Tabelle; *8* Register
Liste verbotener Bücher: *5* Index
listig: *6* klever
litauische(r, s)
- Fürstengeschlecht: *9* Radziwill
- Hauptstadt: *5* Wilna
- Honiglikör: *11* Meschkinnis
- Königsgeschlecht: *10* Jagellonen
- Münze: *3* Lit
- Stadt → Stadt in Litauen
- Volkslieder: *6* Dainos
literarische Abhandlung: *5* Essay
- Auseinandersetzung: *7* Polemik
literarischer Unterhaltungsteil: *10* Feuilleton
literarisches Jahrbuch: *8* Almanach
Literaturfoscher: *9* Philologe
Literaturwissenschaft: *10* Philologie
Liturgie: *5* Ritus; *6* Kultus
liturgische Beräucherung mit Weihrauch: *6* Inzenz
liturgischer Gegenstand: *5* Altar, Kelch, Kreuz; *6* Hostie, Kanzel, Missal, Patene; *7* Missale; *8* Reliquie, Ziborium; *9* Monstranz, Paramente; *10* Tabernakel
- Wechselgesang: *8* Antiphon
- liturgisches Gebet: *6* Oratio
- Gewand: *4* Albe
Litze: *4* Band; *5* Borte; *6* Schnur
livländische Hauptstadt: *4* Riga
livländischer Kümmellikör: *7* Allasch
livrierter Diener: *5* Lakai
Lizenz: *8* Befugnis; *9* Erlaubnis, Zulassung; *10* Konzession
Lob: *4* Ruhm; *5* Preis; *7* Beifall; *11* Anerkennung
Lobeserhebung: *5* Eloge
Lobgedichte auf Mohammed: *5* Burda
Lobgesang: *5* Hymne; *6* Gloria, Tedeum; *10* Magnifikat
Loblied: *10* Dithyrambe; *11* Dithyrambos
lobpreisen: *9* benedeien
Lobrede: *5* Eloge; *8* Laudatio
Loch: *4* Gatt, Leck; *5* Grube, Kuhle; *6* Hoehle, Luecke
Loch im Eis: *4* Wune
- in der Nadel: *4* Oehr
lochen: *10* ausstanzen; *11* durchbohren, perforieren
löchrig: *6* poroes
Lochstechgerät: *4* Ahle
Lochung: *11* Perforation
lockend: *9* einladend
lockender Antrieb: *6* Anreiz
Lockenwickel: *9* Papillote
locker: *3* lax; *9* spongioes
lockere Erde: *4* Mulm
lockeres Fasermaterial: *5* Watte
Lockerung der Sitten: *14* Demoralisation
Lockmittel: *6* Koeder
Lockspitzel: *5* Agent; *16* Agent provocateur
lodernde Flamme: *4* Lohe
- Glut: *6* Flamme
löffelartiges Schöpfgerät: *5* Kelle
Logbuch: *15* Schiffstagebuch
Logenbruder: *10* Freimaurer
logieren: *6* hausen, wohnen; *11* beherbergen
Logis: *6* Bleibe
Lohengrins Frau: *4* Elsa
- Vater: *8* Parsifal, Parzival
Lohn: *4* Gage, Sold; *5* Heuer; *6* Ertrag, Gehalt, Salaer; *7* Entgelt, Honorar; *9* Einkommen, Verdienst
lohnend: *8* lukrativ, rentabel
Lohnkutsche: *6* Fiaker
Lohnsatz: *5* Tarif
Löhnung der Soldaten: *4* Sold
- der Schiffsmannschaft: *5* Heuer
Loirezufluß → Nebenfluß der Loire
Lokal: *3* Bar; *4* Café; *7* Schenke; *10* Restaurant, Wirtschaft; *11* Raststaette; *14* Gastwirtschaft
Lokomotivbeiwagen: *6* Tender
lombardische Adelsfamilie: *8* Visconti
Londoner
- Aktienmakler: *6* Jobber
- Bauwerk: *5* Tower; *6* St. Paul; *9* Saint Paul; *10* Towerbridge; *16* Buckinghampalast, Westminsterabtei
- Park: *8* Hyde-Park
- Polizei (Gebäude): *12* Scotland Yard
- Rathaus: *9* Guildhall
- Stadtburg: *5* Tower
- Stadtteil → Stadtteil von London
- Zeitung: *5* Times
- Zentralflughafen: *7* Croydon

lorbeergekrönter Dichter: *9* Laureatus
Lorbeerrose: *6* Kalmia
Los ohne Gewinn: *5* Niete
Löschung: *6* Storno
lose: *9* schuetter
Loseblattverzeichnis: *6* Kartei
losen: *7* knobeln
löslich: *7* solubel
Lossprechung: *10* Absolution
Lostrennung: *7* Schisma; *9* Sezession
Losung: *5* Motto; *6* Devise, Parole; *8* Kennwort; *9* Stichwort
Lösung: *6* Masche; *8* Ergebnis, Resultat
Lösung von Kochsalz: *4* Lake, Sole
– eines Vertrages: *10* Kuendigung
Lösungsaufgabe: *7* Raetsel
Lösungsmittel: *5* Xylol; *6* Aceton, Azeton, Benzin, Benzol, Glykol, Toluol; *7* Alkohol, Dekalin; *9* Terpentin; *10* Chloroform
Lot: *8* Senkblei
Lötblei: *3* Lot
lotrecht: *8* vertikal
lotsen: *7* fuehren; *9* bugsieren
Lotsenfisch: *5* Pilot
Lotterie: *4* Toto; *5* Lotto; *7* Tombola
Lotterieanteilschein: *3* Los
Lotterielos ohne Gewinn: *5* Niete
Lotterwirtschaft: *11* Augiasstall
Löwe, poetisch: *3* Leu
– in der Tierfabel: *5* Nobel
Lübecker
– Bildhauer: *4* Berg
– Komponist: *9* Buxtehude
– Spezialität: *8* Marzipan
– Wahrzeichen: *10* Holstentor
Lucayische Insel → Bahamainsel
Lücke: *4* Loch; *5* Spalt; *6* Spalte; *7* Bresche; *8* Oeffnung; *9* Desiderat, Durchlass
Lücke in einem Text: *6* Lakune
– zwischen den Zähnen: *5* Trema
Ludolfsche Zahl: *2* Pi
Luft holen: *5* atmen
Luftabsaugegerät: *10* Ventilator
Luftbewegung: *3* Boe, Zug; *4* Wind; *5* Brise, Orkan, Sturm; *6* Taifun, Trombe; *7* Tornado; *8* Hurrikan
Lüftchen: *5* Brise
luftdicht: *10* hermetisch
Luftdruck: *3* atm, Bar; *4* atue, Torr; *8* Millibar; *11* Atmosphaere
Luftdruckanzeiger: *7* Aneroid
Luftdruckmesser: *9* Barometer
lüften: *11* ventilieren
Lüfter: *10* Ventilator
Luftfahrt: *10* Aeronautik
Luftfahrzeug: *6* Ballon, Rakete; *7* Drachen; *8* Flugzeug, Zeppelin; *10* Helikopter, Luftschiff; *12* Hubschrauber
Luftfeuchtigkeitsmesser: *10* Hygrometer
luftförmiger Körper: *3* Gas
Luftforschung: *9* Aerologie
Luftgeist: *5* Ariel; *6* Sylphe; *8* Sylphide
Luftgewehr: *11* Windbuechse
Lufthülle der Erde: *11* Atmosphaere
luftig: *5* zugig; *6* leicht, windig
Luftikus: *8* Windhund
Luftkissenfahrzeug: *10* Hovercraft
Luftkissenzug: *9* Aerotrain
Luftklappe: *6* Ventil
Luftkurort → Kurort
Luftlandetruppe: *16* Fallschirmjaeger
luftleerer Raum: *6* Vakuum
Luftleitblech am Auto: *7* Spoiler
Luftmangel: *6* Asthma
Luftmesser: *9* Aerometer
Luftreifen: *4* Pneu; *9* Pneumatik
Luftreiniger: *6* Filter
Luftreise: *4* Flug
Luftröhre: *7* Trachea
Luftröhrenast: *8* Bronchie
Luftröhrenkatarrh: *10* Bronchitis
Luftrolle: *5* Salto
Luftsack: *4* Balg
Luftsauggerät: *8* Geblaese; *9* Exhaustor; *10* Ventilator
Luftschicht: *12* Troposphaere; *13* Stratosphaere
Luftschiff: *8* Zeppelin
Luftschiff Amundsens: *5* Norge
Luftschiffahrt: *10* Aeronautik
Luftschloß: *6* Utopie; *8* Illusion; *9* Schimaere
Luftschraube: *9* Propeller
Luftschutzbau: *6* Bunker
Luftspiegelung: *11* Fata Morgana
Luftsprung: *5* Salto; *8* Kapriole
Luftströmung: *3* Boe, Zug; *4* Wind; *5* Brise, Orkan, Sturm; *6* Trombe; *7* Thermik
Lufttrübung: *5* Dunst, Nebel
Lüftung: *11* Ventilation
Luftverkehrszentrum: *9* Flughafen
Luftverunreinigung: *8* Emission; *9* Immission
Luftvorwärmer: *11* Regenerator
Luftwaffeneinheit: *7* Staffel; *10* Geschwader
Luftwechsel: *11* Ventilation
Luftwirbel: *3* Sog; *6* Trombe
Luftzufuhr im Bergwerk: *5* Lufte
Lüge: *4* Trug; *9* Geflunker, Schwindel
Lügenbaron: *12* Muenchhausen
Lügner: *8* Fabulant
lukrativ: *8* rentabel
lukullisch: *6* ueppig; *13* schwelgerisch
Lumme: *3* Alk; *6* Teiste
Lümmel: *5* Flaez, Laffe, Rowdy; *6* Bengel, Flegel, Ruepel
Lump: *6* Gauner, Schuft; *7* Halunke, Schurke; *8* Kanaille
Lumpen: *5* Hader; *7* Plunder
Lumpenpack: *3* Mob; *8* Gesindel
Lumperei: *7* Infamie
Lunch: *11* Fruehstueck; *16* Gabelfruehstueck
Lungenbläschen: *8* Alveolen
Lungenentzündung: *9* Pneumonie
Lungenkrankheit: *8* Silikose
Lungenschwindsucht: *11* Tuberkulose
Lungentätigkeit: *6* Atmung

Lupe: *5* Linse
Lurch: *3* Olm; *5* Molch; *10* Salamander
Lurchlarve: *6* Quappe
Lust: *5* Eifer, Laune, Wonne; *6* Begehr, Genuss, Libido; *7* Geluest, Neigung; *9* Verlangen
Lustbarkeit: *4* Fest
Lustgefilde: *7* Elysium; *8* Paradies
lustig: *5* fidel; *6* heiter, munter; *8* amuesant; *9* froehlich
lustige Erzählung: *9* Humoreske
lustiger Einfall: *2* Uz; *3* Gag, Jux, Ulk; *4* Witz
- Spaß: *6* Scherz
- Streich: *6* Possen
Lüstling: *4* Roué
Lustschloß → Schloß
Lustschloß bei Paris: *7* Trianon; *9* Malmaison
- in Versailles: *7* Trianon
Lustspiel: *5* Farce, Posse; *6* Sketch; *7* Schwank; *8* Burleske, Komoedie
Lustspiel → Schauspiel
Lustspielfigur: *7* Pierrot; *9* Pierrette
Lustwäldchen: *7* Boskett
lustwandeln: *9* spazieren; *11* promenieren
Lutheraner: *10* Protestant
Luthers Bibeldrucker: *5* Lufft
luxemburgische(r)
- Fluß → Fluß in Luxemburg
- Hauptstadt: *9* Luxemburg; *10* Luxembourg
- Physiker: *8* Lippmann
- Stadt: *4* Esch; *7* Vianden; *10* Echternach
luxuriöse Kleinwohnung: *9* Apartment; *11* Appartement
Luxus: *4* Pomp; *6* Pracht; *7* Aufwand
Luxuswagen: *8* Equipage
Luzifer: *5* Satan; *6* Teufel; *11* Morgenstern
lydischer Sagenkönig: *5* Gyges
Lymphorgan: *4* Milz
Lyra: *5* Leier
Lyriker: *4* Poet; *7* Dichter
lyrisch: *13* stimmungsvoll
lyrisches Chorwerk: *7* Kantate
- Gedicht: *3* Ode; *4* Lied; *5* Hymne; *6* Elegie, Idylle; *7* Kanzone

M

Maaszufluß → Nebenfluß der Maas
machbar: *8* moeglich; *11* praktikabel
Mache: *5* Getue
machen: *3* tun; *6* bilden; *7* handeln, treiben; *8* bereiten, bewirken, erzeugen, fertigen, schaffen; *9* erledigen; *10* herstellen; *11* fabrizieren, produzieren, unternehmen, vollfuehren
Machenschaft: *6* Raenke; *7* Intrige, Umtrieb; *9* Winkelzug; *11* Raenkespiel; *12* Manipulation
Machenschaften: *13* Machinationen
Machete: *9* Haumesser; *11* Buschmesser
Macht: *5* Kraft; *6* Gewalt, Potenz, Regime; *7* Groesse, Staerke; *8* Einfluss, Regiment; *9* Nachdruck, Regierung, Vermoegen, Vollmacht; *10* Herrschaft
Machtbereich: *7* Sphaere
Machterweitungspolitik: *13* Imperialismus
Machthaber: *4* Herr; *6* Despot, Regent, Tyrann; *8* Diktator, Gebieter, Potentat; *9* Herrscher; *11* Gewalthaber
mächtig: *5* gross, stark; *6* massig; *7* wirksam; *8* gewaltig, kraeftig; *9* kraftvoll, machtvoll, stattlich; *10* ueberlegen; *12* wirkungsvoll; *13* einflussreich
machtlos: *7* schwach; *8* kraftlos, unfaehig; *12* unvermoegend
Machwerk: *8* Elaborat
Mädchen: *4* Dirn, Girl, Maid; *6* Maedel; *8* Teenager; *9* Backfisch
Mädchen für alles: *8* Faktotum
Mädchenname → Frauenname
Mädchenoberschule: *6* Lyzeum
madegassische Seidenspinne: *6* Halabe
madegassischer Rackenvogel: *5* Kurol
Madenfresser: *3* Ani
Madenkrankheit: *6* Myiase
Madenwurm: *6* Oxyure
Madonna mit Leichnam Christi: *10* Vesperbild
Magazin: *5* Laden, Lager; *8* Speicher
Magenfahrplan: *11* Speisekarte
Magenkrampf: *5* Kolik
Magensaftbestandteil: *6* Lipase, Pepsin
Magenschleimhautentzündung: *9* Gastritis
Magenstein von Widerkäuern: *6* Bezoar
Magenteil bei Wiederkäuern: *4* Netz; *5* Wanst; *6* Pansen; *8* Labmagen; *9* Netzmagen
Magie: *6* Zauber
Magie betreiben: *7* zaubern
Magier: *8* Zauberer
magischer Gegenstand: *7* Fetisch
- **Schutz:** *7* Amulett; *8* Talisman
- **magisches Zeichen des Mittelalters:** *10* Drudenfuss, Pentagramm

Magnesiumoxid: *10* Bittererde
Magnesiumsilikat: *4* Talk; *6* Talkum; *10* Meerschaum
Magnetende: *3* Pol
Magnetnadel: *7* Kompass
Magnetstahl: *4* Alni
Mahd: *5* Ernte
Mähgerät: *5* Sense; *6* Sichel
Mahl, Mahlzeit: *5* Diner, Essen, Jause, Lunch; *6* Dinner, Gelage, Imbiss, Souper, Speise, Vesper; *7* Bankett, Schmaus; *8* Dejeuner, Picknick; *9* Abendbrot, Nachtmahl; *10* Abendessen; *11* Fruehstueck, Fuenfuhrtee, Mittagessen
Mahlprodukt: *4* Mehl; *5* Kleie; *6* Griess
Mahlrückstand: *5* Kleie
Mahnbrief: *7* Epistel, Monitum
Mähne: *5* Tolle; *6* Schopf
mahnen: *8* anhalten, erinnern, monieren
Mahner: *7* Prophet
Mahnmal: *7* Denkmal; *8* Monument
Mahnpredigt: *9* Paraenese
Mahnruf: *6* Appell; *7* Memento; *9* Menetekel
Mahnung: *7* Epistel, Memento, Monitum; *10* Erinnerung
Mähre: *4* Gaul; *5* Pferd; *7* Klepper
Maifisch: *4* Alse
Maifröste: *10* Eisheilige
Maikäferlarve: *9* Engerling
Mailand in der Landessprache: *6* Milano
Mailänder Adelsgeschlecht: *6* Sforza
- **Maler:** *5* Luini
- **Oper:** *5* Scala
- **Silbermünze:** *7* Filippo

Mainzer Karnevalsruf: *5* Helau
Mainzufluß → Nebenfluß des Mains
Maisart: *3* Zea; *7* Kukuruz
Maischemaß: *5* Eiche
Maisfladen: *8* Tortilla
Maisschnaps: *6* Pulque; *10* Tschitscha
Maisspeise: *7* Polenta
Majestät: *6* Hoheit, Wuerde
Majorat: *14* Aeltestenrecht
majorisieren: *12* ueberstimmen
Majorität: *8* Mehrheit
makaber: *11* schauerlich; *16* schaudererregend
Makel: *5* Fleck, Odium; *7* Schande; *11* Schandfleck
makellos: *4* rein; *6* sauber; *7* richtig; *8* tadellos; *10* fehlerfrei, unbefleckt, vollkommen
mäkeln: *8* kritteln, noergeln
Makkaroni: *9* Spaghetti
Makler: *6* Broker, Sensal; *7* Mittler; *10* Vermittler
Maklergebühr: *8* Courtage, Sensalie, Sensarie
Makrelenhecht: *5* Saira
Makulatur: *6* Abfall; *9* Fehldruck
Mal: *5* Fleck, Makel, Marke; *7* Zeichen; *10* Markierung; *11* Kennzeichen
Malaiendolch: *4* Kris
Malaiengewand: *6* Sarong
Malaienorchester: *7* Gamelan; *8* Gamelang
Malaiischer Archipel: *9* Insulinde
- **Bund:** *8* Malaisia

malaiische(r, s)
– Dorfsiedlung: *7* Kampong
– Hackmesser: *6* Parang
– Volksstamm auf Borneo: *5* Dajak
– Wildhund: *5* Adjag
Malariamittel: *6* Chinin
Malariamücke: *9* Anopheles
Malerfarbe: *5* Ocker, Siena, Umbra; *8* Chromrot; *9* Chromgelb, Zinkweiss
Malergerät: *5* Quast; *6* Pinsel, Spatel; *7* Palette; *8* Spachtel; *9* Staffelei
malerisch: *9* pittoresk
Malerkreis der Romantik: *9* Nazarener
Malermaterial: *3* Oel; *4* Lack; *5* Farbe; *6* Firnis
Malheur: *4* Pech; *6* Unfall; *8* Unglueck
Malice: *7* Bosheit
malnehmen: *14* multiplizieren
malträtieren: *11* misshandeln; *12* schikanieren
malvenfarbig: *5* mauve
Malvengewächs: *6* Althee, Ibisch; *7* Eibisch; *8* Hibiskus
Malzzucker: *7* Maltose
Mammutbaum: *7* Sequoie
managen: *6* leiten; *11* unternehmen; *12* organisieren
Mandant: *6* Klient
Mandarinenart: *7* Satsuma; *10* Klementine
Mandat: *7* Auftrag; *9* Vollmacht
Mandelbitterstoff: *6* Amarin
Mandelentzündung: *6* Angina
mandelförmiger Heiligenschein: *8* Mandorla
Mandelgebäck: *7* Makrone
Mandelkonfekt: *8* Marzipan
Mandelkrähe: *4* Rake
Mangel: *5* Armut, Manko; *6* Bedarf, Defekt, Fehler; *7* Defizit; *10* Beduerfnis, Entbehrung
Mängelanzeige: *11* Reklamation
mangelhaft: *8* defektiv
Mangelkrankheit: *5* Oedem; *7* Skorbut; *8* Beri-Beri, Rachitis
mangelndes Vertrauen: *10* Misskredit
Manie: *5* Sucht
Manier: *3* Art; *5* Genre, Sitte, Weise; *8* Eigenart
Manieren: *8* Benehmen
Manifest: *6* Erlass; *8* Programm; *10* Erklaerung, Kundgebung
Maniküregerät: *10* Nagelfeile
Maniokmehl: *7* Tapioka
Maniokwurzel: *7* Kassawa
Mann: *4* Kerl
Manko: *5* Minus
Mann von Lebensart: *8* Kavalier; *9* Gentleman
– ohne Schatten: *9* Schlemihl
– mit großem Vermögen: *5* Nabob
Mann, der auf dem Mond war: *4* Bean, Duke; *5* Irwin, Scott, Young; *6* Aldrin, Cernan, Conrad; *7* Schmitt, Shepard; *8* Mitchell; *9* Armstrong
Mannaklee: *6* Alhagi
Mannen: *8* Vasallen
Männerhaß: *9* Misandrie
Männerhaus auf den Palauinseln: *3* Bai
Männerjacke: *4* Wams
Männerkindbett: *7* Couvade
Männername: *3* Ivo, Kai, Kay, Leo, Lou, Max, Odo, Per, Udo, Uli, Uwe; *4* Adam, Alex, Arne, Arno, Axel, Bert, Bodo, Boto, Carl, Curt, Dirk, Egon, Emil, Emmo, Erek, Fred, Gerd, Gero, Golo, Hans, Hein, Hugo, Ingo, John, Jost, Jupp, Karl, Klas, Knut, Kuno, Kunz, Kurt, Lutz, Niko, Nils, Olaf, Otto, Paul, Ralf, Rolf, Rudi, Sepp, Theo, Tilo, Toni, Veit, Wido, Wilm, Wolf; *5* Achim, Adolf, Aegid, Alban, Albin, Alois, Aloys, Alwin, Anton, Armin, Artur, Asmus, Aurel, Benno, Bernd, Boris, Bruno, Claus, David, Edgar, Edwin, Egolf, Erich, Ernst, Erwin, Eugen, Ewald, Fedor, Felix, Ferdl, Frank, Franz, Fritz, Georg, Goetz, Guido, Gustl, Hagen, Hansi, Harri, Harry, Heino, Heinz, Horst, Ignaz, Jakob, Jobst, Jodok, Joerg, Josef, Klaus, Konni, Lando, Malte, Odilo, Oskar, Otmar, Peter, Poldi, Ralph, Roger, Romeo, Sally, Seppe, Simon, Urban, Waldo, Willi, Willy, Xaver; *6* Adrian, Albert, Alfons, Alfred, Anatol, Anselm, Arnold, Arnulf, Arthur, August, Beatus, Cosimo, Damian, Detlef, Dieter, Egmund, Eduard, Edward, Egbert, Egmont, Eibrad, Erhard, Fabian, Feodor, Frowin, Gerald, Gerold, Gernot, Gerolf, Gerwig, Gerwin, Gregor, Gustav, Hannes, Harald, Helmut, Herwig, Herwin, Hiesel, Hilmar, Hubald, Hubert, Hunold, Jochem, Jochen, Johann, Joseph, Julius, Junius, Justus, Kaspar, Kilian, Konrad, Lorenz, Lothar, Ludger, Ludolf, Ludwig, Lutwin, Magnus, Markus, Martin, Michel, Moritz, Notker, Oliver, Ortwin, Oswald, Othmar, Radulf, Rainer, Reiner, Ratbod, Reimar, Robert, Roland, Rudolf, Rupert, Sebald, Sigurt, Silvan, Sixtus, Stefan, Thomas, Tobias, Ulrich, Victor, Volker, Walram, Walter, Wenzel, Werner, Wigand, Wilmar, Witold; *7* Agathon, Albhard, Amadeus, Andreas, Aribert, Balduin, Barthel, Bastian, Bertold, Bertram, Blasius, Dankmar, Dankrad, Dietger, Diether, Dietmar, Dominik, Donatus, Eberwin, Eckbert, Eckhard, Eginolf, Eilhard, Eibrich, Einhard, Eligius, Emanuel, Erasmus, Eustach, Fidelis, Florens, Florian, Friedel, Formund, Gabriel, Gebhard, Gerbert, Gerhard, Gilbert, Gisbert, Gottlob, Gottram, Gottwin, Guenter, Gundolf, Guntram, Hartmut, Hartold, Hartwig, Hartwin, Helmold, Helmuth, Henning, Herbald, Herbert, Hermann, Herward, Hugbald, Humbald, Humbert, Ingbert, Ingomar, Irmbert, Joachim, Juergen, Kamillo, Karsten, Kasimir, Klemens, Lambert, Landolf, Landolt, Landuin, Lantwin, Leopold, Liebwin, Luitger, Luitwin, Manfred, Mangold, Markolf, Marzell, Meinald, Meinbod, Meinolf, Meinrad, Meinulf, Michael, Nantwin, Nepomuk, Nor-bert, Ortlieb, Otfried, Ottokar, Ottomar, Pankraz, Philipp, Raimund, Ratbert, Rathard, Rathold, Rat-

mund, Reinald, Reinolf, Reinulf, Richard, Rodrigo, Romuald, Ruthard, Sergius, Severin, Steffen, Stephan, Stoffel, Tankred, Theodor, Tilmann, Vinzenz, Volkmar, Walburg, Walther, Wernher, Werther, Wigbert, Wilhelm, Wolfram; *8* Adalbert, Adelbert, Aegidius, Albrecht, Augustin, Benedikt, Benjamin, Bernhard, Bernwald, Berthold, Bertrand, Biterolf, Boerries, Bogislaw, Burkhard, Dagobert, Dankward, Dietbald, Dietbert, Diethelm, Dietrich, Eberhard, Ebermund, Egbrecht, Edelbert, Eginhard, Ehregott, Eilfried, Filibert, Fridolin, Friedgar, Friedger, Giselher, Giselmar, Gottbert, Gotthard, Gotthelf, Gotthold, Gottlieb, Gottwald, Guntbald, Guntbert, Guenther, Hartmann, Heinrich, Helfgott, Helmward, Herfried, Heribert, Hildemar, Horstmar, Hubertus, Johannes, Justinus, Karlmann, Konradin, Konstanz, Kunibert, Landolin, Landrich, Lebrecht, Leonhard, Leuthold, Liebhard, Luithard, Luitpold, Manfried, Markward, Matthias, Meinhard, Melchior, Neidhard, Nikolaus, Ratfried, Reginald, Reinbald, Reinbold, Reinbert, Reinhard, Reinhold, Roderich, Ruediger, Ruprecht, Siegbert, Siegmund, Siegward, Silvanus, Thankmar, Theobald, Traugott, Valentin, Valerian, Waldemar, Weikhard, Wendelin, Wilfried, Winfried, Wladimir, Wolfgang, Wolfhard, Wunnibald; *9* Alexander, Archibald, Balthasar, Christian, Christoph, Degenhard, Dietfried, Dominikus, Eckbrecht, Engelbert, Ferdinand, Florentin, Friedbert, Friedhelm, Friedrich, Giselbert, Gottfried, Gundobald, Gundobert, Hildebert, Hildefons, Hilderich, Karlheinz, Kornelius, Lambrecht, Lamprecht, Leberecht, Reinfried, Sebastian, Siegfried, Sigismund, Silvester, Theophill, Willibald; *10* Eustachius, Friedebert, Gottschalk, Hieronymus, Hildebrand, Konstantin, Laurentius, Pankratius, Theoderich; *11* Christophel, Engelbrecht; *12* Fuerchtegott; *13* Bartholomaeus

Männerstimme: *4* Bass; *5* Tenor; *7* Bariton
männerverderbende Frau: *4* Vamp
Mannestugend: *3* Mut
Manneszier: *4* Bart
Manneszucht: *9* Disziplin
Mannigfaltiges: *5* Varia
männlich: *5* viril; *8* maskulin
männliche(r, s)
- **Alpenwild:** *4* Gams
- **Bibelgestalt** → biblische Männergestalt
- **Biene:** *5* Drohn; *6* Drohne
- **Blutsverwandter:** *5* Agnat
- **Ente:** *5* Erpel; *8* Enterich
- **Falke:** *6* Terzel
- **Fisch:** *7* Milcher; *8* Milchner
- **Gans:** *6* Ganser, Ganter; *10* Gaenserich
- **Gesangstimme:** *4* Bass; *5* Tenor; *7* Bariton
- **Haarschmuck:** *4* Bart
- **Hase:** *7* Rammler
- **Hauptwort:** *10* Maskulinum
- **Haustier:** *4* Bock, Eber, Hahn; *5* Bulle, Erpel, Kater, Ochse, Ruede, Stier; *6* Ganter, Gockel, Hammel, Hengst
- **Huhn:** *4* Hahn; *6* Gickel, Gigerl, Gockel
- **Hund:** *5* Ruede
- **Kanarienvogel:** *6* Roller
- **Kaninchen:** *7* Rammler
- **kastriertes Rind:** *5* Ochse
- **kastriertes Schaf:** *6* Hammel; *7* Schoeps
- **Katze:** *5* Kater
- **Kleidungsstück:** *3* Cut; *4* Hose; *5* Frack, Jacke, Weste; *7* Jackett; *8* Oberhemd
- **Pferd:** *6* Hengst
- **Reh:** *4* Bock
- **Rind:** *5* Bulle, Ochse, Stier
- **Schaf:** *4* Bock; *6* Hammel, Widder; *7* Schoeps
- **Schwein:** *4* Eber
- **Verwandter:** *3* Opa; *5* Eidam, Enkel, Kusin, Neffe, Oheim, Onkel, Vater; *6* Bruder, Cousin, Vetter
- **Vogel:** *4* Hahn; *5* Erpel; *6* Ganter, Roller, Tauber
- **Wildkatze:** *5* Kuder
- **Wildschwein:** *5* Basse; *6* Keiler
- **Zuchtrind:** *5* Bulle

Mannsbild: *4* Kerl
Mannschaft: *4* Crew, Team
Mannschaftsballspiel → Ballspiel
Mannschaftsdienstgrad: *9* Gefreiter
Mannschaftsraum auf Schiffen: *5* Logis
Mannschaftssprint: *11* Staffellauf
mannstolles Weib: *11* Nymphomanin
Mannweib: *6* Virago
Manschetten: *7* Stulpen
Manöver: *10* Kunstgriff; *13* Truppenuebung; *15* Scheinmassnahme
manövrieren: *8* lavieren
Mantel: *6* Raglan, Ulster; *7* Haenger, Paletot; *8* Havelock; *9* Redingote; *10* Dufflecoat, Trenchcoat
- **mit Kapuze:** *6* Burnus
- **katholischer Geistlicher:** *5* Cappa

Mantelaufschlag: *6* Revers
Mantelpavian: *5* Papio
Mantelschnitt: *6* Raglan, Ulster
Mantelstoff: *5* Tweed; *7* Marengo; *9* Covercoat
Manteltarif: *11* Rahmentarif
Manteltier: *5* Salpe
Mantelumhang der Araber: *3* Aba
Manufakturwaren: *3* Textilien
Manuskript: *8* Original; *9* Urschrift
Manuskripthalter: *7* Tenakel
Manuskriptprüfer: *6* Lektor
Mär: *4* Sage; *5* Fabel, Kunde
Märchenerzählerin aus Tausendundeiner Nacht: *12* Scheherazade, Scheherezade
Märchengestalt: *3* Fee; *4* Elfe, Gnom, Hexe, Muck; *5* Holle, Riese, Troll, Zwerg; *6* Kobold; *8* Sandmann; *9* Daeumling, Frau Holle, Ruebezahl; *10* Daumerling; *11* Drosselbart; *12* Aschenputtel; *13* Aschenbroedel, Baeren-

haeuter; *14* Schneewittchen; *15* Rumpelstilzchen
märchenhaft: *9* fabelhaft, wunderbar; *10* mirakuloes; *12* phantastisch
Märcheninsel: *6* Orplid
Märchenland: *7* Liliput; *15* Schlaraffenland
Märchenland der griechischen Sage: *3* Aea, Aia
Märchenriese: *4* Oger
Märchenvogel: *3* Rok; *4* Roch
Märchenwesen → Märchengestalt
Marder: *4* Jerf, Mink, Nerz, Ratz; *5* Dachs, Frett, Iltis, Otter, Skunk, Zobel; *6* Wiesel; *7* Zorilla; *8* Hermelin; *9* Frettchen, Stinktier, Vielfrass; *10* Fischotter
Marderhund: *4* Enok
Marginalie: *6* Glosse; *13* Randbemerkung
Maria mit Leichnam Christi: *5* Pieta
Marianeninsel: *4* Guam, Rota; *5* Pagan; *6* Saipan, Tinian
Mariendarstellung: *7* Madonna
Marienkäfer: *11* Siebenpunkt
Marihuana: *4* Hanf; *9* Haschisch; *10* Rauschgift
Marinade beim Kochen: *5* Beize
Marinebeiboot: *7* Pinasse
Marineleitung: *12* Admiralitaet
Marineoffizier: *7* Admiral; *8* Kapitaen; *11* Vizeadmiral, Konteradmiral; *16* Kapitaenleutnant; *17* Fregattenkapitaen, Korvettenkapitaen
marinierte Blütenknospe: *5* Kaper
Marionette: *6* Popanz
markant: *7* typisch
Marke: *3* Mal; *7* Merkmal, Stempel, Zeichen
Markgraf: *7* Marques, Marquis; *8* Marchese, Marquess
Markgraf von Brandenburg: *8* Albrecht
– unter Kaiser Otto dem Großen: *4* Gero
– der Ostmark: *4* Gero
Markierung der Feldmark: *10* Grenzstein
– an Meßgeräten: *4* Grad; *5* Skala
markig: *7* lapidar, pulpoes
märkischer Dichter: *7* Fontane
märkisches Adelsgeschlecht: *5* Arnim
– Raubrittergeschlecht: *7* Quitzow
Markomannenkönig: *6* Marbod
Markt: *5* Messe
Markt im Orient: *5* Basar, Bazar
marktbeherrschende Organisation: *5* Trust
Marktplatz in der Antike: *5* Agora, Forum
– in Italien: *6* Piazza
Marktschreier: *10* Scharlatan
Marktstand: *4* Bude
Markttisch: *5* Stand
Marktwert: *4* Kurs
Marmelade: *3* Jam; *10* Konfituere
marokkanische(r, s)
– Fluß → Fluß in Marokko
– Freiheitskämpfer: *9* Abd el Krim
– Gebirge: *3* Rif; *5* Atlas
– Hafenstadt → Hafenstadt in Marokko
– Hauptstadt: *5* Rabat
– König: *6* Hassan; *8* Mohammed
– Leder: *8* Maroquin
– Staatsreligion: *5* Islam
– Stadt → Stadt in Marokko
– Volksteil: *6* Berber, Mauren; *7* Kabylen
Marotte: *4* Tick; *5* Laune; *6* Spleen; *8* Schrulle
Marsch: *3* Kog; *4* Koog; *6* Helder, Polder
Marschabteilung: *7* Kolonne
Marschall
– Napoleons I.: *3* Ney; *5* Murat, Soult
– Napoleons III.: *4* Niel
– Vorwärts: *8* Bluecher
Marschallinsel: *6* Bikini
Marschboden: *4* Fenn, Klei; *7* Schlick
Marschformation: *7* Kolonne
Marschgepäck: *9* Tornister
Marschgruppe: *5* Rotte
Marschhügel: *4* Warf; *5* Warft, Wurte
Marschinseln im Wattenmeer: *8* Halligen
Marschkolonnenspitze: *4* Tete
Marschland am Meer: *3* Kog; *4* Koog; *6* Helder, Polder
– an der Unterelbe: *9* Altes Land, Kehdingen
Marschpause: *4* Rast
Marschrichtung: *5* Route
Marschverpflegung: *8* Proviant
Marsmond: *6* Deimos, Phobos
Marter: *4* Pein, Qual; *6* Folter, Tortur
Martinstag: *7* Martini
Märtyrer: *5* Alban, Menas, Simon; *6* Damian, Gereon, Markus, Petrus; *7* Blasius, Florian, Pankraz, Stephan; *8* Polykarp; *9* Sebastian, Stephanus; *10* Laurentius, Pankrazius; *13* Bartholomaeus
Märtyrerin: *6* Agatha; *7* Barbara; *8* Dorothea; *9* Felicitas, Margareta
März: *7* Lenzing; *8* Lenzmond
Masche: *3* Gag; *8* Schlaufe, Schleife, Schlinge
Maschenware: *6* Gewirk
Maschine: *5* Motor, Pumpe; *7* Apparat, Turbine; *9* Generator
Maschinengewehr: *2* MG
maschinenmäßig: *10* maschinell, mechanisch
Maschinenmeister: *10* Maschinist
Maschinenmensch: *7* Roboter
Maschinensatz: *8* Aggregat
Maschinenteil: *3* Rad; *4* Keil; *5* Achse, Feder, Kette, Konus, Lager, Stift, Welle; *6* Bolzen, Bremse, Kolben, Kurbel, Ventil, Zapfen; *7* Trommel; *8* Exzenter, Getriebe, Schieber, Schraube, Zylinder; *9* Gestaenge
Maschinerie: *8* Getriebe; *9* Apparatur
maschineschreiben: *6* tippen
Maserung: *4* Ader; *7* Geaeder
Maskareninsel: *7* Réunion; *9* Mauritius, Rodriguez
Maske: *5* Larve; *6* Huelle
Maskenanzug: *7* Kostuem
Maskenball: *7* Redoute
Maskenfest: *9* Maskerade
Maskenmantel: *6* Domino
Maskenscherz: *12* Mummenschanz
Maskentreiben: *8* Fasching, Karneval

Maskottchen: *7* Amulett; *8* Talisman
Maß: *5* Model; *6* Format, Mensur; *7* Quantum; *8* Standard
Maß → Maßeinheit
Maß für Boxhandschuhe: *4* Unze
Maß- und Gewichtskunde: *10* Metrologie
Massaker: *7* Blutbad; *8* Gemetzel
Masse: *5* Paste, Stoff; *7* Bestand, Materie; *8* Mehrheit, Substanz; *10* Quantitaet
– im Erdinnern: *5* Magma
Maßeinheit
– der Ausstrahlung: *4* Eman
– der Beleuchtungsstärke: *3* Lux
– für Chemiefaser: *3* den; *6* Denier
– des Druckes: *3* Bar; *4* Torr
– der elektrischen Kapazität: *5* Farad
– der elektrischen Leistung: *4* Watt; *10* Voltampere
– der elektrischen Spannung: *4* Volt
– der elektrischen Stromstärke: *6* Ampere
– des elektrischen Widerstandes: *3* Ohm
– der Elektrizitätsmenge: *7* Coulomb
– der Frequenz: *5* Hertz
– der Garnstärke: *3* den; *6* Denier
– der Geschwindigkeit: *6* Knoten
– der Goldfeinheit: *5* Karat
– der Kraft: *3* dyn
– der Lautstärke: *4* Phon
– der Leistung: *2* PS; *13* Pferdestaerke
– der Leuchtdichte: *5* Stilb
– der Leuchtstärke: *4* Phot
– der Lichtstärke: *7* Candela
– des Lichtstromes: *5* Lumen
– des Luftdrucks: *3* Bar; *4* Torr; *8* Millibar
– der magnetischen Feldstärke: *7* Oersted
– des Magnetismus: *5* Gauss
– für die radioaktive Belastung: *3* Rem; *8* Millirem
– des radioaktiven Gehalts: *3* Eman
– der radioaktiven Strahlung: *5* Curie; *9* Becquerel
– des Rhythmus: *4* Takt
– für den Schall: *4* Phon; *7* Dezibel
– der Selbstinduktion: *5* Henry
– der Silberfeinheit: *3* Lot
– der Wärme: *4* Grad; *7* Kalorie
Maßeinteilung: *5* Skala
Massenangst: *5* Panik
Massenaufmarsch: *13* Demonstration
Massenbeförderungsmittel: *3* Bus; *4* Bahn, O-Bus; *5* S-Bahn, U-Bahn; *6* Schiff; *7* Omnibus; *9* Eisenbahn
Massenerkrankung: *6* Seuche; *8* Epidemie
Massengutbehälter: *6* Bunker; *9* Container
Massenherstellung von Bekleidung: *10* Konfektion
Massenkundgebung: *13* Demonstration
Massenopfer: *9* Hekatombe
Masseteilchen: *9* Korpuskel
maßgebend: *8* normativ; *9* gewichtig, kompetent, prominent; *10* autoritaer; *11* autoritativ
maßgeblicher Umstand: *6* Faktor
massieren: *6* kneten
massig: *4* dick, voll; *5* stark; *6* robust, schwer; *10* voluminoes
mäßig: *3* mau; *4* flau; *6* frugal, gering
mäßig
– langsames Tonstück: *7* Andante
– lebhaftes Musikstück: *10* Allegretto
– warm: *3* lau
mäßigen: *11* temperieren
Mäßigkeit: *9* Temperenz; *10* Soliditaet
maßlos: *5* enorm; *6* ueppig; *9* unbaendig, ungeheuer; *10* unbegrenzt; *12* uebertrieben
maßloses Verlangen: *4* Gier; *5* Manie
Maßnahme: *3* Akt, Tat; *6* Aktion; *8* Handlung
Maßstab: *4* Norm; *5* Kanon; *6* Lineal; *9* Zollstock
Maß- und Gewichtskunde: *10* Metrologie
Mastbaumbefestigung: *3* Gei
Masthahn: *6* Kapaun
Masthuhn: *6* Poulet; *8* Poularde
Mastix: *4* Harz
mastloses Boot: *4* Ewer, Kahn; *5* Barke
Mastspitze: *3* Top; *4* Topp
Mastteil: *3* Raa; *4* Bram, Mars, Rahe, Stag, Topp; *5* Royal, Wante; *6* Brasse, Saling, Spiere, Stenge; *7* Pardune
Matador: *6* Torero; *8* Toreador; *13* Stierkaempfer
Mater: *7* Matrize
Mater dolorosa: *5* Pieta; *10* Marienbild, Mutter Jesu, Vesperbild
Material: *5* Stoff
Materie: *5* Masse, Stoff; *8* Substanz
materiell: *12* substantiell
materieller Schaden: *7* Verlust
– Stoff: *8* Substanz
mathematische Figur: *5* Kegel, Kreis, Kubus, Kugel, Raute; *6* Prisma, Quader, Trapez; *7* Dreieck, Ellipse, Parabel, Quadrat, Rhombus, Vieleck, Viereck, Wuerfel; *8* Hyperbel, Pyramide, Zylinder
mathematischer Begriff: *3* Lot, Pol; *4* Plus, Zahl; *5* Achse, Basis, Binom, Bogen, Bruch, Fokus, Glied, Hoehe, Kante, Kegel, Kreis, Kubus, Kugel, Kurve, Linie, Minus, Punkt, Radix, Raute, Sinus, Summe; *6* Faktor, Formel, Gerade, Mittel, Nenner, Potenz, Prisma, Quader, Radius, Sektor, Strahl, Trapez, Trinom, Winkel, Wurzel; *7* Analyse, Divisor, Dreieck, Ellipse, Flaeche, Kathete, Komplex, Kosinus, Loesung, Maximum, Minimum, Parabel, Produkt, Prozent, Quadrat, Rhombus, Segment, Sekante, Sphaere, Tangens, Vieleck, Viereck, Zaehler; *8* Abszisse, Addition, Analysis, Dezimale, Dividend, Division, Exponent, Funktion, Hyperbel, Integral, Ordinate, Primzahl, Pyramide, Quotient, Resultat, Tangente, Zylinder; *9* Asymptote, Diagonale, Differenz, Gleichung, Grundzahl, Halbkreis, Kongruenz, Konstante, Kubikzahl, Parallele, Quersumme, Vertikale; *10* Brennpunkt, Grundlinie, Halbmesser, Hypotenuse, Koordinate, Peripherie, Proportion, Regeldetri, Senkrechte; *11* Durch-

messer, Horizontale, Integration, Koeffizient, Logarithmus
mathematisches Hilfsmittel: *6* Abakus, Lineal, Zirkel
– Zeichen: *4* plus; *5* minus
Matratzenstoff: *5* Drell
Mätresse → Geliebte
Mätresse Ludwigs XV.: *7* Dubarry; *9* Pompadour
Matrize: *5* Mater
Matrose: *4* Gast, Maat
Matrosenlied: *6* Shanty
Matrosenlöhnung: *5* Heuer
Matrosenunterhemd: *6* Troyer
matt: *3* mau; *4* flau; *5* muede; *6* kaputt, truebe; *7* schwach; *8* glanzlos
mattgelb: *5* creme
Mattkohlenart: *5* Durit
Matura: *6* Abitur; *13* Reifepruefung
mau: *4* flau, matt, mies
Mauer: *4* Wand
Mauerabschluß: *5* Zinne
Mauerbewurf: *4* Putz; *7* Verputz
Mauerbogen auf Säulen: *6* Arkade
Mauerbrei: *5* Speis
Mauerbruch: *7* Bresche
Mauerkrone: *5* Zinne
Mauerleiste: *4* Sims
Mauerlücke: *7* Bresche, Scharte
Mauerpfeffer: *6* Sedum
Mauerpfeiler: *6* Lisene
Mauerrand: *5* Zinne
Mauerritze: *4* Fuge
Mauersalat: *7* Lattich
Mauerverkleidung: *4* Putz; *6* Paneel, Tapete; *7* Verputz
Mauervertiefung: *6* Nische
Mauerverzierung: *4* Sims; *5* Fries; *7* Risalit
Mauervorsprung: *5* Erker
Maul: *6* Fresse, Rachen; *8* Schnauze
Maul beim Rotwild: *5* Aeser
– bei Schafen und Ziegen: *6* Muffel
Maulaffe: *6* Gaffer
Maulesel: *4* Muli; *5* Mulus
Maulheld: *7* Poltron
Maulwurfsgrille: *5* Werre
Maurerwerkzeug: *5* Kelle; *7* Meissel, Senklot, Stemper; *8* Senkblei; *11* Kartaetsche, Wasserwaage
maurisches Schloß bei Granada: *8* Alhambra
mausen: *7* stehlen
Mauser: *12* Federwechsel
Mausoleum bei Agra (in Vorderindien): *11* Tadsch Mahal
Maut: *4* Zoll; *7* Wegzoll
Maya-Gottheit: *7* Hunahan, Hunahpu, Hurakan, Iizamna; *8* Kukulkan
Mayastadt in Guatemala: *5* Tikal
mechanisch: *9* technisch, unbewusst; *10* maschinell; *12* selbsttaetig
mechanisches Musikinstrument: *11* Orchestrion
Mechanismus: *4* Werk; *9* Triebwerk; *11* Maschinerie
meckern: *8* noergeln
mecklenburgischer Dichter: *5* Groth; *6* Reuter
mecklenburgisches Adelsgeschlecht: *6* Buelow, Moltke
Medeas Heimat: *7* Kolchis
– Mann: *5* Iason
Medikament: *5* Pille, Salbe; *6* Arznei; *7* Medizin; *8* Tablette; *9* Zaepfchen
medischer König: *8* Astyages
Mediziner: *4* Arzt; *7* Medikus
medizinische Betäubung: *7* Narkose; *11* Anaesthesie
medizinisches Instrument: *5* Nadel, Saege, Sonde, Zange; *6* Schere; *7* Spritze; *8* Skalpell
Medizinmann: *8* Schamane
Medusa: *5* Gorgo; *7* Gorgone; *9* Ungeheuer
Meer: *3* See; *5* Ozean
Meer
– zwischen Afrika und Amerika: *8* Atlantik
– zwischen Amerika und Asien: *7* Pazifik
– zwischen Griechenland und der Türkei: *7* Aegaeis
– zwischen Italien und Jugoslawien: *5* Adria
– in den Polargebieten: *7* Eismeer
Meerbusen: *3* Bai; *4* Golf; *5* Bucht, Fjord
Meerbusen
– an der Emsmündung: *7* Dollart
– zwischen Frankreich und Spanien: *7* Biskaya
Meerdrachen: *6* Rochen
Meerenge: *4* Belt, Gatt, Sund
Meerenge
– zwischen Ägäis und Marmarameer: *10* Hellespont; *11* Dardanellen
– zwischen Amerika und Asien: *13* Beringstrasse
– zwischen Europa und Asien: *8* Bosporus; *11* Dardanellen
– zwischen Irland und Schottland: *9* Nordkanal
– bei Istanbul: *8* Bosporus
– zwischen Norwegen und Jütland: *9* Skagerrak
– zwischen Ostsee und Kattegat: *4* Sund
– zwischen Rotem Meer und Golf von Aden: *11* Bab el Mandeb
– zwischen Schweden und Jütland: *8* Kattegat
– der westlichen Ostsee: *4* Belt
Meeresalge: *4* Tang
Meeresarm: *5* Kanal
Meeresbewegung: *5* Welle; *7* Duenung; *8* Brandung, Grundsee, Sturzsee
Meeresbucht: *3* Bai; *4* Golf, Haff; *5* Fjord; *6* Foerde
Meeresbucht
– an der Küste von Mosambik: *10* Delagoabai
– an der nordamerikanischen Atlantikküste: *13* Chesapeakebai
– in Norwegen: *5* Fjord
– in Schottland: *5* Firth
Meeresgott: *5* Aegir; *6* Neptun, Nereus, Triton; *7* Okeanos, Proteus; *8* Poseidon
Meeresgöttin: *3* Ran; *6* Sirene, Thetis; *7* Nereide; *8* Okeanide, Ozeanide; *10* Amphitrite
Meeresjungfrau: *4* Nixe; *6* Undine

Meereskrebs: *6* Granat, Hummer, Krabbe; *7* Garnele; *8* Languste
Meereskunde: *13* Ozeanographie
Meeresküste: *6* Strand; *7* Gestade
Meeresmuschel: *6* Auster
Meeresnymphe der Griechen: *6* Sirene, Thetis; *7* Nereide; *8* Okeanide, Ozeanide
Meerespflanze: *4* Alge, Tang
Meeresraubfisch: *3* Hai; *6* Rochen
Meeressäugetier: *3* Wal; *5* Robbe; *6* Narwal; *7* Blauwal, Delphin, Finnwal, Pottwal, Seehund, Walross; *8* Butzkopf, Grindwal, Tuemmler; *10* Braunfisch, Schwertwal; *11* Meerschwein
Meeresschildkröte: *7* Karette
Meeresschlamm: *7* Schlick
Meeresschnecke: *6* Nerite
Meeresstraße
– bei Neuguinea: *6* Torres
– in Nordjütland: *8* Limfjord
Meeresstrom im Stillen Ozean: *9* Kuro Schio
Meeresströmung: *5* Drift, Trift
Meeresströmung des Atlantik: *9* Golfstrom
Meeresstrudel in der Straße von Messina: *9* Charybdis
Meerestiefenmeßgerät: *3* Lot; *7* Echolot
Meerestier: *3* Aal, Hai, Wal; *4* Butt, Seal; *5* Krake, Polyp, Robbe; *6* Auster, Granat, Hering, Hummer, Krabbe, Narwal, Qualle, Rochen, Seekuh; *7* Blauwal, Delphin, Finnwal, Flunder, Garnele, Koralle, Makrele, Pottwall, Sardine, Scholle, Seebaer, Seehund, Seeigel, Walross; *8* Butzkopf, Grindwal, Kabeljau, Languste, Plankton, Seeloewe, Seestern, Seezunge, Tuemmler; *9* Steinbutt; *10* Braunfisch, Schwertwal, See-Elefant; *11* Meerschwein, Schellfisch
Meeresufer: *6* Kueste, Strand; *7* Gestade
Meeresungeheuer: *5* Krake, Polyp; *6* Rochen
Meeresvogel: *3* Alk; *4* Lund; *5* Lumme, Moewe; *6* Pee-Arr; *7* Pinguin, Scharbe, Toelpel, Tordalk; *8* Albatros, Kormoran; *9* Bootsmann; *10* Eistaucher, Seetaucher; *11* Seeschwalbe, Tropikvogel; *12* Fregattvogel
Meereswoge: *5* Welle
Meeresweichtier: *8* Nautilus
Meerfee: *8* Melusine
Meergott → Meeresgott
Meergottzepter: *7* Trident; *8* Dreizack
Meerkatze: *5* Diana; *7* Mangabe; *8* Mandrill
Meernymphe → Meeresnymphe
Meerrettich: *4* Kren
Meerteufel: *6* Rochen
Meerweib: *8* Melusine
Meerzwiebel: *6* Szilla
Megaphon: *10* Sprachrohr
Megäre: *5* Furie; *7* Erinnye
Megarerkönig der griechischen Sage: *5* Nisos
Mehl aus Palmenmark: *4* Sago
mehlartiges Mineral: *3* Gur
Mehlklößchen: *5* Nocke
Mehlschwitze: *4* Roux; *9* Einbrenne
Mehlspeise: *7* Omelett, Strudel; *11* Pfannkuchen; *13* Palatschinken; *15* Kaiserschmarren
Mehr: *4* Plus
mehrarmige Flußmündung: *5* Delta
mehrarmiger Anker: *7* Draggen
mehrdeutig: *7* homonym; *8* aequivok
Mehrdeutigkeit: *10* Amphibolie
Mehrehe: *9* Polygamie
mehrere: *6* einige; *7* etliche
mehrfach: *3* oft; *7* haeufig
Mehrfachgeburt: *9* Drillinge, Zwillinge
mehrfarbig: *4* bunt; *9* gemustert
Mehrheit: *5* Masse; *9* Ueberzahl; *10* Majoritaet; *11* Pluralitaet
mehrjährige Grünpflanze: *6* Staude
Mehrphasenstrom: *9* Drehstrom; *12* Wechselstrom
mehrsätziges Tonstück: *4* Fuge; *6* Sonate; *8* Sinfonie
mehrseitig: *12* multilateral
mehrsitziges Fahrrad: *6* Tandem
mehrsprachig: *9* polyglott
mehrstimmig: *8* polyphon
mehrstimmige(s)
– Gesangsstück: *8* Madrigal
– Tonstück: *5* Kanon
– Vokalkomposition: *7* Motette
Mehrzahl: *6* Plural
Meidungsgebot: *4* Tabu
Meierei: *8* Molkerei
Meiereiprodukt: *4* Rahm; *5* Kaese, Sahne; *6* Butter
meinen: *5* sagen; *6* denken, finden; *8* bedeuten, erachten
Meinung: *6* Glaube, Urteil; *7* Annahme, Ansicht; *9* Vermutung; *10* Anschauung, Auffassung, Schaetzung, Standpunkt; *12* Dafuerhalten, Ueberzeugung
Meinungsaustausch: *7* Debatte; *10* Diskussion
Meinungsumfrage: *10* Demoskopie
Meinungsverschiedenheit: *9* Divergenz
Meisenart: *7* Kleiber; *9* Blaumeise, Kohlmeise; *10* Gruenmeise, Sumpfmeise
Meisenbauer: *3* Kar
Meister: *4* Baas; *6* Kenner; *7* Koenner, Maestro; *8* Lehrherr, Magister, Virtuose
Meister in einer Sportart: *8* Champion
meisterhaft: *7* virtuos; *10* bravouroes
meisterliches Können: *5* Kunst
meistern: *11* bewaeltigen
Meisterschaft: *10* Championat; *12* Virtuositaet
Meisterschütze der nordischen Sage: *4* Egil; *5* Egill
Meistersinger: *4* Zorn; *5* Foltz, Moser, Ortel, Sachs; *6* Pogner; *7* Kothner, Schwarz; *8* Stolzing
Meistersingerlied: *3* Bar
Meistersingerstadt: *9* Nuernberg
Meiststufe: *10* Superlativ
Mekkapilger: *7* Hadschi
Melancholie: *9* Schwermut, Truebsinn
melanesische Völkergruppe: *5* Usiai

Meldereiter: *8* Stafette
Meldung: *7* Rapport
meliert: *8* scheckig; *9* gescheckt; *11* gesprenkelt
Melker: *9* Schweizer
Melodie: *4* Lied; *5* Weise; *9* Kantilene
Melonenbaum: *6* Papaya, Papaye
Memorial: *7* Journal
memorieren: *6* lernen, pauken; *9* studieren
Menagerie: *3* Zoo
Menge: *4* Zahl; *5* Masse, Prise; *6* Anzahl, Fuelle, Haufen, Ration; *7* Portion, Quantum; *8* Vielheit; *10* Quantitaet
mengen: *7* mischen
Mengenbegriff: *4* Gros, Paar, viel; *5* Stieg; *6* Schock; *7* Dutzend
mengenmäßig: *11* quantitativ
Mennonitensiedlung in Paraguay: *5* Menno
Mensch: *6* Person
Mensch
- **mit fehlender Farbstoffbildung:** *6* Albino
- **der frühen Entwicklungsstufe:** *9* Anthropus
- **von großer Körperkraft:** *8* Herkules
- **von hoher Denkart:** *8* Idealist
- **mit Schönheitssinn:** *7* Aesthet

Menschen: *4* Volk; *5* Leute
Menschen aus fernen Ländern: *6* Exoten
Menschenaffe: *6* Gibbon; *7* Gorilla; *9* Orang-Utan; *10* Schimpanse
Menschenaffen: *12* Anthropoiden
menschenähnliche Zauberwurzel: *7* Alraune
menschenähnliches Tier: *4* Affe
Menschenalter: *10* Generation
Menschenansammlung: *5* Menge; *7* Auflauf
Menschenfeind: *10* Misanthrop
menschenfressender Riese: *4* Oger
Menschenfresser: *9* Kannibale; *13* Anthropophage
- **im Märchen:** *4* Oger

Menschenfreund: *11* Philanthrop
menschenfreundlich: *5* human; *8* soziabel; *10* humanitaer
Menschengattung: *5* Rasse
Menschenhai: *7* Blauhai
Menschenhasser: *10* Misanthrop
Menschenkenntnis: *11* Psychologie
Menschenkunde: *9* Ethologie; *13* Anthropologie
Menschenliebe: *13* Philanthropie
Menschenrasse: *5* Arier, Neger; *7* Mongole; *8* Dinarier, Eskimide
Menschenraub: *10* Kidnapping; *11* Entfuehrung
Menschenscheu: *14* Anthropophobie
menschenunwürdig: *7* inhuman
Menschenwürde: *10* Humanitaet
menschlich: *5* human
menschliche Erblehre: *12* Humangenetik
- **Tonfigur:** *5* Golem

Menschwerdung Christi: *11* Inkarnation
Mensurnarbe: *7* Schmiss
mental: *7* geistig; *11* gedanklich
Mentor: *7* Berater; *8* Ratgeber
Merkbuch: *6* Agenda; *8* Memorial; *9* Notizbuch; *10* Memorandum
merken: *6* achten; *7* spueren, wittern; *8* behalten; *10* einpraegen, wahrnehmen
Merkmal: *3* Mal; *5* Indiz, Marke; *6* Moment, Signum; *7* Symptom, Zeichen; *8* Attribut, Eigenart, Gepraege; *9* Anzeichen, Charakter, Kriterium; *10* Indikation, Markierung; *11* Kennzeichen; *12* Besonderheit
Merkspruch: *7* Sentenz
merkwürdig: *6* bizarr, kurios; *7* seltsam; *9* sonderbar; *10* eigenartig; *11* interessant
Merkwürdigkeit: *8* Kuriosum; *11* Kuriositaet
Merkzeichen: *8* Notabene
Mesalliance: *10* Missheirat
Mesner: *7* Kuester; *13* Kirchendiener
Mesopotamien: *4* Irak
Meßband: *9* Metermass
Meßbandeinteilung: *5* Skala
meßbar: *10* mensurabel
Meßbuch des Priesters: *7* Missale
Meßdiener: *6* Mesner; *9* Sakristan; *10* Ministrant
Messe für Verstorbene: *7* Requiem; *11* Seelenmesse
Meßeinheit → Maßeinheit
messen: *6* peilen
Messer der Gurkhas: *5* Kukri
- **in der Medizin:** *8* Lanzette, Skalpell
- **der Südaraber:** *6* Jambje

Messerblatt: *6* Klinge; *8* Schneide
Messestadt
- **des Buchhandels:** *7* Leipzig; *9* Frankfurt
- **der Industrie:** *5* Koeln; *8* Hannover
- **für Lederwaren:** *9* Offenbach
- **für Spielwaren:** *9* Nuernberg
- **der Technik:** *8* Hannover
- **an der Wolga:** *5* Gorki

Meßgebet vor der Kommunion: *8* Agnus Dei
Meßgerät: *3* Log, Lot, Uhr; *5* Lehre, Waage; *6* Kluppe, Lineal, Nonius; *7* Echolot, Kompass, Sextant; *8* Bandmass, Massstab, Metronom, Senkblei; *9* Barometer, Manometer, Messlatte, Zollstock; *10* Hygrometer, Mikrometer, Schublehre, Tachometer; *11* Chronometer, Elektroskop, Thermometer
Meßgesangbuch: *8* Graduale
Meßgewand: *4* Albe; *5* Kasel
Meßglas: *6* Mensur
Messias: *5* Mahdi; *7* Heiland
Messing: *6* Tombak
Meßopfer: *11* Sakrifizium
Meßpunkt in der Anthropologie: *5* Inion
Meßröhre für Flüssigkeiten: *8* Buerette
Meßtisch: *6* Mensel, Mensul
Meßwerkzeug → Meßgerät
Metall: *3* Cer, Zer; *4* Blei, Gold, Niob, Uran, Zink, Zinn; *5* Chrom, Eisen, Titan; *6* Barium, Erbium, Indium, Kalium, Kobalt, Kupfer, Mangan, Neodym, Nickel, Osmium, Platin, Radium, Silber, Tantal, Tellur, Wismut; *7* Antimon, Gallium, Hafnium, Iridium, Kadmium, Kalzium, Lanthan, Lithium, Natrium, Niobium, Rhenium, Rhodium, Terbium, Thorium, Thulium, Vanadin, Wolfram; *8* Ru-

bidium, Samarium, Scandium, Silizium, Thallium, Vanadium; *9* Aluminium, Beryllium, Germanium, Magnesium, Molybdaen, Palladium, Plutonium, Ruthenium, Strontium, Zirkonium; *10* Promethium; *11* Quecksilber; *12* Protactinium
Metall mit Goldüberzug: *6* Doublé, Dublee
Metallabfall: *7* Schrott
Metallarbeit mit schwarzer Verzierung: *6* Niello
Metallarbeiter → Handwerker
Metallbarren: *5* Ingot
Metallbearbeitungsmaschine: *8* Drehbank
Metallbildnerei: *8* Toreutik
Metallblatt: *5* Folie
Metallblock: *5* Ingot
Metallbolzen: *4* Niet
Metallegierung: *5* Dural; *6* Alpaka, Bronze; *7* Messing; *10* Konstantan
Metallfaden: *5* Draht
Metallfadengewebe: *4* Lamé
Metallfolie: *8* Stanniol
Metallfraß: *4* Rost; *9* Korrosion
Metallgefäß: *6* Kessel
Metallgeld: *6* Muenze
metallhaltiges Gestein: *3* Erz
Metallklammer: *6* Tacker
Metallkunde: *11* Metallurgie
Metallmischung: *9* Legierung
Metallniet: *5* Stift
Metallornament: *6* Niello; *8* Filigran
Metallplatte: *5* Blech
metallisches Bindemittel: *3* Lot
Metallring: *4* Oese
Metallsalz: *6* Haloid
Metallschließe: *6* Zwinge
Metallschneider: *7* Graveur
Metallstab: *4* Zain
Metallstange: *5* Barre; *6* Barren
Metallstecher: *8* Ziseleur
Metallstickstoffverbindung: *6* Nitrid
Metallstift: *4* Niet; *5* Nagel; *6* Zwecke
Metallteller für Hostie: *6* Patene
Metallüberzug: *7* Emaille
Metallverzierung: *6* Niello
Meteor: *5* Bolid
meteorologischer Begriff: *4* Hoch, Tief; *5* Klima
Meteorstein: *8* Meteorit
Meteorstrom: *7* Lyriden; *8* Leoniden; *9* Perseiden; *12* Quadrantiden
Methode: *5* Weise; *6* System; *9* Verfahren
Methylalkohol: *8* Methanol; *9* Holzgeist
Metier: *5* Beruf; *7* Gewerbe
metrische Gewichtseinheit: *4* Deka; *5* Gramm, Tonne; *9* Kilogramm
Metronom: *9* Taktgeber; *10* Taktmesser
Metropole: *10* Hauptstadt; *11* Mittelpunkt; *16* Landeshauptstadt
Metzelei: *7* Blutbad; *8* Gemetzel, Massaker
Metzger: *9* Fleischer; *10* Schlachter
meucheln: *6* morden
Meute: *5* Horde, Rudel, Schar
mexikanische(r, s)
– **Badeort:** *8* Acapulco
– **Berg** → Berg in Mexiko
– **Dichter:** *5* Nervo
– **Erdölhafen:** *7* Tampico
– **Fluß:** *5* Verde; *6* Sonora
– **Gebirge:** *11* Kordilleren, Sierra Madre
– **Grenzfluß:** *8* Rio Hondo; *9* Rio Grande
– **Hafenstadt** → Hafenstadt in Mexiko
– **Halbinsel:** *7* Yucatan; *11* Kalifornien
– **Hauptstadt:** *10* Mexico City
– **Hut:** *8* Sombrero
– **Indianer:** *4* Maya; *6* Azteke, Ladino; *8* Zapoteke
– **Insel:** *6* Blanca, Cancum, Cedros, Holbox; *7* Clarion, Cleofas, Cozumel, Mujeres, Socorro, Tiburon; *9* Guadalupe, Magdalena; *10* Maria Madre
– **Kaktus:** *6* Peyote, Peyotl
– **Maler:** *6* Rivera
– **Mantel:** *6* Poncho
– **Melonenbaum:** *6* Papaya, Papaye
– **Münze:** *4* Peso; *7* Centavo
– **Nationalgetränk:** *6* Pulque
– **Präsident:** *6* Juarez
– **Pyramide:** *11* Teotihuacan
– **Raubtier:** *6* Ozelot
– **Rauschgift:** *9* Marihuana
– **Samtblume:** *7* Tagetes
– **Sänger:** *7* Domingo
– **Schwanzlurch:** *7* Axolotl
– **Stadt** → Stadt in Mexiko
– **Umschlagtuch:** *5* Serap
– **Viehzüchter:** *9* Rancheros
– **Vulkan:** *6* Colima; *7* Jorulla; *12* Popocatepetl
Mieder: *6* Taille; *7* Korsett
– **der Schwarzwaldtracht:** *5* Libli
Miederhöschen: *5* Panty
Miederstäbchen: *10* Planchette; *11* Blankscheit
Miene: *3* Air
Mienenspiel: *5* Mimik
mies: *3* mau; *4* flau
Miesmacher: *8* Noergler; *9* Defaetist, Griesgram, Pessimist
Miesmacherei: *11* Defaetismus
Miete: *4* Feim, Zins; *5* Dieme, Feime; *6* Diemen
Mietkutsche: *6* Fiaker
Mietverhältnis: *5* Pacht
Mietwagen: *4* Taxe, Taxi; *8* Droschke
mikroskopisch kleines Lebewesen: *8* Bakterie
Mikrowellengerät: *5* Maser
Milbenart: *5* Zecke
Milchbonbon: *9* Karamelle
Milchdrüse bei Säugetieren: *5* Euter
Milcheiweiß: *6* Kasein
Milchfett: *4* Rahm; *5* Sahne; *7* Schmant
Milchkaffee: *7* Melange
Milchkraut: *12* Frauenmantel
Milchprodukt: *4* Rahm; *5* Kaese, Kefir, Molke, Obers, Quark, Sahne; *6* Butter; *7* Joghurt, Schmant; *11* Schlagsahne
Milchschleuder: *10* Zentrifuge
Milchschorf: *5* Grind

Milchschüssel: *5* Satte
Milchstraße: *7* Galaxis
Milchwirtschaftsbetrieb: *7* Meierei; *8* Molkerei
Milchzucker: *7* Laktose
mild: *3* lau; *4* lind; *5* human, sanft; *6* gelind, guetig
Milde: *5* Guete; *8* Sanftmut; *9* Nachsicht
milde Gabe: *7* Almosen
milder Südwestwind: *6* Zephir
mildern: *7* lindern; *9* maessigen; *12* abschwaechen
mildtätig: *9* karitativ
Milieu: *6* Umwelt; *8* Umgebung
- **der Drogenabhängigen:** *5* Szene
Milieumaler Bayerns: *8* Spitzweg
Milieuzeichner Berlins: *5* Zille
militant: *12* kaempferisch
Militär: *6* Barras; *7* Kommiss; *9* Wehrmacht
Militärakademie der USA: *9* West Point
Militärarzt: *9* Feldscher, Stabsarzt
Militärbündnis: *7* Entente
Militärhospital: *8* Lazarett
militärische(r, s)-Abendsignal: *13* Zapfenstreich
- **Ausbildung:** *5* Drill
- **Berichterstattung:** *7* Rapport
- **Dienstgrad:** *4* Maat; *5* Major; *6* Charge, Kadett, Oberst, Spiess; *7* Admiral, General, Kornett; *8* Kapitaen, Korporal, Leutnant, Obermaat, Offizier, Sergeant; *9* Faehnrich, Feldwebel, Gefreiter, Hauptmann, Kommodore, Marschall; *10* Kommandant; *11* Rittmeister; *12* Fahnenjunker, Generalmajor, Oberleutnant; *13* Feldmarschall, Generaloberst, Oberfeldwebel, Obergefreiter, Unteroffzier; *14* Oberstleutnant, Stabsfeldwebel; *15* Generalleutnant
- **Disziplinarstrafe:** *6* Arrest
- **Ehrung:** *5* Salut
- **Einheit:** *3* Zug; *5* Armee, Korps, Rotte; *6* Gruppe; *7* Brigade, Staffel; *8* Batterie, Division, Eskadron, Kompanie, Regiment; *9* Abteilung, Schwadron; *10* Armeekorps, Geschwader
- **Führung:** *4* Stab; *8* Kommando; *11* Generalstab; *13* Hauptquartier
- **Gebäude:** *7* Kaserne
- **Geleit:** *7* Eskorte
- **Gruß:** *5* Salut, Salve
- **Kopfbedeckung:** *4* Helm; *6* Kaeppi; *7* Tschako; *8* Tschapka
- **Löhnung:** *4* Sold
- **Nachschubtruppe:** *5* Train, Tross
- **Rang** → militärischer Dienstgrad
- **Strafe im 18. Jahrhundert:** *17* Spiessrutenlaufen
- **Tauglichkeitsprüfung:** *9* Musterung
- **Üben:** *5* Drill; *8* Manoever; *10* Exerzieren
- **Unterkunft:** *7* Kaserne
- **Zeremonie:** *9* Fahneneid
Militärkrankenhaus: *8* Lazarett
Militärmusiker: *7* Hornist, Pfeifer, Tambour; *8* Trommler; *9* Spielmann; *12* Tambourmajor
Militärmusikstück: *6* Marsch; *13* Zapfenstreich
Militärpferd: *7* Remonte
Miliz in Israel: *7* Hagana
Milzentzündung: *8* Lienitis
Mimosengewächs: *6* Akazie
Minarett: *11* Moscheeturm
minder: *7* weniger; *8* geringer
Minderbetrag: *5* Minus
Minderheit: *10* Minoritaet
minderjährig: *8* minorenn; *9* unmuendig
mindern: *7* kuerzen; *8* abnehmen; *10* reduzieren, verringern; *11* herabsetzen; *12* beschraenken
Minderung: *9* Reduktion
minderwertig: *7* wertlos; *8* inferior, schlecht; *9* schludrig; *10* mangelhaft, schluderig
minderwertige(r, s)
- **Buch:** *9* Schmoeker
- **Metallegierung:** *6* Tombak
- **Nachahmung:** *9* Imitation
- **Schnaps:** *5* Fusel
- **Tabak:** *7* Knaster
- **Ware:** *4* Tand; *6* Kitsch, Schund; *7* Plunder; *9* Ausschuss
Mindestmaß, -preis, -wert: *7* Minimum
Mine: *5* Bombe, Grube, Zeche; *8* Bergwerk; *13* Sprengkoerper
Minenbaupionier: *6* Minfur
Mineral: *3* Erz, Gur, Wad; *4* Gips, Jade, Mika, Opal, Oxyd, Spat, Talk; *5* Alaun, Augit, Borat, Flinz, Gagat, Jodit, Mocha, Quarz, Rutil, Sphen, Trass; *6* Apatit, Asbest, Azurit, Bauxit, Biotit, Blende, Bromit, Galmei, Jadeit, Jaspis, Kainit, Kalzit, Karbid, Korund, Leuzit, Nitrat, Nitrid, Nitrit, Olivin, Oxalit, Sulfat, Sulfid, Sylvin, Uranit, Zirkon; *7* Andesin, Asphalt, Borazit, Chlorid, Chlorit, Chromit, Disthen, Dolomit, Fluorit, Glimmer, Graphit, Idokras, Ilmenit, Limonit, Melanit, Minette, Monazit, Nephrit, Peridot, Realgar, Siderit, Silikat, Spinell, Steatit, Wurtzit, Zeolith; *8* Akanthit, Aluminit, Anorthit, Aragonit, Arkansit, Beinwell, Bismutit, Erythrin, Feldspat, Haematit, Idrialit, Kalkspat, Karbonat, Kieserit, Kristall, Kryolith, Labrador, Lazulith, Magnesit, Malachit, Manganit, Markasit, Muskowit, Nephelin, Periklas, Periklin, Phosphat, Salpeter, Sodalith, Spodumen, Tellurit, Vesuvian, Wulfenit, Zinkspat, Zinnober; *9* Alabaster, Anthrazit, Beinbrech, Bleiglanz, Chalzedon, Eisenkies, Eisenspat, Flussspat, Glaukodot, Glaukonit, Hyalophan, Karnallit, Kieselgur, Lanthanit, Mondstein, Orthoklas, Serpentin, Skapolith, Steinsalz, Stephanit, Travertin, Wolframit, Zinckenit, Zinnstein, Zoelestin; *10* Bittererde, Braunstein, Chalkolith, Chrysolith, Eisenglanz, Feuerstein, Hausmannit, Hornblende, Indigolith, Kassiterit, Kupferkies, Meerschaum, Phosphorit, Plagioklas, Rauschgelb, Schwerspat, Zinkblende, Zinnwaldit; *11* Glaubersalz; *12* Schwefelkies
mineralische Ablagerung: *6* Sinter
- **Faser:** *6* Asbest

mineralisches Fett: *8* Vaseline
Mineralkörner: *4* Kies, Sand
Mineralöl: *6* Benzin, Erdoel; *9* Dieseloel, Petroleum, Schweroel
Mineralölverarbeitung: *7* Kracken; *11* Raffinieren; *12* Destillieren
Mineralwachs: *7* Zeresin
Mineralwasser: *7* Brunnen, Selters; *10* Saeuerling
Miniaturland: *7* Liliput
Miniaturschau in Klagenfurt: *10* Minimundus
Miniaturstadt bei Düsseldorf: *7* Minidom
– in Holland: *9* Madurodam
Minister islamischer Staaten: *5* Wesir
– Karls des Großen: *7* Einhard
Ministerpräsident: *7* Kanzler, Premier
Ministerpräsident von Nordrhein-Westfalen: *3* Rau
Ministerrunde: *8* Kabinett
Minne: *5* Liebe
Minnesänger: *4* Aist; *7* Hadlaub, Rainmar; *10* Troubadour; *11* Tannhaeuser
Minorat: *14* Juengstenrecht
Minorität: *10* Minderheit, Minderzahl
minuziös: *6* subtil; *7* penibel; *9* kleinlich; *10* pedantisch
Mirakel: *6* Wunder
Misanthrop: *13* Menschenfeind; *14* Menschenhasser
Mischarznei: *6* Mixtur
Mischbecher: *6* Shaker
Mischbrett für Farben: *7* Palette
mischen: *5* mixen; *6* mengen; *8* melieren, panschen; *9* vermengen
Mischfarbe: *4* Grau
Mischgerät: *5* Mixer
Mischgericht: *5* Salat; *6* Ragout
Mischling: *5* Casco, Chino, Cubra, Zamba, Zambo; *6* Cafuso, Hybrid; *7* Bastard, Hybride, Mestize, Mulatte; *8* Halbblut, Halfcast, Mameluco; *9* Terzerone
Mischmasch: *8* Pelemele; *9* Charivari, Quodlibet; *12* Sammelsurium; *13* Durcheinander
Mischung: *6* Mixtur; *7* Gemenge, Gemisch, Melange; *9* Gemengsel, Legierung
Mischvolk auf Ceylon: *11* Singhalesen
Mißbehagen: *6* Unlust; *8* Verdruss
Mißbildung: *8* Monstrum; *11* Abnormitaet, Deformation
Mißbilligung: *5* Ruege, Tadel
Mißbrauch: *6* Abusus; *11* Profanation
Mißerfolg: *4* Pech; *6* Fiasko; *8* Reinfall; *10* Fehlschlag; *14* Kladderadatsch
Missetat: *5* Untat; *6* Frevel, Suende; *10* Verbrechen
Missetäter: *7* Frevler, Suender; *10* Boesewicht, Delinquent, Verbrecher; *11* Uebeltaeter
Mißfallen: *5* Unmut; *7* Abscheu; *8* Verdruss; *10* Widerwille
Mißfallensausdruck: *5* Ruege, Tadel
Mißgeburt: *8* Monstrum
Mißgeschick: *4* Pech; *5* Panne; *7* Malheur; *8* Desaster, Unglueck; *10* Fatalitaet, Kalamitaet
mißgestaltet: *9* monstroes
Mißgriff: *6* Fehler; *8* Verstoss; *9* Fehlgriff
Mißgunst: *4* Neid
mißgünstig: *6* scheel; *8* neidisch
Mißgünstiger: *6* Neider
mißhandeln: *13* maltraetieren
Mißheirat: *11* Mesalliance
Mißhelligkeit: *10* Diskrepanz; *11* Uneinigkeit
Missionar
– Burgunds: *8* Columban
– der Deutschen: *10* Bonifatius
– der Grönländer: *5* Egede
– der Indianer: *8* Las Casas
– am Rhein: *4* Goar
– der Slawen: *6* Kyrill; *8* Cyrillus; *9* Methodius
– der Westgoten: *7* Ulfilas
Mißklang: *9* Dissonanz; *10* Kakophonie; *11* Disharmonie
mißlich: *7* prekaer
Mißmut: *5* Grant; *6* Aerger; *7* Unwille; *8* Verdruss; *12* Verbitterung
Mißstand: *5* Uebel; *7* Schaden
Mißtrauen: *7* Argwohn, Skepsis
mißtrauisch: *9* skeptisch
Mißverhältnis: *7* Ametrie
mißverständlich: *6* unklar
Mißverständnis: *6* Irrtum
mißverstehen: *5* irren
Mißwirtschaft: *10* Korruption, Vergeudung
Mist: *4* Dung; *7* Duenger, Kompost
Mistgabel: *5* Forke
Mistkäfer: *10* Skarabaeus; *12* Pillendreher
mit: *3* per
mit Freuden: *4* gern
mit Vergnügen: *4* gern
Mitangeklagte: *9* Konsorten
Mitarbeit: *5* Hilfe; *7* Beitrag; *9* Teilnahme
Mitarbeiter: *6* Helfer; *7* Famulus, Gehilfe, Kollege; *9* Assistent
Mitarbeitergruppe: *4* Stab, Team
Mitbesitzer: *6* Sozius; *7* Associe, Partner; *9* Kompagnon, Teilhaber
Mitbewerber: *6* Rivale
miteinander: *8* zusammen
Mitesser: *4* Akne; *6* Pickel
Mitfahrer: *6* Sozius
Mitgefühl: *4* Takt; *5* Guete; *7* Mitleid; *9* Teilnahme; *10* Humanitaet; *11* Anteilnahme; *14* Barmherzigkeit, Naechstenliebe
Mitgift: *3* Dos; *9* Aussteuer
Mitglied → Anhänger
Mitglied
– des Ältestenrates: *7* Senator
– des englischen Hochadels: *4* Earl, Lord, Peer
– des englischen Oberhauses: *4* Peer
– einer englischen wissenschaftlichen Gesellschaft: *6* Fellow
– des französischen Adels: *4* Pair
– einer islamischen Sekte: *7* Senussi; *8* Derwisch

- **einer Kapitalgesellschaft:** *9* Aktionaer
- **eines Leipziger Kirchenchors:** *8* Thomaner
- **eines Parlaments:** *11* Deputierter; *12* Abgeordneter
- **der Regierung:** *8* Minister
- **des Senats:** *7* Senator

Mitglieder eines Preisgerichts: *7* Juroren
Mithelfer bei strafbaren Handlungen: *8* Komplize
Mithilfe: *7* Beitrag
mithin: *4* ergo; *8* folglich
Mitinhaber: *6* Sozius; *7* Associé, Partner; *9* Kompagnon, Teilhaber
Mitkämpfer: *10* Kombattant
Mitläufer: *8* Fussvolk
Mitlaut: *9* Konsonant
mitleidig: *13* teilnahmsvoll
mitleidlos: *4* hart; *6* streng
Mitra: *5* Infel; *14* Bischofsmuetze
mitreissend: *6* furios; *9* fulminant; *11* begeisternd
Mitschuldiger: *8* Komplice
Mitschwingen: *8* Resonanz
Mitspieler: *7* Partner
Mitstudent: *11* Kommilitone
Mittagessen: *5* Diner, Lunch; *6* Dinner
Mittagskreis: *8* Meridian
Mittagsruhe: *6* Siesta
Mittagstisch für Studenten: *5* Mensa
Mittäter: *8* Komplice, Konsorte; *13* Helfershelfer
Mitte: *7* Zentrum; *8* Zentrale
mitteilen: *5* sagen; *6* melden; *7* kundtun; *8* verraten; *9* berichten, eroeffnen; *10* offenbaren; *11* anvertrauen
Mitteilung: *5* Brief, Kunde; *6* Report; *7* Meldung; *9* Botschaft, Nachricht; *10* Kommuniqué; *13* Kommunikation
Mittel: *6* Medium
mittelalterlich: *9* mediaeval
mittelalterliche(r, s)

- **Auseinandersetzung:** *5* Fehde
- **Ausrufer:** *6* Herold
- **Baugenossenschaft:** *9* Bauhuette
- **Befestigung:** *4* Burg
- **Besitzform:** *5* Lehen
- **Burgturm:** *8* Belfried
- **Edelmann:** *6* Ritter
- **Festung:** *4* Burg
- **Frauengemach:** *8* Kemenate
- **Gebot:** *4* Bann
- **Gefolgsleute:** *8* Vasallen
- **geistliches Drama:** *5* Ludus
- **geistliches Schauspiel:** *7* Mirakel; *14* Mysterienspiel
- **Gericht:** *4* Feme
- **Geschütz:** *12* Feldschlange
- **Goldmacher:** *5* Adept; *9* Alchimist
- **Gutsverwalter:** *5* Meier
- **Handwerkervereinigung:** *5* Gilde, Zunft
- **Heilmittel:** *7* Theriak
- **Hinrichtungsstätte:** *14* Scheiterhaufen
- **Jagdwaffe:** *8* Armbrust
- **jüdische Geheimlehre:** *7* Kabbala
- **Juristenschule:** *11* Glossatoren
- **Kaufmannsbund:** *5* Hansa, Hanse
- **Kragenkapuze:** *5* Gugel
- **Kriegerstand:** *6* Ritter
- **Kriegsschiff:** *7* Galeere
- **Münze:** *5* Denar; *8* Brakteat
- **Musikant:** *9* Spielmann
- **Panzerhemd:** *7* Bruenne
- **Philosophie:** *10* Scholastik
- **Reiterkampfspiel:** *6* Buhurt
- **Ritterkampfspiel:** *7* Turnier
- **Sagengestalt:** *5* Gawan, Hagen; *6* Gawein; *9* Siegfried
- **Sänger:** *10* Troubadour; *12* Minnesaenger
- **Schandpfahl:** *7* Pranger
- **Schild:** *8* Tartsche
- **Schlagwaffe:** *11* Morgenstern
- **Segelschiff:** *5* Kogge; *7* Galeone; *9* Karavelle
- **Sekte:** *10* Albigenser
- **Seuche:** *4* Pest; *8* Blattern
- **spanische Flotte:** *6* Armada
- **Städtebund:** *5* Hansa, Hanse
- **Steuer:** *4* Bede
- **Tanzlied:** *5* Rondo
- **Vereinigung:** *5* Gilde, Zunft
- **Waffe:** *5* Barte, Cleve; *8* Armbrust; *10* Hellebarde; *11* Morgenstern
- **Würgeschraube:** *8* Garotte
- **Zoll:** *6* Akzise

mittelamerikanische(r)

- **Hauptstadt** → Hauptstadt in Mittelamerika
- **Indianerstamm:** *4* Cuna, Maya; *5* Mayas; *7* Azteken, Kariben; *8* Karaiben, Misteken, Tolteken; *9* Zapoteken
- **Inselgruppe:** *10* Westindien
- **Inselwelt:** *8* Antillen
- **Mischling:** *6* Ladino
- **Rackenvogel:** *6* Quesal; *7* Quetzal
- **Staat** → Staat in Mittelamerika
- **Vogel:** *6* Quesal; *7* Quetzal

mittelbar: *8* indirekt
Mitteldinge zwischen Gut und Böse: *9* Adiaphora
Mitteleuropäisches Reisebüro: *3* MER
Mittelhülse des Rades: *4* Nabe
Mittellinie: *5* Achse
mittellos: *3* arm; *5* elend; *10* beduerftig
mittelloser Mensch: *10* Habenichts
Mittellosigkeit: *3* Not; *5* Armut, Elend
Mittelmeerfisch: *5* Orade; *7* Muraene; *9* Thunfisch
Mittelmeerhafenstadt → Hafenstadt am Mittelmeer
Mittelmeerinsel: *2* If; *3* Kos; *4* Elba, Gozo; *5* Capri, Chios, Delos, Ibiza, Korfu, Kreta, Leros, Malta, Milos, Naxos, Samos; *6* Cypern, Euboea, Ischia, Ithaka, Lemnos, Lesbos, Rhodos, Zypern; *7* Korsika, Kythera, Menorca, Salamis; *8* Mallorca, Santorin, Sizilien, Skorpios; *9* Sardinien
Mittelmeerinselgruppe: *8* Balearen, Kykladen, Pityusen, Sporaden

Mittelmeerküste: *7* Riviera
Mittelmeerländer östlich von Italien: *7* Levante
Mittelmeerschiff: *6* Feluke
Mittelmeerstaat: *5* Malta; *6* Libyen, Israel, Syrien, Zypern; *7* Italien, Libanon, Marokko, Spanien, Tuerkei; *8* Aegypten, Albanien, Algerien, Tunesien; *10* Frankreich; *11* Jugoslawien; *12* Griechenland
Mittelmeerteil: *5* Adria, Syrte; *7* Aegaeis; *11* Grosse Syrte, Kleine Syrte; *13* Ionisches Meer; *15* Aegaeisches Meer, Ligurisches Meer; *16* Adriatisches Meer; *17* Tyrrhenisches Meer
Mittelmeerwinde: *7* Etesien; *8* Scirocco; *9* Schirokko
Mittelpunkt: *4* Kern; *7* Zentrum; *8* Zentrale; *9* Metropole; *10* Brennpunkt, Hauptsache; *11* Schwerpunkt
Mittelpunkt des Islams: *5* Mekka
– des Reiches Karls des Großen: *6* Aachen
Mittelsmann: *5* Agent; *6* Makler; *7* Mittler
Mittelsperson: *6* Medium
Mittelstück des Rades: *4* Nabe
mittelwarm: *3* lau
Mittelwert: *12* Durchschnitt
Mittelwort: *8* Partizip; *11* Partizipium
mitten: *7* zentral
Mitternachtsmesse: *5* Mette; *7* Vigilie
Mittler: *6* Medium
mittlere Steinzeit: *12* Mesolithikum
Mittönen: *8* Resonanz
Mittwoch nach Fastnacht: *14* Aschermittwoch
– vor Totensonntag: *7* Busstag
Mitwirkung: *11* Kooperation
Mixbecher: *6* Shaker
Möbelplüsch: *6* Mokett
Möbelstil: *11* Chippendale
Möbelstück: *4* Bank, Bett, Bord, Pult, Sofa; *5* Couch, Diwan, Liege, Spind, Stuhl, Tisch, Truhe; *6* Hocker, Sessel; *7* Buefett, Kanapee, Kommode, Kredenz, Schemel, Schrank, Schrein, Vertiko, Vitrine; *8* Anrichte, Esstisch, Fussbank, Teewagen; *9* Bettcouch, Garderobe, Lehnstuhl; *10* Blumenbank, Doppelbett, Klubsessel, Korbsessel, Nachttisch, Rauchtisch; *11* Ohrensessel, Wandschrank; *12* Ausziehtisch, Besenschrank, Chaiselongue, Schreibtisch; *13* Schaukelstuhl; *14* Buecherschrank, Kleiderschrank, Kuechenschrank, Schirmstaender
Mobiliar: *8* Inventar
mobilisieren: *10* aktivieren
Mobiltelefon: *5* Handy
Modalität: *3* Art; *5* Weise; *9* Bedingung
Mode: *5* Sitte; *6* Brauch; *7* Fashion
Modegeck: *4* Snob; *5* Dandy; *6* Gigerl; *7* Elegant, Stutzer
Modegeschäft: *8* Boutique
Modegetränk: *7* Red Bull
Modell: *3* Typ; *5* Model; *6* Muster; *7* Entwurf, Vorbild
Modell für Theaterkostüme: *8* Figurine
Modellierstoff: *9* Plastilin; *10* Plastilina
Modenarr → Modegeck
Moder: *8* Faeulnis
Moderbestandteil des Bodens: *5* Humus
Moderfleisch: *3* Aas
Modernität: *5* Neues; *7* Neuheit
Modeschöpfung: *6* Design; *8* Kreation
Modetanz → Tanz
modisch: *6* schick; *7* en vogue
modisch gekleidet: *7* elegant
modischer Aufwand: *7* Eleganz
Modus: *3* Art; *4* Form; *5* Weise
mögen: *6* lieben, wollen; *8* gefallen
möglich: *9* potential; *10* potentiell; *11* praktikabel
möglicherweise: *9* eventuell
Möglichkeitsform: *10* Konjunktiv
Mohammedaner: *6* Moslem, Muslim; *7* Islamit; *8* Muselman, Sarazene
mohammedanisch → islamisch → orientalisch
mohammedanische(r, s)
– Ausruf: *9* Bismillah
– Bethaus: *7* Moschee
– Bettelmönch: *8* Derwisch
– Einsiedler: *7* Marabut
– Fastenmonat: *7* Ramadan
– Fest: *6* Bairam
– Frauengemach: *5* Harem
– Fürstentitel: *3* Beg, Bey; *4* Emir
– Gebetsrufer: *7* Muezzin
– Gebetsteppich: *6* Namasi
– Geistlichkeit: *5* Ulema
– Gelehrter: *5* Ulema
– Geschichtsschreiber: *6* Tabari
– Gott: *5* Allah
– Gotteshaus: *7* Moschee
– Heiliger: *7* Marabut
– Heiligtum: *5* Kaaba
– Männername: *3* Ali; *4* Omar; *5* Ahmed, Osman; *7* Hadschi, Mustafa
– Name für Jesus: *3* Isa
– Rechtsgelehrter: *5* Mufti
– Religionsbuch: *5* Koran
– Richter: *4* Kadi
– Sekte: *7* Senussi; *8* Schiiten, Sunniten; *9* Wahabiten; *10* Wahhabiten
– Titel: *4* Kadi; *5* Kalif, Mufti, Ulema, Wesir
– Versroman: *5* Eneit
– Vorbeter: *4* Imam
– Wallfahrtsort: *5* Mekka; *6* Medina
Mohammeds Helfer: *4* Omar
– Nachfolger: *4* Omar; *5* Osman; *7* Abu Bekr
– Tochter: *6* Fatima
Mohrrübenart: *7* Karotte
Molch: *3* Olm; *5* Lurch; *10* Salamander
Mole: *4* Pier
Molekulargewicht: *3* Mol
mollig: *8* dicklich; *9* behaglich
Molukkeninsel: *3* Obi; *4* Buru; *5* Ambon, Ceram, Seram; *9* Halmahera
Moment: *2* Nu; *10* Augenblick; *13* Gesichtspunkt
Monacos Fürstenhaus: *8* Grimaldi
– Landesfürst: *7* Rainier

– Landesfürstin: *6* Gracia; *14* Gracia Patricia
Monarch: *6* Fuerst, Herzog, Kaiser, König
Monarchist: *8* Royalist
Monatsletzter: *6* Ultimo
Monatsname: *3* Jul, Mai; *4* Juli, Juni; *5* April, Feber, Heuet, Maerz; *6* August, Heuert, Januar; *7* Brachet, Eismond, Ernting, Februar, Hartung, Heumond, Hornung, Jaenner, Julmond, Lenzing, Neblung, Oktober; *8* Dezember, Eismonat, Gilbhard, Gilbhart, Heumonat, Lenzmond, Nebelung, November, Weinmond, Windmond; *9* Brachmond, Erntemond, Lenzmonat, Nebelmond, Ostermond, Scheiding, September, Weidemond, Weinmonat, Wonnemond; *10* Brachmonat, Christmond, Erntemonat, Herbstmond, Ostermonat, Schneemond, Wandelmond, Wintermond, Wonnemonat, Christmonat; *14* Fruehlingsmond
Mönch: *3* Abt; *5* Pater, Prior; *6* Eremit, Frater, Oberer; *7* Profess; *8* Guardian, Klausner
Mönch
– in der Probezeit: *6* Novize
– von St. Gallen: *8* Ekkehard
– am letzten Zarenhof: *8* Rasputin
Mönchsorden: *8* Jesuiten, Paulaner; *9* Kapuziner, Theatiner; *10* Augustiner, Barfuesser, Basilianer, Johanniter, Karmeliter, Kartaeuser, Trappisten; *11* Dominikaner, Karthaeuser, Trinitarier; *12* Benediktiner, Franziskaner; *13* Bettelmoenche, Zisterzienser
Mönchssiedlung: *5* Skete
Mönchsstaat in Griechenland: *5* Athos
Mönchstracht: *5* Kutte
Mönchswohnung: *5* Zelle; *6* Klause; *7* Kloster; *9* Eremitage; *11* Einsiedelei
Mönchszelle: *5* Cella
Mond: *7* Trabant; *8* Satellit
Mond
– des Jupiter: *2* Io; *6* Europa; *7* Ganymed; *8* Kallisto
– des Mars: *6* Deimos, Phobos
– des Neptun: *6* Triton; *7* Nereide
– des Saturn: *4* Rhea; *5* Dione, Mimas, Titan; *6* Phoebe, Tethys, Themis; *7* Japetus; *8* Hyperion; *9* Enceladus
– des Uranus: *5* Ariel; *6* Oberon; *7* Miranda, Titania, Umbriel
mondän: *7* vornehm
Mondbeschreibung: *13* Selenographie
Mondfahrzeug: *5* Rover; *8* Lunochod
Mondfinsternis: *7* Eklipse
Mondgott: *3* Men; *5* Chons, Thoth; *6* Chonsu
Mondgöttin: *4* Luna; *6* Selene; *8* Bubastis
Mondhof: *4* Halo; *7* Aureole
Mondphase: *7* Neumond; *8* Halbmond, Vollmond
Mondrakete: *6* Apollo
Mondsenke: *4* Mare
Mondsonde: *4* Luna; *5* Lunik, Sojus; *6* Apollo, Ranger
Mondstein: *6* Adular; *8* Feldspat
mondsüchtig: *9* somnambul
Mongolenherrscher: *5* Timur; *6* Kublai; *13* Dschingis-Chan, Dschingis-Khan
Mongolenhütte: *5* Jurte
Mongolenvolk: *3* Mon; *5* Schan; *6* Hunnen; *7* Tataren; *8* Giljaken, Ostjaken, Tungusen; *9* Burjaeten, Dsungaren, Samojeden; *10* Kalmuekken
mongolider Bergstamm im Himalaja: *6* Sherpa
mongolische(r, s)
– Dynastie in China: *5* Yuean
– Fluß: *3* Nun; *4* Tola; *7* Selenga
– Gazelle: *6* Dseren
– Hauptstadt: *9* Ulan-Bator
– Herrscher → Mongolenherrscher
– Herrschertitel: *4* Chan, Khan
– Hütte: *5* Jurte
– Nationaltracht: *3* Del
– Stadt: *3* Ude, Uge; *9* Ulan-Bator
– Statthalter: *7* Perwane
– Volk → Mongolenvolk
monochrom: *9* einfarbig
Monokel: *7* Einglas
Monolog: *15* Selbstgespraech
Monomanie: *8* fixe Idee
Monopol: *8* Vorrecht; *11* Alleinrecht
Monotonie: *8* Einerlei
Monstranz: *7* Gefaess; *12* Altargefaess; *14* Hostientraeger
Monstrum: *8* Scheusal; *9* Ungeheuer
Montagerahmen: *7* Chassis
Monteurkittel: *7* Overall
Monument: *3* Mal; *7* Denkmal
Moor: *5* Sumpf
Moorgespenst: *8* Irrwisch
Moorgrund: *4* Darg
Moorland: *4* Fehn, Fenn, Ried, Veen, Venn; *5* Bruch, Sumpf
Moorleuchten: *8* Irrlicht
Moorpflanze: *5* Gagel
Moorprodukt: *4* Torf
Moostierchen: *8* Bryozoen
Moral: *4* Ehre; *5* Ethik
moralisch verdorben: *7* korrupt
Moralist: *7* Ethiker
Morast: *6* Modder
Mordanschlag: *8* Attentat
morden: *6* toeten; *8* meucheln
Mörder: *6* Killer
Mörder des Agamemnon: *7* Aegisth
– des Siegfried: *5* Hagen
Mörderin des Marat: *6* Corday
Mordwut: *4* Amok
Morgenempfang bei Fürsten: *5* Lever
Morgenfeier: *7* Matinee
Morgenfeuchtigkeit: *3* Tau
Morgengabe: *7* Mitgift
Morgengebet: *4* Prim
Morgenkleid: *7* Matinee, Negligé
Morgenland: *6* Orient; *7* Levante
Morgenländer: *9* Orientale; *10* Levantiner
morgenländisch → orientalisch

morgenländischer Herrscher: *5* Kalif; *6* Sultan
morgenländisches Kloster: *5* Laura, Lawra
Morgenrock: *7* Negligé
Morgenstern: *5* Venus; *7* Luzifer; *8* Hesperos
Morgenveranstaltung: *7* Matinee
morphiumliefernde Pflanze: *4* Mohn; *10* Schlafmohn
morsch: *6* morbid; *8* bruechig
morsen: *6* funken
Mosaikbodenbelag: *8* Paviment
Moschee-Gebetsnische: *6* Mihrab
Moscheeheiligtum in Mekka: *5* Kaaba; *14* Schwarzer Stein
Moscheekanzel: *5* Korsi; *6* Mimbar, Mimber
Moscheeturm: *8* Minarett
Moschus: *5* Bisam
Moselzufluß → Nebenfluß der Mosel
Moskauer Stadtburg: *5* Kreml
Mostgewicht: *7* Oechsle; *12* Oechslegrade
Mostrich: *4* Senf
Motivanordnung beim Wappen: *5* Semis
Motorfahrrad: *4* Mofa; *5* Moped
Motorfahrzeug → Kraftfahrzeug
Motorrad: *4* Krad; *5* Moped; *10* Feuerstuhl
Motorrad-Geländerennen: *9* Moto-Cross
Motorradmarke: *3* BMW, NSU; *5* Honda; *8* Zuendapp
Motorschlepper: *7* Traktor, Trecker
Motorstarter: *8* Anlasser
Mottenschutzmittel: *5* Eulan; *7* Kampfer; *9* Nexalotte; *10* Naphthalin
Mozartstadt: *8* Salzburg
Mucke: *5* Laune; *6* Spleen
Mücke: *5* Gelse; *6* Gnitte, Gnitze; *7* Moskito, Schnake; *9* Anopheles
Muckertum: *7* Moralin; *10* Bigotterie
müde: *4* matt; *6* kaputt, marode; *7* schlapp; *10* abgespannt, erschoepft, schlaefrig
Müdigkeitszeichen: *7* Gaehnen
Mühe: *4* Fron, Last; *5* Plage; *7* Muehsal; *8* Strapaze; *9* Plackerei; *10* Schinderei; *11* Anstrengung
Mühlenabfallprodukt: *5* Kleie
Mühlenfachmann: *7* Mueller
Mühlenprodukt: *4* Mehl; *5* Kleie; *6* Griess
Mühlstein: *4* Grit
mühsam: *8* diffizil
Mulde: *5* Grube, Kuhle, Senke; *6* Becken
Mulde vor Hochgebirgswänden: *3* Kar
Müll: *5* Dreck; *6* Abfall; *8* Kehricht
Mumm: *3* Mut; *4* Elan; *7* Schwung
Mummenschanz: *9* Maskerade
Münchener
- **Baumeister:** *5* Seidl; *6* Klenze
- **Bildhauer:** *6* Knappe, Koelle
- **Festplatz:** *5* Wiesn; *14* Theresienwiese
- **Flugplatz:** *4* Riem
- **Gemäldegalerie:** *10* Pinakothek
- **Humorist:** *8* Valentin; *10* Weissferdl
- **Jahrmarkt:** *4* Dult
- **Maler:** *7* Lenbach
- **Parkanlage:** *16* Englischer Garten
- **Sportanlage:** *14* Olympiastadion
- **Vergnügungsviertel:** *9* Schwabing
- **Verkehrszentrum:** *7* Stachus; *10* Karlsplatz
- **Volksfest:** *11* Oktoberfest
- **Wahrzeichen:** *7* Bavaria; *12* Frauenkirche

Mundart: *5* Idiom; *7* Dialekt
Mundausschlag: *7* Aphthen
mündelsicher: *8* pupillar; *12* pupillarisch
munden: *9* schmecken
Mundfessel: *6* Knebel
Mundharmonika: *11* Maultrommel
Mundlaut: *4* Oral
mündlich: *6* verbal; *11* persoenlich
Mundschenk des Zeus: *7* Ganymed
Mundschenkin der Götter: *4* Hebe
Mundteil: *5* Lippe, Zunge; *6* Gaumen, Gebiss, Kiefer, Rachen; *7* Schlund
Mundtuch: *9* Serviette
Mündung des Enddarms: *5* After
Mündungsarm
- **der Donau:** *5* Kilia; *6* Sulina; *7* St. Georg
- **der Memel:** *4* Alge; *5* Gilge
- **des Nils:** *7* Rosette; *8* Damiette
- **der Oder:** *5* Peene, Swine; *8* Dievenow
- **des Rheins:** *3* Lek; *4* Oude, Waal; *7* Merwede
- **der Weichsel:** *5* Nogat

Mündungsbucht der Flüsse Parana und Uruguay: *7* La Plata
Mündungsform bei Flüssen: *5* Delta; *8* Trichter
Mündungstrichter der Garonne: *7* Gironde
- **der Schelde:** *5* Honte

Mundvorrat: *6* Furage, Ration; *7* Zehrung; *8* Proviant; *11* Verpflegung
Münster: *3* Dom; *6* Kirche; *10* Kathedrale
munter: *4* agil, froh, wach; *5* alert, flink; *6* forsch, heiter; *7* lebhaft
Munterkeit: *11* Temperament
Muntermacher: *6* Taurin
Münzanstalt: *6* Muenze, Praege
Münze, Münzeinheit
- **in Abessinien:** *4* Cent; *6* Dollar
- **in Afghanistan:** *3* Pul; *7* Afghani
- **in Afrika:** *4* Cedi, Cent, Rand; *5* Butut, Dinar, Franc, Leone, Ngwee, Pfund; *6* Dalasi, Dirham, Dollar, Kwacha, Pesewa; *7* Centime, Millime, Piaster, Tambala
- **in Ägypten:** *5* Pfund; *7* Piaster
- **in Albanien:** *3* Lek; *7* Quintar
- **in Algerien:** *5* Dinar; *7* Centime
- **in Argentinien:** *4* Peso; *7* Centavo
- **in Asien:** *2* At; *3* Kip, Pia, Pul, Pya, Sen, Won, Yen; *4* Anna, Bath, Cent, Chao, Chon, Dong, Fils, Kyat, Lira, Pais, Para, Rial, Riel, Yuan; *5* Dinar, Kurus, Mongo, Paisa, Pfund, Pices, Oirsh, Riyal, Rupie, Tikal, Tsiqo, Tsjao; *6* Agorot, Dollar, Rupiah, Satang, Tugrik; *7* Afghani, Centime, Piaster
- **in Äthiopien:** *4* Cent; *6* Dollar
- **in Australien:** *4* Cent; *6* Dollar
- **in Bangla Desh:** *4* Taka; *5* Paise
- **in Belgien:** *5* Franc; *7* Centime
- **in Birma:** *3* Pia, Pya; *4* Kyat

- **in Bolivien:** *4* Peso; *7* Centavo; *9* Boliviano
- **in Brasilien:** *7* Centavo; *8* Cruzeiro
- **in Bulgarien:** *3* Lew; *4* Lewa; *8* Stotinka
- **in Burundi:** *5* Franc; *7* Centime
- **in Ceylon:** *4* Cent; *5* Rupie
- **in Chile:** *4* Peso; *6* Condor, Escudo; *9* Centesimo
- **in China (Taiwan):** *4* Cent; *6* Dollar
- **in China (Volksrepublik):** *4* Yuan; *5* Tsiqo, Tsjao
- **in Costa Rica:** *5* Colon
- **in Cypern:** *3* Mil; *5* Pfund
- **in Dahome:** *5* Franc; *7* Centime
- **in Dänemark:** *4* Oere; *5* Krone
- **in Deutschland:** *4* Mark; *5* D-Mark; *7* Pfennig
- **in der Dominikanischen Republik:** *4* Peso; *7* Centavo
- **in Ecuador:** *5* Sucre; *7* Centavo
- **in El Salvador:** *5* Colon; *7* Centavo
- **in England:** *5* Pence, Penny, Pfund; *6* Guinee; *8* Shilling, Sterling; *9* Schilling, Sovereign
- **in Finnland:** *5* Penni; *6* Markka; *8* Finnmark
- **in Frankreich:** *3* Sou; *5* Franc; *7* Centime
- **in Gambia:** *5* Butut; *6* Dalasi
- **in Ghana:** *4* Cedi; *6* Pesewa
- **in Griechenland:** *5* Lepta; *6* Lepton; *7* Drachme
- **in Großbritannien** → Münze in England
- **in Guatemala:** *7* Centavo, Quetzal
- **in Haiti:** *6* Gourde; *7* Centime
- **in Holland:** *4* Cent; *6* Florin, Gulden
- **in Honduras:** *7* Centavo, Lempira
- **in Indien:** *4* Anna, Pais; *5* Pices, Rupie
- **in Indonesien:** *3* Sen; *6* Rupiah
- **im Irak:** *4* Fils; *5* Dinar
- **im Iran:** *4* Rial; *5* Dinar
- **in Island:** *4* Oere; *5* Aurar, Krone
- **in Israel:** *5* Pfund; *6* Agorot
- **in Italien:** *4* Lira, Lire; *9* Centesimo
- **in Japan:** *3* Rin, Sen, Yen
- **in Jordanien:** *4* Fils; *5* Dinar
- **in Jugoslawien:** *4* Para; *5* Dinar
- **in Kambodscha:** *3* Sen; *4* Riel
- **in Kanada:** *4* Cent; *6* Dollar
- **in Kolumbien:** *4* Peso; *7* Centavo
- **in Korea:** *3* Won; *4* Chon
- **in Kuba:** *4* Peso; *7* Centavo
- **in Kuweit:** *4* Fils; *5* Dinar
- **in Laos:** *2* At; *3* Kip
- **in Lesotho:** *4* Cent, Rand
- **im Libanon:** *5* Pfund; *7* Piaster
- **in Libyen:** *5* Dinar; *6* Dirham
- **in Luxemburg:** *5* Franc; *7* Centime
- **in Malawi:** *6* Kwacha; *7* Tambala
- **in Marokko:** *5* Franc; *6* Dirham
- **in Mexiko:** *4* Peso; *7* Centavo
- **in der Mongolei:** *5* Mongo; *6* Tugrik
- **in Nicaragua:** *7* Centavo, Cordoba
- **in den Niederlanden:** *4* Cent; *6* Florin, Gulden
- **in Norwegen:** *4* Oere; *5* Krone
- **in Österreich:** *8* Groschen; *9* Schilling
- **in Pakistan:** *4* Pais; *5* Paisa, Rupie
- **in Panama:** *6* Balboa; *9* Centesimo
- **in Paraguay:** *7* Centimo, Guarani
- **in Peru:** *3* Sol; *7* Centavo
- **in Polen:** *5* Grosz, Zloty
- **in Portugal:** *6* Escudo; *7* Centavo, Milreis
- **in Rumänien:** *3* Lei, Leu; *4* Bani
- **in Rußland:** *5* Rubel; *6* Kopeke
- **in Salvador:** *5* Colon; *7* Centavo
- **in Sambia:** *5* Ngwee; *6* Kwacha
- **in Saudi-Arabien:** *5* Qirsh, Riyal; *6* Quirsh
- **in Schweden:** *4* Oere; *5* Krone
- **in der Schweiz:** *6* Rappen; *7* Franken
- **in Sierra Leone:** *4* Cent; *5* Leone
- **in Skandinavien:** *4* Oere; *5* Krone
- **in der Sowjetunion:** *5* Rubel; *6* Kopeke
- **in Spanien:** *6* Peseta; *7* Centimo
- **in der Südafrikanischen Union:** *4* Cent, Rand
- **in Südamerika:** *3* Sol; *4* Peso; *5* Sucre; *6* Condor, Escudo; *7* Bolivar, Centavo, Centimo, Guarani, Milreis; *8* Cruzeiro; *9* Boliviano, Centesimo
- **in Syrien:** *5* Pfund; *7* Piaster
- **in Taiwan:** *4* Cent; *6* Dollar
- **in Thailand:** *4* Baht; *5* Tikal; *6* Satang
- **in der Tschechoslowakei:** *5* Halér, Krone; *6* Haleru, Heller
- **in Tunesien:** *5* Dinar; *7* Millime
- **in der Türkei:** *4* Lira, Para; *5* Kurus, Pfund
- **in der UdSSR:** *5* Rubel; *6* Kopeke
- **in Ungarn:** *6* Fillér, Forint, Gulden, Pengal
- **in Uruguay:** *4* Peso; *9* Centesimo
- **in den USA:** *3* Bit; *4* Cent; *5* Eagle; *6* Dollar
- **in Venezuela:** *7* Bolivar, Centimo
- **in Vietnam:** *3* San; *4* Chao, Dong; *7* Centime, Piaster
- **in Zypern:** *3* Mil; *4* Mils; *5* Pfund

Münzkunde: *10* Numismatik
Münzprüfer: *7* Wardein
Münzrückseite: *6* Revers
Münzverfälscher: *6* Kipper
Münzvorderseite: *5* Avers
mürbe: *6* morsch; *8* bruechig; *9* broecklig, verfallen
Murmel: *6* Marbel, Marmel; *7* Klicker; *8* Schusser
murren: *6* klagen; *7* knurren, raunzen; *8* noergeln
mürrisch: *7* grantig, mufflig; *14* streitsuechtig
mürrischer Mensch: *6* Muffel; *9* Griesgram
Mus: *4* Brei
Muschel: *6* Auster; *8* Bohrwurm, Molluske; *9* Pfahlwurm; *11* Bohrmuschel, Herzmuschel, Miesmuschel, Perlmuschel; *12* Flussmuschel, Malermuschel, Teichmuschel; *14* Dreieckmuschel
Muschelgeld: *5* Kauri
Muschelkalkrücken im nördlichen Harzvorland: *3* Elm
Muschelornament: *8* Rocaille
Muschelprodukt: *5* Perle; *8* Perlmutt; *10* Perlmutter
Muschelschale: *8* Coquille
Muse: *4* Klio; *5* Erato; *6* Thalia, Urania;

*7*Euterpe; *8*Kalliope, Polymnia; *9*Melpomene; *10*Polyhymnia; *11*Terpsichore
Muse
- **der Astronomie:** *6*Urania
- **der epischen Dichtung:** *8*Kalliope
- **der erzählenden Dichtkunst:** *8*Kalliope
- **des Gesangs:** *7*Euterpe; *8*Polymnia; *10*Polyhymnia
- **der Geschichte:** *4*Klio
- **der heiteren Dichtkunst:** *6*Thalia
- **der Komödie:** *6*Thalia
- **der Liebesdichtung:** *5*Erato
- **des Lustspiels:** *6*Thalia
- **der lyrischen Dichtung:** *7*Euterpe
- **der Musik:** *8*Polymnia; *10*Polyhymnia
- **der Sternkunde:** *6*Urania
- **der Tanzkunst:** *11*Terpsichore
- **der Tragödie:** *9*Melpomene

Muselman: *6*Moslem, Muslim; *7*Islamit; *12*Mohammedaner
Musenberg: *7*Helikon, Parnass
Musenquelle: *10*Hippokrene
Musenroß: *7*Pegasus
Musensohn: *9*Kuenstler
Museum: *7*Galerie; *8*Kabinett; *13*Kunstsammlung
Museum
- **in Amsterdam:** *11*Rijksmuseum
- **in Florenz:** *5*Pitti; *8*Bargello, Uffizien
- **in Frankfurt:** *7*Staedel
- **in Leningrad:** *9*Eremitage
- **in London:** *5*Soane, Tower; *11*Tate Gallery; *13*British Museum; *15*National Gallery; *17*Wallace Collection
- **in Madrid:** *5*Prado
- **in München:** *10*Glyptothek, Pinakothek; *14*Nationalmuseum; *15*Deutsches Museum
- **in Paris:** *6*Louvre
- **in Rom:** *10*Engelsburg

Museumsbeamter: *6*Kustos
Musical von
- **Berlin:** *11*Call me madam; *15*Annie get your gun
- **Bernstein:** *13*West Side Story
- **Kern:** *8*Show Boat
- **Loewe:** *10*My fair lady
- **MacDermot:** *4*Hair
- **Porter:** *10*Kiss me Kate
- **Rodgers:** *8*Oklahoma; *11*The King and I; *12*South Pacific
- **Styne:** *9*Funny Girl
- **von Webber:** *4*Cats; *5*Evita; *19*Jesu Christ Superstar

Musical-Komponist: *5*Loewe, Weill; *6*Porter, Rogers, Webber; *8*Gershwin
musikalisch → in der Musik
musikalische Bezeichnung für
- **alle:** *5*tutti
- **anmutig:** *8*grazioso
- **anschwellend:** *9*crescendo
- **ausdrucksvoll:** *10*espressivo
- **bebend:** *7*tremolo, vibrato
- **beseelt:** *7*animato
- **breit:** *5*largo
- **ein wenig:** *4*poco
- **einstimmig:** *7*unisono
- **erregt:** *7*agitato
- **ersterbend:** *7*morendo
- **feierlich:** *8*maestoso
- **fließend:** *7*andante
- **gebunden:** *6*legato
- **gedehnt:** *6*tenuto; *9*sostenuto
- **gehend:** *7*andante
- **gemäßigt:** *8*moderato
- **getragen:** *7*portato; *10*portamento
- **gezupft:** *9*pizzicato
- **gleitend:** *9*glissando
- **heiter:** *7*allegro
- **klagend:** *7*dolente; *8*doloroso; *9*lacrimoso, lamentoso
- **langsam:** *5*lento; *6*adagio
- **laut:** *5*forte
- **lebhaft:** *4*vivo; *6*vicace; *7*allegro
- **leidenschaftlich:** *7*furioso
- **leise:** *5*piano
- **liedartig:** *9*cantabile
- **lustig:** *7*scherzo
- **mit:** *3*con
- **mittel:** *5*mezzo
- **pointiert:** *8*staccato
- **ruhig:** *10*tranquillo
- **ruhiger werdend:** *7*calando
- **sanft:** *5*dolce
- **scherzhaft:** *11*capriccioso
- **schnell:** *6*presto, rapido; *7*allegro
- **schwächer werdend:** *9*smorzando
- **sehr:** *6*troppo
- **schwingend:** *7*tremolo, vibrato
- **sehr laut:** *10*fortissimo
- **sehr leise:** *10*pianissimo
- **sprechend:** *8*parlando
- **stark:** *5*forte
- **stürmisch:** *7*furioso
- **süß:** *5*dolce
- **tändelnd:** *7*giocoso
- **traurig:** *5*mesto
- **trocken:** *5*secco
- **viel, sehr:** *5*molto, tanto
- **wachsend:** *9*crescendo
- **weniger:** *4*meno
- **Wiederholung:** *6*da capo
- **wild:** *7*furioso
- **würdevoll:** *8*maestoso
- **zärtlich:** *7*amoroso
- **ziemlich:** *5*assai
- **zögernd:** *10*ritardando
- **zurückhaltend:** *8*ritenuto

musikalische(r, s)
- **Ausstattungsstück:** *5*Revue
- **Begriff:** *6*atempo
- **Bühnenwerk:** *4*Oper; *5*Revue; *7*Musical; *8*Operette; *9*Singspiel; *10*Musikdrama
- **Ehrung:** *5*Tusch
- **Einleitung:** *8*Vorspiel

- **Einzeldarbietung:** *4* Solo
- **Gesangswerk:** *7* Kantate
- **Meisterschaft:** *12* Virtuositaet
- **Taktbezeichnung:** *8* Rhythmus
- **Schlußsatz:** *6* Finale
- **Thema:** *5* Motiv
- **Thementeil:** *5* Motiv; *6* Phrase; *7* Passage; *9* Leitmotiv
- **Trompetenstoß:** *5* Tusch
- **Übungsstück:** *6* Etuede
- **Verzierung:** *7* Triller
- **Vorspiel:** *7* Prélude; *9* Ouverture; *10* Overtuere, Praeludium; *12* Introduktion
- **Vortragsbezeichnung:** *5* Segno

Musikaufführung: *7* Konzert
Musikautomat: *7* Jukebox; *8* Musikbox
Musikdrama: *4* Oper
Musiker: *6* Geiger; *7* Blaeser, Cellist, Hornist, Pianist, Pfeifer; *8* Floetist, Trommler; *9* Streicher, Trompeter; *11* Holzblaeser; *12* Blechblaeser, Schlagzeuger
Musikergemeinschaft: *4* Band; *7* Kapelle; *9* Orchester
Musikfest: *8* Festival
Musikhalle: *5* Odeon, Odeum; *7* Orpheum
Musikinstrumente: *3* Tar; *4* Bass, Gong, Horn, Lure, Lyra, Oboe, Tuba; *5* Banjo, Cello, Fidel, Gambe, Geige, Harfe, Laute, Leier, Orgel, Pauke, Piano, Regal, Viola; *6* Becken, Cornet, Cymbal, Fagott, Fiedel, Floete, Glocke, Pfeife, Piston, Rassel, Tamtam, Zimbal, Zinken, Zither; *7* Alphorn, Bandola, Bandura, Bassett, Bombard, Cembalo, Clairon, Fanfare, Fluegel, Gitarre, Helikon, Klampfe, Klapper, Klavier, Kornett, Mandola, Musette, Okarina, Pikkolo, Posaune, Psalter, Spinett, Trommel, Violine; *8* Bratsche, Hautbois, Jagdhorn, Saxophon, Schalmei, Tamburin, Triangel, Trompete, Waldhorn, Xylophon; *9* Balalaika, Bandoneon, Bassgeige, Bombardon, Dudelsack, Hackbrett, Harmonika, Harmonium, Kniegeige, Mandoline, Oktachord, Sousaphon, Vibraphon, Zupfgeige; *10* Bombardino, Flageolett, Klarinette, Kontrabass, Querfloete, Querpfeife; *11* Blockfloete, Kastagnette, Kesselpauke, Orchestrion, Violoncello; *12* Englischhorn, Glockenspiel, Hammond-Orgel, Schellenbaum; *13* Mundharmonika, Pikkolofloete, Ziehharmonika
Musikkapelle: *4* Band; *5* Combo; *9* Orchester; *10* Musikkorps; *12* Philharmonie; *13* Spielmannszug
Musikkneipe: *12* Tingeltangel
Musiklehrer des Herakles: *5* Linos
Musiknote → Tonbezeichnung
Musikschule: *14* Konservatorium
Musikstück: *4* Fuge, Tanz; *5* Credo, Hymne, Kanon, Kyrie, Largo, Messe, Missa, Rondo, Suite; *6* Arioso, Choral, Etuede, Marsch, Pavane, Reigen, Sonate, Tedeum; *7* Ballett, Kantate, Menuett, Motette, Prélude, Requiem, Romanze, Tokkata; *8* Berceuse, Chaconne, Fantasie, Kavatine, Laendler, Madrigal, Nokturno, Notturno, Serenade, Sinfonie, Sonatine; *9* Capriccio, Humoreske, Impromptu, Kantabile, Kantilene, Kapriccio, Larghetto, Oratorium, Pastorale, Phantasie, Polonaise, Potpourri, Rezitativ, Rhapsodie, Sarabande, Variation; *10* Intermezzo, Ouvertuere, Paraphrase, Praeludium; *11* Passacaglia; *12* Divertimento
Musikstück für... → Tonstück für...
Musikveranstaltung: *7* Konzert
Musikwerk: *4* Opus
Musikwerke: *10* Musikalien
Musikzeichen: *4* Note
Musikzeichen in den Psalmen: *4* Sela
Muskatblüte: *5* Mazis
Muskeleiweiß: *6* Myosin
Muskelfaser: *5* Fiber, Sehne
Muskelgefüge: *10* Muskulatur
Muskelkrampf: *10* Katalepsie
Muskellehre: *8* Myologie
Muskelreißen: *6* Rheuma
Muskelschwund: *8* Atrophie
Muskelsystem: *10* Muskulatur
Muskeltrainer: *8* Expander
Muskelzucken: *3* Tic
muskulös: *10* athletisch
Muße: *4* Ruhe; *5* Otium; *6* Ferien, Urlaub; *8* Freizeit; *9* Nichtstun
Müßiggänger: *7* Bummler, Flaneur; *8* Tagedieb; *9* Bummelant, Faulenzer; *10* Nichtstuer, Schlaraffe
Muster: *3* Typ; *4* Form, Norm, Plan; *5* Dekor, Model; *6* Dessin, Fasson, Modell, Schema; *7* Aufriss, Entwurf, Exempel; *8* Analogie, Beispiel, Exemplar, Formular, Prototyp, Standard; *9* Paradigma, Schablone
Musterentwerfer: *8* Designer
Mustergewicht: *6* Etalon
mustergültig: *5* ideal; *8* normativ; *9* kanonisch, klassisch; *11* meisterhaft, vorbildlich; *12* exemplarisch
Musterstickerei: *11* Applikation
Musterung: *8* Maserung
Musterzeichner: *8* Designer; *11* Dessinateur
Mut: *4* Mumm; *6* Traute; *7* Bravour, Courage, Schneid, Wagemut; *9* Kuehnheit; *10* Tapferkeit; *11* Beherztheit; *12* Verwegenheit
mutig: *5* kuehn; *6* tapfer; *8* verwegen; *9* schneidig; *10* bravouroes, couragiert
mutiger Krieger: *4* Held
mutlos: *7* verzagt; *10* aengstlich, resigniert; *12* decouragiert
Mutlosigkeit: *5* Panik
mutmaßen: *8* annehmen, vermuten
mutmaßlich: *10* praesumtiv
Mutter

- **des Abel:** *3* Eva
- **des Achill:** *6* Thetis
- **des Amor:** *5* Venus
- **der Andromeda:** *10* Cassiopeia, Kassiopeia
- **der Antigone:** *7* Iokaste

- **der Aphrodite:** *5* Dione
- **des Apollon:** *4* Leto
- **des Ares:** *4* Hera, Here
- **der Artemis:** *4* Leto
- **der Aurora:** *5* Theia
- **des Balder:** *5* Frigg, Frija
- **des Buddha:** *4* Maja
- **des Caligula:** *9* Agrippina
- **des Castor:** *4* Leda
- **des Cupido:** *5* Venus
- **des Daniel:** *7* Abigail
- **der Demeter:** *4* Rhea; *5* Rheia
- **der Diana:** *6* Latona
- **des Dionysos:** *6* Semele
- **der Dioskuren:** *4* Leda
- **der Elektra:** *13* Klytaemnestra
- **der Eos:** *5* Theia
- **des Eros:** *9* Aphrodite
- **des Esau:** *7* Rebekka
- **der Forseti:** *5* Nanna
- **der Freia:** *5* Skadi
- **des Gernot:** *3* Ute
- **des Giselher:** *3* Ute
- **Goethes:** *3* Aja
- **der Gracchen:** *8* Cornelia
- **des Gunther:** *3* Ute
- **von Hänsel und Gretel:** *7* Gertrud
- **der Hebe:** *4* Hera, Here
- **des Hektor:** *6* Hekabe, Hekuba
- **der Helena:** *4* Leda
- **der Hera:** *4* Rhea; *5* Rheia
- **des Herakles:** *7* Alkmene
- **des Hermes:** *4* Maia, Maja
- **der Hermione:** *6* Helena
- **des Hyperion:** *4* Gaea
- **der Iphigenie:** *13* Klytaemnestra
- **des Ismael:** *5* Hagar
- **der Ismene:** *7* Iokaste
- **des Jakob:** *7* Rebekka
- **Jesu:** *5* Maria
- **Johannes des Täufers:** *9* Elisabeth
- **des Joseph:** *5* Rahel; *6* Rachel
- **der Juno:** *4* Rhea
- **des Jupiter:** *4* Rhea
- **des Kain:** *3* Eva
- **der Kassandra:** *6* Hekabe, Hekuba
- **des Kastor:** *4* Leda
- **der Kompanie:** *6* Spiess
- **der Kriemhild:** *3* Ute
- **des Kronos:** *4* Gaea
- **des Kupido:** *5* Venus
- **der Lavinia:** *5* Amata
- **der Leto:** *6* Phoibe
- **der Maria:** *4* Anna
- **des Mars:** *4* Juno
- **der Medea:** *5* Ideia
- **des Merkur:** *4* Maia, Maja; *5* Rheia
- **der Musen:** *9* Mnemosyne
- **Napoleons I.:** *8* Laetitia
- **Napoleons III.:** *8* Hortense
- **der Nausikaa:** *5* Arete
- **des Neptun:** *4* Rhea; *5* Rheia
- **des Nero:** *9* Agrippina
- **der Nibelungen:** *3* Ute
- **des Ödipus:** *7* Iokaste
- **des Odysseus:** *8* Antiklea
- **des Orest:** *13* Klytaemnestra
- **des Paris:** *6* Hekabe, Hekuba
- **des Parzival:** *10* Herzeleide
- **des Peer Gynt:** *3* Ase
- **des Pegasus:** *6* Medusa
- **des Perseus:** *5* Danae
- **des Pollux:** *4* Leda
- **des Poseidon:** *4* Rhea; *5* Rheia
- **der Salome:** *8* Herodias
- **des Salomo:** *8* Bathseba
- **des Samuel:** *5* Hanna
- **des Seth:** *3* Eva
- **des Siegfried:** *9* Sieglinde
- **des Somnus:** *3* Nox
- **des Sultans:** *6* Walide
- **des Telemach:** *8* Penelope
- **des Thor:** *6* Frigga
- **des Tiberius:** *5* Livia
- **des Triton:** *10* Amphitrite
- **des Tyr:** *6* Frigga
- **des Uller:** *3* Sif
- **des Vulcanus:** *4* Juno
- **des Zeus:** *4* Rhea; *5* Rheia

Mutterbiene: *8* Koenigin
Mutterboden: *5* Humus
Muttergöttin im Gilgamesch: *5* Aruru
Muttermörder in der griechischen Sage: *7* Orestes
Mutterrecht: *11* Matriarchat
Mutterschaft: *5* Zibbe
Mutterschwein: *3* Sau
Mutwille: *8* Uebermut
Myrtenbaum: *10* Eukalyptus
mysteriös: *6* dunkel, obskur, unklar; *8* mystisch; *11* raetselhaft
Mysterium: *9* Geheimnis
Mystifikation: *10* Taeuschung; *11* Verdunklung; *13* Vorspiegelung
mythischer Drache: *8* Lindwurm; *9* Leviathan
Mythos: *7* Legende; *10* Heldensage; *11* Goettersage

N

Nabelschwein: *6* Pekari
Nabenbohrer: *5* Naber
nach Abzug: *5* netto
nach außen gewandt: *13* extravertiert
nach außen gewölbt: *6* konvex
nach dem Fundort benannter Vorzeitmensch: *12* Neandertaler
nach innen gewölbt: *6* konkav
nach oben: *5* empor
nachäffen: *10* karikieren, parodieren
nachahmen: *8* kopieren; *9* immitieren
Nachahmer: *7* Epigone; *8* Imitator; *9* Plagiator
Nachahmung: *5* Kopie; *6* Mimese; *7* Parodie, Plagiat; *8* Attrappe, Klischee; *9* Imitation; *10* Falsifikat
Nachbarvolk der alten Juden: *8* Moabiter
Nachbesserung: *8* Retusche
nachbilden: *8* kopieren; *14* rekonstruieren
Nachbildung: *5* Kopie; *6* Modell, Replik; *8* Attrappe, Klischee, Replikat; *9* Faksimile; *10* Falsifikat; *12* Reproduktion
Nachbildung der Erdkugel: *6* Globus
nachdenken: *6* sinnen; *8* gruebeln; *9* sinnieren; *10* ueberlegen; *12* reflektieren
Nachdenken: *10* Meditation
nachdenklich: *8* besonnen
Nachdichtung im Scherz: *7* Parodie
Nachdruck: *6* Akzent; *7* Emphase, Energie, Gewicht; *8* Betonung; *11* Intensitaet
nachdrücklich: *9* ultimativ
nacheinander: *9* sukzessiv
Nachen: *4* Boot, Kahn; *6* Schiff
Nachfolge: *10* Sukzession
Nachfolger: *4* Erbe; *7* Epigone, Juenger; *8* Schueler; *9* Anhaenger
Nachfolger
- **Aga Khans:** *5* Karim
- **Alarichs:** *7* Athaulf
- **Alexanders des Großen:** *8* Diadoche
- **Homers:** *8* Homeride
- **Mohammeds:** *7* Abu Bekr
- **des Moses:** *5* Josua
- **des Petrus:** *5* Linus

Nachforschung: *5* Suche; *9* Erkundung, Recherche; *10* Ermittlung
nachgeahmt: *7* kopiert; *8* imitiert; *9* parodiert
nachgeahmtes Industrieprodukt: *6* Imitat
nachgeben: *7* weichen
nachgeboren: *6* postum; *7* posthum
nachgelassen: *6* postum; *7* posthum
nachgiebig: *5* weich; *7* formbar
Nachhall: *4* Echo; *8* Resonanz
Nachhelfer: *9* Repetitor
Nachklang: *4* Echo; *8* Resonanz; *9* Widerhall
Nachkomme: *4* Kind, Sohn; *5* Enkel; *6* Spross; *7* Enkelin, Tochter; *9* Enkelkind; *10* Deszendent, Kindeskind; *11* Sproessling, Stammhalter
Nachkomme
- **des Atreus:** *6* Atride
- **des Ham:** *5* Hamit
- **des Herakles:** *9* Heraklide
- **des Mohammed:** *6* Ismael
- **des Moses:** *3* Eli
- **des Sem:** *5* Semit

Nachkommenschaft: *10* Deszendenz
Nachkommenschaft von Tieren: *4* Brut, Wurf
Nachkömmling: *10* Deszendent
Nachlaß: *4* Erbe; *5* Abzug; *6* Rabatt, Skonto; *8* Kuerzung; *9* Erbschaft, Reduktion; *12* Ermaessigung
Nachlaß der Sündenstrafen: *6* Ablass
Nachlaßanteil: *5* Legat
Nachlaßempfänger: *4* Erbe
nachlässig: *6* salopp; *9* schlampig, schludrig; *10* nonchalant, schluderig
Nachlässigkeit: *11* Nonchalance
Nachmittagsmahlzeit: *5* Jause, Vesper; *11* Fuenfuhrtee
nachprüfen: *10* revidieren
Nachprüfer: *7* Revisor
Nachprüfung: *8* Revision
Nachrangigkeit: *14* Posterioritaet
Nachrede: *6* Epilog, Gerede; *7* Klatsch, Tratsch; *8* Gemunkel, Munkelei; *10* Laesterung; *11* Verleumdung
Nachricht: *4* Avis; *5* Kunde; *7* Meldung; *8* Bescheid, Depesche; *9* Botschaft, Schreiben; *11* Information
Nachrichtenagentur
- **der Bundesrepublik:** *3* dpa
- **der DDR:** *3* ADN
- **Englands:** *6* Reuter
- **Frankreichs:** *3* AFD
- **Italiens:** *4* ANSA
- **Jugoslawiens:** *6* Tanjug
- **Österreichs:** *3* APA
- **der Sowjetunion:** *4* TASS
- **der USA:** *2* AP; *3* UPI

Nachrichtenmittel: *4* Funk; *5* Radio; *6* Presse; *7* Telefon, Zeitung; *8* Rundfunk, Telephon, Telegraf; *9* Fernsehen, Telegraph; *10* Television; *12* Fernsprecher; *13* Fernschreiber
Nachrichtensoldat: *6* Funker
Nachrichtenüberbringer: *4* Bote
Nachrichter: *6* Henker
Nachruf: *6* Epilog; *8* Grabrede, Nekrolog
Nachschlagewerk: *7* Lexikon; *11* Woerterbuch; *13* Enzyklopaedie
Nachschlüssel: *8* Dietrich; *12* Passepartout
Nachschrift: *12* Postskriptum
Nachschubgebiet: *6* Etappe
Nachschubtruppe: *6* Train, Tross
Nachschubwesen: *8* Logistik; *10* Versorgung
nachsehen: *10* revidieren
Nachsicht: *6* Indult; *8* Schonung; *9* Indulgenz

nachsichtig: *4* mild; *5* milde; *6* guetig; *7* duldsam, gnaedig; *8* geduldig, tolerant; *10* glimpflich, langmuetig, weitherzig
Nachsilbe: *6* Suffix
nachsinnen: *10* meditieren, simulieren
Nachsommer: *15* Altweibersommer
Nachspeise: *7* Dessert
Nachspiel: *5* Folge; *6* Epilog
Nachstellung: *7* Insidie
Nächstenliebe: *7* Karitas; *10* Altruismus
Nachströmung: *3* Sog
Nacht der Hexentänze: *14* Walpurgisnacht
Nachtbaumnatter: *5* Boiga
Nachtblindheit: *11* Hemeralopie
Nachteil: *5* Damno; *7* Schaden, Verlust; *8* Einbusse
Nachtfalter: *4* Eule; *5* Nonne; *6* Glucke; *12* Kupferglucke; *14* Fichtenspinner, Schwammspinner
Nachtgespenst: *3* Alp; *4* Mahr; *5* Drude; *6* Vampir; *7* Inkubus; *9* Nachtmahr
Nachtgewand: *6* Pyjama; *7* Negligé; *9* Nachthemd; *11* Schlafanzug
Nachtgottesdienst: *5* Mette
Nachtgöttin: *3* Nyx; *6* Hekate
nächtigen: *8* logieren
Nachtisch: *7* Dessert
Nachtlager im Freien: *5* Biwak
nächtlicher Gottesdienst: *5* Mette
Nachtlokal: *3* Bar
Nachtmusik: *8* Nocturne, Nokturne, Notturno
Nachtrag zum Testament: *8* Kodizill
Nachtragsgesetz: *7* Novelle
Nachtsäugetier: *10* Fledermaus
Nachtschattengewächs: *5* Tabak; *6* Tomate; *7* Solanum; *9* Aubergine, Kartoffel; *10* Stechapfel; *11* Bilsenkraut, Eierpflanze, Tollkirsche
Nachtvogel: *3* Uhu; *4* Eule, Kauz; *10* Nachtigall
Nachtwind am Genfer See: *6* Morget
Nachweis: *5* Beleg; *6* Beweis, Quelle; *7* Urkunde; *8* Dokument
Nachweis der Abwesenheit: *5* Alibi
Nachwort: *6* Epilog
Nachzahlung: *9* Abfindung
Nackenpartie: *6* Genick
Nackenstück der Schlachttiere: *4* Kamm
nackt: *5* bloss
Nacktdarstellung: *3* Akt
nackthalsige Storchenart: *6* Marabu
Nacktheit: *8* Nuditaet
Nadelbaum: *4* Arbe, Arve, Eibe; *5* Forle, Pinie, Tanne, Thuja, Zeder, Zirbe; *6* Fichte, Foehre, Kiefer, Zirbel; *7* Laerche, Latsche, Sequoie; *8* Konifere, Zypresse; *9* Blautanne, Douglasie, Edeltanne, Legfoehre, Wacholder; *10* Mammutbaum, Lebensbaum; *12* Zirbelkiefer
Nadelloch: *4* Oehr
Nadelmacher: *6* Nadler
Nadelöffnung: *4* Oehr
Nadelpalme: *6* Raphia
Nadelrips: *7* Epingle
Nadelwald: *4* Tann
Nagel: *5* Stift; *6* Zwecke
Nagelpflege: *9* Manikuere, Pedikuere
Nagetier: *3* Feh; *4* Hase, Maus, Paka; *5* Aguti, Biber, Bilch, Ratte; *6* Nutria, Ziesel; *7* Erdmaus, Hamster, Lemming; *8* Eichhorn, Feldmaus, Goldhase, Waldmaus; *9* Eichkater, Eichkatze, Hausratte, Kaninchen, Karnickel; *10* Bisamratte, Chinchilla, Murmeltier, Pampashase, Springmaus; *11* Goldhamster, Praeriehund, Wanderratte, Wasserratte; *12* Erdhoernchen; *13* Eichhoernchen, Eichkaetzchen; *14* Stachelschwein; *15* Meerschweinchen, Siebenschlaefer
Näherin: *8* Grisette
Näherung: *13* Approximation
Nähfaden: *5* Zwirn
Nähgerät: *5* Nadel; *6* Schere; *9* Fingerhut
Nähmaterial: *4* Garn; *5* Seide, Wolle, Zwirn
Nahost: *6* Orient; *7* Levante
Nahosthalbinsel: *7* Arabien
Nährboden: *8* Substrat
Nährbodengelatine: *8* Agar-Agar
nahrhaft: *12* substantiell
Nährmittel: *4* Sago; *5* Nudel; *6* Graupe, Griess; *7* Graupen; *12* Haferflocken
Nährmitteleinheit: *3* Nem
Nährmutter: *4* Amme
Nahrung: *4* Kost; *6* Futter, Speise; *7* Fressen; *9* Nutriment; *12* Lebensmittel
Nahrungsmittel: *2* Ei; *3* Oel; *4* Brot, Fett, Mais, Mehl, Obst, Reis, Sago; *5* Fisch, Hirse, Honig, Kaese, Milch, Speck, Wurst; *6* Butter, Graupe, Griess, Nudeln, Zucker; *7* Fleisch, Gebaeck, Gemuese, Schmalz; *8* Backware, Schinken; *9* Gefluegel, Kartoffel, Margarine, Marmelade, Suessware; *10* Schokolade; *12* Haferflocken
Nahrungsaufnahme des Wildes: *5* Aesen
Nahrungs- und Landwirtschaftsorganisation der UN: *3* FAO
Nährwerteinheit: *3* cal; *5* Joule; *7* Kalorie
Nähstelle: *4* Naht
Nahtbesatz: *6* Paspel
Nahua-Völkerschaften in Mexiko: *5* Pipil
Nähwerkzeug: *5* Nadel; *6* Schere; *9* Fingerhut
Name
– **für Adrianopel:** *6* Edirne
– **der Albaner:** *10* Skipetaren
– **für Amerikaner:** *3* Ami, Sam; *6* Yankee
– **für Äthiopien:** *10* Abessinien
– **für Bayern:** *7* Bavaria
– **für Britisch-Honduras:** *6* Belize
– **für Buddha:** *2* Fo
– **für Ceylon:** *8* Sri Lanka
– **für China:** *9* Gonghe-Guo, Kung-Ho Kuo
– **für Dardanellen:** *10* Hellespont
– **für Donar:** *4* Thor
– **für England:** *6* Albion
– **für England und Schottland:** *10* Britannien
– **für Engländer:** *6* Briten
– **des englischen Königshauses:** *7* Windsor
– **für Estland:** *5* Eesti
– **für Finnland:** *5* Suomi

- **Gottes im Alten Testament:** *5* Jahwe; *6* Elohim, Jehova; *7* Jehovah
- **Gottes im Islam:** *5* Allah
- **der Gottesmutter:** *5* Maria; *7* Madonna
- **für die Griechen:** *6* Danaer; *8* Helenen
- **für Griechenland:** *6* Hellas
- **für Indien:** *6* Bharat
- **für Irland:** *4* Eire
- **Jakobs:** *6* Israel
- **für Japan:** *6* Nippon
- **für Jerusalem:** *4* Zion
- **für Kleinasien:** *9* Anatolien
- **für Kolchis:** *3* Aea
- **für Konstantinopel:** *6* Byzanz; *8* Istanbul
- **für Kreta:** *6* Kandia
- **für Madagaskar:** *8* Malagasy
- **der ersten Mondlandefähre:** *5* Eagle
- **für Noah:** *3* Noe
- **für Odin:** *5* Wotan
- **für Österreich:** *7* Austria
- **der Pariser Untergrundbahn:** *5* Metro
- **für Persien:** *4* Iran
- **für Preußen:** *8* Borussia
- **für Rhodesien:** *8* Simbabwe
- **der Schweiz:** *9* Helvetien
- **für Smyrna:** *5* Izmir
- **für Thor:** *5* Donar
- **für Tokio:** *3* Edo
- **für Troja:** *5* Ilion
- **für Turku:** *3* Abo
- **für Wotan:** *4* Odin
- **für Zagreb:** *5* Agram
- **für Zigeuner:** *4* Roma; *5* Sinti

Namenskunde: *12* Onomatologie
namenlos: *6* anonym
Namensverheimlichung: *9* Inkognito
Namenszeichen, Namenszug: *6* Signum; *7* Paraphe; *8* Signatur; *9* Autogramm, Monogramm
namhaft: *7* bekannt; *8* beruehmt, illuster, populaer; *9* bedeutend; *10* renommiert
Nansens Polarschiff: *4* Fram
Napf: *5* Satte; *9* Schuessel
Napfkuchen: *9* Gugelhupf
Narbe: *5* Maser; *7* Schmiss; *8* Schmarre
Narbe der Nabelschnur: *5* Nabel
Narbenleder: *5* Nubuk; *7* Chagrin, Saffian
Narkose: *10* Betaeubung; *11* Anaesthesie
Narkosemittel: *6* Aether, Evipan, Kokain, Kurare; *7* Lachgas; *8* Aethylen, Novocain; *10* Chloroform
Narr: *3* Fex, Tor; *5* Clown; *7* Bajazzo; *8* Gracioso, Harlekin; *9* Hanswurst; *12* Eulenspiegel
Narr der spanischen Komödie: *8* Gracioso
Narrenrednerpult: *5* Buett
närrisch: *4* toll; *6* albern; *11* ausgelassen
Narzissengewächs: *5* Agave; *6* Clivia, Klivie; *10* Osterblume
Narzissmus: *10* Eigenliebe
Nase mancher Tiere: *7* Ruessel
näselnd: *5* nasal
Nasenheilkunde: *10* Rhinologie
Nasenlaut: *5* Nasal
Nasenloch des Pferdes: *7* Nuester
Nasenschleimhautentzündung: *6* Ozaena
Nasenstüber: *4* Fips
Nasenwucherung: *5* Polyp
naseweis: *7* vorlaut; *9* vorwitzig
nasführen: *9* duepieren
Nashorn: *10* Rhinozeros
naß: *5* humid
Nationalabzeichen: *6* Emblem, Flagge; *9* Trikolore, Union Jack; *15* Stars and Stripes
Nationalfahne Frankreichs: *9* Trikolore
- **Großbritanniens:** *9* Union Jack
- **der USA:** *13* Sternenbanner; *14* Stars and Strips

Nationalgetränk
- **der Deutschen:** *4* Bier
- **der Holländer:** *7* Genever
- **der Mexikaner:** *6* Pulque
- **der Russen:** *5* Wodka
- **der Schotten:** *6* Whisky

Nationalgott der Assyrer: *5* Assur
Nationalheiliger Irlands: *7* Patrick
Nationalheld Albaniens: *10* Skanderbeg
- **Italiens:** *9* Garibaldi
- **der Schweiz:** *4* Tell
- **der Tiroler:** *5* Hofer

Nationalheldin der Franzosen: *10* Jeanne d'Arc; *18* Jungfrau von Orléans
- **der Tschechen:** *7* Libussa

nationalistisch: *14* chauvinistisch
Nationalökonom: *9* Volkswirt
Nationalpark in Japan: *5* Unzen
Nationalspiel der Basken: *6* Pelota; *9* Chiestera
- **der Nordamerikaner:** *8* Baseball
- **der Schotten:** *4* Golf

nativ: *9* angeboren; *12* naturbedingt
NATO-Generalsekretär: *7* Woerner
Natriumverbindung: *4* Soda; *6* Natron; *8* Kochsalz; *10* Aetznatron; *11* Glaubersalz
naturalistische Kunstrichtung: *8* Verismus
Naturallohn: *7* Deputat
Naturanlage: *5* Trieb; *8* Instinkt
Naturarzt: *6* Kneipp
Naturdünger: *4* Mist; *5* Guano; *6* Jauche
Naturerscheinung: *3* Eis, Tau; *4* Ebbe, Flut, Reif, Wind; *5* Blitz, Frost, Hagel, Nebel, Regen, Sturm, Welle, Wolke; *6* Donner, Meteor, Schnee; *8* Abendrot, Erdbeben, Gewitter, Irrlicht, Seebeben, Unwetter; *9* Elmsfeuer, Morgenrot, Nordlicht, Sturmflut; *10* Kugelblitz, Regenbogen; *13* Sternschnuppe; *14* Meeresleuchten, Mondfinsternis, Wetterleuchten; *16* Sonnenfinsternis
Naturerzeugnisse: *10* Naturalien
naturfarben: *5* beige
Naturgeist: *3* Elf; *4* Elfe
naturgemäß: *6* genuin
Naturglaube: *12* Naturalismus
Naturgummi: *9* Kautschuk
Naturheilkunde: *10* Physiatrie
Naturkatastrophe: *6* Lawine; *8* Erdbeben, Seebe-

ben, Sintflut; *9* Erdrutsch; *15* Ueberschwemmung
Naturkraft: *2* Od
Naturkunde: *8* Biologie
natürlich: *4* echt, naiv; *7* erdhaft; *8* naturell, physisch, schlicht
natürlicher Zaun: *3* Hag; *5* Hecke
Naturpark in Wien: *6* Prater
Naturprodukt: *3* Erz, Oel; *5* Kohle; *6* Erdgas, Erdoel
Naturschutzgebiet
- **in Afrika:** *8* Kalahari; *9* Serengeti; *11* Krueger Park
- **in Deutschland:** *7* Memmert; *8* Federsee; *10* Neandertal; *16* Lueneburger Heide
- **in Schweden:** *6* Abisko
- **in der Schweiz:** *7* Engadin
- **in Tansania:** *9* Serengeti
- **in den USA:** *4* Zion; *7* Sequoia; *8* Yosemite; *11* Yellowstone

Natursteinblock: *6* Quader
Naturtheater: *15* Freilichtbuehne
Naturtrieb: *8* Instinkt
Naturtrompete: *7* Fanfare
Naturvölker: *9* Primitive
Naturwissenschaft: *5* Optik; *6* Chemie, Physik, Statik; *7* Akustik, Botanik, Dynamik, Genetik, Kalorik, Kinetik; *8* Biologie, Geologie, Mechanik, Zoologie; *9* Biochemie, Biophysik, Geophysik, Kinematik; *10* Astronomie, Atomphysik, Kernphysik, Mathematik; *11* Mineralogie; *12* Meteorologie
Naumburger Domfigur: *3* Uta; *8* Dietrich, Ekkehard
Nautik: *16* Schiffahrtskunde
Nautiker: *5* Lotse; *8* Kapitaen; *9* Navigator; *10* Steuermann
nautisches Gerät, Instrument: *3* Log, Lot; *4* Bake, Boje, Mire; *5* Pegel, Tonne; *6* Flagge, Oktant; *7* Bussole, Echolot, Kompass, Sextant; *8* Fernrohr, Periskop, Teleskop; *9* Nebelhorn, Sturmball; *10* Leuchtturm, Seezeichen; *11* Feuerschiff, Leuchtfeuer; *14* Kreiselkompass
nautisches Maß: *5* Faden, Kabel; *6* Knoten; *8* Seemeile
- **Winkelmeßgerät:** *6* Oktant

Navigationsgerät → nautisches Gerät
neapolitanischer Bettler: *9* Lazzarone
- **Volkstanz:** *10* Tarantella

neapolitanisches Hefegebäck: *5* Pizza
Nebelhorn: *6* Sirene; *7* Foghorn
nebelig: *6* diesig
Nebelmonat: *8* November
Nebelrauch: *4* Smog
Nebelreich der nordischen Sage: *8* Niflheim
nebenbei: *5* extra
Nebenbestimmung: *7* Klausel
Nebenbuhler: *6* Rivale; *10* Konkurrent
nebeneinanderlaufend: *8* parallel
Nebenfluß
- **der Aare:** *2* Aa; *3* Sur; *4* Emme, Murg, Oenz, Orbe, Suhr, Wina, Zihl; *5* Oesch, Reuss, Saane, Simme; *6* Kander, Limmat, Thiele, Wigger
- **der Adda:** *5* Bitto, Serio, Serlo; *6* Boalzo, Brembo, Frodol, Malero, Masino, Matero, Roasco; *7* Tartano
- **der Ahr:** *5* Wirft; *6* Adenau
- **der Alle:** *3* Abt, Elm; *4* Dost, Ilma, Omet, Piss, Taim, Tain; *5* Guber, Oissa, Swine; *6* Simser
- **der Aller:** *3* Aue, Ise; *4* Fuse, Ihma, Ilme, Ilse, Oker; *5* Ecker, Fusse, Leine, Oerze, Wiehe; *6* Boehme, Lachte, Lehrde, Meisse, Mieste
- **der Altmühl:** *4* Sulz; *5* Laber; *7* Rohrach
- **der Amper:** *3* Ach; *4* Glon; *5* Eyach, Wuerm; *7* Maisach, Starzel
- **des Amazonas:** *3* Ica; *4* Jary, Napo, Paru; *5* Jurua, Purus, Teffe, Xingu; *6* Japura, Uatuma, Yapura; *7* Jamunda, Madeira, Tapajos, Tapajoz, Ucayali; *8* Putumayo, Rio Negro; *9* Trombetas
- **des Amur:** *2* Uli; *3* Gan, Kur, Una, Tyr; *4* Chor, Kura, Onon, Seja, Unma, Unna; *5* Amgun, Argun, Chara, Gorin, Kerin, Oldoi, Panga; *6* Bidsch, Bureja, Churpi, Dondon, Hinkan, Kumara, Niumen, Ussuri; *7* Bidshan, Gornaja, Schilka, Songari, Sungari; *8* Bistraja, Chungari; *9* Albaschia, Ischikiri
- **der Angerapp:** *5* Pissa; *7* Goldapp, Rominte
- **des Arno:** *3* Era; *4* Elsa, Pesa; *5* Greve, Sieve; *6* Chiana, Ombone
- **der Bartsch:** *4* Orla; *6* Horleb
- **der Beresina:** *3* Ola, Spa; *4* Bobr, Olsa, Ussa; *5* Jessa, Klewa, Uscha, Wolka; *6* Plisse; *9* Olschanka, Sergutsch; *10* Swislotsch
- **des Bober:** *5* Queis; *6* Zacken, Zieder; *7* Kemnitz, Lomnitz, Sprotta, Sprotte
- **der Bode:** *5* Selke, Sohre; *8* Goldbach, Holtemme
- **des Bug:** *3* Lug; *4* Rata; *5* Ingul, Narew, Navar; *6* Bushok, Kodyma; *8* Sjnjucha
- **des Colorado:** *4* Gila; *6* Virgin; *10* Green River
- **des Columbia:** *10* Snake River
- **der Diemel:** *4* Egel, Erpe, Esse, Orpe; *5* Wanne, Warme; *7* Twister
- **des Dnjepr:** *3* Ros, Soz, Wop; *4* Drut, Iput, Orel, Osma, Psel, Ross, Sula, Sura, Udai; *5* Desna, Irpen, Irput, Psiol, Supoi; *6* Pripet, Prypet, Samara; *7* Ingulez, Teterew, Tiasmin, Worskla; *8* Beresina, Konskaja, Trubesch; *9* Studoniza
- **des Dnjestr:** *3* Byk; *4* Ikel, Lipa, Piut, Reut, Stry; *5* Bacul, Bodna, Botna, Ichel, Seret, Shwan, Swica; *6* Rautul, Sereth, Strypa; *7* Podhoce, Russawa, Rybniza, Zebrucz; *8* Jagorlik, Markowka, Sbrutsch
- **des Don:** *3* Jug, Sal; *5* Aksei, Donez, Hawia, Ilawa, Jelan, Karai, Sosna, Sosno, Usman; *6* Bitjug, Choper, Mescha, Tschir; *7* Bolanda, Ilowlja, Kalitwa, Manesch, Tichaja; *8* Manytsch; *9* Karamysch, Woronesch
- **der Donau:** *2* Oh; *3* Ach, Alt, Ilm, Ilz, Inn, Ipf, Lom, Nab, Nar, Nau, Ohe, Olt, Pek, Sau, Sed,

Sil, Vid, Vit; *4* Aach, Aist, Asma, Bera, Drau, Egan, Egau, Elta, Enns, Erfa, Gran, Isar, Kamp, Lanz, Lech, Lone, Naab, Nera, Oltu, Osem, Osma, Paar, Raab, Raba, Riss, Rodl, Save, Skit, Vuka, Waag, Wied, Ybbs; *5* Abens, Aluta, Arzer, Biber, Bider, Brenz, Cerna, Drann, Drave, Eipel, Erlau, Guenz, Iller, Isker, Isper, Kapos, Krems, Laber, March, Muehl, Naarn, Pruth, Rakos, Ranna, Regen, Schyl, Serul, Shill, Skjet, Temes, Timok, Traun, Tulln, Ussel, Zamma, Zusam; *6* Ablach, Aistba, Bakony, Borcea, Gaissa, Jalpug, Jantra, Lauter, Leitha, Mindel, Morava, Morawa, Neutra, Ogosta, Rottum, Sartiz, Sereth, Theiss, Trasen; *7* Agostul, Altbach, Argesul, Arschis, Bielach, Brigach, Cibrica, Kamlach, Koeroes, Ostrach, Sarming, Wolfach; *8* Altmuehl, Aschbach, Sereskul, Woernitz

- **der Dordogne:** *4* Bave, Ceon, Cere, Isle, Loue; *5* Alzon, Diege; *6* Doutre, Dronne, Luzege, Sumene, Vezère; *7* Maronne
- **der Drau:** *3* Mis, Mur; *4* Ache, Dran, Gail, Glan, Gurk, Isel, Miss, Okor, Rina, Sill; *5* Miess, Moell; *6* Bednya, Genest, Lavant, Lieser; *7* Bisztra, Vellach; *8* Plicicza; *9* Poessnitz; *11* Weissenbach
- **der Drina:** *3* Lim; *4* Piva, Tara; *5* Draca, Jadar, Praca
- **des Duero:** *3* Coa, Ega, Oca, Oja, Roa, Tao, Tua; *4* Arba, Arga, Cega, Esla, Nela; *5* Aguas, Cinca, Jalon, Jopin, Riaza, Segre, Tiron, Ulron; *6* Alhama, Aragon, Guerva, Huecha, Huerva, Iregua, Martin; *7* Eidasos, Gallego, Queiles; *9* Almonacid, Guadalope, Mataranna, Nejerilla, Naxerilla, Oroncilla
- **der Dwina:** *3* Wym; *4* Meha, Obol, Waga; *5* Jemza, Witba, Wylet; *6* Keltma, Pinega; *7* Uftjuga, Uslinga; *8* Wyschora; *10* Wytschegda
- **des Ebro:** *3* Cea, Coa, Ega, Oca, Oja, Tua; *4* Arba, Arya, Cega, Esla, Nela; *5* Adago, Adaja, Duero, Grado, Paiwa, Sabio, Sabor, Segre, Ucero; *6* Agueda, Aragon, Arvigo, Orbigo, Riazza, Tamega, Tormes, Yeltes; *7* Araduey, Arlanza, Duraton, Guarena, Linares; *8* Arlanzon, Pisuerga, Rituerto; *9* Zapardiel
- **der Eder:** *3* Ems; *4* Orke; *5* Itter, Netze, Nuhne; *7* Schwalm
- **der Eisack:** *5* Rienz
- **der Elbe:** *3* Aue, Upa; *4* Aupa, Eger, Ehle, Elde, Este, Ihle, Iser, Ohra, Ohre, Oste, Sude; *5* Aland, Biela, Bille, Boize, Havel, Luehe, Medem, Mulde, Nuthe, Saale, Stoer, Uchte; *6* Alster, Auscha, Elster, Erlitz, Jeetze, Mettau, Moldau, Orlice, Pinnau, Polene, Polenz; *7* Cidlina, Ilmenau, Tetrowa; *8* Pantsche, Rossbach, Schwinge; *9* Stepenitz; *10* Weisseritz; *11* Weisswasser
- **der Ems:** *3* Ahe; *4* Hase, Leda
- **der Enns:** *5* Salza
- **der Enz:** *5* Eyach, Glems; *6* Metter, Nagold
- **der Esla:** *6* Orbigo
- **der Etsch:** *3* Nos; *4* Noce; *5* Alpon, Fibia, Silla, Solda, Tasso; *6* Avisio, Eisack, Fratta, Isarco; *7* Valsura
- **der Fulda:** *3* Ufe; *4* Ahne, Aule, Eder, Haun, Solz; *5* Bauna, Beise, Losse; *6* Nieste, Schmer
- **des Ganges:** *3* Son; *5* Gogra; *8* Dschamna
- **der Garonne:** *3* Lot, Lys; *4* Hers, Noue, Tarn; *5* Baise, Ciron; *6* Seoune, Touche
- **der Havel:** *4* Rhin; *5* Doeln, Dosse, Nuthe, Plane, Plaue, Spree; *6* Briese, Buckau, Polzow; *7* Stremme, Wublitz
- **der Ill:** *4* Thur
- **der Iller:** *3* Ach; *4* Aach; *7* Rottach; *8* Aiterach
- **der Ilm:** *4* Emse; *5* Deube; *7* Schorte
- **der Ilmenau:** *3* Aue; *4* Ilau; *5* Netze; *8* Wipperau
- **der Ilz:** *3* Ohe
- **des Inn:** *3* Alz; *4* Ache, Aill, Alpe, Isen, Rott; *5* Achen, Glonn; *6* Ziller; *7* Salzach
- **des Irtysch:** *2* Om; *3* Omj, Tar, Tui, Uba; *4* Kaba, Tara; *5* Konda, Kurtu, Narim, Oscha, Tobol, Wagai; *6* Abakan, Ischim, Turtas
- **der Isar:** *3* Rot; *4* Finz, Riss; *5* Achen, Ammer, Amper, Sempt; *6* Jachen; *7* Ellbach, Loisach, Moosach, Rottach; *8* Mossbach; *9* Muehlbach, Pfettrach, Steinbach; *10* Hirschbach, Zellerbach
- **der Iser:** *6* Koster; *7* Kamnitz, Mohelka
- **der Isère:** *3* Arc; *4* Arly, Drac, Fure; *5* Doron; *6* Bagnol, Bourne, Ozeins
- **der Jagst:** *7* Seckach; *9* Erlenbach
- **des Jangtsekiang:** *5* Minho; *8* Kankiang; *10* Siangkiang
- **des Jenissei:** *3* Kan, Kas, Oja, Pit, Sya, Sym, Uda, Ulu, Uss; *4* Agul, Erba, Kass, Krem, Luma, Mana, Syda, Tuba; *5* Aksut, Kheta; *6* Abakan, Angara, Beikem, Jelagu, Ulukem
- **der Kama:** *2* Ik; *6* Wjatka
- **der Kassai:** *6* Kuango
- **der Katzbach:** *6* Neisse; *8* Steinach, Wilsbach; *13* Schwarzwasser
- **der Kinzig:** *3* Elm; *6* Gutach; *7* Wolfach; *8* Schutter
- **des Kongo:** *5* Sanga; *6* Kassai, Lomami, Ubangi
- **der Kulpa:** *6* Korana
- **der Lahn:** *3* Aar, Ems, Ulm; *4* Dill, Else, Weil; *5* Allna, Lumda, Solms; *6* Elbach, Kerker; *7* Gelbach, Ohmbach, Ulmbach, Wieseck; *8* Mettbach
- **der Leine:** *3* Aue; *4* Else, Ihme, Ilme; *5* Auter, Garte, Nasse, Ruhme, Saale, Soese, Wende; *6* Kaspau, Stette, Wiesel; *7* Westaul; *8* Innerste
- **der Lena:** *3* Sin, Zin; *4* Anga, Beri, Muna; *5* Aldan, Bolma, Nijua, Talba, Tokko, Witim, Wolwo; *6* Botama, Moloda, Nimana, Olekma; *7* Beledui, Bergere, Kirenga, Mankara, Sjnjaja, Tschaga, Tschara, Tschuja, Tschura
- **der Lippe:** *4* Ahse, Alme, Bega; *5* Pader, Thune; *6* Glenne, Stever; *7* Seeseke, Umebach
- **der Loire:** *4* Ance, Aron, Cher; *5* Arzon,

Bebre, Borne, Erdre, Indre, Maine; *6* Allier, Nièvre, Vienne; *7* Mayenne
- **der Loisach:** *5* Lubst; *8* Partnach
- **der Maas:** *3* Bar, Kil, Rur; *4* Amer, Chee, Geer, Geul, Jaar, Merk, Neer, Roer; *5* Anden, Domel, Lesse, Niers, Vaise, Vence, Wamme; *6* Barnob, Chiers, Crelle, Houile, Hoyoux, Mouzon, Ourthe, Sambre, Samson, Semois; *7* Schwalm, Wiseppe; *8* Hermeton, Mehaigne, Molignée, Sermonne
- **des Mackenzie:** *11* Baerenfluss
- **des Main:** *3* Iff, Itz, Kem; *4* Aalb, Erfa, Kahl, Kell, Lohr, Sinn, Unke, Wern; *5* Mudau, Nidda, Rodau, Saale; *6* Bieber, Elsawa, Kinzig, Rodach, Tauber, Vokach; *7* Aschaff, Baunach, Erdbach, Regnitz
- **der March:** *4* Tess; *5* Thaya
- **der Maritza:** *4* Arda
- **des Mississippi:** *4* Ohio; *8* Arkansas, Missouri, Red River; *9* Wisconsin
- **des Missouri:** *11* Yellowstone
- **der Moldau:** *6* Beraun, Salawa, Sazava; *7* Maltsch, Mastnik, Wottawa
- **der Mosel:** *3* Alf, Bey, Elz, Syr; *4* Ache, Cone, Eltz, Kyll, Orne, Saar, Salm; *5* Andry, Brohl, Euron, Luetz, Madon, Ruwer, Sarre, Seile, Sauer; *6* Endert, Lieser; *7* Meurthe, Vologne
- **der Mulde:** *13* Schwarzwasser
- **der Mur:** *5* Muerz
- **der Murg:** *3* Oos
- **des Murray:** *7* Darling
- **der Nab:** *4* Vils
- **der Nagold:** *5* Wuerm
- **der Nahe:** *4* Glan, Idar, Wies; *6* Simmer; *8* Idarbach
- **des Neckars:** *3* Elz, Enz; *4* Aich, Erms, Fils, Murr, Prim, Rems, Sulm; *5* Ammer, Echaz, Eyach, Glatt, Jagst, Ulfen, Zaber; *6* Echatz, Elsenz, Kocher, Lauter; *7* Koersch, Starzel; *8* Leinbach, Steinach
- **der Neisse:** *5* Lubst
- **der Nera:** *5* Salto
- **der Netze:** *5* Drage
- **der Nidda:** *6* Wetter
- **der Niers:** *5* Nette
- **des Niger:** *4* Bani; *5* Benui
- **des Nil:** *6* Atbara
- **des Ob:** *2* Om, Ui; *3* Ass, Ket, Kot, Sob, Tom, Wag; *4* Agan, Alei, Anui, Bija, Inja, Iset; *5* Jugan, Katun, Matyn, Polui, Salym, Sinja, Sosva, Susun, Tabla, Tobel, Wagai; *6* Kaslim, Surgut; *7* Irtisch, Irtysch, Tschaja, Tschani; *8* Tschulym, Vagiusan
- **der Oder:** *3* Aal; *4* Ihne, Lohe, Obra, Ohle, Olsa, Oppa, Rega, Thue; *5* Bober, Finow, Lenze, Lupow, Ochel, Peene, Swine, Zinna; *6* Birsau, Lubina, Neisse, Ploene, Stober, Stolpe, Warthe; *7* Bartsch, Iseritz, Pleiske, Proskau; *8* Birnitza, Katzbach, Klodnitz, Malapane, Persante, Stradune; *9* Weistritz
- **des Ohio:** *9* Tennessee
- **der Oise:** *3* Cam, Don, Nar, Ure; *4* Foss, Lark, Yore; *5* Aisne, Gland, Ouzel, Theve, Trent, Verse; *6* Aronde, Avelon, Breche, Calder, Viasne; *7* Ailette, Brandon, Derwent, Noirien, Nonette, Therain; *8* Authonne, Sauceron
- **der Oka:** *3* Pra, Upa, Zna; *4* Guss, Nara, Para, Ugra; *6* Moskwa, Ossetr, Pronja, Protwa, Tarasu, Tescha
- **der Oker:** *4* Ilse, Gose; *5* Ecker, Radau
- **des Oranje:** *4* Vaal
- **des Orinoco:** *4* Meta; *5* Apure; *6* Arauca; *8* Guaviare
- **der Ouse:** *4* Aire
- **des Paraguay:** *9* Pilcomayo
- **des Parana:** *7* Iguassu; *8* Paraguay; *9* Rio Salado
- **der Peene:** *8* Tollense
- **der Pissa:** *7* Rominte
- **des Po:** *3* Mae; *4* Adda, Arda, Enza, Nura, Orco, Reno, Taco; *5* Banne, Grana, Matra, Lonoa, Oglio, Parma, Sesia; *6* Agogne, Bianco, Brenta, Chiese, Curone, Lambro, Lemina, Mincio, Ongina, Panaro, Tanaro, Tessin, Ticino; *7* Chisola, Chisone, Metette, Rifiuto, Sangone, Trebbia; *8* Crostola, Giandone, Staffora
- **des Pregel:** *4* Alle, Auer, Ilme; *5* Deime, Droje, Nehne, Pissa; *6* Auxine, Inster; *8* Angerapp
- **der Rednitz:** *4* Zenn; *5* Brunn, Rezat; *6* Aurach; *7* Pegnitz; *8* Rothbach; *9* Schwabach; *10* Schwarzach
- **des Regen:** *3* Ohe; *4* Cham; *8* Katzbach
- **der Regnitz:** *5* Aisch
- **der Reuß:** *4* Emme
- **des Rheins:** *2* Ay; *3* Ahr, Alb, Eck, Eis, Elz, Erg, Ill, Oos, Ren, Sar; *4* Aach, Aare, Arge, Birs, Erft, Lahn, Maas, Main, Murg, Nahe, Ruhr, Saye, Sayn, Selz, Sieg, Siga, Sorn, Thur, Wied; *5* Acher, Agger, Biber, Brohl, Issel, Itter, Lippe, Modau, Mosel, Nette, Nolla, Pfinz, Rench, Salza, Sauer, Toess, Vecht, Wehra, Wehre, Wiese; *6* Albula, Aubach, Birsig, Durach, Elzach, Ergolz, Fechte, Gutach, Kander, Kinzig, Kraich, Lauter, Neckar, Queich, Tamina, Wisper, Wupper, Wutach; *7* Emscher
- **der Rhône:** *3* Ain, Lez; *4* Arve, Cece, Dalo, Doux, Fier, Flon, Gard, Gere, Gier, Glan, Save, Visp; *5* Binna, Berre, Canca, Dalla, Dolon, Doubs, Drôme, Furan, Garon, Isère, Lonza, Morge, Saône, Vinxt; *6* Aygues, Bancel, Borgne, Erieux, Eygues, Gardon; *7* Allaine, Bourbre, Durance, Galaure, Roubion, Salance
- **des Rio Negro:** *9* Rio Branco
- **der Ruhr:** *3* Neb; *4* Baar, Else, Inde; *5* Lenne, Roehr, Sorpe, Valme, Volme, Wenne, Winne; *6* Moehne
- **der Rur:** *3* Neb; *4* Kall, Urft, Worm; *5* Wuerm
- **der Saale (fränkische):** *4* Milz, Sinn; *5* Brend; *6* Thulba; *7* Elsbach; *8* Hatzbach, Schondra
- **der Saale (thüringische):** *3* Ilm; *4* Bode, Orla,

Roda; *5* Fuhne, Hasel, Lauer, Luppe, Perse, Rinne, Salza; *6* Barget, Brehne, Lamitz, Laucha, Leutra, Wipper, Ziethe; *7* Gleisse, Lomnitz, Loquitz, Regnitz, Selbitz, Sorbitz, Unstrut; *9* Schwarza
- **der Saar:** *4* Albe, Bist, Grim, Leuk, Nied; *5* Blies, Prims; *7* Sulzach
- **der Salzach:** *3* Ach, Arl; *4* Ache, Suhr; *5* Saale; *6* Lammer; *7* Saalach
- **des Sambesi:** *6* Schire
- **der Saône:** *5* Doubs
- **der Sauer:** *3* Our; *5* Irsen
- **der Save:** *3* Una; *4* Krka, Odra, Sora, Sava; *5* Bosna, Bosne, Bosut, Drina, Ilova, Kanka, Lonja, Mirna, Sotla, Vrbas; *6* Isonzo, Pesata; *7* Krapina, Ljubina, Saritza
- **der Schelde:** *3* Lys; *4* Hain, Leie, Leye; *5* Durme, Haine, Henne, Rupel, Selle; *6* Cojeul, Dender, Scarpe, Sensée; *7* Rhosnes; *8* Escailon
- **der Seine:** *4* Aube, Epte, Eure, Oise; *5* Aisne, Cally, Loing, Marne, Nauxe, Orvin, Ource, Sarce, Yonne; *6* Brevon; *7* Aubette, Laignes, Orvane
- **des Severn:** *3* Rea, Wye, Yeo; *4* Avon, Teme, Tern
- **der Sieg:** *4* Ager, Drei, Naaf; *5* Agger, Broel, Wisse; *6* Nister
- **der Spree:** *5* Dahme, Panke, Uske, Stour
- **des St.-Lorenz-Stromes:** *6* Ottawa
- **des Tarn:** *5* Agout
- **der Theiß:** *3* Aga, Age, Ung; *5* Maros, Mures; *7* Koeroes
- **der Themse:** *3* Lea, Ock, Wye; *4* Cole, Coln, Cray; *5* Bourn, Brent, Churn, Glyme, Volne; *6* Darent, Kennet, Loddon, Medway, Rodney
- **des Tiber:** *3* Aja, Nar; *4* Anio, Naja, Nera; *5* Allia, Farfa, Treja, Vezza; *6* Chiana; *7* Cateria, Cremera, Gateria, Trebbia; *8* Teverone
- **des Traun:** *4* Sand
- **der Unstrut:** *4* Gera; *6* Wipper
- **der Vechta:** *2* Aa; *5* Regge, Soest; *6* Dinkel
- **der Warthe:** *3* Lis, Ner, Oxa; *4* Obra; *5* Lenza, Netze; *6* Cybina, Glowna, Grabia, Prosna, Samica; *7* Lutinja; *8* Sadkowka
- **des Wash:** *3* Nen
- **der Weichsel:** *3* Bug, Lea, Leg, San, Wda; *4* Laka, Mjen, Ossa, Sola, Spla; *5* Brake, Bzura, Ferse, Grime, Ilash, Nidda; *6* Bosura, Chodel, Czarna, Montau, Pilica, Wieprz; *7* Drewenz, Dunajec, Radomka, Wisloka; *8* Kamienna, Liplanka, Przemsza
- **der Weißen Elster:** *4* Auma, Eula; *5* Weida; *7* Pleisse
- **der Werra:** *3* Arn, Dam; *4* Elte, Ifta, Rosa; *5* Hasel, Herpf, Nesse, Pfitz, Truse, Wehra, Wohra; *6* Ulster; *7* Gelster, Hoersel; *8* Katzbach, Weisbach
- **der Werre:** *2* Aa; *4* Bega
- **der Weser:** *3* Arn, Aue, Ils; *4* Alen, Esse, Lune; *5* Aller, Braune, Bever, Emmer, Exter, Fulda, Hamel, Hunte, Lenne, Lesum, Nethe, Ochte, Werra, Werre; *6* Diemel, Drepte, Geeste, Niemen, Ochtum
- **der Wolga:** *2* Ik; *3* Oka, Sok, Usa; *4* Ilet, Kama, Masa, Neja, Pura, Sura, Utka; *5* Ainga, Dubna, Jelan, Kudma, Nemda, Rutka, Tmaka, Usola; *6* Alatyr, Besdna, Mescha, Mologa, Ossuga, Samara, Sestra, Twerza, Unscha; *7* Karaman, Kotoros, Swijaga, Wetluga; *8* Kostroma, Scheksna
- **der Yssel:** *2* Aa
- **des Yukon:** *8* Klondike

Nebenform: *5* Abart
Nebenfrau: *5* Kebse
Nebenfrau Abrahams: *5* Hagar
Nebengebäude: *5* Anbau, Gaden; *10* Dependance
Nebenhandlung: *7* Episode
Nebeninsel
- **von Sansibar:** *5* Pemba
- **von St. Helena:** *9* Ascension

Nebenland Norwegens: *11* Bouvetinsel
Nebenlösung beim Schach: *6* Dualis
Nebenprodukt des Getreides: *5* Stroh
Nebenraum: *7* Alkoven
Nebenraum der Kirche: *9* Sakristei
Nebenrolle: *6* Charge
Nebensache: *7* Episode; *8* Lappalie; *9* Bagatelle
nebensächlich: *8* peripher; *10* episodisch
Nebensächliches: *8* Staffage
Nebenspeise: *11* Hors d'oeuvre
Nebenstelle: *7* Filiale
Nebental der Salzach: *7* Gastein
neblig: *5* trueb; *6* diesig; *7* dunstig
Neckarzufluß → Nebenfluß des Neckars
necken: *4* uzen; *6* foppen, reizen; *7* spotten; *8* frotzeln, haenseln, sticheln
Neckerei: *2* Uz
neckischer Geist: *6* Kobold
Neffe: *6* Nepote
Neffe Abrahams: *3* Lot
- **des Königs Artus:** *5* Gawan; *6* Gawein

negativ geladenes Ion: *5* Anion
Negativdruckform: *5* Mater
negative Elektrode: *6* Katode; *7* Kathode
negatives Elementarteilchen: *8* Elektron
Neger: *4* Mohr; *7* Negride; *9* Schwarzer
negerähnlich: *7* negroid
Negerdorf: *3* Aul; *4* Kral
Negergitarre: *5* Banjo
Negerhirse: *4* Dari; *5* Duche, Durra; *6* Durrha
Negerklavier: *7* Marimba
Negerrechtsbewegung in den USA: *10* Blackpower
Negersoldat in Deutsch-Ostafrika: *6* Askari
Negerstaat in Angola: *5* Lunda
Negerstadtteil von New York: *6* Harlem
Negerstamm: *3* Edo, Ewe, For, Ful, Ibo, Kru, Suk, Tiv, Vai; *4* Akka, Luba, Madi, Nama, Nuba, Zula, Zulu; *5* Banda, Bantu, Bongo, Duala, Lunda, Mossi; *6* Baluba, Basuto, Batuti, Haussa, Herero, Jaunde, Joruba, Kololo, Massai, Obongo, Ovambo, Owambo,

Somali, Tuareg, Ubangi, Wahuma; *7* Amakosa, Kaffern, Suaheli, Watussi; *8* Aschanti, Niam-Niam, Pygmaeen; *11* Betschuanen; *12* Buschmaenner, Hottentotten
Negertanz: *7* Ragtime
Negerviertel von New York: *6* Harlem
Neger-Zambo-Mischling: *5* Mango
Nehrung: *4* Lido
neidisch: *6* scheel
Neige: *4* Rest
neigen: *6* beugen; *9* tendieren; *11* inklinieren
Neigung: *4* Hang, Lust; *5* Drang, Gusto, Trieb; *6* Faible; *7* Tendenz; *8* Schraege, Vorliebe; *9* Interesse, Schwaeche, Sympathie; *11* Inklination
Neinsager: *8* Negierer
Nelkengewächs: *5* Miere
Nelkenpfeffer: *6* Piment
nennen: *10* nominieren
Nenner in der Bruchrechnung: *6* Teiler; *7* Divisor
Nennform: *9* Infinitiv
Nennwert: *4* Pari
Nennwort: *5* Nomen
nepalesische Hauptstadt: *8* Katmandu
– Münze: *4* Pice; *5* Rupie
– Stadt: *5* Patan; *6* Bandar; *8* Katmandu
neppen: *9* betruegen
Neptunmond: *6* Triton; *7* Nereide
Nereide: *6* Thetis; *7* Galatea; *8* Galateia; *10* Amphitrite
Nervatur: *7* Aderung
Nervenarzt: *9* Neurologe; *10* Psychiater
Nervenberuhigungsmittel: *5* Asant
Nervenentzündung: *8* Neuritis
Nervenerkrankung: *9* Neuralgie
Nervenerschütterung: *6* Schock
Nervenfaser: *8* Fibrille
Nervenfasergeschwulst: *6* Neurom
Nervengewebe: *4* Glia
Nervenheilkunde: *10* Neurologie
Nervenkitzel: *9* Sensation
Nervenknoten: *8* Ganglion
Nervenleiden: *7* Neurose; *8* Psychose; *11* Neuropathie
Nervenschmerz: *9* Neuralgie
Nervenschwäche: *11* Nervositaet; *12* Neurasthenie
Nervenverdickung: *6* Neurom
Nervenzelle: *6* Neuron
Nervenzentrum: *4* Hirn; *6* Gehirn
nervöse Veranlagung: *11* Neuropathie
Nerz: *4* Mink; *6* Marder
Nesselpflanze: *5* Ramie
Nesseltier: *6* Meduse, Qualle; *7* Koralle
Nest: *4* Heim; *5* Horst
Nest des Eichhörnchens: *5* Kobel
Nestgelege: *4* Brut, Eier
Nestorpapagei: *3* Kea
nett: *4* lieb; *6* adrett, proper; *11* appetitlich
Nettigkeit: *10* Kompliment
Netz: *4* Garn; *5* Falle
netzartig: *7* filiert
netzartiges Gewebe: *5* Tuell
Netzgeflecht zum Uferschutz: *5* Flake
Netzstoff: *5* Filet
Netzätzung: *9* Autotypie
Netzhaut des Auges: *6* Retina
Netzmacher: *6* Seiler
Netzschlange: *6* Python
neu: *6* rezent
neuartig: *6* modern
Neubekehrter: *8* Proselyt
Neubildung: *12* Regeneration
Neue Hebriden: *7* Vanuatu
Neue Welt: *7* Amerika
neuer Stern: *4* Nova
Neuerer: *10* Reformator
Neuerscheinung: *8* Novitaet
Neuerung: *6* Reform
Neugestaltung: *6* Reform; *11* Renovierung; *14* Reorganisation
Neuguinea: *5* Irian
Neuguineas Urbevölkerung: *5* Papua; *6* **Papuas**
neuhebräischer Lyriker: *6* Bialik
Neuheit: *5* Novum; *8* Novitaet; *9* Nouveauté; *11* Modernitaet
Neuland vor dem Deich: *6* Groden
Neuling: *6* Novize; *9* Gruenhorn
Neun Töchter des Zeus: *5* Musen
Neunauge: *8* Lamprete
Neuneck: *7* Nonagon
neuntägige Andacht: *6* Novene
Neuntonintervall: *4* None
Neuordnung: *6* Reform; *14* Reorganisation
neupersische Glaubenslehre: *9* Mazdaznan
Neureicher: *6* Raffke; *8* Parvenue
Neurose: *5* Manie; *6* Phobie; *8* Hysterie
neuseeländische(r)
– Hauptstadt: *10* Wellington
– Inselgruppe: *14* Aucklandinseln
– Schnepfenstrauß: *4* Kiwi
– Singvogel: *3* Pó
– Stadt → Stadt in Neuseeland
– Ureinwohner: *5* Maori
Neusilber: *6* Alpaka; *8* Argentan
Neusteinzeit: *11* Neolithikum
Neuverfilmung: *6* Remake
Neuzeit: *7* Moderne
neuzeitliche Waffe: *6* Napalm; *9* Atombombe; *13* Atomgeschuetz; *14* Neutronenbombe; *16* Wasserstoffbombe
New Yorker Börsenviertel: *10* Wallstreet
– Geschäftsstraße: *8* Broadway
– Künstlerviertel: *16* Greenwich Village
– Negerviertel: *6* Harlem
Nibelungengestalt: *3* Ute; *4* Atli, Mime; *5* Etzel, Hagen; *6* Attila, Gernot, Volker; *7* Gunther; *8* Alberich, Brunhild, Dankwart, Giselher; *9* Brunhilde, Kriemhild, Siegfried; *12* Hildebrand
Nibelungenmutter: *3* Ute
Nibelungenschwert: *7* Nothung
Nibelungenstadt am Rhein: *5* Worms

Nibelungenvolk: *9* Burgunder
nicht
- **aufhörend:** *9* unendlich
- **beachten:** *10* ignorieren, uebersehen
- **behelligen:** *10* verschonen
- **gebraucht:** *3* neu
- **gleichmäßig:** *6* inegal
- **lebend:** *3* tot
- **mehr als:** *3* nur
- **normal:** *6* anomal; *8* abnormal
- **öffentlich:** *6* privat
- **süß:** *4* herb; *5* sauer; *6* bitter
- **verbürgt:** *9* offizioes
- **verschwiegen:** *9* indiskret
- **wirklich:** *6* irreal

nichtamtlich: *6* privat; *11* inoffiziell
Nichtbeteiligung: *12* Neutralitaet
Nichtchrist: *5* Heide
Nichteinmischung: *12* Desinteresse
Nichtfachmann: *4* Laie; *7* Amateur; *9* Dilettant
nichtig: *4* inan
Nichtiges: *4* Tand
Nichtigkeit: *8* Lappalie
Nichtjude: *3* Goi
Nichtleiter: *8* Isolator
Nichtmetall: *9* Metalloid
nichtmetallisches Element: *5* Fluor
Nichtmohammedaner: *5* Giaur, Kafir
Nichtpriester: *4* Laie
nichtrostender Stahl: *7* Nirosta; *9* Edelstahl
Nichts: *4* Null, Zero; *6* Vakuum
nichts als: *3* nur
nichtseßhafter Mensch: *6* Nomade
Nichtskönner: *8* Stuemper
Nichtsnutz: *4* Lump; *10* Schlawiner; *11* Taugenichts
Nichtsoldat: *8* Zivilist
nichtssagend: *4* fade; *5* banal, platt; *7* farblos
Nichtstuer: *5* Drohn; *6* Drohne; *8* Faulpelz, Tagedieb
Nichtstun: *5* Musse
nichtswürdig: *9* miserabel
Nichtswürdiger: *4* Lump; *6* Schuft; *7* Halunke
Nichtuniformierter: *8* Zivilist
nichtzahlender Zuschauer: *8* Zaungast
Nickel-Kupfer-Legierung: *5* Monel
Nickel-Sonderlegierung: *6* Illium
niederdeutsch: Morgendämmerung: *4* Veht
niederdeutscher Dialekt: *5* Platt
- **Dichter:** *5* Groth, Raabe, Storm; *6* Reuter
- **Geisterseher:** *13* Spoekenkieker
- **Reformator:** *10* Bugenhagen

niedere Pflanze: *4* Alge, Moos; *7* Flechte
niederer Adel bei den Inkas: *6* Curaca
- **im alten Polen:** *9* Schlachta

niederes Lebewesen: *6* Amoebe; *9* Einzeller
- **Volk:** *5* Plebs

Niedergang: *4* Ruin; *7* Verfall
niedergeschlagen: *7* traurig; *9* depressiv; *10* deprimiert
Niedergeschlagenheit: *10* Depression
Niederholz: *7* Dickung; *8* Dickicht; *9* Gestruepp, Unterholz
Niederkunft: *6* Geburt; *10* Entbindung
Niederlage: *5* Treff; *6* Abfuhr; *8* Schlappe
Niederländisch-Guayana: *7* Surinam; *8* Suriname
niederländische(r, s)
- **Abenteurer:** *8* Ripperda
- **Admiral:** *5* Tromp; *6* Ruyter
- **Antilleninsel:** *4* Saba; *5* Aruba; *7* Bonaire, Curaçao; *8* St. Martin
- **Astronom:** *6* Sitter
- **Automarke:** *3* DAF
- **Bildhauer:** *6* Sluter
- **Chemiker:** *4* Hoff
- **Dichter:** *5* Eeden; *6* Vondel; *8* de Coster; *10* Timmermans
- **Eierlikör:** *8* Advocaat
- **Entertainer:** *7* Carrell
- **Fluggesellschaft:** *3* KLM
- **Flugzeugkonstrukteur:** *6* Fokker
- **Fluß** → Fluß in den Niederlanden
- **Flüssigkeitsmaß:** *3* Kan, Vat
- **Freiheitskämpfer:** *5* Geuse
- **Fürstengeschlecht:** *7* Oranien
- **Hafenstadt:** *9* Amsterdam, Rotterdam
- **Hauptstadt:** *4* Haag; *7* Den Haag; *9* Amsterdam
- **Humanist:** *7* Erasmus, Grotius
- **Insel:** *5* Texel; *7* Ameland; *8* Vlieland; *12* Terschelling
- **Käsesorte:** *4* Edam; *5* Gouda
- **Käsestadt:** *4* Edam; *7* Alkmaar
- **Kauffahrteischiff:** *6* Fleute
- **Komponist:** *5* Isaac, Lasso; *7* Obrecht
- **Königin:** *7* Beatrix, Juliana; *8* Hortense; *10* Wilhelmina
- **Kupfermünze:** *4* Deut
- **Küstenfahrzeug:** *3* Aak; *4* Aake
- **Liedermacher:** *7* van Veen
- **Maler:** *3* Bol, Dou, Mor, Vos; *4* Cuyp, Dyck, Eyck, Goes, Gogh, Hals, Kalf, Neer; *5* Bosch, Bouts, David, Goyen, Hooch, Hoogh, Metsu, Orley, Steen, Velde; *6* Mabuse, Massys, Ostade, Patini, Potter, Rubens, Scorel, Weyden; *7* Beyeren, Brouwer, Hobbema, Memling, Seghers, Snyders, Teniers, Vermeer; *8* Breughel, Brueghel, Doesburg, Jordaens, Mostaert, Ruisdael, Terborch; *9* Honthorst, Rembrandt, Steenwijk, Wouwerman
- **Männername:** *3* Jan, Pit; *4* Aart, Piet; *5* Frans, Frits, Joost, Klaas; *6* Pieter, Willem; *7* Adriaen, Antonis, Hendrik, Michiel, Philips
- **Mathematiker:** *6* Stevin; *7* Brouwer; *8* Snellius
- **Münze:** *4* Cent, Deut; *6* Florin, Gulden
- **Nationalgetränk:** *7* Genever
- **Nobelpreisträger** → Nobelpreisträger
- **Philosoph:** *7* Spinoza; *8* Geulincx
- **Physiker:** *5* Debye, Waals; *6* Stevin, Zeeman; *7* Huygens, Lorentz, Zernike
- **Physiologe:** *9* Einthoven

- **Provinz:** *7* Drenthe, Geldern, Holland, Seeland; *9* Friesland
- **Residenzstadt:** *7* Den Haag
- **Schachweltmeister:** *5* Euwen
- **Schnaps:** *7* Genever
- **Schriftsteller:** *6* Hartog; *8* Schendel
- **Seebad:** *12* Scheveningen
- **Seefahrer:** *6* Tasman; *7* Barents
- **Seeheld:** *5* Tromp; *6* Ruyter
- **Segelfahrzeug:** *6* Botter
- **Staatsmann:** *4* Witt; *5* Hoorn
- **Stadt** → Stadt in den Niederlanden
- **Völkerrechtler:** *5* Asser
- **Wacholderbranntwein:** *7* Genever
- **Zoologe:** *11* Leeuwenhoek

Niederlage beim Schach: *5* Echec; *10* Schachmatt
niederlassen: *10* etablieren
Niederlassung im Ausland: *7* Kolonie
niederlegen: *10* deponieren
niedermetzeln: *12* massakrieren
niederrheinischer Hochruf: *5* alaaf
niedersächsische Stadt → Stadt in Niedersachsen
niedersächsischer Dichter: *5* Raabe
- **Höhenzug:** *3* Elm, Ith; *4* Hils; *7* Deister, Solling, Suentel

Niederschlag: *3* Eis, Tau; *4* Reif; *5* Hagel, Nebel, Regen; *6* Schnee; *7* Graupel, Griesel, Schauer; *8* Rauhreif, Sediment
Niederschlag beim Boxen: *2* K.o.; *8* Knockout
niederschlagarmes Gebiet: *6* Wueste
Niederschlagwasser: *9* Kondensat
niederschmetternd: *12* katastrophal
Niederschrift: *5* Notiz; *6* Diktat; *9* Protokoll; *10* Manuskript, Stenogramm
Niedertracht: *7* Bosheit, Infamie; *8* Gaunerei; *10* Gemeinheit
niederträchtig: *5* infam; *6* gemein; *9* malizioes
Niederung: *2* Au; *3* Aue, Tal; *5* Senke
Niederwild: *4* Hase; *5* Dachs, Fasan, Fuchs, Iltis; *6* Marder; *7* Rebhuhn; *8* Schnepfe, Wildente, Wildgans; *9* Kaninchen; *12* Waldschnepfe; *13* Sumpfschnepfe
niedlich: *4* fein, nett; *7* drollig, huebsch, reizend; *8* charmant, zierlich; *11* possierlich
niedrig: *4* tief; *6* gemein; *7* ruchlos, vulgaer
niedrige(r, s)
- **Hilfsgeistlicher:** *9* Kuadjutor
- **Kaste in Indien:** *5* Paria
- **Lebewesen:** *6* Amoebe; *9* Einzeller
- **Luftdruck:** *4* Tief
- **Umgangssprache:** *5* Slang; *6* Jargon

niedrigst: *7* minimal
Niedrigwasser: *4* Ebbe
niemals: *3* nie; *6* nimmer
niemand: *6* keiner
Nierenausscheidung: *4* Harn, Urin
Nierenbaum: *6* Acajou
Nierenentzündung: *9* Nephritis
Nießbrauch: *13* Nutzungsrecht
Niet: *6* Bolzen
Niete: *4* Null; *8* Versager
Nigerianeger: *3* Ibo; *6* Joruba, Yoruba
Niger-Talsperre: *6* Kainji
Nigerzufluß: *4* Bani; *5* Benue; *6* Sokoto
Nilinsel: *6* Philae; *11* Elephantine
Nilland: *6* Nubien
Nilstadt am Stauwerk: *6* Assiut
Nilzufluß: *6* Atbara
nimmer: *3* nie; *7* niemals
nimmermüde: *7* rastlos
Nimmersatt: *6* Marabu
Nirgendland: *6* Utopia
Nische: *5* Apsis; *6* Blende, Exedra
Nischenwölbung: *6* Koncha, Konche
Niveau: *4* Rang; *5* Stufe
Nixe: *6* Undine; *7* Lorelei; *8* Melusine
Njassaland: *6* Malawi
Noahs Schiff: *5* Arche
Nobelpreisträger
- **Ägypten**
  für Frieden: *5* Sadat
  für Literatur: *6* Mahfus
- **Argentinien**
  für Chemie: *6* Leloir
- **Australien**
  für Literatur: *5* White
- **Belgien**
  für Chemie: *9* Prigogyne
  für Medizin: *6* Bordet; *7* Heymans
  für Literatur: *11* Maeterlinck
  für Frieden: *4* Pire; *8* Fontaine; *9* Beernaert
- **Birma**
  für Frieden: *6* Suu Kyi
- **Chile**
  für Literatur: *6* Neruda; *7* Mistral
- **China**
  für Physik: *3* Lee; *4* Yang
- **Dänemark**
  für Physik: *4* Bohr
  für Chemie: *5* Aston
  für Medizin: *3* Dam; *5* Krogh; *6* Finsen; *7* Fibiger
  für Literatur: *6* Jensen; *9* Gjellerup; *11* Pontoppidan
  für Frieden: *5* Bajer
- **Deutschland**
  für Physik: *4* Born, Laue, Wien; *5* Bethe, Braun, Hertz, Stark; *6* Franck, Jensen, Planck, Wigner; *8* Einstein, Klitzing, Roentgen; *10* Heisenberg, Moessbauer
  für Chemie: *4* Hahn, Hoff, Kuhn; *5* Adler, Bosch, Debye, Diels, Eigen, Haber, Huber; *6* Baeyer, Michel, Nernst, Wittig; *7* Bergius, Buchner, Fischer, Ostwald, Wallach, Wieland, Windaus, Ziegler; *8* Herzberg; *9* Butenandt, Zsigmondy; *10* Staudinger; *11* Deisenhofer; *12* Euler-Chelpin, Willstaetter
  für Medizin: *4* Koch; *5* Bloch, Chain, Krebs, Lynen, Neher; *6* Domagk, Frisch, Kossel; *7* Behring, Ehrlich, Sakmann, Soemann, Warburg; *8* Meyerhof; *9* Delbrueck, Forssmann; *16* Nuesslein-Volhard

für Literatur: *4* Mann; *5* Boell, Hesse, Heyse; *6* Eucken; *7* Mommsen; *9* Hauptmann
für Frieden: *6* Brandt, Quidde; *9* Ossietzky; *10* Stresemann
- **England** → Nobelpreisträger Großbritannien
- **Finnland**
für Chemie: *8* Virtanen
für Literatur: *11* Sillanpaeae
- **Frankreich**
für Physik: *4* Neel; *5* Curie, Dirac; *6* Gennes, Perrin; *7* Broglie, Charpak, Kastler; *9* Becquerel, Guillaume für Chemie: *5* Curie; *6* Joliot; *7* Moissan; *8* Grignard, Sabatier
für Medizin: *5* Monod; *6* Carrel, Richet; *7* Laveran, Nicolle; *8* Cournand; *11* Metschnikow
für Literatur: *4* Gard, Gide; *5* Bunin, Camus, Perse, Simon; *6* France, Sartre; *7* Bergson, Mauriac, Mistral, Rolland
für Frieden: *5* Passy; *6* Briand; *7* Buisson, Jouhaux, Renault; *9* Bourgeois; *10* Schweitzer
für Wirtschaftswissenschaften: *6* Allais
- **Griechenland**
für Literatur: *7* Seferis
- **Großbritannien**
für Physik: *4* Born, Mott, Ryle; *5* Bragg, Dirac, Gabor; *6* Barkia, Hewish, Powell, Wilson; *7* Thomson; *8* Appleton, Blackett, Chadwick, Rayleigh; *9* Cockcroft, Josephson; *10* Richardson
für Chemie: *4* Todd; *5* Aston, Soddy, Synge; *6* Barton, Harden, Martin, Perutz, Porter, Ramsay, Sanger; *7* Haworth, Kendrew, Norrish; *8* Mitchell, Robinson; *9* Wilkinson; *10* Rutherford; *11* Hinshelwood
für Medizin: *4* Dale, Hill, Katz, Ross; *5* Chain, Crick; *6* Adrian, Florey, Huxley, Porter; *7* Fleming, Hodgkin, Hopkins, Medawar, Wilkins; *11* Sherrington
für Literatur: *4* Shaw; *5* Eliot; *7* Kipling, Russell; *9* Churchill; *10* Galsworthy
für Frieden: *3* Orr; *6* Angell, Cremer; *7* Rotblat; *8* Chelwood; *9* Henderson, Noel-Baker
für Wirtschaftswissenschaften: *5* Coase
- **Guatemala**
für Literatur: *8* Asturias
- **Indien**
für Physik: *5* Raman
für Literatur: *6* Tagore
- **Irland**
für Physik: *6* Walton
für Literatur: *4* Shaw; *5* Yeats; *6* Heaney; *7* Beckett
- **Island**
für Literatur: *7* Laxness
- **Israel**
für Literatur: *7* Agnon
für Frieden: *5* Begin, Peres, Rabin; *6* Arafat
- **Italien**
für Physik: *5* Fermi, Segre; *7* Marconi
für Chemie: *5* Natta
für Medizin: *5* Bovet, Golgi
für Literatur: *7* Deledda, Montale; *8* Carducci; *9* Quasimodo; *10* Pirandello
für Frieden: *6* Moneta
für Wirtschaftswissenschaften: *10* Modigliani
- **Japan**
für Physik: *5* Esaki; *6* Yukawa; *8* Tomonaga
für Literatur: *8* Kawabata
- **Jugoslawien**
für Literatur: *6* Andric
- **Kanada**
für Chemie: *5* Smith; *8* Herzberg
für Medizin: *7* Banting, Macleod
für Frieden: *7* Pearson
- **Luxemburg**
für Physik: *8* Lippmann
- **Niederlande**
für Physik: *5* Waals; *6* Zeeman; *7* Lorentz, Zernike
für Chemie: *4* Hoff; *5* Debye; *7* Crutzen
für Medizin: *9* Einthoven
für Wirtschaftswissenschaften: *9* Tinbergen
- **Nordvietnam**
für Frieden: *8* Le Duc Tho
- **Norwegen**
für Physik: *7* Giaever
für Chemie: *6* Hassel, Onsager
für Literatur: *6* Hamsun, Undset; *9* Bjoernson
für Frieden: *5* Lange; *6* Nansen
für Wirtschaftswissenschaften: *6* Frisch
- **Österreich**
für Physik: *4* Hess; *5* Pauli; *12* Schroedinger
für Chemie: *5* Pregel; *6* Frisch, Lorenz, Perutz; *9* Zsigmondy
für Medizin: *5* Loewi; *6* Barany; *11* Landsteiner; *13* Wagner-Jauregg
für Frieden: *5* Fried; *7* Suttner
- **Pakistan**
für Physik: *5* Salam
- **Polen**
für Physik: *5* Curie
für Chemie: *5* Curie
für Literatur: *7* Reymont; *11* Sienkiewicz
- **Portugal**
für Medizin: *5* Moniz
- **Rußland** → Nobelpreisträger Sowjetunion
- **Schweden**
für Physik: *5* Alven, Dalen; *8* Siegbahn
für Chemie: *8* Svedberg, Tiselius; *9* Arrhenius
für Medizin: *5* Euler; *6* Granit; *8* Theorell; *10* Gullstrand
für Literatur: *5* Sachs; *9* Karlfeldt, Lagerloef; *10* Heidenstam, Lagerkvist
für Frieden: *8* Branting; *9* Arnoldson; *10* Soederblom; *13* Hammarskjoeld
- **Schweiz**
für Physik: *9* Guillaume
für Chemie: *5* Ernst; *6* Karrer, Werner; *7* Ruzicka
für Medizin: *4* Hess; *5* Arber, Bovet; *6* Kocher; *7* Mueller; *10* Reichstein
für Literatur: *5* Hesse; *9* Spitteler
für Frieden: *5* Gobat; *6* Dunant; *8* Ducommun

- **Sowjetunion**
  für Physik: *4* Tamm; *5* Basow, Frank; *6* Kapisa, Landau; *9* Prochorow; *11* Tscherenkow
  für Chemie: *8* Semjonow
  für Medizin: *6* Pawlow; *7* Waksman; *11* Metschnikow
  für Literatur: *5* Bunin; *9* Pasternak; *10* Scholochow; *12* Solschenizyn
  für Frieden: *8* Sacharow
  für Medizin: *5* Ochoa
  für Literatur: *7* Jimenez; *9* Benavente; *10* Aleixandre, Eschegaray
- **Südafrika**
  für Medizin: *7* Theiler für Frieden: *7* Luthuli
  für Literatur: *8* Gordimer
  für Frieden: *4* Tutu; *7* Luthuli
- **Tschechoslowakei**
  für Chemie: *9* Heyrovsky
  für Medizin: *4* Cori
- **Ungarn**
  für Physik: *5* Gabor
  für Chemie: *6* Hevesy
  für Medizin: *6* Bekesy; *13* Szent-Gyoergyi
- **USA**
  für Physik: *4* Lamb, Perl, Rabi; *5* Bethe, Bloch, Esaki, Hulse, Kusch, Segre, Stern; *6* Comton, Cooper, Glaser, Reines, Taylor, Townes, Wigner; *7* Bardeen, Broglie, Giaever, Purcell, Richter; *8* Anderson, Brattain, Bridgman, Davisson, Gellmann, Lawrence, Lippmann, Millikan, Shockley; *9* Michelson, Rainwater; *10* Hofstadter, Schrieffer; *11* Chamberlain
  für Chemie: *4* Urey, Flory, Libby, Moore, Stein; *6* Calvin, Marcus, Molina, Mullis, Roland, Sumner; *7* Giauque, Onsager, Pauling, Seaborg, Stanley; *8* Amfinsen, Langmuir, McMillan, Mullikan, Northrop, Richards, Vigneaud; *9* Hauptmann
  für Medizin: *4* Cori, Rous, Wald; *5* Block, Brown, Doisy, Hench, Lewis, Luria, Minot, Ochoa, Tatum, Temin; *6* Beadle, Bekesy, Carrel, Enders, Gasser, Holley, Morgan, Muller, Murphy, Watson, Weller; *7* Axelrod, Edelman, Hershey, Huggins, Kendall, Lipmann, Nathans, Robbins, Theiler, Waksman, Whipple; *8* Cournand, Erlanger, Hartline, Kornberg, Richards; *9* Baltimore, Goldstein, Lederberg, Wieschaus; *10* Sutherland; *11* Landsteiner
  für Literatur: *4* Buck; *5* Lewis; *6* O'Neill; *8* Faulkner; *9* Hemingway, Steinbeck
  für Frieden: *4* Hill, King, Mott, Root; *5* Balch, Dawes; *6* Adams, Bunche, Butler, Kellog, Wilson; *7* Borlaug, Pauling; *8* Marshall; *9* Kissinger, Roosevelt
  für Wirtschaftswissenschaften: *5* Fogal, Lucas, North, Simon; *6* Kusnez; *8* Leontief; *9* Samuelson

Nobilität: *4* Adel
noch nicht benutzt: *3* neu
Nomadenvolk in Mittelasien: *8* Kirgisen
Nomadenzelt: *3* Aul; *5* Jurte
nomadischer Araber: *7* Beduine
nomadisches Berbervolk: *6* Tuareg
Nominierung: *9* Ernennung
nonchalant: *5* leger; *7* laessig
Nonnenorden: *14* Ursulinerinnen; *17* Benediktinerinnen
Nonnenschleier: *6* Weihel
Noppengewebe: *6* Bouclé
Nordafrikaner: *5* Maure; *6* Araber, Berber, Kabyle, Libyer; *7* Beduine, Numider, Senussi; *8* Aegypter, Algerier, Tunesier; *9* Rifkabyle; *10* Marokkaner; *11* Mauretanier
nordafrikanische(r, s)
- **Gebirge:** *3* Rif; *5* Atlas
- **Gericht:** *6* Kuskus; *7* Kuskusu
- **Gewicht:** *5* Uckia
- **Grasart:** *5* Halfa; *7* Esparto
- **Hafenstadt** → Hafenstadt in Nordafrika
- **Küstengebirge:** *3* Rif
- **Mischvolk:** *6* Mauren
- **Nomade:** *7* Beduine
- **Reiterkampfspiel:** *8* Fantasia
- **Reitersoldat:** *5* Spahi
- **Staat** → Staat in Nordafrika
- **Stadt** → Stadt in Nordafrika
- **Volk** → Nordafrikaner
- **Wüstenfuchs:** *5* Fenek

Nordamerikaner: *6* Yankee
nordamerikanisch → amerikanisch
nordamerikanische(r, s)
- **Bär:** *6* Grisly; *7* Baribal
- **Bauernhof:** *4* Farm; *5* Ranch
- **Beuteltier:** *7* Opossum
- **Büffel:** *5* Bison
- **Erfinder:** *6* Edison
- **Farm:** *5* Ranch
- **Fink:** *8* Kardinal
- **Fluß** → Fluß in Nordamerika
- **Goldmünze:** *5* Eagle
- **Grasebene:** *7* Praerie
- **Hafenstadt** → Hafenstadt in Nordamerika
- **Halbinsel:** *6* Alaska; *7* Florida; *8* Labrador
- **Hirschart:** *6* Wapiti
- **Indianerfrau:** *5* Squaw
- **Indianerschlitten:** *8* Toboggan
- **Indianerstamm** → Indianerstamm in Nordamerika
- **Indianerzelt:** *6* Wigman
- **Inselkette:** *7* Alëuten
- **Kap:** *4* Nome
- **Nadelbaum:** *5* Tsuga
- **Nußbaum:** *7* Hickory
- **Pelztierjäger:** *7* Trapper
- **Präriewolf:** *6* Kojote
- **Religionsgemeinschaft:** *8* Mormonen
- **Rentier:** *6* Karibu
- **Schneesturm:** *8* Blizzard
- **Schwarzbär:** *7* Baribal
- **See** → See in Nordamerika
- **Stinktier:** *6* Chinga
- **Viehzüchter:** *7* Rancher
- **Walnußbaum:** *7* Hickory

- **Wasserfall:** *7* Niagara
- **Wildpferd:** *7* Mustang
- **Wildrind:** *5* Bison
- **Wirbelsturm:** *7* Tornado

nordasiatisches Land: *8* Sibirien
Nordatlantikpakt: *4* NATO
Nordborneo: *5* Sabah
nordchinesisches Hochland: *8* Mongolei
norddeutsche Landschaftsform: *5* Geest, Heide; *6* Marsch
Norddeutscher: *6* Friese
norddeutscher Dichter: *4* Leip, Fock; *5* Groth, Storm; *6* Geibel, Reuter
norddeutsches Gericht: *8* Labskaus
Nordeuropa: *12* Skandinavien
Nordeuropäer: *5* Daene, Finne, Lappe; *7* Schwede; *8* Norweger
nordeuropäische Halbinsel: *12* Skandinavien
nordeuropäische Hauptstadt: *4* Oslo; *8* Helsinki; *9* Reykjavik, Stockholm; *10* Kopenhagen
nordeuropäische Meerenge: *4* Belt, Sund
nordeuropäischer Staat: *5* Island; *8* Finnland, Norwegen, Schweden; *9* Daenemark
nordfinnischer See: *5* Enare, Inari
nordfranzösische Landschaft: *8* Bretagne, Picardie; *9* Normandie
nordfriesische Insel: *4* Sylt; *5* Amrum, Foehr, Hooge; *8* Pellworm; *10* Nordstrand
nordirische Untergrundorganisation: *3* IRA
Nordirland: *6* Ulster
nordisch → germanisch
nordische(r, s)

- **Apostel:** *5* Egede
- **Dichter:** *6* Skalde
- **Dichtung:** *4* Edda, Saga
- **Fürstentitel:** *4* Jarl
- **Gnom:** *5* Troll
- **Gott:** *3* Tyr, Ziu; *4* Frey, Loki, Odin, Thor, Wane; *5* Aegir, Bragi, Donar, Wotan; *6* Baldur
- **Gott der Dichtkunst:** *5* Bragi
- **Gott des Donners:** *4* Thor; *5* Donar
- **Gott des Feuers:** *4* Loki
- **Gott des Friedens:** *4* Frey; *5* Freyr
- **Gott der Fruchtbarkeit:** *4* Frey; *5* Freyr
- **Gott des Krieges:** *3* Tyr, Ziu
- **Gott des Lichtes:** *4* Frey; *5* Freyr; *6* Baldur
- **Gott des Meeres:** *5* Aegir
- **Götterbotin:** *3* Gna
- **Göttergeschlecht:** *4* Asen; *5* Wanen
- **Götterhimmel:** *6* Asgard
- **Göttermutter:** *5* Freia, Freya
- **Göttervater:** *4* Odin; *5* Wotan
- **Gottheit:** *3* Ase
- **Göttin:** *3* Hel, Ran, Urd; *4* Fria, Idun; *5* Freia, Frigg, Iduna, Norne, Skuld; *6* Freyja, Frigga, Gefion, Ostara; *8* Verdandi
- **Göttin der Fruchtbarkeit:** *4* Fria; *5* Frigg; *6* Frigga
- **Göttin des Frühlings:** *6* Ostara
- **Göttin der Jugend:** *4* Idun; *5* Iduna
- **Göttin der Liebe:** *5* Freia; *6* Freyja
- **Göttin des Meeres:** *3* Ran
- **Göttin des Schicksals:** *3* Urd; *5* Norne, Skuld; *8* Verdandi
- **Göttin der Schönheit:** *5* Freia; *6* Freyja
- **Göttin des Todes:** *3* Hel
- **Großwild:** *3* Elk; *4* Elch, Elen
- **Haustier:** *3* Ren; *7* Rentier
- **Heldensage:** *4* Edda, Saga
- **Herdentier:** *3* Ren; *7* Rentier
- **Insel:** *6* Irland, Island; *9* Groenland; *11* Spitzbergen; *15* Grossbritannien
- **Jagdhorn:** *4* Lure
- **Kobold:** *5* Troll
- **Liebesgöttin:** *5* Freia, Freya; *6* Freyja
- **Männername:** *3* Age, Dag, Ole; *4* Asel, Enar, Erik, Knut, Lars, Nils, Olaf, Peer, Tage; *5* Einar, Helge, Niels; *6* Gunnar
- **Meeresgott:** *5* Aegir
- **Meeresgöttin:** *3* Ran
- **Meeresvogel:** *3* Alk; *5* Lumme
- **Münze:** *4* Oere; *5* Krone
- **Sagengestalt:** *3* Dan; *4* Egil; *5* Hagen; *6* Fafner, Fafnir
- **Sagenzwerg:** *6* Nordri
- **Sänger:** *6* Skalde
- **Schicksalsgöttin:** *3* Urd; *5* Norne, Skuld; *8* Verdandi
- **Tauchvogel:** *3* Alk
- **Totengöttin:** *3* Hel
- **Totenreich:** *3* Hel
- **Trinkspruch:** *4* Skal, Skol
- **Urriese:** *4* Ymir
- **Weihnachtsfest:** *3* Jul
- **Wurfwaffe:** *3* Ger

Nordkap von Madagaskar: *5* Ambre

- **von Rügen:** *6* Arkona
- **von Tunesien:** *9* Kap Blanco

Nordlandtier: *3* Ren; *4* Elch, Elen; *7* Rentier
nördlich: *6* boreal
nördlichste(r)

- **Punkt Alaskas:** *6* Barrow
- **Punkt Amerikas:** *12* Kap Murchison
- **Punkt Asiens:** *12* Tscheljuskin
- **Punkt der Erde:** *7* Nordpol
- **Punkt Europas:** *7* Nordkap
- **Spitze Amerikas:** *7* Boothia
- **Stadt Europas:** *10* Hammerfest
- **Teil Skandinaviens:** *8* Lappland

Nordmeerinsel: *6* Island
Nordmeerschnecke: *7* Whalaat
Nordosteuropäer: *4* Este; *5* Balte, Finne, Lette, Russe
nordostindische Provinz: *5* Assam
Nordostwind: *4* Bise

- **in Asien:** *5* Buran
- **in Italien:** *5* Greco

Nordpolargebiet: *6* Arktis
Nordrhodesien: *6* Sambia
nordrussische Halbinsel: *4* Kola
Nordschottland: *10* Kaledonien
Nordseebad: *3* Wyk; *4* List; *5* Juist; *6* Borkum, Buesum, Duhnen, Kampen, Rantum; *7* Baltrum; *8* Cuxhaven, Langeoog; *9* Helgoland,

Norderney; *10* Spiekeroog, Wangerooge, Westerland
Nordseebucht an der Emsmündung: *7* Dollart
Nordseegarnele: *5* Porre; *6* Granat, Krabbe
Nordseehafen: *5* Brake, Emden; *6* Bremen; *7* Hamburg; *8* Cuxhaven; *11* Bremerhaven; *13* Wilhelmshaven
Nordseeinsel: *4* Sylt; *5* Amrum, Fanoe, Foehr, Hooge, Juist, Manoe, Texel; *6* Borkum, Hallig, Roemoe; *7* Ameland, Baltrum, Neuwerk; *8* Langeoog, Pellworm, Trischen, Vlieland; *9* Helgoland, Norderney; *10* Nordstrand, Scharhoern, Spiekeroog, Wangerooge; *12* Terschelling; *15* Schiermonnikoog
Nordskandinavier: *5* Lappe
nordspanischer Küstenfluß: *3* Ter
Nordwesteuropäer: *3* Ire
nordwesteuropäische Insel: *6* Irland, Island
Nordwind
– im Ägäischen Meer: *6* Boreas
– in Italien: *10* Tramontana
– in der Schweiz: *4* Bise
– in Südfrankreich: *7* Mistral
nörgeln: *6* maulen, murren
Nörgler: *9* Querulant; *11* Kritikaster
Norm: *3* DIN; *5* Kanon, Regel; *6* Muster; *7* Ordnung, Vorlage; *8* Standard
Normalmaß: *6* Etalon
Normanne: *8* Waraeger, Wikinger
Normannenfürst: *5* Roger, Rurik; *7* Tankred; *8* Guiscard
Normannenstamm: *3* Rus
normannische Insel: *4* Sark; *5* Sercq; *6* Jersey; *8* Alderney, Guernsey
normen: *10* typisieren; *15* standardisieren; *16* vereinheitlichen
Normenmaß: *3* DIN
normwidrig: *6* abnorm
Norne der Gegenwart: *8* Verdandi, Werdandi
Norne der Vergangenheit: *3* Urd
Norne der Zukunft: *5* Skuld
Norwegen in der Landessprache: *5* Norge
norwegisch-finnischer Grenzfluß: *4* Tana
norwegische(r, s)
– Dichter: *3* Lie; *5* Ibsen; *6* Hamsun; *9* Bjoernson
– Dichter im Mittelalter: *6* Skalde
– Dichterin: *6* Undset
– Dramatiker: *5* Ibsen
– Eiskunstläuferin: *5* Henie
– Erzähler: *5* Bojer
– Fjord: *3* Ran; *4* Ands
– Fluß → Fluß in Norwegen
– Hafenstadt → Hafenstadt in Norwegen
– Hansestadt: *6* Bergen
– Hauptstadt: *4* Oslo
– Held: *8* Frithjof
– Hochfläche: *5* Fjell
– Insel: *5* Andoe; *11* Baereninsel; *12* Barentsinsel
– Inselgruppe: *7* Lofoten; *11* Spitzbergen
– Karikaturist: *11* Gulbransson
– Komponist: *5* Grieg; *7* Sinding
– König: *4* Erik, Knut, Olaf, Olav; *6* Haakon, Magnus, Sigurd, Sverre
– Kronprinzessin: *5* Sonja
– Längenmaß: *4* Alen
– Maler: *5* Munch
– Mathematiker: *3* Lie; *4* Abel
– Meeresbucht: *5* Fjord
– Münze: *4* Oere; *5* Krone
– Nobelpreisträger → Nobelpreisträger
– Oberhaus: *7* Lagting
– Parlament: *8* Storting
– Philosoph: *4* Aall
– Polarforscher: *6* Nansen; *8* Amundsen, Sverdrup
– Politiker: *3* Lie
– Sängerin: *8* Flagstad
– Schriftsteller: *3* Lie; *6* Hamsun; *11* Gulbranssen
– Schriftstellerin: *5* Skram; *6* Undset
– Staatsmann: *3* Lie
– Stadt → Stadt in Norwegen
– Verwaltungsbezirk: *5* Fylke
– Volksvertretung: *8* Storting
Not: *5* Armut, Elend; *6* Misere
Not leiden: *6* darben
Notbehelf: *6* Ersatz; *7* Reserve
notdürftig: *12* provisorisch; *14* behelfsmaessig
Notenhals in der Musik: *5* Cauda
Notenzeichen: *4* Apex
notgedrungen: *12* nolens volens
Nothelfer: *5* Georg, Vitus; *7* Barbara, Blasius, Erasmus; *8* Achatius, Aegidius, Cyriacus, Cyriakus; *9* Dionysius, Katharina, Margareta, Margarete, Pantaleon; *10* Eustachius; *13* Christophorus
Nötigung: *5* Zwang; *8* Pression; *10* Kompulsion
Notizbuch: *6* Agenda
Notlage: *10* Kalamitaet
notleidend: *3* arm; *5* elend
Notlüge: *6* Flause; *7* Ausrede, Vorwand; *9* Ausflucht
Notmanöver beim Flugzeug: *12* Bauchlandung
notorisch: *7* bekannt; *11* offenkundig
Notruf: *3* CQD, SOS
Notsituation: *6* Misere
Notunterkunft: *4* Asyl; *6* Obdach; *7* Baracke
notwendig: *7* obligat; *12* erforderlich, integrierend
Novellenbuch des Boccaccio: *10* Dekamerone
– der Margarete von Navarra: *10* Heptameron
November: *7* Neblung; *8* Nebelung, Windmond; *9* Nebelmond
Novität: *5* Novum; *7* Neuheit
Nu: *6* Moment; *7* Sekunde; *10* Augenblick
nüchtern: *9* prosaisch
Nüchternheit: *5* Prosa
Nudeln: *7* Nockerl; *8* Spaetzle; *9* Makkaroni, Spaghetti
nudeln: *7* maesten
Nudelteigpastetchen: *7* Ravioli
Nuklearphysik: *10* Kernphysik
Null: *4* Zero

numidischer König: *4* Juba; *5* Jobas
Nummer: *4* Zahl; *6* Ziffer
nun: *2* so; *4* dann; *5* jetzt
nur: *5* bloss; *6* allein
Nürnberger
- **Bildhauer:** *5* Kraft, Stoss; *6* Krafft
- **Buchdrucker:** *6* Hergot
- **Buchhändler:** *4* Palm
- **Dichter:** *5* Sachs
- **Erfinder der Taschenuhr:** *7* Henlein
- **Erzgießer:** *7* Vischer
- **Geograph:** *6* Behaim
- **Kupferstecher:** *5* Beham
- **Maler:** *5* Beham, Solis; *6* Duerer
- **Meistersinger:** *5* Sachs; *9* Hans Sachs
- **Spezialität:** *9* Lebkuchen**Nußart:** *5* Hasel; *7* Walnuss; *8* Paranuss; *9* Haselnuss

nußartige Frucht: *5* Ecker; *6* Eichel, Mandel; *7* Erdnuss; *8* Kastanie, Pistazie; *9* Buchecker; *10* Pimpernuss
Nußkonfekt: *5* Nugat; *6* Nougat; *7* Krokant
Nute: *4* Fuge; *5* Rille, Rinne
Nutria: *10* Biberratte
Nutzanwendung: *6* Praxis; *9* Paraenese
Nutzen: *6* Gewinn, Profit; *7* Vorteil
Nutzeffekt: *7* Wirkung
Nutzholz → Holzart
Nutzland: *4* Feld, Wald; *5* Acker, Weide
nützlich: *8* opportun; *11* pragmatisch
Nützlichkeitslehre: *13* Utilitarismus
Nutznießer: *11* Interessent, Schmarotzer
Nutztier der Lappen: *3* Ren; *7* Rentier
Nutzungserlaubnis: *6* Lizenz
Nutzungsrecht: *11* Niessbrauch
Nymphe: *6* Dryade, Egeria, Najade, Oreade; *7* Galatea, Nereide; *8* Galateia, Okeanide
nymphoman: *9* mannstoll
Nymphomanie: *9* Liebeswut; *13* Mannstollheit

O

Oase, Oasenstadt in
- **Ägypten:** *4* Siwa; *5* Siwah; *6* Charga, Dachla; *7* Alamein, Farafra; *8* Baharieh
- **Algerien:** *4* Aflu, Tuat; *6* Biskra; *8* Ghardaia
- **Arabien:** *3* Kaf
- **Libyen:** *3* Gat; *5* Kufra; *6* Mursuk; *7* Gadames
- **Saudi-Arabien:** *5* Hajil, Hufuf
- **Tunesien:** *3* Dus
- **Turkestan:** *4* Aksu, Anau
- **Turkmenistan:** *4* Mary

Obacht: *8* Sorgfalt; *9* Augenmerk; *14* Aufmerksamkeit
Obdach: *4* Asyl, Heim; *5* Logis; *6* Schutz; *8* Herberge, Zuflucht; *9* Heimstatt
Obduktion: *7* Sektion; *8* Autopsie
Ober: *7* Kellner
oberägyptisches Dorf: *6* Negade
Oberarmmuskel: *6* Bizeps; *7* Trizeps
Oberbau beim Kraftfahrzeug: *10* Karosserie
oberbayerische(r, s)
- **Abtei:** *5* Ettal
- **Klosterlikör:** *7* Ettaler
- **Königsschloß:** *9* Linderhof; *11* Nymphenburg; *12* Schleissheim; *14* Herrenchiemsee, Neuschwanstein
- **Landschaft:** *7* Allgaeu; *8* Chiemgau
- **Passionsspielort:** *12* Oberammergau
- **See** → See in Oberbayern

Oberbefehl: *8* Kommando
Oberbefehlshaber: *14* Generalissimus
Oberer: *8* Superior
Oberfläche des menschlichen Körpers: *4* Haut
Oberflächenbeschaffenheit: *4* eben, rauh; *5* glatt
Oberflächenhelligkeitsmaß: *6* Albedo
oberflächlich: *6* seicht; *7* ungenau; *9* fluechtig
Oberflächlichkeit: *14* Dilettantismus
oberfränkische Stadt → Stadt in Oberfranken
obergäriges Bier: *3* Alt; *4* Gose; *6* Weisse; *7* Altbier, Koelsch
Obergeschoß: *5* Etage; *8* Beletage
Obergewalt: *8* Supremat; *10* Suprematie
Obergewand der orthodoxen Juden: *6* Kaftan
- **der Römer:** *4* Toga
- **bei Turkvölkern:** *6* Chalat

Oberhaupt: *4* Boss, Chef; *6* Leiter
Oberhaupt
- **der äthiopischen Kirche:** *5* Abuna
- **eines Beduinenstammes:** *7* Scheich
- **der Ismaili:** *7* Aga Khan
- **der katholischen Kirche:** *5* Papst
- **der Kosaken:** *6* Hetman, Ataman
- **des Lamaismus:** *9* Dalailama
- **der Schiiten:** *4* Imam

Oberhaut: *9* Epidermis
Oberherrschaft: *10* Suprematie
Oberklasse: *7* Selekta
Oberlauf
- **des Brahmaputra:** *7* Tsangpo
- **der Limmat:** *5* Linth
- **der Wupper:** *6* Wipper

Obermauer der Basilika: *5* Gaden
Oberpriester im alten Rom: *8* Pontifex
oberschlesische Witzfigur: *5* Antek; *7* Frantek, Franzek
Oberschule: *6* Lyzeum; *9* Gymnasium
Oberschulfach: *6* Latein; *10* Griechisch
Oberschulklasse: *5* Prima, Sexta; *6* Quarta, Quinta, Tertia; *7* Sekunda; *9* Oberprima; *10* Obertertia, Unterprima; *11* Obersekunda, Untertertia; *12* Untersekunda
Oberschwelle: *5* Sturz
oberste Bergkante: *4* Grat
- **Dachkante:** *5* First

oberster Teufel: *9* Beelzebub
Oberstimme: *7* Diskant
Oberton: *9* Konsonanz
Obervolta: *11* Burkina Faso
Obhut: *6* Aegide, Pflege, Schutz; *9* Fuersorge, Gewahrsam
Objekt: *4* Ding; *5* Sache; *10* Gegenstand
objektiv: *4* real; *7* gerecht, neutral; *8* dinglich, sachlich, wirklich; *12* tatsaechlich; *13* vorurteilslos
Oblate: *6* Hostie
Obliegenheit: *7* Aufgabe, Pflicht; *8* Funktion
Obrigkeit: *10* Autoritaet
obskur: *6* dunkel; *7* nebulos
Obst: *5* Apfel, Birne, Feige; *6* Ananas, Banane, Dattel, Limone, Marone, Orange, Quitte, Traube; *7* Avocado, Kirsche, Marille, Pflaume, Zitrone; *8* Aprikose, Erdbeere, Himbeere, Pfirsich, Zwetsche; *9* Apfelsine, Blaubeere, Brombeere, Mandarine, Mirabelle, Reneklode, Zwetschge; *10* Clementine, Kronsbeere, Weintraube; *11* Heidelbeere; *12* Preiselbeere, Stachelbeere; *13* Johannisbeere
Obstbehälter: *6* Steige
Obstbrei: *3* Mus
Obstflüssigkeit: *4* Most, Saft
Obstgericht: *7* Kompott
Obstkiste: *6* Steige
Obstkunde: *9* Pomologie
Obstmus: *3* Jam; *9* Marmelade; *10* Konfituere
Obstpresse: *6* Kelter
Obstsaft: *4* Most
Obstschädling: *4* Made
Obstspeise: *7* Kompott
Obstwein: *4* Most
Obzufluß → Nebenfluß des Ob
öde: *4* leer; *5* trist; *6* einsam
Odem: *4* Atem; *5* Hauch
Oderzufluß → Nebenfluß der Oder
Odin: *5* Wodan, Wotan
Odins Raben: *5* Hugin, Munin
- **Roß:** *8* Sleipnir
- **Speer:** *7* Gungnir

- **Wolf:** *4* Geri; *5* Freki
Ofengitter: *4* Rost
Ofensetzer: *7* Haefner
offen: *4* frei; *5* frank; *6* vakant
offenbar: *7* evident; *8* flagrant, manifest, sichtbar
Offenbarung: *10* Apokalypse; *13* Manifestation
offene Feuerstätte: *5* Kamin
offener Gebäudeaufbau: *7* Soeller
offenkundig: *6* publik; *8* eklatant, flagrant; *9* notorisch, sichtlich
offensichtlich: *10* ostentativ
Offensive: *7* Attacke, Angriff
öffentlich: *5* offen; *6* publik
öffentliche(r, s)
- **Abgabe:** *4* Maut, Zoll; *6* Steuer
- **Ankläger:** *12* Staatsanwalt
- **Ärgernis:** *5* Eklat; *7* Skandal
- **Bekanntmachung:** *8* Aufgebot
- **Erklärung:** *8* Manifest
- **Haushalt:** *4* Etat
- **Verkehrsmittel** → Verkehrsmittel
- **Versammlung:** *7* Meeting
Öffentlichkeit: *8* Publikum; *9* Publicity; *11* Publizitaet
offiziell: *7* amtlich; *9* foermlich
offizieller Widerruf: *7* Dementi
Offizier → Seeoffizier
Offizier: *5* Major; *6* Oberst; *7* General; *8* Leutnant; *9* Hauptmann; *11* Rittmeister; *12* Generalmajor, Oberleutnant; *14* Oberstleutnant; *15* Generalleutnant
- **in Davids Heer:** *5* Urias, Urija
- **im alten Rom:** *5* Legat
Offiziersanwärter: *6* Kadett; *9* Faehnrich; *12* Fahnenjunker
Offiziersgehilfe: *8* Adjutant
Offiziersheim: *6* Kasino
öffnen einer Leiche: *8* sezieren
Öffnung: *5* Luk, Tor; *4* Leck, Loch, Luke, Mund, Pore, Tuer; *5* Spalt; *6* Hoehle, Luecke, Pforte, Portal, Zugang; *7* Ausgang, Bresche, Eingang, Fenster; *9* Durchlass
Öffnung im Deck: *3* Luk; *4* Luke
Oheim: *3* Ohm; *5* Onkel
Oheim des Iason: *6* Pelias
ohne
- **Abwechslung:** *8* einerlei
- **Abzug:** *6* brutto
- **Bedürfnis:** *4* satt; *9* zufrieden
- **Begleitung:** *4* solo; *6* allein, einsam
- **Bezahlung:** *6* gratis; *7* umsonst
- **Erwerb:** *7* brotlos; *10* arbeitslos
- **Hörvermögen:** *4* taub
- **Inhalt:** *4* leer
- **Kunstverständnis:** *8* amusisch
- **Lärm:** *5* leise, ruhig, still
- **Makel:** *8* makellos, tadellos
- **Namensnennung:** *6* anonym
- **Sehvermögen:** *5* blind
- **Sprechvermögen:** *5* stumm
- **Umweg:** *6* direkt
- **Vorbehalt:** *7* absolut; *9* unbedingt

Ohnmacht: *7* Kollaps
Ohr des Wildes: *5* Loser
Ohrenarzt: *7* Otologe
Ohrentzündung: *6* Otitis
Ohrenheilkunde: *8* Otiatrie, Otologie
Ohrenspiegelung: *9* Otoskopie
Ohrenteil: *6* Amboss, Hammer, Vorhof; *10* Gehoergang; *11* Trommelfell
Ohrfeige: *7* Dachtel, Watsche; *10* Backpfeife; *11* Maulschelle; *13* Backenstreich
Okeanide: *5* Doris, Hippo, Metis, Pluto, Tyche; *6* Admete, Eidyia, Ianthe, Okyroe, Peitho; *7* Elektra, Kalypso, Petraia, Rhodeia; *8* Kalliroe, Plexaure, Polydora; *9* Galaxaure; *10* Kalirrhoe
Okerzufluß: *4* Gose, Ilse; *5* Ecker, Radau
Okkultismus: *11* Spiritismus
okkultistische Sitzung: *6* Seance
okkultistischer Begriff: *4* Aura
Okkupation: *9* Besetzung
Oktober: *8* Gilbhard, Weinmond; *9* Weinmonat
Okzident: *9* Abendland
Ölbaumfrucht: *5* Olive
Ölhafen im Iran: *6* Abadan
Ölhauptstadt Europas: *8* Aberdeen
ölig: *6* fettig
Ölleitung: *8* Pipeline
Ölpflanze: *4* Lein, Mohn, Nuss, Raps, Senf, Soja; *5* Kapok, Olive, Sesam; *6* Flachs; *7* Erdnuss, Oelbaum, Rizinus, Ruebsen; *8* Oelpalme; *9* Baumwolle; *10* Kokospalme, Mandelbaum; *11* Sonnenblume
Ölsäure: *5* Olein
ölsaures Salz: *5* Oleat
Ölstadt im Kaspischen Meer: *4* Baku
olympischer Siegerpreis: *12* Goldmedaille
Olympisches Weltkomitee: *3* IOC
Omajjaden-Kalif: *5* Jesid
Onkel: *3* Ohm; *5* Oheim
- **des Iason:** *6* Pelias
- **des Mohammed:** *5* Abbas
Oper von
- **Adam:** *16* Nuernberger Puppe; *17* Wenn ich Koenig waer; *21* Postillon von Lonjumeau
- **d'Albert:** *8* Tiefland
- **Auber:** *6* Esprit; *10* Fra Diavolo; *16* Stumme von Portici
- **Beethoven:** *7* Fidelio
- **Bellini:** *5* Norma; *14* Nachtwandlerin
- **Berg:** *4* Lulu; *7* Wozzeck
- **Berlioz:** *8* Trojaner
- **Bittner:** *7* Bergsee
- **Bizet:** *6* Carmen; *8* Djamileh; *13* Perlenfischer
- **Blacher:** *4* Flut; *13* Nachtschwalbe
- **von Block:** *7* Macbeth
- **Boieldieu:** *10* Weisse Dame
- **Boito:** *6* Nerone; *11* Mefistofele
- **Bodart:** *14* Abtruennige Zar, Spanische Nacht
- **Borodin:** *10* Fuerst Igor
- **Braunfels:** *6* Voegel
- **Britten:** *8* Gloriana; *11* Bettleroper, Peter Gri-

mes; *13* Albert Herring; *15* Raub der Lukretia; *17* Sommernachtstraum
- **Busoni:** *6* Sigune; *8* Turandot; *9* Brautwahl; *10* Arlecchino; *11* Doktor Faust
- **Charpentier:** *6* Louise
- **Cherubini:** *13* Wassertraeger
- **Cimarosa:** *12* Heimliche Ehe
- **Cornelius:** *16* Barbier von Bagdad
- **Debussy:** *19* Pelleas und Melisande
- **Delibes:** *5* Lakmé
- **Donizetti:** *11* Don Pasquale, Liebestrank; *16* Regimentstochter; *17* Lucia di Lammermoor
- **Dvořák:** *7* Rusalka
- **Egk:** *5* Circe; *7* Revisor; *8* Columbus, Peer Gynt; *11* Zaubergeige
- **Einem:** *7* Prozess; *10* Dantons Tod
- **Faure:** *10* Prometheus
- **Flotow:** *6* Martha
- **Fortner:** *12* Bluthochzeit
- **Gershwin:** *12* Porgy and Bess
- **Giordano:** *12* André Chénier
- **Glinka:** *17* Leben fuer den Zaren
- **Gluck:** *6* Armida; *7* Alceste, Orpheus; *8* Telemach; *9* Artaserse, Iphigenie
- **Gounod:** *9* Margarete; *10* Margarethe
- **Haas:** *16* Tobias Wunderlich
- **Halevy:** *5* Blitz; *6* Juedin
- **Händel:** *4* Acis, Ezio, Nero, Poro; *5* Admat, Serse, Siroe, Teseo; *6* Admeto, Alcina, Almira, Caesar, Daphne, Oreste, Ottone, Xerxes; *7* Orlando, Rinaldo; *8* Atalanta, Berenice, Deidamia, Florindo, Tamerlan; *9* Ariodante, Feramonde, Radamisto, Rodelinde; *12* Julius Caesar; *14* Acis und Galatea
- **Haydn:** *9* Apotheker; *15* Welt auf dem Monde
- **Henze:** *7* Re Cervo; *12* Koenig Hirsch; *13* Wundertheater
- **Hindemith:** *6* Mathis; *9* Cardillac; *14* Mathis der Maler; *15* Harmonie der Welt
- **Hoffmann:** *6* Undine
- **Honegger:** *6* Judith; *8* Antigone
- **Humperdinck:** *13* Koenigskinder; *16* Haensel und Gretel
- **Janàček:** *6* Jenufa; *13* Katja Kabanowa
- **Kaminski:** *13* Juerg Jenatsch
- **Kienzl:** *9* Kuhreigen; *12* Evangelimann
- **Korngold:** *9* Tote Stadt
- **Krenek:** *13* Leben des Orest; *14* Jonny spielt auf
- **Kreuzer:** *20* Nachtlager von Granada
- **Leoncavallo:** *7* Bajazzo
- **Lortzing:** *6* Undine; *10* Opernprobe; *11* Wildschuetz; *13* Waffenschmied; *16* Zar und Zimmermann
- **Lully:** *7* Alceste
- **Marschner:** *6* Vampyr; *11* Hans Heiling
- **Mascagni:** *19* Cavalleria rusticana
- **Massenet:** *5* Manon
- **Mehul:** *16* Joseph in Aegypten
- **Menotti:** *6* Konsul, Medium; *7* Telefon
- **Meyerbeer:** *7* Prophet; *10* Hugenotten; *11* Afrikanerin
- **Milhaud:** *5* Medea; *7* Bolivar
- **Moniuszko:** *5* Halka
- **Monteverdi:** *7* Orpheus
- **Mozart:** *5* Titus, Zaide; *6* Figaro; *7* Don Juan; *8* Idomeneo; *9* Mitridate; *10* Lucio Silla; *11* Don Giovanni, Entfuehrung; *12* Cosi fan tutte, Zauberfloete; *15* Figaros Hochzeit; *18* Gaertnerin aus Liebe, Schauspieldirektor; *19* Bastien und Bastienne
- **Mussorgskij:** *12* Boris Godunow
- **Offenbach:** *21* Hoffmanns Erzählungen
- **Orff:** *4* Mond; *5* Kluge; *9* Antigonae; *10* Bernauerin
- **Pergolesi:** *13* Magd als Herrin
- **Pfitzner:** *4* Herz; *10* Palestrina; *13* Christelflein
- **Prokofieff:** *7* Spieler
- **Puccini:** *5* Tosca; *6* Bohème, Mantel; *8* La Bohème, Turandot; *9* Butterfly; *12* Manon Lescaut; *14* Gianni Schicchi; *15* Madame Butterfly; *17* Schwester Angelica
- **Rachmaninow:** *5* Aleko
- **Respighi:** *8* Belfagor, Lucrezia
- **Reznicek:** *10* Donna Diana; *14* Ritter Blaubart
- **Rimskij-Korssakow:** *5* Mlada, Sadko; *10* Zarenbraut; *16* Schneefloeckchen
- **Rossini:** *7* Graf Ory; *10* Semiramide; *11* Wilhelm Tell; *17* Barbier von Sevilla
- **Saint-Saëns:** *6* Samson; *15* Samson und Dalila
- **Salmhofer:** *11* Dame im Traum; *14* Iwan Tarassenko
- **Schillings:** *6* Moloch; *8* Ingwelde, Mona Lisa
- **Schmidt:** *9* Notre Dame; *11* Fredegundis
- **Schoeck:** *5* Venus; *11* Penthesilea
- **Schönberg:** *15* Glueckliche Hand
- **Schostakowitsch:** *4* Nase; *11* Lady Macbeth
- **Schreker:** *13* Schatzgraeber
- **Schubert:** *15* Haeuslicher Krieg
- **Schumann:** *8* Genoveva
- **Schütz:** *5* Dafne
- **Smetana:** *4* Kuss; *7* Dalibor, Libussa; *9* Geheimnis; *10* Zwei Witwen; *12* Teufelsmauer; *14* Verkaufte Braut
- **Spohr:** *5* Faust; *8* Jessonda; *9* Berggeist; *11* Kreuzfahrer
- **Spontini:** *8* Vestalin
- **Strauss:** *6* Daphne, Salome; *7* Ariadne, Elektra, Guntram; *8* Arabella; *9* Capriccio, Feuersnot; *10* Intermezzo; *11* Friedenstag; *13* Liebe der Danae, Rosenkavalier; *15* Ariadne auf Naxos, Schweigsame Frau; *16* Frau ohne Schatten
- **Strawinsky:** *5* Mavra; *10* Nachtigall, Oedipus Rex
- **Sutermeister:** *11* Zauberinsel; *12* Raskolnikoff; *13* Romeo und Julia
- **Thomas:** *6* Mignon
- **Tschaikowskij:** *7* Mazeppa; *8* Jolanthe, Zauberin; *9* Pique Dame; *11* Eugen Onegin
- **Verdi:** *4* Aida; *6* Ernani; *7* Macbeth, Nabucco, Othello; *8* Falstaff, Traviata; *9* Don Carlos,

Rigoletto; *10* La Traviata, Maskenball, Troubadour; *11* Luise Miller; *18* Macht des Schicksals; *19* Sizilianische Vesper
- **Wagner:** *6* Rienzi; *7* Tristan; *8* Parsifal, Walkuere; *9* Lohengrin, Rheingold, Siegfried; *10* Hollaender; *11* Tannhaeuser; *12* Liebesverbot; *13* Meistersinger; *16* Tristan und Isolde; *17* Goetterdaemmerung; *20* Fliegender Hollaender
- **Weber:** *6* Oberon; *7* Silvana; *9* Abu Hassan, Euryanthe; *11* Freischuetz; *12* Peter Schmoll
- **Weill:** *16* Dreigroschenoper
- **Weinberger:** *8* Schwanda
- **Weingartner:** *9* Sakuntala; *10* Dame Kobold
- **Wolf:** *10* Corregidor
- **Wolf-Ferrari:** *9* Campiello; *17* Schmuck der Madonna, Susannes Geheimnis
- **Zilling:** *5* Opfer; *11* Windesbraut

Operationsarzt: *7* Chirurg

Operationsmesser: *8* Skalpell

operative Abtrennung eines Gliedes: *10* Amputation
- **Entfernung von Organteilen:** *9* Resektion
- **Heilbehandlung:** *9* Chirurgie
- **Herausschneidung:** *8* Exzision

Operette von
- **Abraham:** *8* Victoria; *14* Blume von Hawaii
- **Ascher:** *14* Soldat der Marie; *17* Hoheit tanzt Walzer
- **Audran:** *5* Puppe
- **Benatzky:** *15* Im weissen Roessl; *16* Kleinstadtzauber
- **Berté:** *15* Dreimaederlhaus
- **Burkhard:** *5* Hopsa; *9* Feuerwerk
- **Dellinger:** *7* Jadwiga; *8* Don Cesar
- **Dostal:** *6* Clivia, Manina, Monika; *12* Vielgeliebte; *13* Extrablaetter; *18* Ungarische Hochzeit
- **Eysler:** *13* Donauliebchen; *15* Goldne Meisterin, Schuetzenliesel; *17* Bruder Straubinger
- **Fall:** *11* Fidele Bauer; *13* Liebe Augustin; *15* Bruederlein fein, Madame Pompadour; *16* Dollarprinzessin
- **Genée:** *5* Nanon
- **Gilbert:** *8* Puppchen; *12* Autoliebchen; *14* Keusche Susanne
- **Goetze:** *8* Adrienne
- **Granichstaedten:** *5* Orlow; *7* Lolotte; *11* Walzerliebe
- **Hellmesberger:** *14* Veilchenmaedel
- **Heuberger:** *9* Opernball
- **Jarno:** *15* Foersterchristl; *16* Musikantenmaedel
- **Jessel:** *17* Schwarzwaldmaedel
- **Jones:** *6* Geisha
- **Kálmán:** *12* Faschingsfee; *13* Graefin Mariza; *14* Herbstmanoever; *15* Csárdásfuerstin, Hollandweibchen; *16* Zirkusprinzessin
- **Kattnigg:** *11* Balkanliebe
- **Kollo:** *8* Juxbaron, Marietta; *12* Frau ohne Kuss; *18* Drei alte Schachteln
- **Kreisler:** *5* Sissy
- **Künneke:** *8* Liselott; *9* Traumland; *14* Dorf ohne Glocke; *16* Glueckliche Reise, Vetter aus Dingsda
- **Lanner:** *7* Alt-Wien
- **Lehár:** *3* Eva; *6* Cloclo; *8* Giuditta, Paganini; *9* Frasquita; *10* Friederike, Zarewitsch; *12* Fuerstenkind, Lustige Witwe, Rastelbinder; *13* Tangokoenigin, Zigeunerliebe; *16* Graf von Luxemburg, Land des Laechelns, Schoen ist die Welt
- **Lincke:** *8* Casanova, Frau Luna; *10* Lysistrata; *11* Liebestraum; *12* Berliner Luft
- **Mackeben:** *13* Goldene Kaefig
- **Millöcker:** *7* Dubarry; *9* Gasparone; *12* Arme Jonathan; *13* Bettelstudent
- **Nedbal:** *9* Polenblut
- **Nick:** *17* Kleines Hofkonzert
- **Offenbach:** *7* Kreolin, Orpheus (in der Unterwelt); *8* Banditen; *9* Périchole; *12* Madame Favart, Pariser Leben; *13* Schoene Helena
- **Raymond:** *11* Maske in Blau; *16* Saison in Salzburg
- **Schanzara:** *10* Nachtigall
- **Schmidseder:** *15* Abschiedswalzer
- **Schröder:** *8* Isabella
- **Stolz:** *5* Maedi; *7* Peppina; *11* Tanzgraefin
- **Straus:** *6* Bozena; *8* Marietta; *10* Drei Walzer; *11* Walzertraum
- **Strauß:** *7* Ninetta; *10* Fledermaus, Wiener Blut; *11* Waldmeister; *13* Zigeunerbaron; *14* Nacht in Venedig
- **Strecker:** *11* Ewige Walzer; *13* Maedel aus Wien; *15* Erzherzog Johann
- **Sullivan:** *6* Mikado
- **Suppé:** *9* Boccaccio, Fatinitza; *15* Schoene Galathee; *16* Banditenstreiche; *17* Leichte Kavallerie
- **Vetterling:** *7* Venezia; *8* Dorothee; *16* Roulette der Liebe
- **Youmans:** *11* No no Nanette
- **Zeller:** *11* Obersteiger; *13* Vogelhaendler
- **Ziehrer:** *13* Landstreicher

Operettenform: *7* Musical

Operettenkomponist: *4* Fall; *5* Berté, Genée, Jarno, Jones, Kollo, Lehár, Stolz, Suppé; *6* Dostal, Eysler, Goetze, Jessel, Kálmán, Lanner, Lincke, Nedbal, Straus, Zeller; *7* Abraham, Gilbert, Raymond, Strauss, Ziehrer; *8* Benatzky, Burkhard, Kattnigg, Kreisler, Kuenneke, Sullivan; *9* Heuberger, Offenbach, Schanzara; *10* Milloecker; *11* Schmidseder; *13* Hellmesberger; *15* Granichstaedten

Opernarie: *8* Kavatine

Opernhaus
- **in London:** *12* Covent Garden
- **in Mailand:** *5* Scala
- **in New York:** *3* Met; *12* Metropolitan
- **in Paris:** *5* Opéra

Opernkomponist: *3* Egk; *4* Berg, Orff, Wolf; *5* Auber, Bizet, Einem, Gluck, Henze, Spohr, Verdi, Weber, Weill; *6* Albert, Busoni, Dvořák, Flotow, Gounod, Kienzl, Mozart, Thomas,

Wagner, Zillig; *7* Bellini, Berlioz, Bittner, Blacher, Borodin, Britten, d'Albert, Delibes, Fortner, Graener, Haendel, Janàček, Menotti, Milhaud, Puccini, Rossini, Smetana, Strauss; *8* Cimarosa, Gershwin, Giordano, Honegger, Korngold, Lortzing, Mascagni, Massenet, Pfitzner, Reznicek, Schreker; *9* Beethoven, Boieldieu, Cherubini, Cornelius, Donizetti, Hindemith, Marschner, Meyerbeer, Moniuszko, Pergolesi; *10* Monteverdi, Mussorgski, Saint-Saëns, Schillings, Weinberger; *11* Charpentier, Humperdinck, Leoncavallo, Mussorgskij, Strawinsky, Wolf-Ferrari; *12* Sutermeister; *13* Tschaikowskij; *16* Rimskij-Korssakow
Opernlied: *4* Arie; *8* Kavatine
Operntext: *8* Libretto
Opfer: *6* Spende, Tribut; *7* Hingabe; *9* Hekatombe; *11* Sakrifizium
Opfergabe: *6* Obolus; *10* Scherflein
Opferguß: *8* Libation
opfern: *7* spenden; *8* schenken
Opferpriester im alten Rom: *5* Augur; *8* Haruspex
Opferschale: *6* Phiale
Opferstätte: *5* Altar
Opfertisch: *5* Altar
Opfertod: *9* Martyrium
Opiumbestandteil: *6* Kodein; *7* Morphin; *8* Morphium, Narkotin
Opiumpflanze: *4* Mohn
Opiumraucher: *6* Junkie
Opponent: *5* Feind; *6* Gegner
optischer Telegraph: *8* Semaphor
optisches Gerät: *4* Lupe; *5* Linse; *6* Brille, Okular; *8* Fernglas, Fernrohr, Periskop, Semaphor, Teleskop; *9* Mikroskop, Opernglas; *10* Stroboskop; *11* Feldstecher; *12* Zielfernrohr; *15* Scherenfernrohr
– Spielzeug: *11* Kaleidoskop
Opus: *4* Werk
Orakelheiligtum des Zeus: *6* Dodona
Orakelpriesterin: *6* Pythia; *7* Sibylle
Orakelstätte im alten Griechenland: *6* Delphi, Dodona
Oratorium von Händel: *4* Saul; *5* Josua; *6* Esther, Joseph, Salomo, Samson, Semele; *7* Deborah, Jephtha, Messias, Susanna; *8* Belsazar, Herakles, Theodora; *13* Alexanderfest
– von Haydn: *10* Schoepfung; *12* Jahreszeiten
– von Mendelssohn: *5* Elias
Orchester: *4* Band; *5* Kombo; *7* Kapelle; *8* Jazzband; *12* Philharmonie
Orchesterleiter: *8* Dirigent; *13* Kapellmeister
Orchestersuite von Händel: *11* Wassermusik; *15* Feuerwerksmusik
Orchesterwerk: *8* Sinfonie
Orchestrion: *12* Musikautomat
Orchidee: *5* Dingel; *6* Laelia, Orchis; *7* Ragwurz, Vanille; *8* Cattleya, Nestwurz, Oneidium; *9* Braunelle, Zahnlippe, Zweiblatt; *10* Venusschuh; *11* Frauenschuh, Knabenkraut; *12* Korallenwurz; *13* Hummelstendel, Kuckucksblume, Kuckuckskraut, Waldhyazinthe
Orchideenknolle: *5* Salep
Ordensältester der Derwische: *3* Pir
Ordensband: *6* Kordon
Ordensbruder: *3* Fra; *6* Frater, Moench
Ordensgeistlicher: *5* Pater
Ordensoberer: *5* Prior
Ordensritter: *6* Komtur
Ordensschwester: *5* Nonne
Ordensstifter: *4* Neri
Ordenstracht: *5* Habit
ordentlich: *4* brav; *6* adrett, solenn; *7* akkurat; *12* reputierlich
ordentliche Professur: *10* Ordinariat
ordentlicher Professor: *10* Ordinarius
Order: *5* Edikt; *6* Befehl; *7* Auftrag
ordnen: *6* regeln; *7* sichten; *8* gliedern; *9* einteilen, rangieren; *10* regulieren; *11* disponieren; *12* organisieren
Ordnung: *5* Nomos; *9* Disziplin
Ordnungsfaktor: *5* Regel
Ordnungsform: *6* Schema
ordnungsgemäß: *9* rationell; *12* statutarisch
Ordnungsgruppe: *9* Kategorie
Ordnungshüter: *7* Polizei; *8* Polizist
Ordnungsprinzip: *6* System
Organ → Körperorgan
Organisation
– für Erziehung, Wissenschaft und Kultur der UN: *6* UNESCO
– für industrielle Entwicklung der UN: *5* UNIDO
– südwestafrikanischer Völker: *5* Swapo
– der UN: *3* FAO, ILO, IRO, ITU, UIT, UPU, WHO, WMO; *4* IAEO, UNDP; *5* UNIDO; *6* ECOSOC, UNCTAD, UNESCO, UNICEF
Organisator: *7* Manager
organische Atomgruppe: *5* Allye
– Stickstoffverbindung: *5* Amino
organischer Giftstoff: *5* Toxin
– Rohstoff: *5* Droge
Organist: *6* Kantor
Orgelspieler: *8* Organist
Orgelteil: *5* Pedal; *6* Manual, Pfeife; *8* Windlade, Windwerk
Orgie: *6* Exzess, Gelage; *9* Voellerei
Orient: *5* Osten; *7* Levante; *10* Morgenland
Orientale: *5* Kurde, Syrer; *6* Araber, Iraker, Iraner, Perser, Syrier, Tuerke; *7* Israeli; *8* Armenier, Libanese; *10* Levantiner
orientalische(r, s)
– Badeanlage: *5* Hamam; *6* Hammam
– Bauer: *8* Fellache
– Bettelmönch: *5* Fakir; *8* Derwisch
– Branntwein: *4* Raki
– Farbstoff: *5* Henna
– Flöte: *3* Nei
– Frauengemach: *5* Harem
– Frauenname: *5* Fatme, Naide; *6* Aischa, Fatima; *7* Suleika
– Gartenhaus: *5* Kiosk

- **Gaukler:** *5* Fakir; *8* Derwisch
- **Gedichtform:** *5* Gasel; *6* Ghasel
- **Genußmittel:** *3* Kat; *5* Betel; *9* Betelnuss, Haschisch
- **Geschäftsviertel:** *5* Basar
- **Gewand:** *3* Aba; *6* Burnus, Kaftan
- **Gewicht:** *6* Kantar
- **Gottheit:** *4* Baal; *5* Istar; *7* Astarte
- **Herrscher:** *4* Emir; *5* Kalif, Mogul; *6* Sultan
- **Hose:** *8* Schalwar
- **Kopfbedeckung:** *3* Fes, Fez; *6* Turban; *8* Tarbusch
- **Kosmetikum:** *5* Henna
- **Krummschwert:** *7* Jatagan
- **Liebesgöttin:** *5* Istar; *7* Astarte
- **Männername:** *5* Ahmed, Murad, Osman, Sadik, Selim, Yasul; *6* Mahmud, Mehmed; *7* Mustafa, Soliman; *8* Mohammed, Suleiman
- **Mantel:** *6* Burnus
- **Markt:** *5* Basar
- **Ochsengespann:** *5* Araba
- **Polizeisoldat:** *6* Kawass
- **Reisegesellschaft:** *8* Karawane
- **Reisspeise:** *5* Pilaf, Pilau, Pilaw
- **Richter:** *4* Kadi
- **Teppich** → Orientteppich
- **Titel:** *3* Aga, Beg, Bei, Bey, Dei, Ras; *4* Cham, Emir, Imam, Kadi, Khan, Wali; *5* Begum, Kalif, Mogul, Mudir, Mufti, Mulla, Nabob, Nisam, Schah; *6* Efendi, Mullah, Pascha, Scheik, Sultan; *7* Effendi, Hadschi, Scheich
- **Trinkgeld:** *10* Bakschisch
- **Überrock:** *6* Kaftan
- **Wasserkanne:** *5* Ibrik
- **Wasserpfeife:** *8* Nargileh
- **Zauberwort:** *5* Sesam
- **Zither:** *6* Sewuri

Orientteppich: *3* Mir; *4* Arak, Gohm, Nain; *5* Herat, Heris, Kelim, Mahal, Saruk, Senne; *6* Afghan, Anatol, Berber, Bidjar, Kerman, Kirman, Perser, Sarugh, Tabriz; *7* Buchara, Hamedan, Isfahan, Isfehan, Isparta, Kaschan, Keschan, Keshuan, Mesched, Schiras, Schiraz, Taebris, Teheran; *8* Luristan, Meschhed, Serabend; *9* Chorassan, Ferraghan; *10* Muschkabad; *13* Dschouschegan

Original: *4* Kauz; *6* Unikum; *7* Vorlage; *9* Urschrift

original: *4* echt

originell: *4* urig

Orion-Hauptstern: *5* Rigel

Orkneyinsel: *3* Hoy; *4* Eday, Fara; *6* Burray, Sanday; *7* Westray; *8* Mainland, Stronsay

Ornament: *6* Feston; *7* Rosette, Spirale; *8* Arabeske, Laubwerk, Maeander, Palmette, Zickzack; *10* Rankenwerk

Ort: *4* Dorf; *5* Markt, Stadt; *6* Stelle; *7* Flecken; *8* Siedlung

Ort

- **der gefallenen Helden:** *7* Walhall; *8* Walhalla
- **der Gefangennahme Jesu:** *10* Gethsemane
- **am Gotthardtunnel:** *6* Airolo
- **auf Java:** *6* Bantam
- **der Qual:** *6* Hoelle
- **am See Genezareth:** *9* Kapernaum
- **der Seligkeit:** *8* Paradies
- **des Wirkens Albert Schweitzers:** *9* Lambarene

orten: *6* peilen; *12* lokalisieren

Orter: *5* Radar; *9* Navigator

orthodoxer Geistlicher: *4* Pope

- **Klostervorsteher:** *6* Igumen

örtlich: *5* lokal

Örtlichkeit: *5* Lokal; *10* Lokalitaet

ortsansässig: *6* hiesig; *8* heimisch

Ortsbeschreibung: *11* Topographie

Ortsbestimmung: *12* Lokalisation

ortsfest: *10* stationaer

Ortskunde: *11* Topographie

ortskundiger Schiffsführer: *5* Lotse

Ortsveränderung: *5* Reise

Ortsvorsteher in Italien: *7* Podesta

Ortungsverfahren: *5* Radar

Öse: *8* Schlaufe, Schleife, Schlinge

osmanischer Baumeister: *5* Sinan

ostafrikanisches Nomadenvolk: *5* Massai

Ostalpengruppe: *6* Tauern

Ostasiat: *4* Thai; *6* Malaie; *7* Birmese, Burmese, Chinese, Japaner, Mongole, Siamese; *8* Koreaner; *10* Indonesier, Vietnamese; *11* Thailaender

ostasiatische(r, s)

- **Heilpflanze:** *7* Ginseng
- **Hirschart:** *4* Sika
- **Huhn:** *6* Cochin; *9* Langschan
- **Reitervolk:** *6* Hunnen
- **Tempel:** *6* Pagode
- **Tragesel:** *8* Palankin
- **Wirbelsturm:** *6* Taifun
- **Zierbaum:** *6* Ginkgo

Ostbengalen: *11* Bangladesch

Osten: *6* Orient; *7* Levante; *10* Morgenland

Ostermond: *5* April

österreichische(r, s)

- **Abtei:** *4* Melk
- **Adelstitel:** *4* Edle; *5* Edler
- **Afrikaforscher:** *6* Slatin
- **Alpenpaß:** *4* Fern, Lueg; *5* Loibl, Thurn; *6* Gerlos, Tauern; *7* Arlberg, Brenner; *8* Fernpass, Ploecken; *9* Semmering; *10* Katschberg, Tauernpass
- **Anthroposoph:** *7* Steiner
- **Arzt:** *5* Freud; *6* Barany
- **Automarke:** *9* Steyr-Puch
- **Barockbaumeister:** *7* Fischer
- **Benediktinerabtei:** *4* Melk
- **Bildhauer:** *6* Pacher; *7* Pilgram
- **Biologe:** *6* Mendel
- **Bundeskanzler:** *4* Figl, Raab; *7* Kreisky; *8* Dollfuss; *9* Vranitzky; *11* Schuschnigg
- **Bundesland:** *4* Wien; *5* Tirol; *8* Kaernten, Salzburg; *10* Burgenland, Steiermark, Vorarlberg; *15* Oberoesterreich; *17* Niederoesterreich
- **Bundespräsident:** *8* Waldheim
- **Chemiker:** *4* Auer, Kuhn; *9* Zsigmondy

- **Dichter:** *4* Roth; *5* Broch, Lenau, Trakl, Rilke; *7* Nestroy, Raimund, Stifter, Waggerl; *9* Weinheber; *11* Anzengruber, Grillparzer; *12* Hofmannsthal; *14* Feuchtersleben
- **Dirigent:** *5* Boehm; *6* Krauss; *7* Karajan
- **Donauzufluß:** *4* Drau, Enns
- **Dramatiker:** *7* Bronnen, Nestroy, Raimund; *8* Bruckner; *11* Anzengruber, Grillparzer
- **Feldherr:** *4* Daun; *5* Eugen; *6* Laudon; *8* Radetzky; *10* Prinz Eugen; *13* Schwarzenberg
- **Feldmaß:** *4* Joch
- **Filmkomiker:** *4* Sima; *5* Moser; *9* Hoerbiger
- **Fluß** → Fluß in Österreich
- **Gebäck:** *6* Beugel
- **Geiger:** *8* Kreisler; *12* Schneiderhan
- **Gewichtsbezeichnung:** *4* Deka
- **Graphiker:** *5* Orlik, Urban
- **Gruß:** *6* Servus; *11* Habe die Ehre; *12* Kuess die Hand
- **Hauptstadt:** *4* Wien
- **Holzbildhauer:** *6* Pacher; *9* Luxperger
- **Instrumentenbauer:** *12* Boesendorfer
- **Kaiserin:** *4* Zita
- **Kardinal:** *6* Koenig
- **Komponist:** *4* Berg, Fall, Toch; *5* Einem, Haydn, Lehár, Stolz, Suppé; *6* Dostal, Hummel, Kálmán, Kienzl, Krenek, Lanner, Mahler, Mozart, Pleyel, Straus, Webern, Zeller; *7* Bittner, Ditters, Raymond, Schmidt, Strauss, Ziehrer; *8* Benatzky, Bruckner, Kattnigg, Kreisler, Reznicek, Schubert; *9* Heuberger; *10* Milloecker, Schoenberg
- **Kunsthistoriker:** *5* Riegl
- **Kurort** → Kurort in Österreich
- **Landeshauptstadt:** *4* Graz, Linz, Wien; *7* Bregenz; *8* Salzburg; *9* Innsbruck; *10* Eisenstadt, Klagenfurt
- **Luftfahrtgesellschaft:** *3* AUA
- **Lungengericht:** *8* Beuschel
- **Maler:** *6* Makart; *9* Kokoschka; *11* Maulpertsch; *13* Hundertwasser
- **Mediziner:** *5* Freud; *6* Barany
- **Münze:** *8* Groschen; *9* Schilling
- **Musikhistoriker:** *7* Koechel
- **Nachrichtenagentur:** *3* APA
- **Nobelpreisträger** → Nobelpreisträger
- **Operettenkomponist:** *4* Fall; *5* Lehár, Stolz, Suppé; *6* Dostal, Straus, Zeller; *7* Raymond, Strauss, Ziehrer; *8* Benatzky, Kattnigg; *10* Milloecker
- **Pandurenoberst:** *6* Trenck
- **Pazifist:** *5* Fried; *8* Lammasch
- **Pazifistin:** *7* Suttner
- **Philosoph:** *5* Riehl
- **Physiker:** *4* Hess, Mach; *5* Pauli; *6* Lieben, Stefan; *7* Doppler; *12* Schroedinger
- **Physikerin:** *7* Meitner
- **Polarforscher:** *5* Payer
- **Politiker:** *4* Figl, Raab; *6* Renner
- **Rennfahrer:** *5* Lauda
- **Schauspieler:** *4* Sima; *5* Kainz, Moser; *7* Forster, Meinrad; *9* Brandauer, Hoerbiger
- **Schauspielerin:** *7* Wessely
- **Schloß:** *6* Laudon; *9* Belvedere; *11* Schoenbrunn
- **Schriftsteller:** *4* Bahr, Habe, Lind, Roth, Saar; *5* Kafka, Musil, Zweig; *6* Strobl, Werfel; *7* Doderer, Waggerl; *8* Czibulka, Rosegger; *10* Schnitzler, Wassermann; *11* Schreyvogel
- **Schriftstellerin:** *4* Baum; *7* Selinko
- **See** → See in Österreich
- **Söldnerführer:** *11* Baumkirchner
- **Staatsmann:** *7* Kaunitz; *10* Metternich
- **Stadt** → Stadt in Österreich
- **Tänzer:** *10* Kreutzberg
- **Tänzerin:** *7* Elssner
- **Tenor:** *6* Slezak; *9* Alexander
- **Unterwasserforscher:** *4* Hass
- **Verhaltensforscher:** *6* Lorenz
- **Walzerkomponist:** *6* Lanner, Zeller, Strauss
- **Wort für Spaß:** *4* Hetz

Osteuropäer: *4* Este, Pole; *5* Balte, Lette, Russe, Slawe; *7* Litauer; *8* Ukrainer

osteuropäische Hirtenflöte: *5* Kawal
- **Hügelgrab:** *6* Kurgan
- **Juden:** *11* Aschkenasim
- **Nachtigall:** *8* Sprosser

ostfinnischer Volksstamm: *8* Karelier, Udmurten

ostfränkische Königin: *9* Brunhilde

ostfriesische Insel: *5* Juist; *6* Borkum; *7* Baltrum; *8* Langeoog; *9* Norderney; *10* Spiekeroog, Wangerooge
- **Stadt:** *4* Leer; *5* Jever, Varel; *6* Aurich, Lingen, Meppen, Norden

ostgermanischer Volksstamm: *5* Goten; *7* Gepiden; *9* Bastarner, Burgunder

Ostgotenkönig: *4* Teja; *6* Aorich, Berich, Totila; *7* Ararich, Erarich, Ildibad, Walamer, Widemer, Witigis; *8* Dietrich; *9* Ermanrich, Theodahad, Theodemer; *10* Theoderich, Thorismund

ostgotisches Königsgeschlecht: *6* Amaler; *9* Amelungen

osthamitischer Volksstamm: *5* Boran

ostindische(r, s)
- **Fledermaus:** *6* Kalong
- **Handelsgewicht:** *5* Bahar
- **Reisbranntwein:** *5* Arrak
- **Riesenschlange:** *6* Python; *13* Tigerschlange
- **Volksstamm:** *6* Gurkha
- **Waldbock:** *6* Nilgau

ostiranischer Nomade: *5* Alane

Ostjordanland im AT: *6* Gilead

ostkanadische Halbinsel: *8* Labrador

Ostkap Asiens: *8* Deschnew; *11* Kap Deschnew
- **Australiens:** *5* Byron

östliche Welt: *6* Orient

östlicher Teil des Frankenreiches: *10* Austrasien

östlichster Punkt Asiens: *8* Deschnew

Ostpreuße: *6* Masure

ostpreußische(r)
- **Dichterin:** *6* Miegel
- **Fluß** → Fluß in Ostpreußen
- **Hauptstadt:** *11* Koenigsberg

- **Honiglikör:** *10* Baerenfang
- **Landschaft:** *7* Ermland, Masuren, Samland
- **Ordensburgruine:** *5* Balga
- **Pferderasse:** *9* Trakehner
- **Schriftsteller:** *5* Grass, Halbe; *9* Sudermann
- **Stadt** → Stadt in Ostpreußen

oströmische Hauptstadt: *6* Byzanz; *14*→ Konstantinopel
oströmischer Feldherr: *6* Narses; *7* Belisar
- **Kaiser:** *4* Leon, Zeno; *5* Zenon; *6* Julian, Valens; *8* Arcadius, Basilios; *9* Justinian; *10* Konstantin, Theodosius

Ostseeanwohner: *4* Este, Pole; *5* Daene, Finne, Lette, Russe; *7* Litauer, Schwede; *9* Deutscher
Ostseebad: *4* Binz, Deep; *5* Cranz, Dahme, Laboe; *6* Eldena, Nidden, Rettin, Sellin, Zoppot; *7* Ahlbeck, Goehren, Kolberg, Koserow, Mueritz; *8* Groemitz, Haffkrug, Hohwacht, Niendorf; *10* Scharbeutz, Timmendorf; *11* Kellenhusen, Swinemuende, Travemuende, Warnemuende; *13* Heiligenhafen
Ostseebucht: *4* Wiek; *6* Schlei
Ostseehafen: *3* Abo; *4* Kiel, Riga; *5* Libau, Lulea, Reval, Wisby; *6* Danzig, Elbing, Kalmar, Malmoe, Pillau, Wismar; *7* Luebeck, Rostock, Stettin; *8* Helsinki; *9* Leningrad, Stockholm, Stralsund; *10* Puttgarden; *11* Koenigsberg
Ostseehalbinsel: *4* Hela; *5* Darss; *7* Nehrung
Ostseeinsel: *3* Oie; *4* Moen, Moon, Poel; *5* Alsen, Dagoe, Moeen, Oesel; *6* Fuenen, Oeland, Ruegen, Samsoe, Ummanz, Usedom, Laaland, Lolland, Seeland; *8* Bornholm; *9* Hiddensee, Langeland
Ostseemeerenge: *4* Belt, Sund
Ostseezufluß: *4* Kemi, Leba, Oder, Oulu, Rega; *5* Duean, Memel, Trave; *6* Pregel, Warnow, Wipper; *8* Passarge, Weichsel
ostsibirisches Volk: *6* Ewenen; *7* Lamuten; *8* Tungusen
Ostwind der Tropen: *6* Passat
Ostzonenpartei: *3* SED
ovale Kurve: *7* Ellipse
oxidieren: *6* rosten
Oxidierung: *4* Rost
Ozean: *4* Meer; *7* Pazifik; *8* Atlantik
Ozonart: *4* Aran

P

Paar: *4* Zwei
Paarhufer → Paarzeher
Paarungsspiel der Vögel: *4* Balz
Paarungszeit: *6* Brunft, Brunst
Paarzeher: *3* Kuh, Reh, Ren; *4* Elch, Elen, Lama, Rind, Zebu; *5* Bison, Gemse, Kamel, Okapi, Schaf, Ziege; *6* Hirsch, Seekuh, Wisent; *7* Bueffel, Gazelle, Giraffe, Moschus, Mufflon, Rentier, Schwein; *8* Antilope, Dromedar, Horntier, Nilpferd; *9* Damhirsch, Steinbock; *10* Flusspferd; *11* Buckelochse, Trampeltier, Wildschwein; *12* Wiederkaeuer
Pächter eines Gutes: *5* Maier, Meier
Pachtgeld: *5* Miete
Pachthof: *3* Gut; *7* Domaene
Pachthof in Frankreich: *5* Ferme
Pack: *3* Mob; *6* Bagage, Poebel; *8* Gesindel; *9* Gelichter
Packen: *5* Paket; *6* Ballen; *7* Buendel
Packpapier: *9* Emballage
Packwagen: *6* Waggon
Pädagoge: *6* Lehrer; *8* Erzieher
pädagogischer Begriff: *3* Lob; *4* Note; *5* Ruege, Tadel; *6* Fleiss, Strafe, Zensur; *7* Zeugnis
Paddel: *5* Ruder
Paddelboot: *4* Kanu; *5* Kajak; *8* Faltboot, Kanadier
Päderast: *13* Homosexueller
Pädiatrie: *15* Kinderheilkunde
Page: *3* Boy; *5* Groom
Pairswürde: *6* Pairie
pakistanische
- **Amtssprache:** *4* Urdu; *7* Bengali
- **Hafenstadt:** *9* Karatschi; *12* Tschittagong
- **Hauptstadt:** *5* Dakka; *10* Rawalpindi
- **Landschaft:** *9* Pandschab
- **Ministerpräsidentin:** *6* Bhutto
- **Münze:** *3* Pie; *4* Anna; *5* Rupie
- **Provinz:** *5* Sindh; *13* Belutschistan
- **Sprache:** *4* Urdu; *7* Bengali

Pakt: *4* Liga; *7* Vertrag; *8* Abkommen, Buendnis, Kontrakt
Paladin Karls des Großen: *6* Oliver, Roland
Palast: *5* Pfalz; *6* Palace, Palais; *7* Palazzo, Schloss
Palast
- **in Florenz:** *5* Pitti; *7* Vecchio; *8* Bargello, Uffizien
- **bei Granada:** *8* Alhambra
- **in Istanbul:** *7* Topkapi
- **in Leningrad:** *12* Winterpalais
- **in Lhasa:** *6* Potala
- **in London:** *16* Buckingham Palace
- **in Mailand:** *5* Brera
- **des Minos auf Kreta:** *7* Knossos
- **in Paris:** *6* Elysée, Louvre; *9* Trocadero
- **in Rom:** *5* Chigi; *7* Farnese, Lateran; *9* Barberini
- **des Sultans:** *6* Serail
- **in Venedig:** *11* Dogenpalast

Palasthund: *8* Pekinese
Palästina: *6* Kanaan
Palästinensische Befreiungsorganisation: *3* PLO
palästinensischer
- **Nobelpreisträger:** *6* Arafat
- **Widerstand:** *8* Intifada

Palisaden des römischen Lagers: *5* Valli
Palmblatt: *5* Wedel
Palmblattfaser: *8* Piassava
Palmblatthut: *8* Sombrero
Palme: *3* Agu, Dum, Eta, Ita; *6* Raphia, Rotang; *7* Palmito, Pandane, Pandang; *8* Oelpalme; *9* Sagopalme, Weinpalme; *10* Kokospalme; *11* Dattelpalme; *12* Phoenixpalme
Palmenfrucht: *6* Dattel; *9* Kokosnuss
Palmenmark: *4* Sago
Palmfächer: *5* Punka
Palmfaser: *8* Piassava
Palmlilie: *5* Yucca
Palmsonntag: *8* Palmarum
Palmwein: *5* Toddy
Pampashase: *4* Mara
Pampashirsch: *6* Guazuy
Pampashirt: *6* Gaucho
Pampasstrauß: *5* Nandu
Pampelmuse: *10* Grapefruit
Panamaholz: *9* Sassafras
Panamerikanische Union: *3* OAS
Pandurenführer: *6* Trenck
Panflöte: *6* Syrinx
panikartiger Ansturm: *3* Run
Panne: *8* Stoerung; *10* Misserfolg
Panorama: *9* Rundblick
Pansen: *5* Wamst; *8* Vormagen; *9* Kaldaunen
Pantherkatze: *4* Onze; *5* Irbis; *6* Jaguar
Pantoffel: *8* Babusche; *9* Pampusche
Pantoffelblume: *10* Tigerblume; *11* Frauenschuh
Pantoffeltierchen: *10* Infusorium
Pantograph: *14* Storchschnabel
Panzer: *8* Harnisch, Ruestung
Panzerabwehrwaffe: *3* Pak; *7* Bazooka; *8* Ofenrohr; *11* Panzerfaust; *13* Panzerschreck
Panzerechse: *6* Gavial, Kaiman; *8* Krokodil; *9* Alligator
Panzerhemd: *7* Bruenne
Panzerreiter: *10* Kuerassier
Panzerschrank: *4* Safe; *6* Tresor
Papagei: *3* Ara, Kea; *4* Jaco, Jako, Kaka, Lori; *5* Arara, Makao; *6* Kakadu, Kakapo, Nymphe, Wellat; *7* Amazone, Corella, Rosella, Sittich; *8* Arakanga, Ararauna; *13* Wellensittich
Papageiblume: *7* Amarant
Papageienkrankheit: *10* Psittakose
Papageienname: *4* Lora
papierähnliches Schreibmaterial: *7* Papyrus

Papierart: *5* Krepp, Pappe, Velin; *6* Karton; *7* Buetten, Papirin, Papyrin; *9* Pergament
Papierbeutel: *5* Tuete
Papierblatt: *5* Bogen
Papierdrachen: *3* Alf
papierdünn gewalztes Zinn: *8* Stanniol
Papierformat: *3* DIN; *5* Folio, Oktav, Quart; *6* Duodez
Papiergeld: *4* Note; *6* Schein; *8* Banknote; *9* Assignate
Papierlaterne: *7* Lampion
Papiermaß: *4* Ries
Papierschnitzel: *8* Konfetti
Papierstaude: *7* Papyrus
Papierstreifen: *6* Zettel
Papierstreifen zum Anzünden: *7* Fidibus
Papierzählmaß: *4* Ries
Pappdruckmatrize: *5* Mater
Pappe: *6* Karton
Pappelart: *4* Aspe, Espe; *5* Abele; *10* Graupappel; *11* Spitzpappel, Weisspappel; *12* Silberpappel, Zitterpappel; *13* Schwarzpappel
Pappschachtel: *6* Karton
Paprikaart Mittelamerikas: *5* Chili
Papstkirche in Rom: *12* Peterskirche
Papstkrone: *5* Tiara
päpstliche(r, s)
- **Behörde:** *4* Rota; *5* Kurie; *6* Kammer; *7* Datarie; *8* Signatur; *10* Sekretarie
- **Botschafter:** *7* Nuntius
- **Entscheid:** *9* Dekretale
- **Erlaß:** *5* Breve, Bulle
- **Gesandter:** *5* Legat
- **Gewand:** *5* Falda, Fanon; *6* Fanone; *7* Pallium
- **Insignie:** *5* Tiara; *7* Pallium; *11* Fischerring
- **Kopfbedeckung:** *7* Kalotte; *8* Pileolus
- **Leibwache:** *10* Nobelgarde; *14* Schweizergarde
- **Regierungssitz:** *5* Sedes
- **Residenz:** *7* Vatikan
- **Rundschreiben:** *9* Enzyklika
- **Schreiben:** *5* Breve, Bulle; *9* Enzyklika
- **Tragsessel:** *5* Sedia
- **Zentralbehörde:** *5* Kurie

Papstname: *3* Leo; *4* Paul, Pius; *5* Cajus, Donus, Eugen, Felix, Konon, Lando, Linus, Soter, Urban; *6* Agapet, Agatho, Calixt, Cletus, Fabian, Gregor, Johann, Julius, Kalixt, Lucius, Markus, Martin, Petrus, Sixtus, Viktor; *7* Adeodat, Anterus, Clemens, Damasus, Hadrian, Hilarus, Hyginus, Klemens, Marinus, Romanus, Sergius, Stephan, Theodor, Tomanus, Zosimus; *8* Agapetus, Anicetus, Benedikt, Eusebius, Fabianus, Formosus, Gelasius, Honorius, Innozenz, Johannes, Liberius, Nikolaus, Pelagius, Siricius, Valentin, Vigilius, Vitalian; *9* Alexander, Coelestin, Cornelius, Deusdedit, Dionysius, Euaristus, Hormisdas, Marcellus, Paschalis, Ponianus, Severinus, Silverius, Silvester, Sisinnius, Symmachus, Zacharias, Zoelestin; *10* Anastasius, Bonifatius, Eleutherus, Konstantin, Melchiades, Sabinianus, Simplicius, Zephyrinus; *11* Eutychianus, Marcellinus, Telesphorus; *12* Johannes Paul; *13* Christophorus
Papstpalast in Rom: *7* Lateran, Vatikan
Papsttumanhänger: *6* Papist
Papyrusboot Heyerdals: *2* Ra
Parabel: *5* Kurve; *9* Gleichnis; *12* Kegelschnitt
Parade: *12* Truppenschau
Paradebett: *8* Katafalk
Paradewaffe: *10* Hellebarde
Paradies: *4* Eden; *6* Himmel; *7* Elysium, Nirwana; *8* Eldorado; *9* Seligkeit
Paradiesapfel: *6* Tomate
Paradiesgarten: *4* Eden
Paradiesjungfrau des Koran: *4* Huri
Paradieswächter: *6* Cherub
paraguayische Münze: *7* Centimo, Guarani
Parallelogramm: *5* Raute
Parasit: *11* Schmarotzer
Parasol: *12* Sonnenschirm
parat: *6* bereit, fertig, prompt
Pardelkatze: *6* Ozelot
Parfüm: *5* Odeur; *7* Moschus
Parfümduftstoff: *5* Ambra; *7* Moschus; *8* Lavendel, Rosenoel
Parfümfläschchen: *6* Flakon
Pariakaste in Indien: *6* Balahi
Pariser
- **Bauwerk:** *9* Notre-Dame; *10* Eiffelturm; *13* Arc de Triomphe
- **Bettler:** *8* Clochard
- **Couturier** → französischer Modeschöpfer
- **Flughafen:** *4* Orly; *9* Le Bourget
- **Friedhof:** *12* Père Lachaise
- **Gassenjunge:** *5* Gamin
- **Kathedrale:** *9* Notre-Dame
- **Kunstanstalt:** *5* Odeon
- **Kunstzentrum:** *14* Centre Pompidou
- **Leichenschauhaus:** *6* Morgue
- **Modeschöpfer** → französischer Modeschöpfer
- **Modeschöpferin:** *6* Chanel
- **Modistin:** *9* Midinette
- **Museum:** *6* Louvre
- **Opernhaus:** *5* Opéra
- **Prachtstraße:** *13* Champs Elysées
- **Siegesdenkmal:** *13* Arc de Triomphe
- **Staatsgefängnis:** *8* Bastille
- **Universität:** *8* Sorbonne
- **Universitätsviertel:** *13* Quartier Latin
- **Untergrundbahn:** *5* Métro
- **Wahrzeichen:** *10* Eiffelturm

Park in London: *8* Hydepark
- **in Madrid:** *5* Prado

Parkgebäude: *6* Garage; *8* Pavillon
Parkstraße: *5* Allee; *6* Avenue
Parkuhr: *10* Parkometer
Parlament: *4* Duma, Sejm; *5* Senat; *6* Kammer; *7* Knesset, Landtag; *8* Kongress; *9* Bundestag, Reichstag, Unterhaus; *11* Nationalrat, Volkskammer; *15* Nationalkonvent, Volksvertretung; *16* Abgeordnetenhaus
Parlament in Israel: *7* Knesset
- **in Norwegen:** *8* Storting

– in Polen: *4* Sejm
Parlamentär: *13* Unterhändler
Parlamentarier: *11* Delegierter, Deputierter; *12* Abgeordneter; *14* Volksvertreter
Parlamentariergruppe: *8* Fraktion; *9* Koalition; *10* Opposition
parlamentarische Anfrage: *14* Interpellation
– Beratung: *6* Lesung
parlamentarisches Abstimmungsverfahren: *4* Wahl; *9* Ballotage; *12* Hammelsprung
Parlamentsaussprache: *7* Debatte
Parlamentsgebäude in Washington: *7* Kapitol
Parlamentssitzungszeit: *7* Session
Parole: *6* Devise, Losung; *8* Kennwort
parsischer Gott des Dunkels: *7* Ahriman
Part: *5* Rolle; *6* Anteil, Stimme
Partei: *6* Clique, Gruppe; *8* Fraktion; *9* Kamarilla
Partei in der Französischen Revolution: *9* Jakobiner
Parteigröße (verächtlich): *5* Bonze
Parteigruppe: *8* Fraktion
parteiisch: *9* subjektiv; *11* tendenzioes
Parteileiter: *4* Boss
parteilos: *7* neutral
Parteilosigkeit: *12* Neutralitaet
Parteiwirtschaft: *7* Koterie; *8* Kluengel
Partie: *4* Part, Teil, Tour, Trip; *5* Reise, Rolle, Runde; *7* Ausflug
Partisan: *11* Franktireur; *13* Freischaerler
partizipieren: *9* teilhaben
Partner: *6* Sozius; *7* Genosse; *9* Kompagnon, Teilhaber
Parvenue: *14* Emporkoemmling
Parze: *6* Klotho; *7* Atropos; *8* Lachesis
Paß
– in den Alpen → Alpenpaß
– zwischen Afghanistan und Pakistan: *7* Khaiber
– in den Berner Alpen: *5* Gemmi; *7* Grimsel
– in den Beskiden: *5* Dukla
– in den französischen Alpen: *6* Iseran; *8* Galibier, Lautaret
– in Graubünden: *6* Albula; *7* Flueela
– in Griechenland: *11* Thermopylen
– der Karawanken: *5* Loibl
Passagier: *8* Fahrgast; *9* Reisender
Passagierraum: *6* Abteil, Gondel, Kabine
Passah: *6* Ostern
Passahbrot: *5* Matze; *6* Matzen
passatartige Winde im Mittelmeer: *7* Etesien
passend: *5* habil; *7* gelegen; *8* angenehm, guenstig, opportun
Paßgänger: *6* Zelter; *10* Lipizzaner
Passion: *6* Leiden; *12* Leidenschaft
Passionssonntag: *6* Judika; *7* Laetare
Passionsspielort
– in Oberbayern: *12* Oberammergau
– in Tirol: *3* Erl
Passionswoche: *8* Karwoche
Paßvermerk: *5* Visum
Paste: *4* Krem; *5* Creme
Pastellmaler: *5* Degas, Mengs; *6* Latour, Renoir; *7* Cranach, Holbein, Liotard; *8* Leonardo
Pastenbehälter: *4* Tube
Pastetenart: *3* Pie; *7* Bouchée, Pirogge, Ravioli, Rissole, Timbale; *8* Grisette, Krustade; *9* Piroschki, Vol-au-vent
Pastorengewand: *5* Talar
Pastorenmütze: *6* Barett
Pate: *4* Gode, Gote; *8* Gevatter
Patenkind: *4* Pate
Patentverschluß: *10* Druckknopf; *15* Reissverschluss
Paternosterbaum: *5* Melia
Paternostererbse: *5* Abrus
Patient: *6* Kurand; *7* Kranker
Patin: *5* Godel
Patina: *8* Edelrost
Patriarch
– von Alexandria: *8* Cyrillus
– der armenischen Kirche: *10* Katholikos
– von Konstantinopel: *7* Photius; *9* Nestorius; *12* Chrysostomus
Patriziergeschlecht in Florenz: *5* Pazzi
Patron: *9* Protektor; *10* Schutzherr; *14* Schutzheiliger
Patron
– der Adligen: *5* Georg
– der Ansager in Rundfunk und Fernsehen: *7* Gabriel
– der Apotheker: *6* Damian, Kosmas; *7* Michael
– der Arbeiter: *5* Josef; *6* Joseph; *7* Jakobus; *9* Tarsicius
– der Architekten: *6* Thomas
– der Armen: *3* Ivo; *5* Franz; *6* Damian, Kosmas; *10* Laurentius
– der Artisten: *5* Georg
– der Ärzte: *5* Lukas; *6* Damian, Kosmas; *9* Pantaleon
– der Aussätzigen: *7* Lazarus
– der Autofahrer: *13* Christophorus
– der Bäcker: *10* Laurentius
– der Bauern: *6* Medard
– der Bauhandwerker: *8* Matthias
– der Bergsteiger: *8* Bernhard
– der Bettler: *6* Martin; *7* Alexius; *8* Aegidius, Martinus
– der Bibliothekare: *10* Laurentius
– der Bildhauer: *5* Lukas; *6* Thiemo; *8* Johannes
– Böhmens: *6* Wenzel; *7* Nepomuk
– der Brautleute: *8* Wunibald
– der Briefmarkensammler: *7* Gabriel
– der Dichter: *5* David; *6* Gregor; *7* Prosper
– der Einsamen: *5* Franz; *8* Aegidius
– gegen Fallsucht: *8* Valentin
– der Familie: *5* Josef; *6* Joseph
– des Fernsehens: *7* Gabriel
– gegen Feuersnot: *7* Florian
– der Finanzbeamten: *9* Matthaeus
– der Fischer: *5* Elias
– der Gärtner: *4* Adam; *13* Christophorus
– der Gefangenen: *8* Leonhard
– der Gepäckträger: *9* Aquilinus

- **gegen Gewitter:** *7* Donatus
- **der Goldschmiede:** *7* Eligius
- **gegen Halskrankheiten:** *7* Blasius
- **der Handwerker:** *5* Josef; *6* Joseph
- **der Haustiere:** *7* Egidius; *8* Aegidius, Antonius
- **der Hutmacher:** *9* Philippus
- **der Infanteristen:** *9* Mauritius
- **der Ingenieure:** *5* Josef; *6* Joseph
- **der Jäger:** *8* Hubertus; *10* Eustachius
- **der Juristen:** *3* Ivo
- **der Kaufleute:** *7* Michael
- **der Kinder:** *8* Nikolaus
- **der Kinobesitzer:** *8* Johannes
- **der Klempner:** *7* Wilhelm
- **der Köche:** *9* Paschalis; *10* Laurentius
- **der Kranken:** *8* Johannes, Kamillus, Leonhard
- **der Künstler:** *5* Lukas
- **der Kupferschmiede:** *4* Veit
- **der Liebenden:** *5* Anton
- **der Maler:** *5* Lukas
- **der Männer:** *8* Bernhard
- **von München:** *5* Benno
- **der Musiker:** *3* Leo, Odo; *5* David; *6* Arnold, Gregor; *8* Germanus, Johannes
- **von Nürnberg:** *8* Sebaldus
- **der Optiker:** *6* Hubert; *8* Hubertus
- **gegen Pest:** *6* Rochus; *7* Cyprian
- **der Pferde:** *5* Georg; *6* Martin; *7* Eligius, Stephan; *8* Leonhard; *9* Mauritius, Stephanus; *10* Hippolytus
- **der Philosophen:** *6* Justin
- **der Pilger:** *7* Jakobus
- **der Polizisten:** *7* Severus
- **der Prediger:** *12* Chrysostomus
- **der Reisenden:** *5* Anton, Josef; *6* Joseph, Martin; *13* Christophorus
- **der Reiter:** *5* Georg; *7* Michael
- **des Rundfunks:** *7* Gabriel
- **der Sänger:** *3* Leo; *6* Gregor; *8* Johannes
- **der Sattler:** *9* Crispinus; *12* Crispinianus
- **der Schauspieler:** *5* Vitus
- **der Schiffer:** *6* Petrus; *8* Nikolaus; *13* Christophorus
- **der Schlosser:** *6* Petrus
- **der Schmiede:** *4* Eloi; *7* Eligius
- **der Schneider:** *6* Martin; *8* Martinus
- **der Schreiner:** *6* Joseph
- **der Schriftsteller:** *5* Franz; *8* Johannes
- **der Schuhmacher:** *9* Crispinus; *12* Crispinianus
- **der Schüler:** *8* Nikolaus
- **der Schützen:** *9* Sebastian
- **Schwedens:** *5* Erich
- **der Schweine:** *8* Antonius
- **der Steinmetzen:** *7* Reinhold
- **der Stenographen:** *7* Kassian
- **der Studenten:** *8* Aloysius
- **der Tierärzte:** *7* Eligius
- **der Tischler:** *5* Josef; *6* Joseph, Petrus, Rochus; *7* Guntmar, Joachim; *8* Matthias
- **der Uhrmacher:** *6* Petrus; *7* Eligius
- **von Venedig:** *6* Markus
- **der Verfolgten:** *7* Raimund
- **der Waisen:** *3* Ivo; *5* Josef; *6* Joseph; *7* Vinzenz; *10* Hieronymus
- **gegen Wassernot:** *7* Nepomuk
- **des Wetters:** *6* Petrus
- **der Winzer:** *4* Goar; *5* Urban
- **der Zimmerleute:** *5* Josef; *6* Joseph
- **der Zollbeamten:** *9* Matthaeus

Patronenkammer: *7* Magazin

Patronin
- **der Architekten:** *7* Barbara
- **der Armen:** *4* Anna
- **der Artilleristen:** *7* Barbara
- **der Augenkranken:** *5* Lucia
- **der Autofahrer:** *9* Franziska
- **der Bauern:** *8* Notburga
- **der Bergleute:** *7* Barbara
- **der Bettler:** *9* Elisabeth
- **der Bibliothekare:** *9* Katharina
- **der Bildhauer:** *6* Martha
- **der Brautleute:** *6* Hedwig
- **von Brüssel:** *6* Gudula
- **der Büßerinnen:** *4* Afra
- **der Dichter:** *8* Caecilia
- **des Elsaß:** *6* Odilia
- **der Feuerwehr:** *7* Barbara
- **der Fischer:** *6* Verena
- **der Gärtner:** *3* Eva; *7* Gertrud
- **gegen Gewitter:** *7* Barbara
- **der Hausfrauen:** *4* Anna; *6* Martha, Sabina
- **der Jungfräulichkeit:** *5* Agnes
- **der Kaufleute:** *4* Anna
- **der Kirchenmusik:** *8* Caecilia
- **der Köche:** *7* Barbara
- **der Lehrerinnen:** *6* Ursula
- **der Mädchen:** *7* Barbara; *9* Katharina, Margareta
- **der Malteser:** *6* Agatha
- **gegen Mäuse- und Rattenplage:** *7* Gertrud
- **der Musik:** *8* Caecilia
- **der Philosophen:** *9* Katharina
- **von Polen:** *5* Kinga
- **von Portugal:** *6* Isabel
- **der Reisenden:** *7* Eulalia, Gertrud
- **der Sänger:** *8* Caecilia
- **von Schlesien:** *6* Hedwig
- **der Stewardessen:** *4* Bona
- **der Torwarte:** *5* Lucia
- **der Verfolgten:** *9* Elisabeth
- **der Waisen:** *9* Elisabeth
- **der Wissenschaftler:** *9* Katharina
- **der Witwen:** *4* Anna; *6* Sophia
- **gegen Zahnschmerzen:** *9* Appollonia
- **der Zigeuner:** *5* Sarah

Patrouille: *7* Streife

Patsche: *3* Not; *6* Klemme; *8* Klatsche

Pauke: *7* Timpani, Trommel

Pause: *4* Rast

Paulusbrief: *7* Epheser, Galater; *8* Kolosser; *9* Korinther, Philipper

pauschal: *9* insgesamt; *15* undifferenziert

Pavianart: *4*Dril; *6*Babuin; *8*Mandrill; *9*Dschelada; *12*Mantelpavian
Pavillon: *5*Kiosk
Pazifikinsel → Insel im Stillen Ozean
Pech: *4*Harz, Teer; *7*Malheur; *8*Unglueck; *10*Misserfolg
Pechkohle: *5*Gagat
Pechleuchte: *6*Fackel
Pechvogel: *9*Schlemihl
Pedal: *5*Hebel; *6*Kurbel; *9*Fusshebel
pedantisch: *7*penibel; *8*pingelig; *9*kleinlich
peilen: *5*orten
Pein: *4*Qual; *6*Marter, Tortur; *7*Schmerz; *8*Drangsal
peinlich: *5*fatal; *6*genant, heikel; *7*delikat, penibel, prekaer; *8*diffizil, shocking; *10*unangenehm
peinlich berührt: *10*indigniert
peinliche(r, s)
- **Aufsehen:** *7*Skandal
- **Empfinden:** *5*Scham
- **Genauigkeit:** *7*Akribie; *10*Pedanterie
- **Lage:** *11*Schwulitaet
- **Sensation:** *7*Skandal
- **Vorfall:** *5*Eklat; *7*Affaere

Peitsche: *5*Knute; *7*Fuchtel, Geissel, Nagaika; *8*Kantschu; *10*Karbatsche; *12*Ochsenziemer
pelasgischer Volksstamm: *9*Tyrrhener
pelikanartiger Vogel: *8*Kormoran
Pelle: *4*Haut; *6*Schale
Peloponneshalbinsel: *5*Maina
Pelzart: *3*Feh; *4*Baer, Mink, Nerz, Seal; *5*Biber, Bisam, Fuchs, Iltis, Kanin, Otter, Skunk, Vlies, Zobel; *6*Marder, Nutria, Ozelot, Skunks, Suslik; *7*Karakul, Krimmer, Opossum, Seebaer, Seehund; *8*Hermelin, Maulwurf, Rotfuchs, Sealskin; *9*Blaufuchs, Kaninchen, Pelzrobbe, Persianer, Stinktier, Waschbaer; *10*Bisamratte, Chinchilla, Edelmarder, Murmeltier; *12*Breitschwanz
Pelz der Bärenrobbe: *4*Seal
- **der Biberratte:** *6*Nutria
- **von Karakulschafen:** *9*Persianer
- **des sibirischen Eichhörnchens:** *3*Feh

Pelzgewand in Mittelasien: *7*Tschoka
Pelzkragen: *3*Boa
Pelzmantel aus Synthetik: *6*Funfur
Pelzsamt: *6*Felbel
Pelztier → Pelzart
Pelztierjäger: *7*Trapper
Pelzverarbeiter: *10*Kuerschner
Pelzwerk: *9*Rauchware
Pendant: *11*Gegenstueck
Pendel: *11*Perpendikel
Pendeluhr: *8*Penduele; *9*Regulator
Penelopes Mann: *8*Odysseus
- **Sohn:** *8*Telemach; *10*Telemachos

Pensionär: *7*Rentner
Pentagon: *8*Fuenfeck
Pentagramm: *10*Drudenfuss
Pergamentpapier: *5*Velin
Periode: *6*Epoche, Umlauf, Zyklus; *8*Zeitraum
Periodenzahl: *8*Frequenz
Peripherie: *7*Umkreis
Periskop: *7*Sehrohr
perlen: *10*moussieren
Perlzwiebel: *9*Rokambole
Perons Frau: *5*Evita
Perserkönig → persischer König
Perserteppich → Orientteppich
Perseusstern: *5*Algol; *7*Algenib
Persianerschaf: *7*Karakul
Persien: *4*Iran
persisch → iranisch
persische(r, s)
- **Dämon:** *6*Asmodi
- **Dichter:** *4*Omar; *5*Hafis, Saadi; *6*Nisami, Nizami; *7*Dschami, Firdusi; *8*Dschelal, Firdausi
- **Erdölhafen:** *6*Abadan
- **Exportartikel:** *3*Oel; *7*Teppich
- **Fee:** *4*Peri
- **Flöte:** *3*Nei
- **Frauenname:** *7*Suleika
- **Fruchtbarkeitsgöttin:** *7*Anaitis
- **Gedichtform:** *5*Gasel; *6*Gasele
- **Gewicht:** *3*Man
- **Gottheit:** *5*Haoma; *6*Mithra, Ormuzd; *7*Ahriman, Mithras
- **Hafenstadt:** *6*Abadan; *7*Pahlewi
- **Hauptstadt:** *7*Teheran
- **heilige Schrift:** *6*Avesta, Awesta
- **Herrschergeschlecht:** *9*Arsakiden; *10*Sassaniden
- **Herrschertitel:** *5*Schah
- **Kaisertitel:** *5*Schah
- **König:** *5*Abbas, Cyrus, Kores, Kyros; *6*Darius, Xerxes; *8*Kambyses; *9*Alexander; *10*Artaxerxes
- **Kupfermünze:** *5*Abasi
- **Längenmaß:** *3*Ser, Zar
- **Laute:** *3*Tar
- **Lichtgott:** *6*Ormuzd
- **Münze:** *4*Rial; *5*Abasi, Dinar, Toman
- **Musikinstrumente:** *3*Nei, Tar
- **Nachtigall:** *8*Buelbuel
- **Ölhafen:** *6*Abadan
- **Perlengewicht:** *4*Abas
- **Reisspeise:** *5*Pilav, Pilaw
- **Reitervolk:** *6*Alanen; *7*Parther
- **Religion:** *9*Mazdaznan, Parsismus
- **Religionsstifter:** *4*Mani; *5*Manes; *9*Zoroaster; *11*Zarathustra
- **Rohrflöte:** *3*Nei
- **Sagengestalt:** *4*Peri
- **Saiteninstrument:** *3*Tar
- **Salzwüste:** *3*Lut
- **Schrift:** *7*Pehlewi
- **Seefahrer:** *6*Skylax
- **Sonnengott:** *6*Mithra; *7*Mithras
- **Sprache:** *7*Pehlewi
- **Stadt** → Stadt im Iran
- **Statthalter:** *6*Satrap
- **Teppichstadt:** *7*Hamadan, Isfahan, Taebris

- **Titel:** *5* Mirsa, Mirza
- **Volk:** *7* Osseten
- **Wasserpfeife:** *6* Kalian, Kaliun
- **Wüste:** *5* Kawir

Personalausweis: *4* Pass
Personenaufzug: *4* Lift; *9* Fahrstuhl; *11* Paternoster
Personenkraftwagen: *3* Pkw; *4* Auto; *5* Coupé; *6* Kabrio; *9* Limousine; *10* Kabriolett
Personenverschleppung: *10* Kidnapping
persönlich: *5* eigen; *6* privat; *8* privatim; *9* subjektiv; *11* individuell
persönliche Darstellungsweise: *4* Stil
persönliches Fürwort: *2* du, er, es; *3* dir, ich, ihm, ihn, ihr, sie, uns, wir; *4* euch; *5* ihnen
Persönlichkeit: *9* Charakter; *10* Individuum; *13* Personalitaet; *15* Individualitaet
Persönlichkeitsbild: *5* Image
Persönlichkeitsforschung: *9* Ethologie
Persönlichkeitsschutz: *10* Immunitaet
peruanische(r, s)

- **Berg** → Berg in Peru
- **Bergland:** *7* Montana
- **Branntwein:** *5* Pisco
- **Bürgermeister:** *7* Alkalde
- **Eroberer:** *7* Pizarro
- **Exportartikel:** *5* Guano
- **Fluß** → Fluß in Peru
- **Gebirge:** *5* Anden
- **Gewässer:** *11* Titicacasee
- **Hafenstadt:** *3* Ilo; *5* Chala, Pisco; *6* Callao; *7* San Juan
- **Hauptstadt:** *4* Lima
- **Herrenvolk:** *4* Inka; *5* Inkas
- **Herrscherkaste:** *4* Inka; *5* Inkas
- **Kamelart:** *4* Lama, Pako; *6* Alpaka, Vicuna; *7* Guanako
- **Küstenland:** *5* Costa
- **Münze:** *3* Sol; *7* Centavo
- **Nationalgericht:** *5* Pollo
- **Provinz:** *3* Ica; *4* Puno; *5* Piura; *6* Callao, Loreto
- **See:** *5* Junin; *8* Titicaca
- **Stadt** → Stadt in Peru

Pescadoresinseln: *6* Penghu
Petrarcas Geliebte: *5* Laura
Petschaft: *6* Siegel
Pfad: *3* Weg
Pfadfinder: *5* Scout; *8* Boy scout
Pfadfindertreffen: *8* Jamborec
Pfahl: *6* Pflock, Stange; *7* Pfosten
Pfahlgruppe zum Festmachen der Schiffe: *9* Duckdalbe
Pfahlhindernis: *8* Palisade
Pfalzgraf: *7* Palatin
Pfandrecht an Grundstücken: *8* Hypothek
Pfannkuchen: *6* Plinse; *7* Krapfen, Omelett; *8* Berliner; *10* Eierkuchen; *13* Palatschinken
Pfarramt: *8* Pastorat
Pfarrbezirk: *10* Kirchspiel
Pfarrer: *6* Pastor; *8* Priester
Pfefferfresser: *5* Tukan
Pfeffergewächs: *5* Piper
Pfeffergurke: *9* Cornichon
Pfefferkuchenart: *6* Printe
Pfefferstrauchfrucht: *6* Kubebe
pfeifen: *6* pusten; *7* floeten
Pfeifenanzünder: *7* Fidibus
Pfeifenholz: *7* Bruyère
Pfeifeninstrument: *6* Floete
Pfeifenstrauch: *6* Jasmin; *10* Osterluzei
Pfeifentabak: *4* Shag
Pfeil des Stierkämpfers: *10* Banderilla
Pfeilbehälter: *7* Koecher
Pfeiler: *7* Pfosten, Stuetze; *8* Pilaster
Pfeilerabschluß: *8* Kapitell
Pfeilerbüste: *5* Herme
Pfeilerspiegel: *7* Trumeau
Pfeilgift: *4* Upas; *6* Curare, Kurare
Pfeilhecht: *9* Barrakuda
Pfeilkraut: *10* Sagittaria
Pfeilschußwaffe: *5* Bogen
Pfeilwurz: *7* Tapioka
Pfeilwurzmehl: *9* Arrowroot
Pferch: *6* Huerde, Korral
Pferd: *4* Gaul, Ross; *5* Enter, Falbe, Fuchs, Rappe, Stute; *6* Blesse, Fohlen, Hengst, Jukker, Maehre, Traber; *7* Brauner, Fuellen, Klepper, Mustang, Schecke, Wallach; *8* Isabelle, Schimmel; *9* Goldfuchs; *12* Grauschimmel; *13* Apfelschimmel
Pferd

- **Alexanders des Großen:** *10* Bukephalos
- **des Don Quichotte:** *9* Rosinante
- **Odins:** *8* Sleipnir
- **Siegfrieds:** *5* Grane
- **Winnetous:** *7* Iltschi

pferdeähnliches Fabeltier: *7* Einhorn
Pferdebahn: *4* Tram
Pferdebesitz: *7* Gestuet; *9* Rennstall
Pferdebesitz eines Fürsten: *8* Marstall
Pferdebürste: *8* Striegel; *11* Kardaetsche
Pferdedecke: *7* Woilach
Pferdedressur: *10* Hohe Schule
Pferdefuhrwerk: *5* Karre; *6* Fiaker; *7* Kutsche
Pferdefuß: *3* Huf
Pferdegangart: *4* Trab; *6* Galopp, Kanter; *7* Alluere, Schritt; *8* Karriere
Pferdegeschirr: *4* Zaum; *5* Siele; *6* Sattel, Sielen, Trense; *7* Halfter, Kandare; *11* Steigbuegel
Pferdeherde in russischen Steppen: *5* Tabun
Pferdekrankheit: *4* Rotz, Spat; *5* Druse, Leist, Mauke
Pferdekunde: *10* Hippologie
Pferdelaufleine: *5* Longe
Pferdemensch der griechischen Sage: *5* Silen; *7* Kentaur, Zentaur
Pferdeputzgerät: *8* Striegel; *11* Kardaetsche
Pferderasse: *3* Kob; *4* Pony; *6* Araber, Hunter; *7* Belgier, Hackney; *8* Kaltblut, Vollblut, Warmblut; *9* Haflinger, Trakehner; *10* Lipizzaner; *11* Oldenburger; *12* Hannoveraner, Shetlandpony
Pferderennplatz in England: *5* Ascot, Epsom

– **in Frankreich:** *9* Vincennes
Pferdesportart: *4* Polo, Turf; *5* Derby; *6* Rennen; *8* Springen; *10* Hohe Schule, Jagdrennen, Trabrennen; *11* Flachrennen, Springderby; *12* Galopprennen, Jagdspringen; *13* Dressurreiten, Huerdenrennen, Turnierreiten; *15* Hindernisrennen
Pferdesportler: *6* Jockey, Reiter
Pferdestand: *3* Box
Pferdewagen: *7* Kutsche
Pferdezaum: *6* Trense; *7* Kandare
Pferdezucht: *7* Gestuet
Pfingstgrün: *4* Maie
Pfingstrose: *7* Paeonie
Pfingstvogel: *5* Pirol
Pfirsichart: *9* Nektarine
Pflanze: *4* Alge, Baum, Farn, Gras, Moos, Pilz; *5* Busch, Blume, Kraut; *6* Staude; *7* Flechte, Seegras, Strauch; *8* Gewaechs
Pflanze unter Naturschutz: *6* Akelei, Enzian; *7* Aurikel, Seerose; *9* Edelweiss; *10* Christrose, Seidelbast; *11* Frauenschuh, Tuerkenbund; *12* Alpenanemone, Kohlroeschen; *13* Alpenveilchen
Pflanzen aus fernen Ländern: *6* Exoten
Pflanzenanbau: *6* Kultur; *10* Agrikultur
Pflanzenart: *7* Spezies
Pflanzenausschwitzung: *4* Harz; *5* Wachs
Pflanzenauszug: *6* Essenz
Pflanzenbekämpfungsmittel: *9* Herbizide
Pflanzendickicht an Seen: *9* Roehricht
Pflanzenesser: *10* Vegetarier
Pflanzenfarbstoff: *7* Karotin; *11* Chlorophyll
Pflanzenfaser: *4* Akon, Bast; *5* Sisal
Pflanzenfett: *9* Margarine
Pflanzenflüssigkeit: *4* Saft
Pflanzenfrucht: *4* Nuss; *5* Beere; *6* Schote, Zapfen
Pflanzengeographie: *10* Geobotanik
Pflanzenhormon: *5* Kinin
Pflanzenkeim: *4* Same
Pflanzenkletterglied: *5* Ranke
Pflanzenkost: *7* Rohkost; *12* Vegetabilien
Pflanzenkostesser: *10* Vegetarier
Pflanzenkrankheit: *4* Rost; *6* Schorf; *7* Mehltau
Pflanzenkunde: *7* Botanik
Pflanzenleim: *7* Staerke
Pflanzenmilch: *9* Kautschuk; *11* Guttapercha
Pflanzennährstoff: *4* Dung, Kali; *7* Duenger
Pflanzenornament: *8* Arabeske
Pflanzenreich: *5* Flora
Pflanzensaft: *5* Manna
Pflanzensammlung: *9* Herbarium
Pflanzenschädling: *7* Reblaus; *9* Blattlaus
Pflanzenschaft: *4* Rohr
Pflanzensenker: *7* Ableger
Pflanzensproß: *5* Trieb
Pflanzenstachel: *4* Dorn
Pflanzenstengel: *4* Halm; *5* Stiel
Pflanzenteil: *3* Ast; *4* Dorn, Halm, Kern, Laub; *5* Aehre, Beere, Blatt, Borke, Dolde, Faser, Kelch, Nadel, Ranke, Rinde, Rispe, Stamm, Stiel, Trieb, Wedel, Zelle, Zweig; *6* Bluete, Frucht, Knolle, Knospe, Kolben, Schote, Senker, Spross, Traube, Wipfel, Wurzel; *7* Stachel, Stengel, Zwiebel; *9* Kaetzchen
Pflanzentrieb: *6* Schoss, Spross; *7* Ableger; *11* Schoessling
Pflanzenwelt: *5* Flora; *10* Vegetation
Pflanzgut: *4* Saat
pflanzlich: *9* vegetabil; *11* vegetarisch
pflanzliche(r, s)
– **Base:** *8* Alkaloid
– **Fasergewebe:** *4* Bast
– **Gelatine:** *8* Agar-Agar
– **Gewebeart:** *7* Kambium
– **Nahrungsmittel:** *12* Vegetabilien
– **Oberflächengewebe:** *4* Kork
– **Reizbewegung:** *6* Nastie
– **Seitentrieb:** *7* Ableger
– **Wirkstoff:** *6* Sorbit
Pflanzung: *8* Plantage
Pflaumenart: *8* Quetsche, Spilling, Zwetsche; *9* Damaszene, Mirabelle, Reneklode, Zwetschge; *11* Reineclaude
Pflaumenbranntwein: *9* Slibowitz, Sliwowitz; *16* Zwetschgenwasser
Pflege: *3* Kur; *4* Hege; *5* Obhut; *9* Fuersorge
Pflegeanstalt Bodelschwinghs: *6* Bethel
pflegen: *6* warten; *8* betreuen, umsorgen
Pfleger: *5* Tutor; *7* Kurator, Vormund, Waerter; *9* Samariter; *10* Sanitaeter
Pflegling: *7* Muendel, Patient
Pflegschaft: *7* Kuratel
Pflicht: *5* Gebot; *7* Aufgabe; *12* Obliegenheit
Pflichtanteil: *10* Kontingent
Pflichtgebot: *9* Imperativ
Pflock: *5* Pfahl, Pilar; *7* Pfosten
pflügen: *6* ackern; *7* rigolen
Pflugmesser: *4* Sech
Pflugspur: *6* Furche
Pflugteil: *4* Sech; *5* Schar, Sterz
Pforte: *3* Tor; *6* Portal
Pförtner: *7* Portier; *9* Concierge
Pförtnerraum: *4* Loge
Pfosten: *5* Pfahl; *6* Balken, Poller, Strebe; *7* Pfeiler
Pfosten zum Festmachen der Schiffe: *6* Poller
Pfote: *5* Tatze; *6* Pranke
Pfriem: *3* Ort; *4* Ahle
Pfropfen: *6* Korken; *8* Stoepsel
Pfründe: *7* Benefiz
Pfuhl: *5* Sumpf; *7* Pfuetze, Tuempel
Pfuscher: *8* Boenhase; *9* Dilettant
Pfütze: *5* Lache, Pfuhl
phäakische Königstochter: *8* Nausikaa
Phantasie: *8* Trugbild; *10* Einbildung; *11* Vorstellung
phantasiearm: *9* prosaisch
phantasieren: *7* spinnen; *10* delirieren, fabulieren
Phantast: *8* Traeumer; *10* Romantiker, Schwaermer

phantastisch: *7* seltsam; *9* wunderbar; *11* unglaublich
phantastische Erzählung: *8* Groteske
Phantom: *8* Trugbild
Pharaonengattin: *9* Nofretete
Pharaonengrab: *8* Pyramide
Pharonenname: *5* Menes; *6* Cheops, Ramses
Pharisäer: *8* Heuchler
Pharmazeut: *9* Apotheker
Philemons Frau: *6* Baucis
Philippineneinwohner: *6* Tagale; *8* Filipino
Philippineninsel: *4* Cebu; *5* Bohol, Leyte, Luzon, Panay, Samar; *6* Negros; *7* Masbate, Mindoro, Palawan; *8* Mindanao
Philippinenureinwohner: *4* Aeta; *7* Negrito
Philippinenvulkan: *3* Apo; *5* Mayon; *8* Urdaneta
philippinische Präsidentin: *6* Aquino
philippinischer Diktator: *6* Marcos
Philistergott: *9* Beelzebub
Philisterstadt im AT: *5* Ekron
Philosoph: *6* Denker
Philosoph: *4* Kant; *5* Plato; *6* Cicero, Platon, Sartre, Seneca; *7* Leibniz, Spinoza; *9* Descartes, Heidegger, Nietzsche; *11* Aristoteles; *12* Schopenhauer
philosophische Anschauung, Lehre, Richtung, Schule: *4* Stoa; *6* Mystik; *7* Deismus; *8* Monismus, Symbolik; *9* Dialektik, Dualismus, Realismus, Sophistik; *10* Empirismus, Humanismus, Idealismus, Metaphysik, Nihilismus, Scholastik, Stoizismus; *11* Pantheismus; *12* Nominalismus, Relativismus; *13* Rationalismus; *14* Subjektivismus; *16* Existentialismus
Phiole: *7* Flasche, Gefaess; *11* Glasflasche
phönizische Kolonie: *8* Karthago
– Stadt: *5* Sidon, Utica; *8* Karthago
phönizischer Gott: *3* Bel; *4* Baal; *5* Taaut
photographischer Begriff: *3* Dia; *4* Bild, Film, Foto; *5* Linse, Photo; *6* Blende, Kamera, Platte, Stativ; *7* Negativ, Positiv; *8* Aufnahme, Farbfilm, Objektiv; *9* Ausloeser, Fixierbad; *10* Belichtung, Blitzlicht, Entwickler, Farbfilter, Irisblende; *12* Dunkelkammer; *14* Tiefenschaerfe
phrasenhaft: *10* rhetorisch
phrygische Göttin: *6* Kybele
phrygischer Sagenkönig: *5* Midas
physikalische Arbeitseinheit: *3* Erg
– Einwirkung: *8* Influenz
– Krafteinheit: *4* Pond
– Maßeinheit: *5* Neper
Picke: *5* Hacke
Pickel: *4* Akne; *6* Pustel; *8* Mitesser
picken: *6* hacken; *7* stechen; *8* stochern
Pigmentmangel: *10* Albinismus
pikant eingelegtes Gemüse: *10* Mixpickles; *12* Mixed Pickles
pikante Brühe: *6* Braise
Pikanterie: *4* Reiz
Pilgerfahrt nach Mekka: *5* Omrah; *6* Hadsch; *7* Haddsch
pilgern: *7* wandern; *10* wallfahren
Pilgerstadt → Wallfahrtsort
Pilgerwallfahrtsort → Wallfahrtsort
Pilz → Giftpilz → Speisepilz
Pilzbelag in der Mundhöhle: *4* Soor
Pilze: *8* Schimmel
Pilzfäden: *5* Myzel; *8* Myzelium
Pilzgeschwulst: *6* Fungus
Pilzkunde: *9* Mykologie
Pilzoberteil: *3* Hut
Pilzvernichtungsmittel: *8* Fungizid
Pimpernuß: *8* Pistazie
Pinsel: *5* Quast
Piratenwaffe: *9* Enterbeil; *10* Enterhaken
Pirolart: *6* Buelow; *8* Bieresel, Bierhahn; *11* Kirschvogel
Pirsch: *4* Jagd
Pistole: *8* Browning, Terzerol
Pistolentasche: *7* Halfter
Pityusen-Insel: *5* Ibiza
Plage: *4* Last, Qual; *5* Elend, Muehe, Uebel; *6* Leiden
plagen: *6* muehen; *7* quaelen; *8* schuften
Plakat: *6* Poster
Plakatsäulenerfinder: *7* Litfass
Plakette: *8* Medaille
Plan: *4* Idee; *5* Karte; *6* Schema; *7* Absicht, Entwurf, Projekt; *8* Programm, Vorhaben; *9* Grundriss, Intention, Zeichnung
Plane: *10* Persenning
Planet: *4* Erde, Mars; *5* Pluto, Venus; *6* Merkur, Neptun, Saturn, Uranus; *7* Jupiter
Planetenbegleiter: *4* Mond; *7* Trabant; *8* Satellit
Planetoid: *4* Eros, Juno; *5* Ceres, Vesta; *6* Pallas; *7* Ganymed; *10* Geographos
planieren: *5* ebnen; *8* einebnen
Planke: *5* Bohle, Brett, Diele
Plänkelei: *12* Scharmuetzel
planmäßig: *10* methodisch; *12* systematisch
planmäßiges Vorgehen: *7* Methode
Plantagentrank: *4* Kaba
planvoll: *8* taktisch
planvolle Maßnahme: *6* Aktion
plappern: *6* faseln
Plastik aus gebranntem Ton: *10* Terracotta
plastische Darstellung: *5* Herme; *6* Bueste, Relief, Statue; *8* Skulptur
Platinmetall: *6* Osmium; *7* Iridium, Rhodium; *9* Palladium, Ruthenium
platt: *3* fad; *4* eben, fade, plan; *5* banal, flach; *6* seicht; *7* trivial, witzlos; *8* geistlos; *12* abgedroschen
Platte: *6* Fliese, Kachel, Teller; *7* Tablett; *9* Schuessel
plätten: *7* buegeln
Plattenhülle: *5* Cover
Plattensammlung: *9* Diskothek
Plattenspieler: *10* Grammophon
Plattfisch: *4* Butt, Pole; *5* Zunge; *7* Aalbutt, Flunder, Scholle; *8* Goldbutt, Heilbutt, Platteis, Rotzunge, Seezunge; *9* Steinbutt
Plattform: *6* Perron, Podest
Plattform am Hang: *8* Terrasse

– am Mast: *4* Mars
Plättgerät: *5* Rolle; *6* Mangel; *11* Buegeleisen
Plattheit: *10* Platituede; *12* Trivialitaet
Plättwalze: *5* Rolle; *6* Mangel
Plattwurm: *8* Bandwurm; *10* Grubenkopf
Platz: *3* Ort; *4* Raum, Sitz; *6* Stelle; *8* Quartier
Platz in Paris: *8* Marsfeld
– in Rom: *5* Forum; *7* Kapitol
Platzangst: *11* Agoraphobie
Plätzchen: *8* Pastille
Platzdeckchen: *3* Set
platzen: *7* bersten, knallen; *9* krepieren; *10* detonieren; *11* explodieren, zerspringen
Plauderei: *7* Plausch; *12* Konversation
Plauderei in der Literatur: *10* Feuilleton
Plauderer: *7* Causeur
plaudern: *7* kloenen
Plejaden: *13* Siebengestirn
PLO-Chef: *6* Arafat
plötzlich: *6* abrupt
plötzlich auftretend: *4* akut
plump: *9* boeotisch
plumps: *5* plauz; *7* pardauz
Plunder: *4* Kram, Tand; *5* Talmi; *6* Ramsch; *7* Gelumpe, Krempel, Troedel; *10* Krimskrams
Plünderer: *8* Marodeur
plündern: *8* fleddern
Plünderung: *6* Rapuse
Plüschgewebe: *6* Mokett
Pöbel: *3* Mob; *4* Pack; *5* Plebs; *6* Bagage; *7* Gesocks; *8* Gesindel; *9* Gelichter
pöbelhaft: *10* plebejisch
Pockennarbe: *8* Blatter
poetisch → dichterisch
Pokal: *3* Cup; *5* Kelch; *6* Becher
Pökelflüssigkeit: *4* Lake
Pol: *9* Drehpunkt, Zielpunkt
Polargebiet: *6* Arktis; *9* Antarktis
Polargewässer: *7* Eismeer
Polarhund: *5* Laika, Laiki
Polarinsel: *9* Groenland
Polarschiff Nansens: *4* Fram
Polarstern: *9* Nordstern
Polartier: *7* Eisbaer, Pinguin
Polder: *3* Kog; *4* Koog
Polhöhe: *9* Elevation
polieren: *8* glaetten; *9* schleifen
Poliermittel: *7* Politur
Polierschleifer: *3* Gur
Politesse: *15* Hilfspolizistin
Politikwissenschaft: *11* Politologie
politische(r, s)
– Anschlag: *8* Attentat
– Druck: *10* Repression
– Extremist: *5* Ultra
– Gebilde: *5* Staat
– Gruppe: *6* Partei
– Handstreich: *6* Putsch
– Mord: *8* Attentat
– Programm: *8* Manifest
– Vereinigung: *6* Partei
– Vorherrschaft: *9* Hegemonie
– Werberedner: *8* Agitator
– Werbung: *9* Agitation; *10* Propaganda
Politur: *5* Glanz; *7* Schliff
Polizei in der Gaunersprache: *7* Polente
Polizeibeamter: *4* Sipo; *6* Schupo; *7* Gendarm; *10* Schutzmann
Polizeibeamter
– im alten Rom: *5* Aedil
– in England: *5* Bobby; *10* Konstabler
– in Frankreich: *4* Flic
Polizeichef in den USA: *7* Sheriff
Polizeifessel: *11* Handschelle
Polizeigewahrsam: *4* Haft
Polizeihelm: *7* Tschako
polizeiliche Fahndung: *6* Razzia
Polizeipatrouille: *7* Streife
Polizeiwache: *6* Revier
Polizist → Polizeibeamter
polnische(r, s)
– Adel: *9* Schlachta
– Adelstitel: *6* Magnat
– Arbeiterführer: *6* Walesa
– Dichter: *4* Prus; *6* Hlasko, Mrozek; *7* Reymont
– Flächenmaß: *5* Morga, Wloka
– Fluß → Fluß in Polen
– Frauenname: *7* Valeska
– Freiheitskämpfer: *10* Langiewiez
– Friedensnobelpreisträger: *6* Walesa
– Gemeindevorstand: *7* Starost
– General: *3* Bem; *9* Pilsudski
– Hauptstadt: *8* Warschau
– Herrschergeschlecht: *7* Piasten; *10* Jagellonen
– Komponist: *6* Chopin
– Landeshauptmann: *7* Starost
– Männername: *9* Stanislaw, Wladyslaw
– Marschall: *9* Pilsudski
– Münze: *5* Zloty; *6* Grosze
– Nationalheiliger: *10* Stanislaus
– Nationaltanz: *7* Mazurka; *9* Krakowiak, Polonaese
– Nobelpreisträger → Nobelpreisträger
– Parlament: *4* Sejm
– Pianist: *6* Chopin
– Politiker: *7* Gomulka
– Sänger: *7* Kiepura
– Schriftsteller: *4* Prus; *6* Hlasko; *7* Reymont; *8* Slowacki; *11* Sienkiewicz
– Staatsmann: *9* Pilsudski; *10* Jaruzelski
– Stadt → Stadt in Polen
– Statthalter: *7* Woiwode
– Volksstamm in den Beskiden: *7* Goralen
– Volksvertretung: *4* Sejm
Polster: *6* Kissen, Pfuehl; *8* Matratze
Polstermaterial: *4* Akon, Werg; *5* Kapok, Watte; *6* Daunen, Federn; *7* Seegras; *8* Rosshaar; *9* Federkern, Holzwolle; *11* Schaumgummi, Schaumstoff
Polstermöbel: *4* Sofa; *5* Couch, Diwan; *6* Sessel
polstern: *8* fuettern
Poltergeist: *6* Kobold, Schrat
polynesische(r)
– Eingeborener: *6* Kanake

- **Geheimbund:** *6* Dudduk
- **Inselgruppe:** *5* Samoa; *6* Hawaii
- **Kultstätte:** *5* Marae

Polypen: *11* Wucherungen
Pomeranzenart: *10* Bergamotte
Pomeranzenschalenlikör: *7* Curaçao
pommersche(r, s)
- **Fluß** → Fluß in Pommern
- **Halbinsel:** *5* Darss
- **Hauptstadt:** *7* Stettin
- **Insel:** *6* Ruegen, Usedom, Wollin
- **Seebad** → Seebad in Pommern
- **Stadt** → Stadt in Pommern

Pomp: *5* Prunk; *6* Pracht
pontinische Insel: *5* Ponza; *7* Zannona; *9* Palmarola
Populärname → Spitzname
porig: *6* poroes
poroeses Vulkangestein: *4* Bims, Tuff
Portal: *3* Tor
Portemonnaie: *6* Boerse; *10* Geldboerse
Portier: *4* Wart; *8* Hauswart; *9* Pfoertner
Portion: *4* Part, Teil; *5* Dosis; *6* Anteil; *8* Partikel
Porträt: *4* Bild; *7* Bildnis; *9* Konterfei
Portugiesisch-Guinea: *12* Guinea-Bissau
Portugiesisch-Westafrika: *6* Angola
portugiesische(r, s)
- **Adelstitel:** *7* Fidalgo
- **Arzt:** *5* Monitz
- **Besitzung in China:** *5* Macao, Makao
- **Besitzung in Indien (bis 1961):** *3* Goa
- **Besitzung in Ostafrika:** *8* Mosambik; *10* Mozambique
- **Besitzung in Westafrika:** *6* Angola
- **Dessertwein:** *7* Madeira; *8* Portwein
- **Dichter:** *6* Camoes
- **Exportartikel:** *8* Portwein; *11* Oelsardinen
- **Fluß:** *3* Tua; *4* Tejo; *5* Douro
- **Gedichtsammlung:** *10* Cancionero
- **Geschlecht:** *8* Braganza
- **Hafenstadt:** *5* Porto; *7* Setubal; *8* Lissabon
- **Hauptstadt:** *8* Lissabon
- **Inselgruppe im Atlantik:** *6* Azoren; *7* Madeira; *9* Kapverden
- **Kolonie:** *5* Macao, Makao; *6* Angola; *8* Mosambik; *10* Mozambique
- **Königsname:** *5* Pedro; *6* Alfons, Manuel; *7* Alfonso, Emanuel; *8* Fernando; *9* Ferdinand
- **Landschaft:** *5* Beira
- **Ministerpräsident:** *7* Salazar
- **Münze:** *6* Escudo; *7* Centavo
- **Nobelpreisträger:** *5* Moniz
- **Philosoph:** *7* Spinoza
- **Seefahrer:** *4* Diaz, Gama; *5* Pinto; *6* Cabral, da Gama; *8* Magellan; *9* Magalhaes
- **Staatsmann:** *7* Salazar
- **Stadt** → Stadt in Portugal
- **Süßwein:** *7* Madeira; *8* Portwein
- **Überseeprovinz:** *5* Macao, Makao; *6* Angola; *8* Mosambik; *10* Mozambique

Porzellanerde: *6* Kaolin
Porzellanmanufaktur: *4* Selb, Wien; *5* Delft; *6* Belrin, Sèvres, Tettau; *7* Hoechst, Meissen; *10* Kopenhagen; *11* Frankenthal, Nymphenburg; *12* Fuerstenberg
Porzellanschnecke: *5* Kauri
Posament: *5* Borte, Galon, Gimpe, Litze; *6* Franse, Kordel, Pompon, Quaste, Tresse; *7* Troddel
Posaune der Bronzezeit: *4* Lure
positive Elektrode: *5* Anode
positives Ergebnis: *6* Erfolg
Positur: *5* Figur; *7* Haltung; *8* Stellung
Posse: *5* Farce; *8* Burleske, Komoedie, Schnurre
Posse → Schauspiel
Possen: *6* Scherz, Unsinn; *7* Streich; *9* Firlefanz; *11* Schabernack
possenhaft: *7* burlesk, komisch, skurril
Possenreißer: *4* Narr; *7* Bajazzo
- **der Antike:** *5* Mimus

possierlich: *7* drollig
Postenanruf: *5* Werda
Postenkette: *6* Kordon
Poster: *6* Plakat
Postgebäude: *7* Postamt
Postgebühr: *5* Porto
Postkutscher: *8* Schwager; *9* Postillon; *10* Postillion
Postmeister Maximilians I.: *5* Taxis
Postsendung: *5* Brief, Karte, Paket; *7* Postgut; *8* Eilbrief, Luftpost, Rohrpost; *9* Anweisung, Nachnahme, Paeckchen, Phonopost, Postkarte, Telegramm, Wertbrief, Zahlkarte; *10* Drucksache, Warenprobe; *12* Einschreiben, Mischsendung, Schnellpaket, Ueberweisung, Warensendung
Postulat: *6* Antrag
Postwertzeichen: *5* Marke; *9* Freimarke; *10* Briefmarke
Postzusteller: *8* Postbote; *12* Brieftraeger
Pozufluß → Nebenfluß des Po
Pracht: *4* Pomp; *5* Glanz, Prunk; *9* Gepraenge
Prachtbau: *6* Palast
Prachtentfaltung: *4* Pomp; *5* Prunk
Prachtexemplar: *11* Kaventsmann
prächtig: *5* famos, prima; *6* superb; *7* kostbar, opulent, pompoes, sueperb; *8* blendend, herrlich, splendid; *9* fulminant, glaenzend, prunkvoll; *10* grossartig
Prachtkutsche: *7* Karosse
Prachtstraße: *6* Avenue
Prachtstraße in Paris: *13* Champs-Elysées
Prachtstube im holsteinischen Bauernhaus: *5* Pesel
Prädikat: *4* Note; *6* Zensur; *9* Bewertung
Prag in der Landessprache: *5* Praha
Prager Stadtteil: *9* Hradschin; *10* Josefstadt
Prägeblatt: *5* Folie
Prägeform: *5* Mater
Prägemaschine: *8* Kalander
Prager Burgbezirk: *9* Hradschin
Prägestempel: *6* Stanze
prahlen: *7* angeben, protzen
prahlend: *10* ostentativ

Prahlerei: *6* Angabe
Prahlhans: *5* Protz; *7* Angeber; *8* Maulheld; *9* Bramarbas, Flunkerer, Grossmaul, Renommist; *12* Aufschneider, Schwadroneur; *15* Schaumschlaeger
Praktikant: *9* Volontaer
praktisch: *6* patent; *11* pragmatisch
Pralinenfüllung: *5* Nugat; *6* Nougat; *7* Krokant
Pralinenpackung: *11* Bonbonniere
prall: *4* dick; *6* stramm
Pranger: *3* Kak; *4* Kaak
Pranke: *5* Klaue, Pfote, Tatze
Präposition → Verhältniswort
Prärieindianer: *5* Kiowa; *6* Pawnee
Präriepferd: *7* Mustang
Präriewolf: *6* Kojote
Präsensform von haben: *3* hat; *4* habe, habt, hast
– von sein: *3* bin, ist; *4* bist, seid, sind
Präsent: *4* Gabe; *8* Geschenk
Präsenz: *9* Gegenwart; *11* Anwesenheit
Präsident
– der Bundesrepublik Deutschland: *5* Heuss; *6* Luebke, Scheel; *8* Carstens; *9* Heinemann; *14* von Weizsaecker
– des Deutschen Sportbundes: *5* Daume
– von Mexiko: *6* Juarez
– der USA: *4* Bush, Polk, Taft; *5* Adams, Buren, Grant, Hayes, Nixon, Tyler; *6* Arthur, Carter, Hoover, Monroe, Pierce, Reagan, Taylor, Truman, Wilson; *7* Harding, Jackson, Johnson, Kennedy, Lincoln, Madison; *8* Buchanan, Coolidge, Fillmore, Garfield, Harrison, McKinley; *9* Cleveland, Jefferson, Mac Kinley, Roosevelt; *10* Eisenhower, Washington
– der Weimarer Republik: *5* Ebert; *10* Hindenburg
Prasserei: *9* Voellerei
präzise: *5* exakt, genau; *8* treffend; *10* puenktlich
Präzisionsuhr: *11* Chronometer
predigen: *6* mahnen; *9* vortragen
Prediger in einer Hauptmoschee: *6* Chatib
Predigt: *6* Sermon
Predigt über einen Bibelabschnitt: *7* Homilie
Predigtbuch: *8* Postille
Predigtschluß: *4* Amen
Predigtstuhl: *6* Kanzel
Preis: *4* Wert; *5* Pokal; *6* Betrag, Gewinn, Kosten, Tribut; *7* Entgelt, Praemie
Preisabzug: *6* Skonto; *8* Refaktie
Preisangebot: *7* Offerte
Preisanstieg: *6* Hausse
Preiselbeere: *10* Kronsbeere
Preisgabe: *6* Rapuse, Verrat; *7* Aufgabe
preisgekrönt: *9* praemiert; *10* praemiiert
Preisgericht: *4* Jury
Preisgrenze: *5* Limit
Preislied Marias: *10* Magnifikat
Preisliste: *7* Katalog; *8* Prospekt
Preisnachlaß: *6* Rabatt, Skonto
Preissatz für Leistungen: *5* Tarif
Preisspanne: *5* Marge
Preissturz: *6* Baisse
Preistreiberei: *6* Wucher
Preisunterbietung: *7* Dumping
Preisverzeichnis: *5* Tarif; *7* Katalog; *8* Prospekt
Preisvorschlag: *5* Gebot; *7* Angebot
preiswert: *6* billig
Preiszettel: *7* Etikett
prekär: *6* heilig; *9* schwierig
Presseberichterstatter: *8* Reporter; *12* Bildreporter; *13* Korrespondent
Pressebüro: *9* Redaktion
Presseerzeugnis: *7* Gazette, Journal, Zeitung; *11* Zeitschrift
Pressefeldzug: *8* Kampagne
Preßfalte: *7* Plissee
Preßkohle: *7* Brikett
Prestige: *3* Ruf; *5* Image; *7* Ansehen, Geltung; *8* Renommee
Preuße: *7* Borusse
preußische(r, s)
– Adelsgeschlecht: *5* Arnim
– Baumeister: *8* Eosander
– Dynastie: *12* Hohenzollern
– Feldmarschall: *4* Roon; *6* Moltke; *7* Wrangel; *8* Bluecher; *9* Gneisenau, Waldersee
– Freikorpsführer: *6* Schill; *7* Luetzow
– General: *4* Roon; *5* Boyen, Goltz, Yorck; *6* Moltke, Zieten; *7* Ziethen, Wrangel; *8* Bluecher; *9* Gneisenau; *10* Clausewitz; *11* Scharnhorst
– Königin: *5* Luise
– König: *7* Wilhelm; *9* Friedrich
– Kriegsminister: *4* Roon
– Münze: *13* Friedrichsdor; *14* Silbergroschen
– Orden: *2* EK; *13* Eisernes Kreuz
– Reitergeneral: *6* Zieten; *8* Seydlitz
– Soldatenkönig: *16* Friedrich Wilhelm
– Staatsmann: *5* Stein; *8* Bismarck, Humboldt; *10* Hardenberg
prickeln: *8* kribbeln
prickelnd: *6* pikant; *8* reizvoll
Priem: *8* Kautabak
Priester: *4* Pope; *5* Pater; *6* Kaplan, Pastor; *7* Dechant, Pfarrer; *8* Kleriker; *9* Presbyter; *10* Seelsorger; *11* Geistlicher
Priester der Ostkirche: *4* Pope
Priestergewand: *4* Albe; *6* Sutane; *7* Soutane
Priesterherrschaft: *11* Hierokratie
Priesterin
– in Delphi: *6* Pythia
– der Venus: *4* Hero
– der Vesta: *8* Vestalin
Priesterschaft: *6* Klerus
Priesterweihe: *10* Ordination
Primelbastard: *7* Aurikel
primitive Waffe: *5* Keule
primitives Wasserfahrzeug: *7* Einbaum
Prinz von Baden: *3* Max
– von Savoyen: *5* Eugen
Prinzessin von Wales: *5* Diana
Prinzgemahl der Königin
– Elisabeth: *7* Philipp
– Viktoria: *6* Albert

prinzipielle Ablehnung des Krieges: *10* Pazifismus
Prise: *5* Beute, Dosis; *7* Portion
Privatkasse: *9* Schatulle
Privatschule: *8* Internat
Privatsekretär Ciceros: *4* Tiro
Privileg: *8* Vorrecht; *9* Freibrief
pro: *2* je; *4* fuer
Probe: *4* Test; *6* Muster, Uebung; *7* Versuch; *8* Pruefung; *9* Kontrolle; *10* Experiment
Probebohrung: *5* Sonde
proben: *5* ueben; *6* testen; *9* versuchen; *11* degustieren
Probezeit: *8* Noviziat
Probierglas: *11* Reagenzglas
Problem: *5* Frage; *7* Aufgabe, Raetsel; *9* Geheimnis
Produkt: *6* Ertrag; *8* Ergebnis, Resultat; *9* Erzeugnis
Produkt gleicher Faktoren: *6* Potenz
Produktion: *9* Erzeugung, Fertigung; *10* Manufaktur; *11* Fabrikation, Herstellung
Produktionsgemeinschaft: *9* Kollektiv
Produktionsstätte: *7* Betrieb
Professor im Ruhestand: *6* Emerit
Profil: *6* Umriss; *7* Schnitt; *11* Querschnitt; *13* Seitenansicht
Profit: *6* Ertrag, Gewinn, Nutzen; *7* Vorteil
Prognose: *6* Orakel; *10* Voraussage; *12* Prophezeiung
Projekt: *4* Plan; *8* Vorhaben
Projektil: *5* Kugel, Pfeil; *8* Geschoss
Projektionsapparat: *7* Diaskop, Episkop; *9* Projektor; *10* Epidiaskop, Bildwerfer
Prolog: *7* Vorrede, Vorwort; *8* Vorspiel; *10* Einleitung
Promenade: *5* Korso; *10* Spazierweg
Propaganda: *7* Reklame, Werbung
Prophet: *5* Seher; *6* Mahner; *9* Weissager; *10* Verkuender
Prophet im Islam: *8* Mohammed
- **im Alten Testament:** *3* Eli, Gad; *4* Amos, Esra, Joel, Jona, Hiob, Osee; *5* Elias, Elisa, Hosea, Jonas, Micha, Nahum; *6* Daniel, Haggai, Isaias, Jesaja, Nathan, Obadja, Samuel; *7* Habakuk, Jeremia, Nehemia; *8* Ezechiel, Hesekiel, Jeremias, Maleachi, Sacharja, Zephania; *9* Malachias

Prophetin im Alten Testament: *6* Debora
Prophezeiung: *6* Orakel
Proportion: *8* Ebenmass; *10* Gleichmass; *11* Verhaeltnis
Prosadichtung: *4* Saga; *5* Roman, Story; *7* Novelle; *10* Erzaehlung
Prospekt: *7* Ansicht; *8* Aussicht; *12* Werbeschrift; *13* Buehnenhimmel
Protest: *4* Veto; *9* Einspruch
Protestant: *9* Calvinist, Hugenotte, Kalvinist; *10* Lutheraner; *12* Reformierter
protestantisch: *10* calvinisch, lutherisch, reformiert; *11* evangelisch
protestantische Gottesdienstordnung: *6* Agende
protestantischer Geistlicher: *6* Pastor; *7* Pfarrer; *14* Superintendent
- **Mystiker:** *6* Boehme

Protokoll: *7* Bericht, Referat; *11* Zeremoniell; *13* Niederschrift
Prototyp: *6* Urbild
Provenienz: *8* Herkunft, Ursprung; *10* Abstammung
provenzalischer Minnesänger: *10* Troubadour
- **Tanz:** *8* Rigaudou; *9* Farandole, Olivettes; *10* Faranduola
- **Troubadour:** *6* Arnaut

Proviant: *6* Vorrat; *11* Verpflegung
Provinz: *3* Gau; *4* Zone; *6* Gebiet
Provinz
- **in Argentinien:** *5* Chaco; *7* Santa Fé; *9* Santa Cruz
- **in Äthiopien:** *5* Galla, Kaffa, Schoa, Tigre; *6* Amhara, Harrar, Somali; *7* Danakil, Eritrea
- **in Belgien:** *5* Namur; *7* Brabant, Limburg; *8* Hennegau, Luettich; *9* Antwerpen; *11* Ostflandern; *12* Westflandern
- **in Chile:** *11* Antofagasta
- **in China:** *5* Honan, Hopeh, Hopei, Hunan, Hupeh, Hupei, Kansu, Kirin; *6* Anhwai, Fukien, Taiwan; *7* Juennan, Kiangsi, Kiangsu, Schansi; *8* Liaoning; *9* Kuangtung, Schantung; *10* Kueitschou; *12* Heilungkiang
- **in Indien:** *8* Bengalen
- **in Iran:** *6* Kerman; *7* Ardilan; *9* Chorassan; *13* Aserbeidschan
- **in Irland:** *8* Leinster; *9* Connaught
- **in Kanada:** *5* Yukon; *6* Quebec; *7* Alberta, Ontario; *8* Columbia, Keewatin, Manitoba; *9* Mackenzie; *11* Neufundland; *12* Saskatchewan
- **in Kashmir:** *6* Ladakh
- **in Malaysia:** *5* Perak
- **in der Mandschurei:** *5* Kirin
- **in den Niederlanden:** *6* Drente, Trente; *7* Geldern, Limburg, Seeland, Utrecht; *9* Friesland, Groningen; *10* Overijssel; *11* Nordbrabant
- **in Norwegen:** *8* Finnmark
- **im alten Preußen:** *5* Posen; *7* Pommern; *8* Hannover; *9* Schlesien, Westfalen; *11* Brandenburg, Ostpreussen; *12* Hessen-Nassau, Hohenzollern, Rheinprovinz, Westpreussen; *17* Schleswig-Holstein
- **auf Sardinien:** *5* Nuoro
- **in Saudiarabien:** *4* Asir
- **in Spanien:** *4* Ebro, Jaén, León, Lugo; *5* Avila, Cadiz; *6* Burgos, Coruna, Cuenca, Gerona, Huelva, Huesca, Lerida, Madrid, Malaga, Murcia, Oviedo, Teruel, Toledo, Zamora; *7* Almeria, Badajoz, Biscaya, Caceres, Cordoba, Granada, Logrono, Navarra, Segovia, Sevilla; *8* Albacete, Alicante, Baleares, Valencia; *9* Barcelona, Salamanca, Santander, Tarragona
- **in der Südafrikanischen Republik:** *5* Natal; *7* Kapland; *9* Transvaal

- **im Sudan:** *6* Darfur; *7* Kassala, Khartum, Obernil; *8* Kordofan

Provision: *6* Anteil; *7* Gebuehr; *10* Verguetung; *12* Gewinnanteil
Prozession: *9* Wallfahrt
prüfen: *6* eichen, testen; *7* mustern; *8* erproben; *9* probieren; *10* beurteilen, revidieren
prüfend: *8* kritisch
Prüfer: *7* Revisor; *10* Examinator; *11* Kontrolleur
Prüfexperte am Steuer: *10* Testfahrer
Prüfglas: *11* Reagenzglas
Prüfling: *9* Examinand
Prüfstein: *9* Kriterium
Prüfung: *4* Test; *5* Probe; *6* Examen; *8* Revision; *9* Kontrolle; *10* Inspektion; *11* Exploration
Prüfungsarbeit unter Aufsicht: *7* Klausur
Prüfungsprädikat: *4* Note
Prüfungsurkunde: *6* Diplom
Prügel: *4* Haue; *5* Hiebe, Keile; *8* Schlaege
prügeln: *5* hauen; *8* schlagen, verhauen
Prügelwerkzeug: *5* Stock; *6* Ziemer
Prunk: *4* Pomp; *5* Staat; *6* Pracht
Prunkdecke beim Reitturnier: *10* Schabracke
prunkhaft: *7* pompoes
prunklos: *8* schlicht
Prunksarg: *9* Sarkophag
Prunkschiff der Dogen von Venedig: *9* Buzentaur
Prunksucht: *5* Luxus
prunkvoll: *7* pompoes; *8* statioes
Prunkwagen: *7* Karosse
Psalmendichter: *5* David; *8* Psalmist
Psalmengesang: *9* Psalmodie
Psalmenzeichen: *4* Sela
Pseudonym für

- **Jakob Liebmann Beer:** *9* Meyerbeer
- **Henri Beyle:** *8* Stendhal
- **Hans Bötticher:** *10* Ringelnatz
- **Jeanne F. Bourgeois:** *12* Mistinguette
- **Samuel Langhorne Clemens:** *5* Twain; *9* Mark Twain
- **Charles Dickens:** *3* Boz
- **Aurore Dupin-Dudevant:** *4* Sand; *10* George Sand
- **John Griffith:** *6* London; *10* Jack London
- **Greta Gustafson:** *5* Garbo; *10* Greta Garbo
- **Freiherr Friedrich von Hardenberg:** *7* Novalis
- **Alfred Henschke:** *7* Klabund
- **Emile Herzog:** *7* Maurois; *12* André Maurois
- **Charles Ed. Jeanneret:** *11* Le Corbusier
- **Hans Kinau:** *4* Fock; *9* Gorch Fock
- **Gerhard Kremer:** *8* Mercator
- **Frank Lateur:** *9* Streuvels; *14* Stijn Streuvels
- **Niembsch Edler von Strehlenau:** *5* Lenau; *13* Nikolaus Lenau
- **Mathis Nithardt:** *10* Gruenewald; *18* Matthias Gruenewald
- **Jean Baptiste Poquelin:** *7* Molière
- **Ferdinand Raimann:** *7* Raimund
- **Friedrich Richter:** *8* Jean Paul
- **Jacopo Robusti:** *10* Tintoretto
- **Raffaello Santi:** *7* Raffael
- **Kurt Suckert:** *9* Malaparte; *15* Curzio Malaparte
- **Domenico Theotokopuli:** *5* Greco; *7* El Greco
- **Max Winterfeld:** *7* Gilbert; *11* Jean Gilbert
- **Margarete Zelle:** *8* Mata Hari

Psyche: *5* Seele
Psyches Geliebter: *4* Amor
psychische Depression: *11* Melancholie
psychologisches Experiment: *4* Test
Publikation: *17* Veroeffentlichung
Publizist: *10* Journalist
Pudergrundstoff: *4* Talk; *6* Talkum
Puderzucker: *8* Farinade
Puffer für Schiffe: *6* Fender
Puffmais: *7* Popcorn
Pullover: *6* Jumper; *7* Sweater
Pulsader: *7* Arterie
Pulswärmer: *7* Stutzen
Pult: *8* Katheder
Pulver: *5* Puder
Pulverladung: *9* Kartusche
Puma: *6* Kuguar
Pump: *4* Borg; *5* Leihe; *6* Kredit
pumpen: *6* borgen, leihen
Pumpenkolben: *6* Piston
Pumphose: *13* Knickerbocker
Punkt: *3* Ort; *5* Point; *6* Stelle; *7* Flecken
Punkt auf dem Würfel: *4* Auge
Punktezahl beim Sport: *5* Score
pünktlich: *5* exakt; *6* prompt, strikt; *7* praezis; *8* praezise
Puppe: *5* Larve
Puppenhülle (bei Insekten): *5* Kokon
Puppenmutter: *5* Kruse
Puppenspiel: *15* Kasperletheater; *16* Marionettenspiel
pur: *4* rein; *13* unverfaelscht
Purzelbaum: *6* Kobolz
purzeln: *6* fallen; *8* stolpern
pusten: *6* blasen
Pusztaschenke: *6* Csarda
Putsch: *8* Aufstand; *9* Rebellion
Putten: *6* Genien; *9* Amoretten
Putz: *6* Zierat; *7* Schmuck
Putzbrett des Maurers: *11* Kartaetsche
putzen: *8* polieren; *9* frisieren
Putzmacherin: *8* Modistin; *9* Midinette; *11* Hutmacherin
putzsüchtig: *5* eitel
Pygmäenstamm in Afrika: *4* Kivu; *5* Twide; *7* Bambuti
Pygmäenvolk in Asien: *4* Aeta; *5* Wedda; *6* Semang; *8* Negritos
Pyjama: *11* Schlafanzug
Pyramidenort in Ägypten: *5* Medum
Pyrenäenbewohner: *5* Baske
Pyrenäengipfel: *5* Aneto; *7* Canigou; *9* Maladetta
Pyrenäenrepublik: *7* Andorra
Pyrenäenvolk: *6* Basken
Pythonschlange: *6* Assala

Q

Quackelbusch: *9* Wacholder
Quacksalber: *10* Medikaster, Scharlatan; *11* Kurpfuscher
Quader: *6* Prisma; *8* Baustein
Quadrant: *11* Kreissektor; *12* Viertelkreis
quadratische Platte am Kopfstück von Säulen: *6* Abakus
quadratischer Raum: *7* Geviert
Quadriga: *11* Viergespann
Quadrillefigur: *3* Eté
Qual: *3* Not; *4* Crux, Last, Leid, Pein; *5* Plage; *6* Folter, Marter, Tortur; *7* Schmerz; *8* Drangsal
quälen: *8* striezen; *10* kujonieren; *13* maltraetieren
qualenerleidender griechischer Sagenkönig: *8* Tantalus
Quäler: *10* Schikaneur
Quälgeist: *5* Drude
Qualität: *4* Wert; *5* Guete
Qualitätsbegriff: *5* Marke
Qualitätsstufe: *6* Niveau
Qualle: *5* Polyp; *6* Meduse
Qualm: *5* Dunst, Rauch; *6* Brodem, Wrasen
Quantität: *5* Masse, Menge; *7* Groesse
Quantum: *5* Dosis, Menge; *6* Ration
Quartiergeld: *6* Servis
Quarzsteinchen: *6* Kiesel
Quarzstück: *6* Eolith
quasseln: *5* reden
Quast: *6* Pinsel
Quaste: *5* Tolle; *6* Pompon, Zottel; *7* Troddel; *8* Posament
Quatsch: *6* Unsinn
Quecksilberverbindung: *7* Amalgam, Kalomel; *8* Sublimat
Quell: *4* Born; *5* Bronn
Quelle: *7* Fundort; *8* Herkunft, Ursprung
Quellfluß
- **des Amazonas:** *7* Maranon
- **des Amur:** *5* Argun; *7* Schilka
- **der Donau:** *4* Breg; *7* Brigach
- **der Dwina:** *7* Suchona
- **des Euphrat:** *6* Karasu; *7* Muradsu
- **des Kongo:** *7* Lualaba
- **der Lena:** *5* Witim
- **des Nil:** *6* Kagera; *9* Blauer Nil
- **des Ohio:** *9* Alleghany; *11* Manongahela
- **des Paraná:** *9* Rio Grande
- **des Pregel:** *6* Inster
- **des Rio Negro:** *5* Limay
- **des Senegal:** *6* Bafing, Bakhoi
- **des Weißen Nil:** *5* Sobat
- **der Weser:** *5* Fulda, Werra
- **des Ubangi:** *5* Ulle

Quellgebiet des Hinterrhein: *12* Rheinwaldtal
- **des Isonzo:** *13* Julische Alpen

Quellgeist der nordischen Sage: *5* Mimir
Quellgöttin der römischen Sage: *6* Egeria
Quellnymphe der griechischen Sage: *6* Najade; *8* Arethusa
Quellsee des Blauen Nils: *7* Tanasee
Quemoy: *6* Kinmen
Quendel: *7* Thymian
quer verlaufend: *11* transversal
Queraxt: *7* Dechsel
Querbalken: *8* Spriesse, Traverse; *9* Architrav
Querbank in Booten: *5* Ducht
Querbeil: *7* Dechsel
Querel: *10* Beschwerde
Querfeldein-Motorradrennen: *9* Moto-Cross
Querfeldeinrennen: *12* Cross Country
quergestreift: *7* travers
Querholz der Leiter: *7* Sprosse
querköpfig: *8* obstinat
Querlinie: *9* Diagonale
Querpfeife: *6* Floete; *7* Piccolo, Pikkolo; *9* Pfiferino
Querschiff einer Kirche: *8* Transept
- **im niedersächsischen Bauernhaus:** *5* Flett

Querschläger: *11* Prellschuss
Querschnitt: *6* Profil
Querstange: *3* Raa, Rah; *4* Holm, Rahe; *5* Barre
Querverbindung der Eisenbahnschienen: *8* Schwelle
Querversteifung: *8* Traverse
Quetschung: *9* Kontusion
Quickborn: *9* Jungbrunn
Quintessenz: *6* Pointe; *9* Kernpunkt
quittieren: *9* verlassen; *11* bestaetigen
Quittung: *3* Bon; *5* Beleg, Kupon
Quodlibet: *9* Potpourri; *10* Kunterbunt
Quote: *6* Anteil
Quotient beim Dividieren: *8* Resultat

R

Rabatt: *5* Abzug; *6* Skonto; *8* Nachlass; *13* Preisnachlass
Rabe Odins: *5* Hugin, Munin
Rabenvogel: *4* Rabe; *5* Dohle; *6* Elster, Haeher, Kraehe; *8* Kolkrabe; *10* Alpendohle, Saatkraehe; *11* Nebelkraehe; *12* Eichelhaeher, Tannenhaeher
rabiater Mensch: *7* Grobian
Rache: *8* Revanche, Vendetta
Rachegöttin: *5* Furie; *6* Alekto; *7* Erinnye, Megaere, Megaira; *8* Eumenide; *9* Tisiphone
rächen: *6* ahnden
Rachen: *4* Fang; *7* Schlund
Rachenblütler: *9* Braunwurz, Fingerhut, Leinkraut; *10* Ehrenpreis, Loewenmaul; *12* Koenigskerze
Rachenbräune: *10* Diphtherie
Rachenmandel: *8* Tonsille
Rachsucht: *8* Rankuene
Rackenvogel: *9* Wiedehopf
Radarmessung: *6* Ortung
Radau: *5* Krach, Laerm; *6* Unruhe
Räderfahrzeug: *5* Wagen
Räderwerk: *8* Getriebe, Mechanik; *11* Mechanismus; *12* Transmission
Radiator: *8* Strahler; *11* Heizkoerper
Radieren: *5* Rasur
Radierung: *5* Stich; *8* Gravuere
Radikaler: *9* Desperado
radioaktiver Niederschlag: *7* Fallout
radioaktives Element: *4* Blei, Uran; *5* Radon; *6* Curium, Radium, Wismut; *7* Astatin, Fermium, Thorium; *8* Aktinium, Francium, Polonium, Thallium; *9* Centurium, Neptunium, Plutonium
Radiozubehör: *7* Antenne
Radkranz: *5* Felge
Radmitte: *4* Nabe
Radrennfahrer: *6* Steher; *7* Flieger
Radrennstrecke: *5* Piste
Radteil: *4* Nabe, Pneu; *5* Felge, Kranz; *6* Reifen, Ventil; *7* Speiche; *8* Schlauch
Raffel: *5* Reibe
raffen: *6* horten, reffen, zerren, ziehen; *8* hamstern; *9* drapieren, schuerzen
Raffgier: *4* Geiz; *8* Habsucht
Raffinade: *6* Zucker
raffiniert: *4* kess; *5* smart; *6* schlau; *7* gewieft, gewiegt; *8* gerieben, gerissen; *12* durchtrieben
Rage: *3* Wut; *4* Zorn; *7* Raserei
Ragout aus Wildgeflügel: *5* Salmi; *6* Salmis
Ragwurzknolle: *5* Salep
Rahels Mann: *5* Jakob
Rahenende: *4* Nock
Rahenhalter: *4* Rack
Rahm: *5* Sahne
Rahmen: *5* Frame, Kader, Raehm; *7* Chassis, Gestell, Skelett, Traeger
Rainweide: *8* Liguster
Raketentreibstoff: *8* Monergol
Rammpfahl: *6* Pilote
Rampe: *6* Perron
Ramsch: *6* Schund, Tinnef; *7* Plunder
Rand: *4* Saum; *5* Kante; *6* Krempe
Rand von Körperöffnungen: *5* Lippe
– der Manege: *5* Piste
randalierender Pöbel: *3* Mob
Randbeet: *7* Rabatte
Randbemerkung: *6* Glosse; *10* Marginalie
Randgebiet: *10* Peripherie
Randgebirge des Pamir: *4* Alai
Randleiste: *4* Sims; *6* Gesims
Randmeer des Stillen Ozeans: *9* Beringsee; *10* Beringmeer
Randstreifen neben der Fahrbahn: *7* Bankett
Randverdickung: *5* Wulst
Randverzierung: *5* Sicke
Randverzierung in Büchern: *8* Vignette
Rang: *5* Stand; *6* Charge, Klasse, Niveau, Wuerde; *8* Stellung
Rangältester: *5* Doyen
Rangbezeichnung: *5* Titel; *9* Praedikat
Range: *4* Goer; *5* Goere
rangmäßig: *7* gradual
Rangordnung: *10* Hierarchie
Rangverlust: *12* Degradierung
Ranke: *4* Rebe
Ränke: *4* List; *6* Kabale, Tuecke; *7* Arglist, Intrige; *13* Machinationen
Ränkemacher: *10* Schikaneur
rankenförmige Verzierung: *8* Arabeske
Rankengewächs: *4* Efeu, Wein; *5* Liane
Rankenwerk: *8* Ornament
Ränkeschmied: *9* Intrigant
Ranzen: *7* Raenzel; *8* Rucksack; *9* Felleisen, Tornister
Ranzen der Handwerksburschen: *9* Felleisen
rapid: *6* rasant; *7* schnell
Rappel: *3* Wut
Rapport: *7* Bericht, Meldung
Rarität: *10* Seltenheit
rasch: *5* flink, flott, flugs, rapid; *6* hurtig, prompt, rapide, rasant, sofort; *7* schnell
Rasen: *5* Wiese
rasen: *5* toben
rasend: *4* toll; *6* rabiat, rasant; *10* frenetisch
rasendes Weib: *5* Furie; *7* Maenade, Megaere
Rasenpflanze: *4* Gras
Rasenspiel: *4* Golf; *7* Croquet, Krocket
Rasenstück: *4* Sode
Raserei: *3* Wut; *4* Amok, Rage; *5* Lyssa; *6* Furore
Rasieren: *5* Rasur
Raspel: *5* Feile
Rassehund → Hunderasse
Rasselinstrument: *12* Schellenbaum
Rassentrennung in Südafrika: *9* Apartheid

Rassenwahn: *9* Rassismus
Rassepferd: *6* Araber
rassig: *9* schnittig
Rast: *4* Ruhe; *5* Pause
rasten: *5* ruhen
rastlos: *7* nervoes
Rastlosigkeit: *6* Unruhe; *11* Nervositaet
Rastort: *6* Etappe
Rat: *3* Tip; *4* Wink; *5* Senat; *6* Hinweis; *9* Consilium, Magistrat
Rat der Alten in Sparta: *7* Gerusia
Rate: *5* Quote
ratenweise Schuldtilgung: *12* Amortisation
Ratespiel: *4* Quiz
Ratgeber: *6* Beirat, Mentor; *7* Berater
Ratgeber Karls des Großen: *6* Alkuin
– des Telemach: *6* Mentor
Rathaus in Frankfurt a. M.: *6* Roemer
– in London: *9* Guildhall
Ration: *4* Mass; *5* Dosis, Menge; *7* Portion
rationieren: *8* dosieren; *9* einteilen
ratlos: *7* perplex
Rätoromane: *7* Ladiner
ratsam: *9* indiziert
Rätsel lösen: *5* raten
Rätselart: *4* Quiz; *5* Rebus; *7* Homonym, Problem; *8* Anagramm, Scharade, Suchbild; *9* Kreuzwort, Mysterium, Palindrom; *10* Vexierbild; *11* Kryptogramm; *13* Roesselsprung, Silbenraetsel
Rätselfreund: *5* Rater
rätselhaft: *10* mysterioes
rätselhafte Naturkraft: *2* Od
Ratsherr: *7* Senator
Ratsherr in angelsächsischen Ländern: *8* Alderman
Raub: *6* Rapuse; *8* Kaperung; *9* Piraterie
Räuber: *6* Bandit; *7* Brigant; *8* Gangster
räuberischer Singvogel: *7* Wuerger; *10* Neuntoeter
Raubfisch: *3* Aal, Hai; *4* Salm; *5* Hecht, Lachs; *6* Barsch, Dorsch, Huchen, Rochen, Zander; *7* Blauhai, Forelle, Muraene, Piranha; *8* Kabeljau, Saibling; *11* Bachforelle, Schellfisch
Raubinsekt: *7* Libelle
Raubkatze: *4* Puma; *5* Irbis, Kuder, Loewe, Luchs, Tiger; *6* Gepard, Jaguar, Kuguar, Ozelot, Serval; *7* Leopard, Panther; *9* Wildkatze; *12* Koenigstiger
Raubtier: *4* Baer, Nerz, Puma, Ratz, Wolf; *5* Dachs, Dingo, Fuchs, Iltis, Katze, Loewe, Luchs, Mungo, Skunk, Tiger, Zobel; *6* Hyaene, Jaguar, Kuguar, Marder, Ozelot, Pardel, Serval, Wiesel; *7* Eisbaer, Grizzly, Leopard, Panther, Schakal; *8* Eisfuchs, Hermelin; *9* Frettchen, Ichneumon, Stinktier, Vielfrass, Waschbaer, Wildkatze; *10* Baummarder, Edelmarder, Fischotter, Grislybaer, Polarfuchs, Zibetkatze; *11* Pharaoratte, Silberloewe, Steinmarder; *12* Koenigstiger
Raubtierpfote: *5* Klaue, Tatze; *6* Pranke
Raubvogel: *3* Uhu; *4* Eule, Kauz, Weih; *5* Adler, Falke, Geier, Greif, Milan, Weihe; *6* **Kondor, Lanner, Merlin**; *7* **Bussard, Gaukler, Habicht, Harpyie, Sperber**; *9* **Sekretaer, Turmfalke**
Raubvogelnest: *5* Horst
Rauch: *5* Dunst, Qualm; *6* Abgase, Brodem, Wrasen; *8* Schwaden
rauchen: *6* paffen
rauchende Schwefelsäure: *5* Oleum
Räucherhering: *9* Bueckling
Räucherwerk: *6* Myrrhe
Rauchfang: *4* Esse; *5* Kamin
Rauchgerät: *6* Ascher, Pfeife; *12* Aschenbecher, Wasserpfeife; *14* Zigarrenspitze
Rauchkraut: *5* Tabak
Rauchsäule über Vulkanen: *8* Fumarole
Rauchfang: *4* Esse; *5* Kamin; *6* Schlot
Rauchware: *4* Pelz
Raufbold: *5* Rowdy; *8* Hooligan
Rauferei: *11* Handgemenge
rauh: *4* derb, grob; *6* barsch, heiser
rauhe Stelle: *10* Unebenheit
Rauhfutter: *3* Heu; *8* Haecksel
Rauhware: *5* Biber; *6* Molton; *7* Flanell; *8* Barchent, Velveton
Raum: *4* Saal; *5* Flett, Gaden, Halle, Pesel, Platz, Salon, Stube; *6* Gelass, Gemach, Kabine, Kammer, Zimmer; *7* Kajuete; *10* Lokalitaet
Raum
– im antiken Tempel: *4* Naos; *5* Cella
– des Bundeshauses: *10* Plenarsaal
– in Burgen: *6* Remter; *8* Kemenate
– unter dem Dach: *3* Oke; *5* Boden; *6* Buehne
– in Kirchen (für Geistliche): *9* Sakristei
– in Klöstern: *6* Klause; *11* Dormitorium, Refektorium
– für Kraftfahrzeuge: *6* Garage
– für Wertsachen: *4* Safe; *6* Tresor; *11* Stahlkammer
Raumbegrenzung: *4* Wand
Raumbegriff: *5* Hoehe; *6* Breite, Laenge
Raumfahrer: *9* Astronaut, Kosmonaut
Raumfahrt: *11* Astronautik
Raumfahrtbehörde der USA: *4* NASA
Raumfahrtzentrum: *9* Kosmodrom
Rauminhalt: *7* Volumen
Rauminhalt eines Schiffes: *7* Tonnage
Raumlehrer: *12* Mathematiker
räumlich begrenzt: *3* eng
Raummaß für Holz: *4* Ster
Raumschiff: *6* Rakete; *8* Satellit
Raumseher: *10* Stereoskop
Raumsicht: *11* Perspektive
Raumton: *12* Quadrophonie, Stereophonie
Raumüberwölbung: *6* Kuppel
raunen: *7* wispern
raupenähnliche Seidenschnur: *8* Chenille
Raupenfahrzeug: *9* Bulldozer
Rausch: *5* Dusel; *6* Taumel; *7* Schwips
Rauschgift: *3* LSD; *4* Koks; *5* Opiat, Opium; *6* Heroin, Kokain; *7* Alkohol, Ecstasy, Morphin; *8* Meskalin, Morphium, Muskarin; *9* Haschisch, Marihuana; *10* Narkotikum

Rauschgifthändler: *6* Dealer, Pusher
Rauschgiftsüchtiger: *9* Narkomane
Rauschgold: *7* Flitter
Rauschgras: *5* Lolch
Rauschmittel: *10* Narkotikum
Rauschzustand: *8* Delirium
Raute: *4* Karo; *7* Rhombus
Reagensmittel: *7* Lackmus
Reaktion: *12* Rueckwirkung
reaktionär: *5* feudal
Reaktionsauslöser: *11* Katalysator
real: *5* reell; *7* konkret; *8* dinglich, effektiv
Realität: *8* Tatsache; *11* Gegebenheit; *12* Wirklichkeit
Rebell: *8* Meuterer; *9* Insurgent; *10* Aufruehrer
Rebensaft: *4* Wein
Rebensorte: *7* Gutedel; *8* Riesling, Silvaner, Traminer; *9* Rulaender; *10* Trollinger; *11* Muskateller, Portugieser; *14* Mueller-Thurgau, Spaetburgunder
Rebus: *13* Bilderraetsel
Rechen: *5* Harke
Rechenanlage: *2* DV; *3* EDV; *8* Computer; *16* Elektronengehirn; *17* Elektronenrechner
Rechenart: *8* Addition, Division, Integral; *11* Subtraktion; *12* Differential; *14* Multiplikation
Rechenaufgabe: *7* Exempel
Rechenergebnis: *5* Fazit, Summe; *7* Produkt
Rechenschaft: *7* Bericht, Rapport; *8* Auskunft
Rechentafel der Griechen und Römer: *6* Abakus
Rechnen mit Buchstaben: *7* Algebra
– mit Zahlen: *10* Arithmetik
Rechnung: *4* Nota, Note; *5* Konto; *6* Faktur; *7* Faktura
Rechnungsbehörde: *7* Rentamt; *8* Quaestur; *9* Finanzhof, Kaemmerei, Rendantur
Rechnungsbetrag: *6* Posten
Rechnungsführer: *7* Rendant
Recht: *3* Ius, Jus; *6* Gesetz
Rechte eines Schutzherrn: *9* Patronate
rechte Schiffsseite: *10* Steuerbord
– Seite der Buchführung: *5* Haben; *6* Kredit
Rechteck: *4* Karo; *7* Quadrat, Rhombus, Viereck; *8* Orthogon; *14* Parallelogramm
rechteckig: *6* oblong
rechter Zufluß → Nebenfluß
Rechtfertigung: *13* Justifikation
rechtgläubig: *8* orthodox
rechtlich, rechtmäßig: *5* legal, loyal; *7* legitim; *9* juristisch
Rechtsanspruch: *5* Claim
Rechtsanwalt: *7* Advokat
Rechtsbeistand: *6* Anwalt; *8* Syndikus; *9* Justitiar
Rechtsbrauch: *4* Usus
rechtschaffen: *5* loyal; *6* honett
Rechtschreibung: *12* Orthographie
Rechtschreib-Wörterbuch: *5* Duden
Rechtsgelehrter im Islam: *5* Ulema
Rechtsgrund: *5* Titel
Rechtsgrundlage: *6* Gesetz; *10* Verordnung; *16* Rechtsverordnung
rechtsgültig: *11* authentisch
Rechtskundiger: *6* Jurist
Rechtsmittel: *6* Rekurs; *8* Berufung, Revision
Rechtsnachfolge: *10* Sukzession
Rechtsorgan: *7* Gericht
Rechtspflege: *6* Justiz; *8* Judizium
Rechtsprecher: *7* Richter
– im alten Friesland: *5* Asega
Rechtsprechung: *9* Judikatur; *12* Jurisdiktion
Rechtsspruch: *6* Urteil
Rechtsstreit: *7* Prozess
Rechtsverdreher: *8* Rabulist
Rechtsverdrehung: *10* Rabulistik
Rechtsvergünstigung: *7* Benefiz
Rechtsweg: *7* Instanz
rechtswidrig: *7* illegal; *9* illegitim
rechtswidrige Aneignung: *10* Usurpation
Rechtswidrigkeit: *8* Verstoss
Rechtswissenschaft: *3* Jus; *4* Jura; *12* Jurisprudenz
rechtwinklig: *10* orthogonal
rechtzeitig: *6* prompt; *10* puenktlich
rechtzeitiger Hinweis: *7* Warnung
Recke: *4* Held; *5* Riese; *7* Krieger
Rede vor Gericht: *9* Plaedoyer
Redefluß: *5* Suada, Suade; *6* Tirade
Redekunst: *8* Rhetorik
redekünstlerisch: *10* rhetorisch
reden: *5* sagen; *8* sprechen
Redensart: *6* Phrase, Slogan; *7* Floskel
Redensarten: *10* Brimborium
Rederei: *7* Klatsch
Redeschlacht: *7* Debatte
Redewendung: *6* Phrase, Slogan; *7* Floskel
redlich: *4* fair, treu; *5* loyal, reell; *6* bieder, wakker; *7* integer
Redner: *10* Rhetoriker
Redner der Antike: *6* Rhetor
Rednerbühne: *4* Pult; *6* Kanzel, Podest, Podium, Rostra; *8* Tribuene
rednerisch: *10* oratorisch
Referat: *7* Vortrag
– über ein Buch: *9* Rezension
Referenz: *8* Auskunft; *10* Empfehlung
referieren: *9* berichten, vortragen
Reflektant: *8* Bewerber
Reflektor: *7* Spiegel; *8* Teleskop
Reformator: *3* Hus; *6* Calvin, Luther; *7* Zwingli; *10* Bugenhagen; *11* Melanchthon
Refrain: *8* Kehrreim
Regal: *4* Bord, Fach; *7* Gestell; *8* Staender, Stellage
rege: *4* agil; *6* eifrig; *7* rastlos
Regel: *4* Norm; *5* Kanon; *7* Komment, Ordnung, Satzung
Regeldetri: *8* Dreisatz
regelmäßig: *6* normal, stetig; *8* geordnet, regulaer, zyklisch; *10* rhythmisch
regelmäßige Versicherungsleistung: *5* Rente
regelmäßiger Wechsel: *6* Turnus
regeln: *5* leiten, ordnen; *7* richten; *9* justieren; *10* dirigieren, regulieren

regelrecht: *6* normal; *8* regulaer
Regelverstoß im Sport: *4* Foul
regelwidrig: *4* foul; *6* abnorm, anomal; *7* anormal
Regelwidrigkeit: *4* Foul; *8* Anomalie
Regenbekleidung: *4* Cape; *6* Anorak, Kapuze; *7* Oelzeug; *8* Pelerine; *10* Trenchcoat, Waterproof; *11* Regenmantel
Regenbogenhaut des Auges: *4* Iris
Regengöttin: *7* Plejade
Regenmantel: *8* Pelerine; *10* Waterproof
Regenmesser: *11* Pluviometer
regenreichster Ort der Erde: *11* Cherrapunji
Regenschauer: *4* Guss
Regenschirm: *9* Parapluie
Regenschreiber: *9* Ombograph
Regent: *7* Monarch; *8* Potentat; *9* Herrscher
Regenumhang: *4* Cape; *8* Pelerine
Regenwasserbehälter: *5* Tonne; *8* Zisterne
Regenwolke: *6* Nimbus
Regieassistentin beim Film: *10* Scriptgirl
Regierung: *5* Senat; *6* Regime; *8* Kabinett, Regiment; *12* Gouvernement
Regierung der Sowjetunion: *5* Kreml
Regierungsausschuß: *5* Junta
Regierungsbehörde: *5* Senat; *11* Ministerium
Regierungschef: *7* Kanzler, Premier; *10* Praesident
Regierungsvertreter: *8* Resident; *10* Gouverneur
regierungsfeindlich: *13* oppositionell
Regierungslosigkeit: *8* Anarchie
regierungstreu: *5* loyal
Regierungsmitglied: *8* Minister
Regierungssitz: *8* Residenz
Regierungssitz
- **der Bundesrepublik Deutschland:** *4* Bonn
- **der Niederlande:** *4* Haag; *7* Den Haag
- **der Südafrikanischen Republik:** *8* Pretoria
- **der USA:** *10* Washington

Regierungszeit eines Papstes: *10* Pontifikat
Region: *4* Zone; *6* Bezirk, Gebiet, Gegend
Regisseur: *11* Spielleiter
Register: *5* Liste; *11* Verzeichnis
Registratur: *6* Ablage; *12* Aktenschrank; *13* Aktensammlung
Regler: *6* Ordner; *8* Rheostat; *9* Regulator; *10* Thermostat
regsam: *4* rege
regungslos: *6* torpid
Regungslosigkeit: *6* Torpor
Reh: *4* Bock, Kitz; *5* Geiss, Ricke
rehfarbig: *7* chamois
Reibeisen: *5* Reibe; *6* Raffel, Raspel
Reibelaut: *8* Frikativ
reiben: *8* polieren
Reibereien um Zuständigkeit: *22* Kompetenzschwierigkeit
Reibkeule: *7* Pistill
Reibung: *8* Friktion
Reich
- **der Feuerriesen:** *10* Muspelheim
- **der Kälte:** *8* Niflheim
- **der Mitte:** *5* China
- **der Riesen:** *6* Utgard
- **des Satans:** *6* Hoelle
- **der Toten:** *5* Hades, Orkus; *9* Unterwelt; *13* Schattenreich

reichen: *5* geben
reicher Mann: *5* Nabob; *7* Kroesus
- **Nichtstuer:** *7* Playboy

reichlich: *7* opulent
Reichsritter: *5* Geyer; *6* Hutten; *9* Sickingen; *12* Berlichingen
Reichtum: *6* Mammon
Reichweite: *6* Radius; *13* Aktionsradius, Wirkungskreis
Reif: *4* Ring
Reife des Weins: *5* Firne
Reifen: *4* Pneu
Reifendruck: *4* atue
Reifenteil: *6* Ventil; *8* Schlauch
Reifeprüfling: *10* Abiturient
Reifeprüfung: *3* Abi; *5* Matur; *6* Abitur, Matura; *7* Maturum
Reifezeit: *9* Pubertaet
Reifrock: *9* Krinoline
Reihe: *4* Satz; *5* Folge, Kette, Serie; *6* Zyklus; *7* Kolonne, Sequenz, Stufung; *9* Formation
Reihe von acht Tönen: *6* Oktave
Reihenfolge: *6* Turnus; *10* Klassement
Reiherfederschmuck: *8* Aigrette
Reimform der germanischen Dichtung: *8* Stabreim
reimloses Gedicht: *3* Ode
Reimschmied: *9* Poetaster
rein: *3* pur; *4* klar; *5* netto; *6* lauter, schier; *8* gediegen
Reinbetrag: *5* netto
reiner Quarz: *12* Bergkristall
Reinfall: *4* Pech; *5* Niete; *6* Fiasko; *7* Blamage
Reingewicht: *5* netto
Reinheit: *8* Puritaet
Reinheitsgrad einer Goldlegierung: *5* Karat
reinigen: *5* baden, fegen; *6* kehren; *7* spuelen, waschen, wischen
Reinigung: *3* Bad; *11* Defaekation
Reinigungsanlage: *10* Raffinerie
Reinigungsgerät: *3* Mop, Ule; *5* Besen, Feger, Wedel, Wisch; *6* Feudel; *7* Buerste, Klopfer, Schwamm, Wischer; *9* Staubtuch; *11* Staubsauger
Reisbranntwein: *5* Arrak
Reise: *4* Flug, Tour, Trip; *5* Fahrt; *7* Ausflug, Passage
Reiseausweis: *4* Pass
Reisebedarf: *10* Necessaire
Reisedecke: *5* Plaid
Reisegepäck: *6* Bagage, Koffer, Ranzen, Tasche; *7* Seesack; *8* Rucksack; *9* Tornister
Reisegesellschaft in Afrika: *6* Safari
- **im Orient:** *8* Karawane

Reisehandbuch: *8* Baedeker
Reisekreditbrief: *11* Reisescheck; *15* Travellerscheck
Reisender: *7* Tourist; *8* Fahrgast; *9* Passagier

Reisesack: *9* Felleisen
Reiseweg: *5* Route; *7* Strecke
Reisewesen: *9* Tourismus, Touristik
Reisewohnwagen: *7* Caravan; *9* Wohnmobil
Reisgericht: *5* Pilaf, Pilaw; *7* Risotto; *8* Risi-Pisi
Reisigbündel: *8* Faschine
Reisiggeflecht: *8* Faschine
reißend: *5* rapid; *6* rapide, rasant
Reißer: *3* Hit; *8* Knueller, Schlager; *10* Bestseller
Reißlinie: *11* Perforation
Reisspeise → Reisgericht
Reißverschluß: *4* Zipp
Reiswein: *4* Sake
Reitbahn: *6* Manege; *9* Hippodrom; *10* Tattersall
Reitdromedar: *5* Mehar
Reiter: *6* Jockey
Reiterabteilung: *6* Beritt; *9* Schwadron
Reiterangriff: *7* Attacke
Reiteraufzug: *9* Kavalkade
Reiterei: *10* Kavallerie
Reitereinheit: *8* Escadron; *9* Schwadron
Reiterfahne: *9* Standarte
Reitergeneral Friedrichs des Großen: *6* Zieten; *8* Seydlitz
Reiterin: *7* Amazone
Reiterkampfspiel im Mittelalter: *6* Buhurt; *7* Turnier
– in Nordafrika: *8* Fantasia
Reitermannschaft: *6* Equipe
Reiterposten: *7* Vedette
Reitersäbel: *8* Pallasch
Reiterschau in Amerika: *5* Rodeo
Reitersoldat: *4* Ulan; *5* Husar; *8* Dragoner; *10* Kuerassier; *11* Kavallerist
– in Nordafrika: *5* Spahi
Reitersoldaten des Mittelalters: *7* Reisige
Reiterspiel: *4* Polo
Reiterstreifzug: *4* Raid
Reitertruppe: *10* Kavallerie
Reitervolk des Altertums: *7* Skythen
– in Asien: *6* Hunnen
Reiterei: *10* Kavallerie
Reiterzug: *9* Kavalkade
Reitfigur der Hohen Schule: *6* Levade, Pesade; *7* Lancade; *8* Kapriole; *9* Ballotade, Courbette, Pirouette
Reithalle: *10* Tattersall
Reithose: *8* Breeches
Reitjacke: *7* Kollett
Reitknecht: *5* Groom
Reitkunst: *10* Hohe Schule
Reitpferd: *3* Kob
Reitschule: *10* Tattersall
Reitsitz: *6* Sattel
Reitstiefelbeschlag: *5* Sporn
Reitstock: *5* Gerte
Reittier: *4* Esel, Muli; *5* Kamel, Pferd; *8* Dromedar, Maulesel
Reitzeug: *6* Sattel, Sporen; *8* Zaumzeug
Reiz: *5* Anmut; *6* Charme, Scharm; *10* Attraktion
reizbar: *7* graetig, nervoes; *9* irritabel; *10* cholerisch
reizen: *7* erregen; *10* irritieren; *11* provozieren
reizend: *8* charmant
Reizker: *9* Gruenling; *10* Hirschling; *13* Birkenreizker
Reizleitungsorgan: *4* Nerv
reizlos: *3* fad; *4* fade
Reizmittel: *9* Stimulans
Reizmittel bei Wettkämpfen: *6* Doping
Reizung: *9* Affektion
reizvoll: *5* apart; *6* pikant; *9* attraktiv; *11* interessant
Reklame: *7* Werbung; *10* Propaganda
Reklamemittel: *4* Film; *6* Plakat, Schild; *7* Anzeige, Inserat; *9* Flugblatt; *10* Handzettel
rekrutiertes Jungpferd: *7* Remonte
Religion: *5* Islam; *8* Judentum, Taoismus; *10* Buddhismus, Hinduismus; *11* Christentum; *12* Schintoismus
Religionsbekenntnis: *10* Konfession
Religionsbuch
– der Christen: *5* Bibel
– des Islam: *5* Koran
– der Juden: *6* Talmud
– der Mohammedaner: *5* Koran
Religionsfrevel: *8* Sakrileg
Religionsgemeinschaft: *5* Sekte; *6* Kirche; *8* Diaspora
Religionslehrer: *8* Katechet
Religionsloser: *5* Heide
Religionsstifter: *4* Mani; *5* Jesus, Moses; *6* Buddha, Laotse; *8* Konfutse, Mohammed; *9* Zoroaster
Religionsunterricht: *9* Katechese
Religionswissenschaft: *9* Theologie
religiöse(r, s)
– Ansprache: *7* Predigt
– Brauch: *5* Ritus
– Eiferer: *5* Zelot
– Erbauungsbuch: *8* Postille
– Erneuerung: *11* Reformation
– Flugschrift: *7* Traktat
– Gemeinschaft: *5* Orden, Sekte
– Gesang: *5* Psalm
– Handlung: *5* Opfer
– Lied: *5* Psalm; *6* Choral
– Minderheit: *8* Diaspora
– Schrift: *7* Traktat
– Übung: *5* Gebet; *6* Askese, Fasten; *7* Andacht; *10* Meditation
– Umgestaltung: *11* Reformation
– Vereinigung: *12* Bruderschaft
– Versenkung: *10* Meditation
Reliquienschrein: *9* Reliquiar
Rembrandts Frau: *6* Saskia; *9* Hendrikje
Reminiszenz: *7* Anklang; *10* Erinnerung
Remus' Zwillingsbruder: *7* Romulus
Rennbahn: *4* Turf; *5* Arena, Piste
Rennbeginn: *5* Start
rennen: *5* eilen; *6* hasten, laufen; *8* preschen
Rennhindernis: *4* Oxer; *6* Huerde
Rennpferd: *6* Renner, Traber; *8* Galopper
Rennreiter: *6* Jockey

Rennruderboot: *3* Gig; *5* Einer; *6* Achter, Vierer, Zweier
Rennschlitten: *3* Bob; *8* Skeleton, Snowkart; *9* Bobsleigh
Rennschuhe: *6* Spikes
Rennstall: *7* Gestuet
Rennstrecke → Autorennstrecke
Rennwagen: *6* Go-Kart
Renommee: *3* Ruf; *7* Ansehen
Rentier: *3* Ren; *7* Rentner
Rentner: *7* Rentier; *9* Privatier
Reptil → Kriechtier
Republik → Staat
Reserve: *6* Ersatz, Vorrat; *9* Ruecklage; *12* Ersatztruppe; *14* Zurueckhaltung
Residenz
– des Agamemnon: *6* Mykene
– des Königs von Libyen: *7* Bengasi; *8* Benghasi
– des Papstes: *7* Vatikan
resolut: *7* beherzt; *9* energisch
Resonanz: *4* Echo; *7* Wirkung; *9* Widerhall
Rest: *5* Abhub, Neige; *6* Relikt; *8* Residuum, Rudiment; *10* Rueckstand
Restaurant: *5* Lokal; *8* Gasthaus
restlos: *4* ganz; *7* absolut, voellig
Retirade: *8* Rueckzug
Rettich: *4* Radi
Rettung: *4* Heil; *5* Hilfe
Rettungsgerät in der Luftfahrt: *10* Fallschirm
Rettungsschlitten: *4* Akja
Rettungswagen: *8* Ambulanz
Reuegefühl: *8* Bedauern
Revanche: *5* Rache; *10* Vergeltung
Reverenz: *5* Gruss; *10* Verbeugung
Revolte: *7* Aufruhr; *8* Meuterei
Revolver: *4* Colt; *8* Browning
Revolution: *7* Umsturz; *8* Aufstand
Revue: *5* Schau
rezent: *3* neu; *6* frisch
Rezitation: *7* Vortrag
Rheinfelsen: *7* Lorelei
Rheinlachs: *4* Salm
Rheinmündungsarm: *3* Lek; *4* Waal; *7* Merwede
Rheinnixe: *7* Lorelei
Rheintochter: *8* Woglinde; *9* Wellgunde; *10* Flosshilde
Rheinzufluß → Nebenfluß des Rheins
rheinisches Mittelgebirge: *5* Eifel; *6* Taunus
Rhesusaffe: *5* Makak
Rhetorik: *9* Redekunst
Rhinozeros: *7* Nashorn
Rhodesien: *6* Sambia; *8* Simbabwe
Rhombus: *5* Raute
Rhônezufluß → Nebenfluß der Rhône
Rhythmen: *5* Takte
rhythmische Bewegung: *4* Tanz
Rhythmuslehre: *8* Rhythmik
Richtblei: *3* Lot
richten: *8* urteilen; *9* justieren; *10* dirigieren; *11* orientieren
Richter: *4* Kadi
Richter Israels: *6* Gideon
Richterin im Alten Testament: *6* Debora
Richterkollegium: *5* Senat
Richterspruch: *6* Urteil
Richterstuhl: *5* Forum
richtig: *7* korrekt
richtigstellen: *11* berichtigen, dementieren
Richtlinie: *9* Anweisung, Direktive
Richtschnur: *4* Norm; *5* Kanon, Regel; *6* Maxime; *8* Standard; *9* Reglement; *11* Instruktion
Richtung: *4* Kurs; *5* Route, Trend; *6* Flucht; *7* Tendenz; *9* Direktion
Richtungsanzeiger: *5* Pfeil; *6* Winker; *7* Blinker
richtungweisend: *14* programmatisch
Riechfläschchen: *6* Flakon
Riechorgan: *4* Nase
Riechstoff: *5* Ambra; *6* Parfum, Zibeth; *7* Moschus, Parfuem
Ried: *4* Moor; *5* Sumpf; *9* Roehricht
Riedgras: *5* Segge
Riegel: *5* Barre; *6* Sperre; *8* Baskuele, Schieber
Riemen: *4* Gurt; *5* Ruder; *7* Guertel
Riemen am Pferdegeschirr: *5* Siele
Riemengabel: *5* Dolle
Riemenpeitsche: *5* Knute; *8* Kantschu; *10* Karbatsche
Riemenschuh: *7* Sandale
Riemenwerk: *5* Siele
Riese: *4* Oger; *5* Huene, Recke, Titan; *6* Gigant, Koloss
Riese
– im Alten Testament: *7* Goliath
– in Drachengestalt (in der nordischen Sage): *6* Fafner, Fafnir
– im französischen Märchen: *4* Oger
– der griechischen Sage: *5* Argus, Atlas, Titan; *6* Kyklop, Zyklop; *7* Antaeus; *8* Polyphem
– der nordischen Göttersage: *4* Ymir; *5* Thrym; *6* Fafner, Fafnir, Fasold
Riesenechse: *8* Krokodil
Riesenechse (ausgestorben): *10* Diplodokus; *12* Brontosaurus
Rieseneidechse: *5* Waran
Riesenelefant: *6* Mammut; *8* Mastodon
Riesenfernrohr: *9* Refraktor
Riesenfisch: *8* Arapaima
Riesengeier: *6* Kondor
Riesengras: *6* Bambus
riesenhaft: *6* immens; *8* kolossal; *9* pyramidal, titanisch; *10* gigantisch, zyklopisch; *11* titanenhaft
riesenhaft wilder Bewohner des Himalaja: *4* Yeti; *12* Schneemensch
Riesenhirsch: *4* Elch
Riesenkänguruh: *6* Boomer
Riesenkrabbe: *7* Simagan
Riesenpapagei: *3* Kea
Riesenrochen: *12* Teufelsfisch
Riesenschachtelhalme des Erdaltertums: *9* Kalamiten
Riesenschildkröte: *8* Tortugas
Riesenschlange: *3* Boa; *6* Assala, Python; *8* Ana-

konda; *13* Tigerschlange; *14* Abgottschlange, Boa constrictor; *15* Koenigsschlange
Riesenstandbild: *6* Koloss
riesenstark: *10* herkulisch
Riesentier der Vorzeit: *7* Saurier
Riesentintenfisch: *5* Krake
Riesenvogel (ausgestorben): *3* Moa; *4* Dodo; *6* Dronte
Riesenvogel der Sage: *3* Ruk; *4* Roch, Rock; *5* Greif
Riesenwuchs: *11* Akromegalie
riesig: *5* enorm; *8* kolossal
riesiger Wächter der griechischen Sage: *5* Argus
Riff: *6* Klippe
rigoros: *4* hart; *6* streng
Rille: *3* Nut; *4* Nute; *5* Delle, Riefe; *6* Furche
Rind: *3* Kuh; *4* Kalb; *5* Bulle, Ochse, Stier; *6* Faerse, Farren, Sterke; *7* Staerke
Rind im Orient: *3* Jak; *4* Zebu; *7* Banteng
Rinde: *5* Borke; *6* Kruste
Rindenteil: *4* Bast, Kork
Rinderart: *3* Jak; *4* Anoa, Gaur, Zebu; *5* Bison, Gayal; *6* Wisent; *7* Banteng, Bueffel, Kerabau
Rinderfett: *4* Talg
Rinderhirt in Nordamerika: *6* Cowboy
– in Südamerika: *6* Gaucho
Rinderlende: *5* Filet, Steak; *9* Rumpsteak
Rinderwade: *5* Hesse
Rindfleischbrühe: *7* Beeftea
Rindslendenstück: *5* Steak; *9* Beefsteak
Rindsrippenstück: *9* Entrecote
Ring: *4* Reif; *6* Schake
Ring
– um den Mond: *3* Hof; *4* Halo
– des Saturn: *4* Anse
– am Segel: *5* Legel
– um die Sonne: *3* Hof; *4* Halo
Ringelblume: *9* Calendula
Ringelkrebs: *5* Assel
Ringeltier: *4* Wurm
Ringelwurm: *4* Egel, Pier; *8* Blutegel, Sandwurm; *9* Regenwurm; *10* Pferdeegel; *11* Roehrenwurm
Ringen in Island: *5* Glima
Ringer: *7* Catcher
Ringergriff: *6* Nelson
ringförmige Koralleninsel: *5* Atoll
Ringmauer: *6* Zingel
Ringstraße: *9* Boulevard
Rinne: *5* Kanal
– im Wattenmeer: *5* Priel
Rinnleiste antiker Tempel: *4* Sima
Rinnsal: *4* Bach
Rinnstein: *5* Gosse, Rinne
Rippenfell: *6* Pleura
Rippenstück: *6* Karree; *8* Kotelett; *9* Entrecote, Karbonade, Schnitzel
Ripsgewebe: *7* Ottoman
Risiko: *6* Wagnis
riskant: *6* gewagt
Rispengras: *3* Poa
Riß: *4* Fuge; *5* Ritze, Spalt; *6* Spalte, Sprung
Rist: *5* Spann
Ritter: *8* Edelmann, Kavalier; *9* Caballero
Ritter der Artusrunde/Tafelrunde: *4* Erek, Owen; *5* Gawan, Iwein; *6* Gawain, Merlin; *7* Tristan; *8* Lancelot, Lanzelot, Parsifal
– der französischen Sage: *8* Blaubart
ritterlich: *6* galant; *8* hoeflich; *11* chevaleresk
ritterlicher Frauendienst: *5* Minne
– Liebhaber: *5* Galan
ritterliches Kampfspiel: *6* Buhurt; *7* Turnier
Ritterorden: *7* Templer; *8* Malteser; *10* Johanniter
Ritterordensbezirk: *6* Ballei
Ritterrüstung: *6* Panzer; *8* Harnisch
Ritterschlag: *8* Akkolade
Ritterspiel: *5* Tjost
Ritual: *4* Kult; *5* Ritus; *6* Agende, Kultus; *8* Liturgie
Ritze: *5* Spalt
Ritzmesser: *8* Lanzette
rivalisieren: *10* wetteifern; *12* konkurrieren
Robbenart: *4* Seal; *7* Seebaer, Seehund, Walross; *8* Blaumann, Meerkalb, Seeloewe; *9* Seemoench; *10* Ohrenrobbe, See-Elefant, Seeleopard
Robbenfell: *4* Seal
robust: *4* derb, grob; *5* stark; *6* baerig; *8* kraeftig
Rochenart: *5* Manta
Rock der Schotten: *4* Kilt
Rockgewand der Inderinnen: *4* Sari
– der Malaien: *6* Sarong
Rodelbahn: *5* Piste
Rogen vom Stör: *6* Kaviar
roh: *4* grob, wild; *5* ruede; *6* brutal, brutto, massiv, rabiat; *10* barbarisch; *12* kannibalisch
Rohbaumwolle: *4* Lint
rohe Gewalt: *14* Brachialgewalt
roher Mensch: *6* Barbar
Roheit: *8* Barbarei
Roherdöl: *7* Naphtha
Rohform einer Plastik: *5* Bosse
Rohling: *5* Rowdy; *6* Barbar; *7* Grobian, Rabauke
Rohkost: *6* Muesli
Rohmaterial für Kerzen: *5* Wachs; *7* Stearin
Rohr: *4* Halm; *5* Binse; *6* Schilf
Rohransatz: *4* Trap; *5* Muffe; *6* Buchse, Nippel; *7* Flansch
Röhrchen: *7* Kanuele
Rohrdurchmesser: *7* Kaliber
Röhrennudeln: *9* Makkaroni
Röhricht: *4* Ried
Rohrleitung
– für Abwässer: *4* Siel
– unter einem Deich: *6* Dueker
– für Erdöl: *8* Pipeline
Röhrling: *7* Boletus
Rohrteil: *4* Trap; *5* Muffe; *6* Buchse, Nippel; *7* Flansch
Rohrverbindung: *7* Flansch
Rohrverbindungsstück: *6* Nippel
Rohrverengung: *5* Duese
Rohschrift: *7* Konzept
Rohseide: *4* Ecru; *5* Ekrue, Grege

Rohstoff: *8* Material
Rohstoff
- **zur Bierbereitung:** *4* Malz; *6* Hopfen
- **für Düngemittel:** *8* Ammoniak, Salpeter
- **für Farben:** *6* Anilin
- **für Heilmittel:** *5* Droge,; *6* Anilin
- **für Kerzen:** *5* Wachs; *7* Stearin
- **für Parfum:** *5* Ambra
- **für Porzellan:** *6* Kaolin
- **für Schokolade:** *5* Kakao
- **für Textilien:** *5* Seide, Wolle; *6* Leinen; *9* Baumwolle; *10* Kunstfaser

Rohwolle des Schafes: *5* Vlies
Rokokoornament: *8* Rocaille
Rolands Hifthorn: *7* Olifant
- **Schwert:** *8* Durendal

Rolladen: *5* Rollo; *7* Rouleau; *8* Jalousie
Rollbahn für Flugzeuge: *5* Piste
Rolle: *4* Part; *5* Spule, Walze; *6* Partie
Rollenfach: *4* Held; *5* Naive; *6* Heldin; *7* Heroine; *9* Bonvivant
Rollenlager: *10* Kugellager
Rollkörper: *3* Rad; *5* Walze
Roman von
- **Andersch:** *6* Efraim; *7* Die Rote
- **Andersen-Nexö:** *5* Pelle
- **Andres:** *8* Sintflut
- **Anet:** *6* Ariane
- **Anzengruber:** *13* Sternsteinhof
- **Arnim:** *14* Kronenwaechter
- **Asch:** *7* Apostel; *9* Nazarener
- **Bachmann:** *6* Malina
- **Balzac:** *12* Chagrinleder
- **Bamm:** *9* Alexander
- **Barbusse:** *5* Feuer
- **Baum:** *15* Menschen im Hotel
- **Bergengruen:** *11* Grosstyrann
- **Bouelle:** *13* Bruecke am Kwai
- **Brachvogel:** *14* Friedemann Bach
- **Broch:** *12* Tod des Vergil; *13* Schlafwandler
- **Brod:** *7* Meister
- **Bromfield:** *11* Grosse Regen; *13* Nacht in Bombay
- **Buck:** *6* Mutter, Soehne; *8* Gute Erde; *11* Haus der Erde
- **Bunin:** *4* Dorf
- **Camus:** *4* Pest; *6* Fremde
- **Carossa:** *8* Arzt Gion
- **Cervantes:** *10* Don Quijote
- **Charrière:** *8* Papillon
- **Colette:** *4* Gigi; *6* Chérie, Mitsou
- **Conrad:** *7* Lord Jim, Rettung
- **Cooper:** *10* Wildtoeter; *12* Lederstrumpf
- **Cronin:** *9* Zitadelle
- **Dahn:** *10* Kampf um Rom
- **Deeping:** *8* Traeumer; *14* Liebe in Fesseln
- **Defoe:** *14* Robinson Crusoe
- **Dickens:** *11* Pickwickier, Oliver Twist; *16* David Copperfield
- **Disraeli:** *7* Tancred; *10* Vivian Grey
- **Doderer:** *8* Daemonen; *10* Merowinger; *15* Strudlhofstiege
- **Dostojewskij:** *5* Idiot; *7* Spieler; *15* Schuld und Suehne
- **Dreiser:** *5* Titan
- **Dumas (Sohn):** *9* Demimonde; *12* Kameliendame
- **Dumas (Vater):** *4* Kean; *14* Drei Musketiere
- **Du Maurier:** *7* Rebecca
- **Dürrenmatt:** *6* Justiz
- **Ebner-Eschenbach:** *11* Krambambuli
- **Ferber:** *8* Cimarron, Giganten
- **Feuchtwanger:** *6* Erfolg; *8* Jud Suess
- **Fielding:** *8* Tom Jones
- **Flaubert:** *8* Salammbo; *12* Madame Bovary
- **Fleuron:** *5* Strix
- **Fontane:** *8* Stechlin; *10* Effi Briest
- **Frenssen:** *8* Joern Uhl; *11* Hilligenlei
- **Freytag:** *5* Ahnen; *12* Soll und Haben
- **Frisch:** *7* Stiller; *9* Homo Faber
- **Galsworthy:** *8* Jenseits; *11* Forsyte Saga
- **Ganghofer:** *13* Klosterjaeger, Martinsklause
- **Giraudoux:** *5* Bella
- **Goethe:** *14* Werthers Leiden
- **Gogol:** *11* Toten Seelen
- **Golon:** *9* Angélique
- **Gorki:** *6* Mutter
- **Gotthelf:** *3* Uli
- **Grass:** *4* Butt; *7* Raettin; *10* Hundejahre; *12* Blechtrommel
- **Green:** *9* Leviathan; *11* Mitternacht
- **Greene:** *8* Attentat
- **Grimmelshausen:** *14* Simplicissimus
- **Gudmundsson:** *13* Kinder der Erde; *15* Morgen des Lebens
- **Gunnarsson:** *10* Geaechtete; *12* Leute auf Borg
- **Habe:** *9* Tarnowska
- **Hagelstange:** *15* Altherrensommer
- **Halbe:** *6* Jugend
- **Hamsun:** *3* Pan; *6* Benoni, Hunger; *8* Viktoria; *12* Segen der Erde; *13* Landstreicher
- **Hartog:** *4* Mary; *6* Stella
- **Hauff:** *12* Lichtenstein
- **Hemingway:** *6* Fiesta
- **Hesse:** *6* Demian; *9* Unterm Rad; *15* Glasperlenspiel
- **Hoffmann:** *9* Kater Murr
- **Huch:** *10* Fall Deruga
- **Hugo:** *7* Elenden
- **Immermann:** *7* Oberhof
- **Jacobsen:** *10* Niels Lyhne
- **Jean Paul:** *5* Titan; *8* Hesperus
- **Joyce:** *7* Ulysses
- **Kafka:** *7* Prozess, Schloss
- **Kästner:** *6* Fabian
- **Keller:** *14* Gruene Heinrich
- **Kellermann:** *4* Meer; *6* Tunnel
- **Kerouac:** *9* Unterwegs
- **Kipling:** *3* Kim
- **Kluge:** *11* Herr Kortuem, Zaubergeige
- **Knittel:** *7* Amadeus, El Hakim, Via Mala
- **Kurz:** *7* Vanadis
- **Lagerkvist:** *5* Zwerg; *8* Barrabas
- **Lagerlöf:** *13* Goesta Berling

- **Lawrence:** *14* Lady Chatterley
- **Lenz:** *7* Vorbild; *13* Deutschstunde
- **Lernet-Holenia:** *9* Standarte; *11* Ljubas Zobel
- **Lesage:** *7* Gil Blas
- **Lewis:** *6* Babbit; *12* Hauptstrasse
- **London:** *13* Koenig Alkohol, Ruf der Wildnis
- **Löns:** *8* Wehrwolf
- **Mailer:** *8* Alptraum
- **Malaparte:** *4* Haut; *6* Kaputt
- **Mann, H.:** *8* Untertan; *10* Goettinnen; *14* Professor Unrat
- **Mann, Th.:** *9* Dr. Faustus; *10* Zauberberg; *12* Buddenbrooks; *13* Lotte in Weimar
- **Mark Twain:** *9* Tom Sawyer; *15* Huckleberry Finn
- **Maupassant:** *6* Bel Ami
- **McCarthy:** *6* Clique
- **McCullough:** *5* Credo; *12* Dornenvoegel
- **Melville:** *7* Redburn; *8* Moby Dick
- **Meredith:** *6* Egoist; *11* Seltsame Ehe
- **Meyrink:** *5* Golem
- **Mitchell:** *15* Vom Winde verweht
- **Montherlant:** *12* Junggesellen
- **Moravia:** *8* Agostina, Roemerin
- **More:** *6* Utopia
- **Morgan:** *5* Quell; *6* Flamme
- **Munthe:** *10* San Michele
- **Nabukov:** *6* Lolita
- **Neumann, A.:** *6* Teufel
- **Pasternak:** *14* Doktor Schiwago
- **Penzoldt:** *11* Powenzbande
- **Plievier:** *6* Berlin, Moskau; *10* Stalingrad
- **Porter:** *12* Narrenschiff
- **Priestley:** *10* Engelgasse
- **Puzo:** *4* Pate; *10* Sizilianer, Mamma Lucia
- **Raabe:** *12* Hungerpastor
- **Remarque:** *12* Triumphbogen
- **Richardson:** *6* Pamela; *8* Clarissa
- **Rinser:** *7* Daniela
- **Rojas:** *5* Azana
- **Rolland:** *11* Clérambault; *14* Johann Christof
- **Roth, J.:** *4* Hiob; *11* Hundert Tage; *14* Radetzkymarsch
- **Rousseau:** *5* Emile
- **Sand:** *5* Lélia; *8* Consuelo
- **Scheffel:** *8* Ekkehard
- **Schnitzler:** *11* Weg ins Freie
- **Scholochow:** *9* Stille Don
- **Scott:** *7* Durward, Ivanhoe, Quentin; *8* Waverley; *10* Kenilworth
- **Segal:** *9* Love Story
- **Seidel:** *10* Wunschkind
- **Selinko:** *7* Desirée
- **Sienkiewicz:** *8* Quo vadis
- **Simpson:** *5* Enkel; *8* Barrings
- **Sinclair:** *5* Sumpf; *6* Boston; *9* Petroleum
- **Solschenizyn:** *12* Krebsstation; *13* Archipel Gulag
- **Spoerl:** *8* Maulkorb; *16* Feuerzangenbowle
- **Stehr:** *10* Nachkommen; *11* Heiligenhof, Stundenglas
- **Steinbeck:** *15* Jenseits von Eden
- **Stevenson:** *11* Schatzinsel
- **Stifter:** *6* Witiko; *10* Nachsommer
- **Streuvels:** *8* Pruetske; *9* Knecht Jan; *11* Flachsacker
- **Sudermann:** *4* Ehre; *9* Frau Sorge; *10* Katzensteg
- **Swift:** *15* Gullivers Reisen
- **Thieß:** *8* Tsushima; *10* Verdammten
- **Tolkien:** *12* Herr der Ringe
- **Tolstoi:** *12* Anna Karenina, Auferstehung; *14* Kreutzersonate; *15* Krieg und Frieden
- **Tomasi:** *7* Leopard
- **Traven:** *11* Totenschiff
- **Turgenjew:** *7* Neuland; *15* Vaeter und Soehne
- **Updike:** *8* Ehepaare
- **Vaszary:** *3* Sie; *6* Monpti
- **Voltaire:** *7* Candide
- **Voß:** *12* Zwei Menschen; *14* Alpentragoedie
- **Waggerl:** *4* Brot; *12* Jahr des Herrn
- **Wallace, L.:** *6* Ben Hur
- **Walpole, Hugh:** *6* Jeremy
- **Wassermann:** *12* Kaspar Hauser; *13* Fall Mauritius
- **Waugh:** *6* Helena
- **Wells:** *12* Zeitmaschine
- **Werfel:** *5* Verdi; *7* Barbara
- **Wiechert:** *7* Majorin; *9* Jedermann; *13* Jerominkinder
- **Wolfe:** *20* Schau heimwaerts Engel
- **Woolf:** *7* Orlando
- **Zola:** *4* Nana; *8* Germinal

Romanabschnitt: *7* Kapitel

romanischer Säulenknauf: *15* Wuerfelkapitell

romanisches Volk in Südtirol: *7* Ladiner

Romanschriftsteller: *9* Romancier

Römerkastell im Taunus: *8* Saalburg

römische(r, s)

- **Adelsgeschlecht:** *5* Chigi; *6* Orsini; *7* Colonna; *8* Borghese
- **Ältestenrat:** *5* Senat
- **Amtstitel:** *8* Magister
- **Ärmelgewand:** *5* Stola
- **Bacchusfest:** *9* Bacchanal
- **Badeanstalten:** *7* Thermen
- **Baumeister:** *6* Vitruv; *9* Borromini
- **Bauwerk:** *7* Lateran, Vatikan; *8* Pantheon, Quirinal; *9* Kolosseum; *12* Peterskirche
- **Beamter:** *6* Zensor; *7* Auditor, Duumvir, Praetor; *8* Praefekt, Quaestor
- **Belagerungsmaschine:** *6* Widder
- **Bezeichnung für Deutschland:** *8* Germania
- **Buch aus Wachsschreibtafeln:** *5* Codex
- **Censor:** *4* Cato
- **Dichter:** *4* Atta, Ovid; *5* Horaz, Lucan, Lukan; *6* Catull, Ennius, Katull, Lukrez, Seneca, Terenz, Tibull, Vergil; *7* Juvenal, Martial, Plautus, Properz; *8* Ausonius, Catullus, Horatius, Phaedrus, Tibullus; *9* Lucretius, Lukretius, Vergilius
- **Dichterin:** *7* Colonna
- **Donauprovinz:** *9* Pannonien
- **Erdgottheit:** *6* Tellus

- **Erntegöttin:** *3* Ops
- **Fabeldichter:** *8* Phaedrus
- **Feinschmecker:** *8* Lucullus
- **Feldgott:** *4* Faun; *6* Faunus
- **Feldherr:** *5* Varus; *6* Aetius, Caesar, Marius, Narses, Scipio; *7* Agrippa, Regulus; *8* Agricola, Camillus, Lucullus, Pompejus
- **Feldzeichen:** *7* Labarum
- **Festung:** *7* Kastell
- **Feuergott:** *6* Vulkan; *8* Vulcanus
- **Filmstadt:** *9* Cinecitta
- **Flöte:** *5* Tibia
- **Flüssigkeitsmaß:** *7* Amphora
- **Frauengewand:** *5* Palla
- **Freiheitsgöttin:** *8* Libertas
- **Friedensgöttin:** *3* Pax
- **Fruchtbarkeitsgott:** *4* Faun; *6* Faunus; *7* Priapus
- **Fruchtbarkeitsgöttin:** *5* Ceres
- **Genießer:** *8* Lukullus
- **Gerichtshof:** *8* Tribunal
- **Geschichtsschreiber:** *5* Nepos; *6* Livius, Sueton; *7* Sallust, Tacitus
- **Gewand:** *4* Toga; *5* Stola; *6* Tunika
- **Gewicht:** *2* As
- **Glücksgöttin:** *7* Fortuna
- **Goldmünze:** *6* Aureus
- **Gott:** *3* Sol; *4* Amor, Faun, Mars, Mors; *5* Janus, Jocus, Liber, Pluto; *6* Apollo, Cupido, Erebus, Faunus, Kupido, Merkur, Neptun, Quirin, Saturn, Somnus, Tellus, Vulkan; *7* Bacchus, Jupiter, Pluvius, Priapus; *8* Aeskulap, Favonius, Lupercus, Pilumnus, Quirinus, Saturnus, Silvanus, Terminus, Vulcanus; *9* Mercurius, Vertumnus
- **Gott der Aussaat:** *6* Saturn; *8* Saturnus
- **Gott des Feuers:** *6* Vulkan; *8* Vulcanus
- **Gott der Fruchtbarkeit:** *4* Faun; *6* Faunus; *7* Priapus
- **Gott des Handels:** *6* Merkur
- **Gott der Heilkunde:** *8* Aeskulap
- **Gott des Krieges:** *4* Mars
- **Gott der Liebe:** *4* Amor
- **Gott des Meeres:** *6* Neptun
- **Gott des Schlafes:** *6* Somnus
- **Gott der Schmiedekunst:** *6* Vulkan; *8* Vulcanus
- **Gott der Sonne:** *3* Sol
- **Gott der Unterwelt:** *5* Pluto
- **Gott des Waldes:** *4* Faun; *6* Faunus
- **Gott des Weines:** *7* Bacchus
- **Gott des Weinstocks:** *5* Liber
- **Gott der Weisheit:** *6* Apollo
- **Gott der Zeit:** *5* Janus
- **Götterbote:** *6* Merkur
- **Göttervater:** *7* Jupiter
- **Göttin:** *3* Nox, Ops, Pax; *4* Cura, Fama, Juno, Luna, Maja, Roma, Spes; *5* Ceres, Copia, Diana, Flora, Furie, Suada, Venus, Vesta; *6* Aurora, Latona, Levana, Libera, Pomona, Tellus, Tutela; *7* Bellona, Fortuna, Majesta, Minerva, Salacia, Veritas; *8* Justitia, Juventas, Libertas, Libitina, Victoria; *9* Concordia, Pudicitia; *10* Abundantia, Proserpina
- **Göttin des Ackerbaus:** *5* Ceres
- **Göttin der Ehe:** *4* Juno
- **Göttin der Eintracht:** *9* Concordia
- **Göttin des Erdwachstums:** *4* Maja
- **Göttin des Erntesegens:** *3* Ops
- **Göttin der ewigen Jugend:** *8* Juventas
- **Göttin der Familie:** *4* Juno
- **Göttin der Freiheit:** *8* Libertas
- **Göttin des Friedens:** *3* Pax
- **Göttin der Fruchtbarkeit:** *5* Ceres
- **Göttin der Gartenfrüchte:** *6* Pomona
- **Göttin der Gerechtigkeit:** *8* Justitia
- **Göttin des Glücks:** *7* Fortuna
- **Göttin des häuslichen Herdes:** *5* Vesta
- **Göttin der Jagd:** *5* Diana
- **Göttin der Jugend:** *8* Juventas
- **Göttin des Krieges:** *7* Bellona
- **Göttin der Liebe:** *5* Venus
- **Göttin des Mondes:** *4* Luna
- **Göttin der Morgenröte:** *6* Aurora
- **Göttin der Rache:** *5* Furie
- **Göttin des Rechts:** *8* Justitia
- **Göttin der Schönheit:** *5* Venus
- **Göttin des Sieges:** *8* Victoria
- **Göttin des Weinstocks:** *6* Libera
- **Göttin der Weisheit:** *7* Minerva
- **Grenzgott:** *8* Terminus
- **Grenzwall:** *5* Limes
- **Gruß:** *3* Ave; *5* Salve
- **Hauptmann:** *8* Centurio, Zenturio
- **Hausgötter:** *5* Laren; *7* Penaten
- **Heereseinheit:** *6* Legion; *7* Kohorte, Manipel; *8* Centurie, Zenturie
- **Heiliger:** *4* Neri
- **Herrschertitel:** *9* Imperator
- **Himmelsgöttin:** *4* Juno
- **Hirtengedicht:** *6* Ekloge
- **Historiker** → römischer Geschichtsschreiber
- **höchste Regierungsbehörde:** *5* Senat
- **Hügel:** *6* Pincio; *7* Aventin, Caelius, Coelius, Kapitol, Palatin, Viminal; *8* Esquilin, Quirinal
- **Jagdgöttin:** *5* Diana
- **Jurist:** *5* Gajus; *6* Ulpian
- **Kaiser:** *4* Nero, Otho; *5* Carus, Galba, Nerva, Titus; *6* Decius, Gallus, Julian, Probus, Trajan, Valens; *7* Gratian, Hadrian, Severus; *8* Antonius, Augustus, Aurelian, Berengar, Caligula, Claudius, Domitian, Galerius, Honorius, Julianus, Oktavian, Tiberius, Valerian, Valerius; *9* Caracalla, Gratianus, Justinian, Mark Aurel, Maxentius, Maximinus, Vespasian, Vitellius; *10* Diokletian, Konstantin, Theodosius; *11* Valentinian; *12* Heliogabalus
- **Kaisergeschlecht:** *6* Julier; *7* Flavier; *8* Claudier
- **Kaiserin:** *9* Agrippina, Messalina
- **Kaiserreich:** *8* Imperium
- **Kaisertitel:** *8* Augustus; *9* Imperator
- **Kalendertage:** *4* Iden; *5* Nonen

- **Kampfspielbahn:** *6* Zirkus
- **Klagegesang:** *6* Naenie
- **Kleidungsstück:** *4* Toga; *6* Tunika
- **Komödiendichter:** *4* Atta; *6* Terenz; *7* Plautus
- **König:** *4* Numa; *5* Ancus; *6* Tullus; *7* Romulus
- **Kriegsgott:** *4* Mars
- **Kriegsgöttin:** *7* Bellona
- **Kriegsmaschine:** *5* Aries
- **Landpfleger in Palästina:** *7* Pilatus
- **Liebesgott:** *4* Amor; *6* Cupido, Kupido
- **Liebesgöttin:** *5* Venus
- **Lyriker** → römischer Dichter
- **Marktplatz:** *5* Forum
- **Mediziner:** *6* Celsus; *7* Galenus
- **Meeresgott:** *6* Neptun
- **Mondgöttin:** *4* Luna
- **Münze:** *2* As; *3* Aes; *5* Denar; *6* Aureus, Quinar; *7* Sesterz; *8* Sesterze
- **Musikinstrument:** *5* Tibia
- **Name Frankreichs:** *7* Gallien
- **Nymphe:** *6* Egeria
- **Obergewand:** *4* Toga
- **Patrizier:** *5* Cinna
- **Patriziergeschlecht:** *6* Livier; *8* Claudier, Meteller; *9* Cornelier
- **Philosoph:** *6* Seneca; *8* Boethius
- **Polizeibeamter:** *5* Aedil
- **Priester:** *5* Augur; *8* Haruspex
- **Priesterin:** *7* Sibylle; *8* Vestalin
- **Prokurator:** *7* Pilatus
- **Provinz in den Alpen:** *7* Raetien
- **Provinz in Kleinasien:** *4* Asia
- **Quellnymphe:** *6* Egeria
- **Rachegöttin:** *5* Furie
- **Rechtsgelehrter:** *5* Gajus; *6* Ulpian
- **Redner:** *6* Cicero
- **Rednerbühne:** *6* Rostra
- **Regierungsbehörde:** *5* Senat
- **Ritter:** *8* Maecenas
- **Rundtempel:** *8* Pantheon
- **Sagengestalt:** *3* Rea; *4* Numa
- **Sakralrecht:** *3* Fas
- **Satiriker:** *7* Juvenal, Martial
- **Schaukämpfer:** *9* Gladiator
- **Schauspieler:** *9* Histrione
- **Schicksalsgöttin:** *5* Parze; *7* Fortuna
- **Schriftsteller:** *4* Ovid; *6* Caesar, Cicero, Ennius, Terenz; *7* Juvenal, Martial, Plinius, Tacitus; *8* Apulejus
- **Schutzgötter:** *5* Laren; *7* Penaten
- **Schutzgöttin der Neugeborenen:** *6* Levana
- **Seehafen:** *13* Civitavecchia
- **Siegesgöttin:** *8* Victoria
- **Silbermünze:** *5* Denar; *7* Sesterz; *8* Sesterze
- **Soldat:** *9* Legionaer
- **Sonnengott:** *3* Sol
- **Staatsmann:** *5* Sulla; *6* Caesar, Marius; *7* Crassus; *8* Camillus, Pompejus; *9* Flaminius; *11* Cincinnatus
- **Stadttor in Trier:** *10* Porta Nigra
- **Statthalter in Britannien:** *8* Agricola
- **Statthalter einer Provinz:** *6* Eparch
- **Sturmbock:** *5* Aries
- **Titel:** *6* Konsul, Liktor, Tribun, Zensor; *7* Praetor; *8* Praefekt; *9* Imperator, Prokonsul
- **Totenfest:** *8* Feralien
- **Totengeist:** *6* Lemure
- **Totenklage:** *6* Naenie
- **Totenseelen:** *5* Manen
- **Truppeneinheit:** *6* Legion; *7* Kohorte, Manipel; *8* Centurie, Zenturie
- **Untergewand:** *6* Tunika
- **Unterwelt:** *5* Orkus
- **Verschwörer:** *6* Brutus; *8* Catilina
- **Viergespann:** *8* Quadriga
- **Volksführer:** *6* Tribun
- **Volksteil:** *8* Plebejer, Quiriten; *9* Patrizier
- **Volkstribun:** *6* Drusus, Rienzi; *8* Gracchus
- **Vollbürger:** *7* Quirite
- **Waldgott:** *4* Faun; *6* Faunus
- **Wasserleitung:** *9* Aquaedukt
- **Weisheitsgöttin:** *7* Minerva
- **Zahlenzeichen**
  für 1:I, für 5:V, für 10:X, für 50:L, für 100:C, für 500:D, für 1000:M
  - **Zeitmaß:** *4* Iden
  - **Zensor:** *4* Cato

Roms größter Redner: *6* Cicero
Romulus' Zwillingsbruder: *5* Remus
rosenförmige Verzierung: *7* Rosette
Rosenlorbeer: *8* Oleander
Rosenpflanzung: *8* Rosarium
Rosinenart: *6* Zibebe; *8* Korinthe; *9* Sultanine
Roß: *4* Gaul; *5* Pferd; *6* Maehre; *7* Klepper
Roß des nordischen Gottes Odin: *8* Sleipnir
Rostbraten: *8* Grillade; *9* Roastbeef
Röstbrot: *5* Toast
rösten: *6* darren
Rostschutzmittel: *7* Mennige
Röstvorrichtung: *5* Darre
Rot beim Roulett: *5* Rouge
Rotation: *4* Tour; *6* Umlauf; *9* Umdrehung
Rotationsmaschine: *6* Presse; *13* Schnellpresse
rotbraune Farbe: *5* Siena
rotchinesisch → chinesisch
rotchinesischer Staatsmann: *3* Mao; *10* Mao Tse-tung
Rötel: *8* Haematit
rote Rübe: *4* Bete
roter Farbstoff: *5* Eosin; *6* Karmin, Purpur; *7* Fuchsin, Phloxin, Ponceau; *8* Alizarin, Karmesin, Korallin, Zinnober; *9* Karthamin; *11* Koschenille
- **Farbton:** *4* rosa; *5* krapp, rubin; *6* karmin; *7* purpurn; *8* zinnober
- **Kampfflieger:** *10* Richthofen

Rothaut: *8* Indianer
rotierender Körper: *5* Walze; *7* Kreisel
Rotte: *5* Horde, Schar, Trupp; *6* Gruppe
Rotwein: *7* Rotspon
- **mit Gewürzen:** *9* Gluehwein

Rotwelsch: *4* Cant
Rotwild: *3* Reh; *6* Hirsch

Roulettausdruck: *4* Noir, Pair, Zéro; *5* Passe, Rouge; *6* Impair, Manque
Route: *5* Kurs; *7* Strecke
Rubens' Frau: *6* Helene; *8* Isabella
Rübensaft: *5* Sirup
Rubrik: *4* Fach; *6* Klasse, Spalte
ruchlos: *5* boese, infam; *6* gemein
rückbezüglich: *8* reflexiv
Rückbildung: *10* Regression
Rückblick: *10* Erinnerung; *11* Reminiszenz
Rückbuchung: *6* Storno
Rücken: *5* Kreuz; *6* Buckel
Rückenkammechse: *6* Leguan
Rückenlast: *4* Reff; *5* Hucke, Kiepe
Rückenmarkschwindsucht: *5* Tabes
Rückenstück vom Fisch: *5* Filet
– vom Wild: *6* Ziemer
Rückentragkorb: *5* Kiepe
Rückerstattung: *11* Restitution
Rückfall: *6* Relaps
Rückgang: *9* Rezession
Rückgang in der Wirtschaft: *10* Depression
rückgängig machen: *10* stornieren
Rückgriff: *7* Regress
Rückhalt: *6* Schutz
Rücklage: *7* Reserve
rückläufig: *9* regressiv
Rücknahme: *8* Ristorno
Rucksack des Jägers: *4* Aser
Rückschau: *13* Retrospektive
Rückschlag: *8* Dekadenz, Reaktion; *9* Atavismus
rückschreitend: *9* regressiv
Rückschritt: *8* Reaktion
rückschrittlich: *11* reaktionaer
Rückseite: *6* Revers
Rücksendung: *7* Retoure
Rücksicht: *7* Pietaet, Respekt
Rücksichtnahme: *4* Takt
rücksichtslos: *5* krass; *6* bruesk, rabiat; *7* inhuman, radikal, rigoros; *9* fanatisch
rücksichtslose Gewaltherrschaft: *6* Terror
rücksichtsvoll: *4* zart; *6* galant; *7* diskret
Rücksitz im Wagen: *4* Fond
Rückstand: *4* Rest, Satz, Soll; *5* Neige; *6* Relikt, Verzug; *7* Passiva; *8* Residuum, Rudiment
Rückstand beim Brauen und Keltern: *4* Trub; *6* Drusen, Treber; *7* Trester
– bei der Erdölgewinnung: *5* Masut
– aus Steinkohlenteer: *4* Pech
– bei der Spirituserzeugung: *8* Schlempe
– bei der Zuckergewinnung: *7* Melasse
rückständiger Schuldner: *7* Restant
Rückstoßgeschoß: *6* Rakete
Rückstrahler: *9* Reflektor; *10* Katzenauge
Rückstrahlung: *6* Reflex; *9* Reflexion
Rücktritt: *9* Demission
Rückvergütung: *8* Refaktie
rückwirkend: *7* reaktiv; *9* regressiv
Rückwirkung: *8* Reaktion
Rückzahlung: *10* Erstattung
Rückzug: *8* Retirade, Retraite
rüde: *3* roh; *4* grob; *5* frech
Rudel: *5* Herde, Horde, Meute, Schar
Ruder: *6* Paddel, Riemen
Ruderbank: *5* Ducht
Ruderboot: *3* Gig; *4* Kanu; *5* Einer, Kajak, Skiff, Skull; *6* Achter, Gondel, Vierer; *8* Kanadier
Ruderbootsteil: *5* Dolle, Ruder; *6* Riemen
Ruderfüßer: *7* Pelikan, Toelpel; *8* Kormoran
Ruderlager: *5* Dolle
rudern: *7* skullen
Ruderschiff des Mittelalters: *7* Galeere
Ruderstange: *5* Stake
Ruf: *4* Ehre, Fama; *6* Nimbus; *7* Leumund; *8* Bonitaet, Renommee; *10* Reputation
Ruf zu den Waffen: *5* Alarm
Rüffel: *5* Tadel; *7* Verweis
Rufmord: *12* Diffamierung
Rufname: *7* Vorname
Ruftrichter: *8* Megaphon
Rufzeichen der Köhler: *10* Hille-Bille
Rüge: *5* Tadel; *7* Monitum, Verweis
rügen: *8* monieren
Ruhe: *4* Rast; *5* Musse, Pause; *6* Schlaf, Siesta, Stille; *7* Phlegma; *8* Erholung
Ruhebett: *7* Kanapee
Ruhegehalt: *5* Rente; *7* Pension
ruhelos: *11* ahasverisch
Ruhelosigkeit: *6* Unrast; *11* Nervositaet
Ruhemöbel: *4* Bett, Sofa; *5* Couch, Diwan, Liege; *7* Kanapee; *12* Chaiselongue
ruhen: *9* pausieren
ruhend: *6* latent; *8* statisch
Ruhepause: *4* Rast; *6* Siesta
Ruheplatz: *5* Hafen
– eines Toten: *4* Grab; *5* Gruft; *6* Krypta
Ruhepunkt in der Tonkunst: *6* Zaesur
Ruhesofa: *12* Chaiselongue
Ruhestand: *7* Pension
Ruheständler: *6* Emerit; *7* Rentier, Rentner; *10* Pensionaer
Ruhestörung: *5* Laerm, Radau, Rumor; *6* Randal
Ruhetag der Juden: *6* Sabbat
Ruhezeichen in der Musik: *7* Fermate
Ruhezeit: *5* Pause; *6* Siesta
ruhig: *5* leise, sacht, still; *8* besonnen
ruhiges Musikstück: *7* Andante
Ruhm: *4* Ehre; *6* Gloria, Glorie, Nimbus
Ruhmesglanz: *6* Nimbus
Ruhmeshalle bei Regensburg: *8* Walhalla
Ruhmsucht: *9* Prahlerei
ruhmvoll: *7* glorios
Ruhrmetropole: *5* Essen
Rührmichnichtan: *6* Mimose
rührselig: *11* sentimental
Rührseligkeit: *16* Sentimentalitaet
Ruhrzufluß → Nebenfluß der Ruhr
Ruin: *6* Fiasko, Pleite; *7* Debakel, Konkurs, Verderb, Verfall
Ruine: *8* Truemmer

Ruinenstadt, Ruinenstätte
- **in Ägypten:** *5* Ombos
- **in Algerien:** *6* Timgad, Tipasa
- **in Angkor:** *3* Vat
- **in Armenien:** *3* Ani
- **in Bengalen:** *4* Gaur
- **in Birma:** *5* Pagan
- **in Bolivien:** *10* Tiahuanaco
- **auf Ceylon:** *11* Polonnaruwa; *12* Anuradhapura
- **in England:** *10* Stonehenge
- **am Euphrat:** *4* Mari
- **in Frankreich:** *7* Les Baux
- **in Griechenland:** *6* Mykene, Tiryns; *7* Olympia
- **in Guatemala:** *5* Tikal
- **in Honduras:** *5* Copan
- **im Irak:** *6* Ninive; *7* Babylon, Samarra
- **in Italien:** *7* Pompeji; *11* Herculaneum
- **in Kambodscha:** *6* Angkor
- **in Kleinasien:** *3* Ani; *4* Myra, Side; *5* Milet, Perge, Troja; *6* Didyma, Priene, Sardes; *7* Ephesus, Hattusa, Xanthos; *8* Aspendos, Pergamon; *10* Hierapolis; *13* Halikarnassos
- **in Marokko:** *9* Volubilis
- **in Mesopotamien:** *6* Ninive; *7* Babylon
- **in Mexiko:** *8* Palenque; *11* Chichen-Itza
- **in der Mongolei:** *9* Karakorum
- **in Spanien:** *8* Ampurias
- **in Südfrankreich:** *7* Les Baux
- **in Südrhodesien:** *8* Simbabwe
- **in Syrien:** *6* Balbek; *7* Baalbek, Palmyra
- **am Tigris:** *5* Assur
- **in Tunesien:** *8* Karthago
- **in der Türkei** → Ruinenstadt in Kleinasien
- **in Turkestan:** *4* Anau
- **auf Yukatan:** *3* Ake; *5* Ticul

rumänische(r)
- **Adelsfamilie:** *5* Ghika; *7* Stirbey, Sturdza
- **Berg** → Berg in Rumänien
- **Bildhauer:** *8* Brancusi
- **Donauhafen:** *6* Braila
- **Dramatiker:** *7* Ionesco
- **Fluß** → Fluß in Rumänien
- **Frauenname:** *6* Ileana; *9* Elisaveta
- **Hafenstadt:** *6* Braila, Galati, Galatz; *9* Constanta, Konstanza
- **Hauptstadt:** *8* Bukarest
- **Komponist:** *6* Enescu
- **König:** *5* Carol; *7* Michael; *9* Ferdinand
- **Landschaft:** *6* Moldau; *8* Walachei; *9* Gheorghiu; *10* Dobrudscha; *13* Siebenbuergen
- **Münze:** *3* Leu; *4* Bani, Banu
- **Rundtanz:** *4* Hora
- **Sängerin:** *8* Cebotari
- **Schriftsteller:** *7* Istrati
- **Stadt** → Stadt in Rumänien
- **Steppe:** *7* Baragan
- **Tafelland:** *10* Dobrudscha

Rummel: *5* Laerm; *6* Trubel, Wirbel
Rumpf: *4* Leib; *5* Torso
Rumpf einer Statue: *5* Torso
Rumpfstück: *9* Rumpsteak
Rumpfteil: *4* Leib; *5* Bauch, Brust; *7* Ruecken
rund geschliffener Edelstein: *8* Cabochon
Rundbau: *7* Rotunde
Rundbeet: *7* Rondell
Rundbild: *5* Tondo; *9* Medaillon
Rundblick: *8* Panorama
Rundbrief: *8* Zirkular
Runddorf afrikanischer Stämme: *4* Kral
Runde: *5* Kreis, Ronde; *6* Korona
- **bei Spielen:** *6* Partie

runde(r, s)
- **Gemälde:** *5* Tondo
- **Körper:** *4* Ball; *5* Kugel
- **Saal:** *7* Rotunde
- **Schiffsfenster:** *8* Bullauge
- **Stütze beim Bau:** *6* Saeule
- **Vorführfläche:** *6* Manege

Rundfahrt: *4* Tour
Rundfunkgerät: *5* Radio
Rundfunksender: *2* HR, RB; *3* NDR, SFB, SWF, WDR; *4* RIAS
Rundfunksprecher: *7* Ansager
Rundfunkstation: *6* Sender
Rundgang: *5* Ronde
Rundgemälde: *8* Panorama
Rundgesang: *5* Kanon
Rundkörper: *5* Rolle, Walze; *7* Kreisel
Rundmaul: *5* Inger; *6* Bricke, Pricke; *8* Neunauge; *10* Schleimaal
Rundornament: *7* Rosette
Rundreise: *7* Tournee
Rundschreiben: *8* Zirkular; *9* Enzyklika
Rundtanz: *5* Polka; *6* Reigen, Walzer
Rundtheater: *12* Amphitheater
Runenalphabet: *7* Futhark
Runenforscher: *8* Runologe
Runzel: *5* Falte
Rüpel: *6* Flegel; *7* Grobian, Rabauke
Rurzufluß: *4* Urft
Rüsseltier: *5* Tapir; *7* Elefant
rußend: *6* blakig
russisch(Sprache)
- **halt:** *4* stoj
- **ja:** *2* da
- **nein:** *4* njet

russisch → sowjetisch
russische(r, s)
- **Adliger:** *5* Bojar
- **Arktisforscher:** *7* Wrangel
- **Astronaut** → sowjetischer Kosmonaut
- **Bauer:** *7* Muschik
- **Bauernhaus:** *4* Isba
- **Behörde:** *6* Sowjet
- **Bier:** *5* Kwass
- **Bildhauer:** *4* Gabo; *6* Sadkin; *7* Zadkine; *10* Archipenko
- **Biologe:** *10* Mitschurin; *12* Metschnikoff
- **Branntwein:** *5* Wodka
- **Bretterwagen:** *6* Telega
- **Chemiker:** *10* Mendelejew
- **Chorleiter:** *6* Jaroff

- Clown: *6* Popoff
- Dichter: *4* Blok; *5* Babel, Bunin, Fedin, Gogol, Gorki; *6* Gorkij; *7* Tolstoi; *8* Puschkin; *9* Lermontow, Nekrassow, Tschechow, Turgenjew; *11* Dostojewski
- Diktator: *6* Stalin
- Dorfgemeinschaft: *3* Mir
- Dramatiker: *10* Ostrowskij
- Dreigespann: *6* Troika
- Dynastie: *7* Romanow
- Eichhörnchen: *3* Feh
- Erdsatellit: *7* Sputnik
- Feldherr: *7* Kutusow, Suworow
- Feldmaß: *9* Desjatine
- Fluß → Fluß in Rußland
- Frauengewand: *7* Sarafan
- Frauenname: *4* Anja, Nina, Olga, Soja, Wera; *5* Irina, Katja, Marfa, Sonja, Tanja, Walka; *6* Galina, Jelena, Tamara; *7* Tatjana; *8* Karenina, Kathinka, Lisaweta, Ludmilla, Natascha, Swetlana; *9* Anastasia; *10* Ninotschka
- Fürst: *8* Potemkin
- Fürstenfamilie: *11* Gortschakow
- Gebirge → Gebirge in der Sowjetunion
- Geheimpolizei: *7* Ochrana
- Geige: *7* Pischna
- Geigenvirtuose: *7* Heifetz; *8* Oistrach
- Geistlicher: *4* Pope
- Getränk: *4* Kwas; *5* Kwass
- Gewicht: *3* Pud
- Großbauer: *5* Kulak
- Großfürst: *4* Oleg; *9* Demetrius
- Hafenstadt → Hafenstadt in der Sowjetunion
- Halbinsel: *4* Kola, Krim
- Harfe: *5* Gusli
- Hauptstadt: *6* Moskau
- Heilige: *4* Olga
- Heiligenbild: *5* Ikone
- Heiliger: *4* Gleb; *5* Boris, Georg; *7* Andreas
- Herrschergeschlecht: *7* Romanow
- Herrschertitel: *3* Zar
- Ikonenmaler: *6* Rublew
- Kohlsuppe: *10* Borschtsch
- Komponist: *3* Cui; *6* Glinka; *7* Borodin; *8* Glasunow, Skrjabin; *10* Strawinski; *11* Miaskowskij, Mussorgskij, Rachmaninow; *12* Tschaikowski
- Kosmonaut → sowjetischer Kosmonaut
- Kosmonautin: *11* Tereschkowa
- Krondiamant: *5* Orlow
- Kronprinz: *10* Zarewitsch
- Kronprinzessin: *7* Zarewna
- Kupfermünze: *5* Altin, Altyn
- Kosakenhetman: *10* Pugatschew
- Landhaus: *7* Datscha
- Landschaft: *8* Bukowina, Galizien, Podolien; *11* Bessarabien
- Längenmaß: *5* Werst
- Laute: *5* Domra; *6* Dombra; *9* Balalaika
- Lederpeitsche: *7* Nagaika
- Maler: *6* Rublew; *7* Chagall; *9* Kandinsky; *10* Malewitsch
- Männername: *4* Igor, Ilja, Iwan, Oleg; *5* Boris, Fedor, Jurij, Pawel, Pjotr, Serge, Taras; *6* Alexei, Alexej, Andrej, Feodor, Georgi, Grigol, Kyrill, Leonid, Nikita, Sascha, Sergej, Stepan, Waslaw; *7* Anastas, Dimitri, Dmitrij, Grigori, Kasimir, Michail, Mischka, Nikolai, Nikolaj, Sergius, Wassili; *8* Grigorij, Porfirij, Vladimir, Wladimir; *9* Serjoscho; *10* Swjatoslaw
- Mönch: *8* Rasputin
- Mondsonde: *5* Lunik
- Münze: *5* Rubel; *6* Kopeke
- Musikinstrument: *5* Bayan, Domra, Gusla, Gusli; *6* Dombra; *7* Okarina, Pischna; *9* Balalaika
- Nachrichtenagentur: *4* TASS
- Nationalgericht: *10* Borschtsch
- Nobelpreisträger → Nobelpreisträger
- Parlament (1905-17): *4* Duma
- Pastete: *7* Pirogge; *8* Rastegai; *9* Kulebiaka, Piroschki; *10* Visnischki; *11* Vatrouschki
- Peitsche: *7* Nagaika; *8* Kantschu
- Philosoph: *8* Solowjew
- Physiker: *4* Tamm; *5* Frank, Popow
- Physiologe: *6* Pawlow
- Politiker: *5* Lenin; *6* Stalin; *7* Trotzki; *8* Kossygin; *9* Breschnew; *11* Gorbatschow; *13* Chruschtschow
- Polizeispitzel: *4* Asew
- Raumschiff → sowjetisches Raumschiff
- Reisewagen: *9* Britschka
- Reitersoldat: *5* Kosak
- Revolutionär: *5* Lenin
- Saiteninstrument: *5* Domra, Gusla, Gusli; *6* Dombra; *9* Balalaika
- Sänger: *10* Schaljapin
- Satiriker: *8* Saltykow
- Schachmeister: *3* Tal; *6* Karpow; *7* Smyslow; *8* Aljechin, Kasparow, Spasskij; *9* Botwinnik, Petrosjan
- Schriftsteller: *5* Bunin, Gogol, Gorki; *7* Lesskow, Tolstoi, Nabokov; *8* Puschkin, Saltykow; *9* Korolenko, Pasternak, Turgenjew; *10* Scholochow; *11* Dostojewski, Gontscharow; *12* Jewtuschenko, Solschenizyn
- Schwarzmeerhafen: *4* Poti; *6* Batumi, Odessa, Rostow, Tuapse; *7* Kertsch, Sotschi, Suchumi; *8* Schdanow; *9* Nikolajew; *10* Sewastopol; *11* Noworossisk
- See → See in der Sowjetunion
- Sekte: *7* Skopzen
- Silbermünze: *5* Denga
- Sowjetrepublik → Sowjetrepublik
- Staatsmann: *5* Lenin; *6* Stalin; *9* Breschnew; *11* Gorbatschow; *13* Chruschtschow
- Stadt → Stadt in der Sowjetunion
- Suppe: *10* Borschtsch
- Tänzer: *5* Fokin, Lifar; *7* Nurejew; *9* Nijinskij
- Tänzerin: *7* Gsovsky, Pawlowa, Ulanowa
- Teemaschine: *7* Samowar

- **Universitätsstadt** → Universitätsstadt in der Sowjetunion
- **Violinvirtuose:** *7* Heifetz; *8* Oistrach
- **Währungseinheit:** *5* Rubel; *6* Kopeke
- **Waldgürtel:** *5* Taiga
- **Weltraumfahrer** → sowjetischer Kosmonaut
- **Weltraumschiff** → sowjetisches Raumschiff
- **Windhund:** *6* Barsoi
- **Wüste:** *7* Kara Kum; *8* Kysyl Kum, Mujun Kum
- **Zar:** *4* Igor, Iwan, Oleg, Paul; *5* Jurij, Pawel, Peter, Pjotr; *6* Alexej, Andrej, Feodor; *7* Godunow, Michael, Nikolaj; *8* Dimitrij, Nikolaus; *9* Alexander
- **Zeitung:** *6* Prawda; *9* Iswestija
- **Zigarette mit langem Pappmundstück:** *9* Papirossa

russisch-sibirisches Grenzgebirge: *4* Ural; *5* Altai
russisch-tschechischer Fluß: *2* Uh
russisch-zaristische Geheimpolizei: *7* Ochrana
Rüster: *4* Ulme
rustikal: *4* derb; *5* plump; *10* baeuerlich
Rüstung: *6* Panzer; *8* Harnisch
Rüstungsteil: *4* Helm; *6* Visier; *7* Bruenne
Rüstzeug: *8* Requisit
Rute: *4* Zain; *5* Gerte, Zweig
Rutsche: *7* Schurre; *9* Gleitbahn
rutschen: *7* gleiten

S

Saal: *4* Aula
Saalezufluß → Nebenfluß der Saale
Saatgutentkeimungsmittel: *5* Beize
Sabbat: *7* Ruhetag, Samstag; *8* Feiertag; *9* Sonnabend
Sabbatbrot der Juden: *7* Barches
Säbel: *7* Sarrass; *8* Pallasch
Säbelquaste: *8* Portepee
sabotieren: *13* hintertreiben
Sachbearbeiter: *8* Referent
– an Museen: *6* Kustos
Sachbeschädigung: *8* Sabotage
sachbezogen: *8* objektiv; *11* pragmatisch
Sache: *4* Ding; *5* Chose; *10* Gegenstand
Sachgebiet: *4* Fach; *6* Sektor; *7* Ressort; *8* Dezernat
Sachherrschaft: *9* Gewahrsam
Sachkenntnisse: *7* Realien
sachkundig: *11* pragmatisch
Sachlage: *9* Situation
sachlich: *4* real; *8* objektiv; *9* materiell; *11* pragmatisch
sächliches Hauptwort: *7* Neutrum
Sachlichkeit: *13* Objektivitaet
Sachsenfürst: *6* Gibeke
Sachsenherzog: *8* Widukind; *9* Wittekind
Sachsenkaiser: *6* Ottone
sächsische(r, s)
– Burg Heinrichs I.: *5* Werla
– Barockbaumeister: *5* Baehr
– Evangeliendichtung: *7* Heliand
– Hauptstadt: *7* Dresden
– Herzogsgeschlecht: *9* Billunger
– Kaisergeschlecht: *12* Liudolfinger
– Komponist: *7* Krieger
– Stadt → Stadt in Sachsen
sacht: *4* leis; *5* leise, sanft
Sachverständigengutachten: *9* Expertise
Sachverständiger: *7* Experte
Sachverzeichnis: *8* Register; *11* Repertorium
Sachwalter: *8* Defensor
Sachweiser: *8* Register
Sack: *6* Beutel
Sackgasse: *6* Impass
Sackleinwand: *4* Jute
Sackpfeife: *7* Musette; *9* Dudelsack
Safe: *6* Tresor
saftvoll: *9* sukkulent
Sage: *4* Maer; *5* Kunde; *10* Erzaehlung
Sägeabfall: *4* Span
Sägefisch: *6* Rochen
sagen: *5* reden
Sagengestalt von Hameln: *13* Rattenfaenger
– des Islam: *5* Chidr
– am Rhein: *7* Lorelei
sagenhaft: *8* mythisch; *9* legendaer
sagenhafte(r, s)
– Amazonenkönigin: *11* Penthesilea
– asiatisches Frauenvolk: *8* Amazonen
– assyrische Königin: *9* Semiramis
– athenischer König: *7* Theseus; *10* Erechtheus
– äthiopische Königstochter: *9* Andromeda
– babylonischer König: *10* Gilgamesch
– Dänenprinz: *6* Hamlet
– dänischer König: *3* Dan; *4* Gorm
– deutscher Held: *6* Eckart
– englischer König: *4* Lear; *5* Artus
– Erzählform: *7* Legende
– Fährmann der Unterwelt: *6* Charon
– Geschlecht: *10* Nibelungen
– Goldland: *5* Ophir; *6* Dorado; *8* Eldorado
– Gralsburg: *12* Monsalvatsch
– griechischer König: *5* Kreon; *6* Atreus, Danaus; *8* Menelaos; *10* Amphitryon
– griechisches Meerungeheuer: *6* Skylla; *9* Charybdis
– griechischer Sänger: *7* Orpheus
– Gründer Roms: *5* Remus; *7* Romulus
– Gründerin Karthagos: *4* Dido
– Gründerin von Prag: *7* Libussa
– Insel: *5* Thule; *8* Atlantis
– König: *9* Gambrinus
– König von Athen: *7* Theseus; *10* Erechtheus
– König von Äthiopien: *6* Memnon
– König von Britannien: *5* Artus
– König von Dänemark: *3* Dan; *4* Gorm
– König von Elis: *6* Augias
– König von England: *4* Lear; *5* Artus
– König von Ithaka: *8* Odysseus
– König von Kreta: *5* Minos
– König von Mersenien: *11* Kresphontes
– König von Mykene: *9* Agamemnon
– König der Ostgoten: *8* Dietrich; *15* Dietrich von Bern
– König von Phrygien: *5* Midas; *8* Tantalus
– König von Pylos: *6* Nestor
– König von Rom: *7* Tarquin; *10* Tarquinius
– König von Sparta: *8* Menelaos
– König von Theben: *5* Kreon; *7* Oedipus; *10* Amphityron
– König von Troja: *7* Priamos, Priamus
– König von Zypern: *9* Pygmalion
– Königin von Lydien: *7* Omphale
– Königin von Sparta: *4* Leda
– Königin von Theben: *5* Niobe
– Königstochter aus Kolchis: *5* Medea
– kriegerisches Frauenvolk: *8* Amazonen
– Nordlandinsel: *5* Thule
– Prinz von Troja: *5* Paris
– Prinzessin von China: *8* Turandot
– Prinzessin von Theben: *6* Semele
– Schiff der Griechen: *4* Argo
– Seefahrer: *7* Sindbad
– Seeschlange: *5* Hydra
– Stadt in der Ostsee: *6* Vineta

- **Tier:** *3* Rok; *4* Roch, Rock; *5* Greif; *6* Drache; *7* Einhorn, Phoenix; *8* Lindwurm
- **tschechische Königin:** *7* Libussa
- **Untier:** *6* Drache; *8* Lindwurm
- **versunkene Insel:** *8* Atlantis
- **versunkene Stadt in der Ostsee:** *6* Vineta
- **Vogel:** *3* Rok; *4* Roch; *7* Phoenix
- **wunderwirkende Schale:** *4* Gral
- **Zauberer:** *5* Faust; *8* Klingsor

Sagenkunde: *10* Mythologie
Sagenname Attilas: *5* Etzel
Sagenvolk am Rhein: *10* Nibelungen
Sahne: *4* Rahm; *5* Flott, Obers; *7* Schmant
Sahnebonbon: *6* Toffee; *9* Karamelle
Saiteninstrument: *3* Tar; *4* Lyra; *5* Banjo, Cello, Fidel, Gambe, Geige, Harfe, Laute, Leier, Piano, Viola; *6* Cymbal, Fiedel, Zither; *7* Bandola, Cembalo, Fluegel, Gitarre, Klampfe, Psalter, Violine; *8* Bratsche; *9* Balalaika, Bassgeige, Hackbrett, Kniegeige, Mandoline, Oktachord, Zupfgeige; *10* Kontrabass; *11* Violoncello
Sake: *8* Reiswein
Sakrament: *3* Ehe; *4* Ordo; *5* Busse, Taufe; *6* Oelung; *7* Firmung; *9* Abendmahl
Salamander: *6* Triton
Salatpflanze: *6* Ampfer, Kresse; *7* Endivie, Lattich, Mangold; *8* Chicorée, Rapunzel, Zichorie; *9* Feldsalat, Kopfsalat
Salatsoße: *8* Dressing
Salatwürze: *5* Essig
Salbaderei: *6* Sermon; *7* Litanei
Salbe: *4* Krem; *5* Creme, Paste
Salbenbehälter: *4* Dose, Tube
Salbengrundlage: *8* Vaseline
Salböl der katholischen Kirche: *7* Chrisam, Chrisma
salbungsvoll: *10* pathetisch
Salinenarbeiter in Halle: *7* Hallore
Salomoneninsel: *4* Buka, Mala; *5* Bauro; *6* Bugotu, Isabel; *7* Malaita, Rennell; *11* Guadalcanar
Salomos Mutter: *8* Herodias
- **Vater:** *5* David

saloppes Reden: *6* Jargon
Salz der
- **Aluminiumsäure:** *8* Aluminat
- **Apfelsäure:** *5* Malat
- **Blausäure:** *6* Zyanid
- **Borsäure:** *5* Borat
- **Bromsäure:** *6* Bromat, Bromit
- **Chlorsäure:** *7* Chlorat
- **Essigsäure:** *6* Acetat, Azetat
- **Gerbsäure:** *6* Tannat
- **Kieselsäure:** *7* Silikat
- **Kohlensäure:** *4* Kalk, Soda; *6* Kreide, Marmor; *8* Karbonat; *9* Pottasche
- **Milchsäure:** *6* Lactat
- **Ölsäure:** *5* Oleat
- **Phosphorsäure:** *8* Phosphat
- **Pikrinsäure:** *6* Pikrat
- **Salpetersäure:** *6* Nitrat; *8* Salpeter
- **salpetrigen Säure:** *6* Nitrit
- **Salzsäure:** *7* Chlorid
- **Schwefelsäure:** *6* Sulfat
- **Schwefelwasserstoffsäure:** *6* Sulfid
- **schwefligen Säure:** *6* Sulfit
- **Weinsäure:** *7* Tartrat
- **Zitronensäure:** *6* Zitrat

salzbildender chemischer Grundstoff: *7* Halogen
- **Salzbodentyp:** *5* Solod

Salzgewinnungsanlage: *6* Saline; *11* Gradierwerk
Salzlösung: *4* Lake, Sole; *6* Poekel
Salzsümpfe im Iran: *5* Kewir
Salzsee
- **in Algerien:** *6* Schott
- **in Australien:** *7* Eyre-See
- **in Bolivien:** *11* Titicacasee
- **im Iran:** *8* Urmiasee
- **in Palästina:** *9* Totes Meer
- **in der Sowjetunion:** *12* Baskuntschak
- **in der Türkei:** *3* Tuz; *9* Tuz Goelue

Salzwasser: *4* Sole
Salzwerk: *6* Saline; *11* Gradierwerk
Salzwüste
- **in Chile:** *7* Atacama
- **im Iran:** *3* Lut

samaritischer Zauberer: *5* Simon
Same: *4* Keim
Same des Johannisbrotbaumes: *5* Karat
Samendarre: *6* Klenge
Samenhülse: *6* Schote
Sammelband: *8* Konvolut
Sammelbecken: *8* Zisterne; *9* Reservoir
Sammelbegriff für
- **Früchte:** *4* Obst
- **jagdbare Tiere:** *4* Wild
- **Körnerfrüchte:** *8* Getreide
- **Nutztiere:** *4* Vieh

Sammelbuch: *5* Album
sammeln: *12* akkumulieren
Sammelname: *11* Kollektivum
Sammelstelle: *5* Depot
Sammelwerk: *9* Thesaurus
Sammlung: *6* Corpus, Museum; *8* Kollekte; *9* Sortiment; *10* Kollektion
Sammlung
- **altfriesischer Gesetze:** *5* Asega; *9* Asegabuch
- **altindischer Lieder:** *7* Rigweda
- **altnordischer Dichtungen:** *4* Edda
- **altrömischer Rechtssprüche:** *9* Pandekten
- **von Aussprüchen:** *3* Ana
- **berühmter Kriminalfälle:** *7* Pitaval
- **von Gedichten :** *10* Anthologie
- **von Gemälden:** *6* Museum; *7* Galerie
- **von Kirchenspenden:** *8* Kollekte
- **japanischer Lyrik:** *8* Kokinshu
- **getrockneter Pflanzen:** *9* Herbarium
- **der Psalmen:** *7* Psalter
- **von Sehenswürdigkeiten:** *10* Panoptikum
- **verschiedener Verfasser:** *10* Anthologie
- **von Zitaten:** *9* Analekten

Samoainsel: *5* Upolu; *6* Savaii; *7* Tutuila
samojedischer Volksstamm: *6* Nenzen

Samsons Geliebte: *6* Dalila, Delila
Samstag: *9* Sonnabend
Samt: *6* Velvet; *7* Velours
samtartiges Gewebe: *8* Duvetine
sämtliche: *4* alle
Samuels Erzieher: *3* Eli
Sandale: *6* Opanke
– amerikanischer Indianer: *8* Mokassin
Sandart auf Jütland: *3* Ahl
Sandbank: *4* Riff; *5* Barre
Sandbank in der Nordsee: *10* Doggerbank
Sandelholzöl: *8* Santalol
sandfarben: *5* beige
Sandfloh: *6* Chique, Jigger
Sandhose: *6* Trombe
Sandhügel: *5* Duene
sandiger Boden: *5* Geest
sandreiche Landschaft: *5* Heide
Sandstaub führender Wüstenwind: *5* Samum
Sandstein: *6* Arkose; *7* Molasse; *9* Grauwacke
Sandsteinfelsen im Teutoburger Wald: *12* Externsteine
Sandsteppe in Afrika: *8* Kalahari
Sandsturm: *5* Habub; *6* Haboob; *8* Scharaff; *9* Karaburan
Sandwichinseln: *6* Hawaii
Sandwüste → Wüste
sanft: *4* mild, zahm, zart; *5* ruhig, weich
sanft in der Musik: *6* adagio
Sänfte: *5* Sedia; *8* Palankin; *11* Portechaise
Sanftmut: *5* Milde
Sänger: *4* Bass; *5* Buffo, Tenor; *7* Bariton, Bassist
– komischer Rollen: *5* Buffo
Sängergruppe: *4* Chor
Sängerin: *6* Sopran; *8* Altistin; *9* Soubrette; *11* Mezzosopran
Sangmeister König Davids: *5* Asaph
Saphir: *6* Korund
Sarahs Mann: *7* Abraham
– Sohn: *5* Isaak
Sardelle: *8* Anchovis; *9* Anschovis
Sarg: *7* Schrein; *9* Sarkophag
Sarggerüst: *8* Katafalk
Sarkasmus: *4* Hohn; *5* Spott
Satan: *5* Urian; *6* Belial, Samiel, Teufel; *9* Beelzebub
Satellit: *4* Mond; *7* Trabant
Satelliten-Kreisbahn: *5* Orbit
Satin: *5* Atlas
Satisfaktion: *10* Genugtuung
Satrap: *11* Statthalter
Satte: *4* Napf; *6* Schale; *9* Schuessel
Satteldecke: *10* Schabracke
sattelfest: *4* firm
Sättigung: *10* Saturation
Saturnmond: *4* Rhea; *5* Dione, Mimas, Titan; *6* Phoebe, Themis, Thetys; *7* Japetus; *8* Hyperion; *9* Enceladus
Satyr: *4* Faun; *6* Daemon
Satz: *3* Set; *5* These; *6* Sprung
Satz einer Sinfonie: *6* Adagio; *7* Allegro, Andante, Menuett, Scherzo
Satzaussage: *9* Praedikat
Satzergänzung: *7* Objekt
Satzgefüge: *7* Periode
Satzgegenstand: *7* Subjekt
Satzlehre: *6* Syntax
Satzteil in Klammern: *10* Parenthese
Satzung: *6* Statut
Satzzeichen: *5* Kolon, Komma, Punkt; *7* Klammer; *8* Haekchen; *9* Apostroph, Beistrich, Semikolon; *11* Bindestrich, Doppelpunkt, Strichpunkt; *12* Fragezeichen; *14* Ausrufezeichen, Gedankenstrich; *15* Gaensefuesschen, Trennungsstrich
Satzzeichensetzung: *13* Interpunktion
sauber: *4* rein; *5* blank; *6* adrett, frisch, proper; *8* makellos; *11* appetitlich
Sauberkeit: *8* Reinheit
säubern: *6* putzen; *8* reinigen
Säuberung: *9* Reinigung
sauer: *4* herb
Sauerdorn: *10* Berberitze
Sauerkirschenart: *7* Marelle, Morelle; *8* Amarelle, Weichsel; *15* Schattenmorelle
Sauerklee: *9* Hasenklee; *11* Gluecksklee, Hasenampfer
Sauerstoffart: *4* Ozon
Sauerstoffverbindung: *4* Oxid, Oxyd
säugen: *7* naehren, stillen
Säugetier: *2* Ai; *3* Reh, Ren, Wal; *4* Affe, Baer, Elen, Elch, Esel, Hase, Hund, Igel, Lama, Maus, Rind, Wolf; *5* Biber, Fuchs, Kamel, Katze, Loewe, Pferd, Ratte, Robbe, Schaf, Tiger, Zebra, Ziege; *6* Hirsch, Hyaene, Marder, Mensch, Narwal; *7* Delphin, Elefant, Giraffe, Leopard, Nashorn, Pottwal, Schwein, Seehund; *8* Antilope, Dromedar, Faultier, Nilpferd, Tuemmler; *9* Kaenguruh; *10* Braunfisch, Fledermaus; *11* Ameisenbaer, Guerteltier; *12* Schnabeltier
Säugetierordnung: *4* Wale; *5* Affen, Nager; *8* Primaten, Seekuehe, Zahnarme; *9* Halbaffen, Nagetiere, Paarhufer, Paarzeher, Raubtiere; *11* Beuteltiere, Hasenartige, Unpaarhufer, Unpaarzeher; *12* Flattertiere, Fledermaeuse, Kloakentiere, Ruesseltiere; *13* Pelzflatterer, Schuppentiere; *14* Flossenfuesser, Klippschliefer, Roehrenzaehner; *15* Insektenfresser
Sauggebläse: *9* Exhaustor
Säugling: *4* Baby
Säuglingsnahrung: *3* Mus; *4* Brei; *5* Milch
Saugröhre: *7* Pipette
Saugwarze: *5* Zitze
Saugwirkung: *3* Sog
Saugwurm: *4* Egel
Säule: *7* Obelisk, Stuetze
Säule aus einem einzigen Steinblock: *6* Menhir; *7* Obelisk; *8* Monolith
Säulenabschluß: *8* Kapitell
Säulendeckplatte: *6* Abakus
Säulenfigur: *9* Karyatide
Säulenform: *8* Baluster
Säulengang: *9* Kolonnade

Säulenhalle: *4* Stoa; *8* Portikus
Säulenheiliger: *6* Stylit
Säulenplatte: *7* Plinthe
Saum: *4* Naht, Rand; *5* Biese
säumig: *4* faul; *6* traege
Säumigkeit: *11* Schlendrian
saure Speisewürze: *5* Essig
saurer Wein: *8* Kraetzer
Saurier: *13* Ichtyosaurus
sausen: *5* eilen; *7* brausen
Savannenwald in Afrika: *6* Miombo
Schabe: *8* Kakerlak
Schabefleisch: *4* Hack, Mett
Schabeisen: *4* Iler; *8* Striegel
schaben: *6* reiben; *7* kratzen
Schabernack: *5* Posse; *6* Scherz; *7* Streich
Schablone: *4* Form; *6* Muster, Schema; *7* Vorlage
Schachausdruck: *3* Zug; *4* Matt, Patt; *5* Remis, Runde; *6* Gambit, Gardez; *7* Rochade
schachern: *7* markten; *9* feilschen
Schachfigur: *4* Dame, Turm; *5* Bauer; *6* Koenig; *7* Laeufer, Roessel; *8* Springer
Schachspieleröffnung: *6* Gambit
Schacht graben: *8* abteufen
Schachtbau: *7* Stollen
Schachtel: *3* Box; *6* Karton
Schachtelhalme des Erdaltertums: *9* Kalamiten
Schachtheoretiker: *4* Reti
Schachtofen zur Holzverkohlung: *4* Kiln
Schachtsohle: *5* Teufe
Schachweltmeister: *3* Tal; *4* Euwe; *6* Karpow, Lasker, Morphy; *7* Fischer, Smyslow, Spasski; *8* Aljechin, Kasparow, Spasskij, Steinitz; *9* Anderssen, Botwinnik, Petrosjan; *10* Capablanca
Schädeldach: *7* Kalotte
Schädelinhalt: *4* Hirn; *6* Gehirn
Schädelknochen: *6* Kiefer; *8* Jochbein, Kinnlade; *9* Nasenbein, Stirnbein; *10* Hirnschale, Oberkiefer; *11* Unterkiefer
Schädellehre: *11* Kraniologie
Schädelnaht: *5* Sutur
Schädelstätte: *8* Golgatha; *13* Kalvarienberg
Schädelteil: *6* Kiefer; *8* Schlaefe
Schaden: *5* Damno, Panne; *6* Defekt
Schadenersatz: *5* Busse; *7* Regress; *10* Reparation
schadenfroh: *8* haemisch
Schadenversicherung: *5* Kasko
schadhaft: *6* defekt, kaputt; *7* ruinoes
schadhafte Stelle: *4* Leck, Loch, Riss
schädlicher Eisenbelag: *4* Rost
schädlicher Stoff: *4* Gift
Schädlichkeit: *4* Noxe
Schädling: *7* Parasit; *11* Schmarotzer
Schädling der Weinrebe: *7* Reblaus
Schaf: *4* Bock, Lamm; *6* Hammel, Widder; *7* Schoeps
Schäferspiel: *9* Pastorale
Schaffell: *5* Vlies
schaffen: *8* kreieren; *11* produzieren
Schafinsel: *8* Faeroeer
Schafkamel: *4* Lama
Schafkrankheit: *5* Maedi
Schafleder: *3* Kid; *5* Nappa; *7* Chamois
Schafott: *10* Guillotine; *11* Blutgeruest; *12* Richtstaette
Schafrasse: *6* Merino, Muffel; *7* Karakul, Mufflon; *8* Schnucke; *12* Heidschnucke
Schaft: *4* Halm; *5* Stiel
Schaft der Vogelfeder: *4* Kiel
Schafwolle: *6* Merino
Schafwollfett: *7* Lanolin
Schale: *4* Haut; *5* Pelle; *6* Kruste, Schulp
Schale des Abendmahlkelches: *5* Cuppa
– in der Parzifalsage: *4* Gral
Schalenfrucht: *4* Nuss; *6* Mandel, Marone; *7* Erdnuss, Walnuss; *8* Paranuss; *11* Esskastanie
Schalentier: *6* Auster; *7* Muschel
Schalenwild: *3* Reh
Schalk: *4* Narr; *6* Schelm
Schalkragen: *5* Fichu
Schalksnarr: *12* Eulenspiegel
Schall: *3* Ton; *4* Hall; *5* Klang
Schallalarmgerät: *6* Sirene
Schallehre: *7* Akustik
schallen: *6* gellen, hallen, toenen; *7* knallen, krachen; *8* droehnen
Schallmeßgerät: *7* Echolot
Schallortungsgerät unter Wasser: *5* Sonar
Schallplattenetikett: *5* Label
Schallplattenhülle: *5* Cover
Schallplattensammlung: *9* Diskothek
Schallreflexion: *4* Echo
Schalltechnik: *7* Akustik
Schalltrichter: *8* Megaphon; *10* Sprachrohr
Schallumwandler: *9* Mikrophon
Schaltbrett: *14* Armaturenbrett
Schalteinrichtung: *6* Relais
Schaltier: *6* Auster; *7* Muschel
Schaltung: *5* Relais
Scham: *4* Reue
schamhaft: *6* keusch; *11* schuechtern
schamlos: *5* frech; *7* obszoen
Schamteile: *10* Genitalien
Schande: *5* Makel; *6* Unehre, Verruf; *7* Blamage, Schimpf, Schmach, Skandal
Schandfleck: *5* Makel
schändlich: *5* infam; *6* ehrlos, gemein
Schändlichkeit: *7* Infamie
Schandpfahl: *6* Staupe; *7* Pranger
Schändung: *7* Stuprum
Schankgefäß: *4* Krug; *5* Kanne; *6* Siphon
Schanktisch: *3* Bar; *5* Theke; *6* Tresen; *7* Buefett; *8* Anrichte
Schanzpfahl: *8* Palisade
Schanzwerk: *7* Redoute
Schar: *5* Bande, Kette, Meute, Rotte, Rudel, Trupp; *6* Gruppe, Haufen
Scharade: *13* Silbenraetsel
scharf: *4* akut; *6* bissig; *9* kaustisch
scharf
– gebacken: *5* kross
– gewürzt: *6* pikant

- umrissen: *10* profiliert
Scharfeinstellung des Auges: *13* Akkommodation
schärfen: *6* wetzen; *9* schleifen
Scharfrichter: *6* Henker
Scharfsinn: *5* Geist; *6* Esprit; *8* Verstand
scharfsinnig: *6* subtil; *9* geistvoll, ingenioes; *10* geistreich
Scharmützel: *7* Gefecht; *10* Plaenkelei
Scharnier: *6* Gelenk
Scharte: *5* Kerbe
Schatten: *7* Schemen
Schattenreich: *8* Tartarus
Schattenriß: *10* Silhouette
Schattenzeichen: *6* Gnomon
Schattierung: *7* Toenung
Schatz: *4* Hort; *5* Juwel; *7* Kleinod
Schätzer: *7* Taxator
Schatzkammer: *5* Aerar
Schätzung: *4* Taxe; *6* Zensus
Schaubild: *7* Diagramm
Schaubühne: *7* Theater
Schauder: *6* Grauen, Horror; *7* Grausen
schauderhaft: *7* horrend
schauen: *5* lugen; *7* blicken
Schauer: *4* Guss
Schauerballade: *7* Moritat
schauererregend: *7* makaber
Schauergeschichte: *7* Moritat
schauerlich: *8* gruselig, stygisch
Schaufahrt: *5* Korso
Schaufel: *7* Schippe
Schaufelmaschine: *6* Bagger
schaufeln: *6* graben
Schaufensterauslage: *7* Etalage
Schaufenstergestalter: *10* Dekorateur
Schaufensterpackung: *5* Dummy; *8* Attrappe
Schaugefäß für die geweihte Hostie: *9* Monstranz
Schaugepränge: *4* Pomp
Schaukämpfer: *7* Catcher; *9* Gladiator
Schaukasten: *7* Vitrine
Schaukel: *5* Wippe; *8* Gautsche
Schaukelbrett: *5* Wiege
Schaukelreck: *6* Trapez
Schaum: *6* Geifer, Gischt
Schaum auf dem Bier: *5* Blume
schaumartige Speise: *6* Mousse
Schaumgebäck: *6* Baiser; *7* Meringe; *8* Meringel
schäumen: *10* moussieren
schaumige Süßspeise: *5* Creme
Schaumünze: *8* Medaille; *9* Medaillon
Schaumwein: *4* Sekt; *10* Champagner
Schaupackung: *8* Attrappe
Schauplatz: *5* Arena, Szene; *6* Buehne; *8* Szenerie
schaurig: *7* gruslig; *8* gruselig
Schausammlung merkwürdiger Dinge: *18* Raritaetenkabinett
Schauseite: *5* Avers; *7* Fassade
Schauspiel: *5* Drama, Posse; *8* Komoedie, Melodram; *9* Lustspiel, Tragoedie; *11* Trauerspiel

Schauspiel von
- Aischylos: *6* Perser; *7* Orestie
- Anouilh: *5* Probe, Taube; *6* Ardèle, Jeanne, Lerche; *7* Colombe; *8* Antigone, Eurydike, Leocadia; *11* Herr Ornifle; *16* Romeo und Jeanette, Walzer der Toreros
- Anzengruber: *12* G'wissenswurm, Meineidbauer; *16* Kreuzelschreiber
- Aristophanes: *6* Friede, Plutos, Ritter, Voegel, Wespen, Wolken; *8* Acharner, Froesche; *10* Lysistrata
- Bahr: *7* Konzert
- Barrie: *8* Mary Rose, Peter Pan; *13* Johannisnacht
- Bauer: *6* Change; *14* Magic afternoon
- Beckett: *8* Endspiel; *14* Warten auf Godot
- Brecht: *4* Baal; *9* Massnahme; *11* Herr Puntila (und sein Knecht Matti), Mann ist Mann; *13* Mutter Courage; *15* Leben des Galilei
- Büchner: *7* Woyzeck; *10* Dantons Tod; *13* Leonce und Lena
- Calderon: *10* Dame Kobold; *17* Richter von Zalamea
- Camus: *8* Caligula; *9* Gerechten; *10* Besessenen; *16* Missverstaendnis; *18* Belagerungszustand
- Claudel: *5* Stadt; *6* Buerge, Tausch; *7* Ruhetag; *9* Goldhaupt; *12* Mittagswende, Seidene Schuh; *13* Verkuendigung
- Cocteau: *7* Bacchus, Orpheus
- Corneille: *3* Cid; *5* Cinna; *6* Mélite; *7* Luegner, Oedipus; *8* Horatius; *10* Sophonisbe
- Dumas: *12* Kameliendame
- Dürrenmatt: *8* Physiker; *18* Besuch der alten Dame
- Eichendorff: *6* Freier
- Eliot: *9* Mord im Dom, Pygmalion; *11* Familientag; *13* Cocktail-Party; *15* Privatsekretär
- Euripides: *5* Medea, Orest; *6* Hekabe, Helena, Kyklop; *7* Bakchen, Elektra; *8* Alkestis; *9* Iphigenie; *10* Andromache, Hippolytos, Troerinnen; *14* Phoenikerinnen
- Frank: *4* Nina
- Frisch: *7* Andorra, Don Juan; *9* Biografie, Santa Cruz; *13* Graf Oederland; *14* Herr Biedermann (und die Brandstifter); *17* Liebe zur Geometrie; *18* Nun singen sie wieder
- Fry: *12* Venus im Licht
- Genet: *5* Neger, Zofen; *6* Balkon; *13* Unter Aufsicht
- Gide: *13* Koenig Oedipus
- Giraudoux: *6* Judith, Undine; *7* Elektra; *9* Siegfried; *10* Intermezzo; *15* Irre von Chaillot; *16* Sodom und Gomorrha
- Goethe: *5* Faust, Goetz; *6* Egmont, Stella; *7* Clavigo; *9* Iphigenie; *11* Geschwister; *13* Torquato Tasso; *14* Buergergeneral
- Goetz: *8* Ingeborg
- Gogol: *6* Heirat; *7* Revisor, Spieler
- Goldoni: *7* Luegner; *10* Kaffeehaus; *11* Mirandolina
- Gorki: *9* Nachtasyl; *12* Kleinbuerger

- **Gozzi:** *4* Rabe; *8* Turandot; *12* Koenig Hirsch
- **Grabbe:** *10* Barbarossa; *15* Hermannschlacht
- **Grillparzer:** *5* Medea; *6* Sappho; *7* Ahnfrau, Libussa; *10* Argonauten, Gastfreund; *13* Traum ein Leben; *14* Weh dem, der luegt
- **Halbe:** *5* Strom; *6* Jugend
- **Hamsun:** *5* Armut; *10* Abendroete
- **Hauptmann:** *4* Elga; *5* Weber; *6* Ratten, Veland; *7* Atriden, Elektra; *8* Griselda; *9* Biberpelz, Indipohdi, Rose Bernd; *11* Magnus Garbe; *12* Florian Geyer, Friedensfest; *13* Michael Kramer, Schluck und Jau, Und Pippa tanzt, Winterballade; *15* Einsame Menschen, Kollege Crampton; *16* Fuhrmann Henschel, Vor Sonnenaufgang; *17* Dorothea Angermann
- **Hebbel:** *5* Gyges, Julia, Rubin; *6* Judith, Moloch; *7* Diamant; *8* Genoveva; *9* Demetrius; *10* Nibelungen; *12* Michelangelo; *13* Agnes Bernauer; *14* Maria Magdalena; *16* Gyges und sein Ring
- **Hofmannsthal:** *4* Turm; *5* Faust; *7* Gestern; *9* Jedermann; *10* Schwierige; *13* Rosenkavalier; *14* Unbestechliche; *19* Christinas Heimreise
- **Ibsen:** *4* Nora; *5* Brand; *8* Peer Gynt, Wildente; *10* Gespenster, Huenengrab, Volksfeind; *11* Frau vom Meer, Hedda Gabler, Rosmersholm; *13* Johannisnacht; *14* Fest auf Solhaug, Olaf Liljekrans
- **Ionesco:** *5* Jakob; *6* Amédée; *7* Stuehle; *8* Gehorsam, Gemaelde; *10* Nashoerner, Neue Mieter; *14* Automobilsalon
- **Jonson:** *7* Cynthia, Voepone; *9* Alchimist
- **Kaiser:** *3* Gas; *10* Kolportage; *12* Soldat Tanaka; *13* Nebeneinander
- **Kleist:** *10* Amphitryon, Feuerprobe; *11* Penthesilea; *15* Prinz von Homburg; *16* Hermannsschlacht
- **Lenz:** *8* Soldaten; *10* Hofmeister
- **Lessing:** *6* Nathan; *13* Emilia Galotti; *14* Nathan der Weise; *15* Miss Sara Sampson; *16* Minna von Barnhelm
- **Lorca:** *5* Yerma; *12* Bluthochzeit; *13* Mariana Pineda; *16* Sprache der Blumen
- **Machiavelli:** *6* Andria, Clizia; *10* Mandragola
- **Marlowe:** *4* Dido; *8* Tamerlan
- **Miller:** *9* Hexenjagd; *15* Alle meine Soehne
- **Molière:** *7* Geizige; *9* Tartueffe; *10* Amphitrion, Misanthrop; *13* Menschenfeind; *15* Schule der Frauen
- **Molina:** *6* Don Gil (von den gruenen Hosen); *10* Liebesarzt; *11* Fromme Marta
- **Molnár:** *6* Liliom; *14* Spiel im Schloss
- **Nestroy:** *8* Talisman; *17* Lumpazivagabundus
- **O'Neill:** *8* O Wildnis; *11* Fast ein Poet, Kaiser Jones; *12* Anna Christie, Tage ohne Ende
- **Osborne:** *11* Entertainer; *12* Teufel im Leib; *18* Blick zurueck im Zorn
- **Ostrowskij:** *4* Wald
- **Pagnol:** *5* César, Fanny; *6* Marius
- **Plautus:** *8* Goldtopf; *9* Amphitryo, Aulularia, Menaechmi, Zwillinge
- **Priestley:** *14* Seit Adam und Eva; *17* Ein Inspektor kommt, Zeit und die Conways
- **Racine:** *6* Esther; *7* Athalie, Bajazet, Phaedra; *8* Bérénice; *10* Andromache; *11* Britannicus
- **Raimund:** *11* Alpenkoenig; *12* Verschwender
- **(Hans) Sachs:** *8* Lukrezia; *11* Kraemerkorb
- **Sardou:** *5* Tosca; *9* Cyprienne; *14* Madame sans Gêne
- **Sartre:** *7* Fliegen; *12* Ehrbare Dirne; *17* Schmutzigen Haende
- **Schiller:** *6* Fiesco; *7* Raeuber; *9* Demetrius, Don Carlos; *11* Maria Stuart, Piccolomini, Wallenstein, Wilhelm Tell; *14* Kabale und Liebe; *15* Braut von Messina; *18* Jungfrau von Orléans
- **Schnitzler:** *6* Anatol, Reigen; *8* Liebelei
- **Schönherr:** *2* Es; *4* Erde; *11* Weibsteufel
- **Scribe:** *13* Ein Glas Wasser
- **Shakespeare:** *4* Lear; *5* Sturm; *6* Hamlet; *7* Macbeth, Othello, Richard; *8* Coriolan, Heinrich; *9* Cymbeline; *10* Koenig Lear; *11* Was ihr wollt; *12* Julius Caesar, Mass fuer Mass; *13* Romeo und Julia, Timon von Athen; *14* Wintermaerchen; *15* Ende gut, alles gut; *17* Sommernachtstraum, Viel Laerm um nichts, Wie es euch gefaellt; *18* Kaufmann von Venedig, Troilus und Cressida
- **Shaw:** *6* Helden; *7* Candida; *9* Androklus (und der Löwe), Pygmalion; *12* Major Barbara; *14* Heilige Johanna; *16* Arzt am Scheideweg; *18* Caesar und Cleopatra, Frau Warrens Gewerbe
- **Sophokles:** *4* Aias; *7* Elektra; *8* Antigone; *13* Koenig Oedipus
- **Sternheim:** *4* Hose, Snob; *8* Kassette; *15* Buerger Schippel
- **Strindberg:** *5* Vater; *6* Ostern; *9* Totentanz; *10* Traumspiel; *13* Schwanenweiss; *14* Fraeulein Julie
- **Sudermann:** *4* Ehre; *6* Heimat
- **Terenz:** *6* Eunuch, Hekyra; *7* Brueder, Phormio
- **Thoma:** *5* Moral
- **Tschechow:** *4* Baer; *5* Moewe; *6* Iwanow; *10* Onkel Wanja; *12* Kirschgarten; *13* Heiratsantrag; *14* Drei Schwestern
- **Wedekind:** *4* Lulu; *5* Musik; *7* Hidalla; *8* Erdgeist; *9* Franziska; *11* Liebestrank; *13* Kammersaenger; *17* Buechse der Pandora; *18* Fruehlings Erwachen
- **Wilder:** *10* Alkestiade; *17* Unsere kleine Stadt
- **Williams:** *10* Camino Real; *13* Glasmenagerie; *14* Steinerne Engel; *15* Taetowierte Rose; *16* Schlacht der Engel; *19* Endstation Sehnsucht
- **Zuckmayer:** *10* Kalte Licht; *11* Ulla Winblad; *13* Katharina Knie; *14* Schinderhannes; *15* Barbara Blomberg; *17* Gesang im Feuerofen, Des Teufels General; *18* Froehliche Weinberg

Schauspielaufführung: *7* Theater
Schauspieldichter: *10* Dramatiker

Schauspieler: *4* Mime; *6* Akteur; *10* Darsteller, Komoediant
Schauspielergehalt: *4* Gage
Schauspielergruppe: *8* Ensemble
Schauspielerin: *7* Aktrice
Schauspielgestaltung: *11* Dramaturgie
Schauspielhaus: *7* Theater
Schauspielhaus in Wien: *11* Burgtheater
Schauspielkunst: *5* Mimik
Schauspielmusik von Beethoven: *6* Egmont; *8* Coriolan
Schauspielschüler: *5* Eleve
Schausteller: *7* Gaukler
Schaustellung: *10* Exposition
Schaustellung lebender Tiere: *3* Zoo; *9* Menagerie; *10* Tiergarten
Schautanzgruppe: *7* Ballett
Schauunternehmen mit wechselndem Standort: *12* Wanderzirkus
scheckig: *7* meliert
Scheibe: *4* Puck; *6* Diskus; *8* Schnitte
Scheibe beim Eishockey: *4* Puck
Scheibenkurbel: *8* Exzenter
Scheibenqualle: *6* Meduse
Scheichtum am Persischen Golf: *5* Katar; *6* Adjman, Kuwait
Scheidelinie: *6* Grenze
Scheidungsparadies in den USA: *4* Reno
Schein: *4* Trug; *5* Glanz, Licht; *6* Dehors, Strahl
scheinbar: *9* imaginaer
scheinbare Sonnenbahn: *8* Ekliptik
Scheinbild: *7* Schemen
Scheingelehrter: *7* Sophist
Scheinhandlung: *5* Farce
scheinheilig: *6* bigott
scheinheiliger Heuchler: *8* Tartuffe
Scheinheiligkeit: *4* Cant; *9* Heuchelei; *10* Bigotterie
Scheinhieb: *5* Finte
Scheinmaßnahme: *8* Manoever
Scheinmedikament: *7* Placebo
Scheinwissen: *9* Sophistik
Scheitelpunkt: *5* Zenit
Schelle: *7* Klingel
schellen: *7* laeuten; *8* klingeln
Schellenbaum: *7* Bumbass
Schellentrommel: *8* Tamburin
Schellfischart: *3* Sei; *4* Leng; *6* Dorsch, Merlan; *8* Kabeljau
Schelm: *4* Narr; *5* Wicht; *6* Schalk; *8* Schaeker
Schelmenstreich: *8* Narretei; *14* Eulenspiegelei
Schema: *4* Norm, Plan; *6* Muster; *7* Vorlage; *9* Schablone
Schemel: *6* Hocker
Schemen: *8* Schatten
Schenke: *4* Krug; *6* Kneipe; *8* Destille; *9* Ausschank, Kretscham; *10* Wirtschaft; *14* Gastwirtschaft
schenken: *5* geben; *6* opfern, widmen; *7* spenden, stiften; *9* bescheren; *10* dedizieren
schenkende Nächstenliebe: *5* Agape
Schenkung: *4* Gabe; *5* Opfer; *8* Dotation
Scherbengericht: *11* Ostrazismus
Scheren der Schafe: *5* Schur
scherenloser Krebs: *8* Languste
Scherenschnitt: *10* Silhouette
Scherflein: *6* Obolus
Scherge: *7* Buettel; *8* Haescher
Scherz: *3* Jux, Ulk; *4* Witz; *5* Jokus, Spass; *8* Allotria
Scherzgedicht: *8* Limerick; *13* Schuettelreim
scherzhaft für
- **Apotheker:** *12* Pillendreher
- **Arrest:** *5* Knast
- **Arzt:** *7* Medikus
- **Bär:** *5* Teddy
- **Betrüger:** *5* Filou
- **Binnenländer:** *9* Landratte
- **Braut, Bräutigam:** *7* Gespons
- **Bücherfreund:** *9* Leseratte; *11* Buecherwurm
- **Deutscher:** *6* Michel
- **Dieb:** *10* Langfinger
- **englischer Soldat:** *5* Tommy
- **Esel:** *7* Langohr
- **Eßwaren:** *10* Fressalien
- **Förster:** *9* Gruenrock
- **französischer Soldat:** *5* Poilu
- **Friseur:** *6* Figaro
- **Gatte, Gattin:** *7* Gespons
- **Gewehr:** *6* Knarre
- **Haft:** *5* Knast
- **Hase:** *7* Langohr; *10* Schlappohr; *11* Muemmelmann
- **Heimzahlung:** *10* Denkzettel
- **Indianer:** *7* Rothaut
- **Intellektuelle:** *8* Eggheads
- **Ire:** *3* Pat
- **Jäger:** *9* Gruenrock
- **Katze:** *8* Dachhase
- **kleiner Ort:** *4* Nest
- **Körper:** *6* Korpus
- **Kunde:** *4* Maer
- **Lehrer:** *6* Pauker
- **Marschverpflegung:** *10* Fresspaket
- **Matrose:** *7* Janmaat, Mariner
- **Nachricht:** *4* Maer
- **Neger:** *5* Bimbo
- **Nordamerikaner:** *3* Sam; *6* Yankee; *8* Uncle Sam
- **Polizist:** *4* Flic, Udel; *5* Bobby, Bulle, Polli, Polyp; *6* Schupo
- **russischer Soldat:** *4* Iwan; *7* Muschik
- **Sage:** *4* Maer
- **Schlaukopf:** *5* Filou
- **schlechte Handschrift:** *5* Klaue
- **schottisches Seeungeheuer:** *6* Nessie
- **Schule:** *5* Penne
- **Sohn:** *6* Filius
- **Spitzbube:** *5* Filou
- **Stiefel:** *12* Knobelbecher
- **Student:** *8* Studiker; *9* Studiosus
- **US-Soldat:** *3* Ami

scherzhafte Nachahmung: *7* Parodie
scherzhaftes Musikstück: *7* Scherzo; *9* Capriccio

Scherzname für Goethes Mutter: *3* Aja
scheu: *3* zag
Scheu: *5* Angst
Scheuer: *6* Stadel; *7* Scheune; *8* Speicher
Scheuerlappen: *6* Feudel
scheuern: *6* putzen, reiben
Scheune: *6* Stadel; *7* Scheuer; *8* Speicher
Scheunenboden: *5* Tenne
Scheusal: *5* Ekel; *8* Monstrum; *9* Ungeheuer
scheußlich: *4* fies
Schicht: *4* Lage; *5* Floez; *8* Sediment
Schicht der Atmosphäre: *11* Ionosphaere
schichten: *7* haeufen, stapeln
Schichtenkunde: *13* Stratigraphie
schichtig: *8* lamellar
Schichtwolke: *7* Stratus
schick: *5* fesch; *7* elegant
Schick: *7* Eleganz
schicken: *6* senden
schicklich: *6* dezent
Schicklichkeit: *7* Dekorum; *10* Konvenienz
Schicklichkeitsgefühl: *4* Takt
Schicksal: *3* Los; *5* Fatum, Tyche; *6* Kismet, Zufall; *7* Fuegung; *8* Geschick; *9* Vorsehung
schicksalhafter Augenblick: *11* Sternstunde
Schicksalsglaube: *10* Fatalismus
Schicksalsgläubiger: *8* Fatalist
Schicksalsgöttin: *3* Ate, Urd; *5* Moira, Norne, Parze, Skuld; *6* Ananke, Hather, Hathor, Klotho; *7* Atropos; *8* Lachesis, Werdandi
Schicksalsvorbestimmung: *5* Karma
Schiebestange bei Flußbooten: *5* Stake
Schiebewand japanischer Häuser: *6* Fusuma
Schiedsrichter: *7* Arbiter
schief: *5* krumm; *6* scheel; *7* schraeg
Schieferart: *5* Gneis
Schieferfelsen: *3* Lei
schiefwinkliges Parallelogramm: *5* Raute; *7* Rhombus
Schiene: *4* Kufe; *5* Gleis
Schienenechse: *4* Teju
Schienenfahrzeug: *3* Lok; *4* Tram; *8* Draisine; *10* Lokomotive
Schienenkippwagen: *4* Lore
Schienenstrang: *5* Gleis
schier: *4* fast, rein
Schießender: *8* Schuetze
Schießpulver: *6* Kordit
Schiff → Kriegsschiff → Segelschiff
Schiff: *4* Bark, Kuff; *5* Barke, Brigg, Jacht, Kogge; *6* Faehre, Kutter, Logger, Segler, Tanker; *7* Dampfer, Klipper, Pinasse, Schoner, Schuner, Trawler; *8* Barkasse, Frachter; *9* Schlepper; *10* Eisbrecher; *11* Segelschiff
Schiff
- **der Argonauten:** *4* Argo
- **des Kolumbus:** *4* Nina; *5* Pinta; *10* Santa Maria
- **des Noah:** *5* Arche

Schiff ausladen: *8* loeschen
Schiff außer Dienst stellen: *8* abtakeln
Schiff erobern: *6* entern
Schiffahrtsbehörde: *6* Seeamt
Schiffahrtsgesellschaft: *8* Reederei
Schiffahrtshindernis: *4* Riff; *5* Nebel; *6* Felsen; *7* Eisberg, Packeis; *8* Treibeis
Schiffahrtskunde: *6* Nautik
Schiffahrtsstraße zwischen England und Frankreich: *11* Aermelkanal
Schiffahrtsunternehmer: *6* Reeder
Schiffahrtsunternehmung: *8* Reederei
schiffbarer Stadtkanal: *5* Fleet
Schiffbruch: *7* Havarie; *9* Strandung, Untergang
Schiffer: *7* Matrose, Seemann
Schifferklavier: *8* Quetsche; *9* Akkordeon, Bandoneon, Harmonika; *13* Handharmonika, Ziehharmonika
Schiffsankerplatz: *3* Kai; *5* Reede
Schiffsauslader: *9* Debradeur
Schiffsbalken: *5* Spant; *6* Planke, Steven; *8* Stringer
Schiffsbauanlage: *4* Dock; *5* Werft; *7* Helling
Schiffsbaugerüst: *6* Stapel
Schiffsbaum: *4* Mast
Schiffsbauplatz: *7* Helling
Schiffsbedeckung: *4* Deck
Schiffsbelader: *6* Stauer
Schiffsbesatzung: *4* Crew
Schiffsbeschädigung: *4* Leck
Schiffsbesitzer: *6* Eigner
Schiffsbugverzierung: *12* Galionsfigur
Schiffsdeck: *4* Bord
Schiffsdurchgang: *3* Gat; *4* Gatt
Schiffseigner: *6* Reeder
Schiffseinstieg: *3* Luk; *4* Luke
Schiffsfenster: *8* Bullauge
Schiffsflaschenzug: *4* Gien; *5* Takel, Talje
Schiffsfrachtraum: *7* Tonnage
Schiffsführer: *5* Lotse; *8* Kapitaen; *9* Kommodore
Schiffsführung: *10* Navigation
Schiffsgeländer: *6* Reling
Schiffsgeschwindigkeit: *6* Knoten
Schiffsgeschwindigkeitsmesser: *3* Log
Schiffsgrundbalken: *4* Kiel
Schiffshaltetau: *3* Gei; *4* Reep, Stag; *6* Trosse
Schiffshinterteil: *4* Gatt, Heck
Schiffskellner: *7* Steward
Schiffskobold: *13* Klabautermann
Schiffskoch: *6* Smutje
Schiffskommando: *3* Ree
Schiffskran: *5* Davit; *8* Ladebaum
Schiffsküche: *8* Kombuese
Schiffsladung: *5* Kargo; *6* Fracht; *7* Ballast, Ladegut
Schiffsleinwand: *5* Segel; *10* Persenning
Schiffsmann: *4* Maat
Schiffsmannschaft: *4* Crew; *8* Equipage
Schiffsmast: *5* Besan; *9* Besanmast
Schiffsoffizier: *10* Steuermann
Schiffsöffnung: *3* Luk; *4* Luke
Schiffsplanke: *5* Weger
Schiffsrand: *4* Bord
Schiffsraum: *3* Gat; *4* Back, Gatt, Koje; *5* Logis;

*6*Kabine, Pantry; *7*Kajuete; *8*Kampanje, Kombuese
Schiffsraumgehalt: *7*Tonnage
Schiffsreisender: *9*Passagier
Schiffsrippe: *5*Spant
Schiffsrumpf: *5*Kasko
Schiffsschaden: *4*Leck; *7*Havarie
Schiffsschnabel: *5*Grans
Schiffsschraube: *9*Propeller
Schiffsseil: *3*Gei, Tau; *4*Reep, Stag, Want; *6*Brasse, Trosse; *7*Gording, Pardune
Schiffsseite: *3*Lee, Luv; *8*Backbord; *10*Steuerbord
Schiffssignalgerät: *6*Sirene; *9*Nebelhorn
Schiffstagebuch: *7*Logbuch
Schiffstagereise: *5*Etmal
Schiffstakelung: *3*Cat
Schiffstau: *3*Gei; *4*Reep, Stag, Want; *6*Brasse, Trosse; *7*Gording, Pardune
Schiffstreppe: *8*Fallreep
Schiffsverband: *6*Flotte; *7*Eskader; *9*Flottille; *10*Geschwader
Schiffsverpfändung: *8*Bodmerei
Schiffsvorbau am Bug: *6*Galion
Schiffsvorderteil: *3*Bug
Schiffswinde: *5*Spill; *9*Gangspill
schikanieren: *6*plagen; *8*schinden; *10*kujonieren; *13*maltraetieren
Schild: *6*Aegide, Plakat
Schild der Athene: *5*Aegis
– des Schützen im Mittelalter: *6*Pavese
– des Zeus: *5*Aegis
Schildbürger der Antike: *9*Abderiten
Schildchen: *7*Etikett
Schilddrüsenerkrankung: *5*Kropf; *6*Struma
Schildknorpel des Kehlkopfes: *10*Adamsapfel
Schildkrötenart: *8*Matamata
Schildkröteninseln: *9*Galapagos
Schildlaus: *11*Koschenille
Schildträger: *6*Hoplit
Schilf: *4*Reet, Ried, Rohr; *5*Binse
schillern: *8*glitzern
schillerndes Gewebe: *9*Changeant
Schimmer: *5*Glanz; *6*Nuance
Schimpf: *7*Affront
schimpfen: *5*toben; *6*keifen; *7*fluchen, geifern
schinden: *7*drillen, quaelen
Schinderei: *5*Drill
Schindmähre: *7*Klepper; *8*Rosinante
Schirennstrecke: *5*Loipe, Piste
Schirm: *9*Parapluie
– südostasiatischer Fürsten: *6*Pajung
Schirmdach: *9*Baldachin
Schirmherr: *6*Patron; *9*Protektor
Schirmherrschaft: *5*Obhut; *6*Aegide; *8*Patronat; *11*Protektorat
Schirmpilz: *7*Parasol
Schirrzeug: *6*Trense, Zuegel; *7*Kandare
Schisma: *8*Spaltung; *15*Kirchenspaltung
Schlacht: *5*Kampf
schlachten: *7*metzeln
Schlachtenlenkerin in der nordischen Göttersage: *8*Walkuere
Schlachter: *7*Metzger, Selcher; *9*Fleischer; *10*Charcutier; *12*Fleischhauer
Schlachtfeld: *8*Walstatt
Schlachtordnung: *7*Phalanx
Schlachtort
– in Apulien (216 v. Chr.): *6*Cannae
– in Assyrien (331 v. Chr.): *9*Gaugamela
– in Böhmen (1757): *5*Kolin
– in Böhmen (1866): *12*Koeniggraetz
– bei Brüssel (1815): *8*Waterloo
– in Dänemark (1864): *7*Dueppel
– an der Elbe (1760): *6*Torgau
– in Flandern (1214): *8*Bouvines
– in Flandern (1914): *10*Langemarck
– beim Gardasee (1859): *9*Solferino
– in Griechenland (480 v. Chr.): *7*Salamis; *11*Thermopylen
– in Griechenland (490 v. Chr.): *8*Marathon
– in Israel: *6*Hattin, Hittim
– in Jugoslawien (1697): *5*Zenta; *9*Amselfeld
– in Kleinasien (333 v. Chr.): *5*Issos, Issus
– bei Leipzig (1632): *7*Luetzen
– bei Liegnitz (1241, 1813): *9*Wahlstatt
– an der Maas (1870): *5*Sedan
– in Mähren (1805): *10*Austerlitz
– bei Merseburg (1757): *8*Rossbach
– bei Moskau (1812): *8*Borodino
– in Oberitalien (1800): *7*Marengo
– in Oberitalien (1859): *7*Magenta
– in Ostpreußen (1410, 1914): *10*Tannenberg
– bei Potsdam (1675): *10*Fehrbellin
– in Schlesien (1241, 1813): *9*Wahlstatt
– in Schlesien (1745): *14*Hohenfriedberg
– in Schlesien (1757): *7*Leuthen
– in Schottland (1296, 1650): *6*Dunbar
– in der Schweiz (1386): *7*Sempach
– in Serbien (1697): *9*Amselfeld
– in Südengland (1066): *8*Hastings
– in Thüringen (1806): *9*Auerstedt
– in der Türkei (1402): *6*Ankara
– in der Türkei (1071): *10*Mantzikert
– in Ungarn (1526, 1687): *6*Mohács
– in den USA (1863): *10*Gettysburg
– bei Verona (1848, 1866): *8*Custozza
– bei Wien (1809): *6*Wagram
– auf Zypern (450 v. Chr.): *7*Salamis
Schlackenberg: *5*Halde
schlafähnlicher Zustand: *6*Trance; *7*Hypnose
Schlafanzug: *6*Pyjama
schlafbedürftig: *5*muede
Schlafdecke: *6*Kolter
schlafen: *6*pennen
Schläfenlocken: *5*Peies
Schlafenszeit: *5*Nacht
Schlaferlebnis: *5*Traum
schlaff: *3*lax; *4*lose; *5*lasch, muede, weich; *6*torpid; *7*schlapp, schwach
Schlaffheit: *6*Atonie, Torpor
Schlafkammer: *5*Gaden

Schlafkrankheitsüberträger: *8* Glossina; *12* Tsetsefliege
Schlaflosigkeit: *7* Asomnie
Schlafnische: *7* Alkoven
Schlafnetz: *11* Haengematte
Schlafraum auf Schiffen: *4* Koje; *6* Kabine
schläfrig: *5* muede; *9* somnolent
Schlafsaal in Klöstern: *11* Dormitorium
Schlafstätte: *4* Bett; *5* Lager
Schlafstelle auf Schiffen: *4* Koje
Schlafsucht: *9* Lethargie
schlafwandelnd: *9* somnambul
Schlafwandler: *10* Somnambule
Schlafzustand: *7* Hypnose
Schlag: *4* Coup, Hieb; *5* Klaps, Stoss, Treff; *6* Schock; *7* Fuchtel, Pulsion
Schlagader: *5* Aorta; *7* Arterie
Schlaganfall: *9* Apoplexie
Schlagbaum: *8* Schranke
Schlagbecken: *4* Gong
Schläge: *4* Haue; *5* Hiebe; *7* Dresche, Pruegel
schlagen: *6* pulsen; *9* pulsieren
Schlagen der Flachsstengel: *6* botten
schlagend: *8* eklatant
Schlager: *3* Hit; *7* Reisser; *8* Knueller; *10* Bestseller
Schläger: *5* Rowdy; *8* Raufbold
Schlagerfestival: *9* Hitparade
schlagfertig: *6* prompt, witzig
Schlaggerät: *8* Pritsche
Schlaginstrument: *4* Gong; *5* Pauke; *6* Becken, Glocke, Rassel, Tamtam, Zimbal; *7* Klapper, Trommel; *8* Tamburin, Triangel, Xylophon; *9* Vibraphon; *11* Kastagnette, Kesselpauke; *12* Schellenbaum
Schlagwaffe: *5* Keule; *8* Tomahawk; *9* Streitaxt; *11* Morgenstern
Schlagwerkzeug: *6* Hammer
Schlagwort: *6* Slogan
Schlagzeile: *5* Titel; *8* Headline; *12* Ueberschrift
schlaksiger Bursche: *8* Lulatsch
Schlamm: *3* Kot, Mud; *4* Moor; *5* Dreck, Sumpf; *6* Modder, Morast; *7* Schlick
– nährstoffreicher Seen: *6* Gyttia
Schlammbank: *5* Barre
Schlammfang: *5* Gully, Gumpe
Schlammfisch: *4* Wels
schlammiger Boden: *6* Morast
schlammig: *5* limos
Schlammkasten im Bergbau: *5* Gumpe
Schlammpackung: *5* Fango
Schlammstrom im Hochgebirge: *4* Mure
Schlammvulkan: *5* Salse
schlampige Frau: *6* Vettel; *7* Schlampe
Schlange: *3* Ara, Boa; *4* Haie, Naja; *5* Aspis, Kobra, Mamba, Otter, Viper; *6* Assala, Natter, Python; *8* Anakonda, Surukuku; *9* Hornviper, Puffotter, Sandviper; *10* Kreuzotter; *12* Buschmeister, Ringelnatter; *13* Tigerschlange; *14* Abgottschlange, Boa constrictor; *15* Brillenschlange, Klapperschlange, Koenigsschlange
schlangenähnliche Eidechse: *14* Blindschleiche
schlangenähnlicher Fisch: *3* Aal; *7* Muraene
Schlangenanbeter: *5* Ophit
Schlangenkopffisch: *6* Channa
Schlangenlinie: *10* Serpentine
Schlangenuntier: *5* Hydra
schlank: *4* rank; *5* duenn, mager; *6* grazil, schmal
schlapp: *5* muede; *7* schlaff, schwach
Schlappe: *4* Pech; *6* Fiasko; *10* Misserfolg; *12* Missgeschick
Schlapphut: *10* Kalabreser
schlau: *4* klug; *6* clever; *7* gewieft, gewiegt, gewitzt, pfiffig; *8* gerieben; *10* raffiniert
Schlauberger: *5* Filou; *9* Pfiffikus
schlauchloser Autoreifen: *8* Tubeless
Schlaufe: *4* Oese; *6* Masche; *8* Schleife, Schlinge
Schlauheit: *4* List; *7* Finesse; *10* Raffinesse
Schlaukopf: *5* Filou; *9* Pfiffikus
Schlawiner: *9* Schnorrer; *10* Tunichtgut
schlecht: *3* mau; *4* flau, mies; *5* boese, elend, uebel; *9* verdorben; *12* minderwertig
schlecht gekleidet: *8* zerlumpt; *10* abgerissen
– schmeckendes Getränk: *7* Gesoeff
schlechte(r, s)
– Branntwein: *5* Fusel
– Brauch: *7* Unsitte
– Charaktereigenschaft: *4* Geiz, Gier, Hass, Neid
– Fahrzeug: *7* Vehikel
– Gewohnheit: *5* Unart; *6* Laster
– Luft: *4* Mief
– Machwerk: *8* Elaborat
– Mensch: *4* Lump; *5* Filou; *6* Gauner; *7* Schurke
– Pferd: *4* Gaul; *6* Maehre; *7* Klepper
– Ruf: *10* Misskredit
– Tabak: *7* Knaster
– Witz: *4* Zote; *7* Kalauer
schlechthin: *10* katexochen
Schlechtwetterfront: *4* Tief
Schleicher: *11* Leisetreter
Schleichhandel: *9* Schmuggel
Schleichkatze: *5* Mungo; *8* Manguste; *9* Ichneumon; *10* Zibetkatze; *11* Pharaoratte
Schleier: *8* Mantilla, Mantille
Schleiergewebe: *4* Flor; *5* Tuell, Voile; *6* Batist; *7* Chiffon; *8* Georgette
schleierhaft: *6* unklar
Schleiertuch: *8* Mantilla, Mantille
Schleife: *4* Oese; *6* Quaste; *8* Schlaufe, Schlinge
schleifen: *8* polieren
Schleiffläche: *7* Facette
Schleifmittel: *9* Schmirgel
Schleimgeschwulst: *5* Myxom; *6* Hygrom
Schleimhautentzündung: *7* Katarrh
schleimig: *9* schlierig
schlemmen: *7* prassen
Schlemmer: *6* Lukull; *7* Gourmet, Sybarit; *8* Lukullus
Schlemmerei: *8* Gasterei
Schlendrian: *5* Trott
schleppen: *6* ziehen; *9* bugsieren
schleppend: *11* dilatorisch
Schlepper: *7* Traktor, Trecker

Schleppfrachtkahn: *5* Prahm, Zille
Schleppnetz: *5* Zeese
schlesische(r, s)
– **Badeort:** *6* Kudowa; *7* Landeck, Reinerz; *8* Altheide
– **Berggeist:** *9* Ruebezahl
– **Dichter:** *5* Logau, Opitz, Stehr; *7* Fleming; *8* Gryphius, Silesius; *9* Hauptmann, Scultetus; *10* Lohenstein; *11* Eichendorff; *14* Hofmannswaldau; *15* Angelus Silesius
– **Dramatiker:** *9* Hauptmann
– **Fürstentum:** *5* Pless
– **Hauptstadt:** *7* Breslau
– **Imitator:** *6* Lommel
– **Kloster:** *6* Leubus
– **Komiker:** *6* Lommel
– **Stadt** → Stadt in Schlesien
– **Töpferstadt:** *7* Bunzlau
– **Witzfigur:** *5* Antek; *7* Franzek
schleswig-holsteinische Insel: *4* Sylt; *5* Amrum, Foehr, Hooge; *7* Fehmarn; *10* Nordstrand
schleswig-holsteinischer Fluß: *5* Eider, Stoer, Trave
Schleuder: *8* Katapult; *10* Zentrifuge
Schleuderwaffe: *4* Bola; *8* Bumerang
Schleuderware: *6* Ramsch
schleunig: *4* bald; *7* schnell
Schleuse: *4* Siel
schlicht: *7* einfach
Schlichtungsentscheid: *13* Schiedsspruch
Schlick: *6* Morast; *7* Schlamm
Schließe: *6* Spange; *8* Schnalle
Schließer: *7* Portier; *9* Pfoertner
Schließfach: *4* Safe; *6* Tresor
Schließmuskel: *8* Abduktor
Schließvorrichtung: *6* Riegel; *7* Schloss
Schliff: *3* Pli; *5* Drill, Glanz; *7* Politur
schlimm: *3* arg; *4* boes; *5* boese, elend, uebel; *10* pernizioes
schlimme Verlegenheit: *10* Kalamitaet, Uebelstand
Schlinge: *4* Oese; *6* Masche; *8* Schlaufe, Schleife
Schlinge zum Vogelfang: *5* Dohne; *8* Sprenkel
Schlingel: *5* Range; *6* Bengel; *7* Lausbub
Schlingpflanze: *4* Efeu; *5* Liane; *10* Osterluzei
Schlips: *6* Binder, Fliege; *8* Krawatte, Plastron
Schlitten: *3* Bob; *4* Akia, Akja; *5* Pulka, Rodel; *8* Skeleton, Snowkart, Toboggan; *9* Bobsleigh
Schlittengleitschiene: *4* Kufe
Schlitz: *5* Spalt; *6* Luecke; *7* Scharte
Schloß: *6* Palais, Palast, Serail; *7* Château, Kastell
Schloß
– **bei Aberdeen:** *8* Balmoral
– **an der Adria:** *7* Miramar
– **in Baden-Württemberg:** *7* Zollern; *11* Sigmaringen; *12* Hohenzollern, Schwetzingen
– **in Bayern:** *5* Elmau; *8* Schachen; *9* Linderhof; *11* Nymphenburg; *12* Schleissheim; *14* Herrenchiemsee, Hohenschwangau, Neuschwanstein
– **bei Bonn:** *6* Bruehl
– **bei Brüssel:** *6* Laeken
– **im Chiemgau:** *5* Seeon
– **bei Coburg:** *7* Rosenau
– **in Dänemark:** *8* Kronborg; *11* Amalienborg; *13* Frederiksborg; *14* Christiansborg
– **bei Darmstadt:** *12* Kranichstein
– **bei Dresden:** *8* Pillnitz; *10* Moritzburg
– **in Düsseldorf:** *7* Benrath
– **in England:** *7* Windsor
– **bei Ettal:** *9* Linderhof
– **bei Füssen:** *14* Neuschwanstein
– **in Gelderland:** *6* Het Loo
– **am Genfer See:** *7* Chillon
– **bei Granada:** *8* Alhambra
– **bei Heilbronn:** *11* Jagsthausen
– **bei Innsbruck:** *6* Ambras
– **in Istanbul:** *6* Serail; *7* Topkapi
– **bei Jalta (Krim):** *7* Liwadia
– **bei Kassel:** *13* Wilhelmshoehe
– **auf Korfu:** *10* Achilleion
– **an der Loire:** *4* Usse; *5* Blois; *6* Chinon, Loches, Saumur; *7* Amboise; *8* Chambord, Cheverny, Langeais; *11* Chenonceaux
– **bei Madrid:** *8* Escorial
– **bei Montreux:** *7* Caillon
– **in Moskau:** *5* Kreml
– **bei München:** *12* Schleissheim
– **in München:** *11* Nymphenburg
– **bei Oberammergau:** *9* Linderhof
– **in Oberbayern:** *9* Linderhof
– **in Oberfranken:** *4* Banz
– **im Odenwald:** *6* Erbach; *12* Kranichstein
– **bei Paris:** *10* Versailles; *13* Fontainebleau
– **in Paris:** *9* Tuilerien
– **in Potsdam:** *9* Sanssouci
– **bei Rastatt:** *8* Favorite
– **bei Remagen:** *6* Ernich
– **am Rhein:** *11* Stolzenfels
– **in Rom:** *7* Lateran; *8* Quirinal
– **bei Salzburg:** *8* Mirabell; *9* Hellbrunn, Klessheim
– **im Salzburger Land:** *5* Unken; *6* Kaprun; *9* Fischhorn; *10* Mittersill
– **im Salzkammergut:** *6* Fuschl
– **in Schleswig-Holstein:** *10* Ahrensburg
– **in Schottland:** *8* Balmoral
– **in Schweden:** *9* Gripsholm
– **bei Stuttgart:** *8* Solitude; *9* Solituede
– **im Taunus:** *8* Kronberg
– **an der Themse:** *7* Windsor
– **in Thüringen:** *8* Wartburg
– **in Tirol:** *5* Itter
– **bei Toledo:** *7* Alkazar
– **am Traunsee:** *4* Orth
– **bei Triest:** *7* Miramar
– **in Versailles:** *7* Trianon
– **von Voltaire:** *6* Ferney
– **bei Weimar:** *7* Tiefurt; *9* Belvedere
– **bei Wermsdorf (Sachsen):** *12* Hubertusburg
– **in Wien:** *7* Hofburg; *9* Belvedere; *11* Schoenbrunn
– **in Württemberg:** *12* Lichtenstein
Schloß mit Wehrtürmen: *8* Bastille

schloßartiges Gebäude: *6* Palast, Palais, Serail; *7* Château, Kastell
Schloßbeamter: *9* Kastellan
Schloßberg von Krakau: *5* Wawel
– von Prag: *9* Hradschin
Schloßkerker: *7* Verlies
Schloßvogt: *9* Kastellan
Schlot: *4* Esse; *5* Kamin; *9* Rauchfang; *11* Schornstein
Schlucht: *5* Klamm, Kluft; *7* Couloir
Schlucht in Graubünden: *7* Via Mala
– in Nordamerika: *9* Gran Canon
schluchzen: *6* weinen
Schlummer: *6* Schlaf
Schlund: *4* Hals; *6* Rachen
Schlüpfer: *4* Slip
schlüpfrig: *6* frivol, lasziv, pikant; *7* obszoen; *9* schlierig
Schlüpfrigkeit: *8* Nuditaet
Schlüpfschuh: *7* Slipper
Schlupfwinkel: *8* Spelunke
Schluß: *4* Ende, Fine
Schluß machen: *5* enden; *7* beenden
Schlußeffekt: *6* Pointe
Schlüssel zu Geheimschriften: *4* Code, Kode
Schlüsselblume: *6* Primel
Schlüsselteil: *4* Bart
schlußfolgern: *11* kombinieren
Schlußfolgerung: *10* Konklusion; *11* Kombination
Schlußgesang: *6* Exodos
Schlußphase: *6* Finish
Schlußprüfung: *5* Matur; *7* Maturum
Schlußrede: *6* Epilog
Schlußsatz: *6* Finale
Schlußsumme: *5* Fazit
Schlußteil: *6* Finale
Schlußvermerk: *5* Finis
Schlußwort: *4* Amen; *6* Epilog
Schlußzeichen: *5* Punkt
Schmach: *6* Unehre; *7* Schande, Schimpf
schmachten: *6* gieren; *8* duersten
schmachtender Liebhaber: *7* Seladon
schmächtig: *4* zart; *5* duenn, hager, mager; *6* grazil, schmal
schmackhaft: *6* lecker; *7* delikat
Schmähschrift: *6* Libell; *8* Pamphlet, Pasquill
Schmähung: *4* Tort; *6* Anwurf; *9* Invektive
schmal: *3* eng; *5* duenn, hager
schmale(r, s)
– Bergrücken: *4* Grat
– Brett: *5* Latte
– Brücke: *4* Steg
– Durchgang: *4* Enge; *7* Engpass
– Felsschlucht: *5* Klamm
– Fußweg: *4* Pfad, Steg
– Gebirgspfad: *5* Steig
– Gewebe: *4* Band
– Latte: *6* Leiste
– Meeresbucht: *6* Foerde
– Öffnung: *5* Spalt
– Stelle: *4* Enge
– Straße: *5* Gasse
– Treppe: *6* Stiege
schmalwüchsig: *8* leptosom
Schmarotzer: *7* Parasit; *8* Entozoon, Trichine; *9* Schnorrer
Schmarotzerpflanze: *6* Mistel
schmecken: *6* kosten, munden
Schmeichelei: *5* Eloge; *9* Flatterie; *10* Kompliment
schmeicheln: *5* kosen; *8* hofieren
Schmeichelname für Goethes Mutter: *3* Aja
Schmeichler: *9* Kalfaktor
Schmelz: *6* Glasur
Schmelzfluß beim Vulkanausbruch: *4* Lava
Schmelzgefäß: *6* Muffel, Tiegel
Schmelztiegel: *6* Muffel
Schmelzüberzug: *5* Email; *7* Emaille
Schmerz: *3* Weh; *4* Gram, Harm, Leid, Pein, Qual; *6* Kummer
Schmerzenslaut: *2* au
Schmerzlosigkeit: *9* Analgesie
Schmerzunempfindlichkeit: *11* Anaesthesie
Schmetterball: *5* Smash
Schmetterling: *4* Eule; *5* Fuchs, Motte, Nonne; *6* Apollo, Aurora, Falter, Glucke; *7* Admiral, Spanner, Spinner, Wickler; *8* Eisvogel, Kohleule; *9* Blaeuling, Gammaeule, Goldafter, Kornmotte, Pelzmotte, Tagfalter, Totenkopf, Weissling; *10* Holzbohrer, Mauerfuchs, Ochsenauge, Ordensband, Schwaermer, Widderchen; *11* Augenfalter, Goldene Acht, Moenchseule, Nachtfalter, Segelfalter, Tannenpfeil; *12* Apfelwickler, Apollofalter, Distelfalter, Fichtenmotte, Frostspanner, Glasfluegler, Kaisermantel, Kleidermotte, Kupferglucke, Trauermantel, Weidenbohrer; *13* Baerenspinner, Kohlweissling, Seidenspinner, Tagpfauenauge, Taubenschwanz; *14* Fichtenspinner, Kiefernspinner, Schillerfalter, Schwammspinner, Zitronenfalter; *15* Abendpfauenauge, Blutstroepfchen, Nachtpfauenauge; *16* Schwalbenschwanz
Schmetterlingsblütler: *4* Klee; *5* Bohne, Erbse, Linse, Wicke; *6* Lupine; *7* Erdnuss, Ginster, Luzerne, Robinie, Tragant; *8* Glyzinie, Hornklee, Saubohne; *9* Geissklee, Goldregen, Hauhechel, Seradella, Sojabohne, Steinklee; *10* Esparsette, Feuerbohne, Geissraute, Serradella; *11* Kichererbse; *12* Besenginster
Schmetterlingsgespinst: *5* Kokon
Schmetterlingslarve: *5* Puppe, Raupe
Schmied der deutschen Sage: *7* Wieland
schmiedbares Eisen: *5* Stahl
Schmiedeblock: *6* Amboss
Schmiedeform: *6* Gesenk
Schmiedegerät: *5* Zange; *6* Amboss, Gesenk, Hammer; *9* Blasebalg
schmieren: *5* oelen; *6* fetten
Schmierheft: *6* Kladde; *7* Diarium
schmierig: *5* oelig; *6* fettig
Schmiermittel: *4* Fett
Schminke: *5* Rouge

Schmöker: *8* Schwarte; *9* Scharteke
schmollen: *7* trotzen, zuernen
Schmorobst: *7* Kompott
Schmortopf: *10* Kasserolle
Schmuck: *4* Putz, Ring, Zier; *5* Dekor, Perle; *6* Zierat, Zierde; *7* Dekorum; *8* Ornament; *10* Dekoration
schmücken: *6* zieren; *9* drapieren, garnieren, verzieren; *10* dekorieren
schmückend: *9* dekorativ; *10* ornamental
schmückendes Beiwerk: *6* Zierde
Schmuckgewinde: *5* Kranz; *8* Girlande
Schmuckhändler: *8* Juwelier
Schmuckkästchen: *9* Schatulle
Schmuckknopf für das Ohr: *6* Bouton
Schmuckkügelchen: *5* Perle
schmucklos: *8* schlicht
Schmucknadel: *7* Agraffe
Schmuckring: *4* Reif
Schmucksachen: *7* Valoren; *10* Bijouterie
Schmuckspange: *5* Fibel; *6* Fibula, Heftel; *7* Agraffe
Schmuckstein: *4* Jade, Jett, Onyx, Opal; *5* Achat, Gagat, Gemme, Juwel, Kamee, Lapis, Pyrop, Quarz, Rubin, Topas; *6* Adular, Amaryl, Apatit, Beryll, Citrin, Epidot, Euklas, Granat, Jadeit, Jaspis, Korund, Plasma, Prasem, Saphir, Zirkon, Zitrin, Zyanit; *7* Diamant, Girasol, Idokras, Karneol, Koralle, Lasurit, Nephrit, Smaragd, Spinell, Tuerkis; *8* Almandin, Amazonit, Amethyst, Brillant, Edelopal, Haematit, Heliodor, Hyazinth, Kaprubin, Labrador, Malachit, Markasit, Obsidian, Rhodonit, Sardonyx, Solitaer, Tansanit, Turmalin; *9* Aquamarin, Aventurin, Bernstein, Blutstein, Brasilian, Chalzedon, Demantoid, Feueropal, Fischauge, Goldtopas, Grossular, Heliotrop, Hydrophan, Karfunkel, Mondstein, Serpentin, Tigerauge; *10* Alexandrit, Chrysolith, Chrysopras, Kascholong, Katzenauge, Labradorit, Rauchquarz, Rauchtopas, Rosenquarz, Speckstein; *11* Lapislazuli, Nierenstein, Sonnenstein; *12* Bergkristall, Chrysoberyll; *13* Amazonenstein, Labradorstein
Schmuckstreifen: *5* Fries
Schmuckstück: *4* Reif, Ring; *5* Fibel, Gemme, Juwel, Kamee, Kette, Klips, Perle; *6* Diadem, Spange; *7* Agraffe, Armband, Armreif, Brosche, Ehering, Kleinod, Kollier; *8* Solitaer; *9* Anhaenger, Edelstein, Halskette, Medaillon; *10* Siegelring; *14* Krawattennadel
Schmuggelware: *11* Konterbande
Schmus: *6* Gerede, Phrase; *7* Gefasel; *12* Schoentuerei; *17* Suessholzgeraspel
Schmutz: *3* Kot; *5* Dreck, Unrat; *6* Morast
schmutzige Gasse: *4* Slum
Schmutzstelle: *5* Fleck
Schmutzteilchen: *5* Staub
Schnabelfisch: *6* Nilaal
Schnabelkrokodil: *6* Gavial
Schnalle: *7* Agraffe
Schnallenschuh: *8* Eskarpin
Schnauze: *5* Zeute
Schnecke: *5* Kauri; *7* Whalaat; *8* Molluske, Schnegel; *9* Riesenohr; *11* Wegschnecke; *12* Baumschnecke, Hainschnecke; *13* Ackerschnecke, Nacktschnecke, Posthoernchen; *14* Gartenschnecke, Purpurschnecke; *16* Weinbergschnecke
Schneckenlinie: *7* Spirale
Schneckenornament: *6* Gordon
Schnee: *4* Firn; *6* Harsch
Schneebluse: *6* Anorak
Schneefahrzeug: *3* Bob; *9* Schlitten
schneefrei: *4* aper
Schneehütte: *4* Iglu
Schneeleopard: *5* Irbis
Schneemasse: *6* Lawine
Schneemensch: *4* Yeti; *6* Kangmi
Schneerose: *8* Nieswurz
Schneeschuh: *3* Ski; *4* Schi
Schneesturm in Nordamerika: *8* Blizzard
- in Sibirien: *5* Purga
- in der UdSSR: *5* Metel
Schneid: *3* Mut; *4* Elan, Mumm; *7* Bravour
Schneide: *4* Grat; *6* Klinge
Schneide am Pflug: *5* Schar
- einer Sense: *6* Dengel
schneiden: *11* tranchieren
Schneider: *8* Tailleur
Schneiderkunst: *12* Haute Couture
Schneidersitz: *11* Unterschlag
schneidig: *4* kess; *5* fesch, smart; *6* forsch, stramm, zackig; *10* bravouroes
Schneidwerkzeug: *5* Saege; *6* Messer, Schere
Schneise: *8* Lichtung
schnell: *5* eilig, flink, quick, rapid; *6* behend, hurtig, rapide, rasant, rasend; *9* geschwind
schnelle(r, s)
- Kriegsschiff: *5* Aviso; *7* Kreuzer; *10* Zerstoerer; *11* Schnellboot, Torpedoboot
- Musikstück: *7* Allegro
- Schußfolge: *5* Garbe
- Steppentier: *7* Gazelle
- Tonfolge: *7* Passage
schnellfahren: *5* rasen
Schnelligkeit: *4* Eile, Hast; *5* Tempo
Schnellsegler: *7* Clipper, Klipper
Schnellstraße: *8* Autobahn
- in den USA: *7* Highway
Schnellzug: *4* D-Zug
Schnepfenstrauß: *4* Kiwi
Schnepfenvogel: *5* Knutt, Triel; *7* Kiebitz; *9* Bekassine; *10* Brachvogel, Sanderling; *11* Rotschenkel; *12* Kampflaeufer, Regenpfeifer, Steinwaelzer, Waldschnepfe; *13* Strandlaeufer, Wasserlaeufer; *14* Austernfischer
Schnitt: *4* Form; *5* Facon; *6* Fasson
Schnitte: *5* Bemme; *7* Scheibe
Schnittergerät: *5* Sense; *6* Sichel
Schnittholz: *5* Bohle, Brett, Diele, Latte; *6* Balken, Leiste
Schnittlinie durch den Kreis: *7* Sekante
Schnittmeister beim Film: *6* Cutter

Schnittstroh: *8* Haecksel
Schnittwunde: *6* Enkope
Schnitzer: *6* Fehler
Schnupftabaksdose: *9* Tabatiere
Schnur: *4* Band; *5* Leine, Litze, Zwirn; *6* Kordel; *7* Strippe; *9* Bindfaden
Schnürband: *6* Senkel
Schnürenjacke der Husaren: *6* Dolman
Schnürleib: *6* Mieder
Schnurloch: *4* Oese
Schnurre: *7* Marotte
Schnurren: *8* Fazetien
schnurrig: *7* drollig, komisch, spassig; *8* amuesant
Schnürsenkel: *7* Strippe
Schokoladengrundstoff: *5* Kakao
Schokoladenüberzug: *10* Kuvertuere
Scholar: *6* Vagant; *7* Student; *8* Schueler
Scholle: *4* Erde, Feld, Land; *5* Acker, Grund
Schollenart: *4* Butt, Pole; *5* Zunge; *7* Aalbutt, Flunder; *8* Goldbutt, Heilbutt, Rotzunge, Seezunge; *9* Steinbutt; *10* Hundszunge, Plattfisch
schon: *7* bereits
schonend: *7* diskret
schöne Aussicht: *8* Bellevue
schöner
– griechischer Jüngling: *6* Adonis; *8* Antinoos, Hyazinth
– Jüngling: *6* Adonis; *8* Hyazinth
– Mann: *4* Beau
Schöngeist: *7* Aesthet; *9* Belesprit
schöngeistige Literatur: *12* Belletristik
Schönheit: *6* Beauté
Schönheitsgöttin: *5* Venus; *9* Aphrodite
Schönheitslehre: *9* Aesthetik
Schönheitsmittel: *10* Kosmetikum
Schönheitsnorm: *5* Kanon
Schönheitspflästerchen: *6* Mouche, Musche
Schönheitspflege: *8* Kosmetik
Schonkost: *5* Diaet
Schönschreibkunst: *12* Kalligraphie
schönste Frau des Altertums: *6* Helena
schöntun: *8* hofieren, schmusen; *10* flattieren; *11* schmeicheln
Schöntun: *6* Schmus
schonungslos: *6* streng; *7* radikal, rigoros; *12* unbarmherzig; *13* unnachsichtig
Schönwettergebiet: *4* Hoch
schöpfen: *8* kreieren, schaffen
Schöpfer: *4* Gott; *5* Autor; *7* Urheber → Begründer
Schöpfer
– der deutschen Kriegsflotte: *7* Tirpitz
– humoristischer Bildgeschichten: *5* Busch
– der Relativitätstheorie: *8* Einstein
– der Roten Armee: *7* Trotzki
– des Sherlock Holmes: *5* Doyle
– des Wiener Walzers: *6* Lanner
schöpferisch: *6* genial; *9* produktiv
schöpferische Gestaltung: *5* Kunst
– Kraft: *6* Genius
schöpferischer Augenblick: *6* Kairos
– Mensch: *5* Genie
Schöpflöffel: *5* Kelle
Schöpfung: *3* All; *4* Welt; *5* Natur; *8* Kreation; *9* Universum
Schöpfungsgeschichte: *7* Genesis
Schöps: *6* Hammel
Schorf: *5* Borke, Grind
Schornstein: *4* Esse; *5* Kamin; *6* Schlot; *9* Rauchfang
Schornsteinaufsatz: *9* Deflektor
Schoßhund: *8* Malteser, Pekinese
Schößling: *4* Lode; *6* Spross
– des Weinstocks: *4* Rebe
Schotte irischer Herkunft: *5* Skote
Schottengewebe: *5* Plaid; *6* Tartan
Schottenrock: *4* Kilt
Schottensippe: *4* Clan
Schotter: *7* Geroell
schottische(r, s)
– Adelsgeschlecht: *6* Stuart; *7* Douglas
– Afrikaforscher: *11* Livingstone
– Arzt: *5* Braid
– Autorennfahrer: *7* Stewart
– Ballspiel: *4* Golf
– Berg: *8* Ben Attow, Ben Nevis
– Biologe: *7* Fleming
– Branntwein: *6* Whisky
– Chirurg: *5* Braid
– Dichter: *5* Burns, Scott
– Eisspiel: *7* Curling
– Erfinder: *4* Watt; *6* Dunlop
– Familiennamenteil: *2* Mc; *3* Mac
– Feldherr: *7* Macbeth
– Fluß → Fluß in Schottland
– Gebirgstal: *4* Glen
– Gewässer: *4* Ness; *8* Loch Ness
– Grafschaft → Grafschaft in Schottland
– Hafenstadt → Hafenstadt in Schottland
– Hauptstadt: *9* Edinburgh
– Hochland: *8* Highland; *10* Kaledonien
– Insel → Insel Schottlands
– Inselgruppe: *6* Orkney; *8* Hebriden, Shetland
– Jagdhund: *13* Scotchterrier
– Komponist: *5* Field
– König: *5* Jakob; *6* Duncan; *7* Macbeth, Malcolm
– Königshaus: *6* Stuart
– Kriminalschriftsteller: *5* Doyle
– Likör: *8* Drambuie
– Matrose: *7* Selkirk
– Missionar: *11* Livingstone
– Musikinstrument: *9* Dudelsack
– Namenvorsilbe: *2* Mc; *3* Mac
– Nationalgericht: *8* Porridge
– Nationalinstrument: *9* Dudelsack
– Nationalspiel: *4* Golf
– Philosoph: *7* Beattie
– Physiker: *8* Brewster
– Reformator: *4* Knox
– Rock: *4* Kilt
– Sagenheld: *6* Fingal
– Schäferhund: *6* Collie

- **Schloß:** *8* Balmoral
- **Schriftsteller:** *5* Doyle, Scott; *6* Cronin; *9* Stevenson
- **See:** *4* Ness; *8* Loch Ness
- **Stadt** → Stadt in Schottland
- **Stammesverband:** *4* Clan, Klan
- **Tanz:** *4* Reel; *5* Fling; *9* Ecossaise, Ekossaise
- **Überwurf:** *5* Plaid
- **Verschwörer:** *7* Douglas
- **Volksstamm:** *6* Pikten, Skoten
- **Whisky:** *6* Scotch

schräg: *9* quer; *6* kursiv, schief; *8* diagonal; *11* transveral
Schräge: *7* Neigung; *8* Gefaelle
schräge
- **Auffahrt:** *5* Rampe
- **Schleifkante:** *4* Fase
- **Stütze:** *6* Strebe

schräger Schiffsbauplatz: *7* Helling
Schräglage eines Schiffes: *11* Schlagseite
schräglaufend: *8* diagonal
Schräglinie: *9* Diagonale
Schrägstütze: *6* Strebe
Schramme: *4* Riss; *7* Kratzer
Schrank: *5* Spind; *6* Schaff; *7* Schrein
Schrankabteil: *4* Fach
Schranke: *6* Sperre; *8* Barriere; *10* Schlagbaum
schrankenlos: *4* frei
Schraubenantilope: *4* Kudu
Schraubengang: *7* Gewinde
Schraubenlinie: *7* Spirale; *8* Schnecke
Schraubenpalme: *7* Pandane, Pandang; *8* Pandanus
Schraubenschlüssel: *8* Franzose; *10* Englaender
Schraubensicherung: *6* Mutter, Splint
Schraubenteil: *6* Mutter; *7* Gewinde
Schraubhülse: *7* Fassung
Schraubstock: *10* Feilkloben
Schrebergartenanlage: *13* Laubenkolonie
Schrebergärtner: *12* Laubenpieper
Schrecken: *5* Graus, Panik; *6* Furcht, Schock; *7* Grausen, Schauer; *9* Entsetzen
Schreckensherrschaft: *6* Terror; *11* Despotismus
Schreckgespenst: *6* Popanz
Schreckgestalt: *8* Monstrum, Scheuche; *9* Ungeheuer
Schrecklähmung: *10* Kataplexie
schrecklich: *7* grausig, horrend; *9* furchtbar; *10* grauenhaft
Schrei: *3* Ruf
Schreibart: *4* Stil; *7* Diktion
schreiben: *15* korrespondieren
Schreiben: *5* Brief
Schreiber geschichtlicher Ereignisse: *8* Chronist
Schreiberling: *8* Skribent
Schreibflüssigkeit: *5* Tinte
Schreibgerät: *5* Feder; *9* Bleistift; *14* Kugelschreiber
- **der Antike:** *7* Calamus

Schreibheft: *6* Kladde
Schreibkünstler im Mittelalter: *6* Modist
Schreibmaschinenteil: *4* Type; *5* Taste, Wagen, Walze; *8* Farbband, Tastatur; *9* Tabulator
Schreibmaterial: *5* Feder, Tinte; *6* Kreide, Papier
- **der Antike:** *7* Papyrus; *9* Pergament

Schreibschrank: *9* Sekretär
Schreibstube: *5* Buero; *6* Kontor, Office; *7* Kanzlei
Schreibtafel des Altertums: *9* Diptychon
Schreibweise: *4* Stil
Schreibzeugbehälter: *4* Etui
schreien: *5* rufen; *8* bruellen
schreiend: *8* flagrant
Schrein: *4* Sarg; *7* Schrank
- **für die Gesetzestafeln der Israeliten:** *10* Bundeslade

Schreiner: *8* Tischler
Schreinerwerkzeug: *5* Feile, Hobel, Saege; *6* Bohrer, Raspel
Schreittanz: *6* Reigen
Schreitvogel: *4* Ibis; *6* Marabu, Reiher, Storch; *7* Sichler; *8* Flamingo, Kahlibis, Loeffler, Schnepfe, Waldrapp; *10* Nimmersatt, Rohrdommel; *11* Fischreiher; *13* Klaffschnabel, Schuhschnabel
Schreivogel: *4* Rabe
Schrift unserer Vorfahren: *5* Runen
- **über das Weltende:** *10* Apokalypse

Schriftart → Schriftgattung
Schriftenbündel: *4* Akte
Schriftform: *4* Type
Schriftführer: *9* Sekretaer
Schriftgattung: *5* Didot; *6* Bodoni, Futura, Kursiv; *7* Antiqua, Fraktur, Gotisch, Grotesk; *8* Elzevier; *9* Mediaeval; *10* Egyptienne
Schriftgrad: *4* Perl, Text; *5* Petit; *6* Borgis, Cicero, Korpus, Mignon, Tertia; *7* Diamant, Garmond, Kolonel; *8* Brillant; *11* Nonpareille
Schriftleiter: *9* Redakteur
Schriftleitung: *9* Redaktion
schriftliche Arbeit für die Doktorwürde: *12* Dissertation
- **Mitteilung:** *5* Brief, Karte; *8* Eilbrief; *9* Postkarte
- **Verpflichtung:** *6* Revers
- **Wiedergabe von Aussagen:** *9* Protokoll

schriftliches Machwerk: *8* Elaborat
Schriftrolle: *7* Papyrus; *9* Pergament
- **an jüdischen Häusern:** *6* Mesusa

Schriftsetzer: *7* Metteur
Schriftsprache im Buddhismus: *4* Pali
- **im Hinduismus:** *8* Sanskrit

Schriftstelle: *6* Passus
Schriftsteller: *5* Autor; *7* Dichter, Literat
Schriftstellerverband: *3* PEN
Schriftstück: *4* Akte; *6* Skript; *7* Urkunde; *8* Dokument, Skriptum, Skriptur; *9* Schreiben
Schrifttilgung: *5* Rasur
Schrifttum: *9* Literatur
Schriftwechsel: *13* Korrespondenz
Schriftzeichen: *4* Rune; *9* Buchstabe; *11* Hieroglyphe
Schriftzug: *6* Duktus

schrill: *4* laut; *5* grell
schriller Ton: *5* Pfiff
Schritt: *3* Pas; *4* Step; *5* Tritt
Schrittmacher: *7* Pionier
Schrittzähler: *9* Hodometer, Pedometer, Podometer
schroff: *4* grob, jaeh; *5* steil; *6* streng
schroffer Bergeinschnitt: *5* Klamm, Kluft
Schrotgewehr: *6* Flinte
Schrott: *6* Abfall
schrottreifes Schiff: *5* Wrack
Schrulle: *3* Tic; *4* Tick; *5* Laune; *6* Grille, Spleen; *7* Marotte
Schrumpfung: *10* Retraktion; *11* Kontraktion
Schubfach: *4* Lade
Schubstange: *6* Pleuel
schüchtern: *5* scheu; *7* zaghaft; *8* befangen; *10* genierlich
schüchterner Liebhaber: *7* Seladon
Schuft: *4* Lump; *5* Kujon; *7* Halunke, Schurke; *8* Kanaille
Schuhband: *6* Senkel
Schuhflicken: *7* Riester
Schuhform: *7* Leisten, Spanner
Schuhmacher: *8* Schuster
Schuhmacherwerkzeug: *3* Ort; *4* Ahle; *5* Kneif; *6* Pfriem
Schuhteil: *5* Leder, Sohle, Zunge; *6* Absatz, Hakken, Lasche
Schulabteilung: *6* Klasse
Schularbeit: *7* Aufgabe, Lektion
Schulart: *6* Lyzeum; *7* Alumnat, College, Konvikt, Seminar; *8* Akademie, Internat; *9* Gymnasium, Pensionat, Technikum; *10* Realschule; *11* Grundschule, Volksschule; *12* Sonderschule, Universitaet
Schuldbekenntnis: *11* Gestaendnis
schuldbewußt: *5* reuig
Schuldbewußtsein: *4* Reue
Schulden: *7* Passiva
Schuldentilgung: *12* Amortisation
Schuldiener: *6* Pedell
Schuldkonto: *5* Debet
Schuldner: *7* Debitor, Restant
Schuldschein: *5* Scrip
Schuldumwandlung: *8* Novation
Schuldverschreibung: *4* Bond; *8* Promesse; *10* Obligation, Pfandbrief
Schüler: *5* Eleve; *6* Hoerer; *7* Juenger; *8* Anhaenger; *9* Pennaeler
Schüler eines Alchimisten: *5* Adept
– im Mittelalter: *6* Vagant; *7* Scholar
– des Platon: *11* Aristoteles
– des Sokrates: *5* Plato; *6* Platon
Schülerheim: *7* Alumnat; *8* Internat
Schulfach: *5* Lesen, Musik, Sport; *6* Chemie, Latein, Physik, Singen, Turnen, Werken; *7* Algebra, Botanik, Deutsch, Rechnen; *8* Biologie, Englisch, Erdkunde, Religion, Zeichnen; *9* Geometrie, Schreiben; *10* Geographie, Geschichte, Griechisch, Mathematik, Naturkunde; *11* Heimatkunde
Schulfestsaal: *4* Aula
Schulgefängnis: *6* Karzer
Schulheim: *8* Internat
Schulklasse: *5* Prima, Sexta; *6* Quarta, Quinta, Tertia; *7* Sekunda
Schulleiter: *6* Rektor; *8* Direktor
Schullesebuch: *5* Fibel
Schulmann: *6* Lehrer, Pauker; *8* Erzieher, Magister; *9* Paedagoge
schulmedizinische Heilkunde: *10* Allopathie
Schulnote: *6* Zensur
Schulsaal: *4* Aula
Schulstadt in England: *4* Eton
Schultasche: *5* Mappe; *6* Ranzen
Schulter: *6* Achsel
– des Wildes: *5* Blatt
Schulterbinde: *8* Schaerpe
Schulterknochen: *7* Guertel; *14* Schluesselbein
Schulterkragen des Papstes: *5* Fanon
Schulterpasse: *6* Koller
Schulterschmuck des Papstes: *7* Pallium
Schulterstück an Uniformen: *9* Epaulette; *13* Schwalbennest
Schultertasche: *6* Ranzen; *9* Tornister
Schulterteil der Kleidung: *5* Passe; *6* Koller, Kragen
Schultertuch: *5* Fichu, Schal, Stola
– katholischer Priester: *5* Amikt
Schulterumhang: *8* Mantille
Schulzeugnis: *6* Zensur
Schund: *4* Kram; *6* Kitsch, Ramsch, Tinnef; *7* Plunder
Schuppen: *5* Lager; *6* Hangar, Remise; *7* Schauer, Scheune
Schuppenkriechtier → Kriechtier
Schuppfisch: *5* Eitel; *6* Doebel
Schürfrecht: *5* Claim
Schurke: *4* Lump; *5* Kujon; *6* Schuft; *7* Halunke, Kreatur; *8* Kanaille
Schurkerei: *11* Bubenstueck
Schürzenjäger: *13* Schwerenoeter
Schüssel: *4* Napf; *5* Kumme, Satte; *6* Platte, Schale; *7* Terrine
Schußfolge: *5* Garbe, Salve; *10* Breitseite
Schußwaffe: *2* MG; *4* Colt; *5* Bogen; *6* Flinte, Gewehr; *7* Pistole; *8* Armbrust, Blasrohr, Browning, Revolver; *9* Karabiner
Schustermesser: *5* Kneif
Schusternadel: *3* Ort
Schusterwerkzeug: *3* Ort; *4* Ahle; *5* Kneif; *6* Pfriem
Schusterzwecke: *5* Pinne
Schutt: *4* Wust; *5* Muell; *6* Abfall
Schuttabhang: *5* Halde
Schuttfeld: *4* Gand
Schuttstrom im Hochgebirge: *4* Mure
schütter: *5* duenn
Schuttmassen im Gebirge: *3* Mur
Schüttstroh: *5* Streu
Schutz: *3* Hut; *5* Obhut; *6* Aegide, Schirm; *7* Deckung; *9* Sicherung; *10* Protektion, Sicherheit

Schutz der Abgeordneten: *10* Immunitaet; *11* Indemnitaet
- **für Wunden:** *5* Binde; *8* Pflaster
- **gegen Zauberei:** *7* Amulett

Schutzanstrich: *6* Firnis
Schutzanzug: *7* Overall
Schutzbild: *9* Palladium
Schutzbinde des Fechters: *8* Plastron
Schutzblech: *10* Kotfluegel
Schutzbrief: *7* Charter
- **für Erfinder:** *6* Patent

Schutzdach: *7* Markise, Schauer; *10* Tabernakel
Schutzdamm: *4* Wall; *5* Deich
Schutzdecke: *5* Plane
Schütze der nordischen Sage: *4* Egil
schützen: *6* decken; *7* sichern; *8* behueten; *13* praeservieren
schützende Begleitung: *7* Eskorte
Schützer: *9* Sekundant
Schützer des Hauses: *7* Penaten
Schutzfarbe: *7* Mennige
Schutzfärbung: *7* Mimikry, Tarnung
Schutzgeist: *3* Lar; *6* Genius; *11* Schutzengel
Schutzgeleit: *6* Convoy; *7* Eskorte
Schutzheilige: *8* Patronin → Patronin
Schutzheiliger: *6* Patron → Patron
Schutzherr: *6* Patron; *9* Protektor
Schutzherrschaft: *6* Aegide; *9* Patronage; *11* Protektorat
Schutzhülle: *4* Etui; *8* Futteral, Kassette; *9* Fingerhut; *10* Persenning
Schutzimpfung: *11* Vakzination
Schutzkissen an Schiffen: *6* Fender
Schützling: *6* Klient; *7* Muendel, Protegé
Schutzmann: *4* Sipo; *6* Schupo; *8* Polizist
Schutzmantel: *6* Kittel
Schutzmarke: *9* Trademark; *12* Warenzeichen
Schutzmittel: *8* Talisman
Schutzpatron → Patron
Schutzpatronin → Patronin
Schutzraum: *6* Bunker; *9* Kasematte; *10* Unterstand
Schutzrecht für Erfinder: *6* Patent
Schutzverband: *7* Bandage
Schutzvorrichtung an Treppen: *9* Gelaender
Schutzwaffe: *6* Panzer, Schild; *8* Harnisch; *9* Stahlhelm
Schutzwald gegen Lawinen: *8* Bannwald
Schutzzeichen gegen Geister: *10* Drudenfuss, Pentagramm
schwäbische(r, s)
- **Dichter:** *5* Hebel; *6* Kerner, Uhland; *7* Moerike; *8* Schubart
- **Fürstengeschlecht:** *12* Hohenstaufen
- **Gebirge:** *3* Alp; *4* Jura
- **Herzogsgeschlecht:** *10* Zaehringer
- **Humorist:** *8* Reichert
- **Mehlspeise:** *8* Spaetzle
- **Schriftsteller:** *5* Hauff; *6* Uhland; *7* Moerike
- **Volksstamm:** *6* Sueben; *9* Alemannen, Irminonen; *10* Herminonen

schwach: *4* lahm, matt; *5* muede, muerbe; *7* hilflos
Schwäche: *4* Hang; *6* Faible; *7* Bloesse
Schwächeanfall: *7* Kollaps; *8* Ohnmacht
schwacher Lichtschein: *8* Schimmer
schwächlich: *10* asthenisch
Schwachsinn: *7* Idiotie
schwachsinnig: *5* debil
Schwachsinniger: *5* Idiot; *6* Kretin
Schwaden: *5* Dampf, Dunst; *6* Brodem, Wrasen; *7* Brueden
Schwadron: *8* Eskadron
Schwager des Ödipus: *5* Kreon
schwalbenähnlicher Vogel: *6* Segler; *9* Salangane
Schwall: *4* Flut; *6* Fuelle
schwammig: *9* spongioes
Schwammkürbis: *5* Luffa
Schwanenblumengewächs: *5* Kanna
schwanger: *6* gravid
Schwank: *5* Farce, Posse; *8* Burleske; *9* Lustspiel
Schwänke: *8* Fazetien
schwanken: *6* wanken; *7* pendeln, taumeln, wakkeln; *10* schlingern
Schwanken des Mondes: *9* Libration
schwankend: *5* labil; *8* variabel
Schwankung: *11* Fluktuation
Schwanz: *4* Rute; *5* Blume, Fahne, Lunte, Sterz, Wedel, Zagel; *7* Schweif
Schwanz des Federwildes: *5* Stoss
- **des Fuchses:** *5* Lunte
- **des Hasen:** *5* Blume
- **des Hirsches:** *5* Wedel

Schwanzflosse der Wale: *5* Fluke
schwanzloser Berberaffe: *5* Magot
Schwanzlurch: *3* Olm; *5* Molch; *7* Axolotl; *8* Kammolch; *10* Salamander, Teichmolch; *13* Brueckenechse; *15* Feuersalamander
Schwanzwurzel des Vogels: *7* Buerzel
Schwäre: *5* Wunde
Schwärmer: *3* Fan; *7* Utopist; *8* Idealist, Phantast; *9* Fanatiker; *10* Enthusiast, Romantiker
Schwärmer: *9* Totenkopf; *11* Tannenpfeil; *12* Fichtenmotte; *13* Taubenschwanz; *15* Abendpfauenauge
Schwärmerei: *6* Utopie
schwärmerisch: *8* utopisch; *11* orgiastisch; *12* phantastisch
Schwarz beim Roulette: *4* Noir
Schwarzbrot: *12* Pumpernickel
Schwarzdorn: *7* Schlehe
Schwarzdrossel: *5* Amsel
schwarze(r, s)
- **Erdteil:** *6* Afrika
- **Jura:** *4* Lias
- **Kieselschiefer:** *5* Lydit
- **Klammeraffe:** *5* Koata
- **Kunst:** *9* Buchdruck
- **Metallverzierung:** *6* Niello
- **Mineral:** *6* Niobit; *8* Columbit
- **Pferd:** *5* Rappe
- **Tod:** *4* Pest
- **Vogel:** *4* Rabe

Schwarzer: *5* Neger
Schwarzkittel: *11* Wildschwein
Schwarzkünstler: *8* Zauberer
Schwarzmeerhafen: *4* Ordu, Poti; *5* Bafra, Batum, Fasan, Gagry, Jalta, Sinop, Varna, Warna; *6* Amasra, Batumi, Burgas, Eregli, Odessa, Rostow, Samsun, Sulina, Tuapse; *7* Cherson, Kertsch, Sotschi, Suchumi, Trabzon; *8* Schdanow, Taganrog; *9* Constanza, Konstanza, Nikolajew, Trapezunt; *10* Sewastopol; *11* Noworossisk
Schwarzseher: *9* Pessimist
Schwarzseherei: *11* Pessimismus
Schwarzwal: *5* Grind
Schwarzwaldsee: *7* Titisee; *9* Mummelsee
Schwarzwaldtal: *3* Oos
Schwarzwasserfieber: *7* Malaria
Schwarzwild: *5* Bache; *6* Keiler; *10* Frischling
schwatzen: *7* kloenen; *9* parlieren
Schwätzer: *7* Causeur; *8* Fabulant, Salbader; *9* Raesoneur
schweben: *10* flottieren
Schwebeteilchen: *5* Staub
schwedische(r, s)
- **Adelsgeschlecht:** *4* Wasa; *11* Oxenstierna
- **Altertumsforscher:** *9* Montelius
- **Altistin:** *6* Onegin
- **Architekt:** *7* Asplund
- **Arzt:** *6* Munthe; *10* Gullstrand
- **Asienforscher:** *5* Hedin; *9* Sven Hedin
- **Astronom:** *7* Celsius; *9* Angstroem
- **Automarke:** *4* Saab; *5* Volvo
- **Ballonfahrer:** *6* Andrée
- **Berg:** *10* Kabnekajse
- **Bischof:** *6* Tegner
- **Chemiker:** *5* Nobel; *8* Svedberg, Tiselius; *9* Berzelius
- **Dichter:** *6* Tegner; *7* Bellman; *9* Karlfeldt; *10* Lagerkvist, Strindberg
- **Dichterin:** *9* Lagerloef
- **Dynastie:** *10* Bernadotte
- **Erzählerin:** *9* Lagerloef
- **Erzstadt:** *6* Kiruna
- **Feldmarschall:** *7* Wrangel
- **Filmschauspielerin:** *5* Garbo; *7* Bergman, Leander
- **Fluß** → Fluß in Schweden
- **Forschungsreisender:** *5* Hedin
- **Fundort der Jungsteinzeit:** *6* Aloppe
- **Gewicht:** *4* Sten
- **Hafenstadt** → Hafenstadt in Schweden
- **Hauptstadt:** *9* Stockholm
- **Insel:** *6* Oeland; *7* Gotland; *8* Schaeren
- **Karikaturist:** *9* Hoegfeldt; *10* Gulbranson
- **Komponist:** *4* Berg; *8* Lindblad
- **Königsgeschlecht:** *4* Wasa
- **Königsname:** *5* Adolf, Oskar; *6* Gustav
- **Landschaft:** *3* Dal; *7* Dalarna, Smaland
- **Männername:** *4* Axel, Erik, Klas, Sven, Tage; *5* Arwed; *6* Anders, Birger, Ingmar, Swante; *7* Fredrik
- **Mediziner:** *6* Munthe; *10* Gullstrand
- **Ministerpräsident:** *5* Palme
- **Münze:** *4* Oere; *5* Krone
- **»Nachtigall«:** *4* Lind
- **Name eines finnischen Sees:** *5* Enare
- **Name von Turku:** *3* Abo
- **Nationalpark:** *6* Abisko
- **Naturforscher:** *5* Linné
- **Nobelpreisträger** → Nobelpreisträger
- **Ostseeinsel:** *6* Oeland; *7* Gotland
- **Physiker:** *5* Dalen; *7* Celsius; *8* Siegbahn; *9* Arrhenius
- **Polarforscher:** *6* Andreé
- **Politiker:** *8* Erlander; *9* Arnoldson
- **Preisstifter:** *5* Nobel
- **Regisseur:** *7* Bergman
- **Rundfunkstation:** *4* Umea
- **Sängerin:** *4* Lind; *6* Onegin
- **Schriftsteller:** *4* Berg; *6* Munthe; *8* Sjoeberg
- **Schriftstellerin:** *3* Key; *9* Lagerloef
- **See** → See in Schweden
- **Staatsmann:** *5* Palme
- **Stadt** → Stadt in Schweden
- **Statthalter im Mittelalter:** *4* Jarl
- **Tennisspieler:** *4* Borg; *8* Wilander
- **Theosoph:** *10* Swedenborg
- **Universitätsstadt:** *4* Lund; *7* Uppsala; *9* Goeteborg, Stockholm
- **Verwaltungsbezirk:** *4* Laen

Schwefelbad bei Wien: *5* Baden
Schwefelkies: *5* Pyrit
Schwefelsäure: *5* Oleum
Schwefelverbindung: *6* Sulfat, Sulfid, Sulfit; *7* Vitriol
Schweifstern: *5* Komet
Schweigen: *4* Ruhe; *6* Stille
Schweigepflicht der Mafia: *6* Omerta
schweigsam: *5* stumm
Schwein: *3* Sau; *4* Eber; *6* Ferkel
Schweinefett: *5* Speck; *6* Flomen, Liesen, Schmer; *7* Schmalz
Schweinekrankheit: *7* Rotlauf
Schweineparasit: *5* Finne; *8* Trichine
Schweiß: *13* Transpiration
Schweiz: *8* Helvetia; *9* Helvetien
Schweizer
- **Alpenpaß:** *5* Furka; *6* Julier, Maloja, Susten; *7* Grimsel, Klausen, Simplon; *8* Flueelen, Gotthard, Spluegen
- **Architekt:** *9* Corbusier; *11* Le Corbusier
- **Arzt:** *5* Bovet
- **Badeort** → Kurort in der Schweiz
- **Bauerngut:** *6* Heimen, Heimat
- **Berg:** *6* Berg in der Schweiz
- **Bergwiese:** *6* Ruetli
- **Botaniker:** *7* Naegeli
- **Bundeshauptstadt:** *4* Bern
- **Bundesstaat:** *6* Kanton → Kanton der Schweiz
- **Chemiker:** *6* Karrer
- **Chirurg:** *6* Kocher
- **Choreograph:** *6* Terpis
- **Clown:** *5* Grock

- **Dichter:** *3* Arx; *5* Meyer, Ramuz; *6* Frisch, Keller; *9* Spitteler; *11* Duerrenmatt
- **Dirigent:** *8* Ansermet
- **Dramatiker:** *6* Frisch; *11* Duerrenmatt
- **Ernährungsforscher:** *11* Abderhalden
- **Erzieher:** *10* Pestalozzi
- **Felswand:** *4* Fluh
- **Flächenmaß:** *3* Are
- **Fluß** → Fluß in der Schweiz
- **Freiheitskämpfer:** *4* Tell
- **Gebirgspaß** → Schweizer Alpenpaß
- **Geograph:** *4* Egli
- **Getränkesteuer:** *4* Zise
- **Gletscher:** *6* Gorner
- **Gletscherpilot:** *6* Geiger
- **Graphiker:** *4* Klee
- **Hauptstadt:** *4* Bern
- **Haus:** *6* Chalet
- **Heiliger:** *5* Fluee
- **Historiker:** *7* Tschudi; *10* Burckhardt
- **Hochtal:** *7* Engadin
- **Kanton** → Kanton der Schweiz
- **Kantonshauptstadt:** *3* Zug; *4* Bern, Chur, Genf, Sion; *5* Aarau, Basel, Stans; *6* Glarus, Luzern, Sarnen, Schwyz; *7* Altdorf, Herisau, Liestal, Zuerich; *8* Fribourg, Lausanne, St. Gallen; *9* Appenzell; *9* Neuenburg, Solothurn; *10* Bellinzona, Frauenfeld; *11* Sankt Gallen; *12* Schaffhausen
- **Käse:** *9* Greyerzer; *10* Emmentaler, Schabziger
- **Käsegericht:** *6* Fondue
- **Komponist:** *5* Hegar, Huber; *6* Martin; *7* Schoeck; *8* Honegger; *10* Liebermann; *12* Sutermeister
- **Kräuterkäse:** *10* Schabziger
- **Kulturhistoriker:** *10* Burckhardt
- **Kupferstecher:** *6* Merian
- **Kurort** → Kurort in der Schweiz
- **Luftfahrtgesellschaft:** *8* Swissair
- **Maler:** *4* Klee; *5* Graff; *6* Hodler; *7* Fuessli; *8* Boecklin
- **Mathematiker:** *5* Euler; *6* Guldin; *7* Byrgius
- **Mediziner:** *5* Bovet
- **Minnesänger:** *7* Hadlaub
- **Münze:** *6* Rappen; *7* Franken
- **Nachrichtenagentur:** *3* ATS
- **Nationalheld:** *4* Tell; *10* Winkelried
- **Nobelpreisträger** → Nobelpreisträger
- **Pädagoge:** *10* Pestalozzi
- **Paß** → Schweizer Alpenpaß
- **Philosoph:** *5* Barth
- **Physiker:** *7* Piccard; *8* Scherer
- **Physiologe:** *4* Hess
- **Psychologe:** *4* Jung
- **Radierer:** *12* Stauffer Bern
- **Reformator:** *6* Calvin; *7* Zwingli
- **Sagenheld:** *4* Tell
- **Schlagersänger:** *8* Torriani
- **Schriftsteller:** *3* Rod; *4* Anet, Heer, Zahn; *6* Keller; *7* Federer, Knittel; *8* Gotthelf; *9* Spitteler
- **Schwurstätte:** *6* Ruetli
- **Staatsmann:** *4* Ador
- **Stadt** → Stadt in der Schweiz
- **Tagelöhner:** *7* Trauner
- **Tal:** *7* Engadin
- **Theologe:** *5* Barth; *7* Lavater
- **Uhrenstadt:** *4* Biel; *9* Neuenburg
- **Verwaltungsgebiet:** *6* Kanton
- **Währungseinheit:** *6* Rappen; *7* Franken
- **Wallfahrtsort:** *10* Einsiedeln
- **Wein:** *7* Fendant
- **Weinmaß:** *6* Brenta
- **Westalpenmassiv:** *5* Adula
- **Wintersportort:** *5* Davos; *6* Gstaad; *7* Zermatt; *8* St. Moritz; *9* Andermatt
- **Zigarre:** *7* Stumpen
- **Zirkusfamilie:** *4* Knie

schwelen: *6* blaken, russen; *7* qualmen
schwelendes Feuer: *4* Glut
Schwelger → Schlemmer
Schwelgerei: *5* Orgie
schwelgerisch: *6* ueppig; *10* lukullisch
Schwellung: *5* Beule, Delle, Oedem
Schwellung des Säulenschaftes in der Baukunst: *6* Entase
Schwemmland: *6* Marsch; *7* Schlick
Schwemmland an Flußmündungen: *5* Delta
Schwenkbecher zum Mixen: *6* Shaker
Schwenkzapfen an Drehkränen: *5* Pivot
schwer: *6* massiv; *8* diffizil; *11* kompliziert
Schwerarbeiter: *7* Roboter
Schwerathlet: *5* Boxer; *6* Ringer; *7* Catcher; *12* Gewichtheber
schwerathletische Übung: *4* Judo; *5* Boxen; *6* Ringen; *7* Catchen; *8* Freistil; *12* Gewichtheben
schwerbewaffnete Reiter im Mittelalter: *7* Reisige
Schwerbewaffneter im alten Griechenland: *6* Hoplit
Schwere: *4* Last; *6* Haerte; *7* Gewicht; *11* Gravitation
schwere Bodenart: *4* Klei
- **Bürde:** *4* Last

schwerer Wasserstoff: *9* Deuterium
schweres Motorrad: *10* Feuerstuhl
Schwerfälligkeit: *7* Phlegma
Schwerkraft: *11* Gravitation
Schwermetall: *4* Blei, Gold, Uran, Zink, Zinn; *5* Chrom, Eisen; *6* Kobalt, Nickel, Platin, Silber, Tantal; *7* Cadmium, Kadmium, Wolfram
Schwermut: *9* Truebsinn; *10* Depression; *11* Melancholie
schwermütig: *7* traurig; *9* depressiv; *10* deprimiert
Schwermütiger: *11* Hypochonder
Schwerölmotor-Erfinder: *6* Diesel
Schwerreicher: *5* Nabob
Schwerspat: *5* Baryt
schwerstes Verbrechen: *4* Mord
Schwert des Wittich: *6* Mimung
Schwertart: *3* Sax; *5* Sachs; *8* Flamberg
Schwertfechtkunst: *5* Kendo

Schwerthülle: *7* Scheide
Schwertlilie: *4* Iris; *6* Krokus, Safran; *8* Gladiole; *9* Schwertel
Schwertteil: *5* Knauf; *6* Klinge; *8* Schneide
Schwertwal: *8* Butskopf
Schwerverbrecher: *7* Moerder, Raeuber; *9* Gangster
schwerwiegend: *11* fundamental
Schwester: *5* Nonne, Nurse
Schwester
- **der Antigone:** *6* Ismene
- **des Apoll:** *5* Diana; *7* Artemis
- **der Aurora:** *4* Luna
- **Brentanos:** *7* Bettina
- **der Burgunderkönige:** *9* Kriemhild
- **des Castor:** *6* Helena
- **der Ceres:** *4* Juno
- **der Demeter:** *4* Hera; *6* Hestia
- **der Elektra:** *9* Iphigenie
- **der Eos:** *6* Selene
- **des Eros:** *6* Selene
- **des Gernot:** *9* Kriemhild
- **des Giselher:** *9* Kriemhild
- **des Gunther:** *9* Kriemhild
- **des Hänsel:** *6* Gretel
- **des Hektor:** *9* Kassandra
- **des Helios:** *3* Eos; *6* Selene
- **der Hera:** *6* Hestia; *7* Demeter
- **der Hestia:** *4* Hera; *7* Demeter
- **der Iphigenie:** *7* Elektra
- **der Ismene:** *8* Antigone
- **der Juno:** *5* Ceres, Vesta
- **des Jupiter:** *5* Ceres, Vesta
- **des Kastor:** *6* Helena
- **der Königin Elisabeth II.:** *8* Margaret
- **des Kronos:** *5* Rheia; *6* Themis
- **des Lazarus:** *6* Martha
- **der Lea:** *5* Rahel; *6* Rachel
- **der Luna:** *6* Aurora
- **der Maria:** *6* Martha
- **des Orest:** *7* Elektra; *9* Iphigenie
- **des Paris:** *9* Kassandra
- **des Pollux:** *6* Helena
- **des Poseidon:** *4* Hera; *6* Hestia; *7* Demeter
- **der Rahel:** *3* Lea
- **der Selene:** *3* Eos
- **der Semele:** *3* Ino
- **des Sol:** *4* Luna; *6* Aurora
- **des Zeus:** *4* Hera, Here; *6* Hestia; *7* Demeter

Schwiegermutter der Ruth: *5* Naemi
Schwiegersohn: *5* Eidam
Schwiegersohn des Kaisers Augustus: *7* Agrippa
- **des Laban:** *5* Jakob
- **Mohammeds:** *3* Ali

Schwiegertochter: *6* Schnur
Schwiegervater: *9* Schwaeher
Schwiegervater des Jakob: *5* Laban
Schwiele: *5* Beule
schwierig: *6* subtil; *7* prekaer, spinoes; *8* diffizil; *11* kompliziert
schwierige Lage: *3* Not; *5* Muehe, Noete; *6* Klemme; *7* Dilemma, Notlage
- **Zeit:** *5* Krise

Schwierigkeit: *5* Krise; *6* Krisis; *7* Problem; *8* Schikane; *9* Kniffelei, Schererei; *11* Problematik
Schwimmbrücke: *6* Ponton
schwimmende Pflanzenmasse: *5* Flott
- **Tierwelt:** *6* Nekton

schwimmendes Seezeichen: *4* Boje
Schwimmer am Fischnetz: *6* Flosse
Schwimmkäfer: *8* Gelbrand; *10* Drehkaefer; *12* Taumelkaefer; *18* Kolben-Wasserkaefer
Schwimmstil: *5* Kraul; *9* Butterfly; *13* Schmetterling
Schwimmvogel: *3* Alk; *4* Ente, Gans; *5* Erpel, Lumme, Moewe; *6* Ganter, Saeger, Schwan; *7* Pelikan, Pinguin, Scharbe, Taucher, Toelpel; *8* Albatros, Kormoran; *9* Eiderente, Lachmoewe; *10* Sturmvogel
Schwindel: *5* Dusel, Luege; *6* Betrug, Humbug, Taumel, Unsinn; *7* Mumpitz
Schwindelei: *8* Gaunerei
schwindelig: *10* bluemerant
Schwindler: *9* Betrueger
Schwindsucht: *11* Tuberkulose
Schwingblatt: *7* Membran; *8* Membrane
Schwinge: *7* Fittich, Fluegel
schwingen: *7* pendeln; *9* vibrieren
schwingender Körper: *6* Pendel
Schwingung: *7* Schwung; *9* Vibration; *11* Oszillation
Schwingungsdauer: *7* Periode
Schwingungsschreiber: *12* Oszillograph
Schwingungsweite: *9* Amplitude
Schwingungszahl: *8* Frequenz
Schwingungszustand: *5* Phase
Schwips: *6* Rausch
Schwirrholz der Maori: *8* Tjurunga
Schwirrvogel: *7* Kolibri
Schwitzbad: *5* Sauna
schwitzen: *13* transpirieren
schwüler Wind in Italien: *7* Sirocco; *9* Schirokko
Schwulst: *7* Bombast; *11* Galimathias
schwülstig: *11* bombastisch
Schwung: *3* Pep; *4* Elan; *5* Verve, Wucht; *6* Pathos; *7* Dynamik; *11* Temperament
Schwungbrett: *9* Trampolin
Schwungfeder: *8* Schwinge
Schwungstange der Uhr: *6* Pendel
schwungvoll: *10* oratorisch
Schwur: *3* Eid
Schwurgericht in der Schweiz: *6* Assise
Schwurtext: *11* Eidesformel
Sechseck: *7* Hexagon, Sexagon
Sechspol: *6* Hexode
Sechsergruppe: *7* Sextett
sechsstrahliger Stern der Juden: *9* Hexogramm
Sediment: *10* Ablagerung
Sedimentgestein: *3* Ton; *4* Kies, Sand; *7* Dolomit; *9* Kalkstein, Sandstein, Grauwacke
See
- **in Afrika:** *4* Meru, Tana; *5* Mweru; *6* Njassa, Tschad; *7* Merusee, Tanasee; *8* Mwerusee;

9 Albertsee, Eduardsee, Njassasee, Rudolfsee, Tschadsee; *10* Tanganjika; *11* Viktoriasee
- **in Abessinien:** *4* Abai, Tana; *7* Tanasee
- **in Albanien:** *10* Skutarisee
- **in den Anden:** *8* Titicaca; *11* Titicacasee
- **bei Andernach:** *10* Laacher See
- **in Armenien:** *6* Wansee; *8* Urmiasee; *11* Goktschasee
- **in Asien:** *3* Wan; *4* Aral; *6* Baikal, Wansee; *7* Aralsee, Arpatso, Biwasee, Issykul, Kukunor, Ubsanor; *8* Kaspisee, Urmiasee; *9* Baikalsee, Totes Meer
- **in Äthiopien:** *4* Abai, Tana; *7* Tanasee
- **in Bayern:** *3* Alp, Eib; *5* Wuerm; *6* Eibsee; *7* Riegsee, Simssee; *8* Ammersee, Chiemsee, Wuermsee; *9* Kochelsee, Tegernsee; *10* Forggensee, Koenigssee, Schliersee, Staffelsee, Walchensee; *11* Waginger See; *14* Starnberger See
- **bei Berchtesgaden:** *10* Koenigssee
- **bei Berlin:** *10* Mueggelsee
- **in Berlin:** *7* Wannsee
- **in Bolivien:** *8* Titicaca; *11* Titicacasee
- **bei Bozen:** *8* Karersee
- **in Chile:** *4* Laja; *5* Maule, Ranco; *9* Calenquen
- **in China:** *3* Tai; *6* Poyang; *7* Kuku Nor; *9* Tengri Nor
- **in Deutschland:** *6* Eibsee; *7* Duemmer, Mueritz, Titisee, Wannsee; *8* Ammersee, Bodensee, Chiemsee, Ostersee, Wuermsee; *9* Doktorsee, Kochelsee, Tegernsee, Uekker See; *10* Koenigssee, Laacher See, Mueggelsee, Nikolassee, Ploener See, Riessersee, Schliersee, Schluchsee, Staffelsee, Walchensee; *11* Ploetzensee; *14* Ratzeburger See, Steinhuder Meer
- **bei Eckernförde:** *4* Noir
- **in der Eifel:** *10* Laacher See
- **zwischen Estland und Rußland:** *9* Peipussee
- **in Europa:** *7* Wannsee; *8* Achensee, Ammersee, Bodensee, Chiemsee, Comersee, Gardasee, Ilmensee, Inarisee, Lac Leman, Onegasee, Zuger See; *9* Bieler See, Genfer See, Ladogasee, Peipussee, Thuner See, Vaenersee; *10* Lac d'Annecy, Luganer See, Plattensee; *11* Woerther See; *12* Lago Maggiore; *13* Neusiedler See; *19* Vierwaldstaetter See
- **zwischen Europa und Asien:** *8* Kaspisee
- **in Finnland:** *3* Seg, Top; *4* Oulu; *5* Enare, Inari, Saima; *7* Oulusee; *8* Enaresee, Inarisee, Saimasee
- **am Fuß der Zugspitze:** *6* Eibsee
- **in Hannover:** *8* Maschsee
- **in Honduras:** *5* Yojoa; *8* Yojoasee
- **im Iran:** *5* Niris, Urmia
- **in Irland:** *3* Eri, Ree; *4* Derg; *6* Erisee
- **in Israel:** *10* Genezareth
- **in Italien:** *4* Como, Nemi; *5* Garda; *7* Iseosee, Nemisee; *8* Comersee, Gardasee
- **in Japan:** *6* Biwako
- **in Kanada:** *5* Huron; *8* Huronsee; *9* Baerensee, Oberer See; *10* Ontariosee
- **in Karelien:** *8* Onegasee; *9* Ladogasee
- **in Kärnten:** *11* Woerthersee
- **in Kasakstan:** *4* Aral; *7* Aralsee
- **in der Kaspischen Senke:** *5* Elton; *8* Eltonsee
- **in Lappland:** *5* Enare, Inari; *8* Enaresee, Inarisee
- **in der Lüneburger Heide:** *8* Lopausee
- **in Mecklenburg:** *7* Mueritz
- **in Mittelasien:** *7* Aralsee
- **in der Mongolei:** *7* Ubsa-Nor
- **in Neuseeland:** *4* Taup
- **in Niedersachsen:** *7* Duemmer; *14* Steinhuder Meer
- **in Nordamerika:** *4* Erie, Huron; *7* Eriesee, Ontario; *8* Huronsee; *10* Ontariosee
- **am Nordrand der Alpen:** *8* Bodensee
- **in Nordrußland:** *5* Ilmen, Onega; *6* Beloje, Ladoga, Peipus; *8* Ilmensee, Onegasee; *9* Belojesee, Ladogasee, Peipussee, Woschesee
- **in den Nordtiroler Kalkalpen:** *8* Achensee
- **in Norwegen:** *3* Tin; *7* Mjoesen
- **in Oberbayern** → See in Bayern
- **in Oberitalien:** *5* Garda; *8* Comersee, Gardasee
- **in Ostafrika:** *7* Kivusee; *9* Albertsee, Rudolfsee; *10* Tanganjika; *11* Viktoriasee
- **in Österreich:** *7* Mattsee, Mondsee; *8* Achensee, Attersee, Traunsee; *11* Woerthersee, Wolfgangsee
- **in Ostpreußen:** *8* Mauersee; *11* Spirdingsee
- **in Pamir:** *7* Karakul
- **in Panama:** *8* Gatunsee
- **in Peru:** *5* Junin; *8* Titicaca
- **bei Rom:** *4* Nemi
- **in Rußland** → See in der Sowjetunion
- **bei Salzburg:** *6* Irrsee; *7* Abersee, Mondsee; *8* Attersee, Traunsee; *9* Kammersee, Trumer See, Wallersee
- **im Salzkammergut:** *7* Mondsee; *8* Attersee, Traunsee; *11* Wolfgangsee
- **bei Schanghai:** *3* Tai
- **in Schleswig-Holstein:** *9* Kellersee; *10* Ploener See
- **in Schottland:** *4* Ness; *8* Loch Ness
- **im Schwarzwald:** *7* Titisee; *9* Mummelsee; *10* Schluchsee
- **in Schweden:** *3* Del; *6* Maelar, Siljan, Vaener; *7* Vaetter; *9* Maelarsee, Siljansee, Vaenersee; *10* Vaettersee
- **in der Schweiz:** *8* Urner See, Zuger See; *9* Bieler See, Genfer See, Murtensee, Thuner See; *10* Greifensee; *11* Brienzer See; *12* Zuericher See; *14* Neuenburger See; *19* Vierwaldstaetter See
- **in Sibirien:** *6* Baikal; *9* Baikalsee
- **in der Sowjetunion:** *5* Ilmen, Kaspi, Onega; *6* Baikal, Ladoga, Peipus, Topsee; *8* Ilmensee, Kaspisee, Onegasee; *9* Baikalsee, Ladogasee, Peipussee
- **in Südamerika:** *8* Titicaca
- **auf Sumatra:** *4* Toba
- **in Tibet:** *7* Arpatso, Kukunor

- **in der Türkei:** *3* Tus, Tuz, Wan
- **in Turkestan:** *6* Lopnor
- **in Ungarn:** *7* Balaton; *10* Plattensee
- **in den USA:** *9* Champlain
- **im Waldaigebirge:** *8* Ilmensee

Seeanemone: *7* Aktinie

Seebad

- **an der Adria:** *6* Cervia, Rimini; *7* Abazzia, Opatija
- **in Belgien:** *6* Knokke; *7* Ostende; *9* Zeebrugge
- **in der Bretagne:** *6* Dinard, Morgat; *7* La Baule; *10* Trebeurden
- **in Bulgarien:** *5* Varna, Warna; *8* Druschba; *10* Goldstrand
- **in Chile:** *4* Vina; *10* Vina del Mar
- **an der Côte d'Azur:** *4* Nice; *5* Nizza; *6* Bandol, Cannes; *7* Antibes, Miramar; *8* St. Tropez; *9* St. Raphael; *11* Juan-les-Pins
- **bei Danzig:** *6* Zoppot
- **auf dem Darss:** *6* Prerow, Zingst; *10* Ahrenshoop
- **in England:** *5* Dover; *7* Margate, Torquay; *8* Brighton, Hastings, Ramsgate; *9* Blackpool; *10* Eastbourne
- **an der Flensburger Förde:** *11* Gluecksburg
- **in Florida:** *5* Miami; *9* Palm Beach
- **auf Föhr:** *3* Wyk
- **in Frankreich:** *3* Eze; *4* Nice; *5* Nizza, Royan; *6* Bandol, Cannes, Dieppe, Dinard, Fécamp, Fréjus, Menton, St. Malo; *7* Antibes, Etretat, La Baule, Mentone, Miramar, Tamaris, Treport; *8* Arcachon, Beaulieu, Biarritz, Honfleur, St. Tropez; *9* Cherbourg, Deauville, Le Touquet, St. Raphaël, Trouville; *10* Trebeurden; *11* Duenkirchen, Juan-les-Pins; *12* Villefranche
- **an der französischen Kanalküste:** *6* Dieppe; *9* Cherbourg, Deauville; *11* Duenkirchen
- **an der französischen Riviera** → Seebad an der Côte d'Azur
- **bei Genua:** *7* Rapallo
- **am Golf von Genua:** *7* San Remo
- **am Golf von Neapel:** *7* Portici; *8* Pozzuoli
- **in der Grafschaft Kent:** *7* Margate; *8* Ramsgate
- **bei Greifswald:** *6* Eldena
- **auf der Insel Man:** *7* Douglas
- **auf Istrien:** *7* Opatija
- **an der italienischen Riviera:** *5* Loano; *6* Finale, Savona, Sestri; *7* Alassio, Albenga, Imperia, Mentone, Rapallo, San Remo; *10* Bordighera; *11* Ventimiglia
- **in Kalifornien:** *9* Long Beach
- **am Kattegat:** *8* Halmstad
- **an der Kieler Förde:** *5* Laboe
- **auf der Krim:** *10* Sewastopol
- **in Mexiko:** *8* Acapulco
- **am Michigansee:** *6* Racine
- **in den Niederlanden:** *9* Zandvoort; *12* Scheveningen
- **bei Norden:** *9* Norddeich
- **in der Normandie:** *6* Fécamp; *7* Etretat; *9* Deauville, Trouville
- **am Öresund:** *9* Falsterbo
- **in Ostpreußen:** *5* Cranz; *6* Nidden, Pillau; *7* Neukrug; *9* Rossitten; *10* Palmnicken
- **in Peru:** *5* Ancon
- **in Pommern:** *4* Binz, Deep, Wiek; *6* Bansin, Eldena, Sellin; *7* Ahlbeck, Goehren, Kolberg, Misdroy; *8* Sassnitz; *9* Zinnowitz; *11* Swinemuende
- **in Portugal:** *7* Estoril
- **an der Riviera:** *4* Nice; *5* Loano, Nizza; *6* Bandol, Cannes, Finale, Menton, Savona, Sestri; *7* Alassio, Albenga, Antibes, Imperia, Mentone, Miramar, Rapallo, San Remo; *8* St. Tropez; *9* St. Raphaël; *10* Bordighera; *11* Juan-les-Pins, Ventimiglia
- **bei Rom:** *5* Ostia; *7* Nettuno
- **auf Rügen:** *4* Binz; *5* Baabe; *6* Putbus, Sellin; *7* Goehren; *8* Sassnitz
- **in Schleswig-Holstein:** *3* Wyk; *4* List; *5* Dahme, Laboe; *6* Buesum, Ording; *7* Hoernum, St. Peter; *8* Groemitz; *10* Westerland; *11* Travemuende; *12* Eckernfoerde
- **an der Seinebucht:** *9* Deauville
- **auf Sizilien:** *8* Taormina
- **in Süddalmatien:** *9* Dubrovnik
- **in Südschweden:** *8* Halmstad
- **auf Sylt:** *4* List; *6* Kampen, Rantum; *7* Hoernum; *10* Westerland; *12* Wenningstedt
- **auf Usedom:** *6* Bansin; *7* Ahlbeck; *9* Zinnowitz; *10* Karlshagen; *11* Heringsdorf, Swinemuende
- **bei Venedig:** *4* Lido; *6* Jesolo
- **bei Warnemünde:** *7* Mueritz
- **in Westflandern:** *7* Ostende
- **auf Wollin:** *7* Misdroy

Seebärfell: *4* Seal

Seebecken in Afrika: *3* Iro

Seebeute: *5* Prise

Seefahrtskunde: *6* Nautik

Seefahrtsunternehmen: *8* Reederei

Seefisch: *3* Aal, Hai; *4* Butt, Salm; *5* Lachs, Stoer; *6* Dorsch, Hering, Rochen; *7* Blauhai, Flunder, Makrele, Muraene, Sardine, Scholle, Sprotte; *8* Anchovis, Goldbutt, Heilbutt, Kabeljau, Lamprete, Sardelle, Seezunge; *9* Hammerhai, Igelfisch, Katzenhai, Steinbutt, Thunfisch, Zitteraal; *10* Barramunda, Saegefisch; *11* Kofferfisch, Schellfisch; *12* Seepferdchen, Zitterrochen

Seefrachtbrief: *11* Konossement

Seegang: *7* Duenung

Seegurke: *7* Trepang

Seehafen → Hafenstadt

Seehafen von Rotterdam: *9* Europoort

Seehandelsklausel: *3* cif, fob

Seeheld der Hanse: *6* Beneke

Seehorizont: *4* Kimm

Seehund: *5* Robbe

Seeigel (versteinert): *7* Echinit

Seejungfer: *4* Nixe

Seekrankheit: *6* Nausea

Seekreide: *3* Alm

Seekriegsbeute: *5* Prise

Seekuh: *6* Dugong, Sirene; *8* Lamantin
Seekundler: *9* Limnologe
Seelachs: *3* Sei
Seele: *5* Anima; *6* Gemuet, Psyche
Seelenarzt: *10* Psychiater
Seelenglaube: *9* Animismus
Seelenheilkunde: *11* Psychiatrie
Seelenkunde: *11* Psychologie
seelenlos: *3* tot
Seelenmesse: *7* Requiem
Seelenruhe: *8* Ataraxie
Seelenstörung: *8* Psychose
Seelenvogel: *7* Harpyie
Seelenwanderung: *12* Wiedergeburt; *13* Metempsychose, Reinkarnation
seelisch: *9* psychisch
seelisch beeinflussen: *11* suggerieren
seelische(r)
- **Ausstrahlung:** *4* Aura
- **Beeinflussung:** *10* Suggestion
- **Erschütterung:** *6* Schock, Trauma
- **Gedrücktheit:** *11* Pessimismus
- **Krankheit:** *7* Neurose
- **Schwung:** *5* Verve
- **Stärkung:** *5* Trost
- **Verfassung:** *5* Laune; *8* Stimmung
- **Verletzung:** *6* Trauma

Seelsorger: *5* Kurat; *6* Pastor; *7* Pfarrer; *8* Priester; *11* Geistlicher
seelsorgerisch: *8* pastoral
Seemacht: *6* Flotte, Marine
Seemann: *7* Matrose
Seemann für schwierige Gewässer: *5* Lotse
seemännisch für
- **Anrichte:** *6* Pantry
- **anheben:** *7* lichten
- **Aufwischer:** *5* Dweil
- **ausladen:** *8* loeschen; *9* leichtern
- **Bett:** *4* Koje
- **Bindung:** *6* Musing
- **Bootskran:** *5* Davit
- **Decköffnung:** *3* Luk; *4* Luke
- **dreieckiges Segel:** *7* Kluever
- **Ebbe und Flut:** *4* Tide
- **entlassen:** *9* abmustern
- **essen:** *8* schaffen
- **Eßtisch:** *4* Back
- **Fernglas:** *6* Kieker
- **festbinden:** *6* zurren
- **Flaggenaufziehen:** *6* hissen
- **mit Flagge grüßen:** *6* dippen
- **Haltetau:** *4* Reep; *6* Brasse
- **herablassen:** *6* fieren
- **hinten:** *7* achtern
- **Hinterdeck:** *10* Achterdeck
- **hinteres Schiffsende:** *4* Heck
- **Horizont:** *4* Kimm
- **innere Schiffswand:** *6* Schott
- **Kette zum Ankerlichten:** *7* Kabelar
- **Kompaß:** *7* Bussole
- **Küche:** *8* Kombuese
- **kündigen:** *9* abmustern
- **Lastenaufziehen:** *6* hieven
- **leerpumpen:** *6* lenzen
- **linke Schiffsseite:** *8* Backbord
- **Lohn:** *5* Heuer
- **Mannschaftsunterkunft:** *5* Logis
- **Masthaltetau:** *5* Wante
- **Mastspitze:** *3* Top; *4* Topp
- **Matrose:** *4* Gast
- **Mitteldeck:** *4* Kuhl
- **nach hinten:** *9* achteraus
- **Offiziersspeiseraum:** *5* Messe
- **Pfosten zum Festmachen:** *6* Poller
- **Polster für Schiffswand:** *6* Fender
- **quer:** *5* dwars
- **Raum für Leckwasser:** *5* Bilge
- **rechte Schiffsseite:** *10* Steuerbord
- **Richtung bestimmen:** *6* peilen
- **Rille:** *4* Keep
- **Ruder:** *6* Riemen
- **Ruderbank:** *5* Ducht
- **rudern:** *6* pollen, pullen
- **rundes Schiffsfenster:** *8* Bullauge
- **Schiffsbrüstung:** *6* Reling
- **Schiffseßtisch:** *4* Back
- **Schiffsjunge:** *5* Moses
- **Schiffsrippe:** *6* Spante
- **Schiffssteuer:** *5* Ruder
- **Schiffstau:** *3* Gai; *4* Fall, Reep; *6* Trosse
- **Schüssel:** *5* Kumme
- **Seezeichen:** *4* Bake, Boje
- **Segel einrollen:** *6* reffen
- **Segelstange:** *3* Raa; *4* Rahe; *6* Gaffel, Spiere, Spriet
- **Segeltau:** *3* Gei
- **Segelzeug:** *8* Takelage, Takelung
- **Stellenvermittler:** *4* Baas; *9* Heuerbaas
- **Strickleiter:** *12* Jakobsleiter
- **Teil der Trosse:** *7* Kardeel
- **treiben:** *7* driften
- **Treppe zum Schiff:** *8* Fallreep
- **vom Kurs abweichen:** *6* gieren
- **vorderes Schiffsteil:** *3* Bug
- **an den Wind gehen:** *5* luven
- **Winde:** *5* Spill
- **Windschattenseite:** *3* Lee
- **Windseite:** *3* Luv
- **zurück:** *4* back

seemännischer Anruf: *4* ahoi
Seemannsbett: *4* Koje
Seemannsgericht: *8* Labskaus
Seemannshandschuhe: *6* Wanten
Seemannshut: *10* Suedwester
Seemannskleidung: *7* Oelzeug
Seemannslied: *6* Shanty
Seemannslohn: *5* Heuer
Seemannsmatratze: *8* Bultsack
Seemannsruf: *4* ahoi
Seemeilen je Stunde: *6* Knoten
Seenotzeichen: *3* CQD, SOS
Seeoffizier: *7* Admiral; *8* Kapitaen; *9* Kommodore; *11* Vizeadmiral; *13* Konteradmiral
Seeotter des Beringmeers: *5* Kalan

Seerabe: *8* Kormoran
Seeräuber: *5* Pirat; *6* Korsar; *10* Flibustier, Freibeuter
Seeräuber Westindiens: *8* Bukanier
– aus Wismar: *12* Stoertebeker
Seerose: *5* Lotos; *6* Mummel; *8* Nymphaea
Seesäugetier: *3* Wal; *5* Robbe; *6* Narwal; *7* Delphin, Seehund, Walross; *8* Seeloewe; *10* Seeleopard
Seeschaden: *7* Havarie
Seeskorpion: *5* Ulker
Seesperre: *8* Blockade
Seeungeheuer: *5* Krake; *6* Skylla; *9* Charybdis
Seeversicherungsgesellschaft: *5* Lloyd
Seevogel → Meeresvogel
Seewalze: *7* Trepang
Seewesen: *6* Marine
Seezeichen: *4* Bake, Boje; *5* Tonne; *6* Pricke, Stange; *10* Leuchtturm; *11* Feuerschiff
Segel: *4* Bram, Fock; *5* Besan, Royal; *7* Kluever; *8* Rahsegel; *9* Bramsegel, Marssegel, Spinnaker, Stagsegel; *10* Grosssegel; *11* Gaffelsegel
Segelausrüstung eines Schiffes: *8* Takelage, Takelung
Segelboot: *4* Slup, Yawl; *5* Jacht, Jolle, Sloop; *6* Kutter; *7* Schoner; *8* Trimaran; *9* Katamaran
Segelfalter: *6* Segler
Segelflugstart: *11* Windenstart; *12* Motorschlepp
Segelflugströmung: *7* Aufwind, Thermik
Segeljacht: *5* Sloop
Segelkommando: *3* Ree
Segelkriegsschiff: *8* Korvette
Segelleine: *3* Gei; *5* Schot; *6* Schote
Segelschiff: *3* Dau; *4* Bark, Ever, Hulk, Slup, Yawl; *5* Brigg, Jacht, Jolle, Kogge, Sloop, Tjalk; *6* Feluke, Galion, Ketsch, Kutter, Logger, Segler; *7* Galeone, Galeote, Klipper, Kreuzer, Schoner; *8* Dschunke, Fregatte, Galeasse, Korvette; *9* Einmaster, Karavelle; *10* Brigantine, Dreimaster, Viermaster, Vollschiff, Zweimaster
Segelstange: *3* Raa, Rah; *4* Rahe, Stag; *6* Gaffel; *9* Bugspriet
Segeltau: *3* Gei; *5* Schot; *6* Schote
Segeltaueinfassung: *4* Liek
Segeltuch: *10* Persenning
Segelwind: *5* Brise
Segen: *4* Heil; *5* Weihe
Seglervogel: *9* Salangane
segnen: *9* benedeien
Segnung: *11* Benediktion
Seher: *7* Kuender, Prophet; *9* Weissager
Seher der griechischen Sage: *6* Idunas
Seherin in Troja: *9* Kassandra
seherisch: *9* visionaer; *11* prophetisch
Seherkunst: *6* Mantik
Sehkreis: *8* Horizont
Sehne: *7* Flechse
Sehnsucht: *9* Verlangen
Sehnsucht nach dem Vergangenen: *9* Nostalgie
Sehöffnung: *7* Pupille
Sehorgan: *4* Auge
sehr: *3* gar
sehr
– betagt: *3* alt; *5* uralt
– eigen: *7* penibel
– empfindlich: *8* sensitiv
– erstaunt: *4* baff
– fein: *8* exquisit
– fest: *5* ehern
– feucht: *4* nass
– hell: *5* grell
– kalt: *5* eisig
– klein: *7* minimal
– schnell: *6* rapide, rasant
– vertraut: *5* intim
– warm: *5* heiss
Sehrohr der Unterseeboote: *8* Periskop
seicht: *3* fad; *4* fade; *5* banal, flach; *6* untief
seichte Stelle: *7* Untiefe
seichter Flußübergang: *4* Furt
Seichtheit: *10* Platituede
Seidelbast: *6* Daphne
Seidengewebe: *4* Taft; *5* Atlas, Ekrue, Satin, Twill; *6* Batist, Brokat, Damast, Ramagé; *7* Chiffon, Epinglé, Foulard, Organza; *8* Duchesse, Eolienne, Florette
Seidenplüsch: *6* Felbel
Seidenschnur: *8* Chenille
Seiendes: *3* Ens
Seifenbaumgewächs: *3* Aki; *8* Quillaja
Seifenlösung: *5* Lauge
Seihgerät: *4* Sieb
Seil: *3* Gei, Tau; *4* Reep; *5* Leine; *6* Schnur, Strick
Seilbahn im Wintersport: *7* Skilift
Seilbahnkabine: *6* Gondel
Seildreher: *6* Seiler
Seilmaterial: *5* Sisal
Seilscheibe: *6* Haspel
Seiltänzer: *12* Aequilibrist
Seilzug: *5* Winde
Sein in der chinesischen Religion: *3* Tao
Seinemetropole: *5* Paris
Seinezufluß → Nebenfluß der Seine
Seinslehre: *9* Ontologie
Seite: *6* Flanke
Seite der Buchführung: *4* Soll; *5* Debet, Haben; *6* Credit, Kredit
– des Dreiecks: *7* Kathete; *10* Hypotenuse
– des Schiffes: *8* Backbord; *10* Steuerbord
Seitenabweichung eines Geschosses: *10* Derivation
Seitenansicht: *6* Profil
Seitenbrett des Fasses: *5* Daube
Seitengewehr: *8* Bajonett
Seitenruder: *8* Leitwerk
Seitensprung: *8* Eskapade
Seitenstück: *7* Pendant; *8* Analogie
Seitensumme: *5* Latus
Seitental des Inn: *7* Oetztal
Seitentrieb der Pflanze: *7* Ableger
Seitenwand: *5* Zarge
Seitenwandbrett des Fasses: *5* Daube

Seitenzahl: *6* Pagina
seitlich: *7* lateral
Sekretär Ciceros: *4* Tiro
Sekt: *10* Champagner, Schaumwein
Sekte: *7* Quaeker; *8* Adamiten, Mormonen; *10* Mennoniten; *11* Adventisten
Sekte in Südvietnam: *6* Caodai
Sektion: *9* Abteilung, Obduktion; *15* Leichenoeffnung
Sektor: *4* Zone; *6* Bezirk; *10* Fachgebiet
Sekundant: *5* Zeuge; *6* Helfer; *8* Beistand
selbständig: *6* autark; *7* autonom; *9* souveraen
Selbständigkeit: *9* Autonomie; *13* Originalitaet
Selbstbedienungskaufhaus: *10* Supermarkt
Selbstbeeinflussung: *14* Autosuggestion
Selbstbefriedigung: *6* Onanie
Selbstbefruchtung: *9* Autogamie
selbstgefällig: *5* eitel; *10* sueffisant
selbstgenügsam: *6* autark
selbstgerecht: *12* pharisaeisch
Selbstgespräch: *7* Monolog
selbstherrlich: *10* caesarisch
Selbstherrscher: *8* Autokrat
Selbstladepistole: *8* Browning
Selbstlaut: *5* Vokal
Selbstlernender: *10* Autodidakt
Selbstlosigkeit: *10* Altruismus
Selbstmord: *7* Freitod; *8* Harakiri
Selbststeuerung: *7* Automat
Selbstsucht: *8* Egoismus
Selbstsüchtiger: *6* Egoist
selbsttätig: *7* autogen
selbsttätige Vorrichtung: *7* Automat
Selbsttäuschung: *8* Illusion
Selbstüberhebung: *6* Hybris
Selbstvergötterung: *10* Idiolatrie
Selbstverliebtheit: *10* Narzissmus; *13* Autoerotismus
selbstverständlich: *6* eo ipso; *7* logisch
Selbstverstümmelung: *9* Autotomie
Selbstverteidigung: *4* Judo; *6* Aikido, Karate; *8* Jiu-Jitsu
Selbstverwaltung: *9* Autonomie
selig: *4* froh; *6* wonnig
selige Ruhe: *7* Nirwana
Seligkeit: *5* Wonne
seligpreisen: *9* benedeien
Seligsprechung: *13* Beatifikation
selten: *3* rar; *9* singulaer
seltene Erde: *3* Cer, Zer; *5* Radon, Titan; *6* Erbium, Neodym, Radium, Tantal, Zerium; *7* Holmium, Lanthan, Terbium, Thulium, Yttrium; *8* Europium, Lutetium, Samarium, Scandium; *9* Praseodym, Ytterbium; *10* Gadolinium
Seltenes: *6* Unikum
seltenes Ereignis: *9* Phaenomen
Seltenheit: *8* Raritaet; *11* Kostbarkeit; *13* Singularitaet
seltsam: *6* bizarr, kurios; *7* grotesk, komisch, skurril; *8* frappant; *9* sonderbar, wunderbar; *10* eigenartig; *11* merkwuerdig, verschroben; *12* phantastisch
semitische Gottheit: *4* Baal; *5* Istar; *6* Moloch; *7* Astarte
semitisches Volk: *5* Juden; *6* Araber; *8* Aramaeer, Hebraeer; *10* Israeliten
Semmelbrei: *6* Panade
Sems Nachkomme: *5* Semit
Senatsmitglied: *7* Senator
– in Sparta: *6* Geront
Senatsraum im alten Rom: *5* Kurie
Sendbote: *7* Apostel; *8* Emissaer; *9* Missionar
Sendefolge: *8* Programm
Sender in Berlin: *4* RIAS
Sendschreiben: *5* Breve; *7* Epistel
Sendung: *7* Auftrag, Mission
senegalesische Sklaveninsel: *5* Goree
Senf: *8* Mostrich
Senfgas: *6* Yperit
Senfkohl: *5* Rauke
Senkblei: *3* Lot
Senke: *3* Tal
Senke zwischen Vogelsberg und Taunus: *8* Wetterau
Senker: *7* Ableger
Senkgrube: *6* Kloake; *7* Latrine
Senkkasten, Senkloch: *5* Gully, Gumpe; *7* Caisson
senkrecht: *8* vertikal
Senkrechte: *3* Lot; *9* Vertikale
senkrechte Achse: *8* Ordinate
senkrechter Mauerstreifen: *6* Lisene
senkrechtes Bauglied: *6* Saeule
Senkung: *10* Depression
Senkwaage: *10* Araeometer
Senner: *6* Alpner
Sennhütte: *6* Chalet
Sensengriff: *5* Worbe
Sensenmann: *3* Tod
Sensenschneide: *6* Dengel
Sentenz: *6* Devise, Maxime; *10* Denkspruch; *11* Lebensregel
separat: *7* einzeln
Sepiaschale: *6* Schulp
September: *9* Scheiding; *10* Herbstmond
serbische(r, s)
– amtlicher Geistlicher: *6* Sedile
– Geheimbund: *8* Omladina
– Hauptstadt: *7* Belgrad, Beograd
– Herrschergeschlecht: *9* Obrenowic
– Schriftsteller: *5* Rajic
– Schuh: *6* Opanke
Serie: *5* Folge, Reihe; *6* Gruppe; *7* Sequenz
seriös: *9* ernsthaft; *15* glaubenswuerdig
Serpentine: *5* Kehre; *7* Windung
Serum: *9* Impfstoff
Servierbrett: *7* Tablett
Sessel: *6* Chaise
Setter: *11* Huehnerhund
Setzer: *7* Metteur
Setzmaschine: *8* Linotype, Monotype; *9* Intertype, Typograph

Seuche: *4* Pest; *8* Epidemie; *9* Pestilenz
Sevesogift: *6* Dioxin
Sezession: *8* Spaltung, Trennung; *11* Absonderung
Seziermesser: *8* Skalpell
Shakespeares Geburtsort: *9* Stratford
- Theater: *5* Globe
Shetlandinsel: *4* Unst, Yell; *6* Walsey; *7* Bressay; *8* Mainland
Siam: *8* Thailand
siamesisch → thailändisch
sibirische(r, s)
- Bucht: *3* Tar
- Eichhörnchen: *3* Feh
- Fluß → Fluß in Sibirien
- Frostnebel: *5* Morok
- Grenzgebirge: *4* Ural; *5* Altai
- Kältesteppe: *6* Tundra
- Marder: *5* Zobel
- Pelztier: *3* Feh; *5* Zobel
- Singvogel: *8* Calliope
- See: *6* Baikal; *9* Baikalsee
- Stadt → Stadt in Sibirien
- Steppe: *5* Taiga; *6* Tundra
- Volksstamm: *7* Jakuten, Wogulen; *8* Ostjaken, Tungusen; *9* Burjaeten, Samojeden; *12* Tschuktschen
- Waldgebiet: *5* Taiga
sich abwechseln: *11* alternieren
sich ausbreiten: *10* grassieren
sich beschweren: *11* reklamieren
sich Drogen spritzen: *5* fixen
sich erholen: *5* ruhen
sich verbrüdern: *14* fraternisieren
sich verstellen: *10* simulieren
sicher: *3* fix; *4* firm; *6* gefeit; *7* fraglos
sicheres Auftreten: *6* Aplomb
Sicherheit: *5* Pfand; *6* Schutz; *7* Gewaehr, Kaution; *8* Garantie; *9* Gewahrsam; *10* Gewissheit; *11* Buergschaft
Sicherheitsbehörde: *7* Polizei
Sicherheitsklausel: *6* Kautel
sichern: *11* garantieren
Sicherungen: *10* Sanktionen
Sicherungsbeschlagnahme: *9* Pfaendung
Sicherungsgeleit: *7* Eskorte
Sicherungsstift: *6* Splint
Sicherungstruppe: *6* Vorhut; *7* Nachhut
sichtbare Auszeichnung: *5* Orden
sichten: *9* sortieren
Sichtgrenze: *8* Horizont
Sichtung: *7* Siebung
Sichtvermerk: *5* Visum
Sieb: *6* Filter
sieben Hügel Roms: *7* Aventin, Caelius, Kapitol, Palatin, Viminal; *8* Esquilin, Quirinal
sieben sagenhafte Könige von Rom: *7* Romulus; *12* Ancus Marcius; *13* Numa Pompilius; *14* Servius Tullius; *15* Tullus Hostilius; *17* Tarquinius Priscus; *18* Tarquinius Superbus
sieben Weise des Altertums: *4* Bias; *5* Solon; *6* Chilon, Thales; *8* Pittakos; *9* Kleobulos, Periander; *10* Periandros
Siebeneck: *8* Heptagon
Siebengestirn: *8* Plejaden
siebenstellige Zahl: *7* Million
Siechtum: *11* Morbositaet
Siedler: *8* Kolonist
Siedlerkollektiv in Israel: *6* Kibbuz
Siedlung: *3* Ort; *4* Dorf; *5* Stadt; *6* Weiler; *7* Flekken, Kolonie; *9* Ortschaft
Siedlungsplatz der Altsteinzeitmenschen: *4* Abri
Sieg: *6* Gewinn, Gloria
Siegel: *9* Petschaft
Siegelblättchen alter Urkunden: *6* Oblate
Siegelring des Papstes: *11* Fischerring
Sieger von Fehrbellin: *11* Derfflinger
Siegerpreis: *3* Cup; *5* Pokal; *7* Lorbeer; *8* Trophaee
Siegesanwärter: *7* Favorit
Siegesbeute: *8* Trophaee
Siegesfreude: *7* Triumph
Siegesgöttin: *4* Nike; *8* Victoria, Viktoria
Siegeszeichen: *8* Trophaee
- der Indianer: *5* Skalp
Siegfrieds
- Frau: *9* Kriemhild
- Mörder: *5* Hagen
- Mutter: *9* Sieglinde
- Pferd: *5* Grane
- Schwert: *7* Balmung
- Vater: *8* Siegmund
sieghaft: *9* triumphal
siegreicher Admiral: *6* Nelson
Signal: *7* Zeichen
Signalflagge: *7* Stander
Signalgerät: *4* Hupe; *6* Flagge, Glocke, Sirene, Wimpel; *7* Blinker; *9* Nebelhorn; *10* Heliograph
Signalhorn: *4* Hupe; *7* Clairon
Signalmast: *8* Semaphor
Signum: *5* Marke; *7* Zeichen
Silbenrätsel: *8* Scharade
Silbenschrift in Japan: *8* Hiragana
Silberakazienblüte: *6* Mimose
Silberglanz: *8* Argentit
Silberlöwe: *4* Puma
Silberpapier: *8* Stanniol
Silberpappel: *4* Albe; *5* Abele
Siliciumverbindung: *5* Silan, Silit; *7* Silikat
Silo: *8* Speicher; *16* Getreidespeicher
Sinfonie von
- Beethoven: *6* Eroica, Neunte; *9* Pastorale
- Haydn: *3* Uhr; *4* Baer, Huhn, Jagd; *8* Koenigin
- Mozart: *6* Linzer; *7* Jupiter
- Schubert: *12* Unvollendete
- Tschaikowsky: *10* Pathétique; *11* Pathetische
Sinfoniker: *5* Haydn; *6* Brahms, Mahler, Mozart; *8* Bruckner, Schubert, Schumann; *9* Beethoven
Sinfonische Dichtung von
- Glasunow: *4* Meer, Wald; *7* Kremlin; *9* Fruehling; *11* Stenka Rasin
- Liszt: *5* Faust, Tasso; *6* Hamlet, Ideale;

*7*Mazeppa, Orpheus; *8*Hungaria; *10*Prometheus; *11*Heldenklage, Les Préludes; *12*Bergsinfonie; *14*Hunnenschlacht
- **Respighi:** *10*Pini di Roma; *11*Feste di Roma; *13*Fontane di Roma
- **Rimski-Korssakow:** *5*Antar, Sadko; *12*Scheherazade
- **Schillings:** *9*Seemorgen; *11*Meeresgruss
- **Sibelius:** *4*Saga; *7*Tapiola; *10*Finnlandia
- **Richard Strauss:** *7*Don Juan, Macbeth; *10*Aus Italien, Don Quixote; *11*Heldenleben; *13*Alpensinfonie; *16*Till Eulenspiegel; *17*Tod und Verklaerung

singbare Tonfolge: *7*Melodie
Singgemeinschaft: *4*Chor
Singhalese: *9*Ceylonese
Singspiel: *4*Oper; *7*Musical; *8*Operette
Singstimme: *3*Alt; *4*Bass; *5*Tenor; *6*Sopran; *7*Bariton; *11*Mezzosopran
Singvogel: *4*Fink, Star; *5*Ammer, Amsel, Fitis, Meise, Pirol, Spatz, Weber; *6*Gimpel, Lerche, Pieper, Roetel, Stelze, Zeisig; *7*Amadine, Amarant, Drossel, Girlitz, Kanarie, Kanario, Kleiber, Ortolan, Schwirl, Tangare, Wuerger; *8*Bergfink, Buchfink, Calliope, Dompfaff, Kardinal, Schwalbe, Sperling, Spoetter, Sprosser, Zilpzalp; *9*Blaumeise, Blaumerle, Braunelle, Goldammer, Gruenfink, Gruenling, Haenfling, Kohlmeise, Stieglitz; *10*Bachstelze, Distelfink, Feldlerche, Grasmuecke, Hausroetel, Nachtigall, Rotschwanz, Schmaetzer, Schnaepper, Zaunkoenig; *11*Blaudrossel, Heidelerche, Kernbeisser, Laubsaenger, Rohrsaenger, Rotkehlchen, Schwarzkopf; *12*Blaukehlchen, Haubenlerche, Mehlschwalbe; *13*Goldhaehnchen, Kanarienvogel, Kreuzschnabel, Rauchschwalbe, Seidenschwanz; *14*Schwarzdrossel, Staffelschwanz
Singweise: *7*Melodie
- **der altgriechischen Musik:** *5*Nomos

Sinken der Börsenkurse: *6*Baisse
Sinn: *5*Logos, Ratio, Tenor, Zweck
Sinnbild: *6*Emblem, Symbol; *9*Allegorie
Sinnbild → Symbol
Sinnbild
- **Bayerns:** *7*Bavaria
- **Berlins:** *4*Baer; *8*Berolina
- **Christi:** *8*Agnus Dei
- **Deutschlands:** *8*Germania
- **des Handels:** *10*Merkurstab
- **der Keuschheit:** *7*Einhorn
- **Preußens:** *8*Borussia
- **der Unsterblichkeit:** *7*Phoenix
- **weltlicher Macht eines Monarchen:** *5*Krone; *6*Zepter

sinnbildlich: *10*symbolisch
sinnen: *6*denken; *8*gruebeln; *10*meditieren, nachdenken, ueberlegen
sinnende Betrachtung: *10*Meditation
Sinnesart: *5*Wesen; *9*Charakter, Gesinnung; *11*Mentalitaet
Sinnesempfindung: *4*Aura
Sinnesorgan: *3*Ohr; *4*Auge, Nase, Nerv; *5*Zunge
Sinnestäuschung: *4*Wahn; *6*Vision; *8*Illusion; *13*Halluzination
Sinneswahrnehmung: *10*Impression
Sinneswerkzeug: *5*Organ
sinnfällig: *7*konkret
Sinngedicht: *5*Xenie; *6*Xenion; *8*Epigramm
Sinngehalt: *9*Bedeutung
sinngleich: *7*synonym
sinnieren: *10*meditieren
Sinnlichkeit: *6*Erotik
sinnlos: *6*absurd, albern; *7*paradox; *8*unnoetig; *9*unlogisch
sinnloses Geschwätz: *11*Abrakadabra, Galimathias
Sinnpflanze: *6*Mimose
sinnreich: *9*ingenioes
Sinnspruch: *5*Gnome, Motto, Zitat; *6*Devise, Maxime; *7*Sentenz; *8*Epigramm; *10*Aphorismus
sinnverwandt: *7*synonym
sinnwidrig: *6*absurd; *7*paradox; *9*unlogisch
Sippe: *4*Clan
Sippenbesitz: *4*Odal
Sippenkunde: *10*Genealogie
Sippenverband der Mongolen: *5*Aimak
Sippschaft: *6*Clique; *7*Koterie; *8*Kluengel
Sisalpflanze: *5*Agave
Sitte: *4*Mode, Usus; *5*Ethos, Nomos; *6*Brauch; *7*Anstand, Komment; *8*Manieren; *9*Herkommen, Tradition
Sitten: *5*Mores
Sittenkunde: *10*Ethognosie
Sittenlehre: *5*Ethik, Moral
Sittenlehrer, Sittenprediger: *8*Moralist
sittenlose Gemahlin des Claudius: *9*Messalina
Sittenprediger: *8*Moralist
sittenstreng: *11* puritanisch
Sittenverderbnis: *10*Korruption; *14*Demoralisation
sittlich: *7*ethisch; *9*moralisch
sittlich verderben: *14*demoralisieren
sittliche Forderung: *5*Gebot; *9*Postulat
- **Vollkommenheit in der Antike:** *5*Arete

sittlicher Begriff: *3*Ruf; *4*Ehre; *5*Ethos, Gebot, Luege, Moral, Treue; *6*Schuld, Suehne, Wuerde; *8*Gewissen, Wahrheit; *10*Humanitaet
Sittlichkeit: *5*Ethik, Moral
sittsam: *6*dezent
Situation: *4*Lage; *7*Zustand
situiert: *8*gestellt
Sitz
- **des amerikanischen Kriegsministeriums:** *8*Pentagon
- **des amerikanischen Parlaments:** *7*Kapitol
- **der Asen:** *6*Asgard
- **der Geister bei den Arabern:** *3*Kaf
- **der Götter in der griechischen Mythologie:** *5*Olymp
- **der Musen:** *7*Parnass

- **im Parlament:** *6* Mandat
- **einer griechischen Philosophenschule:** *4* Elea
- **der Regierung:** *8* Residenz
- **der Sowjetregierung:** *5* Kreml

Sitzbank: *4* Sofa
Sitzbank im Ruderboot: *5* Ducht
Sitzgelegenheit: *4* Bank, Sofa; *5* Stuhl; *6* Hocker, Sessel; *7* Kanapee, Schemel
Sitzsofa: *7* Kanapee
Sitzung: *6* Tagung; *7* Session; *9* Konferenz
Sitzungsbericht: *9* Protokoll
Sitzungsperiode: *7* Session
Sitzvorrichtung für Reiter: *6* Sattel
Sitzwaschbecken: *5* Bidet
sizilianische(r,s)
- **Brunnen:** *7* Acadine
- **Dessertwein:** *7* Marsala
- **Geheimbund:** *5* Mafia; *6* Maffia
- **Hauptstadt:** *7* Palermo
- **Seebad:** *8* Taormina
- **Vulkan:** *5* Aetna

Skalaeinteilung: *4* Grad
Skaldenlied: *5* Drapa
Skalpell: *12* Seziermesser
Skandal: *5* Eklat; *8* Aufsehen
Skandinavier: *5* Daene, Finne; *7* Schwede; *8* Norweger; *9* Islaender
skandinavische(r)
- **Luftverkehrsgesellschaft:** *3* SAS
- **Meerenge:** *4* Belt, Sund
- **Münze:** *4* Oere
- **Staat:** *8* Finnland, Norwegen, Schweden; *9* Daenemark
- **Währung:** *5* Krone
- **Wühlmaus:** *7* Lemming

Skatausdruck: *2* Re; *4* Null; *5* Grand, Gucki; *6* Kontra; *10* Nullouvert
Skelett: *7* Gerippe
Skeptiker: *8* Zweifler
Skigebiet bei Davos: *7* Parsenn
Skipetar: *7* Albaner
Skistrecke: *5* Piste
Skizze: *4* Plan; *5* Probe; *6* Sketch, Umriss; *7* Entwurf
Sklavenführer: *9* Spartakus
Sklavenschiff: *7* Galeere
Skonto: *5* Abzug; *6* Rabatt; *8* Nachlass
Skorpion-Hauptstern: *7* Antares
Skript: *8* Drehbuch
Skrupel: *7* Zweifel; *8* Bedenken
Skulptur: *6* Glypte, Relief, Statue; *7* Plastik
Skythenstamm: *6* Alanen
Slang: *5* Slang; *6* Jargon; *7* Dialekt, Mundart
Slawe: *4* Pole; *5* Russe, Serbe, Sorbe, Wende; *6* Kroate; *7* Bulgare, Ruthene, Slowake, Slowene; *8* Kaschube, Tscheche, Ukrainer
Slawenapostel: *6* Kyrill; *8* Cyrillus; *9* Methodius; *10* Konstantin
slawische(r, s)
- **Fürstentitel:** *8* Gospodar, Hospodar
- **Gottheit:** *7* Triglaw
- **Kaisertitel:** *3* Zar
- **Liebesgöttin:** *4* Lada
- **Männername:** *4* Igor, Iwan, Fedor, Pjotr, Wasil; *6* Feodor; *7* Kasimir; *8* Bogeslav; *9* Ladislaus
- **Volk:** *5* Polen; *6* Russen, Serben, Sorben, Wenden; *7* Kroaten; *8* Bulgaren, Ruthenen, Slowaken, Slowenen, Ukrainer; *9* Kaschuben, Obotriten, Pomoranen, Tschechen
- **Volkslied:** *5* Dunka

slowakischer Komponist: *5* Bella
slowenischer Reformator: *8* Dalmatin
Snob: *4* Geck; *5* Protz; *7* Angeber
Sockel: *5* Basis; *7* Plinthe; *9* Fundament, Piedestal, Postament
Sodawasser: *7* Sprudel
soeben: *4* Just; *6* gerade
sofern: *4* wenn; *5* falls
sofort: *6* prompt; *7* stracks
Sohn: *6* Filius
Sohn
- **des Abraham:** *5* Isaak; *6* Ismael
- **des Achill:** *9* Euphorion
- **des Adam:** *4* Abel, Kain, Seth
- **des Aeson:** *5* Iason
- **des Agamemnon:** *5* Orest; *7* Orestes
- **der Agrippina:** *8* Caligula
- **des Alberich:** *6* Ortnit
- **der Alkmene:** *8* Herakles, Herkules
- **der Amphitrite:** *6* Triton
- **des Äneas:** *8* Ascanius
- **der Antikleia:** *8* Odysseus
- **der Aphrodite:** *4* Eros; *6* Aeneas
- **des Apoll:** *8* Aeskulap
- **in arabischen Eigennamen:** *3* Ibn
- **des Ares:** *4* Eros
- **des Atreus:** *8* Menelaos; *9* Agamemnon
- **des Dädalus:** *6* Ikaros, Ikarus
- **der Danae:** *7* Perseus
- **des David:** *6* Salomo; *7* Absalom, Salomon
- **des Dionysos:** *7* Priapos
- **des Drusus:** *10* Germanicus
- **der Europa:** *5* Minos
- **des Franz Joseph:** *6* Rudolf
- **der Frigga:** *3* Tyr; *4* Thor
- **der Gaea:** *5* Titan; *6* Gigant, Kronos; *7* Japetos, Okeanos; *8* Hyperion
- **des Gideon:** *6* Jotham
- **des Goethe:** *6* August
- **Gottes:** *8* Christus
- **der Hagar:** *6* Ismael
- **des Hamilkar:** *8* Hannibal
- **der Hekabe:** *5* Paris; *6* Hektor
- **der Hekuba:** *5* Paris; *6* Hektor
- **der Helena:** *9* Euphorion
- **des Helios:** *8* Phaethon
- **der Hera:** *4* Ares; *8* Hephaest; *10* Hephaestus, Hephaistos
- **des Herakles:** *6* Hyllos
- **des Hermes:** *3* Pan; *7* Daphnis
- **der Iokaste:** *7* Oedipus
- **des Isaak:** *4* Esau; *5* Jakob
- **der Isis:** *5* Horos, Horus

- **des Ismael:** *5* Kedar
- **des Jakob:** *3* Dan, Gad; *4* Juda, Levi; *5* Asser, Josef, Ruben; *6* Joseph, Simeon; *7* Sebulon; *8* Isaschar, Naphtali
- **des Japetos:** *5* Atlas
- **der Jocaste:** *7* Oedipus
- **des Joseph:** *7* Manasse
- **des Judas:** *4* Onan
- **der Juno:** *4* Mars; *6* Vulkan; *8* Vulcanus, Vulkanus
- **des Jupiter:** *4* Mars; *5* Apoll; *6* Apollo, Castor, Kastor, Merkur, Pollux; *7* Bacchus; *8* Herkules, Vulcanus, Vulkanus
- **Kaiser Friedrichs II.:** *5* Enzio
- **Karls des Großen:** *5* Drogo
- **der Klytämnestra:** *5* Orest; *7* Orestes
- **des Kronos:** *4* Zeus; *5* Hades; *6* Pluton; *8* Poseidon
- **der Kybele:** *5* Attis
- **des Kyros:** *8* Kambyses
- **der Leda:** *6* Castor, Kastor, Pollux
- **der Leto:** *5* Apoll; *6* Apollo; *7* Apollon
- **des Loki:** *6* Fenrir
- **der Maja:** *6* Hermes, Merkur
- **der Medusa:** *7* Pegasus
- **des Neptun:** *6* Triton
- **des Noah:** *3* Ham, Sem; *6* Japhet
- **der Nox:** *6* Somnus
- **des Odin:** *3* Tiu, Tyr, Ziu; *4* Thor; *5* Widar; *6* Balder, Baldur, Hoedur
- **des Odysseus:** *8* Telemach; *10* Telemachos
- **des Osiris:** *5* Horos, Horus
- **des Parzival:** *9* Lohengrin
- **des Peleus:** *6* Achill; *8* Achilles; *9* Achilleus
- **der Penelope:** *8* Telemach; *10* Telemachos
- **des Priamos:** *5* Paris; *6* Hektor
- **des Prometheus:** *9* Deukalion
- **der Rhea:** *4* Zeus; *5* Hades, Orkus; *6* Neptun, Pluton; *7* Jupiter; *8* Poseidon
- **der Sarah:** *5* Isaak
- **des Saturn:** *5* Orkus; *6* Neptun; *7* Jupiter
- **des Saul:** *8* Jonathan
- **der Semele:** *7* Bacchus; *8* Dionysos
- **der Semiramis:** *6* Ninyas
- **der Sieglinde:** *9* Siegfried
- **des Siegmund:** *9* Siegfried
- **der Sif:** *4* Ullr; *5* Uller
- **des Tantalus:** *6* Pelops
- **des Telamon:** *4* Aias, Ajas, Ajax
- **der Thetis:** *6* Achill; *8* Achilles; *9* Achilleus
- **des Thor:** *5* Magni
- **des Uranos:** *4* Gyes; *5* Gyges
- **der Ute:** *6* Gernot, Gunther; *9* Giselher
- **der Venus:** *4* Amor; *6* Cupido, Kupido
- **des Zeus:** *4* Ares; *5* Apoll, Minos; *6* Apollo, Castor, Hermes, Kastor; *7* Apollon, Bakchos, Perseus; *8* Dionysos, Hephaest, Herakles, Sarpedon, Tantalus; *10* Hephaestus, Hephaistos, Polydeukes

Söhne des Zeus: *9* Dioskuren; *10* Tantaliden
Solbad in Niedersachsen: *5* Melle
Soldat: *7* Landser, Veteran; *8* Soeldner; *9* Legionaer; *11* Landsknecht
Soldat in der ersten Ausbildung: *6* Rekrut
- **der technischen Truppe:** *7* Pionier

Soldatenkönig: *16* Friedrich Wilhelm
Soldatenlöhnung: *4* Sold
Soldatenstand: *8* Militaer
Soldatenunterkunft: *7* Kaserne
Söldnerführer: *11* Condottiere
Söldnertruppe: *6* Legion
solide: *6* deftig
Soll: *5* Debet
Söller: *5* Altan
Sollseite der Bilanz: *6* Aktiva
Sologesangstück: *4* Arie
Solotänzerin: *9* Ballerina
Somaliküste: *9* Dschibuti
Sommerende: *15* Altweibersommer
Sommerfrische: *3* Bad; *6* Kurort, Seebad
sommerliche Erfrischung: *3* Eis
Sommersitz des französischen Staatspräsidenten: *11* Rambouillet
- **der niederländischen Könige:** *6* Het Loo

Sommerwind in Mesopotamien: *6* Shamal
Sonate von Beethoven: *14* Kreutzersonate
Sonderausgabe: *10* Extrablatt
sonderbar: *6* putzig; *7* komisch, paradox, skurril; *9* originell
Sonderfach: *12* Spezialitaet
Sonderfall: *8* Ausnahme
Sonderform der Operette: *7* Musical
Sondergattung: *5* Abart
Sonderklasse: *5* Elite
sonderlich: *6* kurios
Sonderling: *4* Kauz; *6* Unikum; *8* Original
sondern: *6* ordnen; *7* sichten, trennen; *9* isolieren, sortieren
Sonderraum: *7* Séparée
Sonderrecht: *8* Privileg, Reservat
Sondervergütung: *5* Bonus
Sondervermögen: *5* Fonds
Sondervorführung: *6* Zugabe; *7* Benefiz, Einlage
Sonderzuwendung: *13* Gratifikation
Sonnabend: *7* Samstag
Sonnenbahn: *8* Ekliptik
Sonnenblende: *8* Jalousie
Sonnendach: *7* Markise
Sonnenferne: *5* Aphel
Sonnenfinsternis: *7* Eklipse
Sonnengott → Gott der Sonne
Sonnengott
- **der Ägypter:** *2* Ra, Re; *4* Amun
- **der Griechen:** *6* Helios
- **der Inder:** *5* Indra, Surja
- **der Römer:** *3* Sol

Sonnengöttin: *3* Sol; *5* Neith
Sonnenhof: *4* Halo
Sonnenkraft: *12* Solarenergie
Sonnenland der griechischen Sage: *3* Aea
Sonnennähe: *7* Perihel
Sonnenschirm: *7* Parasol
Sonnenstich: *10* Hitzschlag

Sonnentierchen: *9* Heliozoon
Sonnenuhr: *6* Gnomon
Sonnenwendfeier: *12* Johannisfest; *13* Johannisfeuer
Sonntag
- **vor Aschermittwoch:** *8* Estomihi
- **nach Ostern:** *6* Exaudi, Rogate; *7* Kantate; *8* Jubilate; *12* Miserikordia; *15* Quasimodogeniti
- **vor Ostern:** *5* Okuli; *6* Judika; *7* Laetare; *8* Estomihi, Palmarum; *9* Invokavit; *11* Reminiszere, Sexagesimae; *13* Septuagesimae
- **nach Pfingsten:** *10* Trinitatis

sonst: *5* alias
Sorge: *4* Gram, Leid; *5* Angst; *6* Kummer
Sorgfalt: *6* Obacht; *7* Bedacht, Umsicht; *8* Vorsicht
sorgfältig: *5* exakt, genau; *7* akkurat, penibel
sorgfältig erwägen: *11* ventilieren
Sorgho: *11* Mohrenhirse; *12* Kaffernhirse
Sorghumhirse: *5* Durra
sorgsam: *5* eigen; *6* subtil
Sorte: *3* Art; *4* Form; *7* Gattung, Spezies
sortieren: *6* ordnen; *7* sichten; *8* auslesen
Sortiment: *7* Auswahl; *8* Sammlung; *10* Kollektion
Soße: *3* Jus; *5* Beize, Tunke; *7* Beiguss, Ketchup; *8* Marinade; *9* Remoulade; *10* Mayonnaise; *11* Hollandaise
Soßengrundlage: *6* Coulis
Soßenschüssel: *8* Sauciere
Soubrette: *9* Saengerin; *18* Operettensaengerin
Soufflé: *7* Auflauf
Souper: *9* Nachtmahl; *10* Abendessen
Souterrain: *14* Kellergeschoss
sowjetisch → russisch
sowjetische(r, s)
- **Atomkraftwerk:** *11* Tschernobyl
- **Astronaut** → sowjet. Kosmonaut
- **Automarke:** *5* Wolga; *7* Scaldia
- **Chemiker:** *8* Semjonow
- **Dichter:** *10* Majakowski
- **Dramatiker:** *7* Katajew
- **Erdsatellit:** *6* Poljot; *7* Sputnik
- **Filmregisseur:** *10* Eisenstein
- **Forschungssatellit:** *6* Kosmos
- **Geiger:** *6* Kremer
- **Ideologe:** *5* Lenin; *6* Stalin; *7* Trotzki
- **Jagdflugzeug:** *3* MIG
- **Jugendorganisation:** *8* Komsomol
- **Kernforschungszentrum:** *5* Dubna
- **Komponist:** *9* Prokofjew; *10* Prokofieff; *14* Chatschaturian; *15* Schostakowitsch
- **Kosmodrom:** *8* Baikonur
- **Kosmonaut:** *5* Atkow, Cemin, Kisim, Sedow, Titow; *6* Klimuk, Leonow, Rjumin, Wolkow; *7* Gagarin, Jegerow, Komarow, Kubasov, Lebedew, Manarow, Pazajew, Schonin, Wolynow; *8* Beljajew, Bykowski, Gorbatko, Kubasow, Patsajew, Sawinych; *9* Beresowoi, Feokistow, Gretschko, Jelisejew, Kowalonok, Nikolajew, Romanenko, Sarafanow, Schatalow, Scholobow; *10* Jelissejew, Julissejew, Popowitsch; *11* Dobrowolski; *12* Dschanibekow; *13* Filiptschenko, Iwantschenkow; *14* Rukawischnikow
- **Kosmonautin:** *9* Sawizkaja; *11* Tereschkowa
- **Luftverkehrsgesellschaft:** *8* Aeroflot
- **Marschall:** *6* Konjew; *7* Schukow
- **Mondfahrzeug:** *8* Lunochod
- **Mondsonde:** *4* Luna; *5* Lunik, Sojus
- **Nachrichtenagentur:** *4* TASS
- **Nobelpreisträger** → Nobelpreisträger
- **Orbitalstation:** *3* Mir; *6* Saljut
- **Pianist:** *7* Richter
- **Physiker:** *4* Tamm; *5* Basow; *6* Landau; *9* Prochorow; *11* Tscherenkow
- **Politiker:** *5* Lenin; *6* Stalin; *7* Molotow; *8* Malenkow; *9* Breschnew; *11* Gorbatschow; *13* Chruschtschow
- **Presseagentur:** *3* APN; *7* Nowosti
- **Raumfähre:** *5* Buran
- **Raumfahrer:** *9* Kosmonaut
- **Raumfahrtzentrum:** *8* Beikonor, Baikonur; *9* Kosmodrom
- **Raumschiff:** *4* Chod, Wega; *5* Lunik, Salus, Sojus; *6* Saljut; *7* Woschod, Wostok
- **Raumsonde:** *4* Wega
- **Raumstation:** *3* Mir; *6* Saljut
- **Regierungssitz:** *5* Kreml
- **Reisebüro:** *9* Intourist
- **Schachweltmeister:** *6* Karpow; *8* Kasparow
- **Schriftsteller:** *7* Abramow, Fadejew; *8* Dudinzew; *9* Ehrenburg, Pasternak; *10* Scholochow
- **Staatsgut:** *8* Sowchose
- **Staatsmann:** *5* Lenin; *6* Stalin; *7* Mikojan; *8* Bulganin, Kossygin; *9* Breschnew; *11* Gorbatschow, Tschernenko; *13* Chruschtschow
- **Währung:** *5* Rubel
- **Zeitung:** *6* Prawda; *9* Iswestija

Sowjetrepublik: *4* Komi, Mari, Tuwa; *6* Moldau; *7* Estland, Litauen, Ukraine; *8* Armenien, Dagestan, Georgien, Jakutien, Karelien, Lettland, Tatarien; *9* Abchasien, Burjatien, Kasakstan, Udmurtien; *10* Adscharien, Kasachstan, Mordwinien, Turkmenien, Usbekistan; *11* Baschkirien, Bessarabien, Kirgisistan; *12* Nordossetien, Turkmenistan; *13* Aserbeidschan, Tadschikistan, Tschuwaschien, Weissrussland
sowjetzonale Filmgesellschaft: *4* DEFA
sozialdemokratischer Politiker: *5* Bebel, Vogel; *6* Brandt, Wehner; *7* Schmidt; *10* Liebknecht, Ollenhauer, Schumacher
sozialistische Jugendorganisation: *6* Falken
- **Partei Israels:** *5* Mapai

sozialistischer Schriftsteller: *6* Engels
sozusagen: *5* quasi
Späher: *5* Spion; *7* Spitzel
Spähtrupp: *10* Patrouille
Spalierbaum: *6* Kordon
Spalte: *4* Riss; *5* Kluft, Ritze; *6* Fissur, Luecke, Rubrik; *7* Kolonne, Scharte, Schlitz; *8* Oeffnung

Spalte in der Zeitung: *7* Kolumne
Spaltgerät: *3* Axt; *4* Beil, Keil
Spaltkeil: *6* Fimmel
Spaltpilz: *8* Bakterie, Bazillus
Spaltung: *7* Schisma, Teilung; *9* Sezession
Spaltungsirresein: *13* Schizophrenie
Spange: *5* Fibel; *6* Fibula, Heftel; *7* Agraffe, Brosche
Spanien: *7* Iberien
spanische(r, s)
- **Adelstitel:** *7* Hidalgo
- **Adliger:** *6* Grande
- **Anfeuerungsruf:** *3* olé
- **Anrede:** *3* Don; *4* Dona; *5* Senor; *6* Senora; *8* Senorita
- **Anstandsdame:** *5* Duena
- **Architekt:** *5* Gaudi; *6* Donoso; *9* Valdevira
- **Artikel:** *2* el, lo; *3* los
- **Arzt:** *6* Servet
- **Aussprachezeichen:** *5* Tilde
- **Bejahung:** *2* si
- **Berg** → Berg in Spanien
- **Besitzung in Afrika:** *4* Ifni
- **Bevölkerung:** *6* Basken; *8* Asturier; *9* Aragonier, Kastilier, Katalanen; *10* Andalusier
- **Burg:** *7* Alkazar
- **Bürgermeister:** *7* Alcalde, Alkalde
- **Cellist:** *6* Casals; *7* Cassado
- **Dessertwein:** *6* Malaga, Sherry; *9* Tarragona
- **Dichter:** *4* Ruiz, Vega; *5* Lorca; *6* Aleman; *7* Gongora, Jimenez; *8* Calderon; *9* Benavente, Cervantes; *10* Aleixandre, Lope de Vega; *11* Garcia Lorca
- **Dorfrichter:** *7* Alcalde, Alkalde
- **Dramatiker:** *4* Vega; *5* Lorca; *6* Arabel, Molina; *8* Calderon; *9* Echegaray; *10* Lope de Vega; *11* Garcia Lorca
- **Edelmann:** *9* Caballero
- **Entdecker:** *5* Colon; *7* Pizarro; *8* Kolumbus
- **Eroberer:** *6* Balboa, Cortez, Torres; *7* Almagro, Pizarro; *8* Orellana
- **Erzähler:** *7* Alarcon
- **Exkönigin:** *3* Ena
- **Feldherr:** *4* Alba
- **Felsküste:** *10* Costa brava
- **Flotte:** *6* Armada
- **Fluß** → Fluß in Spanien
- **Frauenmantel:** *8* Mantille
- **Frauenname:** *3* Ena; *4* Ines, Lola; *5* Elena; *6* Carmen, Elmire, Teresa; *7* Dolores; *8* Isabella
- **Freiheitskämpfer:** *6* Pelayo
- **Fruchtgarten:** *6* Huerta
- **Fürstengeschlecht:** *4* Alba
- **Gebirge** → Gebirge in Spanien
- **Gehöft:** *8* Estanzia
- **Geiger:** *8* Sarasate
- **Gemäldesammlung:** *5* Prado
- **Goldmünze:** *7* Dublone
- **Grenzstadt:** *4* Irun
- **Großinquisitor:** *7* Ximenes
- **Hafen in Marokko:** *5* Ceuta
- **Hafenstadt** → Hafenstadt in Spanien
- **Handklappern:** *12* Kastagnetten
- **Hauptstadt:** *6* Madrid
- **Herrschername:** *4* Karl, Luis; *6* Alfons, Carlos, Felipe, Ludwig; *7* Alfonso, Amadeus, Philipp; *8* Fernando; *9* Ferdinand
- **Herzog:** *4* Alba
- **Hochland:** *9* Kastilien
- **Hoheitsplatz in Nordafrika:** *5* Ceuta; *7* Melilla; *9* Alhucemas; *10* Chafarinas; *15* Velez de la Gomera
- **Insel:** *5* Ibiza; *7* Menorca; *8* Mallorca; *9* Teneriffa; *10* Formentera
- **Insel vor Kamerun:** *11* Fernando Poo
- **Inselgruppe:** *7* Kanaren; *8* Balearen, Pityusen; *16* Kanarische Inseln
- **Jesuit:** *6* Claver, Molina
- **Jesuitengeneral:** *6* Laynez
- **Kampfstier:** *4* Toro
- **Kap:** *3* Nao; *4* Gata; *5* Creus, Palos; *9* Trafalgar
- **Käppi:** *3* Ros
- **Kloster:** *8* Escorial
- **Komödiendichter:** *9* Benavente
- **Komponist:** *5* Falla; *8* Granados, Sarasate
- **Königin:** *3* Ena; *8* Isabella
- **Konquistador** → spanischer Eroberer
- **Kopftuch:** *8* Mantilla
- **Kraftausdruck:** *7* Caramba
- **Kriegsflotte:** *6* Armada
- **kurze Jacke:** *6* Bolero
- **Küste:** *10* Costa brava; *11* Costa blanca, Costa del sol
- **Küstenfluß:** *3* Ter; *7* Mijares
- **Landschaft** → Landschaft in Spanien
- **Längenmaß:** *3* Pie
- **Lustspielgestalt:** *9* Maskarill
- **Maler:** *4* Dali, Goya, Gris, Miro; *5* Greco; *6* Ribera; *7* El Greco, Murillo, Picabia, Picasso, Ribalta; *8* Zurbaran; *9* Velasquez
- **Männername:** *3* Gin; *4* Gago, Joan, Juan, Luis; *5* Diego, Pablo, Pedro, Ramon, Tirso; *6* Carlos, Felipe, Ferman, Manuel, Miguel; *7* Alfonso, Armando, Esteban, Francis; *9* Bartolome, Francisco
- **Mantel:** *8* Mantille
- **Missionar:** *8* Las Casas
- **Mittelmeerküste:** *10* Costa brava; *11* Costa blanca, Costa del sol
- **Münze:** *4* Real; *6* Peseta; *7* Centimo
- **Musikinstrument:** *7* Bandola; *9* Bandurria
- **Nationalgericht:** *6* Paella
- **Nationalheld:** *3* Cid
- **Nationaltanz:** *9* Madrelina
- **Nobelpreisträger** → Nobelpreisträger
- **Park:** *5* Prado
- **Parlament:** *6* Cortes
- **Pfeffer:** *7* Paprika
- **Philosoph:** *5* Oliva; *6* Gasset; *13* Ortega y Gasset
- **Pianist:** *7* Albeniz
- **Politiker:** *5* Eanes; *6* Soares
- **Prinz:** *9* Don Carlos

- **Prinzentitel:** *6* Infant
- **Provinz** → Provinz in Spanien
- **Provinz auf den Kanarischen Inseln:** *9* Las Palmas
- **Radierer:** *6* Ribera
- **Reiter:** *11* Drahtverhau
- **Rohr:** *6* Rotang
- **Sagengestalt:** *7* Don Juan
- **Saiteninstrument:** *7* Bandola; *9* Bandurria
- **Sänger:** *8* Carreras
- **Schenke:** *6* Bodega
- **Schleiertuch:** *8* Mantilla
- **Schriftsteller:** *4* Cela; *5* Rojas; *6* Aleman, Baroja; *7* Alarcon, Gracian, Unamuno
- **Segelschiff:** *9* Karavelle
- **Spitzenschleier:** *8* Mantilla
- **Staatschef:** *6* Franco
- **Staatspartei:** *7* Falange
- **Stadt** → Stadt in Spanien
- **Statthalter:** *4* Alba
- **Stierkämpfer:** *6* Espada, Torero; *7* Matador, Picador; *12* Banderillero
- **Surrealist:** *4* Dali
- **Tanz:** *6* Bolero; *8* Cachucha, Fandango, Habanera; *9* Esmeralda, Sarabande; *10* Saltarello, Seguidilla
- **Theologe:** *6* Suarez
- **Universitätsstadt** → Universitätsstadt in Spanien
- **Ureinwohner:** *6* Iberer
- **Volksfest:** *6* Fiesta
- **Volksstamm** → spanische Bevölkerung
- **Vorgebirge** → spanisches Kap
- **Wand:** *8* Paravent
- **Wein:** *6* Malaga, Sherry; *9* Tarragona
- **Weinstube:** *6* Bodega
- **Wirtshaus:** *6* Posada
- **Zahlwort:** *3* dos, mil, uno; *4* cien, diez, ocho, seis, tres; *5* cinco, nueve, siete; *6* ciento, cuatro
- **Zigeunertanz:** *6* Gitana

spannend: *10* dramatisch
spannender Film: *7* Reisser; *8* Thriller
Spanner: *6* Voyeur
Spannkraft: *12* Elastizitaet
Spannung: *7* Tension; *8* Dramatik
Spannungsmesser: *9* Voltmeter
Spannungsumwandler: *5* Trafo; *11* Transformator
Spargel: *9* Asparagus
spargelähnliches Gemüse: *13* Schwarzwurzel
Spargelkohl: *8* Brokkoli
spärlich: *4* karg; *5* knapp
Sparpolitik: *9* Austerity
sparsam: *9* rationell
spartanisch: *4* hart; *7* einfach; *10* enthaltsam
spartanischer

- **Ältestenrat:** *7* Gerusia
- **Aristokrat:** *8* Spartiat
- **Aufseher:** *5* Ephor
- **Bürger:** *8* Perioeke
- **Feldherr:** *8* Leonidas, Lysander; *9* Pausanias
- **Gesetzgeber:** *6* Lykurg
- **König:** *4* Agis; *8* Leonidas, Menelaos; *9* Agesilaus
- **Schwerbewaffneter:** *6* Hoplit
- **Senat:** *7* Gerusia
- **Senator:** *6* Geront
- **Staatssklave:** *5* Helot

Sparte: *4* Fach; *5* Zweig; *6* Gebiet; *9* Abteilung
Spaß: *2* Uz; *3* Fez, Jux, Ulk; *4* Witz; *5* Gaudi, Jokus, Unfug; *6* Scherz; *7* Gaudium; *8* Plaesier; *10* Vergnuegen
Späße: *5* Faxen
spaßhaft: *11* possierlich
spaßig: *5* ulkig; *7* burlesk
Spaßmacher: *4* Narr; *5* Clown; *6* Schalk, Schelm; *8* Witzbold
Spätjahr: *6* Herbst
spazieren: *7* bummeln; *11* promenieren
Spaziergang: *6* Bummel; *9* Promenade
Spaziergänger: *7* Flaneur
Spazierweg: *9* Promenade
Spechtart: *9* Wendehals; *10* Buntspecht
Spechtmeise: *7* Kleiber
Speckstein: *6* Talkum
Speckstückchen: *6* Griebe, Griefe; *7* Grammel
Speer: *3* Ger; *5* Lanze; *6* Spiess

- **der Kaffern:** *7* Assagai
- **des Odin:** *7* Gungnir
- **beim Stierkampf:** *10* Banderilla

Speichel: *6* Geifer, Spucke
Speicher: *4* Silo; *5* Depot; *7* Magazin; *9* Reservoir
Speise: *4* Kost, Mahl; *5* Essen, Salat, Suppe; *6* Braten, Ragout; *7* Dessert, Eintopf, Pastete, Pudding; *9* Frikassee
Speise

- **in Gelee:** *5* Aspik
- **der Götter:** *8* Ambrosia
- **der Juden in der Wüste:** *5* Manna
- **in Teighülle:** *7* Pastete

Speisebrei im Dünndarm: *6* Chymus
Speisefett: *4* Talg; *6* Butter, Schmer; *7* Schmalz; *9* Kokosfett, Margarine
Speisefisch: *3* Aal; *4* Butt, Leng, Salm; *5* Hecht, Lachs, Stoer; *6* Brasse, Dorsch, Hering, Schlei, Zander; *7* Flunder, Forelle, Karpfen, Makrele, Muraene, Sardine, Schleie, Scholle, Sprotte; *8* Anchovis, Heilbutt, Kabeljau, Lamprete, Saibling, Sardelle, Seezunge; *9* Steinbutt, Thunfisch; *11* Bachforelle, Schellfisch
Speisefrüchte: *4* Obst
Speisegewürz: *4* Anis, Kren, Salz, Senf, Zimt; *5* Curry, Essig; *6* Ingwer, Kalmus, Kaneel, Muskat, Piment, Safran; *7* Fenchel, Galgant, Kurkuma, Lorbeer, Paprika, Pfeffer, Vanille; *8* Kardamom, Mostrich; *9* Koriander; *10* Muskatnuss; *11* Meerrettich; *12* Muskatbluete
Speisehaus für Studenten: *5* Mensa
Speisekammer auf Schiffen: *6* Pantry
Speisekrebs: *6* Hummer; *7* Garnele
Speisemuschel: *6* Auster
speisen: *5* essen; *8* dinieren
Speisenbereiter: *4* Koch
Speisenbrett: *7* Tablett

Speisenfolge: *4* Menu; *5* Menue
Speisepilz: *6* Bofist, Bovist, Marone, Reherl; *7* Kuhmaul, Kuhpilz, Lorchel, Morchel, Parasol, Rehling, Reizker; *8* Egerling, Eselsohr, Gehlchen, Gelbfuss, Gelbling, Hasenohr, Lackpilz, Perlpilz, Reifpilz, Rotkappe, Saftling, Tintling, Trueffel; *9* Braetling, Ellerling, Graukappe, Gruenling, Klumpfuss, Krempling, Mousseron, Steinpilz, Taeubling; *10* Birkenpilz, Butterpilz, Champignon, Dotterpilz, Hallimasch, Herrenpilz, Kaiserling, Ritterling, Schirmpilz, Schmerling, Ziegenbart; *11* Eierschwamm, Maronenpilz, Pfefferling, Pfifferling, Stoppelpilz, Ziegenlippe; *12* Habichtspilz, Rothaeubchen, Strubbelkopf; *13* Kapuzinerpilz, Totentrompete; *14* Herbsttrompete
Speiseplatte: *8* Kabarett
Speiseraum: *5* Messe; *6* Kasino; *7* Kantine
Speisesaal in Burgen: *6* Remter
– in Klöstern: *11* Refektorium
Speisesack des Jägers: *4* Aser
Speisewirtschaft: *5* Lokal; *10* Restaurant
Speisewürze: *4* Salz, Senf; *7* Ketchup; *8* Mostrich
Spektakel: *5* Krach, Laerm; *7* Klamauk; *10* Schauspiel
Spekulant: *6* Jobber
Spekulantenring: *6* Corner, Korner
Spelunke: *6* Stampe; *8* Destille; *9* Kaschemme
Spende: *4* Gabe; *5* Opfer; *6* Obolus; *7* Almosen; *8* Geschenk, Stiftung; *10* Scherflein
Sperberfalke: *7* Habicht
Sperenzchen: *9* Umstaende; *12* Fisimatenten
Sperling: *5* Spatz
Sperre: *6* Riegel; *8* Barriere, Schranke; *9* Barrikade
sperren: *10* arretieren
Sperrfrist: *6* Karenz
Sperrgestell: *8* Stellage
Sperrklinke: *6* Riegel
Sperrschranke: *10* Schlagbaum
Sperrung: *9* Isolation
Sperrung im Buchdruck: *7* Spatium
Sperrvorrichtung an Maschinen: *11* Arretierung
Sperrzeit: *11* Quarantaene
Spezialgebiet: *7* Domaene
Spezialgeschütz: *3* Pak; *4* Flak
Spezialschiff im Winter: *10* Eisbrecher
speziell: *9* besonders
spezielle Bildaufzeichnung: *13* Dokumentation
– Ernährung: *5* Diaet
spezifisches Gewicht: *6* Wichte
Sphäre: *5* Kreis; *6* Umwelt; *7* Bereich
Spiegelfernrohr: *9* Refraktor
Spiegellinsenfernrohr: *6* Medial
spiegeln: *12* reflektieren
Spiegelsamt: *5* Panné
Spiegelung: *9* Reflexion; *11* Widerschein
Spiel: *6* Partie
Spiel → Brettspiel → Glücksspiel → Kartenspiel
Spielart: *6* Nuance
Spielbankangestellter: *8* Croupier
Spieleinsatz: *4* Mise; *5* Poule
Spieler: *9* Hasardeur
Spielerei: *14* Dilettantismus
Spielfläche: *6* Buehne
Spielfolge: *8* Programm
Spielkarte: *2* As; *4* Bube, Dame, Daus, Ober; *5* Bauer, Joker, Jolly, Unter; *6* Koenig, Wenzel
Spielkarte im Tarock: *5* Kaval
– ohne Zahlwert: *6* Lusche
Spielkartenfarbe: *3* Pik; *4* Herz, Karo; *5* Kreuz, Treff; *6* Eckern, Eichel; *8* Schellen, Schippen
Spielklasse im Sport: *4* Liga
Spielkugel: *5* Boule; *6* Marbel, Marmel, Murmel
Spielleiter: *9* Regisseur
– im Freizeitzentrum: *9* Animateur
– beim Glücksspiel: *8* Croupier
Spielleitung: *5* Regie
Spielmann: *7* Hornist, Pfeifer; *8* Trommler
Spielmarke: *4* Chip; *5* Jeton; *6* Plaque
Spielplan: *10* Repertoire
Spielraum: *5* Marge
Spielraum der Musiker: *9* Orchester
Spielrunde: *6* Partie
Spielscheibe beim Eishockey: *4* Puck
Spielstein: *5* Figur; *7* Wuerfel; *8* Knoechel
Spieltisch der Orgel: *6* Manual
Spielwart: *10* Inspizient
Spielwiese: *11* Tummelplatz
Spielzeug: *4* Ball, Reif; *5* Puppe, Teddy; *6* Rassel, Roller; *7* Klapper; *8* Spieluhr; *9* Baukasten, Stofftier; *10* Hampelmann; *11* Puppenstube; *12* Bleisoldaten, Zinnsoldaten; *13* Schaukelpferd
Spieß: *3* Ger; *4* Pike; *5* Lanze, Speer; *9* Partisane; *10* Hellebarde
Spießbürger, Spießer: *7* Banause; *9* Philister
spießbürgerlich: *11* philistroes
Spießer: *6* Hirsch, Pedant; *7* Banause; *9* Philister; *10* Kleingeist
Spießhirsch: *6* Mazama
spinale Kinderlähmung: *13* Poliomyelitis
Spind: *4* Lade; *7* Schrank
Spindel: *6* Kunkel
Spinett: *7* Cembalo
Spinne: *5* Milbe, Zecke; *6* Kanker; *8* Holzbock, Skorpion, Tarantel; *11* Kreuzspinne, Vogelspinne, Weberknecht, Wolfsspinne
Spinnentiere: *10* Arachniden
Spinnereiabfall: *4* Werg
Spinnereiprodukt: *4* Garn; *5* Faden, Wolle
Spinngerät: *6* Rocken
Spinnmaschine: *9* Selfaktor
Spinnrocken: *6* Kunkel
Spion: *5* Agent; *7* Spaeher, Spitzel; *11* Schnueffler
Spionin (Tänzerin): *8* Mata Hari
Spiralnebel: *8* Galaxien
spiritistische Mittelsperson: *6* Medium
– Sitzung: *6* Séance
Spiritus: *5* Geist, Sprit; *7* Alkohol; *9* Weingeist; *10* Branntwein
Spiritus rector: *6* Lenker; *7* Urheber; *9* Anstifter
Spitzbube: *5* Filou; *6* Gauner

Spitze: *4* Tête; *5* Kippe, Krone, Nocke; *6* Gipfel, Nocken, Vorhut
Spitze eines Truppenverbandes: *4* Tête
Spitzel: *5* Agent, Spion
Spitzenleistung: *6* Rekord
Spitzenmasche: *5* Picot
Spitzenrüsche: *5* Jabot
Spitzenschlager: *3* Hit
Spitzensportler: *2* As; *5* Crack; *8* Champion
spitzer Pflanzenteil: *4* Dorn; *7* Stachel
spitzfindig: *6* subtil; *7* spinoes; *12* rabulistisch
Spitzfindigkeit: *9* Kasuistik, Sophismus, Sophistik; *10* Rabulistik; *11* Sophisterei
Spitzgiebel: *7* Wimperg
Spitzhacke: *5* Picke; *6* Pickel
Spitzkeil: *5* Picot
Spitzname für
- **deutschen Polizisten:** *4* Udel; *5* Bulle, Polli, Polyp; *6* Schupo
- **Deutscher:** *6* Michel
- **Eisenhower:** *3* Ike
- **englischen Polizisten:** *5* Bobby
- **englischen Soldaten:** *5* Tommy
- **französischen Polizisten:** *4* Flic
- **französischen Soldaten:** *5* Poilu
- **Ire:** *3* Pat
- **Russe:** *4* Iwan
- **US-Amerikaner:** *3* Sam; *6* Yankee
- **US-Soldat:** *3* Ami

Spitzpfeiler: *7* Obelisk
Spitztürmchen: *5* Fiale
Spleen: *6* Grille; *7* Marotte; *8* Schrulle
Spleißnadel: *3* Fid
Splitter: *4* Span; *6* Spliss; *8* Spleisse
Sporadeninsel: *3* Kos; *5* Leros, Samos; *6* Chalke, Ikaria, Patmos, Rhodos, Skyros, Thasos; *8* Alonesos, Skiathos, Skopelos
Sporenpflanze: *4* Farn, Pilz
Sporn: *4* Dorn, Kufe; *6* Spitze; *7* Stachel
Sportanlage in Gaststätten: *9* Kegelbahn
Sportanzug: *5* Dress; *6* Trikot
Sportart: *4* Golf, Judo, Polo; *5* Boxen, Gehen, Heben, Rugby; *6* Angeln, Hockey, Kegeln, Laufen, Reiten, Ringen, Rodeln, Rudern, Segeln, Tennis; *7* Barlauf, Curling, Eislauf, Eistanz, Fechten, Kricket, Krocket, Paddeln, Radball, Radpolo, Wandern; *8* Athletik, Baseball, Biathlon, Fussball, Handball, Korbball, Springen, Wettlauf; *9* Eishockey, Faustball, Gymnastik, Schiessen, Schwimmen, Triathlon, Zehnkampf; *10* Alpinistik, Fuenfkampf, Trabrennen; *11* Bergsteigen, Huerdenlauf, Skispringen, Speerwerfen, Tischtennis; *12* Diskuswerfen, Hammerwerfen, Marathonlauf, Pferderennen, Segelfliegen
Sportboot: *3* Gig; *4* Kanu; *5* Einer, Kajak, Skiff; *6* Achter, Vierer, Zweier; *7* Skuller; *8* Kanadier
Sportbootfahrer: *6* Kanute; *7* Skuller
Sportfeld: *7* Stadion
Sportfischer: *6* Angler
Sportgemeinschaft: *4* Crew, Team
Sportgerät: *4* Ball; *5* Speer; *6* Diskus, Gewehr, Hammer, Hantel; *8* Expander, Rhoenrad
Sportgröße: *5* Crack; *6* Kanone
Sportgrundsatz: *8* Fairness
Sportjacke: *6* Blazer
Sportkleidung: *5* Dress
Sportlehrer: *7* Trainer
sportlich anständig: *4* fair
- **leistungsfähig:** *3* fit
- **sportliche(r)**
- **Höchstleistung:** *6* Rekord
- **Kniehose:** *7* Breches
- **Kraftmensch:** *6* Athlet
- **Laufschuhe:** *6* Spikes
- **Übungen:** *8* Training
- **Wahlübung:** *4* Kuer

Sportliebhaber: *7* Amateur
Sportmannschaft: *4* Team
Sportmantel: *10* Dufflecoat
Sportmeister: *8* Champion
Sportplatz: *5* Arena; *7* Stadion
Sportpreis: *3* Cup; *5* Pokal
Sportruderer: *6* Kanute; *7* Skuller
Sportschlitten: *3* Bob; *8* Skeleton; *9* Bobsleigh
Sportsegelboot: *4* Yawl; *5* Dingi, Jacht
Sportsonderklasse: *4* Liga
Sportwaffe: *5* Degen; *7* Florett
Sportwagen: *8* Roadster
Sportwette: *4* Toto
Sportwettkampf: *9* Olympiade
Spott: *4* Hohn; *6* Ironie, Satire; *9* Sarkasmus
Spottbild: *9* Karikatur
Spottdichtung: *6* Satire; *7* Parodie
spotten: *7* hoehnen; *8* laestern
Spötter: *7* Zyniker; *8* Parodist; *9* Satiriker
Spottgedicht: *8* Epigramm
Spottgestalt: *6* Popanz
spöttisch: *6* mokant; *7* zynisch; *8* ironisch; *9* satirisch; *11* sarkastisch
spöttischer Kommentar: *6* Glosse
Spottname → Spitzname
Spottschrift: *8* Pasquill
Spottvers: *8* Epigramm
Sprache
- **der alten Römer:** *6* Latein
- **der Äthiopier:** *6* Amhara
- **der Buren:** *9* Afrikaans
- **in Indien und Ceylon:** *5* Tamil
- **der Inka:** *7* Quechua; *8* Ketschua
- **in Israel:** *6* Iwrith
- **der Suaheli:** *9* Kisuaheli
- **in ungebundener Form:** *5* Prosa

Spracheigentümlichkeit: *5* Idiom
Sprachfehler: *8* stottern
Sprachforscher: *8* Linguist; *9* Philologe
Sprachgestalter: *7* Stilist
Sprachgruppe in Afrika: *5* Bantu
Sprachheilkunde: *10* Logopaedie
Sprachkundiger: *11* Dolmetscher
Sprachlehre: *9* Grammatik
sprachlos: *5* stumm
Sprachrohr: *8* Megaphon

Sprachwissenschaft: *10* Linguistik, Philologie
sprechen: *5* reden, sagen; *8* plaudern; *9* vortragen; *10* referieren, rezitieren; *11* deklamieren
Sprecher: *6* Redner, Senior; *12* Conférencier
Sprechgesang: *9* Rezitativ
- mit Cembalobegleitung: *5* Secco
Sprechmaschine: *10* Phonograph
Sprechstunde: *10* Ordination
Sprechunfähigkeit: *6* Alalie
Spree-Athen: *6* Berlin
Spreezufluß → Nebenfluß der Spree
Spreizschritt: *6* Spagat; *9* Graetsche
Spreizschwanz bei Hühnervögeln: *3* Rad
Sprengel: *7* Pfarrei; *8* Dioezese, Parochie; *10* Kirchspiel
sprengend: *7* brisant
Sprenggeschoß, Sprengkörper: *4* Mine; *5* Bombe; *6* Rakete; *7* Granate, Torpedo; *8* Luftmine; *10* Schrapnell; *11* Handgranate, Kartaetsche
Sprengkraft: *7* Brisanz
Sprengschlag: *9* Explosion; *10* Detonation
Sprengstoff: *3* TNT; *6* Lyddit, Pulver; *7* Dynamit, Ekrasit, Kinetit, Melinit, Roburit; *8* Fulgurit; *13* Nitrogelatine, Nitroglyzerin, Schiesspulver, Schwarzpulver; *14* Trinitrotoluol
sprenkeln: *8* melieren
Spreu: *4* Kaff; *5* Spelz
Sprichwort: *8* Paroemie
Springbrunnen: *8* Fontaene
springende heiße Quelle: *6* Geiser, Geysir
springender Punkt: *6* Pointe
Springer: *7* Roessel; *9* Kaskadeur
Sprinterschuhe: *6* Spikes
Spritze: *9* Injektion
spritzender Wellenschaum: *6* Gischt
Spritztour: *9* Abstecher
spröde: *5* kross; *6* pruede
Sproß: *5* Trieb; *6* Spitze; *9* Nachkomme; *11* Schoessling
Sproßanlage: *6* Knospe
Sprosse: *5* Stufe
Sprossengerät: *6* Leiter
Sprossenpilz: *4* Hefe
Spruch: *8* Epigramm
Spruch des Richters: *6* Urteil
Spruchband: *11* Transparent
Spruchgedicht: *7* Priamel
Spruchsammlung: *3* Ana
sprudeln: *6* wallen
Sprudelwasser: *4* Soda; *7* Selters
Sprühvorrichtung: *5* Duese
Sprühwasser: *6* Gischt
Sprung: *4* Riss, Satz; *5* Salto; *7* Kaskade; *8* Kapriole
Sprung im Eiskunstlauf → Eislaufsprung
Spukgestalt: *5* Geist; *10* Habergeiss
Spule: *5* Rolle, Walze; *8* Wicklung
Spulenring: *6* Wirtel
Spur: *7* Faehrte
Spürsinn: *5* Flair
Staat: *5* Reich; *6* Nation

Staat
- in Afrika: *3* VAR; *4* Mali, Togo, Tsad; *5* Gabun, Ghana, Kenia, Kenya, Kongo, Niger, Sudan, Volta, Zaire; *6* Angola, Biafra, Dahome, Gambia, Guinea, Libyen, Malavi, Ruanda, Rwanda, Sambia, Somali, Tansan, Tschad, Uganda, Zambia; *7* Burundi, Dahomey, Kamerun, Liberia, Marokko, Nigeria, Réunion, Senegal, Somalia; *8* Aegypten, Algerien, Botsuana, Malagasy, Nigerien, Tansania, Tunesien; *9* Obervolta, Rhodesien, Swasiland; *10* Abessinien, Aethiopien, Basutoland, Madagaskar, Nyassaland, Somaliland, Suedafrika, Tanganjika, Tanganyika; *11* Mauretanien, Sierra Leone; *14* Betschuanaland, Suedwestafrika; *15* Elfenbeinkueste
- in Amerika: *3* USA; *4* Kuba, Peru; *5* Chile, Haiti; *6* Kanada, Mexiko, Panama; *7* Ecuador, Uruguay; *8* Bolivien, Honduras, Paraguay, Salvador; *9* Brasilien, Costarica, Guatemala, Kolumbien, Nicaragua, Venezuela; *10* El Salvador; *11* Argentinien
- auf der Apenninhalbinsel: *7* Italien; *9* San Marino
- in Arabien: *4* Oman; *5* Jemen, Katar, Qatar; *6* Kuweit, Maskat
- in Asien → asiatischer Staat
- im Atlantik: *6* Irland, Island; *15* Grossbritannien
- in Australien: *8* Victoria; *9* Tasmanien; *10* Queensland; *12* Neusuedwales
- der Balkanhalbinsel: *8* Albanien; *9* Bulgarien, Rumaenien; *11* Jugoslawien; *12* Griechenland
- des Baltikums: *7* Estland, Litauen; *8* Lettland
- in Brasilien → brasilianischer Staat
- an Euphrat und Tigris: *4* Irak
- in Europa → europäischer Staat
- in Fernost: *5* China, Japan; *8* Mongolei; *9* Nordkorea, Suedkorea
- am Golf von Guinea: *4* Togo; *5* Gabun, Ghana; *6* Biafra, Dahome; *7* Kamerun, Nigeria; *15* Elfenbeinkueste
- im Himalaja: *5* Nepal; *6* Bhutan
- in Hinterindien: *4* Laos, Siam; *5* Birma, Burma; *7* Vietnam; *8* Thailand; *10* Kambodscha; *11* Nordvietnam, Suedvietnam
- auf der Iberischen Halbinsel: *7* Andorra, Spanien; *8* Portugal
- im Indischen Ozean: *6* Ceylon; *8* Malagasy; *10* Madagaskar
- der Indischen Union: *5* Assam, Bihar; *6* Kerala
- am Karibischen Meer: *4* Kuba; *5* Haiti; *6* Panama; *7* Jamaika; *8* Honduras; *9* Kolumbien, Nicaragua, Venezuela
- in Kleinasien: *7* Tuerkei
- in Lateinamerika: *4* Kuba, Peru; *5* Chile, Haiti; *6* Mexiko, Panama; *7* Ecuador, Jamaika, Uruguay; *8* Bolivien, Honduras, Paraguay; *9* Brasilien, Costa Rica, Guatemala, Kolumbien, Nicaragua, Venezuela; *10* El Salvador; *11* Argentinien
- in Mexiko: *7* Durango

- **in Mittelamerika:** *4* Kuba; *5* Haiti, Mexiko, Panama; *7* Jamaika; *8* Honduras, Salvador; *9* Costa Rica, Guatemala, Nicaragua; *10* El Salvador
- **in Mitteleuropa:** *4* CSSR; *5* Polen; *6* Ungarn; *7* Schweiz; *11* Deutschland, Oesterreich; *13* Liechtenstein; *16* Tschechoslowakei
- **in Mittelitalien:** *9* San Marino
- **im Mittelmeer:** *5* Malta; *6* Cypern, Zypern
- **in Nahost:** *4* Irak, Iran, Oman; *5* Jemen, Katar, Qatar; *6* Cypern, Israel, Kuwait, Kuweit, Syrien, Zypern; *7* Libanon, Persien, Tuerkei; *8* Aegypten; *9* Jordanien; *12* Saudiarabien
- **in Nordafrika:** *6* Libyen; *7* Marokko; *8* Aegypten, Algerien, Tunesien
- **in Nordamerika:** *3* USA; *6* Kanada
- **in Nordeuropa:** *6* Island; *8* Finnland, Norwegen, Schweden; *9* Daenemark
- **in Nordostafrika:** *5* Sudan
- **in Ostafrika:** *5* Kenia, Sudan; *6* Malawi, Ruanda, Uganda; *7* Somalia; *8* Tansania; *10* Aethiopien
- **in Ostasien:** *5* China, Japan, Korea; *6* Taiwan; *8* Mongolei; *9* Nordkorea, Suedkorea
- **in Osteuropa:** *5* Polen; *8* Russland; *11* Sowjetunion
- **im Ost-Himalaja:** *6* Sikkim
- **in Ozeanien:** *5* Irian, Nauru; *7* Fidschi; *10* Australien, Neuseeland; *14* Papua Neuguinea
- **in Palästina:** *6* Israel; *9* Jordanien
- **im Pazifik:** *10* Neuseeland
- **am Persischen Golf:** *4* Irak, Iran; *5* Katar, Qatar; *6* Kuwait, Kuweit; *7* Bahrain
- **in den Pyrenäen:** *7* Andorra
- **auf der Pyrenäenhalbinsel:** *7* Andorra, Spanien; *8* Portugal
- **im Stillen Ozean:** *10* Neuseeland
- **in Südafrika:** *6* Angola, Sambia; *7* Lesotho; *8* Botswana; *9* Rhodesien; *10* Suedafrika
- **in Südamerika:** *4* Peru; *5* Chile; *7* Ecuador, Surinam, Uruguay; *8* Bolivien, Paraguay; *9* Brasilien, Kolumbien, Venezuela; *11* Argentinien
- **in Südasien:** *6* Ceylon, Indien; *8* Pakistan
- **in Südeuropa:** *7* Andorra, Italien, Spanien, Tuerkei; *8* Albanien, Portugal; *9* Bulgarien, San Marino; *11* Jugoslawien; *12* Griechenland
- **an der Südküste Arabiens:** *4* Oman; *5* Jemen; *9* Suedjemen
- **in Südostasien:** *4* Laos, Siam; *5* Birma, Burma; *6* Taiwan; *7* Vietnam; *8* Malaysia, Thailand; *10* Indonesien; *11* Nordvietnam, Philippinen, Suedvietnam
- **in Südosteuropa:** *6* Ungarn; *8* Albanien; *9* Bulgarien, Rumaenien; *11* Jugoslawien; *12* Griechenland
- **in Südwesteuropa:** *7* Andorra, Spanien; *8* Portugal
- **in den USA:** *4* Iowa, Ohio, Utah; *5* Idaho, Maine, Texas; *6* Alaska, Hawaii, Kansas, Nevada, Oregon; *7* Alabama, Arizona, Florida, Georgia, Indiana, Montana, New York, Vermont, Wyoming; *8* Arkansas, Colorado, Delaware, Illinois, Kentucky, Maryland, Michigan, Missouri, Nebraska, Oklahoma, Virginia; *9* Louisiana, Minnesota, New Jersey, New Mexico, Tennessee, Wisconsin; *10* California, Norddakota, Sueddakota, Washington; *11* Connecticut, Mississippi, Rhode Island; *12* New Hampshire, Nordcarolina, Pennsylvania, Suedcarolina, Westvirginia; *13* Massachusetts
- **in Vorderasien:** *4* Irak, Iran; *6* Israel, Syrien; *7* Libanon, Tuerkei; *9* Jordanien
- **in Vorderindien:** *6* Indien; *8* Pakistan
- **in Westafrika:** *4* Mali, Togo; *5* Benin, Gabun, Ghana, Niger; *6* Angola, Biafra, Dahome, Gambia, Guinea; *7* Kamerun, Liberia, Marokko, Nigeria, Senegal; *9* Obervolta; *11* Mauretanien, Sierra Leone; *15* Elfenbeinkueste
- **in Westeuropa:** *6* Irland; *7* Andorra, Belgien, Spanien; *8* Portugal; *9* Luxemburg; *10* Frankreich; *11* Niederlande; *15* Grossbritannien
- **in Westindien:** *4* Kuba; *5* Haiti; *7* Jamaika
- **in Zentralasien:** *5* China, Nepal, Tibet; *6* Bhutan, Sikkim; *8* Kaschmir, Mongolei
- **in Zentraleuropa** → Staat in Mitteleuropa

staatenbildendes Insekt: *5* Biene; *6* Ameise; *7* Termite

Staatenbund: *3* UNO; *5* Union; *11* Foederation; *14* Konfoederation

Staatenbund in Afrika: *21* Suedafrikanische Union

- **in hellenistischer Zeit:** *6* Koinon

Staatenbündnis: *7* Allianz, Entente

Staatenlose: *7* Apolide

staatliche Kunstsammlung in Leningrad: *9* Eremitage

- **Vorschrift:** *6* Gesetz

staatlicher Zuschuß: *10* Subvention

staatliches Ausfuhrverbot: *7* Embargo

Staatsangehörigkeit: *13* Nationalitaet

Staatsbesitz: *5* Aerar; *7* Domaene

Staatsetat: *6* Budget; *8* Haushalt

Staatsfeind: *9* Anarchist

Staatsform: *6* System; *8* Despotie, Diktatur, Republik, Tyrannis; *9* Monarchie; *10* Demokratie, Oligarchie, Theokratie; *11* Kaiserreich, Koenigreich; *12* Staendestaat; *13* Raeterepublik

Staatsführung: *7* Politik; *9* Regierung

Staatsgebiet: *11* Territorium

Staatsgefängnis in Paris: *8* Bastille

- **in New York:** *8* Sing Sing

Staatsgemeinschaft: *4* Volk; *6* Nation

Staatsgewalt: *9* Exekutive

Staatsgut: *7* Domaene

Staatshaushalt: *4* Etat; *6* Budget; *8* Finanzen

Staatskasse: *5* Aerar; *6* Fiskus

Staatskunst: *10* Diplomatie

Staatskutsche: *7* Karosse; *8* Equipage

Staatslenkung: *9* Regierung

Staatsoberhaupt: *6* Regent; *7* Monarch; *10* Praesident
Staatsoberhaupt von China: *6* Li Peng
Staatsoberhaupt des alten Genua und Venedig: *4* Doge
staatspolitische Bestrebung: *15* Partikularismus
Staatspräsident von Bangladesch: *6* Ershad
Staatspräsident von Nordvietnam: *11* Ho Tschi Minh
- von Zypern: *8* Makarios
Staatsrat im alten Rom: *5* Senat
Staatsregierung: *8* Kabinett
Staatsreligion im Iran: *5* Schia
Staatsschatz: *5* Aerar; *6* Fiskus
Staatssklave: *5* Helot
Staatssprache der Indischen Union: *5* Hindi
- Pakistans: *4* Urdu; *7* Bengali
Staatsstreich: *6* Putsch
Staatsteil im fremden Gebiet: *7* Enklave, Exklave
Staatsverbrechen: *6* Putsch; *7* Aufruhr, Revolte; *8* Spionage; *9* Rebellion; *10* Hochverrat, Revolution; *12* Landesverrat
Staatsverfassung: *12* Konstitution
Staatsverfassung der Bundesrepublik Deutschland: *11* Grundgesetz
Staatsvertreter: *6* Konsul; *8* Diplomat; *9* Gesandter; *11* Botschafter
Staatsvolk: *6* Nation
Staatswappen: *6* Emblem
Staatszuschuß: *10* Subvention
Stab: *5* Stock; *7* Stecken
- der Auguren: *6* Lituus
Stäbchenspiel: *6* Mikado
Stabholz: *5* Latte
Stabreim: *12* Alliteration
Stabsoffizier: *5* Major; *6* Oberst; *14* Oberstleutnant
Stabtierchen: *8* Bakterie
Stabwerk: *6* Gitter; *8* Ornament
Stachel: *4* Dorn; *5* Sporn
- des Violoncellos: *5* Perno
Stachelhäuter: *7* Seeigel, Trepang; *8* Seestern, Seewalze; *9* Haarstern; *10* Holothurie; *14* Schlangenstern
Stachelkeule: *11* Morgenstern
Stachelpflanze: *6* Distel, Kaktus
Stacheltier: *4* Igel
stachliger Kugelfisch: *6* Fahaka
stachliges Unkraut: *6* Distel
Stadel: *7* Scheune, Schober
Stadium: *5* Phase, Stufe; *7* Zustand
Stadt als Gemeinde: *7* Kommune
Stadt
- an der Aare: *5* Aarau, Olten; *9* Solothurn
- in Abessinien → Stadt in Äthiopien
- in den Abruzzen: *6* Aquila
- an der Adria: *4* Bari, Fano, Pola, Pula, Zara; *5* Fiume, Split, Trani, Zadar; *6* Ancona, Pesaro, Ragusa, Rijeka, Triest; *7* Otranto, Pescara, Spalato, Venedig; *8* Brindisi
- in Afghanistan: *5* Herat, Kabul; *8* Kandahar
- in Ägypten: *4* Daba, Edfu, Esna, Gisa, Gise, Kena, Kene, Sues, Suez; *5* Asiut, Benha, Fajum Giseh, Gizeh, Kairo, Kenah, Luxor, Sohag, Tanta; *6* Abukir, Assiut, Assuan, el Daba, Heluan, Kharga, Kosser, Luksor, Sollum, Theben; *7* Kosseir, Mansura, Memphis, Rosetta, Sagazig; *8* Damanhur, Ismailia, Mansurah, Port Said; *10* Alexandria, Helipolis
- an der Ahr: *8* Neuenahr
- an der Aisne: *8* Soissons
- in Alabama (USA): *6* Dothan, Mobile; *10* Birmingham, Montgomery
- in Alaska: *4* Nome; *5* Aniak, Sitka, Wales; *6* Barrow, Juneau, Kotlik, Seward; *9* Anchorage, Fairbanks
- in Albanien: *4* Fier, Puke; *5* Berat, Korca, Korce, Vlona, Vlora; *6* Durres, Tirana, Valona; *7* Durazzo, Durresi, Elbasan, Sarande, Skutari
- im Albvorland: *9* Metzingen
- in Algerien: *4* Akbu, Alma, Bone, Oran; *5* Blida, Sétif; *6* Abadla, Algier, Bejaia, Biskra, Skikda; *7* Mascara; *11* Constantine
- an der Aller: *5* Celle; *6* Verden; *7* Gifhorn; *10* Oebisfelde
- im Allgäu: *4* Isny; *6* Wangen; *7* Kempten; *10* Immenstadt
- auf Alsen: *10* Sonderburg
- im Altai: *7* Barnaul
- im alten Ägypten: *4* Sais; *5* Luxor; *6* Theben; *7* Memphis; *10* Heliopolis
- im alten Griechenland: *5* Argos, Athen; *6* Delphi, Sparta, Theben; *7* Korinth
- im alten Persien: *4* Susa; *8* Ekbatana; *10* Persepolis
- in der Altmark: *5* Calbe, Kalbe; *7* Kloetze, Stendal; *9* Salzwedel; *10* Gardelegen
- an der Altmühl: *10* Eichstaett
- am Amazonas: *4* Tefe; *6* Manaus, Obidos; *9* Tabatinga
- auf Ameland: *3* Nes
- in Amerika: *3* Ica, Rio, Uba, Ytu; *4* Erie, Gary, Hull, Leon, Lima, Napa, Nome, Para, Paya, Pina, Reno, Tome, York, Yuma; *5* Akron, Bahia, Belem, Colon, Dover, Fargo, Flint, La Paz, Macon, Miami, Omaha, Quito, Salem, Suere, Tampa, Tulsa, Tanja, Utica; *6* Albany, Austin, Balboa, Bogota, Boston, Callao, Camden, Campos, Canton, Ciudad, Colima, Dallas, Dayton, Denver, Duluth, Easton, El Paso, Fresno, Habana, Helena, Joplin, Lowell, Manaos, Mexiko, Mobile, Newark, Newton, Parana, Peoria, Pierre, Potosi, Pueblo, Quebec, Recife, Santos, St. Paul, Tacoma, Toledo, Toluca, Topeca, Topeka, Tucson, Tuoson; *7* Atlanta, Augusta, Bristol, Buffalo, Chatham, Chelsea, Chester, Chicago, Chikago, Clinton, Cordoba, Detroit, Halifax, Hoboken, Houston, Jackson, Key West, La Plata, Lincoln, Madison, Memphis, Mendoza, Milford, Newport, New York, Norfolk, Oakland, Olympia, Palmira, Pontiac, Raleigh, Reading, San José, Santa Fé, Seattle, Spokane, St. Louis, Tam-

pico, Toronto, Trenton, Tucuman, Ventura, Wichita, Yonkers; *8* Amarillo, Appleton, Asuncion, Berkeley, Blumenau, Bradford, Brasilia, Cardenas, Columbia, Columbus, Freeport, Hamilton, Haertfort, Las Vegas, Lawrence, Marlboro, Montreal, New Haven, Pamplona, Pasadena, Paterson, Portland, Richmond, San Diego, San Pedro, Santa Ana, Santiago, Sao Paulo, Savannah, Scranton, Syracuse, Valdivia, Valencia, Veracruz, Winnipeg; *9* Anchorage, Angostura, Annapolis, Baltimore, Cambridge, Cartagena, Charlotte, Cleveland, Davenport, Des Moines, Elizabeth, Fall River, Fort Wayne, Fort Worth, Galveston, Guayaquil, Hollywood, Knoxville, Lakehurst, Lancaster, Lexington, Long Beach, Mansfield, Milwaukee, Nashville, Palm Beach, Pensacola, Princeton, Rochester, South Bend, Vancouver, Waterbury, Worcester; *10* Birmingham, Bloomfield, Bridgeport, Charleston, Cincinnati, Evansville, Greenville, Harrisburg, Jersey City, Kansas City, Los Angeles, Louisville, Manzanillo, Montgomery, New Bedford, New Orleans, Paramaribo, Pernambuco, Pittsburgh, Providence, Sacramento, San Antonio, Shreveport, Somerville, Valparaiso, Washington, Wilmington, Youngstown; *11* Buenos Aires, Chattanooga, Grand Rapids, Minneapolis, San Salvador, Springfield; *12* Indianapolis, Jacksonville, Oklahoma City, Philadelphia, Port-au-Prince, Rio de Janeiro, Salt Lake City, San Francisco

- **an der Ammer:** *8* Weilheim
- **an der Amper:** *6* Dachau
- **am Amur:** *10* Komsomolsk
- **in Andalusien:** *5* Cadiz, Osuna; *6* Malaga; *7* Cordoba, Granada, Linares, Sevilla
- **in Anhalt:** *6* Dessau, Zerbst; *7* Koethen; *8* Bernburg
- **in Apulien:** *4* Bari; *6* Foggia, Tarent
- **in Arabien:** *4* Aden, Riad, Sana; *5* Mekka, Sanaa; *6* Er-Riad, Maskat, Medina
- **in Argentinien:** *5* Salta; *6* Arenas, Parana, Rawson, Viedma; *7* Cordoba, Deseado, La Plata, Mendoza, Neuquen, Rosario, San Juan, Santa Fe, Tucuman, Ushuaia; *8* Porvenir; *9* Pergamino, Rio Cuarto; *10* Corrientes; *11* Bahia Blanca, Buenos Aires
- **in den Argonnen:** *3* Dun
- **in Arizona (USA):** *4* Yuma; *6* Bisbee, Diablo, Tucson; *7* Clifton, Morenci, Phoenix
- **in Arkansas (USA):** *7* Hamburg; *10* Little Rock
- **in Armenien:** *5* Kafan; *6* Eriwan; *7* Gerussy, Jerewan; *9* Leninakan
- **am Arno:** *4* Pisa; *7* Florenz
- **in Aserbeidschan:** *4* Baku, Kuba; *5* Nucha; *7* Saljany; *9* Kirowabad
- **in Asien** → asiatische Stadt
- **in Assyrien:** *5* Assur; *6* Kalach, Ninive; *9* Dur Sargon
- **bei Athen:** *6* Megara; *7* Piraeus
- **in Äthiopien:** *3* Imi; *4* Adua, Dolo; *5* Aksum; *6* Asmara, Gondar, Harrar, Sokota, Weldia; *7* Massaua; *9* Direh Daua; *10* Addis Abeba, Debra Tabor
- **in Australien:** *5* Derby, Eucla, Perth; *6* Albany, Boulia, Darwin, Sydney; *7* Bunbury; *8* Adelaide, Brisbane, Canberra, Windorah; *9* Carnarvon, Esperance, Longreach, Melbourne, Newcastle; *10* Kalgoorlie; *12* Alice Springs
- **in der Auvergne:** *3* Puy; *4* Riom
- **am Avon:** *7* Warwick; *9* Stratford
- **auf den Azoren:** *5* Horta
- **in Babylonien:** *5* Babel; *7* Babylon
- **in Baden-Württemberg:** *3* Ulm; *4* Calw, Horb, Kehl, Lahr, Owen; *5* Aalen, Buehl; *6* Buchen, Nagold, Singen, Wangen; *7* Ebingen, Ehingen, Lauffen, Mosbach, Rastatt, Saulgau, Wolfach; *8* Backnang, Balingen, Biberach, Breisach, Bruchsal, Freiburg, Konstanz, Leonberg, Loerrach, Mannheim, Neustadt, Rottweil, Sinsheim, Stockach, Tettnang, Waldshut, Wertheim; *9* Esslingen, Hechingen, Heilbronn, Karlsruhe, Meersburg, Muellheim, Oehringen, Offenburg, Pforzheim, Stuttgart, Tuebingen, Vaihingen, Villingen; *10* Baden-Baden, Blaubeuren, Boeblingen, Crailsheim, Goeppingen, Heidelberg, Heidenheim, Kuenzelsau, Muensingen, Nuertingen, Ravensburg, Reutlingen, Saeckingen, Tuttlingen, Waiblingen; *11* Emmendingen, Ludwigsburg, Mergentheim, Rheinfelden, Sigmaringen, Ueberlingen; *12* Freudenstadt; *14* Donaueschingen; *15* Schwaebisch Hall; *17* Schwaebisch Gmuend; *18* Tauberbischofsheim
- **am Baikalsee:** *7* Irkutsk
- **am Bakonywald:** *3* Mor
- **auf den Balearen:** *5* Ibiza, Palma
- **im Baltikum:** *3* Ape, Soe; *4* Puka, Riga, Seda; *5* Kauen, Kowno, Memel, Mitau, Narwa, Punia, Rapla, Reval, Tartu, Vorms, Wilna; *6* Dorpat, Kaunas, Paernu, Tallin, Windau; *7* Jelgava, Liepaja, Pogegen, Vilnius; *8* Klaipeda, Schaulen, Siauliai; *9* Duenaburg, Heydekrug, Tauroggen
- **im Banat:** *5* Vrsac; *9* Werschetz
- **in Baschkirien (SU):** *3* Ufa
- **in der Batschka:** *6* Sombor
- **in Bayern:** *3* Hof; *4* Cham, Lauf, Lohr, Selb; *5* Bogen, Ebern, Naila, Regen, Rehau, Toelz; *6* Amberg, Coburg, Dachau, Erding, Fuerth, Landau, Lauten, Lindau, Neu-Ulm, Passau, Roding, Weiden; *7* Aibling, Aichach, Alzenau, Ansbach, Bamberg, Fuessen, Hofheim, Kemnath, Kempten, Kronach, Nabburg, Neuburg, Pegnitz; *8* Augsburg, Bayreuth, Erlangen, Freising, Garmisch, Grafenau, Hassfurth, Kehlheim, Krumbach, Landshut, Mainburg, Miesbach, Muenchen, Neumarkt, Neunburg, Neustadt, Parsberg, Schongau, Steinach, Weilheim; *9* Dillingen, Ebersberg, Forchheim, Friedberg, Gemuenden, Griesbach, Guenzburg, Hersbruck, Karlstadt, Kissingen, Kitzingen, Koetzting, Landsberg, Memmingen,

Muehldorf, Nuernberg, Obernburg, Plattling, Rosenberg, Rosenheim, Schwabach, Sonthofen, Starnberg, Straubing, Uffenheim, Vilshofen, Wegscheid, Wertingen, Wolfstein, Wuerzburg, Wunsiedel; *10* Alt-Oetting, Beilngries, Brueckenau, Deggendorf, Dingolfing, Eichstaett, Eschenbach, Hammelburg, Hoechstadt, Ingolstadt, Kaufbeuren, Miltenberg, Mindelheim, Muenchberg, Ochsenfurt, Regensburg, Riedenburg, Rothenburg, Scheinfeld, Schwandorf, Traunstein, Vilsbiburg, Wasserburg; *11* Donauwoerth, Eggenfelden, Gerolzhofen, Illertissen, Lichtenfels, Mallersdorf, Noerdlingen, Schweinfurt, Weissenburg; *12* Dinkelsbuehl, Feuchtwangen, Gunzenhausen, Hilpoltstein, Koenigshofen, Marktredwitz, Pfaffenhofen, Pfarrkirchen, Staffelstein, Waldmuenchen; *13* Aschaffenburg, Berchtesgaden, Ebermannstadt, Mellrichstadt, Oberviechtach, Tirschenreuth; *14* Burglengenfeld, Schwabmuenchen, Schrobenhausen, Wolfratshausen; *15* Marktheidenfeld

- **im Bayrischen Wald:** *4* Cham; *5* Furth; *6* Roding; *7* Zwiesel; *9* Koetzting, Viechtach
- **in Belgien:** *3* Ath, Hal, Huy, Mol, Spa; *4* Gand, Gent, Lier, Mons; *5* Aalst, Arlon, Eeklo, Eupen, Namur, Ypern; *6* Bergen, Deurne, Dinant, Loewen; *7* Bruegge, Hoboken, Limburg, Mecheln, Ostende, Seraing, Tournai; *8* Bruessel, Luettich, Verviers; *9* Antwerpen, Charleroi, Roeselare; *10* Borgerhout, Maastricht
- **in Belutschistan:** *6* Quetta
- **in Bengalen:** *5* Haura
- **im Bergischen Land:** *7* Lindlar, Schwelm, Velbert; *8* Mettmann, Solingen; *9* Remscheid, Wuppertal; *10* Gevelsberg
- **an der Bergstraße:** *8* Bensheim, Weinheim, Wiesloch; *9* Darmstadt; *10* Heppenheim
- **bei Berlin:** *5* Nauen; *6* Bernau, Teltow, Werder; *7* Potsdam; *11* Oranienburg
- **in Birma:** *5* Akyab; *6* Rangun; *7* Bassein, Mandale, Rangoon; *8* Mandalay, Moulmein
- **am Bober:** *5* Sagan; *7* Bunzlau; *9* Landeshut
- **an der Bode:** *5* Thale; *11* Quedlinburg; *12* Oschersleben
- **am Bodensee:** *4* Hard; *5* Arbon; *6* Lindau; *7* Bregenz; *8* Konstanz; *9* Meersburg, Rorschach; *10* Radolfzell; *11* Ueberlingen; *12* Ludwigshafen; *15* Friedrichshafen
- **im Bodensee:** *6* Lindau
- **in Böhmen:** *4* Eger, Saaz; *5* Bruex, Kolin, Tabor; *6* Kladno, Nachod, Pilsen; *7* Braunau, Budweis, Gablonz, Komotau, Liberec, Teplitz, Terezin; *8* Graslitz, Tetschen; *9* Marienbad, Pardubitz, Trautenau, Warnsdorf; *10* Leitmeritz; *11* Reichenberg; *12* Koeniggraetz; *14* Theresienstadt
- **in Bolivien:** *5* La Paz, Oruro, Sucre; *6* Potosi, Tarija; *8* Cochabam; *9* Riberalta, Santa Cruz; *10* Cochabamba
- **in Böotien:** *5* Aulis
- **auf Borneo:** *9* Jesselton, Kutsching, Pontianak
- **auf Bornholm:** *6* Roenne
- **in Bosnien:** *8* Sarajewo
- **am Bosporus:** *8* Istanbul
- **in Brabant:** *3* Hal; *5* Breda
- **in Brandenburg:** *5* Calau, Forst, Guben, Nauen, Sorau; *6* Belzig, Bernau, Kyritz, Lukkau, Mahlow, Reppen, Seelow, Soldin, Zossen; *7* Beeskow, Cottbus, Crossen, Luebben, Neudamm, Potsdam, Templin; *8* Prenzlau, Rathenow; *9* Frankfurt, Neuruppin, Perleberg, Schwiebus, Spremberg; *10* Eberswalde, Fehrbellin, Friedeberg; *11* Angermuende, Brandenburg, Freienwalde, Luckenwalde, Wittenberge; *12* Finsterwalde; *13* Fuerstenwalde
- **in Brasilien:** *3* Ipu, Rio; *4* Para; *5* Bahia, Belem, Goyaz, Natal, Preto; *6* Campos, Caxias, Cuyaba, Macapa, Maceio, Manaos, Obidos, Recife, Santos; *7* Aracaju, Corumba, Niteroi, Pelotas, SaoLuiz; *8* Blumenau, Braganca, Brasilia, Campinas, Curitiba, Parahyba, Piranhas, Santarem, Sao Paulo, Victoria; *9* Cabedello, Caratinga, Fortaleza, Guarabira, Rio Grande; *10* Pernambuco, Petropolis; *11* Porto Alegre, Sao Salvador; *12* Rio de Janeiro; *13* Florianopolis; *14* Bello Horizonte
- **im Breisgau:** *8* Breisach, Freiburg
- **bei Bremen:** *11* Delmenhorst
- **bei Bremerhaven:** *5* Brake
- **an der Brenz:** *10* Heidenheim
- **bei Breslau:** *4* Oels
- **in der Bretagne:** *3* Dol; *5* Brest; *6* Rennes, Vannes; *7* Lorient, Morlaix, Quimper; *8* St. Brieuc; *10* Douarnenez
- **an der Brigach:** *9* Villingen
- **in Britisch Guayana:** *8* Demerara; *10* Georgetown
- **bei Budapest:** *3* Vac
- **am Bug:** *3* Nur; *7* Winniza; *9* Nikolajew
- **in Bulgarien:** *3* Lom; *4* Ruse; *5* Sofia, Stara, Varna, Warna; *6* Burgas, Pernik, Pleven, Plewna, Sliven; *7* Gabrovo, Plovdiv; *9* Dimitrovo
- **in der Bundesrepublik** → Stadt in Deutschland
- **in Burgund:** *4* Dole, Sens; *5* Autun, Bourg, Dijon, Mâcon, Nancy; *6* Chalon, Epinal; *7* Auxerre, Belfort, Moulins; *8* Besançon
- **in Burma** → Stadt in Birma
- **am Busento:** *7* Cosenza
- **an der Bzura:** *5* Kutno
- **in California (USA):** *4* Napa; *6* Eureka, Fresno, Frisko; *7* Oakland, Ventura; *8* San Diego, Stockton, Trinidad; *9* Hollywood, Long Beach; *10* Los Angeles, Sacramento; *12* San Francisco
- **auf Celebes:** *8* Makassar
- **auf Cypern:** *5* Galle, Kandy; *6* Jaffna; *7* Colombo; *8* Morotuwa
- **in der Champagne:** *4* Laon; *5* Arras, Douai, Lille, Reims; *6* Amiens, Calais, Troyes, Ver-

dun; *7* Cambrai, Châlons; *8* Boulogne; *9* Abbeville, St. Quentin
- **an der Charente:** *6* Cognac
- **am Chiemsee:** *5* Prien; *9* Rosenheim
- **in Chile:** *4* Lebu; *5* Talca; *6* Temuco; *7* Chillan; *8* Santiago, Valdivia; *10* Concepcion, Valparaiso; *11* Antofagasta
- **in China:** *4* Amoy, Ansi, Hami, Sian, Wuhu, Wusi; *5* Aihun, Golmo, Hofei, Kirin, Lhasa, Lueta, Pautu, Penki, Wuhan, Wushi; *6* Antung, Dairen, Haikou, Hankau, Hankou, Harbin, Kalgan, Kanton, Mukden, Ningpo, Pautou, Peking, Pengpu, Schasi, Sining, Swatao, Swatau, Tsinan, Wusung; *7* Anschan, Charbin, Fuschun, Hanyang, Jarkand, Jarkend, Kaifeng, Kunming, Kutscha, Kweilin, Kweisui, Mengtse, Nanking, Nanning, Nantung, Taijuan, Tschifu, Wanhien; *8* Fatschan, Futschou, Hangjang, Hongkong, Hueining, Hutschou, Itschang, Kaschgar, Kweiyang, Ningsien, Pinkiang, Schantou, Shanghai, Siangtan, Sutschou, Taiyuean, Tientsin, Tsingtao, Tsingtau, Wanhsien, Wutschou; *9* Lantschou, Schanghai, Schauhing, Schenjang, Suetschau, Tangschan, Tschengte, Tschengtu, Tschiteng, Tsingyuan,Tsitsihar, Tsitsikar, Urumtschi, Weihaiwai, Wentschou, Wutschang; *10* Hangtschou, Jangtschou, Kingtschou, Nantschang; *11* Niutschwang, Tschangscha, Tschankiang, Tschinkiang, Tschungking; *12* Taschangscha; *13* Tschangtschou, Tschangtschun
- **in Colorado (USA):** *6* Denver, Golden, Pueblo
- **am Comer See:** *3* Era; *4* Como
- **in Connecticut (USA):** *8* Hartford
- **in der CSSR** → Stadt in der Tschechoslowakei
- **auf Cuba** → Stadt auf Kuba
- **auf Cypern:** *7* Nicosia, Nikosia
- **in Dalmatien:** *5* Split, Zadar; *6* Ragusa, Trogir; *7* Sibenik; *9* Dubrovnik
- **in Dänemark:** *4* Hals, Ribe; *5* Arhus, Skive; *6* Aarhus, Alborg, Gedser, Nyborg, Odense, Skagen, Viborg; *7* Aalborg, Esbjerg, Holbaek, Horsens, Kolding, Korsoer, Randers, Tondern; *8* Apenrade; *9* Svendborg; *10* Helsingoer, Kalundborg, Kopenhagen, Sonderburg; *11* Hadersleben
- **in der Dauphiné:** *3* Gap
- **in Delaware (USA):** *5* Dover; *10* Wilmington
- **bei Dessau:** *4* Aken
- **in Deutschland (über 100 000 E):** *3* Ulm; *4* Bonn, Gera, Hamm, Jena, Kiel; *5* Essen, Hagen, Halle, Herne, Koeln, Mainz, Moers, Neuss; *6* Aachen, Berlin, Bochum, Bremen, Erfurt, Fuerth, Kassel, Siegen, Witten; *7* Bottrop, Cottbus, Dresden, Hamburg, Koblenz, Krefeld, Leipzig, Luebeck, Potsdam, Rostock, Zwickau; *8* Augsburg, Chemnitz, Dortmund, Duisburg, Erlangen, Freiburg (i. Br.), Hannover, Mannheim, Muelheim (a. d. Ruhr), Muenster, Muenchen, Schwerin, Solingen; *9* Bielefeld, Darmstadt, Frankfurt (a. Main), Heilbronn (a.N.), Karlsruhe, Magdeburg, Nuernberg, Offenbach (a.M.), Oldenburg, Paderborn, Pforzheim, Remscheid, Stuttgart, Wiesbaden, Wolfsburg, Wuerzburg, Wuppertal; *10* Goettingen, Heidelberg, Hildesheim, Ingolstadt, Leverkusen, Oberhausen, Osnabrueck, Regensburg, Reutlingen, Salzgitter; *11* Bremerhaven, Duesseldorf; *12* Braunschweig, Ludwigshafen, Saarbruecken; *13* Gelsenkirchen; *14* Kaiserslautern, Recklinghausen; *16* Bergisch Gladbach, Moenchengladbach
- **an der Diemel:** *7* Warburg
- **am Dnjepr:** *4* Kiew; *6* Orscha; *7* Cherson, Mogilew, Nikopol; *8* Chersson, Smolensk; *10* Saporoshje; *11* Saporoschje; *12* Krementschug; *15* Dnjepropetrowsk
- **am Dnjestr:** *8* Tiraspol
- **am Don:** *4* Asow; *6* Rostow; *7* Sadonsk; *8* Kalatsch; *9* Woronesch
- **an der Donau:** *3* Ulm; *4* Gran, Linz, Melk, Ruse, Wien, Ybbs; *5* Grein, Krems, Tulln, Zemun; *6* Braila, Galati, Galatz, Komorn, Neu-Ulm, Passau, Semlin; *7* Belgrad, Beograd, Neuburg, Neusatz, Novi Sad; *8* Budapest; *9* Karlowitz, Poechlarn, Pressburg, Semendria, Smederevo, Straubing; *10* Bratislava, Ingolstadt, Regensburg, Riedlingen, Tuttlingen; *11* Donauwoerth, Sigmaringen; *14* Donaueschingen
- **an Donau, Inn und Ilz:** *6* Passau
- **an der Donaumündung:** *6* Sulina
- **an der Donmündung:** *4* Asow; *6* Rostow
- **im Donezbecken:** *8* Gorlowka
- **am Dortmund-Ems-Kanal:** *6* Meppen; *7* Datteln, Waltrop; *8* Muenster
- **an der Drau:** *5* Esseg; *7* Marburg, Maribor; *7* Spittal, Villach
- **bei Dresden:** *5* Pirna, Riesa; *7* Meissen; *8* Radeberg, Radebeul
- **am Duero:** *3* Roa; *6* Zamora
- **an der Düna:** *4* Riga; *7* Polotsk, Witebsk; *9* Duenaburg
- **bei Düsseldorf:** *7* Opladen; *8* Ratingen
- **im Ebbegebirge:** *12* Meinerzhagen
- **am Ebro:** *5* Caspe; *6* Tudela; *7* Logrono, Tortosa; *8* Zaragoza; *9* Saragossa
- **in Ecuador:** *4* Loja; *5* Quito; *6* Ambato, Cuenca; *8* Riobamba, Santa Ana; *9* Guayaquil
- **an der Edertalsperre:** *7* Waldeck
- **an der Eger:** *4* Saaz; *7* Terezin; *8* Falkenau; *14* Theresienstadt
- **im Eichsfeld:** *6* Worbis; *10* Duderstadt; *13* Heiligenstadt
- **an der Eifel:** *8* Stolberg
- **in der Eifel:** *4* Daun; *5* Mayen, Pruem; *6* Adenau; *7* Bitburg, Einruhr, Gemuend; *8* Neuenahr; *9* Ahrweiler, Schleiden; *10* Gerolstein, Hellenthal, Mechernich
- **an der Elbe:** *4* Aken; *5* Barby, Kolin, Pirna, Riesa, Stade, Wedel; *6* Aussig, Coswig, Dessau, Melnik, Torgau; *7* Dresden, Hamburg,

Meissen, Rosslau; *8* Cuxhaven, Radebeul, Schandau, Tetschen; *9* Lauenburg, Magdeburg, Neuenburg, Pardubitz; *10* Geesthacht, Leitmeritz, Wittenberg; *11* Glueckstadt, Koenigstein, Schoenebeck, Wittenberge; *12* Koeniggraetz, Tangermuende
- **an der Elbmündung:** *8* Cuxhaven
- **am Elm:** *11* Schoeningen
- **in El Salvador:** *8* Santa Ana; *11* San Salvador
- **im Elsaß:** *6* Colmar, Zabern; *7* Hagenau; *10* Muelhausen, Strassburg; *11* Weissenburg; *12* Schiltigheim, Schlettstadt
- **an der Ems:** *4* Leer; *5* Emden, Rheda; *6* Greven, Lathen, Lingen, Meppen, Rheine, Weener; *9* Emsdetten, Warendorf; *12* Wiedenbrueck
- **im Engadin:** *4* Sils
- **in England:** *3* Hay; *4* Bath, Eton, Hull, York; *5* Crewe, Derby, Dover, Epsom, Grays, Leeds, Luton, Poole, Rugby, Stoke; *6* Barrow, Bolton, Exeter, Ilford, London, Oldham, Oxford; *7* Belfast, Bristol, Cardiff, Chatham, Chelsea, Chester, Gosport, Grimsby, Halifax, Ipswich, Margate, Newport, Norwich, Preston, Reading, Rhondda, Salford, Torquay, Walsall, Watford, Windsor; *8* Bradford, Brighton, Carlisle, Coventry, Hastings, Kingston, Plymouth, Richmond, Rochdale, Stockton, Wallasey, Yarmouth; *9* Blackburn, Blackpool, Cambridge, Doncaster, Gateshead, Greenwich, Lancaster, Leicester, Liverpool, Newcastle, Rochester, Rotherham, Salisbury, Sheffield, Smethwick, Southport, Stockport, Stratford, Tynemouth, Wakefield, Willesden; *10* Birmingham, Canterbury, Darlington, Eastbourne, Manchester, Nottingham, Portsmouth, Shrewsbury, Sunderland, Twickenham, Warrington; *11* Bournemouth, Northampton, Southampton, Walthamstow; *12* Huddersfield; *13* Middleborough, Wolverhampton
- **in der englischen Grafschaft Berkshire:** *7* Windsor
- **i. d. engl. Grfsch. Cheshire:** *7* Chester; *8* Wallasey; *9* Stockport
- **i. d. engl. Grfsch. Dorsetshire:** *5* Poole
- **i. d. engl. Grfsch. Durham:** *8* Stockton
- **i. d. engl. Grfsch. Essex:** *6* Ilford; *11* Walthamstow
- **i. d. engl. Grfsch. Glamorgan:** *7* Swansea
- **i. d. engl. Grfsch. Hertford:** *7* Watford
- **i. d. engl. Grfsch. Kent:** *7* Chatham, Margate; *9* Rochester
- **i. d. engl. Grfsch. Lancashire:** *7* Preston, Salford; *8* Rochdale; *10* Warrington
- **i. d. engl. Grfsch. Middlesex:** *9* Willesden
- **i. d. engl. Grfsch. Norfolk:** *8* Yarmouth
- **i. d. engl. Grfsch. Northumberland:** *9* Tynemouth
- **i. d. engl. Grfsch. Shropshire:** *10* Shrewsbury
- **i. d. engl. Grfsch. Staffordshire:** *5* Stoke (-on-Trent); *7* Walsall; *9* Smethwick; *13* Wolverhampton
- **i. d. engl. Grfsch. Suffolk:** *7* Ipswich
- **i. d. engl. Grfsch. Surrey:** *8* Richmond
- **i. d. engl. Grfsch. Warwickshire:** *5* Rugby; *9* Stratford(-on-Avon)
- **i. d. engl. Grfsch. Wiltshire:** *9* Salisbury
- **i. d. engl. Grfsch. Yorkshire:** *5* Leeds; *7* Halifax; *8* Kingston; *9* Doncaster, Rotherham, Sheffield, Wakefield; *12* Huddersfield; *13* Middleborough
- **an der Enns:** *10* Schladming
- **an der Enz:** *9* Pforzheim, Vaihingen; *10* Muehlacker
- **an der Erft:** *10* Euskirchen; *12* Grevenbroich
- **am Eriesee:** *7* Buffalo; *9* Cleveland
- **in Eritrea:** *6* Asmara
- **im Ermland:** *9* Heilsberg
- **im Erzgebirge:** *3* Aue, Dux; *5* Lugau; *8* Freiberg, Oelsnitz; *9* Olbernhau, Stollberg; *10* Glashuette, Schneeberg; *12* Lichtenstein; *13* Schwarzenberg
- **an der Este:** *9* Buxtehude
- **in Estland:** *3* Soe; *4* Puka; *5* Narwa, Rapla, Reval, Tartu, Vorms; *6* Dorpat, Paernu, Tallin
- **an der Etsch:** *3* Ala; *5* Meran; *6* Trient, Verona; *8* Rovereto
- **auf Euböa:** *7* Chalkis
- **im Eulengebirge:** *7* Neurode; *11* Reichenbach
- **am Euphrat:** *4* Anah; *5* Babel; *6* Hillch; *7* Babylon
- **auf Falster:** *9* Nykoebing
- **auf Feuerland:** *7* Ushuaia; *8* Porvenir; *9* Rio Grande; *12* San Sebastian
- **am Fichtelgebirge:** *4* Selb; *10* Muenchberg
- **im Fichtelgebirge:** *9* Wunsiedel; *12* Marktredwitz; *13* Schwarzenbach
- **in Finnland:** *3* Abo, Eno; *4* Akaa, Kemi, Nemi, Oulu, Pori, Salo, Vasa; *5* Hanko, Kotka, Lahti, Rauma, Turku, Vaasa; *6* Hangoe; *7* Kokkola, Tampere, Varkaus; *8* Helsinki
- **am Finowkanal:** *10* Eberswalde
- **im Fläming:** *9* Jueterbog
- **in Flandern:** *4* Gent; *5* Ypern
- **in Florida (USA):** *5* Miami, Tampa; *7* Key West, Orlando, Palatka, Sanfort; *11* Tallahassee; *12* Jacksonville
- **auf Föhr:** *3* Wyk
- **auf Formosa:** *3* Ako; *4* Kagi; *5* Kirin, Taipe, Takau; *6* Kilung, Schoka, Tainan, Taipeh, Taiwan
- **im Frankenwald:** *5* Naila; *7* Kronach
- **in der Fränkischen Alb:** *10* Eichstaett
- **an der fränkischen Saale:** *8* Neustadt
- **in Frankreich:** *3* Aix, Ars, Gap, Pau, Puy; *4* Agen, Albi, Ales, Auch, Caên, Laon, Lens, Lyon, Metz, Nice, Sens, Sète, Toul; *5* Arles, Arras, Autun, Brest, Cluny, Digne, Dijon, Douai, Lille, Melun, Nancy, Nîmes, Niort, Nizza, Paris, Reims, Rouen, Sedan, Tours; *6* Amiens, Angers, Beaune, Cahors, Calais, Cannes, Colmar, Dieppe, Epinal, Le Mans, Longwy, Menton, Nantes, Nevers, Orange, Rennes, Roanne, Senlis, Tarbes, Toulon,

Troyes, Verdun, Vienne; *7* Antibes, Avignon, Belfort, Béziers, Bourges, Epernay, Hagenau, Le Havre, Limoges, Lorient, Mentone, Orléans, Quimper, Roubaix, Valence; *8* Besançon, Biarritz, Bordeaux, Boulogne, Chartres, Grenoble, Maubeuge, Narbonne, Poitiers, Rochelle, Soissons, Tarascon, Toulouse; *9* Angoulême, Cherbourg, Lunéville, Marseille, Montlucon, Périgueux, Perpignan, Rochefort, St. Etienne, St. Nazaire, St. Quentin, Tourcoing; *10* La Rochelle, Strasbourg, Strassburg, Versailles; *11* Carcassonne, Montpellier, Muehlhausen; *12* Valenciennes; *15* Clermont-Ferrand
- **in Französisch-Guayana:** *7* Cayenne
- **in Französisch-Polynesien:** *7* Papéete
- **in Französisch-Somaliland:** *7* Djibuti; *9* Dschibuti
- **an der Freiberger Mulde:** *7* Doebeln, Leisnig
- **in Friesland:** *4* Leer; *5* Emden, Esens, Sande; *6* Aurich, Norden, Vechta
- **am Frischen Haff:** *6* Elbing
- **an der Fulda:** *5* Bebra, Fulda; *6* Kassel; *7* Muenden; *8* Hersfeld; *9* Melsungen, Rotenburg
- **an Fulda, Werra und Weser:** *7* Muenden
- **auf Fünen:** *6* Odense; *9* Svendborg
- **am Fuß der Burg Hohenzollern:** *9* Hechingen
- **in Gabun:** *9* Lambarene
- **in Galiläa:** *4* Kana
- **in Galizien:** *6* Tarnow; *7* Gorlice; *8* Przemysl, Zakopane
- **in Gambia:** *8* Bathurst
- **am Ganges:** *5* Mirat, Patna; *6* Kanpur; *7* Benares; *9* Allahabad, Bhagalpur
- **am Gardasee:** *4* Riva, Salo
- **an der Garonne:** *4* Agen; *8* Bordeaux, Toulouse
- **in Geldern:** *3* Ede
- **am Genfer See:** *3* Gex; *4* Genf; *8* Lausanne
- **in Georgia (USA):** *5* Macon; *6* Albany; *7* Atlanta; *8* Savannah; *9* Brunswick
- **in Georgien:** *3* Omi; *4* Gori, Poti; *6* Kutais, Tiflis; *7* Rustawi; *8* Kutaissi, Tbilissi
- **an der Gera:** *6* Erfurt
- **bei Gera:** *5* Weida
- **in Ghana:** *5* Accra, Akkra
- **in der Goldenen Aue:** *10* Nordhausen; *12* Sangerhausen
- **an der Goldküste:** *5* Akkra
- **der Goldschmiede:** *9* Pforzheim
- **am Golf von Hammamet:** *4* Susa
- **am Golf von Mexiko:** *8* Veracruz
- **am Golf von Neapel:** *6* Napoli, Neapel; *7* Portici; *8* Pozzuoli
- **am Golf von Salerno:** *6* Amalfi
- **an der Görlitzer Neiße:** *6* Zittau
- **auf Gotland:** *5* Visby, Wisby
- **in Granada:** *3* Gor
- **in Graubünden:** *3* Sur
- **in Griechenland:** *4* Arta, Volo; *5* Argos, Athen, Bolos; *6* Aigion, Edessa, Janina, Kabala, Patras, Pyrgos, Sparta, Theben, Xanthi; *7* Chalkis, Kalamai, Korinth, Larissa, Laurion, Piraeus, Trikala; *8* Agrinion, Nauplion, Saloniki; *15* Alexandroupolis
- **in Großbritannien** → Stadt in England → Stadt in Schottland
- **in Grusien (Grusinien)** → Stadt in Georgien
- **am Guadalquivir:** *4* Lora; *7* Andujar, Cordoba, Montoro, Sevilla
- **in Guatemala:** *4* Ocos; *5* Coban, Tical; *6* Salama, Solola; *9* Guatemala
- **in Guinea:** *7* Konakry
- **an der Gutach:** *8* Hornberg
- **an der Haar:** *4* Unna
- **in der Haardt:** *8* Neustadt; *9* Pirmasens; *14* Kaiserslautern
- **auf Haiti:** *12* Port-au-Prince, Santo Domingo
- **am Harz:** *4* Oker; *5* Thale; *6* Goslar, Seesen; *8* Gernrode, Herzberg; *8* Esterode, Stelberg; *16* Nordhausen; *11* Ballenstedt, Halberstadt, Quedlinburg, Wernigerode
- **im Harz:** *5* Grund; *8* Harzburg; *9* Braunlage, Clausthal, Wildemann; *10* Harzgerode, Lautenthal, Lauterberg; *11* Blankenburg
- **zwischen Harz und Solling:** *7* Einbeck
- **an der Havel:** *6* Werder; *7* Potsdam; *8* Rathenow; *11* Brandenburg, Oranienburg
- **auf Hawaii:** *8* Honolulu
- **im Hedschas:** *6* Medina
- **im Hegau:** *6* Singen
- **im Hennegau:** *3* Aat, Ath; *7* Tournai; *9* Charleroi
- **in der Herzegowina:** *6* Mostar
- **im Herzogtum Lauenburg:** *9* Ratzeburg
- **in Hessen:** *3* Orb; *5* Bebra, Fulda, Hanau, Nidda; *6* Erbach, Kassel, Sontra; *7* Alsfeld, Arolsen, Dieburg, Giessen, Hadamar, Homberg, Homburg, Korbach, Limburg, Marburg, Nauheim, Usingen, Waldeck, Wetzlar; *8* Eschwege, Fritzlar, Hersfeld, Huenfeld, Schotten, Weilburg; *9* Allendorf, Buedingen, Darmstadt, Frankfurt, Friedberg, Melsungen, Offenbach, Rotenburg, Viernheim, Wiesbaden, Wildungen, Wolfhagen; *10* Biedenkopf, Dillenburg, Gelnhausen, Heppenheim, Hofgeismar, Lauterbach, Ruedesheim, Ziegenhain; *11* Frankenberg; *12* Witzenhausen
- **in Hindostan:** *3* Abu
- **am Hoangho:** *3* Kia; *5* Pautu; *7* Kaifeng
- **in der Hohen Tatra:** *8* Zakopane
- **am Hohentwiel:** *6* Singen
- **im Hohen Venn:** *5* Eupen
- **in Holland** → Stadt in den Niederlanden
- **in Holstein:** *5* Eutin, Heide, Ploen; *6* Moelln; *7* Itzehoe, Luebeck, Meldorf; *8* Elmshorn, Neustadt, Oldesloe, Segeberg, Uetersen; *9* Lauenburg, Pinneberg, Ratzeburg; *11* Neumuenster; *12* Eckernfoerde
- **in der Holsteinischen Schweiz:** *5* Eutin, Ploen
- **in Honduras:** *4* Tela; *7* La Ceiba; *8* Progreso; *12* San Pedro Sula
- **an der Hudsonmündung:** *7* New York

- **im Hunsrück:** *10* Castellaun
- **in Idaho (USA):** *5* Boise; *6* Silver
- **an der Ill:** *9* Feldkirch
- **an der Iller:** *7* Kempten; *9* Sonthofen; *10* Immenstadt, Oberstdorf
- **in Illinois (USA):** *6* Peoria; *7* Chicago; *11* Springfield
- **an der Ilm:** *6* Weimar
- **an der Ilmenau:** *6* Uelzen; *9* Lueneburg
- **an der Ilz:** *6* Passau
- **in Indiana (USA):** *4* Gary; *9* Fort Wayne; *10* Evansville; *12* Indianapolis
- **in Indien:** *3* Goa; *4* Agra, Luni, Puna, Puri; *5* Delhi, Hubli, Indur, Kolar, Mirat, Patna, Poona, Salem, Simla, Surat; *6* Ambala, Bareli, Baroda, Bhopal, Bombay, Indore, Kanpur, Kolait, Madras, Madura, Maisur, Mysore, Nagpur, Rampur; *7* Aligarh, Benares, Bikaner, Kalikat, Lakhnau, Udaipur; *8* Amritsar, Balasere, Bareilly, Calcutta, Kalkutta, Kolhapur, Rourkela, Srinagar; *9* Ahmedabad, Allahabad, Bangalore, Dschaipur, Koimbatur, Mangaluer, Moradabad, Pandschim, Scholapur; *10* Darjeeling, Haidarabad, Haiderabad, Scharanpur, Trivandrum; *11* Dschabalpur, Dschalandar, Dschamnagar, Visagapatam; *12* Dardschiling; *13* Schahjahanpur; *14* Dschamschedpur
- **in Indonesien:** *5* Ambon, Medan; *6* Padang; *7* Bandung, Batavia; *8* Djakarta, Makassar; *9* Palembang, Pontianak; *10* Dschakarta
- **am Indus:** *3* Leh
- **am Inn:** *4* Hall; *6* Passau, Schwaz; *7* Braunau, Landeck, Simbach; *8* Kufstein; *9* Innsbruck, Muehldorf, Rosenheim; *10* Schaerding, Wasserburg
- **bei Innsbruck:** *4* Hall
- **in Iowa (USA):** *9* Davenport, Des Moines; *10* Burlington
- **im Irak:** *2* Ur; *4* Anah, Uruk; *5* Akkad, Assur, Basra, Erbil, Hilla, Mosul; *6* Bagdad, Kirkuk, Mossul, Ninive, Ramadi; *8* Babylon, Kazimer, Kerbela
- **im Iran:** *3* Bam, Kum, Lar; *4* Jesd, Sari, Susa; *5* Abbas, Babol, Urmia; *6* Abadan, Dezful, Gorgan, Kaswin, Kerman, Kirman, Rescht; *7* Ardebil, Hamadan, Isfahan, Kaschan, Pahlewi, Schiras, Taebris, Teheran, Zandjan; *8* Astrabad, Meschhed; *10* Persepolis; *11* Kermanschah
- **am Irawadi:** *3* Ava; *8* Mandalay
- **in Irland:** *4* Cork; *5* Sligo; *6* Dublin; *8* Limerick; *9* Tipperary; *10* Queenstown
- **am Irtysch:** *4* Omsk
- **an der Isar:** *5* Toelz; *6* Landau; *8* Freising, Landshut, Moosburg, Muenchen; *9* Plattling; *10* Dingolfing, Mittenwald; *14* Wolfratshausen
- **an der Isere:** *8* Grenoble
- **in Island:** *3* Vik; *5* Arnes; *7* Husavik, Selfoss; *8* Akureyri, Keflavik; *9* Reykjavik
- **am Isonzo:** *5* Goerz; *7* Gorizia; *8* Aquileja
- **in Israel:** *4* Acco, Akka; *5* Afula, Akkon, Haifa, Jaffa; *6* Eilath; *7* Askalon, Tel Aviv; *8* Nataniya, Nazareth, Rechovat, Tiberias; *9* Jerusalem; *10* Beerscheba
- **auf Istrien:** *4* Pola, Pula
- **in Italien:** *3* Ala, Rom; *4* Asti, Bari, Como, Fano, Lodi, Nola, Pisa, Riva, Roma, Susa, Todi, Vibo; *5* Anzio, Aosta, Arona, Bozen, Capua, Cuneo, Forli, Gaeta, Genua, Goerz, Imola, Lecce, Locri, Lucca, Massa, Meran, Monza, Padua, Paola, Parma, Pavia, Prato, Rieti, Siena, Sutri, Terni, Trani, Turin, Udine; *6* Amalfi, Ancona, Andria, Arezzo, Ascona, Assisi, Brixen, Cesena, Faenza, Foggia, Latina, Loreta, Loreto, Mantua, Milano, Modena, Napoli, Neapel, Novara, Pesaro, Ragusa, Reggio, Rimini, Rivoli, Rovigo, Savona, Stresa, Tarent, Tivoli, Torino, Trento, Trient, Triest, Urbino, Varese, Verona; *7* Belluno, Bergamo, Bologna, Brescia, Carrara, Catania, Cosenza, Cremona, Ferrara, Firenze, Florenz, Legnano, Livorno, Magenta, Mailand, Marsala, Messina, Orvieto, Otranto, Palermo, Paterno, Perugia, Pescara, Pistoia, Portici, Rapallo, Ravenna, Salerno, Sassari, Sorrent, Spoleto, Syrakus, Taranto, Tortona, Trapani, Treviso, Venedig, Vicenza, Viterbo; *8* Agrigent, Barletta, Brindisi, Frascati, Grosseto, La Spezia, Molfetta, Monopoli, Monreale, Piacenza, Pinerolo, Pozzuoli, Rovereto, Taormina, Vercelli; *9* Benevento, Catanzaro, Cerignola, Gallipoli, San Severo, Viareggio; *11* Alessandria, Villafranca; *12* Caltanisetta
- **am Jadebusen:** *5* Varel; *13* Wilhelmshaven
- **an der Jagst:** *9* Ellwangen
- **am Jangtsekiang:** *3* Wan; *5* Wuhan; *6* Schasi; *7* Nanking, Wanhien
- **in Japan:** *3* Mai, Ono, Ube; *4* Fuku, Gifu, Kobe, Kofu, Kure, Mito, Nara, Oita, Saga, Tari; *5* Esumi, Kioto, Kirju, Notsu, Omuta, Osaka, Otaru, Sakai, Tokio, Urawa, Usuki; *6* Aomori, Hikone, Jawata, Kokura, Kurume, Nagoja, Sasebo, Sendai, Tojama, Yawata; *7* Fukuoka, Imabari, Kotschi, Niigata, Okajama, Okayama, Sapporo, Tottori, Tschiba; *8* Hakodate, Hirosaki, Jamagata, Jokohama, Kanasawa, Kawasaki, Korijama, Kumamoto, Miyasaki, Nagasaki, Tokosuka, Wakajama, Wakayama, Yokohama; *9* Amagasaki, Hamamatsu, Hiroshima, Kagoshima, Matsujama, Matsumoto, Schizuoka, Tojohaschi, Tokuschima, Tschoschi; *10* Hiroschima, Kagoschima, Majebaschi, Schidsuoka; *11* Kitakiuschu; *12* Schimonoseki
- **auf Java:** *5* Bogor, Garut, Kudus; *6* Blitar, Malang; *7* Bandung, Batavia, Kalisat; *8* Djakarta, Semarang, Semarung, Surabaja; *9* Surakarta; *10* Dschakarta, Jogjakarta
- **im Jemen:** *4* Sana; *5* Mokka, Sanaa; *7* Hodeida
- **am Jenissei:** *11* Krasnojarsk
- **bei Jerusalem:** *6* Bethel
- **in Jordanien:** *4* Mann; *5* Akaba, Amman, Bajer, Irbid, Kerak; *6* Hebron, Madeba, Nablus; *7* Jericho; *9* Bethlehem

- **im Jordantal:** *7* Jericho
- **in Jugoslawien:** *3* Ada, Bar, Bor, Nis; *4* Bled, Brod, Pola, Pula, Zara; *5* Agram, Esseg, Fiume, Idria, Kotor, Nisch, Split, Tuzla, Vrsac, Zadar, Zenta; *6* Bitola, Mostar, Prilep, Ragusa, Rijeka, Skopje, Sombor, Trogir, Zagreb; *7* Belgrad, Beograd, Laibach, Marburg, Maribor, Neusatz, Novi Sad, Sibenik, Spalato; *8* Karlovac, Monastir, Sarajewo, Subotica, Titograd; *9* Banja Luka, Dubrovnik, Karlstadt, Ljubljana, Werschetz; *10* Kragujevac
- **auf Jütland:** *4* Aars; *7* Randers
- **in Kalifornien** → Stadt in California (USA)
- **in Kambodscha:** *8* Pnompenh
- **in Kamerun:** *4* Edea, Kona, Nola; *5* Duala; *6* Jaunde
- **in Kampanien:** *4* Nola; *7* Caserta
- **in Kanada:** *4* Nain; *5* Canol, Chimo, Kovik; *6* Dawson, Ottawa, Quebec, Regina; *7* Calgary, Halifax, Harbour, Sudbury, Toronto, Windsor; *8* Cochrane, Edmonton, Hamilton, Montreal, Winnipeg; *9* Saint John, Vancouver; *10* Saint John's
- **auf den Kanarischen Inseln:** *9* Las Palmas
- **in Kansas (USA):** *6* Salina, Topeka; *7* Wichita; *10* Kansas City
- **im Kanton Aargau:** *5* Aarau
- **im Kanton Basel:** *7* Liestal
- **im Kanton Bern:** *4* Biel, Thun
- **im Kanton Freiburg:** *6* Murten
- **im Kanton Graubünden:** *4* Chur
- **im Kanton Luzern:** *7* Sempach
- **im Kanton Sankt Gallen:** *3* Wil; *9* Rorschach; *10* Rapperswil
- **im Kanton Schwyz:** *10* Einsiedeln, Kuessnacht
- **im Kanton Solothurn:** *5* Olten
- **im Kanton Tessin:** *6* Ascona, Lugano; *7* Locarno; *10* Bellinzona
- **im Kanton Thurgau:** *3* Wil; *5* Arbon
- **im Kanton Waadt:** *7* Yverdon; *8* Lausanne, Montreux
- **im Kanton Wallis:** *3* Vex; *4* Sion; *6* Sitten
- **im Kanton Zürich:** *10* Winterthur
- **in Karelien:** *3* Kem; *7* Viipuri
- **in Kärnten:** *7* Spittal, Villach; *10* Klagenfurt
- **in Kasakstan:** *3* Uil; *4* Emba, Urda; *5* Temir; *6* Ajagus, Dossor, Gurjew, Turgai, Uralsk; *7* Alma Ata; *9* Karaganda, Taschkent; *13* Semipalatinsk
- **in Kaschmir:** *3* Leh; *8* Srinagar
- **am Kaspisee:** *4* Baku; *6* Gurjew, Rescht, Rokosa; *9* Astrachan
- **in Kastilien:** *6* Madrid
- **in Katalonien:** *8* Sabadell; *10* Hospitalet
- **am Kattegat:** *9* Gotenburg
- **an der Katzbach:** *8* Liegnitz
- **in Kenia:** *7* Malindi, Mombasa, Nairobi
- **in Kentucky (USA):** *7* Paducah; *9* Frankfort; *10* Louisville
- **an der Kinzig:** *10* Gelnhausen; *12* Schluechtern
- **in der Kirgisensteppe:** *3* Uil
- **in Kirgisistan:** *6* Frunse
- **in Kleinasien** → Stadt in der Türkei
- **am Kocher:** *4* Hall; *5* Aalen
- **bei Köln:** *6* Bruehl
- **in Kolumbien:** *3* Ure; *4* Anza, Bete, Buga, Cali, Tolu, Yamu; *5* Arica, Ariza; *6* Bogota, Cucuta, Pajaro; *8* Medellin; *9* Cartagena, Manizales; *11* Bucaramanga; *12* Barranquilla
- **am Kongo:** *4* Boma; *5* Irebu; *6* Banana, Basoko, Lisala, Matadi; *7* Konkolo, Nyangwe; *11* Albertville, Brazzaville; *12* Léopoldville, Stanleyville
- **in Korea:** *4* Koko; *5* Heijo, Kanko, Keijo, Masan, Nampo, Pusan, Seoul; *6* Genzan, Kansan, Taikyu; *7* Seishin; *10* Pjoengjang, Tschemulpo
- **auf Korsika:** *6* Bastia; *7* Ajaccio; *9* Bonifacio
- **auf Kreta:** *6* Candia, Chania, Perama, Seteia; *9* Heraklion
- **auf der Krim:** *5* Jalta; *7* Kertsch; *8* Feodosia; *9* Eupatoria; *10* Sewastopol, Simferopol
- **in Kroatien:** *4* Senj; *5* Agram; *6* Zagreb
- **auf Kuba:** *5* Pinar, Sagua; *6* Habana; *7* Baracoa, Holguin; *8* Camaguey, Matanzas, Santiago, Trinidad; *10* Cienfuegos, Guantanamo, Manzanillo, Santa Clara
- **am Kuban:** *7* Armawir; *9* Krasnodar
- **in Kurland:** *5* Libau, Mitau; *6* Windau
- **am Lago Maggiore:** *6* Stresa; *7* Locarno
- **an der Lahn:** *3* Ems; *4* Diez; *6* Nassau; *7* Giessen, Laasphe, Limburg, Marburg, Wetzlar; *8* Weilburg; *10* Biedenkopf; *13* Oberlahnstein
- **im Languedoc:** *4* Albi; *5* Nîmes, Rodez; *7* Béziers; *8* Narbonne, Toulouse; *9* Perpignan; *11* Carcassonne, Montpellier
- **in Laos:** *3* Nan; *9* Vientiane
- **in Lauenburg:** *9* Ratzeburg
- **in der Lausitz:** *5* Calau, Forst, Guben, Sorau; *6* Kamenz, Lauban, Loebau, Muskau, Zittau; *7* Bautzen, Bunzlau, Cottbus, Luebben; *8* Goerlitz; *9* Ebersbach
- **im Lausitzer Bergland:** *6* Loebau
- **an der Lausitzer Neiße:** *5* Forst, Guben; *6* Muskau; *8* Goerlitz; *11* Reichenberg
- **am Lech:** *6* Reutte; *7* Fuessen; *8* Augsburg, Schongau; *9* Landsberg
- **im Lechfeld:** *7* Buchloe; *8* Augsburg; *9* Landsberg; *14* Schwabmuenchen
- **an der Leine:** *8* Hannover, Northeim; *10* Goettingen
- **bei Leipzig:** *5* Borna; *6* Grimma, Wurzen; *7* Luetzen; *9* Eilenburg
- **an der Leitha:** *5* Bruck
- **am Leithagebirge:** *5* Bruck
- **an der Lena:** *7* Jakutsk
- **in Lettland:** *3* Ape; *4* Riga; *5* Libau, Mitau; *6* Windau; *7* Jelgava, Liepaja; *9* Duenaburg
- **im Libanon:** *3* Sur; *5* Saida, Sidon, Tyrus; *6* Batrum, Beirut; *7* Baalbek, Tripoli; *8* Baalbeck, Tripolis
- **in Liberia:** *8* Monrovia
- **in Libyen:** *3* Gat; *4* Homs; *5* Barka, Derna,

Hania, Sebha, Syrte; *6* Bardia, Mursuk, Tobruk; *7* Bengasi; *8* Tripolis
- **in Liechtenstein:** *5* Vaduz
- **an der Lippe:** *4* Hamm; *5* Werne, Wesel; *6* Luenen; *7* Dorsten, Haltern, Hervest, Neuhaus, Ruenthe; *9* Herringen, Lippstadt; *11* Lippspringe; *13* Holsterhausen
- **in Litauen:** *4* Seda; *5* Kauen, Kowno, Memel, Punia, Wilna; *6* Kaunas; *7* Pogegen, Vilnius; *8* Klaipeda, Schaulen, Siauliai; *9* Heydekrug, Tauroggen
- **an der Loire:** *5* Blois, Tours; *6* Angers, Nantes, Nevers, Roanne, Saumur; *7* Amboise, Orléans; *9* St. Nazaire
- **in der Lombardei:** *6* Varese
- **bei London:** *5* Epsom; *7* Reading
- **in Lothringen:** *4* Metz; *8* Saarburg; *11* Diedenhofen, Saargemuend
- **in Louisiana (USA):** *6* Monroe; *10* Baton Rouge, New Orleans
- **an der Luhe:** *6* Winsen
- **in der Lüneburger Heide:** *5* Celle; *6* Soltau, Uelzen, Winsen; *7* Munster; *8* Walsrode; *9* Lueneburg, Rotenburg; *13* Fallingbostel, Visselhoevede
- **in Luxemburg:** *4* Esch; *7* Vianden; *10* Echternach
- **auf Luzon:** *6* Manila
- **an der Maas:** *3* Dun, Huy; *5* Givet, Grave, Namur, Sedan, Venlo; *6* Dinant, Verdun; *7* Seraing; *8* Beaumont, Luettich, Mézieres, Roermond; *10* Maastricht; *11* Charleville
- **auf Madagaskar:** *8* Tamatave; *10* Tananarivo
- **auf Madeira:** *7* Funchal
- **bei Magdeburg:** *4* Burg; *5* Egeln; *9* Stassfurt
- **am Mahanadi:** *3* Bod
- **in Mähren:** *5* Iglau, Znaim; *6* Bruenn, Prerau; *7* Mikulov, Olmuetz, Troppau; *8* Kremsier; *9* Prossnitz; *10* Gottwaldov, Nikolsburg; *12* Neutitschein
- **bei Mailand:** *3* Rho; *4* Lodi
- **am Main:** *4* Lohr; *5* Hanau; *8* Kulmbach, Wertheim; *9* Frankfurt, Karlstadt, Kitzingen, Muehlheim, Offenbach, Wuerzburg; *10* Miltenberg, Ochsenfurt; *11* Lichtenfels, Schweinfurt; *12* Ruesselsheim
- **in Maine (USA):** *6* Bangor; *7* Augusta; *8* Portland
- **in Mainfranken:** *3* Aub; *4* Lohr; *7* Bamberg; *9* Wuerzburg; *10* Ochsenfurt; *11* Lichtenfels
- **in Malaysia:** *6* Penang; *7* Malakka; *8* Singapur; *9* Jesselton, Kutsching; *11* Kuala Lumpur
- **in Mali:** *3* Bla; *4* Kita, Samo, Segu; *5* Kayes, Segou; *6* Bamako; *8* Bougouni, Timbuktu
- **auf Mallorca:** *4* Arta; *5* Palma
- **auf Malta:** *9* La Valetta
- **in der Mandschurei:** *4* Antu; *6* Mukden; *7* Charbin; *9* Tsitsikar
- **am Manzanares:** *6* Madrid
- **an der March:** *7* Olmuetz
- **an der Maritza:** *6* Edirne
- **in der Mark Brandenburg** → Stadt in Brandenburg
- **an der Marne:** *7* Epernay
- **in Marokko:** *3* Fes, Fez; *4* Ifni, Safi, Salé; *5* Ceuta, Rabat; *6* Agadir, Meknes, Tanger, Tetuan; *7* Melilla, Mogador; *10* Casablanca, Marrakesch
- **in Maryland (USA):** *9* Annapolis, Baltimore
- **in Massachusetts (USA):** *6* Boston
- **am Matterhorn:** *7* Zermatt
- **in Mauretanien:** *4* Atar; *10* Saint Louis
- **in Mecklenburg:** *5* Waren; *6* Anklam, Demmin, Wismar; *7* Doberan, Parchim, Rostock; *8* Schwerin; *11* Neustrelitz, Warnemuende
- **am Mekong:** *8* Pnompenh
- **an der Memel:** *6* Tilsit
- **auf Menorca:** *5* Mahon
- **bei Merseburg:** *5* Leuna; *8* Querfurt
- **an der Meurthe:** *5* Nancy
- **in Mexiko:** *4* Leon; *5* Altar, La Paz; *6* Colima, Jalapa, Merida, Mexiko, Nautla, Oaxaca, Puebla; *7* Camargo, Durango, Morelia, Orizaba, Rosario, Tampico, Torreon; *8* Acapulco, Campeche, Mexicali, Progreso, Saltillo, Veracruz; *9* Chihuahua, Monterrey, Queretaro; *10* Guanajuato, Manzarillo; *11* Guadalajara, Tehuantepec
- **in Michigan (USA):** *7* Detroit, Lansing, Saginow; *8* Cadillac; *11* Grand Rapids
- **am Michigansee:** *6* Racine; *7* Chicago; *9* Milwaukee
- **auf Mindanao:** *9* Zamboanga
- **in Minnesota (USA):** *6* Duluth, St. Paul; *11* Minneapolis
- **am Mississippi:** *11* Minneapolis
- **in Mississippi (USA):** *7* Jackson, Memphis, Natchez
- **in Missouri (USA):** *6* Aurora, Joplin; *7* St. Louis; *13* Jefferson City
- **in Mittelfranken:** *6* Fuerth; *7* Ansbach; *8* Erlangen; *9* Hersbruck, Nuernberg, Schwabach; *10* Rothenburg; *12* Dinkelsbuehl
- **am Mittellandkanal:** *5* Peine; *6* Minden; *8* Hannover; *9* Wolfsburg; *12* Fallersleben
- **an der Moldau:** *7* Budweis
- **in der Mongolei:** *3* Ude, Uge; *9* Ulan-Bator
- **in Montana (USA):** *5* Burke; *6* Helena; *8* Billings; *10* Great Falls
- **in Montenegro:** *3* Bar; *5* Kotor; *7* Cetinje
- **in Mosambik:** *5* Beira
- **an der Mosel:** *3* Ars; *4* Metz, Toul, Zell; *5* Trier; *6* Cochem, Epinal, Kochem; *7* Koblenz; *10* Bernkastel, Thionville; *11* Diedenhofen; *14* Traben-Trarbach
- **an der Mulde:** *6* Grimma, Wurzen
- **bei München:** *6* Dachau
- **im Münsterland:** *3* Epe; *5* Ahlen, Olfen; *6* Greven; *7* Duelmen; *8* Coesfeld
- **an der Mur:** *4* Graz; *5* Bruck; *6* Leoben
- **an der Murg:** *7* Rastatt; *8* Gaggenau; *10* Frauenfeld
- **am Müritzsee:** *5* Waren

- **an der Naab:** *10* Schwandorf; *14* Burglengenfeld
- **an der Nagold:** *4* Calw; *6* Nagold
- **an der Nahe:** *4* Kirn; *6* Bingen; *9* Kreuznach; *13* Idar-Oberstein
- **in Nebraska (USA):** *5* Omaha; *7* Lincoln
- **am Neckar:** *4* Horb; *7* Lauffen, Marbach, Wimpfen; *8* Eberbach, Mannheim, Rottweil; *9* Besigheim, Esslingen, Heilbronn, Oberndorf, Stuttgart, Tübingen; *10* Heidelberg, Neckarsulm, Nuertingen, Plochingen, Rottenburg; *11* Ludwigsburg; *12* Schwenningen
- **an der Neiße:** *5* Forst, Guben; *8* Goerlitz
- **in Nepal:** *5* Patan; *6* Bandar; *8* Katmandu
- **auf Neubritannien:** *6* Rabaul
- **auf Neufundland:** *6* Gander
- **auf Neuguinea:** *6* Rabaul
- **in der Neumark:** *6* Soldin; *7* Crossen; *8* Kuestrin
- **in Neuseeland:** *6* Napier, Nelson, Oamaru; *7* Dunedin; *8* Auckland; *10* Wellington; *12* Christchurch
- **in Neusüdwales:** *6* Sydney
- **in Nevada (USA):** *4* Reno; *6* Austin, Carson, Eureka; *7* Tonopah; *8* Las Vegas, Virginia
- **in New Hampshire (USA):** *7* Concord; *10* Manchester
- **in New Jersey (USA):** *6* Newark; *7* Trenton
- **in New Mexiko (USA):** *6* Gallup; *7* Hermosa, Roswell, Santa Fé; *9* Magdalena; *11* Albuquerque
- **in New York (Staat der USA):** *5* Utica; *6* Albany; *7* Buffalo, New York; *9* Rochester
- **bei New York:** *6* Newark
- **in Niederbayern** → Stadt in Bayern
- **in den Niederlanden:** *3* Ede, Epe, Oss; *4* Edam, Haag; *5* Assen, Breda, Delft, Emmen, Gouda, Hoorn, Sneek, Venlo, Weert; *6* Arnhem, Ermelo, Leiden, Renkum, Rhenen, Velsen, Zwolle; *7* Arnheim, DenHaag, Haarlem, Heerlen, Hengelo, Tilburg, Utrecht, Zaandam; *8* Deventer, Enschede, Nimwegen, Rijswijk, Roermond, Schiedam; *9* Amsterdam, Apeldoorn, Den Helder, Dordrecht, Eindhoven, Groningen, Harlingen, Hilversum, Rotterdam; *10* Amersfoort, Leeuwarden, Middelburg, Vlissingen; *11* Vlaardingen; *13* Hertogenbosch, Herzogenbusch
- **in Niederländisch-Guayana:** *10* Paramaribo
- **in der Niederlausitz:** *5* Calau, Forst, Guben, Sorau; *7* Cottbus, Luebben; *9* Spremberg; *10* Sommerfeld; *11* Senftenberg
- **in Niederösterreich:** *3* Laa; *4* Melk; *5* Bruck, Krems, Tulln; *6* Gmuend; *8* Moedling; *9* Gloggnitz, Poechlarn, Stockerau; *12* Sankt Poelten; *14* Klosterneuburg
- **am Niederrhein:** *4* Rees; *5* Moers, Neuss, Wesel; *6* Kempen, Walsum, Xanten; *7* Homberg, Viersen; *8* Emmerich, Kevelaer; *10* Leverkusen; *11* Duesseldorf, Rheinhausen
- **in Niedersachsen:** *4* Leer, Syke; *5* Brake, Celle, Emden, Jever, Melle, Peine, Stade, Varel; *6* Alfeld, Aurich, Goslar, Gronau, Hameln, Lehrte, Lingen, Meppen, Norden, Seesen, Soltau, Uelzen, Vechta, Verden, Winsen; *7* Einbeck, Gifhorn, Muenden, Muender, Rinteln, Springe; *8* Bentheim, Burgdorf, Cuxhaven, Diepholz, Hannover, Harzburg, Herzberg, Neustadt, Nienburg, Nordhorn, Northeim, Osterode, Wittlage, Wittmund; *9* Braunlage, Helmstedt, Lueneburg, Nordenham, Oldenburg, Osterholz, Rotenburg, Wolfsburg; *10* Aschendorf, Bueckeburg, Dannenberg, Duderstadt, Goettingen, Hildesheim, Holzminden, Lauterberg, Osnabrueck, Otterndorf, Salzgitter, Stadthagen; *11* Cloppenburg, Delmenhorst, Gandersheim, Westerstede; *12* Bersenbrueck, Braunschweig, Bremervoerde; *13* Fallingbostel, Wilhelmshaven, Wolfenbuettel
- **in Niederschlesien:** *4* Oels; *5* Jauer; *6* Glogau; *8* Liegnitz, Striegau; *10* Hirschberg, Waldenburg; *11* Schweidnitz
- **am Niger:** *3* Abo, Gao, Gay; *4* Egga, Fafa; *5* Asaba, Bamba, Dessa, Jebba, Segou; *6* Bamako, Karima, Lokoja; *8* Timbuktu
- **in Nigeria:** *3* Ife; *4* Kano, Kuka, Yola; *5* Benin, Jebba, Lagos, Yerwa, Zaria; *6* Ibadan, Sokoto
- **in Nicaragua:** *4* Leon; *7* Granada; *8* Jinotepe; *9* Matagalpa
- **am Nil:** *3* Kus; *4* Aiat, Lado; *5* Asiut, Giseh, Kairo, Kerma, Kodok, Luxor; *6* Assiut, Assuan, Atbara, Berber, Luksor, Shambe; *7* El Minja, Dongola, Kareima, Khartum; *8* Beni Suef, Mongalla, Omdurman; *9* Wadi Halfa; *10* Alexandria
- **im Nildelta:** *3* Fua; *5* Tanta; *7* Mansura, Mehalla, Rosette; *8* Damanhur, Damietta; *10* Alexandria
- **am Njemen:** *6* Grodno
- **an der Nogat:** *10* Marienburg
- **in Nordafrika:** *3* Fes, Fez; *4* Bone, Ifni, Oran; *5* Ceuta, Derna, Kairo, Rabat, Tunis; *6* Algier, Tanger, Tetuan, Tobruk; *8* Tripolis
- **in Nordirland:** *7* Belfast; *11* Londonderry
- **in Nordkorea:** *5* Heijo, Kanko, Nampo; *6* Genzan; *7* Seishin; *10* Pjoengjang
- **am Nordostseekanal:** *9* Rendsburg
- **am Nordrand der Eifel:** *10* Euskirchen
- **am Nordrand des Harzes:** *6* Goslar; *11* Wernigerode
- **in Nordrhein-Westfalen:** *4* Bonn, Hamm, Marl, Olpe, Rees, Unna, Werl; *5* Ahaus, Ahlen, Essen, Hagen, Hemer, Herne, Kamen, Kleve, Koeln, Lemgo, Moers, Neuss, Oelde, Soest, Wesel; *6* Aachen, Altena, Beckum, Bochum, Borken, Brilon, Bruehl, Bueren, Dueren, Hilden, Honnef, Kalkar, Kempen, Loehne, Luenen, Menden, Minden, Rheine, Rheydt, Siegen, Witten; *7* Bocholt, Bottrop, Detmold, Duelken, Duelmen, Geldern, Haltern, Herford, Hoexter, Juelich, Krefeld, Opladen, Schwelm, Viersen, Warburg; *8* Arnsberg, Bergheim, Coesfeld, Dortmund, Duisburg,

Erkelenz, Gladbeck, Iserlohn, Meschede, Mettmann, Monschau, Muenster, Ratingen, Siegburg, Solingen; *9* Berleburg, Bielefeld, Dinslaken, Ennepetal, Hattingen, Lippstadt, Luebbecke, M. Gladbach, Muehlheim, Paderborn, Remscheid, Schleiden, Warendorf, Wuppertal; *10* Euskirchen, Leverkusen, Oberhausen, Sennestadt; *11* Duesseldorf, Gummersbach, Tecklenburg; *12* Grevenbroich, Luedenscheid, Wiedenbrueck; *13* Burgsteinfurt, Castrop-Rauxel, Geilenkirchen, Gelsenkirchen, Luedinghausen; *14* Recklinghausen; *16* Bergisch Gladbach
- **in Nordschleswig:** *7* Tondern; *8* Apenrade; *10* Sonderburg; *11* Hadersleben
- **in Nordvietnam:** *5* Hanoi
- **in der Normandie:** *4* Caën, St. Lô; *5* Flers, Rouen; *6* Dieppe, Evreux; *7* Alençon, Le Havre; *9* Cherbourg
- **in North-Carolina (USA):** *7* Raleigh; *9* Charlotte; *10* Wilmington
- **in North-Dakota (USA):** *5* Fargo, Minot; *7* Grafton; *8* Bismarck; *9* Williston
- **in Norwegen:** *2* As; *3* Eid, Gol, Lom, Nes, Tau; *4* Alen, Alta, Amot, Elga, Moss, Oslo, Tana; *5* Banak, Skien; *6* Bergen, Namsos, Narvik; *7* Alesund, Arendal, Drammen, Tromsoe; *8* Kirkenes, Levanger; *9* Drontheim, Kongsberg, Stavanger, Trondheim; *10* Hammerfest, Kristiania; *12* Kristiansand
- **am Nürburgring:** *6* Adenau
- **bei Nürnberg:** *6* Fuerth
- **am Ob:** *11* Nowosibirsk
- **in Oberbayern:** *5* Toelz; *6* Dachau, Erding; *7* Aibling; *8* Freising, Miesbach, Penzberg, Weilheim; *9* Landsberg, Muehldorf, Rosenheim, Starnberg; *10* Ingolstadt, Traunstein, Wasserburg; *11* Reichenhall; *13* Berchtesgaden
- **in Oberfranken:** *3* Hof; *4* Selb; *5* Naila; *6* Coburg; *7* Bamberg; *8* Bayreuth, Kulmbach, Neustadt; *9* Wunsiedel; *11* Lichtenfels
- **in der Oberlausitz:** *6* Kamenz, Lauban, Loebau, Muskau, Niesky, Zittau; *7* Bautzen, Bunzlau; *8* Goerlitz, Herrnhut, Weisswasser
- **in Oberösterreich:** *4* Enns, Linz, Wels; *5* Steyr; *7* Braunau, Gmunden
- **in der Oberpfalz:** *4* Cham; *6* Amberg, Roding, Weiden; *8* Neumarkt; *10* Beilngries, Regensburg, Schwandorf
- **am Oberrhein:** *4* Kehl, Weil; *5* Basel, Worms; *6* Speyer; *8* Breisach, Mannheim; *10* Strassburg; *11* Rheinfelden; *12* Ludwigshafen
- **in Oberschlesien:** *5* Cosel; *6* Neisse, Oppeln; *7* Beuthen, Ratibor; *8* Gleiwitz, Neustadt; *9* Kattowitz, Kreuzberg, Rosenberg; *10* Hindenburg; *11* Leobschuetz
- **in Oberschwaben:** *8* Biberach; *10* Ravensburg
- **in der Obersteiermark:** *5* Bruck
- **im Odenwald:** *6* Erbach
- **an der Oder:** *5* Brieg, Cosel, Ohlau; *6* Glogau, Leubus, Oppeln, Ostrau; *7* Breslau, Crossen, Neusalz, Ratibor, Schwedt, Steinau, Stettin; *8* Kuestrin, Neumarkt; *9* Frankfurt; *12* Fuerstenberg
- **in Ohio (USA):** *5* Akron; *6* Dayton, Toledo; *8* Columbus; *9* Cleveland; *10* Cincinnati, Youngstown
- **an der Oka:** *4* Orel; *6* Kaluga, Rjasan
- **in Oklahoma (USA):** *5* Tulsa; *12* Oklahoma City
- **in Oldenburg** → Stadt in Niedersachsen
- **in Oman:** *6* Maskat
- **am Ontariosee:** *7* Toronto
- **an der Oppa:** *7* Troppau
- **in Oregon (USA):** *5* Salem; *7* Astoria; *8* Portland
- **an der Orla:** *8* Neustadt
- **bei Oslo:** *3* Gol
- **in Österreich:** *3* Laa; *4* Enns, Graz, Hall, Linz, Melk, Ried, Wels, Wien; *5* Bruck, Ischl, Krems, Lienz, Steyr, Tulln; *6* Gmuend, Leoben, Reutte, St. Veit; *7* Bludenz, Braunau, Bregenz, Ebensee, Gmunden, Spittal, Villach; *8* Dornbirn, Eisenerz, Kufstein, Moedling, Radstadt, Salzburg; *9* Feldkirch, Innsbruck, St. Poelten; *10* Eisenstadt, Kapfenberg, Klagenfurt, Schladming; *11* Knittelfeld
- **in Ostflandern:** *11* Dendermonde
- **in Ostfriesland:** *4* Leer; *5* Emden, Esens, Sande; *6* Aurich, Norden, Vechta
- **in Ostpreußen:** *4* Lyck; *5* Cranz, Eylau, Memel; *6* Elbing, Goldap, Pillau, Tapiau, Tilsit, Wehlau; *7* Loetzen, Roessel; *8* Osterode, Wormditt; *9* Gumbinnen, Guttstadt, Heilsberg, Heydekrug, Mohrungen; *10* Allenstein, Braunsberg, Frauenburg, Insterburg, Neidenburg, Nikolaiken Ortelsburg, Palmnicken, Rastenburg; *11* Koenigsberg
- **am Ostrand des Harzes:** *8* Gernrode, Stolberg; *11* Quedlinburg
- **an der Ostsee:** *4* Kiel, Riga; *5* Reval, Turku; *6* Danzig, Kalmar, Roenne, Tallin; *7* Kolberg, Luebeck, Rostock; *8* Helsinki; *9* Flensburg, Leningrad, Stockholm
- **in der Ostsee:** *6* Vineta
- **in Pakistan:** *3* Kar; *4* Pesh; *5* Dakka, Kalat, Kelat, Lahur; *6* Lahore, Multan, Quetta; *7* Karachi, Sialkot; *9* Islamabad, Karatschi, Peschawar; *10* Haiderabad, Rawalpindi
- **in Panama:** *5* Colon, David; *6* Ciudad
- **im Pandschab:** *7* Sialkot
- **in Paraguay:** *8* Asuncion; *10* Villarrica
- **bei Paris:** *10* Versailles
- **an der Peene:** *6* Anklam, Demmin; *7* Wolgast
- **an der Pegnitz:** *4* Lauf; *9* Nuernberg
- **bei Peking:** *3* Jue
- **auf dem Peloponnes:** *6* Patras, Sparta; *7* Korinth
- **in Pennsylvania (USA):** *4* Erie; *10* Gettysburg, Harrisburg, Pittsburgh; *12* Philadelphia
- **an der Persante:** *7* Kolberg
- **in Persien** → Stadt im Iran
- **in Peru:** *3* Ica; *4* Lima; *5* Cuzco, Pisco, Tacna;

6 Callao, Huaraz, Sihuas; *7* Iquitos; *8* Arequipa, Trujillo
- **im Pfälzer Wald:** *8* Neustadt; *9* Pirmasens; *14* Kaiserslautern
- **auf den Philippinen:** *4* Cebu; *5* Laoag; *6* Manila; *7* Talikud; *8* Lingajen; *9* Zamboanga
- **im Pinzgau:** *4* Zell
- **auf den Pityusen:** *5* Ibiza
- **an der Pleiße:** *6* Werdau
- **am Po:** *4* Susa; *5* Pavia, Turin; *7* Cremona, Ferrara; *8* Piacenza
- **in Polen:** *3* Tum; *4* Kolo, Kulm, Lodz; *5* Konin, Kutno, Lissa, Lomza, Minsk, Nisko, Plock, Posen, Radom, Thorn, Torun; *6* Berentä Gnesen, Kielce, Konitz, Kosten, Krakau, Lodsch, Lublin, Tarnow; *7* Bielitz, Gdingen, Kalisch, Rzeszow, Siedlce; *8* Bromberg, Dirschau, Graudenz, Petrikau, Przemysl, Sandomir, Warschau, Zakopane; *9* Bialystok, Kattowitz, Sosnowice, Tomaschow; *13* Tschenstochau
- **in Pommern:** *4* Leba; *5* Gartz, Labes, Stolp; *6* Anklam, Bansin, Buetow, Demmin, Eldena, Kammin, Polzin, Pyritz; *7* Altdamm, Belgard, Gollnow, Grimmen, Koeslin, Kolbatz, Kolberg, Naugard, Schlawe, Stettin, Treptow, Wolgast; *8* Pasewalk, Stargard; *9* Lauenburg, Stralsund; *10* Greifswald, Neustettin, Regenwalde; *11* Freienwalde, Greifenberg, Ruegenwalde, Schivelbein, Swinemuende; *13* Schneidemuehl
- **in Portorico:** *5* Ponce; *7* San Juan
- **in Portugal:** *4* Beja, Faro; *5* Braga, Porto; *6* Lisboa, Oporto, Sintra; *7* Coimbra, Setubal; *8* Lissabon
- **in Portugiesisch-Westafrika:** *6* Loanda, Luanda
- **bei Posen:** *6* Gnesen
- **bei Potsdam:** *6* Teltow
- **bei Prag:** *5* Kolin
- **am Pregel:** *6* Tapiau, Wehlau
- **in der Prignitz:** *9* Perleberg; *11* Wittenberge
- **an der Prosna:** *7* Kalisch
- **am Pruth:** *10* Czernowitz
- **in Puerto Rico:** *5* Ponce; *7* Arecibo, San Juan
- **in den Pyrenäen:** *4* Alos
- **an der Raab:** *3* Rum
- **am Regen:** *4* Cham
- **an der Regnitz:** *8* Erlangen; *9* Forchheim
- **an der Rems:** *5* Lorch; *10* Schorndorf, Waiblingen
- **an der Rezat:** *7* Ansbach
- **am Rhein:** *4* Bonn, Chur, Kaub, Kehl, Linz, Porz, Rees, Trun, Weil; *5* Basel, Beuel, Brohl, Domat, Flims, Ilanz, Kembs, Koeln, Lorch, Mainz, Moers, Neuss, Ragaz, Rhens, Vaduz, Wesel, Worms; *6* Bingen, Honnef, Kappel, Kempen, Sinzig, Speyer, St.Goar, Walsum, Xanten; *7* Boppard, Homberg, Koblenz, Krefeld, Neuwied, Remagen, Sasbach, Zurzach; *8* Braubach, Breisach, Disentis, Dormagen, Duisburg, Eltville, Emmerich, Kevelaer, Lustenau, Mannheim, Rheineck, Waldshut; *9* Andernach, Bacharach, Gernsheim, Godesberg, Iffezheim, Ingelheim, Karlsruhe, Landquart, Neuenburg, Oberwesel, Oppenheim, Rheinheim, Wiesbaden; *10* Laufenburg, Leverkusen, Ruedesheim, Saeckingen, Strassburg; *11* Duesseldorf, Germersheim, Rheinfelden, Rheinhausen; *12* Diessenhofen, Ludwigshafen, Schaffhausen; *13* Koenigswinter
- **an Rhein und Neckar:** *8* Mannheim
- **an Rhein und Ruhr:** *8* Duisburg
- **im Rheindelta:** *9* Dordrecht
- **im Rheingau:** *10* Ruedesheim
- **am Rhein-Herne-Kanal:** *14* Recklinghausen
- **in Rheinhessen:** *9* Oppenheim
- **in Rheinland-Pfalz:** *3* Ems; *4* Daun, Diez, Kaub, Kirn, Zell; *5* Alzey, Kusel, Mainz, Mayen, Pruem, Trier, Worms; *6* Bingen, Cochem, Landau, Nassau, Speyer, St. Goar; *7* Bitburg, Koblenz, Neuwied, Remagen, Simmern; *8* Neuenahr, Neustadt, Saarburg, Wittlich; *9* Ahrweiler, Andernach, Edenkoben, Kreuznach, Montabaur, Oppenheim, Pirmasens; *10* Bergzabern, Bernkastel, Birkenfeld, Deidesheim, Westerburg; *11* Frankenthal, Germersheim; *12* Altenkirchen, Ludwigshafen, Rockenhausen, Zweibruecken; *13* St. Goarshausen; *14* Kaiserslautern
- **in Rhode Island (USA):** *10* Providence
- **in der Rhön:** *8* Gersfeld; *10* Brueckenau; *12* Bischofsheim
- **zwischen Rhön und Vogelsberg:** *5* Fulda; *10* Lauterbach
- **an der Rhône:** *4* Brig, Genf, Lyon; *5* Arles; *6* Orange, Sitten, Vienne; *7* Avignon, Valence; *8* Tarascon; *10* Montélimar
- **an der Rhume:** *8* Northeim
- **der Richard-Wagner-Festspiele:** *8* Bayreuth
- **im Riesengebirge:** *10* Hirschberg
- **bei Rio de Janeiro:** *3* Uba
- **am Rio Grande (USA):** *6* El Paso
- **an der Riviera:** *4* Nice; *5* Nizza; *6* Menton; *7* Mentone; *8* St. Tropez; *10* Monte Carlo
- **bei Rom:** *5* Ostia; *6* Tivoli; *8* Frascati
- **am Roten Meer:** *4* Sana, Sues, Suez; *5* Akaba, Assab, Mokka; *6* Djidda, Eilath; *7* Massaua; *8* Hodeidah; *9* Port Sudan
- **auf Rügen:** *4* Binz, Garz; *6* Bergen, Putbus; *8* Sassnitz
- **an der Ruhr:** *5* Essen; *6* Neheim, Werden, Wetter, Witten; *7* Herbede, Kettwig; *8* Arnsberg, Duisburg, Herdecke, Meschede, Muelheim, Schwerte; *9* Hattingen; *10* Oberhausen; *13* Neheim-Huesten
- **im Ruhrgebiet:** *4* Buer, Hamm, Marl, Unna, Werl; *5* Essen, Hagen, Herne, Kamen; *6* Bochum, Herten, Hoerde, Luenen, Massen, Menden, Wetter, Witten; *7* Bocholt, Bottrop, Haltern; *8* Dortmund, Duisburg, Gladbeck, Muelheim, Schwerte; *9* Hattingen; *10* Oberhausen; *11* Wanne-Eickel; *12* Wattenscheid; *13* Castrop-Rauxel, Gelsenkirchen; *14* Recklinghausen

- **in Rumänien:** *3* Sug; *4* Arad, Cluj; *5* Jassy, Sibiu, Turda; *6* Braila, Brasov, Galati, Galatz, Oradea, Resita; *7* Craiova, Ploesti; *8* Bukarest; *9* Constanta, Konstanza, Kronstadt, Petroseni, Timisoara; *11* Klausenburg, Temeschburg; *12* Grosswardein, Hermannstadt
- **an der Rur:** *6* Dueren; *7* Juelich
- **in Rußland** → Stadt in der Sowjetunion → Stadt in Sibirien
- **an der Saale:** *3* Hof; *4* Jena; *5* Calbe, Halle, Leuna; *6* Wettin; *7* Camburg; *8* Naumburg, Saalfeld; *9* Merseburg; *10* Rudolstadt; *11* Weissenfels; *13* Schwarzenbach
- **an der Saar:** *6* Merzig; *8* Saarburg; *9* Dillingen, Saarlouis; *11* Voelklingen; *12* Saarbruecken
- **im Saarland:** *6* Merzig; *7* Homburg; *8* St. Wendel, Sulzbach; *9* Ottweiler, Saarlouis, St. Ingbert; *11* Neunkirchen, Sankt Wendel, Voelklingen; *12* Saarbruecken, Sankt Ingbert
- **in Sachsen:** *3* Aue; *5* Borna, Pirna, Riesa; *6* Grimma, Kamenz, Loebau, Plauen, Taucha, Werdau, Wurzen, Zittau; *7* Bautzen, Doebeln, Dresden, Freital, Leipzig, Meerane, Meissen, Oschatz, Zwickau; *8* Annaberg, Auerbach, Chemnitz, Freiberg, Glauchau, Goerlitz, Oelsnitz, Radeberg, Radebeul, Schandau, Zschopau; *9* Olbernhau, Schmoelln, Stollberg; *10* Marienberg; *11* Grossenhain, Weisswasser; *13* Karl-Marx-Stadt
- **in Sachsen-Anhalt:** *4* Aken, Burg; *5* Calbe, Egeln, Halle, Kalbe, Leuna, Thale, Zeitz; *6* Artern, Dessau, Erfurt, Ilfeld, Koesen, Torgau, Zerbst; *7* Genthin, Koethen, Luetzen, Rosslau, Stendal; *8* Bernburg, Eisleben, Gernrode, Mansfeld, Naumburg, Querfurt, Rossbach; *9* Altenburg, Delitzsch, Eilenburg, Magdeburg, Merseburg, Osterburg, Salzwedel, Soemmerda; *10* Bitterfeld, Gardelegen, Nordhausen, Wittenberg; *11* Blankenburg, Halberstadt, Quedlinburg, Schoenebeck, Weissenfels, Wernigerode, Wolmirstedt; *12* Aschersleben, Haldensleben, Oschersleben, Sangerhausen
- **an der Salzach:** *10* Burghausen
- **auf Samoa:** *4* Apia
- **auf den Sandwich-Inseln:** *8* Honolulu
- **an der Saône:** *5* Cluny, Mâcon
- **auf Sardinien:** *4* Bosa; *5* Nuoro, Olbia; *7* Sassari, Tortoli; *8* Cagliari, Oristano; *11* La Maddalena
- **in Saudi-Arabien:** *4* Djuf, Hail, Riad; *5* E'Riad, Mekka; *6* Djidda, Er-Riad, Medina
- **im Sauerland:** *4* Olpe; *5* Hagen, Hemer, Altena, Brilon, Menden; *7* Werdohl; *8* Arnsberg, Iserlohn; *11* Plettenberg; *12* Luedenscheid, Meinerzhagen
- **an der Save:** *4* Brod; *5* Agram; *6* Zagreb; *7* Belgrad, Beograd, Laibach
- **an der Schelde:** *4* Gent; *7* Cambrai, Tournai
- **an der Scheldemündung:** *4* Gent
- **an der Schlei:** *7* Kappeln; *9* Schleswig
- **in Schlesien:** *4* Oels; *5* Brieg, Cosel, Glatz, Jauer, Ohlau, Pless, Sagan; *6* Glogau, Haynau, Lauban, Lueben, Neisse, Oppeln, Wohlau; *7* Beuthen, Breslau, Bunzlau, Landeck, Ratibor, Reinerz; *8* Gleiwitz, Goerlitz, Liegnitz, Neustadt, Sprottau, Strehlen, Striegau; *9* Gruenberg, Kreuzburg, Landeshut; *10* Bad Reinerz, Gottesberg, Hindenburg, Hirschberg, Loewenberg, Waldenburg; *11* Dittersbach, Leobschuetz, Reichenbach, Schweidnitz; *12* Frankenstein, Langenbielau, Schmiedeberg
- **in Schleswig-Holstein:** *4* Kiel; *5* Eutin, Heide, Husum, Marne, Ploen, Wedel; *6* Moelln, Preetz; *7* Itzehoe, Luebeck, Malente, Meldorf; *8* Elmshorn, Niebuell, Oldesloe, Segeberg, Toenning, Uetersen; *9* Flensburg, Lauenburg, Pinneberg, Ratzeburg, Rendsburg, Schleswig; *11* Glueckstadt, Neumuenster, Norderstedt, Wesselburen; *12* Eckernfoerde
- **im Schönhengstgau:** *9* Landskron
- **in Schottland:** *3* Ayr; *4* Wick; *5* Elgin, Leith, Perth; *6* Dundee; *7* Glasgow, Paisley; *8* Aberdeen, Edinburg, Greenock, Hamilton, Montrose, Stirling; *9* Edinburgh, Kirkcaldy
- **in Schwaben:** *6* Lindau, Neu-Ulm; *7* Fuessen, Kempten, Neuburg; *8* Augsburg; *9* Dillingen, Memmingen, Sonthofen; *11* Noerdlingen
- **in der Schwäbischen Alb:** *5* Urach; *9* Hechingen; *10* Geislingen, Pfullingen, Tailfingen
- **an der Schwarzen Elster:** *6* Kamenz
- **am Schwarzen Meer** → Schwarzmeerhafen
- **im Schwarzwald:** *4* Calw; *6* Nagold; *7* Triberg, Wildbad; *8* Freiburg, Gaggenau, Hornberg, Loerrach, Neustadt, Schoenau; *9* St. Georgen, Villingen, Waldkirch; *10* Furtwangen, Schopfheim, Schramberg; *11* Baiersbronn; *12* Freudenstadt
- **in Schweden:** *3* Eda, Lit, Los, Ore; *4* Amal, Ange, Lund, Mora, Sala, Umea; *5* Boden, Boras, Falun, Lulea, Visby, Ystad; *6* Gaevle, Kalmar, Kiruna, Malmoe, Motala; *7* Boliden, Oerebro, Uppsala, Varberg; *8* Halmstadt, Karlstadt; *9* Goeteborg, Gotenburg, Haparanda, Karlskoga, Nykoeping, Stockholm, Sundsvall, Uddevalla; *10* Eskilstuna, Karlskrona, Kirunavara, Landskrona, Linkoeping, Nynaeshamn, Oskarshamn, Trelleborg; *11* Norrkoeping; *12* Haelsingborg
- **in der Schweiz:** *3* Sax, Wil, Zug; *4* Bern, Biel, Brig, Chur, Genf, Sion, Thun; *5* Aarau, Arbon, Baden, Basel, Brugg, Nidau, Olten, Stans, Vevey; *6* Ascona, Glarus, Laupen, Lugano, Luzern, Morges, Sitten; *7* Herisau, Liestal, Locarno, Yverdon, Zuerich; *8* Freiburg, Lausanne, Montreux, St. Gallen, Zofingen; *9* Appenzell, Neuenburg, Rorschach, Solothurn; *10* Bellinzona, Einsiedeln, Frauenfeld, Winterthur; *12* Schaffhausen
- **am See Genezareth:** *8* Tiberias
- **auf Seeland:** *10* Kalundborg
- **an der Seine:** *5* Melun, Paris, Rouen; *6* Troyes; *7* Le Havre; *13* Fontainebleau

- **in Senegal:** *5* Dakar
- **am Sereth:** *8* Tarnopol
- **am Severn:** *9* Worcester; *10* Shrewsbury
- **in Siam:** *4* Ubon; *6* Raheng; *7* Bangkok; *10* Battambang
- **in Sibirien:** *3* Ola; *4* Bisk, Iman, Ksyl, Mary, Merw, Omsk, Seja, Tara, Tura; *5* Aldan, Kansk, Kysyl, Narym, Tomsk, Witim; *6* Anadyr, Igarka, Kurgan, Surgut, Tjumen, Tommot, Turgai, Udinsk; *7* Alma Ata, Bodaibo, Buchara, Dudinka, Irkutsk, Jakutsk, Kalakan, Kirensk, Ochotsk, Tobolsk, Tschita; *8* Chatanga, Kemerowo, Kustanai, Powlodar, Shigansk, Stalinsk; *9* Balchasch, Berjosowo, Kasalinsk, Salechard, Samarkand, Taschkent; *10* Aschchabad, Chabarowsk, Stalinabad, Tschimkent; *11* Krasnojarsk, Nowosibirsk, Woroschilow, Wladiwostok; *13* Petropawlowsk
- **in Siebenbürgen:** *3* Dej; *4* Aiud; *9* Bisteritz, Kronstadt; *12* Hermannstadt
- **an der Sieg:** *6* Eitorf, Hennef, Siegen, Wissen; *7* Rosbach, Sieglar; *8* Betzdorf, Siegburg, Weidenau; *9* Eiserfeld, Troisdorf; *10* Mudersbach
- **in Sierra Leone:** *2* Bo; *8* Freetown
- **in Sinkiang:** *8* Kaschgar
- **auf Sizilien:** *4* Enna, Gela; *6* Adrano, Cefalu, Ragusa, Salemi; *7* Catania, Lentini, Marsala, Messina, Milazzo, Palermo, Paterno, Syrakus, Trapani; *8* Agrigent, Monreale, Taormina; *12* Caltanisetta
- **in der Slowakei:** *6* Neutra, Poprad, Tyrnau; *7* Kaschau, Sillein; *9* Rosenberg
- **bei Soest:** *4* Werl
- **am Solling:** *5* Uslar
- **zwischen Solling und Harz:** *7* Einbeck
- **in Somalia:** *3* Eil; *5* Alula; *7* Berbera; *10* Mogadischo
- **in South-Carolina (USA):** *8* Columbia; *10* Charleston
- **in South-Dakota (USA):** *4* Lead; *6* Pierre; *8* Aberdeen; *10* Sioux Falls
- **in der Sowjetunion:** *3* Oni, Osa, Tim, Ufa, Uil; *4* Asow, Baku, Kiew, Lwow, Mary, Merw, Omsk, Orel, Orsk, Perm, Tula, Twer; *5* Anapa, Batum, Gomel, Gorki, Homel, Jalta, Kasan, Kirow, Kursk, Minsk, Pensa, Pinsk, Pskow, Tomsk; *6* Batumi, Erewan, Eriwan, Grodno, Gurjew, Kaluga, Kokand, Maikop, Moskau, Odessa, Pjensa, Rjasan, Rostow, Rschew, Tambow, Tiflis, Tuapse, Uralsk, Wiborg; *7* Alma Ata, Buchara, Charkow, Grosnyj, Irkutsk, Ishewsk, Iwanowo, Kalinin, Lugansk, Mogilew, Mohilew, Molotow, Nikopol, Pleskau, Poltawa, Rustawi, Rybinsk, Saratow, Stalino, Suchumi, Tbilisi, Tobolsk, Winniza, Witebsk, Wologda, Workuta; *8* Gorlowka, Mariupol, Mogiljow, Murmansk, Nowgorod, Orenburg, Rybinssk, Schachty, Schdanow, Slatoust, Smolensk, Stalinsk, Taganrog, Tarnopol, Tiraspol, Wladimir; *9* Astrachan, Jaroslawl, Karaganda, Kirowabad, Kischinew, Krasnodar, Leningrad, Melitopol, Nikolajew, Samarkand, Schitomir, Slawjansk, Taschkent, Tschkalow, Uljanowsk, Wolgograd, Woronesch; *10* Kirowograd, Komsomolsk, Pjatigorsk, Saporoshje, Sewastopol, Simferopol, Stalingrad, Swerdlowsk; *11* Archangelsk, Kujbyschjew, Nowosibirsk, Wladiwostok; *12* Dsaudschikau, Magnitogorsk, Nowomoskowsk, Noworossijsk, Tschernowitz; *13* Semipalatinsk, Tscheljabinsk; *15* Dnjepropetrowsk
- **in Spanien:** *3* Sos, Tuy; *4* Adra, Irun, Jaén, Leon, Lugo, Pola, Reus, Vigo; *5* Alcoy, Avila, Cadiz, Ecija, Elche, Gijon, Jerez, Lorca; *6* Bilbao, Burgos, Gandia, Gerona, Huelva, Lérida, Madrid, Malaga, Mataro, Mérida, Mieres, Murcia, Orense, Oviedo, Sagunt, Tarifa, Teruel, Toledo, Tolosa, Zamora; *7* Almeria, Badajoz, Cordoba, Cordova, Granada, La Linea, Linares, Logrono, Sagunto, Segovia, Sevilla, Tarrasa, Tortosa, Vitoria; *8* Albacete, Alicante, Badalona, La Coruna, Palencia, Pamplona, Sabedell, Santiago, Valencia, Zaragoza; *9* Algeciras, Barcelona, Cartagena, Castellon, Salamanca, Santander, Saragossa, Tarragona; *10* Hospitalet, Pontevedra, Valladolid; *11* Puertollano, San Fernando; *12* San Sebastian
- **im Spessart:** *3* Orb; *4* Lohr
- **an der Spree:** *6* Berlin; *7* Cottbus; *13* Fuerstenwalde
- **im Spreewald:** *7* Luebben; *9* Luebbenau
- **in der Steiermark:** *4* Graz; *6* Leoben; *8* Eisenerz; *9* Mariazell
- **am St.-Lorenz-Strom:** *8* Montreal
- **an der Stör:** *7* Itzehoe
- **bei Stuttgart:** *8* Fellbach; *9* Esslingen
- **in der Südafrikanischen Union:** *5* De Aar, Otawi; *6* Durban; *7* Windhuk; *8* Kapstadt, Mafeking, Pretoria, Upington; *9* Kimberley; *10* Swakopmund; *12* Bloemfontein, Johannesburg, Luederitzbai; *13* Port Elizabeth
- **im Sudan:** *6* Atbara; *7* Chartum, Dongola, Khartum; *8* Omdurman
- **im Sudetenland:** *4* Eger; *6* Aussig; *9* Trautenau; *10* Leitmeritz
- **in Südkorea:** *4* Koko; *5* Fusan, Keijo, Masan, Pusan, Seoul, Taiku; *6* Kansan, Taikyu
- **am Südrand der Sahara:** *8* Timbuktu
- **in Südrhodesien:** *8* Bulawayo
- **in Südtirol:** *3* Ala; *5* Bozen, Meran; *6* Brixen
- **in Südvietnam:** *3* Hue; *5* Mytho; *6* Cantho, Cholon, Danang, Saigon
- **in Südwestafrika:** *7* Windhuk; *9* Luederitz; *10* Swakopmund; *12* Grootfontein
- **am Suezkanal:** *4* Sues, Suez; *8* Ismailia, Port Said
- **auf Sumatra:** *5* Medan; *6* Padang; *9* Palembang
- **der Sünden:** *5* Sodom; *8* Gomorrha
- **in Surinam:** *3* Dam; *6* Albina; *7* Coronie; *9* Groningen
- **auf Sylt:** *10* Westerland
- **in Syrien:** *4* Hama, Homs, Nebk; *5* Dumer,

Esraa, Haleb, Rakka; *6* Aleppo, Tartus, Tedmor; *7* Latakia, Massiaf; *8* Damaskus
- **auf Tahiti:** *7* Papeete
- **in Taiwan** → Stadt auf Formosa
- **am Tajo:** *6* Toledo; *8* Aranjuez
- **in Tansania:** *5* Tanga; *6* Tabora; *10* Daressalam
- **am Tarn:** *4* Albi
- **auf Tasmanien:** *6* Hobart
- **an der Tauber:** *8* Wertheim; *11* Mergentheim
- **am Taunus:** *8* Eltville
- **im Taunus:** *9* Oberursel; *10* Schwalbach
- **in Tennessee (USA):** *7* Memphis; *9* Knoxville, Nashville; *11* Chattanooga
- **im Tessin:** *6* Lugano; *7* Chiasso
- **im Teutoburger Wald:** *5* Iburg; *7* Detmold; *9* Bielefeld, Lengerich; *10* Osnabrueck; *11* Ibbenbueren
- **in Texas (USA):** *5* Pecos; *6* Austin, Dallas, El Paso, Laredo; *7* Abilene, Houston; *8* Amarillo, Freeport, Saratoga; *9* Fort Worth, Galveston, Matagorda; *10* San Antonio, Sweetwater
- **in Thailand:** *3* Nan, Tak; *4* Ubon; *6* Konken, Raheng; *7* Bangkok; *10* Battambang, Pitsamulok
- **an der Thaya:** *3* Laa
- **an der Theiß:** *3* Ada; *5* Senta, Zenta; *6* Szeged; *8* Szegedin
- **an der Themse:** *6* London, Oxford; *7* Windsor; *8* Richmond; *10* Twikkenham
- **in Thessalien:** *7* Larissa
- **in Thüringen:** *4* Auma, Gera, Jena, Suhl; *5* Gotha, Greiz, Kahla, Ruhla, Weida, Zeitz; *6* Apolda, Erfurt, Weimar, Worbis; *7* Ilmenau, Schleiz; *8* Arnstadt, Eisenach, Neustadt, Saalfeld; *9* Altenburg, Eisenberg, Meiningen, Poessneck, Schmoelln, Soemmerda, Sonneberg; *10* Lobenstein, Nordhausen, Rudolstadt, Zeulenroda; *11* Langensalza, Liebenstein, Muehlhausen; *12* Schmalkalden; *13* Heiligenstadt, Sondershausen
- **im Thüringer Wald:** *4* Suhl; *5* Ruhla; *7* Ilmenau, Lauscha; *8* Eisenach; *9* Meiningen, Sonneberg; *11* Zella-Mehlis; *12* Schleusingen, Schmalkalden; *13* Friedrichroda; *14* Hildburghausen
- **am Tiber:** *3* Rom; *5* Ostia; *7* Perugia
- **in Tibet:** *3* Ghe, Pal; *5* Lhasa
- **am Tigris:** *5* Mosul; *6* Mossul
- **auf Timor:** *5* Dilly; *6* Kupang
- **in Tirol:** *4* Hall, Imst; *5* Lienz; *6* Reutte, Schwaz; *7* Landeck; *8* Kufstein; *9* Innsbruck
- **in Togo:** *4* Lome
- **bei Tokio:** *3* Tak
- **in der Toskana:** *5* Siena; *7* Carrara, Pistoia
- **in Transvaal:** *9* Germiston; *12* Johannesburg
- **an der Trave:** *7* Luebeck; *8* Oldesloe
- **bei Troppau:** *3* Hof
- **in der Tschechoslowakei:** *4* Asch, Eger, Most, Prag, Saaz; *5* Iglau, Kolin, Pisek, Tabor, Znaim; *6* Aussig, Bruenn, Kladno, Melnik, Nachod, Neutra, Ostrau, Pilsen, Poprad, Turnau, Tyrnau; *7* Altsohl, Budweis, Kaschau, Klattau, Komotau, Olmuetz, Pistyan, Sillein, Teplitz, Teschen, Troppau, Zwittau; *8* Karlsbad, Preschau, Tetschen; *9* Pardubitz, Pressburg, Rosenberg, Trautenau; *10* Gottwaldov, Lundenburg; *11* Reichenberg; *12* Koeniggraetz
- **in Tunesien:** *4* Susa; *5* Gabes, Tunis; *7* Biserta, Kairuan
- **in der Türkei:** *4* Bolu, Enes, Enez, Enos, Urfa; *5* Adana, Bafra, Bursa, Izmir, Izmit, Konya, Maras, Sinop, Sivas; *6* Ankara, Edirne, Manisa, Mersin, Samsun, Seyhan, Smyrna, Tarsus; *7* Antalya, Denizli, Erzurum, Isparta, Kayseri, Malatya, Trabzon; *8* Istanbul; *9* Adapazari, Balikesir, Eskischir, Gaziantep, Trapezunt, Zonguldak; *10* Adrianopel, Iskenderun; *14* Konstantinopel
- **in der Uckermark:** *7* Templin; *8* Prenzlau; *9* Strasburg, Zehdenick; *10* Eberswalde; *11* Angermuende; *12* Fuerstenberg
- **in der UdSSR** → Stadt in der Sowjetunion → Stadt in Sibirien
- **in der Ukraine:** *3* Bar; *4* Kiew, Lwow, Sumy; *6* Donezk, Odessa; *7* Charkow, Cherson, Kertsch, Lemberg, Lugansk, Nikopol, Poltawa, Stalino, Winniza; *8* Gorlowka, Przemysl, Schdanow, Taganrog, Tarnopol; *9* Kriwoi Rog, Makejewka, Melitopol, Nikolajew, Schitomir, Slawjansk, Stanislau; *10* Czernowitz, Kirowograd, Sewastopol, Simferopol; *11* Berditschew, Saporoschje; *15* Dnjepropetrowsk, Woroschilowgrad
- **in Umbrien:** *5* Terni; *6* Assisi
- **in Ungarn:** *3* Acs, Jak, Rum; *4* Baja, Mako, Pecs, Raab, Tata; *5* Erlau, Tokaj; *6* Mohacs, Sopron, Szeged; *7* Miskolc, Szolnok; *8* Budapest, Debrecen, Debrezin, Kaposvar, Szegedin; *9* Kecskemet, Oedenburg, Tatabanya; *12* Fuenfkirchen, Steinamanger; *16* Stuhlweissenburg
- **an der Unstrut:** *8* Freyburg; *11* Muehlhausen
- **an der Unterelbe:** *5* Wedel
- **in Unterfranken:** *3* Aub; *4* Lohr; *5* Ebern; *7* Hofheim; *8* Hassfurt; *9* Kissingen, Kitzingen, Wuerzburg; *10* Miltenberg, Ochsenfurt
- **an der Unterweser:** *5* Brake; *8* Elsfleth, Vegesack; *9* Nordenham; *11* Bremerhaven
- **auf Upolu (Samoa):** *4* Apia
- **im Ural:** *3* Ufa; *4* Orsk; *5* Serow, Simsk; *6* Gurjew, Uralsk; *7* Molotow; *8* Slatoust; *9* Tschkalow; *10* Swerdlowsk; *12* Magnitogorsk, Nischni Tagil; *13* Tscheljabinsk
- **in Uruguay:** *5* Salto; *6* Paloma; *7* Palmira; *10* Montevideo
- **in den USA:** *4* Erie, Gary, Nome, Reno, Yuma; *5* Akron, Fargo, Flint, Macon, Miami, Omaha, Salem, Tampa, Tulsa, Utica; *6* Albany, Boston, Camden, Canton, Dallas, Dayton, Denver, Duluth, El Paso, Fresno, Helena, Lowell, Mobile, Newark, Peoria, Pueblo, St. Paul, Tacoma, Toledo, Topeka, Tucson, Tuoson; *7* Atlanta, Buffalo, Chicago, Detroit, Houston, Jackson, Key West, Lincoln, Madison, Mem-

phis, New York, Norfolk, Oakland, Raleigh, Reading, Santa Fé, Seattle, Spokane, St. Louis, Trenton, Ventura, Wichita, Yonkers; *8* Amarillo, Berkeley, Columbia, Columbus, Hartfort, Las Vegas, New Haven, Pasadena, Paterson, Portland, Richmond, San Diego, Savannah, Scranton, Syracuse; *9* Baltimore, Cambridge, Charlotte, Cleveland, Des Moines, Elizabeth, Fall River, Fort Wayne, Fort Worth, Galveston, Knoxville, Lexington, Long Beach, Milwaukee, Nashville, Princeton, Rochester, South Bend, Worcester; *10* Birmingham, Bridgeport, Charleston, Cincinnati, Evansville, Harrisburg, Jersey City, Kansas City, Los Angeles, Louisville, Montgomery, New Bedford, New Orleans, Pittsburgh, Providence, Sacramento, San Antonio, Shreveport, Somerville, Washington, Wilmington, Youngstown; *11* Chattanooga, Grand Rapids, Minneapolis, Springfield; *12* Indianapolis, Jacksonville, Oklahoma City, Philadelphia, Salt Lake City, San Francisco
- **in Usbekistan:** *7* Buchara; *9* Andischan, Samarkand
- **auf Usedom:** *11* Swinemuende
- **in Utah (USA):** *4* Lehi; *5* Logan; *6* Beaver; *8* Richmond; *12* Salt Lake City
- **am Vättersee:** *3* Hjo
- **bei Venedig:** *6* Mestre; *7* Treviso
- **in Venezuela:** *4* Coro; *5* Duaca, Unare; *6* Atures; *7* Bolivar, Caracas, Nutrias; *8* Carupano; *9* Maracaibo; *12* Barquisimeto
- **in den Vereinigten Staaten** → Stadt in den USA
- **in Vermont (USA):** *10* Burlington, Montpelier
- **am Vesuv:** *6* Napoli, Neapel; *7* Pompeji; *11* Herculaneum
- **an der Vienne:** *7* Limoges
- **am Vierwaldstätter See:** *6* Luzern; *10* Kuessnacht
- **in Vietnam:** *3* Hue; *5* Hanoi, Mytho; *6* Cantho, Cholon, Danang, Saigon
- **in Virginia (USA):** *7* Norfolk; *8* Richmond
- **zwischen Vogelsberg und Rhön:** *5* Fulda; *10* Lauterbach
- **im Vogtland:** *6* Plauen; *7* Schleiz; *8* Oelsnitz; *11* Falkenstein, Reichenbach
- **in der Volksrepublik China** → Stadt in China
- **in Vorarlberg:** *3* Egg; *7* Bludenz, Bregenz; *8* Dornbirn; *9* Feldkirch
- **im Vorland des Hohen Venn:** *6* Aachen
- **in der Walachei:** *3* Jiu; *7* Craiova
- **auf Walcheren:** *10* Middelburg, Vlissingen
- **an der Warnow:** *7* Rostock
- **bei Warschau:** *3* Liw
- **an der Warthe:** *5* Posen; *9* Landsberg; *13* Tschenstochau
- **in Washington (USA):** *6* Tacoma; *7* Olympia, Seattle, Spokane
- **an der Weichsel:** *4* Kulm; *5* Thorn; *6* Krakau, Leslau, Modlin; *8* Bromberg, Dirschau, Graudenz, Sandomir, Warschau
- **an der Weichselmündung:** *6* Danzig, Elbing; *10* Marienburg
- **am Weiho:** *4* Sian
- **an der Weinstraße:** *5* Forst; *6* Landau; *8* Herxheim, Mussbach, Neustadt, Ungstein; *9* Duerkheim, Edenkoben, Kallstadt; *9* Maikammer; *10* Bergzabern, Deidesheim, Gruenstadt, Wachenheim
- **an der Weißen Elster:** *4* Gera; *5* Greiz, Zeitz; *6* Plauen; *7* Leipzig
- **am Weißen Main:** *8* Kulmbach
- **am Weißen Nil:** *8* Omdurman
- **in Weißrußland** → Stadt in der Sowjetunion
- **an der Werra:** *5* Berka; *7* Muenden; *8* Eschwege; *9* Meiningen; *12* Witzenhausen; *14* Hildburghausen
- **an der Werre:** *7* Herford
- **an der Wertach:** *10* Kaufbeuren
- **an der Weser:** *4* Hoya; *5* Brake; *6* Bremen, Hameln, Minden, Vlotho; *7* Hoexter, Muenden, Rinteln; *8* Nienburg; *9* Nordenham; *10* Holzminden, Karlshafen; *11* Bodenwerder, Bremerhaven
- **an der Wesermündung:** *5* Brake; *8* Elsfleth, Vegesack; *9* Nordenham; *11* Bremerhaven
- **im Westerwald:** *7* Selters; *9* Montabaur; *10* Westerburg; *12* Altenkirchen
- **in Westfalen** → Stadt in Nordrhein-Westfalen
- **in Westpreußen:** *5* Thorn; *9* Rosenberg; *10* Marienburg; *12* Marienwerder
- **in West-Virginia (USA):** *10* Charleston, Huntington
- **in der Wetterau:** *9* Friedberg
- **in Wisconsin (USA):** *6* Oshkos; *7* Ashlana, Madison; *9* Milwaukee
- **am Wolchow:** *8* Nowgorod
- **an der Wolga:** *3* Bui; *4* Twer; *5* Gorki, Kasan, Wolok; *6* Engels, Rschew, Samara, Sysran; *7* Kalinin, Rybinsk, Saratow; *8* Kostroma; *9* Astrachan, Jaroslawl, Marxstadt, Wolgograd; *10* Kuibyschew, Stalingrad; *11* Kujbyschjew
- **an der Wolgamündung:** *9* Astrachan
- **in Wolhynien:** *5* Rowno
- **an der Wörnitz:** *12* Dinkelsbuehl
- **an der Wupper:** *4* Burg; *7* Opladen; *8* Solingen; *9* Wuppertal; *11* Leichlingen; *12* Hueckeswagen, Wipperfuerth
- **in Württemberg** → Stadt in Baden-Wuerttemberg
- **in Wyoming (USA):** *6* Lander; *7* Douglas, Granger; *8* Cheyenne
- **auf Yukatan:** *6* Merida
- **am Züricher See:** *6* Horgen, Staefa; *7* Thalwill, Zuerich; *10* Rapperswil, Waedenswil
- **auf Zypern:** *7* Larnaka, Nicosia, Nikosia; *8* Limassol; *9* Famagusta

Stadtadel: *9* Patriziat

Stadtburg: *9* Zitadelle

Stadtburg von
- **Athen:** *9* Akropolis
- **Braunschweig:** *13* Dankwarderode
- **Granada:** *8* Alhambra

- **Krakau:** *5* Wawel
- **London:** *5* Tower
- **Malaga:** *8* Alcazaba
- **Moskau:** *5* Kreml
- **Prag:** *9* Hradschin
- **Rom:** *10* Engelsburg
- **Toledo:** *7* Alcazar
- **Würzburg:** *10* Marienberg

Städtebund im Mittelalter: *5* Hansa, Hanse
Stadteingang: *3* Tor
Städter: *7* Buerger
Stadtgott von Babylon: *6* Marduk
Stadtgöttin von Karthago: *5* Tanit
Stadtguerilla in Uruguay: *8* Tupamaro
- **der Niederlande:** *4* Alba

städtisch: *8* kommunal
städtischer Versorgungsbetrieb: *10* Gasanstalt, Wasserwerk; *18* Elektrizitaetswerk
Stadtkanal: *5* Fleet; *6* Gracht
Stadtmitte: *4* City; *7* Zentrum
Stadtoberhaupt: *14* Buergermeister Statthalter
Stadtrand: *10* Peripherie
Stadtrat: *5* Senat; *9* Magistrat
Stadtstaat in Griechenland: *5* Polis
Stadtstreicher: *6* Penner; *8* Vagabund; *10* Pennbruder
Stadtteil
- **in Augsburg:** *8* Fuggerei
- **von Baden-Baden:** *3* Oos
- **von Berlin** → Berliner Verwaltungsbezirk
- **von Bonn:** *5* Beuel; *12* Bad Godesberg
- **von Bremen:** *8* Vegesack
- **von Budapest:** *4* Pest
- **von Danzig:** *5* Oliva
- **von Dortmund:** *6* Hoerde
- **von Dresden:** *9* Blasewitz
- **von Duisburg:** *7* Hamborn, Ruhrort; *9* Meiderich
- **von Düsseldorf:** *7* Benrath; *12* Kaiserswerth
- **von Frankfurt:** *7* Hoechst; *10* Roedelheim; *13* Sachsenhausen
- **von Gelsenkirchen:** *4* Buer; *7* Schalke
- **von Hamburg:** *6* Altona; *7* Barmbek, Harburg; *8* Wandsbek; *10* Blankenese, Sankt Pauli, Stellingen
- **von Hannover:** *12* Herrenhausen
- **von Hongkong:** *6* Kaulun
- **von Istanbul:** *4* Pera; *6* Galata; *7* Skutari, Stambul
- **von Karlsruhe:** *7* Durlach
- **von Kiel:** *8* Holtenau
- **von Köln:** *4* Kalk; *5* Deutz; *8* Muelheim; *9* Ehrenfeld; *10* Braunsfeld
- **von Krefeld:** *9* Uerdingen
- **von Lissabon:** *5* Belem
- **von London:** *4* City, Soho; *5* Stoke; *6* Ealing, Eltham, Hoxton, Poplar; *7* Chelsea, Eastend, Holborn, Lambeth, Mayfair, Pimlico, Westend; *8* Kingston; *9* Bayswater, Belgravia, Greenwich, Southwark, Wimbledon; *10* Kennington, Kensington, Paddington; *11* Westminster, Whitechapel
- **von Los Angeles:** *9* Hollywood
- **von Ludwigshafen:** *5* Oppau
- **von Lüttich:** *3* Ans
- **in Moskau:** *5* Kreml
- **von München:** *4* Riem; *9* Schwabing; *11* Nymphenburg
- **von New York:** *5* Bronx; *6* Harlem, Queens; *7* Yonkers; *8* Brooklyn, Richmond; *9* Manhattan
- **von Paris:** *4* Orly; *7* Auteuil; *9* Vincennes; *10* Montmartre; *12* Montparnasse
- **von Prag:** *9* Hradschin
- **von Rom:** *10* Trastevere
- **von Stuttgart:** *9* Cannstatt, Vaihingen
- **von Venedig:** *6* Rialto
- **von Warschau:** *5* Praga
- **von Wien:** *8* Grinzing, Nussdorf; *9* Ottakring, Schwechat
- **von Wuppertal:** *6* Barmen; *8* Ronsdorf; *9* Beyenburg, Elberfeld, Vohwinkel; *10* Cronenberg

Stadtverwaltung: *9* Magistrat
Stadtviertel: *8* Quartier
- **bei den Römern:** *6* Tribus

Stadtzentrum: *4* City
Staffelläufer: *8* Stafette
Stahlkammer: *4* Safe; *6* Tresor
Stahl-Nickel-Legierung: *5* Invar
Stahlplattenklavier: *7* Celesta
Stahlroß: *7* Fahrrad
Stahlschrank: *4* Safe; *6* Tresor
Stahlseil: *5* Kabel; *6* Trosse
Stall: *5* Koben
Stallabteil: *3* Box
Stalldung: *4* Mist
Stallunterlage: *5* Streu
Stamm → Volksstamm
Stamm der Araber: *5* Hemat
- **auf Borneo:** *5* Murut
- **der Irokesen:** *6* Seneca
- **der Maya:** *6* Chorti
- **der Polen:** *6* Kurpen

stammeln: *8* stottern
Stammesgott der Azteken: *12* Vitzliputzli
Stammeszeichen: *5* Totem
Stammgast: *7* Habitue
Stammhalter: *4* Sohn
Stammiete: *10* Abonnement
stämmig: *6* robust
Stammtafel der Zuchtpferde: *8* Stutbuch
Stammutter: *3* Eva; *4* Ahne
Stammtruppe: *5* Kader
Stammvater: *3* Ahn; *4* Adam
Stammvater
- **der Arkader:** *5* Arkas
- **der Edomiter:** *4* Esau
- **der Griechen:** *6* Danaus
- **der Hamiten:** *3* Ham
- **der Haushunde:** *4* Wolf
- **der Israeliten:** *5* Isaak, Jakob; *7* Abraham

- **der Menschen:** *4* Adam
- **der Moabiter:** *3* Lot
- **eines norwegischen Geschlechts:** *6* Aslaug
- **der Portugiesen:** *5* Lusus
- **eines Riesengeschlechts:** *4* Enak
- **der Semiten:** *3* Sem

Stammverband: *4* Clan
Stammwort: *10* Primitivum
stampfen: *8* pilieren
Stampfer: *5* Keule; *7* Pistill; *8* Stoessel
Stand: *4* Adel, Rang; *5* Beruf, Kaste, Stufe; *6* Status; *8* Stellung; *9* Situation
Standard: *4* Mass, Norm
standardisieren: *6* normen; *16* vereinheitlichen
Standarte: *6* Banner
Standbild: *5* Figur; *6* Statue; *7* Denkmal; *8* Monument; *9* Statuette; *10* Bildsaeule
Ständchen: *8* Serenade
Stander: *6* Flagge; *14* Kommandoflagge
Ständer: *6* Stativ; *7* Etagere; *8* Stellage
Standesbezeichnung: *5* Titel
Standesdünkel: *11* Kastengeist
standesgemäßes Auftreten: *15* Repraesentation
Standessprache: *5* Idiom
standfest machen: *13* stabilisieren
Standfestigkeit: *11* Stabilitaet
standhaft: *5* ehern
ständig: *5* immer, stets; *8* konstant; *9* habituell, permanent, stereotyp
ständiger Besucher: *9* Stammgast
Ständigkeit: *9* Permanenz
Standleuchte: *10* Kandelaber
Standort: *5* Platz; *8* Position
Standort der Truppen: *8* Garnison
standörtlich: *10* stationaer
Standpauke: *7* Ansicht, Meinung; *10* Anschauung, Auffassung; *12* Ueberzeugung
Standpunkt: *7* Ansicht, Doktrin, Meinung

- **der Verneinung:** *10* Nihilismus

standrechtlich erschießen: *11* fuesilieren
Stange: *4* Stab; *5* Latte, Stake, Stock; *8* Baskuele
Stangengebiß am Pferdegeschirr: *7* Kandare
Stangengemüse: *7* Spargel
Stangenweißbrot: *8* Baguette
Stangenzimt: *6* Kaneel
Stanze: *6* Presse
Stapel: *5* Stoss; *6* Haufen
Starenvogel: *3* Beo
stark: *6* baerig, robust; *8* intensiv, kraeftig; *10* voluminoes
stark mitgenommen: *10* ramponiert
Starkbier: *8* Bockbier
Stärke: *5* Kraft, Macht; *11* Intensitaet
Stärke aus Maniokwurzeln: *7* Tapioka
starke(r, s)

- **Abneigung:** *4* Hass
- **Brett:** *5* Bohle; *6* Planke
- **Dauerbelastung:** *6* Stress
- **Fallen der Börsenkurse:** *6* Baisse
- **Fäulnisgift:** *6* Neurin
- **Feuchtigkeit:** *6* Naesse
- **Gemütsbewegung:** *6* Affekt
- **Gemütserregung:** *3* Wut
- **Gift:** *8* Zyankali
- **Haar:** *6* Borste
- **Kaffee:** *5* Mokka; *8* Espresso
- **Keiler:** *5* Basse
- **Papier:** *5* Pappe; *6* Karton
- **Seil:** *3* Tau; *4* Stag; *6* Strick, Trosse
- **Steigen der Börsenkurse:** *6* Hausse
- **Stütztau:** *4* Want
- **Verlangen:** *4* Gier
- **Sturm:** *5* Wind

Stärkemehl: *4* Sago; *7* Kassawa, Tapioka; *9* Arrowroot
stärkend: *7* tonisch
stärkere Erregung: *6* Affekt
stärkster Sturm: *5* Orkan
Stärkungsmittel: *7* Tonikum
starr: *5* steif, stier
starr blicken: *7* starren, stieren
Starrköpfigkeit: *5* Trotz
Starrkrampf: *7* Tetanus
starrsinnig: *4* stur
Starrsucht: *10* Katalepsie
Startschleuder: *8* Katapult
Starverehrer: *3* Fan
Statist: *8* Komparse
statistische Darstellung: *8* Diagramm
Stätte: *3* Ort; *5* Platz; *6* Stelle
Statthalter: *6* Satrap; *8* Resident; *10* Gouverneur, Vizekoenig
Statthalter einer byzantinischen Provinz: *6* Eparch
Statthalter von Jerusalem: *7* Nehemia
stattlich: *8* statioes; *14* repraesentabel
Statuenbruchstück: *5* Torso
Statur: *5* Figur, Wuchs; *7* Gestalt
Stauanlage: *4* Damm, Wehr; *8* Schleuse; *9* Talsperre
Staubablagerung der Quartärzeit: *5* Loess
Staubbesen: *3* Mop
Staubfaden: *8* Filament
Staublunge: *8* Silikose
Staubsturm in Marokko: *5* Sahel
Staubwirbel in Indien: *5* Bhoot
Staudenharz: *3* Asa
staudige Wildpflanze: *4* Aron; *8* Aronstab
Stausee in Ägypten: *6* Assuan
Stauung: *8* Stockung
Stauwerk: *4* Wehr; *9* Talsperre
Stecher: *7* Graveur
Stechfliege: *5* Breme; *6* Bremse, Dassel
Stechgerät: *4* Ahle; *5* Nadel
Stechheber: *7* Pipette
Stechmücke: *5* Gelse; *6* Gnitte, Gnitze; *7* Moskito; *9* Anopheles
Stechpalme: *4* Ilex, Mate; *6* Huelse
Stechtorfstück: *4* Sode
steckbares Bauteil: *5* Modul
Steckdose: *6* Buchse
Stecken: *4* Stab; *5* Stock
Steckenpferd: *5* Hobby
Steckling: *8* Setzling

Steckrübe: *5* Wruke
Stegreifauftritt: *6* Sketch
Stegreifgedicht: *5* Silva
Stegreifvortrag: *13* Improvisation
Stehler: *4* Dieb
Stehltrieb: *11* Kleptomanie
steierischer Erzähler: *8* Rosegger
steif: *5* klamm, starr; *11* zeremoniell, zeremonioes
steifer Hut: *4* Bibi; *6* Melone; *8* Zylinder
steifes Haar: *6* Borste
Steifheit: *6* Starre
Steifpapier: *5* Pappe; *6* Karton
steigen: *8* klettern
Steigen der Börsenkurse: *6* Hausse
steigern: *9* forcieren; *11* potenzieren
Steigerung: *6* Klimax; *9* Gradation; *11* Progression
Steigerungsstufe: *10* Komparativ, Superlativ
Steiggerät: *6* Leiter
steile Rinne im Gebirge: *7* Couloir
– Treppe: *6* Stiege
steiler schmaler Weg: *5* Steig
Steilküste: *5* Kliff
Steilwand: *4* Fluh
Stein der Weisen: *7* Elixier
Steinblock: *4* Fels; *6* Felsen
Steinbock: *3* Tur
Steinbrechgewächs: *9* Herzblatt, Hortensie
Steinchen: *6* Kiesel
Steindruck: *12* Lithographie
Steine: *8* Schotter
Steingarten: *7* Alpinum
Steingrab der Frühgeschichte: *6* Dolmen; *10* Huenengrab
Steingut: *7* Keramik
Steingutflasche: *5* Kruke
Steinhaue: *5* Bille
Steinkohle: *9* Anthrazit
Steinkohlenprodukt: *3* Gas; *4* Koks, Teer; *6* Anilin, Benzol
Steinkohlenteer: *7* Bitumen
Steinkohlenzeit: *6* Karbon
Steinmal der Kelten: *6* Menhir
– der Mongolen: *3* Obo
Steinobst: *7* Kirsche, Pflaume, Walnuss; *8* Aprikose, Pfirsich, Zwetsche; *9* Mirabelle, Reneklode, Zwetschge; *11* Reineclaude
steinreicher Inder: *5* Nabob
Steinsarg: *9* Sarkophag
Steinsäule: *6* Menhir; *7* Obelisk
Steinschleudermaschine: *8* Bombarde
Steinschneidekunst: *7* Glyptik
Steinschneider: *7* Graveur
Steinspiel: *6* Domino
Steinstaublunge: *8* Silikose
Steinwand: *5* Mauer
Steinwüste der Sahara: *7* Hammada
Steinzeichner: *10* Lithograph
Steinzeichnung: *12* Lithographie
Steinzeitabschnitt: *11* Neolithikum; *12* Altsteinzeit, Mesolithikum; *13* Jungsteinzeit; *14* Palaeolithikum
Steinzeitgerät: *9* Faustkeil
steinzeitliche Höhle bei Holheim: *5* Ofnet
– Wohnstelle: *4* Abri; *8* Pfahlbau
Stelldichein: *10* Rendezvous
Stelle: *3* Ort; *5* Platz; *7* Staette; *8* Position
Stellgriff: *5* Hebel
Stellung: *3* Amt, Job; *4* Lage, Pose, Rang; *6* Posten; *7* Positur; *8* Position; *9* Situation
Stellung der Gestirne: *13* Konstellation
Stellvertreter: *4* Vize; *9* Prokurist, Substitut
Stelzvogel → Schreitvogel
Stemmeisen: *6* Beitel; *7* Meissel
Stempel: *7* Patrize
Stempel der Buchbinder: *6* Filete
– der Pflanze: *7* Pistill
Stempelabdruck: *6* Siegel
Stengel: *4* Halm; *5* Stiel
stenografisches Kürzel: *5* Sigel
Steppe
– in Nordamerika: *7* Praerie
– in Rumänien: *7* Baragan
– in Sibirien: *6* Tundra
– in Südafrika: *8* Kalahari
– in Südamerika: *5* Pampa; *6* Pampas
– in Südosteuropa: *6* Puszta; *7* Baragan
Steppenart: *5* Pampa; *6* Llanos, Pampas, Puszta, Pussta, Tundra; *7* Baragan, Praerie
Steppenfuchs: *6* Korsak
steppenhaft: *8* pontisch
Steppenhochland in Argentinien und Chile: *10* Patagonien
– im Sudan: *5* Wadai
Steppenpferd: *7* Mustang
Steppentier: *3* Gnu; *5* Zebra; *6* Kojote; *7* Gazelle, Giraffe, Mustang; *8* Antilope
Steppenwolf: *6* Kojote
Sterbeerleichterung durch Medikamente: *10* Euthanasie
Sterbeort
– Bismarcks: *13* Friedrichsruh
– Bruckners: *4* Wien
– Casanovas: *3* Dux
– Hauptmanns: *9* Hiddensee
– Hofers: *6* Mantua
– Huttens: *5* Ufnau
– Wallensteins: *4* Eger
Sterblichkeit: *11* Mortalitaet
Stereophonie: *7* Raumton; *9* Raumklang
steril: *8* keimfrei; *11* unfruchtbar
sterilisieren: *12* konservieren
Stern im Sternbild
– des Adlers: *5* Atair
– der Andromeda: *6* Alamak, Mirach, Sirrah
– des Bootes: *8* Arcturus
– der Cassiopeia: *7* Schedir
– des Eridanus: *8* Acharnar
– des Fuhrmanns: *7* Capella, Kapella
– des Großen Bären: *5* Mizar
– des Großen Hundes: *6* Sirius
– der Jungfrau: *5* Spica, Spika

- **des Kleinen Hundes:** *7* Prokyon
- **der Krone:** *5* Gemma
- **der Leier:** *4* Wega
- **des Löwen:** *7* Regulus; *8* Denebola
- **des Orion:** *5* Rigel; *9* Bellatrix; *10* Beteigeuze
- **des Pegasus:** *4* Enif; *6* Markab, Scheal, Sirrah
- **des Perseus:** *5* Algol; *7* Algenib
- **der Schlange:** *4* Unuk
- **des Schwans:** *5* Deneb
- **des Skorpions:** *5* Akrab; *7* Antares
- **des Stiers:** *9* Aldebaran
- **des Walfischs:** *4* Mira
- **der Zwillinge:** *6* Castor, Pollux

Sternbild des nördlichen Himmels: *4* Lyra; *5* Adler, Krebs, Leier, Loewe, Luchs, Orion, Pfeil, Stier; *6* Bootes, Drache, Fische, Schwan, Widder; *7* Cepheus, Delphin, Dreieck, Einhorn, Fuellen, Giraffe, Pegasus, Perseus, Sextant; *8* Eidechse, Fuhrmann, Herkules, Jungfrau, Schlange, Walfisch; *9* Andromeda, Jagdhunde, Zwillinge; *10* Cassiopeia, Kassiopeia; *11* Grosser Baer, Kleiner Baer; *12* Grosser Wagen, Kleiner Wagen

Sternbild des südlichen Himmels: *4* Hase, Netz, Pfau, Rabe, Wolf; *5* Altar, Kreuz, Maler, Segel, Taube, Tukan, Waage; *6* Becher, Fliege, Indier, Lineal, Oktant, Schild, Zirkel; *7* Kranich, Phoenix, Zentaur; *8* Eridanus, Fernrohr, Schuetze, Skorpion; *9* Bildhauer, Luftpumpe, Mikroskop, Pendeluhr, Steinbock, Tafelberg; *10* Chamaeleon, Wassermann; *11* Grabstichel, Grosser Hund, Kleiner Hund; *12* Schwertfisch; *13* Paradiesvogel; *14* Schiffskompass

Sterndeuter: *9* Astrologe
Sterndeuter Wallensteins: *4* Seni
Sterndeutung: *10* Astrologie
Sternfahrt: *6* Rallye
Sternforscher: *8* Astronom; *13* Astrophysiker
Sterngotteslehre: *14* Astrotheologie
Sterngruppe im Stier: *8* Plejaden
Sternhaufen im Krebs: *8* Praesepe
Sternkunde: *10* Astronomie
Sternschnuppe: *6* Meteor; *8* Meteorit
Sternschnuppenschwarm: *7* Lyriden; *8* Leoniden; *9* Perseiden
Sternschnuppenschwarm im Löwen: *8* Leoniden
Sternsysteme: *8* Galaxien
Sternwarte: *13* Observatorium
Stethoskop: *8* Hoerrohr
stetig: *8* konstant; *14* kontinuierlich
Stetigkeit: *12* Kontinuitaet
stets: *5* immer; *8* staendig
Steuer: *5* Pinne, Ruder; *6* Lenker, Umlage, Volant; *7* Lenkrad
Steuerband: *9* Banderole
Steuerbehörde: *9* Finanzamt
steuern: *6* lenken
Steuerungsscheibe: *8* Exzenter
Steuerungswissenschaft: *10* Kybernetik
Steuerzeichen: *9* Banderole
Stich im Kartenspiel: *5* Point
Stichblatt am japanischen Schwert: *5* Tsuba
Stichkarte: *5* Atout; *6* Trumpf
Stichprobe: *4* Test
Stichtag: *6* Termin
Stichwaffe: *5* Degen, Dolch, Lanze; *6* Spiess; *7* Florett, Schwert, Stilett; *8* Bajonett
Stichwort: *5* Lemna
Stickerei: *6* Feston
Stickgarn mit Querborsten: *8* Chenille
Stickrahmen: *6* Tambur; *8* Tamburin
Stickstoff: *11* Nitrogenium
Stickstoffverbindung: *4* Azid; *6* Nitrat, Nitrid, Nitrit; *7* Lachgas; *8* Salpeter
Stiefsohn des Augustus: *6* Drusus
- **der Phädra:** *8* Hippolyt

Stieftochter des Herodes: *6* Salome
Stiege: *6* Treppe
Stieglitz: *10* Distelfink
Stielbrille: *9* Lorgnette
Stieleinglas: *7* Lorgnon
Stier: *5* Bulle
Stiergott der alten Ägypter: *4* Apis
Stierkämpfer: *5* Chulo; *6* Espada, Torero; *7* Matador, Picador; *8* Toreador; *9* Picadores; *12* Banderillero
Stierkämpferdegen: *5* Spada
Stierkämpfermantel: *4* Capa
Stierkämpferpfeil: *10* Banderilla
Stiermensch: *10* Minotaurus
Stiertreiber: *5* Chulo
Stift: *7* Konvikt
stiften: *8* dotieren, schenken
Stifter des
- **Augsburger Religionsfriedens:** *9* Ferdinand
- **des Christentums:** *5* Jesus
- **Islams:** *8* Mohammed
- **Jesuitenordens:** *6* Loyola

Stifterfigur im Naumburger Dom: *3* Uta
Stiftsherr: *7* Domherr; *9* Kapitular
Stiftskirche: *5* Abtei; *8* Muenster
Stiftsvorsteher: *3* Abt; *6* Propst
Stiftsvorsteherin: *6* Domina; *9* Aebtissin
Stiftung: *9* Fundation; *10* Stipendium; *11* Institution
- **für besondere Leistung:** *10* Nobelpreis

Stil: *3* Art; *5* Genre; *6* Manier; *7* Diktion; *8* Gepraege
Stilart des Jazz: *3* Rag
Stilepoche → Kulturepoche
Stilkunde: *9* Stilistik
still: *5* leise, ruhig; *6* passiv; *10* schweigsam
Stille: *4* Ruhe
stille Andacht: *5* Gebet; *13* Kontemplation
Stiller Ozean: *7* Pazifik
Stillschweigen: *9* Silentium
Stillstand: *10* Stagnation
stillstehend: *8* statisch
Stilrichtung → Kulturepoche
Stimmbildungslehre: *8* Phonetik
Stimme: *5* Organ, Votum
Stimme in einem Musikwerk: *4* Part
stimmen: *8* votieren
Stimmenmehrheit: *10* Majoritaet

Stimmenzug der Orgel: *8* Register
Stimmgabel: *8* Diapason
Stimmlage: *3* Alt; *4* Bass; *5* Tenor; *6* Sopran; *7* Bariton, Diskant; *11* Mezzosopran
Stimmritze: *7* Glottis
Stimmstock: *5* Seele
Stimmung: *5* Laune; *8* Euphorie; *11* Atmosphaere
Stimmwechsel: *8* Mutation
Stimmzettelbehälter: *4* Urne
Stinkmarder: *4* Ratz; *5* Iltis
Stinktier: *5* Skunk
Stirnband: *6* Diadem; *7* Bandeau
Stirnbinde: *5* Inful
Stirnfleck: *6* Blesse
Stirnreif: *6* Diadem
Stirnschmuck der Hirsche: *6* Geweih
Stirnseite: *5* Front; *7* Fassade
Stock: *4* Rute, Stab; *7* Pruegel; *8* Knueppel
Stockschläge: *9* Bastonade
Stockung: *10* Stagnation
Stockwerk: *5* Etage
Stoff: *5* Masse, Sujet; *6* Gewebe; *7* Materie; *8* Substanz
Stoff in feinster Verteilung: *7* Kolloid; *8* Emulsion
– für Tropenuniform: *5* Khaki
Stoffart → Gewebe
Stoffbär: *5* Teddy
Stoffbehälter: *4* Sack; *6* Beutel
Stoffbehausung: *4* Zelt
Stoffbeschädigung: *4* Riss
Stoffdach: *7* Markise; *9* Baldachin
Stoffdekoration: *8* Draperie
Stoffeinsatz: *7* Zwickel
stofflich: *9* materiell; *12* substantiell
stofflos: *11* immateriell
Stoffmuster: *6* Dessin
Stoffrollen: *6* Ballen
Stoffsammlung: *10* Repertoire
Stoffstreifen: *4* Band
Stoffstück: *6* Lappen
Stoffunterkunft: *4* Zelt
Stoffwechsel: *12* Metabolismus
Stoffwechselkrankheit: *5* Gicht
Stoffzersetzung: *9* Verwesung
stop: *4* halt
Stopfgarn: *5* Twist
Stöpsel: *8* Pfropfen
Störart: *6* Beluga, Hausen; *7* Sterlet; *8* Sterlett
Störrogen: *6* Kaviar
Storch: *6* Adebar
Storchvogel: *4* Ibis; *6* Marabu, Reiher; *7* Kranich, Pelikan; *8* Flamingo; *10* Nimmersatt
stören: *10* irritieren
störend: *10* genierlich
Störung: *5* Panne
Stoß: *4* Puff; *5* Knuff, Prall, Stups; *6* Schock, Schubs; *7* Pulsion
Stoß beim Billard: *5* Effet
Stoßdegen: *7* Florett
Stoßfänger: *6* Puffer
Stoßfangkissen: *6* Fender
Stoßtrupp: *4* Raid
Stoßwaffe: *4* Pike; *5* Lanze; *6* Spiess; *9* Partisane; *10* Hellebarde
Stoßzahn des Elefanten: *9* Elfenbein
Stoßzeit: *6* Saison; *8* Kampagne
Strafanstalt: *9* Zuchthaus; *10* Gefaengnis
strafbar: *9* kriminell
strafbare Handlung: *5* Untat; *8* Vergehen; *10* Verbrechen; *12* Uebertretung
strafen: *6* ahnden
strafende Gerechtigkeit: *7* Nemesis; *10* Vergeltung
Straferlaß: *8* Amnestie; *9* Indulgenz; *11* Begnadigung
straff: *5* drall; *6* stramm
Straffälligkeit: *13* Kriminalitaet
straffrei: *5* immun
Straflosigkeit: *11* Indemnitaet
Strafpredigt: *6* Sermon; *7* Epistel
strafrechtlich verfolgen: *6* ahnden
Strafrede: *10* Philippika
Strafstoß beim Eishockey: *7* Penalty
– beim Fußball: *8* Elfmeter
Straftat: *4* Mord, Raub, Reat; *5* Untat; *6* Delikt, Frevel
Strahlenbrecher: *6* Prisma
Strahlenbrechung: *10* Refraktion
Strahlenfacharzt: *13* Roentgenologe
strahlenförmig: *6* radial
Strahlenkörper der Blüte: *3* Rad
Strahlenkranz: *6* Glorie, Korona, Nimbus; *7* Aureole
Strahlenkunde: *10* Radiologie
Strahlenpilzkrankheit: *12* Aktinomykose
Strahlentierchen: *11* Radiolarien
Strahler: *8* Radiator
Strahltriebwerk: *3* Jet
Strahlung: *9* Emanation, Radiation
Strahlungsmeßgerät: *13* Geigerzaehler
Strahlungspunkt: *7* Radiant
stramm: *5* drall, prall
Strand: *4* Ufer; *6* Kueste; *7* Gestade
Strandbad bei Venedig: *4* Lido
Strandläufer: *4* Knut
Strandsee: *4* Haff; *5* Liman; *6* Bodden, Lagune
Strapaze: *4* Qual; *5* Muehe, Plage
Straße: *3* Weg; *5* Allee, Gasse; *6* Avenue; *9* Boulevard
Straße in Berlin: *15* Kurfuerstendamm
– in Düsseldorf: *12* Koenigsallee
– in New York: *10* Wallstreet
– in Paris: *13* Champs Elysées
– bei Rom: *8* Via Appia
Straßenbahn: *4* Tram; *7* Tramway
Straßenbaumaschine: *5* Ramme, Walze
Straßenbaumaterial: *5* Beton; *6* Splitt, Steine; *7* Bitumen
Straßenbelag: *7* Asphalt, Makadam; *8* Pflaster
Straßenbenutzungsgebühr: *4* Maut
Straßenleuchte: *7* Laterne
Straßenpöbel: *3* Mob

Straßenräuber: *6* Bandit; *7* Brigant
Straßensperre: *9* Barrikade
Straßenverkehrsmittel → Verkehrsmittel
Straßenwindung: *5* Kehre; *10* Serpentine
Straßenzug: *5* Trakt; *6* Trasse
strategisch: *8* operativ, taktisch
Strauch: *5* Busch
Strauchdieb: *12* Buschklepper
straucheln: *8* stolpern
Strauchfrucht: *5* Beere
Strauchwerk: *5* Hecke; *8* Gebuesch
Strauß: *6* Bukett
Straußenfeder auf Frauenhüten: *9* Pleureuse
Straußenvogel: *3* Emu, Moa; *4* Kiwi; *5* Nandu; *6* Kasuar
streben: *9* tendieren
Streben: *7* Tendenz; *8* Ambition
Streben nach Sprachreinigung: *8* Purismus
Strebsamkeit: *5* Eifer; *6* Fleiss
streckbar: *6* duktil
Strecke: *4* Tour; *5* Linie, Piste, Route; *6* Etappe; *7* Distanz
Streckendecke im Bergbau: *6* Firste
Streckenende im Bergbau: *3* Ort
Streckmuskel: *8* Abduktor
Streckung: *7* Dehnung
Streich: *4* Coup, Hieb; *5* Farce, Posse, Unfug; *6* Possen, Schlag; *11* Schabernack
streicheln: *7* kraulen
streichen: *8* loeschen
Streichgarnstoff: *8* Buckskin
Streichinstrument: *4* Bass; *5* Cello, Fidel, Gambe, Geige, Viola; *6* Fiedel; *7* Violine; *8* Bratsche; *9* Bassgeige, Kniegeige; *10* Kontrabass; *11* Violoncello
- **der Barden:** *6* Crewth
- **im Mittelalter:** *5* Gigue

Streife: *4* Raid; *5* Ronde, Runde; *6* Razzia; *9* Exkursion; *10* Patrouille
Streifen: *7* Lamelle
Streifen an der Uniform: *5* Biese, Litze
streifig: *8* lamellar
Streifwache: *5* Ronde
Streik: *8* Ausstand
Streit: *4* Zank; *5* Fehde, Hader, Kampf, Knies, Krieg, Stunk, Zwist; *7* Haendel, Querele; *8* Kabbelei, Konflikt, Reiberei; *11* Karambolage, Kontroverse
Streitaxt der Indianer: *8* Tomahawk
streitbar: *11* martialisch
streiten: *6* hadern
Streitfrage: *7* Problem
Streitgespräch: *7* Debatte
Streitkunst: *9* Dialektik
Streitmacht: *4* Heer; *5* Armee
Streitsache: *7* Affaere
Streitschrift: *8* Diatribe, Pamphlet
streitsüchtig: *9* aggressiv
Streitwagen der Antike: *4* Biga
streng: *4* hart, herb; *6* strikt; *7* rigoros
Strenge: *6* Haerte
strenge Kälte: *5* Frost
- **Lebensweise:** *6* Askese

strenggläubig: *8* orthodox
Streupulver: *6* Talkum
Strich: *5* Linie
Striche ziehen: *9* liniieren; *12* schraffieren
Strichelung: *9* Schraffur
Strichpunkt: *9* Semikolon
Strick: *4* Seil; *5* Leine; *6* Schnur, Strang; *9* Bindfaden
Strickbeutel: *9* Pompadour
Strickbluse: *6* Jumper
Strickjacke: *8* Pullover; *10* Lumberjack
Strickmaterial: *5* Wolle
Striegel: *11* Kardaetsche
strittig: *10* diskutabel
Strohblume: *10* Immortelle
Strohhut: *6* Panama; *11* Florentiner
Strohpuppe: *6* Popanz
Strohunterlage: *5* Streu
Strolch: *7* Stromer; *8* Vagabund; *13* Landstreicher
Strom → **Fluß**
Strom in (s.a. unter Fluß)
- **Afrika:** *3* Nil; *5* Kongo, Niger; *6* Oranje, Schari; *7* Limpopo, Sambesi, Senegal
- **Amerika:** *4* Ohio; *5* Yukon; *7* La Plata, Niagara, Orinoko; *8* Amazonas, Missouri, Rio Negro, St. Lorenz; *9* Mackenzie; *11* Mississippi; *13* St. Lorenzstrom; *14* Mackenzie River
- **Asien:** *2* Ob; *3* Ili; *4* Amur, Lena; *5* Tarim; *6* Ganges, Mekong, Tigris; *7* Euphrat, Hoangho, Irawadi, Irtisch; *8* Jenissei; *11* Brahmaputra; *12* Jangtsekiang
- **Deutschland:** *4* Elbe, Oder; *5* Donau, Rhein, Weser
- **Europa:** *2* Po; *3* Don; *4* Ebro, Elbe, Maas, Oder, Tajo; *5* Donau, Duena, Rhein, Rhône, Wolga; *6* Dnjepr; *7* Dnjestr; *8* Weichsel
- **Frankreich:** *5* Loire, Rhône, Seine; *7* Garonne
- **Hinterindien:** *6* Mekong; *7* Irawadi
- **Innerasien:** *3* Ili; *5* Tarim
- **Italien:** *2* Po
- **Kanada:** *5* Yukon; *9* Mackenzie
- **Nordamerika:** *4* Ohio; *5* Yukon; *7* Niagara; *8* Missouri, St. Lorenz; *9* Mackenzie; *11* Mississippi; *13* St. Lorenzstrom; *14* Mackenzie River
- **Sibirien:** *2* Ob; *3* Ili; *4* Amur, Lena; *7* Irtisch; *8* Jenissei
- **Spanien:** *4* Ebro, Tajo
- **Südafrika:** *6* Oranje; *7* Limpopo, Sambesi
- **Südamerika:** *7* La Plata, Orinoko; *8* Amazonas, Rio Negro
- **Südasien:** *6* Ganges, Mekong; *7* Irawadi; *11* Brahmaputra
- **in Vorderasien:** *6* Tigris; *7* Euphrat

Stromabnehmer: *9* Kollektor
Stromeintrittsstelle: *5* Anode
strömen: *6* pulsen; *9* pulsieren
Stromerzeuger: *6* Dynamo; *8* Batterie; *9* Generator
Stromleitung: *5* Draht, Kabel

Strommaßeinheit: *3* Ohm; *4* Volt, Watt; *5* Farad; *6* Ampere
Strommesser: *11* Amperemeter
Stromquelle: *4* Akku; *8* Batterie; *11* Akkumulator
Stromschnelle: *8* Katarakt
Stromspeicher: *4* Akku; *11* Akkumulator
Strömung: *7* Tendenz
Strömung des Meeres: *5* Drift, Trift
Strömungsform: *6* Wirbel
Stromzuführer: *5* Anode
Strophe: *4* Vers
– im altfranzösischen Epos: *6* Laisse
Strudel: *4* Neer
Struktur: *4* Form; *6* Aufbau; *15* Zusammensetzung
strukturlos: *6* amorph
Struma: *5* Kropf
Stube: *4* Raum; *6* Zimmer
Stube in der Mühle: *5* Feise
Stubenvogel: *8* Kardinal; *13* Kanarienvogel, Wellensittich
Stück: *4* Teil
Stuckarbeit: *9* Stukkatur
Stuckarbeiter: *10* Stukkateur
Stücklohn: *6* Akkord
Stückmaß: *4* Wall
Stückzahlmaß: *4* Gros; *6* Mandel; *7* Dutzend
Studentenausschuß: *4* AStA
Studentenblume: *7* Tagetes
Studentenheim: *5* Burse
Studentenliederbuch: *11* Kommersbuch
Studentenmittagstisch: *5* Mensa
Studentenregister: *8* Matrikel
Studentenverbindung: *5* Korps; *11* Korporation
studentische(r, s)
– Sitte: *7* Komment
– Trinkgelage: *7* Kommers
– Trinkgruß: *7* Fiduzit; *9* Schmollis
– Trinklied: *6* Kantus
– Verbindung: *5* Korps; *11* Korporation
– Verbindungsdiener: *3* Fax
– Zweikampf: *6* Mensur
Studie: *6* Etuede, Uebung
Studienanstalt: *3* Uni; *7* Seminar; *12* Universitaet
Studienbeihilfe: *10* Stipendium
Studieneinschreibung: *15* Immatrikulation
Studiengenosse: *11* Kommilitone
Studienhalbjahr: *8* Semester
Studienvorlesung: *6* Kolleg
studieren: *6* hoeren, lernen; *8* forschen
Studierstube: *6* Studio
Studierter: *10* Akademiker
Studio: *7* Atelier
Stufe: *5* Tritt, Phase; *6* Absatz, Niveau; *7* Sprosse
– der Tonleiter: *7* Septime
Stufen der Kreideformation: *5* Gault, Genon; *6* Neokom
stufenartige Erhöhung: *6* Podest; *7* Estrade; *8* Terrasse
Stufenfolge: *5* Skala; *9* Gradation
stufenförmiger Wasserfall: *7* Kaskade
Stufengestell: *7* Etagere
Stufenturm: *8* Zikkurat; *9* Zikkurrat
Stufenunterbau griechischer Tempel: *6* Krepis
stufenweise: *8* graduell
Stuhl: *4* Sitz; *5* Sella; *6* Chaise, Hocker
Stuhl mit Armlehnen: *6* Sessel
Stuhlteil: *4* Sitz; *5* Lehne
Stulle: *5* Bemme; *7* Scheibe; *8* Schnitte
stummer Bühnendarsteller: *7* Statist; *8* Komparse
stummes Gebärdenspiel: *9* Pantomime
Stumpf: *4* Rest; *7* Stummel
stumpfsinnig: *6* stupid, torpid
stunden: *12* prolongieren
Stundengebet: *4* Hora, Hore, None; *7* Brevier
Stundung: *10* Moratorium; *12* Prolongation
stur: *8* obstinat; *11* halsstarrig
Sturm: *5* Orkan; *6* Taifun; *7* Pampero, Tornado; *8* Hurrikan
Sturm in Argentinien: *7* Pampero
– in Asien: *5* Buran
– auf Bankkassen: *3* Run
– in Südamerika: *6* Norder
Sturmbock: *6* Widder
Sturmdämon: *7* Harpyie
Sturmgeister der Indra: *6* Maruts
stürmisch: *7* furioso; *9* turbulent
Sturmmonat bei den Athenern: *12* Maimakterion
Sturmvogel: *8* Albatros
Sturz: *4* Fall
Sturzbett: *9* Tosbecken
stürzende Schneemasse: *6* Lawine
Sturzkampfflugzeug: *5* Stuka
Sturzsee: *7* Brecher
Stützbalken: *6* Strebe; *7* Traeger; *8* Spriesse
Stütze: *4* Halt; *5* Hilfe; *6* Saeule, Strebe
stutzen: *8* kupieren
Stutzer: *4* Beau, Geck, Gent, Snob; *5* Dandy; *6* Gigerl; *7* Elegant
Stützholz im Bergwerk: *7* Stempel
Stütztau: *4* Want
Suahelisprache: *9* Kisuaheli
subjektiv: *9* einseitig; *10* parteiisch; *11* persoenlich
Subkontinent: *7* Amerika; *8* Eurasien; *11* Nordamerika
submarin: *12* unterseeisch
Subordination: *8* Gehorsam; *9* Disziplin
Subvention: *8* Beihilfe
Suchgerät: *5* Sonde
Sucht: *4* Gier; *5* Manie
Südafrikaner: *3* Bur; *4* Bure
südafrikanische(r, s)
– Antilope: *3* Gnu
– Arzt: *7* Barnard
– Bezeichnung für Rassentrennung: *9* Apartheid
– Bischof: *4* Tutu
– Bürgerrechtler: *7* Mandela
– Fluß: *4* Vaal; *6* Oranje; *7* Limpopo, Sambesi; *8* Okawango

- **Friedensnobelpreisträger:** *4* Tutu; *7* Luthuli
- **Hafenstadt** → Hafenstadt in Südafrika
- **Herzchirurg:** *7* Barnard
- **Kolonisten:** *5* Buren
- **Liliengewächs:** *4* Aloe
- **Münze:** *4* Cent, Rand; *5* Pfund; *9* Schilling
- **Negerstamm:** *4* Zulu; *5* Bantu; *6* Herero
- **Nobelpreisträger für Medizin:** *7* Theiler
- **Politiker:** *5* Botha, Smuts; *7* De Klerk, Krueger, Mandela
- **Provinz:** *5* Natal; *7* Kapland; *9* Swasiland, Transvaal; *10* Basutoland
- **Rassentrennung:** *9* Apartheid
- **Schafrasse:** *7* Karakul
- **Sprache:** *4* Zulu; *5* Bantu, Sotho, Swasi, Venda; *7* Ndebele; *9* Afrikaans
- **Staat:** *6* Angola, Malawi; *8* Mosambik; *13* Nordrhodesien, Suedrhodesien
- **Staatsmann:** *5* Smuts
- **Stadt** → Stadt in Südafrika
- **Steppe:** *8* Kalahari
- **Viehzüchtervolk:** *12* Hottentotten
- **Wildpferd:** *5* Zebra
- **Wurfkeule:** *5* Kirri

Südamerikaner: *7* Chilene; *8* Peruaner; *10* Bolivianer; *11* Argentinier, Brasilianer, Venezolaner

südamerikanisch → amerikanisch

südamerikanische(r, s)

- **Affenart:** *6* Aluata, Uakari
- **Ameisenart:** *6* Azteca
- **Ballspiel:** *7* Indiaca
- **Baumharz:** *6* Konima
- **Berg** → Berg in Südamerika
- **Biberratte:** *6* Nutria
- **Boot:** *5* Balsa
- **Bussard:** *5* Aguja
- **Echsenart:** *5* Anoli, Iguan; *6* Leguan
- **Edelholz:** *10* Palisander
- **Farm:** *8* Estanzia, Hazienda
- **Faultier:** *2* Ai; *4* Unau
- **Fledermaus:** *6* Vampir
- **Fluß** → Fluß in Südamerika
- **Freiheitskämpfer:** *5* Sucre; *7* Bolivar; *9* San Martin
- **Gebiet:** *6* Guyana; *7* Guayana, Surinam
- **Gebirge:** *5* Anden; *11* Kordilleren
- **Gebirgstier:** *4* Lama; *7* Guanako
- **Geier:** *5* Urubu; *6* Kondor
- **Getränk:** *4* Mate; *6* Chicha
- **Goldhase:** *5* Aguti
- **Goldmünze:** *6* Condor
- **Grassteppe:** *5* Pampa; *6* Llanos
- **Großkatze:** *6* Ozelot
- **Hafenstadt** → Hafenstadt in Südamerika
- **Halbwildpferd:** *6* Bronco
- **Hanfart:** *4* Pite
- **Hartholz:** *9* Quebracho
- **Haumesser:** *7* Machete
- **Hauptstadt** → Hauptstadt in Südamerika
- **Hirsch:** *6* Huemul
- **Holzart:** *9* Quebracho; *10* Palisander
- **Huftier:** *5* Tapir
- **Indianer:** *5* Indio
- **Indianerhäuptling:** *6* Kazike
- **Indianerstamm:** *3* Ona; *4* Inka, Pano, Tupi; *5* Aruak; *6* Aimara, Tukano; *7* Chibcha, Guarani, Kariben, Puelche; *8* Karaiben, Ketschua; *9* Araukaner, Pueltsche
- **Inselgruppe:** *9* Feuerland; *14* Falklandinseln
- **Insektenfresser:** *11* Ameisenbaer
- **Kamel:** *4* Lama; *6* Alpaka, Vicuna, Vikuna; *7* Guanako, Vikunja
- **Kap:** *5* Hoorn
- **Krokodil:** *6* Kaiman
- **Kuckucksvogel:** *3* Ani
- **Mantel:** *6* Poncho
- **Mähnenwolf:** *5* Guara
- **Mischling:** *5* Casco
- **Münze** → Münze in Südamerika
- **Nagetier:** *4* Mara, Paka; *5* Aguti; *6* Nutria; *10* Chinchilla
- **Nationalheld:** *7* Bolivar
- **Papagei:** *3* Ara
- **Pfefferfresser:** *5* Tukan
- **Pfeilgift:** *6* Kurare
- **Rackenvogel:** *4* Hutu; *6* Motmot
- **Raubfisch:** *7* Piranha
- **Raubtier:** *4* Puma; *6* Jaguar, Ozelot
- **Riesengürteltier:** *4* Tatu
- **Rinderhaut:** *5* Campo
- **Rüsseltier:** *5* Tapir
- **Säugetier:** *11* Ameisenbaer
- **Schildkröte:** *5* Arrau
- **Schlange:** *3* Boa; *8* Anakonda; *14* Abgottschlange; *15* Koenigsschlange
- **Schleuderwaffe:** *4* Bola
- **Schulterdecke:** *6* Poncho
- **Staat** → Staat in Südamerika
- **Stadt** → Stadt in Südamerika
- **Stechpalme:** *5* Yerba
- **Steppe:** *5* Pampa; *6* Llanos, Pampas; *7* Savanne
- **Stinktier:** *7* Surilho
- **Straußenvogel:** *5* Nandu
- **Strom:** *7* La Plata, Orinoko; *8* Amazonas, Rio Negro
- **Sturm:** *7* Pampero
- **Tagelöhner:** *4* Peon
- **Tanz:** *5* Mambo, Raspa, Rumba, Tango; *9* Bossanova
- **Tee:** *4* Mate
- **Viehhirt:** *4* Peon; *6* Gaucho
- **Vogel:** *3* Ani, Ara; *4* Hutu; *5* Nandu, Tukan, Urubu; *6* Kondor, Motmot; *7* Kolibri, Papagei
- **Vulkan** → Vulkan in Südamerika
- **Wurf- und Fanggerät:** *4* Bola
- **Zahnwal:** *5* Bonto, Bufeo
- **Zwerghirsch:** *4* Budu

sudanesische(r)

- **Fluß:** *3* Nil; *5* Sobat; *6* Atbara
- **Hauptstadt:** *7* Khartum
- **Stadt** → Stadt im Sudan

südarabische Hafenstadt: *4* Aden

südarabischer Küstenwind: *5* Karif

südarabisches Gebiet: *4* Oman, Saba; *5* Jemen; *9* Hadramaut
- Sultanat: *4* Oman; *5* Dubai, Qatar; *6* Maskat
- Volk: *4* Asra
südasiatischer Halbesel: *6* Onager
- Inselstaat: *8* Sri Lanka
- Staat: *4* Laos, Siam; *5* Birma, Burma; *6* Indien, Taiwan; *7* Formosa, Vietnam; *8* Malaisia, Pakistan, Thailand; *10* Kambodscha
- Strom: *6* Ganges, Mekong; *7* Irawadi; *11* Brahmaputra
- Wickelrock: *5* Mundu
Südborneo: *10* Kalimantan
süddeutsche Landschaft: *4* Baar; *5* Hegau; *7* Allgaeu
sudetendeutscher Dichter: *7* Stifter
Südeuropäer: *5* Ungar; *7* Albaner, Bulgare, Grieche, Rumaene, Spanier; *8* Albanier; *9* Italiener, Jugoslawe; *10* Portugiese
südeuropäisch → europäisch
südeuropäische Echse: *5* Gecko
- Wolfsspinne: *8* Tarantel
südfranzösische Fischsuppe: *13* Bouillabaisse
südfranzösischer Seewind: *5* Marin
- Wallfahrtsort: *7* Lourdes
Südfrucht: *5* Feige, Mango; *6* Ananas, Banane, Citrus, Dattel, Limone, Mandel, Orange, Pisang, Rosine, Zibebe; *7* Avocado, Zitrone; *8* Aprikose; *9* Apfelsine, Kokosnuss, Mandarine, Pomeranze; *10* Bergamotte, Clementine, Grapefruit, Pampelmuse; *12* Johannisbrot, Zitrusfrucht
südländische Hülsenfrucht: *4* Erve
- Pflanze: *5* Agave, Palme
südländischer Nadelbaum: *5* Pinie, Zeder; *8* Zypresse
südlichste(r)
- Stadt der Erde: *7* Ushuaia
- Stadt Europas: *6* Tarifa
- Punkt Afrikas: *8* Kap Hoorn
- Punkt Asiens: *4* Buru
Südostasiat: *3* Lao, Moi, Tai; *4* Naga, Thai; *5* Khmer, Schan; *6* Malaie; *7* Annamit, Birmane, Siamese; *10* Vietnamese; *11* Thailaender; *13* Kambodschaner
südostasiatische Gewürzpflanze: *6* Ingwer
- Halbinsel: *7* Malakka
- Landenge: *3* Kra
- Schleichkatze: *8* Manguste
Südostasienpakt: *5* SEATO
Südosteuropäer: *5* Serbe, Ungar; *6* Kroate; *7* Albaner, Bulgare, Grieche, Rumaene; *8* Albanier; *9* Jugoslawe; *10* Mazedonier
Südpolargebiet: *9* Antarktis
Südrhodesien: *8* Simbabwe
südrussische Halbinsel: *4* Krim
Südseeinsel(n): *5* Fidji, Samoa, Timor, Tonga; *6* Tahiti; *7* Fidschi, Salomon; *8* Eniwetok, Marianen; *9* Karolinen, Neuguinea; *10* Indonesien, Melanesien, Polynesien; *11* Mikronesien
Südseeinsulaner: *5* Maori, Papua; *6* Kanake; *10* Melanesier, Polynesier; *11* Mikronesier
Südslawe: *5* Serbe; *6* Kroate; *7* Bulgare, Slowene; *9* Jugoslawe
südslawisches Musikinstrument: *5* Gusla
Südspitze Afrikas: *7* Agulhas; *8* Nadelkap
- Amerikas: *9* Feuerland
Südtiroler Bergsteiger: *7* Messner
Südwein: *5* Jerez, Samos, Xeres; *6* Malaga, Sherry, Madera; *7* Madeira, Marsala; *8* Portwein; *9* Malvasier, Tarragona
Südwestafrika: *7* Namibia
Südwestwind: *6* Zephir
Südwind am Gardasee: *3* Ora
- Italiens: *5* Ostro
Sühne: *6* Strafe
Sühneleistung in Geld: *5* Busse
Sultan: *5* Ahmed, Harun, Osman, Murad, Selim; *6* Mehmed; *7* Mustafa, Saladin, Soliman; *8* Suleiman
Sultanat
- in Arabien: *4* Oman; *5* Katar, Qatar; *6* Maskat
- auf Borneo: *6* Brunei
- auf Celebes: *4* Boni
- von Malaia: *5* Kedah, Perak; *6* Pahang, Perlis; *8* Dschohor, Kelantan, Selangor, Sembilan; *9* Trengganu
- am Persischen Golf: *4* Oman; *5* Katar, Qatar; *6* Maskat; *7* Bahrain
Sultanserlaß: *5* Irade
Sultanspalast: *6* Serail
Sülze: *5* Aspik
Sumatra-Nashorn: *5* Badak
sumerische(r)
- Gottheit: *3* Anu, Sin; *6* Innini, Sabitu, Tammuz; *7* Ischtar; *8* Ningirsu; *9* Schamasch; *11* Ereschkigal
- Held: *10* Gilgamesch
- Stadtstaat: *2* Ur; *5* Eridu; *6* Nippur
- Unterwelt: *6* Arallu
Summe: *7* Quantum; *8* Ergebnis, Resultat
Summe der Erbanlagen: *8* Erbmasse
- der Lebensjahre: *5* Alter
Sumpf: *4* Luch; *5* Pfuhl; *6* Morast
Sumpfbiber: *6* Nutria
Sumpferz: *3* Gur
Sumpffieber: *7* Malaria
Sumpfgas: *6* Methan
Sumpfgebiet: *4* Moor
Sumpfgebiet in Rußland: *7* Polesje; *8* Polessje; *9* Polessien
Sumpfgrund: *3* Mud
Sumpfhuhn: *5* Ralle
sumpfig: *5* limos; *7* bruchig
Sumpfland: *4* Fehn, Fenn, Ried, Veen Venn; *5* Bruch; *6* Morast
Sumpfotter: *4* Nerz
Sumpfpflanze: *5* Binse, Porst, Simse; *6* Schilf; *7* Papyrus; *9* Weiderich
Sumpfschnepfe: *9* Bekassine
Sumpfvogel: *4* Ibis; *5* Ralle; *7* Kiebitz, Kranich; *9* Bekassine

Sumpfwald: *9*Dschungel
Sumpfwiese: *3*Loh
Sund: *8*Meerenge
Sundainsel: *4*Bali, Java; *5*Banka, Sumba, Timor; *6*Borneo, Flores, Lombok; *7*Celebes, Sumatra, Sumbawa
Sünde: *6*Frevel
Sündenbekenntnis: *7*Beichte
Sündenbock: *12*Pruegelknabe
Sündennachlaß: *6*Ablass
Sündenvergebung: *10*Absolution
sündigen: *7*freveln
Suppengemüse: *8*Julienne
Suppenschüssel: *7*Terrine
surrealistischer Maler: *4*Dali, Klee, Miro; *5*Ernst; *7*Chagall, Chirico
- Schriftsteller: *6*Breton
süßes Nichtstun: *14*Dolcefarniente
Süßholzsaft: *8*Lakritze
Süßkartoffel: *6*Batate
Süßspeise: *4*Krem; *5*Creme; *7*Auflauf, Dessert, Kompott, Pudding; *8*Flammeri, Pelemele; *13*Goetterspeise
Süßstoff: *9*Saccharin
Süßware: *5*Drops, Nugat; *6*Bonbon, Dragee, Nougat, Toffee; *7*Fondant, Konfekt, Krokant, Praline; *8*Lakritze, Marzipan; *9*Karamelle; *10*Schokolade
Süßwasserfisch: *3*Aal; *4*Anke, Blei, Salm, Wels; *5*Aitel, Barbe, Hecht, Lachs; *6*Barsch, Brasse, Doebel, Pricke, Schlei, Zander; *7*Brachse, Elritze, Forelle, Karpfen, Piranha, Ploetze, Rotauge, Schleie; *8*Aalraupe, Flussaal, Neunauge, Rotfeder, Saibling, Schmerle; *9*Goldfisch, Karausche, Stichling; *10*Bitterling, Weissfisch; *11*Bachforelle; *14*Spiegelkarpfen; *15*Schlammpeitzger
Süßwasserpolyp: *5*Hydra
Süßwasserraubfisch: *5*Hecht
Süß- und Salzwassergemisch: *11*Brackwasser
Süßwein: *5*Samos; *6*Madera, Malaga, Sherry; *7*Madeira, Marsala, Tokaier; *8*Jenerodi, Portwein; *9*Malvasier, Tarragona
Symbiose: *13*Zusammenleben
Symbol → Sinnbild
Symbol
- des ägyptischen Sonnengottes: *6*Sphinx
- des Bolschewismus: *11*Sowjetstern
- des Christentums: *5*Kreuz
- der Ehe: *4*Ring
- der Eitelkeit: *4*Pfau
- des Evangelisten Johannes: *5*Adler
- des Evangelisten Lukas: *5*Stier
- des Evangelisten Markus: *5*Loewe
- des Evangelisten Matthäus: *5*Engel
- der Feldherrnwürde: *13*Marschallstab
- des Friedens: *5*Taube
- für Gefahr: *9*Totenkopf
- für Gift: *9*Totenkopf
- des Glücks: *9*Kleeblatt
- des Gottes Schiwa: *6*Lingam
- der Hoffnung: *5*Anker
- des Islam: *8*Halbmond
- des Judentums: *6*Menora; *10*Davidstern
- der Kaiserwürde: *5*Krone; *6*Zepter
- des Kommunismus: *15*Hammer und Sichel
- der Königswürde: *5*Krone; *6*Zepter
- der Kraft: *5*Loewe, Stier
- der Kühnheit: *5*Adler
- des Lebens: *5*Sonne
- der Lebensgefahr: *9*Totenkopf
- der Liebe: *4*Herz
- der Macht: *5*Adler, Krone, Loewe; *6*Zepter
- des Todes: *7*Skelett; *9*Totenkopf
- der Trennung Deutschlands: *5*Mauer
- der türkischen Krankenpflege: *13*Roter Halbmond
- der Unschuld: *4*Lamm
Symboltier eines Festes: *9*Osterhase
synthetische Faser → Kunstfaser
synthetischer Gummi: *4*Buna
syrische(r, s)
- Bibelübersetzung: *8*Peschita
- Ebene: *6*Hauran
- Gebirge: *6*Hermon; *11*Antilibanon
- Hafenstadt: *3*Sur; *6*Banias; *7*Latakia; *8*Lattaqie
- Hauptstadt: *8*Damaskus
- Hymnendichter: *7*Romanos
- König: *9*Antiochus
- Münze: *5*Pfund; *7*Piaster
- Patriarch: *4*Abba
- Sonnengott: *8*Elagabal
- Stadt → Stadt in Syrien
- Volk: *6*Kurden, Drusen
systematisch absuchen: *8*abgrasen
Szenenfolge: *6*Szenar; *9*Szenarium
Szenerie: *10*Dekoration; *11*Buehnenbild

T

Tab: *6* Reiter; *12* Karteireiter
Tabak: *7* Knaster
Tabakerzeugnis → Tabakware
Tabakgift: *7* Nikotin
Tabakkonsument: *7* Raucher
Tabakdose: *9* Tabatiere
Tabaksorte: *4* Shag; *6* Brasil, Kruell; *7* Sumatra; *8* Machorka, Virginia
Tabakware: *5* Priem; *7* Stumpen, Zigarre; *8* Kautabak; *9* Zigarette, Zigarillo; *12* Pfeifentabak, Schnupftabak
Tabelle: *5* Liste
Tabernakel: *8* Zimborium
Tableau: *4* Bild; *5* Tafel; *8* Gemaelde
tabu: *8* verboten; *11* unantastbar
Tadel: *5* Ruege; *6* Kritik; *7* Anpfiff, Schelte, Vorwurf
tadellos: *6* knorke
tadeln: *6* ruegen; *11* kritisieren
tadelsüchtig: *7* spinoes
Tadler: *8* Kritiker
Tafelgeschirr: *7* Service
Tafelland: *7* Plateau
tafeln: *7* speisen; *9* schlemmen
Tafelrunde: *6* Korona
Täfelung: *6* Paneel
Täfelung von Innenwänden: *6* Paneel
Tag
- **vor Aschermittwoch:** *9* Fastnacht
- **im römischen Kalender:** *4* Iden
- **der Woche:** *6* Alltag, Montag; *7* Freitag, Samstag, Sonntag; *8* Dienstag, Mittwoch; *9* Sonnabend; *10* Donnerstag

Tagebuch: *7* Diarium, Journal, Logbuch
Tagedieb: *7* Gammler
Tagegelder: *7* Diaeten
Tagelied des Troubadours: *6* Aubade
Tagelöhner: *4* Kuli; *8* Haeusler
Tagesanbruch: *6* Morgen
Tagesangabe: *5* Datum
Tagesbericht: *8* Bulletin
Tagesheim für Kleinstkinder: *6* Krippe
Tagesordnung: *8* Programm
Tagespresse: *7* Journal, Zeitung
Tagesschriftsteller: *9* Publizist; *10* Journalist
Tagesstrecke eines Schiffes: *5* Etmal
Tagesverzeichnis: *8* Kalender; *11* Kalendarium
Tageszeit: *5* Abend, Nacht; *6* Mittag, Morgen; *9* Vormittag; *10* Nachmittag
Tagewerk: *6* Pensum
Tagfalter: *5* Fuchs; *6* Apollo; *7* Admiral; *8* Eisvogel; *9* Weissling; *10* Mauerfuchs, Ochsenauge; *11* Augenfalter, Goldene Acht, Segelfalter; *12* Apfelwickler, Apollofalter, Distelfalter, Trauermantel; *13* Kohlweissling, Tagpfauenauge; *14* Schillerfalter, Zitronenfalter
Tagraubvogel: *4* Weih; *5* Adler, Falke, Geier, Milan, Urubu; *6* Kondor; *7* Bussard, Habicht, Sperber; *8* Seeadler; *10* Fischadler, Steinadler
Tagtraum: *8* Illusion
Tagundnachtgleiche: *12* Aequinoktium
Tagung: *7* Sitzung; *8* Kongress; *9* Konferenz
Tagungsbericht: *9* Protokoll
Taifun in Ostasien: *6* Trombe
Takt: *7* Numerus
taktlos: *9* indiskret
Taktlosigkeit: *7* Fauxpas; *12* Indiskretion
taktmäßig: *10* rhythmisch
Taktmesser: *8* Metronom; *11* Chronometer
Taktteil im Vers: *5* Arsis
taktvoll: *7* diskret
taktvoller Mann: *8* Kavalier; *9* Gentleman
Tal
- **in den Dolomiten:** *7* Ampezzo
- **bei Garmisch:** *10* Hoellental
- **in Graubünden:** *5* Davos, Misox
- **bei Korinth:** *5* Nemea
- **in den Ötztaler Alpen:** *7* Pitztal
- **im Peloponnes:** *5* Nemea
- **der Salzach:** *7* Pinzgau
- **im Schwarzwald:** *3* Oos; *10* Hoellental
- **in der Schweiz:** *7* Engadin
- **in Tirol:** *5* Navis
- **in Vorarlberg:** *6* Walgau; *8* Montafon; *9* Walsertal

Talar: *4* Robe; *5* Ornat; *6* Sutane
Talbrücke: *7* Viadukt
Talenge in der Schweiz: *5* Cluse
Talg für Kerzen: *9* Unschlitt
Talglicht: *5* Kerze
Talisman: *7* Amulett; *8* Maskotte; *11* Maskottchen
Talkessel: *5* Mulde, Senke
Talmudschüler: *6* Bacher
Talmudteil: *6* Gemara; *7* Mischna
Tand: *4* Kram; *7* Flitter, Plunder
Tändler: *8* Schaeker
Tanganjika: *8* Tansania
Tank: *6* Kessel
Tankschiff: *6* Tanker
Tante: *5* Muhme
Tannenbaumschmuck: *5* Kerze, Kugel, Stern; *7* Lametta
Tanz: *4* Reel, Step; *5* Bebop, Blues, Mambo, Polka, Raspa, Rumba, Samba, Swing, Tango, Twist; *6* Bolero, Boston, Cancan, Galopp, Pavane, Reigen, Shimmy, Walzer; *7* Csárdás, Gavotte, Madison, Mazurka, Menuett, Musette, Onestep, Slowfox, Twostep; *8* Anglaise, Cakewalk, Chaconne, Courante, Fandango, Foxtrott, Habanera, Kotillon, Laendler, Rundtanz; *9* Allemande, Cha-cha-cha, Jitterbug, Krakowiak, Pasodoble, Polonaise, Quadrille, Quickstep, Sarabande; *10* Charleston, Saltarello, Seguidilla, Taran-

tella; *11* Lambethwalk; *12* Boogie-Woogie, Rheinlaender
Tanz auf Bali: *5* Djauk
- auf Hawaii: *8* Hula-Hula
Tanzdrehung: *9* Pirouette
Tanzensemble: *7* Ballett; *9* Formation
Tänzer: *7* Choreut
Tänzerin: *9* Ballerina; *11* Balletteuse; *14* Primaballerina
Tänzerin in Indien: *8* Bajadere
Tanzfest: *4* Ball
Tanzfigur: *3* Ete
Tanzgruppe: *7* Ballett
Tanzkabarett in Paris: *13* Folies Bergere
Tanzkapelle: *4* Band
Tanzkunst: *9* Choreutik
Tanzmädchen: *4* Girl; *8* Taxigirl
Tanzmeistergeige: *8* Pouchette
Tanzschild der römischen Salier: *6* Ancile
Tanzschrift: *13* Choreographie
Tanzschritt: *3* Pas; *4* Step; *6* Chassé
Tanzschuh: *8* Eskarpin
Tapetenleim: *8* Kleister
tapfer: *4* brav; *5* mutig; *7* beherzt; *9* schneidig; *10* bravouroes, couragiert
Tapferkeit: *3* Mut; *7* Bravour, Courage, Schneid
Tarantel: *11* Wolfsspinne
Tarnung: *7* Mimikry; *10* Camouflage
Tarockfigur: *6* Kavall, Reiter
Tarockkarte: *5* Skues
Tarpan: *9* Wildpferd
Tasche: *5* Mappe
Tasche an liturgischen Gewändern: *5* Bursa
Taschenbesatz: *5* Patte
Taschenbuch: *9* Vademekum
Taschenpistole: *8* Terzerol
Taschenspieler: *8* Zauberer; *10* Eskamoteur
Taschenspielerei: *8* Zauberei; *10* Eskamotage
Tastatur: *9* Klaviatur
tastbar: *8* palpabel
Tastbrett: *8* Tastatur
Tasteninstrument: *5* Orgel, Piano; *7* Cembalo, Fluegel, Klavier, Pianino, Pianola, Spinett; *9* Harmonium; *10* Klavichord, Pianoforte; *11* Klavizimbel; *12* Clavicembalo
Tastorgan des Menschen: *4* Hand
- bei Tieren: *5* Palpe; *7* Fangarm, Fuehler; *8* Tentakel
Tatarenmütze: *6* Kalpak, Kolpak
Tatarenstamm im Ural: *10* Baschkiren
tatarischer Fürstentitel: *5* Mursa
tatarisches Volk: *6* Awaren; *12* Bessermianen; *13* Bessermjaenen
Tatendrang: *4* Elan; *7* Schwung; *10* Initiative
Tatform: *5* Aktiv
tätig: *4* agil, rege; *5* aktiv
tätig sein: *3* tun; *7* agieren, handeln; *8* arbeiten; *9* fungieren
Tätigkeit: *6* Aktion, Arbeit, Praxis; *8* Funktion; *10* Aktivitaet
Tätigkeitswort: *4* Verb; *6* Verbum
Tatkraft: *7* Energie, Schneid
tatkräftig: *7* resolut; *9* energisch, schneidig
Tatmerkmal: *5* Indiz
Tatsache: *4* Fakt; *6* Faktum; *8* Wahrheit; *9* Politikum, Realitaet; *12* Wirklichkeit
Tatsachenmensch: *7* Realist
tatsächlich: *4* real; *7* de facto; *8* effektiv, faktisch, objektiv, realiter, wirklich
Tatze: *5* Klaue, Pfote; *6* Pranke
Tau: *4* Reep, Reif, Seil; *5* Bulin, Kabel, Leine; *6* Strick
Taubefestigungsvorrichtung: *6* Poller
Taubenvogel: *4* Dodo; *6* Dronte
Taubnessel: *6* Lamium
Tauchboot: *5* U-Boot; *12* Unterseeboot
Taucher: *10* Froschmann
Taucherente: *6* Dueker
Tauchvogel: *3* Alk; *5* Lumme; *7* Pinguin, Taucher
Tauende: *4* Tamp; *6* Tampen
Taufkapelle: *12* Baptisterium
Taufname ungarischer Könige: *4* Béla
Taufzeuge: *4* Pate; *8* Gevatter
Taugenichts: *7* Lorbass; *8* Faulpelz, Tagedieb; *9* Bummelant; *10* Tunichtgut
tauglich: *3* fit; *7* koscher
Tauglichkeitsprüfung: *4* Test
Taumel: *6* Rausch; *9* Schwindel
taumeln: *7* torkeln
Tausch: *6* Change; *7* Wechsel; *8* Exchange
Täuschung: *4* Dreh, List, Trug; *5* Bluff, Finte, Kniff, Mache, Trick; *6* Betrug, Humbug; *7* Arglist; *8* Gaunerei; *9* Schwindel; *10* Hinterlist; *11* Machination, Verstellung; *12* Manipulation; *13* Mystifikation
Täuschung durch Luftspiegelung: *11* Fata Morgana
Tausend: *5* Mille
tausend
- Billionen: *9* Billiarde
- Milliarden: *7* Billion
- Millionen: *9* Milliarde
Tausendfüßler: *5* Assel; *10* Kugelassel; *11* Skolopender, Tausendfuss; *13* Steinkriecher
Tausendgüldenkraut: *5* Aurin
Tausendsassa: *11* Teufelskerl; *14* Allerweltskerl
Tausendschön: *7* Amarant; *9* Margarite; *12* Massliebchen; *15* Gaensebluemchen
Tausendstel: *8* Promille
Tauwerk eines Schiffes: *8* Takelage
Taxus: *4* Eibe
Techniker: *9* Ingenieur
technische(r)
- Abbau: *9* Demontage
- Aufbau: *7* Montage
- Krafteinheit: *4* Pond
- Lehranstalt: *9* Technikum; *13* Polytechnikum
- Vorrichtung: *7* Apparat
Techtelmechtel: *5* Flirt; *8* Liebelei
Tee: *4* Mate
Teegewicht: *3* Tub
Teemaschine: *7* Samowar
Teenager: *9* Backfisch
teeren: *6* pichen; *9* kalfatern; *12* asphaltieren

Teerfarbstoff: *6* Anilin
Teerprodukt: *4* Pech; *6* Anilin; *7* Bitumen; *11* Karbolineum
Teewirkstoff: *4* Tein
Teich: *6* Weiher
Teichhuhn: *5* Ralle
Teichpflanze: *6* Kalmus
Teig bearbeiten: *6* kneten
Teigmasse: *5* Paste
Teigtreibmittel: *4* Germ, Hefe; *10* Backpulver
Teigware: *5* Nudel; *8* Spaetzle; *9* Makkaroni, Spaghetti
Teil: *5* Glied; *6* Partie, Sektor, Stueck; *7* Brocken, Portion; *9* Abschnitt; *11* Bruchstueck
Teil
- **der Alpen:** *5* Adula; *6* Tauern; *8* Raetikon; *9* Dolomiten, Karwendel, Meeralpen; *10* Karawanken
- **alter Festungsbauten:** *6* Bastei
- **der Altmark:** *6* Wische
- **der altrömischen Kohorte:** *7* Manipel
- **von Amerikanisch-Ozeanien:** *4* Guam, Wake; *6* Midway
- **von Amerikanisch-Samoa:** *5* Manua; *7* Tutuila
- **von Äthiopien:** *7* Eritrea
- **des Auges:** *3* Lid; *4* Iris; *5* Linse; *6* Retina; *7* Pupille, Sehnerv; *8* Augapfel, Netzhaut; *14* Regenbogenhaut
- **von Australien:** *8* Victoria; *9* Tasmanien; *10* Queensland; *12* Neusuedwales; *14* Suedaustralien, Westaustralien; *15* Nordterritorium
- **des Autos** → Teil des Kraftfahrzeugs
- **der Balearen:** *8* Pityusen
- **des Baumes:** *3* Ast; *4* Laub; *5* Blatt, Rinde, Stamm, Zweig; *6* Wurzel
- **der Bayerntracht:** *9* Lederhose
- **des Beines:** *4* Fuss, Knie, Wade; *8* Schenkel; *9* Kniekehle; *10* Schienbein; *12* Oberschenkel; *13* Unterschenkel
- **des Bienenstockes:** *4* Wabe
- **des Billardtisches:** *5* Bande
- **der Blechinstrumente:** *6* Piston
- **der Blüte:** *5* Kelch, Narbe; *7* Stempel; *11* Staubbeutel; *12* Fruchtknoten, Staubgefaess
- **des britischen Parlaments:** *8* Oberhaus; *9* Unterhaus
- **des Bruches:** *6* Nenner; *7* Zaehler
- **des Brustkorbs:** *5* Rippe
- **des Buches:** *5* Blatt, Bogen, Seite, Titel; *6* Dekkel; *7* Einband, Ruecken, Titelei, Vorwort; *8* Register, Umschlag; *9* Impressum; *14* Schutzumschlag
- **eines Bühnenwerkes:** *3* Akt; *5* Szene; *6* Aufzug
- **des Daches:** *4* Walm; *5* First, Haube, Raehm, Rinne; *6* Kandel, Pfette, Sparre, Strebe, Traufe
- **der Dampfmaschine:** *6* Kolben, Regler, Ventil; *8* Exzenter, Schieber, Zylinder; *10* Schwungrad
- **von Dänemark:** *9* Groenland
- **der Dinarischen Alpen:** *5* Karst
- **des Dramas:** *3* Akt
- **der Drehorgel:** *5* Walze; *6* Kurbel
- **der Eifel:** *4* Venn
- **der Elemente:** *4* Atom
- **der Erdkruste** → geologische Formation
- **des Eßbestecks:** *5* Gabel; *6* Messer; *7* Loeffel
- **des Fahrgestells:** *5* Achse
- **des Fahrrades:** *3* Rad; *4* Nabe, Netz, Pneu; *5* Felge, Gabel, Kette, Lampe, Pedal; *6* Bremse, Dynamo, Glocke, Lenker, Mantel, Rahmen, Reifen, Sattel, Ventil; *7* Klingel, Speiche; *8* Freilauf, Schlauch; *10* Handbremse, Lenkstange, Ruecklicht, Ruecktritt; *11* Schutzblech; *12* Scheinwerfer; *14* Gepaecktraeger
- **des Fernrohrs:** *5* Tubus; *6* Okular
- **des Fingers:** *5* Nagel
- **des Flugzeugs** → Flugzeugteil
- **von Französisch-Guadeloupe:** *8* Désirade
- **von Französisch-Polynesien:** *6* Tahiti; *12* Tubuaiinseln; *13* Australinseln, Gambierinseln, Tuamotuinseln; *15* Clippertoninsel, Marquesasinseln; *19* Gesellschaftsinseln
- **des Fußes:** *3* Zeh; *4* Rist, Zehe; *5* Enkel, Ferse, Hacke, Sohle, Spann; *6* Ballen, Hacken; *8* Knoechel
- **der Fußsohle:** *6* Ballen
- **des Gebäudes** → Gebäudeteil
- **des Gebisses:** *4* Zahn
- **des Gedichts:** *4* Vers; *7* Strophe
- **der Geige:** *5* Bogen, Saite
- **des Gesichts** → Gesichtsteil
- **des Gewehres:** *4* Lauf; *6* Kolben; *7* Schloss
- **der Gleisanlage:** *6* Weiche; *7* Schiene; *8* Schwelle
- **der Glocke:** *8* Kloeppel
- **der griechischen Nationaltracht:** *10* Fustanella
- **von Großbritannien:** *5* Wales; *7* England; *10* Nordirland, Schottland
- **des Hades:** *8* Tartaros, Tartarus
- **des Halses:** *5* Kehle, Kropf; *6* Genick, Gurgel, Nacken; *7* Schlund; *8* Kehlkopf; *10* Adamsapfel, Luftroehre, Zungenbein; *12* Schilddruese, Speiseroehre
- **des Hammers:** *5* Pinne, Stiel
- **der Hand:** *4* Rist; *6* Ballen, Daumen, Finger; *8* Knoechel; *10* Ringfinger; *11* Fingernagel, Kleinfinger, Zeigefinger; *12* Mittelfinger
- **des Helmes:** *6* Visier
- **des Hemdes:** *6* Kragen
- **des Hessischen Berglandes:** *5* Rhoen; *6* Soehre; *8* Meissner; *10* Vogelsberg
- **der Höhenluft:** *4* Ozon
- **des Hubschraubers:** *5* Rotor
- **der indischen Literatur:** *4* Veda, Weda
- **von Indonesien (Südborneo):** *10* Kalimantan
- **der irdischen Lufthülle:** *13* Stratosphaere
- **des Jacketts:** *6* Revers
- **der jüdischen Liturgie:** *6* Mussaf
- **der Kabbala:** *5* Sohar
- **von Kanada:** *5* Yukon; *6* Quebec; *7* Alberta, Ontario; *8* Labrador, Manitoba; *11* Neufundland; *12* Saskatchewan; *13* Neuschottland; *15* Neubraunschweig; *16* Prinz-Edward-Insel; *17* Britisch-Kolumbien

- **der Karpaten:** *5* Tatra; *8* Beskiden
- **der katholischen Messe:** *8* Graduale; *10* Praefation; *11* Offertorium
- **der Kerze:** *5* Docht, Wachs; *7* Stearin
- **der Kette:** *5* Glied
- **des Kimonos:** *3* Obi
- **einer Kirche:** *4* Turm; *5* Altar, Apsis, Orgel; *6* Empore, Kanzel; *9* Sakristei
- **von Kiribati:** *6* Canton; *9* Enderbury; *14* Christmasinsel; *15* Weihnachtsinsel
- **des Klaviers:** *5* Pedal, Taste
- **der Kletterpflanze:** *5* Ranke
- **des Klosters:** *5* Zelle; *6* Remter; *7* Klausur; *11* Dormitorium, Refektorium
- **des Kniegelenks:** *8* Meniskus
- **der Knochen:** *4* Mark
- **des Kopfes:** *3* Ohr; *4* Auge, Kinn, Mund, Nase; *5* Backe, Braue, Lippe, Stirn, Wange; *6* Kiefer; *7* Antlitz, Gesicht; *8* Kinnlade, Schaedel, Schlaefe; *9* Kinnbacke; *10* Oberkiefer, Ohrmuschel; *11* Unterkiefer
- **der Kordilleren:** *5* Anden; *11* Sierra Madre
- **des Körpers:** *3* Arm, Ohr; *4* Bein, Fuss, Hals, Hand, Knie, Kopf, Leib, Nase, Wade; *5* Bauch, Brust, Haupt, Kreuz, Lende, Organ, Rumpf; *6* Becken, Genick, Huefte, Leiste, Taille, Weiche; *7* Gesaess, Ruecken; *8* Schenkel, Schulter; *9* Unterleib
- **des Kraftfahrzeugs:** *3* Rad; *4* Hupe, Tank; *5* Motor; *6* Bremse, Reifen, Volant; *7* Auspuff, Blinker, Chassis, Kuehler, Lenkrad; *8* Anlasser, Batterie, Gashebel, Getriebe, Kupplung, Vergaser, Zuendung; *9* Lichthupe; *10* Handbremse, Karosserie; *11* Fahrgestell, Gelenkwelle, Kardanwelle; *12* Differential, Scheinwerfer, Schlusslicht; *13* Lichtmaschine, Rueckstrahler, Stossdaempfer; *14* Scheibenbremse; *15* Scheibenwischer
- **des Kreisumfangs:** *4* Grad
- **des Kühlschranks:** *8* Absorber
- **der Leiter:** *4* Holm; *7* Sprosse
- **des Liedes:** *7* Strophe
- **der Luft:** *4* Ozon; *5* Argon; *10* Sauerstoff, Stickstoff; *12* Kohlensaeure
- **des Magens der Wiederkäuer:** *6* Pansen
- **der Mark Brandenburg:** *7* Altmark, Neumark; *13* Niederlausitz
- **von Marokko:** *4* Ifni
- **der Maschine:** *3* Rad; *4* Keil; *5* Achse, Feder, Kette, Konus, Lager, Stift, Welle; *6* Bolzen, Bremse, Kolben, Kurbel, Ventil, Zapfen; *7* Trommel; *8* Exzenter, Getriebe, Schieber, Schraube, Zylinder; *9* Gestaenge
- **des Mastes:** *3* Raa; *4* Bram, Mars, Rahe, Stag, Topp; *5* Royal, Wante; *6* Brasse, Saling, Spiere, Stenge; *7* Pardune
- **der Mathematik:** *7* Algebra; *9* Geometrie; *10* Arithmetik; *12* Stereometrie; *13* Trigonometrie
- **des Mittelmeeres:** *5* Adria; *7* Aegaeis
- **der Mönchstracht:** *9* Skapulier
- **der Molkerei:** *8* Kaeserei
- **des Motors:** *6* Kolben, Pleuel, Ventil
- **der Motorschaltung:** *4* Gang
- **des Mundes:** *5* Lippe, Zunge; *6* Gaumen, Gebiss, Kiefer, Rachen; *7* Schlund
- **der Nadel:** *4* Oehr
- **der Neuguineischen Salomonen:** *4* Buka; *12* Bougainville
- **von Neuseeland:** *4* Niue; *10* Cookinseln
- **der Niederlande:** *7* Holland
- **der Niederländischen Antillen:** *5* Aruba; *7* Bonaire, Curaçao
- **von Norwegen:** *8* Jan Mayen
- **des Ofens:** *4* Rost
- **des Ohres:** *6* Amboss, Hammer, Vorhof; *10* Gehoergang; *11* Trommelfell
- **optischer Instrumente:** *6* Okular; *8* Objektiv
- **der Orgel:** *5* Pedal; *6* Manual, Pfeife; *8* Register, Windlade, Windwerk
- **Palästinas:** *6* Kanaan
- **der Pandekten:** *5* Codex
- **von Papua-Neuguinea:** *16* Bismarck-Archipel
- **des Pfälzer Waldes:** *6* Haardt
- **des Pferdegeschirrs:** *4* Kumt, Zaum; *5* Siele; *6* Kummet, Sattel, Sielen, Trense; *7* Halfter, Kandare; *11* Steigbuegel
- **des Pferdestalls:** *3* Box
- **der Pflanze** → Pflanzenteil
- **des Pfluges:** *4* Sech; *5* Schar, Sterz
- **der Physik:** *5* Optik; *7* Akustik, Dynamik; *8* Mechanik
- **der Pitcairninseln:** *4* Oeno; *5* Ducie; *9* Henderson
- **der Pyrenäen:** *9* Maladetta
- **des Rades:** *4* Nabe, Pneu; *5* Felge, Kranz; *6* Reifen, Ventil; *7* Speiche; *8* Schlauch
- **der Rätischen Alpen:** *7* Bernina
- **der Reitbahn:** *6* Kalade, Manege
- **von Réunion:** *8* Tromelin; *10* Glorieuses; *11* Europainsel
- **des Rheingaugebirges:** *10* Niederwald
- **des Rheinischen Schiefergebirges:** *5* Eifel; *6* Taunus; *9* Hunsrueck; *10* Westerwald; *13* Siebengebirge
- **der Ritterburg:** *5* Palas; *9* Bergfried
- **der Riukiuinseln:** *7* Okinawa
- **des Rückgrats:** *6* Wirbel
- **des Ruderboots:** *5* Dolle, Ruder; *6* Riemen
- **des Rumpfes:** *4* Leib; *5* Bauch, Brust; *7* Ruekken
- **der Rüstung:** *4* Helm; *6* Visier; *7* Bruenne
- **von Samoa:** *5* Upolu; *6* Sawaii
- **des Sattels:** *7* Zwiesel
- **einer Säule:** *8* Kapitell
- **des Scheinwerfers:** *9* Reflektor
- **der Scheune:** *5* Tenne
- **des Schiffes:** *3* Bug; *4* Deck, Heck, Kiel, Mast; *5* Anker, Ruder, Segel; *6* Kabine, Steven; *7* Kajuete; *8* Kombuese, Laderaum
- **der Schiffsbauwerft:** *5* Helge
- **des Schlittens:** *4* Kufe
- **des Schlüssels:** *4* Bart
- **der Schmiedewerkstatt:** *4* Esse; *6* Amboss

- **schottischer Namen:** *2* Mc; *3* Mac
- **der Schraube:** *6* Mutter; *7* Gewinde
- **der Schreibmaschine:** *4* Type; *5* Taste, Wagen, Walze; *8* Farbband, Tastatur; *9* Tabulator
- **des Schuhs:** *5* Leder, Sohle, Zunge; *6* Absatz, Hacken, Lasche
- **der Schulter:** *6* Achsel; *11* Achselblatt; *13* Schulterblatt
- **der Schwäbischen Alb:** *5* Hardt
- **des Schwarzen Meeres:** *13* Asowsches Meer
- **des Segelschiffes:** *4* Mast; *5* Segel; *8* Takelage
- **der Seychellen:** *4* Mahé; *7* Aldabra; *8* Farquhar; *9* Amiranten, Des Roches
- **der Spinnmaschine:** *5* Spule
- **des Spinnrades:** *7* Spindel
- **der Stereoanlage:** *5* Tuner
- **des Stillen Ozeans:** *7* Suedsee; *10* Beringmeer
- **der Streichinstrumente:** *4* Steg
- **des Stuhls:** *4* Sitz; *5* Lehne
- **der Sudeten:** *8* Altvater; *11* Isergebirge; *12* Eulengebirge; *13* Glatzer Kessel, Riesengebirge
- **der südlichen Kalkalpen:** *10* Karawanken
- **der Takelage:** *5* Segel
- **des Talmud:** *6* Gemara; *7* Haggada, Halacha, Mischna
- **der Talsperre:** *5* Mauer; *7* Stausee
- **der Tennisanlage:** *4* Netz
- **des Teutoburger Waldes:** *6* Osning
- **der Treppe:** *5* Stufe; *6* Podest; *9* Gelaender
- **der Trosse:** *7* Kardeel
- **der Tschechoslowakei:** *7* Boehmen, Maehren; *8* Slowakei
- **der Tür:** *5* Haspe; *6* Klinke; *7* Klopfer, Laibung, Schloss; *8* Schwelle
- **der Türkei:** *9* Anatolien
- **der Uhr:** *5* Anker, Feder, Unruh; *6* Pendel, Unruhe, Zeiger; *8* Gangwerk, Gehaeuse, Zugfeder; *10* Schlagwerk; *11* Perpendikel, Zifferblatt
- **der ungarischen Tiefebene:** *8* Batschka
- **der Uniform:** *5* Biese, Litze; *6* Emblem, Kordel; *7* Kokarde; *9* Epaulette; *10* Fangschnur; *12* Achselstueck; *13* Schwalbennest; *14* Schulterstueck
- **der Unterwelt:** *6* Limbus
- **von Vanuatu:** *11* Banksinseln
- **des Verdauungsapparates:** *4* Darm; *5* Magen; *8* Dickdarm; *9* Duenndarm
- **der Visiereinrichtung:** *4* Korn; *5* Kimme; *10* Fadenkreuz
- **des Vogelkleides:** *5* Feder
- **der Volksrepublik China:** *5* Tibet; *8* Sinkiang; *11* Hainaninsel, Mandschurei; *14* Innere Mongolei
- **des Wagens:** *3* Rad; *5* Achse, Runge; *7* Chassis; *8* Deichsel; *10* Karosserie
- **der Wasserwaage:** *7* Libelle
- **des Weserberglandes:** *3* Ith; *4* Egge, Hils; *6* Vogler; *7* Deister, Solling, Suentel; *8* Bramwald; *13* Reinhardswald, Wiehengebirge; *15* Teutoburger Wald
- **der Westkarpaten:** *8* Beskiden
- **des Wiederkäuermagens:** *6* Pansen
- **der Wirbelsäule:** *10* Steissbein
- **des Wortes:** *5* Silbe
- **der Wurzel:** *6* Knolle
- **des Zahnes:** *6* Wurzel
- **des Zaumzeugs:** *6* Trense; *7* Kandare
- **des Zellkerns:** *9* Chromosom
- **der Zentralheizung:** *8* Radiator

Teilbesitz: *6* Anteil
Teilbetrag: *4* Rate; *5* Quote
Teilchen: *4* Atom; *8* Partikel; *9* Korpuskel
Teiler bei der Bruchrechnung: *6* Nenner; *7* Divisor
teilhaben: *13* partizipieren
Teilhaber: *6* Sozius; *7* Associé, Partner; *9* Kompagnon
Teilkraft: *10* Komponente
Teilnahme: *7* Beileid; *9* Interesse; *10* Mitgefuehl; *13* Partizipation
teilnahmslos: *6* passiv; *8* blasiert; *11* indifferent, lethargisch; *14* uninteressiert
Teilnahmslosigkeit: *7* Apathie; *9* Lethargie; *12* Desinteresse
Teilnehmer: *7* Partner; *11* Interessent
Teilstrecke: *6* Etappe
Teilstrich: *4* Grad
Teilung: *8* Division, Trennung
teilweise: *8* partiell
Teilwert: *8* Quotient
Teilzahlung: *4* Rate
telegraphieren: *6* kabeln; *7* drahten; *12* depeschieren
Telegramm: *8* Depesche
Telegrammschlüssel: *4* Code, Kode
Telemachs Mutter: *8* Penelope
- **Vater:** *8* Odysseus

Teleskop: *9* Reflektor, Refraktor
Tempel
- **auf der Akropolis:** *9* Parthenon
- **der Athene:** *9* Parthenon
- **in China:** *6* Pagode
- **für alle Götter:** *8* Pantheon
- **in Indien:** *6* Pagode
- **der Ischtar:** *5* Eanna

Tempelanlage auf Java: *10* Bodo Burdur
Tempelberg in Jerusalem: *4* Zion
Tempeldiener im Alten Testament: *5* Levit
Tempelfest der Juden: *8* Chanukka
Tempelsklave im Altertum: *9* Hierodule
Tempelstadt in Kambodscha: *6* Angkor
- **auf Sri Lanka:** *5* Kandy

Tempeltänzerin: *8* Bajadere
Tempelunterbau: *9* Krepidoma
Temperaturbezeichnung: *3* lau; *4* kalt, warm; *5* heiss
Temperaturmesser: *11* Thermometer
Temperaturregler: *10* Thermostat
Tempobeschleunigung: *5* Spurt
Tendenz: *3* Zug; *4* Hang; *5* Trend; *7* Neigung
Tennispreis: *8* Davis Cup
Tennissatz: *3* Set

Tennisschläger: *6* Racket, Rakett
Tennisspiel der Basken: *9* Chiestera
Teppich: *5* Kelim, Ladik; *6* Perser; *7* Bruecke, Buchara, Laeufer → Orientteppich
Terminkalender: *6* Agenda
Terrain: *5* Areal
teuer: *4* lieb
Teufel: *5* Satan, Urian; *6* Belial, Daemon, Deiwel, Deixel, Samiel, Unhold; *7* Luzifer, Satanas; *8* Mephisto; *9* Beelzebub; *10* Antichrist
Teufel der Faustsage: *8* Mephisto; *14* Mephistopheles
Teufelsaustreibung: *10* Exorzismus
Teufelsbeere: *10* Belladonna
Teufelsdreck: *5* Asant
Teufelsfisch: *6* Rochen
Teufelsrochen: *5* Manta
Teufelsweib: *4* Hexe
Teufelswerk: *8* Zauberei
teuflisch: *8* infernal; *9* satanisch; *10* daemonisch, diabolisch; *12* infernalisch
Textauslegung: *7* Exegese
Textbuch für Opern: *8* Libretto
Texter: *10* Librettist
Textilgewebe → Gewebeart
Textilgrundstoff: *5* Seide, Wolle; *9* Baumwolle; *10* Kunstfaser, Kunstseide
Textkritik des Alten Testaments: *6* Masora
Textlücke: *6* Lakuna, Lakune
Textstelle: *6* Passus
Thailand: *4* Siam
thailändische(r, s)
- **Amtssprache:** *4* Thai
- **Berg:** *3* Kao
- **Fluß:** *3* Nan; *5* Menam
- **Hauptstadt:** *7* Bangkok
- **Hohlmaß:** *3* Sad
- **König:** *4* Rama; *8* Bhumipol
- **Königin:** *7* Sirikit
- **Münze:** *3* Bat; *4* Baht; *5* Tikal; *6* Satang
- **Stadt** → Stadt in Thailand
- **Umschlagtuch:** *6* Panung

Theater in London: *5* Globe
Theater spielen: *7* agieren
Theateraufzug: *3* Akt
Theatergerät: *8* Requisit
Theaterleiter: *9* Intendant
Theaterplatz: *4* Loge, Rang; *7* Galerie, Parkett; *8* Parterre
Theaterrolle: *7* Rotulus
Theaterspielplan: *10* Repertoire
Theaterunternehmer: *10* Impresario
thebanische(r)
- **Dichter:** *6* Pindar
- **Feldherr:** *9* Pelopidas; *11* Epaminondas
- **König:** *5* Laios
- **Königin:** *5* Niobe
- **Königssohn:** *7* Oedipus
- **Königstochter:** *6* Semele

Theißzufluß → Nebenfluß der Theiß
Theke: *6* Tresen
Themenstellung: *8* Thematik
Theologe: *5* Kurat, Vikar; *6* Pastor; *7* Pfarrer; *8* Prediger, Priester
Thermalbad → Kurort
Thermometerskala: *7* Celsius, Réaumur; *10* Fahrenheit
Thorakrone: *5* Keter
thrakische(r, s)
- **Göttin:** *5* Kotys; *6* Bendis
- **Volk:** *5* Daker
- **Volksstamm:** *5* Myser

Thriller: *5* Krimi; *10* Gruselfilm, Horrorfilm
Thronfolge: *10* Sukzession
Thronfolger: *6* Infant; *7* Dauphin; *9* Kronprinz; *10* Zarewitsch
Thronhimmel: *9* Baldachin
Thronräuber: *9* Usurpator
Thunfischart: *7* Makrele
thüringische Stadt → Stadt in Thüringen
thüringisches Adelsgeschlecht: *8* Gleichen
Thusneldas Gatte: *5* Armin; *7* Hermann; *8* Arminius
- **Vater:** *6* Segest; *8* Segestes

Thymian: *7* Quendel
Thymusdrüse des Kalbs: *5* Bries; *9* Broeschen; *10* Kalbsmilch
tibetanische(r, s)
- **Grunzochse:** *3* Jak, Yak
- **Halbesel:** *5* Kiang
- **Hauptstadt:** *5* Lhasa
- **Kultgerät:** *12* Gebetsmuehle
- **Lastträger:** *6* Sherpa
- **Mönch:** *4* Lama; *5* Bonze
- **Oberhaupt:** *9* Dalai-Lama
- **Priester:** *4* Lama; *5* Bonze
- **Religion:** *9* Lamaismus
- **Speise:** *6* Tsamba
- **Steinhaufen:** *3* Obo
- **Wildrind:** *3* Jak, Yak

Tibethirsch: *5* Schou
tief: *7* profund, radikal
Tiefdruckgebiet: *7* Zyklone
Tiefdruckverfahren: *9* Radierung; *13* Heliogravuere
tiefe Bewußtlosigkeit: *4* Koma
Tiefebene in Mähren: *5* Hanna
Tiefenmaß der Schiffahrt: *5* Faden
Tiefenmesser: *3* Lot; *7* Echolot
Tiefenmessung: *6* Lotung
Tiefgangskala am Schiff: *6* Ahming
tiefgreifend: *7* radikal
tiefgründig: *7* profund
tiefpflügen: *7* rigolen
Tiefpunkt, Tiefstand: *7* Minimum
Tiegel: *7* Kapelle
Tier der Athene: *4* Eule; *8* Schlange
- **mit fehlender Farbstoffbildung:** *6* Albino

Tierabrichtung: *7* Dressur
Tieransammlung: *5* Rudel
Tierart: *7* Spezies
Tierarzt: *10* Veterinaer
Tierbändiger: *8* Dompteur
Tierbehausung: *3* Bau; *4* Nest; *5* Bauer, Stall;

6 Gehege, Hoehle, Kaefig, Roehre; *7* Zwinger; *8* Aquarium; *9* Terrarium
Tiere aus fernen Ländern: *6* Exoten
Tierfanggehege: *6* Korral
Tierfell: *4* Balg, Pelz
Tierferment: *3* Lab
Tierfett: *4* Talg, Tran
Tierflanke: *5* Wamme
Tierforscher: *7* Zoologe
Tierfuß: *3* Huf; *5* Klaue, Pfote, Tatze; *6* Pranke
Tiergarten: *3* Zoo
Tiergruppe: *5* Herde, Horde, Rudel
Tierhaut: *4* Balg, Fell, Pelz; *5* Leder
Tierhöhle: *3* Bau
tierisch: *10* animalisch; *11* bestialisch
tierische(r, s)
- **Duftstoff:** *7* Moschus
- **Fett:** *4* Talg, Tran
- **Kopfschmuck:** *4* Horn; *5* Haube; *6* Geweih, Maehne; *7* Gehoern
- **Milchdrüse:** *5* Euter
- **Nachkommenschaft:** *4* Brut, Wurf

Tierkadaver: *3* Aas
Tierkrankheit: *4* Rips, Rotz, Spat; *5* Darre; *6* Koppen, Raeude, Staupe; *7* Rotlauf, Tollwut; *9* Milzbrand; *10* Rinderpest; *11* Rauschbrand; *12* Schweinepest
Tierkreis: *8* Zodiakus
Tierkreiszeichen: *5* Krebs, Loewe, Stier, Waage; *6* Fische, Widder; *8* Jungfrau, Schuetze, Skorpion; *9* Steinbock, Zwillinge; *10* Wassermann
Tierkult: *9* Zoolatrie
Tierkunde: *8* Zoologie
Tierlaus: *5* Milbe
Tierlaut: *2* ia; *3* wau; *4* miau; *8* kikeriki
Tierlehrer: *8* Dompteur, Dresseur
Tierleiche: *3* Aas; *7* Kadaver
Tierlippe: *5* Lefze
Tiermund: *4* Fang, Maul; *5* Aeser; *6* Rachen; *8* Schnauze
Tiernahrung: *6* Futter
Tierprodukt: *2* Ei; *5* Leder, Milch, Wolle; *7* Fleisch
Tierschau: *9* Menagerie
Tierversteinerung: *7* Zoolith
Tierwaffe: *4* Horn; *5* Hauer, Klaue, Tatze; *6* Geweih, Kralle, Pranke; *9* Stosszahn
Tierwelt: *5* Fauna
Tierwohnung → Tierbehausung
Tigerkatze: *6* Ozelot, Serval
Tigerpferd: *5* Zebra
Tigerschlange: *6* Python
tilgen: *8* loeschen
Tilgung: *9* Loeschung; *11* Stornierung; *12* Amortisation
Tintenfisch: *5* Krake, Polyp, Sepia; *6* Kalmar; *8* Argonaut, Nautilus, Oktopode
Tintenfischfangarm: *8* Tentakel
Tirade: *5* Suada, Suade
Tiroler
- **Bauernmaler:** *9* Defregger
- **Freiheitsheld:** *5* Hofer
- **Gebirgstal:** *6* Stubai; *9* Pustertal
- **Geigenbauer:** *7* Stainer
- **Hauptstadt:** *9* Innsbruck
- **Maler:** *9* Defregger; *10* Egger-Lienz
- **Passionsspielort:** *3* Erl
- **Weinort:** *6* Terlan, Tramin; *7* Kaltern
- **Wildfrau:** *5* Salge; *6* Salige
- **Zwergkönig:** *6* Laurin

tischfertig: *3* gar
Tischglocke: *4* Gong
Tischler: *9* Schreiner
Tischlerwerkzeug: *5* Hobel, Saege; *6* Bohrer, Raspel; *9* Hobelbank
Tischtennis: *8* Pingpong
Titan → einer der Titanen
Titandioxid: *6* Anatas
Titanias Gatte: *6* Oberon
Titanin: *4* Rhea; *6* Tethys, Themis
titanisch: *6* riesig; *8* gewaltig
Titel: *3* Rat; *7* Eminenz; *9* Exzellenz; *11* Magnifizenz
Titel
- **der amerikanischen Richter:** *7* Sheriff
- **asiatischer Fürsten:** *4* Khan
- **der äthiopischen Kaiser:** *5* Negus
- **der buddhistischen Heiligen:** *5* Lohan
- **der Bürgermeister der Hansestädte:** *11* Magnifizenz
- **der englischen Geistlichen:** *4* Dean; *8* Reverend
- **der Gattin Aga Khans:** *5* Begum
- **indischer Fürsten:** *4* Raja; *7* Radscha; *8* Maharaja; *11* Maharadscha
- **indischer Fürstinnen:** *4* Rani; *5* Begum; *8* Maharani
- **indischer Herrscher:** *5* Mogul
- **innerasiatischer Fürsten:** *4* Chan, Khan
- **der iranischen Kaiser:** *5* Schah
- **islamischer Herrscher:** *6* Sultan; *9* Padischah
- **islamischer Minister:** *5* Wesir
- **des japanischen Kaisers:** *5* Tenno; *6* Mikado
- **jüdischer Gesetzeslehrer:** *5* Rabbi
- **der Kaiserin von Rußland:** *5* Zarin
- **von Kaisern und Königen:** *9* Majestaet
- **des Kaisers von Äthiopien:** *5* Negus
- **des Kaisers von Iran:** *5* Schah
- **des Kaisers von Japan:** *5* Tenno; *6* Mikado
- **des Kaisers von Rußland:** *3* Zar
- **der Kardinäle:** *7* Eminenz; *9* Exzellenz
- **katholischer Weltgeistlicher:** *4* Abbé
- **des Königs von Ägypten:** *6* Pharao
- **mohammedanischer Herrscher:** *6* Sultan
- **des Oberhaupts von Genua und Venedig:** *4* Doge
- **des Oberhaupts der Tibetaner:** *9* Dalai-Lama
- **der Ordensobersten:** *5* Prior
- **des Rektors einer Hochschule:** *11* Magnifizenz
- **der römischen Kaiser:** *8* Princeps; *9* Imperator
- **des spanischen Hochadels:** *6* Grande
- **spanischer Prinzen:** *6* Infant
- **spanischer Prinzessinnen:** *8* Infantin
- **türkischer Beamter:** *3* Aga; *6* Pascha

- **bei Turkvölkern:** *3* Bei, Bey
- **des Vizekönigs von Ägypten:** *7* Khedive

Titelbildchen: *8* Vignette
Titelblatt eines Buches: *10* Frontispiz
Titelgestalt bei

- **Anet:** *6* Ariane
- **Anouilh:** *8* Antigone, Euridike
- **Beethoven:** *7* Fidelio
- **Bellini:** *5* Norma
- **Berg:** *4* Lulu; *7* Wozzeck
- **Berlin:** *5* Annie
- **Bizet:** *6* Carmen
- **Borodin:** *4* Igor
- **Britten:** *8* Lukretia; *9* Billy Budd; *11* Peter Grimes; *13* Albert Herring
- **Byron:** *7* Manfred
- **Cocteau:** *6* Orphé
- **Colette:** *4* Gigi; *5* Chéri; *6* Mitsou; *8* Claudine
- **Corneille:** *3* Cid
- **Cronin:** *9* Lucy Moore
- **Deeping:** *5* Kitty
- **Defoe:** *6* Crusoe; *8* Robinson
- **Donizetti:** *5* Lucia
- **Dostal:** *6* Clivia, Monika
- **Egk:** *8* Columbus, Peer Gynt
- **Euripides:** *5* Orest
- **Fall:** *8* Augustin; *9* Pompadour
- **Flaubert:** *6* Bovary; *12* Madame Bovary
- **Flotow:** *6* Martha
- **Freytag:** *4* Ingo; *8* Ingraban
- **Galsworthy:** *12* Irene Forsyte
- **Genet:** *5* Nanon
- **Gershwin:** *4* Bess; *5* Porgy
- **Giraudoux:** *6* Judith, Undine; *7* Elektra
- **Gluck:** *5* Paris; *6* Armida, Helena; *7* Alceste, Orpheus; *8* Euridice, Eurydike
- **Goethe:** *5* Faust, Goetz, Tasso; *6* Egmont, Stella; *7* Clavigo, Hermann, Werther; *8* Dorothea; *9* Iphigenie
- **Gounod:** *5* Faust; *10* Margarethe
- **Grabbe:** *5* Faust; *7* Don Juan; *8* Hannibal, Napoleon
- **Grillparzer:** *5* Medea; *6* Sappho; *7* Libussa
- **Händel:** *6* Xerxes
- **Hauptmann:** *4* Elga; *5* Pippa; *7* Hannele; *8* Griselda; *9* Rose Bernd; *12* Florian Geyer; *13* Michael Kramer
- **Hebbel:** *5* Gyges, Julia; *6* Judith; *7* Herodes; *8* Genoveva, Mariamne
- **Hindemith:** *6* Mathis
- **Hölderlin:** *8* Hyperion
- **Honegger:** *7* Johanna
- **Humperdinck:** *6* Gretel; *7* Haensel
- **Ibsen:** *4* Nora; *5* Brand; *8* Peer Gynt
- **Kalman:** *6* Mariza
- **Kästner:** *4* Emil; *6* Fabian
- **Kleist:** *8* Guiskard; *9* Kaethchen; *10* Amphitryon; *11* Penthesilea
- **Krenek:** *5* Jonny
- **Lehár:** *3* Eva; *8* Giuditta, Paganini; *9* Frasquita; *10* Friederike, Zarewitsch
- **Lessing:** *5* Minna; *6* Nathan, Emilia
- **Lincke:** *4* Luna; *8* Frau Luna
- **du Maurier:** *7* Rebecca; *8* Mary Anne
- **May:** *8* Winnetou; *11* Old Surehand; *14* Old Shatterhand
- **Millöcker:** *7* Dubarry; *8* Jonathan
- **Moliere:** *8* Tartuffe; *10* Amphitryon
- **Molnar:** *6* Liliom
- **Monteverdi:** *7* Orpheus, Poppaea
- **Mozart:** *6* Figaro; *7* Bastien, Don Juan; *9* Bastienne; *11* Don Giovanni
- **Mussorgski:** *12* Boris Godunow
- **Nestroy:** *17* Lumpazivagabundus
- **Offenbach:** *6* Helena; *7* Orpheus
- **Pagnol:** *5* Cesar, Fanny; *6* Marius
- **Pfitzner:** *10* Palestrina
- **Porter:** *4* Kate
- **Puccini:** *5* Mahon, Tosca; *8* Angelika, Turandot; *9* Butterfly
- **Racine:** *7* Phaedra
- **Rossini:** *4* Tell; *7* Barbier
- **Schiller:** *4* Tell; *9* Don Carlos; *11* Maria Stuart, Wallenstein
- **Schnitzler:** *6* Anatol
- **Shakespeare:** *4* Lear; *5* Julia, Romeo; *6* Hamlet; *7* Macbeth, Othello; *8* Antonius, Coriolan
- **Shaw:** *4* Karl; *6* Caesar; *7* Candida, Johanna; *9* Androklus, Cleopatra, Pygmalion
- **Sophokles:** *7* Elektra, Oedipus; *8* Antigone
- **Strauß:** *6* Salome; *7* Ariadne, Elektra; *8* Arabella
- **Strawinsky:** *7* Oedipus; *10* Oedipus Rex
- **Strindberg:** *5* Julie
- **Suppé:** *8* Galathee, Fatinitza
- **Swift:** *8* Gulliver
- **Thiess:** *8* Isabelle
- **Thomas:** *6* Mignon
- **Tschaikowski:** *6* Onegin; *7* Mazeppa
- **Vaszary:** *6* Monpti
- **Verdi:** *4* Aida; *7* Othello; *8* Falstaff; *9* Rigoletto
- **Wagner:** *6* Isolde, Rienzi; *7* Tristan; *8* Parsifal; *9* Lohengrin, Siegfried
- **Weber:** *6* Oberon; *9* Abu-Hassan, Euryanthe
- **Wedekind:** *4* Lulu
- **Wilde:** *6* Salome; *10* Dorian Gray; *14* Lady Windermere
- **Wolf-Ferrari:** *7* Susanne
- **Youmans:** *7* Nanette
- **Zola:** *4* Nana
- **Zuckmayer:** *13* Katharina Knie; *14* Schinderhannes; *15* Barbara Blomberg

Titelheld → Titelgestalt
Titelträger: *7* Titular
toben: *5* rasen
Tobsucht: *4* Amok; *7* Tollwut
tobsüchtig: *7* manisch
Tochter

- **des Agamemnon:** *7* Elektra; *9* Iphigenie
- **des Alkinoos:** *8* Nausikaa
- **des Almonasro:** *4* Aida
- **des Äolus:** *7* Alkyone
- **der Athene:** *3* Bia
- **des Atlas:** *7* Kalypso

- **der Ceres:** *10* Proserpina
- **des Danaus:** *7* Danaide
- **des David:** *6* Thamar
- **der Demeter:** *10* Persephone
- **der Dione:** *9* Aphrodite
- **des Faun:** *4* Maja
- **der Gäa:** *4* Rhea; *5* Rheia; *6* Phoebe, Phoibe, Tethys, Themis
- **Heinrichs VIII.:** *9* Elisabeth
- **der Hekabe:** *9* Kassandra
- **der Helena:** *8* Hermione
- **des Helios:** *5* Circe, Kirke
- **der Hera:** *4* Hebe; *10* Eileithyia
- **des Herodes:** *6* Salome
- **des Hyperion:** *3* Eos; *6* Aurora, Selene
- **der Iocaste:** *8* Antigone
- **der Juno:** *8* Libertas
- **des Jupiter:** *5* Diana, Irene, Venus; *7* Minerva; *8* Iuventus; *10* Proserpina
- **des Kadmos:** *3* Ino; *6* Semele
- **des Kaisers Augustus:** *5* Julia
- **des Kaisers Karl VI.:** *13* Maria Theresia
- **Karls des Großen:** *4* Emma
- **der Klytämnestra:** *7* Elektra; *9* Iphigenie
- **des Königs Lear:** *5* Regan; *7* Goneril; *8* Cordelia
- **des Königs Theias:** *6* Myrrha
- **des Kreon:** *6* Glauke, Kreusa
- **des Kronos:** *4* Hera, Here; *6* Hestia; *7* Demeter
- **von Kyros dem Großen:** *6* Atossa
- **des Laban:** *3* Lea, Lia; *5* Rahel; *6* Rachel
- **der Latona:** *5* Diana
- **der Leda:** *6* Helena
- **der Leto:** *7* Artemis
- **von Franz Liszt:** *6* Cosima
- **des Menelaos:** *8* Hermione
- **des Minos:** *7* Ariadne
- **Mohammeds:** *5* Fatme; *6* Fatima
- **Nehrus:** *6* Indira
- **des Nereus:** *6* Thetis; *7* Galatea, Nereide; *8* Galateia; *10* Amphitrite
- **des Ödipus:** *6* Ismene; *8* Antigone
- **des Okeanos:** *5* Dione
- **von Papst Alexander VI.:** *8* Lucrezia
- **des Priamos:** *9* Kassandra
- **der Rhea:** *4* Hera, Here, Juno; *5* Ceres, Vesta; *6* Hestia; *7* Demeter
- **des Rigoletto:** *5* Gilda
- **des Saturn:** *4* Juno; *5* Ceres, Vesta
- **des Scipio Africanus:** *8* Cornelia
- **der Skadi:** *5* Freia
- **des Tantalus:** *5* Niobe
- **der Theia:** *3* Eos; *6* Aurora, Selene
- **der Themis:** *4* Dike; *6* Eirene
- **des Theoderich:** *11* Amalasuntha; *12* Amalaswintha
- **des Thyestes:** *7* Pelopia
- **des Tyndareos:** *13* Klytemnaestra; *14* Kleytaemnestra
- **des Uranos:** *4* Rhea; *5* Rheia, Theia; *6* Phoebe, Phoibe, Tethys, Themis
- **der Ute:** *9* Kriemhild
- **des Zeus:** *4* Dike, Hebe; *6* Athene, Eirene, Helena; *7* Artemis; *9* Aphrodite; *10* Eileithyia, Persephone

Töchter des Atlas: *6* Hyaden
- **des Nereus:** *8* Nereiden
- **des Zeus:** *5* Musen

Tochtergeschwulst: *9* Metastase
Tod: *6* Exitus
todesdüster: *7* makaber
Todesgott: *5* Hades, Orkus, Pluto; *6* Anubis, Erebus, Pluton; *8* Thanatos
Todesgöttin: *3* Hel; *5* Keren; *6* Hather, Hathor
Todeskampf: *6* Agonie
Todeslauf: *4* Amok
Todesurteil: *11* Hinrichtung
todgeweiht: *8* moribund
tödlich: *5* letal
Todsünde: *4* Geiz, Neid, Zorn; *7* Hochmut, Wollust; *10* Trunksucht; *19* Traegheit des Herzens
toller Einfall: *8* Kapriole
Tollkirsche: *10* Belladonna
Tollkirschengift: *7* Atropin
Tollwut: *4* Amok; *5* Lyssa
Tölpel: *6* Lackel
Tomatensoße: *7* Ketchup
Tombola: *9* Verlosung
Ton: *4* Laut; *5* Klang; *6* Schall
Tonabstand: *9* Intervall
tonangebend: *9* kompetent
Tonarchiv: *9* Phonothek
Tonart: *3* Dur; *4* Moll
Tonart in Italien: *2* do, fa, la, mi, re, si, ti; *3* sol
Tonbandgerät: *9* Diktaphon; *11* Magnetophon
Tonbezeichnung: *2* as, es; *3* ais, ces, cis, des, dis, eis, fis, gis, his
Tondichtung: *11* Komposition
Tondichter: *9* Komponist
Tonerde: *5* Bolus
tönern: *5* irden
tönernes Blasinstrument: *7* Okarina
Tonfall: *6* Akzent
Tonfarbe: *6* Timbre
Tonfilmband: *4* Take
Tonflasche: *5* Kruke
Tonfolge: *7* Melodie, Passage
Tongainsel: *3* Ata, Eua; *4* Niue, Toku; *5* Tofua; *9* Tongatabu
Tongeschirr: *7* Keramik
Tongeschlecht: *3* Dur; *4* Moll
Tonhalle: *5* Odeon, Odeum; *7* Orpheum
Tonhebung: *5* Iktus
Tonintervall → Tonstufe
Ton-Kalk-Gestein: *6* Mergel
Tonkunst: *5* Musik
Tonkünstler: *7* Musiker
Tonlage: *3* Dur; *4* Moll
Tonleiter: *5* Skala
tonlos: *5* stumm
Tonmaß: *4* Takt
Tonne: *4* Fass; *6* Barrel
Tonschicht: *6* Letten
Tonschöpfung: *11* Komposition

Tonsilbe: *2* do, fa, la, mi, re, si, ti; *3* sol
Tonspeicher: *10* Magnetband; *12* Schallplatte
Tonstück → Musikstück
Tonstück für
- **acht Stimmen:** *6* Oktett
- **drei Stimmen:** *4* Trio; *7* Terzett
- **fünf Stimmen:** *8* Quintett
- **sechs Stimmen:** *7* Sextett
- **sieben Stimmen:** *7* Septett
- **vier Stimmen:** *8* Quartett
- **zwei Stimmen:** *3* Duo; *5* Duett

Tonstufe: *4* None, Prim, Sext, Terz; *5* Prime, Quart, Quint, Sexte; *6* Dezime, Oktave, Quarte, Quinte; *7* Sekunde, Septime
Tonware: *7* Fayence, Keramik; *8* Majolika; *9* Porzellan; *10* Terrakotta
Tonzeichen: *4* Note
Tonzusammenklang: *6* Akkord
Topf: *4* Pott
Topfblume → Zierpflanze
Töpfer: *6* Hafner; *7* Haefner; *9* Keramiker
Töpferkunst: *7* Keramik
Töpfermaterial: *3* Ton
Töpferware: *7* Fayence, Keramik
Topfgriff: *5* Stiel; *6* Henkel
Topfverschluß: *6* Deckel
Tor: *4* Narr, Tuer; *6* Pforte, Portal
- **beim Fußball:** *4* Goal

Torfstück: *4* Sode
Torheit: *6* Eselei, Unsinn; *8* Dummheit, Narretei; *9* Firlefanz
töricht: *4* dumm, naiv; *6* unklug
törichter Mensch: *3* Tor; *4* Narr
törichtes Gerede: *6* Unsinn; *7* Nonsens
Torkel: *6* Kelter
Torlauf: *6* Slalom
Tornado: *11* Wirbelsturm
Tornister: *6* Ranzen
Torschütze: *10* Goalgetter
Törtchen: *9* Tortelett; *10* Tortelette
Tortur: *4* Pein, Qual; *5* Plage; *6* Folter, Marter
Torwächter: *7* Portier; *9* Pfoertner
tot: *8* entseelt
tote(r)
- **Last:** *7* Ballast
- **Tierkörper:** *7* Kadaver

totenähnlich: *7* makaber
Totenamt: *7* Requiem; *8* Exequien
Totenbeschwörung: *11* Nekromantie
Totenfährmann: *6* Charon
Totenführer: *6* Hermes
Totengeister: *5* Manen
Totengeleit: *7* Kondukt
Totengott: *5* Hades, Orkus, Pluto; *6* Anubis, Erebus, Pluton; *8* Thanatos
Totengöttin: *3* Hel; *5* Keren; *6* Hather, Hathor
Totenklage im alten Rom: *6* Naenie
Totenliste: *8* Nekrolog
Totenmesse: *7* Requiem
Totenopfer: *6* Nekyia
Totenreich: *3* Hel; *5* Hades, Orkus; *6* Erebus, Hoelle; *8* Niflheim
Totenrichter in der griechischen Sage: *12* Rhadamanthys
Totenschar der germanischen Sage: *6* Holden
Totenschrein: *4* Sarg
Totenseelen der Römer: *5* Manen
Totenstadt: *9* Nekropole; *10* Nekropolis
Totenverehrung: *8* Manismus
Totenvogel: *9* Steinkauz
Totschläger: *6* Killer
Touristenbetreuer: *8* Animator; *9* Animateur; *11* Reiseleiter
Trabant: *4* Mond; *8* Satellit
Trabrennwagen: *5* Sulky
Tracht: *7* Kostuem
Trachtenjacke: *6* Janker
Trachtenstoff: *5* Loden
Tradition: *5* Sitte; *6* Brauch; *9* Herkommen
Tragbalken: *4* Holm
Tragband: *4* Gurt
tragbar: *13* transportabel
tragbarer Personalcomputer: *6* Laptop
Tragbett: *5* Bahre, Trage
träge: *4* faul; *5* inert; *7* langsam, pomadig; *8* indolent
Tragebrett: *7* Tablett
Träger: *4* Mast; *6* Balken, Saeule, Strebe; *7* Pfeiler, Stuetze; *8* Traverse
Träger
- **elektrischer Leitungen:** *4* Mast
- **der Erbanlagen:** *3* Gen; *9* Chromosom
- **des Erbgutes:** *2* Id
- **der Golfgeräte:** *6* Caddie

Trägheit: *6* Torpor; *7* Phlegma; *8* Faulheit, Indolenz; *9* Lethargie
Traghimmel: *9* Baldachin
Tragkorb: *5* Butte, Hutte, Hotte, Kiepe
Traglast: *6* Buerde
Tragödie → Schauspiel
Tragsessel: *7* Saenfte; *8* Palankin; *11* Portechaise
Tragstütze: *6* Saeule; *7* Pfeiler
Tragtier: *4* Esel; *5* Kamel; *8* Maultier
Tragweite: *7* Ausmass
Train: *5* Tross
trainieren: *5* ueben
Training: *6* Uebung
Trainingsanlage: *9* Simulator
Trainingsgerät: *8* Expander
Trajekt: *6* Faehre; *11* Faehrschiff
Traktat: *10* Abhandlung; *11* Flugschrift
Traktion: *12* Geburtshilfe
Trällersilbe: *2* la
tranchieren: *8* zerlegen
Tränen vergießen: *6* weinen
Trank des Vergessens: *5* Lethe
Trankopfer: *8* Libation
Transparentbild: *3* Dia
Transportgut: *6* Ladung
Transportmittel: *3* Bus, Rad; *4* Bahn, Obus, Post, Tram; *5* Karre, U-Bahn, Wagen; *6* Karren, Schiff; *7* Omnibus; *8* Flugzeug; *9* Eisenbahn
Transuran: *6* Curium; *7* Fermium; *8* Nobelium; *9* Americium, Berkelium, Neptunium, Pluto-

nium; *10* Lawrencium; *11* Californium, Einsteinium, Mendelevium
traubenförmig: *7* razemos
Traubenhyazinthe: *7* Muscari
Traubenpresse: *6* Kelter
Traubensaft: *4* Most, Wein
Traubensorte: *5* Gamay; *6* Aramon, Merlot; *7* Elbling, Formint, Gutedel, Lagrein; *8* Cabernet, Riesling, Silvaner, Traminer; *9* Burgunder, Rulaender; *10* Trollinger; *11* Muskateller
Traubenzucker: *7* Glukose, Glykose; *8* Dextrose
Trauerband: *4* Flor
Trauerbesatz: *9* Pleureuse
Trauerlied: *6* Naenie
Trauerspiel: *9* Tragoedie
Trauerspiel → Schauspiel
Trauerspieldichter: *8* Tragoede
Trauerzug: *7* Kondukt
Traufleiste antiker Tempel: *4* Sima
Träumer: *8* Phantast
Träumerei: *7* Reverie
Traumgesicht: *6* Version
Traumgespenst: *3* Alb, Alp; *5* Geist
Traumgott: *8* Morpheus
traumhaft: *9* visionaer
Traumland: *8* Eldorado
Traumlehre: *11* Oneirologie
Traumzustand: *6* Trance
traurig: *5* trist; *7* desolat; *8* betruebt
Traurigkeit: *8* Truebsal; *9* Truebsinn
Trauung: *6* Heirat; *8* Hochzeit
travers: *4* quer
Trawe: *16* Grundschleppnetz
Treber: *7* Trester
Treck: *3* Zug
Trecker: *7* Traktor; *9* Schlepper
Treckschute: *11* Schleppkahn
Treff: *5* Kreuz; *6* Eichel
Treffen: *7* Meeting; *9* Begegnung; *11* Versammlung; *13* Zusammenkunft
treffend: *7* praezis, triftig; *8* praezise; *9* praegnant
treffendes Witzwort: *6* Bonmot
Treffer: *3* Hit; *5* Preis; *6* Gewinn
treffsicher: *9* praegnant
treiben: *10* pressieren
Treiben des Viehs von den Almen: *7* Abtrieb
treibende Kraft: *5* Agens
Treibgas: *5* Butan; *6* Propan
Treibgeschoß: *6* Rakete
Treibladung: *9* Kartusche
Treibmittel beim Backen: *4* Hefe; *6* Natron; *9* Sauerteig; *10* Backpulver; *14* Hirschhornsalz
Treibnetz: *5* Fleet
Treibstoff: *5* Butan, Sprit; *6* Benzin, Benzol, Diesel, Propan
Treibstoffbehälter: *4* Tank; *8* Kanister
trennen: *6* teilen; *8* scheiden; *9* isolieren, losloesen; *10* separieren
Trenner: *9* Separator; *10* Zentrifuge
Trennlinie: *11* Perforation
Trennung: *5* Bruch; *7* Teilung; *9* Scheidung; *10* Isolierung; *11* Separierung
Trennungslinie: *6* Grenze
Trennungsstrich: *5* Divis
Trennungsverfahren: *7* Dialyse; *12* Destillation
Trennungszeichen: *5* Trema
Trennwand mit Ikonen in der Kirche: *11* Ikonostasis
Trense: *4* Zaum; *10* Pferdezaum
Treppe: *6* Stiege
Treppenabsatz: *6* Podest
Treppenhalle: *9* Vestibuel
Treppenteil: *5* Stufe; *6* Podest
Tresen: *5* Theke
Tresor: *4* Safe
Tresse: *5* Blese, Borte, Litze; *6* Galone
Trester: *6* Treber
Trethebel: *5* Pedal
treu: *7* redlich
treu ergeben: *5* loyal
Treubruch: *6* Verrat; *7* Felonie
treuer Gefolgsmann: *7* Paladin
– Wächter: *5* Argus
treues Haustier: *4* Hund
Treuhänder: *7* Kurator; *10* Sachwalter
Treuhandgebiet: *6* Mandat
treuherzig: *4* naiv
treulos: *6* perfid; *7* perfide
Trick: *4* Dreh, List; *5* Finte, Kniff; *7* Finesse
Trieb: *5* Drang; *6* Impuls, Libido
triebhaft: *8* impulsiv
Triebkraft: *5* Agens, Motor; *7* Dynamik
Triebkräfte: *8* Agenzien
triebmäßig: *10* instinktiv
Triebwerk: *8* Maschine, Mechanik
triften: *8* floessen
triftig: *9* plausibel
Trinität: *13* Dreieinigkeit; *14* Dreifaltigkeit
Trinkbecher: *3* Cup; *5* Pokal
Trinkbedürfnis: *5* Durst
Trinkbranntwein → Branntwein
Trinkbruder: *8* Bacchant
Trinkgefäß: *4* Glas, Krug; *5* Kelch, Molle, Pokal, Tasse; *6* Becher, Humpen, Roemer, Schale, Seidel; *7* Stiefel; *8* Bierglas, Bierkrug, Schoppen, Sektglas, Weinglas; *10* Likoerglas
– der Germanen: *7* Methorn
Trinkgelage: *5* Orgie; *8* Zecherei; *9* Bacchanal
Trinkgeld: *10* Bakschisch
Trinkgruß der Studenten: *7* Fiduzit; *9* Schmollis
Trinklied der Studenten: *6* Kantus
Trinkspruch: *4* Skal, Skol; *5* Prost, Toast; *6* Prosit
Trinkstube: *3* Bar
trocken: *4* arid; *5* duerr; *9* prosaisch
Trockenbeere: *6* Rosine; *8* Korinthe; *9* Sultanine
Trockenfutter: *3* Heu
Trockengestell: *5* Darre, Horde; *6* Reiter
Trockenheit: *6* Duerre
Trockenmalerei: *7* Pastell
Trockenmittel für Ölfarben: *8* Sikkativ
Trockensteppe in Südafrika: *5* Karru; *8* Kalahari
Trockenvorrichtung: *5* Darre
trocknen: *6* darren
Troddel: *6* Quaste

Trödel: *4* Kram, Tand; *6* Ramsch; *7* Plunder
Troja: *5* Ilion
trojanischer
- **Held:** *5* Paris; *6* Achill, Aeneas, Hektor, Nestor; *7* Priamos, Priamus; *8* Achilles
- **Priester:** *7* Laokoon
- **Prinz:** *7* Troilos
- **Späher:** *5* Dolon

Trojas Burg: *5* Ilion
Troll: *6* Unhold
Trommel: *5* Bongo, Conga, Pauke; *6* Tamtam, Timbal, Tomtom; *7* Timpani; *8* Tamburin; *11* Kesselpauke
Trommelfeuer: *8* Kanonade
Trommelschläger: *7* Tambour
Trommelstock: *8* Schlegel
Trommler: *7* Tambour
Trompete: *6* Busine; *7* Clairon, Fanfare
Trompetenbaum: *7* Katalpa
Trompetenblume: *8* Bignonie
Trompetengeschmetter: *7* Fanfare
Tropenbaum: *5* Palme; *6* Akazie, Sapote; *9* Tamarinde; *13* Affenbrotbaum
Tropenhut: *8* Sombrero
Tropenkrankheit: *4* Pest; *5* Lepra; *7* Aussatz, Malaria, Trachom; *8* Kala-azar; *10* Gelbfieber; *15* Schlafkrankheit
Tropenvogel: *3* Ara, Beo, Kea; *4* Lori; *5* Arara, Tukan; *6* Kakadu, Kondor; *7* Kolibri, Papagei
Tropenwind: *5* Samum; *6* Monsun, Passat
Tropfstein: *9* Stalagmit, Stalaktit
Tropfsteinhöhle: *6* Grotte
Trophäe des Indianers: *5* Skalp
Tropikvögel: *13* Phaethontidae
tropische(r, s)
- **Ameise:** *7* Termite
- **Anpflanzung:** *8* Plantage
- **Baum** → Tropenbaum
- **Baumfrucht:** *8* Paranuss
- **Blume:** *8* Orchidee
- **Echse:** *5* Gecko, Skink, Waran; *6* Leguan; *8* Basilisk; *10* Chamaeleon
- **Faserpflanze:** *4* Hanf; *5* Agave, Sisal
- **Frucht:** *5* Feige, Kakao; *6* Ananas, Banane, Dattel, Limone, Mandel, Orange; *7* Erdnuss, Zitrone; *9* Apfelsine, Mandarine; *10* Clementine
- **Getreide:** *4* Mais, Reis; *5* Hirse; *7* Kukuruz
- **Gewächs:** *5* Agave, Palme; *6* Bambus, Kaktus, Sapote; *7* Opuntie; *8* Orchidee; *9* Tamarinde; *13* Affenbrotbaum
- **Gewürz:** *4* Zimt; *5* Curry; *7* Pfeffer, Vanille
- **Grassteppe:** *7* Savanne
- **Harz:** *5* Elemi; *8* Sandarak
- **Heilpflanze:** *4* Aloe
- **Holzart:** *4* Teak; *5* Balsa, Limba; *6* Fustik; *8* Ebenholz, Mahagoni; *10* Palisander
- **Huftier:** *5* Tapir
- **Insekt:** *7* Moskito, Termite
- **Knollenpflanze:** *4* Taro; *6* Batate, Maniok; *10* Topinambur
- **Krankheit** → Tropenkrankheit
- **Kuckucksvogel:** *3* Ani
- **Landschaftsform:** *5* Busch, Pampa; *6* Steppe, Urwald, Wueste; *7* Savanne; *9* Dschungel
- **Meeresschnecke:** *5* Oliva
- **Niederschlagsperiode:** *9* Regenzeit
- **Nutzholz** → tropische Holzart
- **Nutzpflanze:** *3* Tee; *4* Coca, Cola, Reis, Soja, Taro; *5* Agave, Betel, Hirse, Kakao, Palme, Sesam, Sisal, Tabak; *6* Ananas, Bambus, Batate, Kaffee, Limone, Maniok, Orange, Papaya; *7* Erdnuss, Oelbaum, Rizinus, Tapioka; *9* Tamarinde; *10* Topinambur, Zuckerrohr
- **Riesengras:** *6* Bambus
- **Rind:** *4* Zebu
- **Säugetier:** *3* Gnu; *4* Affe, Puma; *5* Kamel, Loewe, Okapi, Tapir, Tiger, Zebra; *6* Jaguar, Ozelot; *7* Elefant, Gazelle, Giraffe, Leopard, Nashorn; *8* Antilope, Nilpferd; *10* Flusspferd
- **Schlingpflanze:** *5* Liane
- **Stechmücke:** *7* Moskito
- **Sumpfwald:** *9* Dschungel
- **Vogel** → Tropenvogel
- **Wind** → Tropenwind
- **Wirbelsturm:** *6* Taifun, Zyklon
- **Wurzel:** *4* Taro
- **Wurzelknolle:** *3* Yam
- **Troß:** *5* Train; *6* Bagage

Trosse: *3* Tau
Troßschiff: *6* Tender
trostlos: *3* oed; *4* oede; *5* trist; *7* desolat, traurig
Trottel: *4* Depp; *5* Idiot; *6* Kretin
Trotz: *5* Trutz; *8* Renitenz; *9* Eigensinn
trotzdem: *4* doch; *7* dennoch
trübe: *6* diesig, neblig
trübe Flüssigkeit: *6* Bruehe
Trubel: *5* Laerm; *6* Rummel, Tumult, Unruhe; *9* Gedraenge
Trübsal: *3* Not; *5* Elend; *6* Kummer, Trauer
Trübsinn: *11* Melancholie
trübsinnig: *7* traurig; *10* deprimiert; *12* schwermuetig; *13* melancholisch
Trug: *3* Arg; *4* List
Trugbild: *6* Vision; *7* Phantom; *8* Illusion; *9* Phantasie, Phantasma, Schimaere; *11* Fata Morgana
trügerisch: *9* scheinbar; *11* illusorisch
Truggebilde: *7* Schemen; *14* Phantasmagorie
Trugschluß: *6* Irrtum; *9* Sophismus
Trugwahrnehmung: *13* Halluzination
Truhe der italienischen Renaissance: *7* Cassone
- **mit Schiebekasten:** *7* Kommode

Trümmer: *5* Ruine
Trumpf im Kartenspiel: *7* Couleur
Trumpfkarte: *5* Atout, Skues; *7* Matador
trunken: *12* bacchantisch
Trunkenheit: *6* Rausch
Trunksucht: *12* Alkoholismus
Truppenabteilung: *5* Armee, Korps; *7* Brigade; *8* Division, Eskadron, Kompanie, Regiment; *9* Abteilung, Bataillon
- **Truppenfahne:** *6* Banner; *9* Standarte

Truppenführung: *6* Taktik
Truppengattung: *4* Heer; *6* Marine; *9* Luftwaffe; *10* Artillerie, Infanterie; *12* Panzertruppe
Truppenkörper: *5* Kader
Truppenlager: *5* Biwak
Truppenschau: *6* Parade
Truppenspitze: *4* Tête
Truppenstandort: *8* Garnison
Truppenübung: *8* Manoever
Truppenunterkunft: *7* Kaserne
Truppenverband der alten Römer: *6* Legion
Truppenversammlung zum Dienst: *6* Appell
Truppenversorgung: *8* Logistik
Truthahn: *5* Puter
Truthenne: *4* Pute
Trutz: *6* Abwehr; *10* Widerstand
tschechische(r, s)
- **Automarke:** *5* Skoda
- **Berg:** *5* Litno; *6* Boubin
- **Bier:** *8* Pilsener
- **Bildhauer:** *5* Hajek
- **Dichter:** *5* Capek
- **Fluß** → Fluß in der Tschechoslowakei
- **Geigenvirtuose:** *7* Kubelik
- **Hauptstadt:** *4* Prag
- **Komponist:** *6* Dvorák; *7* Janácek, Smetana
- **Königin:** *7* Libussa
- **Landesteil:** *7* Boehmen, Maehren
- **Maler:** *5* Kupka
- **Münze:** *5* Krone; *6* Heller
- **Nationalheilige:** *7* Libussa
- **Nobelpreisträger für Chemie:** *9* Heyrovsky
- **Nobelpreisträger für Medizin:** *4* Cori
- **Pflaumenmus:** *7* Powidel
- **Reformator:** *3* Hus
- **Rekordläufer:** *7* Zatopek
- **Schachmeister:** *4* Reti
- **Schriftsteller:** *5* Hasek
- **Sportler:** *7* Zatopek
- **Staatsmann:** *5* Benes; *7* Benesch
- **Stadt** → Stadt in der Tschechoslowakei
- **Tennisspieler:** *5* Lendl, Mecir
- **Tennisspielerin:** *11* Navratilova
- **Volksstamm:** *8* Hannaken

Tschechoslowakei: *4* CSSR
Tubeninhalt: *5* Paste
Tuchstreifen: *4* Band
tüchtig: *4* brav; *6* deftig, patent; *7* solvent, virtuos
Tüchtigkeit: *6* Format; *10* Faehigkeit
Tücke: *4* List; *7* Arglist
tückisch: *6* perfid
Tuff: *9* Travertin
tüfteln: *8* gruebeln
Tugend: *5* Treue
tugendhaft: *4* edel; *6* ehrbar, keusch; *7* sittsam; *8* zuechtig
Tulpenbaum: *8* Magnolie
Tümmler: *7* Delphin
Tümpel: *5* Suhle
Tumult: *5* Laerm; *6* Trubel, Unruhe; *7* Aufruhr
tunesische(r)
- **Hauptstadt:** *5* Tunis
- **Insel:** *6* Djerba; *8* Kerkenna
- **Münze:** *5* Dinar, Franc; *7* Centime
- **Nationalbewegung:** *6* Destur
- **Politiker:** *7* Burgiba
- **Stadt** → Stadt in Tunesien
- **Titel:** *3* Dei

Tunke: *5* Sauce, Sosse
Tunnel im Erdreich: *7* Stollen
Tupfen: *5* Fleck, Punkt; *8* Sprenkel
turbieren: *7* stoeren; *11* beunruhigen
Türenteil: *5* Haspe; *6* Klinke; *7* Klopfer, Laibung, Schloss; *8* Schwelle
Turfsportler auf eigenem Pferd: *12* Herrenreiter
Türgriff: *6* Klinke
Türhaken: *5* Haspe
Türhüter: *7* Portier; *9* Pfoertner, Schweizer
Türke: *6* Osmane
Türkensäbel: *7* Jatagan
türkisch-mongolisches Steppenvolk: *6* Awaren
türkisch → orientalisch
türkische(r, s)
- **Amtsgebäude:** *5* Konak
- **Anrede:** *3* Bei; *6* Efendi
- **Baumeister:** *5* Sinan
- **Beamter:** *5* Mudir; *6* Pascha; *7* Muschir
- **Berg:** *6* Ararat
- **Bezirk:** *6* Seyhan
- **Branntwein:** *4* Rake, Raki
- **Dichter:** *4* Baki
- **Dynastie:** *7* Osmanen; *11* Seldschuken
- **Ehrentitel:** *3* Pir; *6* Pascha
- **Feldherr:** *8* Atatuerk
- **Fluß** → Fluß in der Türkei
- **Gebirge:** *6* Taurus
- **Gewicht:** *4* Okka
- **Grenzstadt:** *6* Edirne
- **Hafenstadt** → Hafenstadt in der Türkei
- **Halbinsel:** *9* Gallipoli
- **Hauptstadt:** *6* Ankara
- **Herberge:** *3* Han
- **Herrschertitel:** *5* Ghasi
- **Hochland:** *9* Anatolien
- **Insel:** *3* Ada; *5* Imroz; *7* Tenedos
- **Kopfbedeckung:** *3* Fes
- **Krummsäbel:** *7* Jatagan
- **Leibgardist:** *10* Janitschar
- **Leibrock:** *6* Dolman
- **Meerenge:** *8* Bosporus; *11* Dardanellen
- **Mehlspeise:** *6* Boerek
- **Münze:** *4* Lira, Para; *5* Kurus, Pfund
- **Nationalspeise:** *5* Dolma; *8* Tschorba
- **Polizist:** *6* Kawass
- **Riemenpeitsche:** *10* Karbatsche
- **Ruinenstadt:** *3* Ani
- **See:** *3* Tus, Tuz, Wan
- **Soldatenrock:** *6* Gaitan
- **Staatsmann:** *8* Atatuerk; *11* Enver Pascha
- **Staatsrat:** *5* Diwan
- **Stadt** → Stadt in der Türkei
- **Statthalter:** *4* Wali
- **Sultan:** *5* Ahmed, Murad, Osman, Selim;

6 Mahmud, Mehmed; *7* Bajazet, Mustafa, Soliman; *8* Mohammed, Suleiman
- **Tabakspfeife:** *8* Tschibuk
- **Titel:** *3* Aga, Beg, Bei, Bek, Bey; *5* Mudir; *6* Pascha
- **Trachtenrock:** *6* Dolman
- **Verwaltungsbeamter:** *4* Wali
- **Verwaltungsbezirk:** *7* Wilajet
- **Volksstamm:** *6* Kurden; *7* Kumanen; *8* Chasaren; *11* Seldschuken
- **Wasserpfeife:** *8* Nargileh

Turkmenenstamm: *5* Teeke; *10* Tschoudoren
Turkvolk: *6* Awaren, Sarten; *7* Jakuten, Tataren, Uiguren, Usbeken; *8* Kasachen, Kirgisen; *9* Turkmenen; *10* Karagassen, Karalpaken
Turm der Moschee: *8* Minarett
Turmdach: *4* Helm
Turmkrähe: *5* Dohle
Turmschwalbe: *11* Mauersegler
Turmspitze: *4* Apex
Turmvorbau ägyptischer Tempel: *5* Pylon; *6* Pylone
Turnerabteilung: *5* Riege
Turngerät: *4* Ball, Bock, Reck, Seil; *5* Keule, Pferd, Ringe; *6* Barren, Hantel, Kasten, Leiter, Trapez; *8* Expander, Rhoenrad; *11* Kletterseil, Medizinball; *12* Sprossenwand
Turnierzweikampf: *5* Tjost
Turnkünstler: *7* Akrobat
Turnübung: *5* Beuge, Felge, Hocke, Kehre, Kippe, Salto, Wende; *6* Flanke, Sprung; *7* Hangeln, Spreize; *8* Klettern, Klimmzug; *9* Graetsche, Handstand, Kopfstand; *10* Aufschwung, Bauchwelle, Bodenrolle; *11* Ueberschlag; *12* Hueftschwung
Turnvater: *4* Jahn
Türverschluß: *6* Riegel; *7* Schloss
Türvorhang: *8* Portiere
Türwächter: *7* Portier; *9* Pfoertner
Typ: *3* Art; *5* Genre; *6* Modell, Urbild
Type: *6* Letter
Typographie: *12* Schriftkunst; *16* Buchdruckerkunst
Tyrann: *6* Despot
Tyrann von
- **Athen:** *8* Hipparch; *11* Pisistratus
- **Gela:** *5* Gelon
- **Samos:** *10* Polykrates
- **Sparta:** *5* Nabis
- **Syrakus:** *5* Gelon; *6* Hieron; *9* Dionysios

Tyrannei: *8* Despotie, Diktatur

U

übel: *4* flau, mies; *6* gemein, mulmig; *8* schlecht
Übelbefinden: *7* Malaise
übelgesinnt: *7* illoyal
Übelkeit: *6* Nausea
übellaunig: *7* grantig
Übellaut: *10* Kakophonie
übelnehmen: *8* verargen; *9* ankreiden
Übelstand: *6* Leiden; *10* Kalamitaet
Übeltäter: *7* Frevler, Suender; *10* Boesewicht, Delinquent, Verbrecher; *11* Missetaeter
üben: *7* proben; *9* studieren; *10* exerzieren, trainieren
Überangebot: *9* Inflation
Überanstrengung: *8* Strapaze
Überbein: *8* Ganglion
Überbleibsel: *4* Rest; *5* Abhub, Neige, Ruine, Wrack; *6* Relikt, Stumpf; *7* Stummel; *8* Residuum, Rudiment, Truemmer
Überblick: *5* Schau
Überbringer: *4* Bote
überdachter Durchgang: *7* Passage
überdeckend: *8* dominant
überdeckt: *8* rezessiv
überdeutlich: *5* krass
Überdruß: *4* Ekel; *6* Degout; *7* Abscheu; *10* Widerwille
Übereifer: *10* Fanatismus
Übereinkunft: *7* Vertrag; *8* Kontrakt; *9* Abmachung; *10* Kompromiss, Konvention; *11* Arrangement
übereinstimmen: *11* akkordieren; *14* sympathisieren
übereinstimmend: *5* einig; *7* homolog, konform; *9* identisch, kongruent; *11* solidarisch
Übereinstimmung: *6* Akkord; *8* Harmonie; *9* Einigkeit; *10* Konkordanz, Konvergenz; *12* Solidaritaet
überempfindlich: *8* sensitiv; *10* allergisch
Überempfindlichkeit: *8* Allergie
übererregt: *8* hektisch
Überfahrt: *7* Passage
Überfall: *4* Raid; *8* Attentat, Invasion; *10* Aggression
überfein: *6* subtil; *7* penibel
überfeinert: *8* dekadent
Überfeinerung: *10* Raffinesse
Überfluß: *7* Opulenz
überführen: *13* transferieren
Überführung: *8* Transfer
überfromm: *6* bigott
Überfülle: *8* Plethora
Übergabe: *12* Kapitulation
Übergangsstelle bei Flüssen: *4* Furt
Übergangszustand: *7* Interim
Übergetretener: *9* Konvertit
Übergewand: *5* Kotze; *6* Mantel, Umhang
Übergewicht: *10* Majoritaet, Praevalenz; *13* Superioritaet
überglücklich: *5* selig
übergroß: *6* riesig; *8* kolossal
überhängende Schneemasse: *7* Waechte
überheblich: *8* arrogant; *9* anmassend; *10* hochmuetig, hochnaesig, hoffaertig; *11* duenkelhaft
überhöhter Preis: *4* Nepp; *6* Wucher
Überholung: *11* Renovierung; *12* Ausbesserung
überirdisch: *6* mental; *7* geistig, magisch; *8* feenhaft, spukhaft; *9* goettlich, himmlisch, spiritual; *10* aetherisch, daemonisch, unwirklich; *11* immateriell; *12* gespenstisch, metaphysisch, transzendent; *13* unkoerperlich; *14* transzendental
überirdisches
– Reich: *6* Himmel; *8* Jenseits
– Wesen: *3* Fee; *4* Elfe; *5* Engel
überkleben: *10* kaschieren
überladen: *6* ueppig; *7* protzig; *11* bombastisch, schwuelstig
überlagernd: *8* dominant
Überlandstraße: *8* Chaussee
überlassen: *8* abtreten, zedieren
Überlassung: *7* Zession; *9* Abtretung
Überläufer: *9* Deserteur
überlebt: *5* passé
überlegen: *6* denken; *8* erwaegen; *10* nachdenken
überlegen: *9* souveraen
Überlegenheit: *13* Superioritaet
überlegt: *8* besonnen, gemessen; *10* methodisch
Überlegung: *9* Reflexion
überliefert: *10* historisch; *12* traditionell
überlieferte Erzählung: *4* Maer, Sage
Überlieferung: *4* Maer, Sage; *5* Sitte; *6* Brauch; *9* Tradition
überlisten: *9* duepieren
Überlistung: *10* Berueckung
übermäßig: *5* enorm; *7* horrend; *8* gewaltig; *9* ungeheuer
übermenschliches Wesen: *6* Daemon
Übermut: *6* Hybris
übernachten: *6* zelten; *8* logieren; *9* kampieren; *10* biwakieren
Übernahme: *9* Rezeption
übernatürlich → überirdisch
Überordnung: *8* Supremat
überpflanzen: *15* transplantieren
Überprüfung: *8* Revision; *9* Kontrolle
überqueren: *9* passieren
überragend: *6* genial
überraschend: *8* frappant; *10* ploetzlich
überraschende Tat: *4* Coup
überrascht: *7* perplex; *8* verdutzt; *10* verbluefft
überreden: *8* bekehren; *9* verleiten
überreichen: *13* praesentieren
Überrest: *6* Relikt; *8* Reliquie
übersandter Wechsel: *7* Rimesse

überschäumend: *12* bacchantisch
Überschlag: *5* Salto; *7* Kalkuel
Überschrift: *5* Titel
Überschuh: *8* Galosche
Überschuß: *4* Plus; *6* Ertrag, Gewinn
überschwenglich: *9* exaltiert
überseeisch: *8* exotisch
überseeische Handelsniederlassung: *8* Faktorei
überseeisches Gebiet: *7* Kolonie
Überseetelegramm: *5* Kabel
Überseezigarre: *7* Importe
übersetzen: *11* dolmetschen
Übersetzer: *8* Dragoman; *11* Dolmetscher
Übersicht: *7* Tabelle; *8* Diagramm; *9* Schaubild
übersinnlich → überirdisch
übersorgfältiger Mensch: *6* Pedant
überspannt: *6* barock, extrem; *7* grotesk; *8* spleenig; *9* exaltiert, fanatisch; *10* exorbitant, verstiegen; *11* extravagant, exzentrisch, verschroben; *12* phantastisch
Überspanntheit: *10* Exaltation
übersteigerter Vaterlandsstolz: *12* Chauvinismus
Übersteigerung: *10* Superlativ
überstimmen: *12* majorisieren
Überstrumpf: *8* Gamasche
Überträgerin der Malaria: *9* Anopheles
– der Schlafkrankheit: *6* Tsetse
Übertragung: *4* Giro; *7* Zession; *8* Delation, Transfer; *9* Kollation; *11* Transfusion, Translation; *13* Transposition; *15* Transplantation
übertrieben → überspannt
übertriebene Sparsamkeit: *4* Geiz
– Verehrung: *4* Kult
übertriebener Aufwand: *4* Pomp
Übertritt zum anderen Glauben: *10* Konversion
überwachen: *11* inspizieren; *13* kontrollieren
Überwachung: *9* Kontrolle
überwältigend: *8* grandios
Überweisung: *8* Transfer
überzeugend: *7* evident
Überziehanzug: *7* Overall
überzuckerte Frucht: *6* Dragée
Überzug: *4* Lack; *5* Email, Lasur; *6* Glasur; *7* Emaille, Schicht; *8* Futteral; *10* Kuvertuere
üble Nachrede: *11* Verleumdung
üblich: *6* normal, usuell; *7* typisch; *8* regulaer; *13* konventionell
U-Boot-Sehrohr: *8* Periskop
übrigens: *7* apropos; *8* notabene
Übung: *5* Drill, Probe, Ritus; *7* Routine; *8* Training
Übungen: *10* Exerzitien
Übungsgerät: *9* Simulator
Übungsgerät für Boxer: *12* Punchingball
Übungskurs: *7* Seminar
Übungsstück: *6* Etuede
Ufer: *6* Kueste, Strand; *7* Gestade
Uferbefestigung: *3* Kai; *4* Damm, Kaje, Mole, Pier; *5* Deich; *8* Bollwerk
Uferpflanze: *5* Binse; *6* Schilf
Uferschutz: *5* Buhne, Deich
Uferstraße: *3* Kai
Uferstraße der Reviera: *8* Corniche
Uhr: *6* Wecker; *7* Pendule; *8* Penduele, Standuhr; *9* Regulator; *11* Chronometer
Uhrenteil: *5* Anker, Feder, Unruh; *6* Pendel, Unruhe, Zeiger; *8* Gangwerk, Gehaeuse, Zugfeder; *10* Schlagwerk; *11* Perpendikel, Zifferblatt
Uhrkettenanhängsel: *8* Berlocke
Uhrpendel: *11* Perpendikel
ukrainische(r, s)
– Adelsgeschlecht: *11* Rosumowskij
– Bildhauer: *10* Archipenko
– Dichter: *13* Schewtschenko
– Fluß: *3* Bug; *6* Dnjepr; *7* Dnjestr
– Hafenstadt: *6* Odessa
– Hauptstadt: *4* Kiew
– Musikinstrument: *7* Bandola, Bandura
– Stadt → Stadt in der Ukraine
– Universitätsstadt: *4* Kiew; *7* Charkow
– Volksstamm: *7* Huzulen; *8* Ruthenen
UKW-Antenne: *5* Dipol
Ulanenmütze: *8* Tschapka
Ulanenrock: *6* Ulanka
Ulk: *2* Uz; *3* Fez; *5* Spass; *6* Scherz, Unsinn; *7* Klamauk
ulkig: *7* drollig, komisch, spassig
Ulme: *7* Ruester
Ulmenart: *4* Iper
Ulmer Baumeister: *8* Ensinger
– Maler: *8* Zeitblom
um Almosen bitten: *7* betteln
um Antwort bitten: *6* fragen
Umbruch: *10* Revolution
Umdeutung: *10* Konversion
Umdrehung: *4* Tour; *7* Torsion, Wendung; *8* Rotation; *9* Reversion
Umfang: *5* Dicke; *7* Groesse, Staerke; *9* Dimension; *10* Ausdehnung
Umfang des Kreises: *10* Peripherie
umfangreich: *10* voluminoes
umfassend: *6* global; *8* komplett; *9* kollektiv, universal; *10* universell; *12* konzentrisch; *15* enzyklopaedisch
Umformer: *13* Transformator
Umformung: *14* Transformation
Umfrage: *7* Enquete; *8* Erhebung
umfriedeter Bezirk: *3* Hag
Umfriedung: *4* Fenz, Zaun; *5* Hecke; *6* Gatter, Gehege, Gitter
umgänglich: *8* soziabel; *10* konziliant
Umgänglichkeit: *10* Konzilianz
Umgangsformen: *7* Anstand; *8* Allueren, Benehmen, Etikette, Manieren
Umgangssprache: *5* Idiom, Slang; *6* Jargon; *7* Dialekt
umgehend: *5* rasch; *6* prompt, sofort
umgekehrt: *6* invers; *8* kontraer; *9* diametral
umgeknickte Buchseite: *8* Eselsohr
Umgestaltung: *6* Reform; *11* Reformation; *12* Metamorphose
Umhang: *3* Boa; *4* Cape; *5* Stola; *6* Poncho; *8* Pelerine

Umhängetuch: *5* Stola
umherbummeln: *9* flanieren; *10* schlendern; *11* promenieren
umherirren: *6* spuken
umherirrend: *11* ahasverisch
Umherschweifender: *6* Nomade, Vagant
umherwandernde Hirten: *7* Nomaden
Umhüllung: *9* Emballage
Umkehr: *5* Wende; *7* Wendung
umkehrbar: *10* reversibel
Umkehrung: *9* Inversion, Reversion; *10* Konversion
Umklammerung beim Boxen: *6* Clinch
Umkleideraum: *4* Kaue; *6* Kabine; *9* Garderobe
Umkreis: *10* Peripherie
Umlage: *6* Abgabe, Steuer; *7* Beitrag
Umlauf: *4* Kurs, Tour; *6* Turnus; *8* Rotation; *11* Zirkulation
Umlauf eines Gestirns: *7* Periode
Umlaufbahn eines Satelliten: *5* Orbit
umlaufen: *8* rotieren; *9* kursieren; *11* zirkulieren
umlaufender Aufzug: *11* Paternoster
– Teil einer Maschine: *5* Rotor
Umlaut: *9* Diphthong
umnachtet: *8* verwirrt; *12* geisteskrank
Umrandung: *5* Bande
umrechnen: *10* reduzieren
umreißen: *10* skizzieren
Umrißlinie: *6* Kontur
Umsatzanteil: *8* Tantieme; *9* Provision
Umsatzkraft: *10* Affinitaet
Umschlag: *7* Couvert
Umschlag an Kleidungsstücken: *6* Revers
Umschlagtuch: *5* Schal
Umschließung: *9* Okklusion
umschmeicheln: *8* hofieren
Umschreibung: *10* Metaphrase, Paraphrase, Periphrase
Umschweife: *10* Brimborium
Umschwung: *5* Wende; *9* Peripetie; *10* Revirement
umsehen: *6* suchen; *8* erkunden; *11* orientieren
Umsicht: *6* Obacht; *7* Bedacht; *8* Sorgfalt, Vorsorge
umsichtig: *8* besonnen; *9* ueberlegt; *12* diplomatisch
umsonst: *6* gratis; *9* vergebens
Umspanner: *13* Transformator
Umstand: *6* Faktor, Moment; *9* Situation
umständlich: *11* kompliziert, zeremoniell
Umstandskrämer: *6* Pedant
Umstandswort: *6* Adverb
Umstandswort: *2* da; *3* nie, nun, oft; *4* bald, dann, dort, eher, ganz, hier, mehr, noch, sehr, viel; *5* einst, frueh, heute, immer, jetzt, lange, nicht, schon, spaet, stets, wenig, zuvor; *6* abends, bisher, damals, danach, ehedem, fortan, jemals, nachts, nimmer, oefter, selten, soeben, vordem, vorher, vorhin; *7* bereits, endlich, mittags, morgens, nachher, seitdem; *8* manchmal
umstellbar: *10* permutabel
Umstellvorrichtung bei Gleisen: *6* Weiche
Umsturz: *7* Aufruhr, Revolte; *10* Revolution, Subversion
Umstürzler: *6* Rebell; *9* Anarchist
umstürzlerisch: *9* subversiv
Umtrieb: *11* Machination
umwandeln: *10* reduzieren
Umwandlung: *10* Konversion; *14* Transformation
Umwelt: *6* Milieu
umweltbedingt: *12* peristatisch
Umweltlehre: *9* Oekologie
Umweltschutzbegriff: *4* Smog; *5* Abgas, Laerm, Muell, Staub; *6* Abfall, Altoel; *7* Biozide, Dezibel; *8* Abwaerme, Abwasser, Emission, Endlager; *9* Abwaesser, Altreifen, Fluglaerm, Fungizide, Hausmuell, Herbizide, Immission, Oekologie, Pestizide; *10* Biosphaere, Bleigehalt, Entsorgung, Schadstoff, Sperrmuell; *11* Chemiemuell, Endlagerung, Insektizide, Klaeranlage, Laermschutz, Naturschutz; *12* Grossdeponie, Kanalisation, Klaerschlamm, Muelldeponie, Schallschutz; *13* Einwegflasche, Kompostierung, Naturhaushalt, Schmutzwasser, Verkehrslaerm, Wasserhygiene; *14* Entschwefelung, Laermminderung, Pflanzenschutz, Schalldaemmung, Smogwarndienst, Smogwarnsystem, Strahlenschutz; *15* Luftreinhaltung, Radioaktivitaet; *16* Einwegverpackung, Laermbekaempfung, Muellverbrennung, Oelverschmutzung, Wasserversorgung; *17* Abfallbeseitigung, Laermbelaestigung, Landschaftspflege, Strahlenbelastung; *18* Wasseraufbereitung, Wiederaufbereitung
Umweltschutzorganisation: *10* Greenpeace
umzäuntes Nutzland: *6* Garten
Umzug: *10* Prozession; *13* Demonstration
unabänderlich: *4* fest; *9* definitiv
unabänderliches Schicksal: *5* Fatum
unabhängig: *4* frei; *6* autark; *7* absolut, autonom; *12* selbstaendig
Unabhängiger: *11* Independent
Unabhängigkeit: *8* Autarkie, Freiheit; *14* Souveraenitaet
Unachtsamkeit: *15* Fahrlaessigkeit
unangebracht: *10* deplaciert, inopportun
unangenehm: *4* mies; *5* fatal; *6* genant, leidig, widrig; *8* misslich
unangenehme Lage: *6* Klemme; *7* Dilemma
unangenehmer Vorfall: *7* Affaere, Skandal
unannehmbar: *12* inakzeptabel
Unannehmlichkeit: *8* Malesche; *9* Schererei
unanständig: *7* obszoen
unanständiger Witz: *4* Zote
unantastbar: *4* tabu; *5* immun; *6* gefeit; *10* sakrosankt
Unantastbarkeit: *10* Immunitaet
unanzweifelbar: *10* felsenfest; *11* axiomatisch
unartiges Kind: *4* Balg, Goer; *5* Goere, Range; *10* Frechdachs
unaufdringlich: *6* dezent
unaufhörlich: *14* kontinuierlich

unaufmerksam: *14* unkonzentriert; *15* desinteressiert
unausführbar: *13* impraktikabel
unausgebildet: *11* rudimentaer
unausgefüllt: *6* blanko
unausstehlich: *6* odioes; *11* impertinent
unbearbeitet: *3* roh; *8* naturell
unbebaut: *5* brach
unbebautes Land: *7* Oedland
unbedacht: *8* impulsiv; *11* gedankenlos; *12* leichtsinnig
unbedachte Handlung: *6* Eselei
unbedeckt: *5* nackt, offen
unbedeutend: *5* klein; *6* fipsig; *7* nichtig
unbedeutende Kleinigkeit: *8* Lappalie; *9* Bagatelle
unbedingt: *6* streng, strikt; *7* absolut, partout; *8* durchaus; *11* kategorisch; *12* peremtorisch
unbedingtes Zueinanderhalten: *5* Treue
unbefangen: *4* naiv
Unbefangenheit: *9* Naivitaet
unbefestigter Rand der Straße: *8* Bankette
unbefugt jagen: *7* wildern
unbegrenzt → unendlich
Unbehagen: *4* Gene; *7* Malaise, Missmut
Unbehaglichkeit: *8* Ungemach
unbeherrschte Reaktion: *6* Affekt
unbeherrschtes Verlangen: *4* Gier; *5* Manie
unbeholfen: *6* taprig
unbeirrbar: *4* stur
unbekannt: *5* fremd; *6* anonym, obskur
unbekanntes Flugobjekt: *3* Ufo
unbekanntes Gebiet: *7* Neuland
unbekleidet: *5* nackt
unbelaubt: *4* kahl
unbelebt: *11* anorganisch
unbelehrbar: *4* stur
Unbelehrbarkeit: *8* Sturheit
unbeliebt: *10* missliebig
unbemittelt: *3* arm
unbenutzt: *5* brach
Unbequemlichkeit: *8* Ungemach
unberechenbar: *10* irrational
unberechnet: *6* gratis
unberührbar: *4* tabu
unberührt: *6* intakt
Unberührtheit: *11* Virginitaet
unbeschädigt: *4* ganz, heil; *6* intakt
unbescholten: *7* integer, sittsam
Unbescholtenheit: *11* Integritaet
unbeschränkt: *7* absolut
unbeschränkte Herrschaft: *12* Absolutismus
unbeschwert: *4* froh; *6* heiter, leicht; *7* sorglos
unbesetzt: *6* vakant
unbesetzter Posten: *6* Vakanz
unbeständig: *5* labil; *9* wechselnd; *10* inkonstant; *12* inkonsequent, inkonsistent
unbeständige Säure: *12* Kieselsaeure
Unbeständigkeit: *10* Inkonstanz; *12* Inkonsequenz; *16* Launenhaftigkeit
unbestimmt: *3* vag; *4* vage; *5* offen; *6* dubios, obskur; *7* inexakt; *8* fraglich; *11* indifferent, zweifelhaft
unbestimmter Artikel: *3* ein; *4* eine
unbestimmtes Fürwort: *3* man
– Zahlwort: *4* kein, viel; *5* alles, beide, etwas, manch, wenig; *6* nichts; *7* niemand
unbeteiligt: *5* inert; *7* neutral
Unbeteiligtsein: *12* Desinteresse
unbeugbar: *10* inflexibel
unbeweglich: *4* stur; *5* starr, steif; *6* leblos, stabil; *7* immobil
Unbeweglichkeit: *6* Starre; *12* Immobilitaet
unbewiesene Voraussetzung: *9* Hypothese
unbewohnter Teil der Erde: *10* Anoekumene
unbewußt: *9* vegetativ
unbezahlter Angestellter: *9* Volontaer
– Sportler: *7* Amateur
Unbill: *4* Tort; *5* Uebel
unbillig: *7* illoyal
Unbotmäßigkeit: *15* Insubordination
unbrauchbare Drucke: *9* Altpapier, Makulatur
und: *4* plus
und so weiter: *3* etc, usw; *8* et cetera
undicht: *4* leck; *9* schuetter
undichte Stelle: *4* Leck
unduldsam: *10* intolerant
Unduldsamkeit: *10* Intoleranz
undurchlässig: *11* impermeabel
undurchsichtig: *4* opak; *5* trueb; *6* truebe
uneben: *4* rauh
unecht: *6* falsch; *8* apokryph, imitiert; *9* illegitim; *10* kuenstlich
unechter Edelstein: *6* Simili, Strass; *11* Similistein
Unechtes: *5* Talmi; *6* Simili; *7* Flitter; *9* Imitation
unehelich: *9* illegitim
uneheliches Kind: *7* Bankert
unehrenhaft: *6* unfair
unehrlich: *7* illoyal
Unehrlichkeit: *5* Luege; *6* Betrug, Tuecke; *8* Gaunerei; *9* Schwindel; *10* Falschheit, Hinterlist
uneingedeichtes Marschland: *6* Helder
uneingeschränkt: *7* absolut
uneinheitlich: *9* heterogen; *11* verschieden
Uneinigkeit: *10* Diskordanz, Diskrepanz, Zwietracht; *11* Disharmonie
uneinsichtig: *4* stur
unempfänglich: *5* immun; *6* steril; *9* aseptisch; *10* refraktaer
unempfindlich: *6* robust; *8* indolent; *10* refraktaer
unempfindlich machen: *17* desensibilisieren
Unempfindlichkeit: *7* Apathie
unendlich: *4* ewig; *6* endlos, immens; *7* raumlos, zeitlos; *8* weltweit
Unendlichkeit: *3* All; *6* Kosmos; *8* Ewigkeit; *9* Universum
unentbehrlich: *7* obligat
unentbehrlicher Helfer: *8* Faktotum
unentgeltlich: *6* franko, gratis; *7* umsonst; *9* kostenlos; *10* kostenfrei
unentschieden: *5* remis; *13* problematisch

unentschlossen: *5* labil; *10* schwankend
unentwickelt: *8* infantil
unerbittlich: *7* rigoros
unerfüllbar: *8* utopisch
unerheblich: *10* irrelevant
unerhört: *10* skandaloes; *11* hanebuechen
unerkannt: *9* inkognito
unerläßlich: *6* noetig; *7* obligat; *9* notwendig; *12* integrierend
unerlaubt: *8* verboten
unermeßlich: *6* immens
– groß: *6* riesig
unersättlich: *10* nimmersatt
Unerschrockenheit: *3* Mut
unerschütterlich: *7* stoisch
Unerschütterlichkeit: *10* Stoizismus
unersetzlich: *11* irreparabel
unerwünschter Pflanzenwuchs: *7* Unkraut
Unfall: *5* Panne; *7* Schaden; *8* Unglueck; *11* Katastrophe
unfehlbar: *10* infallibel
unfein: *6* unfair; *8* ordinaer
Unfleiß: *8* Faulheit; *9* Traegheit
unförmig: *5* plump; *9* monstroes
unfrei: *6* hoerig
unfreier Mensch: *6* Sklave
unfreundlich: *6* abhold, barsch; *8* unwirsch
Unfriede: *4* Zank; *5* Hader, Krieg; *6* Streit; *10* Zwietracht
unfruchtbar: *4* gelt; *6* steril; *8* infertil
unfruchtbares Land: *5* Geest; *6* Wueste; *7* Oedland
Unfruchtbarkeit: *11* Sterilitaet
Unfruchtbarmachung: *13* Sterilisation
Unfug: *2* Uz; *3* Jux, Ulk; *5* Posse, Radau, Spass; *6* Rabatz; *8* Allotria; *11* Schabernack
Ungar: *6* Madjar, Magyar
ungarische(r, s)
– Adelsgeschlecht: *7* Arpaden, Bathory, Rakoczi; *9* Batthyany, Esterházy
– Arzt: *10* Semmelweis
– Burg: *5* Kekes
– Dessertwein: *7* Tokaier
– Dichter: *3* Ady; *6* Madách; *7* Petoefi
– Dirigent: *7* Fricsay
– Feldherr: *5* Zriny; *7* Hunyadi
– Fluß → Fluß in Ungarn
– Frauenname: *4* Ilka; *5* Ilona
– Fußsoldat: *6* Honved, Pandur
– Gebirgszug: *5* Matra
– Gemüse: *7* Paprika
– Grassteppe: *6* Puszta
– Großgrundbesitzer: *6* Magnat
– Hauptstadt: *8* Budapest
– Herrscher: *4* Geza; *5* Arpad; *7* Stephan
– Historiker: *7* Horvath
– Hochruf: *5* Eljen
– Komponist: *5* Berté, Lehár, Liszt; *6* Bartók, Kálmán, Kodály; *7* Abraham
– König: *4* Bela
– Landschaft: *5* Banat; *7* Baranya
– Längenmaß: *3* Ref
– Männername: *4* Béla, Imre; *5* Janos, Lajos; *6* Ferenz, Zoltan
– Münzeinheit: *6* Filler, Forint, Gulden, Pengal
– Nationalgericht: *6* Gulyas; *7* Gulasch
– Nationaltanz: *7* Csárdás, Czárdás; *9* Kalamaika
– Nobelpreisträger → Nobelpreisträger
– Operettenkomponist: *5* Berté; *6* Kálmán; *7* Abraham
– Pferdehirt: *6* Csikos
– Pysiker: *6* Bekesy, Hevesy, Wigner
– Pianist: *4* Anda; *5* Liszt; *6* Foldes
– Regisseur: *4* Baky
– Schafpelz: *5* Bunda
– Schriftsteller: *4* Dery; *5* Jokay, Warai; *6* Molnar
– See: *7* Balaton; *10* Plattensee
– Soldat: *6* Honved, Pandur; *7* Heiduck; *8* Haiducke
– Staatsmann: *5* Tisza; *8* Imre Nagy
– Stadt → Stadt in Ungarn
– Tanzpädagoge: *5* Laban
– Universitätsstadt → Universitätsstadt in Ungarn
– Verwaltungsbeamter: *6* Gespan
– Verwaltungsbezirk: *7* Komitat
– Volksstamm: *7* Szekler
– Wacholderbranntwein: *10* Boroviczka
– Wagenpferd: *6* Jucker
– Wald: *6* Bakony; *10* Bakony-Wald
– Wein: *7* Erlauer, Tokaier
– Weinort: *5* Erlau, Tokaj, Tokay
– Würdenträger: *3* Ban
– Zigeunerkapellmeister: *6* Primas
Ungarwein: *7* Erlauer, Tokaier
ungeachtet: *5* trotz
ungebetener Gast: *5* Urian
– Zuschauer: *7* Kiebitz; *8* Zaungast
ungebildet: *9* boeotisch; *10* plebejisch
Ungebildeter: *8* Ignorant; *9* Illiterat
ungebildeter Mensch: *6* Barbar; *7* Banause
Ungeborenes: *5* Fetus; *6* Embryo
ungebraucht: *3* neu
ungebunden: *4* frei; *5* flott; *11* emanzipiert
ungebundene Dichtung: *5* Prosa
ungebundenes Künstlertum: *6* Bohème
Ungebundenheit: *8* Freiheit
ungeduldig: *8* kribblig
ungefähr: *4* etwa, fast; *6* global
ungefällig: *8* inkulant
ungefärbt: *8* naturell
ungeformt: *6* amorph
ungeheuer: *5* enorm; *10* gigantisch
Ungeheuer: *5* Biest; *6* Bestie, Drache, Unhold, Untier; *7* Kaliban; *8* Lindwurm, Monstrum, Ungetuem; *10* Tatzelwurm
Ungeheuer der griechischen Sage: *5* Gorgo, Hydra; *6* Medusa, Meduse, Skylla, Sphinx; *7* Harpyie; *8* Chimaera, Chimaere, Minotaur; *9* Charybdis; *10* Minotaurus
Ungeheuer der nordischen Sage: *10* Fenriswolf
ungeheuerlich: *9* monstroes
ungehobelt: *4* derb, grob; *5* plump; *10* plebejisch

ungehobelter Mensch: *6* Flegel, Ruepel; *7* Grobian
ungehörig: *11* impertinent
Ungehorsam: *15* Insubordination
ungeklärt: *5* offen; *6* dubios; *8* fraglich, strittig; *11* raetselhaft
ungekocht: *3* roh
ungekochte Nahrung: *7* Rohkost
ungeladenes Atomteilchen: *7* Neutron
ungelegen: *10* inopportun
ungelogen: *4* wahr
Ungemach: *4* Leid; *5* Uebel; *8* Verdruss; *10* Widrigkeit
ungemischt: *3* pur; *4* rein; *6* lauter
ungemustert: *3* uni
ungenannt: *6* anonym
ungenau: *3* vag; *4* vage; *7* inexakt
Ungenügen: *12* Insuffizienz; *17* Unzulänglichkeit
ungeordnet: *4* wirr
ungepflegt: *6* salopp
ungereimt: *6* absurd
ungesättigter Kohlenwasserstoff: *8* Aethylen
ungesäuertes Brot der Juden: *5* Matze; *6* Matzen
ungeschickter Mensch: *7* Toelpel; *9* Tolpatsch
ungesetzlich: *7* illegal; *8* verboten; *9* illegitim; *10* irregulaer; *12* gesetzwidrig, rechtswidrig; *14* widerrechtlich
ungesetzliches Volksgericht: *11* Lynchjustiz
ungesittet: *5* ruede; *12* kannibalisch
Ungestörtheit: *4* Ruhe; *6* Stille
ungestüm: *6* heftig; *8* vehement; *9* turbulent
Ungestüm: *4* Elan; *7* Impetus
ungesund: *5* krank, siech
ungetrübt: *4* klar, rein; *6* lauter
Ungetüm: *6* Koloss
ungewiß: *3* vag; *4* vage; *5* offen; *6* dunkel; *8* fraglich, strittig; *11* zweifelhaft
ungewöhnlich: *5* apart, krass; *6* abnorm, anomal; *7* anormal, seltsam; *8* abnormal; *10* eigenartig; *11* merkwuerdig; *13* extraordinaer
ungezähmt: *4* wild
Ungeziefer: *4* Floh, Laus, Maus; *5* Milbe, Motte, Ratte, Wanze; *6* Fliege, Muecke, Schabe; *7* Brummer, Parasit, Reblaus, Schwabe; *8* Filzlaus, Heimchen, Kakerlak, Kopflaus; *9* Bettwanze, Kakerlake; *10* Hausgrille, Schaedling, Zuckergast; *11* Schmarotzer; *12* Stubenfliege; *13* Kuechenschabe; *15* Silberfischchen
Ungeziefervertilger: *12* Kammerjaeger
ungezogener Junge: *5* Range; *6* Bengel
ungezogenes Mädchen: *4* Goer; *5* Goere
Ungezogenheit: *5* Unart; *8* Flegelei
ungezügelte Schar: *5* Horde
ungezügeltes Verlangen: *4* Gier; *5* Manie, Sucht
ungezwungen: *5* leger; *6* salopp; *7* laessig; *10* burschikos, nonchalant
ungiftig: *8* atoxisch
ungiftige Schlangenart: *6* Natter
Ungläubiger: *3* Goi; *5* Giaur, Heide; *7* Atheist
unglaublich: *10* skandaloes
ungleich: *6* inegal; *9* different
ungleichartig: *8* disparat; *9* heterogen
Ungleichheit: *14* Inhomogenitaet
Ungleichmäßigkeit: *7* Ametrie; *10* Asymmetrie
Unglück: *3* Not; *4* Pech, Ruin; *5* Elend; *6* Jammer, Misere; *7* Malheur; *9* Tragoedie; *10* Kalamitaet; *11* Schlamassel, Verhaengnis
unglückliche Verbindung: *11* Mesalliance
Unglücklicher: *7* Elender
Unglücksfall: *11* Katastrophe
Unglücksgeschenk: *14* Danaergeschenk
Unglücksnachricht: *14* Hiobsbotschaft
unhaltbar: *12* inkonsistent
unheilabwehrender Anhänger: *7* Amulett
unheilbar: *9* inkurabel; *10* pernizioes
unheilig: *6* profan
Unheilsgöttin: *3* Ate
Unheilsverkünderin: *9* Kassandra
unheilvoll: *7* ominoes
unheimlich: *8* graulich
unheimliche Gewalt: *8* Daemonie
unhöflich: *8* stofflig
unhöflicher Mensch: *7* Stoffel
Unhold: *7* Kaliban
Unhold der griechischen Sage: *10* Prokrustes
Uniform: *5* Kluft; *6* Montur
– der Lakaien: *6* Livree
Uniformrock: *7* Litewka
Uniformteil: *5* Biese, Litze; *6* Emblem, Kordel; *7* Kokarde; *9* Epaulette; *10* Fangschnur; *12* Achselstueck; *13* Schwalbennest; *14* Schulterstueck
uniformierter Diener: *5* Lakai
unintelligent: *4* dumm
Union: *4* Bund, Liga; *7* Verband
universell: *8* weltweit; *9* allgemein
Universität von Paris: *8* Sorbonne
– von Tokio: *5* Todai
Universitätsbesucher: *7* Student
Universitätsdiener: *6* Pedell
Universitätskasse: *8* Quaestur
Universitätsstadt
– in Ägypten: *5* Kairo
– in Argentinien: *7* Córdoba, La Plata, Rosario, Santa Fé, Tucuman; *11* Buenos Aires
– in Australien: *6* Hobart, Sydney; *8* Brisbane; *9* Melbourne
– in Belgien: *4* Gent; *6* Loewen; *8* Bruessel, Luettich
– in Bolivien: *5* La Paz, Oruro; *10* Cochabamba
– in Bulgarien: *5* Sofia
– in Chile: *10* Concepcion
– in China: *6* Peking, Tsinan; *7* Nanking; *8* Futschou, Taiyuean, Tientsin; *9* Schanghai, Tschengtu; *11* Tschangscha
– in der CSSR: *4* Prag; *9* Pressburg; *10* Bratislava
– in Dänemark: *5* Arhus; *10* Kopenhagen
– in Deutschland: *4* Bonn, Jena, Kiel; *5* Hagen, Halle, Koeln, Mainz, Trier; *6* Berlin, Bochum; *7* Breslau, Giessen, Hamburg, Leipzig, Marburg, Rostock; *8* Erlangen, Freiburg, Muenchen, Muenster; *9* Frankfurt, Nuernberg, Tuebingen, Wuerzburg; *10* Goettingen, Greifs-

wald, Heidelberg, Koenigsberg; *12* Saarbruekken
- **in Ecuador:** *5* Quito; *9* Guayaquil
- **in England** → Universitätsstadt in Großbritannien
- **in Estland:** *5* Tartu; *6* Dorpat
- **in Finnland:** *3* Abo; *4* Oulu; *5* Turku; *8* Helsinki
- **in Frankreich:** *3* Aix; *4* Caën, Lyon; *5* Dijon, Lille, Nancy, Paris; *6* Rennes; *8* Bordeaux, Grenoble, Poitiers, Toulouse; *10* Strassburg; *11* Montpellier
- **in Griechenland:** *5* Athen; *6* Rhodos; *8* Saloniki
- **in Großbritannien:** *5* Leeds; *6* Dundee, Durham, London, Oxford; *7* Belfast, Bristol, Reading; *9* Cambridge, Edinburgh, Liverpool, Sheffield; *10* Manchester, Nottingham
- **in Honduras:** *11* Tegucigalpa
- **in Indien:** *5* Delhi, Patna; *6* Bombay, Maisur, Nagpur; *7* Lakhnau
- **in Indonesien:** *7* Bandung; *8* Djakarta, Surabaja
- **im Iran:** *7* Teheran
- **in Irland:** *4* Cork; *6* Dublin
- **in Israel:** *7* Tel Aviv; *9* Jerusalem
- **in Italien:** *3* Rom; *4* Bari, Pisa; *5* Genua, Padua, Parma, Pavia, Siena, Turin; *6* Modena, Neapel, Triest, Urbino; *7* Bologna, Catania, Ferrara, Florenz, Mailand, Messina, Palermo, Perugia, Sassari; *8* Cagliari
- **in Japan:** *4* Kobe; *5* Kioto, Tokio; *6* Nagoja, Sendai
- **in Jugoslawien:** *5* Agram; *6* Zagreb; *7* Belgrad, Beograd, Laibach; *9* Ljubljana
- **in Kanada:** *6* Ottawa, Quebec; *7* Halifax, Toronto; *8* Edmonton, Montreal, Winnipeg; *9* Vancouver
- **in Kolumbien:** *7* Medellin
- **in Korea:** *10* Pjoengjang
- **in Lettland:** *4* Riga
- **in Litauen:** *5* Kowno; *6* Kaunas
- **in Marokko:** *3* Fes
- **in Mexiko:** *6* Mexiko; *7* Morelia; *11* Guadalajara
- **in Neuseeland:** *7* Dunedin; *10* Wellington; *12* Christchurch
- **in den Niederlanden:** *5* Leiden; *7* Utrecht; *8* Nimwegen; *9* Amsterdam, Groningen, Rotterdam
- **in Nigeria:** *6* Ibadan
- **in Nordkorea:** *10* Pjoengjang
- **in Nordvietnam:** *5* Hanoi
- **in Norwegen:** *4* Oslo; *6* Bergen
- **in Österreich:** *4* Graz, Wien; *8* Salzburg; *9* Innsbruck
- **in Pakistan:** *5* Dakka; *6* Lahore; *9* Peschawar
- **in Peru:** *4* Lima
- **in Polen:** *5* Posen; *6* Krakau; *8* Warschau; *9* Kattowitz
- **in Portugal:** *5* Porto; *6* Oporto; *7* Coimbra; *8* Lissabon
- **in Rumänien:** *4* Cluj; *5* Jassy; *11* Klausenburg
- **in Saudiarabien:** *6* Medina
- **in Schottland:** *6* Dundee; *7* Glasgow; *9* Edinburgh
- **in Schweden:** *4* Lund; *7* Uppsala; *9* Goeteborg, Stockholm
- **in der Schweiz:** *4* Bern, Genf; *5* Basel; *7* Zuerich; *8* Freiburg, Lausanne; *9* Neuenburg
- **in Senegal:** *5* Dakar
- **in der Sowjetunion:** *4* Kiew, Perm; *5* Gorki, Kasan, Kowno, Minsk, Tomsk, Wilna; *6* Dorpat, Kaunas, Moskau, Odessa, Rostow, Tiflis; *7* Charkow, Irkutsk, Lemberg, Saratow; *8* Smolensk; *9* Leningrad, Taschkent, Woronesch; *10* Simferopol, Swerdlowsk; *11* Wladiwostok
- **in Spanien:** *6* Bilbao, Madrid, Murcia, Oviedo; *7* Granada, Sevilla,; *8* Santiago, Valencia, Zaragoza; *9* Barcelona, Salamanca; *10* Valladolid
- **in Südafrika:** *8* Kapstadt, Pretoria; *12* Johannesburg
- **im Sudan:** *7* Khartum
- **in Südvietnam:** *3* Hue
- **in Syrien:** *8* Damaskus
- **in der Tschechoslowakei:** *4* Prag; *6* Bruenn; *9* Pressburg; *10* Bratislava
- **in Tunesien:** *5* Tunis
- **in der Türkei:** *5* Konya; *6* Ankara; *8* Istanbul
- **in der Ukraine:** *4* Kiew; *7* Charkow
- **in Ungarn:** *6* Szeged; *8* Budapest, Debrecen; *12* Fuenfkirchen
- **in Uruguay:** *10* Montevideo
- **in den USA:** *5* Omaha, Tulsa; *6* Dallas, Denver, Ithaca, Tacoma, Toledo; *7* Lincoln, Memphis, New York, San José, Seattle, Spokane, Wichita; *8* New Haven, Richmond, Syracuse; *9* Des Moines, Fort Worth, Knoxville, Lexington, Milwaukee, Nashville, Princeton, Worcester; *10* Cincinnati, Little Rock, Los Angeles, Louisville, Pittsburgh, Providence, San Antonio, Washington; *11* Minneapolis; *12* Philadelphia, Salt Lake City, San Francisco
- **in Venezuela:** *9* Maracaibo
- **in Vietnam:** *3* Hue; *5* Hanoi

Universum: *3* All; *6* Kosmos; *7* Weltall
Unke: *6* Kroete
Unkenntnis: *8* Ignoranz; *12* Ungewissheit
unklar: *3* vag; *4* vage; *5* trueb; *6* dubios, obskur, truebe; *7* inexakt, nebulos, ungenau; *8* nebuloes
unklug: *4* dumm
unkompliziert: *7* einfach
unkörperlich: *10* asomatisch; *11* immateriell
Unkosten: *6* Spesen; *8* Ausgaben; *9* Gebuehren
Unkraut: *4* Rade; *5* Lolch, Melde, Miere, Segge, Simse, Winde; *6* Distel, Quecke, Trespe, Twalch; *7* Giersch, Kamille; *8* Erdrauch, Erdraute, Hederich, Kornrade; *9* Gauchheil; *11* Ochsenzunge
Unkrautvertilgungsmittel: *8* Herbizid
unkultiviert: *9* boeotisch
unkultivierter Mensch: *6* Barbar, Flegel, Ruepel
Unkundiger: *4* Laie; *9* Dilettant

unlauter: *6* unfair
unlauterer Trick: *4* Dreh; *5* Finte
unlebendig: *3* tot; *6* formal
unlogisch: *6* absurd; *7* abwegig, paradox; *11* widersinnig; *12* inkonsequent
Unlust: *11* Missbehagen
unmäßig: *6* gierig
Unmenge: *7* Myriade
Unmensch: *6* Bestie
unmenschlich: *7* inhuman; *11* bestialisch
Unmenschlichkeit: *10* Intoleranz; *11* Brutalitaet; *12* Bestialitaet, Inhumanitaet
unmeßbar: *12* immensurabel
unmittelbar: *6* direkt
Unmögliches: *6* Unding; *7* Nonsens, Phantom; *8* Illusion
unnachgiebig: *4* stur
Unnachgiebigkeit: *6* Haerte; *8* Sturheit; *11* Obstination
unnachsichtig: *4* hart; *6* streng; *7* rigoros
unnahbar: *8* exklusiv
Unnatur: *6* Manier
unnatürlich: *8* forciert; *10* manieriert
UNO-Generalsekretär: *3* Lie; *6* U Thant; *7* Cuellar; *8* Waldheim; *9* de Cuellar; *13* Hammarskjoeld
unordentlich: *8* lodderig; *9* schlampig
unordentliche Frau: *8* Schlampe
Unordentlichkeit: *11* Schlamperei
UN-Organisation → Organisation der UN
Unpaarhufer: *4* Esel; *5* Mulus, Pferd, Tapir, Zebra; *7* Nashorn; *8* Maulesel, Maultier; *10* Rhinozeros
unparteiisch: *7* neutral; *8* objektiv; *11* indifferent
Unparteilichkeit: *12* Neutralitaet
unpäßlich: *6* malade; *12* indisponiert
Unrast: *4* Eile, Hast; *5* Hetze; *11* Nervositaet; *13* Ruhelosigkeit
Unrat: *3* Kot; *4* Wust; *5* Dreck; *7* Schmutz
Unrecht: *4* Tort; *6* Unbill; *7* Injurie
unrechtmäßig: *7* illegal
unredlich: *7* illoyal; *9* malhonett
unregelmäßig: *10* irregulaer
unreif: *8* infantil
unreifer Bursche: *4* Fant
unrichtig: *6* falsch; *9* inkorrekt
Unruhe: *5* Rumor; *6* Rabatz, Tumult; *7* Krawall, Theater
unruhig: *7* nervoes; *10* schusselig
unsachlich: *9* subjektiv
unsauber: *9* schmutzig
unschicklich: *8* indezent
unschuldig: *4* naiv
Unschuldsnachweis: *5* Alibi
unselbständig: *9* subaltern
unsicher: *5* labil; *6* dubios; *7* dubioes, schwank; *8* fraglich, strittig
unsicher machen: *9* duepieren; *10* irritieren
unsichtbar machen: *6* tarnen
unsichtbare Wärmestrahlen: *8* Infrarot
Unsinn: *4* Kohl; *5* Stuss; *6* Humbug; *7* Mumpitz, Nonsens, Quatsch, Schnack; *8* Kinderei, Larifari
unsinnig: *6* absurd; *7* abstrus
Unsinniges: *6* Unding
unsinnlich: *10* platonisch
Unsitte: *6* Laster
unsportlich: *6* unfair
unsterblich: *4* ewig
unsterblich gewordene Helden in Walhalla: *9* Einherier
Unsterbliches: *5* Seele
Unsterblichkeit: *9* Athanasie
Unstern: *8* Desaster
unstet: *5* labil; *7* rastlos, unruhig
Unstimmigkeit: *5* Zwist; *9* Differenz, Dissonanz; *10* Diskrepanz; *11* Disharmonie
unstofflich: *11* immateriell
Unstrutzufluß → Nebenfluß der Unstrut
Untat: *6* Frevel, Greuel; *10* Verbrechen
untätig: *4* faul; *5* inert; *6* passiv; *7* inaktiv, muessig
Untätigkeit: *11* Passivitaet
unter Umständen: *9* eventuell
Unterarmknochen: *4* Elle; *7* Speiche
Unterbau: *5* Basis; *6* Sockel; *9* Fundament, Grundlage, Postament
Unterbrechung: *5* Pause
unterdrücken: *6* knuten; *13* tyrannisieren
unterdrückend: *9* repressiv
Unterdrücker: *6* Tyrann
Unterentwicklung: *11* Hypotrophie
Unterfangen: *6* Risiko, Wagnis; *9* Abenteuer
Unterführung: *6* Tunnel
Untergang: *4* Ruin; *7* Verfall
untergeordnet: *8* inferior; *9* subaltern
Untergeschoß: *6* Keller
Untergestell der Geschütze: *7* Lafette
Untergewand im alten Griechenland: *6* Chiton
Untergrund: *5* Boden; *9* Fundament
Untergrundbahn in Paris: *5* Metro
Untergrundkämpfer: *8* Guerilla
Unterhalt: *8* Existenz
unterhaltend: *8* amuesant
Unterhalter: *11* Entertainer
unterhaltsame Beschäftigung: *5* Spiel
Unterhaltszahlungen: *8* Alimente
Unterhaltung: *5* Kloen, Spiel, Sport; *7* Diskurs, Plaesir, Schwatz; *9* Gespraech, Plauderei; *10* Diskussion, Kolloquium; *12* Konversation
Unterhaltungsansager: *12* Conferencier
Unterhaltungsliteratur: *12* Belletristik
Unterhaltungsteil der Zeitung: *10* Feuilleton
Unterhändler: *12* Parlamentaer
unterirdische Begräbnisstätte: *9* Katakombe
unterirdischer Donauabfluß: *4* Aach
– Gang: *4* Mine; *6* Tunnel
– Kirchenraum: *6* Krypta
Unterjacke: *7* Kamisol
unterjochen: *10* kujonieren, versklaven; *13* unterdruecken
Unterkunft: *4* Asyl; *5* Hotel, Lager, Logis, Motel; *6* Bleibe, Obdach; *8* Quartier

Unterkunft
– im Gebirge: *5* Baude; *6* Huette
– für Karawanen: *12* Karawanserei
– für Kraftfahrer: *5* Motel
– für Soldaten: *7* Kaserne
– aus Stoff: *4* Zelt
Unterlage: *5* Basis, Matte; *8* Dokument, Substrat; *9* Fundament, Grundlage, Postament
Unterlage für Lebkuchen: *6* Oblate
– zum Schmieden: *6* Amboss
Unterlagen: *8* Material
Unterlassung: *11* Versaeumnis
Unterleib: *5* Bauch
Unternehmen: *4* Werk; *6* Fabrik; *7* Betrieb; *8* Institut; *9* Geschaeft, Operation; *11* Institution; *13* Etablissement
Unternehmensform: *2* AG; *3* oHG; *4* GmbH
Unternehmensforschung: *18* Operationsresearch
Unternehmenszusammenschluß: *5* Trust; *7* Kartell, Konzern
Unternehmer: *7* Manager; *9* Fabrikant, Produzent
Unternehmung: *6* Aktion
Unternehmungsgeist: *7* Energie; *10* Aktivitaet, Initiative
Unteroffizier: *4* Maat; *8* Korporal, Sergeant; *9* Feldwebel; *12* Wachtmeister
Unterordnung: *9* Disziplin; *13* Subordination
Unterredung: *6* Disput; *7* Audienz, Debatte; *9* Interview; *10* Diskussion
Unterricht: *6* Kolleg, Kursus; *7* Lektion; *11* Instruktion
Unterrichtsgegenstand: *5* Thema; *6* Pensum
Unterrichtslehre: *8* Didaktik, Methodik
Unterrichtsstunde: *7* Lektion
Unterrichtsweise: *7* Methode
Unterrock: *5* Jupon; *9* Petticoat
Untersagung: *6* Verbot
Untersatz: *9* Piedestal
unterscheiden: *7* sondern, trennen; *14* differenzieren
Unterscheidungsmerkmal: *9* Kriterium
Unterschenkelknochen: *9* Wadenbein; *10* Schienbein
Unterschenkelmuskulatur: *4* Wade
Unterschied: *6* Spanne; *7* Abstand; *8* Kontrast; *9* Differenz, Divergenz
unterschiedlich behandeln: *14* diskriminieren
Unterschiedsbetrag: *5* Saldo
Unterschlagung: *12* Defraudation
Unterschlupf: *4* Asyl; *6* Obdach; *8* Zuflucht
Unterschrift: *6* Signum; *8* Signatur; *9* Autogramm; *10* Signierung
unterseeisch: *8* submarin
untersetzt: *8* pyknisch
Unterstand: *6* Bunker; *9* Kasematte
unterstellen: *9* fingieren
Unterstellraum: *3* Box; *6* Garage, Hangar, Remise; *8* Schuppen
Unterstellung: *7* Fiktion; *11* Supposition
unterstreichen: *10* pointieren
unterstützend: *10* subsidiaer
Unterstützter: *10* Stipendiat
Unterstützung: *5* Hilfe; *8* Beistand; *9* Assistenz, Subsidien; *10* Subvention
Unterstützungsgeld für Studierende: *6* Bafoeg; *10* Stipendium
untersuchen: *9* sondieren
Untersuchung: *4* Test; *7* Analyse, Enquete; *9* Expertise; *10* Visitation; *11* Exploration
Untersuchungsergebnis: *6* Befund
untertänig: *5* devot
Unterwäsche: *4* Hemd, Slip; *5* Jupon; *6* Mieder; *7* Dessous, Korsett; *8* Leibchen; *9* Unterhemd, Unterhose, Unterrock; *10* Schluepfer
Unterwasserarbeiter: *7* Taucher
Unterwasserfelsen: *4* Riff
Unterwassergeschoß: *7* Torpedo
Unterwasserortungsgerät: *5* Sonar
Unterweisung: *5* Lehre
Unterwelt: *3* Hel; *5* Hades, Orkus; *6* Erebus, Hoelle; *8* Jenseits, Tartaros, Tartarus
Unterweltfluß: *4* Styx; *5* Lethe; *7* Acheron
Unterweltler: *6* Apache
unterweltlich: *12* acherontisch
Unterweltgöttin der Griechen: *6* Hekate
Unterwerfung: *12* Kapitulation
unterwürfig: *5* devot; *6* servil; *7* submiss
Unterwürfigkeit: *5* Demut; *11* Servilitaet
unterzeichnen: *9* signieren
Untiefe: *4* Neer, Watt; *5* Barre; *8* Sandbank
Untier: *6* Bestie
Untreue: *6* Verrat; *7* Felonie
Untugend: *4* Geiz, Neid; *5* Unart; *6* Laster; *7* Untreue
untunlich: *10* inopportun
Unübertreffbares: *12* Nonplusultra
unumschränkt: *9* souveraen
ununterbrochen: *9* permanent
unveränderlich: *6* stabil; *8* konstant; *9* stereotyp; *10* invariabel
unveränderliche Größe: *9* Konstante
unverbesserlicher Nörgler: *9* Querulant
unverblümt: *5* offen; *6* direkt; *8* geradezu
unverbraucht: *6* frisch
unverbrennbares Material: *6* Asbest
unverdiente Milde: *5* Gnade
unverdientes Glück: *5* Dusel
unverdorben: *7* integer
unverdünnt: *3* pur
unvereinbar: *8* disparat
unverfälscht: *3* pur; *4* echt, rein, wahr
Unvergleichbarkeit: *20* Inkommensurabilitaet
Unvergleichliches: *12* Nonplusultra
unvergorener Obstsaft: *4* Most
unverhältnismäßig: *17* disproportioniert
unverheiratet: *5* ledig
unverheiratete Gräfin: *7* Komtess; *8* Komtesse
unverkaufte Zeitschriften: *11* Remittenden
unverkennbar: *9* eindeutig
unverletzbar: *6* gefeit
unverletzlich: *4* tabu; *5* immun; *10* sakrosankt
Unverletzlichkeit: *4* Tabu; *10* Immunitaet

unverletzt: *4* ganz, heil; *6* gesund, intakt; *7* integer
unvermählt: *5* ledig
unvermeidlich: *7* obligat
unvermischt: *8* gediegen
unvermittelt: *4* jaeh; *6* abrupt, bruesk; *10* ploetzlich
unvermittelt auftretend: *4* akut
Unvermögen: *8* Impotenz; *9* Schwaeche; *12* Unfaehigkeit
unvernünftig: *4* dumm; *6* absurd
unverschämt: *5* frech; *6* patzig; *7* koddrig; *8* insolent; *11* impertinent, schnodderig
unverschlossen: *5* offen
unversehrt: *4* ganz, heil; *6* intakt; *7* integer
Unversehrtheit: *11* Integritaet
Unversöhnlichkeit: *4* Hass
unverständlich: *9* boehmisch
unverträglich: *12* inkompatibel
unverzüglich: *6* prompt, sofort; *7* stracks
Unvollendetes: *8* Fragment
unvollendetes Werk: *5* Torso
Unvollkommenheit: *6* Mangel
unvollständig: *10* elliptisch, inkomplett
unwägbar: *12* imponderabel
Unwahrheit: *4* Trug; *5* Luege; *6* Betrug; *9* Schwindel; *10* Taeuschung
unwahrscheinlich: *9* legendaer
unweit: *3* nah
Unwetter: *7* Schauer; *8* Gewitter; *11* Hagelschlag
unwichtig: *9* belanglos; *10* irrelevant
unwiderleglich: *7* absolut; *11* apodiktisch
Unwillen: *4* Zorn; *6* Aerger
unwillig: *7* grantig; *10* indigniert
unwillkürlich: *10* instinktiv, mechanisch
unwirklich: *5* ideal; *6* ideell, irreal; *8* abstrakt, utopisch; *9* imaginaer; *10* spirituell; *11* illusorisch; *12* phantastisch
Unwirklichkeit: *4* Wahn; *6* Utopie; *7* Phantom; *8* Illusion, Trugbild
unwirtlich: *4* rauh
unwissend: *4* dumm; *10* ahnungslos
Unwissender: *8* Ignorant
Unwissenheit: *8* Dummheit, Ignoranz
unwohl: *6* mulmig
Unwohlsein: *9* Uebelkeit
Unzahl: *6* Legion; *7* Myriade
unzeitgemäßes Verhalten: *13* Anachronismus
Unzucht: *12* Prostitution
unzüchtig: *6* lasziv; *7* obszoen; *9* sittenlos; *11* unmoralisch; *14* pornographisch
unzulänglich: *12* insuffizient
unzulässig: *8* verboten; *9* inkorrekt
unzusammenhängend: *11* inkohaerent
unzuständig: *11* inkompetent
unzuverlässig: *5* labil; *9* inkorrekt, proteisch; *11* flatterhaft; *12* wankelmuetig
unzweideutig: *7* praezis; *8* praezise
unzweifelhaft: *6* sicher; *9* eindeutig; *11* feststehend
üppig: *6* barock; *7* opulent; *10* lukullisch
üppig leben: *9* schlemmen
üppiges Land: *6* Dorado
Üppigkeit: *7* Opulenz
Ur: *8* Auerochs; *9* Auerochse
uralte Erzählung: *4* Sage
uraltes Sonnenzeichen: *8* Swastika; *10* Hakenkreuz
Uranbrenner: *4* Pile; *6* Meiler; *7* Reaktor
Uranusmond: *5* Ariel; *6* Oberon; *7* Miranda, Titania, Umbriel
Uraufführung: *8* Premiere
urbar machen: *5* roden; *11* kultivieren
Urbegriff: *4* Idee
Urbewohner
- **Afrikas:** *5* Neger
- **Amerikas:** *5* Indio; *8* Indianer
- **der Anden:** *4* Inka
- **Asiens:** *4* Aino, Ainu
- **Borneos:** *6* Dayaks
- **Ceylons:** *5* Wedda
- **Deutschlands:** *6* Kelten; *8* Germanen
- **Frankreichs:** *7* Gallier
- **Griechenlands:** *8* Pelasger
- **Haitis:** *5* Taino
- **Irlands:** *6* Kelten
- **Italiens:** *6* Italer; *8* Etrusker, Italiker
- **Japans:** *4* Aino, Ainu
- **der Kanarischen Inseln:** *8* Guanchen
- **Mexikos:** *7* Azteken
- **Neuguineas:** *5* Papua
- **Neuseelands:** *5* Maori
- **Nordeuropas:** *8* Germanen
- **Perus:** *4* Inka
- **der Philippinen:** *4* Aeta; *7* Negrito
- **der Pyrenäenhalbinsel:** *6* Basken, Iberer
- **Sachalins:** *4* Aino, Ainu
- **Schottlands:** *6* Pikten, Skoten
- **Spaniens:** *6* Basken, Iberer
- **der Südsee:** *5* Maori, Papua; *7* Kanaken
- **Westeuropas:** *6* Kelten; *7* Gallier

Urbild: *3* Typ; *4* Idee; *8* Archetyp, Original, Prototyp
urchristliches Liebesmahl: *5* Agape
Urd: *5* Norne
ureingesessen: *10* autochthon
Ureinwohner → Urbewohner
Urfassung: *8* Original
Urform: *8* Archetyp
urgewaltig: *10* daemonisch
Urgrund: *7* Prinzip
Urheber: *5* Autor; *9* Initiator, Verfasser
Urheberschutz: *6* Patent; *9* Copyright
Urheberschutzverband: *4* GEMA
Urheimat der Semiten: *7* Arabien
Urian: *5* Satan; *6* Daemon, Teufel
Uriel: *8* Erzengel
Urin: *4* Harn
Urkanton der Schweiz: *3* Uri; *6* Schwyz; *11* Unterwalden
Urkontinent: *8* Gondwana
Urkunde: *4* Akte; *5* Bulle; *6* Charta, Diplom, Patent; *8* Dokument
Urkundenlehre: *10* Diplomatik

Urkundensammlung: *6* Archiv
Urkundsbeamter: *5* Notar
Urlaub: *6* Ferien; *7* Dispens
Urlaubsbetreuer: *9* Animateur
Urmasse: *5* Chaos
Urmensch: *4* Ymir
Urmuster: *8* Prototyp
Urmutter der Bibel: *3* Eva
Urnenhalle: *11* Kolumbarium
Ursache: *5* Grund, Motiv; *6* Anlass
Ursache einer Empfindung: *4* Reiz
ursächlich: *6* kausal
Ursächlichkeit: *11* Kausalitaet
Urschrift: *8* Original; *10* Manuskript
urschriftlich: *8* original
Ursprung: *6* Anfang, Quelle; *7* Genesis; *8* Herkunft; *10* Provenienz
Ursprung des Alls in der chinesischen Philosophie: *3* Tao
ursprünglich: *6* genuin; *7* autogen, primaer, primitiv; *8* original; *9* originaer
Ursprünglichkeit: *13* Originalitaet
Urstoff: *7* Element, Materie
Urstoff der griechischen Philosophie: *6* Aether
Urteil: *5* Votum; *6* Kritik; *7* Sentenz, Verdikt; *9* Rezension
Urteil fällen: *7* richten
Urteilsaufhebung: *9* Kassation
Urteilsvollstreckung: *9* Exekution
Urtext: *8* Original
Urtierchen: *6* Amoebe; *9* Protozoen, Protozoon; *12* Uhrglaeschen; *13* Sandhaeuschen; *14* Sonnentierchen; *15* Glockentierchen; *17* Pantoffeltierchen
urtümlich: *4* urig; *8* primitiv
uruguayische(r)
- **Fluß:** *6* Dayman; *8* Rio Negro
- **Hauptstadt:** *10* Montevideo
- **Münze:** *4* Peso; *9* Centesimo
- **Stadt:** *5* Salto; *6* Paloma; *7* Palmira; *10* Montevideo
- **Stadtguerilla:** *8* Tupamaro

Urundi: *7* Burundi
Urvater der Bibel: *4* Adam
- **der Menschheit:** *6* Henoch

Urwald am Amazonas: *5* Selva; *6* Hylaea
Urwaldgiraffe: *5* Okapi
Urwaldpflanze: *5* Liane; *8* Mangrove
urweltliches Kriechtier: *7* Saurier
- **Säugetier:** *6* Mammut

urwüchsig: *9* elementar, originell
urzeitliches Meer: *6* Tethys
Urzeugung: *11* Plasmogonie
urzuständlich: *8* primitiv
US-amerikanisch → amerikanisch
US-Raumfähre: *8* Atlantis
Utopia: *9* Traumland
Utopie: *6* Vision; *8* Illusion; *9* Phantasie; *12* Hirngespinst

V

Vademekum: *8* Ratgeber; *9* Leitfaden; *10* Denkzettel
Vagabund: *5* Rowdy, Tramp; *7* Stromer
vagabundieren: *7* dippeln, tippeln
vage: *6* unklar; *10* unbestimmt
vakant: *4* frei; *5* offen
Vakuum: *5* Leere; *6* Nichts; *8* Hohlraum
Vampir: *8* Gespenst; *10* Blutsauger, Fledermaus
Vanilleersatz: *8* Vanillin
variabel: *9* wandelbar; *13* veraenderlich
Varietékünstler: *6* Artist; *7* Akrobat
Varus' Gegner: *5* Armin; *7* Hermann; *8* Arminius
Vasall Gunthers: *5* Hagen
Vater
– **des Abel:** *4* Adam
– **des Absalom:** *5* David
– **des Achill:** *6* Peleus
– **des Aeneas:** *8* Anchises
– **des Agamemnon:** *6* Atreus
– **der Aida:** *8* Amonasro
– **des Ajax:** *7* Telamon
– **der Andromeda:** *7* Cepheus, Kepheus
– **der Antigone:** *7* Oedipus
– **des Apoll:** *4* Zeus
– **des Ares:** *4* Zeus
– **der Artemis:** *4* Zeus
– **der Athene:** *4* Zeus
– **des Bacchus:** *4* Zeus; *7* Jupiter
– **des Balder:** *4* Odin
– **des Benjamin:** *5* Jakob
– **des Castor:** *4* Zeus
– **der Ceres:** *6* Saturn
– **der Circe:** *6* Helios
– **des David:** *4* Isai
– **der Demeter:** *6* Kronos
– **der Diana:** *7* Jupiter
– **der Dike:** *4* Zeus
– **der Dione:** *6* Uranos
– **des Dionysos:** *4* Zeus
– **der Eirene:** *4* Zeus
– **der Elektra:** *9* Agamemnon
– **der Eos:** *8* Hyperion
– **des Esau:** *5* Isaak
– **der Fatima:** *8* Mohammed
– **des Fernsehens:** *6* Nipkow
– **der Galatea:** *6* Nereus
– **der Geschichtsschreibung:** *7* Herodot
– **des Hades:** *6* Kronos
– **der Haimonskinder:** *6* Haimon
– **des Ham:** *3* Noe; *4* Noah
– **des Hannibal:** *8* Hamilkar
– **der Hebe:** *4* Zeus
– **des Hektor:** *7* Priamos, Priamus
– **der Helena:** *4* Zeus
– **des Helios:** *8* Hyperion
– **des Hephästos:** *4* Zeus
– **der Hera:** *6* Kronos
– **des Herakles:** *4* Zeus
– **des Herkules:** *7* Jupiter
– **des Hermes:** *4* Zeus
– **der Hermione:** *8* Menelaos
– **der Hestia:** *6* Kronos
– **des Horus:** *6* Osiris
– **des Ikarus:** *8* Daedalus, Daidalos
– **der Iphigenie:** *9* Agamemnon
– **des Isaak:** *7* Abraham
– **des Ismael:** *7* Abraham
– **der Ismene:** *7* Oedipus
– **des Jakob:** *5* Isaak
– **des Japhet:** *3* Noe; *4* Noah
– **des Joseph:** *5* Jakob
– **der Juno:** *6* Saturn
– **des Jupiter:** *6* Saturn
– **des Kain:** *4* Adam
– **der Kalliope:** *4* Zeus
– **der Kassandra:** *7* Priamos, Priamus
– **des Kastor:** *4* Zeus
– **des Kirchenliedes:** *9* Ambrosius
– **der Kirke:** *6* Helios
– **des Kronos:** *6* Uranos
– **der Landsknechte:** *10* Frundsberg
– **der Lea:** *5* Laban
– **der Libertas:** *7* Jupiter
– **des Lohengrin:** *8* Parsifal, Parzival
– **des Mars:** *7* Jupiter
– **des Menelaos:** *6* Atreus
– **der Menschheit:** *4* Adam, Manu
– **des Mercurius:** *7* Jupiter
– **des Minos:** *4* Zeus
– **der Mnemosyne:** *6* Uranos
– **der Mönche:** *8* Antonius
– **des Neptun:** *6* Saturn
– **der Nereiden:** *6* Nereus
– **des Nestor:** *6* Neleus
– **der Niobe:** *8* Tantalos, Tantalus
– **des Oedipus:** *5* Laios
– **des Odysseus:** *7* Laertes
– **des Okeanos:** *6* Kronos
– **des Orest:** *9* Agamemnon
– **des Orkus:** *6* Saturn
– **des Paris:** *7* Priamos, Priamus
– **des Perseus:** *4* Zeus
– **der Phoibe:** *6* Uranos
– **des Pluton:** *6* Kronos
– **des Pollux:** *4* Zeus
– **des Poseidon:** *6* Kronos
– **der Proserpina:** *7* Jupiter
– **der Rahel:** *5* Laban
– **der Raketenforschung:** *6* Oberth
– **der Rhea:** *6* Uranos
– **eines Riesengeschlechts:** *4* Enak
– **des Salomo:** *5* David
– **des Saturn:** *6* Uranos
– **der Selene:** *8* Hyperion
– **des Sem:** *3* Noe; *4* Noah
– **der Semele:** *6* Kadmos

– **des Seth:** *4* Adam
– **des Siegfried:** *8* Siegmund
– **des Telemach:** *8* Odysseus
– **der Tethys:** *6* Uranos
– **des Theaters:** *7* Thespis
– **der Theia:** *6* Uranos
– **der Themis:** *6* Uranos
– **des Thor:** *4* Odin; *5* Wotan
– **der Thrake:** *6* Uranos
– **der Thusnelda:** *8* Segestes
– **der Titanen:** *6* Uranos
– **des Turnsports:** *4* Jahn
– **des Tyr:** *4* Odin; *5* Wotan
– **der Vesta:** *8* Saturnus
– **des Volkswagens:** *7* Porsche
– **des Vulcanus:** *7* Jupiter
– **des Widar:** *4* Odin; *5* Wodan, Wotan
– **des Zeus:** *6* Kronos
– **der Zyklopen:** *6* Uranos
Vater und Mutter: *6* Eltern
vaterländisch: *8* national; *11* patriotisch
Vaterlandsfreund: *7* Patriot
Vaterlandsliebe: *12* Patriotismus
Vatermörder: *6* Kragen; *10* Hemdkragen
Vaterrecht: *11* Patriarchat
Vaterunser: *11* Paternoster
Vatikanstadt: *16* Citta del Vaticano
Vegetationsinsel in der Wüste: *4* Oase
Veilchen: *5* Viole
veilchenfarbig: *7* violett
Veitstanz: *6* Chorea
Venenentzündung: *9* Phlebitis
venezianische(r, s)
– **Admiral:** *3* Emo
– **Boot:** *6* Gondel
– **Brücke:** *6* Rialto
– **Forschungsreisender:** *9* Marco Polo
– **Geschlecht:** *7* Dandolo
– **Goldmünze:** *7* Zechine
– **Gondelführer:** *10* Gondoliere
– **Gondellied:** *9* Barcarole
– **Kanal:** *11* Canal Grande
– **Künstlerfamilie:** *7* Bellini
– **Maler:** *5* Lotto, Palma; *6* Piombo, Tizian; *7* Bellini, Tiepolo; *8* Crivelli, Veronese; *9* Carpaccio, Giorgione; *10* Tintoretto
– **Staatsoberhaupt:** *4* Doge
– **Vorstadt:** *6* Mestre; *8* Marghera
– **Wasserfahrzeug:** *6* Gondel
venezolanische(r)
– **Fluß:** *5* Apure, Apusa; *7* Orinoco
– **Hauptstadt:** *7* Caracas
– **Münze:** *7* Bolivar, Centimo
– **Stadt** → Stadt in Venezuela
Ventilation: *8* Lueftung
Venuspriesterin: *4* Hero
Verabredung: *10* Rendezvous; *12* Stelldichein
verabschieden: *9* entlassen; *12* suspendieren
verabschiedet: *7* inaktiv; *11* pensioniert
Verabschiedung: *10* Entlassung, Suspension
Verächter: *7* Zyniker
verächtlich: *7* zynisch; *14* despektierlich
veraltet: *8* unmodern; *10* antiquiert
– **für Geheimtext:** *11* Kryptogramm
veränderlich: *5* labil; *7* metabol, mutabel; *8* flexibel, variabel; *9* wandelbar
veränderliche Größe: *9* Parameter
verändern: *9* variieren
Veränderung: *6* Wandel; *8* Mutation; *9* Variation; *12* Modifikation
Veranlagung: *8* Naturell; *9* Charakter; *11* Temperament
Veranlasser: *9* Initiator
Veranlassung: *10* Initiative, Motivation; *11* Instigation
veranschlagen: *11* kalkulieren
veranstalten: *7* managen; *11* arrangieren, unternehmen; *12* organisieren
Veranstalter: *7* Manager; *8* Promotor
Verantwortlichkeit: *15* Kompatibilitaet
verargen: *11* uebelnehmen
verästelt: *11* dendritisch
Verband: *4* Liga; *5* Union; *6* Verein; *9* Formation; *12* Organisation
Verband
– **von Flugzeugen oder Kriegsschiffen:** *6* Flotte; *10* Geschwader
– **gleichartiger Zellen:** *6* Gewebe
– **kleiner Kriegsschiffe:** *9* Flottille
Verbandsmittel: *8* Pflaster
Verbandstoff: *4* Gaze, Mull; *5* Watte
verbannen: *7* aechten; *10* ausstossen; *11* deportieren
Verbannung: *4* Exil; *10* Ausweisung; *11* Deportation
Verbannungsort Napoleons: *4* Elba; *8* St. Helena
verbergen: *6* tarnen; *9* maskieren; *10* kaschieren
verbessern: *11* berichtigen, korrigieren, kultivieren, reformieren; *12* retuschieren
Verbesserer: *8* Reformer
Verbesserung: *6* Reform; *8* Retusche; *9* Korrektur
Verbeugung: *5* Kotau; *6* Diener; *8* Reverenz; *9* Bueckling, Kratzfuss
Verbildlichung: *8* Metapher
verbinden: *7* koppeln, liieren; *9* alliieren; *11* kombinieren
verbindlich: *7* obligat; *10* konziliant; *13* obligatorisch
Verbindlichkeit: *6* Obligo
Verbindlichkeiten: *7* Passiva
Verbindung: *4* Naht, Niet; *5* Nexus, Union; *6* Konnex, Textur; *7* Kontakt, Liaison; *8* Kopplung, Kupplung; *11* Kombination, Vereinigung; *13* Kommunikation
Verbindungsfluß zwischen Erie- und Ontariosee: *7* Niagara
Verbindungslinie von Orten
– **gleichen Luftdrucks:** *7* Isobare
– **gleicher magnetischer Abweichung:** *7* Isogone
– **gleicher Wärme:** *9* Isotherme
Verbindungsstelle: *4* Naht
Verbindungsstift: *4* Niet; *5* Nagel; *6* Bolzen

Verbindungsstück: *5* Muffe; *6* Bolzen, Lasche; *7* Flansch, Klammer
Verbindungsstudent: *5* Fuchs; *6* Bursch
Verbindungsteil von Rädern: *5* Achse
verbissener Zorn: *7* Ingrimm
verbittert: *6* gallig
Verblendung: *11* Faszination
verblüffend: *7* stupend; *8* frappant
verblüfft: *7* perplex; *12* konsterniert
verblüht: *4* welk
verborgen: *6* geheim, latent, obskur, okkult; *10* mysterioes; *13* geheimnisvoll
Verbot: *9* Interdikt; *11* Prohibition, Untersagung
Verbot der Ausfuhr: *7* Embargo
verboten: *4* tabu; *9* untersagt
Verbrauch: *6* Konsum; *7* Verzehr
Verbraucher: *9* Konsument
Verbrauchergegenstand: *4* Ware
Verbrauchergenossenschaft: *6* Konsum
Verbrauchssteuer: *6* Akzise
Verbrechen: *4* Mord, Raub; *5* Untat; *8* Einbruch, Raubmord
Verbrecher: *6* Bandit; *7* Moerder, Raeuber; *8* Gangster; *9* Kidnapper, Schaender; *10* Delinquent; *12* Brandstifter
– aus Ruhmsucht: *9* Herostat
Verbrecherbande: *4* Gang
verbrecherisch: *9* kriminell
Verbrecherkneipe: *8* Spelunke; *9* Kaschemme
Verbrechermilieu: *9* Unterwelt
verbreiten: *11* propagieren
Verbreitung: *12* Promulgation
Verbrennungserscheinung: *5* Feuer, Rauch; *6* Flamme
Verbrennungsrückstand: *4* Russ; *5* Asche
Verbrennungsstätte Verstorbener: *11* Krematorium
Verbrennungswärmeeinheit: *5* Joule; *7* Kalorie; *8* Heizwert; *11* Kilokalorie
verbrüdern: *14* fraternisieren
Verbundenes: *6* Koppel
Verbündete: *9* Alliierte
verbürgt: *9* offiziell
Verbürgung: *8* Garantie
Verdacht: *7* Argwohn; *10* Misstrauen
verdächtig: *6* obskur; *7* suspekt; *11* fragwuerdig
Verdächtigung: *12* Insimulation
Verdachtsgrund: *5* Indiz
verdampfen: *11* evaporieren
Verdauung: *9* Digestion
Verdauungsferment: *3* Lab
Verdauungsflüssigkeit: *8* Speichel
Verdauungsorgan: *4* Darm; *5* Magen
Verdauungsschwäche: *9* Dyspepsie
Verdauungsstörung: *11* Indigestion
verdecken: *6* tarnen; *9* maskieren; *10* kaschieren
verdeckt: *8* rezessiv
Verderb: *4* Ruin
Verderben: *6* Unheil; *8* Unglueck
Verderber: *6* Belial
verderblich: *7* ruinoes
Verderbnis: *4* Ruin; *10* Korruption
Verderbnis der Sitten: *14* Demoralisation
verderbt: *7* korrupt, pervers
verdeutlichen: *12* illustrieren; *14* konkretisieren; *16* veranschaulichen
verdeutlichende Umschreibung: *10* Paraphrase
Verdeutlichung: *8* Klaerung
verdichten: *12* komprimieren, kondensieren
Verdichter: *9* Kondensator; *10* Kompressor
Verdichtung: *11* Kompression; *12* Kondensation
Verdickung: *5* Wulst; *6* Knolle
Verdienst: *4* Gage, Lohn, Sold; *6* Erloes, Gehalt, Gewinn, Salaer; *7* Entgelt, Honorar
Verdienste: *7* Meriten
Verdienstspanne: *5* Marge
Verdoppelung: *8* Dublette; *11* Duplikation
verdorben: *7* korrupt
verdorren: *6* welken
Verdrehung: *7* Torsion
verdrießlich: *10* aergerlich; *11* baerbeissig
Verdrillung: *7* Torsion
Verdruss: *6* Aerger
verdunsten: *11* evaporieren
Verdunstungsniederschlag: *9* Kondensat
verdutzt: *7* perplex; *10* verbluefft
veredeln: *9* okulieren
veredeltes Eisen: *5* Stahl
Veredelung: *10* Kopulation; *11* Raffination
Veredelungsanlage: *10* Raffinerie
verehren: *6* lieben; *9* benedeien
Verehrer des Schönen: *7* Aesthet
Verehrung: *4* Kult; *6* Tribut; *9* Adoration
Verein → Vereinigung
vereinbar: *10* kompatibel
Vereinbarung: *9* Absprache; *10* Konvention
vereinheitlichen: *6* normen; *12* standardisieren
vereinigen: *9* summieren
Vereinigte Arabische Republiken: *3* VAR
Vereinigte Nationen → Vereinte Nationen
Vereinigung: *4* Bund, Club, Klub, Liga; *5* Junta, Union, Zunft; *6* Innung, Partei, Verein; *7* Komplex, Verband; *9* Koalition; *11* Assoziation, Integration, Kombination; *12* Organisation
Vereinigung von Singstimmen: *4* Chor
vereinsamt: *7* desolat; *8* isoliert
Vereinsamung: *9* Isolation
Vereinsblatt: *5* Organ
Vereinslokal: *8* Klubhaus
Vereinssatzung: *6* Statut
Vereinte Nationen: *2* UN; *3* UNO
vereinzelt: *3* rar; *6* selten; *9* singulaer; *10* sporadisch
vereiste Schneedecke: *6* Harsch
verenden: *9* krepieren, verrecken
verengtes Rohrstück: *5* Duese
Verengung der Blutgefäße: *8* Stenosis
– der Rohrmündung: *5* Duese
Vererbungslehre: *7* Eugenik, Genetik
verewigen: *12* eternisieren
Verfahren: *6* Aktion, Praxis; *7* Methode, Praktik, Prozess, Technik; *8* Prozedur, Vorgehen; *9* Operation; *12* Manipulation

Verfahren zur Flächenberechnung: *9* Quadratur
Verfall: *4* Ruin; *8* Dekadenz; *9* Dekrement; *10* Korruption
verfallen: *8* dekadent
verfallenes Bauwerk: *5* Ruine
Verfälschung: *8* Negation
verfänglich: *9* suggestiv
verfassen: *11* konzipieren
Verfasser: *5* Autor
Verfasser eines Anstandsbuches: *6* Knigge
Verfasser
- **des Amphitryon:** *6* Kleist; *7* Molière, Plautus; *9* Giraudoux
- **des Bellum Gallicum:** *6* Caesar
- **von Epen:** *6* Epiker
- **der Evangelien:** *12* Evangelisten
- **des Faust:** *6* Goethe
- **von Götter, Gräber und Gelehrte:** *5* Ceram
- **der Göttlichen Komödie:** *5* Dante
- **der Ilias:** *5* Homer
- **von Lebensbeschreibungen:** *8* Biograph
- **von Max und Moritz:** *5* Busch
- **der Odyssee:** *5* Homer
- **eines Wörterbuchs:** *11* Lexikograph

Verfasser des Romans (ohne Artikel)
- **Abenteuer des braven Soldaten Schwejk:** *5* Hasek
- **abenteuerliche Simplicissimus:** *14* Grimmelshausen
- **Abenteuer Telemachs:** *7* Fénelon
- **Adrian der Tulpendieb:** *7* Rombach
- **Agathon und Abderiten:** *7* Wieland
- **Agostino:** *7* Moravia
- **Ahnen:** *7* Freytag
- **Alle Menschen werden Brüder:** *6* Simmel
- **Alpentragödie:** *4* Voss
- **Alptraum:** *6* Mailer
- **Alraune:** *5* Ewers
- **alte Mann und das Meer:** *9* Hemingway
- **Altherrensommer:** *11* Hagelstange
- **amerikanische Tragödie:** *7* Dreiser
- **An heiligen Wassern:** *4* Heer
- **Angélique:** *5* Golon
- **Anna Karenina:** *7* Tolstoi
- **Ansichten eines Clowns:** *5* Boell
- **Apostel:** *4* Asch
- **arme Chatterton:** *8* Penzoldt
- **Arzt Gion:** *7* Carossa
- **Auferstehung:** *7* Tolstoi
- **Aufruhr der Engel:** *6* France
- **Aufstand der Fischer von St. Barbara:** *7* Seghers
- **Aus dem Leben eines Taugenichts:** *11* Eichendorff
- **Aus der Triumphgasse:** *4* Huch
- **Babbitt:** *5* Lewis
- **Barbara:** *6* Werfel
- **Barrabas:** *10* Lagerkvist
- **Barrings:** *7* Simpson
- **Bauern, Bonzen und Bomben:** *7* Fallada
- **Bel Ami:** *10* Maupassant
- **Ben Hur:** *7* Wallace
- **Bildnis des Dorian Gray:** *5* Wilde
- **Billard um halb zehn:** *5* Boell
- **bis zur bitteren Neige:** *6* Simmel
- **Blechtrommel:** *5* Grass
- **Bonjour tristesse:** *5* Sagan
- **Brot:** *7* Waggerl
- **Brücke über die Drina:** *6* Andric
- **Brücke von San Luis Rey:** *6* Wilder
- **Buch von San Michele:** *6* Munthe
- **Buddenbrooks:** *4* Mann
- **Chérie:** *7* Colette
- **Chronik der Sperlingsgasse:** *5* Raabe
- **Cimarron:** *6* Ferber
- **Clérambault:** *7* Rolland
- **Clique:** *8* McCarthy
- **Consuelo:** *4* Sand
- **Dämonen:** *7* Doderer
- **Daniela:** *6* Rinser
- **David Copperfield:** *7* Dickens
- **Dekameron:** *9* Boccaccio
- **Demimonde:** *5* Dumas
- **Desirée:** *7* Selinko
- **Deutschstunde:** *4* Lenz
- **Die guten Willens sind:** *7* Romains
- **Doktor Schiwago:** *9* Pasternak
- **Don Quijote:** *9* Cervantes
- **Dorf:** *5* Bunin
- **Drei Männer im Schnee:** *8* Kaestner
- **drei Musketiere:** *5* Dumas
- **dritte Mann:** *6* Greene
- **dunkle Blume:** *10* Galsworthy
- **Durward:** *5* Scott
- **Effi Briest:** *7* Fontane
- **Efraim:** *8* Andersch
- **Egoist:** *8* Meredith
- **Ehepaare:** *6* Updike
- **Ehre:** *9* Sudermann
- **einfache Leben:** *8* Wiechert
- **Einst wird kommen der Tag:** *8* Caldwell
- **eiserne Gustav:** *7* Fallada
- **Elenden:** *4* Hugo
- **El Hakim:** *7* Knittel
- **Elixiere des Teufels:** *8* Hoffmann
- **Emil und die Detektive:** *8* Kaestner
- **Ende einer Dienstfahrt:** *5* Boell
- **Erbarmen mit den Frauen:** *11* Montherlant
- **Erbe von Björndal:** *11* Gulbranssen
- **Erfolg:** *12* Feuchtwanger
- **erste Kreis der Hölle:** *12* Solschenizyn
- **Es blinkt ein einsam Segel:** *7* Katajew
- **Es führt kein Weg zurück:** *5* Wolfe
- **Es muß nicht immer Kaviar sein:** *6* Simmel
- **Exemplar:** *4* Kolb
- **Fabian:** *8* Kaestner
- **Fall Deruga:** *4* Huch
- **Fall Mauritius:** *10* Wassermann
- **Familie auf Gilje:** *3* Lie
- **Farm der Tiere:** *6* Orwell
- **Ferien vom Ich:** *6* Keller
- **Feuerzangenbowle:** *6* Spoerl
- **Fiesta:** *9* Hemingway
- **Flachsacker:** *9* Streuvels

- **Flamme:** *6* Morgan
- **Flucht nach Ägypten:** *7* Deledda
- **Forsyte Saga:** *10* Galsworthy
- **Frau Marie Grubbe:** *8* Jacobsen
- **Frau Sorge:** *9* Sudermann
- **Fremde:** *5* Camus
- **Früchte des Zorns:** *9* Steinbeck
- **Frühstück bei Tiffany:** *6* Capote
- **Gefährliche Jahre:** *8* Macaulay
- **Geheimnisse von Paris:** *3* Sue
- **geheimnisvolle Reiter:** *4* Grey
- **Germinal:** *4* Zola
- **Giganten:** *6* Ferber
- **Gil Blas:** *6* Lesage
- **Glasperlenspiel:** *5* Hesse
- **Glöckner von Notre-Dame:** *4* Hugo
- **Glückliche Menschen:** *6* Kesten
- **Golem:** *7* Meyrink
- **Gösta Berling:** *9* Lagerloef
- **Göttinnen:** *4* Mann
- **Graf von Monte Christo:** *5* Dumas
- **große Regen:** *9* Bromfield
- **Großtyrann und das Gericht:** *11* Bergengruen
- **grüne Heinrich:** *6* Keller
- **Gruppenbild mit Dame:** *5* Boell
- **Gullivers Reisen:** *5* Swift
- **gute Erde:** *4* Buck
- **Guzman:** *6* Aleman
- **Hampit der Jäger:** *5* Kneip
- **Handvoll Staub:** *5* Waugh
- **häßliche Herzogin:** *12* Feuchtwanger
- **Hauptmann Sorrell und sein Sohn:** *7* Deeping
- **Hauptstrasse:** *5* Lewis
- **Haus der Erde:** *4* Buck
- **Haut:** *9* Malaparte
- **Heiligenhof:** *5* Stehr
- **Herr der Ringe:** *7* Tolkien
- **Hiob:** *4* Roth
- **Hiroshima mon amour:** *5* Duras
- **Homo Faber:** *6* Frisch
- **Hotel:** *6* Hailey
- **Hundejahre:** *5* Grass
- **Hunger:** *6* Hamsun
- **Hungerpastor:** *5* Raabe
- **Ich stelle mich:** *4* Habe
- **Iden des März:** *6* Wilder
- **Idiot:** *11* Dostojewski
- **Im Westen nichts Neues:** *8* Remarque
- **In einem anderen Land:** *9* Hemingway
- **Irrungen Wirrungen:** *7* Fontane
- **Ivanhoe:** *5* Scott
- **Jan Lobel aus Warschau:** *6* Rinser
- **Jedermann:** *8* Wiechert
- **Jenseits von Eden:** *9* Steinbeck
- **Jerominkinder:** *8* Wiechert
- **Johann Christof:** *7* Rolland
- **Josef-Tetralogie:** *4* Mann
- **Jud Süß:** *12* Feuchtwanger
- **Junggesellen:** *11* Montherlant
- **Kameliendame:** *5* Dumas
- **Kampf um Rom:** *4* Dahn
- **Kaputt:** *9* Malaparte
- **Kapuzinergruft:** *4* Roth
- **Kaspar Hauser:** *10* Wassermann
- **Kater Murr:** *9* Hoffmann
- **Katzensteg:** *9* Sudermann
- **Kean:** *5* Dumas
- **Kenilworth:** *5* Scott
- **Kinder der Erde:** *11* Gudmundsson
- **Kinder der Welt:** *5* Heyse
- **Kleiner Mann, was nun:** *7* Fallada
- **Klosterjäger:** *9* Ganghofer
- **Knabe im Brunnen:** *6* Andres
- **Knecht Jan:** *9* Streuvels
- **König Alkohol:** *6* London
- **Kontrapunkt des Lebens:** *6* Huxley
- **Kraft und die Herrlichkeit:** *6* Greene
- **Kraniche:** *6* Talvio
- **Krebsstation:** *12* Solschenizyn
- **Kreutzersonate:** *7* Tolstoi
- **Krieg mit den Molchen:** *5* Capek
- **Krieg und Frieden:** *7* Tolstoi
- **Kristin Lavranstochter:** *6* Undset
- **Kronenwächter:** *5* Arnim
- **Labyrinth:** *6* Seidel
- **Lady Chatterley:** *8* Lawrence
- **Landstreicher:** *6* Hamsun
- **Lélia:** *4* Sand
- **Lennacker:** *6* Seidel
- **Leopard:** *6* Tomasi
- **Liebe in Fesseln:** *7* Deeping
- **Lied von Bernadette:** *6* Werfel
- **Lord Jim:** *6* Conrad
- **Lotte in Weimar:** *4* Mann
- **Love Story:** *5* Segal
- **Madame Bovary:** *8* Flaubert
- **Mädchen von Fanö:** *10* Weisenborn
- **Majorin:** *8* Wiechert
- **Mann ohne Eigenschaften:** *5* Musil
- **Martinsklause:** *9* Ganghofer
- **Mary Anne:** *7* Maurier
- **Meer:** *10* Kellermann
- **Mein Name sei Gantenbein:** *6* Frisch
- **Mein Onkel Benjamin:** *7* Tillier
- **Meister:** *4* Brod
- **Menschen im Hotel:** *4* Baum
- **Michaela:** *6* Seidel
- **Missa sine nomine:** *8* Wiechert
- **Mitsou:** *7* Colette
- **Mitternacht:** *5* Green
- **Moby Dick:** *8* Melville
- **Moderato Cantabile:** *5* Duras
- **Monpti:** *7* Vaszary
- **Morgen des Lebens:** *11* Gudmundsson
- **Moskau:** *8* Plievier
- **Mutmaßungen über Jakob:** *7* Johnson
- **Mutter:** *5* Gorki
- **Nachkommen:** *5* Stehr
- **Nachsommer:** *7* Stifter
- **Nackten und die Toten:** *6* Mailer
- **Nana:** *4* Zola
- **Narrenschiff:** *6* Porter
- **Narziß und Goldmund:** *5* Hesse
- **Nathanael Mächler:** *5* Stehr

- **Nazarener:** *4* Asch
- **Niels Lyhne:** *8* Jacobsen
- **Oger:** *6* Loerke
- **Olav Audunssohn:** *6* Undset
- **Oliver Twist:** *7* Dickens
- **Orientexpreß:** *6* Greene
- **Orlando:** *5* Woolf
- **Örtlich betäubt:** *5* Grass
- **Pan:** *6* Hamsun
- **Papillon:** *9* Charriere
- **Parasiten:** *7* Maurier
- **Pate:** *4* Puzo
- **Pelle:** *8* Anderson
- **Pest:** *5* Camus
- **Peter Brindeisener:** *5* Stehr
- **Peter Camenzind:** *5* Hesse
- **Petroleum:** *8* Sinclair
- **Porta Nigra:** *5* Kneip
- **Powenzbande:** *8* Penzoldt
- **Professor Unrat:** *4* Mann
- **Prozeß:** *5* Kafka
- **Quell:** *6* Morgan
- **Quentin:** *5* Scott
- **Quo vadis:** *11* Sienkiewicz
- **Radetzkymarsch:** *4* Roth
- **Rebecca:** *9* Du Maurier
- **Redburn:** *8* Melville
- **Rettung:** *6* Conrad
- **Rinaldo Rinaldini:** *7* Vulpius
- **Robinson Crusoe:** *5* Defoe
- **Römerin:** *7* Moravia
- **Rote:** *8* Andersch
- **Ruf der Wildnis:** *6* London
- **Salammbô:** *8* Flaubert
- **Schatzinsel:** *9* Stevenson
- **Schau heimwärts, Engel:** *5* Wolfe
- **Schlafwandler:** *5* Broch
- **Schloß:** *5* Kafka
- **Schloß von Otranto:** *7* Walpole
- **Schmetterlinge weinen nicht:** *8* Heinrich
- **Schuld und Sühne:** *11* Dostojewski
- **Seewolf:** *6* London
- **Segen der Erde:** *6* Hamsun
- **Seltsame Ehe:** *8* Meredith
- **sieben Hauptsünden:** *3* Sue
- **Sie fielen aus Gottes Hand:** *7* Richter
- **Sigismund Rüstig:** *7* Marryat
- **Sintflut:** *6* Andres
- **Söhne und Liebhaber:** *8* Lawrence
- **Soll und Haben:** *7* Freytag
- **Später Sieg:** *6* Cronin
- **Spielball der Götter:** *11* Hagelstange
- **Stadt hinter dem Strom:** *6* Kasack
- **Stalingrad:** *8* Plievier
- **Stechlin:** *7* Fontane
- **Stern der Ungeborenen:** *6* Werfel
- **stille Don:** *10* Scholochow
- **Stiller:** *6* Frisch
- **Stoff, aus dem die Träume sind:** *6* Simmel
- **Streit um den Sergeanten Grischa:** *5* Zweig
- **Stundenglas:** *5* Stehr
- **Sumpf:** *8* Sinclair
- **Suzie Wong:** *5* Mason
- **Sylvia:** *10* Cunningham
- **Tal der Puppen:** *6* Susann
- **Tancred:** *8* Disraeli
- **Tarnowska:** *4* Habe
- **Tauben im Gras:** *7* Koeppen
- **Tod des Vergil:** *5* Broch
- **Tom Jones:** *8* Fielding
- **Totenschiff:** *6* Traven
- **Träumer:** *7* Deeping
- **Triumphbogen:** *8* Remarque
- **Tsushima:** *6* Thiess
- **Tunnel:** *10* Kellermann
- **Turmbau:** *6* Loerke
- **Tycho Brahes Weg zu Gott:** *4* Brod
- **Uli, der Knecht:** *8* Gotthelf
- **Ulysses:** *5* Joyce
- **Und ewig singen die Wälder:** *11* Gulbranssen
- **Und fänden die Liebe nicht:** *4* Buck
- **Und Jimmy ging zum Regenbogen:** *6* Simmel
- **Und sagte kein einziges Wort:** *5* Boell
- **Ungeduld des Herzens:** *5* Zweig
- **Unterm Rad:** *5* Hesse
- **Unterwegs:** *7* Kerouac
- **unverwesliche Erbe:** *6* Seidel
- **Vanadis:** *4* Kurz
- **Verdammten:** *6* Thiess
- **Verdammt in alle Ewigkeit:** *5* Jones
- **Verlobten:** *7* Manzoni
- **veruntreute Himmel:** *6* Werfel
- **Via mala:** *7* Knittel
- **Vivian Grey:** *8* Disraeli
- **Vom Winde verweht:** *8* Mitchell
- **Von Zeit und Strom:** *5* Wolfe
- **Vorbild:** *4* Lenz
- **Wackere neue Welt:** *6* Huxley
- **Wälder und Menschen:** *8* Wiechert
- **Wandlungen des Mattia Pascal:** *10* Pirandello
- **Waverley:** *5* Scott
- **Wehrwolf:** *5* Loens
- **Wem die Stunde schlägt:** *9* Hemingway
- **Wendekreis des Krebses:** *6* Miller
- **Werthers Leiden:** *6* Goethe
- **Wesire und Konsuln:** *6* Andrić
- **Wetterwart:** *4* Heer
- **Winnetou:** *3* May
- **Witiko:** *7* Stifter
- **Wohin die Liebe führt:** *7* Robbins
- **Wunschkind:** *6* Seidel
- **Yarrabee:** *4* Eden
- **Zauberberg:** *4* Mann
- **Zitadelle:** *6* Cronin
- **Zwei Menschen:** *4* Voss
- **Zwerg:** *10* Lagerkvist
- **Zwillinge von Nürnberg:** *6* Kesten

Verfasser des Sachsenspiegels: *13* Eike von Repkow

Verfasser des Schauspiels (ohne Artikel)

- **Aalküste:** *7* Willems
- **Abendröte:** *6* Hamsun
- **Acharner:** *12* Aristophanes
- **Agamemnon:** *9* Aischylos

- **Agamemnons Tod:** *9* Hauptmann
- **Agnes Bernauer:** *6* Hebbel
- **Aias:** *9* Sophokles
- **Alchimist:** *6* Jonson
- **Alkestiade:** *6* Wilder
- **Alkestis:** *9* Euripides
- **Alle meine Söhne:** *6* Miller
- **Alpenkönig:** *7* Raimund
- **Amédée:** *7* Ionesco
- **Amphitryo:** *7* Plautus
- **Amphitryon:** *6* Kleist; *7* Moliere, Plautus; *9* Giraudoux
- **Anatol:** *10* Schnitzler
- **An des Reiches Pforten:** *6* Hamsun
- **Androklus und der Löwe:** *4* Shaw
- **Andromache:** *6* Racine; *9* Euripides
- **Anna Christie:** *6* O'Neill
- **Antigone:** *7* Anouilh; *9* Sophokles
- **Antonius und Cleopatra:** *11* Shakespeare
- **Archelaos:** *9* Euripides
- **Ardele:** *7* Anouilh
- **Argonauten:** *11* Grillparzer
- **Arzt am Scheideweg:** *4* Shaw
- **Athalie:** *6* Racine
- **Atriden-Tetralogie:** *9* Hauptmann
- **Aulularia:** *7* Plautus
- **Automobilsalon:** *7* Ionesco
- **Baal:** *6* Brecht
- **Bacchus:** *7* Cocteau
- **Bajazet:** *6* Racine
- **Bakchen:** *9* Euripides
- **Balkon:** *5* Genet
- **Ball der Diebe:** *7* Anouilh
- **Bär:** *9* Tschechow
- **Barbara Blomberg:** *9* Zuckmayer
- **Barbarossa:** *6* Grabbe
- **Bärenhäuter:** *7* Willems
- **Bauer als Millionär:** *7* Raimund
- **Belagerungszustand:** *5* Camus
- **Bérénice:** *6* Racine
- **Bernarda Albas Haus:** *5* Lorca
- **Besessenen:** *5* Camus
- **Besuch der alten Dame:** *11* Duerrenmatt
- **Biberpelz:** *9* Hauptmann
- **Biedermann und die Brandstifter:** *6* Frisch
- **Blick von der Brücke:** *6* Miller
- **Blick zurück im Zorn:** *7* Osborne
- **Blutbad von Paris:** *7* Marlowe
- **Bluthochzeit:** *5* Lorca
- **Bogen des Odysseus:** *9* Hauptmann
- **Bonaventure:** *7* Nestroy
- **Boot ohne Fischer:** *6* Casona
- **Brand:** *5* Ibsen
- **Braut von Messina:** *8* Schiller
- **Britannicus:** *6* Racine
- **Brüder:** *6* Terenz
- **Bruderzwist im Hause Habsburg:** *11* Grillparzer
- **Büchse der Pandora:** *8* Wedekind
- **Bunbury:** *5* Wilde
- **Bund der Jugend:** *5* Ibsen
- **Bürge:** *7* Claudel
- **Bürger als Edelmann:** *7* Moliere
- **Bürger Schippel:** *9* Sternheim
- **Bürger von Calais:** *6* Kaiser
- **Bus Stop:** *4* Inge
- **Caligula:** *5* Camus
- **Candida:** *4* Shaw
- **Cäsar und Cleopatra:** *4* Shaw
- **Catilina:** *5* Ibsen
- **Cécile:** *7* Anouilh
- **Cenodoxus:** *9* Bidermann
- **Christinas Heimreise:** *12* Hofmannsthal
- **Cid:** *9* Corneille
- **Cinna:** *9* Corneille
- **Clavigo:** *6* Goethe
- **Cocktail-Party:** *5* Eliot
- **Colombe:** *7* Anouilh
- **Coriolan:** *11* Shakespeare
- **Cymbeline:** *11* Shakespeare
- **Cyprienne:** *6* Sardou
- **Dame ist nicht fürs Feuer:** *3* Fry
- **Dame Kobold:** *8* Calderon
- **Dantons Tod:** *8* Buechner
- **Demetrius:** *6* Hebbel; *8* Schiller
- **Diamant:** *6* Hebbel
- **Dido, Königin von Karthago:** *7* Marlowe
- **Diener zweier Herren:** *7* Goldoni
- **Doña Rosita bleibt ledig:** *5* Lorca
- **Don Carlos:** *8* Schiller
- **Don Gil von den grünen Hosen:** *6* Molina
- **Don Juan:** *6* Frisch; *9* Sternheim
- **Dorf in Flammen:** *4* Vega
- **Dorothea Angermann:** *9* Hauptmann
- **Drachenthron:** *12* Hildesheimer
- **Draußen vor der Tür:** *8* Borchert
- **Dreigroschenoper:** *6* Brecht
- **Drei Schwestern:** *9* Tschechow
- **Dunkel am Ende der Treppe:** *4* Inge
- **Dunkel ist licht genug:** *3* Fry
- **Egmont:** *6* Goethe
- **Ehe des Herrn Mississippi:** *11* Duerrenmatt
- **Ehrbare Dirne:** *6* Sartre
- **Ehre:** *9* Sudermann
- **Ehre Gottes:** *7* Anouilh
- **Einen Jux will er sich machen:** *7* Nestroy
- **eingebildete Kranke:** *7* Moliere
- **Einladung ins Schloß:** *7* Anouilh
- **Einsame Menschen:** *9* Hauptmann
- **Eismann kommt:** *6* O'Neill
- **Elektra:** *9* Euripides, Giraudoux, Hauptmann, Sophokles; *12* Hofmannsthal
- **Emilia Galotti:** *7* Lessing
- **Ende gut, alles gut:** *11* Shakespeare
- **Endspiel:** *7* Beckett
- **Endstation Sehnsucht:** *8* Williams
- **Engel kommt nach Babylon:** *11* Duerrenmatt
- **Entertainer:** *7* Osborne
- **Erdgeist:** *8* Wedekind
- **Erster Klasse:** *5* Thoma
- **Esther:** *6* Racine; *11* Hochwaelder
- **Eumeniden:** *9* Aischylos
- **Eunuch:** *6* Terenz
- **Eurydike:** *7* Anouilh

- **Reigen:** *10* Schnitzler
- **Requiem für eine Nonne:** *8* Faulkner
- **Revisor:** *5* Gogol
- **Richard (II., III.):** *11* Shakespeare
- **Richter von Zalamea:** *8* Calderon
- **Ritter Blaubart:** *5* Tieck
- **Ritter vom Mirakel:** *4* Vega
- **Robert Guiscard:** *6* Kleist
- **Romeo und Julia:** *11* Shakespeare
- **Romulus der Große:** *11* Duerrenmatt
- **Rose Bernd:** *9* Hauptmann
- **Rosmersholm:** *5* Ibsen
- **Santa Cruz:** *6* Frisch
- **Sappho:** *7* Durrell; *11* Grillparzer
- **Schinderhannes:** *9* Zuckmayer
- **Schlaf Gefangener:** *3* Fry
- **Schluck und Jau:** *9* Hauptmann
- **Schmutzige Hände:** *6* Sartre
- **Schule der Frauen:** *7* Moliere
- **Schweyk im zweiten Weltkrieg:** *6* Brecht
- **Schwierige:** *12* Hofmannsthal
- **seidene Schuh:** *7* Claudel
- **Seltsames Zwischenspiel:** *6* O'Neill
- **Siegfried:** *9* Giraudoux
- **Sklavin ihres Geliebten:** *4* Vega
- **Soldaten:** *4* Lenz
- **Soldat Tanaka:** *6* Kaiser
- **Sommernachtstraum:** *11* Shakespeare
- **Sophonisbe:** *8* Trissino; *9* Corneille
- **Spieler:** *5* Gogol
- **Spiel von Tod und Liebe:** *7* Rolland
- **Stadt:** *7* Claudel
- **Stella:** *6* Goethe
- **Stellvertreter:** *8* Hochhuth
- **Stühle:** *7* Ionesco
- **Sturm:** *11* Shakespeare
- **Stützen der Gesellschaft:** *5* Ibsen
- **Süßer Vogel Jugend:** *8* Williams
- **Tage ohne Ende:** *6* O'Neill
- **Talisman:** *7* Nestroy
- **Tartuffe:** *7* Moliere
- **Taube:** *7* Anouilh
- **Tausch:** *7* Claudel
- **Thomas Becket:** *7* Anouilh
- **Tochter des Brunnenmachers:** *6* Pagnol
- **Tod des Empedokles:** *10* Hoelderlin
- **Tod des Handlungsreisenden:** *6* Miller
- **Torquato Tasso:** *6* Goethe
- **Totentanz:** *10* Strindberg
- **Tote Stadt:** *8* Annunzio
- **Tote Tag:** *7* Barlach
- **Trachinierinnen:** *9* Sophokles
- **Trauer muß Elektra tragen:** *6* O'Neill
- **Traum ein Leben:** *11* Grillparzer
- **Traumspiel:** *10* Strindberg
- **Treuer Diener seines Herrn:** *11* Grillparzer
- **Troerinnen:** *9* Euripides
- **Troilus und Cressida:** *11* Shakespeare
- **Trojanische Krieg findet nicht statt:** *9* Giraudoux
- **Trommeln in der Nacht:** *6* Brecht
- **Turandot:** *5* Gozzi; *8* Schiller
- **Über allem Zauber Liebe:** *8* Calderon
- **Über unsere Kraft:** *9* Bjoernson
- **Ulla Winblad:** *9* Zuckmayer
- **Unbestechliche:** *12* Hofmannsthal
- **Undine:** *9* Giraudoux
- **Und Pippa tanzt:** *9* Hauptmann
- **Unsere kleine Stadt:** *6* Wilder
- **Unter dem Milchwald:** *6* Thomas
- **Vater:** *10* Strindberg
- **Venus im Licht:** *3* Fry
- **Verhör des Lukullus:** *6* Brecht
- **Verkündigung:** *7* Claudel
- **Verschwender:** *7* Raimund
- **Verschwörung des Fiesco zu Genua:** *8* Schiller
- **Viel Lärm um nichts:** *11* Shakespeare
- **Vögel:** *12* Aristophanes
- **Volksfeind:** *5* Ibsen
- **Volpone:** *6* Jonson
- **Vom Teufel geholt:** *6* Hamsun
- **Von Mäusen und Menschen:** *9* Steinbeck
- **Vor Sonnenaufgang:** *9* Hauptmann
- **Wald:** *10* Ostrowskij
- **Wallenstein:** *8* Schiller
- **Walzer der Toreros:** *7* Anouilh
- **Warten auf Godot:** *7* Beckett
- **Was ihr wollt:** *11* Shakespeare
- **Weber:** *9* Hauptmann
- **Weh dem, der lügt:** *11* Grillparzer
- **Welttheater:** *8* Calderon; *11* Eichendorff
- **Wenn der junge Wein blüht:** *9* Bjoernson
- **Wespen:** *12* Aristophanes
- **Widerspenstigen Zähmung:** *11* Shakespeare
- **Wie es euch gefällt:** *11* Shakespeare
- **Wildente:** *5* Ibsen
- **Wilhelm Tell:** *8* Schiller
- **Winterballade:** *9* Hauptmann
- **Wintermärchen:** *11* Shakespeare
- **Wir sind noch einmal davongekommen:** *5* Wilder
- **Wölfe und Schafe:** *10* Ostrowskij
- **Wolken:** *12* Aristophanes
- **Woyzeck:** *8* Buechner
- **Yerma:** *5* Lorca
- **Zeit und die Conways:** *9* Priestley
- **zerbrochene Krug:** *6* Kleist
- **Zofen:** *5* Genet
- **Zwillinge:** *7* Plautus

Verfasser von Spottschriften: *8* Parodist; *9* Satiriker
- **von Werbetexten:** *6* Texter

Verfassung: *6* Charta; *7* Satzung; *11* Grundgesetz; *12* Konstitution
Verfassung des menschlichen Körpers: *9* Kondition; *12* Konstitution
Verfassungsurkunde: *6* Charta
Verfechter: *8* Apologet
Verfehlung: *6* Delikt, Irrung, Suende; *9* Fehltritt
verfeinern: *11* sublimieren
verfeinerte Lebensweise: *6* Kultur
Verfeinerung: *11* Raffination
Verflechtung: *6* Konnex; *8* Geflecht; *12* Zusammenhang

Verfluchung: *8* Anathema
Verflüssigung: *12* Kondensation
Verfolgung: *6* Pogrom
Verfolgungswahn: *8* Paranoia
verformen: *11* deformieren
verfrachten: *9* spedieren
verfügbar: *6* liquid; *7* liquide; *10* disponibel
Verfügbarkeit: *15* Disponibilitaet
verfügen: *11* disponieren
Verfügung: *5* Edikt; *6* Dekret, Erlass; *8* Reskript; *9* Anordnung, Regulativ
verführen: *8* becircen
Verführer: *7* Don Juan; *8* Casanova
Verührerin: *5* Circe; *6* Sirene
verführerisch: *9* betoerend
vergangen: *5* passé
Vergangenheit einer Person: *13* Antezedenzien
Vergangenheitsform: *7* Perfekt; *9* Imperfekt; *15* Plusquamperfekt
vergänglich: *7* ephemer
vergaste Flüssigkeit: *5* Dampf
vergeblich: *11* illusorisch
Vergebung: *5* Gnade
Vergehen → Verfehlung
vergeistigt: *10* aetherisch
Vergeltung: *4* Dank, Lohn; *5* Busse, Rache; *6* Strafe, Suehne, Talion, Undank; *7* Ahndung; *8* Revanche; *9* Retorsion; *10* Genugtuung; *12* Satisfaktion
Vergeltungsmaßnahme: *11* Repressalie
Vergeltungstrieb: *12* Ressentiment
Vergessenheitstrank: *5* Lethe
Vergewaltigung: *7* Stuprum
Vergiftung: *12* Intoxikation
Vergleich: *6* Rezess; *10* Kompromiss; *11* Komparation
vergleichbar: *10* komparabel
Vergleichsfall: *14* Praezedenzfall
vergleichsweise: *7* relativ
Vergleichung: *9* Kollation
- der Kursunterschiede: *9* Arbitrage
vergletschertes Gebiet in Ostafrika: *9* Ruwenzori
Vergnügen: *3* Fez, Ulk; *4* Lust; *5* Spass; *6* Freude; *8* Plaesier
vergnüglich: *5* ulkig; *6* lustig; *7* spassig; *12* plaesierlich
vergnügt: *5* fidel
Vergnügungspark in Kopenhagen: *6* Tivoli
- in Wien: *6* Prater
Vergnügungsstätte: *4* Kino; *6* Kasino, Tivoli, Zirkus; *7* Orpheum, Theater, Varieté; *11* Rummelplatz
Vergnügungsviertel in Frankfurt: *13* Sachsenhausen
- von Hamburg: *7* St. Pauli
- in München: *9* Schwabing
- von Paris: *7* Pigalle; *10* Montmartre
Vergoldung: *5* Dekor; *6* Doublé, Dublee
vergotten: *11* deifizieren
Vergöttlichung: *9* Apotheose
Vergottung: *9* Apotheose, Idolatrie; *11* Deifikation
vergreist: *5* senil
Vergrößerung der Schilddrüse: *5* Kropf
Vergrößerungsgerät: *4* Lupe; *9* Mikroskop
Vergrößerungsglas: *4* Lupe
Vergünstigung: *6* Indult, Rabatt; *7* Vorteil; *8* Nachlass
vergüten: *10* honorieren
vergütetes Eisen: *5* Stahl
Vergütung: *4* Gage, Lohn, Sold; *5* Bonus, Heuer; *6* Gehalt, Salaer; *7* Apanage, Honorar, Praemie; *8* Tantieme; *9* Abfindung, Bezahlung, Provision; *12* Bonifikation; *13* Gratifikation
verhaften: *9* sistieren; *10* arretieren, festnehmen
Verhaftung: *9* Festnahme; *10* Sistierung; *11* Arretierung; *12* Inhaftierung
Verhalten: *7* Gebaren
verhalten: *6* dezent; *11* distanziert
verhaltener Zorn: *3* Wut; *5* Grimm, Groll
Verhaltensforscher: *6* Frisch, Lorenz; *8* Heinroth; *9* Tinbergen
Verhaltensforschung: *9* Ethologie
Verhaltensmuster: *7* Pattern
Verhältnis: *7* Liaison; *8* Relation, Sachlage; *9* Situation; *10* Proportion
Verhältnisgröße: *5* Modul; *7* Proporz; *8* Massstab, Relation; *10* Proportion
Verhältnisteil: *5* Quote
Verhältniswahlsystem: *7* Proporz
Verhältniswort: *12* Praeposition
Verhältniswort: *2* ab, an, in, um, zu; *3* auf, aus, bei, bis, mit, von, vor; *4* fuer, nach, ohne, samt, seit; *5* durch, neben, nebst, statt, trotz, ueber, unter, wegen; *6* ausser, binnen, hinter, laengs, unweit; *7* naechst, zufolge; *8* jenseits, waehrend, zwischen; *9* diesseits, innerhalb; *10* ausserhalb
verhältnismäßig: *7* relativ; *12* proportional
Verhaltungsregel: *9* Direktive
verhandeln: *11* konferieren
Verhandlung: *6* Disput; *7* Debatte, Diskurs, Prozess; *9* Gespraech, Konferenz; *10* Aussprache; *11* Eroerterung, Unterredung
Verhandlungsbericht: *9* Protokoll
Verhandlungsgeschick: *10* Diplomatie
Verhängnis: *10* Fatalitaet; *11* Katastrophe
verhängnisvoll: *3* arg; *4* boes; *5* boese, fatal; *7* schlimm; *12* katastrophal
verharmlosen: *15* bagatellisieren
verharren: *7* bleiben
Verheiratete: *6* Gatten; *7* Ehepaar; *8* Eheleute
Verherrlichung: *9* Apotheose; *13* Glorifikation
verhindernd: *10* prohibitiv
Verhöhnung: *5* Spott
Verhör: *10* Vernehmung
verhornte Zehe der Huftiere: *5* Klaue
verhütend: *10* praeventiv; *14* prophylaktisch
Verhütung: *10* Prophylaxe
Verkalkung: *8* Sklerose
Verkäufer alter Bücher: *8* Antiquar
Verkaufsapparat: *7* Automat

Verkaufsbude: *5* Stand
Verkaufseinnahme: *6* Erloes
Verkaufsfoerderung: *14* Salespromotion
Verkaufshäuschen: *5* Kiosk
Verkaufskartell: *8* Syndikat
Verkaufsleiter: *9* Substitut
Verkaufsorganisation: *8* Vertrieb
Verkaufsschau: *5* Messe
Verkaufsschlager: *10* Bestseller
Verkaufsstätte: *5* Laden, Markt; *6* Boerse; *9* Drugstore, Geschaeft, Warenhaus; *10* Supermarkt
Verkaufstisch: *5* Theke; *6* Tresen
Verkehr: *6* Umgang; *8* Frequenz; *13* Kommunikation
Verkehrsdichte: *8* Frequenz
Verkehrshemmung: *4* Stau
Verkehrshindernis: *5* Nebel; *7* Glaette; *8* Glatteis
Verkehrsleuchte: *5* Ampel
Verkehrsmittel: *3* Bus, Jet, Lkw, Pkw, Rad, Zug; *4* Auto, Bahn, Boot, D-Zug, Kahn, Krad, Lift, Obus, Tram; *5* Moped, S-Bahn, U-Bahn, Wagen; *6* Aufzug, Ballon, Faehre, Rakete, Schiff; *7* Autobus, Dampfer, Fahrrad, Omnibus, Skilift, Tramway; *8* Bergbahn, Flugzeug, Hochbahn, Lastauto, Motorrad, Seilbahn, Zeppelin; *9* Eisenbahn, Fahrstuhl, Lastwagen; *10* Kraftwagen, Luftschiff, Schnellzug, Triebwagen, Trolleybus; *11* Paternoster, Schwebebahn, Zahnradbahn; *12* Hubschrauber, Strassenbahn; *13* Drahtseilbahn, Kraftfahrzeug
Verkehrsteilnehmer: *6* Radler, Reiter; *9* Radfahrer; *10* Autofahrer, Kradfahrer; *11* Fussgaenger, Kraftfahrer, Mopedfahrer; *12* Rollerfahrer; *14* Motorradfahrer; *15* Automobilfahrer
Verkehrsweg: *4* Bahn; *7* Strasse; *8* Autobahn, Chaussee; *14* Schnellstraße
Verklärung: *9* Apotheose
Verklebung: *13* Agglutination
verkleiden: *9* maskieren
Verkleidung: *5* Maske; *7* Kostuem; *9* Maskerade
– des Altartisches: *11* Antependium
verkleinern: *10* dezimieren, reduzieren
Verkleinerungsform: *9* Diminutiv
Verknüpfung: *6* Knoten
Verkörperung: *11* Inkarnation; *16* Personifizierung
Verköstigung: *7* Pension
verkrusteter Schnee: *6* Harsch
verkümmert: *11* rudimentaer
verkündigen: *8* predigen; *12* proklamieren
Verkündiger: *6* Herold; *7* Prophet
Verkündigung: *12* Proklamation
– des letzten Willens: *20* Testamentseroeffnung
verkürzen: *7* stutzen
verkürzte Unterschrift: *6* Signum
Verkürzung: *11* Perspektive
Verladebühne: *5* Rampe
Verladegerät: *4* Kran
Verlagsabteilung: *8* Lektorat
Verlagsrecht: *9* Copyright
Verlagszeichen: *6* Signet
verlangen: *8* heischen
Verlangen: *4* Gier; *5* Drang, Trieb; *6* Begehr, Wunsch; *7* Geluest; *8* Begehren, Begierde; *9* Forderung
Verlängerung: *11* Prorogation; *12* Prolongation
Verlängerung des Mastes: *6* Stenge
verlangsamen: *7* bremsen, stoppen
Verlaß: *5* Fiduz; *8* Zutrauen
verlassen: *3* oed; *4* oede; *6* allein, einsam
Verlassen eines Ortes: *7* Abreise
verlassene Gegend: *4* Oede; *7* Einoede
Verlassenheit: *10* Einsamkeit
verläßlich: *4* treu; *7* ergeben
Verläßlichkeit: *5* Treue
Verlauf: *7* Prozess; *8* Fortgang; *9* Geschehen
Verlautbarung: *8* Bulletin; *10* Aeusserung
Verlegenheit: *6* Aporie, Klemme; *7* Dilemma; *10* Bredouille, Zwangslage; *11* Schwulitaet, Zwickmuehle
Verleger: *6* Editor
Verleihung: *6* Lizenz; *9* Kollation; *10* Konzession
Verleihung der Doktorwürde: *9* Promotion
Verleitung zu einer Straftat: *10* Anstiftung
verletzen: *9* laedieren
verletzt: *4* wund; *7* pikiert
Verletzung: *4* Biss, Riss; *5* Bruch, Stich, Wunde; *6* Fissur, Schuss, Trauma; *7* Fraktur
– des Urheberrechts: *7* Plagiat
verleugnen: *12* desavouieren
Verleumdung: *7* Rufmord; *11* Diffamation
verliebt: *8* amouroes
verlieren: *10* einbuessen
Verlies: *6* Kerker
Verlobte: *5* Braut
Verlobter: *10* Braeutigam
Verlockung: *4* Reiz; *6* Anreiz
verloren: *3* weg; *6* futsch; *8* abhanden
Verlosung: *7* Tombola; *8* Lotterie
Verlust: *5* Damno, Manko, Minus; *6* Rapuse; *7* Defizit, Schwund; *8* Einbusse, Nachteil
Verlust der Erinnerung: *7* Amnesie
Verlustgefahr: *6* Risiko
Vermächtnis: *4* Erbe; *5* Legat; *9* Testament
Vermählung: *6* Heirat; *7* Trauung; *8* Hochzeit
Vermahnung: *10* Admonition
Vermännlichung von Frauen: *10* Virilismus
Vermehrung: *7* Zunahme, Zuwachs
vermeintlich: *7* putativ
Vermenschlichung: *16* Personifizierung
Vermerk: *5* Notiz; *6* Glosse; *8* Notabene
vermerken: *8* notieren
vermessene Frechheit: *9* Anmassung
– Selbstüberhebung: *6* Hybris
Vermessungsingenieur: *8* Geometer
Vermessungskunde: *9* Geodaesie
Vermessungsstab: *5* Jalon
vermindern: *12* subtrahieren
Verminderung: *9* Reduktion; *11* Diminuition, Reduzierung, Subtraktion
– der Streitkräfte: *10* Abruestung
– der Zahlungsmittel: *9* Deflation
Vermischtes: *5* Varia

Vermißtes: *9* Desiderat
vermittelnd: *10* konziliant
Vermittler: *4* Baas; *5* Agent; *6* Makler, Sensal; *10* Kommissaer; *13* Kommissionaer
Vermittler von Rennwetten: *10* Buchmacher
Vermittlung: *12* Intervention
Vermittlungsbüro: *7* Agentur
Vermittlungsgebühr: *9* Provision
Vermoderung: *12* Mumifikation
Vermögen: *3* Gut; *4* Habe; *6* Besitz, Schatz; *7* Kapital; *8* Finanzen
vermögend: *5* reich; *10* wohlhabend
vermögender Kunstfreund: *6* Maezen
Vermögensbestand: *6* Aktiva
Vermögensanlage: *6* Status; *8* Finanzen
vermuten: *5* ahnen; *7* erraten
Vermutung: *6* Ahnung; *7* Annahme; *11* Kombination
Vernehmung: *7* Verhoer
verneinen: *8* negieren
Verneinung: *8* Negation; *9* Negierung
Verneinung: *3* nie; *4* nein; *5* nicht; *6* nichts; *7* niemals
vernichten: *10* zerstoeren
vernichtend: *12* peremtorisch
Vernichtung von Krankheitserregern: *14* Desinfizierung
– einer Urkunde: *9* Kassation
verniedlichen: *15* bagatellisieren
Vernunft: *5* Logos, Ratio; *6* Raeson
vernunftgemäß: *8* rational
vernünftig: *4* klug; *8* sinnvoll; *9* rationell
Vernünftigkeit: *13* Rationalitaet
Vernunftglaube: *13* Rationalismus
Vernunftsatz: *7* Apriori
vernunftwidrig: *7* paradox; *8* alogisch; *10* irrational
Vernunftwidrigkeit: *9* Paralogie
veröffentlichen: *7* edieren
Veröffentlichung: *7* Edition; *11* Publikation
Verordnung: *4* Ukas; *5* Edikt, Irade; *6* Dekret, Erlass, Rezept; *9* Regulativ
Verpackung: *9* Emballage
Verpackungsbehälter: *4* Dose, Fass, Korb, Sack; *5* Kiste, Tuete; *6* Beutel, Karton; *7* Flasche; *9* Container, Schachtel
Verpackungsgewicht: *4* Tara
Verpackungskünstler: *7* Christo
verpfänden: *12* lombardieren
verpflanzen: *15* transplantieren
Verpflegung: *4* Kost; *7* Nahrung; *8* Proviant
Verpflegungssatz: *5* Ration
verpflichtend: *13* obligatorisch
Verpflichtung: *6* Diktat, Obligo; *7* Auflage; *10* Engagement
Verpflichtungsschein: *6* Revers
Verpuffung: *9* Explosion
Verputzmaterial: *4* Gips; *5* Stuck; *7* Moertel
Verrammelung: *9* Barrikade
Verrat: *7* Felonie; *9* Treubruch
verraten: *11* denunzieren
Verräter: *5* Judas; *10* Denunziant
verrechnen: *12* kompensieren
Verrechnungsverfahren: *8* Clearing
verrecken: *9* krepieren
verrenken: *8* luxieren
verrichten: *3* tun
Verrichtung: *8* Funktion
Verringerung: *9* Reduktion
verrucht: *7* ruchlos
verrückt: *3* irr; *4* toll; *9* meschugge
verrückte Angewohnheit: *6* Spleen
Verrücktheit: *5* Manie; *6* Rappel, Unsinn; *7* Irrsinn; *8* Narretei
Verruf: *4* Acht, Bann; *10* Misskredit
verrufenes Lokal: *8* Spelunke; *9* Kaschemme
Verrufserklärung: *7* Boykott
Versager: *4* Null; *5* Niete
Versammlung: *7* Gremium, Konvent, Meeting; *9* Consilium
Versammlung der Bürgerschaft im alten Rom: *8* Komitien
– von Geistlichen und Laien: *6* Synode
– der Kardinäle zur Papstwahl: *8* Konklave
– geistlicher Würdenträger: *7* Kapitel
– kirchlicher Würdenträger: *6* Konzil
Versammlungssaal in Burgen: *6* Remter
– in Schulen: *4* Aula
Versand: *9* Spedition
Versandabteilung: *10* Expedition
Versandhandel: *9* Mailorder
Versbau: *6* Metrik
Versbetonung: *5* Arsis
Verschickung: *11* Deportation
verschieben: *9* rangieren
Verschiebung des Sehwinkels: *9* Parallaxe
verschieden: *9* different, heterogen, inhomogen, divergent
verschieden sein: *9* variieren
Verschiedenes: *8* Allerlei
verschiedengestaltig: *11* heteromorph
Verschlag: *4* Kaue; *5* Butze, Koben, Stall; *6* Kanter, Stiege
Verschlagenheit: *6* Tuecke; *7* Arglist; *10* Hinterlist
verschleiern: *6* tarnen
Verschleiß: *9* Abnutzung
verschleppen: *11* deportieren
verschließen: *11* okkludieren
Verschluß: *6* Deckel, Riegel, Siegel, Ventil; *7* Drossel, Klausur, Schloss; *8* Schnalle
Verschlußlaut: *4* Muta
Verschlußstreifen: *9* Banderole
verschlüsseln: *11* chiffrieren
Verschmelzung: *6* Fusion; *9* Legierung
Verschneidung: *10* Kastration
Verschnittener: *6* Eunuch; *7* Kastrat
verschnittener Hengst: *7* Wallach
verschnörkelt: *6* barock
verschroben: *6* bizarr; *11* exzentrisch
Verschrobenheit: *6* Spleen
verschwenden: *5* aasen; *7* prassen
verschwenderisch: *9* luxurioes
Verschwendung: *5* Luxus

verschwiegen: *7* diskret
Verschwiegenheit: *10* Diskretion
verschwommen: *6* diffus
Verschwörer gegen Cäsar: *6* Brutus; *7* Cassius
Verschwörung: *8* Komplott; *12* Konspiration
Versehen: *6* Fehler, Irrtum, Lapsus; *7* Erratum
Verselbständigung: *12* Emanzipation
versenden: *9* spedieren
Versender: *9* Expedient
Versendung: *9* Transport
Versenkung: *9* Reflexion; *10* Meditation; *13* Kontemplation
versessen: *7* erpicht
Versform: *6* Stanze
Versfuß: *5* Jambe; *6* Jambus; *8* Anapaest, Daktylus, Dijambus, Spondeus; *9* Dibrachys, Dichoreus, Hexameter, Trochaeus
Versicherung: *10* Assekuranz
Versicherungsgebühr: *7* Praemie
Versicherungsschein: *6* Police
Versicherungsvertreter: *5* Agent
versiert: *7* gewandt; *8* erfahren
Version: *7* Fassung
Verslehre: *6* Metrik
Versmaß: *6* Metrum
versöhnlich: *8* tolerant; *10* konziliant
Versonnenheit: *10* Traeumerei
Versorgung eines Bergwerks mit Frischluft: *11* Bewetterung
– von Tieren: *10* Fuetterung
Versorgungsbezüge: *5* Rente; *7* Pension
Versorgungsgebiet hinter der Front: *6* Etappe
Versorgungsschiff: *6* Tender
Verspaar: *9* Distichon
versperren: *7* hindern; *10* blockieren
verspotten: *7* hoehnen; *11* ironisieren
Verspottung: *7* Parodie; *10* Persiflage
Versprechen: *8* Geluebde
Versroman: *4* Epos
Verstand: *5* Grips, Geist, Ratio; *8* Vernunft; *9* Intellekt
verstandesmäßig: *13* intellektuell
verständig: *9* rationell; *11* intelligent
Verständigung: *13* Kommunikation
Verständigungsmittel: *7* Schrift, Sprache
verständlich: *4* klar; *9* plausibel
Verständnis: *8* Einsicht, Resonanz
verständnisvoll: *5* loyal
verstärken: *9* gradieren
Verstärker: *9* Kondensor
Verstärkerröhre: *6* Triode
Verstauchung: *10* Distorsion
Versteck: *13* Schlupfwinkel
versteckt: *6* latent
versteckter Spott: *6* Ironie
verstehen: *8* kapieren
Versteifung: *6* Strebe; *8* Traverse
Versteigerer: *11* Auktionator
Versteigerung: *4* Gant; *7* Auktion; *10* Lizitation
versteinert: *6* fossil
versteinertes Harz: *9* Bernstein
versteinerter Kopffüßler: *7* Ammonit; *10* Ammonshorn
– Seeigel: *7* Echinit
Versteinerung: *6* Fossil; *7* Ammonit, Echinit; *8* Belemnit; *9* Petrefakt; *10* Ammonshorn, Donnerkeil
Versteinerungskunde: *14* Palaeontologie
verstellbarer Schraubenschlüssel: *10* Englaender
Verstellung: *5* Finte, Mache; *10* Simulation
verstiegen: *11* extravagant; *12* phantastisch
verstimmt: *6* pikiert
Verstimmung: *5* Groll, Unmut
Verstopfung: *11* Obstipation, Obstruktion; *12* Konstipation
Verstopfung der Blutgefäße: *7* Embolie; *9* Thrombose
verstorben: *3* tot
Verstoß: *4* Foul; *6* Delikt, Fehler, Suende; *7* Fauxpas; *8* Vergehen
verstreut: *10* sporadisch
Versuch: *4* Test; *5* Probe; *10* Experiment
Versuch an lebenden Tieren: *11* Vivisektion
versuchen: *6* testen; *9* probieren
Versuchsbühne: *6* Studio
Versuchsmuster: *8* Prototyp
Versuchsraum: *5* Labor; *12* Laboratorium
Versuchung: *10* Anfechtung
versunkene Stadt: *6* Vineta
versunkenes Land: *8* Atlantis
Verswissenschaft: *6* Metrik
Vertagung: *11* Prorogation
vertauschbar: *10* permutabel
Verteidiger: *6* Anwalt; *8* Defensor; *12* Rechtsanwalt
Verteidigung: *4* Wehr; *6* Abwehr; *8* Apologie; *9* Defensive
Verteidigungsanlage: *4* Wall; *7* Schanze
Verteidigungsbündnis: *4* NATO; *5* SEATO
Verteidigungsministerium der USA: *8* Pentagon
Verteidigungsrede: *9* Plaeydoyer
Verteilung: *12* Distribution
vertieft: *6* konkav
vertiefter Teil des Gewindes: *3* Zug
Vertiefung: *3* Nut; *4* Nute; *5* Delle, Kerbe, Mulde, Riefe, Rille, Rinne; *6* Graben
Vertikale: *3* Lot; *5* Hoehe; *10* Senkrechte
vertilgen: *9* ausrotten
vertonen: *11* komponieren
vertontes Gedicht: *4* Lied
Vertrag: *4* Pakt; *6* Rezess; *8* Abkommen, Kontrakt; *10* Konvention; *12* Vereinbarung; *13* Uebereinkunft
Vertrag zwischen Staat und Kirche: *9* Konkordat
verträglich: *10* kompatibel
Vertragsabänderung: *8* Revision
Vertragsantrag: *7* Offerte
Vertragsbestätigung: *12* Ratifikation
Vertragschließender: *7* Partner; *10* Kontrahent
Vertragseinleitung: *9* Praeambel
Vertragsvorbehalt: *7* Klausel
vertrauen: *7* glauben

Vertrauen: *5* Fiduz; *6* Glaube; *7* Verlass; *10* Zuversicht
Vertrauensbruch: *6* Verrat; *7* Untreue; *12* Indiskretion
Vertrauensmann: *6* Obmann
vertrauensvoll: *6* arglos
vertraulich, vertraut: *5* intim; *6* geheim, intern, privat; *7* kordial; *8* privatim; *9* familiaer
Vertrauter: *5* Spezi; *6* Freund; *7* Intimus
Vertreter: *5* Agent; *13* Repraesentant
- **der Anklage:** *12* Staatsanwalt
- **des Dadaismus:** *3* Arp; *4* Ball; *5* Ernst, Tzara; *6* Breton; *10* Schwitters; *11* Huelsenbeck
- **der Dekadenz:** *5* Wilde; *6* Barres; *8* Verlaine; *9* Beardsley
- **des Existentialismus:** *6* Marcel, Sartre; *7* Jaspers; *9* Heidegger
- **des Expressionismus**
  Malerei: *5* Hofer, Nolde; *6* Heckel; *8* Beckmann, Kirchner; *9* Kokoschka; *15* Schmidt-Rottluff
  Plastik: *7* Barlach; *9* Lehmbruck
  Literatur: *4* Heym; *5* Sorge; *6* Kaiser, Stramm
- **des Humanismus:** *6* Hutten; *7* Erasmus; *8* Reuchlin; *11* Melanchthon
- **des Kubismus:** *4* Gris; *5* Léger; *6* Braque; *7* Gleizes, Picasso; *9* Feininger
- **eines Staates:** *6* Konsul; *8* Diplomat; *9* Gesandter; *11* Botschafter
- **des Surrealismus**
  Malerei: *4* Dali; *5* Ernst; *6* Tanguy; *7* Chirico
  Literatur: *6* Aragon, Breton, Eluard
- **des Symbolismus**
  Malerei: *4* Klee; *5* Kubin; *7* Gauguin; *9* Beardsley
  Literatur: *5* Rilke; *6* Dehmel, George; *7* Rimbaud; *8* Mallarmé, Verlaine; *10* Baudelaire; *11* Maeterlinck

Vertretung: *7* Agentur
Vertretungsorgan einer Belegschaft: *11* Betriebsrat, Personalrat
Vertretungsrecht: *9* Vollmacht
Vertrieb: *5* Debit; *6* Absatz
vertrocknen: *6* welken
vertrocknet: *5* duerr
verulken: *10* parodieren
verunglimpfen: *11* diffamieren
Verunreinigung: *5* Fleck, Staub, Unrat; *7* Schmutz
Verunstaltung: *11* Deformation
Veruntreuung: *14* Unterschlagung
verunzieren: *10* entstellen
vervielfachen: *14* multiplizieren
Vervielfachung: *14* Multiplikation
vervielfältigen: *6* pausen; *8* kopieren
Vervielfältigung: *5* Abzug, Kopie, Pause; *6* Doppel; *8* Duplikat; *10* Ablichtung; *11* Durchschlag; *12* Hektographie, Reproduktion; *14* Multiplikation
Vervielfältigungszahl: *6* Faktor
Vervollständigung: *10* Ergaenzung, Komplement, Supplement; *11* Integration
Verwahrlosung: *10* Korruption
Verwahrung: *4* Veto; *7* Protest; *9* Einspruch
Verwalter: *7* Kurator; *9* Inspektor, Sequester; *13* Administrator
Verwalter eines Archivs: *8* Archivar
- **einer Sammlung:** *6* Kustos
- **einer Stiftung:** *7* Kurator

Verwaltung: *5* Regie; *8* Behoerde; *9* Direktion, Inspektur, Magistrat; *12* Gouvernement; *14* Administration
Verwaltungsbehörde: *11* Ministerium
Verwaltungsbezirk in
- **Deutschland:** *4* Land; *5* Kreis; *16* Regierungsbezirk
- **England:** *6* County
- **Frankreich:** *11* Departement; *14* Arrondissement
- **Griechenland:** *5* Demos
- **Japan:** *3* Ken
- **Norwegen:** *5* Fylke
- **Schweden:** *4* Laen
- **Ungarn:** *7* Komitat

Verwandlung: *12* Metamorphose
verwandte Erbfaktoren: *6* Allele
Verwandte, Verwandter: *3* Ahn, Ohm, Oma, Opa; *4* Base, Mage, Mama, Papa, Sohn; *5* Agnat, Enkel, Gatte, Neffe, Oheim, Onkel, Tante, Urahn, Vater; *6* Bruder, Cousin, Kusine, Mutter, Nepote, Nichte, Urahne, Vetter; *7* Abkomme, Ahnfrau, Ahnherr, Cousine, Enkelin, Tochter, Urenkel; *8* Vetterin; *9* Aszendent, Nachkomme, Schwester; *10* Grossneffe, Grossonkel, Grosstante, Grossvater; *11* Grossmutter, Grossnichte; *12* Urgrossvater; *13* Urgrossmutter
verwegen: *4* keck; *9* tollkuehn; *11* uebermuetig
Verweis: *5* Ruege, Tadel; *7* Rueffel
Verweisung von der Universität: *10* Relegation
Verwendbarkeit: *7* Eignung
Verwerfung: *8* Negation
Verwesendes: *3* Aas; *5* Luder; *7* Kadaver
verwickelt: *11* kompliziert
Verwicklung: *12* Komplikation
Verwindung: *7* Torsion
verwirklichen: *11* realisieren
Verwirklichung: *11* Realisation; *12* Realisierung
verwirren: *9* duepieren
verwirrt: *6* konfus; *7* perplex; *8* betreten; *10* derangiert, paranoisch
Verwitterung: *9* Korrosion
Verwitterungsboden: *7* Laterit
Verwitterungserscheinung am Eisen: *4* Rost
Verwitterungsprodukt von Gesteinen: *4* Sand
Verwitterungsprozeß: *7* Erosion
verworren: *4* wirr; *6* konfus; *7* abstrus, nebulos; *8* nebuloes; *11* kompliziert
verworrenes Gerede: *11* Galimathias
Verwundung: *7* Blessur
Verwünschung: *5* Fluch
verwüsten: *9* ruinieren
verzagt: *12* decouragiert
verzaubern: *8* becircen, bezirzen

verzauberter Mensch in Wolfsgestalt: *7* Werwolf
verzehren: *11* konsumieren
verzehrende Begeisterung: *11* Fanatismus
verzeichnen: *12* registrieren
Verzeichnis: *5* Index, Liste; *7* Katalog, Rotulus; *8* Matrikel, Register; *10* Uebersicht
Verzeichnis der Wehrpflichtigen: *10* Stammrolle
Verzeihung: *5* Gnade; *6* Pardon
verzerren: *10* karikieren
verzerrt: *6* bizarr; *7* grotesk, skurril
verzerrtes Gesicht: *6* Fratze; *8* Grimasse
Verzicht: *5* Opfer; *7* Abandon; *9* Entsagung
verzichten: *6* passen; *8* abdanken, aufgeben, entsagen; *10* abdizieren; *11* resignieren
Verzichtleistung: *11* Resignation
verzieren: *9* garnieren; *10* dekorieren
verzierender Wandstreifen: *5* Fries
verzierte Satteldecke: *10* Schabracke
Verzierung: *5* Dekor, Fries; *6* Zierat; *7* Rosette; *8* Arabeske, Filigran, Garnitur, Ornament; *9* Kartusche
Verzinsung: *7* Rendite
Verzögerung: *11* Retardation
Verzögerungstaktik: *11* Obstruktion
Verzückung: *7* Ekstase
verzweifelt: *6* mutlos; *8* desperat; *10* deprimiert; *12* hoffnungslos
Verzweiflung: *11* Desperation
verzweigt: *11* dendritisch
verzweigte Flußmündung: *5* Delta
Verzweigung: *8* Gabelung
Vesperbild: *5* Pieta
Vespermahlzeit: *5* Jause
Vestibül: *5* Foyer; *6* Atrium
Veterinär: *8* Tierarzt
Veto: *9* Einspruch; *10* Verwahrung
Vetter: *6* Cousin
Vetterin: *4* Base; *6* Kusine; *7* Cousine
Vetternwirtschaft: *8* Kluengel; *10* Nepotismus
vibrieren: *5* beben; *7* zittern; *9* schwingen; *11* tremolieren, tremulieren
Viehbehausung: *5* Stall
Viehfutter: *3* Heu; *4* Gras, Klee; *6* Rueben, Silage, Treber; *7* Melasse; *8* Schlempe
Viehhirt in Nordamerika: *6* Cowboy
– in Südamerika: *4* Peon; *6* Gaucho
Viehhüter: *4* Hirt; *5* Hirte
viehisch: *11* bestialisch
Viehknecht: *9* Schweizer
Viehtrift: *3* Alm; *5* Weide
Viehweide: *6* Koppel
Vieleck: *7* Polygon
Vielehe: *7* Bigamie; *9* Polygamie
Vielesser: *8* Gourmand
Vielfalt: *5* Menge; *6* Fuelle
vielfältig: *8* multipel
vielfarbig: *4* bunt; *9* polychrom
Vielflächner: *8* Polyeder
Vielfraß: *4* Jerf; *6* Marder
Vielfresser: *9* Polyphage
vielgestaltig: *9* polymorph
Vielgötterei: *12* Polytheismus
vielleicht: *9* eventuell; *10* vermutlich; *14* wahrscheinlich; *15* moeglicherweise, voraussichtlich
vielschichtig: *7* komplex; *13* differenziert
Vielschreiber: *8* Skribent
vielseitig: *8* allround, versiert
Vielseitigkeitsprüfung im Reitsport: *8* Military
vielsprachig: *9* polyglott
vielstimmig: *8* polyphon
Vielweiberei: *9* Polygamie, Polygynie
Viereck: *4* Karo; *5* Raute; *6* Karree, Trapez; *7* Quadrat, Rhombus; *8* Rechteck, Rhomboid, Tetragon; *9* Trapezoid; *10* Quadrangel; *14* Parallelogramm
viereckiger Körper: *5* Kubus; *6* Quader; *7* Wuerfel
Vierergruppe: *6* Karree
Viererzug: *8* Quadriga
Vierflächner: *9* Tetraeder
Vierfüßer: *9* Tetrapode
Viergespann: *8* Quadriga
Vierkanalübertragung: *12* Quadrophonie
vierkantiger Spitzpfeiler: *7* Obelisk
vierschrötig: *6* robust
viersitzige Kutsche: *7* Berline
Viertel: *5* Quart
Vierteljahr: *7* Quartal
Viertelkreis: *8* Quadrant
viertes Buch Moses: *6* Numeri
viertgrößter See der Erde: *7* Aralsee
vietnamesische Münze: *4* Dong
– Hauptstadt: *5* Hanoi; *6* Saigon
– Stadt → Stadt in Vietnam
vietnamesisches Kernland: *5* Annam
– Südkap: *5* Camau, Kamau
Villenvorort von Hamburg: *10* Blankenese
– von New York: *7* Yonkers
Viola: *8* Bratsche
Viola da gamba: *9* Kniegeige
Violine: *5* Geige; *6* Fiedel
Vipernart: *9* Hornviper, Puffotter; *10* Aspisviper, Kreuzotter; *14* Lanzenschlange; *15* Klapperschlange
Visierteil: *4* Korn; *5* Kimme; *10* Fadenkreuz
Visionen: *8* Gesichte
Visitation: *12* Besichtigung
Vitalität: *11* Lebenskraft; *12* Lebendigkeit; *13* Beweglichkeit
Vitamin: *9* Wirkstoff; *11* Lebensstoff
Vitaminmangelkrankheit: *7* Skorbut; *8* Beri-Beri, Rachitis
Vogel → Meeresvogel → Raubvogel → Schreitvogel → Singvogel → Wasservogel → Watvogel
Vogel: *3* Aar, Alk, Ara, Beo, Emu, Kea, Poe, Uhu; *4* Ente, Eule, Fink, Gans, Huhn, Ibis, Kauz, Kiwi, Pfau, Pute, Rabe, Star, Weih; *5* Adler, Ammer, Amsel, Dohle, Erpel, Falke, Fasan, Geier, Kurol, Lumme, Meise, Milan, Moewe, Pirol, Puter, Racke, Ralle, Spatz, Taube, Tukan, Weber, Weihe; *6* Didrik, Dommel, Elster, Gimpel, Haeher, Kakadu, Kondor, Kraehe, Lanner, Lerche, Marabu, Merlin, Pee-

Arr, Pieper, Quesal, Reiher, Roetel, Schwan, Segler, Specht, Stelze, Storch, Zeisig; *7* Amadine, Bussard, Drossel, Eisente, Girlitz, Habicht, Kanarie, Kanario, Kiebitz, Kleiber, Kolibri, Kranich, Kuckuck, Ortolan, Papagei, Pelikan, Pinguin, Rebhuhn, Sittich, Sperber, Strauss, Taucher, Toelpel, Wachtel, Wuerger; *8* Aasgeier, Albatros, Auerhahn, Bergente, Bergfink, Birkhuhn, Buchfink, Dompfaff, Eisvogel, Flamingo, Graugans, Kardinal, Kolkrabe, Kormoran, Perlhuhn, Schnepfe, Schwalbe, Seeadler, Sperling, Spoetter, Sprosser, Truthahn, Truthuhn, Waldhuhn, Waldkauz, Wildente, Wildgans, Zilpzalp; *9* Bartgeier, Bartmeise, Baumfalke, Bekassine, Blaumeise, Blaumerle, Blessgans, Blesshuhn, Brandente, Braunelle, Eiderente, Goldammer, Goldamsel, Goldfasan, Grauammer, Graumeise, Gruenfink, Gruenling, Haenfling, Haselhuhn, Jagdfasan, Kohlmeise, Krickente, Lachmoewe, Raubmoewe, Rohrammer, Rohrspatz, Rosenstar, Salangane, Steinhuhn, Steinkauz, Stieglitz, Sumpfhuhn, Wendehals, Wiedehopf; *10* Bachstelze, Baumpieper, Blaesshuhn, Buntspecht, Distelfink, Feldlerche, Fischadler, Grasmuecke, Nachtigall, Neuntoeter, Rotschwanz, Schmaetzer, Schnaepper, Schneehuhn, Sumpfmeise, Zaunkoenig; *11* Gaensegeier, Gruenspecht, Heidelerche, Kernbeisser, Laubsaenger, Mauersegler, Ringeltaube, Rohrsaenger, Rotkehlchen, Seeschwalbe, Singdrossel, Steppenhuhn, Turteltaube, Wanderfalke; *12* Blaukehlchen, Eichelhaeher, Gelbspoetter, Haubenlerche, Koenigsgeier, Mehlschwalbe, Schwanzmeise, Uferschwalbe, Ziegenmelker; *13* Brachschwalbe, Kanarienvogel, Krammetsvogel, Kreuzschnabel, Maeusebussard, Paradiesvogel, Rauchschwalbe, Riesenschwalk, Schwarzspecht, Seidenschwanz, Wellensittich; *14* Huehnerhabicht, Schwarzdrossel, Staffelschwanz; *16* Gartengrasmuecke, Krokodilwaechter

Vogel des altägyptischen Glaubens: *7* Phoenix
– der Antarktis: *7* Pinguin
– für falschen Bericht: *4* Ente
– als Glaubenssymbol: *5* Taube
– Neuseelands: *4* Kiwi
Vogelbau: *4* Nest
Vogelbauer: *6* Kaefig
Vogelbeerbaum: *9* Eberesche
Vogeldünger: *5* Guano
Vogeleier im Nest: *6* Gelege
Vogelerbse: *5* Wicke
Vogelfänger in der Zauberflöte: *8* Papageno
Vogelfanggerät: *8* Leimrute
Vogelfutterpflanze: *5* Miere
Vogelhaus: *7* Voliere
Vogeljagd mit abgerichteten Raubvögeln: *5* Beize; *8* Beizjagd
Vogeljunge: *4* Brut
Vogelkrankheit: *4* Pips
Vogelkraut: *5* Miere; *8* Wegerich; *10* Knoeterich
Vogelkunde: *12* Ornithologie
Vogelmännchen: *4* Hahn
Vogelpaarungszeit: *4* Balz
Vogelprodukt: *2* Ei
Vogelscheuche: *6* Popanz
Vogelschwanz: *5* Sterz
Vogelwelt: *5* Ornis
Vogesen: *6* Wasgau; *10* Wasgenwald
Vokabular: *10* Wortschatz
Vokalwerk: *7* Kantate
Volant: *6* Besatz, Steuer; *7* Lenkrad; *9* Steuerrad
Volk: *6* Nation
– Volk
– im Baltikum: *5* Esten; *6* Balten, Letten; *7* Litauer
– in Belgien: *6* Flamen, Vlamen; *8* Wallonen
– in Birma: *5* Karen, Schan
– auf Ceylon: *5* Vedda, Wedda; *11* Singhalesen
– auf Feuerland: *3* Ona
– im alten Italia: *8* Etrusker
– der Juden: *6* Israel
– im Kaukasus: *6* Alanen; *7* Osseten
– in Nepal: *6* Gurkha
– auf Neuguinea: *5* Papua
– auf Neuseeland: *5* Maori
– in Nigeria: *3* Ibo; *6* Kanuri
– in den Pyrenäen: *6* Basken
– auf Sachalin: *5* Ainos, Ainus
– in Thailand: *3* Lao
Völkergruppe: *6* Kelten, Slawen; *7* Romanen; *8* Germanen
Völkerkunde: *10* Ethnologie
Völkerkundler: *9* Ethnologe
Völkerstreit: *5* Krieg
Volksabstimmung: *10* Referendum
Volksaufwiegler: *8* Demagoge
Volksbelustigung in Spanien: *10* Stierkampf
Volksentscheid: *9* Plebiszit
Volksfest: *4* Dult; *5* Kilbe, Messe; *6* Kirmes, Rummel; *8* Fasching, Karneval; *9* Jahrmarkt, Kirchweih; *13* Schuetzenfest
Volksfest in Dresden: *10* Vogelwiese
– in Hamburg: *3* Dom
– in München: *11* Oktoberfest
volksfreundlich: *8* populaer
Volksführer im alten Rom: *6* Tribun
Volksgemeinde im alten Griechenland: *5* Demos
Volksheer: *5* Miliz
Volksheld der Schweizer: *4* Tell
Volksherrschaft: *10* Demokratie
Volkskunde: *8* Folklore
volksmäßig: *8* populaer
Volksnahrungsmittel: *4* Brot; *9* Kartoffel
Volkspark in Wien: *6* Prater
Volksschulleiter: *6* Rektor
Volksstaat: *8* Republik; *10* Demokratie
Volksstamm → Volk
Volkstum: *13* Nationalitaet
volkstümlich: *8* populaer; *9* demokratisch
Volksverführer: *8* Demagoge
Volksversammlung der Germanen: *5* Thing

Volksvertretung: *5* Senat; *7* Landtag; *9* Bundestag, Parlament
Volksvertretung in Spanien: *6* Cortes
Volksvertretungsgebäude der USA: *7* Kapitol
Volkswirt: *7* Oekonom; *13* Sozialoekonom; *15* Nationaloekonom
Volkszählung: *6* Zensus
voll: *4* ganz; *5* prall, total; *6* global, massiv
voll entwickelt: *4* reif
Vollblütigkeit: *8* Plethora
Vollblutpferd: *6* Araber
vollbrachte Handlung: *3* Tat
vollbringen: *8* schaffen
vollendet: *7* perfekt
Vollendung: *6* Finish; *10* Perfektion
vollentwickelt: *4* reif
völlig gleich: *9* identisch
völlige Gleichheit: *10* Identitaet
- Klarheit: *7* Evidenz
volljährig: *7* muendig; *8* majorenn
vollkommen: *5* ideal; *7* perfekt; *8* makellos, tadellos; *9* klassisch
Vollkommenheit: *10* Perfektion
Vollkraft: *7* Sthenie
Vollmacht: *6* Mandat; *7* Prokura
vollplastische Figur: *6* Statue
vollständig: *4* ganz, heil; *5* total; *7* perfekt; *8* komplett
Vollständigkeit: *10* Totalitaet
vollstrecken: *11* exekutieren
Vollstrecker der Todesstrafe: *6* Henker; *13* Scharfrichter
Vollstreckung: *9* Exekution
volltönend: *5* sonor
Volltrunkenheit: *13* Rauschzustand
Vollversammlung: *6* Plenum
vollziehende Gewalt: *9* Exekutive
vollzogene Handlung: *3* Tat
Volontär: *9* Anwaerter; *10* Praktikant
vom Bischof zelebrierte Handlung: *13* Pontifikalamt
vom Geweih abgelöster Bast: *6* Gefege
von Rechts wegen: *6* de jure
- selbst: *6* eo ipso; *7* spontan
vor allem: *8* speziell; *9* besonders; *12* hervorragend
vor allem anderen: *4* erst
Vorahnung: *4* Omen
Voralpenberg in der Schweiz: *5* Mythe
vorankommen: *12* prosperieren
Voranschlag: *4* Etat; *6* Budget; *11* Kalkulation
vorantreiben: *9* forcieren
Voranzeige: *4* Avis
Vorarbeit zu einem Werk: *6* Skizze, Studie
Vorausbestellung von Büchern: *12* Subskription
vorausgesetzt: *4* wenn; *5* falls; *6* sofern
Voraussage: *8* Prognose; *12* Prophezeiung
voraussagen: *11* prophezeien; *15* prognostizieren
vorausschauend: *11* prophetisch
Voraussetzung: *9* Praemisse; *11* Praesumtion, Supposition
Voraussicht: *6* Ahnung; *7* Planung
voraussichtlicher Sieger: *7* Favorit
Vorauszahlung: *9* Vorschuss
Vorbau: *5* Altan, Erker; *6* Balkon, Loggia; *7* Risalit, Soeller, Veranda
Vorbau am Schiffsbug: *6* Galion
Vorbedeutung: *4* Omen; *12* Prognostikon
Vorbedingung: *9* Praemisse
Vorbehalt: *6* Kautel; *7* Klausel; *8* Reservat; *9* Bedingung, Kondition; *11* Reservation, Restriktion
vorbei: *5* passé
Vorbeimarsch: *7* Defilee
vorbeimarschieren: *10* defilieren, paradieren
Vorbemerkung: *9* Praeambel
Vorbereiten der Malfläche: *10* grundieren
Vorbereitung beim Drama: *10* Exposition
- zum Wettkampf: *8* Training
Vorberg der Schwäbischen Alb: *12* Hohenstaufen
vorbestellen: *11* reservieren
vorbestimmtes Schicksal: *6* Kismet
Vorbestimmung: *5* Fatum
Vorbeter in der Moschee: *4* Imam
vorbeugen: *13* praeservieren
vorbeugend: *10* prohibitiv; *14* prophylaktisch
Vorbeugung: *10* Prophylaxe; *11* Praevention
Vorbild: *5* Ideal; *6* Modell, Muster; *9* Leitstern
vorbildlich: *5* ideal; *7* typisch; *9* klassisch; *12* exemplarisch; *14* programmatisch
Vorbote: *7* Symptom
Vorbühne: *5* Rampe; *10* Proszenium
Vorderansicht: *4* Face; *5* Avers, Front; *7* Fassade
Vorderasiat: *5* Kurde, Parse, Syrer; *6* Araber, Iraker, Iraner, Osmane, Perser, Syrier, Tuerke; *7* Afghane, Israeli, Jemenit; *8* Armenier, Libanese; *9* Jordanier
Vorderasien: *6* Nahost, Orient; *7* Levante
vorderasiatische(r, s)
- antikes Kulturvolk: *5* Juden; *6* Perser; *7* Akkader, Assyrer, Iranier, Semiten, Sumerer; *8* Hethiter; *9* Chaldaeer, Phoeniker; *10* Israeliten, Phoenizier
- Fluß: *6* Jordan, Tigris; *7* Euphrat
- Gottheit: *4* Baal; *5* Istar; *6* Moloch; *7* Astarte
- Halbinsel: *7* Arabien
- Hauptstadt: *4* Sana; *5* Amman, Kabul; *6* Ankara, Bagdad, Beirut, Er Riad; *7* Nikosia, Teheran, Tel Aviv; *8* Damaskus; *9* Jerusalem
- Meerenge: *11* Dardanellen
- Staat: *4* Irak, Iran, Oman; *5* Jemen; *6* Cypern, Israel, Syrien; *7* Arabien, Libanon, Persien, Tuerkei; *8* Armenien; *9* Jordanien, Kurdistan; *11* Afghanistan; *12* Saudi-Arabien
- Völkerfamilie: *7* Semiten
Vordergiebel: *10* Frontispiz
Vorderseite: *5* Avers, Front; *7* Fassade
vorderste Linie: *5* Front
vorderster Bühnenteil: *10* Proszenium
Vorderteil des Schiffes: *3* Bug
Vorderwagen von Geschützen: *6* Protze
vordringlich: *5* akut
Vordruck: *9* Formular

voreingenommen: *8* befangen
Vorentscheid: *9* Praejudiz
Vorentwurf: *7* Konzept
Vorfahre: *3* Ahn; *4* Ahne; *5* Vater, Urahn; *6* Eltern, Mutter, Urahne; *9* Aszendent; *10* Grossvater; *11* Grosseltern, Großmutter
Vorfahre eines Iren: *5* Kelte
Vorfahren: *10* Altvordern
Vorfall: *5* Eklat; *7* Affaere, Episode, Skandal
Vorfilm: *7* Trailer
Vorflur: *9* Vestibuel
vorfühlen: *9* sondieren
Vorführdame: *9* Mannequin
vorführen: *9* darbieten; *13* demonstrieren
Vorführer im Kino: *9* Operateur
Vorführgerät: *18* Projektionsapparat
Vorführherr: *8* Dressman
Vorführrund im Zirkus: *6* Manege
Vorführung: *4* Show; *5* Schau; *10* Experiment; *13* Demonstration
Vorgang: *5* Szene; *6* Ablauf; *7* Prozess; *8* Prozedur; *9* Geschehen; *11* Begebenheit
Vorgänger des Fahrrades: *8* Draisine
vorgeben: *9* fingieren; *10* simulieren
Vorgebirge: *3* Kap, Ras
Vorgebirge → Kap
Vorgebirge
- **bei Gibraltar:** *9* Trafalgar
- **an der griechischen Westküste:** *6* Aktium
- **der Insel Rügen:** *6* Arkona
- **auf Java:** *4* Batu
- **von Marokko:** *3* Nun
- **an der Südspitze Spaniens:** *9* Gibraltar

vorgeblich: *6* fiktiv
Vorgeiger einer Zigeunerkapelle: *6* Primas
Vorgelände einer Festung: *6* Glacis
Vorgeschichte: *12* Praehistorie
Vorgeschichte einer Krankheit: *8* Anamnese
vorgeschichtliche(r, s)
- **Begräbnisplatz:** *6* Dolmen; *7* Tumulus; *9* Urnenfeld; *10* Hockergrab, Huegelgrab, Huenengrab
- **Beil:** *4* Kelt
- **Eimer:** *6* Situla
- **Fundort:** *5* Nydam; *6* Buchau, La Tène; *7* Hallein; *8* Altamira, Aurignac; *9* Cro-Magnon, Hallstatt, Trundholm; *10* Heidelberg, Neandertal, Willendorf
- **Gerät:** *5* Fibel; *9* Faustkeil, Steinbeil
- **Grabbau:** *6* Dolmen
- **Heiligtum in Südengland:** *10* Stonehenge
- **Hügelgrab:** *7* Tumulus
- **Kultdenkmal:** *6* Dolmen
- **Kulturzeit:** *9* Steinzeit; *10* Bronzezeit
- **Mensch:** *8* Aurignac; *9* Cro-Magnon; *12* Neandertaler, Peking-Mensch
- **Werkzeug:** *8* Artefakt

vorgeschobene Person: *9* Strohmann
vorgeschriebene Arzneimenge: *5* Dosis
vorgesetzte Behörde: *9* Obrigkeit
Vorgesetzter: *4* Boss, Chef; *6* Patron; *7* Meister; *8* Direktor, Superior; *9* Prinzipal, Vorsteher; *10* Praesident
vorgesetzter Mauerteil: *6* Blende
Vorgetäuschtes: *5* Faxen
Vorhaben: *4* Plan; *7* Projekt; *9* Intention
Vorhafen von Glasgow: *8* Greenock
Vorhalle: *4* Flur, Gang; *5* Diele, Foyer; *6* Atrium, Entree; *8* Korridor; *9* Vestibuel
Vorhalle des griechischen Tempels: *10* Propylaeen
Vorhaltungen: *5* Szene
vorhanden: *8* anwesend, effektiv, existent, wirklich; *12* gegenwaertig
Vorhang: *5* Store; *7* Gardine; *8* Jalousie, Portiere, Rolladen
Vorhemd: *9* Chemisett; *10* Chemisette
vorher: *4* eher, erst; *5* zuvor; *7* frueher
Vorherrschaft: *6* Primat; *8* Dominanz; *9* Hegemonie
vorherrschend: *8* dominant
Vorhersage: *3* Tip; *6* Orakel; *8* Prognose; *9* Prophetie; *11* Offenbarung; *12* Prophezeiung
Vorhof altchristlicher Kirchen: *4* Aula
- **einer Basilika:** *6* Atrium

Vorhölle: *6* Limbus
Vorhut: *10* Avantgarde
vorisraelitisches Palästina: *6* Kanaan
vorjähriger Schnee: *4* Firn
Vorkämpfer: *7* Pionier; *8* Champion; *11* Protagonist
Vorkämpfer der indischen Unabhängigkeit: *6* Gandhi
Vorkommnis: *5* Kasus; *7* Affaire, Episode
vorladen: *8* zitieren
Vorlage: *6* Dessin, Layout, Modell, Muster, Schema; *8* Original; *9* Schablone
Vorläufer: *7* Prodrom
Vorläufer der israelischen Nationalarmee: *7* Haganah
- **des Klaviers:** *6* Cimbal; *7* Spinett
- **des Maschinengewehres:** *12* Mitrailleuse

vorläufig: *11* einstweilen; *12* provisorisch
vorläufige
- **Ernennung:** *11* Designation
- **Hauptstadt der Bundesrepublik:** *4* Bonn
- **Regelung:** *7* Interim

vorlaut: *4* kess; *5* frech; *6* dreist; *7* altklug; *8* naseweis; *9* ungezogen; *10* fuerwitzig; *11* schnodderig
vorlegen: *13* praesentieren
Vorlesung: *6* Kolleg; *7* Lektion
Vorlesungsraum: *8* Hoersaal
Vorliebe: *4* Hang; *6* Faible; *7* Passion → Schwaeche
vormals: *5* einst; *6* ehedem
Vormerkbuch: *6* Agende
vormerken: *11* reservieren
Vormittagsveranstaltung: *7* Matinee
Vormund: *5* Tutor; *7* Kurator
Vormundschaft: *5* Tutel; *7* Kuratel
Vorname → Frauenname, → Männername
vornehm: *4* edel; *5* nobel; *6* feudal; *7* elegant;

8 exklusiv, illuster, ladylike; *11* chevaleresk, fashionable; *12* distinguiert; *13* gentlemanlike; *14* aristokratisch
vornehm auftretender Liebhaber: *5* Galan
vornehme(r, s)
- **Benehmen:** *8* Noblesse
- **Buhlerin:** *9* Kurtisane
- **Bürger:** *9* Patrizier
- **Gesellschaft:** *8* Highlife; *10* Hautevolee
- **Gesinnung:** *4* Adel; *7* Edelmut; *8* Noblesse
- **Herr:** *8* Seigneur; *13* Grandseigneur
- **Welt:** *8* Highlife

Vornehmheit: *7* Eleganz; *8* Noblesse
Vornehmtuer: *4* Snob
Vorort, Vorstadt von
- **Danzig:** *5* Oliva
- **Haag:** *12* Scheveningen
- **Hamburg:** *10* Blankenese
- **Istanbul:** *5* Bebek; *6* Florya; *7* Atakoey; *9* Bakirkoey
- **Jena:** *11* Lichtenhain
- **Kalkutta:** *5* Haura
- **Lissabon:** *5* Belém
- **London:** *7* Croydon, Wembley; *8* Richmond; *9* Greenwich, Stratford, Tottenham, Wimbledon
- **Los Angeles:** *8* Pasadena; *9* Hollywood; *11* Santa Monica
- **Lüttich:** *3* Ans
- **München:** *13* Geiselgasteig
- **New York:** *7* Yonkers
- **Paris:** *5* Vitry; *6* Clichy, Sevres; *7* Neuilly, St. Denis; *8* Asnieres, Boulogne, Colombes; *9* Vincennes, Montreuil; *10* Argenteuil, Saint-Cloud, Versailles
- **Philadelphia:** *7* Chester
- **Potsdam:** *10* Babelsberg
- **Rom:** *5* Ostia
- **Venedig:** *6* Mestre; *8* Marghera
- **Warschau:** *5* Praga
- **Weimar:** *7* Tiefurt
- **Wien:** *6* Aspern
- **Wiesbaden:** *8* Biebrich
- **Zürich:** *8* Zollikon

Vorplatz → Vorhalle
Vorprüfung der Medizinstudenten: *8* Physikum
Vorrang: *6* Primat; *10* Praevalenz, Prioritaet
Vorrat: *5* Stock, Store; *7* Reserve; *8* Proviant
Vorratshaus: *4* Silo; *5* Lager; *6* Stadel; *7* Magazin, Scheune; *8* Speicher
Vorratskammer: *5* Gaden
Vorratsraum auf Schiffen: *4* Gatt; *9* Hellegatt
Vorratswagen der Lokomotive: *6* Tender
Vorraum → Vorhalle
Vorrecht: *7* Monopol; *8* Privileg; *10* Prioritaet; *11* Privilegium
Vorrecht des Erstgeborenen: *7* Majorat
Vorrecht des Letztgeborenen: *7* Minorat
Vorrede: *6* Prolog
Vorreiter bei der Parforcejagd: *6* Pikoer
Vorrichtung: *7* Apparat; *10* Instrument
vorrücken: *10* avancieren
Vorsager: *9* Souffleur
Vorsatz: *4* Plan; *7* Absicht; *8* Vorhaben
vorsätzlich töten: *6* morden
Vorschiff: *3* Bug
Vorschlag: *3* Rat, Tip; *7* Projekt
vorschlagen: *5* raten; *9* empfehlen; *11* proponieren
Vorschlußrunde: *10* Halbfinale, Semifinale
Vorschreiten: *7* Prozess
Vorschrift: *4* Norm, Ukas; *5* Edikt, Gebot, Kanon, Regel, Ritus; *6* Befehl, Dekret, Erlass, Formel, Gesetz, Rezept, Statut; *7* Satzung; *9* Anordnung, Anweisung, Reglement, Regulativ; *10* Verfuegung, Verordnung; *11* Instruktion
vorschriftsmäßig: *6* normal; *8* regulaer
Vorschub: *5* Hilfe; *13* Beguenstigung; *14* Unterstuetzung
Vorschuß: *6* Avance; *8* Handgeld
Vorsegel: *4* Fock
Vorsehung: *3* Los; *5* Fatum; *6* Kismet; *7* Fuegung; *9* Schicksal
Vorsicht: *7* Skepsis
vorsichtig: *4* zart
Vorsichtsmaßregel: *6* Kautel
Vorsilbe: *5* Affix; *7* Praefix
Vorsilbe: *2* ab, an, be, in, um, un, zu; *3* auf, aus, bei, dar, ent, her, mit, ver, vor; *4* nach; *5* ueber, unter
Vorsilbe in schottischen Namen: *3* Mac
Vorsitz: *10* Praesidium
Vorsitzender: *6* Senior; *7* Praeses; *8* Praeside; *10* Praesident
Vorsorge: *6* sparen; *12* Versicherung
- **gegen Fahrzeugschäden:** *17* Kaskoversicherung

Vorspeise: *6* Entree; *11* Hors d'oeuvre
Vorspiegelung von Trugbildern: *14* Phantasmagorie
Vorspiel: *6* Entree, Prolog; *7* Intrade; *9* Praeambel; *10* Ouvertuere, Praeludium; *12* Introduktion
vorspringende(r, s)
- **Bollwerk:** *6* Bastei; *7* Bastion
- **Gebäudeteil:** *7* Risalit
- **Rand:** *4* Sims
- **Tragstein:** *9* Kragstein

Vorspruch: *6* Prolog
Vorsprung: *6* Avance
Vorstadt → Vorort
Vorstand: *9* Direktion; *10* Praesidium; *11* Direktorium
Vorstand einer Innung: *11* Obermeister
Vorstartphase: *9* Countdown
Vorstecknadel: *7* Brosche
Vorsteckstift: *6* Splint
Vorsteher: *5* Prior; *6* Regens; *8* Direktor; *9* Inspektor
Vorsteher
- **einer Dorfgemeinde:** *7* Schulze; *11* Schultheiss
- **einer Fakultät:** *5* Dekan
- **im Islam:** *4* Iman; *7* Scheich

- **eines Kirchenchores:** *6* Kantor
- **eines Klosters:** *3* Abt; *5* Prior
- **eines Orchesters:** *8* Dirigent; *10* Bandleader; *13* Kapellmeister
- **eines Stammes:** *10* Haeuptling
- **eines Theaters:** *9* Intendant
- **der urchristlichen Gemeinde:** *9* Presbyter

Vorsteherin einer Schwesternschaft: *6* Oberin; *8* Leiterin
Vorstehhund: *7* Griffon, Pointer
vorstellbar: *10* imaginabel
Vorstellung: *4* Idee; *7* Theater
Vorstellungsbild: *5* Image
Vorstellungskraft: *9* Phantasie
Vorstellungsverknüpfung: *11* Assoziation
Vorstoß an Uniformen: *5* Biese; *6* Paspel
Vorstufe der Heiligsprechung: *14* Seligsprechung

- **des Drehbuchs:** *9* Treatment
- **zur Hölle:** *9* Fegefeuer; *11* Purgatorium

vortäuschen: *9* fingieren, markieren
Vortäuschung: *5* Mache; *7* Theater; *10* Simulation
Vorteil: *4* Plus; *6* Ertrag, Gewinn, Profit
Vorteil bei Wahlen: *9* Amtsbonus
vorteilhaft: *8* opportun
Vortrag: *7* Referat; *10* Darbietung, Rezitation; *11* Deklamation
Vortrag vor Gericht: *9* Plaedoyer
Vortragender: *6* Dozent, Lehrer, Lektor, Redner, Solist; *8* Referent, Sprecher; *9* Professor, Rezitator
Vortragskünstler: *6* Diseur; *9* Rezitator
Vortragslehre: *8* Methodik
Vortragsreihe: *6* Zyklus
vortrefflich: *6* probat, superb; *7* sueperb
Vortriebskraft: *5* Schub
vorübergehen: *9* passieren
vorübergehend: *7* ephemer; *8* momentan; *9* temporaer; *10* episodisch, zeitweilig; *13* kommissarisch; *14* interimistisch
vorübergehende Beschäftigung: *3* Job

- **Vereinigung von Unternehmern:** *10* Konsortium

Vorübergehender: *7* Passant
vorübergehendes Auftreten: *9* Gastspiel
Vorurteil: *9* Praejudiz; *10* Intoleranz; *12* Befangenheit
vorurteilslos: *7* liberal; *8* objektiv
Vorurteilslosigkeit: *13* Objektivitaet
Vorwand: *5* Finte
vorweg: *4* erst; *6* zuerst
Vorwegnahme: *12* Antizipation
Vorweihnachtszeit: *6* Advent
vorweltlich: *6* fossil
vorwitzig: *5* frech; *6* dreist; *12* unverschaemt
Vorwort: *6* Prolog; *12* Praeposition
Vorwurf: *5* Ruege, Tadel; *7* Schelte
Vorzeichen: *4* Omen; *6* Aspekt; *7* Prodrom; *12* Prognostikon
vorzeigen: *13* praesentieren
Vorzeigen eines Wechsels: *5* Vista
Vorzimmer: *6* Entree
Vorzimmerdame: *11* Sekretaerin
vorzüglich: *4* edel; *5* prima; *6* superb; *7* erlesen, kapital, sueperb; *8* exquisit; *9* exzellent
vorzugsweise: *8* speziell; *10* katexochen
votieren: *7* stimmen
Votivbild: *6* Exvoto
Votum: *6* Stimme, Urteil; *8* Geluebde; *9* Gutachten
Voyeur: *7* Spanner
vulgär: *6* gemein; *8* ordinaer
Vulkan

- **in Afrika:** *4* Fako, Meru
- **in Amerika:** *5* Huila, Misti; *6* Colima, Sangay, Tolima; *8* Cotopaxi; *9* Tajamulco; *10* Chimborazo; *12* Popocatepetl
- **in der Antarktis:** *6* Erebus
- **in Armenien:** *6* Ararat
- **in Asien:** *4* Taal; *6* Ararat, Merapi, Semeru; *8* Krakatau; *11* Fudschijama
- **in Äthiopien (Abessinien):** *10* Ras Daschan
- **in Chile:** *6* Osorno; *9* Ei Calbuco
- **in Ecuador:** *6* Sangay; *8* Antisana, Cotopaxi
- **in Guaetemala:** *9* Tajumulco
- **auf Hawaii:** *3* Kea, Loa; *7* Kilauea
- **in Honduras:** *4* Agua
- **in Indonesien:** *4* Gede; *6* Semeru; *8* Krakatau
- **auf Island:** *5* Askja, Hekla;
- in Italien: *5* Aetna, Vesuv; *9* Stromboli
- **in Japan:** *3* Aso; *5* Asama; *6* Asosan; *11* Fudschijama
- **auf Java:** *6* Semeru; *8* Krakatau
- **im Kaukasus:** *6* Elbrus, Kasbek
- **in Kolumbien:** *6* Tolima
- **auf Luzon:** *5* Mayon
- **in Mexiko:** *6* Colima; *7* Jorulla; *12* Popocatepetl
- **auf Mindanao:** *3* Apo
- **bei Neapel:** *5* Vesuv
- **auf den Neuen Hebriden:** *5* Tanna
- **in Ostafrika:** *4* Meru
- **in Peru:** *5* Misti
- **auf den Philippinen:** *3* Apo; *5* Mayon; *8* Urdaneta
- **auf Sizilien:** *5* Aetna
- **in Südamerika:** *5* Huila, Misti; *6* Tolima; *8* Cotopaxi; *10* Chimborazo
- **am Südpol:** *6* Erebus
- **in der Sundastraße:** *8* Krakatau
- **auf Teneriffa:** *5* Teide
- **in der Türkei:** *6* Ararat
- **in den USA:** *10* Lassen Peak
- **in Westafrika:** *11* Kamerunberg

Vulkanausbruch: *8* Eruption
Vulkanerguß: *4* Lava
Vulkangestein: *4* Bims, Lava, Tuff; *5* Trass; *6* Basalt, Diabas, Diorit, Gabbro, Granit, Syenit; *7* Andesit, Liparit, Porphyr, Trachyt; *9* Bimsstein, Phonolith
Vulkaninsel im Nordmeer: *8* Jan Mayen

- **in der Sundastraße:** *8* Krakatau

vulkanische Hebrideninsel: *3* Epi

- **Inselgruppe im Stillen Ozean:** *15* Galapagosinseln

vulkanisches Gestein: *4* Bims, Lava, Tuff; *5* Trass; *6* Basalt, Diabas, Diorit, Gabbro, Granit, Pikrit, Seynit; *7* Andesit, Dolerit, Liparit, Porphyr, Trachyt; *8* Obsidian; *9* Bimsstein, Pechstein, Phonolith, Porphyrit

vulkanisierter Kautschuk: *5* Gummi

Vulkanöffnung: *6* Krater

Vulkansee: *4* Maar

Vulkantrichter: *6* Krater; *7* Caldera

W

waagerecht: *10* horizontal
– vorgetriebener Tunnel: *7* Stollen
waagerechte Fläche: *6* Niveau
Waagerechte: *8* Abszisse; *11* Horizontale
wabbelig: *5* weich; *12* gallertartig
Wabenkröte: *4* Pipa
Wabenteil: *5* Zelle
Wache: *5* Ronde, Runde; *6* Posten
Wache in der Gaunersprache: *8* Schmiere
– des Papstes: *10* Nobelgarde; *14* Schweizergarde
Wacholder: *9* Kranewitt, Machandel; *11* Kramtsbeere; *13* Krammetsbeere
Wacholderbaum: *4* Sade
Wacholderbranntwein: *3* Gin; *7* Genever; *9* Machandel, Wacholder; *11* Kranewitter, Steinhaeger
Wacholderdrossel: *13* Krammetsvogel
Wachrundgang: *5* Ronde; *10* Patrouille
wachsam: *8* vigilant; *10* aufmerksam, hellhoerig, vorsichtig
wachsame Augen: *10* Argusaugen
wachsartige Substanz: *8* Paraffin
Wachsbildnerei: *11* Zeroplastik
Wachsfigurenschau: *10* Panoptikum
Wachsgravierung: *11* Zerographie
Wachslicht: *5* Kerze
Wachsmalerei: *9* Enkaustik
Wachsoldat: *6* Posten
Wachspalme: *9* Ceroxylon
Wachspflaume: *9* Mirabelle
Wachssalbe: *5* Zerat
Wachsscheibe im Bienenstock: *5* Favus
Wachstum: *9* Expansion
Wachstumsbeschleunigung: *12* Akzeleration
Wachstumsbewegung von Pflanzen: *8* Nutation
Wächter: *4* Hirt; *5* Hirte; *6* Hueter; *7* Waerter; *8* Aufseher
Wächter
– der griechischen Sage: *5* Argus; *8* Zerberus
– des Himmels: *7* Heimdal; *8* Heimdall
– der Io: *5* Argus
Wachtraum: *8* Illusion, Trugbild
Wadenbein: *6* Fibula
Wadenstrumpf: *7* Stutzen
Waffe: *2* MG, MP; *3* Ger, Pak; *4* Colt, Flak, Mine, Tank; *5* Barte, Bombe, Degen, Gleve, Keule, Lanze, Pfeil, Speer; *6* Gewehr, Kanone, Panzer, Spiess; *7* Bazooka, Buechse, Moerser, Muskete, Pistole, Schwert, Stilett, Stutzen; *8* Arkebuse, Armbrust, Bajonett, Balester, Balliste, Bombarde, Browning, Flamberg, Haubitze, Revolver, Terzerol, Tesching; *9* Falkonett, Geschuetz, Karabiner, Streitaxt; *10* Schlagring; *12* Feldschlange, Hakenbuechse; *15* Maschinengewehr; *16* Maschinenpistole; *18* Schnellfeuergewehr
Waffengattung: *4* Heer; *6* Marine; *8* Pioniere, Reiterei; *9* Luftwaffe; *10* Artillerie, Infanterie, Kavallerie; *12* Panzertruppe; *13* Gebirgstruppe; *15* Luftlandetruppe; *16* Fallschirmjaeger
Waffengürtel: *6* Gehenk
Waffenlager: *7* Arsenal; *8* Zeughaus
waffenlose Selbstverteidigung: *4* Budo, Judo
Waffenrock: *6* Dolman, Ulanka; *7* Litewka, Uniform
Waffensportart: *7* Fechten; *9* Schiessen; *14* Bogenschiessen; *17* Armbrustschiessen, Pistolenschiessen; *18* Tontaubenschiessen
Wagemut: *9* Kuehnheit; *18* Unternehmungsgeist
wagen: *9* riskieren
Wagen: *3* Gig; *4* Auto; *5* Break, Karre; *6* Chaise, Karren; *7* Dogcart, Karosse, Karriol, Kutsche; *8* Gefaehrt, Karriole, Landauer; *9* Automobil, Britschka, Limousine
Wagenabteil: *5* Coupé
Wagenaufbau: *10* Karosserie
Wagenbauer: *6* Wagner; *11* Stellmacher
Wagendecke: *5* Plaid, Plane
Wageneinstellraum: *6* Garage, Remise
Wagenfahrgestell: *7* Chassis
Wagenführer: *6* Fahrer, Lenker; *8* Kutscher; *9* Chauffeur
Wagenkolonne: *4* Pulk; *5* Treck
Wagenladung: *5* Fuder, Fuhre
Wagenlenker → Wagenführer
Wagenpark: *5* Train
Wagenrücksitz: *4* Fond
Wagenschaufahrt: *5* Korso
Wagenschuppen: *6* Garage, Remise
Wagenteil: *3* Rad; *5* Achse, Runge; *7* Chassis; *8* Deichsel; *10* Karosserie
waghalsiger Unternehmer: *8* Spekulant
Wagnis: *6* Hasard, Risiko
Wahl: *4* Kuer
Wahl einer Staatsangehörigkeit: *6* Option
– durch Zuruf: *11* Akklamation
wählen: *6* kueren
Wahlentscheidung: *11* Alternative
Wähler: *6* Optant
wählerisch: *9* etepetete
Wahlfeldzug: *8* Kampagne
wahlfrei: *10* fakultativ
Wahlgang: *10* Abstimmung
Wahlspruch: *5* Motto; *6* Devise, Losung, Maxime
Wahlstimme: *5* Votum
Wahlübung: *4* Kuer
wahlverwandt: *5* affin; *16* uebereinstimmend
Wahlverwandtschaft: *10* Affinitaet
Wahlwerberedner: *8* Agitator
wahlweise: *10* alternativ
Wahlzelle: *6* Kabine
Wahlzettelbehälter: *4* Urne
Wahn: *4* Trug; *6* Schein; *8* Illusion; *10* Einbildung; *11* Imagination; *13* Halluzination

Wahnsinn: *7* Irrsinn; *9* Phrenesie
wahnsinnig: *3* irr; *4* irre
Wahnsinnslauf: *4* Amok
Wahnvorstellung: *7* Phantom
Wahnwitz: *8* Aberwitz
wahrhaft: *8* wirklich; *12* tatsaechlich
Wahrheit: *9* Realitaet
Wahrheitserweis: *12* Verifikation
wahrnehmbar: *11* perzeptibel
wahrnehmen: *12* registrieren
Wahrnehmungsorgan: *3* Ohr; *4* Auge, Nase, Nerv, Sinn
Wahrsagekunst: *6* Mantik
Wahrsager: *5* Augur, Seher; *8* Haruspex, Mantiker, Telepath; *9* Astrologe, Chirologe, Chiromant, Hellseher; *11* Kartenleger, Sterndeuter
Wahrsagerei: *6* Mantik
Wahrsagerin: *6* Pythia; *7* Sibylle
wahrsagerisch: *12* sibyllinisch
wahrscheinlich: *8* probabel; *10* praesumtiv
Wahrspruch: *6* Urteil; *7* Verdikt
Währungseinheit → Münze, Münzeinheit
Währungsgeld: *6* Valuta
Wahrzeichen: *6* Emblem, Panier, Symbol, Wappen
Wahrzeichen → Bauwerk
Wahrzeichen
- **von Aachen:** *13* Elisenbrunnen
- **von Athen:** *9* Akropolis
- **von Augsburg:** *11* Perlachturm
- **von Berlin:** *8* Funkturm; *16* Brandenburger Tor
- **von Braunschweig:** *13* Loewendenkmal
- **von Bremen:** *6* Roland
- **von Danzig:** *7* Krantor
- **von Dresden:** *7* Zwinger
- **von Frankfurt:** *6* Roemer
- **von Hamburg:** *6* Michel
- **von Hannover:** *11* Marktkirche
- **der Iren:** *8* Shamrock
- **von Köln:** *3* Dom
- **von London:** *5* Tower; *6* Big Ben
- **von Lübeck:** *10* Holstentor
- **von Luzern:** *11* Maennliturm
- **von Moskau:** *5* Kreml
- **von München:** *12* Frauenkirche
- **von New York:** *15* Freiheitsstatue
- **von Paris:** *10* Eiffelturm
- **von Rio de Janeiro:** *9* Zuckerhut
- **von Rom:** *9* Kolosseum; *10* Engelsburg
- **von Trier:** *10* Porta Nigra
- **von Ulm:** *8* Muenster
- **von Venedig:** *11* Dogenpalast; *12* Markuskirche
- **von Washington:** *7* Capitol, Kapitol
- **von Wien:** *7* Steffel; *9* Riesenrad

Waidmann: *6* Jaeger
walähnliches Säugetier: *6* Seekuh, Sirene
Walart: *3* Nar; *6* Beluga, Narwal; *7* Blauwal, Delphin, Finnwal, Pottwal, Zahnwal; *8* Doegling, Glattwal, Weisswal; *9* Bartenwal, Buckelwal; *10* Furchenwal; *12* Flussdelphin, Groenlandwal
Wald: *3* Hag; *4* Hain, Tann; *5* Forst
Wald an tropischen Küsten: *8* Mangrove
Waldanpflanzung: *8* Schonung
Waldbaum: *5* Birke, Buche, Eiche, Tanne; *6* Fichte, Foehre, Kiefer; *7* Laerche
Waldbezirk: *3* Hag; *5* Jagen
Waldblume: *6* Akelei, Primel; *8* Einbeere, Eisenhut, Waldrebe; *9* Waldziest; *10* Immergruen; *13* Maigloeckchen; *15* Hasengloeckchen
Wäldchen: *4* Hain
Walddurchhau: *8* Schneise
Waldfrucht: *4* Pilz; *5* Beere
Waldgebiet
- **am Amazonas:** *6* Selvas
- **bei Eberswalde:** *11* Schorfheide
- **in Sibirien:** *5* Taiga

Waldgeist: *6* Schrat
Waldgerste: *6* Elymus
Waldgiraffe: *5* Okapi
Waldgott: *3* Pan; *4* Faun; *5* Satyr; *6* Faunus
Waldgrundstück: *3* Hag
Waldhuhn: *8* Auerhuhn
Waldhüter: *5* Heger; *8* Foerster
Waldnymphe: *6* Dryade
Waldpflanze: *4* Aron, Farn, Moos; *8* Aronstab
Waldschädling: *5* Nonne; *7* Spanner, Spinner
Waldschlucht: *5* Tobel
Waldstaude: *4* Aron; *8* Aronstab
Waldteil: *5* Jagen; *6* Revier
Waldtier: *3* Reh; *4* Hase; *5* Dachs, Fuchs; *6* Hirsch; *11* Wildschwein; *13* Eichhoernchen
Waldwiese am Vierwaldstätter See: *6* Ruetli
Waldwurz: *14* Fichtenspargel
Walfanggerät: *7* Harpune
walisischer König: *5* Artus
Walke: *15* Verfilzmaschine
Walküre: *8* Gerhilde, Helmwige, Ortlinde, Siegrune; *9* Grimgerde, Waltraute; *10* Rossweisse; *12* Schwertleite
Walkürenroß: *5* Grane
Wall: *4* Damm; *5* Deich
- **des römischen Lagers:** *5* Agger

Wallach: *3* Run
Wallensteins Astrologe: *4* Seni
- **Sterbeort:** *4* Eger

Wallfahrer: *6* Pilger; *7* Hadschi, Pilgrim
Wallfahrtsort
- **in Argentinien:** *5* Lujan
- **in Bayern:** *7* Andechs; *10* Altoetting
- **auf Ceylon:** *5* Kandy
- **in Frankreich:** *7* Lourdes
- **am Ganges:** *7* Benares
- **der Hindu:** *4* Puri; *7* Benares
- **in Indien:** *4* Puri; *7* Benares
- **im Iran:** *8* Meschhed
- **in Italien:** *6* Loreto
- **in Japan** → japanischer Wallfahrtsort
- **im Kanton Schwyz:** *10* Einsiedeln
- **der Mohammedaner:** *5* Mekka; *6* Medina
- **am Niederrhein:** *8* Kevelaer
- **in Oberbayern:** *7* Andechs
- **in Oberschlesien:** *8* Annaberg

- **in Palästina:** *8* Bethlehem, Nazareth; *9* Jerusalem
- **in Polen:** *13* Tschenstochau
- **in Portugal:** *6* Fatima
- **der Schiiten:** *7* Kerbela
- **in der Schweiz:** *10* Einsiedeln
- **in Sigmaringen:** *6* Beuron
- **bei Soest:** *4* Werl; *7* Neviges
- **in der Steiermark:** *9* Mariazell
- **in Tirol:** *5* Absam
- **in den Vogesen:** *8* Ronchamp
- **in Westfalen:** *4* Werl; *7* Neviges

Walliser Alpengipfel: *5* Leone
Walnußbaumgewächs: *7* Hickory
Wallung: *10* Kongestion
Walöl: *4* Tran
Walprodukt: *4* Tran; *5* Ambra, Barte; *6* Walrat; *9* Fischbein
Walze: *5* Rolle; *8* Zylinder
Walzenechse: *5* Skink
Walzerkomponist: *6* Chopin, Lanner; *7* Strauss; *10* Waldteufel
Walzzinn: *8* Stanniol
Wams: *5* Joppe; *7* Kamisol
Wand: *5* Mauer; *8* Paravent
- **einer Bühnendekoration:** *7* Kulisse

Wandalenkönig: *7* Gelimer, Wisumer; *8* Hunerich; *9* Geiserich, Gunderich, Hilderich
Wandbehang: *7* Gobelin, Teppich
Wandbekleidung: *6* Fliese, Kachel, Tapete; *7* Lambris
Wandbrett: *4* Bord, Bort; *5* Boert, Butze, Regal; *7* Konsole
Wandel: *5* Wende; *7* Wechsel
wandelbar: *8* variabel; *9* proteisch
Wandelform: *5* Abart
Wandelgang: *5* Foyer
Wandelhalle des Parlaments: *5* Lobby
Wandelstern: *6* Planet
Wanderblock: *8* Findling
Wanderbühne: *8* Schmiere
Wanderer: *6* Pilger; *7* Tourist
Wanderhändler: *9* Hausierer
Wanderhirt: *6* Nomade
wandernd: *8* ambulant
Wanderpause: *4* Rast
Wandertrieb: *5* Fugue
Wanderung: *4* Tour; *5* Fahrt; *6* Marsch; *7* Ausflug; *9* Exkursion
- **der Zugvögel:** *9* Migration

Wandervolk: *7* Nomaden; *8* Beduinen, Zigeuner
Wandgestell: *5* Regal; *7* Etagere, Konsole
Wandlaus: *5* Wanze
Wandler: *5* Trafo; *13* Transformator
Wandmalerei: *6* Freske, Fresko; *9* Sgraffito
Wandöffnung: *4* Tuer; *7* Fenster
Wandpapier: *6* Tapete
Wandpfeiler: *8* Pilaster
Wandplatte: *6* Fliese, Kachel
Wandschirm: *8* Paravent
Wandschmuck: *4* Bild
Wandtäfelung: *6* Paneel
Wandteil des Fasses: *5* Daube
Wandteppich: *5* Kelim; *7* Gobelin, Verdure
Wandteppich aus Flandern: *6* Arazzo
Wandverkleidung: *7* Lambris
Wandvertiefung: *6* Nische
Wandverzierung: *5* Fries
Wandvorsprung: *4* Sims; *5* Erker
Wange: *5* Backe
wankelmütig: *5* labil; *10* schwankend; *12* inkonsequent, unbestaendig; *14* unentschlossen, unzuverlaessig, wetterwendisch
Wanne: *5* Zuber; *6* Becken, Buette; *7* Bottich
Wanst der Wiederkäuer: *6* Pansen
Wanzenart: *6* Soldat
Wapitihirsch: *3* Elk
Wappen: *6* Blason, Emblem
Wappenblume: *4* Rose; *5* Lilie
Wappenkunde: *8* Heraldik
Wappenspruch: *6* Devise
Wappentier: *3* Aar, Leu; *4* Baer; *5* Adler, Loewe; *6* Drache; *7* Einhorn; *11* Doppeladler
- **von Berlin:** *4* Baer
- **Indonesiens:** *6* Garuda

Wappenträger: *6* Herold
Wappenvogel: *3* Aar; *5* Adler
Waräger: *8* Wikinger; *9* Normannen
Warägerfürst: *4* Oleg; *5* Rurik
Warenangebot: *9* Sortiment
Warenart: *7* Artikel
Warenaufschrift: *7* Etikett
Warenausfuhr: *6* Export
Warenausfuhrhändler: *9* Exporteur
Warenausfuhrverbot: *7* Embargo
Warenausstellung: *5* Messe
Warenauswahl: *9* Sortiment; *10* Kollektion
Warenballen: *5* Kollo
Wareneinfuhr: *6* Import
Wareneinfuhrhändler: *9* Importeur
Warengeber: *7* Automat
Warenhaus: *8* Kaufhaus; *10* Supermarkt
Warenhausabteilung: *5* Rayon
Warenlager: *4* Silo; *5* Stock; *6* Vorrat; *7* Magazin; *8* Schuppen, Speicher
Warenliste: *7* Katalog
Warenmarkt: *5* Messe
Warenmenge: *6* Partie, Posten
Warenprüfer: *6* Tester
Warenraum: *5* Laden, Lager; *8* Speicher
Warenrechnung: *6* Faktur
Warenreste: *6* Ramsch
Warenschau: *5* Messe
Warenschild: *7* Etikett
Warenschmuggel: *11* Konterbande
Warensendung: *9* Lieferung
Warensorte: *7* Artikel
Warenspeicher → Warenlager
Warenstück: *6* Ballen
Warenverkehr: *6* Handel
Warenvorrat: *5* Lager
Warenwert: *5* Preis
Warenzeichen: *5* Marke; *9* Trademark
Warenzubringer: *9* Lieferant

Warenzusammenstellung: *9* Sortiment
warme(r,s)
- **alkoholisches Getränk:** *4* Grog; *6* Punsch
- **Anorak mit Kapuze:** *5* Parka
- **Aufwind:** *7* Thermik
- **Fallwind:** *5* Foehn
- **Meeresströmung:** *9* Golfstrom
- **Mittelmeerwind:** *9* Schirokko
- **Quelle:** *6* Therme
- **Saharawind:** *5* Leste
- **Wind Bulgariens:** *6* Ostria

Wärmeeinheit: *4* Grad; *7* Kalorie
Wärmegrad: *10* Temperatur
Wärmelehre: *7* Kalorik, Thermik
Wärmemesser: *11* Thermograph, Thermometer
Wärmeregler: *10* Thermostat
Wärmeschutzstoff: *6* Asbest
Wärmespeicher: *11* Regenerator
Wärmespender: *4* Ofen; *5* Kamin, Sonne
Warmhaltegefäß: *14* Thermosflasche
Warmherzigkeit: *5* Guete
Warmwasserbereiter: *6* Boiler
Warmzeit: *16* Interglacialzeit
warnend: *12* exemplarisch; *13* symptomatisch
Warngerät: *4* Hupe; *6* Glocke, Sirene; *9* Nebelhorn
Warnungsruf: *5* Alarm; *9* Menetekel
Warnungszeichen: *5* Alarm
Warnvorrichtung → Warngerät
Warnzeichen: *6* Signal; *9* Menetekel
Warp: *5* Kette; *6* Trosse; *10* Weberkette
Warpleine: *9* Kettfaden
Warrant: *11* Lagerschein
Warte: *8* Wachturm; *16* Beobachtungsturm
- **des Jägers:** *7* Anstand; *8* Hochsitz

Wartezeit: *6* Karenz
Warthezufluß → Nebenfluß der Warthe
Wartturm einer Burg: *9* Bergfried
Wartung: *6* Pflege; *9* Betreuung
Warze: *7* Papille; *8* Karunkel
warzenartig: *8* papillar
Warzenkaktus: *10* Mamillaria
Wäschehalter: *7* Klammer
Wäscherolle: *6* Mangel
Wäschestoff: *4* Mako; *5* Linon, Nylon, Zefir; *6* Batist, Byssus, Damast, Dralon, Kattun, Kreton, Leinen, Linnen, Molton, Perkal, Perlon, Zephir; *7* Finette, Flanell, Zanella; *8* Barchent, Cretonne, Irisette, Kretonne, Popeline; *9* Charmeuse
Waschfaß: *5* Balge, Zuber; *6* Buette
Waschlösung: *5* Lauge
Waschmittel: *4* Soda; *5* Borax, Seife
Waschraum: *3* Bad; *4* Kaue; *8* Toilette; *10* Badezimmer
Waschung vor dem Gebet: *6* Abdest
Wasen: *5* Dampf, Dunst; *11* Schindanger; *13* Reisigbuendel
Wasenmeister: *8* Abdecker
Wasser in gasförmigem Zustand: *5* Dampf
Wasserablaufkehle: *5* Rinne
Wasserablaufloch: *3* Gat; *4* Gatt
Wasserabzapfstelle: *7* Hydrant
Wasserader: *6* Quelle
Wasserbaukunde: *12* Hydrotechnik
Wasserbauwerk: *4* Wehr; *8* Schleuse; *9* Staumauer
Wasserbehälter: *4* Tank; *5* Eimer; *6* Bassin, Boiler, Kessel; *7* Amphore; *8* Kanister, Zisterne
Wasserbehandlung: *9* Kneippkur; *13* Hydrotherapie
Wasserbewegung: *9* Stroemung
Wasserbewohner: *5* Fisch
Wasserblume: *5* Lotos; *7* Seerose
Wasserbüffel: *4* Arni; *7* Kerabau
wasserdicht: *10* hermetisch, waterproof
wasserdichte Querwand im Schiff: *6* Schott
wasserdichter Anstrich: *7* Goudron
- **Stoff:** *5* Loden; *9* Segeltuch; *10* Persenning

Wasserdunst: *5* Nebel
Wasserfahrzeug → Kriegsschiff → Schiff → Segelschiff
Wasserfahrzeug: *3* Gig; *4* Boot, Kahn, Kanu, Prau, Slup; *5* Balsa, Floss, Kajak, Prahm, Skiff; *6* Gondel, Piroge, Schiff, Schute; *7* Einbaum; *8* Faltboot, Kanadier, Leichter; *9* Motorboot, Ruderboot, Schaluppe, Schlepper; *11* Motorschiff
Wasserfall: *7* Kaskade; *8* Katarakt
Wasserfall in
- **Afrika:** *8* Victoria
- **Argentinien:** *7* Iguassu
- **Australien:** *10* Wollomombi
- **Chile:** *10* Pilmaiquen
- **Finnland:** *6* Imatra
- **Frankreich:** *8* Gavarnie
- **Island:** *9* Dittifoss
- **Italien:** *4* Toce, Tosa; *5* Serio
- **Neuseeland:** *10* Sutzerland
- **Nordamerika:** *7* Niagara; *8* Yosemite; *11* Yellowstone
- **Norwegen:** *4* Kile; *6* Rjukan, Vettis
- **Österreich:** *6* Krimml; *7* Golling
- **Venezuela:** *5* Angel

Wasserfarbenbild: *8* Aquarell
Wasserfarn: *6* Azolla
Wasserfeder: *8* Hottonia
Wasserfee: *4* Nixe; *6* Nymphe, Undine; *8* Melusine
Wasserflasche: *7* Karaffe
Wasserfloh: *7* Daphnia
Wasserflugzeug: *9* Hydroplan
Wassergeist: *3* Nix; *4* Neck; *5* Mimir, Noeck; *6* Nickel
Wasserglas: *7* Silikat
Wasserglätte: *11* Aquaplaning
Wassergraben: *6* Gracht
Wasserhebewerk: *11* Paternoster
Wasserheilverfahren: *9* Kneippkur; *11* Hydropathie; *13* Hydrotherapie
Wasserhose: *6* Trombe
Wasserhuhn: *5* Ralle
Wasserhülle der Erde: *12* Hydrosphaere
Wasserjungfrau → Wasserfee

Wasserkäfer: *8* Gelbrand
Wasserkultur: *10* Hydroponik
Wasserlauf: *4* Bach; *5* Balge, Fleet, Fluss, Kanal, Priel, Rinne, Strom; *6* Graben, Gracht; *7* Rinnsal
Wasserlauf im Watt: *5* Balge, Priel
Wasserleitung: *9* Aquaedukt
Wasserleitung unter einem Deich: *6* Dueker
Wasserloch: *4* Kolk; *5* Suhle; *7* Tuempel
wasserloses Flußbett: *4* Wadi
Wassermarder: *5* Otter
Wassermelone: *6* Arbuse
Wassermolch aus Mexiko: *7* Axolotl
Wassernagetier: *5* Biber
Wassernymphe → Wasserfee
Wasserpfeife: *4* Huka; *5* Hocka, Hukah; *6* Kalian, Kaliun; *8* Nargileh
Wasserpflanze: *4* Alge, Tang; *5* Lotos; *7* Seerose, Taennel; *9* Hornblatt; *10* Blasentang, Froschbiss, Wassernuss, Wasserpest, Wasserrose; *11* Tannenwedel; *14* Wasserschlauch
Wasserpfütze: *5* Lache
Wasserreservoir: *7* Stausee; *8* Zisterne
Wasserrose: *5* Lotos
Wasserschlange in der Sage: *5* Hydra
Wasserspiel: *8* Fontaene; *13* Springbrunnen
Wassersportart: *4* Kanu; *5* Kraul; *6* Rudern, Segeln; *7* Paddeln, Surfing; *8* Kanadier; *9* Schwimmen, Wasserski; *10* Wasserball, Wasserpolo
wassersportliche Veranstaltung: *7* Regatta
Wassersportutensil: *6* Paddel
Wasserstandsmesser: *5* Pegel
Wasserstauwerk: *4* Wehr
Wasserstelle in der Wüste: *4* Oase
Wasserstoff: *8* Hydrogen; *11* Hydrogenium
Wasserstoffisotop: *7* Tritium; *9* Deuterium
Wasserstoffkern: *6* Proton
Wasserstoffverbindung: *4* Amin; *5* Amino
Wasserstraße → Wasserlauf
Wasserstraße zwischen New York und Brooklyn: *9* East River
Wasserstraßen in Amsterdam: *8* Grachten
Wasserstrudel: *4* Neer
Wassersucht: *5* Oedem; *7* Hydrops; *9* Hydropsie
Wassertreter: *10* Phalaropus
Wasserverdrängung: *11* Deplacement
Wasservogel: *3* Alk; *4* Ente, Gans; *5* Lumme, Moewe, Ralle; *6* Saeger, Schwan; *7* Casarca, Pelikan, Pinguin, Tadorna, Taucher; *8* Albatros, Flamingo, Graugans, Kormoran, Saatgans; *9* Eiderente, Krickente, Stockente; *10* Knaeckente; *11* Loeffelente; *12* Gaensesaeger; *13* Haubentaucher
Wasserwaage: *7* Libelle
Wasserwirbel: *3* Sog; *4* Neer; *7* Strudel
Wasserzapfstelle: *7* Hydrant
Wattebausch: *6* Tampon, Tupfer
Watteninsel: *6* Hallig
Wattenmeerboden: *6* Helder
Wattgebiet zwischen Elbe und Weser: *10* Knechtsand
Wattsekunde: *5* Joule
Watvogel: *5* Knutt, Triel; *6* Limose; *7* Kiebitz; *8* Schnepfe; *9* Bekassine; *10* Brachvogel, Sanderling
Weberdistel: *5* Karde
Weberglas: *12* Fadenzaehler
Weberkamm: *4* Iler, Riet
Weberknecht: *6* Kanker
Webkante: *4* Egge; *7* Salband; *9* Salleiste, Selfkante
Webstreifen: *4* Band
Wechsel: *5* Wende; *6* Akzept, Change, Tausch, Tratte, Turnus; *7* Rimesse
Wechsel des Federkleides: *6* Mauser
Wechselaussteller: *8* Trassant
Wechselbegriff: *8* Korrelat
Wechselbeziehung: *11* Interaktion, Korrelation; *14* Interdependenz
Wechselbürgschaft: *4* Aval
Wechselfieber: *7* Malaria
Wechselgarantie: *4* Aval
Wechselgebet: *7* Litanei
Wechselgesang: *5* Kanon; *8* Antiphon
wechselnde Gemütsstimmung: *5* Laune
Wechselrahmen: *12* Passepartout
Wechselrede: *6* Dialog
wechselseitig: *6* mutual; *7* mutuell; *8* reziprok
Wechseltierchen: *6* Amoebe
Wechselübertragung: *11* Indossament
Wechselverlängerung: *12* Prolongation
wechselwarm: *12* poikilotherm
Wechselwirkung: *11* Interaktion
Weg: *4* Bahn, Pfad; *5* Gasse, Route, Steig, Stieg; *7* Strasse, Strecke
Weg eines Flusses: *4* Lauf
– des Maschinenkolbens: *3* Hub
– zum Weideauftrieb: *5* Trift
Wegbereiter: *7* Pionier
Wegbiegung: *5* Kehre, Kurve
Wegekarte: *4* Plan
Wegelagerer: *6* Bandit; *10* Raubritter; *11* Strauchdieb; *12* Buschklepper
Weggenosse: *7* Kamerad; *9* Gefaehrte
wegjagen: *8* schassen
Wegkrümmung: *5* Kurve
Weglänge eines Kolbens: *3* Hub
weglassen: *9* streichen
Wegmal: *7* Marterl; *9* Wegweiser
Wegmesser: *9* Pedometer
Wegnahme: *6* Entzug; *9* Diebstahl
Wegrand: *4* Rain
Wegschnecke: *5* Arion
Wegstrecke: *4* Kurs; *5* Route
Wegzehrung: *8* Proviant
Wegzeichnung: *4* Spur; *7* Faehrte
Wegzoll: *4* Maut
Weh: *4* Leid; *6* Kummer; *7* Schmerz
Wehgeschrei: *5* Zeter
Wehklage: *7* Lamento
Wehlaut: *2* au
Wehmut: *6* Trauer
wehmütiges Gedicht: *6* Elegie

wehmutsvoll: *8* elegisch
Wehmutter: *7* Hebamme
Wehrgemeinschaft griechischer Staaten: *9* Symmachie
wehrhaft: *13* kampftuechtig
Wehrmacht: *8* Militaer
Wehrmachtsteil: *4* Heer; *6* Marine; *9* Luftwaffe
Wehrturm: *9* Bergfried
Weiberfeind: *7* Misogyn
weiblich, weibisch: *7* feminin
weibliche(r,s)
- **Bibelgestalt** → biblische Frauengestalt
- **Bühnenfach:** *4* Alte; *5* Naive; *6* Heldin; *7* Heroine
- **Fisch:** *7* Rogener
- **Fuchs:** *5* Faehe
- **Gestalt aus...** → Gestalt aus...
- **Haustier:** *3* Kuh, Sau; *4* Huhn; *5* Henne, Katze, Stute; *6* Eselin; *7* Huendin
- **Huhn:** *5* Henne
- **Hund:** *5* Faehe, Petze
- **Kaninchen:** *5* Zibbe
- **Kosename** → Frauenkosename
- **Luftgeist:** *8* Sylphide
- **Märchenwesen:** *3* Fee; *4* Elfe, Hexe
- **Pferd:** *5* Stute
- **Reh:** *5* Geiss, Ricke
- **Rind:** *3* Kuh; *6* Faerse
- **Schaf:** *5* Zibbe
- **Schwein:** *3* Sau
- **Singstimme:** *3* Alt; *6* Sopran; *11* Mezzosopran
- **Verwandte** → Verwandte
- **Vogel:** *5* Henne
- **Vorname** → Frauenname
- **Wolf:** *5* Faehe
- **Ziege:** *5* Zicke

weich: *5* sanft; *6* morbid
Weichheit: *5* Milde
Weichkäse: *4* Brie; *7* Romadur, Stilton; *8* Romadour; *9* Camembert, Limburger, Roquefort; *10* Gorgonzola; *11* Butterkäse; *12* Schmelzkaese
Weichling: *5* Memme; *7* Kinaede; *8* Feigling
Weichseite: *6* Flanke
Weichselfloß: *5* Traft
Weichselmündungsarm: *5* Nogat
Weichselzufluß → Nebenfluß der Weichsel
Weichteile: *10* Eingeweide
Weichtier: *7* Muschel; *8* Schnecke
Weichtiere: *9* Mollusken
Weichtierklasse: *8* Muscheln; *9* Schnecken; *11* Kopffuesser
Weichtierlehre: *11* Malakologie; *14* Malakozoologie
Weide: *3* Alm, Alp; *4* Alpe; *5* Anger, Matte, Trift, Wiese; *6* Koppel
Weidenbaum: *6* Felber
Weidengerte: *4* Zain
Weidezaun: *4* Fenz
Weidmann: *5* Heger; *6* Jaeger
weidmännisch für
- **Aas:** *5* Luder
- **Auge:** *5* Licht, Seher
- **Bein:** *4* Lauf
- **Blut:** *8* Schweiss
- **Dächsin:** *4* Fehe; *5* Faehe
- **Dachsschwanz:** *4* Zain; *7* Buerzel, Puerzel
- **Eckzahn:** *5* Haken, Hauer; *6* Grandl; *7* Grandel
- **Eingeweide:** *8* Aufbruch; *9* Geraeusch, Gescheide
- **Falkenjagd:** *5* Beize
- **fett:** *5* feist
- **fressen:** *5* aesen
- **Füchsin:** *4* Fehe; *5* Faehe
- **Fuchsschwanz:** *5* Fahne, Lunte; *6* Stange; *9* Standarte
- **Fuß des Federwildes:** *8* Staender
- **grasen:** *5* aesen
- **Hauer:** *6* Gewaff
- **Hetzjagd:** *4* Hatz
- **Iltis:** *4* Ratz
- **Innereien:** *9* Geraeusch
- **Jagdbeute:** *7* Strecke
- **Jagdmesser:** *6* Nicker; *13* Hirschfaenger
- **Jägerrucksack:** *4* Aser
- **junges Reh:** *4* Kitz
- **junges Wildschwein:** *10* Frischling; *12* Ueberlaeufer
- **Köder:** *5* Luder
- **Kot des Federwildes:** *9* Gestueber
- **Kot des Haarwildes:** *6* Losung
- **Lockfutter:** *7* Kirrung
- **männlicher Hase:** *7* Rammler
- **männliches Wildschwein:** *4* Eber; *6* Keiler
- **Maul:** *5* Aeser; *6* Geaese
- **Neuschnee:** *4* Neue
- **Ohr des Haarwildes:** *5* Luser; *8* Lauscher
- **Ohr des Hasen:** *7* Loeffel
- **Ohr des Schwarzwildes:** *6* Teller
- **Rucksack:** *4* Aser
- **Rüssel des Schwarzwildes:** *7* Gebrech; *8* Gebraech
- **Salzstelle:** *5* Lecke
- **Schulter des Wildes:** *5* Blatt
- **Schwanz des Dachses:** *4* Zain; *7* Buerzel, Puerzel
- **Schwanz des Fuchses:** *5* Fahne, Lunte; *6* Stange; *9* Standarte
- **Schwanz des Hasen:** *5* Blume
- **Schwanz des Hundes:** *4* Rute
- **Schwanz des Reh- und Rotwildes:** *5* Wedel
- **Schwanz des Wildschweins:** *7* Buerzel, Puerzel
- **Sprossen am Hirschgeweih:** *5* Enden
- **Spur:** *7* Faehrte
- **Spur als Abdruck:** *5* Tritt
- **Spur des Federwildes:** *7* Gelaeuf
- **weibliches Reh:** *5* Geiss, Ricke
- **weibliches Rotwild:** *7* Alttier; *10* Schmaltier
- **weibliches Wildschwein:** *5* Bache; *7* Wildsau
- **weiden:** *5* aesen
- **Wildblut:** *8* Schweiss
- **Wildschweine:** *11* Schwarzwild
- **Zunge:** *6* Lecker

Weidmesser: *5* Hauer
Weidsack: *6* Pansen
Weidwerk: *4* Jagd
Weigerung: *5* Refus; *6* Absage; *9* Ablehnung
Weihe: *5* Segen; *7* Segnung; *10* Ordination; *11* Benediktion; *12* Konsekration
Weihelied: *5* Hymne
weihen: *12* konsekrieren
Weiheöl in der katholischen Kirche: *7* Carisam, Chrisma
Weiher: *5* Teich
Weihespruch: *5* Segen
weihevoll: *7* erhaben; *9* feierlich
Weihgeschenk: *6* Exvoto
Weihnachtsbaum: *10* Christbaum, Tannenbaum
Weihnachtsbaumschmuck: *6* Kerzen; *7* Lametta
Weihnachtsgebäck: *6* Printe; *7* Stollen; *9* Lebkuchen; *11* Spekulatius; *13* Pfefferkuchen
Weihnachtsgeschenk: *8* Julklapp
Weihnachtsrose: *8* Nieswurz
Weihnachtssymbol: *6* Krippe
Weihnachtsvorzeit: *6* Advent
Weihwasserkessel: *3* Ama
– **wasserwedel:** *9* Aspergill
weil: *2* da
weiland: *7* ehemals, vormals; *9* einstmals
Weile: *5* Dauer
Wein: *7* Clairet; *8* Heuriger, Kraetzer
Wein des letzten Jahrgangs: *8* Heuriger
Weinanbaugebiet in
– **Deutschland:** *3* Ahr; *4* Nahe, Saar; *5* Baden, Mosel, Rhein, Ruwer; *7* Franken; *8* Rheingau, Schwaben; *10* Rheinpfalz; *11* Mittelrhein, Rheinhessen
– **Frankreich:** *5* Loire, Médoc, Rhone; *6* Graves; *7* Burgund, Côte d'Or; *8* Provence; *9* Champagne, Languedoc, Mâconnais, Sauternes; *10* Beaujolais, Chalonnais, Roussillon; *12* Saint-Emilion
– **Italien:** *7* Chianti, Piemont, Toskana; *8* Campagna; *9* Lombardei, Suedtirol
Weinbauer: *6* Winzer
Weinbaukunde: *9* Oenologie
Weinbeere: *6* Rosine, Zibebe; *8* Korinthe; *9* Sultanine
Weinberg: *7* Wingert
Weinbergschädling: *6* Meltau; *7* Reblaus; *13* Ruesselkaefer; *14* Traubenwickler
Weinboot: *3* Aak; *4* Aake
Weinbrand: *6* Cognak, Kognak; *8* Armagnac
Weindestillat: *9* Weinbrand
Weindrossel: *5* Winze
Weinduft: *6* Bukett
weinen: *6* heulen; *7* flennen; *10* schluchzen
weinerlich: *9* larmoyant; *15* traenenerstickt
Weinernte: *4* Lese
Weingefäß: *4* Fass; *6* Ballon; *7* Flasche; *11* Bocksbeutel
Weingeist: *5* Sprit; *7* Alkohol; *8* Spiritus
Weingewächs: *6* Cissus
Weinglas: *6* Roemer
Weingott: *7* Bacchus; *8* Dionysos
Weinhefe: *6* Drusen
Weinkenner: *7* Gourmet
Weinkunde: *9* Oenologie
Weinlagerraum: *6* Keller; *8* Kellerei
Weinlaube: *6* Pergel
Weinmaß: *5* Fuder
Wein-Mischgetränk: *5* Bowle
Weinmonat: *7* Oktober
Weinort
– **an der Ahr:** *8* Altenahr; *9* Ahrweiler, Mayschoss; *11* Walporzheim
– **in Baden:** *5* Umweg
– **in Frankreich:** *2* Ay; *4* Dizy; *6* Beaune; *7* Chablis, Mareuil, Musigny, Sillery; *8* Bordeaux; *9* Meursault, Perpignan; *10* Richebourg; *11* Hautvillers
– **an der Hardt:** *9* Duerkheim, Edenkoben, Maikammer
– **in Mainfranken:** *4* Zeil; *7* Iphofen, Stetten, Volkach; *8* Hochheim; *9* Karlstadt, Kitzingen, Roedelsee, Sommerach, Wuerzburg; *10* Dettelbach, Eibelstadt, Hammelburg; *11* Escherndorf, Wiesenbronn; *12* Randersacker; *13* Frikkenhausen, Thuengersheim; *14* Veitshoechheim
– **am Mittelrhein:** *4* Kaub; *5* Steeg, Unkel; *6* St. Goar; *7* Boppard; *8* Braubach; *9* Bacharach, Oberwesel; *10* Leutesdorf; *13* St. Goarshausen
– **an der Mosel:** *3* Alf; *4* Neef, Zell; *5* Croev, Dhron, Erden, Kroev; *6* Cochem, Graach, Traben, Uerzig, Wehlen; *7* Enkirch; *8* Mesenich, Neumagen, Piesport, Wintrich; *9* Zeltingen; *10* Bernkastel, Brauneberg; *11* Trittenheim; *14* Traben-Trarbach
– **an der Nahe:** *9* Kreuznach, Sarmsheim; *10* Winzenheim
– **in Österreich:** *4* Rust; *5* Krems, Oggau; *7* Purbach; *8* Grinzing, Mailberg, Nussdorf; *9* Moerbisch; *14* Donnerskirchen, Klosterneuburg; *15* Gumpoldskirchen
– **in der Pfalz:** *5* Forst; *8* Leistadt, Mussbach, Ungstein; *9* Duerkheim, Edenkoben, Kallstadt, Maikammer; *10* Deidesheim, Wachenheim; *11* Koenigsbach; *12* Friedelsheim, Gimmeldingen, Ruppertsberg
– **in Portugal:** *5* Porto
– **im Rheingau:** *6* Erbach, Winkel,; *8* Eltville, Hochheim, Kiedrich, Oestrich, Vollrads; *9* Rauenthal, Steinberg; *10* Geisenheim, Hallgarten, Hattenheim, Ruedesheim; *11* Martinsthal; *12* Johannisberg; *14* Assmannshausen
– **in Rheinhessen:** *6* Bingen; *7* Alsheim; *8* Dienheim, Herxheim; *9* Bodenheim, Ingelheim, Nierstein, Oppenheim; *10* Laubenheim, Nakkenheim; *11* Guntersblum; *15* Gaubischofsheim
– **an der Ruwer:** *5* Casel, Kasel; *8* Sommerau, Waldrach; *9* Gruenhaus; *10* Eitelsbach
– **an der Saar:** *3* Ayl; *6* Kanzem, Ockfen, Seerig, Wawern; *9* Wiltingen
– **in Spanien:** *5* Jerez; *6* Malaga

- **in Südtirol:** *5* Meran; *6* Terlan, Tramin; *7* Kaltern
- **in Ungarn:** *5* Erlau, Tokaj

Weinpflanze: *4* Rebe; *9* Weinstock
Weinprädikat: *7* Auslese; *8* Kabinett; *9* Spaetlese; *13* Beerenauslese; *20* Trockenbeerenauslese
Weinpresse: *6* Kelter
Weinprüfer: *6* Koster
Weinranke: *4* Rebe; *7* Herling
Weinrebe: *5* Vitis
Weinreife: *5* Firne
Weintraubensorte: *5* Gamay; *6* Aramon, Merlot; *7* Formint, Lagrein; *8* Cabernet, Riesling, Silvaner, Traminer; *9* Rulaender; *11* Muskateller
weise: *4* klug
Weise: *4* Lied; *7* Melodie
weisen: *6* lenken, zeigen; *7* fuehren; *8* schicken
Weiser: *6* Denker; *9* Philosoph
weiser Ratgeber der Trojasage: *6* Nestor
Weisheitsfreund: *9* Philosoph
Weisheitsgöttin: *6* Athena, Athene; *7* Minerva
Weissager: *7* Prophet
Weissagerin: *3* Fee; *6* Pythia; *7* Sibylle
Weissagung: *6* Orakel; *9* Prophetie; *12* Prophezeiung
Weißblütigkeit: *9* Leukaemie
Weißdorn: *8* Hagedorn; *9* Crataegus
weiße(r,s)

- **Ameise:** *7* Termite
- **Blutkörperchen:** *10* Leukozyten; *11* Lymphozyten
- **Burgunderwein:** *7* Chablis
- **Gold:** *9* Porzellan
- **Laschenkragen der Geistlichen und Richter:** *8* Beffchen
- **Pferd:** *8* Schimmel
- **Sklavin:** *8* Odaliske
- **Stirnfleck:** *6* Blesse
- **Strahlenkranz um die Sonne:** *6* Korona
- **Thunfisch:** *6* Germon

Weißfisch: *4* Albe, Alet, Alse; *5* Aitel; *6* Ukelei; *7* Ploetze
Weißkäse: *5* Quark
Weißkohl: *6* Kappes, Kappus
Weißkopfaffe: *4* Saki
weißlich: *9* elfenbein
Weißling: *6* Albino
Weißpappel: *5* Abele
Weißpfennig: *5* Albus
Weißsucht: *10* Albinismus
Weißwal: *6* Beluga
Weisung: *5* Gebot, Order; *6* Befehl; *7* Auftrag, Geheiss; *9* Direktive
weit weg: *4* fern
Weite: *6* Breite, Lichte, Umfang
weite(r)

- **ärmelloser Wettermantel:** *8* Pelerine
- **Landschaft:** *7* Gefilde
- **Maskenmantel:** *6* Domino
- **Planetenbahnentfernung:** *5* Apsis
- **Zeilenabstand:** *11* Durchschuss

Weiterentwicklung: *8* Progress; *11* Fortschritt
Weiterung: *10* Konsequenz
weitgehende Haltbarmachung: *14* pasteurisieren
weitherzig: *8* tolerant
weitläufig: *6* diffus; *11* schwuelstig
weitreichend: *11* umfangreich
Weitsicht: *7* Umsicht; *8* Vorsorge
Weizenart: *5* Emmer, Spelt; *6* Dinkel; *7* Einkorn
Weizeneiweißmehl: *6* Glidin
Weizengebäck: *8* Zwieback
Weizenkleie: *5* Grand
Welfenpartei: *7* Guelfen
welk: *7* hutzlig
Welle: *4* Woge
Wellenbewegung: *10* Undulation
Wellenbrecher: *4* Damm, Mole; *5* Buhne
Wellenlinie: *5* Kurve
Wellenschaum: *6* Gischt
Wellenschlag: *8* Brandung
Wels: *6* Bagadu, Waller, Weller; *8* Katfisch; *11* Katzenfisch
Welt: *3* All; *4* Erde; *5* Natur; *6* Globus, Kosmos; *9* Universum; *11* Makrokosmos
Welt

- **des Feuers:** *10* Muspelheim
- **im Großen:** *11* Makrokosmos
- **im Kleinen:** *11* Mikrokosmos
- **der Menschen:** *7* Midgard
- **der Toten:** *3* Hel

weltabgewandt: *13* introvertiert; *14* einsiedlerisch
Weltallforscher: *8* Astronom
Weltalter: *4* Aeon
Weltanschauung: *9* Ideologie, Realismus; *10* Fatalismus, Idealismus, Nihilismus, Optimismus, Pazifismus; *11* Kommunismus
Weltarbeitsorganisation: *3* ILO
Weltbetrachtung: *9* Ideologie
Weltbürger: *10* Kosmopolit
Weltenbummler: *12* Globetrotter
Weltenschöpfer: *4* Gott
Weltentstehungslehre: *10* Kosmogonie
Weltesche: *9* Yggdrasil; *10* Yggdrasill
Weltfrieden als Idee: *10* Pazifismus
Weltgeist: *3* Nus
Weltgesundheitsorganisation: *3* WHO
Welthilfssprache: *3* Ido; *8* Volapuek; *9* Esperanto; *11* Interglossa
Weltkinderhilfswerk: *6* UNICEF
Weltkirchenbewegung: *8* Oekumene
Weltkugel: *6* Globus
weltlich: *6* profan; *8* saekular
Weltmacht: *3* USA; *5* UdSSR
Weltmachtsbestreben: *13* Imperialismus
Weltmann: *8* Kavalier, Seigneur; *9* Gentleman; *11* Gentilhomme
weltmännisch: *5* urban
Weltmeer: *5* Ozean; *7* Pazifik; *8* Atlantik
Weltmeister im Boxen → Box-Weltmeister
weltoffen: *13* extravertiert
Weltordnung: *6* Kosmos
Weltordnungslehre: *10* Kosmologie
Weltorganisation: *3* UNO
Weltpostverein: *3* UPU

Weltraum: *3* All; *6* Kosmos
Weltraumbehörde der USA: *4* NASA
Weltraumfahrer: *9* Astronaut, Kosmonaut
Weltraumfahrt: *11* Astronautik, Kosmonautik
Weltraumflugkörper: *6* Rakete; *7* Sputnik; *8* Satellit, Telestar
Weltraumgeschoß der USA: *8* Explorer
weltraumgestützte Raketenabwehr: *3* SDI
Weltreich: *6* Empire; *8* Imperium
Weltreligion: *5* Islam; *10* Buddhismus; *11* Christentum
Weltschlange der indischen Sage: *6* Ananta
Weltschmerz: *11* Melancholie
Weltschöpfer: *7* Demiurg
Weltschöpfer in der persischen Mythologie: *6* Ormuzd
Weltseele: *6* Pneuma; *7* Demiurg
Weltsportveranstaltung: *9* Olympiade
Weltsprache: *4* Urdu; *7* Deutsch; *8* Arabisch, Englisch, Russisch, Spanisch; *10* Chinesisch, Hindustani; *12* Franzoesisch; *13* Portugiesisch
Weltstadt: *9* Metropole
Weltstadt → Hauptstadt → Stadt
Weltstrom in der griechischen Sage: *7* Okeanos
weltumfassend: *11* oekumenisch
Weltumsegler: *4* Cook; *8* Magellan; *9* Magalhaes
weltumspannend: *6* global; *13* international
Weltuntergang in der nordischen Sage: *9* Ragnaroek
Welturgrund bei Laotse: *3* Tao
Weltverstand: *3* Nus
weltweite Jugendbewegung: *10* Pfadfinder
Welt-Wetterorganisation: *3* WMO
Wemfall: *5* Dativ
Wende: *5* Sorbe
Wendekommando auf See: *3* Ree
Wendekurve: *5* Kehre
wenden: *6* kehren; *8* umkehren
Wendel: *7* Spirale; *8* Schnecke
Wendepunkt: *5* Krise; *6* Krisis; *9* Peripetie
wendig: *4* agil; *5* alert
Wendung: *4* Tour; *5* Krise; *6* Krisis; *9* Umschwung
Wendung beim Fechten: *5* Volte
Wenfall: *9* Akkusativ
wenig befestigt: *6* locker; *7* wacklig; *8* wackelig
– geneigt: *6* abhold
weniger: *5* minus
Wenigkeit: *11* Kleinigkeit
wenn: *5* falls
Werbeanschlag: *6* Plakat
Werbekurzfilm: *4* Spot
Werbemittel: *7* Reklame
werben: *11* propagieren
Werberedner: *8* Agitator
Werbeschlagwort: *6* Slogan
Werbeschrift: *8* Prospekt
Werbespruch: *6* Slogan
Werbeträger: *4* Film, Funk; *7* Magazin, Zeitung; *9* Fernsehen
Werbung: *7* Annonce, Anzeige, Inserat, Offerte, Reklame; *9* Agitation, Publicity; *10* Propaganda
Werden: *7* Genesis
Werfall: *9* Nominativ
werfen: *10* schmeissen
Werftanlage: *5* Helge; *6* Helgen; *7* Helling
Werg: *4* Hede
Werk: *3* Tat; *4* Opus; *6* Arbeit; *7* Produkt; *8* Handlung, Kreation; *10* Schoepfung
Werk des Bildhauers: *6* Statue; *7* Plastik; *8* Skulptur
Werkmeister auf dem Bau: *6* Polier
Werkraum: *5* Labor
Werksspeiseraum: *7* Kantine
Werkstatt des Künstlers: *6* Studio; *7* Atelier
Werkstoff: *4* Glas, Holz; *5* Beton, Pappe, Stahl, Stein; *6* Eisen, Metall, Papier; *7* Plastik; *8* Material
Werktag: *6* Alltag, Montag; *7* Freitag, Samstag; *8* Dienstag, Mittwoch; *9* Sonnabend; *10* Donnerstag
Werktätiger: *8* Arbeiter
Werkzeug: *3* Axt, Lot; *4* Ahle, Anke, Beil, Dorn, Haue, Iler, Keil, Riet, Sech; *5* Feile, Hacke, Hobel, Karst, Kelle, Nadel, Saege, Walze, Zange; *6* Amboss, Beitel, Bohrer, Fimmel, Hammer, Haspel, Kluppe, Kratze, Messer, Pfriem, Pinsel, Raspel, Schabe, Schere, Spatel, Stanze, Zirkel, Zwinge; *7* Beissel, Leisten, Meissel, Schaber, Schippe, Spindel, Stichel; *8* Faeustel, Reibahle, Schaufel, Schlegel, Spachtel, Stampfer, Stoessel, Strehler; *9* Geissfuss, Hobelbank, Hohleisen, Kanthaken, Laubsaege , Naehnadel, Schlaegel, Weberkamm; *10* Instrument, Loetkolben, Stecheisen, Stemmeisen; *11* Kartaetsche; *12* Fuchsschwanz, Schraubstock, Stahlbuerste; *13* Glasschneider, Schraubzwinge; *15* Schraubendreher, Schraubenzieher
Werkzeug der Kammacher: *4* Iler, Riet
Werkzeugmaschine: *6* Fraese, Presse, Stanze; *8* Drehbank
Wermutbranntwein: *7* Absinth
wert: *4* lieb; *5* teuer
Wert: *5* Guete, Preis, Sorte, Valor; *6* Belang, Gehalt, Nutzen; *7* Geltung; *9* Bedeutung, Qualitaet
Wertabzug: *7* Diskont
Wertarbeit: *17* Qualitaetsprodukt
Wertbestimmung: *9* Valvation
werten: *9* zensieren
Wertermittler: *7* Taxator
Wertgruppe: *6* Klasse
Wertigkeit: *6* Valenz
Wertloses: *4* Kaff, Kram, Null, Tand; *5* Talmi; *6* Kitsch, Ramsch, Schund, Tinnef; *7* Flitter, Plunder; *8* Schamott; *9* Geruempel; *10* Krimskrams
Wertmesser: *8* Massstab
Wertminderung: *7* Schaden; *13* Deterioration; *16* Deteriorisierung

Wertpapier: *5* Aktie; *7* Wechsel; *10* Obligation, Pfandbrief
Wertpapieraufbewahrungsort: *5* Depot
Wertpapierausgabe: *8* Emission
Wertpapiere: *7* Valoren; *8* Effekten
Wertpapiererneuerungsschein: *5* Talon
Wertpapierersatzschein: *5* Skrip
Wertpapierinhaber: *9* Aktionaer
Wertpapiermarkt: *6* Boerse
Wertpapierverzinsung: *7* Rendite
Wertsachen: *7* Valoren
Wertsachenfach: *4* Safe; *6* Tresor
Wertschätzung: *4* Taxe; *7* Achtung
Wertscheine der Inflation: *7* Notgeld
Wertstufe: *4* Rang
Werturteil: *6* Kritik
wertvoll: *5* teuer; *7* kostbar; *8* prezioes
Wertvolles: *5* Juwel
Wertzeichen: *5* Marke; *10* Briefmarke
Wesen: *3* Art; *5* Genre, Natur; *6* Essenz, Person; *8* Substanz
Wesen einer Sache: *11* Quintessenz
– der griechischen Sage: *7* Zentaur
wesenhaft: *12* substantiell
Wesenheit: *6* Essenz
Wesensart: *8* Naturell; *9* Charakter; *11* Temperament
Wesensbegriff: *4* Idee
Wesensbestandteil: *3* Zug
wesenseigen: *12* naturgegeben
Wesenseinheit: *10* Identität
Wesensfülle: *9* Inbegriff
Wesensgehalt: *4* Herz; *5* Seele; *6* Pointe; *7* Extrakt, Zentrum; *8* Substanz; *10* Hauptsache; *11* Knalleffekt, Quintessenz
Wesenskern → Wesensgehalt
wesensgleich: *9* identisch
wesensverwandt: *11* sympathisch
Wesensverwandtschaft: *10* Affinitaet
Wesenszug: *12* Charakterzug; *20* Charaktereigenschaft
wesentlich: *7* primaer; *9* essential; *10* essentiell; *12* integrierend, substantiell; *14* hauptsaechlich
Wesentliches: *4* Kern; *8* Substanz
Weserdurchbruch bei Minden: *15* Porta Westfalica
Weserzufluß → Nebenfluß der Weser
Wesfall: *7* Genitiv
weshalb: *5* warum
Wespenart: *8* Hornisse
westafrikanisches Vorgebirge: *6* Palmas
westasiatische Halbinsel: *7* Arabien
Westen: *8* Okzident
Westeuropäer: *3* Ire; *5* Brite, Flame; *7* Belgier, Schotte, Wallone; *8* Franzose; *10* Englaender, Hollaender; *13* Niederlaender
westeuropäische Juden: *9* Sephardim
Westfalenpferd: *6* Senner
westfälische Landschaft: *5* Senne; *9* Sauerland
– Stadt → Stadt in Nordrhein-Westfalen
westfälischer Wacholderbranntwein: *11* Steinhaeger
westfälisches Roggenbrot: *12* Pumpernickel
westfinnischer Volksstamm: *5* Inger, Liven, Woten; *6* Ingern
westfranzösische Halbinsel: *8* Bretagne
westfriesische Insel: *5* Texel; *7* Ameland; *8* Vlieland; *12* Terschelling; *15* Schiermonnikoog
westgermanischer Volksstamm: *6* Angeln, Quaden; *7* Franken, Friesen; *12* Angelsachsen
Westgotenkönig: *5* Agila, Leowa, Tulga; *6* Ataulf, Eurich; *7* Alarich, Athaulf, Sisibut; *8* Roderich; *9* Amalarich, Gunthimar, Witterich
westgotischer Bischof: *7* Ulfilas, Wulfila
westgotisches Königsgeschlecht: *6* Balten
westindische(r)
– Indianerstamm: *5* Aruak; *6* Karaiben
– Insel: *4* Kuba; *5* Haiti; *6* Tobago; *7* Antigua, Curacao, Grenada, Jamaika; *8* Barbados, Dominica, Trinidad; *9* Guadelupe, Portorico; *10* Guadeloupe, Martinique, Puerto Rico, Santa Lucia
– Inselgruppe: *7* Bahamas; *8* Antillen; *12* Virgininseln
– Nierenbaum: *10* Acajoubaum
– Seeräuber: *8* Bukanier; *10* Flibustier
– Volksweise: *7* Calypso
– Wirbelsturm: *7* Tornado; *8* Hurrikan
– Zitrone: *7* Limetta
westisch: *10* mediterran
westliche Großmacht: *3* USA
westliches Verteidigungsbündnis: *4* NATO
westlichster Punkt Asiens: *4* Baba
– Punkt Europas: *4* Roca
West-Neuguinea: *9* Irian Jaya
westpakistanisches Hochland: *13* Belutschistan
weströmisch → römisch
westsemitischer Getreidegott: *5* Dagan, Dagon
– Volksstamm: *6* Amurru
Westsibirier: *5* Mansi; *6* Wogule
westslawisches Volk: *6* Sorben, Wenden
Westspitze Afrikas: *8* Kap Verde
Westwind (milder): *6* Zephir
wett: *5* quitt
Wettannahme: *11* Totalisator
Wettbewerb: *10* Konkurrenz
Wette beim Sport: *4* Toto
wetteifern: *12* konkurrieren
Wetteinrichtung: *4* Toto; *5* Lotto
wetten: *5* wagen; *6* tippen; *9* riskieren
Wetter: *5* Klima
Wetterdistel: *8* Eberwurz
wetterfester Stoff: *5* Loden
Wetterglas: *9* Barometer
Wetterkartenlinie: *7* Isobare
Wetterkleidung in den Alpen: *6* Kotzen
Wetterkunde: *12* Meteorologie
Wettermantel: *10* Trenchcoat
wettern: *8* schelten; *9* schimpfen
Wetterprophet: *10* Laubfrosch
Wettersatellit: *4* Essa; *6* Meteor, Nimbus
Wetterseite: *8* Nordwest

Wetterstoff: *5* Loden
Wetterumhang: *8* Pelerine
Wetterwarte: *13* Observatorium
wetterwendisch: *15* opportunistisch
Wettfahrt auf dem Wasser: *7* Regatta
wettgemacht: *5* quitt
Wetthinweis: *3* Tip
Wettkampf: *4* Agon; *5* Match; *7* Turnier
Wettkampf im alten Griechenland: *4* Agon
Wettkampfbeginn: *5* Start
Wettkämpfer: *6* Athlet
Wettkampfklasse: *4* Liga
wettkampfmäßig: *6* agonal
Wettkampfstätte: *5* Arena; *7* Stadion; *9* Kampfbahn
Wettlauf: *6* Rennen
Wettquote: *4* Odds
Wettspiel: *5* Kampf
Wettstreit: *10* Rivalitaet
Wettvorhersage: *3* Tip
wetzen: *9* schaerfen, schleifen
Whisky-Insel: *5* Islay
Wicht: *4* Gnom; *5* Zwerg; *6* Knirps, Kobold; *7* Kreatur; *11* Heinzelmann
wichtig: *8* relevant
Wichtigtuer: *6* Poseur; *7* Angeber, Prahler; *12* Aufschneider
Wickelbär: *7* Kinkaju
Wickelgewand der Inderin: *4* Sari
– der Malaien: *6* Sarong
Wicklung: *5* Spule
wider: *3* gen; *5* gegen; *6* kontra; *8* entgegen
Widerhakenfrucht: *6* Klette
Widerhall: *4* Echo; *8* Resonanz
widerlicher Mensch: *4* Ekel
widernatürlich: *7* pervers
widernatürliche Unzucht: *7* Sodomie
Widerpart: *5* Feind; *6* Gegner, Rivale; *8* Opponent; *10* Antagonist
widerrechtlich: *7* illegal; *8* verboten; *9* illegitim; *10* irregulaer; *12* gesetzwidrig, rechtswidrig
widerrechtliche Besitzergreifung: *10* Usurpation
Widerrede: *4* Veto; *7* Protest; *9* Einspruch; *11* Widerspruch
Widerruf: *7* Dementi; *10* Revokation
widerrufen: *11* annullieren
Widersacher: *5* Feind, Satan; *6* Gegner
Widerschall: *4* Echo
Widerschein: *6* Reflex; *9* Reflexion; *10* Spiegelung
widersetzlich: *8* renitent
widersinnig: *6* absurd; *7* paradox
widerspenstig: *8* renitent; *10* refraktaer
Widerspiegelung: *9* Reflexion
widersprechen: *10* opponieren
widersprechend: *8* disparat
Widerspruch: *10* Opposition; *13* Kontradiktion
Widerspruch von Gesetzen: *9* Antinomie
widersprüchlich: *12* inkonsequent
Widerspruchsklage: *18* Interventionsklage
widerspruchslos: *11* kategorisch
Widerstand: *9* Resistenz
Widerstandsbewegung: *5* Mafia; *6* Maffia, Maquis; *8* Guerilla; *10* Cosa Nostra, Untergrund
widerstandsfähig: *4* hart, zaeh; *9* resistent
Widerstandskämpfer: *8* Partisan
widerstandslos: *10* resigniert
Widerstandsmesser: *8* Ohmmeter
Widerstreit: *8* Konflikt; *9* Kollision, Zwiespalt; *12* Antagonismus
widerwärtig: *4* fies; *6* odioes
Widerwärtiges: *11* Schlamassel
Widerwärtigkeit: *8* Ungemach
Widerwille: *4* Ekel; *6* Degout; *8* Aversion; *10* Antipathie
widmen: *10* dedizieren
Widmung: *10* Dedikation
widrig: *8* kontraer
wiebeln: *7* stopfen; *10* ausbessern
wieder: *6* erneut; *8* abermals, nochmals
Wiederaufnahme: *7* Reprise
Wiederauftreten: *8* Comeback
Wiederbelebung: *9* Anabiose
Wiederbewaffnung: *17* Remilitarisierung
Wiedereingliederung: *14* Rehabilitation; *16* Resozialisierung
wiedereinrichten: *10* reduzieren
wiedererkennen: *14* identifizieren
Wiedergabe: *7* Version; *12* Reproduktion
wiedergeben: *13* reproduzieren
Wiedergeburt: *13* Reinkarnation
Wiedergenesung: *14* Rekonvaleszenz
Wiedergutmachung: *5* Busse; *6* Suehne; *7* Regress; *8* Revanche; *10* Reparation, Vergeltung, Verguetung; *12* Reparationen; *13* Kompensierung; *14* Entschaedigung
wiederherstellbar: *9* reparabel
wiederherstellen: *10* renovieren, reparieren; *12* restaurieren; *14* rekonstruieren
Wiederherstellung: *9* Reparatur; *10* Reparation; *12* Restauration
Wiederherstellung der Gesundheit: *8* Genesung; *14* Rekonvaleszenz
– des guten Rufes: *12* Ehrenrettung; *14* Rehabilitation; *15* Rehabilitierung
wiederholen: *10* repetieren
Wiederholung: *6* Dakapo; *7* Reprise; *9* Rueckfall; *10* Repetition; *14* Rekapitulation
Wiederkäuer: *3* Kuh, Reh, Ren; *4* Elch, Elen, Lama, Rind, Zebu; *5* Bison, Gemse, Kamel, Okapi, Schaf, Ziege; *6* Hirsch, Seekuh, Wisent; *7* Bueffel, Gazelle, Giraffe, Moschus, Mufflon, Rentier, Schwein; *8* Antilope, Dromedar, Nilpferd; *9* Damhirsch, Steinbock; *10* Flusspferd; *11* Buckelochse, Trampeltier, Wildschwein
Wiederkehr: *6* Turnus, Zyklus; *8* Heimkehr; *13* Periodizitaet
wiederkehrend: *9* remontant; *10* periodisch
Wiedertäufer: *12* Anabaptisten
wiederum: *8* nochmals; *12* andererseits
Wiederverfilmung: *6* Remake

Wiegendruck (Druckerei): *9* Inkunabel
Wiegenkraut: *5* Alsem
Wiegenlied: *8* Berceuse
Wiener
- **Arzt:** *5* Freud; *8* Billroth
- **Ausflugsort:** *8* Grinzing, Nussdorf
- **Barockbaumeister:** *16* Fischer von Erlach; *19* Lukas von Hildebrandt
- **Bauwerk:** *7* Hofburg; *8* Ballhaus, Ringturm; *9* Belvedere; *11* Burgtheater, Schoenbrunn, Stephansdom
- **Chirurg:** *8* Billroth
- **Dichter:** *10* Schnitzler; *12* Hofmannsthal
- **Dramatiker:** *7* Nestroy, Raimund; *11* Anzengruber
- **Droschke:** *6* Fiaker
- **Filmatelier:** *9* Siebering; *11* Rosenhuegel
- **Filmkomiker:** *4* Sima; *5* Moser; *9* Hoerbiger
- **Flughafen:** *6* Aspern; *9* Schwechat
- **Geiger:** *8* Kreisler
- **Hauptstraße:** *4* Ring; *11* Ringstrasse
- **Hausberg:** *10* Kahlenberg; *12* Leopoldsberg
- **Heurigentreff:** *8* Grinzing, Nussdorf
- **Hotel:** *6* Sacher
- **Hügelland:** *10* Wienerwald
- **Kanzelredner:** *7* Abraham; *18* Abraham a Santa Clara
- **Klassiker der Tonkunst:** *5* Haydn; *6* Mozart; *9* Beethoven
- **Komponist:** *4* Nick; *5* Haydn, Lehár, Suppé; *6* Eysler, Kálman, Lanner, Mahler, Mozart, Straus; *7* Strauss, Ziehrer; *8* Korngold, Schubert; *9* Beethoven, Heuberger; *10* Milloecker
- **Lokal:** *5* Beisl; *6* Beisel
- **Lustspieldichter:** *7* Nestroy
- **Maler:** *5* Klimt; *6* Makart; *9* Danhausen, Kokoschka
- **Operettenkomponist:** *4* Nick; *5* Lehár, Suppé; *6* Eysler, Kálman, Straus; *7* Strauss, Ziehrer; *9* Heuberger; *10* Milloecker
- **Pferdedroschke:** *6* Fiaker
- **Psychologe:** *5* Freud
- **Residenz:** *7* Hofburg
- **Sänger:** *6* Slezak
- **Schauspieler:** *4* Sima; *5* Kainz, Moser; *6* Thimig; *7* Meinrad; *9* Hoerbiger
- **Schauspielerin:** *4* Weis; *7* Wessely
- **Schauspielhaus:** *11* Burgtheater
- **Schloß:** *9* Belvedere; *11* Schoenbrunn
- **Schriftsteller:** *4* Bahr; *10* Schnitzler
- **Stadtteil:** *5* Lainz; *6* Aspern, Wieden; *7* Liesing; *8* Grinzing, Nussdorf; *9* Ottakring, Schwechat, Simmering
- **Tänzerin:** *7* Elssler
- **Volkspark:** *6* Prater
- **Wahrzeichen:** *9* Riesenrad; *11* Stephansdom
- **Walzerkomponist:** *6* Lanner; *7* Strauss
- **Zitherspieler:** *6* Karras

Wiesel: *6* Marder; *8* Hermelin
Wiesenblume: *6* Primel; *9* Margerite; *10* Loewenzahn; *15* Gaensebluemchen
Wiesengrund: *2* Au; *3* Aue
Wiesenpflanze: *4* Gras, Klee; *6* Akelei, Ampfer; *7* Luzerne, Strenze; *8* Ranunkel; *9* Engelwurz; *10* Rispengras
Wiesenunkraut: *13* Spitzwegerich
Wigwam: *8* Hauszelt
Wikinger: *8* Normanne, Waraeger
Wikingerschiff: *6* Drache; *13* Drachenschiff
Wikingerstadt in Dänemark: *13* Frederikssund
- **bei Schleswig:** *8* Haithabu

wild: *4* toll; *6* furios; *11* orgiastisch; *12* kannibalisch
wild bewegt: *6* rasant
wild in der Musik: *7* furioso
Wild: *3* Reh; *4* Elch, Elen, Gams, Hase; *5* Dachs, Fuchs, Gemse; *6* Hirsch, Marder, Muffel, Wiesel; *7* Damwild, Mufflon, Rotwild; *9* Damhirsch, Kaninchen, Rothirsch; *11* Schwarzwild, Wildschwein
Wildbahn: *10* Jagdgebiet, Jagdrevier
Wildbienenzüchter: *7* Beutner
Wildblume: *5* Erika; *6* Akelei, Distel, Wermut; *7* Beifuss, Guensel; *8* Eberwurz, Eisenhut, Erdrauch, Narzisse, Veilchen; *9* Edelweiss, Fingerhut, Kornblume, Mannstreu, Margerite, Pechnelke; *10* Ehrenpreis, Hahnenfuss, Heidekraut, Huflattich, Immergruen, Loewenzahn, Nachtkerze, Schafgarbe; *11* Berufskraut, Bilsenkraut, Klatschmohn, Knabenkraut, Rittersporn, Tollkirsche; *12* Flockenblume, Glockenblume, Glockenheide, Koenigskerze; *13* Habichtskraut, Maigloeckchen, Schwanenblume; *14* Herbstzeitlose; *15* Hasengloeckchen, Schluesselblume; *16* Schneegloeckchen
Wilddieb: *8* Wilderer
wilde(r,s)
- **Angst:** *5* Panik
- **Gelage:** *5* Orgie
- **Krieger:** *9* Berserker
- **Kriegsschar:** *5* Horde
- **Mensch:** *6* Barbar
- **Tier:** *6* Bestie

Wildente: *9* Knaekente, Krickente
Wildesel: *6* Onager
Wildfährte: *4* Spur
Wildfleisch: *8* Wildbret, Wildpret
Wildgeflügel → Federwild
Wildgeschmack: *8* Hautgout
Wildheit: *5* Furor
Wildhund: *4* Wolf; *5* Dingo; *6* Kojote; *7* Schakal
Wildkanzel: *7* Anstand; *8* Hochsitz
Wildkatze: *5* Kuder
Wildkot: *6* Losung
Wildleder: *7* Chamois
Wildlederimitation: *5* Nubuk
Wildpark in Afrika: *9* Serengeti
- **in Amerika:** *15* Yellowstone Park

Wildpfad: *7* Wechsel
Wildpferd: *5* Zebra; *6* Quagga, Tarpan
Wildpflege: *4* Hege
Wildragout: *5* Civet; *12* Hasenpfeffer

Wildrind: *2* Ur; *3* Jak, Yak; *4* Gaur; *5* Bison; *6* Wisent; *7* Bueffel; *8* Auerochs; *9* Auerochse
- **auf Celebes:** *4* Anoa
- **in Tibet:** *3* Jak, Yak

Wildschaf: *6* Argali, Muffel; *7* Mufflon
Wildschwein: *5* Bache; *6* Keiler; *10* Frischling; *13* Schwarzkittel
Wildspur: *7* Faehrte
Wildtier → Wild
Wildwestfilm: *7* Western
Wildziege: *3* Tur; *6* Bezoar; *7* Markhor
willenlos machen: *13* hypnotisieren
willenloser Mensch: *6* Popanz
willenloses Geschöpf: *10* Marionette
Willensstärke: *7* Energie; *8* Tatkraft
willfährig: *8* gefuegig, gehorsam; *10* nachgebend
Willkürherrschaft: *8* Despotie, Diktatur, Tyrannei, Tyrannis; *11* Despotismus
Willkürherrscher: *6* Despot, Tyrann; *8* Diktator
willkürlich: *10* despotisch, tyrannisch
wimmeln: *8* kribbeln
Wimpel: *5* Fahne; *6* Flagge
Wimpernkranz kleiner Wassertiere: *3* Rad
Wimperntusche: *7* Mascara
Wimpertierchen: *8* Ziliaten; *10* Infusorien
Wind: *3* Ora; *4* Bise, Bora; *5* Brise, Foehn, Gibli, Samum; *6* Boreas, Kamsin, Monsun, Passat, Zephir; *7* Chamsin, Chinook, Mistral, Pampero; *8* Haramata; *9* Harmattan, Schirokko; *10* Tramontana

Wind
- **an der Adria:** *4* Bora
- **in Ägypten:** *7* Chamsin
- **in Arabien:** *5* Samum
- **in Argentinien:** *7* Pampero
- **in Asien:** *6* Monsun
- **der bulgarischen Küste:** *5* Lodos
- **am Gardasee:** *3* Ora
- **im Indischen Ozean:** *6* Monsun
- **in Nordamerika:** *7* Chinook
- **in Nordwestafrika:** *8* Haramata; *9* Harmattan
- **in der Sahara:** *5* Samum; *6* Kamsin; *7* Chamsin
- **in Südfrankreich:** *7* Mistral

Windbluse: *6* Anorak
Windbootfahren: *10* Segelsport
Windbüchse: *10* Luftgewehr
Winde: *5* Spill; *6* Haspel
Windgeist: *7* Harpyie
Windgott: *6* Aeolus, Boreas, Zephyr; *8* Zephyros
Windharfe: *10* Aeolsharfe
Windhose: *6* Trombe
Windhund: *6* Barsoi, Saluki; *7* Afghane, Whippet; *9* Greyhound
windig: *5* zugig
Windkunde: *10* Anemologie
Windmesser: *10* Anemometer
Windmonat: *8* November
Windpocken: *10* Varizellen
Windrichtung → Himmelsrichtung
Windröschen: *7* Anemone
Windsbraut: *10* Wirbelwind
Windschattenseite: *3* Lee
Windschirm: *8* Paravent
Windseite: *3* Luv
Windspiel: *6* Mobile
Windstille: *5* Kalme; *6* Flaute
windstille Äquatorzone: *11* Rossbreiten
Windstoß: *3* Boe
Windsystem mit halbjährigem Wechsel: *6* Monsun
Windung: *5* Kurve; *6* Wendel, Wirbel; *7* Drehung, Spirale; *8* Schnecke; *10* Serpentine
windzugewandte Schiffsseite: *3* Luv
Wingert: *8* Weinberg; *10* Weingarten
Wink: *3* Rat, Tip; *7* Hinweis; *10* Fingerzeig
Winkel: *4* Ecke
Winkel zwischen Dach und Fußboden: *3* Oke
- **der Sehstrahlen:** *9* Parallaxe

Winkelband: *11* Winkeleisen
Winkelfunktion: *5* Sinus; *6* Sekans; *7* Cosinus, Kosinus, Tangens; *8* Cosekans, Kosekans; *9* Cotangens, Kotangens
Winkelmaß: *4* Grad; *6* Minute; *7* Sekunde
Winkelmesser: *10* Goniometer
- **zur Ortsbestimmung:** *8* Quadrant

Winkelmeßgerät: *6* Oktant; *7* Bussole, Sextant; *9* Theodolit
Winkelspitze: *8* Scheitel
Winkelteil: *4* Grad; *6* Minute; *7* Sekunde
Winkelträger: *7* Konsole
Winkelzug: *4* Dreh; *5* Finte
Winkelzüge: *13* Machinationen
Winker: *22* Fahrtrichtungsanzeiger
Winteraster: *12* Chrysantheme
Wintergrün: *4* Efeu; *6* Mistel; *10* Immergruen
Winterknospe: *10* Hibernakel
Wintermonat: *8* Dezember
Wintersonnenwende: *3* Jul
Wintersportart: *6* Rodeln, Slalom; *7* Bosseln, Curling, Eislauf, Eistanz, Skilauf, Torlauf; *8* Biathlon; *9* Bobfahren, Eishockey, Eissegeln; *10* Skijoering; *11* Skilanglauf, Skispringen; *12* Abfahrtslauf, Eiskunstlauf, Eisschiessen; *13* Eisschnellauf
Wintersportanlage: *7* Bobbahn, Eisbahn; *9* Rodelbahn; *13* Sprungschanze
Wintersportgerät: *3* Bob, Ski; *4* Puck, Schi; *5* Rodel; *8* Skeleton; *9* Bobsleigh, Schlitten

Wintersportplatz
- **im Allgäu:** *9* Sonthofen; *10* Nesselwang, Oberstdorf
- **am Arlberg:** *7* St. Anton; *10* Sankt Anton
- **am Brenner:** *8* Steinach
- **bei Davos:** *7* Parsenn
- **im Erzgebirge:** *14* Oberwiesenthal
- **in Frankreich:** *3* Dax; *8* Chamonix, Grenoble
- **in Graubünden:** *4* Zuoz; *5* Arosa, Davos, Flims; *7* Samaden, Samedan; *8* St. Moritz; *10* Pontresina; *11* Sankt Moritz
- **im Harz:** *8* Schierke; *9* Braunlage; *10* Hahnenklee; *11* Andreasberg
- **in den Hohen Tauern:** *10* Badgastein
- **in Japan:** *7* Sapporo

- **in Niederschlesien:** *12* Schreiberhau
- **in Oberbayern:** *6* Inzell, Kreuth; *8* Garmisch; *9* Tegernsee; *10* Ruhpolding, Schliersee; *12* Oberammergau
- **im Oberengadin** → Wintersportplatz in Graubünden
- **bei Oslo:** *12* Holmenkollen
- **im Pinzgau:** *4* Zell
- **im Pongau:** *8* St. Johann; *11* Sankt Johann
- **in der Rhön:** *8* Gersfeld
- **im Salzkammergut:** *6* Aussee
- **im Sauerland:** *12* Meinerzhagen
- **im Schwarzwald:** *8* Neustadt; *12* Freudenstadt
- **in der Schweiz:** *4* Zuoz; *5* Arosa, Davos, Flims; *7* Parsenn, Samaden, Samedan; *8* St. Moritz; *9* Andermatt; *10* Pontresina; *11* Sankt Moritz
- **in der Steiermark:** *9* Mariazell; *10* Schladming
- **am Tegernsee:** *7* Wiessee
- **im Thüringer Wald:** *7* Oberhof; *8* Steinach
- **in Tirol:** *5* Lienz; *7* Lermoos, Seefeld; *8* St. Johann; *10* Kitzbuehel; *11* Sankt Johann

Wintersportstätte → Wintersportanlage
Winzer: *9* Weinbauer
Winzerfest: *8* Weinlese
Winzergerät: *6* Kelter
winzig: *5* klein; *7* minimal
winzige Druckschriftgröße: *5* Perl
Winzigkeit: *4* Spur
Wippe: *8* Schaukel
Wirbel: *6* Trubel; *7* Strudel
Wirbelentzündung: *11* Spondylitis
wirbelig: *4* wild; *7* drehend, lebhaft; *10* schwindlig
wirbelnd: *9* turbulent
Wirbelsäule: *9* Rueckgrat
Wirbelsäulenknochen: *9* Kreuzbein
Wirbelsäulenverbiegung: *7* Kyphose
Wirbelsäulenverkrümmung: *6* Buckel; *7* Lordose
Wirbelströmung: *9* Turbulenz
Wirbelsturm: *6* Taifun, Zyklon; *7* Tornado; *8* Hurrikan, Sandhose, Windhose
Wirbeltier: *5* Fisch, Lurch, Vogel; *6* Reptil; *7* Saeuger; *8* Amphibie; *10* Kriechtier, Saeugetier
Wirbeltierklasse: *6* Fische, Lurche, Voegel; *9* Amphibien, Reptilien; *11* Kriechtiere, Saeugetiere
wirken: *9* reagieren
wirklich: *4* real, wahr; *5* reell; *8* effektiv, existent
Wirklichkeit: *7* Realien; *9* Realismus, Realitaet
Wirklichkeitsform: *9* Indikativ
Wirklichkeitsmensch: *7* Realist
Wirklichkeitssinn: *9* Realismus
Wirklichkeitstreue: *12* Naturalismus
Wirklichkeitswort: *10* Konduktanz
Wirkmaschine: *15* Raschelmaschine
wirksam: *5* aktiv; *8* effektiv; *9* drastisch; *10* effektvoll; *11* imponierend
wirksam sein: *9* fungieren
wirksamer Einfall: *3* Gag
Wirkstoff: *6* Hormon, Sekret; *7* Ferment, Vitamin
Wirkstoff

- **im Kaffee:** *7* Coffein, Koffein
- **gegen Krankheitserreger:** *12* Antibiotikum
- **in Nahrungsmitteln:** *8* Vitamine
- **im Tee:** *4* Tein; *5* Thein
- **im Tabak:** *7* Nikotin

Wirkung: *5* Fazit; *6* Effekt; *8* Ergebnis, Reaktion, Resonanz, Resultat
Wirkungsbereich: *7* Sphaere
Wirkungsfähigkeit: *9* Potential
Wirkungsgrad: *10* Nutzeffekt
Wirkungskraft: *7* Dynamik, Energie
Wirkungskreis: *7* Sphaere
wirkungslos: *11* indifferent
Wirkungsstätte Albert Schweitzers: *9* Lambarene
Wirkungsumfeld: *5* Orbis
wirkungsvoll: *10* effektvoll; *14* repraesentabel
Wirkware: *6* Trikot; *9* Charmeuse, Trikotage
wirr: *6* konfus
wirr reden: *6* faseln
Wirrsal: *9* Labyrinth
Wirrwarr: *5* Chaos; *6* Gewirr, Rapuse, Trubel, Unruhe; *8* Menkenke; *9* Charivari, Unordnung; *10* Kunterbunt, Tohuwabohu; *12* Kuddelmuddel; *13* Durcheinander
wirsch: *4* wild; *6* zornig; *7* schroff
Wirt: *6* Schenk
Wirtschaft → Gastwirtschaft
Wirtschafterin: *7* Mamsell

- **auf der Alm:** *8* Sennerin

wirtschaftlich: *8* rentabel; *10* finanziell; *11* oekonomisch
wirtschaftlich unabhängig: *6* autark
wirtschaftliche(r)

- **Aufbauvereinigung:** *3* WAV
- **Machtstellung:** *7* Monopol
- **Rückgang:** *9* Rezession
- **Unabhängigkeit:** *8* Autarkie
- **Wettbewerb:** *10* Konkurrenz
- **Zusammenschluß:** *5* Trust; *7* Kartell

Wirtschaftlichkeit: *9* Oekonomie
Wirtschaftsabkommen: *14* Handelsvertrag
Wirtschaftsaufschwung: *4* Boom; *6* Hausse
Wirtschaftsform: *6* Handel; *7* Gewerbe; *9* Industrie
Wirtschaftskrieg: *7* Boykott; *8* Blockade; *13* Beschlagnahme
Wirtschaftskunde: *9* Oekonomie
Wirtschaftslage: *10* Konjunktur
Wirtschaftslenkung: *10* Dirigismus; *14* Planwirtschaft
Wirtschaftsordnung: *12* Kapitalismus
Wirtschaftsorganisation des Ostblocks: *7* Comecon
Wirtschafts- und Sozialrat der UN: *6* ECOSOC
Wirtschaftsprüfer: *7* Revisor
Wirtschaftsunternehmen: *5* Firma; *7* Betrieb
Wirtschaftszweig: *7* Branche

Wirtshaus in Italien: *6* Posada; *7* Osteria, Taverne
Wirtshausrechnung: *5* Zeche
Wisent: *5* Bison; *8* Wildrind; *9* Auerochse
Wissender: *5* Myste; *10* Esoteriker
Wissenschaft: *5* Lehre
Wissenschaft
- **vom Altertum:** *12* Archaeologie
- **von der Arbeit des Menschen:** *9* Ergonomie
- **vom Bau der Gewebe:** *10* Histologie
- **vom Bau der Körperteile:** *8* Anatomie
- **vom Denken:** *5* Logik; *11* Philosophie
- **von der Erde:** *8* Geologie
- **von Gott:** *9* Theologie
- **von den Gottheiten:** *10* Mythologie
- **vom Leben:** *8* Biologie
- **von den Pflanzen:** *7* Botanik
- **von der Sprache:** *10* Philologie
- **von den Steinen:** *11* Mineralogie
- **von den Sternen:** *10* Astronomie
- **von den Tieren:** *8* Zoologie
- **vom Volkstum:** *10* Ethnologie

Wissenschaftler: *8* Forscher; *9* Gelehrter
wissenschaftliche(r,s)
- **Abhandlung:** *5* Essay; *12* Dissertation
- **Ausflug:** *9* Exkursion
- **Behauptung:** *5* These
- **Betrachtungsweise:** *7* Theorie
- **Erörterung im Islam:** *5* Kalam
- **Fach:** *9* Disziplin
- **Forschung:** *7* Studium
- **Sammelwerk:** *13* Enzyklopaedie
- **Streit:** *7* Polemik
- **Unterhaltung:** *10* Kolloquium
- **Untersuchung:** *7* Analyse
- **Versuch:** *4* Test; *10* Experiment
- **Vortrag:** *6* Kolleg

Wissenschaftsgruppe: *9* Fakultaet
Wissensdurst: *7* Neugier
Wissensgebiet: *7* Domaene
Wissensschatz: *9* Thesaurus
wissenswert: *11* interessant
Wissenszweig: *6* Sparte
Witfrau: *5* Witwe
Witterung: *5* Klima
Witwe in Indien: *4* Sati
Witwenblume: *6* Knatia; *7* Knautie; *8* Skabiose
Witz: *2* Uz; *3* Gag; *5* Spass; *6* Esprit
witzig: *5* ulkig; *6* launig; *7* humorig, spassig
witziger Einfall: *3* Gag
Witzreden: *8* Fazetien
Witzwort: *6* Bonmot
Wochenende: *7* Weekend
Wochentag: *6* Montag; *7* Freitag, Samstag, Sonntag; *8* Dienstag, Mittwoch; *9* Sonnabend; *10* Donnerstag
- **in der katholischen Liturgie:** *5* Feria

Woge: *5* Welle
Wohl: *4* Heil, Nutz; *5* Segen; *6* Glueck, Nutzen; *7* Frommen, Vorteil; *8* Gedeihen
wohl oder übel: *12* nolens volens
wohlauf: *5* mobil
Wohlbeleibtheit: *10* Embonpoint
wohlerzogen: *5* artig; *10* manierlich
Wohlfahrtspflege: *9* Fuersorge
Wohlgefallen: *5* Gusto; *7* Behagen; *9* Sympathie
Wohlgefühl: *8* Euphorie
wohlgemerkt: *8* notabene
Wohlgenährtheit: *9* Eutrophie
Wohlgeruch: *4* Arom, Duft; *5* Aroma, Odeur
wohlgesinnt: *4* hold; *7* geneigt
wohlhabend: *5* reich
Wohlklang: *7* Melodie; *8* Euphonie, Harmonie; *9* Konsonanz
Wohllaut: *8* Euphonie
wohllautend: *9* melodioes
Wohllebekunst: *8* Eubiotik
wohlriechend: *10* aromatisch
wohlriechender Stoff: *5* Odeur
wohlriechendes Haarfett: *6* Pomade
wohlschmeckend: *6* lecker; *7* delikat
Wohlstand: *4* Flor; *8* Gedeihen; *12* Prosperitaet
Wohlstandsgesellschaft: *13* Establishment
Wohltäter: *7* Goenner; *9* Foerderer, Samariter
wohltätig: *10* humanitaer
Wohltätigkeit: *7* Karitas
Wohltätigkeitsorganisation: *7* Caritas
Wohltätigkeitsverkauf: *5* Basar
Wohlverleih: *6* Arnika
Wohlwollen: *4* Huld; *5* Guete, Gunst; *9* Affektion
wohlwollend: *7* zugetan
wohnen: *8* logieren
Wohngeld: *5* Miete
Wohngemeinde: *4* Dorf; *5* Stadt; *7* Flecken
Wohnhügel auf den Halligen: *4* Warf, Wurt; *5* Warft, Wurte
- **in Thessalien:** *6* Magula

wohnlich: *11* komfortabel
Wohnraum: *5* Salon, Stube; *6* Gelass, Gemach, Kammer, Zimmer; *7* Boudoir; *9* Esszimmer; *11* Spielzimmer; *12* Herrenzimmer, Kinderzimmer, Schlafzimmer, Speisezimmer, Wintergarten
Wohnraum auf Schiffen: *6* Kabine; *7* Kajuete
Wohnsitz: *7* Domizil
Wohnsitz
- **des Adels im Mittelalter:** *4* Burg
- **der Asen:** *7* Idafeld
- **der Circe:** *3* Aia
- **der Freyja:** *8* Folkwang
- **der Götter:** *5* Olymp
- **des Staatsoberhauptes:** *8* Residenz

Wohnstube im niedersächsischen Bauernhaus: *5* Pesel
Wohnteil einer Burg: *5* Palas
Wohnturm der Jungsteinzeit: *6* Nurage
Wohnung: *4* Heim; *5* Logis; *6* Daheim; *7* Zuhause
- **eines Einsiedlers:** *9* Eremitage

Wohnung und Kost: *7* Pension
Wohnungsangabe: *7* Adresse; *9* Anschrift
Wohnungsflur: *8* Korridor
Wohnungsgeld: *5* Miete
Wohnungsinhaber: *6* Mieter
Wohnungswechsel: *5* Umzug

Wohnwagen: *7* Caravan
Wölbung: *5* Wulst
Wolf in der Tierfabel: *7* Isegrim
– des Wotan: *4* Geri
Wölfin: *5* Faehe
Wolfsbohne: *6* Lupine
Wolfsmensch: *7* Werwolf
Wolfsmilchgewächs: *6* Maniok; *7* Manihot; *11* Bingelkraut
Wolfsspinne: *8* Tarantel
Wolgazufluß → Nebenfluß der Wolga
Wolkenart: *6* Cirrus, Nimbus, Zirrus; *7* Kumulus, Stratus; *12* Kumulonimbus, Zirrostratus
Wollart: *8* Angora, Merino, Mohair
Wolldecke: *5* Plaid
Wolle der Angoraziege: *6* Mohaer, Mohair
Wollelieferant: *4* Lama, Pako; *5* Kamel, Schaf, Ziege; *6* Alpaka, Merino; *7* Guanako, Vikunja; *11* Angoraziege; *15* Angorakaninchen
wollener Kapuzenmantel der Beduinen: *6* Burnus
Wollfett: *7* Lanolin
Wollgewebe: *5* Loden, Rasch, Tibet, Tweed; *6* Angora, Merino, Mohair; *7* Cheviot, Flausch, Marengo; *8* Homespun, Kammgarn, Zibeline; *9* Kamelhaar; *11* Streichgarn
Wollgewicht: *4* Pack
Wollhaar: *6* Lanugo
Wollkraut: *12* Koenigskerze
Wollmaterial: *4* Filz
Wollschafrasse: *6* Merino
Wollstoff: *4* Tuch; *5* Drapé, Loden; *6* Serail; *8* Kaschmir; *9* Covercoat
Wonne: *4* Lust; *9* Seligkeit
Wonnemonat: *3* Mai
wonnevoll: *8* elysisch; *10* elysaeisch
wonnig: *12* paradiesisch
Wort: *5* Logos; *7* Vokabel
Wortabkürzung: *5* Sigel
Wortabwandlung: *11* Deklination
Wortanhängsel: *5* Affix
Wortbedeutungslehre: *8* Semantik
Wortbetonung: *5* Iktus
Wortblindheit: *6* Alexie
Wortbruch: *6* Verrat; *7* Felonie, Meineid, Untreue
wortbrüchig: *6* untreu
Wortbrüchiger: *9* Verraeter
Wörterbuch: *5* Duden; *7* Lexikon; *10* Diktionaer
Worterguß: *6* Tirade
Wörterverzeichnis: *7* Glossar; *9* Vokabular
Wortfolge: *4* Satz
Wortforschung: *10* Etymologie
Wortführer: *5* Doyen; *6* Obmann; *8* Sprecher
Wortfülle: *6* Sermon, Tirade; *9* Redundanz; *11* Verbositaet
Wortgefecht: *6* Disput, Streit; *10* Diskussion
Wortgefüge: *4* Satz
Wortgleichklang: *4* Reim
wortkarg: *9* einsilbig, lakonisch; *10* schweigsam
Wortklauberei: *9* Kasuistik; *11* Sophisterei; *13* Haarspalterei
Wortlaut: *4* Text; *5* Tenor
wörtlich: *6* verbal
wörtlich anführen: *8* zitieren
wörtliche Wiedergabe: *5* Zitat
Wortsammlung: *3* Ana
Wortschatz: *9* Thesaurus, Vokabular
Wortschwall: *4* Wust; *5* Suada; *6* Tirade; *7* Bombast
Wortspiel: *9* Calembour; *10* Calembourg
Wortstreit: *4* Zank; *5* Hader, Krach
Wortteil: *5* Silbe; *6* Suffix; *7* Praefix
Wortverdreher: *7* Kasuist, Sophist; *8* Rabulist; *11* Dialektiker
Wortwechsel: *6* Disput; *9* Rededuell; *11* Disputation
Wortweiser: *8* Register
Wortwiederholung: *7* Anapher
Wortwitz: *7* Kalauer
Wortzusammenhang: *7* Kontext
Wortzusammensetzung: *10* Kompositum
Wotans Raben: *5* Hugin, Munin
– Schlachtroß: *8* Sleipnir
Wucherung: *6* Kallus; *10* Geschwulst; *16* Gewebeneubildung
Wuchs: *6* Statur; *7* Gestalt; *8* Wachstum; *10* Vegetation
Wuchsstoff: *5* Auxin
Wucht: *5* Druck, Kraft; *6* Gewalt; *7* Gewicht, Schwere, Staerke
wuchtig: *7* lapidar
wuchtig in der Musik: *5* grave
Wühlechse: *5* Skink
Wühlmaus: *5* Bisam; *7* Lemming; *10* Bisamratte
Wundabsonderung: *5* Eiter
Wundarzt: *7* Chirurg; *9* Feldscher
Wunde: *6* Trauma; *7* Blessur
Wunder: *6* Mirakel; *9* Phaenomen
wunderbar: *5* prima; *8* herrlich; *9* praechtig; *10* grossartig, mirakuloes; *11* unglaublich; *12* maerchenhaft, phantastisch
Wunderbaum: *15* Ricinus communis
Wunderblume: *9* Mirabilis
Wunderdoktor: *9* Eisenbart
Wunderglaube: *11* Mystizismus
Wunderhorn des Roland: *7* Olifant
wunderlich: *7* grotesk, komisch; *11* verschroben
Wunderlichkeit: *3* Tic; *4* Tick
Wundermittel: *7* Panazee
wunderwirkende Schale: *4* Gral
Wundflüssigkeit: *5* Eiter
Wundheilmittel: *5* Salbe
Wundkruste: *6* Schorf
Wundmal: *5* Narbe; *6* Stigma; *7* Schmiss
Wundsekret: *5* Eiter
Wundstarrkrampf: *7* Tetanus
Wundverband: *7* Bandage; *8* Pflaster
Wunsch: *6* Begehr; *7* Geluest; *8* Begehren, Begierde; *9* Verlangen
Wunschbild: *4* Idol; *5* Ideal
wünschenswert: *11* desiderabel
Wunschland: *6* Dorado, Utopia; *8* Eldorado
Wunschtraum: *8* Illusion; *11* Luftschloss

Würde: *4* Ehre; *6* Charge; *7* Achtung, Ansehen; *9* Grandezza
würdevoll: *13* gravitaetisch
würdig: *8* pastoral; *14* repraesentabel, repraesentativ
würdigen: *5* ehren; *6* achten
Wurf: *5* Fasel
Wurf mit gleicher Augenzahl: *5* Pasch
Wurfbild: *3* Dia
Würfel: *5* Kubus; *6* Knobel; *8* Hexaeder
würfelförmig: *7* kubisch
würfeln: *7* knobeln
Wurfgeschütz der Antike: *8* Balliste
Wurfholz: *8* Bumerang
Wurfkugeln in Südamerika: *4* Bola
Wurflehre: *9* Ballistik
Wurfmaschine: *8* Katapult; *9* Schleuder
Wurfpfeil: *10* Banderilla
Wurfscheibe: *6* Diskus
Wurfschlinge, Wurfseil: *5* Lasso
Wurfspeer: *5* Lanze
Wurfspeer der Kaffern: *7* Assagai
Wurfspiel: *7* Bosseln
Wurfspieß: *3* Ger; *7* Harpune
Wurfwaffe: *3* Ger; *5* Lanze, Speer; *8* Bumerang, Tomahawk; *9* Schleuder, Streitaxt
Wurm: *4* Egel, Pier; *8* Bandwurm, Blutegel, Molluske, Sandwurm Spulwurm, Trichine; *9* Prielwurm, Regenwurm; *10* Grubenkopf; *11* Roehrenwurm; *12* Essigaelchen
Wurmfisch: *5* Inger
Wurmfortsatz des Blinddarms: *8* Appendix
Wurmkrankheit: *13* Helminthiasen, Helminthiasis
Wurmmittel: *14* Anthelminthica
wurmstichig: *5* madig
Wurmzüngler: *10* Chamaeleon
Wurstart: *6* Salami; *8* Teewurst; *9* Presskopf; *10* Leberwurst, Mortadella; *11* Frankfurter
Wurstfüllung: *4* Mett
Wursthaut: *5* Pelle
wurstig: *13* gleichgueltig
Wurstkraut: *7* Majoran
württembergische Landschaft: *3* Alb; *4* Baar; *6* Albuch; *7* Allgaeu; *9* Strohgaeu; *10* Schoenbuch
- **Stadt** → Stadt in Baden-Württemberg
württembergisches Adelsgeschlecht: *12* Berlichingen
Wurzel: *5* Radix
Wurzelbohrer: *10* Hepialiden
Wurzelfüßer: *6* Amoebe
Wurzelgemüse: *4* Bete; *5* Lauch; *6* Moehre, Porree; *7* Karotte; *8* Sellerie; *9* Mohrruebe; *13* Schwarzwurzel
Wurzelholz: *7* Bruyere
Wurzelschwamm: *10* Hallimasch
Wurzelstock bei Pflanzen: *6* Rhizom
würzig: *10* balsamisch
Würzpflanze → Gewürzpflanze
Würzsauce: *7* Ketchup; *8* Marinade; *9* Remoulade; *10* Mayonnaise
Wust: *6* Gewirr, Haufen; *8* Wirrwarr; *13* Durcheinander
wüst: *3* oed; *4* oede
Wüste in
- **Afghanistan:** *8* Registan
- **Afrika:** *5* Namib; *6* Sahara; *8* Kalahari
- **Amerika:** *4* Gila; *6* Nevada; *7* Atacama
- **Arabien:** *5* Nefud
- **Asien:** *3* Lut; *4* Gobi, Thar; *5* Kewir, Nefud, Tharr; *7* Karakum
- **Australien:** *12* Gibsonwueste; *14* Victoriawueste
- **Chile:** *7* Atacama
- **Indien:** *4* Thar; *5* Tharr
- **Iran:** *3* Lut; *5* Kewir
- **Israel:** *5* Negeb
- **der Mongolei:** *4* Gobi
- **Nordafrika:** *6* Sahara
- **Pakistan:** *4* Thar; *5* Tharr
- **Persien:** *3* Lut
- **der Sowjetunion:** *7* Karakum; *8* Kysylkum, Mujunkum
- **Südamerika:** *7* Atacama
- **im Sudan:** *14* Nubische Wueste
- **Südwestafrika:** *8* Kalahari
- **Turkmenistan:** *7* Karakum
Wüstenbewohner: *6* Araber; *7* Beduine
Wüsteneidechse: *5* Waran
Wüstenflußtal: *4* Wadi
Wüstenfuchs: *5* Fenek; *6* Fennek
Wüsteninsel: *4* Oase
Wüstenkönig: *5* Loewe
Wüstenluchs: *7* Karakal
Wüstenschiff: *5* Kamel
Wüstenwind: *5* Gibli, Samum; *6* Kamsin; *7* Chamsin
Wüstling: *4* Roué; *6* Unhold
Wut: *4* Rage, Zorn; *5* Furie, Furor; *7* Ingrimm
Wutausbruch: *6* Koller, Rappel, Raptus; *7* Raserei
wüten: *5* rasen, toben
wütend: *6* furios, rabiat, rasend; *9* enragiert
wütendes Weib: *5* Furie; *7* Megaere

X

X-Achse: *8* Abszisse
x-beliebig: *9* irgendein
x-mal: *3* oft; *7* haeufig; *8* vielmals
Xanthippes Gatte: *8* Sokrates
xanthochrom: *10* gelbfarbig, hellfarbig
xanthoderm: *11* gelbhaeutig

Y

Y-Achse: *14* Ordinatenachse
Yak: *10* Grunzochse
Yggdrasil: *9* Weltesche
Yoga: *5* Asket
Yogi: *7* Asketen

Z

Zacke: *5* Zanke, Zinke; *6* Spitze
zackig: *6* forsch, straff; *9* schneidig
zaghaft: *6* mutlos
zähe: *10* konsistent
zähflüssig: *6* viskos
Zahl: *3* Elf; *4* Acht, Drei, Eins, Neun, Null, Vier, Zehn, Zwei; *5* Fuenf, Sechs; *6* Numero, Nummer, Sieben, Zwoelf; *7* Billion, Hundert, Million, Numerus, Tausend, Zwanzig; *8* Trillion; *9* Billiarde, Milliarde; *11* Quadrillion, Quintillion
Zahl
- **über dem Bruchstrich:** *7* Zaehler
- **unter dem Bruchstrich:** *6* Nenner
- **, die zu einer anderen hinzugezählt wird:** *7* Summand
- **, um die eine andere verringert wird:** *10* Subtrahend

Zählautomat: *8* Stoppuhr; *9* Zaehlwerk; *10* Tachometer
zählen: *10* numerieren
Zahlenergebnis: *5* Summe; *6* Potenz, Wurzel; *7* Produkt, Quadrat; *8* Quotient
Zahlenfolge: *5* Reihe
Zahlenglücksspiel: *5* Lotto
Zahlenlehre: *10* Arithmetik
Zahlenlehrer: *12* Arithmetiker, Mathematiker
Zahlenlotterie: *5* Lotto
zahlenmäßig: *9* numerisch
Zahlenreihe: *7* Kolonne
Zahlentafel: *7* Tabelle
Zahlenverhältnis: *8* Diagramm
Zähler in der Bruchrechnung: *8* Dividend
Zählmaß: *4* Gros, Ries; *6* Ballen, Mandel, Schock, Stiege, Stueck; *7* Dutzend
Zahlpfennig: *5* Jeton
Zahlstelle: *5* Kasse
Zahltag: *6* Ultimo
Zahlung: *7* Tilgung; *9* Ausgleich; *12* Ueberweisung
Zahlungsabzug: *6* Skonto
Zahlungsanweisung: *6* Scheck
Zahlungsart: *3* bar; *5* unbar
Zahlungsaufforderung: *7* Mahnung
Zahlungsaufschub: *8* Stundung; *10* Moratorium
Zahlungsbescheinigung: *8* Quittung
Zahlungseinstellung: *6* Pleite; *7* Konkurs
zahlungsfähig: *6* liquid; *7* liquide, solvent
Zahlungsfähiger: *6* Fallit
Zahlungsfähigkeit: *6* Kredit; *7* Solvenz
Zahlungsfrist: *4* Ziel
Zahlungsmittel: *4* Geld, Note; *6* Devise, Muenze; *7* Devisen; *8* Banknote, Hartgeld
Zahlungsort: *7* Domizil
Zahlungsschalter: *5* Kasse
Zahlungstermin: *5* Frist
zahlungsunfähig: *6* pleite; *8* bankrott, illiquid; *9* insolvent
Zahlungsunfähigkeit: *6* Pleite; *7* Konkurs; *8* Bankrott; *9* Insolvenz
Zahlwort → Zahl
Zahlzeichen: *6* Ziffer
zahm: *5* kirre
Zahn: *5* Zacke; *6* Spitze
zahnartiger Mauerrand: *5* Zinne
Zahnarzt: *7* Dentist
Zahnbein: *6* Dentin
Zahnersatz: *8* Prothese; **Zahnfäule:** *6* Karies
Zahnfleischschwund: *11* Paradentose
Zahnfüllung: *6* Plombe
Zahnheilkunde: *10* Dentologie; *11* Odontologie
Zahnkarpfen: *5* Guppy, Killi
Zahnkrankheit: *6* Karies; *11* Paradentose
Zahnlaut: *6* Dental; *8* Dentalis
Zahnlilie: *10* Erythronium
Zahnmark: *5* Pulpa
Zahnrad: *6* Ritzel
Zahnung: *9* Dentition
Zahnwal: *7* Delphin, Pottwal
Zander: *5* Hecht; *6* Barsch, Sander, Schiel, Schill; *7* Fogasch
Zange: *9* Rohrzange; *10* Beisszange, Blockzange, Flachzange, Kneifzange; *13* Schmiedezange
Zank: *5* Hader, Krach, Szene, Zwist; *6* Streit; *7* Gekeife, Krakeel
zanken: *6* hadern; *7* belfern; *8* streiten
Zankerei: *8* Kabbelei
zänkisches Weib: *9* Xanthippe
Zapfen: *5* Konus; *6* Duebel
Zapfenstreich bei der Kavallerie: *8* Retraite
Zapfstelle: *7* Hydrant
Zar der Bulgaren: *6* Simeon
- **von Rußland:** *4* Iwan, Paul; *5* Boris, Peter; *6* Feodor; *7* Nikolaj; *8* Nikolaus; *9* Alexander

Zarenerlaß: *4* Ukas
Zarenpalast in Moskau: *5* Kreml
Zarin von Rußland: *4* Anna; *9* Elisabeth, Katharina
zart: *4* fein, mild; *6* dezent, fragil, morbid, subtil; *7* delikat; *10* aetherisch, empfindsam; *11* mimosenhaft
zart gebaut: *10* asthenisch
zart in der Musik: *5* dolce
zarter Bartwuchs: *5* Flaum
Zartgefühl: *4* Takt; *11* Delikatesse
Zartheit: *5* Milde; *6* Grazie; *8* Feinheit
zärtlich: *5* innig; *8* herzlich; *9* liebevoll
Zärtlichkeit: *4* Kuss; *5* Liebe
Zaster: *4* Geld
Zauber: *5* Magie; *6* Charme, Scharm; *7* Hexerei; *14* Phantasmagorie
Zauberer: *5* Hexer; *6* Magier; *7* Bilwiss, Magiker; *16* Schwarzkuenstler
Zauberer in der Artussage: *6* Merlin; *8* Klingsor
- **in der keltischen Sage:** *6* Merlin; *8* Klingsor

Zauberformel: *5* Sesam; *7* Abraxas; *10* Hokuspokus, Simsalabim; *11* Abrakadabra
zauberhaft: *7* magisch
Zauberin: *4* Hexe; *5* Drude
Zauberin in Homers Odyssee: *5* Circe
Zauberkraft bei Naturvölkern: *4* Mana; *6* Manitu, Orenda; *7* Mulungu, Wakanda
Zauberkraut: *7* Elixier
Zauberkunst: *5* Magie
Zauberkünstler: *10* Eskamoteur; *11* Illusionist
Zaubermittel: *7* Alraune, Elixier; *8* Talisman
Zauberpriester: *8* Schamane
Zauberschutzmittel: *7* Amulett
Zauberspruch → Zauberformel
Zauberwesen: *7* Alraune
Zauberwort → Zauberformel
Zauberwurzel: *7* Alraune
Zauderer: *9* Kunktator
zaudern: *5* zagen; *7* zoegern; *9* schwanken
Zaum: *6* Trense, Zuegel; *7* Halfter, Kandare
Zaun: *4* Fenz; *5* Etter, Hecke; *6* Gatter, Gitter, Staket
Zaungast: *7* Kiebitz
Zebra: *6* Quagga
Zebu: *5* Sanga; *10* Buckelrind
Zechenanteil: *5* Anbot
Zecherei: *5* Orgie; *6* Gelage
Zechine: *7* Dukaten; *11* Golddukaten
Zecke: *8* Holzbock; *10* Blutsauger, Lausfliege
Zedent: *10* Glaeubiger
Zehn Gebote: *7* Dekalog
zehnarmiger Tintenfisch: *6* Kalmar
Zehndollarstück: *5* Eagle
Zehneck: *7* Dekagon
Zehnereinteilung: *6* Dekade
Zehnersystem: *13* Dezimalsystem
Zehnflächner: *8* Dekaeder
Zehnpfennigstück: *8* Groschen
zehnteilig: *7* dezimal; *9* dekadisch
Zehntschaft: *7* Dekurie
Zehnzahl: *6* Dekade
Zehrung: *4* Kost; *7* Nahrung
Zeichen → Abkürzung → Sinnbild → Symbol
Zeichen: *3* Mal; *4* Wink; *5* Fanal, Marke, Pfeil; *6* Signal, Signum, Symbol; *7* Hinweis, Merkmal
Zeichen
- **des Christentums:** *5* Kreuz
- **des Erzbischofs:** *7* Pallium
- **für Gift:** *9* Totenkopf
- **der Herrscherwürde:** *5* Krone
- **des Schmerzes:** *6* Traene
- **gegen Zauberei:** *10* Drudenfuss, Pentagramm

Zeichenerklärung: *7* Legende
Zeichengerät: *6* Lineal, Zirkel; *10* Pantograph; *14* Storchschnabel
Zeichenkunst: *7* Graphik
Zeichensetzung: *13* Interpunktion
Zeichensprache: *13* Gestikulation
Zeichentafel: *6* Abakus
Zeichentinte: *6* Tusche
Zeichnung: *5* Figur; *6* Dessin
Zeichnung im Holz: *5* Maser; *8* Maserung
Zeichnungsbevollmächtigter: *9* Prokurist
zeigen: *6* dartun, weisen
zeihen: *11* bezichtigen; *12* beschuldigen
Zeilengußmaschine: *8* Linotype
Zeilensprung: *11* Enjambement
Zeit: *6* Tempus
Zeit
- **der Ausbildung:** *5* Lehre; *7* Studium
- **der Ausgelassenheit:** *8* Fasching, Karneval
- **nach der Hochzeit:** *13* Flitterwochen
- **vor Weihnachten:** *6* Advent

Zeitabschnitt: *3* Tag; *4* Jahr; *5* Monat, Woche; *6* Dekade, Epoche, Minute, Stunde; *7* Lustrum, Pentade, Periode, Sekunde; *8* Biennium, Saekulum; *9* Dezennium, Lichtjahr, Triennium; *10* Millennium; *11* Jahrhundert, Jahrtausend
Zeitalter: *4* Aeon, Aera; *6* Epoche
Zeitangabe: *5* Datum
Zeitbericht: *7* Chronik
Zeitbezogenheit: *11* Aktualitaet
Zeiteinheit → Zeitabschnitt
Zeitfolge: *11* Chronologie
Zeitform: *7* Futurum, Perfekt, Zukunft; *8* Praesens; *9* Gegenwart, Imperfekt; *13* Vergangenheit
Zeitgeist: *7* Moderne
zeitgemäß: *4* akut; *6* modern; *7* aktuell; *8* up to date
Zeitgeschmack: *4* Mode
zeitgleich: *8* synchron
zeitlich: *8* temporal
zeitlich unbegrenzt: *4* ewig
zeitliche Abstimmung: *6* Timing
Zeitmaß: *4* Takt; *5* Tempo; *8* Rhythmus
Zeitmesser: *3* Uhr; *9* Sonnenuhr; *11* Chronometer
zeitnah: *4* akut; *6* modern; *7* aktuell
Zeitpunkt: *5* Datum; *6* Moment, Termin
Zeitraum → Zeitabschnitt
Zeitrechnung: *4* Aera
Zeitschrift: *7* Magazin; *12* Illustrierte
Zeitspanne: *9* Intervall
Zeitung: *5* Organ; *7* Gazette, Journal
Zeitung einer Partei: *5* Organ
Zeitungsanzeige: *7* Annonce, Inserat
Zeitungsaufsatz: *7* Artikel
Zeitungsbüro: *9* Redaktion
Zeitungsinserat: *7* Anzeige
Zeitungslüge: *4* Ente
Zeitungsmitarbeiter: *8* Reporter; *9* Redakteur; *10* Journalist
Zeitungsschriftsteller: *9* Publizist; *10* Journalist
Zeitungsschriftstellerei: *11* Publizistik; *12* Journalismus
Zeitungsspalte: *6* Rubrik
Zeitungswesen: *6* Presse; *11* Publizistik
Zeitungswissenschaft: *11* Publizistik; *12* Journalistik
Zeitvertreib: *5* Hobby, Spiel; *10* Vergnuegen; *12* Steckenpferd

zeitweilig: *9* temporaer
zeitweilig aussetzend: *15* intermittierend
zeitweilige Aufhebung: *10* Suspension
zeitweise trockener Flußlauf: *4* Wadi; *5* Creek
zeitwidrig: *15* anachronistisch
Zeitwort: *4* Verb; *6* Verbum
zeitwörtlich: *6* verbal
Zelebrant: *8* Priester
Zelle der Biene: *4* Wabe
zellenförmig: *8* zellular
Zellengewebe: *7* Epithel
Zellenlehre: *9* Zytologie
Zellenschmelz: *9* Cloisonné
Zellfaden der Pilze: *5* Hyphe
Zellgewebsfaser: *8* Fibrille
Zellglas: *9* Cellophan
Zellkern: *7* Nukleus
Zellkernbestandteil: *9* Chromatin
Zellkernschleife: *9* Chromosom
Zellkernteilung: *7* Amitose
Zellplasma: *11* Protoplasma
Zellstoff: *9* Zellulose
Zellsubstanz: *6* Plasma
Zellteilung: *7* Amitose
Zelluloseverbindung: *7* Viskose
Zellwucherung: *5* Krebs
Zelot: *9* Fanatiker; *15* Glaubenseiferer
Zelt: *5* Jurte; *6* Wigwam
Zelt für Tierdressuren usw.: *6* Zirkus
Zeltdorf der Nomaden: *3* Aul
Zeltleben: *7* Camping
Zeltpflock: *6* Hering
Zelttuch: *5* Plane
Zenit: *10* Hoehepunkt; *13* Scheitelpunkt
Zensur: *4* Note; *7* Zeugnis; *9* Praedikat
Zent: *13* Hundertschaft
Zentimetermaß: *9* Zollstock
zentralasiatisches Hochland: *5* Tibet
Zentrifugalkraft: *10* Fliehkraft
Zentrifuge: *9* Separator; *16* Trommelschleuder
Zentrum: *4* City, Kern; *5* Mitte; *11* Mittelpunkt
Zentrum des Atoms: *4* Kern
Zepterdiamant der russischen Zarenkrone: *5* Orlow
zerbersten: *11* explodieren
Zerberus: *11* Hoellenhund
zerbrechlich: *6* fragil, morsch
zerbrochen: *6* kaputt; *8* diffrakt
Zerbrochenes: *5* Bruch
Zeremoniell: *5* Ritus; *6* Ritual
Zerfall: *4* Ruin
zerfallenes Bauwerk: *5* Ruine
Zerfallserscheinung: *4* Rost; *5* Moder
Zerfallsprodukt des Urans: *6* Radium
Zergliederer: *6* Anatom
zergliedern: *13* spezifizieren
Zergliederung: *7* Analyse
Zerkleinerungsmaschine: *4* Wolf; *6* Muehle
Zerknall: *9* Explosion; *10* Detonation
Zerknirschung: *10* Kontrition
zerknittern: *8* knuellen
zerlegbar: *10* dissolubel
zerlegen: *8* sezieren
Zerlegung: *7* Analyse; *10* Dispersion
zermalmend: *7* brisant
Zermalmung: *11* Trituration
zernagend: *8* korrosiv
Zerographie: *15* Wachsgravierung
Zerrbild: *9* Karikatur
zerren: *6* ziehen
zerrissen: *8* schizoid
Zerschlagenes: *8* Truemmer
zersetzen: *14* demoralisieren
zersetzend: *10* destruktiv
Zersetzung: *5* Moder; *8* Faeulnis
Zerstäubungsflüssigkeit: *5* Spray
zerstören: *9* ruinieren; *10* demolieren
zerstörend: *8* korrosiv; *9* subversiv; *10* destruktiv
zerstörtes Schiff: *5* Wrack
Zerstörung: *9* Korrosion
zerstörungswütig: *10* vandalisch, wandalisch
zerstoßen: *8* pilieren
zerstreut: *6* diffus, fahrig; *10* sporadisch
Zerstreuung von Lichtstrahlen: *10* Dispersion
Zertifikat: *6* Attest; *7* Zeugnis; *13* Bescheinigung
zerzaust: *10* derangiert
Zettelkasten: *6* Kartei; *9* Kartothek
Zeug: *5* Stoff; *8* Schamott; *9* Textilien
Zeughaus: *7* Arsenal
Zeugnis: *6* Attest, Testat, Zensur; *10* Zertifikat
Zeugnisnote: *3* gut; *7* sehr gut; *9* genuegend; *10* mangelhaft; *11* ausreichend, ungenuegend; *12* befriedigend
zeugungsunfähig: *6* steril
Zichorienart: *8* Chicorée
Ziege: *5* Geiss, Zibbe, Zicke, Zippe; *6* Zickel; *8* Zicklein; *9* Geisslein
Ziegelart: *7* Klinker
Ziegenleder: *3* Kid; *5* Nappa; *7* Chamois, Saffian; *8* Chevreau, Maroquin
Ziegenpeter: *5* Mumps
Ziegenwolle: *6* Mohaer, Mohair
Ziehgelder: *8* Alimente
Ziehharmonika: *9* Akkordeon, Bandoneon; *10* Konzertina
Ziehmutter: *4* Amme
Ziel: *6* Objekt; *8* Endpunkt; *9* Intention
zielbewußt: *10* konsequent
zielen: *8* visieren
Zielgerät: *7* Diopter
zielgerichtet: *11* intentional
zielstrebig: *10* konsequent
zielstrebige Wissensaufnahme: *9* Lerneifer
Zielstrebigkeit: *5* Eifer; *10* Konsequenz
Zielvorrichtung: *4* Korn; *5* Kimme; *6* Visier
Zierarbeit aus feinem Draht: *8* Filigran
Zierat: *8* Ornament
Zierband: *8* Maeander
Zierbildchen: *8* Vignette
Zierblume → Zierpflanze
Zierde des Kopfes: *4* Haar; *5* Haare
– des Mannes: *4* Bart
zierend: *10* ornamental

Ziererei: *5* Getue, Mache; *6* Gehabe, Gewese; *9* Pruederie; *11* Affektation; *14* Manieriertheit
Zierfiguren: *6* Nippes
Zierfisch: *5* Barbe, Danio, Guppy, Platy; *6* Guppyi, Gurami; *7* Puntius, Rasbora, Scalare, Skalare; *8* Goldorfe; *9* Goldfisch; *13* Korallenfisch, Teleskopfisch; *15* Schleierschwanz
Zierfischbehälter: *8* Aquarium
Ziergefäß: *4* Vase
Ziergesang: *9* Koloratur
Zierlatte: *6* Leiste
Zierleiste mit eiförmigen Formen: *8* Eierstab
– an Tempeln: *4* Kyma; *8* Kymation
zierlich: *4* nett; *6* grazil
Zierpflanze: *4* Efeu, Iris, Mohn, Rose; *5* Aster, Buchs, Canna, Kalla, Kanna, Lilie, Malve, Myrte, Nelke, Palme, Phlox, Tulpe, Winde, Yucca, Yukka; *6* Akelei, Aralie, Aukuba, Azalea, Azalee, Azalie, Cissus, Clivia, Dahlie, Daphne, Diptam, Funkie, Jasmin, Klivie, Krokus, Lupine, Mispel, Primel, Reseda, Salvie, Szilla, Zinnie; *7* Amarant, Ardisie, Aurikel, Begonie, Eibisch, Flieder, Freesie, Fuchsie, Geranie, Ginster, Kamelie, Lantana, Levkoje, Lobelie, Lorbeer, Mahonie, Opuntie, Paeonie, Pandane, Petunie, Rizinus, Tagetes, Teerose, Verbene; *8* Akanthus, Bandgras, Bignonie, Caladium, Camellia, Eisenhut, Evonymus, Gardenia, Gardenie, Georgine, Geranium, Gladiole, Gloxinie, Goldlack, Goldrute, Herlitze, Hibiskus, Kornrade, Lavendel, Liguster, Magnolie, Masslieb, Monstera, Narzisse, Oleander, Orchidee, Portulak, Ranunkel, Rosmarin, Tuberose, Veilchen, Zyklamen; *9* Amaryllis, Asparagus, Balsamine, Bartnelke, Cineraria, Dickblatt, Eberraute, Fetthenne, Forsythie, Gauchheil, Geissbart, Goldregen, Gummibaum, Heliotrop, Hortensie, Hyazinthe, Korydalis, Mannstreu, Margerite, Paulownia, Sauerdorn, Schwertel, Zinerarie; *10* Belladonna, Berberitze, Ehrenpreis, Feuerlilie, Geissblatt, Hahnenkamm, Immergruen, Kellerhals, Loewenmaul, Montbretia, Nachtkerze, Nachtviole, Pelargonie, Pimpernuss, Sanseveria, Wachsblume, Winterling; *11* Kaiserkrone, Kalzeolarie, Klatschmohn, Maennertreu, Pfingstrose, Rittersporn, Schoenlilie, Selaginella, Zimmerlinde, Zimmertanne; *12* Chrysantheme, Gauklerblume, Glockenblume, Koenigskerze, Philodendron, Rhododendron, Tradeskantie; *13* Alpenveilchen, Maigloeckchen
Zierschrank: *7* Vertiko
Zierspargel: *9* Asparagus
Zierstrauch → Zierpflanze
Ziervogel: *4* Pfau
Ziffer → Zahl
Ziffer: *4* Zahl; *6* Numero, Nummer; *7* Chiffre
Zigarettenrest: *5* Kippe; *7* Stummel
Zigarrenform: *2* Ei; *5* Keule; *6* Corona; *7* Culebra, Kreisel, Regalia, Trabuco, Veguero; *9* Elegantes; *10* Stromlinie
Zigarrensorte: *6* Brasil; *7* Havanna, Importe, Sumatra; *8* Virginia
Zigeuner: *4* Roma; *5* Sinti
Zigeunerin: *6* Jitana
Zigeunerinstrument: *6* Cymbal, Zymbal
Zigeunerkapellmeister: *6* Primas
Zigeunerlager: *5* Tabor
Zigeunertanz: *8* Flamenco
Zimmer: *4* Bude, Raum; *5* Stube; *6* Gemach, Kammer; *8* Kabinett
Zimmer der Dame: *7* Boudoir
Zimmerdecke: *7* Plafond
Zimmereingang: *4* Tuer
Zimmerflucht: *11* Appartement
Zimmerpflanze → Zierpflanze
Zimmertanne: *9* Araukarie
Zimmerwinkel: *4* Ecke; *5* Erker
zimperlich: *6* pruede; *9* etepetete
Zimperlichkeit: *9* Pruederie
Zimt: *6* Kaneel
Zimtapfel: *5* Anona
Zinkdruckstock: *5* Zinko
Zinker: *7* Spitzel; *8* Verraeter
Zinkerz: *6* Galmei
Zinnerz: *10* Kassiterit
Zinnfolie: *8* Stanniol
Zins: *5* Miete; *6* Abgabe, Ertrag, Tribut
Zinsabschnitt: *5* Talon
Zinsabzug: *7* Diskont
Zinsertrag: *7* Rendite
Zinsschein: *5* Kupon; *6* Coupon
zinstragende Geldsumme: *7* Kapital
Zinsvergütung: *7* Diskont
Zipfel der Husarenmütze: *6* Kalpak, Kolpak
Zipperlein: *5* Gicht; *7* Podagra
Zirbeldrüse: *8* Epiphyse
Zirbelkiefer: *4* Arve, Zirm
Zirkelkasten: *9* Reisszeug
Zirkular: *13* Rundschreiben
Zirkusarena: *6* Manege
Zirkuskünstler: *5* Clown; *6* Artist; *7* Akrobat; *8* Dompteur
Zirkusrund: *6* Manege
Zirpe: *6* Zikade
Zischlaut: *8* Sibilant
Ziseleur: *13* Metallstecher
Zisterzienserabtei bei Eberswalde: *6* Chorin
– in Tirol: *5* Stams
Zitatensammlung: *3* Ana; *9* Analekten
zitherähnliches Instrument: *7* Bandora, Kantele
Zitrone: *6* Limone
Zitronenkraut: *7* Melisse; *9* Artemesia, Artemesie, Eberraute; *13* Punschpflanze
zitronensaures Salz: *6* Zitrat
Zitronenstrauch: *6* Lippia, Lippie
Zitrusfrucht: *6* Limone, Orange; *7* Zitrone; *9* Apfelsine, Mandarine, Pomeranze; *10* Grapefruit, Klementine, Pampelmuse
Zitrusfrüchte: *6* Agrumi; *7* Agrumen
zittern: *5* beben; *7* bibbern; *9* vibrieren; *11* tremulieren
Zittern: *5* Trema; *6* Tremor; *9* Tatterich

Zitterpappel: *4* Espe
Zitterton in der Musik: *7* Tremolo
zögern: *7* saeumen
Zögling: *5* Eleve; *6* Alumne, Kadett; *8* Schueler
Zölibat: *12* Ehelosigkeit
Zoll: *4* Maut; *6* Akzise, Douane
Zollausschlußgebiet am Wasser: *9* Freihafen
Zollerklärung: *11* Deklaration
zollfreier Stapelplatz: *8* Entrepot
Zollpassierschein: *6* Carnet
Zollstock: *8* Massstab, Messstab; *9* Meterstab
Zollvergehen: *9* Schmuggel
Zone der Erdkruste: *4* Sima
– am Rand der Sahara: *5* Sahel
Zonengrenze: *17* Demarkationslinie
Zopf: *7* Flechte
Zorn: *3* Wut; *4* Rage
Zornausbruch: *6* Raptus
zornig: *7* fuchtig, wuetend
zottiger Waldgeist: *6* Schrat
zu Hause: *6* daheim
zu keiner Zeit: *3* nie
zu Tal stürzende Schneemasse: *6* Lawine
Zubehör: *5* Annex; *8* Requisit; *10* Utensilien
Zuber: *4* Trog; *5* Buett, Wanne; *7* Bottich
zubereiteter Weißkohl: *10* Sauerkohl
Zubringer: *4* Bote; *8* Conveyer
zubuttern: *11* draufzahlen
Zucht: *5* Anbau, Moral, Mores, Sitte; *6* Kultur, Sitten; *7* Ordnung; *8* Benehmen; *9* Disziplin
züchtig: *4* rein; *6* keusch; *7* integer, sittsam; *10* tugendhaft; *11* unverdorben
züchtigen: *8* schlagen
Zuchtlosigkeit: *14* Demoralisation
Zuchtrennen: *5* Derby
Zuchtstammbuch: *8* Herdbuch
Zuchtwahl: *9* Selektion
Zucken: *3* Tic
Zuckerart: *5* Melis; *6* Kandis; *7* Karamel; *8* Dextrose, Calaktose, Raffinade
Zuckerbäcker: *8* Konditor
Zuckerguß: *6* Glasur
Zuckerhirse: *4* Dali
Zuckerinsel: *4* Kuba
Zuckerkranker: *10* Diabetiker
Zuckerlösung: *5* Sirup
Zuckermehl: *5* Farin
Zuckerpalme: *11* Arengapalme
Zuckerrohr: *9* Saccharum
Zuckerrohrschnaps: *3* Rum
Zuckersaft: *5* Sirup
Zuckersäure: *17* Oxydikarbonsaeure
Zuckerverbindung: *6* Aldose
Zuckerzeug: *6* Bonbon; *7* Fondant, Konfekt
Zuckung: *3* Tic
zudringlich: *9* indiskret
Zueignung: *10* Dedikation
Zufall: *5* Tyche
Zufluchtsort: *4* Asyl; *6* Obdach; *8* Refugium
Zufluchtsort der Christen in Rom: *10* Katakomben
Zufluß → Fluß → Nebenfluß
zufrieden: *4* satt
zufriedengestellt: *9* saturiert
zufügen: *8* addieren; *9* ergaenzen, vermehren; *12* vergroessern
Zufuhr: *9* Nachschub; *10* Versorgung
Zug: *5* Treck; *7* Kolonne
Zugabe: *7* Praemie; *13* Gratifikation
Zugabteil: *5* Coupé, Kupee
Zugang: *3* Tor; *4* Tuer; *9* Akzession
zugänglich: *5* human
Zugbegleiter: *9* Schaffner; *10* Kondukteur, Zugfuehrer
zugeknöpft: *10* reserviert
zügellos: *8* dissolut; *11* orgiastisch
zügelloses Gelage: *5* Orgie
zugespitzt: *9* pointiert; *12* aphoristisch
Zugeständnis: *10* Kompromiss, Konzession
zugestehen: *11* konzedieren
zugetan: *7* gewogen
zugeteiltes Maß: *6* Ration
Zuggestell: *4* Joch
Zugkraft: *4* Reiz
zugkräftig: *9* attraktiv
zugleich: *8* simultan
Zugmaschine: *3* Lok; *7* Bulldog, Traktor, Trekker; *9* Bulldozer, Schlepper; *10* Lokomotive
Zugsicherungseinrichtung: *6* Indusi
Zugstück: *4* Clou; *10* Attraktion
Zugtier: *3* Jak, Ren, Yak; *4* Esel, Rind, Zebu; *5* Ochse, Pferd; *7* Bueffel, Rentier; *8* Maulesel, Maultier
Zugtiergeschirr: *6* Kummet
Zugvogel: *4* Fink, Star; *5* Ammer, Fitis, Pirol; *6* Lerche, Reiher, Storch; *7* Drossel, Kiebitz, Kranich, Kuckuck, Wuerger; *8* Schnepfe, Schwalbe, Spoetter, Sprosser, Wildgans; *9* Wiedehopf; *10* Bachstelze, Grasmuecke, Nachtigall, Rotschwanz
Zuhörerbühne: *8* Tribuene
Zuhörerschaft: *8* Publikum; *10* Auditorium
Zukunft: *5* Futur; *7* Futurum
zukünftig: *5* in spe
Zukunftsaussicht: *11* Perspektive
Zukunftsform: *5* Futur; *7* Futurum
Zukunftstraum: *6* Utopie
Zukunftswissenschaft: *11* Futurologie
Zulage: *6* Spesen; *7* Diaeten
zulässig: *9* statthaft
zulässige Abweichung: *8* Toleranz
zulässiges Mindergewicht bei Münzen: *8* Remedium
Zulassung: *6* Lizenz; *9* Admission; *10* Konzession
Zulassungsbeschränkung: *14* Numerus clausus
Zulauf: *8* Frequenz
Zuluneger: *5* Bantu; *6* Kaffer
Zuluspeer: *7* Assagai
zum Eid Verpflichteter: *5* Delat
zum erstenmal Auftretender: *9* Debuetant
zum Schein: *8* pro forma; *9* scheinbar
zumindest: *10* wenigstens
Zumutung: *11* Provokation

zunächst: *4* erst
Zunahme: *5* Wuchs; *8* Wachstum; *10* Steigerung, Vermehrung; *11* Progression
Zündmittel: *5* Lunte; *6* Zunder
Zündschnur: *5* Lunte
zunehmend: *10* progressiv
Zuneigung: *4* Huld; *5* Gunst, Liebe; *9* Affektion, Sympathie
Zunft: *5* Gilde; *6* Innung, Metier
Zungenlaut: *7* Lingual
Zungenregister der Orgel: *5* Regal
Zuordnung: *12* Koordination
Zupfinstrument: *3* Tar; *4* Lyra; *5* Banjo, Harfe, Laute, Leier; *6* Zither; *7* Bandola, Bandura, Gitarre, Klampfe, Mandola; *8* Guitarre; *9* Balalaika, Mandoline, Zupfgeige
zurechtfinden: *11* orientieren
zurechtweisen: *9* abkanzeln
Zurechtweisung: *7* Lektion, Verweis
zurück: *6* retour
zurückblickend: *12* retrospektiv
zurückbringen: *11* apportieren
zurückführen: *10* reduzieren
Zurückführung: *9* Reduktion
zurückgeblieben: *11* rudimentaer
zurückgegebener Wechsel: *7* Rimesse
zurückgehend: *9* regressiv
Zurückgezogenheit: *9* Eremitage; *11* Einsiedelei
zurückhaltend: *6* dezent; *8* gemessen; *10* reserviert
Zurückhaltung: *4* Takt; *5* Scheu; *7* Reserve
zurücklegen: *6* horten, sparen; *8* hamstern; *11* reservieren
Zurücknahme: *8* Widerruf
zurückschlagen: *7* kontern; *8* erwidern, parieren
zurücksenden: *11* remittieren; *12* retournieren
zurückstrahlen: *12* reflektieren
zurücktretend: *8* rezessiv
Zurückweisung: *9* Ablehnung
zurückwerfen: *8* spiegeln; *12* reflektieren
zusagend: *11* sympathisch
zusammen: *5* alles; *6* gesamt; *7* addiert, mitsamt; *9* inklusive; *11* miteinander
Zusammenarbeit: *8* Teamwork; *11* Kooperation
Zusammenarbeit mit dem Feind: *13* Kollaboration
Zusammenballung: *13* Agglomeration
Zusammenbau: *7* Montage
zusammenbauen: *9* montieren
Zusammenbruch: *4* Ruin; *6* Fiasko; *7* Debakel, Kollaps, Konkurs, Verfall, Zerfall; *8* Desaster; *9* Untergang; *14* Kladderadatsch
zusammendrücken: *12* komprimieren
Zusammendrückung: *11* Kompression
Zusammenfall: *7* Kollaps
zusammenfallend: *10* koinzident
Zusammenfassung: *6* Zyklus; *7* Komplex; *8* Resuemee; *14* Rekapitulation
zusammenflicken: *10* reparieren
Zusammenfügung: *8* Synthese
zusammengedrängt: *3* eng; *5* dicht
zusammengedrehter Garnstrang: *5* Docke
zusammengefaßt: *10* summarisch
Zusammengefegtes: *8* Kehricht
zusammengeheftete Schriftstücke: *5* Akten
zusammengehörige Erbanlage: *5* Allel
Zusammengehörigkeitsgefühl: *12* Solidaritaet
Zusammengekochtes: *3* Mus; *7* Eintopf
zusammengesetztes Wort: *10* Kompositum
Zusammengewürfeltes: *11* Konglomerat
Zusammenhalt: *7* Einheit; *9* Einigkeit; *13* Einmuetigkeit
Zusammenhang: *6* Konnex, System; *8* Relation; *10* Konsistenz, Verbindung, Verkettung; *11* Mechanismus
zusammenhängend: *9* kohaerent
zusammenhängende Glieder: *5* Kette
zusammenhanglos: *6* abrupt
Zusammenklang: *6* Akkord; *8* Harmonie; *9* Konsonanz
zusammenklappbare Gedenktafel: *9* Diptychon
zusammenklappbarer Zylinderhut: *13* Chapeau claque
zusammenkleben: *6* kitten, leimen
zusammenklingend: *9* konsonant
Zusammenkunft: *6* Tagung; *7* Konvent, Meeting, Palaver, Sitzung, Treffen; *8* Beratung, Jamboree, Kongress; *9* Begegnung; *10* Rendezvous; *11* Versammlung; *12* Stelldichein
Zusammenkunft der Staatschefs: *15* Gipfelkonferenz
Zusammenlegung: *11* Vereinigung; *12* Arrondierung
Zusammenrottung: *7* Aufruhr; *9* Rebellion
Zusammenschluß: *4* Liga; *5* Union; *6* Partei, Verein; *7* Verband; *9* Koalition; *11* Integration
Zusammenschluß von Handwerkern: *5* Zunft; *6* Innung
– von Unternehmungen: *4* Pool; *5* Trust; *6* Fusion; *7* Kartell
Zusammenschmelzung von Metallen: *9* Legierung
Zusammensetzspiel: *6* Puzzle
Zusammensetzung: *11* Komposition; *12* Konstruktion
Zusammenstellung: *5* Liste; *6* System; *7* Katalog, Tabelle; *8* Diagramm, Register; *9* Sortiment; *10* Kollektion; *11* Kombination
Zusammenstellung beliebter Musikstücke: *6* Medley; *9* Potpourri
zusammenstimmen: *11* harmonieren
Zusammenstoß: *7* Havarie; *8* Konflikt; *9* Kollision, Renkontre; *11* Karambolage
Zusammentreffen: *10* Koinzidenz; *13* Konstellation
– zweier Vokale: *6* Hiatus
Zusammenwirken: *8* Synergie; *11* Kooperation
zusammenwirkend: *10* konzertant
zusammenzählen: *8* addieren; *9* summieren
Zusammenzählung: *8* Addition; *10* Summierung
zusammenziehbar: *10* kontraktil
zusammenziehen: *13* konzentrieren
Zusammenziehung: *10* Retraktion; *11* Kontraktion; *13* Konzentration

- zweier Wörter: *5* Krase; *6* Krasis
Zusatz: *8* Appendix
Zusatzantrag: *10* Amendement
Zusatzbestimmung: *7* Klausel
Zusatzgerät: *7* Adapter
Zusatzleistung: *5* Bonus; *13* Gratifikation
zusätzlich: *5* extra
Zuschauer beim Kartenspiel: *7* Kiebitz
Zuschauerbühne: *8* Tribuene
Zuschauermenge: *8* Publikum
Zuschauerraum im römischen Theater: *5* Cavea
Zuschnitt: *6* Fasson
Zuschuß: *8* Beihilfe; *10* Subvention
Zusicherung: *8* Garantie; *11* Versprechen
Zuspitzung: *5* Krise
zusprechen: *10* addizieren
Zuspruch: *3* Rat; *5* Trost; *7* Anklang, Beifall; *8* Gefallen
Zustand: *4* Lage; *6* Status; *7* Stadium; *9* Kondition, Situation; *10* Verfassung; *12* Konstitution; *14* Beschaffenheit
Zustand der Verzückung: *7* Ekstase
Zustand großer Not: *5* Elend
zuständig: *9* kompetent
zuständige Stelle: *7* Instanz
Zuständigkeit: *7* Instanz, Ressort; *8* Befugnis; *9* Kompetenz
Zustandsform: *5* Phase, Stufe; *7* Stadium
zustimmende Antwort: *2* ja; *6* jawohl
Zustimmung: *7* Konsens; *12* Ratifikation
-durch Zuruf: *11* Akklamation
Zutat: *10* Ingrediens, Ingredienz
Zuteilung: *5* Dosis, Prise; *6* Ration; *7* Portion; *9* Dosierung
Zuträglichkeit: *10* Konvenienz
zutraulich: *4* zahm; *5* kirre
Zuträger: *10* Denunziant, Kolporteur
zutreffend: *7* positiv, richtig
Zutritt: *6* Entree
- zu hochgestellten Persönlichkeiten: *7* Audienz
Zutrunk: *5* Prost; *6* Prosit
zuverlässig: *4* treu; *5* reell, solid; *6* solide; *7* ergeben; *8* gediegen; *11* authentisch
Zuverlässigkeit: *10* Soliditaet
Zuversicht: *10* Optimismus
zuvor: *4* erst
zuvorkommend: *6* kulant
Zuwachs: *10* Akkreszenz
Zuwendung: *7* Almosen; *8* Dotation, Geschenk
zuzählen: *8* addieren
zuzüglich: *4* plus
Zwang: *4* Gene, Muss; *8* Pression; *10* Kompulsion
zwanglos: *5* leger; *9* degagiert
Zwanglosigkeit: *10* Degagement
Zwangsabgabe: *6* Steuer, Tribut
Zwangsankündigung: *7* Drohung
Zwangsanwendung: *5* Druck; *6* Gewalt, Terror; *9* Noetigung
Zwangsarbeit: *4* Fron
Zwangsherrschaft: *6* Terror; *8* Diktatur, Tyrannis
Zwangsisolierung: *11* Quarantaene
Zwangslage: *6* Klemme; *7* Dilemma, Patsche; *9* Zwiespalt; *11* Bedraengnis, Zwickmuehle
zwangsläufig: *9* notwendig; *13* obligatorisch
Zwangsmaßnahme: *6* Strafe; *7* Boykott; *8* Blokkade, Sanktion; *9* Ultimatum; *11* Repressalie
Zwangsräumung: *9* Exmission
Zwangsschlaf: *7* Hypnose
zwangsverschicken: *11* deportieren
Zwangsverwalter: *9* Sequester
Zwangsvollstreckung: *9* Exekution, Pfaendung
Zwangsvorstellung: *5* Manie; *8* fixe Idee; *9* Obsession
Zweck: *4* Ziel; *5* Motiv; *7* Absicht
zweckbestimmt: *5* final
zweckgemäß: *8* opportun
zweckgerecht: *11* funktionell
zweckmäßig: *9* praktisch, rationell; *11* praktikabel
Zweckmäßigkeitshandeln: *13* Opportunismus
Zweckverband: *6* Verein; *14* Genossenschaft
Zweiblatt: *8* Orchidee
zweideutig: *8* aequivok
zweideutiger Witz: *4* Zote
Zweideutigkeit: *10* Amphibolie
zweifarbig: *13* dichromatisch
Zweifel: *7* Skepsis, Skrupel; *8* Bedenken
zweifelhaft: *6* dubios; *7* dubioes; *13* problematisch
Zweifler: *9* Skeptiker
Zweifüßer: *6* Bipede
Zweig: *3* Ast; *4* Rute, Zain; *5* Gerte; *6* Sparte
Zweig des Hauses Bourbon: *5* Condé
zweigeschlechtlich: *8* zwittrig; *9* bisexuell
zweigesichtig: *12* januskoepfig
Zweigespann: *4* Biga
zweigestaltig: *7* dimorph
Zweiggeschäft: *7* Filiale
Zweigkanal: *5* Fleet
Zweiglein: *4* Reis
Zweigstelle: *7* Filiale
Zweigverein: *7* Sektion
zweihändiges Schwert: *8* Flamberg
Zweiheit: *9* Dualismus
zweihenkliger Tonkrug: *7* Amphora, Amphore
zweihöckriges Kamel: *11* Trampeltier
zweijähriger Eber: *6* Bacher
Zweikampf: *5* Duell; *6* Mensur
Zweikampfhelfer: *9* Sekundant
zweikanalig: *8* binaural
zweiköpfiger Bolzen: *4* Niet
Zweimaster: *5* Brigg; *10* Brigantine
zweipolig: *7* bipolar
Zweipolröhre: *5* Diode
Zweirad: *4* Velo; *6* Tandem; *7* Fahrrad
zweirädriger Wagen: *5* Sulky; *7* Rikscha
Zweiruderer: *6* Bireme
zweischneidiger Dolch: *7* Stilett
zweiseitig: *9* bilateral
zweisitziger Kraftwagen: *5* Coupé
zweisitziges Fahrrad: *6* Tandem
zweispaltig: *5* bifid
zweistimmiges Gesangstück: *5* Duett

- **Musikstück:** *3* Duo
zweistöckige Wohnung in einem Hochhaus: *10* Maisonette
Zweistromland: *12* Mesopotamien
Zweitausfertigung: *5* Kopie; *6* Doppel; *8* Duplikat
zweiteiliger Badeanzug: *6* Bikini
Zweiteilung: *10* Dichotomie
zweites Heu: *5* Grumt; *7* Grummet
zweitgrößte Insel der Erde: *9* Neuguinea
- **Stadt der USA:** *7* Chicago, Chikago
zweitklassig: *9* sekundaer
zweitrangig: *9* sekundaer; *14* nebensaechlich
Zweitschrift: *5* Kopie; *6* Doppel; *8* Duplikat
Zweizahl: *4* Dual; *6* Dualis
Zweizeiler: *9* Distichon
Zwerchfell: *10* Diaphragma
Zwerg: *4* Gnom; *5* Troll, Wicht; *6* Knirps, Kobold; *7* Wichtel; *10* Hutzelmann; *11* Heinzelmann, Liliputaner
Zwerg der Nibelungensage: *8* Alberich
Zwergbüffel: *4* Anoa
Zwergenkönig: *6* Laurin
Zwergenland: *7* Liliput
Zwerghirsch: *4* Pudu
Zwerghuhn: *5* Chabu; *6* Bantam
Zwerghundrasse: *8* Malteser, Pekinese; *11* Rehpinscher
Zwergkiefer: *7* Latsche
Zwergnegervolk: *4* Akka; *8* Pygmaeen
Zwergpalme: *7* Palmito
Zwergstaat in Europa: *6* Monaco; *7* Andorra; *9* San Marino; *13* Liechtenstein
Zwergvolk in Afrika: *4* Akka; *8* Pygmaeen
Zwergwuchs: *8* Nanismus
Zwickel: *5* Gehre
Zwicker: *7* Klemmer, Kneifer; *8* Pincenez
Zwiebelgericht: *9* Cipollata
Zwiebelgewächs: *4* Iris; *5* Bolle, Lauch, Lilie, Tulpe; *6* Porree; *7* Zipolle; *8* Gladiole, Narzisse; *9* Knoblauch, Schalotte; *10* Montbretia; *11* Perlzwiebel; *12* Schnittlauch; *14* Herbstzeitlose
Zwiegesang: *5* Duett
Zwiegespräch: *6* Dialog
Zwielaut: *9* Diphthong; *10* Doppellaut
zwielichtige Angelegenheit: *7* Affaere
- **Frau:** *11* Femme fatale
- **Gesellschaft:** *9* Demimonde
Zwiespalt: *8* Konflikt
zwiespältig: *7* uneinig
Zwiespältigkeit: *9* Dualismus; *10* Diskrepanz
Zwietracht: *4* Zank; *5* Fehde, Hader, Krieg, Zwist; *6* Streit; *7* Krakeel; *8* Konflikt, Reiberei, Unfriede; *9* Differenz, Gegensatz; *10* Diskrepanz; *11* Animositaet, Disharmonie, Feindschaft, Uneinigkeit
Zwillinge der griechischen Sage: *9* Dioskuren
Zwillingsbruder
- **des Castor:** *6* Pollux
- **des Esau:** *5* Jakob
- **des Jakob:** *4* Esau
- **des Pollux:** *6* Castor
- **des Remus:** *7* Romulus
- **des Romulus:** *5* Remus
zwingend: *9* stringent
Zwinger: *6* Kaefig
Zwirn: *4* Garn
Zwischenaktmusik: *8* Entreakt; *10* Intermezzo
Zwischeneiszeit: *12* Interglazial
Zwischenfall: *10* Intermezzo
Zwischenfeld in der Baukunst: *6* Metope
Zwischengericht: *8* Entremet
Zwischengeschoß: *8* Entresol, Mezzanin
Zwischenhandlung: *7* Episode
Zwischenherrschaft: *11* Interregnum
Zwischenlösung: *10* Kompromiss
Zwischenmahlzeit: *5* Jause; *6* Imbiss, Vesper
Zwischenraum: *5* Luecke; *7* Spatium; *9* Intervall
Zwischenregierung: *11* Interregnum
Zwischenspiel: *8* Entreakt; *10* Intermezzo
- **in der Musik:** *12* Divertimento
zwischenstaatlich: *13* international
Zwischenträger: *5* Agent; *7* Mittler; *13* Unterhaendler
Zwischenzeit: *7* Interim
zwischenzeitlich: *12* provisorisch; *14* interimistisch
Zwischenzustand: *7* Interim
Zwist → Zwietracht
Zwitter: *12* Hermaphrodit
Zwitterbildung: *17* Hermaphroditismus
zwitterhaft: *8* androgyn
zwölf Dutzend: *4* Gros
zwölfteilig: *10* duodezimal
zwölfter Monat des jüdischen Kalenders: *4* Elul
Zykladeninsel → Insel der Kykladen
Zyklop: *8* Polyphem
Zyklus: *5* Kreis
zylinderförmiger Körper: *5* Rolle, Walze
Zylinderhut: *13* Chapeau claque
Zyniker: *8* Spoetter
zypriotische Hauptstadt: *7* Nikosia
- **Stadt:** *7* Larnaka, Nikosia; *8* Limassol; *9* Famagusta